SCANDINAVIE

Danemark Norvège Suède

Directeur David Brabis
Rédactrice en chef Nadia Bosquès
Responsable éditoriale Catherine Brett
Rédaction Elisabeth Morris, Pierre Plantier
Informations pratiques Ilan Klipper
Documentation Isabelle du Gardin, Eugénia Gallese, Archana Verma
Cartographie Alain Baldet, Michèle Cana, Véronique Aissani, Géraldine Deplante, Olivier Guinet, Cécile Lisiecki, Laurence Sénéchal, Fabienne Renard, Jean-Daniel Spies
Iconographie Cécile Koroleff, Anne Herlin, Stéphanie Quillon
Iconographie de couverture Laure Bacchetta
Secrétariat de rédaction Pascal Grougon, Danièle Jazeron, Jacqueline Pavageau, Gwendoline Penet, Mélanie Rebillaud
Mise en pages Frédéric Sardin, Didier Hée
Maquette intérieure Agence Rampazzo
Création couverture Laurent Muller
Fabrication Pierre Ballochard, Sandrine Combeau
Marketing Cécile Petiau, Ana Gonzalez
Ventes Gilles Maucout (France), Charles Van de Perre (Belgique), Philippe Orain (Espagne, Italie), Jack Haugh (Canada), Stéphane Coiffet (Grand export)
Relations publiques Gonzague de Jarnac

Régie Pub & Partenariats michelin-cartesetguides-btob@fr.michelin.com
Le contenu des pages de publicité insérées dans ce guide n'engage que la responsabilité des annonceurs.

Pour nous contacter Le Guide Vert Michelin
46, avenue de Breteuil 75324 Paris Cedex 07
✆ 01 45 66 12 34 – Fax : 01 45 66 13 75
LeGuideVert@fr.michelin.com
www.ViaMichelin.fr

Parution 2006

Note au lecteur

L'équipe éditoriale a apporté le plus grand soin à la rédaction de ce guide et à sa vérification. Toutefois, les informations pratiques (prix, adresses, conditions de visite, numéros de téléphone, sites et adresses Internet...) doivent être considérées comme des indications du fait de l'évolution constante des données. Il n'est pas totalement exclu que certaines d'entre elles ne soient plus, à la date de parution du guide, tout à fait exactes ou exhaustives. Elles ne sauraient de ce fait engager notre responsabilité.

Le Guide Vert,

la culture en mouvement

Vous avez envie de bouger pendant vos vacances, le week-end ou simplement quelques heures pour changer d'air ? Le Guide Vert vous apporte des idées, des conseils et une connaissance récente, indispensable, de votre destination.

Tout d'abord, **sachez que tout change**. Toutes les informations pratiques du voyage évoluent rapidement : nouveaux hôtels et restaurants, nouveaux tarifs, nouveaux horaires d'ouverture... Le patrimoine aussi est en perpétuelle évolution, qu'il soit artistique, industriel ou artisanal... Des initiatives surgissent partout pour rénover, améliorer, surprendre, instruire, divertir. Même les lieux les plus connus innovent : nouveaux aménagements, nouvelles acquisitions ou animations, nouvelles découvertes enrichissent les circuits de visite.

Le Guide Vert **recense** et **présente ces changements** ; il réévalue en permanence le niveau d'intérêt de chaque curiosité afin de bien mesurer ce qui aujourd'hui vaut le voyage (distingué par ses fameuses 3 étoiles), mérite un détour (2 étoiles), est intéressant (1 étoile). Actualisation, sélection et appréciation sur le terrain sont les maîtres mots de la collection, afin que Le Guide Vert soit à chaque édition le reflet de la réalité touristique du moment.

Créé dès l'origine pour **faciliter et enrichir vos déplacements**, Le Guide Vert s'adresse encore aujourd'hui à tous ceux qui aiment connaître et comprendre ce qui fait l'identité d'une région. Simple, clair et facile à utiliser, il est aussi idéal pour voyager en famille. Le symbole signale tout ce qui est intéressant pour les enfants : zoos, parcs d'attractions, musées insolites, mais également animations pédagogiques pour découvrir les grands sites.

Ce guide vit pour vous et par vous. N'hésitez pas à nous faire part de vos remarques, suggestions ou découvertes ; elles viendront enrichir la prochaine édition de ce guide.

L'ÉQUIPE DU GUIDE VERT MICHELIN
LeGuideVert@fr.michelin.com

ORGANISER SON VOYAGE

OÙ ET QUAND PARTIR

S'Y RENDRE ET CHOISIR SES ADRESSES

BON À SAVOIR SUR PLACE

À FAIRE ET À VOIR

POUR PROLONGER LE VOYAGE

COMPRENDRE LA SCANDINAVIE

NATURE

HISTOIRE

ART ET CULTURE

LA SCANDINAVIE AUJOURD'HUI

VILLES ET SITES

À l'intérieur des deux rabats de couverture, la **carte générale** intitulée **« Les plus beaux sites »** donne :

- une **vision synthétique** de tous les lieux traités ;
- les **sites étoilés** visibles en un coup d'œil ;
- les **propositions d'itinéraires** pour chacun des pays.

Dans la partie **« Découvrir la Scandinavie »** :

- les **destinations principales** sont classées par ordre alphabétique ;
- les **destinations moins importantes** leur sont rattachées sous les rubriques « Aux alentours » ou « Circuits de découverte » ;
- les **circuits de découverte** sont repérés en vert aux environs des destinations principales, sur la carte de chaque pays ;
- les **informations pratiques** sont présentées dans un encadré vert au début de chaque chapitre.

L'**index** permet de retrouver rapidement la description de chaque lieu.

SOMMAIRE

DÉCOUVRIR LA SCANDINAVIE

LE DANEMARK

LA NORVÈGE

LA SUÈDE

Inger Hellman, jeune femme same donnant à manger à son renne.

S. Arnfjell

ORGANISER SON VOYAGE

OÙ ET QUAND PARTIR

Les atouts de la Scandinavie au fil des saisons

CLIMAT

La Scandinavie, bien que située à la même latitude que l'Alaska, jouit d'un climat plus tempéré : les températures moyennes y sont de 25° plus élevées, grâce au Gulf Stream. Ce courant chaud empêche l'Atlantique Nord et l'océan Arctique d'être bloqués par les glaces, et réchauffe les vents qui soufflent de la mer. La Suède a donc un climat plus continental que la Norvège, avec des périodes de froid intense arrivant de l'Est en hiver et des vagues de chaleur faisant grimper le thermomètre à 30 °C en été. En dépit de ces variations, la forêt (conifères et bouleaux) pousse presque jusqu'au Cap Nord.
Le climat de la Scandinavie du Sud est plus clément que celui des régions nordiques, la différence étant sensible surtout en hiver durant les nuits polaires. Si l'on tient compte des variations existant entre les régions, la température estivale moyenne est d'environ 18 °C et la température hivernale de – 4 °C.
Quelle que soit la saison, les pays scandinaves méritent une visite ; tout dépend du type d'activité et de voyage que vous recherchez : ski, promenades en traineau, scooter des neiges sont le pendant hivernal des randonnées en montagne ou de la descente des rivières sur un radeau ou en canoë, ou des balades en mer.
Quelle que que soit la saison et l'activité, sachez que le climat peut être extrêmement variable, circonstance qui peut entraîner l'annulation d'une excursion prévue. Par ailleurs, même s'il peut faire très chaud en été dans la journée, munissez-vous toujours d'une « petite laine » (notamment si vous allez en mer) et n'oubliez pas d'avoir à portée de main un K-way, qui vous sera bien utile en cas d'averse soudaine.

LONGUEUR DES JOURS

Plutôt soleil de minuit ou plutôt nuit noire ? Du fait de sa latitude, la péninsule scandinave bénéficie d'une lumière diurne pratiquement continue en été - ce que l'on nomme le **soleil de minuit** - mais se trouve, du Cap Nord au Cercle polaire, plongée dans la nuit pendant plusieurs semaines en décembre et janvier. Ainsi, à Troms, c'est pendant cette période que l'on peut espérer admirer les fameuses **aurores boréales**, du moins lorsque le ciel est complètement dégagé. Cependant, au plus fort du « jour », tout baigne dans une lumière bleue fantasmagorique... Pour connaître la longueur des jours selon votre destination et l'époque chosie pour votre voyage, reportez-vous au schéma de la page 239.

HARDANGERVIDDA NATURSENTER EIDFJORD AS

Les vastes étendues sauvages du Hardangervidda.

Propositions d'itinéraires

1 TROIS PAYS, TROIS CAPITALES

Circuit au départ de Stockholm – 1 775 km env. – Consacrer 2 jours à chacune des villes, 6 à 8 au trajet – Étapes : Karlstad, Oslo, Copenhague.

Depuis **Stockholm**, vous gagnerez la Norvège en longeant le **lac Mälaren**, puis la rive Nord de l'immense **lac Vänern**, découvrant au passage la **Dalécarlie**. Par **Karlstad** et **Arvika**, vous rejoindrez **Oslo** et ne manquerez surtout pas les musées de Bigdøy. Puis, cap au Sud le long du fjord d'Oslo et la côte suédoise du **Bohuslän.** Une pause à **Göteborg**, à **Varberg** ou **Halmstad** précédera votre entrée dans **Malmö** où le pont de l'Öresund vous conduira à la ville de la Petite Sirène, **Copenhague**. Le retour vers Stockholm peut s'effectuer le long de la côte Sud de la Suède par **Ystad**, **Karlskrona, Kalmar** et **Nyköping**.

2 AU PAYS DU SOLEIL DE MINUIT…

Circuit au départ de Tromsø – 2 430 km – Compter 8 à 10 jours, 2 de plus pour profiter des diverses activités - Étapes : Alta, Karasjok, Kirkenes.

Antichambre des régions polaires, **Tromsø** mérite une longue flânerie le long de son détroit qui peut se poursuivre dans l'île voisine de **Kvaløya**. C'est la fameuse route E 6 qui vous conduira au cœur des immenses étendues lapones : à **Alta**, partez à la découverte des gravures rupestres, avant de partir à l'assaut d'un lieu mythique, le **Cap Nord**. Une partie de pêche au crabe royal à **Kirkenes** précédera une découverte de la culture same à **Karasjok et Kautokeino**. Quelques pas en Finlande vous permettront de découvrir la cité minière suédoise de **Kiruna** avant le retour sur Tromsø… et, s'il vous reste quelques jours, pourquoi ne pas aller découvrir les fabuleux paysages des îles **Lofoten** et **Vesterålen** ?

3 AUTOUR DU CERCLE POLAIRE

Circuit au départ de Trondheim – 1 530 km – Compter 8 jours – Étapes : Bodø, Mo i Rana, Östersund.

Une ligne imaginaire ? Sans doute, mais avant tout, une ligne qui parle à notre imaginaire, tel est le cercle polaire que ce circuit vous propose de franchir à deux reprises. Auparavant, vous vous serez attardé dans la belle cité de **Trondheim**, capitale spirituelle de la Norvège, et à **Stiklestad**, vous aurez eu une pensée pour saint Olav. Mais place aux grands espaces, avec la fameuse **Route 17** : ici la terre et la mer ne font qu'un et les paysages grandioses ne cessent de se renouveler. Vous redescendrez vers le **cercle polaire** par **Mo i Rana** et, avant de regagner Trondheim, pourquoi ne pas faire un détour par la cité suédoise d'**Östersund** ?

4 ENTRE FJORDS ET GLACIERS

Circuit au départ de Bergen – 1 100 km – Compter 5 jours – Étapes : Ålesund, Molde, Andalsnes, Leikanger ou Voss.

Amoureux de paysages, voici sans doute une des plus belles balades que vous pourrez faire en Norvège, sur les rives du **Nordfjord** et du **Sognefjord !** Tour à tour grandioses, austères ou riants, ils vous feront aller de découverte en découverte, au rythme des ferries qui assurent les traversées (quand ce ne sont pas d'interminables tunnels qui vous feront passer d'un versant à un autre). Chemin faisant, vous découvrirez d'agréables cités, comme **Ålesund** et son remarquable ensemble Art nouveau. Les villages posés sur les rives ne manquent pas non plus d'attraits : **Urnes** et son église en bois debout, **Kaupanger, Voss** ou **Undredall** pour n'en citer que quelques-uns. Et, pour terminer, un agréable séjour à **Bergen**, dont les charmes ne se limitent pas au seul quai de Bryggen, vous permettra d'approfondir votre connaissance de cette Norvège où la mer est partout…

5 VALLÉES NORVÉGIENNES ET ÉGLISES EN BOIS DEBOUT

Circuit au départ d'Oslo – 797 km – Compter 4 jours – Étapes : Lillehammer, Geilo, Kongsberg.

Quittant Oslo en direction de Trondheim, vous longerez le **lac Mjøsa** jusqu'à **Hamar** où les ruines de l'ancienne cathédrale, recouvertes d'une structure de verre, constituent un spectacle étonnant. Vous poursuivrez jusqu'à **Lillehammer**, bien connue pour avoir organisé les J.O. d'hiver de 1994 : la cité propose à ses visiteurs un musée des Beaux-arts et, sur les hauteurs, un extraordinaire musée de plein air, Maihaugen. Poursuivant résolument vers le Nord, vous découvrirez l'église en bois debout de **Ringebu** avant d'emprunter la **vallée Peer Gynt**, qui doit son nom au personnage d'Ibsen. Vous poursuivrez à travers la région montagneuse de l'**Oppland** jusqu'à **Otta** avant d'obliquer sur **Vågamo** (là aussi une « stavkirke » vous attend) et de descendre par la route 51 jusqu'à la station de sports d'hiver de **Geilo**. De là, vous emprunterez la **Numedal** : dans un paysage riant, chalets, églises en bois debout, et greniers de bois vous mèneront jusqu'à **Kongsberg**.

6 FJORDS, VILLES BLANCHES ET MOUTONS

Circuit au départ de Bergen – 920 km - Compter 4 jours - Étapes : Stavanger, Mandal, Kristiansand, Arendal.

Ce sont de superbes paysages de fjords qui vous attendent au Sud de Bergen avec le **fjord d'Hardanger** que vous découvrirez par une route ponctuée de traversées en ferry. Après un arrêt à **Stavanger** (le vieux port et la cathédrale vous charmeront), vous aborderez la côte Sud de la Norvège, très ensoleillée, avec ses villes blanches appréciées des estivants, comme **Mandal** ou **Kristiansand**. C'est de là que vous obliquerez à nouveau vers le Nord en empruntant l'étroite **Setesdal** : région authentique, connue pour la transhumance des moutons à laquelle de nombreuses fêtes sont liées. Vous retrouverez alors un bras du fjord d'Hardanger (le **Serfjorden**) que vous longerez jusqu'à **Brimnes**, tandis que, sur votre droite, s'étend le vaste plateau sauvage du **Hardangervidda**, royaume des rennes et des randonneurs émérites. Une brève traversée en ferry vous permettra alors de rejoindre Bergen.

P. Plantier / MICHELIN

Arrêt de bus norvégien.

7 AUTOUR DE L'ÖRESUND

Circuit au départ de Malmö – 310 km - Compter 5 jours, plus pour faire les excursions en bateau vers les îles de Ven et de Bornholm - Étapes : Copenhague, Elseneur, Lund, Ystad

Le Danemark et la Suède se disputèrent pendant des siècles le contrôle du détroit de l'Öresund qui donne accès à la mer Baltique. Depuis la construction du pont/tunnel reliant **Malmö** et Copenhague, ce lieu chargé d'histoire est devenu une région dynamique fière de son patrimoine culturel et naturel. Vous serez saisi par la pureté des lignes de ce pont qui s'enfuit vers l'horizon et les côtes danoises souvent enveloppées de brume. La traversée ne durant que 10 minutes, vous aurez le temps de découvrir **Copenhague**, flâner le long des quais où la petite Sirène se tient timidement assise, vous mêler à l'activité de Nyhavn, visiter un ou deux musées et finir la soirée dans le parc de Tivoli. La route qui longe la côte vers le Nord passe par **Rungstedlund**, maison natale de Karen Bilxen, et **Humlebæk** où vous pourrez voir Louisiana, fascinant musée d'Art moderne. Après avoir fait le tour du château d'**Elseneur**, que Shakespeare immortalisa, vous prendrez un ferry vers **Helsingborg** *(25 minutes)* puis piquerez vers le Sud ; un arrêt à **Landskrona** vous permettra de visiter l'île de Ven où vécut l'astronome Tycho Brahe. Dans la vieille ville de **Lund**, vous visiterez la cathédrale et Kulturen, très beau musée de plein air. Vous quitterez la ville vers Ystad en vous arrêtant à Kulturens Östarp, annexe du musée de Lund. **Ystad** vous ravira avec son centre médiéval, mais ne comptez pas rencontrer l'inspecteur Kurt Wallander : il se promène sur une plage danoise en se demandant s'il ne devrait pas démissionner ! Ystad est le port d'accès à l'île de **Bornholm**. Vous rejoindrez **Malmö** par la côte en vous arrêtant au village viking de Foteviken et au musée de l'ambre.

8 LES TROIS CAPITALES DE LA SUÈDE

Circuit au départ de Stockholm – 414 km - Compter 6 jours, une demi-journée supplémentaire pour faire

l'excursion en bateau Stockholm-Birka – Étapes : Sigtuna, Uppsala, Västerås, Sundby, Mariefred.

Les villes de Sigtuna, Uppsala et Stockholm, baignées par les eaux du **lac Mälaren**, forment le cœur historique de la Suède, toutes trois ayant été capitales du pays à des époques différentes. Après la visite de **Stockholm**, capitale moderne, et de son riche patrimoine historique, et une excursion au château royal de **Drottningholm** et à **Birka**, situés sur des îles du lac Mälaren, vous prendrez l'autoroute E 4 vers le Nord puis la route 263 vers l'Ouest. **Sigtuna** était il y a mille ans la ville la plus importante de Suède ; on y battait monnaie et le roi Erik Segersäll (le Victorieux) la choisit et y fit construire une résidence royale à l'emplacement de l'actuel musée de la Ville. Après un détour vers le château de **Skokloster**, vous poursuivrez vers le Nord jusqu'à **Uppsala** qui supplanta Sigtuna dès le Moyen Âge comme capitale pour devenir plus tard la première ville universitaire de Suède ; **Gustave Vasa** y fut couronné roi en 1523. À l'Ouest, par la route 72, vous gagnerez **Sala** et sa mine d'argent, aujourd'hui désaffectée. De retour sur les bords du lac Mälaren, vous visiterez **Västerås** et sa cathédrale avant de longer le lac par la rive Sud. Ce circuit vous permettra de voir les châteaux de **Strömsholm** et **Gripsholm**, de vous promener dans les charmantes petites villes d'**Eskilstuna**, **Strängnäs** et **Mariefred** et de flâner au bord du lac, sur le site romantique de **Sundbyholm**, avant de rejoindre **Stockholm** par l'autoroute E 4/E 20.

9 LE DANEMARK D'ÎLE EN ÎLE

Circuit au départ de Copenhague – 750 km env. - Compter 3 jour. - Étapes : Roskilde, Odense, Fåborg, Næstved ou Møn.

Depuis **Copenhague**, vous explorerez en premier lieu la plus grande île danoise, le **Sjælland** : une balade le long de la **Riviera danoise** précédera la découverte des châteaux d'**Elseneur** et d'**Hillerød**, ainsi que de la cathédrale de **Roskilde** ; de là, le pont routier vous conduira en **Fionie** : vous ne manquerez pas de vous arrêter à **Odense** tout imprégnée de l'influence d'**Hans Christian Andersen,** mais visiterez également d'agréables petits ports, tels que **Kerteminde**, **Nyborg** ou **Fåborg**. Depuis **Svendborg**, un pont vous donnera accès à l'île de **Tåsinge**, célèbre pour son château de Valdemar, puis à **Langeland,** battue par les flots, à moins que vous ne préfériez emprunter un ferry pour rallier **Ærø.** Revenant à Sjælland, vous obliquerez en direction du Sud et gagnerez l'île de **Lolland** avant de découvrir les charmes encore sauvages de **Møn**, et ses églises recouvertes des fresques du maître d'Elmelunde. De retour sur Sjælland, vous rentrerez à Copenhague par **Køge,** au terme d'un périple qui vous aura fait découvrir six îles sans que vous ayez à prendre le bateau...

10 À LA DÉCOUVERTE DU JUTLAND, ENTRE MER ET FJORDS

Circuit au départ de Århus – 790 km - Compter 3 jours - Étapes : Ålborg, Skagen et Viborg.

Un vaste fjord traverse les grandes plaines du Nord **Jutland**. Quelques villages typiques occupent ces grands espaces où le vent venu du large souffle sur de véritables champs d'éoliennes. En sillonnant la baie d'**Århus** vous découvrirez le château Rosenholm, les collines de **Mols** qui bordent la mer ou encore le manoir Gammel Estrup. La route qui traverse **Randers** débouche sur **Ålborg** où vous pourrez profiter de l'animation de son centre-ville pittoresque. La pointe septentrionale du Jutland est une région de dunes désertiques et de marais. Le célèbre village de pêcheurs de **Skagen** est une étape agréable pour se baigner à la jonction des deux mers, et découvrir un lieu de villégiature qui inspira de nombreux peintres au 19e s. Au Sud de **Hjorring** commence la route 55 qui longe la mer en passant par de charmants villages. Vous déjeunerez les pieds dans l'eau à **Slettestrand** où quelques restaurants ont aménagé leur terrasse directement sur la plage. Puis, à partir de Åbybru, la route 11 descend le long du Limfjorden et atteint Vilsund où un pont rejoint l'île de **Mors.** En ces lieux sauvages vous visiterez le **parc de Jesperhus** et admirerez les innombrables variétés de fleurs qu'il contient ainsi que son zoo. Toujours sur la route 11, vous rejoindrez l'île de **Thyholm**, puis à l'Est, par Struer, Vinderup où se trouve le parc **Hjerl Hede.** Un grand musée en plein air présente les modes de vie traditionnels de cette région. Après un crochet par **Skive,** la route

26 vous amène à **Viborg**, l'ancienne capitale du Jutland posée au-dessus de ses deux grands lacs. De là, vous rejoindrez Århus.

Nos idées de week-end

Un long week-end de printemps ? Pourquoi ne pas en profiter pour sauter dans un avion et visiter l'une ou l'autre des trois capitales nordiques ? La chose peut être d'autant plus agréable que, si vous disposez de quelques jours de plus, vous pourrez en explorer les environs...

COPENHAGUE

Votre week-end à Copenhague commencera par une longue flânerie qui vous conduira de la **place de l'Hôtel de Ville** à la **Nouvelle Place Royale** par **Strøget**, la légendaire artère piétonne et commerçante, épine dorsale de la vieille ville. Un rafraîchissement bien mérité sur le quai de **Nyhavn** précédera la découverte du quartier d'**Amalienburg** et des quais jusqu'à la **Petite Sirène**. Encore des fourmis dans les jambes ? Empruntez un vélo municipal et partez à la découverte de l'étonnant quartier « hippie » de **Christiana.** Bien entendu, la partie culturelle ne sera pas absente : entre la **Ny Carlsberg Gkyptotek**, le **Musée national**, le **musée des Beaux-Arts** et le **château de Rosenborg**, le choix est large ! Mais il serait dommage de limiter votre découverte à la seule capitale d'autant qu'un réseau commode de transports en commun vous permet d'accéder facilement aux alentours : **Roskilde**, sa cathédrale et son musée des Bateaux vikings, **Hillerød** et ses châteaux, **Humlebæk** et le musée Lousiana, **Elseneur** et le château d'Hamlet ne sont qu'à quelques minutes du centre-ville... tandis que si vous choisissez de louer une voiture, vous pourrez explorer la **Riviera danoise** et la **côte Nord du Sjælland** jusqu'à **Gilleleje**.

STOCKHOLM

Un week-end dans la capitale suédoise commencera bien entendu par une longue flânerie dans le centre historique de la ville, à commencer par l'île de **Stadsholmen** et ses ruelles aux pavés irréguliers où se nichent toutes sortes de boutiques et de cafés plongés dans une sympathique pénombre : vous ne manquerez pas d'y visiter le **Palais royal (Kungliga slottet)** ainsi que la cathédrale, appelée ici **Grande Église (Storkyrkan)**. Bien entendu, vous poursuivrez votre promenade dans les îles voisines : celle des **Chevaliers (Riddarholmen)** où le temps semble s'être figé au cours du 17e s., celle du Saint-Esprit **(Helgeandsolmen)** ou encore celle du Roi **(Kungsholmen)**. Mais le centre moderne **(Norrmalm)**, dynamique et animé, ne manque pas non plus d'intérêt... Bien entendu, vous ne manquerez sous aucun prétexte la visite du **musée en plein air de Skansen**, ni celle de l'épave du **Vasa**, ce superbe vaisseau de guerre coulé en 1628 et qui nous est parvenu presque intact... Une balade en bateau dans l'**archipel de Stockholm** peut précéder la visite de quelques-uns des châteaux de la région : **Ulriksdal**, mais surtout la superbe résidence royale de **Drottningholm**. Un peu plus de temps ? Faites donc en voiture le tour du **lac Mälaren** : au Sud, vous découvrirez le **château de Gripsholm** et les petites cités de **Mariefred** et de **Strängnäs,** puis, après un arrêt à **Västerås,** revenez par Uppsala et Sigtuna : vous ne serez pas déçu. Enfin, s'il vous reste une ou deux journées, pourquoi ne pas explorer la côte au Sud de la ville, jusqu'à **Kalmar**, voire **Ystad**, et en profiter pour visiter les îles de **Gotland** ou d'**Öland** ?

OSLO

Moins connue que ses homologues nordiques, la capitale norvégienne ne manque pas d'atouts pour qui souhaite passer un week-end agréable : les amateurs d'art se doivent de rendre visite à **Edvard Munch** dans son musée, mais aussi à la belle collection de peintures de la **Galerie nationale**. Si vous vous intéressez au design, ne manquez pas le **musée des Arts appliqués**, quant à l'art médiéval, il est représenté au **Musée historique.** Une balade (en bateau ou en bus) à **Bigdøy** sera un des points forts de votre séjour, ne serait-ce que pour le **musée du Folklore**, un concentré d'architecture et d'ethnologie norvégiennes ! Enfin, si vous vous sentez une âme d'aventurier, le **musée de la Marine**, celui des **Bateaux vikings** et ceux consacrés aux prouesses de **Roald Admunssen, Fridjof Nansen** et **Thor Heyerdahl**, ne vous laisseront pas indifférent. Mais Oslo, c'est aussi une ambiance : vous vous en pénétrerez en flânant sur **Karl Johans Gate**, en arpentant les quais ou en prenant un verre à **Aker Brygge** ou dans le quartier branché de **Grünner Lokka**. Quelques jours de plus ? Prenez donc une voiture pour aller explorer **Lillehammer** et la **vallée de Peer Gynt**, ou bien, au Nord de **Kongsberg**, la **Numedal** avec ses églises en bois debout...

Croisières

Naviguer le long des côtes scandinaves et explorer leurs fjords aux multiples ramifications est un rêve que nombre de touristes partagent... Pour qu'il devienne réalité, outre le fameux **Hurtigruten** qui assure la liaison entre Bergen et le Cap Nord, quelques agences de voyages proposent ce type de découverte. *Voir plus loin notre rubrique « Agences spécialisées ».*

Escapades aux frontières

La Suède et la Norvège du Nord possèdent une longue frontière commune avec la **Finlande**, et la tentation est d'autant plus grande d'aller voir de l'autre côté que les formalités sont réduites au strict minimum... En ce qui concerne la **Russie**, si la Laponie norvégienne en est en partie limitrophe, franchir la limite est une autre paire de manches !

EN FINLANDE

Les formalités administratives aux frontières de la Norvège et de la Suède avec la Finlande se résument à un ralentissement devant le poste de police qui suffira dans la plupart des cas pour constater que vous n'intéressez personne. Bien entendu, vous vous serez muni de votre carte d'identité, des papiers du véhicule et des documents d'assurance *ad hoc*. Une fois sur place, divine surprise : non seulement la Finlande est membre de l'Union européenne, mais, qui plus est, elle fait partie de la zone euro. Pas besoin, donc, de jongler avec une monnaie supplémentaire. Sachez cependant qu'aux villes frontières les couronnes norvégienne et suédoise sont généralement acceptées.
Dans ce guide, nous vous proposons une excursion depuis la Laponie norvégienne en direction du superbe **lac d'Inarijärvi.** Vous pourrez également vous rendre depuis Luleå (Suède) à **Rovaniemu,** cité reconstruite après la Seconde Guerre mondiale par l'architecte **Alvar Aalto**. Enfin, depuis Stockholm, nombre de ferries permettent d'aller passer une journée ou deux à **Turku/Åbo**, qui, à son rôle de cité historique, ajoute celui de conservatoire de l'architecture contemporaine, ou bien dans l'archipel d'**Åland/Ahvenanmaa** dont les 6 500 îles et récifs contrôlent l'entrée du **golfe de Botnie**.

EN RUSSIE

Le Nord du Finmark (région de Kirkenes) est frontalier avec la Russie. Cependant, ne comptez pas franchir la frontière par vos propres moyens, ou bien armez-vous de patience. Certains organismes proposent des week-ends à **Mourmansk** et se chargent des démarches. Sachez qu'il faut leur confier votre passeport une semaine à l'avance de façon qu'ils puissent obtenir un visa (comptez 1 800 à 2 000 NOK pour un séjour de deux jours, 100 NOK pour une excursion dans les villages frontaliers).

AUX PAYS-BAS ET EN ALLEMAGNE

Ceux d'entre vous qui désirent se rendre en voiture au Danemark traverseront les Pays-Bas et l'Allemagne du Nord. L'équipée peut se faire d'une seule traite, mais elle sera plus agréable si elle est agrémentée de quelques petites pauses : par exemple à **Alkmaar, Leeuwarden** ou **Groningen** (dans le premier des deux pays), **Brême**, **Hambourg**, **Schleswig** ou **Flensburg** (dans le second). Pour plus de détails et pour affiner votre choix, munissez-vous des *Guides Verts* Hollande et Allemagne.

P. Plantier / MICHELIN

Une courte escapade en Russie ?

S'Y RENDRE ET CHOISIR SES ADRESSES

S'informer avant de partir

OFFICES DE TOURISME

Chaque pays scandinave a ses propres offices de tourisme sur le sol national et à l'étranger ; ceux-ci sont fermés au public mais il est possible d'obtenir des renseignements par téléphone, par e-mail, par fax ou par courrier selon les cas.

DANEMARK

Internet : *www.visitdenmark.com*

Belgique : Deens Verkeersbureau - *☎ 02 233 09 23, fax 02 230 93 84, denemarken@dt.dk*

Danemark : Danmarks Turistråd - *☎ 32 88 99 00, fax 32 88 99 01, www.visitdenmark.dk*

France : *tourisme@amb-danemark.fr, www.visitdenmark.com*

Norvège : Danmarks Turistkontor - *Postboks 406, Sentrum, 0103 Oslo, ☎ 22 00 76 46, turistinfo@visitdenmark.com, fax 22 41 38 02.*

Suède : Danmarks Turistråd Sverige *AB, Postboks 5524, SE-114 85 STOCKHOLM, ☎ 08 611 72 22, fax 08 440 54 20, e-mail info@dtab.se*

NORVÈGE

Internet : *www.visitnorway.com/france*

www.norvege. no : site de l'ambassade de Norvège en France, très documenté et régulièrement mis à jour. Informations culturelles, politiques et économiques. Nombreux liens vers des sites spécialisés (état des routes, douanes, météo, etc.).

Benelux : Norges Turistråd, *☎ 090089 91170.*

Canada/USA : Norwegian Tourist Board, *☎ 212 885 97 00, e-mail usa@ntr.no*

Danemark : Norges Turistråd, *☎ 33 19 36 09, e-mail denmark@ntr.no*

France : Office national du tourisme de Norvège, *BP 497, 75366 Paris Cedex 08, ☎ 01 53 23 00 50, fax 01 53 23 00 59, e-mail france@invanor.no*

Norvège : Norges Turistråd, PO *Box 722 Sentrum, N-0105 Oslo, fax 24 14 46 01, e-mail norway@ntr.no*

Suède : Norges Turistråd, *e-mail sweden@ntr.no*

SUÈDE

☎ (à Paris) 01 70 70 84 58, Internet : *www.visitsweden.com/fr*

Le Swedish Travel & Tourism Council, dont le siège est à Stockholm, centralise toutes les demandes de renseignements :
Adresse postale : *Visit Sweden, Box 90, SE-881 22 Sollefteå. Fax : +46 620 15011, e-mail : info@visit-sweden.com*

Par ailleurs un numéro vert est à la disposition du public dans les pays suivants :

Belgique, France, Finlande, Norvège, Suisse : *☎ 00800 3080 3080, 01 70 70 84 58*

Danemark : ☎ 80 88 30 80

AGENCES DE VOYAGES SPÉCIALISÉES

En France

Allibert – *☎ 0 825 090 190. www.allibert-trekking.com* – Randonnées avec guides-accompagnateurs en Norvège : en Laponie (circuit « Terre des Rennes » ; dans les îles Lofoten (« Des Lofoten au Cap Nord »), et dans les fjords du Sud.

Atalante – *5 r. du Sommerard, 75005 Paris, ☎ 01 55 42 81 00, www.atalante.fr* – Randonnées de huit jours en Norvège, dans les massifs du Tondane et du Jotunheimen, dans les îles Lofoten ou encore dans les fjords.

CLIO – *27 r. du Hameau, 75015 Paris, ☎ 0826 10 10 82, fax 01 53 68 82 60, information@clio.fr* – Voyages culturels en Suède.

Comptoir des Pays scandinaves – *344 r. St-Jacques, 75005 Paris, ☎ 01 53 10 21 40/51 ou 0892 237 337, www.comptoir.fr* – Nombreuses propositions de séjours ; week-ends, croisières, forfaits neige et découvertes « Grand Nord » en Laponie.

Destination Nord (Bennett Voyages) – *11 r. de la Ferronnerie, 75001 Paris, ☎ 01 44 88 54 54, www.bennett-voyages.fr* – Croisières, week-ends ou séjours dans les trois pays scandinaves et plusieurs circuits en Laponie.

Grand Nord Grand Large – *15 r. du Cardinal Lemoine, 75005 Paris, ✆ 01 40 46 05 14/01 43 26 73 30, www.gngl.com* Séjours et treks en Laponie suédoise et novégienne avec guide autochtone ; déplacements à ski et à motoneige.

Nord Espaces – *35 r. de la Tombe-Issoire, 75014 Paris, ✆ 01 45 65 00 00, www.nord-espaces.com* – Un spécialiste des pays nordiques. Propositions de séjours en Scandinavie en été comme en hiver.

Norvista – *9 r. de Choiseul, 75002 Paris, ✆ 01 49 24 05 97, www.norvista.fr* – Nombreuses formules (séjours à la carte, circuits, croisières), tout budget.

Nouvelles Frontières – *13 av. de l'Opéra, 75002 Paris, ✆ 0825 000 825, www.nouvelles-frontieres.fr* – Croisières à bord de l'Express côtier ; circuits organisés, séjours libres.

Pandore Voyages – *195 r. de Vaugirard, 75015 Paris, ✆ 01 40 56 02 56, www.pandore-voyages.com* – Un spécialiste de la Scandinavie sur mesure. Les trois pays sont couverts en détail selon différents circuits : les îles Lofoten, le Cap Nord et la Laponie, Legoland, les capitales royales de la Baltique.

Quartier Libre – *70 r. Maurice Flandin, 69003 Lyon, ✆ 04 78 53 39 28, www.quartier-libre.fr* – Circuits accompagnés dans les fjords et les montagnes de Norvège ; croisières cabotage dans les fjords.

SAS (Scandinavian Airline System) – *106 bd Haussmann, 75008 Paris, ✆ 0801 25 25 25, www.scandinavian.net*

Scanditours/Kuoni– *36 r. de St-Pétersbourg, 75008 Paris, ✆ 01 42 85 64 30, www.kuoni.fr* – Séjours à la carte, croisières nordiques.

TCH Voyages – *15 r. des Pas Perdus, BP 8338, 95804 Cergy St. Christophe, ✆ 01 34 25 44 72, fax 01 34 25 44 45, www.tch-voyages.com* – Tout pour découvrir au mieux la Norvège : hébergement (hôtels, location de chalets ou d'appartements) et transports à la carte, circuits accompagnés ou non, croisières.

Terre Entière – *10 r. de Mézières, 75006 Paris, ✆ 01 44 39 03 03, fax 01 42 84 18 99, info@terreentiere.com, www.terreentiere.com* – Cet organisme qui se consacre depuis près de trente ans à l'organisation de croisières et de voyages culturels pour des touristes individuels propose un voyage en mer du Nord dans les fjords de Norvège.

Voyageurs du Monde (section Europe du Nord) – *55 r. Ste-Anne, 75002 Paris, ✆ 0892 23 56 56, à Lyon, ✆ 0892 231 261 , à Marseille, ✆ 0892 233 633 ; à Toulouse, ✆ 0892 232 632 à Rennes, ✆ 0892 230 530 – www.vdm.com* – Une enseigne reconnue pour ses voyages sur mesure.

En Belgique

Bureau Scandinavia – *Rond Point du Meir 9, B-1070 Bruxelles, ✆ 02 521 77 70, www.bureauscandinavia.be* – Express côtier, Göta kanal et plusieurs croisières sont proposés.

Seagull – Toutes agences de voyages, *www.seagull.be*

En Suisse

APN Voyages – *3 r. Saint-Victor, CH-1227 Carouge-Genève, ✆ 022 301 01 50, www.apncebluewin.ch*

Glur Reisen – *Spalenring 111, CH-4009 Bâle, ✆ 061 20 59 494, www.glur.ch*

SANTÉ

Pas de vaccin particulier pour les pays nordiques.
Pensez toutefois qu'en été les moustiques peuvent s'en donner à cœur joie. Prévoyez donc les pommades adéquates.

VOS PAPIERS

Formalités – Les étrangers, y compris les ressortissants des pays de l'Union Européenne (UE), doivent être en possession d'une **carte d'identité** ou d'un **passeport** en cours de validité ; ils pourront alors séjourner au Danemark, en Norvège, et en Suède pendant trois mois au maximum.

N.B. – Les voyageurs qui prévoient une petite excursion en Russie ont besoin d'un visa qu'ils ont intérêt à se procurer dans leur pays d'origine, car il leur faudrait plus d'une semaine pour l'obtenir sur place.

Les automobilistes doivent être titulaires d'un **permis de conduire national** en cours de validité, de la **carte grise** du véhicule (justificatif d'immatriculation) ou d'une attestation de location ainsi que de la **carte verte.** Celle-ci n'est pas toujours obligatoire, mais simplifie les démarches en cas d'accident. Les automobilistes étrangers venant d'un pays qui n'a pas adopté le système de la carte verte sont tenus de souscrire une assurance à la frontière dès leur arrivée dans l'un des quatre pays scandinaves. Le véhicule doit être muni d'une plaque de nationalité. L'âge minimum pour conduire en Scandinavie est 18 ans et parfois 20 ans en Norvège selon le type de véhicule.

TOURISME ET HANDICAP

Les pays scandinaves sont à l'avant-garde dans ce domaine et sont très bien équipés pour les touristes handicapés. Pour ne citer que quelques exemples de cette politique, vous remarquerez que de nombreux feux de signalisation sont équipés de signaux sonores. Les transports en commun sont quant à eux dotés d'accès spécifiques, de même que de nombreux hôtels, restaurants et sites touristiques.

La plupart des musées décrits dans ce guide sont accessibles aux personnes handicapées ; ils sont signalés par le symbole ♿ dans les conditions de visite. En outre, nombre d'entre eux mettent des fauteuils roulantsà disposition des visiteurs.

Danemark : Pour toute question, s'adresser à Kollektivhuset - *Hans Knudsens Plads 1A, DK 2100, København, ✆ 39 29 35 55*. Réservé aux ressortissants danois, cet organisme assiste toutefois les étrangers dans la mesure du possible. Des renseignements sur les endroits accessibles aux personnes handicapées dans l'Ouest du Danemark sont désormais accessibles sur Internet ; ce travail d'information continue devrait d'ici peu concerner le pays tout entier. *www.visithandicapguide.dk*

Norvège : *Schweigaardsgt. 12, postboks 9217, Grønland, 0134 Oslo, ✆ 24 10 24 00, fax 24 10 24 99, nhf@nhf.no* .
Les trains norvégiens **(NSB)** disposent de compartiments spécialement aménagés pour les personnes handicapées. Ceux-ci peuvent être utilisés par une personne en fauteuil roulant et une personne accompagnatrice. Les prix sont les mêmes que pour les autres voyageurs. Des accès particuliers pour les personnes à mobilité réduite sont aménagés dans les gares d'Oslo S., Drammen, Kristiansand, Stavanger, Bergen et Trondheim.
Si vous comptez séjourner dans la capitale norvégienne, sachez que sur le site *www.visitoslo.com*, Oslo Promotion vous informe sur l'accessibilité des hôtels, restaurants et musées de la ville.

Suède : Guide de vacances pour les personnes handicapées. *Katrinebergsvägen 6, 100 74 Stockholm, ✆ 08 685 80 00, info@dhr.se, fax 08 645 65 41, www.dhr.se*

QU'EMPORTER ?

Quelle que soit la saison, pensez que le temps comme la température peuvent être extrêmement changeants d'un moment à l'autre de la journée. Équipez-vous en conséquence et, même en été, prévoyez petites, voire grosses laines et K-way. Pour ce qui est de l'hiver, veste polaire, sous-vêtements chauds et chaussures adaptées à la neige sont bien entendu indispensables.

ET LE CHIEN ?

Depuis le 1er mai 1994, de nouvelles lois réglementent l'accès en **Suède** des chats et chiens en provenance des pays de l'Union européenne. Votre chat ou chien doit être tatoué, vacciné contre la rage et la maladie de Carré (pour les plus jeunes) et vous devez demander une autorisation d'entrée sur le territoire. Le carnet de vaccination dûment rempli et mis à jour devra être présenté lors du passage à la frontière. Dans la nature, les chiens doivent être tenus en laisse du 1er mars au 20 août et ne doivent en aucun cas porter préjudice aux animaux sauvages. Pour plus d'informations, contacter Statens Jordbruksverk, *Smittskyddsenheten, SE-551 82 Jönköping, ✆ 036 15 50 00, fax 036 19 05 46, www.sjv.se*

Le Danemark se montre plus tolérant à l'égard de nos compagnons favoris et souhaite simplement que vous ayez fait procéder à des tests sanguins avant le voyage.

En ce qui concerne la Norvège, il vous faudra entamer des démarches deux mois à l'avance. L'animal doit être identifié par une micro puce ou un tatouage et justifier de plusieurs vaccins. Pour des informations plus détaillées, consultez le site *www. norvege.no*, rubrique voyages.

TRANSPORTS

En avion

Les trois capitales scandinaves et Göteborg sont régulièrement reliées à la plupart des grandes métropoles européennes par des lignes internationales et de nombreuses villes de Scandinavie sont desservies par des lignes intérieures.

Compagnies aériennes ayant des lignes directes régulières avec la Scandinavie :

SAS (Scandinavian Airlines System) (Bergen, Copenhague, Göteborg, Oslo, Stavanger et Stockholm depuis Bruxelles, Genève et Paris), ✆ *0 825 325 335, www.scandinavian.net*
BRUXELLES : aéroport niveau Départ, ✆ *02 714 08 40.*
GENÈVE : aéroport niveau Départ, ✆ *022 919 79 00.*

Maersk Air – ✆ *0 825 320 321, www.maersk-air.com*

Air France (Copenhague, Göteborg, Helsinki, Oslo et Stockholm depuis Paris), ✆ *0820 820 820., www.airfrance.fr*

Brussels Airlines (Copenhague, Helsinki, Oslo et Stockholm depuis Bruxelles), *www.brussels-airlines.com SN Brussels Airport, Brussels National Airport B-1930 Zaveten,* ✆ *02 723 84 96, fax 070 35 11 11.*

Les compagnies **British Airways** ✆ *0825 825 400*, **KLM** ✆ *0810 556 556* et **Lufthansa** ✆ *0820 020 030* proposent elles aussi des vols vers la Scandinavie au départ de Paris.

Les bons plans
N'hésitez pas à surfer sur le net pour bénéficier des meilleures offres (promo, vols de dernière minute).
Quelques sites :
www.lastminute.com
www.opodo.fr
www.anyway.com
www.voyagermoinscher.com
www.bevedair.com (au départ de Beauvais)
www.govoyages.fr
www.easyjet.com
Pensez également aux compagnies à bas prix :

Sterling dessert les trois capitales scandinaves et Billund (Danemark) : *www.sterlingticket.com*

Transit à Oslo

Attention : en Norvège, si vous devez prendre une correspondance sur une ligne intérieure, à votre arrivée à l'aéroport d'Oslo, vous devez récupérer vos bagages même s'ils ont été enregistrés pour l'aéroport de destination : une fois la douane passée, apportez-les au tapis SAS qui les acheminera vers votre avion. Au retour, en revanche, les bagages n'ont pas à être récupérés.

Norwegian relie Beauvais, Montpellier et Nice à Oslo, Stavanger, Trondheim et Bergen : ✆ *0892 6821 790 ou www.norwegian.no*

Ryanair dessert Stockholm au départ de Beauvais : *www.ryanair. com*

City Airline propose des vols directs entre Lyon et Göteborg (Suède) : ✆ *08 26 95 31 13, www.cityairline.fr*

De Belgique, plusieurs vols quotidiens vers la Suède sont assurés au départ de Bruxelles par **SAS**, **SN Brussels Airlines** (*www.flysn.com*), **Ryanair** et **Virgin Express** (*www.virginexpress.com*).

En bateau et voiture

Il n'existe aucune ligne directe de ferry entre la France et les pays scandinaves. Il est possible de se rendre en Suède et en Norvège en voiture à partir du Danemark en empruntant le pont de l'Øresund reliant Copenhague à Malmö en Suède (*péage conséquent*). D'autre part, de nombreuses liaisons maritimes régulières partent des ports suivants : Frederikshavn, Hanstholm, Hirtshals, Helsingør et Copenhague (Danemark), Kiel, Travemünde, Rostock et Sassnitz (Allemagne) aux ports scandinaves de car-ferries Kristiansand, Larvik, Oslo, Moss, Göteborg, Varberg, Helsingborg, Malmö et Trelleborg. L'hydroglisseur à grande vitesse propose un service rapide (*2h*) entre Frederikshavn et Göteborg ; il transporte voitures, caravanes et camping-cars.

L'**Atlas Michelin** des routes d'Europe permet de choisir les meilleurs itinéraires vers les ports d'embarquement des car-ferries des côtes du Danemark et d'Allemagne pour la Scandinavie.
Le site Internet **www.ViaMichelin. fr** offre une multitude de services et d'informations pratiques d'aide à la mobilité (calcul d'itinéraires, cartographie : des cartes pays aux plans de villes, sélection des hôtels et restaurants du Guide Michelin France) sur la France et d'autres pays d'Europe. Il est désormais possible d'y faire une réservation d'hôtel en ligne grâce au service « Hôtels à proximité ».
Les calculs d'itinéraires sont également accessibles sur Minitel (*3615 Michelin*) et peuvent être envoyés par fax (*3617 ou 3623 Michelin*).

En train

Le **Billet Interrail** permet aux jeunes de moins de 26 ans qui résident en permanence en Europe de voyager

Vous partez en
Scandinavie ?
SAS

sans limites dans plus de 20 pays européens pendant un mois. Le **Scanrailpass** est valable pour tout voyage en Scandinavie en 1re ou 2e classe. Il existe plusieurs formules selon l'âge des voyageurs et la durée de leur séjour. Renseignements en France : *DB France, 4 r. Daunou, 75002 Paris,* ✆ *01 44 58 95 50 ; Internet : www. dbfrance.fr* et *www.scanrail.com*

En autocar

Deux compagnies assurent des services d'autocars vers Göteborg, Oslo et Stockholm.

Eurolines

En France, Gare routière internationale, *28 av. du Général-de-Gaulle, 93541 Bagnolet,* ✆ *0892 89 90 91, www.eurolines.fr*

En Belgique, ✆ *02 274 13 70, www.eurolines.be*

Intercars International France

139 bis rue de Vaugirard, 75015 Paris, ✆ *01 42 19 99 35, www.intercars.fr*

SE LOGER

Bien que les pays scandinaves aient la réputation d'être onéreux, les possibilités d'hébergement sont nombreuses dans toutes les catégories de prix.

Hôtels

Le **Guide Rouge Michelin Europe**, révisé chaque année, recommande aux visiteurs des capitales scandinaves une sélection d'établissements en précisant la catégorie, l'emplacement, le prix, les agréments et le niveau de confort.

Il existe un bon choix d'hôtels, tous de très bonne qualité, tant parmi les établissements indépendants que parmi ceux faisant partie de chaînes hôtelières. Ils proposent parfois des tarifs réduits en juillet, début août et durant les week-ends tout au long de l'année. Certaines chaînes présentent des tarifs réduits aux titulaires de **chèques-hôtels.** Le chèque est un moyen pratique de paiement et couvre en général l'hébergement en chambre double avec douche/bains et petit-déjeuner. Les suppléments et autres majorations (par exemple pour une chambre simple) se règlent directement à l'hôtel. Les catégories de prix varient selon les chaînes et les chèques sont généralement valables de mai/juin à septembre. Il est possible de les acheter ou d'en obtenir le remboursement auprès d'agences agréées. Pour obtenir des renseignements sur les réductions, il faut s'adresser aux offices nationaux de tourisme ou demander des brochures aux agences agréées.

En Scandinavie, le petit-déjeuner, presque toujours un buffet, est inclus dans le prix de la chambre.

Danemark : Pour connaître les possibilités d'hébergement à travers le pays, consulter le site officiel danois *www.visitdenmark.com*

Les grandes chaînes hôtelières comme **Arp-Hanssen Hotel Group** (Copenhague), **Scanplus**, **Accor**, sont également présents sur le Net.

L'association **Dansk Kroferie** propose un système de chèques-auberges disponibles dans les offices de tourisme et les agences de voyages et publie une brochure intitulée *Danish Inn Holidays* ; voir aussi la brochure annuelle *Kro & Hotel Guide* publiée conjointement par Dansk Kroferie, City Hotels et Classic Hotels. Renseignements : *www.krohotel.dk*

Norvège : **Norway Fjord Pass**, utilisable dans les établissements de la plupart des chaînes hôtelières, en particulier **Rica** qui, en outre, possède son propre *pass (www.rica.no).*

Suède : Pro Skandinavia, Best Western, Countryside Hotels, Rica, Scandic.

Des tarifs modulés

Le prix des chambres d'hôtels est généralement très élevé dans les pays scandinaves. Toutefois, des prix promotionnels, parfois très intéressants, sont presque systématiquement pratiqués pour les week-ends (nuits du vendredi au dimanche soir) et jours feriés, ainsi qu'en période estivale (assez brève, il faut le reconnaître…).

Vacances à la ferme

En Suède l'organisation *Séjournez à la ferme (www.bopalantgard.org)* édite un guide répertoriant toutes les adresses des fermes qui proposent des chambres d'hôtes. Les salles de bains sont souvent communes, l'éventail des séjours en pension complète ou en chambre d'hôtes est très large. Au Danemark, les visiteurs ont le choix entre le logement avec petit déjeuner ou le séjour en demi-pension (minimum trois nuits, draps et serviettes ne sont pas fournis). En Norvège, cette solution existe aussi dans de nombreuses localités rurales.

Bed & Breakfast

Au Danemark, la formule B & B est très développée. Vous pouvez vous en procurer la liste dans les offices de tourisme du pays. Un certain nombre d'entre eux peuvent effectuer les réservations et perçoivent directement le montant de la ou des nuitées ; en échange vous recevrez un reçu et un voucher. Sur le site internet du Dansk Bed & Breakfast, près de 375 adresses réparties dans les différentes régions sont recensées. *www. bedandbreakfast. dk, bed@bbdk.dk*
En Norvège, Bed & Breakfast Norway, *✆ 99 23 77 99, www.bbnorway.com*

Hors des sentiers battus

On trouve dans ces pays de nombreux chalets et maisons pour passer des vacances hors du commun.

En Norvège, ces habitations sont souvent situées le long de la côte ; sur les îles Lofoten et Vesterålen, la **cabane de pêcheur** (« rorbu ») est recherchée des touristes : en partie posée sur l'eau, elle peut être isolée ou regroupée dans des villages : les offices de tourisme recensent cette forme d'hébergement qui ravira les marins en herbe, pêcheurs et tout simplement les amoureux de la mer. Pour louer un chalet dans la région des fjords, consulter le site *www.fjordbooking.com*
En Laponie, vous pourrez trouver des hébergements dans des **cabanes au toit de tourbe** : idéal pour un contact direct avec la nature, surtout si vous agrémentez votre séjour de bains chauds en plein air suivis d'une vigoureuse roulade dans la neige ! Quant aux **refuges de montagne**, régis par l'Association norvégienne du tourisme en montagne, ils peuvent être dotés, selon les cas, de différents services annexes… ou d'aucun.
Les adeptes de vacances insolites ne manqueront pas, du moins s'ils ne sont pas frileux, une nuit dans un **hôtel de glace** comme à Alta ou dans un **lávvu** (tente traditionnelle) de Laponie : au terme d'une longue balade en traîneau à chiens, rien de tel pour se sentir éloigné des tracas de la vie quotidienne.

P. Plantier / MICHELIN

Hôtel au toit de tourbe.

Auberges de jeunesse et résidences familiales

Les auberges de jeunesse et les résidences familiales sont ouvertes aux personnes de tout âge en Scandinavie ; il n'est pas indispensable d'être membre d'une association nationale, bien que les membres de ces associations et des organisations affiliées bénéficient de certaines conditions favorables. Aucun hôtel n'est semblable : certains sont modernes et parfaitement équipés, tandis que d'autres sont aménagés dans d'anciens bâtiments et dégagent une ambiance particulière. Dans tous les cas, sont proposés des chambres familiales ou des dortoirs. Seuls quelques établissements restent ouverts en hiver. Il est utile de réserver à l'avance dans les régions les plus touristiques situées le long de la côte, surtout dans l'archipel et près des capitales. Pour obtenir des brochures ou des renseignements complémentaires, s'adresser aux offices nationaux du tourisme ou aux associations des auberges de jeunesse dont voici les adresses :

Danemark : Danhostel Danmarks Vandrerhjem, *Vesterbrogade 39, 1620 København V, ✆ 33 31 36 12, fax 33 31 36 26, ldv@danhostel.dk, www.danhostel.dk*

Norvège : Norske Vandrehjem (Hôtellerie internationale de Norvège), *Torggata 1, 0181 Oslo, ✆ 23 13 93 00, fax 23 13 93 50, www.vandrerhjem.no*
Suède : Svenska Turistföreningen (STF), *Box 25 - SE-10120 Stockholm, ✆ 08-463 21 00, fax 08-678 19 58, www.svenskaturistforeningen.se*

Camping

Les pays scandinaves offrent une grande sélection de terrains de camping, souvent situés dans des endroits pittoresques et, comme partout ailleurs, les prix varient selon la classification. Certains sites louent aussi des chalets et proposent la location de bateaux, canoës ou bicyclettes ; d'autres situés près des stations de sports d'hiver restent ouverts pendant cette saison.

La carte de camping de Scandinavie, valable dans les trois pays, permet de bénéficier de réductions, d'une assurance, et facilite l'enregistrement à l'arrivée dans les campings. Renseignements sur *www.camping.se*

Les titulaires d'une carte internationale de camping n'ont pas besoin d'une carte nationale.
Des bouteilles de propane et de butane sont disponibles en Norvège. En revanche, seul le propane est fourni en Suède et ne doit pas être utilisé sur les appareils à butane.
Sachez en outre qu'en Norvège le **camping sauvage** est autorisé en forêt et en montagne, à plus de 150 m de toute habitation… et bien entendu en dehors de tout champ cultivé.

Chez l'habitant

Dans les régions touristiques, les mots « rom » ou « husrom » indiquent que les habitants louent une ou plusieurs chambres à des touristes de passage. Les plus prévoyants peuvent retenir à l'avance auprès des offices de tourisme qui répertorient d'ordinaire toutes les formes d'hébergement disponibles.

NOS ADRESSES D'HÉBERGEMENT ET DE RESTAURATION

Au fil des pages, vous découvrirez nos **encadrés pratiques**, sur fond vert. Ils présentent une sélection d'établissements dans et à proximité des villes ou des sites touristiques remarquables auxquels ils sont rattachés. Pour repérer facilement ces adresses sur nos plans, nous leur avons attribué des pastilles numérotées.

Nos catégories de prix

Pour vous aider dans votre choix, nous vous communiquons également une **fourchette de prix** : pour l'hébergement, le premier prix correspond au prix d'une chambre double à des tarifs allégés à certaines périodes (week-end, été) et le second au tarif pleine saison ; pour la restauration, ces prix indiquent les tarifs minimum et maximum des menus proposés sur place.
Les prix que nous indiquons sont ceux pratiqués en **haute saison** ; hors saison, de nombreux établissements proposent des tarifs plus avantageux, renseignez-vous… Dans chaque encadré, les adresses sont classées en quatre catégories de prix pour répondre à toutes les attentes *(voir le tableau ci-dessus)*.

Petit budget – Choisissez vos adresses parmi celles de la catégorie ● : vous trouverez là des hôtels, des auberges de jeunesse conviviales et des tables toujours honnêtes.

Budget moyen – Votre budget est un peu plus large. Piochez vos étapes dans les adresses ●●. Dans cette catégorie, vous trouverez des maisons, souvent de charme, de meilleur confort et plus agréablement aménagées. Là encore, des hôtels et des restaurants traditionnels.

Budgets confortable et haut de gamme – Vous souhaitez vous faire plaisir le temps d'un repas ou d'une nuit, vous aimez voyager dans des conditions très confortables ? Les catégories ●●● et ●●●● sont pour vous. La vie de château dans les palaces et les grands hôtels… à moins que vous ne préfériez casser votre tirelire pour un repas gastronomique. Sans oublier que la traditionnelle formule « tenue correcte exigée » est toujours d'actualité dans ces établissements !

NOS CATÉGORIES DE PRIX

	Se restaurer (prix déjeuner)			**Se loger** (prix de la chambre double)		
	Danemark (DKK)	Norvège (NOK)	Suède (SEK)	Danemark (DKK)	Norvège (NOK)	Suède (SEK)
●	moins de 110	moins de 200	moins de 150	moins de 550	moins de 800	moins de 700
●●	110/350	200/350	150/250	550/900	800/1 500	700/1 000
●●●	350/600	350/500	250/400	900/1 400	1 500/1 800	1 000/1400
●●●●	plus de 600	plus de 500	plus de 400	plus de 1 400	plus de 1 800	plus de 1 400

BON À SAVOIR SUR PLACE

Adresses utiles

CENTRES RÉGIONAUX ET LOCAUX D'INFORMATION TOURISTIQUE

Les trois pays ont un bon réseau d'offices régionaux de tourisme, signalés par un ℹ sur les plans des villes, qui fournissent souvent à titre gratuit brochures, cartes et listes d'hôtels, d'auberges de jeunesse et de campings. Les agences locales sont en mesure de donner des informations sur les festivals, événements sportifs, hébergements et activités proposés dans la région. Les adresses et numéros de téléphone de quelques-uns de ces offices sont donnés dans le **carnet d'adresses** de chacune des villes décrites. Attention, certains d'entre eux ne sont ouverts qu'en été.

AMBASSADES ET CONSULATS

Belgique

Danemark : *Øster Allé 7, DK-2100 Copenhague Ø, ✆ 35 25 02 00.*
Norvège : *Drammensvein 103C, N-0244 Oslo, ✆ 22 55 22 15.*
Suède : *Villagatan 13a, Box 26114, SE-100 41 Stockholm, ✆ 08 411 89 58.*

Canada

Danemark : *Kr. Bernikowsgade 1, DK-1105 Copenhague K, ✆ 33 48 32 00.*
Norvège : *Wergelandsvn. 7, N-0244 Oslo, ✆ 22 99 53 00.*
Suède : *Tegelbacken 4, Box 16129, SE-103 23 Stockholm, ✆* 08 453 30 00.

France

Danemark : *Kongens Nytorv 4, DK-1050 Copenhague K, ✆ 33 67 01 00.*
Norvège : *Drammensvein 69, N-0271 Oslo, ✆ 23 28 46 00.*
Suède : *Kommendörsgatan 13, SE-115 22 Stockholm, ✆ 08 459 53 00.*

Suisse

Danemark : *Amaliegade 14, DK-1256 Copenhague K, ✆ 33 14 17 96.*
Norvège : *Bygdøy Allé 78, N-0244 Oslo, ✆ 22 43 05 90.*
Suède : *Birger Jarlsg. 64, 3 tr, Box 26143, SE-100 41 Stockholm, ✆ 08 676 79 00.*

ARGENT ET CHANGE

Monnaies

L'unité monétaire **danoise** est *la couronne* (*krona* – abréviation kr ou DKK), divisée en 100 øre. 1 € équivaut environ à 7,45 DKK.
L'unité monétaire **norvégienne** est *la couronne* (*krona* – abréviation kr ou NOK), divisée en 100 øre. 1 € correspond environ à 7,80 NOK.
En **Suède**, l'unité monétaire est *la couronne* (*krona,* au pluriel *kronor* – abréviation kr, Skr ou SEK), divisée en 100 öre. 1 € correspond à 9,35 SEK.

Cartes de paiement

Les principales cartes de crédit (Access, American Express, Diners, Eurocard, Visa et MasterCard) sont acceptées dans les hôtels, restaurants, agences de location de voitures, grands magasins et boutiques dans toute la Scandinavie. Ne pas oublier de noter les numéros verts qu'il est possible d'appeler 24h/24 en cas de perte ou de vol. Il sera alors également nécessaire de faire une déclaration à la police qui délivrera une attestation. Se renseigner auprès de sa banque pour savoir si la carte permet de retirer de l'argent dans tous les distributeurs automatiques de la région.

Banques

Les banques sont ouvertes de 9h30 à 16h du lundi au vendredi (18h le jeudi) au **Danemark**, de 9h à 15h du lundi au vendredi (17h le jeudi) en **Norvège**, de 9h30 à 15h du lundi au vendredi et jusqu'à 17h le jeudi en **Suède.** Dans certaines grandes villes, les banques sont ouvertes jusqu'à 17h30. Les chèques de voyage sont généralement acceptés.

Se déplacer en Scandinavie

EN AVION

Les compagnies aériennes assurant la desserte intérieure de la Scandinavie sont : **SAS** (Danemark, Norvège et Suède), **Maersk** (Danemark), **Braathens** et **Widerøe** (Norvège). Toutes proposent des tarifs intéressants (jeunes, familles, mini-prix, coupons de vols), valables pour toute la Scandinavie (sauf la

P. Plantier / MICHELIN

« Hurtigruten » (Express côtier).

Finlande) en combinaison avec un vol international.
En Suède, tous les vols intérieurs partent de l'aéroport d'Arlanda à 45 km au Nord de Stockholm.

EN FERRY

Les ferries font partie du mode de vie scandinave dans les détroits et les bras de mer, les mers, le long des côtes, autour des îles, sur les lacs intérieurs et les cours d'eau. Certains navires assurent des lignes à grande distance : ceux qui traversent la Baltique, notamment, sont du niveau des paquebots de croisières.
En Norvège, l'Express côtier constitue une ligne régulière qui assure la vie dans le Nord. Les ferries fonctionnent régulièrement et font partie intégrante du réseau routier.

Durée des traversées :
Frederikshavn - Oslo : 10h30 ;
Frederikshavn - Göteborg : 3h15 ;
Elseneur - Helsingborg : 20mn ;
Copenhague - Oslo : 16h.

EN TRAIN

Les réseaux de ferries et de chemins de fer sont bien développés dans les pays scandinaves. Le réseau national norvégien de chemins de fer (NSB) est assez clairsemé et ne dépasse pas Bodø au Nord. Deux des itinéraires les plus pittoresques sont celui du spectaculaire **Raumabanen** (de Dombøs à Åndalsnes) et du **Bergensbanen**, qui traverse le « toit de la Norvège » depuis Oslo jusqu'à Bergen en offrant des vues grandioses. Le fameux **Ofotbanen** part de Narvik *(voir ce nom)* et offre des excursions vers la Suède.
En Suède, le réseau national ferroviaire (SJ) assure un service efficace dans tout le pays, notamment grâce au train à grande vitesse X2000 : celui-ci transporte les voyageurs au Nord de la Suède en tout confort, avec wagons-lits, voitures familiales, aires de jeux et wagons-cinéma. L'**Inlandsbanan** traverse certaines des régions les plus retirées et les mieux préservées de la Laponie suédoise sur son trajet entre Östersund et Arvidsjaur (de juin à août). Dans le confort de voitures datant des années 1930 avançant à un rythme reposant, les voyageurs découvrent la beauté des paysages.

EN AUTOCAR

En **Norvège**, le réseau ferroviaire ne dépassant pas Bodø au Nord, la compagnie d'autocars Nord Norge Bussen relie Bodø à d'autres localités du Grand Nord. L'un des itinéraires à grande distance part de Hammerfest vers le Sud en traversant la Suède jusqu'à Oslo.
La **Suède** possède un excellent service d'autocars rapides entre les grandes villes du Sud et le centre du pays, ainsi qu'entre Stockholm et les villes côtières du Nord.

EN VOITURE

Le réseau routier est étendu et bien entretenu, les autoroutes sont sans péage, sauf certains tronçons en Norvège. Les véhicules doivent rouler à droite et, en général, la priorité est à droite. Toutes les routes sont numérotées, sauf les petites routes locales. Les numéros précédés d'un E signalent les itinéraires européens.

Feux de route

En dehors des agglomérations, tous les véhicules doivent avoir leurs feux de croisement allumés de jour comme de nuit. Sur les véhicules scandinaves, les feux s'allument automatiquement au démarrage et la plupart des véhicules de location présentent cette caractéristique.

L'alcool au volant

Les lois scandinaves sur l'alcool au volant sont strictement appliquées et de lourdes amendes sont imposées aux automobilistes qui ont consommé de l'alcool. La police procède à de fréquents contrôles auxquels les étrangers sont également soumis.

Taux maximum d'alcoolémie

Danemark	0,08 %
Norvège	0,05 %
Suède	0,02 %

Sanction
Emprisonnement, suspension (Norvège).
Lourde amende à payer immédiatement (Suède).

Ceintures de sécurité

Au Danemark, en Norvège et en Suède, l'utilisation des ceintures de sécurité est obligatoire pour le conducteur et le passager avant, ainsi que pour les passagers arrière lorsque la banquette en est équipée.

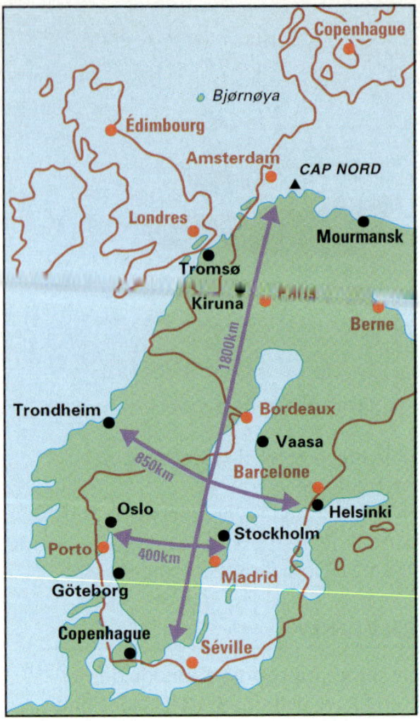

Distances et superficies comparées

Sur une mappemonde, les superficies et les distances concernant les régions du Nord de l'Europe sont déformées. La carte (*ci-contre*) rétablit la véritable superficie des pays scandinaves par rapport aux autres pays européens et donne également quelques notions de distance.
L'une des caractéristiques la plus significative de la Scandinavie est sa taille. Cette région occupe une superficie de 1 155 056 km^2. Près de 2 700 km séparent l'océan Arctique de la frontière germano-danoise.

Quelques distances

De Copenhague à Oslo : 556 km, Stockholm : 586 km.

D'Oslo à Copenhague : 556 km, Stockholm : 534 km.

De Stockholm à Copenhague : 586 km, Oslo : 534 km.

État des routes en hiver

À ces latitudes, les routes sont souvent bloquées par la neige de novembre à mai. Il est généralement possible de louer des pneus d'hiver, à condition de les avoir réservés à l'avance.
En Norvège, appeler ☏ *175* qui donne des informations en anglais sur l'état des routes.
Les pneus à clous ou les chaînes sont souvent nécessaires en hiver. Les pneus d'hiver sans clous peuvent être utilisés sans restriction.
Au Danemark, les pneus à clous sont permis du 1er octobre au 30 avril, en Suède et en Norvège, du 1er novembre au premier lundi après Pâques, dans le Grand Nord (Nordland, Troms et Finnmark) à partir du 15 octobre. Si l'on opte pour les pneus à clous, les quatre roues du véhicule doivent en être équipées.
En Norvège et en Suède, le nombre de clous autorisé par pneu est le suivant : pneus de 33 cm : maximum 90 clous par pneu ; pneus de 35 à 38 cm : maximum 110 clous par pneu ; pneus de plus de 38 cm : maximum 150 clous par pneu.

Limitations de vitesse

Voir tableau ci-dessous. Ces limitations varient en cas de remorquage avec ou sans système particulier de freinage.

Pannes

Des véhicules de dépannage circulent sur les grandes routes et sur celles empruntant les cols de montagne en Norvège de fin juin à fin août. Des postes téléphoniques pour les appels urgents sont implantés le long des routes de montagne.

Péages

Certaines routes norvégiennes sont à péage. Les villes de Bergen, Oslo,

	AUTOROUTES	ROUTES À 4 VOIES	ROUTES À 2 VOIES	AGGLOMÉRATION
Danemark	110 km/h	80 km/h	80 km/h	50 km/h
Norvège	80 à 90 km/h	80 à 90 km/h	80 à 90 km/h	50 km/h
Suède	90 à 110 km/h	70 à 110 km/h	70 à 110 km/h	50 km/h

Attention aux élans !

Ils ont une allure un peu pataude avec leur gros corps (ils peuvent peser jusqu'à une demi-tonne) que supportent de longues jambes fines, leur barbichette ponctuant un long museau et leurs bois arrondis et massifs ! D'ordinaire doux et craintifs, les quelque 300 000 élans qui peuplent les forêts suédoises peuvent se révéler de redoutables brutes lors des mois d'automne : sortant alors de leurs forêts, ces gourmands se repaissent de pommes sauvages tombées des arbres, sans se soucier de la fermentation des fruits : or, une fois ivre mort, l'élan devient agressif, fonce sur tout ce qui bouge et n'hésite pas à pénétrer dans les habitations, prêt à tout saccager au plus grand dam des propriétaires… Plus sérieusement, les autorités suédoises ont recensé plus de 4 200 accidents de la route dus à des élans en 2003 et livrent ce conseil plein de bon sens : si vous vous trouvez nez à nez avec un élan, évitez de l'approcher et prenez la fuite… ou bien grimpez à un arbre !

P. Plantier / MICHELIN

Stavanger et Trondheim font payer un droit de passage aux véhicules qui se rendent dans le centre de la ville.

Signalisation routière

À quelques exceptions près, elle est identique à celle en usage dans le reste de l'Europe.
Attention aux élans et aux rennes qui ont peu le sens de la circulation et ont tendance à traverser les routes au crépuscule. Une collision avec un élan de 600 kg peut avoir de graves conséquences. Tout accident avec un renne ou un élan doit être déclaré à la police locale. Des panneaux spéciaux signalent les zones dangereuses.

Location de voitures

Les grandes sociétés de location (Avis, Hertz, Europcar et Budget) ont des bureaux dans les principales villes et les aéroports internationaux. On peut louer une voiture en un lieu et la laisser à un autre. Il est toujours préférable de réserver à l'avance un véhicule à transmission automatique. Certaines compagnies aériennes proposent des vols avec location de voiture à des prix intéressants.

Santé

PHARMACIES

Au Danemark, en Norvège et en Suède, vous trouverez des pharmacies dans la plupart des localités de quelque importance. Les pharmacies *(apotek)* ont les mêmes heures d'ouverture que les magasins. Les grandes villes ont souvent une pharmacie ouverte 24 heures sur 24.

MODALITÉS DE REMBOURSEMENT

Les ressortissants des pays de l'Union européenne qui ont une convention prévoyant les soins médicaux d'urgence en cas de séjour temporaire paient le même prix que les Scandinaves. Avant de partir, ils doivent se procurer le **formulaire E 111** qui leur permettra de se faire rembourser les soins médicaux. Les ressortissants des autres pays doivent se renseigner sur les conditions de leur police auprès de leur compagnie d'assurance, afin de pouvoir négocier avec celle-ci un remboursement selon ces conditions. Tous les médicaments délivrés sur ordonnance doivent être clairement étiquetés et il est indispensable de conserver une copie de l'ordonnance. American Express offre un service « Global Assist » à ses adhérents uniquement pour l'assistance médicale, juridique et personnelle en cas d'urgence.

Communications

POSTE

Les bureaux de poste ouvrent de 9h à 17h du lundi au vendredi et de 9h à 12h au **Danemark** où les boîtes aux lettres sont rouges, de 8h ou 8h30 à 16h ou 17h du lundi au vendredi et de 8h à 13h le samedi en **Norvège** où les boîtes aux lettres sont rouges et sur pied, de 9h à 18h du lundi au vendredi et de 9h à 13h le samedi en **Suède** où les boîtes aux lettres sont jaunes.

INDICATIFS INTERNATIONAUX			
DE	DANEMARK	NORVÈGE	SUÈDE (1)
VERS			
Belgique	00 310	00 31	00 31
Canada	00 1	00 1	00 1
Danemark	——-	00 45	00 45
Finlande	00 358	00 358	00 358
France	00 33	00 33	00 33
Norvège	00 47	[illegible]	00 47
Suède	00 46	00 46	——-
Suisse	00 41	00 41	00 41

Les timbres sont vendus dans les bureaux de poste, dans de nombreux kiosques ainsi que dans les papeteries. Les bureaux de poste principaux ont souvent un service de poste restante ; il faut présenter son passeport et indiquer ses nom et prénom, car le courrier peut être classé sous l'un ou l'autre.

TÉLÉPHONE

Au **Danemark**, il est possible de téléphoner de toutes les cabines téléphoniques et de tous les bureaux de poste ; ces derniers sont ouverts de 9h ou 10h à 17h ou 18h en semaine et le samedi de 9h à 12h.
En **Norvège** et en **Suède**, la poste et les télécommunications sont des organismes séparés ; il est possible d'appeler depuis les cabines publiques ou les bureaux de télécommunications dans les grandes villes. En Suède, les indicatifs régionaux comportent toujours de deux à quatre chiffres, et débutent systématiquement par 0 : cet indicatif doit être utilisé intégralement pour passer une communication d'une région à une autre mais sans le préfixe 0 lors d'appels internationaux.

Internet

Les cafés Internet sont peu nombreux, notamment au Danemark et en Norvège. En revanche, beaucoup de grands hôtels mettent un ordinateur ou une connexion sans fil à la disposition de leurs clients.

Environnement

PROTECTION DE L'ENVIRONNEMENT

L'existence en Scandinavie d'espaces préservés repose sur la détermination des hommes : la prise de conscience collective des Scandinaves en matière d'environnement et leur volonté de sauvegarder la nature sont sans égales. Les Scandinaves s'identifient totalement avec leur environnement naturel et l'intérêt qu'ils portent à son équilibre fait partie de leurs convictions profondes ; loin d'éprouver une fausse impression de sécurité du fait de leur position géographique à la périphérie du continent européen, ils ont été les premiers à faire face avec réalisme aux dangers croissants de la pollution. Ils se sont attaqués au problème de manière typiquement nordique, et leur politique de protection de l'environnement se fonde à la fois sur une **réglementation stricte** et sur la **responsablité individuelle**.
La **faune** et la **flore** sont extrêmement bien protégées, en particulier les espèces rares comme l'ours, rapidement décimé en Norvège à la suite d'un déboisement à grande échelle, le lynx, le glouton, le bœuf musqué, l'otarie, le renard des neiges ainsi que plusieurs espèces d'oiseaux sérieusement menacées, tels le grand-duc et le guillemot. Il y a eu quelques victoires en ce domaine puisque le nombre de pygargues, d'élans et de

E. Sevo / MICHELIN

Cabine téléphonique.

castors s'est considérablement accru et que ces espèces sont aujourd'hui exportées vers les pays où elles avaient disparu.
Bien que la cueillette de nombreuses variétés de baies et de champignons sauvages soit très répandue en Scandinavie, les plantes et arbres rares sont protégés depuis longtemps et les botanistes amateurs doivent se contenter d'admirer la flore dans son cadre naturel.

L'ALLEMANSRÄTT

Les vastes étendues faiblement peuplées du Nord de la péninsule scandinave englobent les dernières régions sauvages d'Europe. Passionnés par la nature, les Scandinaves se sont obstinés à préserver ce qu'ils chérissent le plus. Leur conscience de l'environnement a entraîné un mélange de lois de protection strictes et de responsabilité individuelle.
Le « droit de chacun » exprime en Suède le traditionnel droit d'accès public à la nature, dont vous pourrez librement profiter sous réserve d'observer les règles suivantes :
Respect de la vie privée : vous pouvez traverser les domaines privés à pied, à skis, à vélo ou à cheval tant que vous n'abîmez ou ne détruisez rien sur votre passage (culture, plantation, barrière…). Mais il ne vous est pas permis de traverser les jardins privés ni d'y camper sans permission préalable.
Camping : vous pouvez planter votre tente pour un jour ou deux sur les terres non cultivées et à l'écart des habitations, mais si vous choisissez un site proche d'une maison, il est de bon ton de demander l'autorisation au propriétaire supposé de l'emplacement.
Engins motorisés : respectez les panneaux marqués « Ej motorfordon » (pas d'engins motorisés) ou « Enskild väg » (voie privée) réglementant l'accès de certaines routes forestières. Vous pouvez vous garer en bordure de forêt sans toutefois en obstruer l'accès ni gêner la circulation. En hiver, aussi attirantes que puissent être les étendues neigeuses, les amateurs de motoneige doivent suivre les itinéraires désignés ; les voies publiques leur sont strictement interdites.
Feux de camp : ils sont généralement interdits durant les périodes de sécheresse. Vous pouvez allumer un feu de camp tant qu'aucun risque de propagation n'existe. Le foyer doit être entièrement éteint et nettoyé lors de votre départ afin qu'aucune trace ne subsiste après votre passage. N'allumez jamais de feu sur un rocher, celui-ci pouvant se fendre sous l'action de la chaleur et subir un dommage irréparable.
Baignade et navigation : vous pouvez nager et attacher votre bateau à l'écart des habitations et plus généralement partout où ne figure pas de panneau mentionnant l'existence d'une réserve naturelle. Les utilisateurs d'engins nautiques motorisés devront toujours être extrêmement prudents à l'approche d'un rivage et respecter bien évidemment les limitations de vitesse. Sachez que l'utilisation de jets-ski, scooters de mer et autres engins bruyants peut déranger des personnes et nuire à la faune et à la flore environnantes.
Détritus : emportez toujours vos déchets lorsque aucune poubelle publique ne se trouve là où vous êtes et ne laissez rien qui pourrait nuire à la venue d'autres personnes. Sachez que les sacs en plastique, canettes et autres déchets oubliés dans la nature peuvent provoquer la mort d'animaux sauvages.
Cueillette : vous pouvez librement cueillir fleurs, baies et champignons, à l'exception de certaines espèces protégées. Pour les connaître, renseignez-vous auprès de l'office de tourisme le plus proche.
Pêche et chasse : la pêche côtière (sauf sur la côte du Norrland et la pêche du saumon) et dans les cinq plus grands lacs du pays (Vänern, Vättern, Mälaren, Hjälmaren et Storsjön) avec canne ou tout autre procédé manuel utilisant une ligne est autorisée pour tous. Ailleurs, un permis est exigé.
Ne jetez jamais vos vieilles lignes de pêche dans la nature. Cela porterait gravement atteinte à la vie des animaux sauvages. La chasse n'est pas permise en dehors des périodes légales, et il est bien sûr interdit de prélever des œufs. Ne dérangez jamais les nids, ni les jeunes animaux.

Vie quotidienne de A à Z

ACHATS

Heures d'ouverture – Au **Danemark** : de 9h à 17h30 du lundi au jeudi, de 9h à 19h le vendredi et de 9h à 13h

le samedi. En **Norvège** : de 9h à 17h du lundi au vendredi et de 9h à 14h le samedi. En **Suède** : de 9h à 18h du lundi au vendredi et de 9h à 14 ou 16h le samedi.
Quelques magasins sont ouverts 24h/24 et disposent de distributeurs de billets.

Achats détaxés – La Norvège ne faisant pas partie de l'Union européenne, vous pourrez obtenir le remboursement de la TVA si vos achats dépassent 310 NOK (le cumul d'achats n'est pas autorisé). Dans la plupart des ports, aéroports et sur les ferries partant de Norvège, la société privée « Tax-Free Shopping » possède des agents qui remboursent les chèques de TVA. Pour ce qui concerne la Suède et le Danemark, seuls les ressortissants de pays hors Union européenne peuvent bénéficier du remboursement de la TVA. Les commerçants remettent aux clients un chèque correspondant au montant de la TVA, qui leur permet d'en obtenir le remboursement en quittant le dernier pays de l'Union européenne dans lequel ils voyagent. Le montant des achats doit alors être supérieur à une certaine somme et les produits alimentaires, la confiserie ou le tabac ne sont pas concernés.

Achat d'alcool – L'État au **Danemark** n'a pas le monopole de la vente d'alcool et la plupart des boissons alcoolisées sont vendues dans les épiceries ou supermarchés. Le *Vinmonopolet*, organisme public en **Norvège**, espère, lui, conserver pleinement son monopole. Mais il se heurte à la demande d'une plus grande concurrence par les membres de l'Union européenne. C'est particulièrement le cas pour les lieux frontaliers avec la Finlande où, au-delà d'une frontière théorique, des centres commerciaux spécialisés offrent des produits alcoolisés moins lourdement taxés et à des plages horaires plus larges, ce qui fait le bonheur de bon nombre de Norvégiens !

La **Suède** a accepté de déréglementer son monopole, exception faite du commerce de détail. Les boutiques spécialisées (*Systembolaget*) conservent le contrôle des ventes d'alcool, sauf pour la bière légère. Ces boutiques n'ouvrent généralement que la semaine, les prix y sont élevés et les files d'attente sont longues (surtout le vendredi après-midi). Il est possible d'acheter tous les alcools à partir de 20 ans, mais un jeune de 18 ans ne peut se procurer que les boissons faiblement alcoolisées (22 % maximum).

JOURS FÉRIÉS	DK	N	S
1er janvier	x	x	x
6 janvier – Épiphanie			x
Jeudi Saint	x	x	
Vendredi Saint	x	x	x
Dimanche de Pâques	x	x	x
Lundi de Pâques	x	x	x
1er mai – Fête du Travail		x	x
4e vendredi après Pâques – Jour national de prière	x		
17 mai – Fête nationale		x	
Ascension	x	x	x
Dimanche de Pentecôte	x	x	x
Lundi de Pentecôte	x	x	x
5 juin – Jour de la Constitution	x		
fin juin – Veille de la Saint-Jean			x
fin juin – Jour de la Saint-Jean			x
Toussaint			x
6 décembre – Fête de l'Indépendance	x		
24 décembre – veille de Noël	x		x
25 décembre – Noël	x	x	x
26 décembre – lendemain de Noël	x	x	x
31 décembre – Saint-Sylvestre	x		

ÉLECTRICITÉ

C'est le courant alternatif 220 V qui prédomine dans toute la Scandinavie, avec des prises circulaires à deux broches. Prévoir un adaptateur.

HORAIRES

Heures des repas – Les deux repas principaux sont le petit déjeuner, copieux, et le dîner. Le déjeuner se résume généralement à une légère collation. Les Scandinaves dînent tôt (dès 18h), surtout en hiver.

Horaire légal – Il est, dans les trois pays, de GMT + 1, c'est-à-dire qu'il n'y a aucun décalage horaire avec la France. Le changement d'heure légale s'effectue aux mêmes dates qu'en France.

Horaires (et périodes) de visite – Les horaires de visite des musées varient beaucoup d'une période à l'autre de l'année ; les musées de plein air ne sont ouverts qu'entre juin et septembre, la pleine saison se situant entre le 1er et le 15 août.

JOURS FÉRIÉS

Voir tableau page précédente.
Les vacances d'été débutent en juin jusqu'à la mi-août au Danemark et en Suède, de la mi-juin jusqu'à la mi-août en Norvège. Le week-end de Pâques, période festive en famille, est le week-end férié par excellence. Tout est fermé, notamment au niveau des commerces.

SAUNA

Connu dans le monde entier comme l'un des meilleurs moyens de se détendre, le sauna est une véritable institution en Scandinavie.
La forme la plus primitive de sauna était constituée par une fosse dans le sol, ce que signifie justement le mot same **sáudni**. Le terme (en Suède on emploie le mot **bastu**) désigne à la fois la pièce et le bain de vapeur. L'installation comprend le plus souvent un vestiaire, une salle d'eau et le sauna proprement dit, toujours construit en bois pour absorber l'humidité de l'air et permettre un bain de vapeur sèche. La pièce ne dispose que de quelques gradins étagés (plus on est haut, plus la température est élevée), également en bois, et d'une source de chaleur. Afin de maintenir l'humidité ambiante au niveau souhaité, on verse de temps à autre de l'eau sur un nid de pierres posées sur un poêle. Une variante consiste à mettre un peu de bière sur les pierres, qui dégagent alors une agréable odeur de levure.
Sous l'action de la chaleur, les pores se dilatent et libèrent des toxines. Quand on a le sentiment d'avoir assez transpiré, on prend une douche glacée dans la salle d'eau ; l'hiver, les plus courageux se roulent dans la neige ou effectuent un plongeon dans un lac gelé (en s'assurant toutefois d'avoir pied…), puis on recommence l'opération, une fois ou deux : la pratique du sauna doit être un moment agréable et non un record de durée, et si l'alternance du chaud et du froid active la circulation du sang, le choc thermique doit être évité.

Le sauna

Il y a trois types de sauna : le **torrbastu,** sauna sec où la température peut atteindre 100 °C, le **våtbastu,** plus humide et pratiqué aux environs de 75 °C, et l'**ångbastu**, très humide, pratiqué à 60 °C, qui s'apparente au bain turc, car la vapeur est alors introduite par jets dans une pièce carrelée retenant l'humidité. Les Scandinaves prennent un sauna en général une fois par semaine. Être invité à le partager avec eux est un honneur que l'on ne saurait refuser : laissant alors ses *a priori* comme ses vêtements au vestiaire (se munir quand même d'une serviette si le sauna est mixte), l'homme réapparaît sous sa plus humble expression et cet environnement égalitaire favorise échanges et rencontres. Un repas consistant accompagné de café fumant est généralement servi à la sortie, car il convient de prendre son sauna à jeun.

TABAC

Rude voyage pour les fumeurs invétérés, surtout l'hiver !
Il est en général permis de fumer dans les lieux publics au Danemark, sauf dans les transports ; il existe des compartiments fumeurs dans certains trains et des espaces non fumeurs dans les restaurants. Dans les autres pays scandinaves, les interdictions de fumer sont strictement appliquées : il est interdit de fumer dans les lieux et les transports publics. Les hôtels, restaurants, bars et cafés sont pratiquement tous des espaces non fumeurs, ce qui a donné naissance aux terrasses, inattendues sous ces latitudes et chauffées par de grands poêles, et où les chaises sont pourvues de plaids dans lesquels s'enroulent les consommateurs.

Michelin dans les Pays Nordiques

o Présence de longue date

Michelin assure une présence dans les Pays Nordiques depuis plus de 80 ans. Accomplir notre mission pour contribuer à une meilleure mobilité en apportant plus de sécurité, d'efficacité, de liberté et de plaisir de se déplacer, constitue un challenge tout particulier dans les conditions extrêmes de l'hiver nordique.

o Expertise de l'extrême

Les conditions sévères des hivers nordiques ont permis à Michelin de développer une véritable expertise dans la conception des pneus hiver spécialement destinés aux marchés d'Europe du Nord. Aussi bien les pneus hiver cloutés que non-cloutés sont constamment testés dans les conditions extrêmes de la Laponie.

o Acteur majeur sur les marchés nordiques

Une offre complète allant des pneus de voitures de tourisme aux énormes engins du Génie Civil, alliée à l'expertise des conditions climatiques ont fait de Michelin le numéro 1 des marchés de pneumatiques nordiques.

o Organisation nordique

Le siège de Michelin dans les Pays Nordiques est situé à Stockholm, Suède. Les agences commerciales au Danemark, en Finlande et en Norvège assurent une proximité auprès de chacun de ces marchés.

o Personnel hautement qualifié

Michelin emploie environ 1 500 personnes dans les Pays Nordiques, incluant la chaîne de distribution Euromaster largement représenté en Suède, en Finlande et au Danemark. La force de vente Michelin locale dans chaque pays offre une expertise technique et commerciale à l'ensemble des clients nordiques.

À FAIRE ET À VOIR

Activités de loisirs

SKI

Dans les pays nordiques, à l'exception évidemment du Danemark, la pratique du ski fait partie du mode de vie ordinaire. Ski alpin, ski télémark, ski de randonnée, ski de fond, ski d'été, les stations de ski scandinaves permettent de s'adonner à toutes les formes de ski que l'on souhaite. Cet exceptionnel éventail de possibilités n'a pas été étranger au choix de Lillehammer, au cœur de la Norvège qui inventa la plupart des différentes techniques de ski, pour le déroulement des jeux Olympiques d'hiver en 1994.
La carte des grandes stations et des festivals, en introduction, situe quelques-unes des stations les plus connues de Scandinavie.
En **Norvège**, la région du Jotunheim propose des descentes en neige fraîche depuis les sommets, des promenades sur les pistes balisées ou du ski hors piste sur d'immenses étendues de neige vierge. Le ski d'été est particulièrement prisé en Norvège, et se pratique notamment à :
- Galdhøpiggen Sommerskisenter, *2687 Bøverdalen, ✆ 61 21 17 50, fax 61 21 21 72.*
- Folgefonna Sommerskisenter, *5627 Jondal, ✆ 53 66 80 28, post@folgefonn.no, fax 53 66 88 95, www.folgefonn.no*
- Stryn Sommerskisenter, *Strynefjellet AS, 6783 Stryn, ✆ 57 87 54 74,* mai-juil. : se renseigner pour les horaires.

En **Suède**, les principales stations de ski de descente sont, du Sud au Nord, Sälen, Åre, Tärnaby et Riksgränsen. Årefjällen et Funäsdalsfjällen sont deux grands centres de ski de fond dotés de pistes pour la pratique du ski classique et du ski freestyle. Des randonnées à ski en Laponie suédoise sont organisées par **Camp Abisko**. *Box 71, SE-981 07 Abisko, ✆ 980-401 48 et 980-401 03, fax 980-402 10, www.campabisko.com* Pour de plus amples renseignements, vous pouvez contacter la Fédération suédoise de ski : **Svenska Skidförbundet**, *Riksskidstadion, SE-791 19, Falun, ✆ 023-874 40, www.skidor.com*
Depuis 1922 se déroule en Suède l'une des courses de ski de fond les plus renommées au monde, la **Vasaloppet**. Cette course de style traditionnel réunit chaque premier dimanche de mars plus de 14 000 skieurs sur un parcours de 90 km entre Sälen et Mora. Pour participer, il suffit d'avoir plus de 19 ans et de s'inscrire avant le 15 janvier. Renseignez-vous auprès de Vasaloppets Hus, *SE-792 32 Mora, ✆ 0250 392 00, fax 0250 392 50 - info@vasaloppet.se, www.vasaloppet.se*

P. Johansson / VASALOPPET

Vasaloppet (course de ski de fond).

Ski hélitracté – Les grands espaces sauvages suédois se prêtent à merveille à la pratique du ski tracté par hélicoptère, exercice dont les stations de Riksgränsen et de Hemavan/Tärnaby sont les spécialistes. Cette forme de ski est interdite en Norvège (et peu courante en Finlande).

PATINAGE DE LONGUE DISTANCE

De janvier à mars, lacs et archipels de Scandinavie se transforment en autant de patinoires naturelles sans limites. Quoi de plus fabuleux durant les jours ensoleillés du creux de l'hiver que de pouvoir chausser ses longs patins pour partir à l'aventure… Glisser librement sur la glace bleue foncée d'un lac gelé ou même sur la Baltique durant la période la plus froide, voici encore une nouvelle manière bien nordique de profiter des merveilleux paysages naturels tout en passant une agréable journée sportive.

Si le patinage de longue distance s'adresse à tous les âges, sa pratique impose cependant quelques mesures de sécurité dont dépendront votre confiance et votre plaisir. Évitez de patiner seul et informez-vous toujours de l'état de la glace. Si certains patineurs aguerris et bien informés se risquent parfois à des sorties en solitaire, la plupart des Scandinaves patinent entre amis, en famille ou en groupe. De nombreuses associations organisent chaque week-end des sorties et informent leurs membres des différents endroits où le patinage est rendu possible. Ayez des vêtements chauds, imperméables et coupe-vent. N'oubliez pas que le froid peut varier considérablement en fonction de l'intensité du vent. Pour un long trajet aller-retour sur la glace, effectuez de préférence l'aller contre le vent et le retour avec vent de dos, plus facile lorsque vous commencerez à ressentir la fatigue grisante de la glisse. L'équipement usuel du patinage de longue distance se compose de quatre éléments essentiels :

- les **patins de longue distance** sont des lames d'environ 50 cm de longueur fixées sous un plateau sur lequel repose la chaussure ;
- les **chaussures** qui, selon le modèle de patins utilisés, peuvent être des chaussures de ski, des chaussures spécialement conçues, ou de traditionnelles chaussures de randonnée ;
- un **grand pic** ou un **bâton de ski** pour pouvoir se maintenir debout sans effort sur la glace. Ce bâton pourra, au besoin, servir de perche pour aider toute personne tombée dans l'eau à en ressortir sans s'approcher de l'endroit de rupture de la glace ;
- un **« kit de sécurité »** fixé autour du cou et composé de deux petits pics qui serviront en cas d'immersion à sortir plus facilement d'un trou d'eau en piquant avec chaque main dans la glace.

Prévoir enfin un « sac à dos de secours » comportant, outre une ration alimentaire énergétique et une thermos de boisson chaude, un sac en plastique hermétiquement fermé contenant des habits de rechange. En effet, dans le cas (improbable mais néanmoins existant) où la glace céderait sous le poids du patineur, il faudrait alors se changer immédiatement avant que les effets engourdissants du froid n'atteignent les fonctions vitales. Pour de plus amples informations, contactez les fédérations de patinage :

Danemark : Dansk Skote Union, *Idrættens Hus, 2605 Brøndby, ✆ 43 26 26 26, fax 43 26 26 28, www.dif.dk*

Norvège : Norges skøyteforbund, *Idrettens Hus, Sognsveien 75, Serviceboks 1, Ullevål Stadion, ✆ 21 02 97 20, fax 21 02 97 21, www.n-s-f.no*

A. Zuber / MICHELIN

Randonnée en traîneau à chiens.

Suède : Svenska Skridskoförbundet, *Idrottens Hus, SE 11473 Stockholm, ✆ 08-699 60 00, fax 08-699 6184.*

RANDONNÉE EN TRAÎNEAU À CHIENS

Quoi de plus merveilleux que le simple glissement d'un traîneau dans le profond silence du Grand Nord et le bruit étouffé des pattes des chiens s'enfonçant dans la neige ? Ce type de randonnée originale enchantera tous les amoureux de la nature et des grands espaces vierges. La Laponie est bien sûr le terrain de prédilection pour une telle expérience qui ne requiert qu'une condition physique normale. De fin décembre à début mai, il existe différents moyens de découvrir la randonnée en traîneau à chiens, depuis la simple initiation de 2h jusqu'à l'expédition organisée d'une semaine ou plus. Lors d'une randonnée guidée, le groupe dépasse rarement 6 personnes. Debout, en équilibre sur les patins arrière du traîneau, chaque participant conduit son propre attelage composé de 4 à 6 chiens selon le poids à tirer. La première rencontre avec ses compagnons de voyage, le plus souvent des huskies de Sibérie ou des malamutes d'Alaska, est toujours un moment émouvant. Une fois harnachés, les chiens bondissent d'impatience et ne cessent de japper, excités par ce que Paul Émile Victor nommait « le désir d'avancer ». Un crochet que l'on plante fermement dans la neige permet d'immobiliser le traîneau jusqu'au signal du départ. Lorsque le guide libère l'ancre du traîneau de tête, toute la colonne démarre en un éclair. Tenez fermement votre traîneau, conservez l'équilibre et profitez ainsi des premiers instants de glisse qui sont souvent les plus magiques. Habituellement, les excursions sont de 25 à 50 km par jour. Au cœur d'une nature boréale intacte, les étapes se succèdent de refuge en refuge, depuis les lacs gelés des grandes plaines jusqu'aux rivières des montagnes escarpées en passant par l'immense forêt d'arbres bas composant la toundra. À l'issue d'une longue et merveilleuse journée de randonnée, vous pourrez apprécier le plaisir d'un vrai sauna. Compte tenu d'une température souvent basse combinée parfois à un vent fort, l'équipement ne doit pas être négligé lors d'une excursion sous les latitudes polaires. Des sous-vêtements isolants, une tenue et des chaussures chaudes, imperméables et coupe-vent (type Goretex), de bonnes lunettes de soleil (style glacier), une casquette ou capuche couvrant les oreilles et des moufles sont à prévoir pour ce genre d'expédition. Pour le visage, il est recommandé d'utiliser des crèmes à base d'huile plutôt que des produits aqueux.

En **Norvège**, une des régions propices à la randonnée en traîneau à chiens est le Troms central situé à mi-chemin entre Narvik et Tromsø. Contactez la ferme de huskies Innset, *Altevannveien, 9360 Bardu, ✆ 77 18 45 03, fax 77 18 23 71, www.huskyadventure.com*

On peut aussi s'adresser, à Øverbygd, à Undervegs, *9334 Øverbygd, ✆ 77 83 12 13/72 00, www.undervegs.no*

De nombreuses expéditions sont organisées en **Laponie suédoise** dans la région du parc national d'Abisko, accessible depuis Kiruna, par Camp Abisko.

RANDONNÉE EN TRAÎNEAU À RENNES

Le principe est le même que celui d'une randonnée en traîneau à chiens à la différence près que le renne s'avère beaucoup moins vif que le husky. En contrepartie, ces animaux aux bois splendides sont d'une résistance peu commune et peuvent ainsi parcourir de très longues distances même dans une neige profonde où des chiens peineraient alors. Là encore, on peut participer à une excursion organisée, de quelques heures à plusieurs jours avec nuit sous la tente lapone.

Pour découvrir la **Norvège** en compagnie des rennes, on peut s'adresser notamment à Tromsø Villmarkssenter, *9100 Kvaløysletta, ✆ 77 69 60 02, fax 77 69 60 39, www.villmarkssenter.no*

En **Suède**, contactez Lainio Vildmark, *Lainio by, SE-980 10 Vittangi, ✆ 0981 410 25, fax 0981 410 10, www.lainio.com*

RANDONNÉE SUR GLACIER

Cette fantastique découverte de la glace bleue est surtout rendue possible dans la région du Jostedalsbreen. Pour escalader la glace bleue, il faut connaître les techniques d'ascension et de sécurité, et avoir l'équipement nécessaire. Un glacier étant toujours en mouvement, certaines parties peuvent s'effondrer subitement. C'est pourquoi il faut toujours être accompagné d'un guide. Lorsque vous êtes seul, respectez les panneaux d'avertissement et n'allez pas trop près du glacier, même s'il semble attirant. De juin à septembre, des guides expérimentés organisent chaque jour des sorties sur la glace pour tous les niveaux. L'équipement nécessaire est fourni, à l'exception de vêtements chauds, imperméables et coupe-vent, qu'il convient de prévoir. Ces sorties ne nécessitent aucune connaissance des glaciers ni habitude de l'escalade et s'adressent à toute personne de plus de 7 ans et en bonne santé. Encordés par petits groupes de 10 personnes maximum par guide, vous pourrez ainsi découvrir la féerie glaciaire en toute sécurité. Renseignez-vous auprès du **Breheimsenteret**, *6871 Jostedal, ✆ 57 68 32 50, fax 57 68 32 40, www.jostedal.com*

RANDONNÉE EN MONTAGNE

Les pays scandinaves, où la nature est reine et les espaces immenses, offrent de magnifiques possibilités de randonnée pédestre, particulièrement dans les régions montagneuses dont l'aspect varie énormément d'une saison à l'autre. Des refuges et stations de montagne jalonnent les pistes et

M. Kopperud / INNOVATION NORWAY

Randonnée sur un glacier.

sentiers clairement balisés.
Pour la randonnée en **Norvège**, consultez le site *www.visitnorway.com/randonnee*
D'autre part, le Club Alpin Norvégien, le **DNT** (Den Norske Turistforening, *Storgata 3, 0155 Oslo,* ✆ *22 82 28 00, fax 22 80 28 55, www.turistforeningen.no*) organise en été des randonnées accompagnées, de difficulté variée, mais nécessitant une bonne condition physique. Certains refuges sont réservés aux membres du DNT ; tout le monde peut adhérer au DNT (environ NOK 375) en écrivant directement ou au centre d'accueil sur place.
En **Suède**, la **Piste royale (Kungsleden)** traverse une très belle région montagneuse dans le Nord de la Laponie. Pour en savoir plus sur les montagnes suédoises, consultez le site *www.meravsverige.nu*
La région de Jokkmokk et ses quatre parcs nationaux offrent des conditions idéales aux amoureux de la nature et de la randonnée ; en effet les chalets et sentiers sont ouverts aux visiteurs pendant une grande partie de l'année. Renseignements : **Jokkmokks Turistbyrå**, *Stortorget 4, 962 31 Jokkmokk,* ✆ *971 222 50, fax 971222 59, www.turism.jokkmokk.se*

SAFARI EN MOTONEIGE

C'est en Laponie qu'une randonnée en motoneige prendra toute sa dimension, là où des pistes spéciales sont réservées à la motoneige sur des milliers de kilomètres.
En **Laponie suédoise**, les principaux points de départ de safaris en motoneige sont Kiruna, Nikkaluokta et Abisko, tous situés à proximité du Kebnekaise, la plus haute montagne de Suède (2 111 m). Le trajet emprunte souvent la fameuse Kungsleden (Piste royale), une piste de randonnée traversant la Laponie du Nord au Sud sur plus de 500 km (Abisko-Hemavan) dans un cadre naturel fantastique.

VOILE ET NAVIGATION DE PLAISANCE

Les Scandinaves ont dans le sang l'amour de la mer et de la navigation qu'avaient déjà leurs ancêtres, les Vikings. Plus on est au Nord et plus la période de navigation est restreinte, compte tenu du climat rigoureux qui sévit durant l'hiver. Cette période est généralement comprise entre les mois de mars et de novembre.

Voiliers dans le port de Marstrand.

La navigation étant libre en Scandinavie, les plaisanciers ne sont pas tenus d'avoir un permis ou un diplôme de navigation. Les navires en provenance d'autres pays que les pays nordiques doivent être déclarés dans un des bureaux de douane qui parsèment les côtes. Vous devez avoir à bord les certificats d'immatriculation et de nationalité du bateau ainsi que l'éventuel contrat de location.
Le temps pouvant changer très rapidement en Scandinavie, informez-vous régulièrement des prévisions météorologiques et munissez-vous de cartes marines récentes et de faible échelle.
Pour la location de bateau au **Danemark**, consultez les deux sites suivants : *www.scancharter.dk, www.nordiaboatcharter.dk*
En **Suède**, seule une agence regroupant les bateaux de particuliers propose à la location une large gamme de voiliers et de bateaux à moteur : **RTC Charters boats**, *Bullandö Marina, SE-139 56 Värmdö,* ✆ *08-571 452 30, fax 08-571 459 80, www.rtc.se*
Éclaté sur plusieurs milliers d'îles, l'archipel de Stockholm offre aux amoureux de la voile un environnement idyllique. Pour des cours de voile, contactez ABC Seglarskola, *Stallvägen 1, SE-131 50 Saltsjö-Duvnäs,* ✆ *08-716 71 40, fax 08 716 71 11, www.abcseglarskola.se*
Pour obtenir la liste des clubs et écoles de voile, renseignez-vous auprès des différentes fédérations de voile :
Danemark : Dansk Skøjte Union, *Idrættens Hus, 2605 Brøndby,* ✆ *43 26 29 10, fax 43 26 29 08.*
Norvège : Norges Seilforbund, *Serviceboks1, Ullevaal stadion, 0840 Oslo,* ✆ *21 02 90 00, fax 21 02 97 15, www.seiling.no*

VOILE SUR GLACE

La pratique de la voile ne se limite pas en Scandinavie à la période d'été puisqu'il est également possible durant l'hiver de s'exercer à la pratique très originale du char à voile sur glace. Pour vous initier à une toute nouvelle sensation de glisse sur un lac de glace ou mieux encore sur la mer gelée, contactez en Suède la Fédération de voile sur glace : **Svenska Isseglarförbundet**, Fiskeboda Ice Sailing Centre - *SE 640 25 Julita, ✆ 50 86 07 60, www.sisf.se/Fiskeboda, de déb. déc. à fin avr., (logement + char à voile sur glace).*

PLANCHE À VOILE

C'est un des sports nautiques les plus répandus à travers les différents pays scandinaves. Des planches de location vous seront proposées dans pratiquement tous les hôtels et campings se trouvant en bord de mer ou de lac. Chaque été sont organisées différentes régates. Renseignez-vous auprès des offices de tourisme locaux ou des fédérations de voile.
En **Suède**, adressez-vous à Brädseglarförbundet, *Idrottens hus, 12387 Farsta.*

CANOË-KAYAK

Si l'on considère l'intimité dans laquelle les Scandinaves vivent avec l'eau, on comprendra vite que les possibilités de canotage sont infinies, depuis la location à l'heure jusqu'au raid organisé de plusieurs jours. À la différence du kayak conçu par les Eskimos pour la mer, le canoë était utilisé par les Indiens et convient donc mieux pour les lacs et les rivières. Afin d'éviter tout problème, équilibrez toujours votre embarcation lors du chargement. En restant près de la côte, vous éviterez les hautes vagues et les vents forts.

En **Norvège**, la Sjoaelv dans la région d'Oppland et la Trysilelv dans le Hedmark sont parmi les meilleures rivières de kayak en eau vive d'Europe. Pour de plus amples renseignements, contactez le **Hedmark Tourist Board**, *Grønnegata 11, N-2317 Hamar, ✆ 62 55 33 20, fax 62 55 33 2, www.hedmark.com* et le **Lillehammer-Gudbrandsdal Tourist Board**, *Vinstra Skysstasjon, 2640 Vinstra, ✆ 61 29 47 70, fax 61 29 47 71, post@gudbrandsdalen.no, www.gudbrandsdalen.no*

T. Rakke / NORDIC LI INNOVATION NORWAY

Canoë au pied des fjords.

Pour des week-ends et séjours organisés dans l'archipel de Stockholm, contactez **Äventyrsresor**, *Hornsgatan 110, SE-117 26 Stockholm, ✆ 08 5560 6900, fax 08 5560 6914, info@aventyrsresor.se, www.aventyrsresor.se*
Pour obtenir la liste des centres de canotage situés dans la région que vous visiterez, il est préférable de vous renseigner directement auprès des différentes fédérations :

Danemark : Dansk Kano og Kayak Forbund, *Idrættens Hus, 2605 Brøndby, ✆ 43 26 20 94, dkf@kano-kajak.dk, fax 43 26 20 95.*

Norvège : Norges Padleforbund, *Serviceboks 1, Ullevaal Stadion, Sognsveien 75L, 0840 Oslo, ✆ 21 02 90 00, www.padling.no*

Suède : Svenska Kanotförbundet - *Rosvalla, 611 62 Nyköping, ✆ 08-605 60 00, fax 08-605 65 65, www.kanot.com*

RANDONNÉE EN RADEAU

Sur un radeau de troncs d'arbres, suivez le cours paisible de la Klarälven, le plus long fleuve de Suède, et profitez pleinement de la nature environnante et des activités complémentaires proposées. Pour en savoir plus, consultez le site *www.sverigeflotten.com*

SKI NAUTIQUE

Avec plusieurs centaines de milliers de lacs et des archipels uniques, la Scandinavie offre aux amoureux de la glisse des plans d'eau exceptionnels. Compte tenu du nombre important de clubs à travers la Scandinavie, il est préférable de contacter les différentes fédérations de ski nautique :

Danemark : Dansk Vandski Forbund, *Idrættens Hus 20, 2605 Brøndby, ✆ 20 77 11 85, www.vandski.dk*

Norvège : Norges Vannskiforbund, *serviceboks 1 U.S., 0840 Oslo, ✆ 21 02 98 70, office@vannski.no, fax 21 02 90 03.*

Suède : Vattenskidförbundet, *S-415 82 Göteborg, ✆ 31 726 61 67, fax 31 726 61 68, www.vattenskidor.org*

RAFTING

Riche en émotions et faisant appel à la solidarité d'une équipe, le rafting exige d'être pratiqué avec l'encadrement d'accompagnateurs brevetés. S'adressant à toute personne sachant nager et ayant plus de 15 ans, il s'exerce de mai à octobre auprès de différents clubs accrédités qui proposent des descentes de rivières classées par degré de difficulté. L'équipement de sécurité (casque, combinaison, gilet, chaussons) est fourni par l'organisateur, mais il est recommandé de prévoir également pour une descente des vêtements supplémentaires chauds (pull, chaussettes) en laine ou fibre et non en coton.

De tous les pays scandinaves, la **Norvège** est sans conteste le pays de prédilection du rafting. Certaines rivières sont classées sites naturels : la Sjoaelv, la Trysilelv (voir canoë-kayak ci-dessus) et la Driva dans le Sør-Trøndelag comptent parmi les meilleures rivières à se prêter à ce sport. La région des fjords et tout particulièrement les environs de Voss offrent également les conditions idéales pour la pratique de cette activité. Voici quatre des clubs les plus actifs en Norvège :

- Heidal Rafting, *Heidal rafting, 2670 Otta, ✆ 61 23 60 37, post@heidalrafting.no, www.heidalrafting.no*
- Voss Rafting Senter AS, *Nedkvitnesvegen 25, 5710 Skulestadmo, ✆ 56 51 05 25, fax 56 51 06 30, www.vossrafting.no*
- Valldal Naturopplevingar, *Postboks 72, 6210 Valldal, ✆ 70 25 77 67, fax 70 25 70 44, www.valldal.no*
- Dovrefjell Aktivitetssenter, *2660 Dombås, ✆ 61 24 15 55/76, fax 61 24 15 70.*

Accès aux cours d'eau

Exception faite des zones militaires, la plupart des cours d'eau, même gelés, sont libres d'accès. La pratique de l'aviron, du canoë et de la voile est rarement limitée, mais le motonautisme est interdit sur les lacs présentant un intérêt écologique particulier – ceux fréquentés par les oiseaux par exemple – ou situés dans des régions protégées. Des restrictions existent aussi dans les ports et les bras d'eau étroits. Ces règlements sont également valables pour le ski nautique et les scooters.

PLONGÉE SOUS-MARINE

La Scandinavie offre de multiples possibilités pour les adeptes de la plongée avec des bouteilles. De nombreux clubs de plongée organisent des cours et des sorties en mer et fournissent tout l'équipement nécessaire. Comme en France, les bouteilles doivent être testées tous les deux ans par mesure de sécurité. Pour faire remplir vos propres bouteilles, munissez-vous par conséquent du certificat de conformité. N'oubliez pas, si vous en avez, d'emporter vos diplômes, qui seront exigés pour certaines plongées.

La liste des clubs peut s'obtenir auprès des fédérations ou associations de plongée :

Danemark : Diving 2000 A/S, *Asylgade 16, DK 5000 Odense C, ✆ 66 13 00 49, www.diving2000.dk*

Norvège : Norges Dykkerforbund, *Serviceboks 1 - Ullevål - Stadium, N-0840 Oslo, ✆ 21 02 97 42, www.ndf.no*

Suède : Svenska Sportdykarförbundet, Idrottshuset, *Mårbackagatan 19 (7e étage), 123 43 Farsta, ✆ 08 605 88 02, fax 08 605 88 32, www.ssdf.se*

CANYONING ET SPÉLÉOLOGIE

Ces activités sont surtout rendues possibles en Norvège en raison de son caractère montagneux et de ses nombreuses chutes d'eau.

Conjuguant la nage et la descente en rappel, le canyoning permettra aux moins frileux de s'aventurer dans la beauté intérieure des profonds canyons et d'explorer des couloirs formés par des rivières souterraines. C'est une expérience particulière où le temps semble s'être arrêté. La faible lumière de votre lampe frontale conjuguée aux bruits étranges que provoquent les rivières cachées rendent ces visites étonnantes et stimuleront votre imagination. Les grottes souterraines de Dummedals à Boverdalen et de Käsihole à Rondane sont autant d'aventures à ne pas manquer.

SAFARI AUX BALEINES

Cette rencontre magique avec Moby Dick est rendue possible dans les îles Vesterålen, à 70 degrés de latitude Nord, au large de Nyksund ou d'Andenes. Jusqu'à la rencontre, il faudra peut-être attendre, guetter, chercher, scruter, douter… Et soudain, elle fait surface, aussi imposante que dans le roman d'Herman Melville, 60 tonnes et 20 mètres de long, unique, étrange et majestueuse. On dit souvent que le film ne vaut pas le livre. Mais là, la réalité dépasse la fiction, et c'est vous qui jouez le premier rôle, vous et Moby Dick. Les observations de baleines ont lieu chaque jour entre fin mai et mi-septembre, mais peuvent être annulées en fonction de la météo. C'est pourquoi il est sage de prévoir de passer deux ou trois jours sur place et de réserver au moins deux jours avant la date prévue. L'excursion en bateau dure environ cinq heures, et un repas léger ainsi qu'un comprimé contre le mal de mer sont inclus. Outre les plus grands cétacés du monde, vous y croiserez des cachalots, épaulards, dauphins et autres petits rorquals. Voir une baleine de près et dans son élément naturel est une expérience inoubliable !

Plusieurs organismes situés sur les îles Vesterålen proposent ces sorties passionnantes et instructives dans les eaux polaires norvégiennes : Whale Safari, *N-8480 Andenes, ✆ 76 11 56 00, fax 76 11 56 10, www.whalesafari.no* et Whale Tours AS, *Vestfjord-Cruise A/S, N-8275 - Storjord (juin-août N-8438, Stø), ✆ 76 13 43 00, fax 76 13 43 01, www.vestfjord-cruise.no* - safaris aquatiques sur les **cachalots** (*juin-août*), sur les **orques** (*oct.-janv.*) aux Lofoten, *www.orca-lofoten.com et www.tysfjord-turistsenter.no/safari* ; safaris ornithologiques et tours guidés dans la région.

À LA RECHERCHE DE L'OR

Les plus aventureux pourront tenter leur chance dans une des rivières aurifères de Laponie suédoise dans la région de Lannavaara et de Lappeasuando.

PÊCHE

La Scandinavie constitue un véritable paradis pour les amateurs de pêche en mer, en rivière et en lac. Durant l'hiver, la pêche à travers la glace est très répandue et se pratique notamment en Suède sur l'immense lac du parc national d'Abisko.

Au **Danemark**, seuls les pêcheurs âgés de 18 à 65 ans doivent acquitter un droit de pêche. En vente dans les offices de tourisme et bureaux de poste, le permis est valable à la journée, à la semaine ou à l'année. Pour connaître toutes les possibilités de pêche sportive, renseignez-vous auprès de Danmarks Sportsfiskerforbund, *Worsaaesgade 1, 7100 Vejlen ✆ 75 82 06 99, fax 75 82 02 09.*

La **Norvège** offre aux adeptes de la pêche près de 200 000 lacs et des rivières à truites et à saumons parmi les plus poissonneuses d'Europe. Le guide « Angling in Norway » vendu par l'Astrolabe à Paris indique les meilleures rivières et associations de pêche du pays. La saison de pêche en eau douce s'étale généralement du début avril à la fin septembre. Le permis de pêche obligatoire s'achète dans les offices de tourisme, bureaux de poste ou magasins de sport de chaque région (Renseignements sur *www.inatur.no*). La pêche en mer se pratique toute l'année, mais la morue est meilleure au printemps et à l'automne. La pêche au saumon, à la truite de mer et à l'omble a lieu officiellement du 1er juin au 15 septembre et nécessite l'acquittement d'une taxe permettant également la pêche à l'intérieur du pays. Tout matériel de pêche apporté de l'étranger doit être préalablement désinfecté. Les îles Lofoten constituent un véritable paradis de la pêche. Principale activité de ces îles magiques, la pêche à la morue s'étale traditionnellement de janvier à la fin avril. Le dernier week-end de mars ont lieu les **championnats du monde de pêche à la morue**. Pour participer

P. Plantier / MICHELIN

Pêche au crabe royal au Cap Nord.

à cet événement qui se déroule généralement à Svolvær, contactez Destination Lofoten, *PO Box 210, N-8301 Svolvær*, t *76 06 98 00, fax 76 07 30 01, www.lofoten.info*

En **Suède**, la côte du Bohuslän est propice à la pêche en mer tandis que les rivières Ätran, près de Falkenberg, Lagan et Ljusnan constituent de bons sites de pêche au saumon. Au Nord d'Haparanda, dans la Torneälv, on pêche la friture au filet. La pêche manuelle est libre le long des côtes suédoises et dans les lacs Vänern, Vättern, Hjälmaren, Mälaren et Storsjön, ainsi que dans le centre-ville de Stockholm ; partout ailleurs, il faut un permis dont le prix varie selon les endroits. Pour de plus amples renseignements, contacter les offices de tourisme locaux.

CYCLOTOURISME

La découverte d'une région à vélo convient particulièrement aux pays scandinaves qui ont aménagé des pistes cyclables dans la plupart des villes. On peut généralement louer des bicyclettes sur place en s'adressant aux offices de tourisme locaux. Il est possible d'alterner le vélo avec d'autres moyens de transport ; sachez que la plupart des trains et des bus acceptent de transporter les vélos moyennant une surtaxe (en Norvège cependant, les vélos sont transportés gratuitement sur les bacs et l'Express côtier).
Lors d'un voyage à vélo, ne prenez que le strict minimum (chaque kilo se faisant ressentir dans les côtes) en équilibrant la charge à l'avant et à l'arrière du vélo. Munissez-vous d'une carte récente et détaillée. Évitez autant que possible les tunnels (certains sont interdits aux vélos) ainsi que les routes de classification européenne (itinéraires E) à grande circulation. Pour les passages de cols, renseignez-vous sur la période d'ouverture. Dans ces conditions, vous profiterez économiquement et en toute sécurité de la beauté et du silence relaxant des paysages nordiques.
Au **Danemark**, contactez la fédération : Dansk Cyklist Forbund, *Rømersgade 5, DK-1362 København, ✆ 33 32 31 21, fax 33 32 76 83. www. dcf.dk*, qui publie une carte des pistes cyclables dans tout le pays.

Bien qu'il ne soit absolument pas nécessaire d'être un athlète, il est recommandé d'être équipé d'un vélo doté de nombreuses vitesses, surtout si l'on souhaite visiter la splendide région des fjords de **Norvège** ou la région montagneuse de l'Est du pays, entre Røros et Lillehammer. Pour participer à des circuits organisés en Norvège, contactez la Fédération de cyclisme Norges Sykkelforbund, *Hamang Terrasse 55, 1336 Sandvika, ✆ 67 80 49 20, cykle@nif.idrett.no, fax 67 80 49 21* ou bien Trollsykling, *Postboks 373, 2602 Lillehammer, ✆ 61 28 99 70, info@norske-bygdeopplevelser.no, fax 61 26 92 50, www.trollsykling.com*

Vous pouvez parcourir toute la **Suède** à vélo depuis Trelleborg au Sud jusqu'au Cap Nord en suivant la piste cyclable indiquée par le signe « Sverigeleden ». Cette piste cyclable a également des ramifications vers la Norvège et la Finlande et il est bien sûr possible de relier les pistes cyclables du Danemark par ferry.
Pour obtenir cartes et informations, contactez Svenska Cykelsällskapet, *Torneag.10, SE-164 79 Kista, ✆ 08 751 62 04, fax 08 751 19 35, www.svenska-cykelsallskapet.se*
L'île de Gotland, encore surnommée la « perle de la Baltique », est un paradis pour les cyclistes, et s'adresse à tous les niveaux. De nombreux loueurs de vélos et de charrettes se pressent sur le quai d'arrivée des ferries.

Le Danemark à vélo

Le cyclisme est une activité très bien organisée au Danemark où ce moyen de transport non polluant a gagné l'estime de toute la nation. Des pistes cyclables bien définies guident des nuées de cyclistes à travers une circulation dense dans les grandes villes et le long des routes nationales. En été, des familles au grand complet partent en vacances en arrimant avec soin tout ce dont ils ont besoin sur leurs porte-bagages ; le temps ne pourrait pas être plus favorable : ni trop chaud ni trop frais et juste assez de soleil pour rendre la promenade agréable. Ceux qui ne possèdent pas de bicyclette peuvent très facilement en louer : des vélos sont disponibles dans les gares de chemin de fer et dans la plupart des villes. Les régions les plus fréquentées par les cyclotouristes sont la Fionie et les îles méridionales, dont les villages sont si pittoresques, ainsi que la côte occidentale du Jutland avec ses dunes et ses longues plages rectilignes.

T. Rakke / NORDIC LIFE/INNOVATION NORWAY

À vélo dans les fjords.

GOLF

La pratique du golf est également un moyen privilégié de découvrir la nature scandinave. La saison du golf dure à peu près de mai à septembre.
Au **Danemark**, contactez la fédération Dansk Golf Union, *Idrættens Hus, 2605 Brøndby, ✆ 43 26 27 00, fax 43 26 27 01* qui propose la liste des 114 terrains de golf du pays.

En **Norvège**, où ce sport est en rapide expansion, renseignez-vous auprès de la fédération Norges Golfforbund - *Songsveien 75 J, Ullevåll Stadion, 0840 Oslo, ✆ 21 02 91 50, post@golfforbundet.no, fax 21 02 91 51, www.ngf.golf.no*

Ving Golf organise à travers toute la **Suède** des séjours de golf comprenant des cours et des tournois. Près du magnifique parc national d'Abisko, en Laponie suédoise, vous trouverez le golf le plus septentrional au monde, situé à Björkliden. Contactez Svenska Golfförbundet, *Kevingestrand 20, Box 84, SE 182 11 Danderyd, ✆ 08 622 15 00, fax 08 755 84 39, www.golf.se*

ÉQUITATION

Vous trouverez des centres d'équitation partout en Scandinavie. La plupart des clubs proposent des cours théoriques, des randonnées à l'heure ou à la journée. Certains centres organisent des raids équestres pouvant varier d'une journée à une semaine.
Au **Danemark**, demandez des adresses au Conseil du tourisme du Danemark, *www.visitdenmark.com*, ou renseignez-vous auprès de Dansk Ride Union, *Idrættens Hus, Brøndby Stadion 20, 2605 Brøndby, ✆ 43 26 26 26, fax 43 26 26 28.*
Il existe une possibilité originale de découvrir les paysages danois aux rênes de votre propre roulotte tirée par des chevaux. Renseignez-vous auprès de Samsø Hestevogne, *Sildeballe 3, 8305 Samsø, ✆ 86 59 01 58, sbrorsen@post6.tele.dk, fax 86 59 01 04.*
En **Norvège**, plusieurs centres équestres dans la région des fjords organisent des randonnées avec les petits « chevaux des fjords » si attachants. Norsk Fjordhestsenter, *N-6770 Nordfjordeid, ✆ 57 86 48 00, fax 57 86 48 01, www.norsk-fjordhestsenter.no*, propose des randonnées en montagne ; d'autre part, Norsk Fjordhestgard, *6827 Breim, ✆ 57 86 83 15, fax 57 86 83 75, www.fjordhestgarden.no*, est un centre d'élevage de « chevaux des fjords » qui propose des activités équestres pour toute la famille, convenant en particulier aux cavaliers handicapés.
Ceux qui souhaitent découvrir la **Laponie suédoise** à cheval peuvent contacter Islandshästar i Norr, *Djurgården 446, SE-981 34 Kiruna, ✆ 0980-185 04, www.islandshastarnorr.se*
Pour obtenir la liste complète des centres équestres, contactez les fédérations hippiques :

Danemark : Dansk Ride Forbund, *Brøndby Stadion 20, 2605 Brondby, ✆ 43 26 28 28.*

Norvège : Norges rytterforbund, *Serviceboks 1. U.S., Ullevål Stadion, 0840 Oslo, ✆ 21 02 96 50, fax 21 02 96 51.*

Suède : Svenska Ridsportförbundet, *Ridsportens Hus-Strömsholm, SE-730 40 Kolbäck, ✆ 0220 456 00*.

Courses de trot

En **Norvège**, ces courses constituent une véritable tradition destinée à préserver la race chevaline, bien que les trotteurs norvégiens descendent de races américaines. Les principaux hippodromes (« travbaner ») du pays sont ceux de Bjerke (au Nord d'Oslo), Forus (près de Stavanger), Åsan (Bergen) et Leangen (Trondheim).

NATURE'S BEST

L'Association suédoise pour l'Écotourisme a créé le label **Nature's Best** – « Le meilleur pour la Nature et pour ses visiteurs » – label national pour le tourisme de nature sous lequel se sont regroupés plus d'une soixantaine de prestataires suédois. Tous, au travers des différents

produits qu'ils proposent aux visiteurs, s'engagent à préserver l'environnement et le mode de vie des populations locales et les faire bénéficier des retombées économiques du tourisme.
Mais attention : l'engagement de l'association sous-entend naturellement une **responsabilité partagée** par les visiteurs qui se doivent de respecter tout à la fois les hommes, les animaux et l'environnement naturel. « Ne pas déranger et ne pas détruire », sont d'ailleurs les principes essentiels de l'**allemansrät** *(voir p. 29)*.
Parmi les offres touristiques ayant obtenu ce label, on trouve des aventures aussi diverses qu'un trek en Laponie en suivant un éleveur de rennes, la construction de son propre radeau pour se laisser glisser ensuite sur la Klarälven, au cœur du Värmland, une randonnée en kayak dans les archipels de Göteborg, du Bohuslän ou de Stockholm riche de 24 000 îles, ou bien encore, la conduite d'un attelage de chiens de traîneau ou de rennes avec des guides lapons, une partie de pêche à la truite à Ammarnäs sur la rivière Vindeln ou une randonnée à pied sur la Piste royale, au cœur de la Laponie suédoise.
Pour en savoir plus, consultez le site *www.naturesbest.nu* ou contactez *info@ekoturism.org*
Étudiez également les propositions de voyages du tour opérateur Grand Nord Grand Large, *www.gngl.com*

La Scandinavie en famille

Les **enfants** (même très jeunes) ne sont pas oubliés en Scandinavie, loin de là : la plupart des grands magasins leurs proposent un espace de jeux, ce qui vous permet de vous attarder dans les rayons sans le moindre remords. Dans les restaurants, et même les simples cafés, fût-ce au fin fond d'une campagne, les plus jeunes disposeront d'une chaise haute, tandis que les musées mettant à votre disposition poussettes-cannes, voire table à langer, ne sont pas rares.
L'hébergement n'est pas en reste, et moyennant un léger supplément (voire gratuitement en certains lieux comme à Oslo pour les titulaires de l'Oslo pass) deux enfants peuvent occuper des lits d'appoint dans votre chambre d'hôtel ; mais il est clair qu'accompagné de votre petite famille, vous aurez tout intérêt à privilégier un hébergement en chalet que ce soit, pour prendre l'exemple de la Norvège, à la ferme, dans les « hytter », ou au bord de la mer, dans un « rorbu » : vous y éviterez les contraintes de l'hôtellerie traditionnelle, car vous disposez dans ces cabanes plus ou moins spacieuses, mais toujours remarquablement confortables (et, ce n'est pas négligeable, bien chauffées !) et d'une cuisine équipée vous permettant de prendre dîner et petit-déjeuner « à la maison ».
Bien entendu, vous trouverez de nombreuses activités qui les passionneront, qu'elles leur soient réservées en exclusivité ou non : si vous vous rendez en Laponie en hiver, une promenade en traîneau à chiens ou à rennes, par exemple, devrait emporter tous les suffrages, sans oublier les safaris aux orques ou aux baleines.
En outre, les parcs d'attractions, qu'ils soient traditionnels (le parc Liseberg à Göteborg, celui de Tivoli à Copenhague ou encore la maison enchantée de Junibacken à Stockholm, qui recrée l'ambiance féerique des contes d'Astrid Lindgren, et le parc d'attractions de Gröna Lund sur l'île de Djurgården) ou thématiques (parcs scientifiques ou animaliers) amuseront la plupart des enfants.
Parmi les « must », citons encore le parc Legoland de Billund, le « Briquet » d'Odense où de multiples activités permettent de s'immerger dans le monde des contes d'Andersen. Enfin, les nombreux musées de plein air reconstituant l'habitat rural, tant en Norvège qu'en Suède, permettent, aux beaux jours, de voir des artisans au travail dans leurs échoppes, et d'évoluer parmi les animaux de la ferme. N'oubliez pas non plus le thème des Vikings : les Scandinaves s'ingénient à reconstituer le monde de leurs ancêtres et naviguer sur un drakkar ou retrouver les gestes des artisans de jadis est une activité

NATURENS BÄSTA
GODKÄND SVENSK EKOTURISM ®
NATURE'S BEST

I. Klipper / MICHELIN

Parc d'attractions Legoland.

très prisée : que ce soit au musée de Roskilde ou à Borg, sur les îles Lofoten (pour ne citer que ceux-là).

Pour autant, les **seniors** ne sont pas oubliés, bien au contraire : ils peuvent prétendre à des tarifs réduits dans tous les sites, et ceux d'entre eux qui seraient sujets à la fatigue disposent de toutes sortes d'équipements destinés à leur faciliter les déplacements (chaises roulantes, rampes d'accès, ascenseurs, etc.). Les routes étant souvent longues et tortueuses, ils pourront privilégier les croisières : pourquoi ne pas envisager d'embarquer à Bergen pour rallier la Laponie à Kirkenes après avoir croisé le Cap Nord et admiré le soleil de minuit ? Les nombreuses escales permettent en outre de faire quelques pas dans les ports de passage, voire de s'y poser une nuit pour attendre le navire du lendemain, le système étant extrêmement souple si l'on n'embarque pas avec son véhicule.

Que rapporter de Scandinavie

SOUVENIRS

Danemark

Vous y trouverez des produits réputés : **porcelaine** délicate (Royal Copenhagen, Bing & Grøndahl, Rosenthal), **verrerie** (Holmegaard), argenterie et joaillerie (Georg Jensen, Hans Hansen), **bijoux d'ambre** et, bien entendu, les **jeux de construction** de marques Lego et Duplo.
Si vous êtes volontiers séduit par la pureté des formes des objets **design**, préparez-vous à casser votre porte-monnaie ! Vous trouverez en effet dans tout le pays nombre de boutiques spécialisées où l'étrange, le bizarre et le cocasse se côtoient joyeusement. Plus sérieusement, les rayons « maison » des grands magasins, comme Illum ou Magasin du Nord, Bodum, présents dans toutes villes de quelque importance, vous proposeront des plats, couverts, abat-jour et autres corbeilles à papier originaux, souvent tres sobres… sans oublier bien entendu le mobilier, qu'il est difficilement envisageable d'emporter sous le bras !
La **mode** danoise est quant à elle très influencée par les années hippies : mélanges de couleurs et de textures, formes destructurées, accessoires inattendus (comme des bracelets en laine), séduiront la « baba cool » qui sommeille peut-être en vous.
N'oubliez pas non plus les **boutiques des musées**, très souvent riches en cadeaux originaux, eux aussi influencés par le design.

Norvège

Ici, les **tricots** aux coloris vifs et aux motifs délicats attirent toujours le regard : plusieurs marques se partagent le marché. Vous pouvez également vous procurer des pulls marins, voire des cirés de loup de mer : vous en comprendrez vite la nécessité, même au plus fort de l'été.

Les **fourrures**, le cuir (notamment des mocassins inspirés de ceux que portaient traditionnellement les Sames), les **bijoux en argent** (souvent des répliques des bijoux vikings à moins qu'ils ne s'inspirent comme ceux de la fameuse Juhl's Silver Galleri de Kautokeino – dont il existe quelques succursales à travers le pays – des gravures rupestres de Alta), les **objets en bois** et en **étain**, les travaux d'aiguille et les textiles sont les principaux souvenirs que vous pouvez rapporter.

Duodji - Artisanat same

Cette étiquette atteste que l'article a vraiment été fabriqué par un artisan same. Corne, bois, cuir et textiles sont les matériaux traditionnels travaillés par les Sames et les objets artisanaux sont généralement sculptés de manière complexe ou décorés de symboles et dessins sames. Les bandes tissées qui décorent les costumes de ces artisans sont vivement colorées des couleurs traditionnelles associées aux Sames, à savoir le rouge, le bleu, le jaune et le vert.

Le design norvégien se manifeste surtout dans la **verrerie** et la **céramique**, toutes choses assez délicates à rapporter…
Pour les enfants, n'oubliez pas les fameux **trolls** de toutes formes et dimensions : en dépit de leur laideur avérée, ils ont un cœur d'or !
Enfin, des boutiques du père Noël fourmillent d'idées pour décorer votre arbre, voire toute votre maison à l'époque des fêtes de fin d'année : il est vrai que vous vous adressez à des spécialistes, puisque le père Noël est du pays…

Suède

En **Suède**, les grandes manufactures verrières comme Orrefors, Kosta Boda, mais aussi les verreries du Royaume du verre (Glasriket) de la région du Småland, déclinent le **verre** en mille et une formes originales. On trouve aussi de la porcelaine (Rörstrand), des objets de table comme les couverts de Boda Nova, des **bijoux**, notamment dans le domaine de l'artisanat d'art et de l'orfèvrerie-joaillerie, de la céramique, sans oublier le fameux **cheval de Dalécarlie**. Et pourquoi ne pas rapporter quelques objets de qualité, représentatifs du **design** suédois connu pour ses formes épurées, ses couleurs naturelles et son côté fonctionnel ? Une balade dans le centre-ville de Malmö, entre Stortorget et Lilla Torg, ou dans le triangle d'or de l'art et du design à Stockholm (entre l'église française, les halles d'Östermalm et la place de Stureplan), guidera votre choix.

N. Bundt/INNOVATION NORWAY

Lorsque le design égaie le quotidien.

PRODUITS DE BOUCHE

Vous penserez bien entendu en premier lieu au fameux **saumon norvégien** vendu sous plusieurs formes, fumé ou non, et notamment en succulentes tranches épaisses appelées ici Rossini : vous le trouverez juste avant le départ dans des boutiques installées dans les aérogares, à Oslo et Copenhague notamment.
Des anguilles fumées, des conserves de harengs (pour les amateurs !) supporteront également très bien le voyage.
Sous l'appellation générique de « **caviar** », toutes sortes d'œufs de poisson, roses, rouges ou noirs, sont également vendus : il ne s'agit pas d'esturgeon mais de « truite arctique », de saumon ou de lump, voire de cabillaud… ce qui ne l'empêche pas d'être délicieux.
Vous trouverez également dans les supermarchés de la viande de **renne** ou d'**élan** fumée ou séchée, parfois sous forme de charcuterie, d'autres fois présentées comme des bonbons : tout est affaire de goût et l'on ne recule parfois devant rien pour se remémorer un voyage réussi !
Quelques fromages locaux méritent également de faire le voyage, notamment le fameux « **fromage brun** » de Norvège au goût vaguement douceâtre.
Enfin, s'il est hors de question de rapporter des **baies polaires** fraîches, sachez que vous en trouverez sous forme de confiture.
Vous trouverez facilement au Danemark comme en Norvège (dans les *Vinmonopolet*, seuls habilités à vendre de l'alcool), l'**aquavit**, cette eau-de-vie caractérisée par une certaine rudesse et élaborée par distillation à partir de grains de seigle ou de pommes de terre. Ålborg en est la capitale danoise. On la vend parfois aromatisée au cumin, aux épices, à la fleur de sureau, au fenouil ou aux baies de genièvre.

HOTEL
MICHELIN
Main Cities of Eu
MICHELIN
New York City
RESTAURANTS HOTELS
MICHELIN
France
HOTELS & RESTAURANTS

Fêtes et festivals

2ᵉ quinzaine de janvier

Tromsø, Norvège – Festival international du cinéma - ✆ *77 75 30 90, www.tiff.no*

6 février

Laponie, Norvège, Suède – Fête nationale des Sames.

Début février

Kristiansund, Norvège – Festival d'opéra - ✆ *71 58 99 60, www.oik.no*

Jokkmokk, Suède – Marché d'hiver (du 1er jeudi au samedi suivant)

2e semaine de mars

Finnmarkslopet - Course de traîneaux à chiens - *www.finnmarkslopet.no*

2e samedi de mars

Lillehammer, Norvège – Inga-Låmi - Course de ski de fond de femmes, sur 15 km

Fin mars

Rena-Lillehammer, Norvège – Course de ski Birkebeine - ✆ *41 77 29 00, www.birkebeiner.no*

Mars-avril

Voss, Norvège – Festival de jazz - ✆ 56 52 99 11, www.vossajazz.no

Karasjok et Kautokeino, Norvège – Festivités de Pâques avec cérémonies traditionnelles de mariage sami et courses de rennes - ✆ *78 46 88 10. www.koas.no*

30 avril

Suède – Nuit de Walpurgis avec feux de joie pour célébrer le retour du printemps

17 mai

Norvège – Fête de la Constitution avec processions et orchestres

Fin mai - début juin

Bergen, Norvège – Festival international de Bergen - ✆ *55 21 06 30, www.visitbergen.com*

Fin-mai – fin août

Drottningholm, Suède – Saison d'opéra au théâtre royal - ✆ *08-660 82 25, www.dtm.se*

Juin

Danemark – Fête de la Constitution

6 juin

Suède – Fête nationale suédoise – L'anniversaire du drapeau est célébré par des parades, des discours et des orchestres

Début juin-mi-août

Vadstena, Suède – Festival d'opéra ✆ *0143-122 29 www.vadstena-akademien.org*

Mi-juin

Skinnskatteberg, Suède – Festival international de musique chorale de Bergsladen - ✆ *021 84 10 80, www.korstamma.se*

Honningsvåg, Norvège – Festival du Cap Nord et Marathon du Cap Nord (*3e sem. de juin*) - ✆ *78 47 70 30, www.northcape.no*

Tromsø, Norvège – Marathon du soleil de minuit (*mi-juin*) - *www.msm.no*

Hultsfred, Suède – Le plus grand festival de rock de Suède

La Saint-Jean

Suède et Norvège – Veille de la Saint-Jean, célébrée en dressant des mâts de fleurs, avec musique, danse, feux de joie, excursions en bateau

Fin juin

Frederikssund, Danemark – Festival viking - ✆ *47 31 06 85*

Fin juin - début juillet

Rättvik et Leksand, Suède

Musique au lac Siljan - Jazz, musique populaire et musique classique

Début juillet

Haaparanda, Suède – Festival de jazz et de blues de Kalott - *www.kalottjazzblues.net*

Roskilde, Danemark – Festival de rock de 4 jours - ✆ *46 36 66 13, www.roskilde-festival.dk*

Skudeneshavn, Norvège – Skudefestivalen : grand festival maritime (1er w.-end de juil.)

Mi-juillet

Festival international de jazz - ✆ *86 12 13 12, www.jazzfest.dk*

Hälsingland, Suède – Hälsinhehambon : festival de danse le long des routes.

1re quinzaine de juillet

Copenhague, Danemark – Festival de jazz - ✆ *33 93 20 13, www.festival.jazz.dk*

Mi-juillet

Molde, Norvège – Festival international de jazz - *✆ 71 20 31 50, www.moldejazz.no*

Fin juillet-début août

Stockholm, Suède – Festival de jazz

Stiklestad, Norvège – Jeu de St-Olav - *✆ 74 04 42 00*

Août

Rättvik, Suède – Festival international d'opéra à Dalhalla - *www.dalhalla.se*

Début août

Risør, Norvège – Festival international des bateaux de bois - *www.risor-woodenboat.no*

Oslo, Norvège – Festival de jazz (*33e sem.*) - *✆ 22 42 91 20, www.oslojazz.no*

Vinstra-Gålå, Norvège – Festival Peer Gynt

1re semaine d'août

Copenhague, Danemark – Ballet international - *✆ 39 63 49 00, www.copenhageninternationalballet.com*

Visby, Suède – Semaine médiévale sur l'île de Gotland

2e semaine d'août

Stavanger, Norvège – Festival international de musique de chambre - *✆ 51 84 66 70*

Göteborg, Suède – Festival de jazz

2e quinzaine d'août

Horsens, Danemark – Festival médiéval européen (dernier vend. et sam. du mois)

Lillehammer, Norvège – Birkebeiner Rittet (course VTT)

Malmö, Suède – Festival - gastronomie, musique, expositions, fête des écrevisses (*1 sem. autour du 15*)

Fin août - début septembre

Århus, Danemark – Festival d'Århus (1-10 sept.) - *✆ 89 40 91 91, www.aarhusfestival.com*

Octobre

Tromsø, Norvège – Festival international de musique chorale. *www.msik.no*

Novembre

Stockholm, Suède – Festival international du cinéma

10 décembre

Oslo, Norvège – Cérémonie de remise du prix Nobel de la paix

Stockholm, Suède – Cérémonie des prix Nobel

13 décembre

Suède – Festival Sainte-Lucie avec de nombreuses processions

O. Iversen / MUNICIPALITE DE KARMOY

Reconstitution de bataille viking à Stiklestad.

POUR PROLONGER LE VOYAGE

Nos conseils de lecture

OUVRAGES GÉNÉRAUX, HISTOIRE, BIOGRAPHIES

L'Art de vivre en Norvège, L'Art de vivre en Suède, Flammarion.

Histoire du Danemark, Astrid E. Helle, Hatier.

Histoire de la Suède, Jean-Pierre Mousson-Lestang, Hatier.

La Saga de saint Olaf, Régis Boyer, Payot.

Atlas des Vikings 789-1100, John Haywood, Autrement, coll. Atlas/Mémoires.

Les Vikings : Histoire et civilisation, Régis Boyer, Plon.

Les Vikings et la mer, Frédéric Durand, Éd. Errance.

Les Lapons, C. Mériot, PUF, coll. Que sais-je ?

Récit de la vie des Lapons, Johan Turi, L'Harmattan.

Vers le pôle, Fridtjof Nansen, Hoëbeke.

Axel von Fersen, Herman Lindqvist, Stock.

Linné, le prince des botanistes, Wilfrid Blunt, Belin.

Images, Ingmar Bergman, Gallimard.

Greta Garbo, Françoise Ducout, Stock.

La Suède à dos de cuillère, Christine Armengaud, Actes Sud.

Le Norvégien utile en voyage, Frédéric Gervais et Lillian Larsen, Harrap.

Le Suédois utile en voyage, Frédéric Girod et Agneta Nordh, Harrap.

Au Nord du monde, Claude Villers, Denoël.

ART, ARCHITECTURE

L'Art scandinave, en 2 volumes, Zodiaque, coll. La nuit des temps.

Munch, Ulrich Bischoff, Taschen.

LITTÉRATURE

Histoire des littératures scandinaves, Régis Boyer, Fayard.

Danemark

L'intégralité de l'œuvre de Hans Christian Andersen est parue chez Gallimard : *Œuvres*, coll. La Pléiade.

Contes choisis, Hans Christian Andersen, Gallimard.

La Petite Sirène et autres contes, Hans Christian Andersen, Librio.

Le Dîner de Babette, Contes d'hiver, Nouveaux Contes d'hiver, La Ferme africaine, Karen Blixen, Gallimard.

La Côte des esclaves, La Mort en Arabie, Les Bateaux négriers, Thorkild Hansen, Actes Sud.

Smilla et l'amour de la neige, Peter Høeg, Seuil.

La Maison de mes pères, La Passion secrète de Fjordur, Le Jour avant le lendemain, Bjørn Riel, Gaïa.

Café Zambèze, Bjorn Jessen. Sous des dehors ludiques et à travers des personnages victimes d'affections étranges, un monde de solitude et de virtualité, plus inquiétant qu'il n'en a l'air au premier abord, 10/18, 2003.

Silence en octobre et *Bruits du cœur*, Jens Christian Grøndal, Gallimard, 1999 et 2002.

E. Benard / MICHELIN

Devanture de librairie.

Norvège

La Maison de poupée, Peer Gynt, Henrik Ibsen, Flammarion.

Le Palais de glace, Tarjei Vesaas, Flammarion coll. GF.

La Femme fidèle, Sigrid Undset, Gallimard, coll. Folio.

Faim (P.U.F.), La Ville de Segelfoss, Rosa, Calmann-Lévy, *Sur les bancs de Terre-Neuve*, E. Brunet, *Vagabonds*, Knut Hamsun, Grasset.

Le Monde de Sophie, Le Mystère de la patience, Jostein Gaarder, Seuil.

Un long chemin, La Fugitive, et la saga du *Livre de Dina*, Herbjørg Wassmö, Gaïa et 10/18.

Miséricorde, Linn Ullmann, Plon.

Le Demi-Frère, Lars Saabye Christensen, J.-C. Lattès, roman récompensé en 2002 par le Prix littéraire nordique, la plus haute distinction littéraire des pays scandinaves.

D'après Sofia, Øystein Lønn, Gallimard.

Suède

Voyage en Laponie, Carl von Linné, Éd. de La Différence.

Théâtre complet, August Strindberg, Éditions l'Arche et *Les Drapeaux noirs*, Actes Sud.

Le Merveilleux voyage de Nils Holgersson, Selma Lagerlöf, Actes Sud.

Fifi Brindacier, par Astrid Lindgren.

Les Guetteurs de vent, par Agneta Pleijel, Flammarion.

Le Buveur de lune, Göran Tunström, Actes Sud.

Le Marteau et l'Enclume, Mon ombre, Christine Falkenland, Actes Sud.

Long John Silver, Björn Larsson, Grasset.

Le Faune, Anna-Karin Palm, éd. Le Boisdebout.

LE NOUVEAU POLAR SCANDINAVE

L'Homme au balcon, Maj Sjöwall et Per Wahlöö (10/18, coll. Grands détectives). Une des enquêtes mettant en scène le commissaire Martin Beck, le « Maigret de Stockholm », détective dépressif et souffrant d'aigreurs d'estomac.

Les Chiens de Riga, La Lionne blanche, Le Guerrier solitaire, Les Morts de la Saint-Jean, La Cinquième femme et *La Muraille invisible*, Henning Mankell (Points Seuil). Les enquêtes de l'inspecteur **Wallander** et de son équipe en Scanie, par l'un des maîtres du polar suédois.

Danse avec l'ange, Åke Edwardson (10/18, coll. Grands détectives) met en scène un commissaire dandy de Göteborg confronté à des tueurs en série.

L'Institut de recherche, Staffan Westerlund (Folio Policiers). Ici, le héros est une héroïne : Inga-Lisa Östergren, avocate qui dévoile les dessous de la société suédoise.

La nuit, tous les loups sont gris, Gunnar Staalesen, Gaïa Éditions, 2005. La 5e aventure de Varg Veum, le privé de Bergen. Les premières ont été rééditées chez Gallimard coll. Folio Policiers, dont *La belle dormit cent ans* et *Le Loup dans la bergerie.*

Rouge-gorge, Gaïa Éditions, 2004 ; *L'homme chauve-souris*, Gallimard coll. Folio Policiers, 2005, Jo Nesbø. Harry Hole, flic alcoolique et rebelle de la brigade criminelle d'Oslo aux prises avec des tueurs sans scrupules.

LITTÉRATURE JEUNESSE

La Belle aux oranges et *Le Petit Frère tombé du ciel*, Jostein Gaardner, Seuil.

Urgence au musée, Bjørn Sortland, Zarafa.

Mère Brimborion, Alf Prøysen, G.P. Éditions.

Gens et Brigands de Pimentville, Egner Torbjørn, Glénat Jeunesse.

Le Vilain Petit Canard, H. C. Andersen, accompagné de musiques d'Edvard Grieg, livre-CD, Association benjamins média (www.benjamins-media.org).

Quelques disques

CLASSIQUE

Peer Gynt, Edvard Grieg/Henrik Ibsen. Musique et chants par l'orchestre de la Suisse romande et l'ensemble vocal Le motet de Genève ; textes dits par plusieurs comédiens, dont Lambert Wilson. Coffret de 3CD (Aeon).

Pièces lyriques, Edvard Grieg, par Aldo Ciccolini. Délaissant pour un temps Chopin, Liszt et Debussy, le pianiste s'attache avec bonheur à nous faire découvrir l'intégrale, en 3 CD, de cette œuvre du musicien norvégien.

Intégrale des symphonies de Carl Nielsen, par l'Orchestre de Göteborg (Deutsche Grammophon) et *Œuvres pour orchestre,* dont la fameuse *Suite d'Aladdin*, interprétées par l'Orchestre symphonique du Sud-Jutland dirigé par Niklás Willén (Naxos, 2005).

Tristan et Isolde de Richard Wagner, par la soprano suédoise Nina Stemme, ici en compagnie de Placido Domingo (EMI).

JAZZ

Viaticum, par E.S.T. (Esbjhörn Svensson Trio), le plus connu des trios de jazz suédois (ACT Music, 2005).

The Ground, par le Tord Gustavsen Trio, mené par l'un des pianistes norvégiens de jazz les plus remarqués de sa génération (ECM). En mai 2005, les Parisiens ont pu l'écouter au Café de la danse, accompagné de Jarle Vespesdad à la batterie et Harald Johnsen à la contrebasse.

What We Must, par Jaga Jazzist, groupe norvégien s'adonnant au new jazz comme au rock.

Heartbeats, par la saxophoniste danoise Christina Dahl.

Femstein, par le saxophoniste norvégien Karl Seglem et son groupe.

Modern Sounds, par Lars Gullin, l'un des plus grands musiciens de jazz suédois. Retrouvez-le aussi dans l'un de ses premiers albums, *1955/56*, avec Chet Baker.

VARIÉTÉS

Your New Favourite Band et *Tyrannosaurus Hives*, par The Hives, groupe rock suédois, au look volontairement rétro.

Super Extra Gravity, par The Cardigans, groupe pop suédois connu notamment pour leur fameux tube « Lovefull », extrait de leur album *Gran Turismo* (Mercury/Universal).

Gold Compilation du groupe ABBA (avec les plus grands succès du groupe légendaire comme « Money, Money » et « Mamma Mia ») et *Super Trouper* reprenant 24 titres remastérisés, le tout chez Polar Records.

Best off, de Kim Larsen : les principaux succès d'une légende de la chanson danoise.

Lifelines et *Analogue* (album 2005), par le groupe norvégien de pop-rock A-ha.

Rush, par Jay-Jay Johanson, crooner suédois de pop music.

Quelques films

La Légende de Gösta Berling (1924) par Mauritz Stiller, d'après le roman de Selma Lagerlöf. Suède.

La Lettre écarlate (1926) par Victor Sjöström, d'après le roman de Nathaniel Hawthorne. États-Unis/ Suède.

La Passion de Jeanne d'Arc (1928) par Carl Theodor Dreyer. France/ Danemark.

La Reine Christine (1933) par Rouben Mamoulian, avec l'actrice suédoise Greta Garbo dans le rôle principal. États-Unis.

La Bataille de l'eau lourde (1948) par Titus Vibe-Müller et Jean Dréville. France/Norvège.

Mademoiselle Julie (1951) par A. Sjöberg, d'après la pièce d'August Strindberg. Suède.

La Faim (1966) par Henning Carlsen, d'après le roman de Knut Hamsun. Danemark.

Les Émigrants (1971), *Le Nouveau Monde* (1972) par Jan Troell, d'après l'œuvre de Vilhem Moberg. Norvège.

Le Festin de Babette (1987) par Gabriel Axel, d'après une nouvelle de Karen Blixen. Danemark.

Le Palais de glace (1987) par Per Blum, d'après le roman de Tarjei Vesaas. Norvège.

Pelle le Conquérant (1987) par Bille August, d'après le roman de Martin Andersen Nexö : l'histoire du fils d'un émigré suédois dans une ferme danoise. Danemark/Suède.

Epidemic (1987) par Lars von Trier. Danemark.

Europa (1991) par Lars von Trier. Danemark.

Le Jour de la grande baignade (1991) par Stellan Olsson. Danemark.

Les Meilleures Intentions (1992), *La Maison aux esprits* (1993), par Bille August.

Breaking the waves (1996) , *Les Idiots* (1998), par Lars von Trier. Danemark.

Junk Mail (1998) par Pal Sletaune. Norvège.

Dancer in the Dark (2000) par Lars von Trier. Danemark.

La plupart des films d'Ingmar Bergman (*Cris et chuchotements, Le Silence, Persona, Sonate d'automne, Monica, Sourire d'une nuit d'été, Le Septième Sceau, Ville portuaire,* etc.) ont été édités en DVD.

Retrouver la Scandinavie…

Chaque année en mars, à Rouen, se déroule un **Festival du cinéma nordique** présentant aussi bien les œuvres de réalisateurs confirmés que celles de jeunes cinéastes talentueux. *Renseignements : 30, r. de la République, 76000 Rouen, ✆ 02 32 76 73 22.*

Un festival d'art et de littérature nordiques, plus connu sous le nom de **Boréales de Normandie**, s'attache chaque hiver à présenter les différents aspects culturels du Danemark, de la Finlande, de l'Islande, de la Norvège et de la Suède. Chaque année, l'un ou l'autre de ces pays en est l'invité d'honneur. Les manifestations (théâtre, littérature, musique, cinéma, photographies, ballets, expositions) ont lieu surtout à Caen, mais aussi à Alençon, Bayeux, Cherbourg, Coutances, Flers, Sées et dans bien d'autres endroits de Basse-Normandie. Renseignements : Office franco-norvégien d'échanges et de coopération (OFNEC) - *14 imp. André-Chapron, 14000 Caen, ✆ 02 31 74 06 10.*

Association France-Danemark – *142 av. des Champs-Élysées, 75008 Paris, ✆ 01 44 31 21 21.* Cette association propose à ses cotisants des conférences et des projections de films.

Centre culturel suédois – *11 r. Payenne, 75003 Paris, ✆ 01 44 78 80 20.* Aménagé dans l'hôtel de Marle, du 16e s. (beau plafond peint au 2e étage), il propose des conférences, des expositions, des films et des rencontres thématiques. Le 21 juin, à l'occasion de la Fête de la musique, est recréée dans le jardin du Centre culturel suédois l'ambiance de la Saint-Jean.

La **Gymnastique suédoise** repose sur deux principes : santé et bonne humeur... 100 % suédois ! Vous pouvez la pratiquer en France. Renseignements : *www.gymsuedoise.com*

Association Franco-Norvégienne – *c/o Sylvain Krieg, 66 av. Alphand, 94160 Saint-Mandé, ✆ 01 43 28 53 53 - http://francenorvege.free.fr* Cet organisme offre aux amoureux de la Norvège la possibilité de mieux connaître le pays et ses habitants grâce à des activités culturelles et à la publication d'un bulletin périodique.

Le livre ouvert – *48 r. des Francs-Bourgeois, 75003 Paris.* Librairie spécialisée sur les pays nordiques.

Bibliothèque nordique – *6 r. Valette, 75005 Paris.*

Les guetteurs du vent – *108 av. Parmentier - 75011 Paris.* Ouvrages de fiction traduits en français.

DÉCORATION, MODE, ARTISANAT

La galerie scandinave – *31 r. de Tournon, 75006 Paris.* Mobilier Design années 1950-1970.

La boutique suédoise – *6 r. des Écoles, 75005 Paris.* Pantoufles et chaussettes, vêtements pour adultes et enfants... bref le nécessaire pour vivre l'hiver bien au chaud. Vous trouverez aussi des spécialités (aquavit), des décorations de Noël, des bougies, etc.

Kerstin Adolphson – *157 bd St-Germain, 75006 Paris.* Située au cœur de St-Germain-des-Prés, cette boutique suédoise propose toutes sortes de lainages, pulls norvégiens *Dall*, écharpes, chaussettes, des sacs, ainsi que des chaussons sames et des sabots aux motifs colorés.

La galerie danoise – *48 r. de Turenne - 75003 Paris.*

La boutique scandinave – *Grand magasin Au Bon Marché (2e étage), 75007 Paris.* Art de la table : verrerie, couverts, assiettes en céramique, objets de décoration.

Cet aperçu ne serait pas représentatif si l'on omettait de citer bien sûr le géant suédois du mobilier et de la décoration **Ikea** et celui du prêt-à-porter **H & M**.

SAVEURS SCANDINAVES

La maison du Danemark – *142 av. des Champs-Élysées, 75008 Paris.* L'établissement reçoit les amateurs de spécialités gastronomiques nordiques dans ses restaurants Copenhague et Flora Danica, où, en plus des menus traditionnels, vous pourrez déguster un brunch scandinave.

On peut également goûter aux produits scandinaves dans les établissements parisiens suivants :

Le **Gustavia** (assiette, plat du jour), *26-28 r. des Grands-Augustins (6e)*, **Nils** (sandwicherie scandinave), *10 r. de Buci* et le **Comptoir du saumon & Cie**, *21 r. Clément (6e)* ; le **Café des lettres** (bistrot suédois), *53 r. de Verneuil (7e)* ; **La petite sirène de Copenhague** (poisson), *47 r. Notre-Dame-de-Lorette* ; **La Maison nordique,** *125 bd de Grenelle (15e).*

Et pour prolonger le plaisir chez soi : **Affären**, épicerie fine où se procurer de nombreux produits suédois : pains, charcuteries, fromages, lait fermenté, etc. *17 r. Duperré (9e).*

P. Plantier / MICHELIN

Les produits scandinaves s'invitent à votre table.

Château d'Egeskov au Danemark.

C. Van Roeden / VISITDENMARK

COMPRENDRE LA SCANDINAVIE

NATURE

La Scandinavie est la partie la plus septentrionale du continent européen. C'est un vaste territoire d'environ 1 155 000 km^2, dont près d'un tiers est situé au Nord du cercle polaire (66° 33' N). Bordée par la mer du Nord et l'Atlantique à l'Ouest et par la Baltique à l'Est, la péninsule scandinave s'étire sur 1 800 km, de 55° à 71° de latitude Nord, partagée entre la Norvège à l'Ouest et la Suède à l'Est. Au Sud, le Danemark forme, entre la péninsule et le continent européen, un pont naturel prenant appui sur le Jutland, tandis qu'à l'Est la Finlande constitue le lien géographique entre la Scandinavie et l'Europe de l'Est.

J. Berge / INNOVATION NORWAY

Hjorundfjord en Norvège.

Topographie

LES CHAÎNES MONTAGNEUSES

Plusieurs chaînes s'étirent tout le long de la frontière suédo-norvégienne pour former l'épine dorsale de la péninsule scandinave : une succession presque continue de hauts plateaux dominés par quelques sommets pouvant atteindre 2 500 m (le **Kebnekaise**, à l'Ouest de Kiruna, est le plus haut sommet suédois tandis que le **Glittertind**, au cœur du **Jotunheim**, massif montagneux de la Norvège méridionale, culmine à 2 470 m). Ces régions montagneuses sont couronnées d'imposants glaciers en raison de leur latitude nordique, et ce malgré leur altitude relativement basse, comparée à celle des Alpes par exemple.

À l'Ouest, la côte norvégienne est profondément entaillée par des fjords qui pénètrent jusqu'à 200 km à l'intérieur des terres. Des chapelets d'îles et de récifs s'échelonnent le long des côtes exposées à la violence des vents d'Ouest.

Le versant oriental des montagnes s'abaisse graduellement et forme une région de collines entrecoupées, du Nord-Ouest au Sud-Est, de larges vallées parallèles. Les paysages suédois sont parsemés du Nord au Sud de milliers de lacs, tandis que les terres arables sont essentiellement situées dans les plaines méridionales faisant face au Danemark. La côte du golfe de Botnie, qui sépare la Suède et la Finlande, est bordée de groupes d'îles et de récifs.

Les régions les plus septentrionales de la Scandinavie offrent des paysages arides de roches dénudées près des côtes et de maigre végétation à l'intérieur : un ensemble de hauts plateaux stériles forme l'essentiel de la province norvégienne du **Finnmark**, tandis que des forêts de bouleaux et des landes marécageuses couvrent le Nord de la Suède. Ce sont ces vastes étendues que l'on connaît sous le nom de **Laponie**. Elles sont habitées par les **Sames** (ou *Sami*), ces nomades autochtones qui vivent traditionnellement de l'élevage du renne mais dont le mode de vie change rapidement sous l'influence de la modernité.

LE PLAT PAYS DANOIS

Le Danemark, qui, mis à part la presqu'île du Jutland, se compose de nombreuses îles, est un pays plat ou faiblement vallonné ne dépassant pas une altitude de 170 m. Les forêts y ont depuis longtemps cédé la place aux cultures et la campagne danoise n'est en rien comparable à celle du reste de la Scandinavie. Seules les **landes du Jutland occidental** sont restées à l'état naturel. Cependant, les fjords profonds qui découpent les côtes du **Jutland oriental** et du **Sjælland du Nord** rattachent par la topographie le Danemark à la Scandinavie.

Le Jutland (Jyland), appendice de l'Europe

Vaste péninsule rattachée au continent européen, le **Jutland** constitue la partie la plus importante du territoire danois. S'étendant au Nord de la frontière allemande sur une distance de 300 km, il est entouré par la mer du Nord, le Skagerrak et le Kattegat, et le Lillebælt, étroit couloir le séparant de l'île de Fionie. Ses paysages sauvages, façonnés par les vents d'Ouest dominants, ne ressemblent en rien à ceux des autres régions danoises. L'Est, verdoyant, dont les prairies et les forêts de conifères ne sont pas sans évoquer les régions alpines, contraste violemment avec l'Ouest, plus sauvage, aux larges étendues de lande, où l'infini des plages s'ourle de dunes envahies d'herbes folles. À cette différence naturelle s'ajoute l'opposition entre un Jutland occidental traditionnellement moins peuplé et un Jutland oriental économiquement plus développé. Le long de la côte s'égrènent des fjords et des îles, comme Rømø et Fanø, où l'environnement naturel est préservé.
Le Jutland du Nord, malgré l'abondance de plages et de petits villages de pêcheurs, paraît très austère du fait de ses étendues dépouillées et vit au rythme des échanges avec la Norvège et la Suède, depuis les ports de Hirthals et de Frederiksborg. Le Jutland du Centre, plus ondulé, offre une grande variété de paysages, notamment dans la région des lacs, autour de Silkeborg, et s'organise autour d'Århus, seconde ville danoise. Enfin, le Jutland du Sud, dépourvu de relief et couvert de forêts, a gardé des liens étroits avec l'Allemagne moderne depuis son occupation par la Prusse.

GÉOLOGIE

Les paysages scandinaves ont été fortement modelés par la dernière glaciation. Pendant plusieurs milliers d'années, l'Europe du Nord fut recouverte d'un manteau de glace qui exerça une pression énorme sur la masse terrestre. Lorsque le climat de la terre se réchauffa, la couche de glace recula vers le Nord, le niveau de la mer Baltique monta et celle-ci fut reliée à l'Atlantique Nord par la dépression du centre de la Suède de même qu'à la mer Blanche au Nord ; la Scandinavie septentrionale forma ainsi une île. Simultanément, les sols, libérés du poids de la glace, se soulevèrent et la Baltique se retira graduellement, laissant derrière elle de grands lacs comme le Vänern et le Vättern en Suède. Ce n'est que bien plus tard, il y a environ 7 000 ans, que la Baltique fut reliée à la mer du Nord par l'Øresund, détroit allongé séparant le Sjælland de la Suède méridionale.
Lacs et fjords envahirent les vallées creusées par les puissants glaciers qui recouvraient autrefois la Scandinavie. Les moraines, déposées par les glaces, formèrent des crêtes. Les glaces érodèrent et polirent également les roches sur lesquelles elles reposaient, provoquant ainsi la formation de dépressions peu profondes.

Des paysages à couper le souffle

La principale caractéristique des paysages nordiques est probablement leur infinie diversité faite de contrastes frappants et de nuances subtiles.
Les éléments qui les composent varient d'un pays à l'autre : en Norvège, la roche prédomine tandis qu'en Suède les forêts de conifères sombres qui s'étendent sur des immenses superficies confèrent aux paysages une certaine austérité ; en revanche, le Danemark est empreint d'un charme paisible qu'il doit aux riches prairies et aux vallons verdoyants des îles. Au-delà de ces particularités, les paysages scandinaves ont en commun une somptueuse palette de couleurs et un renouvellement continu des jeux de lumière sur l'eau omniprésente, qui rehaussent la beauté envoûtante de la nature.

LES FJORDS

Éléments les plus spectaculaires de la nature scandinave, les fjords sont devenus le symbole de la saisissante beauté des paysages nordiques. Aucun visiteur ne songerait à nier le mérite de cette réputation, surtout après avoir parcouru le « Royaume des fjords », région située le long de la côte occidentale de la

0
200 km
N
OCÉAN ARCTIQUE
Tromsø
Vesterålen
Møysalen
1262
Lofoten
Kebnekaise
2111
Kiruna
Malmberget
Luleälven
66°33
Cercle Polaire Arctique
Bodø
Sulitjelma
1860
Svartisen
MER DE NORVÈGE
Mo-i-Rana
Fem Dalar
Borgefjell
1677
Storuman
Skellefteälven
Ångermanälven
Umeälven
OCÉAN ATLANTIQUE
Hitra
Trondheim
SUÈDE
Umeå
Kristiansund
Östersund
Ålesund
Storsjön
Femundsmarka
Nordfjord
Jotunheimen
Jostedalsbreen
Glittertind
2470
Femund
Ljusnan
Sognefjorden
NORVÈGE
Bergen
Siljan
Mjøsa
Klarälven
GOLFE DE
Hardangervidda
Åland
Ahvenanmaa
Hardangerfjorden
1883
OSLO
Dalälven
Gaustadtoppen
Glomma
Mälaren
Stavanger
STOCKHOLM
Vänern
Norrköping
Skagerrak
Göta älv
Vättern
Göteborg
377
MER DU NORD
Ålborg
Gotland
Kattegat
Jylland
Århus
Öland
Skåne
DANEMARK
COPENHAGUE
MER BALTIQUE
Odense
Malmö
Fyn
Sjælland
Øresund
Møn
Bornholm
Lolland
Falster
Kaliningrad
Gdańsk
ALLEMAGNE
POLOGNE

Norvège, entre Stavanger et Kristiansund, où l'on peut admirer les fjords les plus célèbres.

Formation géologique

Fjord est un mot norvégien désignant un bras de mer long et étroit qui pénètre à l'intérieur des terres. Il existe des éléments topographiques semblables dans d'autres régions du globe, mais ce qui fait la particularité des fjords scandinaves, c'est leur taille imposante : ils peuvent en effet atteindre 200 km de longueur, 1 350 m de profondeur et avoir de nombreuses ramifications formant un réseau de bras d'une complexité inouïe.

Ces caractéristiques résultent de leur formation durant la dernière glaciation. Des glaciers occupaient alors les anciennes vallées fluviales, que leur poids creusa encore plus profondément en leur donnant la forme d'**auge** caractéristique des vallées glaciaires. L'action des glaciers fut toutefois moins forte à proximité de la côte du fait de la proximité de la mer, ce qui explique que les fjords soient moins profonds à leur jonction avec les mers qu'à l'intérieur des terres. Avec la fonte des glaciers et la remontée du niveau des eaux, la mer envahit ces vallées tandis que les glaciers reculaient vers les sommets montagneux, rejoignant encore la mer par endroits. C'est ainsi qu'un bras du Svartisen, second glacier de Norvège par sa superficie, vient se désagréger dans le Holandsfjord, au Sud de Bodø. En maints endroits, l'eau de fonte des glaciers tombe en cascade le long des à-pics montagneux, formant de pittoresques chutes et donnant à l'eau des fjords sa couleur caractéristique.

Paysages de fjords

Cette lente formation eut des effets différents selon les formes du relief ; au Danemark, où le sol est plat, les fjords, tel l'Isefjord en Sjælland du Nord, sont larges et parsemés d'îles, leurs rives basses sont souvent marécageuses, et bordées de roseaux. Le long de la côte suédoise du golfe de Botnie, les fjords pénètrent à peine à l'intérieur des terres, serpentant à travers les archipels. Les fjords de

À la découverte des fjords

Quand on prononce le mot fjord, certains noms viennent immédiatement à l'esprit : Geirangerfjord, Hardangerfjord, Nordfjord. Mais il existe une infinité d'autres fjords à explorer et diverses façons de le faire. Le moyen idéal est de prendre le bateau qui vous permet d'admirer à loisir les superbes paysages se déroulant sous vos yeux. L'hélicoptère ou l'hydravion offrent d'époustouflantes vues aériennes sur la rude beauté de la région. Sur la route, les conducteurs sont souvent récompensés de larges vues ou d'ensorcelants panoramas. Le poney de fjord ou **fjording** est un moyen commode d'accéder à quelques sites magnifiques ou d'atteindre le nez d'un glacier et son lac turquoise. L'escalade permet aux plus vaillants de monter jusqu'à quelque point élevé où le monde semble s'étendre à ses pieds. Les intrépides, recherchant une vision nouvelle des fjords, peuvent pratiquer la marche sur glaciers et surplomber les larges vallées qu'ils ont laissées.

la côte méridionale de Norvège, et au-delà de la frontière suédo-norvégienne, ne sont pas très longs, mais, dans l'Ouest de la Norvège, où les régions côtières sont encadrées de montagnes abruptes, le processus atteignit une ampleur exceptionnelle et donna des résultats grandioses.
Le « **Royaume des fjords** » offre des paysages d'une infinie variété d'un fjord à l'autre, variété qu'accentue encore la rapide variation de la lumière. L'étroit Lysefjord, près de Stavanger, est encadré de murailles rocheuses qui atteignent 600 m de hauteur. Le Hardangerfjord offre, au contraire, par-delà ses rives en pente douce, des échappées grandioses vers les sommets couronnés de neige et dévoile au printemps des paysages idylliques qui inspirèrent le grand compositeur Edvard Grieg. Le **Geirangerfjord**, probablement le plus célèbre de tous, est un bras du Nordfjord, cerné de sommets culminant à 1 500 m, qui sinue jusqu'au cœur des montagnes.

Ponts et tunnels : l'homme et le paysage

Les côtes scandinaves, avec leur cordon d'innombrables îles et leurs fjords imposants, ont de tout temps posé un problème de communications et mis au défi l'imagination des ingénieurs. Faisant preuve d'audace, ils ont construit des milliers de ponts (17 300 en Norvège) et creusé des tunnels sous la mer et même sous les glaciers, certains de plus de 25 km de long ! La route de l'intérieur, entre Stavanger et Bergen en Norvège, suit les rives du sauvage Åkrafjord : creusée dans la paroi rocheuse verticale surplombant le fjord, elle franchit 24 ponts et passe dans 12 tunnels sur une distance de 24 km seulement ! Dans la même région, la route côtière emprunte un tunnel de 6 km de long, creusé à une profondeur de 45 m au-dessous du fond marin. Toujours en Norvège, la **route de l'Atlantique**, de Molde à Kristiansund, est un extraordinaire ouvrage d'art qui, sur une distance de 8 274 m, est constitué de 8 ponts serpentant d'un îlot rocheux à un autre, avec l'océan de part et d'autre.
Il était également d'une importance vitale pour le Danemark d'établir des liaisons rapides entre les principales îles et le Jutland ; le projet le plus ambitieux qu'aient entrepris les Danois est le franchissement du Storebælt par un pont et un tunnel combinés (ce dernier réservé aux trains) qui relient ainsi le Sjælland et la Fionie. Et que dire de l'ouvrage d'art reliant Copenhague à Malmö ? Quant aux Suédois, ils ont eux aussi construit l'un des plus longs ponts du monde, entre l'île d'Öland et la côte, sur 6 070 m.

LES CÔTES : RÉCIFS ET DUNES

Bien qu'elle suive une ligne relativement droite, la côte scandinave est dans son ensemble profondément découpée par les fjords et bordée d'un nombre impressionnant d'îles et de récifs, du Sud de la Suède jusqu'aux régions les plus septentrionales de la Norvège, au-delà du Cap Nord jusqu'à la frontière russe.
Tout le long des côtes de la mer du Nord, de l'Atlantique, de la Baltique et de la mer de Barents, on retrouve des paysages similaires, un réseau complexe de chenaux sinueux se faufilant entre les îles et la côte rocheuse.
De tels paysages sont fréquents le long de la **côte occidentale de la Norvège**, en particulier entre Molde et Kristiansund et entre Namsos et Bodø : les routes longent la côte de très près et enjambent même parfois des bras de mer !
En revanche, la **côte méridionale de la Norvège** est découpée de façon moins spectaculaire ; son contour plus régulier présente de petites criques abritant des ports de pêche pittoresques bordés de maisons de bois peintes en blanc : Risør, Lyngør, Grimstad, Lillesand, Mandal et Flekkefjord sont les plus typiques. L'un d'entre eux, Kragerø, inspira le célèbre peintre norvégien, Edvard Munch. Cette

côte ensoleillée est bordée par quelques plages agréables comme celle de Mandal. Protégées par des dunes couvertes de buissons verdoyants, elles sont très appréciées des vacanciers norvégiens.

Plages et dunes sont aussi l'un des attraits de la province suédoise de la **Scanie (Skåne)** située à l'extrême Sud du pays, dont Malmö, deuxième port du pays, est la ville principale et qui compte plusieurs stations balnéaires, telles Båstad, Ängelholm, Skanör et Falsterbo, envahies de monde en été. La **côte orientale de la Suède** est parfois mal définie, surtout aux abords de Stockholm où les eaux du lac Mälaren, parsemées d'îles, se mêlent à celles de la Baltique émaillées de récifs. Au Nord du cercle polaire la côte change peu à peu tout en restant extrêmement entaillée.

Au Danemark, la **côte occidentale de la presqu'île du Jutland**, bordée par la mer du Nord, présente de vastes lagunes fermées par d'étroits bancs de sable et des plages de sable blanc tracées en ligne droite s'étendant à perte de vue.

LES ÎLES

Les côtes scandinaves sont bordées de milliers d'îles ; la plupart sont petites et dénudées et souvent proches de la côte à laquelle elles sont souvent reliées par des ponts et des tunnels. Lorsque la configuration des lieux s'y prêtait, des villes ont été construites à cheval sur plusieurs îles, ce qui a conféré à certains sites une originalité dont l'attrait est incontestable ; tel est le cas d'**Ålesund**, au centre de la Norvège, où fleurit le style Art nouveau, de **Tromsø**, située très au Nord du cercle polaire, ou encore de **Stockholm**, à la jonction de la Baltique et du **lac Mälaren**.

De nombreux îlots rocheux sont aujourd'hui des réserves ornithologiques protégées par une stricte réglementation concernant l'environnement. **Runde**, située à l'Ouest d'Ålesund, dont les sombres falaises fourmillent d'oiseaux de différentes espèces, est l'une des réserves les plus célèbres.

Presque toutes les grandes îles situées au large des côtes scandinaves sont baignées par les eaux de la Baltique, à l'exception des îles Lofoten et Vesterålen qui s'étendent le long de la côte occidentale de la Norvège, au Nord du cercle polaire.

Les îles danoises

Deux grandes îles, qui semblent avoir été placées au milieu de la Baltique pour servir de transition entre la presqu'île du Jutland et la province de Scanie au Sud de la Suède, constituent la partie centrale du territoire danois : ce sont la Fionie et le Sjælland.

La Fionie – La plus petite des deux îles fut qualifiée de « jardin du Danemark » par **Hans Christian Andersen**, en raison de ses riches prairies, de ses vergers et de sa campagne vallonnée, parsemée de villages aux chaumières à colombage. Avec une superficie de 3 500 km², elle occupe une situation intermédiaire entre le Jutland, à l'Ouest, auquel elle est reliée par un pont sur le **Lillebælt** (« petit détroit »), et le Sjælland, à l'Est, dont elle est séparée par le **Storebælt** (« grand détroit »). Une liaison routière empruntant un pont a été construite entre les deux îles, de Nyborg à Korsør. Moins densément peuplée que le reste du pays et dotée de terres fertiles, la Fionie est traditionnellement tournée vers l'agriculture et l'horticulture. Les paysages fioniens comptent parmi les plus attrayants du Danemark et le paisible rythme de vie de l'île comme les faibles distances constituent deux arguments qui en font un paradis pour les amateurs de cyclotourisme et de voile qui ne peuvent qu'apprécier l'accueillante côte méridionale. Le Nord de l'île, et plus spécialement la presqu'île de

Les îles Féroé

Le nom des îles **Féroé** (Færøerne en danois, Føroyar en féroïen) évoque pêche, football ou bulletins météo, mais rares sont ceux qui peuvent situer exactement cet archipel constitué de minuscules îles volcaniques. C'est dans l'océan Atlantique, à équidistance de l'Écosse, de la Norvège et de l'Islande que l'on trouve ces 18 îles, d'une superficie totale de 1 400 km² et abritant 47 000 habitants. D'abord lieu de retraite de missionnaires irlandais, elles furent colonisées par les Vikings ; leur lutte pour la vie dans un environnement hostile a fait l'objet de récits dans *La Saga des Féroïens*. Au 11e s., saint Olav, roi de Norvège, les soumit à son autorité. Après une brève occupation anglaise, l'archipel demeura danois jusqu'en 1948, date de son autonomie. Ces îles, qui s'enorgueillissent d'être la patrie de **Niels Finsen** (1860-1904, prix Nobel de médecine en 1903 pour avoir découvert l'utilisation des rayons lumineux dans le traitement de certaines maladies), ont pour principaux attraits leur mode de vie et leur isolement, une hospitalité chaleureuse, et la présence de nombreux oiseaux. La langue locale, le féroïen, ou féringien, s'apparente au norvégien.

S. Ollivier / MICHELIN

Les falaises de Møn au Danemark.

Hindsholm, est beaucoup plus austère que le Sud, mieux exposé, dont la côte découpée est tournée vers un pittoresque archipel comprenant trois îles principales : **Tåsinge** et **Langeland** accessibles par des ponts, et **Ærø**, que l'on ne joint que par ferry. **Odense**, troisième ville danoise, qui s'enorgueillit d'être la patrie de Hans Christian Andersen, est la ville la plus importante de Fionie.

Le Sjælland – Proche de la Suède au Nord (un ensemble constitué d'un tunnel et d'un pont permet d'atteindre Malmö à pied sec, en voiture ou en train) et relié aux îles méridionales par plusieurs ponts, le **Sjælland** est la plus grande des îles danoises et de loin la plus peuplée, avec ses deux millions d'habitants dont les trois quarts se concentrent dans l'agglomération de Copenhague. L'influence politique et économique de la capitale a depuis longtemps donné à l'île un avantage économique et culturel indéniable. De superbes paysages, très variés, de magnifiques forêts de hêtres, des lacs, des fjords profonds et de belles plages, dans un rayon de 50 km autour de Copenhague, ont amené l'implantation des plus beaux châteaux et des musées les plus prestigieux dans le Nord du Sjælland. La côte orientale, au Nord de Copenhague, est ainsi devenue la « Riviera danoise » et la région la plus touristique du pays. Le Sud de l'île ne manque pas pour autant d'attrait. Plus agricole, la campagne, paisible voire idyllique, est parsemée de coquets villages aux maisons à colombage peintes de couleurs vives, d'anciens bourgs animés, comme Køge et Næstved, et d'églises rurales ornées de fresques médiévales.

Les deux îles principales sont reliées au Sud par un chapelet d'îles plus petites disposées en demi-cercle ; des ponts franchissent quelques-uns des étroits bras de mer qui les séparent et cette liaison partielle est complétée par un service continu de ferries. C'est sur ces îles méridionales que se trouvent les plages les plus ensoleillées, ainsi que les spectaculaires **falaises de Møn**, qui dressent, le long de la côte orientale de l'île de Møn, leur mur de craie blanche coiffé d'une épaisse forêt de hêtres.

En Norvège : des montagnes dans la mer

Lofoten et Vesterålen – La beauté austère des îles Lofoten et Vesterålen est légendaire et loin d'être exagérée. Elles se caractérisent par des montagnes abruptes plongeant dans la mer et des criques peu profondes pouvant à peine abriter quelques minuscules *rorbuer* (cabanes de pêcheurs traditionnelles, construites en bois et peintes d'une couleur rouge caractéristique). On y voit souvent des cadres de bois sur lesquels la morue sèche au soleil et le mode de vie qui n'a pas changé depuis des siècles y a conservé toute son authenticité. Impressions fortes et images inoubliables se pressent pêle-mêle : des roches sombres, parmi les plus anciennes au monde, formant l'épine dorsale des îles, des phoques se dorant au soleil, des safaris à la baleine, des falaises couvertes d'oiseaux, des fjords et des détroits, des fleurs des champs multicolores, des touffes cotonneuses d'herbacées ondulant dans le vent à la surface des marais, des tapis de varech estompant le contour accidenté des anses et, bien sûr, une remarquable abondance de poissons.

En Suède

De la Baltique au golfe de Botnie – Située au Sud-Est de la côte suédoise à laquelle elle est reliée par un pont, l'île d'**Öland** est en grande partie une lande aux couleurs riches, battue par les vents et bordée de plages ensoleillées. Plus au large, l'île de **Gotland** est bordée de belles plages de sable alternant avec d'étranges formations rocheuses connues sous le nom de *raukar*. Les rosiers, le lilas et le chèvrefeuille croissent sous son climat ensoleillé et l'on y trouve encore des espèces rares de moutons et de chevaux. Les deux îles sont habitées depuis les temps préhistoriques et Visby, principale ville de Gotland, est une ancienne cité de la Hanse, entourée de fortifications impressionnantes.

LACS ET VOIES D'EAU

La Suède est coupée en deux par deux lacs immenses, derniers vestiges de la mer qui s'engouffra dans la dépression du centre du pays à la fin de la dernière glaciation. Les **lacs Vänern** et **Vättern** sont reliés par le célèbre **canal Göta**, qui rejoint Göteborg à l'Ouest et Norrköping à l'Est, au Sud de Stockholm. Le parcours d'une côte à l'autre dure quatre jours et offre des tableaux paisibles de champs cultivés, de bois et de villages anciens.

Plus au Nord, des rivières au cours tourmenté, prenant naissance dans les montagnes qui séparent la Norvège et la Suède, coulent du Nord-Ouest vers le Sud-Est pour se jeter dans le golfe de Botnie. En chemin, elles s'élargissent souvent pour former de vastes plans d'eau, telle l'Umeälven qui devient le **lac Storuman**, avant de poursuivre leur cours parfois interrompu par une chute d'eau comme celle de **Storforsen**, au Nord-Ouest de Piteå. Parmi les plus grands lacs de Suède, les plus pittoresques sont le **Storsjön** et surtout le **Siljan**.

Le Groenland

Le **Groenland(Grønland)**, la plus grande île au monde après l'Australie, s'étend au Nord-Est de l'Amérique du Nord. La majeure partie de cette terre inhospitalière se situe à l'intérieur du cercle polaire arctique et son extrémité septentrionale ne se trouve qu'à 800 km du pôle Nord. D'une superficie totale de 2 186 000 km², elle est à 85 % couverte de glace. Ses 55 000 habitants, groupés pour un cinquième à **Nuuk**, la capitale, se composent d'Inuits et d'Européens. **Éric le Rouge** fonda la première colonie sur cette « terre verte », qui resta norvégienne jusqu'au 18e s. où naquit une nouvelle colonie dépendant cette fois du Danemark. Département danois en 1953, le Groenland fit partie du Marché commun jusqu'à ce que, doté d'un statut d'autonomie interne en 1979, il choisisse par référendum en 1985 de se retirer de la CEE d'alors. Les localités et les terres agricoles se concentrent sur les côtes, en particulier le long de la côte Ouest, plus tempérée, et les principales activités sur l'île sont la chasse et la pêche. Les visiteurs y sont attirés en nombre toujours croissant par le caractère grandiose et parfois mystérieux de la nature.

MONTAGNES ET GLACIERS

Oublions ici le Danemark qui ne possède aucune montagne. La Norvège et la Suède se partagent la seule chaîne montagneuse scandinave, qui sépare

INNOVATION NORWAY

Côte enchanteresse des îles Lofoten.

M. Jansson / GOTLANDS TURISTFÖRENING

« Raukar » sur l'île de Gotland.

les deux pays, de la Laponie à la côte méridionale de Norvège.
Malgré l'altitude relativement basse de ces montagnes, inférieures de 1 000 m aux sommets alpins, leur latitude les dote de paysages ressemblant à ceux des Alpes, surtout du côté norvégien, où les sommets sont plus hauts et les versants plus raides. L'existence de glaciers imposants, vestiges de la dernière glaciation, caractérise ces montagnes. Le plus grand d'entre eux, le **Jostedalsbreen**, situé au cœur des plus hauts massifs de Norvège, est une masse de glace aux reflets bleutés s'étalant en tous sens et glissant lentement le long du flanc des montagnes. Une randonnée sur un glacier en compagnie d'un guide local peut être une aventure palpitante ! Au-dessus de 1 000 m, l'épaisse couche de neige qui tombe durant l'hiver ne fond que partiellement en été : il existe en Norvège et en Suède plusieurs centres de **ski** très fréquentés l'été. Quant aux lacs de montagne, ils conservent souvent tout l'été une fine pellicule de glace.
En hiver, tout le centre de la Norvège est recouvert de neige et les hauts plateaux du **Jotunheimen** et du **Dovrefjell** offrent leurs vastes espaces aux amateurs de ski de fond, de randonnées à traîneaux et de pêche à travers la glace des lacs. Les montagnes de la Norvège méridionale ne sont pas si élevées, le plus haut sommet, le **Gaustadtoppen**, culminant à 1 883 m ; pourtant, le ski moderne est originaire du petit village de **Morgedal** dans la province de Telemark. L'été peut être très chaud dans les vallées orientées vers la côte méridionale ensoleillée.

Les grands espaces sauvages

Contrairement à ce que l'on pourrait penser, les quelques grands espaces sauvages d'Europe situés en Scandinavie ne se trouvent pas seulement au Nord du cercle polaire. En effet, avec une superficie totale de plus d'un million de kilomètres carrés et seulement 23 millions d'habitants répartis de façon inégale, la Scandinavie dispose d'un espace immense où des régions entières, pratiquement inhabitées, sont restées dans leur état naturel.

AU DANEMARK

En raison de sa faible superficie et de la nature des sols, voués en quasi totalité à l'agriculture, le Danemark ne possède

E. Morris / MICHELIN

L'automne arrive sur le lac Mälaren.

presque plus d'espaces naturels intacts. Toutefois, la région qui ressemble le plus à un grand espace naturel est la **côte occidentale du Jutland**, battue par les vents, dont certaines parties sont bordées de lagunes aux eaux calmes et de dunes mouvantes couvertes d'herbes folles ; le temps change rapidement et la force de la nature se manifeste sans ambiguïté lorsque le ciel se pare de couleurs sombres et que, soulevée par de cinglants vents d'ouest, la mer se brise contre le rivage dans un tumulte assourdissant.

PLATEAUX ET LACS EN NORVÈGE

Le Hardangervidda – Couvrant une superficie de 10 000 km^2, ce vaste plateau montagneux du Sud de la Norvège est bordé à l'Est par la Numedal, vallée verdoyante et pittoresque, et au Sud par la région montagneuse du Telemark. La partie occidentale du Hardangervidda, agrémentée de vallées étroites où coulent des torrents et de nombreuses chutes d'eau, est la plus sauvage. La faune et la flore, malgré la différence de latitude, s'apparentent à celles des régions arctiques. La traversée du plateau à pied, le long de pistes balisées, prend plusieurs jours ; il est possible de passer la nuit dans des cabanes de rondins et de rencontrer les derniers troupeaux de rennes sauvages du monde.

Le Femundsmarka – Situé plus au Nord, près de l'ancienne ville minière de Røros, le Femundsmarka s'étend vers l'Est, du lac Femund à la frontière suédoise. Un bateau à vapeur parcourt le lac dans toute sa longueur, faisant escale en plusieurs endroits d'où les randonneurs doivent gagner à pied le **parc national**, qui englobe toute la région. Le sol y est pauvre et couvert de mousse, de bruyère de lichen, et de quelques pins chétifs. Le bœuf musqué, le glouton et le lynx habitent les lieux en compagnie de nombreuses espèces d'oiseaux dont le pygargue, la mésange lapone et l'émerillon. Lacs et cours d'eau quant à eux abondent en truites.

LES MONTAGNES SUÉDOISES

Les « Cinq Vallées » (Fem Dalar) – Le nom désigne une région de montagnes, de vallées et de lacs située dans la partie méridionale de la Laponie suédoise, à proximité de la frontière norvégienne, entre Ammarnäs au Nord et Borgafjäll au Sud. Cette région sauvage offre des paysages de marais, de montagnes dénudées, de lacs aux eaux limpides et glacées, de ravins profonds et de rivières qui descendent des montagnes vers la Baltique et sont toutes orientées du Nord-Ouest au Sud-Est. La meilleure façon de profiter de la beauté de cette région et d'éprouver le sentiment de liberté qu'y procure une nature intacte est, en hiver, de faire une excursion en traîneau ou en motoneige et, en été, une randonnée à cheval ou à pied, ou encore un safari en canoë. Dans les torrents, on trouve des améthystes, des grenats et diverses pierres semi-précieuses.

Le ski : un art de vivre

En Suède et en Norvège, le ski, bien plus qu'un sport, est un mode de vie vieux de 4 000 ans, comme en témoignent les **gravures rupestres**. L'homme préhistorique utilisait des skis pour aller à la chasse et à la pêche et, récemment encore, c'était le seul moyen de transport en hiver, dans les régions les plus isolées. Les **sagas islandaises** du Moyen Âge décrivent le ski comme un moyen de voyager courant et il suffit de savoir qu'il y avait un dieu et une déesse du ski dans la mythologie nordique pour comprendre l'importance que les Scandinaves y attachaient. Quant au peuple autochtone de Laponie, les Sames, ils avaient coutume d'utiliser des skis pour garder leurs troupeaux de rennes sur les hauts plateaux.

De nos jours, les Scandinaves savent toujours skier presque avant de savoir marcher, mais l'aspect ludique a pris désormais le dessus grâce aux milliers de kilomètres de pistes balisées.

Le ski moderne fut inventé en tant que sport vers 1870, dans la province de **Telemark**, par **Sondre Norheim** qui mit au point des attaches fixes, modifia la forme des skis et perfectionna sa propre technique connue sous le nom de télémark : il pouvait tourner dans tous les sens en maintenant un ski devant l'autre ; il pouvait aussi sauter et atterrir en pliant les genoux pour amortir le choc, comme on le fait encore aujourd'hui.

AU NORD DU CERCLE POLAIRE

Le véritable Nord commence à 66° 33′ de latitude Nord, ligne imaginaire connue sous le nom de **cercle polaire**, qui marque un changement significatif dans les paysages, le climat et le mode de vie. On voyage pour ainsi dire à une autre échelle lorsque l'on parcourt les vastes territoires à peine peuplés de la **Laponie** tant suédoise que norvégienne : les distances paraissent augmenter tandis que les paysages deviennent plus monotones (sauf dans le Sud de la Laponie suédoise) et que les buissons brunâtres, les lichens et les bouleaux argentés nains, caractéristiques des hauts plateaux du Finnmark, disparaissent presque entièrement sous la neige. Cela n'empêche pas la plupart des visiteurs d'être fascinés par cette région qui leur offre quelque chose d'unique : l'occasion de redécouvrir la nature dans des conditions climatiques inhabituelles, et dans un environnement totalement insolite, qui procure une foule de sensations nouvelles.

Contrastes arctiques

Les régions situées au Nord du cercle polaire représentent environ le quart de la superficie totale de la Scandinavie. De ce fait, au-delà des caractéristiques communes s'offrent des contrastes marqués entre les zones côtières et l'intérieur du pays ainsi qu'entre le Sud de la Laponie suédoise et les territoires de la Norvège septentrionale.

Des montagnes bordent l**a côte** sans interruption de Bodø à Hammerfest, leurs sommets atteignant presque 2 000 m dans les **Lyngsalpene** (Alpes de Lyngen) près de Tromsø. L'**Express côtier (Hurtigruten)** se faufile entre les innombrables îles et passe au pied de pics dénudés qui surplombent la mer. En hiver, les motoneiges, qui parcourent le plateau austère situé entre le Cap Nord et Kirkenes, semblent glisser dans un paysage lunaire.

L'intérieur de la Laponie septentrionale comprend les grands espaces arides du **Finnmark** ou Laponie norvégienne et la région sauvage entourant le **lac Inari** (en Finlande), tous deux bastions de la culture same. C'est sur le haut plateau du **Finnmarksvidda** que paissent les milliers de rennes dont les Sames font l'élevage. Des rivières impétueuses se jettent dans le lac Inari, parsemé de milliers d'îles et situé à la limite septentrionale de la forêt de conifères. En Suède, le Sud de la Laponie comprend une région montagneuse très pittoresque : à l'Ouest de Kiruna et de Malmberget, les plus hauts sommets culminent à plus de 2 000 m. Idéale pour pratiquer le ski, la région séduit les amoureux de la nature par ses lacs sauvages et ses rivières impétueuses coulant vers la Baltique.

Les **paysages urbains** du Grand Nord sont eux aussi caractéristiques. À l'intérieur des terres, les villes minières suédoises de **Kiruna** et **Gällivare-Malmberget** furent construites à la hâte à la fin

LAPONIA WORLD HERITAGE

Au commencement étaient les rennes.

du siècle dernier en prévision d'un boom économique… Il est question de déménager l'une d'entre elles, Kiruna, en raison des galeries de mines qui fragilisent aujourd'hui la cité. Des agglomérations sames, telles **Karasjok** ou **Kautokeino** dans le Finnmark (Laponie norvégienne), lieux de rencontre traditionnels des éleveurs de rennes, ressemblent à des villes de fortune… Il est vrai que la région fut entièrement rasée par l'occupant durant l'hiver 1944-1945. Le long de la côte norvégienne, au contraire, des villes comme **Narvik** et surtout **Tromsø** sont bien plus attrayantes. Le cadre naturel de Tromsø, construite à cheval sur plusieurs îles et entourée de sommets enneigés, est particulièrement pittoresque sous la lumière argentée des régions arctiques.

Soleil de minuit et aurores boréales

Un des principaux attraits de la Laponie sont le **soleil de minuit** et sa contrepartie hivernale, la **nuit polaire**, tous deux caractéristiques des régions arctiques ; dus aux variations considérables de la durée du jour et de la nuit entre l'hiver et l'été, ils peuvent être observés pendant des périodes de plus en plus longues au fur et à mesure que l'on se dirige vers le Nord. De la fin mai à la fin juillet, le soleil ne se couche jamais et, à proximité du Cap Nord, il semble s'immobiliser à minuit au-dessus de l'horizon, puis reprendre son ascension à l'aube d'une nouvelle journée. En revanche, en décembre et janvier, l'astre ne paraît jamais au-dessus de l'horizon et la longue nuit polaire cède brièvement la place à une sorte de **crépuscule bleuté** qu'accentue la blancheur de la neige. De temps à autre, des arcs lumineux déchirent la nuit et soulignent les contours du paysage ; ce phénomène atmosphérique chargé d'électricité est connu sous le nom d'**aurore boréale**. Les habitants des régions polaires ont

Expéditions polaires

Le Musée polaire de Tromsø, qui illustre les activités traditionnelles des régions polaires : chasse à la trappe, chasse au phoque et à la baleine, est aussi consacré aux expéditions polaires de **Roald Amundsen**, qui fut le premier homme à atteindre le pôle Sud en 1911, quelques jours seulement avant Robert Falcon Scott. Quelques années auparavant, Amundsen avait découvert le légendaire « passage du Nord-Ouest » reliant l'Europe et l'Asie. Son contemporain, **Fridtjof Nansen**, eut également beaucoup de succès dans ses expéditions : à l'âge de 26 ans, il traversa la calotte glacée du Groenland et, plus tard, mena à bien plusieurs expéditions dans la région du pôle Nord, recueillant de très utiles renseignements scientifiques à bord de son navire polaire, le *Fram*, actuellement exposé à Oslo.

adapté leur mode de vie aux longues journées d'été et aux tout aussi longues nuits d'hiver. Les animaux vivent dans l'urgence en été, se préparant à une hibernation forcée. Les humains font de même, dormant très peu l'été et festoyant souvent toute la nuit.

LA FAUNE DES GRANDS ESPACES

La sauvegarde du milieu naturel assurant le maintien d'une faune sauvage, la Scandinavie a conservé, à l'abri de ses vastes forêts protégées, une grande variété d'espèces qui ont aujourd'hui presque ou totalement disparu d'autres régions du monde. Les ours et les loups habitent encore les épaisses forêts finlandaises ; les lynx et les gloutons cohabitent avec les renards, les cerfs, les castors et les lièvres. Mais il y aussi des espèces que l'on ne trouve qu'à une latitude nordique : parmi elles, la plus courante est le renne, dont le représentant domestique, que l'on peut voir paître sur les vastes plateaux de la Laponie, s'est multiplié. Les élans, qui étaient devenus une espèce menacée, ont été sauvés par une réglementation stricte et leur nombre s'est considérablement accru au cours des 40 dernières années.

Parmi les autres habitants des régions arctiques, il faut citer le **bœuf musqué**, le renard polaire et le lemming, petit rongeur que chasse l'imposant harfang des neiges, sans oublier les innombrables oiseaux. Quant aux habitants des mers, les **phoques** et les **morses**, tout comme les **baleines**, ne sont pas rares.

S. Arnfjell / LYCKSELE ZOO

Renard polaire aux aguets.

Un souci particulier de l'environnement

La protection de l'environnement est un souci constant des autorités comme des citoyens nordiques. Parmi les mesures adoptées, il faut citer la création de **parcs nationaux** et de **réserves naturelles**, une vingtaine en Norvège et Suède. Dans ces régions aux écosystèmes vulnérables, aucune intervention humaine n'est tolérée.

Les pays scandinaves sont confrontés aux mêmes problèmes d'environnement que les autres pays industrialisés mais, alors qu'ils ont appris à maîtriser le recyclage des déchets, les dépenses d'énergie et l'appauvrissement des sols, ils n'ont pu parvenir au contrôle de la pollution de l'air et de l'eau, provoquée essentiellement par les pays voisins. Ainsi les régions polaires sont-elles soumises à une pollution qui ne doit rien aux activités locales, mais aux courants et aux vents et qui menacent la survie de certaines espèces.

Les effets dévastateurs des **« pluies acides »** ont fait naguère la une des médias : la fumée des usines mélangée à la pluie provoque la formation d'acide sulfurique qui s'attaque aux forêts et détruit la flore et la faune des lacs et des rivières. Le Sud de la Norvège a été contaminé par les pluies acides en provenance du continent nord-américain, charriées par les vents d'Ouest franchissant l'Atlantique. Les lacs suédois ont été, quant à eux, pollués par les pluies acides venues de Russie et d'Europe de l'Est. Bien que d'ampleur mondiale, ce problème est particulièrement sensible en Scandinavie où le sol est peu calcaire et les effets nuisibles de l'acide ne peuvent être neutralisés. Les Suédois ont donc entrepris d'ajouter de la chaux à l'eau des lacs afin de rétablir l'équilibre écologique.

HISTOIRE

Fiers de leur indépendance et de leurs traditions nationales (au point de se montrer parfois réticents face à l'idée européenne), les trois pays scandinaves revendiquent avec fierté l'héritage de leurs ancêtres communs, les Vikings et donnent aujourd'hui un exemple de tolérance et d'ouverture aux autres… Et pourtant, leur histoire fut marquée jusqu'à une époque relativement récente de querelles de voisinage, la Suède et le Danemark se disputant l'hégémonie dans la région, au point que la Norvège dut attendre 1905 pour recouvrer une indépendance qu'elle avait perdue cinq siècles plus tôt…

Des origines à la christianisation

Il y a environ 10 000 ans, à la fin de la dernière glaciation, les premiers habitants de la Scandinavie vivaient de la chasse et de la pêche. Ils s'étaient d'abord installés au Danemark puis déplacés le long de la côte occidentale de Norvège, qui fut libérée des glaces avant les terres de l'intérieur. Ces premiers sédentaires utilisaient des outils taillés dans l'os et plus tard la pierre ; leur mode de vie est illustré par les gravures rupestres découvertes en Norvège.

Pendant la période la plus récente de l'âge de la pierre, connue sous le nom de période **néolithique**, l'agriculture se développa progressivement dans le Sud de la Scandinavie et des vestiges de campements permanents ont été découverts ; les premières poteries datent de cette époque. C'est aussi durant cette période que s'installèrent des populations venues du Sud et de l'Est : certaines construisirent des dolmens et des allées couvertes au Danemark et dans le Sud de la Suède. Le peuple dit des « **haches naviformes** » leur succéda, apportant avec lui des outils et des armes plus élaborés, et probablement sa langue indo-européenne.

Le commerce se développa pendant l'**âge du bronze**, l'ambre, les fourrures et les esclaves étant échangés contre du cuivre et de l'étain utilisés en alliage dans la composition du bronze. Les gravures rupestres témoignent des méthodes employées alors pour travailler la terre et de la science de la mer que l'on possédait déjà.

À partir de 500 av. J.-C., les Scandinaves surent fabriquer le fer : ils extrayaient le minerai des marais et utilisaient la tourbe comme combustible. C'est précisément dans les marais que l'on a fait les découvertes archéologiques les plus intéressantes : objets divers déposés en offrande à la divinité des marais mais, surtout, corps humains parfaitement conservés, victimes probables de sacrifices humains, tel l'homme de Tollund, découvert près de Silkeborg dans le Jutland.

Les 500 premières années de l'ère chrétienne furent le théâtre en Europe

Images d'un passé lointain

La Scandinavie est particulièrement riche en gravures et dessins réalisés sur des roches lisses par les premiers habitants sédentaires. Ces témoignages fournissent des renseignements précieux sur le mode de vie des hommes préhistoriques de l'âge de la pierre et de l'âge du bronze. Les plus anciennes gravures rupestres furent découvertes en 1973 le long de l'**Altafjord** dans le Nord de la Norvège. Réparties par milliers sur une vaste superficie, elles montrent divers animaux et des bateaux ainsi que des scènes de chasse ou de pêche et même d'élevage de rennes. Réalisées avec un ciseau à pierre et un marteau, elles constituent une découverte si importante que l'Unesco les a inscrites sur la liste du patrimoine culturel mondial. Les plus récentes, telles celles découvertes près de Tanum dans le Sud de la Suède, illustrent des rites de fertilité ainsi que le travail des champs et représentent des bateaux ressemblant étrangement aux *langskips* des Vikings.

E. Sevo / MICHELIN

Gravures rupestres.

continentale d'importantes migrations et virent l'apparition des inscriptions runiques et de forts à but défensif. Les Svear s'imposèrent sur le territoire de la Suède (à laquelle ils allaient attacher leur nom), les Finnois pénétrèrent peu à peu à l'intérieur des terres mais la Scandinavie resta en dehors des grands bouleversement européen jusqu'au début de l'époque viking, même si les Romains avaient noué des relations commerciales avec les Scandinaves dès le 1er siècle de notre ère.

LES VIKINGS

Le nom de **Vikings** était utilisé par les Scandinaves eux-mêmes : la plupart des historiens s'accordent à dire que c'est un mot d'origine norroise, signifiant « hommes des criques ou des fjords », et s'appliquant donc parfaitement à des pirates qui se dissimulaient dans les échancrures naturelles des côtes pour surprendre leurs proies. Le terme fut probablement utilisé tout d'abord pour désigner uniquement les maraudeurs, mais plus tard il désigna la totalité des peuples scandinaves dont les descendants revendiquent aujourd'hui avec fierté leurs origines vikings.

Rus, Dani, Normanni…

Hors de leurs terres, les Vikings étaient connus sous le nom de **Normanni** ou Hommes du Nord par les Francs et **Dani** ou Danois par les Anglo-Saxons ; ces noms étaient indifféremment attribués aux Vikings danois et norvégiens. Quant aux Vikings suédois, qui s'aventuraient vers l'Est jusqu'en Russie et au Moyen-Orient, ils étaient surnommés **Rus**, nom d'origine finnoise signifiant « rameurs ».

800 – *Charlemagne, empereur des Francs.*

vers 875 – **Harald le Blond** réalise l'unification d'une grande partie de la Norvège.

9e-10e s. – Les Vikings danois et norvégiens pillent l'Europe septentrionale, occidentale et méridionale tandis que les Vikings suédois s'attaquent aux côtes de la Baltique.

Deux siècles de raids

La mise à sac en 793 du monastère de Lindisfarne, situé sur une île au Nord-Est de l'Angleterre, marque le début des expéditions vikings qui durèrent deux cents ans. Les Vikings massacrèrent,

pillèrent et brûlèrent, mais ils établirent aussi des accords commerciaux durables avec de nombreux pays d'Europe et fondèrent de nouveaux royaumes. Si certains, comme celui de York et le Danelaw d'Angleterre, ne leur survécurent pas, d'autres devinrent puissants et très prospères. Ce fut le cas de la Normandie, d'où les descendants de **Rollon** (devenu en 911 duc de Normandie sous le nom d Robert Ier) repartirent à la conquête de l'Angleterre, mais aussi celui de la principauté de Novgorod, d'où les descendants de **Rurik** passèrent à Kiev, fondant ainsi l'État russe sur lequel ils régnèrent jusqu'en 1578.

Les invasions vikings s'effectuèrent selon deux courants, issus l'un de la Suède, l'autre de la Norvège et du Danemark, ce qui ne signifie cependant pas qu'ils aient été totalement dissociés l'un de l'autre. Les Vikings suédois, ou **Varègues**, entreprirent leur expansion par la voie terrestre le long des côtes de la Baltique, de la Volga et du Dniepr, fondant Novgorod et Kiev. Ils échangeaient des fourrures et de l'ambre contre de l'or, de l'argent et des produits de luxe, s'assurant le monopole du trafic de la Caspienne, comme le raconte l'écrivain arabe du 10e s. Mas'oudi, et tentèrent même à diverses reprises de s'emparer de Constantinople.

Les Vikings norvégiens et danois, de leur côté, firent voile vers l'Ouest, se dirigeant vers la Grande-Bretagne, les Shetland, les Orcades, l'Irlande, la France et l'Espagne. Ils franchirent même le détroit de Gibraltar et traversèrent la Méditerranée, rejoignant les Vikings suédois à Constantinople. Des Vikings norvégiens colonisèrent l'Islande et le Groenland et de là se dirigèrent vers l'Ouest et mirent le pied sur le continent américain 500 ans avant Christophe Colomb. Leurs exploits sont rapportés par les sagas islandaises, et leur installation en Amérique du Nord confirmée par des vestiges d'habitat et divers objets découverts le long de la côte septentrionale de Terre-Neuve.

980 – Unification et christianisation du Danemark par **Harald à la Dent bleue**.

vers 1000 – *Découverte de l'Amérique du Nord par les Vikings norvégiens installés en Islande.* **Olof Skötkonung** est le premier roi chrétien de Suède, mais le pays ne se convertit que progressivement au cours du siècle suivant.

1000-1013 – Conquête de la Norvège et de l'Angleterre par le chef danois Sven Ier.Son fils, Knud, ou **Canut Ier le Grand**, règne sur un vaste royaume couvrant non seulement le Danemark, la Norvège, et la Suède, mais aussi l'Angleterre et l'Écosse. Canut s'employa à réaliser la conversion de son puissant empire avec l'aide de l'Église d'Angleterre. Cependant, cette cohésion politique fut de courte durée et, après sa mort en 1035, les guerres intestines reprirent de plus belle entre des chefs ambitieux qui durent en outre accepter le pouvoir grandissant de l'Église.

1015-1030 – Le Norvégien **saint Olav** impose la religion chrétienne à son pays. Sa mort à la bataille de Stiklestad en fait un héros national.

1048 – Fondation d'Oslo par **Harald Hårdråde**, demi-frère de saint Olav.

Une fois le christianisme établi en Scandinavie, son influence ne cessa de s'accroître et l'Église joua peu à peu le même rôle que dans le reste de l'Europe, celui de précieuse alliée ou d'adversaire redoutable selon les circonstances. Dans ce climat de lutte constante pour le pouvoir, un **système féodal** s'installa progressivement au Danemark, en Norvège et en Suède qui devinrent des royaumes chrétiens rivaux. À la fin du 11e s., chacun de ces trois pays était parvenu, sous la bannière du christianisme, à une unité fragile. Des évêchés furent fondés dans toute la Scandinavie, mais, sans que la pérennité de la religion chrétienne fût remise en question, les croyances païennes demeurèrent vivaces encore longtemps comme l'attestent les motifs décorant les églises en bois debout de Norvège.

Cependant, l'adoption par les Vikings de la religion chrétienne coïncida avec le déclin de leur hégémonie dans les mers de l'Europe du Nord-Ouest et marqua l'arrivée de la Scandinavie sur l'échiquier européen. Si la christianisation massive des pays nordiques ne fut pas la seule cause de l'affaiblissement du pouvoir des Vikings, elle en accéléra le processus : leur esprit de conquête et leur indéniable supériorité guerrière s'écroulèrent en un espace de temps relativement bref.

Union, Réforme et rivalités

L'Église fut le canal par lequel la culture et l'architecture de l'Europe occidentale furent acheminées vers les pays nordiques au cours des 11e et 12e s. ; cela est particulièrement vrai au Danemark où l'Église pouvait compter sur l'appui de la puissante dynastie des Valdemar.

1165 – Fondation de Copenhague.

12e-13e s. – Construction des églises en bois debout de Norvège et des premières églises de pierre en Suède (Uppsala et Lund).

1157 – Les Suédois, emmenés par le roi **Éric le Saint**, symbole du « parfait » chrétien, lancent une croisade d'évangélisation contre leurs voisins finlandais avec l'appui de l'évêque d'Uppsala et s'emparent du pays.

1255 – Fondation de Stockholm.

1340-1375 – Règne de **Valdemar IV** sur le Danemark, alors le plus puissant et le mieux organisé des trois pays scandinaves.

Valdemar s'était donné l'objectif de réduire l'influence allemande dans la Baltique et de restaurer l'hégémonie danoise. En 1361, il conquit l'île suédoise de **Gotland** dont la principale ville, **Visby**, était un important comptoir hanséatique. Une coalition réunissant la Suède, la Hanse et le Mecklembourg se dressa en représailles contre le Danemark, et Valdemar fut contraint de signer le **traité de Stralsund** en 1370 : la Ligue consolidait ses droits commerciaux dans la Baltique en s'assurant le contrôle de trois places fortes situées le long de la côte Sud-Ouest de la Suède et accordait la paix au Danemark à condition qu'il ouvre ses ports aux commerçants et marchandises de la Hanse, qui avait alors atteint l'apogée de sa puissance.

La Finlande devient suédoise au 14e s. (le suédois est la langue officielle, Turku capitale), mais la Carélie, province orientale de la Finlande, est partagée entre la Suède et la Russie à la suite de la paix de Pähkinäsaari (1323). Cette domination de la Finlande par les Suédois devait durer jusqu'en 1809.

1350 – La **grande peste** emporte un tiers de la population scandinave.

1370 – La Ligue hanséatique acquiert des droits commerciaux dans l'Øresund.

1375 – Mort de Valdemar IV. Son petit-fils Olav lui succède… nominalement du moins.

Si Valdemar avait consolidé la monarchie danoise, les deux autres royaumes, en l'absence d'un pouvoir politique fort, étaient harcelés par la Ligue hanséatique et menacés par la suprématie économique allemande. Une union entre les pays nordiques paraissait être leur seul espoir de salut, mais les Suédois craignaient la domination danoise et s'y opposaient.

La Ligue hanséatique

Les cités marchandes de la Baltique et de la mer du Nord, ayant à leur tête la cité de Lübeck, avaient constitué une association économique, la Hanse, ou **Ligue hanséatique**, afin de contrôler le commerce de l'Europe du Nord. Son influence économique et politique fut à son apogée entre les 13e et 15e s. et elle devint si puissante qu'elle fut en mesure de dicter ses propres lois aux rois et aux nations. Dès le milieu du 14e s., les marchands de la Hanse possédaient un *kontor* (comptoir commercial) prospère à **Bergen** sur la côte occidentale de la Norvège et, au début du 15e s., la Ligue regroupait **70 cités**.

C'est la volonté acharnée d'une femme ambitieuse, **Margrethe de Danemark** (1353-1412), qui permit la réalisation de cette union. Fille et héritière de Valdemar IV, Margrethe épousa Håkon, roi de Norvège (1340-1380). À la mort de Valdemar, le fils de Margrethe, **Olav** (1370-1387), devint roi du Danemark, puis roi de Norvège cinq ans plus tard lorsque son père mourut à son tour. Comme Olav était trop jeune pour régner, Margrethe obtint la **régence du Danemark et de la Norvège**. Ce fut le début de l'union entre les deux royaumes… qui devait durer jusqu'en 1814 ! Puis Olav mourut à son tour et Margethe devint « dame-maîtresse » (reine-régente) des deux royaumes.

Restait la Suède que gouvernait alors l'héritier d'un puissant duché allemand, **Albert de Mecklembourg**. La noblesse suédoise craignait de voir abolir ses privilèges car l'influence allemande se faisait de plus en plus oppressante. Margrethe, proposa en 1388 un marché aux nobles suédois : s'ils la reconnaissaient comme souveraine légitime de la Suède, elle garantirait leurs privilèges. Une fois l'accord conclu, elle entreprit une campagne contre Albert et le détrôna en 1389.

Régnant désormais sur chacun des trois royaumes, Margrethe, sans héritier direct, pressentit que seule l'unification totale pouvait préserver son héritage. En 1397, les Grands des trois pays acceptèrent d'être unis en un même pays et le **traité d'union** fut signé à **Kalmar**, tandis que la reine désignait son neveu, **Éric de Poméranie**, comme héritier légitime.

1477 – Fondation de la première université scandinave à Uppsala.

1492 – *Christophe Colomb découvre l'Amérique.*

KALMAR TOURIST INFORMATION CENTER / KALMARTURISM_B

Château de Kalmar.

LA RÉFORME

L'Union fut prospère tant que Margrethe gouverna, mais Éric et ses successeurs eurent moins de succès et, au cours du 15e s., la noblesse suédoise tenta à diverses reprises de retrouver son indépendance, ce à quoi elle parvint en 1523 lorsque Christian II fut chassé de Suède par **Gustave Vasa** qui instaura une monarchie héréditaire. Le Danemark et la Norvège, quant à eux, restaient unis. La **Réforme** s'implanta en Scandinavie entre 1523 et 1536 presque sans résistance. Des prédicateurs allemands et des marchands de la Hanse avaient fait connaître les enseignements de Luther bien avant que la nouvelle religion ne fût officiellement instaurée. La Suède fut la première à se convertir ; **Gustave Vasa** cherchait à assainir les finances de l'État tout en renforçant son propre pouvoir. En 1527, il fit approuver par le Riksdag réuni à Västerås la confiscation par l'État des biens de l'Église, et, en 1528, auconcile d'Örebro, l'Église

La dynastie Vasa

GUSTAVE Ier
(1496-1560)
roi de Suède en 1523
ép. 1° (1531) Catherine de Saxe-Lauenbourg
2° (1536) Margaretha Lejonhufvud
3° (1552) Catharina Stenbock

ERIC XIV
(1533-1577)
roi de Suède
de 1560 à 1568

JEAN III
(1537-1592)
duc de Finlande
roi de Suède en 1568
ép. 1° (1562) Catherine Jagellon
2° (1585) Gunilla Bjelke

CHARLES IX
(1550-1611)
duc de Sudermanie
régent de Suède en 1599
roi en 1604
ép. 1° (1579) comtesse
palatine Marie
2° (1592) Christine de
Holstein-Gottorp

SIGISMOND I (III)
(1566-1632)
roi de Suède de 1594 à 1599
et de Pologne en 1587
ép. 1° (1592) Anne d'Autriche
2° (1605) Constance d'Autriche

GUSTAVE II ADOLPHE
(1594-1632)
roi de Suède en 1611
ép. (1620) Marie-Éléonore
de Brandebourg

LADISLAS IV SIGISMOND
(1595-1648)
roi de Pologne en 1632
ép. 1° Cécile d'Autriche
2° Louise de Gonzague

JEAN II CASIMIR
(1609-1672)
roi de Pologne en 1648
ép. Louise
de Gonzague

CHRISTINE
(1626-1689)
reine de Suède en 1632
abdique en 1654

suédoise se sépara de Rome et adopta le **luthéranisme** comme religion d'État.

Au Danemark, les événements se déroulèrent de façon différente mais le résultat fut le même. Lorsque **Christian III** succéda à son père à l'issue d'une lutte fratricide acharnée, lui aussi eut un besoin urgent d'argent pour payer ses mercenaires, mais les évêques catholiques refusèrent d'accéder à ses demandes ; le roi donna alors l'ordre de les arrêter et les contraignit à accepter le luthéranisme comme religion officielle. Les biens de l'Église furent confisqués et le roi vendit une partie de son nouveau patrimoine à la noblesse. Une tentative de résistance de la part des Norvégiens fut immédiatement réprimée et le luthéranisme contribua donc à renforcer le contrôle que les Danois exerçaient sur le pays car la Bible et tous les écrits ecclésiastiques étaient en danois.

C'est ainsi que la Réforme consolida le pouvoir royal dans l'ensemble des pays scandinaves qui devinrent bientôt des **monarchies absolues**.

LA LUTTE POUR L'HÉGÉMONIE DANS LA BALTIQUE (1534-1720)

Le 17e s. fut marqué par la lutte pour l'hégémonie dans la Baltique entre le **Danemark et la Suède**, dont la puissance était à peu près égale. Le Danemark occupait depuis très longtemps les provinces du Sud de la Suède, situation intolérable pour la fierté nationale des Suédois et qui les empêchait d'accéder aux ports de la côte occidentale. D'autre part, à l'Est, la Suède était menacée par la Pologne, où régnait un petit-fils de Gustave Vasa, écarté du trône suédois parce que catholique mais rêvant de reconquérir la couronne et de restaurer le catholicisme, ainsi que par la Russie, qui avait des visées sur la Finlande. Ce fut une longue succession de guerres dont la monotonie fut néanmoins compensée par deux fortes personnalités, le roi du Danemark, **Christian IV** (passé à l'histoire sous le nom de « roi batisseur »), et le roi de Suède, **Gustave II Adolphe**.

Les deux rois prirent part à la **guerre de Trente Ans**, qui fit rage sur le continent mais où Gustave Adolphe trouva la mort (Lützen, en 1632). Aux traités de Westphalie (1648), tandis que le Danemark, allié à l'Empereur Ferdinand III, sortait économiquement affaibli du conflit, la Suède acquérait la Poméranie occidentale, le long des côtes méridionales de la Baltique, et Brême et Werden sur la mer du Nord. En 1657, le roi de Suède envahit le Jutland et fit franchir la mer

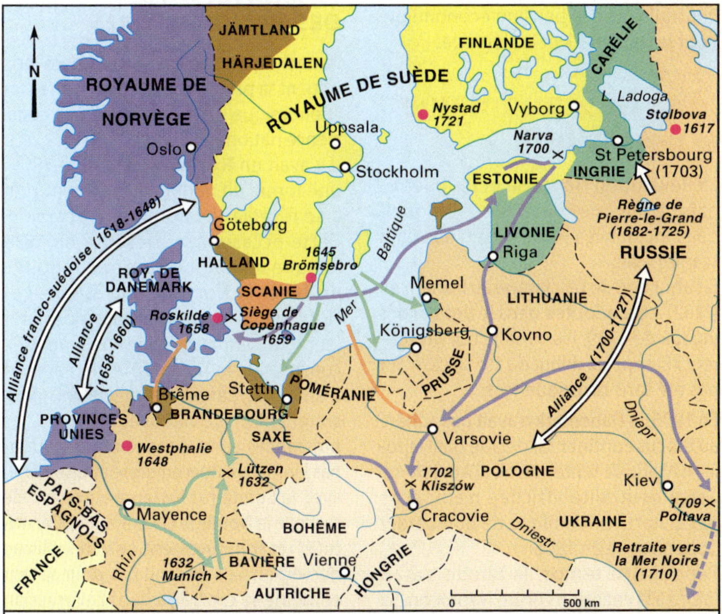

L'HÉGÉMONIE SUÉDOISE EN EUROPE DU NORD (17e S.)

- la Suède à la fin du 16e s.
- Acquisitions de Christine de Suède (1632-1654)
- Campagnes de Charles XII (1700-1718)
- Campagnes et conquêtes de Gustave II Adolphe (1611-1632)
- Campagnes et conquêtes de Charles X Gustave (1634-1660)
- Batailles
- Traités de paix

gelée à son armée, menaçant ainsi la capitale danoise. Le Danemark reconnut sa défaite et signa le **traité de Roskilde** (1658), qui donnait à la Suède les provinces méridionales de **Halland**, de **Scanie** et de **Blekinge** ainsi que l'île de Gotland. L'empire suédois était à son apogée. Cependant, le roi de Suède rompit le traité et, une fois de plus, marcha sur Copenhague ; le Danemark fit appel à ses alliés, et le traité de Copenhague, maintenant le statu quo, fut signé en 1660. Le Danemark avait ainsi perdu la suprématie dans les détroits de la Baltique et ne contrôlait plus le commerce dans cette région.

En 1700, la Russie, la Pologne et le Danemark reprenaient la lutte contre la Suède où régnait **Charles XII**. Celui-ci écrasa rapidement la coalition, envahit la Pologne où il fit élire roi Stanislas Leszczynski, mais fut vaincu à Poltava (1709) et se réfugia en Turquie, où il demeura semi-captif durant cinq ans tandis que ses ennemis, auxquels s'étaient joints la Prusse et la Bavière, occupaient ses territoires baltes. De retour en 1715, il dut reprendre la lutte et fut tué en 1718 au siège de Fredrikshald, en Norvège, qu'il avait envahie. De ces nouvelles guerres, la Suède sortit ravalée au rang de nation secondaire, ne gardant que quelques possessions extérieures... tandis que commençait une période de neutralité et d'expansion économique pour le Danemark et la Norvège.

Vers la Scandinavie aujourd'hui

La Révolution française et les guerres napoléoniennes devaient avoir quelques incidences sur le destin des pays scandinaves

Si l'abolition de l'esclavage au Danemark (1792) a été adoptée dans le droit fil des idéaux de 1789, les conflits qui ravagèrent l'Europe au début du 19e siècle n'ont pas été sans conséquences.

En 1806, le Danemark n'avait pas adhéré au Blocus continental décidé par Napoléon Ier afin de tenter d'isoler l'Angleterre. Cette neutralité affichée n'empêcha pas la flotte britannique de bombarder Copenhague en 1808.

Pendant ce temps, la Suède s'était jointe à la coalition contre Napoléon. Sa défaite en 1809 entraîna la déposition du roi Charles XII et le vote d'une constitution, toujours en vigueur aujourd'ui, établissant un régime de monarchie constitutionnelle. Ironie de l'histoire : Charles XIII, le nouveau roi, sans l'héritier,

ROGER-VIOLLET

Jean-Baptiste Bernadotte.

choisit d'adopter un maréchal d'empire, ami et fidèle de l'Empereur, **Jean-Baptiste Bernadotte** (1763-1844). Devenu prince héritier, Bernadotte défendit dès lors sans la moindre arrière-pensée les intérêts de son nouveau pays qui rejoignit la coalition ; il conduisit ses troupes à la victoire contre Ney et contre Napoléon Ier lui-même à Leipzig... ce qui valut à la Suède d'être récompensée en 1815 : par le traité de Kiel, le Danemark était contraint de céder la Norvège à la Suède. Quant au maréchal bigourdan il devint roi de Suède en 1818 sous le nom de **Charles XIV Jean** et fonda la dynastie qui règne encore aujourd'hui.

LA MONTÉE DES NATIONALISMES

Rattachée à la Suède en 1814, la Norvège obtient sa propre constitution. Son essor économique suscitera celui d'une conscience nationale.

Il y avait en **Norvège**, depuis le 18e s., une forme de nationalisme latent prêt à se réveiller à la première occasion. Cette occasion se présenta en 1814 lorsque les Danois furent contraints de céder la Norvège à la Suède. Les Norvégiens furent prompts à déclarer leur indépendance et à proclamer une constitution le 17 mai 1814, demandant à un prince danois d'être leur roi. Mais, craignant un conflit avec la Suède, les puissances européennes ne soutinrent pas l'initiative norvégienne et une union avec la Suède fut instaurée, au sein de laquelle la Norvège conservait sa Constitution et son Parlement. Le nationalisme norvégien ne s'éteignit pas pour autant et même se cristallisa dans l'expression artistique : l'amour de la terre norvégienne fut exprimé à leur manière tout à fait personnelle par le peintre J. C. Dahl, le dramaturge Henrik Ibsen et le compositeur Edvard Grieg. Par ailleurs, le leader de la gauche libérale, **Johan Sverdrup**

Perfide Albion...

Forts de leur puissance maritime, les Anglais procédaient sans vergogne à l'abordage des vaisseaux de commerce. Afin de protéger la navigation, Danemark, Suède et Russie s'allièrent mais, avant que les flottes des trois nations n'aient pu se réunir, l'Angleterre envoya en mars 1801 une escadre dans le Kattegat. Un ultimatum enjoignait au roi du Danemark de quitter la confédération du Nord. Sur son refus, Nelson vint s'embosser devant le port de Copenhague, où se trouvait la flotte danoise. Le 2 avril, les Danois, vaincus, durent accepter un armistice.

Après la signature du traité de Tilsitt en 1807 entre Napoléon Ier et le tsar Alexandre, les ministres anglais Canning et Castlereagh imaginèrent une action d'éclat afin de frapper leur opinion publique. La marine danoise portant ombrage aux Anglais, on décida de prendre pour cible le Danemark, qui n'avait pourtant pas adhéré au blocus continental. On allégua une prétendue clause secrète du traité, susceptible de mettre la marine danoise au service de Napoléon, et une flotte emportant 20 000 hommes vint jeter l'ancre dans la rade d'Elseneur. Elle exigeait qu'on livrât à l'armée anglaise la forteresse de Kronenborg, le port de Copenhague et la flotte danoise. Le refus du prince royal déclencha les hostilités. L'armée anglaise débarqua au Nord de Copenhague, que ne défendait que 8 000 hommes. Le 2 septembre, les Anglais entreprenaient le bombardement de la ville qui capitula le 9 : 2 000 habitants avaient péri, près de la moitié de la ville avait été incendiée.

encouragea sans relâche le Parlement à assumer entièrement son rôle sans s'occuper de l'opposition constante du roi... qui dut se résoudre à le nommer à la tête du gouvernement en 1872.

1849 – Le Danemark devient une monarchie constitutionnelle.

1857 – Abolition du péage de l'Øresund, instauré au début du 15e s.

Au Danemark : l'affaire des duchés

La fierté nationale du **Danemark** fut sévèrement humiliée lors de l'affaire des duchés de Slesvig, Holstein et Lauenburg. Leur population était en partie danoise et en partie allemande, et ils étaient propriété personnelle du roi de Danemark, pour partie depuis le 15e s., pour partie depuis le congrès de Vienne. En 1815, le Holstein et le Lauenburg adhérèrent à la Confédération germanique et essayèrent de convaincre le Slesvig de les imiter. Mais l'opinion publique danoise y était défavorable et souhaitait que le Slesvig devînt territoire danois à part entière. Le Holstein, de son côté, ne pouvait accepter la séparation des deux duchés ; le problème semblait donc sans issue. En 1848, le soulèvement de la population allemande du Holstein donna aux Prussiens l'excuse qu'ils cherchaient pour envahir le Jutland ; la Russie, l'Angleterre et la Suède intervinrent et un armistice fut signé en 1850 sans que le problème fût résolu pour autant. Le conflit s'enflamma de nouveau et, à la suite de longues négociations, un traité signé à Londres accorda leur autonomie aux duchés sous contrôle danois ! Mécontent de cet accord, le Danemark essaya une fois de plus d'annexer le Slesvig en révisant sa Constitution. La Prusse lui déclara la guerre en 1864, mais aucun des alliés du Danemark ne voulut être impliqué. La défaite fut donc rapide et coûteuse et les trois duchés furent rattachés à la Prusse. Cette humiliation sur la scène internationale nourrit le mouvement romantique national représenté dans le domaine de l'art et de la littérature par le sculpteur Thorvaldsen, le peintre Høyen, champion d'une forme d'art populaire, et les écrivains Andersen, Kierkegaard et Grundtvig qui incarnaient tous trois les caractéristiques du peuple danois.

DÉMOCRATIE ET PROGRÈS SOCIAL

Après quelques années de tension, l'union entre la Norvège et la Suède finit par être dissoute suite à un vote du **Storting** (le Parlement d'Oslo) qui suivit un référendum : le 13 août 1905, à la quasi-unanimité, le peuple norvégien se prononçait pour l'indépendance et, le 25 novembre de cette même année, un prince danois devenait, sous le nom d'**Håkon VII**, le souverain constitutionnel du royaume indépendant de Norvège.

Le nouvel État allait savoir se montrer à la pointe du progrès puisque, dès 1913, il fut l'une des premières nations au monde à donner le droit de vote aux femmes. Les Danoises en 1915 et les Suédoises en 1921 obtinrent également ce droit, tandis que les trois pays, s'étant proclamés neutres, échappèrent aux ravages de la Première Guerre mondiale.

Pour autant, ils ne restèrent pas inactifs au plan international, adhérant les uns après les autres à la Société des Nations. Tandis que l'explorateur norvégien **Fridtjof Nansen** (1861-1930) se distinguait dans l'action humanitaire (la

POLARMUSEET

Fridtjof Nansen.

création du « passeport Nansen » permit aux réfugiés fuyant la révolution soviétique d'obtenir une identité officielle sous l'égide de la SDN), ce qui lui valut d'être distingué par le prix Nobel de la paix en 1922. La Suède joua un rôle décisif dans la création de la Cour internationale de justice, dont le premier président fut **Hjalmar Hammarskjöld**.

Sur le plan intérieur, les trois pays se dotèrent de gouvernements sociaux-démocrates : la Suède dès 1920 avec **Hjalmar Branting**, le Danemark en 1924 avec Thorvald Stauning, la Norvège en 1935 avec **Johan Nygaardsvold.** La stabilité de ces gouvernements permit de donner naissance peu à peu au fameux modèle scandinave de protection sociale, tandis que se développait un goût toujours vivace aujourd'hui pour l'innovation et l'expérimentation dans le domaine social et économique, quels que soient les partis au pouvoir.

LES DÉCHIREMENTS DE LA SECONDE GUERRE MONDIALE

La Scandinavie fut déchirée par la Seconde Guerre mondiale, non seulement parce qu'elle endura les souffrances de la guerre, mais aussi parce que les pays scandinaves se retrouvèrent dans des camps opposés. Bien que tous eussent exprimé le souhait de rester neutres, la Scandinavie représentait un enjeu trop important sur le plan international pour être ignorée par les Allemands ou les Alliés.

Seule la **Suède** réussit à préserver sa neutralité pendant toute la durée de la guerre même si le gouvernement fut obligé de faire des concessions aux Allemands ; c'est ainsi que le passage des troupes allemandes fut autorisé sous la pression du commandement allemand. Ces concessions furent très impopulaires. Cependant, plusieurs actions humanitaires courageuses furent entreprises : des milliers de réfugiés en provenance d'autres pays scandinaves et des pays baltes, dont de nombreux juifs danois, furent accueillis en Suède.

La position du **Danemark** fut assez ambiguë, surtout avant 1943. À la veille de la guerre, les Danois signèrent un pacte de non-agression avec Hitler et proclamèrent une fois de plus leur neutralité. Ce fut peine perdue car, dès avril 1940, le pays fut occupé par les troupes allemandes en route pour la Norvège. L'invasion ne prit que quelques heures et ne rencontra aucune résistance. Dès lors, les Danois tentèrent de gérer au mieux la situation, avec le moins de souffrances possible, et cela se traduisit en pratique par une collaboration avec l'occupant. Les choses changèrent en 1943 à mesure que la résistance s'organisait : les journaux clandestins se multiplièrent, l'ambassadeur du Danemark à Londres se rangea ouvertement du côté des Alliés et le Conseil danois pour la liberté, qui œuvrait dans la clandestinité, fut reconnu comme gouvernement légitime du Danemark. La répression allemande ne se fit pas attendre et continua jusqu'à la libération du pays le 5 mai 1945.

En avril 1940, les Alliés et les Allemands portèrent leur attention sur le port norvégien de **Narvik** qui exportait le minerai de fer suédois. Les Norvégiens résistèrent farouchement, mais ils furent écrasés par la supériorité militaire allemande et, en juin 1940, le roi quitta le pays avec son gouvernement pour se réfugier à Londres où il resta jusqu'à la fin de la guerre. Pendant ce temps, la résistance civile empêchait le pays (dirigé par un gouvernement pro-nazi fantoche) de fonctionner normalement et les Allemands procédèrent à des arrestations en masse et à des déportations. Un mouvement de résistance militaire, agissant sur ordre de Londres, recueillit de précieux renseignements pour le compte des Alliés et organisa des opérations de sabotage dans tout le pays, en particulier à Rjukan dans le Telemark, où une usine de fabrication d'eau lourde fut systématiquement détruite. Les actes de sabotage s'intensifièrent après le débarquement, jusqu'à la reddition des Allemands le 7 mai 1945. Mais la Norvège, en particulier le Nord du pays, avait payé un lourd tribut à la guerre.

LA SCANDINAVIE AUJOURD'HUI

La paix revenue, ce n'est pas un hasard si les pays scandinaves continuèrent à jouer un rôle éminent dans les relations

PHOTO12.COM/BERTELMANN LEXIKON VERLAG

Dag Hammarskjöld.

internationales. La Norvège est membre fondateur de l'ONU, à laquelle adhère aussitôt le Danemark, que la Suède imite en 1946. Le premier secrétaire général, **Trygve Lie** (1946-1952) est norvégien, le second, **Dag Hammarskjöld** (1953-1961), suédois.

Par ailleurs, si le Danemark et la Norvège adhèrent à l'OTAN dès 1949, fidèle à sa politique de neutralité, la Suède refuse de faire partie de cette Organisation.
Sur le plan intérieur, les alternances politiques se sont succédé sans bouleversements majeurs... du moins si l'on excepte la commotion que représenta pour la Suède comme pour le monde entier l'assassinat toujours inexpliqué de l'emblématique Premier ministre suédois, **Olof Palme**, en février 1986.

Cependant, le modèle scandinave, caractérisé par un taux record de prélèvements sociaux, mais aussi, en contrepartie, par la multiplication d'équipements collectifs et d'aides aux plus démunis, cède peu à peu la place aux idées libérales... qui à leur tour doivent reculer devant les sociaux-démocrates (comme on l'a vu à l'été 2005 en Norvège), lorsque les citoyens estiment que le fossé entre les classes sociales s'élargit dangereusement au détriment de la cohésion sociale et de cet idéal d'égalité auquel les Scandinaves sont très attachés.

La Norvège, qui était l'un des pays les plus pauvres d'Europe en 1945 a quant à elle été transformée par la manne pétrolière : les premiers forages effectués en haute mer en 1974 ont porté leurs fruits et le pays est aujourd'hui l'un des principaux producteurs au monde, avec les retombées financières que cela suppose... mais qui sont gérées avec une sagesse exemplaire.

Sur le plan institutionnel, les aménagements constitutionnels qui ont eu lieu depuis la fin de la Seconde Guerre mondiale ont de plus en plus réduit le pouvoir des monarchies à un rôle symbolique, tout en permettant aux femmes d'accéder au trône (Le Danemark en 1952, la Suède en 1979). Seul le Danemark a mis en pratique jusqu'à présent cette réforme, avec l'accession à la royauté de **Marghrete II** en 1972, tandis que **Charles XVI Gustave**, règne aujourd'hui en Suède et **Harald V** en Norvège.

Et l'Europe ?

Dès 1959, le Danemark, la Norvège et la Suède étaient devenus membres de l'AELE (Association européenne de libre échange), organisation créée à l'initiative de la Grande-Bretagne. Le Danemark adhéra à la CEE en 1973, tandis que la Suède et la Norvège signaient un accord de libre échange. La Suède, enfin, adhérait à l'Union européenne après un référendum en 1995... tandis que les Norvégiens refusaient l'adhésion, comme ils l'avaient déjà fait en 1972 ! Cette première « fausse note » était suivie d'un coup de tonnerre, lorsque le 28 septembre 2000, les Danois se prononcèrent à 53 % contre l'adhésion du Danemark à l'Union économique et monétaire en refusant de ratifier le traité de Maastricht... et par voie de conséquence en décidant de conserver leur monnaie, la couronne danoise.

Des démocraties parlementaires

Les trois pays scandinaves ont tous adopté un système démocratique de type occidental mais d'inspiration indubitablement nordique.
Il s'agit de monarchies constitutionnelles héréditaires : le souverain n'a aucun pouvoir politique mais incarne l'idée de la nation, raison pour laquelle il est respecté et aimé.
Le pouvoir exécutif est confié au gouvernement qui comprend le Premier ministre et son cabinet, choisis au sein de la majorité (bien que des gouvernements minoritaires fonctionnent très bien en Suède), et responsables envers un Parlement à chambre unique élu par l'ensemble des citoyens âgés de plus de 18 ans. Les médiateurs jouent un rôle actif dans la protection des droits de l'individu contre tout abus de pouvoir de la part de l'administration. Parallèlement au gouvernement central, un système complexe de gouvernement local comprenant des conseils municipaux gère entre autres l'enseignement, le logement, la culture et les loisirs.

Les Vikings

Pendant plusieurs siècles, ils ont fait trembler l'Europe. Leurs raids violents et meurtriers remplissaient d'effroi les populations côtières d'Europe de l'Ouest et les Slaves des immenses plaines de la Russie. Et pourtant : au-delà de cet aspect « barbare » qui leur est resté attaché, ces fiers marins firent œuvre de bâtisseurs, que ce soit en Normandie ou en Angleterre (et plus tard en Sicile) ou, beaucoup plus à l'Est en fondant à Kiev, ce qui allait devenir l'empire des tsars.

L'époque des Vikings, qui s'étend de 800 à 1050, marque l'entrée de la Scandinavie dans l'histoire. En l'espace de deux cent cinquante ans, les Vikings ont changé le cours de l'histoire européenne, bien que l'on se doive de prononcer le mot « histoire » avec précaution puisque tout ce que nous connaissons d'eux s'appuie sur des fouilles archéologiques, sur des chroniques contemporaines et sur des sagas des 12e et 13e s. Les découvertes archéologiques fournissent des renseignements précis sur le mode de vie des Vikings, tandis que les chroniques et les sagas sont moins fiables. Les moines, qui ont rapporté dans leurs annales les actes des Vikings, avaient eux-mêmes été victimes de ces guerriers ou avaient entendu parler du pillage auquel ils se livraient et ne peuvent pas être considérés comme objectifs. Quant aux sagas, elles ont été écrites beaucoup plus tard d'après les traditions orales des bardes qui, très souvent, adaptaient leurs contes au goût de leur auditoire. Cependant, une chose est certaine, les Vikings ont fait une forte impression sur leurs contemporains et leur réputation de violence, de rapidité et d'audace s'est répandue comme une traînée de poudre à travers l'Europe et le monde arabe.

LES EXPÉDITIONS VIKINGS

Même si le tempérament aventureux, audacieux et guerrier des Vikings explique en grande partie les sanglantes campagnes systématiques auxquelles ils se livrèrent, ces pratiques avaient aussi des mobiles économiques et démographiques.

En effet, au début du 9e s., la Scandinavie connut un accroissement démographique que ne pouvait compenser l'extension des terres agricoles, rendue impossible par la nature du pays. En outre, la loi viking faisait des fils aînés les seuls héritiers et les cadets devaient donc quitter la maison familiale et aller chercher fortune ailleurs. D'autre part, les Scandinaves savaient extraire le fer des marais et fabriquer des armes redoutables. Cependant, c'est grâce au développement de leurs invincibles navires, les *langskips* (mieux connus à tort sous le nom de drakkars), qu'ils purent mettre en pratique une stratégie extrêmement efficace, fondée sur une attaque soudaine et rapide, et s'assurer ainsi une supériorité militaire décisive.

Qui étaient les Vikings ?

Ces hommes du Nord qui s'appelaient eux-mêmes les « guerriers de la Mer » étaient les descendants des immigrants installés en Scandinavie. Loin d'être les barbares que l'on a souvent décrits, ils vivaient au sein de sociétés hiérarchisées et bien organisées et avaient hérité d'une civilisation riche en traditions.

Les bateaux

L'examen minutieux des bateaux vikings tels que ceux d'Oseberg et de Gokstad, exposés au musée des Bateaux vikings d'Oslo, permet de mieux comprendre la suprématie des Vikings en tant que peuple marin sur des sociétés solidement établies comme celles qui occupaient l'Angleterre, la France et l'Irlande de 800 à 1050 apr. J.-C.

Leur supériorité résidait dans leur compétence en matière de construction navale. Leurs navires étaient rapides, équipés d'un mât central et d'une voile carrée, ce qui permettait à l'équipage de ramer même lorsque la voile était déployée. Ils étaient conçus de telle façon que, même avec une charge maximale, des

Les Vikings ont-ils découvert l'Amérique ?

Selon la tradition, un certain **Leif Eriksson**, fils d'Éric le Rouge, parti autour de l'an 1000 du Groenland à bord d'un solide *knörr* aurait mis le pied à l'Anse aux Meadows, sur une terre plantée en vignes sauvages, qu'il aurait baptisée **Vinland.** Si la controverse bat toujours son plein à propos de l'authenticité d'une carte bien antérieure au premier voyage de Christophe Colomb, exposée à l'université de Yale et faisant état d'une *Insula Vinlandia*, les fouilles archéologiques ont bien démontré l'existence de l'éphémère colonie de Leif Eriksson et de ses compagnons... Ce à quoi les Espagnols, piqués au vif, ont fait remarquer à juste titre qu'aborder le continent américain était une chose, s'en emparer en était une autre...

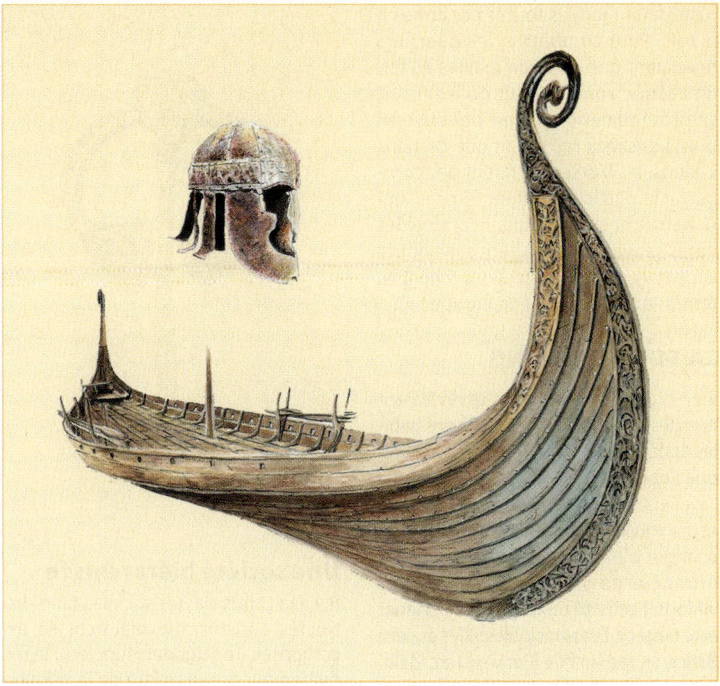
R. Corbel / MICHELIN

Drakkar et casque viking.

navires de la taille de celui de Gokstad (24 m de longueur et 5 m de largeur) n'avaient besoin que d'un mètre de tirant d'eau et pouvaient donc s'approcher de n'importe quelle côte et remonter n'importe quelle rivière et, au besoin, être tirés à terre grâce à leur légèreté... ce qui permettait à l'origine de faire jouer la surprise. Par ailleurs, les bateaux vikings étaient particulièrement résistants, ce qui fut prouvé en 1893 lorqu'on fit traverser l'Atlantique par une réplique du bateau de Gokstad. Ils étaient légers et flexibles, munis d'une quille solide et d'une proue incurvée caractéristique, devenue le symbole de la puissance des Vikings. Ceux-ci ne se contentèrent pas de traverser la mer du Nord avec leurs navires, mais franchirent aussi l'Atlantique pour aller jusqu'au Groenland et, peut-être, en Amérique.

Grâce à leurs expéditions, les Vikings acquirent une grande expérience de la construction navale et un examen minutieux des bateaux d'Oseberg et de Gokstad confirma l'évolution rapide de la forme des coques. Au fur et à mesure que leurs techniques s'amélioraient, les Vikings construisaient différents types de bateaux, des navires de guerre rapides manœuvrés par un grand nombre d'hommes et des navires marchands plus lents, à l'équipage moins nombreux, mais avec plus de place pour la cargaison.

Drakkars et autres...

Grands navigateurs, les Vikings avaient, dès le 9e s., mis au point des navires faciles à manœuvrer, tenant bien la mer au cours des tempêtes, appelés *langskip* lorsqu'il s'agissait d'une embarcation destinée aux expéditions guerrières, ou *knörr* s'il s'agissait d'un bateau de commerce. La proue élevée des navires de guerre, à la courbe caractéristique, était souvent ornée d'une tête de dragon. C'est celle-ci, dite *dreki* (drekar au pluriel), qui a forgé le mot **drakkar** en français, utilisé pour désigner le navire même. Bien que pourvus d'un gréement constitué d'une voile carrée, les bateaux étaient, de surcroît, équipés de rames. Ils pouvaient transporter un équipage de 100 hommes et naviguer à une vitesse maximale de 12 nœuds.

Les navires marchands, de taille et de forme variables, étaient utilisés pour commercer avec les pays lointains, mais aussi pour rapporter le butin amassé au cours des expéditions.

Les armes

L'arme favorite des Vikings était la hache qu'ils maniaient avec une grande dextérité ; venaient ensuite la longue épée plate à double tranchant, puis la lance, l'arc et les flèches et le couteau en fer à un tranchant. Les objets retrouvés dans les tombes des Vikings indiquent qu'ils n'utilisaient jamais toutes ces armes à la fois. Pour combattre, les guerriers revêtaient une cotte de mailles en fer, un casque rond en cuir ou en fer et se protégeaient avec un bouclier en bois. Les sagas racontent que certains Vikings, les **berserk**, étaient des combattants particulièrement féroces, qui se battaient sans armure, « comme des bêtes sauvages ». Ils furent sans doute largement responsables du sentiment de terreur qui se répandit en Europe !

LA SOCIÉTÉ VIKING

Bien organisés, les Vikings se révélaient être des agriculteurs et des artisans habiles doués pour le travail des métaux, ainsi que des chasseurs adroits et de brillants cavaliers. Ils cultivaient diverses céréales et pratiquaient l'élevage dans des enclos contigus à leurs longues maisons de bois groupées en villages. Dans les cités vikings, l'activité reposait sur l'artisanat et le négoce. Les principales villes étaient **Birka**, située sur l'île Björkö du lac Mälaren (près de Stockholm), **Kaupang** sur la côte méridionale de la Norvège, **Ribe** dans le Jutland occidental et, dans le Jutland méridional, **Hedeby**, qui était alors la ville la plus importante de Scandinavie. De ces quatre villes, seule Ribe a survécu, mais, hors de Scandinavie, York et Kiev ont prospéré et se sont développées bien après la fin de l'ère viking. Les hommes et les femmes portaient des vêtements en laine, en soie ou en lin. Les hommes portaient aussi une épée à la ceinture et les femmes se paraient de bijoux en argent et en or.

Les Vikings dans le monde

Pression démographique ? Conditions climatiques qui allaient en s'aggravant ? Avènement des premiers rois locaux poussant les nobliaux rebelles à s'expatrier ? Ce sont quelques-unes des raisons que l'on imagine pour expliquer l'irrésistible expansion des Vikings. Pour ne parler que de leurs hauts faits, le bilan est impressionnant : à l'Est, soumission par les Varègues des tribus slaves de la Neva et du lac Iadoga, fondation de Novgorod par **Rorik** (860), siège de Constantinople (861), puis établissement d'un empire à Kiev par le fils de Rorik, **Oleg le Sage** (882). À l'Ouest, mainmise sur la Normandie par le chef **Rollon** (911) ; domination de l'Angleterre au début du 11e s. avec **Knud (Canut) le Grand**, puis **Guillaume le Conquérant**, un demi-siècle plus tard ; conquête de la Sicile par **Robert Guiscard** (1061-1091).

R. Corbel / MICHELIN

Fibule.

Une société hiérarchisée

Il y avait trois classes sociales bien distinctes. L'aristocratie, hiérarchisée, est composée de seigneurs fonciers ; le roi, également grand prêtre de la religion d'Odin, est élu par les chefs de clans, mais le fait que seuls les membres de la famille du défunt roi soient éligibles conduira peu à peu à rendre la monarchie plus ou moins héréditaire. Les hommes libres, pour la plupart paysans, jouissent des droits du citoyen et se réunissent en assemblées nommées *thing* qui font appliquer la loi et débattent des problèmes locaux. Les esclaves, ou *thraell*, proviennent de divers horizons : condamnés de droit commun, débiteurs insolvables, ou étrangers capturés lors des raids. Traités comme des travailleurs ordinaires, ils n'ont cependant aucun droit, mais peuvent être affranchis après rachat de leur liberté, sans pour autant bénéficier des droits des hommes libres. Le statut d'homme libre n'est reconnu aux successeurs des affranchis qu'au bout de plusieurs générations.

L'écriture runique

L'écriture runique correspond à une représentation phonétique, c'est-à-dire qu'à chaque signe ou **rune** correspond un son. L'ensemble des runes constitue un alphabet, appelé *futhark* d'après les 6 premières lettres qui le composent, comprenant 24 caractères. Au 9e s. le nombre des signes fut réduit à 16.

L'écriture runique n'est pas le seul fait des peuples scandinaves ; elle a été utilisée par tous les peuples germaniques. Les plus anciennes inscriptions connues datent du 2e s., mais, dans la plupart des pays, l'utilisation du *futhark* cesse

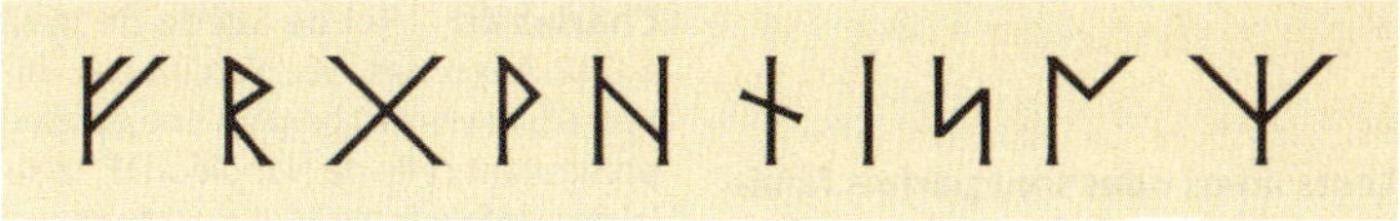

R. Corbel / MICHELIN

Lettres runiques.

vers le 10e s., sauf en Scandinavie où l'on continue à s'en servir pendant tout le Moyen Âge.
Ces inscriptions sur pierre, bois, métal ou os sont riches d'enseignement sur la société viking ; elle relatent de hauts faits, sont des marques de propriété, des dédicaces ou des incantations.

Du paganisme au christianisme

La société viking était polythéiste et nantie d'une mythologie complexe qui tentait d'expliquer la création du monde et d'en prédire la fin. La religion s'adressait à un vaste panthéon de dieux et de déesses dont une profusion de mythes et de fables, parfois très poétiques, racontaient les aventures. Plus grands que nature mais censés mener une vie semblable à celle des hommes, se battant, mangeant, buvant et même invitant à leur table des guerriers morts au combat, ces dieux occupaient une place bien hiérarchisée.
Odin était le dieu suprême, le dieu de la Guerre et des Guerriers morts au combat, mais il était également à l'origine des aspirations les plus nobles de l'homme, aussi était-il représenté accompagné de deux corbeaux symbolisant la pensée et la mémoire, et de deux loups symbolisant l'audace et l'avidité. Toutefois, sa personnalité avait un côté sombre et dangereux, car rien ne pouvait l'arrêter dans sa poursuite de la sagesse.
Avec un grand marteau pour emblème, **Thor**, maître du tonnerre, était aussi un dieu guerrier, protecteur des Vikings ordinaires ; ses intercessions avaient des résultats plus bénéfiques et il était plus populaire que le redoutable Odin.
Venaient ensuite, par ordre d'importance, **Freyr** et sa sœur **Freyja**, seconde épouse d'Odin, qui incarnaient l'amour, la fertilité et les plaisirs ; il semblerait qu'ils aient été très populaires en Suède.
Outre les dieux, la religion viking célébrait aussi le culte de nombreux demi-dieux et accordait un intérêt marqué à une multitude de génies malfaisants ou bénéfiques. Des sacrifices rituels étaient régulièrement organisés dans les temples, plus tard remplacés par des églises chrétiennes, comme ce fut le cas à Jelling dans le Jutland et à Uppsala en Suède.
La conversion des Vikings au christianisme fut progressive et pratiquement terminée à la fin du 11e s. Souvent, les maraudeurs se convertirent lors de leurs lointaines expéditions et ramenèrent chez eux des missionnaires pour les aider à faire accepter la nouvelle religion. Puis les expéditions cessèrent et, par le jeu des relations commerciales, la Scandinavie devint partie intégrante de l'Europe.

Funérailles vikings

C'est sur la conviction que les besoins des hommes et des femmes après leur mort étaient les mêmes que durant leur vie que furent fondées les traditions funéraires des Vikings. Un mort pouvait être enterré ou incinéré mais, quel que soit le cas, on plaçait à ses côtés des présents à la hauteur de son rang social. Les personnages importants étaient souvent enterrés dans des bateaux. Ceux-ci étaient placés dans un trou et le corps posé sur un lit dans une chambre funéraire. Le bateau était alors rempli de provisions et, selon le cas, d'armes, d'outils agricoles, de bijoux, d'ustensiles de cuisine, etc. On sacrifiait également des chiens et des chevaux. Pour finir, on édifiait un tumulus pour recouvrir le bateau.
Dans la tombe d'Oseberg *(voir au musée des Bateaux vikings à Oslo)*, on retrouva deux femmes ainsi qu'un chariot et trois traîneaux, des ustensiles de cuisine, du matériel agricole et des instruments à tisser, une selle, des fragments de tapisseries et des provisions.

Sites et musées vikings

Monuments en terre : Danevirke, muraille défensive barrant l'accès du Jutland méridional aux envahisseurs saxons.
Principaux sites funéraires : Birka sur le lac Mälaren dans le Sud de la Suède, Hedeby et Jelling dans le Jutland méridional, au Danemark, Lindholm Høje près d'Ålborg dans le Nord du Jutland.
Forteresses : Fyrkat et Aggersborg dans le Nord du Jutland.
Principaux musées : le Musée national à Copenhague, le musée des Antiquités nationales à Stockholm, les musées des Bateaux vikings à Oslo d'une part et à Roskilde, au Danemark, d'autre part, et enfin le musée de la Maison viking à Borg, dans les îles Lofoten.

Personnages de Scandinavie

Leurs noms nous sont parfois familiers... et parfois beaucoup moins. Ces personnages ont tous, chacun dans son domaine, contribué à façonner l'histoire et l'image de la Scandinavie auprès du grand public.

Absalon – Puissant évêque de Roskilde au 11e s., il fit élever la cathédrale de la cité vers 1170. Trois ans auparavant, il avait fondé Copenhague, la future capitale du pays.

Roald Amundsen (1872-1928) **–** Légendaire explorateur norvégien tant de l'Arctique que de l'Antarctique, à bord du *Farm*. En 1911, il fut le premier homme à atteindre le pôle Sud au cours d'un voyage qui dura deux ans. En 1928, il embarqua à Tromsø à bord d'un avion pour essayer de retrouver l'aéronaute **Umberto Nobile**, l'Italien qui avait disparu au cours d'une expédition en dirigeable dans le Spitzberg. Admundsen ne revint pas de cette dernière expédition.

Comte Folke Bernadotte – Neveu du roi Gustave V Adolphe, ce diplomate suédois obtint la libération d'un grand nombre de prisonniers retenus dans les camps de concentration nazis.

Niels Bohr (1885-1962) – Physicien danois, il prit part aux premières études atomiques et obtint le prix Nobel en 1922. En 1943, il se réfugia en Amérique et travailla sur le projet de bombe atomique, malgré ses réserves sur les implications politiques d'un tel projet.

Björn Borg – Tennisman suédois qui remporta le tournoi de Wimbledon cinq fois de suite, ainsi que Roland-Garros et domina sa discipline pendant près de dix ans, entraînant dans son sillage d'autres champions, comme **Mats Wilander**, **Stefan Edberg** et **Magnus Norman**.

Tycho Brahe (1546-1601) – Astronome danois qui consacra sa vie à l'étude des mouvements des planètes, tout d'abord à Copenhague et plus tard à Prague où il mourut.

Canut (Knud) le Grand (v. 995-1035) – Roi d'Angleterre en 1017 à la mort de son père, Sven, qui en entreprenait alors la conquête, qu'il poursuivit sans tendresse excessive (on raconte qu'il fit couper les mains, le nez et les oreilles de tous les Anglais qui tombaient entre ses mains !), devint roi du Danemark à la mort de son frère Harald et paracheva le tout en s'emparant de la Norvège après la mort de saint Olav.

Charles XII – Roi de Suède de 1697 à 1718. Aux prises avec d'ambitieux voisins, il fera vivre à son pays une épopée préfigurant celle de Napoléon Ier, mais laissera la Suède exsangue et ravalée au rang de nation secondaire.

Christian IV – Roi de Danemark et de Norvège de 1588 à 1648, ce personnage volontiers truculent fut à juste titre connu comme le *roi bâtisseur* : outre les nombreux édifices qu'il légua à Copenhague, Christian IV a également laissé son empreinte aux châteaux de Kronborg (Elseneur), Frederiksborg (Hillerød) ou Jægerpris. C'est sous son règne que des travaux furent exécutés à Bohus, Halmstad et Varberg, en territoire suédois, et, en Norvège, que fut construite Christiania, la future Oslo, et fondées les villes de Kongsberg et de Kristiansand.

La reine Christine (1626-1689) – Quand son père, Gustave II Adolphe, est tué à Lützen, elle n'a pas encore 6 ans. La régence est confiée à un conseil présidé par le chancelier Oxenstierna qui s'emploie à lui donner une instruction digne d'une souveraine. Et comme Christine démontre une stupéfiante curiosité intellectuelle, le grain ne demande qu'à germer... À 18 ans, elle connaît une douzaine de langues, se passionne aussi bien pour l'astronomie et la théologie que pour l'alchimie et la botanique, et entreprend une correspondance suivie avec des savants qu'elle attire à sa Cour. Quelque peu défavorisée par la nature, elle manifeste un souverain mépris pour tout ce qui est fanfreluches et n'aime rien tant que le costume masculin, allant même jusqu'à se faire couper les cheveux en brosse ! Longtemps fiancée à son cousin Charles-Gustave de Deux-Ponts, qui lui succédera sous le nom de **Charles X**, elle ne se mariera jamais, mais collectionne les amants. Prodiguant titres et pensions, elle dilapide une bonne partie du trésor royal et s'attire les reproches de ses sujets. En 1654, elle choisit d'abdiquer, dans des conditions financières particulièrement

Christine par Christine

« J'ai une aversion et une antipathie invincibles pour tout ce que font et disent les femmes. Irascible, fière et railleuse, je ne fais grâce à personne. Je suis incrédule, fort peu dévote, et mon tempérament ardent et impétueux ne m'a pas donné moins de penchant pour l'amour que pour l'ambition ; cependant, j'ai toujours résisté, mais uniquement par fierté et pour ne me soumettre à personne. »

avantageuses... Sa vie n'est plus alors qu'une errance à travers l'Europe. À la fin de l'année 1655, elle est à Innsbruck, où elle se convertit au catholicisme, à l'étonnement général. Puis elle voyage en Italie, où son entrée à Rome en costume d'amazone fait sensation. 1656 la voit arriver en France, où Louis XIV lui accorde de résider à Fontainebleau où elle ne manque pas de faire scandale par son langage comme par ses mœurs dissolues, mais surtout, en commettant l'erreur de faire poignarder Monaldeschi, son écuyer et probable amant, qu'elle soupçonne de l'avoir trahie alors qu'elle tente de conquérir le trône de Naples. Devenue indésirable en France, elle retourne à Rome en 1658, revient en Suède en 1660 dans l'espoir d'exercer la régence, repart en Allemagne, rêve de devenir reine de Pologne à la mort en 1668 du roi Jean-Casimir, le dernier des Vasa, et se fixe enfin à Rome, où elle s'occupe de littérature et de collection d'œuvres d'art, tout en prenant fréquemment position en faveur de la tolérance religieuse.

Engelbrekt – Il conduisit en 1434 la population des districts miniers suédois contre les Danois et convoqua le premier Parlement suédois en janvier 1435... avant d'être assassiné l'année suivante.

Éric le Rouge (v. 940-v. 1010) – Chef viking qui découvrit en 981 le Groenland et s'opposa à son fils Leif (le véritable découvreur de l'Amérique) sur la question du christianisme que ce dernier tentait d'introduire au Groenland.

Axel, comte de Fersen (1755-1810) – Bien connu en France pour son amour platonique pour la reine Marie-Antoinette, qu'il tenta de soustraire aux révolutionnaires en organisant la fuite qui se termina si mal à Varennes. Ce que l'on ignore souvent, c'est qu'il avait participé à la guerre d'Indépendance d'Amérique sous les ordres du général de Rochambeau et qu'après l'évasion manquée de la famille royale il était devenu maréchal de Suède. Mais il connut une fin tragique : le prince héritier, Charles-Auguste, mourut subitement en passant en revue un régiment ; cette disparition, survenant au moment où se posait le problème de la succession au trône, provoqua une vague de soupçons à l'égard des partisans – dont était le comte – de l'ancien roi Gustave IV. Accusé d'avoir empoisonné le prince, Fersen fut lapidé par la foule le 20 juin 1810, jour des obsèques princières.

Gustave II Adolphe – Roi de Suède de 1611 à 1632, stimula l'économie suédoise et étendit les territoires suédois sur le pourtour de la Baltique.

Gustave IV Adolphe (1778-1837) – Roi de Suède dès 1792 après l'assassinat de son père, il hésita sans cesse entre la France et la Russie et se mit à dos à la fois Napoléon et le tsar Alexandre Ier, ce qui coûta à la Suède la perte définitive de la Poméranie en 1807 et de la Finlande en 1808. Cette catastrophique politique étrangère incita le colonel Audiersparre à arrêter le roi le 13 mars 1809 et à le contraindre à abdiquer au profit de son oncle, qui devint alors Charles XIII. Le roi déchu parcourut l'Europe sous le nom de comte de Gottorp, puis se fixa en Suisse. Consacrant son temps à l'écriture, il acquit le droit de bourgeoisie à Bâle sous le nom de colonel Gustavsson, qu'il conserva jusqu'à sa mort survenue à Saint-Gall.

Dag Hammarskjöld (1905-1961) – Diplomate et homme politique suédois, secrétaire général de l'ONU de 1953 à sa mort, il obtint le prix Nobel de la paix en 1961. Il mourut dans un accident d'avion alors qu'il prenait part à une mission pour la paix au Congo.

Gerhard Armauer Hansen (1841-1912) – Ce médecin né à Bergen isola le bacille de la lèpre en 1874.

Harald à la Dent bleue (v. 910-v. 985) – Roi du Danemark, baptisé en 960 après avoir persécuté les chrétiens. Il s'empara de la Norvège méridionale.

Sonja Henie (1912-1969) – Patineuse sur glace norvégienne, elle remporta dix titres de championne du monde et trois médailles olympiques.

Lasse Kjus – Norvégien, champion de ski alpin.

Birger Jarl – Régent de Suède de 1248 à 1266, il établit la capitale à Stockholm.

Carl von Linné (1707-1778) – Aussi connu sous son nom latin (*Linnaeus*), ce botaniste suédois, fondateur de l'Académie des sciences de Suède et médecin, voyagea à travers la Laponie et visita plusieurs pays d'Europe. Il définit les principes de la classification des plantes en donnant à chacune deux noms latins, l'un pour le genre et l'autre pour l'espèce, système toujours en vigueur, bien que modifié. Linné décrivit 7 000 plantes selon cette méthode et fit, de son vivant, autorité dans le monde entier.

Margrethe Ire (1353-1412) – Fille du roi du Danemark Valdemar IV, elle parvint à régner sur le Danemark, la Suède et la Norvège à la suite de l'Union de Kalmar.

Boyer / ROGER-VIOLLET

Alfred Nobel.

Fridtjof Nansen (1861-1930) – Cet explorateur et homme d'État norvégien, qui contribua à l'indépendance de son pays, se dévoua avec une détermination sans faille à la cause de la paix et des droits de l'homme, et obtint le prix Nobel de la paix en 1922. Son nom a été donné à deux cratères, l'un sur la Lune, et l'autre sur Mars.

Alfred Nobel (1833-1896) – L'invention de la dynamite en 1867 assura à ce chimiste suédois la fortune et il décida d'en faire bénéficier l'humanité en instituant par testament une fondation dont la tâche est d'attribuer chaque année d'importantes récompenses à des hommes et des femmes de mérite exceptionnel dans les domaines de la littérature, de la physique, de la chimie, de la médecine et dans l'action en faveur de la paix. Un prix dans le domaine de l'économie fut ajouté en 1969. Cinq prix sont remis à Stockholm le 10 décembre, jour anniversaire de la mort d'Alfred Nobel, tandis que le sixième, le prix Nobel de la paix, est remis à Oslo.

Sondre Norheim – Vers 1870, ce Norvégien conçut le prototype du ski moderne connu sous le nom de ski Telemark.

Olav Haraldsson - Descendant de Harald le Blond, il entreprit d'unifier la Norvège à la fin du 9e s. Son objectif fut atteint après la bataille de Stiklestad en 1030 : le roi perdit la bataille et la vie, mais il fut très vite vénéré à l'égal d'un saint et devint le héros national de la Norvège.

Olof Palme (1927-1986) – Plusieurs fois Premier ministre de Suède, cet adversaire farouche de la politique américaine au Viêtnam ne cessa de faire campagne en faveur du désarmement à l'échelle mondiale. Son assassinat (qui ne fut jamais véritablement élucidé) commotionna le pays.

Olaus Petri (1498-1552) – Olof Petersson, qui latinisa son nom selon la coutume des érudits de l'époque, naquit à Örebro, étudia à Uppsala, Leipzig puis Wittenberg où il adhéra au luthéranisme. Prédicateur à Stockholm en 1523, il fit publier en 1529 le premier manuel liturgique suédois puis une traduction du Nouveau Testament. Fait chancelier du royaume en 1531, il perdit la faveur du roi Gustave Ier en 1539, fut condamné à mort pour haute trahison puis gracié. Jusqu'à sa mort en 1552, il ne s'occupa plus que de théologie et de littérature.

Bjarne Riis – Coureur cycliste, le premier Danois à avoir remporté le tour de France (1996).

Valdemar Ier le Grand (1131-1182) – Ce roi conquérant établit au Danemark une monarchie héréditaire et commença une politique d'expansion territoriale dans la Baltique, poursuivie par ses successeurs, Canut VI et Valdemar II.

Raoul Wallenberg – Ce diplomate suédois, en poste à Budapest, sauva la vie de milliers de juifs hongrois avant de disparaître mystérieusement à la fin de la guerre probablement enlevé par les Soviétiques.

Pour ce qui concerne les peintres, musiciens, sculpteurs, cinéastes et écrivains, se reporter au chapitre Art et Culture, pages suivantes.

DES FRANÇAIS EN SCANDINAVIE

Jean-Baptiste Bernadotte (1763-1844) – Un bel exemple de promotion sociale ! Ce jeune Béarnais, fils du procureur auprès du sénéchal de Pau, s'engagea dans les armées de la République comme simple soldat à 17 ans, était devenu général de brigade quatre ans plus tard ! Époux d'une ancienne maîtresse de Napoléon Bonaparte, la Marseillaise **Désirée Clary**, il devint ministre de la Guerre (1799) mais démissionna car il avait refusé de rallier le Premier Consul lors du coup d'État du 18 brumaire. Napoléon ne lui en tint pas rigueur puisque le « sergent Bellejambe » (il était ainsi surnommé en raison de sa prestance) fut nommé gouverneur de Hanovre et maréchal de France (1804), avant de recevoir le titre de prince de Ponte-Corvo. Brillant vainqueur des Russses lors de la campagne de Prusse de 1806, il se fit alors remarquer par sa mansuétude envers les prisonniers, parmi lesquels figuraient quelques Suédois. C'est sans doute cette attitude chevaleresque qui lui valut d'être choisi en 1810 comme héritier par le roi de Suède Charles XIII. Adopté par le souverain,

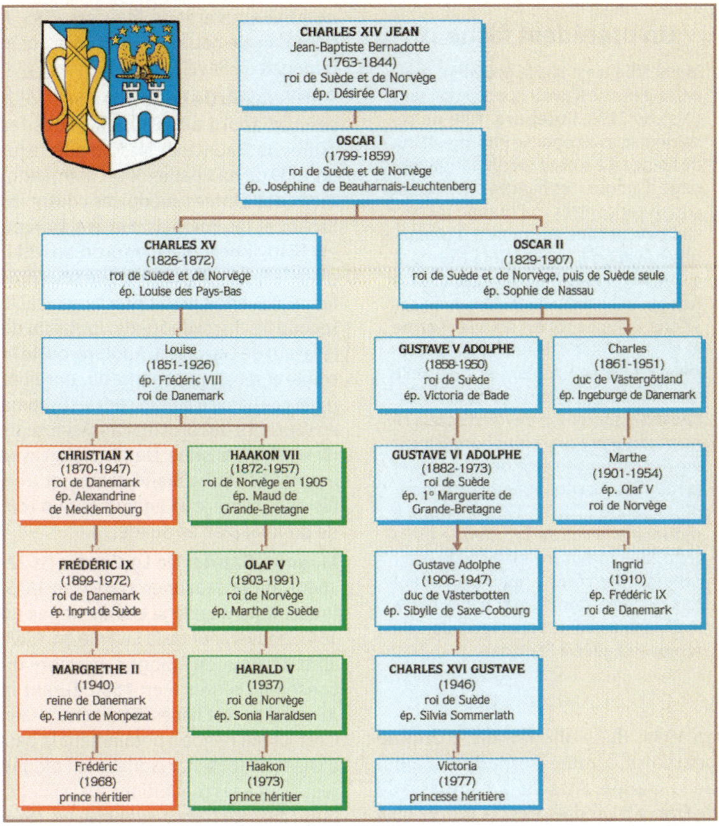

converti au protestantisme, il contribua à la chute de l'Empire avant d'être couronné roi de Suède (et de Norvège) en 1818… Désirée, quant à elle, ne se fit jamais au climat de son nouveau pays et attendit 1823 pour s'installer à Stockholm où elle se faisait envoyer des fruits récoltés dans son jardin. Pas plus que son époux, elle ne parvint à apprendre le Suédois et se désolait du caractère peu expansif de ses sujets qui la connaissaient sous le nom de Desidaria. Leur fils unique, **Oscar Ier** (1799-1859) épousa Joséphine de Beauharnais-Leuchtenberg, petite fille de la Joséphine de Napoléon ; il est l'ancêtre direct des trois souverains régnant actuellement en Scandinavie.

René Descartes (1596-1650) – La reine Christine favorisa le développement artistique, scientifique et littéraire de son pays, et attira à Stockholm de nombreux savants, en particulier hollandais et français. Parmi ces derniers, on peut citer le philologue **Claude Saumaise** (1588-1653), **Samuel Bochart** (1599-1667), dont la *Géographie sacrée* était très prisée, et le bibliographe **Gabriel Naudé** (1600-1653) mais le plus célèbre est René Descartes.

En 1646, il a tout juste 50 ans et a fait paraître son *Discours de la méthode* neuf ans plus tôt. Déjà il a fondé la géométrie analytique, a dégagé les lois de la réfraction de la lumière, découvert la notion de travail, et construit sa métaphysique. Depuis 1629, il réside en Hollande. Et voilà que lui parviennent les lettres d'une nouvelle admiratrice, qui souhaite s'entretenir de philosophie avec lui. Une correspondance s'engage jusqu'à ce qu'en 1648 Christine l'invite à se rendre à Stockholm. En septembre 1649, il prend le chemin de la Suède. Mais il est vite déçu : la reine se montre indifférente et ses exigences frisent le caprice. Si la fantaisie lui prend à 3h du matin de débattre aristotélisme ou platonisme, elle n'hésite pas à faire venir le philosophe, dans la neige et le froid, et elle va jusqu'à lui demander de composer un ballet ! Descartes tombe malade, de congestion pulmonaire, et meurt à Stockholm le 10 février 1650. La reine, semble-t-il, ne manifesta pas de regret.

Henri de Laborde de Montpezat – Le 10 juin 1967, Copenhague en liesse marie sa princesse héritière, **Margrethe** en l'église de la Marine. L'heureux élu est un jeune diplomate français, né à Talence

Un précédent fâcheux

Margrethe n'est pas la première princesse danoise à avoir épousé un Français : en 1193, **Ingeborg**, fille du roi Valdemar, avait épousé **Philippe II**, roi de France. Ce n'était certes pas un mariage d'amour : les fiancés ne s'étaient jamais rencontrés et Philippe recherchait avant tout un soutien diplomatique avant de conquérir la Normandie. Mais lorsque Ingeborg apparaît, à Amiens avec toute la fraîcheur de ses 17 ans, le jeune roi est sous le charme et devient fou de désir : hélas la cérémonie est interminable... et lorsqu'elle s'achève enfin, Philippe se trouve incapable d'assumer son devoir d'époux ! Il ne pardonnera pas à Ingeborg d'avoir été le témoin de cette défaillance, et la répudie aussitôt. Il faudra un interdit papal pour qu'en 1200 Philippe II renonce à la solide Tyrolienne qui a remplacé Ingeborg et fasse asseoir celle-ci à ses côtés... mais seulement lors des cérémonies officielles, car la malheureuse reine vécut la plupart du temps reléguée à Étampes.

en 1934, dans une famille d'origine béarnaise comme Bernadotte, aïeul de la mariée. Attaché à l'ambassade de France à Londres, c'est là, dit-on, qu'il a rencontré sa princesse. Aujourd'hui le cahors, que produit la propriété qu'ils ont acquise et restaurée dans le Lot, coule fréquemment sur la table royale...

Pontus De La Gardie (1530-1585) – Né Pons Scopérier, ce fils d'un négociant de Caunes-Minervois, délaissa le couvent auquel on le destinait pour s'enrôler dans les troupes du maréchal de Brissac. En 1556, il fit partie du corps de troupe que le roi de France envoya au secours de la reine d'Écosse, puis passa en 1559 au service de Frédéric II de Danemark. Fait prisonnier par les Suédois, il fut sollicité par Éric XIV pour entrer à son service, ce qu'il n'accepta qu'une fois la paix signée en 1565. Dans la lutte qui opposait le roi à son frère Jean, duc de Finlande, il embrassa le parti de ce dernier. En 1568, Pontus parvint à s'emparer du roi et le duc de Finlande, devenu Jean III, le fit baron d'Eckholm en 1571, feld-maréchal, sénateur, il lui confia en 1576 l'ambassade extraordinaire auprès du pape qui confirmait le rétablissement du rite catholique en Suède. En 1580, après avoir épousé une fille naturelle du roi, il reçut le commandement en chef des troupes contre les Russes, reprit les territoires livoniens et conquit l'Ingrie dont il fut nommé gouverneur. Mais en 1585, il périt dans le naufrage du navire qui le ramenait de Reval.

Son fils **Jakob De La Gardie** (1583-1652) servit d'abord aux Pays-Bas sous les ordres de Maurice de Nassau puis reçut en 1609 du roi Charles IX le commandement des armées suédoises contre les Russes et les Polonais. Entré à Moscou en 1610, il occupa Novgorod en 1611, plaça la Russie septentrionale sous protectorat suédois et y fit proclamer tsar le second fils du roi de Suède. Jouissant de la faveur de Gustave II, Adolphe qui le fit comte et sénateur, fit partie du conseil de régence chargé d'administrer le royaume en l'absence du roi et fut l'un des tuteurs de la reine Christine. De son union avec la comtesse Ebba Brahe naquirent trois fils dont l'aîné joua également un rôle de premier plan en Suède.

Magnus-Gabriel De La Gardie (1622-1686), ambassadeur en France en 1645, fut lieutenant général en Allemagne en 1647, gouverneur de la Livonie en 1648, ambassadeur en Pologne, membre du conseil de régence en 1660 durant la minorité du roi Charles XI puis chancelier. C'est lui qui négocia notamment la paix d'Oliva en 1660, par laquelle la Pologne renonçait à ses prétentions sur la Suède, puis l'alliance franco-suédoise en 1674. Érudit et mécène, il protégea de nombreux artistes, fit installer à ses frais une imprimerie et fit don à la bibliothèque d'Uppsala de précieux manuscrits, entre autres la Bible d'argent, le *Codex argenteus* de Wulfila que l'on croyait perdu et qu'il avait retrouvé en Finlande. Après avoir été l'amant de la reine Christine, qui songea à l'épouser, il s'était marié avec la princesse Euphrosine, cousine de la reine et sœur du roi Charles X. Mais l'échec de sa politique entraîna sa disgrâce en 1680, suivie de sa ruine après que Charles XI eut décidé la confiscation des domaines acquis par les nobles sous les règnes précédents.

Louis-Philippe d'Orléans – *Voir au chapitre Laponie norvégienne.*

Claude Monet – Entre février et mars 1895, alors âgé de 55 ans, Claude Monet fit un séjour en Norvège, attiré par les beautés de l'hiver nordique. Les rigueurs de l'hiver et les difficultés d'accès aux sites rendirent le séjour du peintre quelque peu difficile. Dans une lettre écrite le 1er mars, il parle « des effets de neige qui sont absolument stupéfiants, mais d'une difficulté inouïe ». Parfois proche du découragement, il s'obstina toutefois et réalisa 28 tableaux, parmi lesquels *Maisons dans la neige*, *Le Fjord de Christiania*, et *Le Mont Kolsaas*.

ART ET CULTURE

Les différents styles européens successifs, du Moyen Âge à nos jours, furent repris en Scandinavie, mais leur influence ne fut véritablement marquante qu'au Danemark et en Suède… Il est clair que ce que cherche avant tout le visiteur, c'est l'expression d'un style scandinave original. Disons-le tout de suite : il ne sera pas déçu.

Architecture

Pour des raisons à la fois historiques et géographiques, c'est surtout au Danemark que les styles roman, gothique et Renaissance trouvèrent à s'épanouir, même si la Suède et la Norvège ont conservé de beaux exemples d'églises romanes.

LA DÉCLINAISON NORDIQUE DES STYLES EUROPÉENS

Les cathédrales de Ribe au Danemark, de Stavanger et de Bergen en Norvège et de Lund en Suède sont de magnifiques exemples d'architecture romane. Le style gothique du Nord, où prédomine l'usage de la brique, est bien représenté par la cathédrale de Roskilde au Danemark et celle d'Uppsala en Suède. Il faut citer aussi la cathédrale de Nidaros (Trondheim), élevée en pierre. La Renaissance hollandaise a quant à elle laissé son empreinte sur les imposants châteaux de Frederiksborg et de Rosenborg, qui orne la capitale danoise.
L'exubérance étincelante du style baroque du palais de Christiansborg à Copenhague et du Palais royal de Stockholm contraste avec le style classique de l'ancien opéra de Stockholm. Le style néogothique, très en vogue à la fin du 19e s., fut adopté pour l'hôtel de ville de Copenhague.
Cependant, si l'on peut parler vraiment d'architecture Scandinave, c'est à propos des églises rurales danoises et des églises en bois debout de Norvège.

Au Danemark : les églises rurales médiévales

Au cours du 12e s., parmi les centaines de modestes églises de campagne qui surgirent au Danemark, beaucoup subsistent dans le Sud du Sjælland, l'île de Møn, le Jutland et en Scanie, alors province danoise. Leurs murs de brique, généralement blanchis à la chaux, en font d'éclatants repères dans la verte campagne tandis que les pignons à redans de leurs clochers se découpent sur le ciel.

Plusieurs sont décorées de fresques pleines de vie, témoignages du réalisme imaginatif des artistes médiévaux tel le **maître d'Elmelunde**, qui décora plusieurs églises de l'île de Møn et inspira d'autres artistes, mais aussi de la vie quotidienne de l'époque, des structures de la société médiévale, des croyances religieuses et des tabous.

ARCHITECTURE DE BOIS

Les vastes forêts recouvrant la Norvège, et la Suède garantissaient la production de quantités illimitées de bois de construction. Difficile à extraire du sol gelé, la pierre donnait en outre des bâtiments difficiles à chauffer.
L'utilisation du bois se généralisa donc dans toute la Scandinavie bien avant l'ère viking, mais les techniques à la fois complexes et remarquables, qui permirent aux constructions de bois de résister à l'usure du temps, furent mises au point par les Vikings dont l'esprit d'innovation s'appliqua tout autant à la construction des bâtiments qu'à celle des navires.
En outre, les sculptures et peintures aussi belles que complexes qui décorent certains édifices en bois montrent la confiance que les bâtisseurs du passé avaient dans leur capacité à construire

L. Nielsen / VISITDENMARK

Les pignons à redans de l'église des sables de Skagen.

des œuvres durables avec un matériau qu'ils connaissaient parfaitement et auquel leur culture attribuait une signification spirituelle. Aujourd'hui, le **Sylvanum**, musée du Bois situé à Gävle, au Nord de Stockholm, illustre les méthodes de l'industrie forestière et de ses dérivés, offrant ainsi une preuve éclatante que le bois est toujours un élément essentiel de la culture scandinave.

Deux techniques de base

La diversité des constructions de bois en Scandinavie est due à l'emploi de deux techniques très différentes qui datent du 9e s. À cette époque, les Vikings rapportèrent d'Orient la première de ces techniques, à savoir la construction de cabanes en rondins selon la méthode de l'assemblage à tenons et mortaises : les troncs, grossièrement dépouillés de leur écorce, étaient simplement empilés les uns sur les autres et les interstices remplis de terre et de mousse ; les extrémités des rondins étaient entaillées et assemblées par emboîtage ; il n'y avait pas de fondations et la charpente était recouverte d'écorce de bouleau maintenue en place par une couche de terre garnie d'herbe. Les cabanes en rondins étaient carrées ou rectangulaires et ne comportaient qu'une seule pièce à foyer central.

Ce plan simple fut utilisé dans toute la Scandinavie, et l'on peut encore en voir de très beaux exemples.

La technique utilisée pour la construction des cabanes en rondins s'appelle *laft* en norvégien, par opposition à une autre technique plus complexe appelée *stav*, qui atteignit un remarquable degré de perfection au cours des 12e et 13e s. lors de la construction d'églises en bois d'un type très original, qui portent le nom approprié de **stavkirker (églises en bois debout)**. L'originalité de cette technique consistait à maintenir des rangées verticales de rondins ou de planches dans un cadre fait de poutres horizontales garnies de rainures ; la présence d'une sablière basse empêchait la détérioration des murs, ce qui explique pourquoi les édifices construits de cette façon ont résisté pendant huit cents ans.

Qu'ils soient construits selon la technique *laft* ou *stav*, les murs étaient très souvent doublés extérieurement de planches horizontales ou verticales soigneusement assemblées et peintes ; ce doublage servait d'isolation thermique et de protection contre la pluie et la neige, mais il rendait aussi les constructions plus attrayantes et fut à l'origine d'une recherche esthétique qui se traduisit, entre autres, par la décoration des encadrements de portes et de fenêtres.

Ces techniques de base furent couramment utilisées dans l'architecture traditionnelle, soit séparément, soit ensemble avec des variantes régionales.

Ma cabane au Canada

Ce sont les émigrants scandinaves qui apportèrent ces techniques au Nouveau Monde et édifièrent avec fierté leurs cabanes traditionnelles dans les vastes plaines de l'Amérique du Nord.

P. Plantier / MICHELIN

Église en bois debout de Gol (Oslo, musée national du Folklore).

Les stavkirker norvégiennes

Les **églises en bois debout** de Norvège sont les plus complexes des édifices en bois jamais érigés en Scandinavie. Les premières furent construites au temps des Vikings vers la fin du 10e s. et, au début du 14e s., on en dénombrait environ un millier. Sombres, elles étaient ornées de clochers pointus et de pignons à pente raide surmontés de têtes de dragons, symboles de leur puissance… Au cours du 14e s., une épidémie de peste décima un tiers de la population et, ainsi désertées, beaucoup d'églises en bois debout tombèrent en ruine ou furent détruites par le feu. Plus tard, d'autres, devenues trop exiguës, furent démolies et remplacées par des églises plus grandes, souvent construites en bois mais dans un style différent. Les dernières, mal entretenues, se dégradèrent et au 19e s. il n'en demeurait qu'une trentaine en Norvège. C'est le peintre **J. C. Dahl** qui attira l'attention du public sur

La « stavkirke » d'Uvdal, dans la Numedal.

l'irrémédiable perte que constituerait la disparition de cette richesse unique du patrimoine norvégien. Le pays étant alors en quête de son identité nationale, il fut entendu ; la prise de conscience en fut facilitée et les Norvégiens réalisèrent la valeur à la fois architecturale et historique de ces édifices et entreprirent alors de sauvegarder ce qui pouvait l'être.

Il ne reste plus aujourd'hui que trente églises de ce genre, presque toutes situées dans les régions montagneuses du Sud et, bien qu'elles aient été soigneusement restaurées, elles sont constamment menacées de destruction, comme l'atteste l'incendie qui ravagea en 1992 l'église de Fantoft *(voir à Bergen)*.

La technique *stav* des églises en bois debout fut adaptée à divers styles architecturaux. Dans un premier temps, les églises furent construites selon un plan rectangulaire tout simple comprenant une nef et un chœur. Plus tard, on ajouta une abside en demi-cercle et la partie centrale de la nef fut surélevée et séparée des bas-côtés par des piliers comme dans les églises en pierre de l'époque : ce fut le cas de l'église de Heddal. D'autres églises, comme celles de Nore et d'Uvdal dans la Numedal, furent construites avec un pilier central s'élevant jusqu'au sommet de la toiture. Quel que soit leur style, elles furent entourées d'une galerie extérieure qui servait de porche et protégeait le bas des murs. La toiture s'élevait en trois paliers et était parfois surmontée d'une ou plusieurs tourelles ; la couverture était en galets de bois. L'édifice était entièrement badigeonné au goudron de bois pour éviter la décomposition, précaution que l'on pratique encore aujourd'hui.

Les églises en bois debout étaient **décorées** avec plus ou moins de raffinement de sculptures représentant généralement des animaux, réels ou mythiques, comme le voulait la tradition viking. Les encadrements de portes étaient souvent décorés de haut en bas avec des motifs complexes et ceux qui ont survécu jusqu'à nos jours témoignent de l'originalité de l'art médiéval norvégien. Le faîte des nombreux pignons était dans la plupart des cas surmonté de dragons en guise de protection contre les mauvais esprits.

L'**intérieur** des églises est généralement très sombre car, à l'origine construites sans fenêtres, la lumière n'y pénétrait que par les petites ouvertures rondes placées sous la toiture. Et pourtant, la richesse de la décoration est étonnante ; certains piliers, par exemple, sont coiffés de chapiteaux sculptés tout comme ceux de nos églises romanes et les murs et les plafonds furent souvent couverts de fresques à la fin du Moyen Âge.

Les plus belles

Les plus intéressantes églises en bois debout sont celle d'**Urnes**, la plus ancienne, située au bord du Sognefjord, celle de **Borgund**, située non loin d'Urnes, l'une des plus imposantes et la plus richement ornée. Celle d'**Heddal**, située dans le Telemark à quelques kilomètres de Kongsberg, est la plus grande et la mieux conservée. Celles d'**Uvdal** et de **Nore**, situées dans la Numedal, plus petites mais plus intimes, ont été très remaniées par la suite mais offrent une profusion de décorations variées. Enfin, il faut citer celle de **Ringebu**, près de Lillehammer et celle de **Gol**, remontée au musée national du Folklore norvégien à **Bigdøy** (Oslo).

Design

En dépit d'un attachement reconnu à leurs traditions, les Scandinaves n'ont jamais craint la modernité, qu'ils ont toujours abordée sans complexe, et sans reculer devant l'expérimentation. Peut-être est-ce pour cette raison que tant d'architectes venus du Nord se sont imposés et que le design, compagnon naturel de l'architecture a connu une telle fortune en Scandinavie.

DE L'ART NOUVEAU AU FONCTIONNALISME

L'architecture franchit un pas en Scandinavie, au début du 20e siècle, avec l'apparition de l'**Art nouveau** ou jugendstil : c'est ainsi qu'à la suite d'une catastrophe, la ville norvégienne d'Ålesund fut entièrement reconstruite dans ce style alors en vogue et étonne toujours par la fantaisie et la profusion décoratives faisant appel au verre, à la céramique et au fer forgé. Quelques années plus tard, c'est dans la ville nouvelle de Kiruna en Laponie suédoise que s'illustra un architecte, **Gustav Wickman**, en réalisant une église en forme de tente same.

Plus tard, au Danemark, un architecte fonctionnaliste, **Arne Jacobsen**, devint célèbre pour avoir dessiné, au début des années 1940, les plans de l'austère hôtel de ville d'Århus, entièrement construit en béton. Son collègue suédois, **Gunnar Asplund** (1885-1940), fut moins célèbre sur le plan international.

Réussites contemporaines

Parmi les architectes contemporains, il faut citer le Danois **Søren Robert Lund**, auteur à Arken, au Sud de Copenhague du musée d'Art moderne d'Ishøj, de conception très audacieuse ; et ses compatriotes **Jørn Utzon**, architecte de l'opéra de Sydney en Australie, **Henning Larsen**, à qui l'on doit la splendide aile de la Glyptotek de Copenhague, parfait écrin conçu pour abriter la superbe collection d'art impressionniste français de ce musée ; on lui doit également le Centre du design danois, en face de la Glyptotek, qui accueille architectes et innovateurs du monde entier, ainsi que le nouvel opéra de Copenhague bâti sur les docks et aux séduisantes formes épurées. **Otto von Spreckelsen** l'auteur, à Paris, de la Grande Arche de la défense, est également danois.

La Norvège n'est pas en reste avec **Sverre Fehn**, qui dressa les plans du Musée des glaciers au bord du Sognefjord et travaille à l'heure actuelle à la rénovation du Théâtre royal de Copenhague. Son but n'est pas de se soumettre entièrement à la nature mais d'établir un dialogue entre nature et culture, et il est vrai que ses œuvres rehaussent la beauté des paysages rocailleux de son pays natal. L'architecte a obtenu le prix Pritzker, sorte de Nobel de la discipline. C'est selon une approche comparable que **Jan Inge Hovig** éleva à Tromsø la superbe cathédrale des Glaces… Le rapprochement peut paraître hasardeux, mais la structure de verre habillant désormais les ruines de la cathédrale de Hamar s'en rapproche par sa conception et sa philosophie : d'autres édifices audacieux dans le pays sont également des réussites : on citera l'hôtel Rica de Molde, dressé comme une voile au-dessus des eaux du fjord, les ondulations de bois et de verre

P. Plantier / MICHELIN

L'opéra de Copenhague, œuvre d'Henning Larsen.

du musée des Beaux-Arts de Lillehammer, ou encore le Samediggi (Parlement same) à Karasjok élevé par **Stein Halvorsen** et **Christian Suby** et qui a reçu en 2001 le prix d'Architecture norvégienne. Parmi les autres architectes qui se sont illustrés, les noms de **Krisin Jarmund**, **Kari Nissen Brodtkorb** (auteur de l'immeuble *Stranden* d'Akker Brygge à Oslo), **Ivar Unde** et **Marten Løvseth,** témoignent de la prééminence d'une élégante sobriété dans le traitement des volumes, l'effet de monotonie étant évité grâce à la fusion d'éléments stylistiques distincts.
Il faut enfin citer les membres du cabinet d'architectes **Snøhetta**, auteurs de la nouvelle bibliothèque d'Alexandrie inaugurée en 2002 et vainqueurs des concours organisés en vue de la construction du nouvel opéra d'Oslo et du centre Turner de Margate (Angleterre).

LE DESIGN DANS TOUS SES ÉTATS

Pour l'homme de la rue, les mots « design » et « Scandinave » sont étroitement liés. Si la chose est sans doute un peu réductrice, reste que le design scandinave est reconnu dans le monde entier comme le symbole de l'harmonie entre fonctionnel et esthétique.
On peut dire que le design est apparu, au début du 20e siècle, en réaction aux courants artistiques immédiatement antérieurs dans ce qu'il est convenu d'appeler les arts décoratifs : le terme porte une valeur esthétique (il s'agissait de rechercher de nouvelles formes décoratives en rupture avec le passé) tout en sous-entendant une nouvelle approche basée sur l'abandon de la pièce unique longuement polie par l'artisan au profit d'une fabrication industrielle.
Du mobilier au papier peint, des objets de la vie quotidienne, aux vêtements, les designers ont, comme leurs homologues d'autres disciplines, évolué depuis un siècle : le modernisme, l'Art déco, le fonctionnalisme, le « Design scandinave » aux lignes simples et épurées, le « design pop » jusqu'au minimalisme postmoderne des années 1990 auquel s'opposa un maximalisme flamboyant, voilà autant de jalons d'une aventure dont les développements d'aujourd'hui ne laissent pas d'étonner : délaissant l'aspect lisse et fonctionnel, le collectif suédois « Front » n'hésite pas à faire intervenir le hasard en créant une table qui se déplace toute seule selon un parcours aléatoire. La styliste norvégienne **Tone Vigeland** n'hésite pas à créer des bijoux et des vêtements qui ont tout de la cotte de mailles, tandis que le kitsch revient en force, se mêlant au minimalisme de bon ton dans un joyeux mariage (créations des Suédois d'**Ugly Cute**). Quant à **Cecilie Manz**, elle repousse les frontières du design en abandonnant l'aspect fonctionnel des objets : avec elle, les échelles volent, les tables penchent, et les penderies ressemblent à des arbres !
Le **Centre danois du design de Copenhague**, ainsi que les musées des Arts appliqués d'Oslo ou de Trondheim permettent de questionner le passé et l'avenir de cet art, des créations des verriers norvégiens tels que **Sverre Pettersen** (1884-1956) ou **Ulla-Mari Brantenberg** au mobilier d'inspiration japonaise créé par **Gerard Munthe** (1849-1929)...

C. Van Roeden / VISITDENMARK

Verres design.

Où commence le design ?

Nul ne saurait le dire très exactement... Mais comme le montre le Centre danois du design de Copenhague, il est partout : votre voiture, votre ordinateur, votre rasoir jetable et votre canapé, tout est passé entre les mains d'un designer...

Mais c'est en entrant dans les halls d'hôtels, les boutiques, les bars et les restaurants de Stockholm, ou d'ailleurs en Suède, ou en parcourant les boutiques et les grands magasins danois que vous pourrez faire plus ample connaissance avec le design, devenu ici symbole d'un art de vivre.

Peinture et sculpture

Assez peu connus hors de leur région d'origine (si l'on excepte bien entendu Edvard Munch !), les arts plastiques scandinaves ne manquent cependant pas d'artistes de talent que la visite des musées locaux vous permettra de découvrir et, sans aucun doute, d'apprécier…

La situation périphérique de la Scandinavie l'écarta de toute influence sur les mouvements artistiques européens, que les Scandinaves se contentèrent d'adopter. Dès le Moyen Âge, ils firent appel, pour décorer les églises romanes et gothiques, à des artistes étrangers, principalement hollandais et allemands, que les artistes locaux imitèrent. C'est ainsi qu'au 15e s. et au début du 16e **Bernt Notke** et **Claus Berg** furent les initiateurs du style allemand de sculpture religieuse et eurent de nombreux disciples en Scandinavie.

L'appel aux artistes étrangers se perpétua tout au long du 17e s., qui marque l'avènement de la Renaissance en Scandinavie avec un siècle de retard sur le reste de l'Europe. De nombreux peintres et sculpteurs, ainsi que des architectes, furent attirés au Danemark et en Suède par le roi du Danemark, Christian IV, et par les monarques cultivés de Suède, Gustave Adolphe et sa fille Christine ; ces mécènes des arts puisèrent dans les riches réserves d'artistes européens pour embellir leurs palais et orner leurs galeries d'art.

Ce n'est qu'au 18e s. que des **écoles d'art nationales** virent le jour au Danemark et en Suède.

Au Danemark, la fondation de l'**Académie royale des arts** permit à des artistes danois de recevoir un enseignement approprié dans leur pays natal avant d'accomplir leur tour d'Europe ; en Suède, le premier style vraiment original, connu sous le nom de **style gustavien**, fut particulièrement bien représenté par le sculpteur **Johan Tobias Sergel** (1740-1814), auteur de la statue de Gustave III à Stockholm. Par la suite, les aspirations des différentes tendances romantiques nationales du 19e s. provoquèrent un épanouissement sans précédent de l'art scandinave.

L'âge d'or danois

Par suite des conséquences désastreuses de la politique danoise pendant les guerres napoléoniennes, les Danois mirent leur énergie créatrice au service de l'art et le 19e s. devint ainsi l'âge d'or de l'art danois. **Bertel Thorvaldsen** (1770-1844), que l'on considère en général comme le plus grand sculpteur danois, domina la première moitié du siècle. Il passa de nombreuses années à Rome où il acquit une renommée internationale en tant que remarquable représentant du néoclassicisme ; à son retour dans son pays natal, il fut accueilli en héros et légua son œuvre tout entière à la ville de Copenhague qui fit construire un musée en son honneur.

Son contemporain, le peintre **Christoffer Wilhelm Eckersberg** (1783-1853), au style net et élégant, par l'influence qu'il exerça sur plusieurs générations de peintres pendant ses trente-cinq années d'enseignement à l'Académie royale des arts, fut le fondateur de l'École danoise.

À partir de 1850, les artistes danois se tournèrent vers le réalisme et choisirent la nature comme principale source d'inspiration. Les **« peintres de Skagen »** *(voir Skagen)* comme **Anna et Michael Ancher** ou **P. S. Krøyer** concentrèrent leurs recherches sur la lumière et s'attachèrent à peindre les scènes de la vie quotidienne dans une démarche qui peut évoquer celle des peintres de Barbizon. Ils furent suivis notamment par les **« peintres fioniens »,** dont les plus célèbres furent **Johannes Larsen** (1867-1961) et **Peter Hansen** (1868-1928). **Jens Ferdinand Willumsen** (1863-1958), l'un des plus grands peintres scandinaves et l'un des représentants du symbolisme et de l'expressionnisme, fit partie du groupe de Pont-Aven où il travailla avec Paul Gauguin à la fin du 19e s.

Pour autant, l'une des principales personnalités de l'époque s'exprime dans un style tout à fait différent : il s'agit de l'enigmatique **Vilhelm Hammershøi** (1864-1916), dont les portraits de femmes, parfois représentées de dos dans des intérieurs sans attrait, donnent une impression de solitude profonde confinant au malaise.

En Norvège : naissance d'une peinture nationale

Rattachée bon gré mal gré à la Suède, la Norvège développa au long du 19e s. une aspiration à la renaissance nationale qui se traduisit en peinture avec l'avènement de l'École romantique. Parmi les artistes les plus représentatifs de ce style, essentiellement paysagiste, il convient de citer le pionnier, **Johan Christian Dahl** (1787-1857), mais aussi **Adolph Tidemand** (1814-1876) et **Hans Gude** (1823-1863), auteurs de nombreuses toiles empreintes d'une lumière volontairement dramatique. Si la génération suivante se perdit parfois dans la recherche d'une représentation quasi photographique de la réalité, on en détachera toutefois le nom d'**Eric Wieskenkiold** (1855-1938), auteur d'un remarquable portrait d'Ibsen. Une école réaliste, voire franchement naturaliste, conduite par **Christian Krohg** (1852-1925) dont *La Fille malade* ne fut pas sans inspirer son élève Munch, cohabita avec une période symboliste où les paysages apparaissent nimbés d'une atmosphère léthargique, comme chez **Lars Hertevig** (1836-1902).

L'écrasante personnalité de Munch

Le Norvégien **Edvard Munch** (1863-1944) *(voir Oslo)*, qui fut l'un des chefs de file de l'expressionnisme, fut sans aucun doute le plus grand peintre scandinave de tous les temps. Outre son fameux *Cri* (dont il existe quatre versions), d'autant plus universellement connu qu'il est entré dans la rubrique des faits divers à l'occasion du vol de la toile commis à Oslo en août 2004, Munch est l'auteur d'une œuvre très variée, passant du réalisme du début du symbolisme, puis à l'**expressionnisme** dont il est considéré comme le créateur. Mais son évolution ne s'arrête pas là, puisqu'il est rangé alternativement parmi les Nabis et dans l'école Sécession, avant de revenir à une forme de réalisme social.

Pour autant, cette œuvre immense et capitale de l'un des fondateurs de la peinture moderne ne doit pas occulter celle d'excellents artistes norvégiens comme **Axel Revold** (1887-1962), très présent dans les collections publiques du pays, **Anna-Eva Bergman** (1909-1987), réprésentante de l'abstraction, **Lars Tiller** (1924-1994), **Gundar Gundersen** (1921-1983) ou **Jacob Weidemann** (1993-2001).

MUNCH MUSEET

Portrait d'Edvard Munch (détail).

la peinture moderne au Danemark et en Suède

Au Danemark, on retiendra en particulier les noms d'**Asger Jorn** (1914-1973), fondateur du groupe **Cobra** par réaction contre la société d'après-guerre, et du peintre et sculpteur **Per Kirkeby** (né en 1938) : largement représenté dans les musées danois (à Århus, Ålborg comme à Louisiana), cet artiste développe un style très personnel et une maîtrise de la couleur comme du dessin qui rendent passionnante l'observation détaillée de ses grandes compositions, presque abstraites au premier regard.

En Suède, **Carl Larsson** (1853-1919) acquit une immense popularité grâce à ses interprétations très détaillées de scènes de la vie quotidienne et à ses illustrations de livres d'enfants. En revanche, **Anders Zorn** (1860-1920), que l'on considère souvent comme le plus grand peintre suédois des temps modernes, fut un impressionniste tardif qui peignit des paysages de sa région natale, la Dalécarlie, immortalisant sur ses toiles la culture rurale qu'il aimait tant et dont les portraits à l'eau-forte sont célèbres pour l'énergie qu'ils dégagent. Un de ses contemporains, **Eugen Jansson** (1862-1915), récemment « redécouvert » par les critiques d'art et dont le thème préféré fut la ville de Stockholm, ne fut jamais reconnu hors de Suède de son vivant.

La sculpture au 20ᵉ s.

Le sculpteur le plus éminent est le Norvégien **Gustav Vigeland** (1869-1943), qui fut le meilleur représentant d'un style de sculpture monumentale très personnelle et typiquement scandinave ; ses œuvres, que l'on peut plus ou moins apprécier mais dont on ne niera pas la puissante expressivité, ornent le Vigelandsparken à Oslo conçu comme un tout par l'artiste lui-même qui y consacra une bonne partie de sa vie. La Suède eut également un sculpteur célèbre, **Carl Milles** (1875-1955), dont on peut voir les œuvres monumentales non seulement à Millesgården, à Stockholm, mais aussi aux États-Unis où il passa la dernière partie de sa vie à créer des fontaines majestueuses. Parmi les meilleurs sculpteurs danois, on peut citer **Kai Nielsen** (1882-1924), qui développa son propre style monumental, parfois un peu lourdement chargé de symboles, et **Robert Jacobsen** (1912-1993), qui travailla essentiellement les métaux et s'exprima dans un style abstrait très personnel.

Littérature et cinéma

Ibsen, Andersen, Kierkegaard, Strindberg et Knut Hansum, Ingmar Bergman et Lars von Trier : ces noms, connus de tous, suffisent à démontrer la vitalité de la littérature et du cinéma nordique. Et pourtant, la situation géographique excentrée de cette terre comme le manque de curiosité ont longtemps laissé croire que la contribution des Scandinaves à la culture mondiale était négligeable…

Avant le 19e s., on pensait en général que la culture scandinave n'avait engendré aucune forme originale d'expression. Les opinions se modifièrent au début du 19e s., lorsque le mystère qui entourait la préhistoire scandinave fut en partie élucidé ; on se rendit alors compte que la Scandinavie avait contribué à alimenter le creuset européen bien avant sa christianisation et l'on commença à réaliser les effets que les Vikings avaient eus sur la civilisation occidentale.

UNE LITTÉRATURE VIVANTE

Les sagas, une littérature orale

Cependant, l'extraordinaire vigueur avec laquelle la littérature scandinave s'épanouit retint l'attention du monde entier. Après le bouleversement des guerres napoléoniennes, le Danemark et la Suède, comme la Norvège (alors suédoise), éprouvèrent le besoin de réaffirmer leur identité nationale. Les regards des écrivains se tournèrent vers leur lointain passé et leur héritage commun, les **sagas**.

Au temps des Vikings, lors des festins, des *scaldes*, les bardes nordiques, avaient coutume de réciter des poèmes épiques fondés sur des événements historiques. Les narrateurs adaptaient leurs contes afin de plaire aux chefs de clans ; c'est ainsi que les actes héroïques furent racontés à maintes reprises et sans cesse embellis. Ces contes furent plus tard transcrits, ce qui permit de faire passer à la postérité le glorieux passé de la Scandinavie.

Les thèmes qui nourrissent la littérature scandinave des 19e et 20e s. montrent que les écrivains ont beaucoup lu ces sagas qui renferment l'essence même du tempérament et de la culture scandinaves : la communion avec la nature, un sentiment latent d'angoisse et de mélancolie, l'obsession de la solitude, conférant néanmoins une certaine force, et un amour profond pour le folklore en tant que racine de l'identité scandinave.

Voici un aperçu de la littérature scandinave à travers quelques-uns de ses plus grands écrivains. Il est intéressant de remarquer que les auteurs de littérature enfantine furent les premiers à attirer l'attention du monde entier sur la littérature scandinave puisque Hans Christian Andersen et Selma Lagerlöf, Astrid Lindgren sont devenus extrêmement populaires de leur vivant.

Danemark

Le 19e s. est dominé par trois personnalités très différentes. **Hans Christian Andersen** (1805-1875) fut un conteur de génie dont les histoires dévoilent une imagination sans bornes et un optimisme incorrigible. Le philosophe **Søren Kierkegaard** (1813-1855), en revanche, exprima l'angoisse de l'Homme confronté à la responsabilité. Le théologien **Nikolaj Grundtvig** (1783-1872) fut le champion de la liberté individuelle dans le domaine de l'éducation. **Karen Blixen** (1885-1962) est probablement l'écrivain danois du 20e s. le plus célèbre ; plusieurs de ses romans ont été portés à l'écran, en particulier *La Ferme africaine*, récit autobiographique. **Peter Høeg** (né en 1957), auteur de *Smilla et l'amour de la neige*, roman à suspense de grande qualité, fait partie de la nouvelle vague des écrivains danois dans laquelle il faut également ranger **Jens Christian Grøndal** (1959) dont *Bruits du cœur* révèle un inoubliable personnage féminin.

Norvège

En tête des éminents représentants de la littérature norvégienne du 19e s.

I. Klipper / MICHELIN

Statue d'Andersen à Odense.

NORSKFOLKEMUSEUM

Portrait d'Ibsen peint en 1888 à Gossensass par Walther Firle (1859-1929).

et du début du 20e s., on placera les dramaturges **Henrik Ibsen** (1828-1906) et **Bjørn Bjørnson** (1832-1910) ainsi que le romancier **Knut Hamsun** (1859-1952) ; leurs œuvres sont imprégnées d'angoisse, de doute et même de désespoir. **Sigrid Undset** (1882-1949) s'imposa grâce à sa trilogie historique qui fait revivre la Norvège médiévale. **Tarjei Vesaas** (1897-1970) est considéré comme l'un des écrivains norvégiens majeurs du 20e s. : un courant sombre parcourt ses romans dans lesquels la solitude apparaît à la fois comme une faiblesse et comme une force.

La littérature contemporaine est brillamment représentée par **Jostein Gaarder** (1952), dont *Le Monde de Sophie*, publié en 1991, a connu un succès mondial. Citons également **Øystein Lønn** (1936) aux dialogues anodins laissant transparaître une société et des personnages moins lisses qu'il ne paraît *(D'après Sofia)*. Parmi les plus jeunes, il faut citer **Linn Ullman**, fille de la célèbre actrice *(Miséricorde)* et **Herbjørg Wassmö** *(La Fugitive)* ou **Lars Saabye Christensen**, auteur du *Demi-Frère*.

Suède

Le dramaturge **August Strindberg** (1849-1912) se distingue comme l'écrivain suédois le plus important. Son œuvre, marquée par l'influence d'Ibsen, révèle une analyse obsessionnelle de la psychologie de ses personnages qui fit de lui le précurseur du surréalisme avec, entre autres, *Le Songe*, publié en 1901. D'inspiration totalement différente, **Selma Lagerlöf** (1858-1940), dont Marguerite Yourcenar disait : « Parmi les femmes de grand talent ou de génie, aucune à mon sens ne se situe plus haut », devint célèbre grâce à un conte féerique, *Le Merveilleux Voyage de Nils Holgersson*, dans lequel elle décrit les merveilles de son pays natal. Au 20e s., **Pär Lagerkvist** (1891-1974) laissa une œuvre romanesque (*Le Nain*, 1944, *Barabbas*, 1950), poétique et dramatique imprégnée d'un profond pessimisme et **Stig Dagerman** (1923-1954) écrivit des romans empreints d'un réalisme cruel : l'auteur de la fameuse phrase « Notre besoin de consolation est impossible à rassasier » se suicida à l'âge de 31 ans. De son côté, le romancier contemporain **Per Olov Enquist** (1934) décrit avec lucidité le conflit entre l'individu et la société.

La vogue du polar scandinave

Le roman policier est-il une invention scandinave ? C'est en tout cas ce qu'affirme le créateur norvégien du détective de Bergen Varg Veum, **Gunnar Staalesen**. Toujours est-il que la société policée des pays scandinaves se prête admirablement à ce genre qui permet de découvrir l'envers du décor, tout en mettant en scène des villes. Outre Bergen, Oslo, possède également son détective, Harry Hole, créé par **Jo Nesbø**... En Suède, Stockholm sert de cadre aux enquêtes du commissaire dépressif Martin Beck créé par **Peter Sjowall et Mäg Wällö**. Quant à **Henning Mankell**, il fait évoluer son commissaire Kurt Wallander dans les rues d'Ystad.

La littérature pour la jeunesse

Longtemps considéré comme mineur chez nous, ce genre a acquis très tôt ses lettres de noblesse en Scandinavie, grâce, en particulier, aux *Contes* d'**Andersen** et à **Selma Lagerlöf** dont *Le Merveilleux voyage de Nils Holgersson à travers la Suède* illustré par Bertil Lybeck reste un best-seller mondial.

Jusqu'au début du 20e s., la littérature suédoise pour enfants s'appuyait principalement sur les contes folkloriques. L'œuvre d'**Elsa Beskow** (1874-1953) marqua un tournant : ses tableaux de la nature furent en grande partie responsables du succès de ses livres à l'étranger.

Après la Seconde Guerre mondiale, la littérature pour enfants se développa sous la plume d'une nouvelle génération d'écrivains ayant à leur tête **Astrid Lindgren** (1907-2002), créatrice de *Pippi Långstrump* (Fifi Brindacier), dessiné par la Danoise Ingrid Vang Nyman. Les aventures de cette petite fille pleine de vie et d'énergie permettent de tracer un tableau plein d'humour de la société suédoise, alliant réalisme et invention. De nos jours, la littérature de jeunesse poursuit son évolution et ne craint pas

Des Nobel scandinaves :

1903 Bjørn Bjørnson (Norvège)
1909 Selma Lagerlöf (Suède)
1916 Verner von Heidenstam (Suède)
1920 Knut Hamsum (Norvège)
1928 Sigrid Undset (Norvège)
1931 Erik Axel Karlfeldt (Suède)
1939 Frans Emil Sillanpää (Finlande)
1951 Pär Lagerkvist (Suède)
1974 Eyvind Johnson et Harry Martinson (tous deux suédois)

d'aborder des sujets jusque-là tabous : c'est le cas de la Norvégienne **Ragnfrid Trohaug** dont *La Fille du squat*, qui n'hésite pas à traiter de la relation amoureuse entre filles, a obtenu le prix du meilleur roman pour la jeunesse.

LE CINÉMA

La production scandinave a toujours été réduite. Les premiers réalisateurs à se faire connaître sont : le Danois **Carl Dreyer** (1889-1968), auteur de *Vampyr*, et qui réalisa en France en 1928 une célèbre *Passion de Jeanne d'Arc*, et le Suédois **Victor Sjöström** (1879-1960), dont *La Lettre écarlate* fut tourné aux États-Unis en 1926.

Le maître suédois du 7e art

Bien qu'il ait assuré des mises en scène pour l'opéra et le théâtre, c'est en tant que cinéaste qu'**Ingmar Bergman** (né en 1918) acquit une réputation mondiale. Reconnu par la critique internationale dès ses premiers films, *Monika* (1952), *La Nuit des forains* (1953), et *Sourires d'une nuit d'été* (1955) abordant les difficultés de la vie de couple, il élargit ensuite sa réflexion à des thèmes essentiels : le Bien et le Mal, le sens de la vie. Son œuvre est alors jalonnée de chefs-d'œuvre souvent austères, que la forme s'inspire du cinéma nordique – *Le Septième Sceau* (1956), *Les Fraises sauvages* (1957) – ou du cinéma japonais – *La Source* (1960), où l'interrogation métaphysique s'exerce à travers une observation clinique des personnages : *À travers le miroir* (1961), *Les Communiants* (1962) et *Le Silence* (1963). Puis elle évolue vers une investigation analytique avec *Persona* (1966), et *L'Heure du loup* (1967), films très épurés n'excluant pas un certain esthétisme, plus appuyé dans *Cris et chuchotements* (1973). Ses derniers films, notamment *Scènes de la vie conjugale* (1973), et *Fanny et Alexandre* (1982), revenant souvent aux thèmes abordés autrefois, témoignent de la tendresse pour l'être humain d'un des plus grands cinéastes mondiaux.

Aujourd'hui, le cinéma suédois trouve une nouvelle jeunesse avec une pléiade de réalisateurs : **Lasse Hallström** (*Ma vie de chien*, 1985), **Lisa Ohlin** (*En attendant le ténor*, 1994), **Roy Andersson** (*Chansons du deuxième étage*) et **Lukas Moodysson** à l'humour parfois grinçant (*Together*, 2000).

L'essor du cinéma danois

Quelques réussites comme *Le Festin de Babette* (1985), de **Gabriel Axel** (1918), d'après une nouvelle de Karen Blixen, *Pelle le Conquérant* (1987) de **Bille August** (1948), ont révélé une série de cinéastes danois talentueux. Le plus connu est **Lars von Trier** qui, après quelques films parfois provocateurs (*The Element of crime*, 1984), connut un succès international avec *Breaking the Waves* (1996). Il a élaboré le « Dogme », une charte du cinéaste quelque peu ascétique (lumière naturelle, etc.) qui a inspiré une vraie réussite à une jeune cinéaste danoise, **Lone Scherfig**, réalisatrice en 2000 d'*Italian for Beginners*.

Et la Norvège ?

Longtemps handicapé par l'étroitesse du marché local, le cinéma norvégien devient peu à peu une réalité grâce à un système d'aides de l'État. Parmi les cinéastes qui se sont fait connaître, citons **Hans-Peter Molund** (*Aberdeen*, 2000), **Bent Holmes** (*Kitchen Stories*, 2003) ou **Anette Sjursen** (*Mon coiffeur préféré*). Enfin, après *Sofie*, tourné au Danemark en 1991, l'actrice **Liv Ullman** a réalisé un film d'après la trilogie de Sigrid Undset, puis deux œuvres sur des scénarios d'Ingmar Bergman.

Stars boréales

Plusieurs acteurs et actrices scandinaves sont devenus mondialement célèbres et quelques-uns ont leur place parmi les plus grands : la mythique suédoise **Greta Garbo** (1905-1990) surnommée« la Divine » : née Greta Lovisa Gustafsson dans un quartier ouvrier de Stockholm, la jeune actrice partit pour Hollywood à l'âge de 20 ans : quelques années lui suffirent pour devenir une légende et la première véritable star du 7e Art. **Ingrid Bergman** (1915-1982) n'a rien à lui envier : ses rôles dans *Voyage en Italie*, *Casablanca* ou *Sonnate d'automne* (de Bergman) ont laissé une trace dans l'imaginaire des cinéphiles ; plusieurs autres interprètes des films d'Ingmar Bergman comme **Max von Sydow**, la Norvégienne **Liv Ullman**, épouse du réalisateur, **Ingrid Thulin** (1924-2004) et **Bibi Anderson** ont bâti de brillantes carrières internationales…

Musiques scandinaves

GRIEG OU L'ÂME SCANDINAVE

S'il est un compositeur qui incarne l'âme de son pays, c'est bien le Norvégien **Edvard Grieg** (1843-1907). Né à une époque de grande incertitude politique, il fut le porte-parole d'une terre en quête d'identité.

Étudiant en Allemagne, il fut influencé par le mouvement romantique allemand qui lui donna un élan formidable au début de sa carrière, avant de puiser son inspiration à deux sources typiquement scandinaves : la nature et la musique folklorique. Il peignit avec beaucoup de lyrisme la beauté sereine et parfois déroutante de la nature norvégienne et les anciens mythes et sagas scandinaves firent vibrer son imagination. Cela ne l'écarta pas pour autant des mouvements artistiques ni des grands courants musicaux européens. Bien au contraire, il parvint à exprimer l'intérêt profondément empreint d'émotion avec lequel il espérait la reconnaissance de l'identité nationale de son pays.

EDVARD GRIEG MUSEUM

Edvard Grieg.

Grieg porta la musique norvégienne sur le devant de la scène et fut, de son vivant, reconnu par ses pairs et acclamé par le public du monde entier. Ses œuvres les plus célèbres sont le *Concerto pour piano* en *la* mineur, les *Danses norvégiennes* et les *Suites de Peer Gynt*, musique de scène écrite pour le drame d'Ibsen.

EN SUÈDE, UNE TRADITION MUSICALE TRÈS ANCIENNE

La musique devint une préoccupation officielle en Suède, lorsque le roi Gustave Vasa fonda en 1526 l'Orchestre royal, devenu aujourd'hui l'orchestre de l'Opéra royal de Stockholm. Dès cette époque, des musiciens italiens et allemands furent invités à s'installer en Suède afin de stimuler la vie musicale. Ils y importèrent les idées et les styles musicaux en vogue en Europe ; ceux-ci furent aisément assimilés et adoptés, mais il n'y eut aucun génie musical de l'envergure de Grieg pour donner à la musique suédoise son identité propre. Il y eut cependant des interprètes de renommée mondiale comme par exemple les chanteuses d'opéra **Kristina Nilsson** et **Jenny Lind** qui firent carrière à l'étranger et entrèrent dans la légende de leur vivant. De nos jours, la soprano **Nina Stemme**, après avoir triomphé au festival de Bayreuth de 2005 dans le rôle d'Isolde, est en train de marcher sur leurs traces. Quant au chef d'orchestre **Sixten Ehrling** (1918-2004) originaire de Malmö, il a réalisé une prestigieuse carrière internationale en dirigeant souvent au Metropolitan Opera de New York.

AU DANEMARK : CARL NIELSEN

À l'exemple de Grieg, le compositeur danois Carl Nielsen (1865-1931) fut, au début de sa carrière, nourri de romantisme allemand. En tant qu'interprète (il était violoniste et chef d'orchestre), et en tant que professeur (il fut un remarquable directeur du conservatoire de musique de Copenhague), il joua un rôle de premier ordre dans la vie musicale de son pays et se fit une renommée internationale grâce à sa conception novatrice de la tonalité et à son style clair et très personnel. Parmi les œuvres les plus célèbres de ce compositeur prolifique, il faut citer des opéras tels que *Saül et David* et *Mascarade*, six symphonies, trois concertos et des pièces de musique de chambre.

MUSIQUES D'AUJOURD'HUI : LA POP SUÉDOISE

Le groupe **ABBA** (Agnetha, Björn, Benny et Annifrid) devint célèbre après son succès au concours de l'Eurovision de la chanson de 1974 avec *Waterloo* et occupa à plusieurs reprises le premier rang des hit-parades dans les années 1970 et 1980 grâce à des chansons telles que *Mamma Mia*, *Knowing Me Knowing You*, *Voulez-vous* ou *Super Trouper*. Considéré comme le groupe le plus populaire d'Europe après les Beatles, ABBA continue à être une valeur sûre (en termes de vente de disques) près de 25 ans après la séparation de ses membres… au point qu'un spectacle consacré à leurs chansons tournait encore récemment sur les grandes scènes de la planète.

D'autres groupes lui emboîtèrent le pas avec succès. Parmi ceux-ci, on peut citer le groupe de hard rock **Europe** qui grimpa au premier rang des hit-parades mondiaux en 1986 avec *The Final Countdown*. Vint ensuite le groupe **Roxette**, fondé en 1986, et dont les membres, Per Gessle et Marie Fredriksson, jouissent encore aujourd'hui d'une grande célébrité. La génération montante comprend **Dr Alban** (hip hop), **Erik Gadd** (soul) ainsi que des groupes tels que **Ace of Base** et surtout **The Cardigans**, sans oublier le dernier en date **The Hives**, conduit par le chanteur **Howlin Pelle Almquist**, qui a obtenu en 2005 le titre du meilleur groupe de l'année. Les succès ne cessant de se multiplier, la musique populaire se situe actuellement parmi les premières industries d'exportation de la Suède : depuis quinze ans, son chiffre d'affaires à l'exportation a augmenté deux fois plus vite que celui du reste de l'économie suédoise ! Les Suédois estiment que l'un des principaux facteurs de leur succès est l'existence d'une école de musique dans presque toutes les communes et, de fait, un grand nombre des stars actuelles ont fait leur apprentissage dans ces établissements. Le fait que la musique populaire suédoise soit anglophone s'est également révélé comme un atout important de son succès…

Les voisins norvégiens n'ont pas acquis cette renommée mondiale : toutefois, ils revendiquent hautement leur rôle de pionniers du rock scandinave : c'est à Tromsø que, dès 1958, un musicien local, **Little Hendrick**, enregistra, le premier en Scandinavie, des reprises des succès d'Elvis Presley.

SUR LA SCÈNE SCANDINAVE

Toutes les grandes villes scandinaves possèdent de bons orchestres et de belles salles de concerts.

En Suède, si l'opéra est fondé sur une tradition ancienne, le **théâtre musical**, qui lui est apparenté, a connu un succès grandissant ces dernières années ; c'est un mélange de théâtre et de cabaret, la musique étant intégrée à la représentation puisque les musiciens, présents sur scène, sont à la fois interprètes, chanteurs et comédiens ; le nombre des groupes de théâtre musical ne cesse de croître et **Oktober**, établi dans les environs de Stockholm, est l'un des plus en vogue.

Copenhague est depuis trente ans la **capitale scandinave du jazz**, titre qu'elle tient à conserver comme le montre l'inauguration de **« Maison du jazz »** destinée à renforcer le rôle primordial que jouaient jusqu'à présent la vingtaine de **clubs**. En outre, on vient d'y inaugurer un nouvel opéra.

Le **Ballet royal du Danemark**, installé à Copenhague, est l'une des meilleures troupes du monde et les chorégraphes danois exercent une influence majeure sur leur art. La génération actuelle, si elle comprend **Kim Brandstrup**, qui travaille à Londres avec sa propre troupe, et **Peter Martins**, directeur du Ballet de la ville de New York, est surtout marquée par le Suédois **Mats Ek**, dont les relectures souvent iconoclastes des grands ballets classiques font date.

Une floraison de festivals

Populaires dans toute la Scandinavie, les festivals ont pour la plupart lieu à l'époque où les journées très longues incitent à faire la fête.

Le Danemark se spécialise dans le jazz et le rock avec le **Festival de rock de Roskilde** en juin et le **Festival de jazz de Copenhague** en juillet. L'événement majeur en Norvège est le **Festival international de Bergen** qui propose un programme varié de musique classique, de théâtre et de ballets pendant les deux premières semaines de juin. En Suède, par ailleurs, la musique et la danse folkloriques rassemblent des foules de spectateurs fervents, qui se retrouvent avec enthousiasme, chaque année au mois de juillet, au **Festival du lac Siljan**.

Très populaire (Stockholm est une des capitales qui possèdent le plus grand nombre de théâtres), le **théâtre** est, du fait de la barrière linguistique, moins accessible aux étrangers.

Terre de jazz

Parmi les grands noms du jazz scandinave, il faut citer le bassiste danois **Niels-Henning Ørsted Pedersen** (1946-2005) qui joua avec Count Basie, Dexter Gordon, Dizzy Gillepsie et Oscar Peterson. En Suède, le jazz est aussi une vieille tradition : le pianiste **Bengt Hallberg** a joué avec Stan Getz, le saxophoniste **Lars Gullin** avec Chet Baker… et aujourd'hui le trio **EST** conduit par le pianiste **Ebjörn Svensson** a reçu le Prix européen de jazz en 2004. Le pianiste norvégien **Tord Gustvasen** s'est révélé récemment, tout comme le saxophoniste **Karl Seglem**, tandis que dans un style inclassable, le groupe norvégien **Jaga Jazzist** passe sans complexe du rock à l'électro-jazz…

LA SCANDINAVIE AUJOURD'HUI

Réputés pour leur modèle social, la compétitivité de leur industrie et leur attachement pour la paix et pour l'environnement, les Scandinaves, bien qu'épris de modernité, ont su préserver leurs traditions, qu'il s'agisse de leur mode de vie au quotidien, de leur folklore ou de leur cuisine.

Le Danemark, la Norvège et la Suède adoptent des positions communes en matière de relations internationales. La coopération entre les trois pays est fondée sur une entière liberté d'opinion, un respect et une confiance mutuels ainsi qu'un sens aigu de la justice . Leur engagement pour la paix dans le monde est une tradition déjà ancienne, symbolisée par le prix annuel de la Paix institué par **Alfred Nobel** (mais aussi par l'action inlassable de certains Scandinaves engagés dans les instances internationales comme **Fridtjof Nansen** ou **Dag Hammarskjöld**) et soutenue par l'organisation d'événements internationaux comme la conférence d'Helsinki sur la sécurité et la coopération en Europe, qui mit aussi l'accent sur la libre circulation des hommes (1975), et la conférence de Stockholm sur le désarmement en Europe (1986). De plus, la Scandinavie accorde une aide importante aux pays en voie de développement et montre un souci constant de la protection de l'environnement, envisagée de façon globale.

Un modèle économique ?

On estime souvent que la Scandinavie est parvenue à concilier capitalisme et progrès social, assurant ainsi aux citoyens un niveau de vie élevé ; cependant, les impôts et salaires élevés, conséquence de la politique scandinave en matière économique et sociale, ont amoindri la compétitivité de l'industrie.

TENDANCES GÉNÉRALES

Durant les récentes crises économiques mondiales, les pays scandinaves furent contraints de laisser flotter leur monnaie ; la conséquence en fut parfois une dévaluation importante qui donna un nouvel élan aux exportations. En même temps, les réductions considérables des dépenses des États, et les restructurations dans les entreprises aggravèrent le chômage. Le développement des technologies de pointe, de la formation spécialisée et de la recherche (les investissements de la Suède dans le domaine de la recherche industrielle sont parmi les plus importants du monde) a contribué à rendre les produits scandinaves plus compétitifs. Nombre d'entreprises ont investi à l'étranger, parfois en exportant leur technologie comme Norske Skog, fabricant de pâte à papier et de papier. À l'instar de certains pays industrialisés, la Scandinavie connaît un développement important de ses industries de services.

Les leader de l'industrie

Le fabriquant de télévisions et d'équipements hi-fi **Bang & Olufsen**, le leader mondial des télécommunications **Eriksson**, le fabricant de meubles **Ikea**, **Statoil**, premier exportateur mondial de produits pétroliers légers en dehors de l'Opep, **Volvo** et **Saab**, constructeurs suédois de voitures et de camions... tels sont quelques-uns des fleurons bien connus de l'industrie scandinave.

L'agriculture danoise

Au Danemark, où les terres cultivées représentent 70 % de la superficie totale contre moins de 10 % dans les deux autres pays, 8 % seulement de la population travaille dans l'agriculture, intensive et très mécanisée, dont les produits sont de grande qualité, grâce à l'usage généralisé du système coopératif. L'industrie laitière est la principale activité avec la production de viande de porc et l'aviculture ; le beurre ; le salami et le bacon danois sont exportés dans le monde entier.

La pêche norvégienne

Si la pêche est importante dans toute la Scandinavie, c'est à la Norvège, disposant de 21 000 km de côtes et d'eaux parmi les plus poissonneuses du monde, que revient le premier rôle en ce domaine.
Au cours des dernières années, la pisciculture, qui concerne principalement le saumon et la truite, s'est répandue le long des côtes. La production de poisson, provenant tant de la pêche que de l'élevage, dépasse les 2 millions de tonnes, dont 90 % sont exportés. Par ailleurs, l'industrie de la pêche se développe régulièrement grâce à la recherche en milieu marin : des « fermes marines » expérimentales associent pêche et élevage afin de garantir

C. Van Roeden / VISITDENMARK

Groupe d'éoliennes au Danemark.

un approvisionnement régulier. Dans d'autres domaines, la coopération internationale est nécessaire pour contrôler l'utilisation des ressources marines dans la zone de protection de la pêche dont la Norvège est responsable.

ÉNERGIE ET RESSOURCES NATURELLES

C'est également la Norvège qui est en tête pour la production d'énergie. L'énergie **hydro-électrique** est un facteur essentiel des économies suédoise et norvégienne, mais, alors que la Norvège produit pratiquement assez d'hydroélectricité pour satisfaire ses propres besoins, 15 % seulement de l'énergie suédoise proviennent de la puissance hydraulique. D'autre part, la Norvège est, depuis la fin des années 1960, l'un des plus gros producteurs de pétrole du monde : les plus grandes **nappes de pétrole** se trouvent au large des côtes, à l'Ouest de Bergen et de Stavanger. Aussi une industrie pétrochimique prospère s'est-elle développée.

Le Danemark, en revanche, continue à importer la plus grande partie de son énergie tout en développant l'**énergie éolienne** dans le Jutland et le Sjælland méridional.

Le sol scandinave (Laponie) est riche en minéraux de toutes sortes que l'on extrait depuis le Moyen Âge : les cités minières de Kongsberg et Røros en Norvège préservent jalousement les témoignages de leur glorieux passé industriel, aujourd'hui reconverti en atout touristique. Si la production de minerai a à peu près disparu en Laponie norvégienne, d'importants centres miniers subsistent autour de Kiruna en Laponie suédoise (fer).

Sagesse et parcimonie

Loin de monter à la tête des Norvégiens, la manne pétrolière qui a fait passer leur pays au rang des plus riches nations du monde est gérée avec une remarquable sagesse : une petite partie des recettes est utilisée par l'État ; le plus gros est placé dans un « fonds pour les générations futures » de façon à anticiper la future extinction du filon que représente aujourd'hui l'or noir pour le pays.

L'industrie forestière

La Suède et la Norvège possèdent des quantités très importantes de cette précieuse matière première qu'est le bois. Les trois pays produisent du bois de construction et de mobilier, mais également de la pâte à papier, ainsi que de la cellulose et divers produits chimiques ; des quantités de plus en plus grandes de papier recyclé sont utilisées dans le processus de production.

LA SOCIÉTÉ SCANDINAVE

Même si les choses ne sont sans doute pas si simples, la société scandinave paraît stable, très bien organisée et, dans l'ensemble, confiante dans l'avenir. C'est pourquoi la Scandinavie est souvent citée comme modèle de société, dont on observe avec intérêt, curiosité ou scepticisme (selon les cas), les évolutions.

Les Vikings d'aujourd'hui

Restée à l'écart des grandes invasions en raison de sa situation géographique, la Scandinavie a pu conserver pratiquement intacte l'homogénéité de sa population. Composée de deux principaux **groupes ethniques** qui cohabitent plus ou moins paisiblement depuis le début de l'ère chrétienne, celle-ci est restée pratiquement inchangée jusqu'à nos jours. Dans leur grande majorité, Danois, Norvégiens et Suédois descendent des **Vikings**, peuple puissant, qui a façonné le destin de la Scandinavie et, dans une certaine mesure, celui de l'Europe occidentale entre le 9e et le 11e s.

Malgré des différences régionales marquées, le danois, le norvégien et le suédois sont des langues germaniques très proches l'une de l'autre, ce qui a contribué à préserver des liens étroits entre les trois pays.

Très différent, le same parlé par les populations autochtones de Laponie est une langue finno-ougrienne, dont il existe plusieurs dialectes.

L'immigration, virtuellement inexistante il y a encore peu, a commencé à se répandre avec l'arrivée de réfugiés du tiers monde ou de pays subissant des dictatures : leur présence commence à influencer le mode de

Vers le Nouveau Monde

Durant la seconde moitié du 19ᵉ s., un million de Norvégiens et autant de Suédois quittèrent leurs campagnes pour l'Amérique du Nord. Un nombre moins important de Danois partit aussi pour le Nouveau Monde. Cet exode atteignit son point culminant vers 1880. Nombre de ces émigrants trouvèrent dans leur nouvelle patrie la prospérité dont ils rêvaient ; quelques-uns revinrent dans leur pays natal. La **Maison des émigrants**, à Växjö, est la source d'informations sur l'émigration la plus complète dont on dispose en Europe. Un autre site, connu sous le nom de **cabane de Lincoln** et situé au cœur de la forêt de Rold, au centre du Jutland (Danemark), fut fondé par des Américains d'origine danoise à la mémoire de leurs ancêtres *(voir à Ålborg, p. 112)*.

vie scandinave, et il est toujours inattendu, bien que de moins en moins rare, d'être servi par un Pakistanais en turban dans une épicerie de village au fin fond d'une vallée reculée de Norvège !

À la rencontre des Scandinaves

La complexité du tempérament scandinave repose sur d'évidentes contradictions et sur un mélange variable de certaines composantes de base, ce qui explique les similitudes entre les habitants des trois pays mais aussi leurs différences.

Une des caractéristiques communes à tous les Scandinaves est leur **fierté nationale**. Fondée sur un amour ancestral de la terre, celle-ci se traduit par un attachement aux valeurs traditionnelles

O. Iversen / MUNICIPALITE DE KARMOY

Petite fille en costume viking.

représentées par l'exaltation du glorieux passé viking (les écoliers danois apprennent volontiers à souquer ferme sur les drakkars que leurs aînés continuent à construire en utilisant les techniques de leurs ancêtres), et la nostalgie de la vie rurale d'autrefois : le nombre de musées vivants et de plein air qui parsèment les régions scandinaves attestent de cette nostalgie d'un passé sans doute parfois idéalisé, de même que la préservation jalouse d'un patrimoine, qu'il soit architectural (comme les églises en bois debout des Norvégiens ou les « villages paroissiaux » des Suédois) ou immatériel (danses, chants populaires, fêtes où costumes traditionnels revêtus à la moindre occasion). Alimentée par un optimisme peut-être plus perceptible chez les Danois, ainsi que par une certaine confiance en un modèle social, cette fierté n'est cependant jamais méprisante envers l'étranger, et est le plus souvent tempérée par l'aptitude scandinave à ne pas se prendre au sérieux.

Éduqués dans une perspective d'autonomie et d'indépendance comme dans le respect d'autrui, les Scandinaves sont très individualistes, mais leur sens civique très développé tempère leur désir de liberté totale. Cela est particulièrement évident dans leur attitude positive en matière de protection de l'environnement… mais aussi dans la vie quotidienne : le respect spontané du Code de la route, sans nécessité de présence policière massive, comme l'attitude envers les biens collectifs (les cabines téléphoniques vandalisées sont rarissimes) illustrent ce trait de caractère.

Une autre caractéristique commune à tous les Scandinaves est leur efficacité légendaire ! L'ambition qui les pousse à mener leurs entreprises à bien est cependant canalisée par leur passion pour l'égalité. Leur attachement viscéral à cette notion d'égalité les a poussés à élaborer une société solidaire où la différence entre hauts et bas salaires est relativement minime et la protection sociale une des plus complètes au monde… Certes, les contraintes économiques de la vie d'aujourd'hui ont parfois pris le dessus et entraîné des alternances politiques au profit de partisansd'un modèle plus libéral : mais les Scandinaves, dès lors qu'ils jugent que leur modèle de société est remis en cause, reviennent régulièrement aux partis sociaux-démocrates, comme l'ont montré les résultats des élections législatives en Norvège de septembre 2005.

On attribue souvent à de la timidité la réserve que manifestent au premier

P. Johansson / VASALOPPET

Le norvégien Anders Aukland, vainqueur de la Vasaloppet en 2004 et le roi Carl Gustaf de Suède.

abord les Norvégiens et les Suédois (les Danois sont souvent plus expansifs !). Cette retenue est largement compensée par le sens parfait qu'ont les Scandinaves de l'hospitalité.

L'amour de la nature

Rien ne rend plus heureux un Scandinave que de passer le week-end dans une cabane solitaire au bord d'un lac ou dans de charmantes vieilles chaumières. L'habitat scandinave est souvent de grand standing, offrant beaucoup d'espace, un confort ultramoderne et du mobilier de haute qualité.
La plupart des couples n'ont que deux enfants qui, jusqu'à ce qu'ils atteignent l'âge scolaire, vont dans des crèches et des garderies pendant que leurs parents travaillent. La grande majorité des femmes travaillent à plein temps tout en élevant leurs enfants ; le congé parental a été considérablement élargi à la suite des revendications du mouvement féministe.
Travailleurs consciencieux, les Scandinaves savent profiter pleinement de leurs loisirs ; c'est le week-end qu'ils reçoivent leurs invités, sont invités par leurs familles et leurs amis (les beuveries ne sont pas rares et souvent homériques !), ou s'adonnent à des activités de plein air, telles que la pêche, le vélo ou la voile.

Une terre de sportifs

Corollaire à l'amour de la nature, l'engouement pour le sport, dont la pratique bénéficie de conditions des plus favorables : beaucoup d'espace, souvent à proximité du domicile, de l'eau à volonté pour faire de la voile, du ski nautique, du canoë ou du radeau, du poisson en abondance pour tous les genres de pêche, de la neige et de la glace en quantité plus que suffisante pour s'adonner aux sports d'hiver tout au long de l'année et, à l'exclusion de la Norvège, de vastes étendues plates pour faire du vélo dont la pratique est tout autant un mode de vie qu'un sport !
La participation massive des Scandinaves aux courses de ski de fond, comme la **Vasaloppet** en Suède et la **Birkebeiner** en Norvège, démontre l'intérêt généralement porté aux sports. Il n'est donc pas surprenant que de nombreux Scandinaves soient devenus champions en ski de fond, saut à skis et course à pied, particulièrement en course de fond.
Mais ils ne se distinguent pas que dans les sports traditionnels de leur terre : outre les tennismen suédois qui ont suivi l'exemple de **Björn Borg**, et de **Mats Willander**, les Danois se sont illustrés en remportant le Championnat d'Europe de football (1996), sport dans lequel un club norvégien, Rosenborg, représentant la ville de Trondheim, s'illustre régulièrement dans les compétitions internationales. Un cycliste danois, **Bjarne Riis**, a remporté le tour de France en 1996 ; le Norvégien **Thor Hustvodt** s'est distingué dans cette même épreuve en 2005 en remportant le maillot Vert du meilleur sprinteur à Paris, tandis qu'un autre Danois, **Michael Rasmunssen**, était sacré… meilleur grimpeur ! En athlétisme, la Suédoise **Kajsa Bergqvist** est championne du monde (2005) de saut en hauteur. Enfin, sa jeune compatriote **Carolina Klüft** s'est distinguée en remportant le championnat du monde (2003 et 2005) et le titre olympique (2004) dans l'exigeante discipline de l'heptathlon.

Les Sames, derniers nomades européens

Ils sont environ 70 000 répartis sur le territoire de quatre pays : la Norvège, la Suède, la Finlande et la Russie. Ce sont les Sames plus connus sous le nom (qu'ils récusent) de Lapons. Ce dernier peuple nomade d'Europe, à l'origine toujours un peu mystérieuse, tente tant bien que mal de préserver son mode de vie, ses traditions et son identité contre les assauts de la modernité.

AU COMMENCEMENT ÉTAIENT LES RENNES

Selon certaines hypothèses, les Sames seraient originaires de la région du lac Onega en Russie, mais on ignore quand ils émigrèrent vers l'Ouest et le Nord de la Scandinavie, et si les **Komsa**, qui vivaient sur la côte norvégienne il y a environ 10 000 ans, étaient leurs ancêtres directs. Les Sames sont mentionnés pour la première fois, mais sous un nom différent, dans un livre d'histoire romaine ; on les retrouve ensuite dans les sagas d'Islande et dans diverses chroniques médiévales. Il semble qu'ils aient eu des échanges commerciaux avec plusieurs pays et qu'ils aient dû payer de lourdes taxes. Ils furent christianisés plus ou moins de force à partir du 13e s. et, pendant le 19e s. et au début du 20e s., les États essayèrent de les contraindre à abandonner leur langue et leur mode de vie traditionnel au nom de la modernité et de l'intégration. Sans grand succès.

Jusqu'au 15e s., les Sames vivaient de la chasse, de la pêche et de la cueillette. Entre 1400 et 1600, au lieu de chasser les rennes sauvages, ils se mirent à les élever. C'est alors que s'élabora peu à peu le mode de vie que nous connaissons, marqué par la transhumance bisannuelle des troupeaux qui, après avoir passé l'hiver sur les hauts plateaux du Finmark, se déplacent vers les prairies de la côte et des îles (que les rennes gagnaient, jusqu'à une période récente où furent mis en place des navires assurant la traversée, en nageant au prix parfois de lourdes pertes) en été. Ce mode de vie ancestral constitue la base de la culture same.

Des barbelés dans la prairie

Les frontières comme les exploitations minières ou agricoles de « colons » venus du Sud de la Scandinavie constituent la principale menace contre ce peuple libre et épris d'espace et de mouvement qui, sans la possibilité de conduire ses troupeaux en toute liberté, serait condamné à une sédentarisation forcée et à la misère. D'où certains conflits les ayant opposés dans un passé récent aux autorités, tant en Suède qu'en Norvège.

LA VIE TRADITIONNELLE

Traditionnellement, les Sames vivent en communautés locales *(siida)* regroupant un certain nombre de familles qui s'entraident et se déplacent ensemble lors de la transhumance annuelle. L'habitat

H. Landström / LAPONIA WORLD HERITAGE

Les Sames et leurs élevages de rennes.

est constitué de vastes tentes (*lávvu* ou *goahti)*, les maigres récoltes étant entreposées dans des greniers, mobiles ou non, aux toits de tourbe. C'est bien entendu le troupeau de rennes qui imprime son rythme à la vie, puisque la famille suit tous ses déplacements… et l'on se doit de les surveiller de près (les rennes paient un lourd tribut à la circulation automobile). Principale ressource, le renne fournissait sa viande, sa peau et ses os, toutes choses indispensables lorsque les Sames vivaient dans une économie primitive de subsistance… et il est de la dernière goujaterie de demander à un éleveur combien son troupeau compte de rennes. Une petite agriculture saisonnière et la pêche constituait un modeste complément. Quant aux déplacements, ils s'effectuaient à bord de traineaux tirés par des rennes ou des chiens.

Bien que christianisés depuis belle lurettes, les Sames demeuraient fidèles à une religion basée sur le **shamanisme**, déjà décrite par Tacite au 1er s. de notre ère et longtemps sujette à des persécutions. Le shaman (ou *noaidi*) était quant à lui l'intermédiaire entre les sames et les forces de la nature, ainsi que le médecin des corps à l'aide des pommades, épices et onguents concoctés grâce au savoir ancestral.

LANGUE ET CULTURE

Après une longue lutte menée contre les pouvoirs centraux, les Sames ont aujourd'hui réussi à se faire reconnaître, et disposent de Parlements élus, tant en Norvège (1989) qu'en Suède (1993), dotés de compétences en matière culturelle et économique.

Ce mouvement de contestation politique s'est accompagné d'un retour à la culture traditionnelle, peu à peu abandonnée par les générations précédentes. C'est ainsi que la culture same trouve une nouvelle jeunesse, à commencer par l'usage de plus en plus fréquent de la langue, désormais enseignée dans les écoles. D'origine **finno-ougrienne**, la **langue same** divisée en de multiples dialectes, porteuse de nombreuses légendes, voit naître une production littéraire dynamique.

Une langue précise !

Les Sames disposent d'à peu près 180 mots pour désigner la neige, selon sa consistance, l'orientation de la pente et d'autres considérations mystérieuses pour qui ne fréquente pas les plateaux lapons depuis son plus jeune âge…

L'**artisanat** ou **duodji** a lui aussi pris un nouvel essor, du fait de l'ouverture du marché du tourisme. Objets sculptés en bois, peaux de rennes, costumes traditionnels (que les Sames ne portent que dans les grandes occasions) et bijoux d'argent au dessin parfois inspiré des gravures rupestres d'Alta constituent de superbes souvenirs.

Ce renouveau s'accompagne d'un nouvel intérêt porté au *yolk*, chant rythmé parfois par le son d'un tambour, et qui constitue la **musique** traditionnelle same. Ces mélopées, que l'on peut entendre aujourd'hui lors de festivals (à Kautokeino par exemple) et que certains artistes tentent de revisiter et de moderniser, consistent en chants longuement modulés dans lesquels se glisse parfois un mot, le *yolk* peut être dédié au vent, aux montagnes ou au soleil (le symbole commun de tous les Sames) mais aussi à une personne.

Le *yolk*, une « carte d'identité »

Tout Same se voit attribuer dès sa naissance par un de ses proches un *yolk*, qui l'accompagnera tout au long de sa vie et même au-delà. Cette mélopée longuement modulée évolue en fonction des caractéristiques physiques, du caractère ou des événements marquants de la biographie de chacun. Et, plus tard, il suffit que quelqu'un attaque le *yolk* consacré à tel parent disparu pour que celui-ci, l'espace d'un instant, se fasse présent dans le cercle familial…

LES SAMES AUJOURD'HUI

De nouveaux droits politiques permettent aux sames d'envisager l'avenir avec plus d'optimisme. Ces droits se sont accompagnés d'une entrée dans la modernité, parfaitement assumée : seuls 6 % des Sames sont aujourd'hui éleveurs de rennes, ils se déplacent en motoneige et font usage de leurs téléphones portables. Les autres sont médecins, dentistes, instituteurs ou agriculteurs et ont abandonné la tente pour des maisons en dur, et, si le tourisme constitue aujourd'hui un plus pour l'économie, les Sames refusent de voir figer leur culture dans un folklore passéiste.

Traditions populaires

Peu peuplée et de mentalité encore très rurale, la Scandinavie cultive avec ferveur ses traditions populaires, symboles de l'identité nationale et d'un passé évoqué avec une nostalgie qui n'empêche pas un goût affirmé de la modernité.

L'ARCHITECTURE RURALE

Au cours des siècles, les techniques de base *laft* et *stav* ont été utilisées pour la construction de toutes sortes de bâtiments ruraux, de la simple cabane en rondins au manoir campagnard, et ont été habilement adaptées selon les besoins. Les **bâtiments de ferme** ont des murs doublés et une élégante galerie extérieure qui leur donnent un aspect confortable ; ils sont peints de couleurs lumineuses comme le blanc ou le rouge. Les **fermes d'été**, des régions montagneuses ont souvent conservé l'aspect de cabanes en rondins, au toit couvert de couches de terre garnies d'herbe. Appelées *fäbodar* en Suède, on peut en voir dans la région centrale du Härjedalen ainsi que dans la région de Røros en Norvège. Les dépendances comprennent des greniers qui se présentent sous la forme d'un bâtiment reposant sur des piliers de pierre ou de bois ; ces *stabbur* sont fréquents dans le Sud de la Norvège.

En Suède, les riches propriétaires habitaient généralement des manoirs en bois à deux étages, assez grands pour abriter 30 à 40 personnes. C'étaient de vastes cabanes de rondins, posées sur des fondations surélevées. La pièce commune était la seule qui fût décorée, le reste de la maison étant meublé avec une extrême simplicité. Les manoirs qui ont survécu datent de la fin du 18e s.

Les **églises rurales** sont également dignes d'attention, car elles possèdent souvent un certain charme. C'est le cas des églises d'Olden et de Geiranger dans la région des fjords, ou encore de la minuscule église suédoise du 14e s. à Södra Råda dans le Västergötland.

En Suède, à proximité des églises, dont les fermes étaient souvent très éloignées, les pratiquants construisaient de petites maisons où ils se reposaient avant de prendre le long chemin du retour. Des villages entiers, auxquels on donnait le nom de *kyrkstäder* (« villages paroissiaux »), furent ainsi édifiés, en particulier dans le Nord ; certains ont été préservés, sur les bords du golfe de Botnie, entre Luleå et Umeå.

Construites au bord de l'eau, en partie sur le rocher et en partie sur pilotis, peintes en rouge, les **cabanes de pêcheurs** forment un tableau particulièrement pittoresque sur fond austère de roche et de ciel. Les plus attrayantes se trouvent dans le Bohuslän, au Sud-Ouest de la Suède, et dans les îles Lofoten, au large de la côte norvégienne.

LES VILLES DE BOIS

Même si les villes scandinaves sont antérieures au 18e s., la plupart des quartiers de bois qu'elles ont conservés datent de cette époque, car elles ont été souvent dévastées par le feu. Ces quartiers anciens offrent au visiteur un aspect et

P. Plantier / MICHELIN

Architecture traditionnelle de la Numedal au musée national du Folklore d'Oslo.

une atmosphère totalement différents selon les régions. Les « **villes blanches** » de la Norvège méridionale, avec leurs petites maisons alignées au bord de l'eau, baignent dans une ambiance animée et détendue : la magnifique rangée d'entrepôts aux lignes austères du vieux port de **Bergen** offre une vue inoubliable. À **Stavanger**, les petites maisons perchées au-dessus du vieux port ont été restaurées avec goût et peintes de couleurs claires. Les villes minières ont un aspect plus sévère : c'est le cas de **Røros** en Norvège, où les distinctions entre les différentes classes sociales étaient soulignées par la taille et l'aspect des maisons, de la cabane en rondins au toit couvert de touffes d'herbe pour les ouvriers aux grandes maisons colorées réservées aux notables.
En Suède, seul **Göteborg** présente un grand nombre de maisons de bois.

FÊTES ET DIVERTISSEMENTS

Répandus dans toute la Scandinavie, leurs origines remontent souvent aux traditions païennes, comme la **Saint-Jean**, jour du solstice d'été : on se pare du traditionnel costume aux couleurs vives, on mange, on boit et on danse sous le mai garni de fleurs des champs, aux sons d'airs traditionnels.
Les fêtes de **Noël**, connues sous le nom de **Jul**, sont restées plus proches de la tradition dans les campagnes qu'à la ville : dans les fermes de Norvège par exemple, une bière est brassée tout spécialement et les convives lèvent leurs verres le soir de Noël en prononçant le célèbre *skål,* comme le faisaient il y a mille ans leurs ancêtres vikings. Une profusion de décorations colorées, où dominent les rouges et les verts, éclaire la période de Noël ; le menu de Noël comprend du poisson, du porc et des gâteaux aux fruits secs et c'est le lutin de Noël qui distribue les cadeaux !
Les **fêtes nationales** ont aussi une signification spéciale, particulièrement en Norvège où le **17 mai**, jour de l'Indépendance et de la Constitution, est célébré avec ferveur. C'est aussi une sorte de festival de printemps où les enfants jouent le rôle principal.

FOLKLORE ET ARTISANAT

En Scandinavie, la culture rurale a donné naissance à un art varié et haut en couleur, et qui, vieux de plusieurs siècles, fleurit encore aujourd'hui.
Des contes, trouvant leur inspiration dans le surnaturel et transmis de génération en génération, ont de tout temps excité l'imagination des Scandinaves qui

P. Plantier / MICHELIN

Les trolls : affreux, sales et... pas si méchants.

parlent encore avec affection de personnages légendaires tels que les **trolls**, ces étranges habitants des montagnes, vieux et laids, affublés de nez énormes, que l'on ne peut voir que la nuit et qui ont le pouvoir de changer d'apparence afin de tromper les humains ; il est, dit-on, sage de ne pas provoquer leur colère !
Les **vettar** (esprits) sont de petits êtres malicieux qui habitent sous terre ou à l'intérieur des montagnes. Les **lutins**, quant à eux, sont des êtres aimables qui veillent sur les fermes et ne cessent de se disputer.
L'art et l'artisanat s'épanouissent sous différentes formes, dont la sculpture sur bois et la peinture. Aux 18e et 19e s., les paysans suédois et norvégiens décoraient l'intérieur de leurs maisons et de leurs remises en peignant sur les murs, sur le mobilier et sur les ustensiles d'usage courant des motifs polychromes à fleurs et à feuilles de vigne ou en tentant parfois de peindre des paysages ou des scènes religieuses. Ce style de décoration fut très populaire en Dalécarlie, en Suède, et dans le Telemark, en Norvège.
On trouve aussi de splendides exemples de sculpture sur bois réalisés par des paysans pendant leurs loisirs. Mais les **petits chevaux de bois** de Dalécarlie, dont la fabrication s'est perpétuée jusqu'à nous, constituent sans aucun doute la manifestation la plus connue d'art traditionnel. Les premiers furent sculptés au 18e s. par les bûcherons qui passaient de longs mois dans les forêts : à leur retour, ils offraient à leurs enfants ces objets qui, au fil des ans, eurent de plus en plus de succès et furent décorés à partir du 19e s. de motifs floraux semblables à ceux qui ornaient les murs et le mobilier.

Saveurs scandinaves

Les Scandinaves sont de gros mangeurs comme on peut le constater en découvrant les buffets, et consomment souvent de grandes quantités d'alcool au cours des repas, pris à des heures très variables selon l'emploi du temps de chacun.

LES REPAS

Le **petit-déjeuner** est un repas varié qui comprend des œufs à la coque, de la viande froide, du fromage et un choix étonnant de harengs marinés, servis avec différentes sortes de pain. Des céréales, des fruits, de la confiture ainsi que du café (ou du thé) le complètent.

Le **déjeuner** se réduit le plus souvent à un simple en-cas constitué par les célèbres canapés scandinaves.

Le **dîner**, principal repas, est pris du milieu de l'après-midi au début de la soirée. Il comprend un plat de viande ou de poisson, des légumes et un dessert. Les hors-d'œuvre variés à la scandinave, trop copieux de nos jours, sont devenus un repas en eux-mêmes, sous forme de buffet offrant un large choix de viande froide, de fruits de mer, de salades et un ou deux plats chauds. Cette formule est connue sous le nom de *smörgåsbord* en Suède, et *koldtbord* en Norvège. Des rôtis et du gibier accompagnés d'une sauce à la crème ainsi que du renne ou de l'élan composent le plat principal. Parmi les desserts, on compte des soufflés, des gâteaux à la crème, du gâteau de riz, de la glace et un choix de fruits sauvages en été ; les mûres polaires, qui ressemblent à des framboises jaunes au goût très délicat se consomment habituellement mélangées à de la crème fraîche battue avec du sucre et un blanc d'œuf *(Nolte krem)*. Avec des airelles, ce dessert prend le nom de *Tröll krem*.

Les mets

Le **poisson** et les **fruits de mer** constituent la base de la cuisine scandinave. Le saumon, la truite et la morue sont souvent servis pochés avec une noisette de beurre et du persil ou tout simplement grillés. Le poisson est aussi fumé ou mariné, ce qui produit des spécialités très recherchées comme l'anguille fumée, le *gravad lax*, saumon mariné à l'aneth, le hareng salé (consommé avec un verre d'aquavit) et la coquille Saint-Jacques marinée. Les crustacés et les fruits de mer les plus fréquemment consommés sont le homard, les crevettes, les huîtres, le crabe et les écrevisses que l'on mange en Suède lors des festivités, en les accompagnant d'aquavit.

LES BOISSONS

La **bière** est la boisson nationale, le Danemark, la Suède et la Norvège produisant des bières légères renommées.

Mais, pour abreuver convenablement un Scandinave bon teint, rien de tel que l'**aquavit** (eau-de-vie), une boisson fortement alcoolisée : l'akvavit danois d'Ålborg a la réputation d'être l'un des meilleurs comme l'aquavit *linie* de Norvège, auquel on fait faire le voyage aller et retour jusqu'en Australie sous prétexte que le fait de franchir l'équateur en améliore considérablement la qualité ! C'est en fait le tangage et le roulis qui permettent au précieux breuvage de s'imprégner des saveurs du fût de bois dans lequel il est transporté.

P. Plantier / MICHELIN

Le crabe royal : un festin à lui seul.

Fjord de Geiranger, Norvège.

P. Eide / INNOVATION NORWAY

DÉCOUVRIR LA SCANDINAVIE

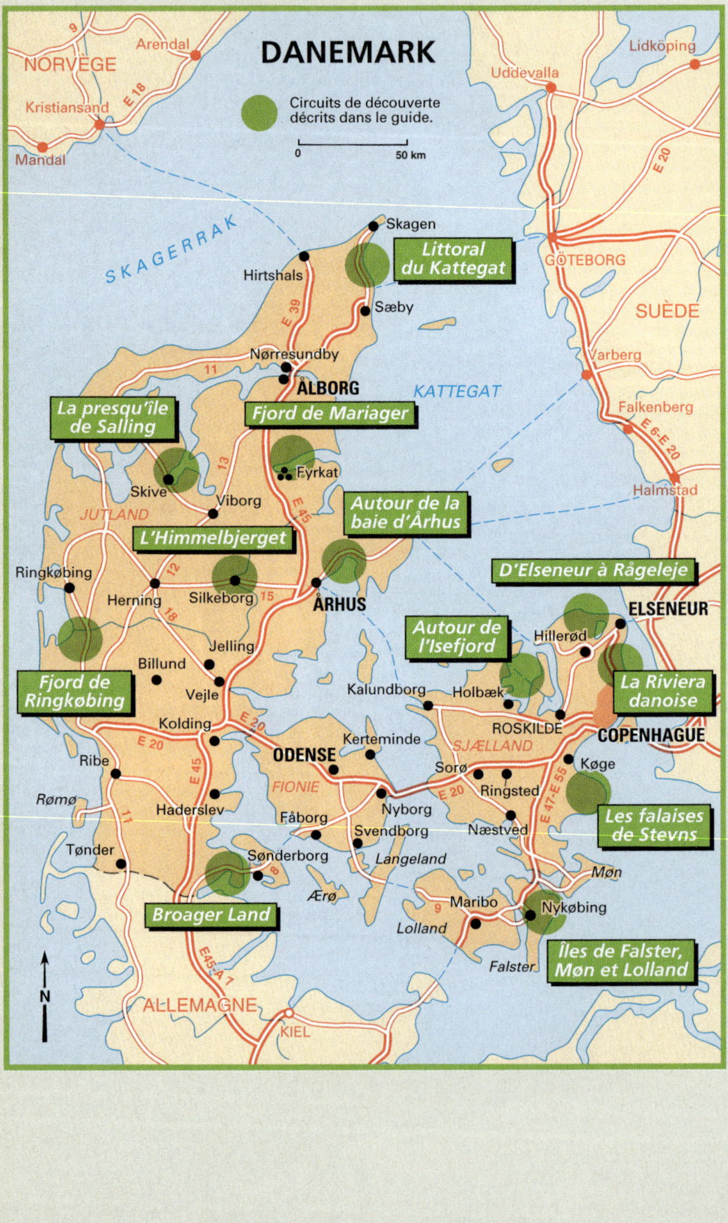

DANEMARK
Circuits de découverte décrits dans le guide.
0
50 km
NORVÈGE
Arendal
Kristiansand
Mandal
Lidköping
Uddevalla
GÖTEBORG
SUÈDE
Varberg
Falkenberg
Halmstad
SKAGERRAK
KATTEGAT
Skagen
Hirtshals
Sæby
Littoral du Kattegat
Nørresundby
ÅLBORG
Fjord de Mariager
La presqu'île de Salling
Fyrkat
Skive
Viborg
JUTLAND
Autour de la baie d'Århus
L'Himmelbjerget
Ringkøbing
Herning
Silkeborg
ÅRHUS
D'Elseneur à Rågeleje
ELSENEUR
Hillerød
Autour de l'Isefjord
Jelling
Billund
Vejle
Fjord de Ringkøbing
Kalundborg
Holbæk
La Riviera danoise
Kolding
ROSKILDE
COPENHAGUE
Kerteminde
SJÆLLAND
Ribe
ODENSE
Køge
Sorø
Ringsted
FIONIE
Rømø
Haderslev
Nyborg
Fåborg
Svendborg
Næstved
Les falaises de Stevns
Tønder
Sønderborg
Langeland
Møn
Ærø
Maribo
Nykøbing
Lolland
Broager Land
Îles de Falster, Møn et Lolland
Falster
N
ALLEMAGNE
KIEL

LE DANEMARK

DANMARK

Superficie : 43 069 km^2 sans les îles Féroé et le Groenland qui, avec une superficie de plus de 2 millions de km^2, est la plus grande île du monde (si l'on excepte le continent australien). Le Danemark comprend la presqu'île du Jutland et 406 îles (dont 97 sont inhabitées). 70 % des terres sont cultivés.

Frontière : avec l'Allemagne dans le Jutland du Sud.

Latitude : 54°34' à 57°45' de latitude Nord.

Heure : GMT + 1.

Population : 5 413 404.

Densité : 96 au km^2.

Capitale : København (Copenhague).

Villes principales : Århus, Odense, Ålborg.

Système politique : monarchie constitutionnelle, Parlement à Assemblée unique (Folketing).

Divisions administratives : 14 *amter* et 2 *kommuner* (agglomération de København).

Fête nationale : 5 juin, jour anniversaire de la Constitution.

Langue : le danois, langue germanique apparentée au suédois et au norvégien.

Religion : le luthéranisme (plus de 90 %).

Monnaie : 1 *krone* (kr ou DKK) = 100 *øre* = 0,13 €.

Sites inscrits sur la Liste du patrimoine mondial de l'Unesco : tumulus, pierres runiques et église de Jelling – château de Kronborg – cathédrale de Roskilde – fjord glacé d'Ilulissat.

Ålborg★

NORDJYLLAND – 163 231 HABITANTS
CARTE MICHELIN N° 711 O 6 OU ATLAS EUROPE P. 122

Quatrième ville danoise par sa population, Ålborg est le principal pôle économique et culturel du Jutland du Nord, une capitale régionale dynamique encourageant l'esprit d'entreprise et orientée vers l'avenir, comme en témoignent ses hôtels et son splendide musée d'Art moderne. Ålborg possède des industries solidement implantées dans les domaines de la construction navale, du ciment et du matériel roulant, et a établi une part de son renom sur l'aquavit d'Ålborg, l'« autre » boisson nationale.

- **Se repérer –** Le centre-ville, qui longe le Limfjorden, est traversé de plusieurs rues piétonnes, dont la très animée Jomfru Ane Gade.
- **Se garer** – Plusieurs parkings sont très bien signalés en bordure du centre-ville.
- **À ne pas manquer –** Le musée des Beaux-Arts du Jutland du Nord et les pierres tombales de Lindholm Høje.
- **Organiser son temps** – Deux jours suffisent pour découvrir la ville.
- **Avec les enfants** – Le parc d'attractions Tivoli.
- **Pour poursuivre le voyage** – SKAGEN, la ville des peintres fameux, à l'extrême pointe du Jutland.

Comprendre

Admirablement située à l'endroit le plus étroit du **Limfjord**, Ålborg était déjà au 11e s. un port viking florissant qui possédait une flottille de pêche et commerçait régulièrement avec la Norvège. Le Moyen Âge vit s'accroître la prospérité de la ville, qui connut ensuite aux 16e et 17e s. des périodes de récession dues aux incendies et aux guerres. Au 19e s., l'industrialisation et l'avènement du chemin de fer rétablirent la situation économique et le port fut modernisé.

Les deux boissons nationales danoises

Ålborg doit une part considérable de sa renommée internationale à l'**aquavit**, eau-de-vie dont la production était entièrement assurée jadis par une seule société d'État. Élaboré par distillation à partir soit de grains de seigle, soit de pomme de terre, le produit, caractérisé par une certaine rudesse, est ensuite parfumé par macération de graines ou fleurs, de provenance diverse, chaque distillateur cherchant ainsi à personnaliser son produit : cumin, épices, fleurs de sureau, fenouil, baies de genièvre…
Si les Danois sont réputés pour consommer d'importantes quantités d'aquavit, ils sont d'abord grands consommateurs de **bière** (les seconds au monde). Leur goût pour cette boisson n'est probablement pas étranger à l'art qu'ils apportent à sa fabrication, art qui lui-même a permis au produit d'acquérir son renom de qualité. Si les brasseries **Carlsberg** et **Tuborg** sont sans aucun doute les plus connues mondialement, Thisted, Wiibroe, Albani et Ceres produisent des breuvages fort appréciés au Danemark.

Se promener

Lauréate du concours *Ville d'Europe la plus propre*, Ålborg s'ordonne autour d'un centre ancien constitué d'un réseau de rues piétonnes environnées d'espaces verts et ceinturé d'un large boulevard circulaire.

Musée du Cloître des frères franciscains (Gråbrødrekloster Museet)

Algade 19 - ✆ 99 31 74 00 - tlj sf lun. 10h-17h - fermé 1er janv., 24-26 et 31 déc. - 20 DKK.
On accède à ces vestiges en empruntant l'ascenseur de verre situé au croisement des rues Algade et Møllegade.

En 1994, la construction d'un immeuble d'habitation, en plein cœur de la ville, a mis au jour les ruines d'un cloître franciscain datant du 13e s. En empruntant le couloir sous-terrain qui part de l'ascenseur, vous accéderez à la place centrale des ruines où demeurent les murs d'enceintes du cloître et de ses dépendances. Un petit musée, composé d'une maquette et de vêtements d'époque, permet d'imaginer le mode de vie de cette communauté fondée en Italie en 1223 par saint François d'Assise et dont les premiers représentants arrivèrent à Ålborg vers 1250.

Ålborg pratique

Adresses utiles

🅸 Österågade 8 – ✆ *99 30 60 90 - www.visitaalborg.com - 1er janv.-14 juin et 1er sept.-31 déc. : lun.-ven. 9h-16h30, sam. 10h-13h, 15 juin-31 août : lun.-ven. 9h-17h30, sam. 10h-13h (10h-16h en juil.).* On y trouve de nombreuses brochures et des informations sur les événements à ne pas manquer. Le site Internet très complet fournit des adresses d'hébergement et de restaurants.

Transports

Aéroport – Lufthavnsvej 100, 9 400 **Nørresundby**, à 7 km du centre-ville par le bus n° 2 - ✆ *98 17 11 44 - www.aal.dk.* Plusieurs liaisons par jour, pour Copenhague et Oslo, quelques vols pour Billund et Helsinski.

Ferries – Au port d'Hirtshals, à 60 km au Nord par l'autoroute E39, ferries pour la Norvège (Kristiansand, Oslo, Larvik, Moss) et l'Angleterre (Newcastle).

Se loger

Vous trouverez peu d'hébergement à Ålborg et mieux vaut éviter les adresses non signalées dans notre sélection. Pensez donc à réserver avant votre arrivée et n'hésitez pas à contacter l'Office de tourisme si vous recherchez une chambre bon marché chez l'habitant.

⊖ **Prinsen** – *Prinsensgade 14-16, dans le centre - ✆ 98 13 37 33, fax 98 16 52 82 - www.prinsen-hotel.dk - ch. : 395/645 DKK, suite : 745 DKK* ☕. L'hôtel le moins cher de la ville ! Il n'en est pas moins central et confortable. Pour être sûr de dormir tranquillement, demandez les chambres sur cour, le quartier étant un peu bruyant. L'intérieur comprend une salle de télévision, un hall d'accueil convivial et un bar. En été il est impératif de réserver.

⊖⊖ **Villa Rosa** – *Grønnegangen 4, dans le centre - ✆ 98 12 13 38, fax 98 12 62 38 - www.villarosa.dk - ch. : 400/800 DKK* ☕. Une jolie maison rose qui aurait été offerte au philosophe Kierkergaard en 1873 par les habitants de la ville. Six chambres d'hôte stylées et charmantes, dont certaines sont de véritables petits appartements. Mieux vaut réserver.

⊖⊖ **Park Hotel** – *John F. Kennedys Plads 41, dans le centre - ✆ 98 12 31 33, fax 98 13 31 66 - www.park-hotel-aalborg.dk - ch. : 805/1 045 DKK* ☕. L'intérêt principal de cet hôtel réside dans sa situation au centre de la ville. Même si les chambres sont confortables, l'ensemble est un peu désuet et plutôt bruyant. Seulement si les autres hôtels de la ville sont complets.

⊖⊖⊖ **Phønix –** *Vesterbro 77, dans le centre - ✆ 98 12 00 11, fax 98 10 10 20 - www.helnan.dk - ch. : 940/1 140 DKK, suite : 2 200 DKK* ☕. On trouve relativement peu d'hôtels à Ålborg. Celui-ci est plutôt cher et un peu défraîchi, mais il est situé au centre et dispose de chambres spacieuses. Les résidents bénéficient d'un accès gratuit au sauna et à la salle de fitness.

⊖⊖⊖ **Quality Hotel Aalborg** – *Vesterbro 12C, dans le centre-ville - ✆ 70 12 51 51, fax 70 12 81 81 - www.choicehotels.dk - ch. : 1 195/1 395 DKK, suite : 2 300 DKK* ☕. Un hôtel central fréquenté en semaine essentiellement par les hommes d'affaires. Les chambres impeccables sont toutes confortables, mais ne présentent aucun charme particulier. Une adresse fonctionnelle et sans surprises ! Les prix sont plus intéressants si vous réservez sur Internet.

Camping

Strandparken – *Skydebanevej 20 - ✆ 98 12 76 29, fax 98 12 76 73 - www.strandparken.dk - Ouvert d'avril à septembre.* Situé en dehors de la ville, ce camping bien tenu est une solution financière intéressante (moins de 100 DKK par personne). Uniquement pour ceux qui disposent d'une voiture.

Se restaurer

⊖⊖ **Paprika** – *Sankelmarksgade 9, dans le centre - Tlj jusqu'à 23h - ✆ 98 10 20 35 - 100/200 DKK.* Un restaurant viennois qui propose toute une variété de *schnitzels* (escalopes panées). Les assiettes sont très copieuses et, mieux, un seul plat suffira à vous rassasier. Un peu d'attente que vous pourrez passer en contemplant les journaux anciens qui décorent la pièce.

⊖⊖ **Isbryderen Elbjørn** – *Strandvejen 6B, à 5mn à pied du centre - Tlj 11h-17h, mar.-sam. 18h-24h - ✆ 43 42 34 34 - www.isbryderen-elbjorn.dk - 245/465 DKK* ☕. Cet ancien bateau brise-glace a été aménagé en restaurant. La journée, un café permet de déjeuner dans un cadre original pour moins de 150 DKK. Le soir, le lieu se transforme en restaurant élégant où l'on sert une cuisine de qualité. Une surprise : c'est le chef qui choisit votre meu.

⊖⊖⊖ **Mortens Kro** – *Mølleå 4-6, dans le centre - Tlj à partir de 17h - ✆ 98 12 48 60 - www.mortenskro.dk - 198/398 DKK.* Le chef de cet établissement a été formé dans des

I. Klipper / MICHELIN

Les cafés se suivent dans Jomfru Ane Gade.

restaurants européens étoilés. Il dirige aujourd'hui ce restaurant élégant et design où l'on sert une cuisine sophistiquée et raffinée. Plusieurs formules, dont un menu dégustation à 518 DKK qui vous enchantera le palais. Un restaurant qui frôle les étoiles !

Rosdahls – *Strandvejen 6, à 5mn à pied du centre - Lun.-sam. 11h30-15h, 17h30-22h30 - 98 12 05 80 - www.rosdahls.dk - 198/505 DKK.* Située sur le port, dans une zone industrielle, cette ancienne usine de sucre abrite un restaurant joliment décoré en bois et zinc. Les tables sont dressées avec goût et la cuisine raffinée est un mélange de recettes danoises et françaises. Plusieurs menus, dont un, composé de 5 plats à 465 DKK. Beaucoup de saveurs pour une soirée quand même exceptionnelle.

CAFÉ-RESTAURANT

Caféministeriet – *Mølleplads 19, dans le centre - Tlj 10h-24h, jeu.-ven.-sam. jusqu'à 2h (cuisine à 21h) - 98 19 40 50 - www.cafeministeriet.dk - 80/150 DKK.* Un restaurant branché qui ne désemplit pas. On y croise une population locale qui vient se régaler de salades, sandwiches et hamburgers maison. Un brunch copieux à 98 DKK est servi tous les jours jusqu'à 14h. Quelques tables sont dressées en terrasse sur une petite place paisible.

PAUSE SUCRÉE

Kaffebaren – *Algade 23, dans le centre piéton - Tlj 10h-18h - 22 76 78 79 - 40 DKK.* Un salon de thé paisible qui vous accueille pour une petite pause entre deux visites. Quelques tables sont disposées derrière une baie vitrée d'où vous pourrez regarder le défilé incessant des passants. Pâtisseries savoureuses dont un excellent moelleux au chocolat.

En soirée

Ne cherchez pas ! C'est sur **Jomfru Ane Gade** que tout se passe… Dans cette rue piétonne, les restaurants alternent avec les bars et les discothèques. Durant les nuits estivales, c'est tout le centre-ville qui s'anime au son de la techno diffusée par les clubs de cette rue. Mieux vaut toutefois éviter les restaurants qui sont de qualité moyenne.

Sports et loisirs

Tivoliland – *Karolinelundsvej - 9000 Ålborg - 98 12 33 15 - www.tivoliland.dk - juil. : 12h-21h ; avr. : sem. de Pâques et w.-end 12h-19h ; mai-juin et de déb. août au 4 sept. : 12h-20h - 50 DKK (enf. 25 DKK).*

Ce parc d'amusements s'inspire du Tivoli de Copenhague. Il abrite une grande variété d'attractions pour les enfants et de nombreux stands où vous pourrez déguster les glaces locales : une crème semi-froide à la vanille saupoudrée de chocolat.

Événements

27-28 mai – Carnaval d'Ålborg dans la ville et au parc Kilde.

26-27 juin – Marché viking de Lindholm Høje.

1-23 décembre – Marché de Noël.

Continuer dans la même rue en allant vers le boulevard Vesterbro.

Cathédrale Saint-Botulfe (Budolfi Domkirke) (B1)

Mai-sept. : 9h-16h (sam. 14h) ; oct.-avr. : 9h-15h (sam. 12h) - fermé dim.

La **cathédrale** dédiée à Botulfe, saint d'origine anglaise, fut construite vers 1400, mais on a retrouvé les traces d'un édifice antérieur, datant de 1100 environ. La massive tour carrée est surmontée d'une flèche baroque ajoutée en 1779. Le carillon sonne toutes les heures de 9h à 22h. Le porche est orné de belles fresques de la fin du Moyen Âge, tandis que le retable et la chaire datent de la fin du 17e s. Le reste du mobilier est du 18e s.

Juste en face, en allant vers le boulevard Vesterbro.

Musée d'Histoire d'Ålborg (Ålborgs Historiske Museum) (B1)

Algade 48 - 99 31 74 00 - - tlj sf lun. 10h-17h - 20 DKK (enf. 10 DKK), gratuit mar.

Près de la cathédrale, le **musée d'Histoire** abrite une collection d'objets de l'âge de la pierre et de différentes périodes ayant marqué l'histoire de la ville. D'un intérêt tout particulier, la « salle d'Ålborg » expose un intérieur Renaissance de 1602, constitué de pièces authentiques.

Emprunter la rue piétonne Gravensgade en direction du Limfjorden.

Monastère du Saint-Esprit (Helligåndsklostret) (B1)

Ålborg Kloster - Klosterjorden 10 - 99 30 60 90 - visite guidée (1h) de fin juin à mi-août : lun., merc. et vend. 14h ; reste de l'année : sur demande à l'Office de tourisme - 45 DKK (enf. 15 DKK), 550 DKK (visite guidée sur demande).

Fondé en 1431, le **monastère du Saint-Esprit**, derrière le musée, a conservé son rôle d'institution caritative et recueille toujours 26 personnes âgées. L'édifice contient de belles fresques datant d'environ 1500.

SE LOGER		SE RESTAURER	
Park Hotel ... 3	Prinsen ... 7	Isbryderen Elbjørn ... 4	Paprika ... 7
Phønix ... 4	Villa Rosa ... 9	Mortens Kro ... 6	Rosdahls ... 9
Quality Hotel Aalborg ... 5			

Rue Jomfru Ane (Jomfru Ane Gade) (B1)

Cette rue piétonne, située au Nord du monastère et consacrée entièrement aux loisirs, est bordée de cafés, de restaurants et de discothèques, dans un décor qui exprime admirablement le sens de la fête à la danoise.

Au bout de la rue, tourner à droite dans Ved Stranden ; le château se dresse face au fjord, de l'autre côté d'Østerågade.

Château (Ålborghus) (B1)

Construit entre 1539 et 1555, c'est un édifice à colombage, qui abrite aujourd'hui les services administratifs du département. Toutefois, le public est admis dans la cour, les cachots et les passages souterrains.

Longer le château par la rue Slotsgade et revenir dans la rue piétonne Algade. Puis prendre à droite Østerågade.

Hôtel de ville (Rådhus) (B1 H)

Accès uniquement autorisé lors de cérémonies officielles.

Un peu en retrait d'Østerågade, l'**hôtel de ville**, élégant édifice de style baroque tardif, construit en 1762 et peint en jaune vif, ne peut passer inaperçu ; la devise en latin du roi Frédéric V, *Prudentia et Constantia*, est inscrite au-dessus de la porte.

Poursuivre dans Østerågade.

AALBORG TURIST/VISITDENMARK

Le musée des Beaux-Arts du Jutland du Nord : une réalisation de l'architecte Alvar Aalto.

Østerågade (B1)

Sur la droite, en tournant le dos au fjord, on peut voir deux splendides maisons bourgeoises du 17e s. La première, **Jørgen Olufsens Gård (B1)**, au n° 25, à colombage, fut, comme son nom l'indique, construite en 1616 pour Jørgen Olufsen. La seconde, **Jens Bangs Stenhus (B1)**, au n° 9 au coin d'Adelgade, est une imposante résidence de cinq étages élevée en 1624, par un autre négociant, Jens Bang. Ce magnifique édifice de brique rouge rehaussé de pierres en relief et de pignons travaillés est la plus belle résidence privée de style Renaissance au Danemark.

Terminer la promenade en prenant à gauche la pittoresque rue piétonne Bispensgade.

Visiter

Musée des Beaux-Arts du Jutland du Nord★★ (Nordjyllands Kunstmuseum) (A2)

Kong Christians Alle 50 - ✆ 98 13 80 88 - www.nordjyllandskunstmuseum.dk - ♿ - tlj sf lun. 10h-17h, possibilité de visite guidée en anglais (1h) - fermé 24-25 et 31 déc., 1er janv. - 40 DKK.

Voilà sans aucun doute l'un des plus beaux musées d'art du Danemark. Situé sur une section du boulevard circulaire, et inauguré en 1972, ce bel édifice moderne, conçu et réalisé par **Elissa** et **Alvar Aalto** ainsi que par Jean-Jacques Baruël, est environné par un parc boisé dont la couleur vert foncé contraste avec le marbre blanc de Carrare revêtant le bâtiment. À l'intérieur, l'impression d'espace a été favorisée par un système de cloisons mobiles et la lumière pénètre librement par le toit. Outre les salles d'exposition et les galeries, sont accessibles une salle de musique de chambre, des salles de lecture, un atelier, une bibliothèque, un café, un parc de sculptures et un amphithéâtre où musique et théâtre sont programmés en été.

Le musée abrite des collections permanentes d'**art danois et étranger du 20e s.**, tableaux, sculptures, céramiques, textiles et collages, avec une majorité d'œuvres danoises. Ces collections proviennent de deux collections privées. Celle d'Anna et Kresten Krestensen, acquise en 1967, comprend des œuvres du modernisme et de membres du groupe Cobra, avec de nombreuses toiles d'**Asger Jorn** et d'**Ejler Bille** entre autres ; l'art étranger des années 1940 et 1950 est plus modestement représenté par des œuvres d'Appel, Alechinsky et Poliakoff. La collection de Kirsten et Axel P. Nielsen, offerte au musée en 1986, est consacrée à une période plus tardive du 20e s., aux mouvements surréaliste et néo-dadaïste des années 1960 et 1970.

Tour d'Ålborg (Ålborgtårn) (A2)

✆ 98 77 05 11 - ♿ - 1er juil.-8 août : 10h-19h ; avr.-juin et 9 août-17 oct. : 11h-17h - 25 DKK (enf. 15 DKK).

Du haut de cette **tour**, qui culmine à 105 m au-dessus du niveau de la mer, on découvre un beau panorama de la ville et du Limfjord.

Parc des sculptures (Kildepark) (A2)

Entourant le musée, ce parc, le plus ancien de la ville, accueille de nombreuses statues classiques. Les plus remarquables sont *Les Trois Grâces* de Thorvaldsen, et *Bacchus enfant*, d'Anne Marie Carl-Nielsen.

Musée de la Marine (Sjofartmuseet) (A1)

Vestre Fjordvej 81 - ✆ 98 11 78 03 - www.aalborgmarinemuseum.dk - mai-août : 10h-18h ; janv.-avr. et sept.-déc. : 10h-16h - 65 DKK (enf. 30 DKK). Accès par Strandvejen, rue qui passe sous Vesterbro (avant le pont sur le fjord) avant de rejoindre le port.

Les 17 salles de ce musée présentent des maquettes de navires, différentes tenues de plongées, ou encore des appareils de navigation anciens et modernes. Le jardin central accueille un véritable sous marin, le « Springeren », et un bateau de guerre.

Distillerie danoise (Danish Distillers) (A1)

C.A. Olesens Gade 1 - ✆ 24 43 65 16 - www.distillers.dk - 14 mai-21 août : lun. et sam. 10h et 14h ; reste de l'année : sur RV.

C'est le Polonais Isidor Henius qui introduit la fabrication de l'aquavit à Ålborg en 1846. Fabriquée au début à partir de la pomme de terre, elle est aujourd'hui élaborée uniquement à partir du blé. La fabrique d'Âlborg est l'une des plus actives du pays. Vous pourrez sillonner les différents espaces de cette usine imposante et assister à la fabrication et à la mise en bouteille de cette eau-de-vie fameuse. La visite se termine dans une boutique où vous attend une impressionnante collection d'aquavit.

Aux alentours

Lindholm Høje★★, à Nørresundby

3 km au Nord par le pont sur le Limfjord (**B1**).

Sur ce site très ancien, au sommet d'une vaste colline, s'étendaient un cimetière et une colonie de la fin de l'âge du fer et du début de la période viking. Les sépultures furent peu à peu recouvertes d'une couche de sable de plusieurs mètres apportée par les vents à partir de 700 apr. J.-C. ; ce phénomène, s'il fut sans doute à l'origine de l'abandon de la colonie, contribua par contre à la conservation du site pendant plus de 1 000 ans.

Des fouilles, terminées en 1958, mirent au jour près de 700 tombes, pour la plupart délimitées par des pierres disposées en triangle pour les plus anciennes tombes, en cercle, en ovale ou en forme de bateau pour les plus récentes. Dans leur majorité, les corps avaient été incinérés. On trouva dans les tombes des objets variés, certains datant du 5e s. On découvrit aussi des traces d'habitations, en particulier des foyers, et des trous qui avaient servi à faire la cuisine ou dans lesquels étaient enfoncés des piliers ; au Nord du cimetière, on trouva même les traces d'une rue qui avait été pourvue d'un pavage de bois, ce qui indiquerait la présence d'un village important.

Musée – *✆ 96 31 04 28 - ♿ - avr.-oct. : 10h-17h ; sept.-mars : mar. 10h-16h, dim. 11h-16h, possibilité de visite guidée en anglais (1h) - 30 DKK (enf. 15 DKK).* Très intéressant et

I. Klipper / MICHELIN

Le cimetière viking de Lindholm hoje.

Funérailles vikings

De nombreuses tombes ont été découvertes et leur diversité est particulièrement frappante. Les Vikings enterraient ou incinéraient indifféremment leurs morts. Pour les enterrements mêmes, les coutumes variaient : certains défunts étaient enterrés dans des chambres funéraires en bois, d'autres dans des navires, et les tombes étaient enfouies sous un tumulus ou signalées par le contour d'un navire symbolisé par des pierres alignées. La présence dans certains navires-tombeaux d'un choix d'objets ayant appartenu au défunt (des esclaves, des chevaux et des chiens étaient souvent enterrés avec leur maître, à côté d'armes, de bijoux, de vêtements, d'objets en bois sculpté ou en cuir, d'ustensiles de cuisine et de nourriture) donne à penser que, pour les Vikings, la vie continuait probablement après la mort comme elle s'était déroulée sur terre *(voir aussi en Introduction, p. 78 : les Vikings)*.

arrangé avec goût, il permet, grâce au produit des fouilles et à d'astucieuses reconstitutions, d'imaginer avec précision la vie à Lindholm Høje.

Forêt de Rold (Rold Skov)

Environ 25 km au Sud par la route E 45 **(A2)** *– Une demi-journée.*

La **forêt de Rold**, parcourue de sentiers et de pistes cyclables, est la plus vaste forêt danoise, avec ses paysages variés de landes, ses grandes étendues où alternent conifères, hêtres splendides et marais.

À 3 km à l'Ouest de Skørping, **Rebild** est un point de départ idéal pour les randonnées en forêt. En 1912, des Américains d'origine danoise achetèrent les terrains vallonnés entourant le village et en firent don à l'État danois, sous réserve de les transformer en parc national (le premier du Danemark) et de leur permettre d'y célébrer les fêtes américaines. Depuis, des milliers d'Américains s'y rendent chaque année pour prendre part aux célébrations du 4 juillet et visiter **Lincoln Log Cabin Blokhusmuseet (la cabane de Lincoln)**, qui abrite un petit musée consacré aux émigrants danois installés aux États-Unis. *Rebildvej 29 - Rebild - DK 9520 Skørping - ☏ 98 34 14 40 - juil.-août : 11h-17h ; juin : 12h-16h30, possibilité de visite guidée en anglais - 20 DKK (-12 ans gratuit.).*

Château de Voergård★★

Entre Ålborg et Sæby.

Entouré de larges douves et d'un grand parc boisé, cet élégant monument Renaissance se dresse dans un lieu retiré au cœur d'une région agricole du Jutland du Nord. Construit à la fin du 16e s. sur un site déjà occupé par un édifice de pierre qui fut incorporé à l'aile Nord, il changea souvent de propriétaire et fut restauré au 20e s. par le dernier, le comte Oberbech-Clausen, qui avait épousé la fille du célèbre chirurgien français Jules Péan, veuve du comte Chenu-Lafitte. À la mort de sa femme, il fit transférer à Voergård l'importante collection d'œuvres d'art qu'elle lui avait léguée, et créa une fondation pour l'entretien du domaine en exprimant le vœu que le château soit ouvert au public après sa mort.

Visite – *☏ 98 86 71 08 - visite guidée (1h15, anglais) de mi-juin à mi-août : 10h-17h ; de Pâques à mi-avr. : 11h-16h ; de mi-avr. à mi-juin et de mi-août à mi-oct. : sam. 13h-16h, dim. 11h-16h - 60 DKK (enf. 20 DKK).* L'aile orientale du château apparaît dans toute sa splendeur au fond d'une avenue rectiligne, prolongée par un pont de pierre franchissant les douves. L'édifice de brique rouge est agrémenté de décorations en grès et d'un portail superbe, don du roi Frédéric II en 1588 mais, à l'origine, probablement destiné au château de Frederiksborg. Le château contient une magnifique collection de toiles de maîtres tels que **Goya**, **Rubens**, **Fragonard** et **Watteau**, du mobilier ancien, de la porcelaine et des objets d'art, essentiellement français et chinois, dont certains présentent un intérêt historique ; c'est le cas notamment d'un service en porcelaine qui fut utilisé par Louis XVI et Marie-Antoinette pendant leur emprisonnement au Temple, ainsi que d'un service exécuté spécialement pour Napoléon Ier durant la période des Cent-Jours en 1815.

Århus★★

ÅRHUS – 290 979 HABITANTS
CARTE MICHELIN N° 711 P 7 OU ATLAS EUROPE P. 122

L'influence de Copenhague ne s'exerçant que sur l'Est du Danemark, Århus joue le rôle de capitale de l'Ouest. Occupant une position idéale sur la côte Est du Jutland central, au fond d'une large baie protégée par la presqu'île de Helgenes, Århus se trouve au cœur d'un réseau de communications terrestres et maritimes entre le Jutland et les deux principales îles danoises, le Sjælland et la Fionie. La ville est ainsi assurée d'un taux de croissance régulier, fondé sur l'électronique, les communications, le design, l'agroalimentaire, et ses activités portuaires en font le second port danois. De plus, Århus semble dotée d'une vitalité culturelle exceptionnelle : elle possède un important institut archéologique relevant de son université, un musée des Beaux-Arts réputé, un complexe consacré à la musique et un orchestre symphonique renommé, sans oublier de prestigieux festivals.

- **Se repérer –** Le centre-ville est bâti autour de la rue piétonne Søndergade qui conduit de la gare ferroviaire à la cathédrale. La « Vieille Ville » (Den Gamle By) se situe à 10mn à pied du centre, au pied du jardin botanique.
- **Se garer –** Plusieurs parkings (payants) bordent le centre-ville.
- **À ne pas manquer –** Den Gamle By et le musée ARoS des Beaux-Arts.
- **Organiser son temps –** Deux jours suffisent à visiter Århus.
- **Avec les enfants –** La « Vieille Ville », Steno Museet et aussi ARoS.
- **Pour poursuivre le voyage –** ÅLBORG.

Comprendre

Une colonie viking

Århus fut à l'origine une importante colonie viking, probablement fondée au début du 10e s. à l'embouchure d'une rivière, son nom dérivant d'*aros*, qui signifie « estuaire ». Elle se développa rapidement, devint évêché en 948, et la première église épiscopale fut établie en 1060 à l'emplacement de l'actuelle Vor Frue Kirke. Cette prospérité précoce fut confirmée par la construction de la cathédrale, entreprise en 1201. Toutefois, durant le Moyen Âge, guerres et épidémies de peste bubonique freinèrent le développement de la ville, que la Réforme de 1536 ralentit encore. Le commerce retrouva son élan au 17e s. et, au cours du 19e s., le chemin de fer provoqua une forte industrialisation qui, à son tour, entraîna l'augmentation du commerce maritime.

Se promener

Musée des Beaux-Arts ARoS★★ (ARoS Kunstmuseet) (A2)

Aros Allé 2 - ☏ 86 13 52 55 - www.aarhuskunstmuseum.dk - ♿ - tlj sf lun. 10h-17h (merc. 22h) - possibilité de visite guidée en anglais : sam. 14h et 15h, dim. 11h, 14h et 15h - 70 DKK (enf. gratuit), 76 DKK en cas d'expositions temporaires.

Au cœur de la ville, près de la Cité de la Musique (et derrière l'hôtel de ville), c'est un cube de brique et de verre, conçu par les architectes **Schmidt**, **Hammer** et **Steen O. Larsen** qui accueille depuis 2004 ce musée fondé en 1859. Autour du vaste hall éclairé par une verrière se répartissent plusieurs niveaux de mezzanines auxquelles on accède par un escalier s'enroulant autour d'une cage d'ascenseur.

Outre son remarquable aménagement intérieur, le musée s'enorgueillit de posséder la plus importante collection d'art danois du pays (si l'on excepte Copenhague) répartie en trois sections :

Au niveau 7, l'âge d'or danois (1770-1930) présente des œuvres des peintres les plus représentatifs de cette période, en particulier **Eckersberg** et **Lundbye**. Vous y verrez également des toiles représentant le « romantisme national » (**Jørgen Sonne**), le réalisme social (**Edvard Petersen**) et une belle collection de tableaux de l'étrange **Wilhelm Hammershoi**.

Au niveau 6, le modernisme danois (1930-1960) fait la part belle à l'abstraction avec de nombreuses œuvres de **Richard Mortensen**, des sculptures de **Robert Jacobsen**, ainsi qu'une représentation des artistes du groupe **Cobra**, à commencer par **Asger Jorn** et **Ejler Bille**. Une salle est consacrée à une série de paysages de **Per Kirkeby.**

Århus pratique

Adresses utiles

Rådhuset – 8000 Århus - ✆ 87 31 50 10 - www.visitaarhus.com - En hiver, tlj 9h30-17h, sam. 10h-13h, fermé dim., en été, lun.-vend. 9h30-18h, sam. 9h30-17h, fermé dim. Vous pourrez vous y procurer un « pass » de 24h (97 DKK), 48h (121 DKK) ou d'une semaine (171DKK). Moitié prix pour les enfants. Il donne un accès illimité à tous les musées de la ville, aux bus touristiques et à certains parkings.

Transports

Aéroport – *Stabrandvej 24, à 44 km du centre-ville - 8560 Kolind ✆ 87 75 70 00 - www.aar.dk* Plusieurs vols réguliers pour Copenhague, Oslo et Stockholm.

Vélos - Durant l'été, vous pourrez emprunter des vélos publics Une pièce de 20 DKK vous permettra de débloquer dans la rue un des 250 vélos gratuits.

Se loger

City Sleep-In – *Havnegade 20, tout près de la cathédrale - ✆ 86 19 20 55, fax 86 19 18 11 - www.citysleep-in.dk - dortoir : 110 DKK - ch. : 380 DKK.* Auberge de jeunesse centrale qui propose des chambres ou des lits en dortoir. La décoration est inexistante, le confort réduit au minimum, mais les espaces communs sont conviviaux et plusieurs commodités sont mises à disposition des résidents : café, Internet, salle de télévision, table de billard, barbecue, laverie. Très fréquenté en été.

Guldsmeden – *Guldsmedgade 40, dans le centre - ✆ 33 22 15 00, fax 33 22 15 55 - www.hotelguldsmeden.dk - ch. : 545/1 045 DKK, suite : 1 200 DKK.* Un hôtel typique qui rassemble charme, élégance, confort et accueil très attentionné. Une des meilleures adresses de la ville et sans aucun doute le meilleur petit-déjeuner. Prix plus intéressants si vous réservez à l'avance.

Aarhus City Apartments – *Fredensgade 18, dans le centre piéton - ✆ 86 27 51 30/40 27 90 30, fax 86 72 51 30 - www.hotelaca.dk - ch. : 480/680 DKK, appart. : 1 080 DKK.* Une petite maison très bien située et composée d'appartements spacieux tout équipés (salle de bains, cuisine, salon). Il n'y a pas de réception, mais si vous téléphonez, vous pourrez prendre rendez-vous avec le patron dans la journée.

Cabinn – *Kannikegade 14, dans le centre - ✆ 86 75 70 00, fax 86 75 71 00 - www.cabinn.com - ch. : 450/645 DKK.* Pas particulièrement charmant, cet hôtel a l'avantage d'être très bien situé au pied de la cathédrale. Les chambres sont minuscules mais propres et lumineuses. Connexion Internet gratuite dans le hall.

Villa Provence – *Fredens Torv 12, dans le centre - ✆ 86 18 24 00, fax 86 18 24 03 - www.villaprovence.dk - ch. : 895/995 DKK, suite : 1 350 DKK.* L'hôtel de charme par excellence ! En plus d'être idéalement situé, ce bâtiment ancien abrite des chambres stylées, parfois équipées de baignoire en bois, de lit à baldaquin ou de mobilier en fer forgé. Une cour intérieure permet de prendre des petits-déjeuners ensoleillés.

Ritz – *Banegårdspladsen 12, tout près de la gare centrale - ✆ 86 13 44 44, fax 86 13 45 87 - www.hotelritz.dk - ch. : 895 DKK-1 095 DKK, suite : 1 350 DKK.* D'un charme un peu vieillot, cet hôtel trois étoiles propose des chambres assez spacieuses et impeccables. Toute une gamme de prix est proposée en fonction de la période. Le restaurant « René » au rez-de-chaussée est l'un des meilleurs de la ville. Compter au minimum 300 DKK pour un bon repas.

Royal – *Store Torv 4, au pied de la cathédrale - ✆ 86 12 00 11, fax 86 76 04 04 - www.hotelroyal.dk - ch. : 1 100/1 295 DKK, suite : 1 995 DKK.* Andersen lui-même aurait séjourné dans ce palace de caractère qui date des années 1850. Un véritable voyage dans le temps, où les chambres un peu désuètes ont gardé un charme d'antan. Une curiosité qui n'en est pas moins très confortable !

Radisson SAS – *Margrethepladsen 1, à 5mn à pied du centre piéton - ✆ 86 12 86 65, fax 86 12 86 75 - www.radissonsas.com - ch. : 1 245/1 495 DKK, suite : 2 215 DKK.* Cet hôtel international est bâti dans un imposant centre d'affaires en verre. Les parties communes très aérées sont ainsi éclairées tout au long de la journée. Les chambres sont décorées selon le style de différents pays : Japon, Scandinavie, Chine ou Angleterre. Beaucoup de confort et un accueil attentionné.

Philip – *Åboulewarden 28, le long du canal - ✆ 87 32 14 44, fax 86 12 69 55 - www.hotelphilip.dk - ch. : 1 295/1 495 DKK.* Cet immeuble ancien du centre-ville abrite 8 appartements spacieux équipés de cuisine, salle de bains et salon. L'occasion de s'installer quelques jours en famille pour découvrir les sites des alentours.

Se restaurer

Raadhus Kafeen – *Sønder Allé 3, près de l'hôtel de ville - ✆ 86 12 37 74 - www.raadhuus-kafeen.dk - 85/200 DKK.* Dans cette taverne, on vous sert une cuisine locale composée des incontournables tartines, des poissons, des soupes, salades et viandes en sauce. Attention, les plats sont plutôt copieux !

Teaterbodega – *Skolegade 7, au pied de la cathédrale (Domkirke) - Lun.-sam. 12h-24h - ℘ 86 12 19 17 - 160/265 DKK.* Cette taverne élégante bâtie en plein centre-ville propose une cuisine du terroir, composée de harengs marinés, d'anguilles fumées, de soupes et de ragoûts. Un établissement chaleureux et typiquement danois qui dispose malgré tout d'une carte en français !

Le Coq – *Graven 16, dans le quartier Latin - Tlj à partir de 16h - ℘ 86 19 40 55 - 138/288 DKK.* Ce restaurant tenu par un Français propose une cuisine du terroir à base de truite fumée, cuisse de lapin farcie, millefeuilles au chocolat ou charlotte à l'orange. Menu-dégustation à 168 DKK. Un bon rapport qualité/prix !

Seafood – *Marselisborg Havnevej 44, à 5mn en taxi du centre-ville - ℘ 86 18 56 55, fax 86 18 54 99 - 200/350 DKK.* L'extérieur du bâtiment n'a rien de charmant, mais l'emplacement de ce restaurant permet de dîner en contemplant le port de plaisance. Un beau panorama sur la baie d'Århus ! La cuisine plutôt sophistiquée est essentiellement à base de poissons.

Philip – *Åboulevarden 28, dans la rue touristique - Lun.-sam. 18h-21h - ℘ 87 32 14 44 - www.hotelphilip.dk - 195/475 DKK.* Un excellent restaurant situé au bord de la rivière. Plusieurs fauteuils en rotin sont disposés en terrasse pour apprécier le cadre. La cuisine raffinée est composée entre autres de poissons grillés sauce kaki et poitrine de canard aux baies. Compter 375 DKK pour un menu de trois plats.

Koch – *Pakkerivej 2, à 5mn en taxi du centre-ville - Merc.-sam. 18h-dernier client - ℘ 86 18 64 00 - www.restaurantkoch.dk - 515/545 DKK.* La zone industrielle qui entoure ce restaurant élégant n'enlève rien à la qualité de cet établissement qui propose une cuisine raffinée et élaborée. Probablement le meilleur restaurant de la ville, où vous pourrez partager un dîner inoubliable.

CAFÉS-RESTAURANTS

Englen – *Studsgade 3, dans le quartier latin - Tlj 10h-2h - ℘ 06 13 06 44 - 60/200 DKK.* Un café branché et sympathique, très animé le week-end à l'occasion de soirées *DJ*, où l'on s'arrête volontiers pour une restauration rapide à base de salades, sandwiches, et hamburgers maison excellents. La cour intérieure très calme, décorée de plantes, est chauffée en hiver.

Casablanca – *Rosengade 12, dans le quartier Latin - Tlj 10h-2h - ℘ 86 13 82 22 - www.cafe-casablanca.dk - 85/288 DKK.* Une grande brasserie à la française bâtie dans une charmante rue piétonne du quartier Latin. Cuisine de bistrot à base de soupes, hamburgers et

I. Klipper / MICHELIN

Une des veilles enseignes des rues d'Århus.

salades. Brunch copieux tous les jours entre 10h et 14h.

Jorden – *Badstuegade 3, dans le quartier Latin - ℘ 86 19 72 22 - 100/200 DKK.* Une brasserie centrale qui sert une cuisine locale de qualité. Idéal pour un repas rapide entre deux visites de musée. Une belle terrasse empiète sur une paisible rue pavée.

PAUSE SUCRÉE

Emmerys – *Gludsmedgade 24-26, dans le quartier Latin - Tlj 7h-22h - ℘ 86 13 04 00 - www.emmerys.dk -48 DKK.* Une boulangerie-salon de thé qui abrite quelques tables où vous pourrez déguster sandwiches « bio » et brunchs copieux. Sur place ou à emporter : jus de fruits naturels, viennoiseries, pains variés, mais aussi café, miel ou vins naturels.

Moccacity – *Gl. Munkegade 19, dans le centre - Lun.-ven. 10h-17h30, sam. 10h-16h - ℘ 86 12 90 60 - www.gave-kurven.dk - 45/100 DKK.* En allant vers le jardin botanique, un salon de thé paisible où vous pourrez vous régaler d'une excellente salade composée de crudités, saumon et poulet. Pour la pause goûter, vous y trouverez une variété impressionnante de cafés, thés et tisanes, ainsi que quelques pâtisseries.

En soirée

Under Masken – *Bispegade 3, à côté de la cathédrale - Dim.-jeu. 14h-2h, vend.-sam. 12h-2h - ℘ 86 18 22 66 - www.undermasken.dk* Un bar richement décoré où sont organisées des soirées très prisées : concerts, lectures de poèmes ou défilés de *drag queen*. Ambiance électrique où se mêlent artistes, étudiants et fêtards en tout genre pour des soirées très arrosées. Ambiance les week-ends.

Événements

Festival international de jazz – *15-22 juil. - ℘ 86 12 13 12 - www.jazzfest.dk*

Festival d'Århus – *1er-10 sept. - ℘ 89 40 91 91 - www.aarhusfestival.com*

Enfin, au niveau 5, la section consacrée à l'art contemporain riche d'œuvres de **Bjørn Nørgaard** s'ouvre à l'art international... ainsi qu'aux « installations » sans lesquelles il n'est plus de musée d'art contemporain digne de ce nom.
Une bibliothèque, un agréable café et une intéressante boutique complètent ce lieu lumineux auquel on accède soit par une rampe, soit de plein pied en traversant le parc situé derrière l'hôtel de ville, au-delà de Frederiks Allé.

Maison de la Musique (Musikhuset) (A2)

Thomas Jensens Allé - ✆ 89 40 90 22 - ♿ - 11h-21h.
C'est derrière le musée ARoS que se dresse cet impressionnant ensemble architectural à façade de verre, inauguré en 1982 et entièrement consacré à la musique. La plus grande des deux salles de concerts, qui peut contenir 1 600 personnes accueille l'orchestre symphonique d'Århus, et on y donne également des ballets et des opéras.

Hôtel de ville (Rådhuset) (A2 H)

✆ 87 31 50 10 - visite guidée de mi-juin à déb. sept. : visite de l'hôtel de ville et ses tours tlj sur RV - 10 DKK.
Ce bâtiment conçu par Arne Jacobsen juste avant la Seconde Guerre mondiale, malgré le marbre gris de Norvège qui en couvre les murs, souffre de son aspect trop visiblement fonctionnel. Du haut de la tour, le regard embrasse toute la ville.

Au centre-ville

Le cœur de la ville se trouve à proximité du port. C'est l'agréable rue piétonne Søndergade que poursuit Skt. Clements Torv (l'ensemble étant connu sous le nom de **Strøget**) qui, après avoir enjambé le sympathique **Åboulevarden** où la rivière est bordée de terrasses de café, conduit à la Place de la Cathédrale (Bispetorvet).

Musée viking (Vikingemuseet) (B2)

✆ 89 42 11 00 - fév.-déc. : tlj sf w.-end 10h-16h (jeu. 17h30), possibilité de visite guidée en anglais - fermé janv.
Le **Musée viking** est installé dans les sous-sols de la banque Nordea, à l'orée de la Place de la Cathédrale, car les objets exposés, d'un grand intérêt archéologique, furent découverts par hasard lors de la construction de la banque. Le bâtiment fut spécialement repensé pour abriter la partie de remparts de la cité viking mise au jour avec quelques outils et des vestiges de maisons dont on peut voir une reconstitution.

Cathédrale★★ (Domkirke) (B2)

✆ 86 20 54 00 - mai-sept. : tlj sf dim. 9h30-16h ; oct.-avr. : 10h-15h.
La cathédrale fut érigée au début du 13e s. dans le style roman et dédiée à saint Clément, mais elle fut entièrement remaniée au 15e s. dans le style gothique flamboyant puis retouchée à l'époque moderne (la flèche fut reconstruite au début du 20e s.).
Avec ses 93 m, la nef, flanquée de bas-côtés, est la plus longue du Danemark, et la largeur du chœur et du transept, compensant l'effet de longueur sans lui ôter de son ampleur, lui confère des proportions harmonieuses et élégantes. Les chapelles romanes situées dans les bras du transept sont les seules parties qui restent de l'édifice d'origine. Dans différentes parties de l'église subsistent des fresques de la fin du 15e s. : celles de la voûte du transept sont mieux conservées que celles qui ornent les murs des bas-côtés et les piliers. Le magnifique triptyque placé au-dessus du maître-autel fut exécuté en 1479 par Bernt Notke (1440-1509) de Lübeck. Les fonts baptismaux en bronze datent de 1481, tandis que la chaire est de la fin du 16e s.

VISITAARHUS
Le triptyque de Bernt Notke.

Contourner la cathédrale par le chevet, après avoir remarqué la façade du théâtre au fronton couvert de fresques.

Musée de la Femme du Danemark (Kvindemuseet I Danmark) (B2)

Domkirkeplads 5 - ✆ 86 18 64 70 - www.womensmuseum.dk - ♿ - juin-août : 10h-

17h, w.-end et j. fériés 11h-17h ; sept.-mai : 10h-16h, w.-end et j. fériés 11h-16h - fermé lun. - 30 DKK (- 16 ans gratuit).

Le seul musée consacré exclusivement aux femmes dans tout le Danemark. Il présente les objets usuels employés par la femme depuis la préhistoire jusqu'à nos jours, en mettant l'accent sur le mouvement féministe.

Au Nord de la cathédrale se trouve le plus ancien quartier de la ville, connu sous le nom de **Latin Quarter (B2) :** ses rues étroites aux pavés grossiers, ses cafés, ses boutiques originales et ses petites galeries d'art créent une ambiance jeune et conviviale.

De retour devant la cathédrale, prendre Store Tirvet, vaste place triangulaire.

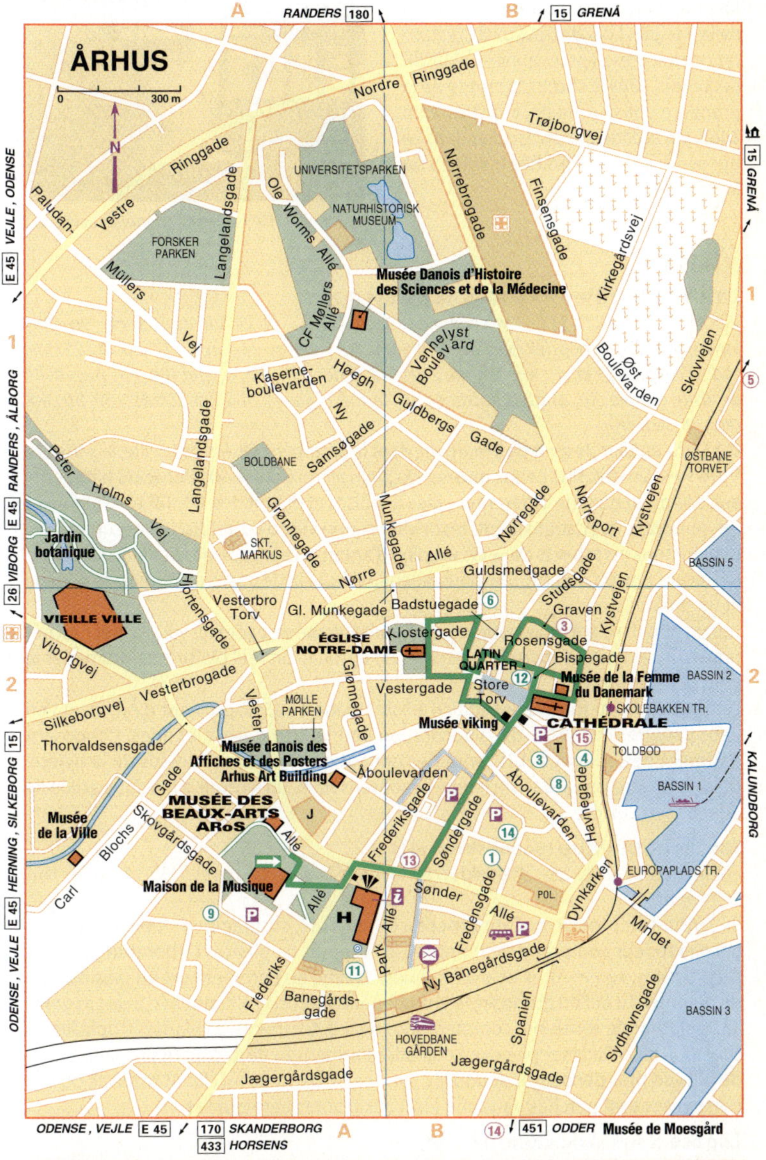

SE LOGER

- Aarhus City Apartments 1
- Cabinn 3
- City Sleep-In 4
- Guldsmeden 6
- Philip 8
- Radisson SAS 9
- Ritz 11
- Royal 12
- Villa Provence 14

SE RESTAURER

- Le Coq 3
- Koch 5
- Raadhus Kafeen 13
- Seafood 14
- Teaterbodega 15

Église Notre-Dame★ (Vor Frue Kirke) (B2)

33 37 65 40 - www.domkirken.dk - 8h-17h, dim. 12h-16h30.

Cette ancienne abbatiale d'un monastère dominicain fut construite entre le 13e et le 15e s. Elle renferme des traces de fresques, mais surtout un splendide **retable** de Claus Berg réalisé vers 1520, qui, dans un style extrêmement expressif rappelant les tableaux de Pieter Brueghel l'Ancien, dépeint une scène de la Passion. Lors de travaux de restauration exécutés dans les années 1950, on découvrit, sous le chœur, la crypte de la première église romane, construite en 1060. On accède par un escalier dans ce qui est le plus vieil édifice à voûtes de Scandinavie.

I. Klipper / MICHELIN

La « Vieille Ville » : une ville danoise du temps jadis.

Visiter

La « Vieille Ville »★★★ (Den Gamle By) (A2)

Viborgvej - 86 12 31 88 - www.dengamleby.dk - - du 24 juin au 10 sept. : 9h-18h ; janv. : 11h-15h ; de déb. fév. au 7 avr. : 10h-16h ; du 8 avr. au 23 juin, du 11 sept. au 25 nov. et du 23 déc. au 31 janv. : 10h-17h ; du 2 déc. au 22 déc. : 9h-19h, w.-end 10h-19h, possibilité de visite guidée (1h, anglais et français) - fermé 1er janv., 24-25 et 31 déc. - 50-80 DKK (enf. 15-30 DKK).

Dans un parc, le long de Viborgvej, dans la périphérie Ouest de la ville, la « **Vieille Ville** » est un des plus beaux musées de plein air du Danemark. Plusieurs bâtiments anciens provenant de différentes villes danoises et datant des 17e, 18e et 19e s., y ont été remontés avec soin afin de reconstituer une ville d'autrefois. Le musée met en lumière tous les aspects de la vie urbaine d'antan et regroupe des ateliers d'artisans, une école, une pharmacie, une boulangerie, un bureau de poste, un bureau de douane et un théâtre.

Aucun détail n'a été omis pour assurer l'authenticité du cadre de vie ; l'aspect esthétique n'a pas été davantage négligé, et on éprouve un réel plaisir à se promener le long des rues pavées.

La **résidence du maire**, bel édifice à colombage de 1597, provient d'Århus, et l'on peut y suivre l'évolution de la décoration intérieure à travers les âges. L'imposant bâtiment des douanes et la tannerie sont bâtis sur pilotis au-dessus de la rivière. Dans le jardin d'un café à l'ancienne, Simonsens Have, un kiosque à musique accueille des concerts en été.

Jardin botanique (Botanisk Have) (A1)

Euten Warmingsvej 10 - 89 40 26 87 - jardin : ouvert tlj - serres : 13h-15h, dim. 11h-15h - gratuit.

Ce jardin somptueux, qui appartient à l'Université, surplombe la vieille ville. L'espace extérieur comprend de nombreuses variétés de plantes (arboretum, plantes médicinales, venimeuses et aromatiques) et offre aux promeneurs un paisible lieu de détente. Au milieu du jardin, le visiteur pourra s'offrir un moment d'évasion grâce aux 2 000m² de serres qui comptent plus de 5 000 espèces de plantes tropicales et subtropicales. Diverses pièces en enfilades permettent de découvrir une végétation de plus en plus dense, qui débouche sur une ultime salle au climat tropical, où des perroquets sont perchés dans une forêt aux plantes démesurées.

Espace d'Art (Århus Kunstbygnin)

J.M. Mørks Gade 13 - 86 20 60 50 - www.aarhuskunstbygning.dk - tlj sf. lun. 10h-17h (merc. 22h), possibilité de visite guidée sur réserv. une sem. à l'avance - 30 DKK (- 14 ans gratuit).

Ce bâtiment accueille à la fois une salle d'exposition d'art et un petit musée de l'Affiche. L'espace d'exposition est dédié à l'art contemporain national et international, au travers d'une vingtaine d'expositions par an, donnant ainsi au visiteur l'occasion de découvrir des artistes d'aujourd'hui, qu'ils s'expriment par la peintutre, la sculpture, la vidéo ou le textile. Une boutique permet d'acquérir de l'artisanat local (verrerie, céramique, etc.) et des affiches originales. Le bar permet de profiter de ce lieu agréable.

Musée d'Histoire des sciences et de la médecine (Steno Museet) (A1)
C.F. Møllers Alle 100 - Universitetsparken - ☎ 89 42 39 75 - www.stenomuseet.dk - ♿ - tlj sf lun. 9h-16h, w.-end 11h-16h, possibilité de visite guidée en anglais sur réserv. une sem. à l'avance - 40 DKK (enf. 15 DKK), musée et planétarium 60 DKK (enf. 30 DKK).
Situé à l'entrée de la cité universitaire, ce musée séparé en deux parties est conçu pour éveiller et stimuler la curiosité des grands et des petits aux sciences et à la médecine. La partie histoire des sciences comprend des instruments d'astronomie, de physique atomique et nucléaire ou de chimie. La partie histoire de la médecine offre un choix d'équipements dentaires, médicaux, pharmaceutiques ou encore d'anciennes machines à rayon X, et comprend un petit jardin botanique où sont cultivées des herbes médicinales. Un planétarium diffuse différents documentaires qui mettent en relation l'homme et les étoiles. Un grand plan de la ville étalé sur le sol permet aux enfants de s'orienter. Un regret : peu d'explications en anglais !

Aux alentours

Musée de Moesgård★★ (Moesgård Museum) (B2)
8 km au Sud par la route côtière. ☎ 89 42 11 00 - ♿ - avr.-sept. : 10h-17h ; oct.-mars : tlj sf lun. 10h-16h, possibilité de visite guidée (1h, anglais) - fermé 1er janv., 24-25 et 31 déc. - 45 DKK.
À la périphérie de la ville, la Strandvejen est une route côtière traversant la **forêt de Marselisborg** où se trouvent un **château**, l'une des résidences d'été de la famille royale, et **Dyrehaven**, parc où cerfs, daims et sangliers vivent en liberté.
Le **musée de Moesgård**, logé dans un manoir du 18e s., est consacré à la préhistoire danoise, de l'âge de la pierre à l'époque viking. On peut y voir le fameux **homme de Grauballe**, nom donné à un corps humain découvert dans une tourbière près du village de Grauballe, au Nord de Silkeborg. Tout comme l'homme de Tollund à Silkeborg, il fut probablement l'objet d'un sacrifice à quelque divinité païenne. À l'extérieur, un « sentier préhistorique » conduit à plusieurs reconstitutions d'habitations d'époques différentes, replacées dans un contexte naturel approprié.

Fyrkat★
Sortir d'Århus par l'atoroute E 45 vers Ålborg et prendre à la sortie 35 (Hobro).
À 3 km à l'Ouest d'Hobro, une puissante forteresse viking se dressait autrefois sur ce promontoire battu par les vents. C'est l'une des deux places fortes les mieux conservées de cette époque au Danemark. Construite vers 980, sans doute par **Harald à la Dent bleue**, roi de Danemark ,qui introduisit le christianisme dans son pays, elle servit peut-être de garnison aux guerriers vikings ; mais cette hypothèse est aujourd'hui mise en doute et l'on pense que des familles entières y habitèrent. C'est probablement la proximité du fjord de Mariager qui détermina le choix du site de Fyrkat.
Construit selon le plan habituel des forteresses vikings, Fyrkat était protégé par un mur d'enceinte circulaire d'un diamètre de 120 mètres ; à l'intérieur, deux « rues » perpendiculaires menant aux portes orientées vers les quatre points cardinaux délimitaient quatre quartiers où s'élevaient quatre bâtiments de bois, aux murs convexes, de forme allongée et disposés en carré autour d'une maison plus petite. Chacun des bâtiments, divisé en 3 sections, pouvait loger 50 personnes. Une reconstitution en chêne a été réalisée à l'extérieur de l'enceinte. De précieux renseignements sur la vie militaire à l'époque viking ont pu être recueillis à Fyrkat, contribuant ainsi à mieux connaître ce peuple puissant. Le produit des fouilles de Fyrkat est exposé au **musée d'Hobro** installé dans un pittoresque bâtiment ancien *☎ 98 51 05 55 - mai-sept. : 11h-16h, possibilité de visite guidée en anglais - 25 DKK (enf. 5 DKK).*

Le **Vikingecenter**, dans la vallée, est la reconstitution d'un groupement agricole de neuf maisons illustrant la vie des fermiers vikings *☎ 98 51 19 27 - juin-août : 10h-17h ; de mi-avr. à fin mai et de déb. sept. au 22 oct. : 10h-16h, possibilité de visite guidée en anglais - 55 DKK (enf. 20 DKK).*

Circuit de découverte

AUTOUR DE LA BAIE D'ÅRHUS

Environ 129 km. Quitter Århus par la route n° 15 au Nord, puis emprunter à gauche la route 563.

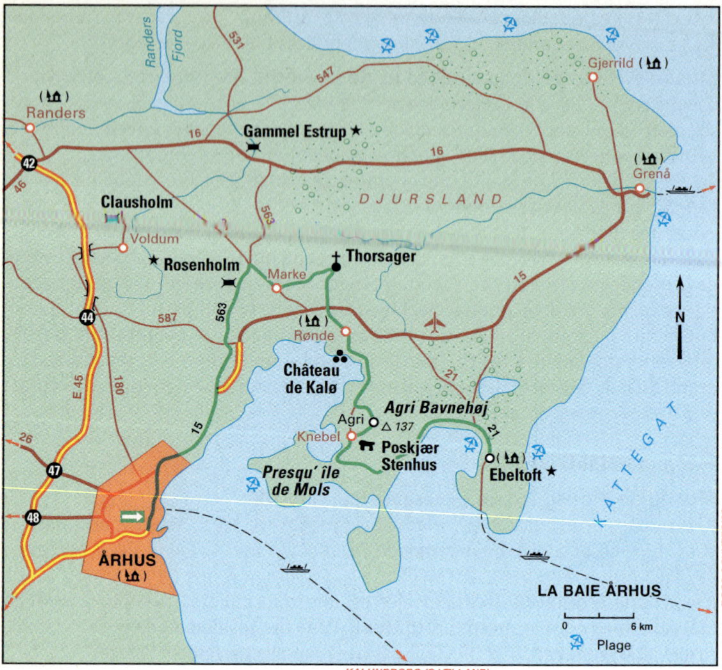

Château de Rosenholm★ (Rosenholm Slot)

86 99 40 10 - du 20 juin à fin août : 11h-16h, possibilité de visite guidée (1h, anglais) - 60 DKK.

Cet imposant **château** Renaissance fut construit en 1559 sur un îlot au milieu d'un lac. Un pont gardé par des lions de pierre conduit à l'entrée principale, dont l'arche est ornée des armes de **Jørgen Rosenkrantz** et de sa femme, premiers propriétaires du château. Il appartient depuis plus de quatre siècles à cette famille dont les origines, si l'on en croit la légende, remontent au 7e s. et à une touchante histoire d'amour entre une princesse anglaise et un prince danois.

Les nombreuses salles et galeries ouvertes au public sont essentiellement meublées dans le style rococo ou hispano-mauresque ; le cuir décoré à la feuille d'or, qui recouvre les murs de la salle d'hiver, est remarquablement bien conservé, comme le sont d'ailleurs les tapisseries françaises et flamandes, vieilles de trois cents ans, qui ornent les murs de la salle d'angle et de la salle de la tour. Dans la grande salle, on peut voir un remarquable portrait de Frédéric V par le peintre officiel de la cour C. G. Pilo. Le minuscule pavillon Renaissance qui se dresse non loin du château a été surnommé « première université du Jutland », car c'est là que le second propriétaire de Rosenholm, Holger le Savant (1574-1642), enseignait la théologie, l'histoire et le latin.

Revenir vers Auning et, par Pindstrup et des routes secondaires, gagner Thorsager.

Église de Thorsager

86 37 98 34 - 8h-16h - fermé dim. mat. pdt les messes.

Cette **église ronde**, construite au début du 13e s. au sommet d'une colline, est la seule de ce type au Jutland. L'épaisseur des murs (1 m) indique qu'elle avait un rôle défensif.

Se diriger vers le Sud jusqu'à Rønde.

Château de Kalo (Kalø Slot)

Ce château fut érigé en 1313 par le roi Erik Menved afin de protéger la baie d'Århus. Le futur roi de Suède, Gustave Vasa, y fut retenu prisonnier en 1519. Aujourd'hui, autour du donjon à demi écroulé, la forteresse n'est plus qu'une ruine romantique.

Poursuivre vers le Sud jusqu'à Vrinners, et prendre à gauche après le village vers Agri.

Presqu'île de Mols

Sa partie centrale, connue sous le nom de **Mols Bjerge (les collines de Mols)**, est une zone de pittoresques collines séparées par des vallées et des ravins, où alternent landes et forêts. Le point culminant, Agri Bavnehøj, près d'Agri, n'atteint que 137 m d'altitude mais offre de splendides panoramas. Le lac d'Agri, qui occupe une dépression formée à la fin de la dernière période glaciaire, est un lac d'accumulation que n'alimente aucun cours d'eau. Entre Agri et Knebel, **Poskjær Stenhus**, une chambre funéraire entourée de 23 énormes rochers disposés en cercle, date de 2 000 ans av. J.-C.

De Knebel, se diriger au Sud-Est vers Viderup et gagner la route côtière en direction d'Ebeltoft.

Ebeltoft★

Cette ville, dont le nom poétique évoque un verger de pommiers, est imprégnée du charme d'une autre époque et une promenade le long de ses rues pavées et tortueuses est un véritable voyage dans le passé. La rue principale, Adelgade, est bordée de belles maisons bourgeoises à colombage et sur la place, Torvet, on peut voir le plus petit hôtel de ville du monde, du moins d'après les habitants. Il sert aujourd'hui de **Musée municipal** *℘ 86 34 55 99 - juin-août : 10h-17h ; mars-avr. : tlj sf lun. 11h-15h, possibilité de visite guidée en anglais - 25 DKK (enf. 5 DKK)*, mais on y célèbre encore des mariages tous les samedis. Encadrant ce curieux édifice, Nedergade et Overgade sont bordées de vieilles maisons dont certaines penchent d'un côté de façon cocasse.
Ces rues conduisent à l'église, vieille de sept cents ans, et à l'ancien presbytère, qui abrite le **musée Misser de la Poupée et du Jouet (Missers Dukke- og Legetøjsmuseum)**, *Grønningen 17 - 8400 Ebeltoft - ℘ 86 34 21 40 - ♿ - juin-sept. : 11h-12h, 14h-16h - 20 DKK (enf. 10 DKK).*
Près du port des ferries, un grand champ d'éoliennes produit assez d'électricité pour alimenter 600 habitations tout au long de l'année.

Revenir à Århus par les routes 21 puis 15.

Gammel Estrup★

40 km au Nord-Est par les routes 15 et 563.
L'élégance de ce beau manoir Renaissance, incorporant des parties d'un château du 15e s., est soulignée par la sveltesse des tours octogonales. Il abrite le **musée des Manoirs du Jutland (Jyllands Herregårdsmuseum)**, qui contient une importante collection de mobilier comprenant quelques pièces rares (*Randersvej 2 - Gammel Estrup - 8963 Auning - ℘ 86 48 30 01 - www.gammelestrup.dk - de déb. juil. à mi-août : 10h-18h ; avr.-juin et de mi-août à fin oct. : 10h-17h ; de déb. nov. au 23 déc. et janv.-mars : tlj sf lun. 10h-15h, possibilité de visite guidée en anglais sur demande préalable - fermé 24 déc.-1er janv. 70 DKK*).
Dans les bâtiments de ferme, le **musée danois de l'Agriculture (Dansk Landbrugsmuseum)**, par le biais de reconstitutions de scènes d'extérieur et d'intérieur, donne un excellent aperçu de la vie rurale. (*Randersvej 4 - ℘ 86 48 34 44 - ♿ - de déb. juil. à mi-août : 10h-18h ; avr.-juin et sept.-oct. : 10h-17h ; nov.-déc. : tlj sf lun. 10h-15h - fermé janv. - 65 DKK, gratuit mar*).

Château de Clausholm (Clausholm Slot)

30 km au Nord. Hadsten - ℘ 86 49 16 55 - www.clausholm.dk - mai-sept. 11h-16h, possibilité de visite guidée en anglais (1h) - 70 DKK (- 13 ans gratuit).
Cet imposant château baroque fut construit à la fin du 17e s. par le comte Reventlow dont la benjamine, Anne-Sophie, s'enfuit avec le roi Frederic IV, qui l'épousa plus tard. L'intérieur est abondamment décoré et dans la chapelle, où des concerts ont lieu en été, l'orgue de 1601, en parfait état de fonctionnement, est censé être le plus ancien du Danemark.

Une marquise de Maintenon danoise

Anne-Sophie Reventlow naquit en 1693 à Clausholm dont son père Conrad avait hérité sept années plus tôt. C'est lors d'un passage à Clausholm, en juin 1712, que le roi **Frédéric IV** l'enleva. Bien que déjà marié à **Louise de Mecklembourg-Güstrow**, le roi épousa secrètement Anne-Sophie, lui octroyant par la même occasion le titre de duchesse de Schleswig. Délaissée, la reine Louise mourut le 15 mars 1721, et le roi officialisa sa liaison le 4 avril suivant en épousant une seconde fois, mais beaucoup plus légalement, la duchesse... Et pour bien affirmer la légitimité de celle-ci en tant qu'épouse, il lui décerna le titre de reine, titre auquel elle ne pouvait cependant prétendre devant les autres cours européennes mais sous lequel on la désigna à la cour de Copenhague. Après la mort du roi en 1730, Anne-Sophie se retira à Clausholm, où elle est décédée le 7 janvier 1743.

Île de Bornholm★

43 347 HABITANTS
CARTE MICHELIN N° 711 Q 11 ET 12 OU ATLAS EUROPE P. 123

Cette petite île granitique est l'endroit rêvé pour qui recherche le calme absolu. Elle offre des paysages variés : des étendues boisées, de charmants villages de pêcheurs, une côte rocheuse enserrant des baies sablonneuses et quelques magnifiques plages se succèdent, propices à la méditation du promeneur...

- **Se repérer** – Située au milieu de la Baltique, à 37 km de la Suède et à 150 km de Copenhague, l'île a pour port naturel Ystad (Suède).
- **À ne pas manquer** – L'église ronde d'Østerlars. Une balade sur les plages.
- **Pour poursuivre le voyage** – YSTAD.

Comprendre

Une île convoîtée – Bornholm a, de tout temps, été convoitée par ses puissants voisins. Les Burgondes furent les premiers à s'y installer, suivis par les archevêques de Lund, qui y régnèrent pendant plus de deux siècles ; après une courte période de domination danoise, l'île tomba, au 16ᵉ s., sous la coupe de la ville de Lübeck pour une période de cinquante ans. Mais les habitants du cru s'enorgueillissent d'être toujours demeurés fidèles au Danemark et se définissent comme « les plus Danois des Danois ».

Un Andersen peut en cacher un autre

Né à Copenhague en 1869, **Martin Andersen** prit le pseudonyme de **Nexø**, localité du Sud de l'île de Bornholm où il s'était installé avec sa famille. Il est l'auteur de *Pelle le Conquérant (Pelle Evoberen*, 1906-1910), roman publié en quatre volumes qui lui valut d'être comparé à Maxime Gorki et qui, adapté au cinéma par le réalisateur danois **Bille August**, obtint en 1987 la palme d'Or au festival de Cannes et, à Hollywood, l'Oscar du meilleur film étranger.

Se promener

Harengs fumés et églises rondes

La côte est ponctuée de nombreux villages de pêcheurs (Hasle, Tejn, Gudhjem, Melsted), où l'on peut goûter aux harengs fumés. Bornholm, cependant, est surtout connue pour ses **églises rondes** du 12ᵉ s. : Østerlars Kirke, Nylars Kirke, Ols Kirke et Nykirke. Parmi ces églises fortifiées, la plus connue est celle d'**Østerlars** avec ses trois niveaux et son abside de forme ovale.

Rønne, la « capitale » de l'île, ne manque pas de charme, même si elle porte « en creux » les stigmates des bombardements russes de mai 1945 destinés à libérer l'île encore occupée par les Allemands. Vous pourrez découvrir l'ambiance traditionnelle de l'île dans un petit musée installé dans une maison bourgeoise de la fin du 19ᵉ s. dans Laksegade (Erichsen Gård).

Cette vie d'autrefois se perpétue dans le petit port de **Årsdale** où subsistent trois fumeries de harengs.

Bornholm pratique

Adresses utiles

ℹ Le site de l'Office de tourisme *(www.bornholminfo.dk*, version en anglais) donne des informations précieuses sur les possibilités d'hébergement, les activités (sportives ou autres) et les curiosités de Bornholm.

Transports

ACCÈS EN FERRY

Quelle que soit leur provenance, les ferries accostent à Rønne, principal port et capitale de l'île. Les trajets sont assurés par la compagnie Bornholms Traffiken.

Depuis Ystad (Suède) – Comptez en ferry rapide 70 minutes de traversée ; 2h30 en ferry conventionnel. Jusqu'à 9 rotations par jour en saison.

Depuis Koge – Le ferry assure la traversée de nuit en 6h30 environ.

Par ailleurs, il existe également un service de ferry saisonnier pour Sassnitz (Allemagne).

EN AVION

L'aéroport de Rønne est desservi par des vols en provenance de Copenhague assurés par la compagnie Cimber Air : 6 allers et retours quotidiens en semaine, et 3 le week-end.

Copenhague★★★

København

1 300 000 HABITANTS
CARTE MICHELIN N° 711 Q 9 ET PLI 13 OU ATLAS EUROPE P. 123 –
SCHÉMA : VOIR À ELSENEUR – PLAN D'AGGLOMÉRATION : CARTE MICHELIN N° 711

Métropole de taille moyenne aux proportions harmonieuses, située sur la côte Nord-Est de l'île de Sjælland, Copenhague séduit dès le premier abord ses visiteurs, qui se sentent très vite à l'aise. Cet attrait immédiat est dû à la combinaison subtile de contrastes architecturaux… et surtout à son atmosphère unique à la fois détendue et fiévreuse. Ainsi, si l'on devait décrire la ville de la célèbre Petite Sirène en une seule phrase, on pourrait dire que c'est une ville de province charmante avec l'ambiance d'une capitale.

- **Se repérer –** Le centre du vieux Copenhague est traversé par l'emblématique allée piétonne de Strøget reliant la place de l'Hôtel-de-Ville et Tivoli à Kongens Nytorv. Au-delà, le long du port, se dresse l'élégant quartier d'Amalienborg conduisant au Kastellet et à la Petite Sirène.
- **À ne pas manquer –** Les grands musées, une balade dans Strøget et, bien entendu, la Petite Sirène !
- **Organiser son temps –** Copenhague mérite bien plusieurs jours. Sachez en tout cas que les musées sont gratuits le mercredi.
- **Avec les enfants –** TIVOLI, le Musée national et Andersen Eventyrhuset.
- **Pour poursuivre le voyage –** ELSENEUR, ROSKILDE et MALMÖ.

P. Plantier / MICHELIN

Le quai de Nyhavn.

Comprendre

Un port de marchands – Le nom même de København, qui signifie « port des marchands », rappelle la vieille tradition locale de négoce, établie pratiquement dès la fondation par l'évêque **Absalon** en 1167. Le destin de Copenhague fut scellé lorsque l'ambitieux évêque de Roskilde décida de faire construire un château sur l'île de Slotsholmen, là où se dresse aujourd'hui le château de Christiansborg. La ville prospère rapidement sous le contrôle vigilant des évêques de Roskilde, mais au 15e s. elle est rattachée à la couronne. **Éric de Poméranie** en fait la capitale du royaume unifié de Danemark, Norvège et Suède.

Outre son rôle de centre commercial et administratif, Copenhague se voit confier celui de creuset culturel lorsque l'Université est fondée en 1476. Cependant, la Réforme provoque au 16e s. une période d'incertitudes et de troubles.

Copenhague pratique

À l'aéroport

Centre d'information – *✆ 32 31 24 47.* Dans le hall des arrivées, vous trouverez un centre d'information ouvert tous les jours de 6h à minuit. À peine débarqué, vous pourrez récupérer des brochures gratuites dont le magazine *Copenhagen this week*, des plans de la ville, acheter la **Copenhagen Card**, et des cartes de téléphone. Possibilité de location de taxis et réservation d'hôtels, mais pour payer un peu moins cher, mieux vaut attendre d'être en ville.

Banque – À côté du centre touristique se tiennent les guichets automatiques et le bureau de change de la banque Nordea (6h30-22h). Le taux est le même que dans les banques de Copenhague, mais on peut trouver plus intéressant dans certains bureaux de change du centre-ville.

Compagnie aérienne – En face du centre d'information, vous trouverez les bureaux de la compagnie SAS (il n'y a pas d'autres bureaux SAS à Copenhague). Tlj de 5h15 à 22h30. Pour les réservations composer le *✆ 70 10 20 00* ou *www.sas.dk*. Les billets peuvent s'acheter à la dernière minute sans majoration. Pour éviter de patienter trop longtemps, employez les nombreuses bornes électroniques au centre du hall pour effectuer votre enregistrement. Concernant les vols intérieurs, vous trouverez des billets flexibles pour Ålborg (AR 2 400 DKK, 12 vols/j. de 6h35 à 22h20), Århus (A/R 2 200 DKK, 13 vols/j. de 6h45 à 19h40) et Billund (2 250 DKK, 5 vols/j. de 6h30 à 20h45). Comptez moitié prix pour un aller simple.

LOCATION DE VOITURE

Plusieurs compagnies de location de voitures jouxtent la banque Nordea :

Avis – *Tlj 7h-22h - ✆ 33 26 80 80 - www.avis.dk* Comptez 3 085 DKK pour la location d'une petite voiture pendant une semaine, comprenant le kilométrage illimité et une assurance responsabilité civile.

Europcar – *Tlj 7h-22h - ✆ 32 50 30 90, fax 32 52 18 54.* 3 045 DKK pour une semaine dans les mêmes conditions que le précédent.

Hertz – *Tlj 7h-22h - ✆ 32 50 93 00.* La compagnie la moins chère, qui propose 2 709 DKK pour une semaine de location.

POUR REJOINDRE LE CENTRE-VILLE

En train – La solution la plus commode et la plus rapide. Les billets s'achètent au centre du hall des arrivées. Comptez 25,5 DKK pour une personne. Gratuit pour les moins de 12 ans et les porteurs de la Copenhagen Card. À partir de 2 personnes, mieux vaut prendre la *Klippecard* qui donne des réductions intéressantes. Un départ toutes les 10mn pour un trajet de 12mn. Le train confortable et silencieux dessert également Helsingør au-delà de Copenhage… et (si vous le prenez dans l'autre direction) Malmö en Suède.

En bus – Prenez le n° 250 à gauche en sortant. Compter 26 DKK pour un trajet de 30mn.

Adresses utiles

🅸 Copenhagen Right Now, *Vesterbrogade 4A, tout près de la gare centrale, en face de l'hôtel Royal - ✆ 70 222 442 - www.visitcopenhagen.com* Dans un espace moderne sont disposés plusieurs ordinateurs qui fournissent en anglais des informations sur les événements dans la capitale, les divertissements pour les adultes et les enfants, les transports, et une sélection de restaurants. À l'entrée, des affiches signalent les offres d'hébergement dans la capitale (hôtels et campings), et de nombreuses brochures gratuites sont en libre service. Vous y trouverez également des tickets pour les musées et curiosités, la Copenhagen Card, et un service de location de voitures. Plusieurs réceptionnistes vous renseignent en anglais. Une petite boutique de souvenirs à l'entrée propose des tee-shirts, des cartes postales…

🅸 Use it, *Rådhusstraede 13 - ✆ 33 73 06 20 - près du Dom Huset, en direction de la rue piétonne Kompagnistraede. Entrez dans la cour puis à gauche, après quelques marches, -du 15 sept. au 14 juin ouvert lun.-mar.-merc. : 11h-16h, jeudi 11h-18h, vend. 11h-14h. Du 15 juin au 14 sept. ouvert tlj 9h-19h, www.useit.dk* Une agence très compétente spécialisée dans les voyages bon marché, ce qui en fait une étape incontournable dans une ville aussi chère que Copenhague. Nombreux renseignements et services en français : logement chez l'habitant (au minimum 200 DKK/nuit), accès Internet gratuit, consigne gratuite pour les bagages et service postal. De nombreux jeunes s'y croisent dans une ambiance conviviale, pour partager les expériences de voyageurs ou lire les journaux.

S'informer

www.aok.dk – Site en anglais très complet où vous pourrez entre autres réserver un logement en ligne à partir de 395 DKK par nuit.

www.visitcopenhagen.com – Site officiel de l'Office du tourisme de Copenhague. Les informations sont mises à jour très régulièrement.

www.useit.dk – Le site de l'Office de tourisme éponyme. Un incontournable pour un voyage « bon marché » (tout étant relatif !) dans la capitale danoise.

www.ctw.dk – Version Internet du magazine touristique *Copenhagen this week* édité par l'Office de tourisme. Un répertoire complet des adresses touristiques.

www.inout.dk – Site du journal *The Copenhagen Post*. Indispensable pour dénicher les adresses à la mode.

MAGAZINES ET JOURNAUX

La plupart des magazines cités ci-dessous sont disponibles dans les Offices de tourisme ou au centre d'information de l'aéroport.

Playtime – Une publication annuelle en anglais et gratuite, disponible essentiellement au siège de l'agence **Use it** (voir adresse dans rubrique « Adresses utiles »). Ce guide rigoureux et complet est une véritable bible pour les petits budgets. Il fournit de nombreuses informations pratiques, une description des différents quartiers de la ville, des itinéraires et des adresses d'hébergement bon marché. Un compagnon illustré, fiable et quasi indispensable pour s'en sortir à bon compte.

Copenhagen and attractions in the region – Le magazine annuel de l'office de tourisme de Copenhague. Description des sites à visiter et des principaux événements organisés dans la capitale et les alentours. Les informations pratiques font un peu défaut et les publicités compliquent la lisibilité.

Copenhagen this week – Élaboré en partenariat avec *Wonderful Copenhagen*, ce mensuel complet et gratuit propose des informations pratiques allant des adresses de restaurants à la vie nocturne, en passant par le sport, le shopping et le théâtre. Beaucoup d'informations, mais on se demande si les établissements sont sélectionnés sur des critères de qualité ou publicitaires.

Best of Copenhagen – Publication annuelle qui propose des « top 10 » des musées, restaurants, bars, clubs, hôtels, etc. Pratique pour les brefs séjours.

The Copenhagen Post – Journal hebdomadaire en anglais vendu 15 DKK. Des news, un dossier culturel complet et une partie intitulée « In & Out » pour être au courant de tout ce qui bouge dans la capitale.

Sur les pas d'Andersen

Le centre-ville est parcouru d'empreintes de chaussures peintes en blanc sur le sol. Cet itinéraire retrace les lieux associés au célèbre écrivain H.C. Andersen. En une demi-journée vous pourrez découvrir plus d'une vingtaine d'étapes allant du musée à la plaque commémorative en passant par des rues typiques du centre-ville.

Transports

La ville possède un bon réseau de bus et de trains. Des billets forfaitaires sont disponibles pour les touristes.

La **Copenhagen Card** permet d'accéder gratuitement au réseau urbain de transports en commun (y compris jusqu'à l'aéroport), de visiter 60 musées et sites, d'effectuer à tarif réduit des traversées sur les ferries à destination de la Suède, ou des promenades sur les canaux. Valable pour une durée de 24, 48 ou 72 heures et vendue au prix de 155, 255 ou 320 couronnes (demi-tarif pour les enfants de moins de 12 ans), elle doit porter le jour et l'heure de sa première utilisation. L'Office de tourisme et le terminus des bus à Rådhuspladsen délivrent une brochure à son sujet.

Se déplacer à vélo – Des bicyclettes rouges, bleues et jaunes dotées d'un petit plan et soigneusement rangées sont à la disposition des promeneurs. Comme pour les chariots des supermarchés, il suffit, pour les utiliser, d'introduire, dans l'un des stands à vélos, une pièce de 20 couronnes que l'on récupère à la remise de la bicyclette. On évite ainsi d'aggraver la pollution atmosphérique et la densité de circulation automobile. Leur couleur et la mise en place d'un système de repérage électronique interdisent toute disparition…

P. Plantier / MICHELIN

Vélos municipaux rouges.

Tourisme – On peut effectuer une promenade sur les canaux de la capitale danoise à bord de confortables bateaux à ciel ouvert (durée : 50mn – Départs toutes les demi-heures à partir de 10h, de mi-avril à mi-septembre). Embarcadères : Gammel Strand (**C3**) et Nyhavn (**D2**). Renseignements et réservations : *✆ 33 13 31 05.*

Une autre adresse : **DFDS Canal Tours**, pour découvrir en bateau ou bus les principaux sites qui longent la rivière : Charlottenborg, Nordatlantisk Kulturhus, Christiansborg, Badeland, Tivoli, etc. Prévoir 30 DKK par adulte et 20 DKK par enfants pour un tour d'une heure. Billets en vente à l'office de tourisme ou au départ à Gammel Strand. Possibilité de dîner à bord pour 548 DKK (2 personnes).

L'Association des guides de tourisme organise des **visites guidées** de la ville, commentées en plusieurs langues, tous les jours en juillet et août, uniquement les week-ends en avril, mai, juin, septembre et octobre. Renseignements et réservations à l'Office de tourisme, 1 Bernstorffgade, *✆ 33 11 13 25.* Départs des bus sur Rådhuspladsen (**B3**).

Se loger

AUBERGES DE JEUNESSE

Vous pourrez réserver des chambres chez l'habitant auprès des deux Offices de tourisme précédemment cités pour des prix allant de 200 à 400 DKK. Les chambres sont généralement situées dans le centre-ville et toutes ont un accès à une salle de bains et parfois à une cuisine. Vous pourrez également réserver une chambre auprès de **Meet the Danes** – *✆ 33 46 46 46, www.meetthedanes.dk*, et de **Dansk Bed & Breakfast** – *✆ 39 61 04 05 - www. bedandbreakfast.dk* Sachez enfin que mieux vaut éviter pour l'instant l'auberge de jeunesse « Sleep in heaven ». Elle est plutôt correcte, mais le quartier est le plus mal famé de la ville.

Sleep in Green – *Ravnsborggade 18, dans le quartier de Nørrebro - ✆ 35 37 77 77 - www.sleep-in-green.dk - Dortoir : 100 DKK.* Une auberge de jeunesse dans l'esprit « baba cool » faite de bric et de broc. Les salles de bains sont rudimentaires et les dortoirs sommaires. On n'y va pas pour le confort ! Malgré tout, le quartier est vivant et plutôt central, les prix attractifs et l'ambiance sympathique. C'est avant tout un lieu pour les jeunes à la recherche d'aventure et de rencontres.

Danhostel Copenhagen City – *H.C. Andersens Boulevard 50, en plein centre - ✆ 33 11 85 85 - www.danhostel.dk - Dortoir : 130 DKK, ch. : 520/600 DKK.* Le dernier né de cette société très bien implantée au Danemark qui garantit des dortoirs bien tenus, des salles de bains propres et de nombreuses facilités. En plus des dortoirs, vous trouverez différentes chambres à des prix attractifs. Un bon plan pour ne pas payer trop cher, mais mieux vaut réserver à l'avance.

City Public Hostel – *Absalonsgade 8, à 10mn à pied de la gare centrale - ouvert du 3 mai au 20 août - ✆ 33 31 20 70, fax 33 55 00 85 - www.city-public-hostel.dk - Dortoir : 150 DKK.* Ambiance très conviviale assurée dans cette auberge de jeunesse bordée de pelouses où les résidents s'allongent les jours de beau temps. Les dortoirs sont mixtes ou séparés et il n'y a pas de chambres individuelles. Pas de charme particulier et l'ensemble est assez rudimentaire, mais l'établissement est bon marché et central.

Jørgensen – *Rømersgade 11, sur la place Israels - ✆ 33 13 81 86, fax 33 15 51 05 - www.hoteljoergensen.dk - dortoir : 135 DKK, ch. : 475/575 DKK.* Une des plus anciennes auberges de jeunesse de la ville. Très bien situé, cet imposant bâtiment abrite également un hôtel. Les espaces communs sont bien organisés et permettent de nombreuses rencontres. Les chambres et dortoirs sont un peu étroits, mais les prix sont très avantageux, ainsi que l'emplacement.

Sleep in fact – *Valdemarsgade 14, à 15mn à pied de la gare centrale - ouvert du 27 juin au 30 août - ✆ 33 79 67 79 - www.sleep-in-fact.dk - Dortoir : 100/120 DKK.* Auberge de jeunesse installée juste à côté d'une école dans un bâtiment en préfabriqué qui fait penser à un entrepôt. L'aspect extérieur n'est pas très attirant, mais les dortoirs sont corrects et plusieurs services sont à disposition des clients : cuisine, Internet, location de vélos, consignes, etc.

Juste en face, vous trouverez une autre auberge de jeunesse dans une grande maison en brique, **YMCA Interpoint** – *Valdemarsgade 15 - ✆ 33 31 15 74 - www. ymca-interpoint.dk - Dortoir : 90 DKK*, qui ouvre de début juillet à mi-août.

HÔTELS

Bon à savoir – Le groupe ARP-Hansen dispose de plusieurs hôtels au centre de Copenhague. Ils sont tous de bonne qualité et les prix varient en fonction des emplacements et du nombre d'étoiles. Parmi les plus connus, citons le **Phoenix Copenhagen**, *Bredgade 37 - ✆ 33 95 95 00, fax 33 33 98 33*, le superbe **71 Nyhavn**, *Nyhavn 71 - ✆ 33 43 62 00, fax 33 43 62 01*, installé dans un entrepôt réhabilité du port, tout au bout du célèbre quai, **The Square**, *Rådhuspladsen 14 - ✆ 33 38 12 00, fax 33 38 12 01*, ou encore l'**Opera**, *Tordenskjoldsgade 15 - ✆ 33 47 83 00, fax 33 47 83 01.* Pour plus de renseignements et la liste complète des hôtels de ce groupe, consultez le site www.arp-hansen.dk.

Absalon – *Helgolandsgade 15, dans le quartier de la gare centrale - ✆ 33 24 22 11, fax 33 24 34 11 - www.absalon-hotel. dk - 270 ch. : 565/745 DKK, suite : 1 575 DKK.* Cet hôtel n'a pas d'intérêt particulier si ce n'est sa situation, près de la gare centrale, ainsi que les prix avantageux des chambres de l'annexe. Elles ne disposent pas de salle de bains mais sont propres, de même que les parties communes.

Guldsmeden Carlton – *Vesterbrogade 66, à 10mn à pied de la gare centrale - ✆ 33 22 15 00, fax 33 22 15 55 - www.hotelguldsmeden.dk - 64 ch. : 925/1 195 DKK, suite : 1 325 DKK.* Un des hôtels les plus charmants de la ville, pour un prix qui reste très convenable. En plus des chambres spacieuses, des balcons et de l'accueil chaleureux, les petit-déjeuners sont exceptionnels. Possibilité de réductions très intéressantes en passant par l'Office de tourisme.

Admiral – *Toldbodgade 24-28, près de Nyhavn - ✆ 33 74 14 14, fax 33 74 14 16 - www.admiralhotel.dk - 366 ch. : 795/ 1 125 DKK, suite : 1 520 DKK - 108 DKK.* Cet imposant bâtiment historique est bâti en bordure de rivière. La décoration intérieure de style marin mélange l'ancien et le moderne. Les chambres sont impeccables, mais parfois étroites, de même que les salles de bains. Les chambres qui donnent sur la rivière sont plus chères, de même que certaines suites qui peuvent accueillir une famille (*1 775 DKK pour 4 personnes).*

Guldsmeden Bertram – *Vesterbrogade 107, à 20mn à pied du centre-ville - 33 22 15 00, fax 33 22 15 55 - www.hotelguldsmeden.dk - 44 ch. : 995/1 295 DKK, suite : 1 595 DKK*. Le nouveau-né du groupe Guldsmeden ! Comme le précédent, celui-ci se distingue par son charme et le soin particulier accordé au décor. Un établissement élégant et confortable, accessible très rapidement en vélo et situé dans un quartier très correct.

Centrum – *Helgolandsgade 14, dans le quartier de la gare centrale - 33 31 31 11, fax 33 23 32 51 - www.hotelcentrum.dk* - Un des nombreux trois étoiles sans intérêt qui bordent la gare centrale. Celui-ci a l'avantage de donner un accès gratuit et illimité au centre aquatique DGI-Byen : piscine, sauna, bowling…

Fox – *Jarmers Plads 3, dans le centre - 33 13 30 00, fax 33 13 30 33 - www.hôtelfox.dk - 61 ch. : 945/1 120 DKK, appart. : 1 600 DKK*. Une toute nouvelle adresse à Copenhague et probablement une des plus originales. Chaque chambre de cet établissement est décorée par un artiste contemporain. Un véritable musée, tantôt psychédélique, tantôt érotico-poétique et parfois démesuré. Un projet audacieux qui attire les architectes et designers du monde entier. Une curiosité !

Ibsens – *Vendersgade 23, tout près de la place Israels - 33 13 19 13, fax 33 13 19 16 - www.ibsenshotel.dk - 118 ch. : 945/1 300 DKK*. Cet hôtel charmant fait partie d'un groupe hôtelier qui dispose de plusieurs établissements de standing dans la capitale. Celui-ci est probablement un des plus singuliers en raison du soin particulier porté à la décoration. Chaque chambre a son caractère, dans un esprit fin de siècle, et l'ensemble est très lumineux. L'accueil est à la hauteur du cadre.

Kong Arthur – *Nørre Søgade 11, près de la place Israels - 33 11 12 12, fax 33 32 61 30 - www.kongarthur.dk - 107 ch. : 925/1 100 DKK, suite : 1 450 DKK*. Bien situé, cet hôtel propose des chambres plutôt charmantes et spacieuses, pour des prix inférieurs aux nombreux hôtels anonymes qui bordent la gare centrale. Les chambres simples sont à moins de 1 000 DKK, ce qui est rare pour un quatre-étoiles.

Kong Frederik – *Vester Volgade, à quelques mètres de l'hôtel de ville - 33 37 01 00, fax 33 37 06 30 - www.remmen.dk - 110 ch. : 1 040/1 240 DKK, 12 suites : 1 840 DKK-3 240 DKK*. Ce bâtiment du 18e s. abrite un hôtel de luxe où ont séjourné quelques célébrités, parmi lesquelles Dizzy Gilespie, Julio Iglesias, Jimmy Carter et bien d'autres. Les chambres sont impeccables et agrémentées d'un mobilier ancien qui donne beaucoup de charme à cet établissement. Visitez avant de choisir, car des chambres au même prix sont plus ou moins spacieuses.

Scandic – *Vesterbrogade 11 B, dans le quartier de la gare centrale - 33 31 14 32, fax 33 31 14 41 - www.scandic-hotel.dk - 149 ch. : 1 185/1 385 DKK, suite : 1 745 DKK*. Cet hôtel se distingue des autres établissements du quartier de la gare par son charme. On vous propose des chambres de caractère, chacune dans son style, et une gamme importante de prix en fonction de la taille, l'orientation et la saison. Visitez avant de choisir.

Skt. Petri – *Krystalgade 22, dans le quartier piéton - 33 45 91 00, fax 33 45 91 10 - www.hotelsktpetri.com - 268 ch. : 2 300/2 500 DKK, suite jusqu'à 4 000 DKK*. Une petite folie ! Cet hôtel de luxe situé en plein centre propose des chambres évidemment spacieuses, impeccables et pour la plupart pourvues de balcons. La somptueuse suite présidentielle aurait accueilli Tina Turner.

Se restaurer

Bon à savoir – À l'heure du déjeuner, Copenhague offre le choix de nombreux restaurants et cafés, tant à Nyhavn, qu'au complexe Bolten dans Kongensgade ou dans Gråbrødretorv (Peder Oxe). Le quartier de Christianshavn dispose aussi d'un éventail de restaurants et de bars, comme les cafés **Wilder** et **Luna** à l'angle de Skt. Annæ Gade, où les employés des ministères proches se mêlent à la communauté libre Christiana. À Christiana même, essayez **Den Grå Hal** le long de Prinsessegade ou encore **Loppen** le long de Bådsmandsstræde, qui proposent tous deux de la musique live. Sur Christianshavns Torv, on peut prendre une pâtisserie ou une bière.

Les jardins de Tivoli possèdent plusieurs restaurants : le très sophistiqué **Restaurant PH** (initiales du maître du design danois dont les lampes décorent l'établissement), **Divan 1** (mélange de tradition et de modernisme) et, offrant un contraste frappant, **Grøften**, lieu de rencontre favori des vedettes du show-business, mais de nombreux Danois préfèrent les crevettes fraîches sur une tartine de pain blanc accompagnées d'une bière. On peut encore fréquenter les jardins familiaux ou les restaurants plus excentrés dans Pile Allé, où l'on sert le traditionnel *smørrebrød*.

Dans les « konditorier », on sert un café avec des pâtisseries. Le **Café Sommersko**, dans Kronprinsensgade, est un endroit animé la nuit. Enfin, voici deux adresses du centre-ville qui combleront les amateurs d'Internet : **Babel**, *33 Frederiksborggade* et **Gamestation**, *115 Vesterbrogade*.

Flow – *Gyldenløvesgade 10, dans le quartier de l'hôtel de ville - 33 14 43 43 - www.spisdiglykkelig.dk - Tlj 17h30-21h -*

65/89 DKK. Bien que situé au bord d'une artère bruyante et que le cadre intérieur soit insignifiant, ce restaurant propose une cuisine végétarienne familiale, préparée à partir de produits bio (aucun produit chimique). 5 ou 6 plats différents et savoureux sont proposés tous les soirs (gratin dauphinois, aubergines farcies, légumes à la vapeur...). Attention, les cuisines ferment quelques minutes avant 21h !

Le Pavé – *Gråbrødretorv 14, dans le centre historique - ✆ 33 13 47 45 - www.aok-lepave.dk - Tlj 14h-minuit - 100/245 DKK.* L'un des meilleurs restaurants de cette place fameuse qui abonde en bars et restaurants. L'intérieur simple est bien tenu, et le chef prépare une cuisine française savoureuse. Bon rapport qualité/prix. La terrasse permet de contempler les maisons colorées qui bordent la place.

Peder Oxe – *Gråbrødretorv 11, à deux pas de la Strøget - ✆ 33 11 00 77 - www.pederoxe.dk -Tlj 11h-23h - 130/250 DKK.* Cette belle demeure du 17e s. accueille plusieurs salles à manger et alcôves sur deux étages. La cuisine excellente est composée de viande argentine, de hamburgers maison et des incontournables *smørrebrød.* Une taverne typique où les serveuses vous accueillent chaleureusement.

Bastionen Løven – *Christianshavns Voldgade 50, dans le parc - ✆ 32 95 09 40 - www.bastionen-loven.dk - Tlj 10h-minuit - 75/450 DKK.* Situé dans un ancien moulin, ce restaurant-café vous accueille dans un cadre chaleureux. La cuisine occidentale est tout à fait correcte, et parmi les quelques pâtisseries essayez absolument le *Lagkage*, un excellent gâteau au chocolat et mousse de fruits.

Les trois cochons – *Vaernedamsvej 10, à 15mn à pied de la gare centrale - ✆ 33 31 70 55 - www.cofoco.dk - Merc.-dim. 17h30-22h - 200 DKK.* Un nouveau restaurant tenu par des jeunes et décoré sobrement dans le style scandinave. On vous propose une cuisine française du terroir, comme le coq au vin. L'établissement est bâti dans une ancienne boucherie et vous remarquerez les portes hermétiques qui ferment les toilettes. Excellent rapport qualité/prix.

Cofoco – *Abel Cathrines Gade 7, à 5mn à pied de la gare centrale - ✆ 33 13 60 60 - www.cofoco.dk - Lun.-sam. 18h-22h - 225/275 DKK.* Mieux vaut venir depuis la rue Vesterbrogade pour éviter le quartier un peu agité d'Estergade. Bâti en soubassement, ce restaurant abrite à l'entrée une grande table que se partagent les clients (quelques tables sont également séparées). La cuisine est savoureuse, et le menu dégustation est particulièrement bon marché pour un restaurant de cette qualité *(225 DKK).*

El Tapeo – *Peder Hvitfeldts Straede 15, dans le centre piéton, près de la rue Købmagegade - ✆ 33 93 11 66 - Lun.-jeu. 11h-24h, vend.-sam. 11h-2h - 100/300 DKK.* Ce restaurant « cosy » propose une cuisine d'inspiration espagnole dans une ambiance feutrée. Le rez-de-chaussée est un bar à tapas où sont proposés jambon Serrano, gambas, fromages et salades divers. Les deux étages accueillent un restaurant à la cuisine savoureuse, marquée par une excellente paella. Tous les vins, naturellement, sont espagnols (rioja, navarra, manchuela, bierzo, etc.).

Sushi Saiko – *Torvegade 22, dans le quartier Christianshavn - ✆ 32 95 00 49 - www.sushi-saiko.com - Lun.-jeu. 11h-22h, vend.-sam. 11h-23h, dim. 14h-21h - 105/350 DKK.* Un peu plus cher que les autres japonais de la ville, mais la qualité est indéniable ! Ici pas d'inquiétude sur la fraîcheur du poisson. Les pièces sont préparées devant les clients. On y déguste sushi, sashimi, plats végétariens, maki, temaki, etc.

Le Sommelier – *Bredgade 63-65, à dix minutes à pied de la Kongens Nytorv - Tlj 12h-14h, 18h-22h - ✆ 33 11 45 15 - www.lesommelier.dk - 170/450 DKK.* Restaurant élégant bâti sobrement dans le style design local. Les tables impeccablement dressées accueillent des hommes d'affaires et clients plutôt aisés. La cuisine d'inspiration occidentale est composée de moules marinière, coquilles St-Jacques, foie gras, cochon de lait, etc. Le rapport qualité/prix est plutôt correct, compte tenu du prix exorbitant des restaurants à Copenhague. Le menu dégustation est à 350 DKK.

Alsace – *N.Y. Østergade 9, sur une perpendiculaire de la rue piétonne principale - ✆ 33 14 57 43 - www.alsace.dk - Lun.-sam. 11h30-23h - 177/329 DKK.* Très bien situé, ce restaurant classique est décoré des toiles du peintre Wilhem Freddie. La cuisine d'inspiration française est savoureuse et les plats sont soigneusement présentés. Le menu dégustation est à 486 DKK. Un peu moins chère, mais excellente : la choucroute !

Grisobasovitz – *Overgaden Neden Vandet 17, dans le quartier Christianshavn - ✆ 32 54 54 08/74 08 - www.grisobasovitz.dk - Lun.-sam. 10h-22h - 185/450 DKK.* Ce restaurant qui ne désemplit pas n'embauche que des jeunes délinquants dans le cadre d'un projet de réinsertion. Un programme qui marche très fort ! La cuisine danoise et l'ambiance sont excellentes, notamment les week-ends ensoleillés quand sont organisés de grands barbecues.

A Hereford Beefstouw – *Vesterbrogade 3, entre la place de l'hôtel de ville et la gare centrale - ✆ 33 12 74 41 - www.a-h-b.dh/tivoli - Lun.-sam. 11h30-15h, 17h-22h30, dim. 17h-22h30 - 200/300 DKK.* Une valeur sûre pour la dégustation d'un bon steak qui peut peser jusqu'à 500 g. Cadre moderne et impeccable, cuisine de qualité, ce qui explique que ce restaurant ne désemplit pas.

Noma – *Strandgade 93, en face de Nyhavn, dans le même bâtiment que le centre Nord at Lantens Brygge - 12h-0h, sam. 18h-0h, fermé dim. - ✆ 32 96 32 97 - www.noma.dk - 275/585 DKK.* Ensemble très élégant bâti en bordure d'une rivière au cœur d'un quartier très couru. L'intérieur est décoré avec beaucoup de goût dans le style « design scandinave » plutôt sobre. Cuisine de qualité avec exclusivement deux menus, dont un mixte de poissons selon les arrivages du jour *(750 DKK)*. Une belle terrasse en été.

Pierre André – *N.Y. Østergade 21, sur une perpendiculaire de la rue piétonne principale - Mar.-ven. 12h-14h, 18h-21h30, sam. 18h-21h30 - ✆ 33 16 17 19 - 300/585 DKK.* Restaurant français très élégant qui propose une cuisine quasi irréprochable d'inspiration méditerranéenne (coquilles St-Jacques, homard, foie gras, cailles, etc.). Le menu dégustation à 575 DKK propose une variété sympathique de plats et saveurs.

Era Ora – *Overgaden Neden Vandet 33 B, dans le quartier de Christianshavn - ✆ 32 54 06 93 - www.era-ora.dk - Lun.-sam. 12h-15h, 18h30-0h - 325/880 DKK.* Dans un cadre intérieur décoré aux couleurs de la Toscane (terre de Sienne) est proposé quotidiennement un unique menu de cuisine italienne. Pour accompagner les plats savoureux, une belle carte de vins italiens est disponible. Une valeur sûre, si l'on a les moyens…

Kommandanten – *N.Y. Adelgade 7, dans le centre piéton - ✆ 33 12 09 90 - www.kommandanten.dk - Tlj 17h30-22h, fermé dim. - 300/900 DKK.* Cet immeuble de 1698 abrite un restaurant très stylé qui combine le moderne et l'ancien. Un soin tout particulier est porté à la décoration d'inspiration marine. La carte est peu fournie, mais les quelques plats proposés sont élaborés et excellents. Le menu dégustation coûte 690 DKK. Avis aux amateurs : certaines bouteilles de vin peuvent atteindre 20 000 DKK !

Rasmus Oubaek – *Store Kongensgade 52, tout près de Nyhavn - ✆ 33 32 32 09 - www.rasmus-oubaek.dk - mar.-sam. de 18h au départ du dernier client - 600 DKK.* Derrière de grandes baies vitrées se tient ce petit restaurant ouvert exclusivement le soir. Dans un décor sobre et moderne est servie une cuisine raffinée d'inspiration française. L'établissement propose uniquement un menu à 600 DKK (foie gras, agneau rôti, saumon…).

Krogs – *Gammel Strand 38, au cœur de la ville - ✆ 33 15 89 15 - www.krogs.dk - Lun.-sam. 12h-15h, 17h30-22h30 - 350/2 000 DKK.* Depuis le 19e s., cet établissement est réputé pour la qualité de son poisson. L'ensemble très élégant est réservé à une clientèle fortunée, essentiellement composée d'hommes d'affaires, de touristes américains et japonais. La cuisine n'en est pas moins excellente et le service impeccable. Une petite folie !

CAFÉS-RESTAURANTS

Bankeråt – *Ahlefeldtsgade 27-29, près de Israel plads - ✆ 33 93 69 88 - www.bankeraat.dk - Lun.-ven. 9h30- 0h, w.-end 10h30-0h - 59/105 DKK.* Café-restaurant branché, d'allure un peu « destroy », situé dans un quartier peu touristique, où vous pourrez admirer la décoration originale composée de mannequins aux visages d'animaux. Cuisine sans surprise et un cadre intérieur qui plaira beaucoup aux jeunes curieux. On y trouve les journaux en français.

Paludan Bogcafe – *Fiolstraede 10, dans le centre piéton, en face de la vieille bibliothèque royale - ✆ 33 15 06 75 - www.paludan-bog.dk - Tlj sf dim. 8h-20h - 60/130 DKK.* Ce café littéraire est fréquenté essentiellement par les étudiants de l'université voisine qui viennent consulter les nombreux ouvrages exposés sur les immenses étagères qui couvrent les murs. L'intérieur stylé est composé de deux salles pour se délasser et d'une librairie. Ambiance feutrée et belle terrasse en été. Plusieurs concerts sont programmés à l'occasion du Festival international de jazz de Copenhague du 1er au 10 juillet.

SUR LE POUCE

Bon à savoir – La plupart des musées proposent sandwiches, pâtisseries et restauration légère dans leurs agréables cafétérias. La plus champêtre est certainement celle du château de Rosenborg. La plus exotique, celle de la Fondation Ny Carlsberg installée dans une palmeraie (sous serre, bien entendu !) Les plus branchées, celles du « Diamant Noir » et du Centre du design danois.

Thomas – Trois adresses sous la même enseigne. Dans le centre : *Kompagnistaede 17 et Rådhusstraede 17, à Nyhavn : Lille Strandsraede 14 - ✆ 33 11 11 68 - Tlj 8h-20h.* Petits restaurants bio qui proposent différents sandwiches élaborés en direct à partir de produits frais. Les pains rappellent les meilleures boulangeries françaises et chaque sandwich est préparé en tenant compte des valeurs caloriques.

Danish Lunch – *Østergade 4, en bas de la rue piétonne principale - ✆ 74 62 44 44 - www.danishlunch.dk* Possibilité de savourer ces excellents sandwiches, à l'intérieur sur des tabourets, en terrasse ou à emporter. Tout est préparé en direct à partir de produits frais. On y trouve également des *smørrebrød* (saumon, viande rôtie, bacon…).

PAUSE SUCRÉE

Den Franske Bogcafé – *Fiolstraede 16, dans le quartier piéton - ✆ 33 16 39 72 -*

www.denfranskebogcafe.dk - Ouvert lun.-ven. 10h-18h, sam. 10h-16h. Une petite salle lumineuse accueille quelques tables dans un décor de librairie. C'est une Française qui a ouvert en janvier 2005 ce café charmant, qui fait également office de librairie spécialisée en livres de langue française. Parmi les différents ouvrages, on trouve un rayon BD et un autre consacré à la littérature pour enfants. À la carte, café, cappuccino, chocolat, quelques boissons fraîches et croissants.

Kransekagehuset – *N.Y. Østergade 9, rentrer dans la cour, puis à gauche - ✆ 33 13 19 02 - Lun.-ven. 9h-18h, sam. 9h-16h, fermé dim.* Ce salon de thé appartient au même propriétaire que l'excellente boulangerie située à l'entrée du passage. Une multitude de pâtisseries danoises alléchantes sont proposées, dont la spécialité de la maison *(Huset Specilitet)*, un gâteau crémeux au chocolat.

Mamma che Gelato – *Nansensgade 62, dans le centre - ✆ 33 33 96 60.* Des glaces italiennes excellentes et bien crémeuses comme au pays ! À emporter ou à déguster sur place, sur les marches où se serrent les enfants du quartier. Inutile de commander 5 boules, les portions sont généreuses.

En soirée

Copenhagen Jazz House – *Niels Hemmingsens Gade 10, entre la rue piétonne Strøget et Gåbrødre - ✆ 33 15 26 00, fax 33 15 03 66 - www.jazzhouse.dk - Lun.-jeu. 18h-24h, vend.-dim. 18h-5h.* Le temple du jazz au Danemark ! Une salle de 250 places accueille les plus grands artistes internationaux, tels Steve Coleman, Bill Evans, Michel Petrucciani, etc. Pour connaître la programmation, consultez le site Internet. Le week-end, le lieu se transforme en discothèque à partir de minuit. Musique soul, disco, funk ; une ambiance électrique.

Culture Box – *Kronprinsessegade 54 A, à 15mn à pied de Nyhavn - ✆ 33 32 50 50 - www.culture-box.com - Jeu.-sam. 23h-5h.* Discothèque à l'allure d'un squat « destroy » qui fait figure de temple de l'électro à Copenhague. Les plus grands DJ's européens sont passés dans cet établissement à l'ambiance effervescente. Du pur *underground* scandinave que les jeunes fêtards apprécieront !

Barbarellah – *Nørre Farimagsgade 41, à côté de Israels Plads - ✆ 33 32 00 61 - www.barbarellah.dk - Dim.-jeu. 10h-24h, vend. et sam. 10h-3h.* Café branché au design retro scandinave des années 1950. Le mobilier coloré et original accompagne une collection de vêtements qui sont en vente à l'arrière du café. Des platines sont installées pour les soirées électro du week-end. Quelques plats, sandwiches et salades sont en vente.

Bo-Bi Bar – *Klareboderne 14, dans le centre piéton - ✆ 33 12 55 43 - Tlj 12h-2h, dim. 14h-2h.* Un bar dans le style des estaminets belges, fréquenté essentiellement par des habitués. Le pub le plus ancien de la ville, où les clients se parlent sans chichis dans une ambiance chaleureuse. Adresse peu connue des branchés et des touristes !

Spectacles

Bon à savoir – L'amateur de spectacles a le choix entre le Théâtre royal (danse, théâtre et art lyrique), la compagnie permanente Royal Danish Ballet et la troupe du Baron Boltens Gård. Les billets sont délivrés pour le jour même au kiosque situé à l'angle de Fiolstræde et Nørrevoldgade *(lun.-vend. : 12h-19h, sam. 13h)*. Par ailleurs, le bureau de location **Billetnet** vend des billets dans les bureaux de poste ou sur Internet : *www.billetnet.dk*

Pour ceux qui préfèrent les courses de chevaux, le choix s'effectue entre Charlottenlund Travbane, spécialisé dans le trot, et Klampenborg Galopbane, réservé au galop.

Sports et loisirs

À une demi-heure de la capitale, **Strandparken** offre 7 km de plages de sable et un large éventail d'activités sportives (natation, équitation, golf, tennis, location de bateaux et de bicyclettes, planche à voile).

À **Kalvebod Brygge**, les amateurs de sensations fortes trouveront un mur d'escalade et des installations pour sauts à l'élastique, mis à leur disposition par le Copenhagen Action Center *✆ 39 27 27 77.*

Et naturellement, il ne faut pas oublier les attractions du célèbre **parc de Tivoli**…

Achats

Les horaires ont été modifiés pour permettre aux magasins d'ouvrir de 6h à 20h, mais la plupart s'en tiennent aux horaires normaux *(9h30-17h30 ou 19h, sam. : 16h)*. **Strøget**, la principale rue commerçante, est piétonne. Comédiens, musiciens et bateleurs s'y bousculent pour divertir acheteurs, touristes et simples promeneurs. On y trouve deux grands magasins : **Magasin du Nord** et **Illum**.

Le centre commercial **Scala,** *2 Axeltorv*, outre ses magasins et ses boutiques,

E. Benard / MICHELIN

Le magasin Illum : un temple du design.

dispose de restaurants, de cafés et de cinémas, tout comme le centre commercial de la gare centrale.

On peut acheter des souvenirs au magasin d'usine de **Royal Copenhagen** (*Kongelige Porcelænsfabrik - 47 Smallegade - ✆ 31 86 48 59).*

Sur Amagertorv, le **design danois** prédomine avec l'argenterie de Georg Jensen, la délicate porcelaine, le cristal et les antiquités de Royal Copenhagen, et le design moderne au Bolighus du magasin Illum. En continuant le long de Strøget en direction de l'hôtel de ville, vous passerez devant **Ravhuset** et **Ravspecialisten** (tous deux situés sur Frederiksberggade), spécialistes de l'ambre, « l'or des régions nordiques ». Il est également possible de trouver des cadeaux originaux au marché des pulls, quelques boutiques plus loin, au *15 Frederiksberggade*, qui propose une quantité impressionnante de pull-overs scandinaves.

À Lyngby, au Nord de Copenhague, un gigantesque **marché aux puces** a lieu tous les dimanches, de 9h à 14h entre mai et septembre.

E. Benard / MICHELIN

Une envie de thé ?

Événements

Le **marché de Noël**, inauguré en 1994, est devenu une tradition qui attire chaque année de nombreux visiteurs. Tout au long du mois de décembre, une foule importante vient y faire ses courses ; les enfants rencontrent le père Noël et font du patin à glace sur le lac de Tivoli ; de nombreux restaurants servent le traditionnel repas de Noël à la danoise.

L'âge d'or – Au cours du règne de **Christian IV** (1588-1648), Copenhague redevient une cité prospère dont le développement est alors tel que l'on peut donner à cette période le nom d'âge d'or. L'ambition du roi pour sa capitale était sans limites, et il se lança dans une série de réalisations architecturales qui dotèrent Copenhague de ses plus beaux monuments, ainsi que du château de Rosenborg, de la Bourse et du pittoresque quartier de Christianshavn, auquel le roi donna son nom.

De la richesse à la ruine – Cette période de prospérité est suivie d'une succession de catastrophes : après une tentative d'invasion suédoise, la ville est frappée par une épidémie de peste bubonique en 1711 et perd le tiers de sa population. En 1728, un gigantesque incendie détruit une grande partie du centre, et un second incendie, à la fin du siècle, la ravage à nouveau. Toutefois, c'est entre ces deux catastrophes que se développe un élégant quartier, entre Kongens Nytorv et Amalienborg. La dernière, et non la moindre de ces calamités, est le bombardement de Copenhague en 1807 par la flotte anglaise qui ne tient aucun compte de la neutralité du Danemark.

Aujourd'hui et demain – La ville, moderne et spacieuse, prend son aspect actuel au milieu du 19e s. après la destruction des fortifications que remplacent des parcs et des lacs. Plus récemment, une partie de la vieille ville est aménagée en quartier piétonnier, ce qui en fait le paradis des flâneurs. Sillonnée par un grand nombre de cyclistes, animée et fameuse pour ses distractions de tous ordres, la ville ne s'est pour autant pas figée dans le passé et continue de faire preuve d'un dynamisme impressionnant : la construction de la liaison fixe trans-Øresund entre Malmö et l'île d'Amager, sur laquelle se trouve l'aéroport international, a placé la capitale danoise au centre d'une des régions les plus prospères d'Europe, peuplée de trois millions d'habitants. En pleine effervescence, la ville double la capacité de son aéroport international, met en place un métro entièrement automatisé et prévoit même de construire à l'ouest d'Amager, au cours des trente prochaines années, une nouvelle ville baptisée **Ørestad**. Dans le même temps, plusieurs projets sont en cours de réalisation afin d'assurer la reconversion des quartiers portuaires comme **Holmen** (face à Amalienborg), abritant des écoles artistiques ainsi qu'un **opéra** futuriste inauguré au début de l'année 2005. L'ancien quartier des Halles, à l'Ouest de la gare centrale, est, lui aussi, en pleine rénovation, à commencer par Øksnehallen, jadis marché au bétail, aujourd'hui transformé en centre d'expositions et de conférences.

SE LOGER

- Absalon ... 1
- Admiral ... 2
- Centrum ... 4
- City Public Hostel ... 5
- Danhostel Copenhagen City ... 7
- Fox ... 9
- Guldsmeden Bertram ... 11
- Guldsmeden Carlton ... 12
- Ibsens ... 14
- Jørgensen ... 15
- Kong Arthur ... 17
- Kong Frederik ... 18
- Scandic ... 20
- Skt. Petri ... 21
- Sleep in fact ... 22
- Sleep in Green ... 25

SE RESTAURER

A Hereford Beefstouw 2
Alsace 3
Bastionen Løven 4
Cofoco 5
El Tapeo 6
Era Ora 8
Flow 9
Grisobasovitz 10
Krogs 13
Kommandanten 14
Le Pavé 16
Le Sommelier 18
Les Trois cochons 19
Noma 20
Peder Oxe 22
Pierre André 23
Rasmus Oubaek 24
Sushi Saiko 25

Se promener

AU CŒUR DE LA VILLE 1

De la place de l'hôtel de ville (Rådhuspladsen) à Kongens Nytorv par Strøget et le quartier Latin. Comptez 2h, ou le double si vous aimez flâner devant les vitrines.

Cette première promenade permet une découverte de l'ambiance chaleureuse de la capitale danoise à travers les vieux quartiers du centre.

Place de l'Hôtel de-Ville (Rådhuspladsen) (B3)

Bordée de hauts immeubles et encadrée par deux avenues (H. C. Andersens Boulevard et Vester Voldgade), recevant le flux de circulation provenant de l'Est par la gare centrale et Vesterbrogade, cette vaste place rectangulaire très animée dispose d'un îlot piétonnier central accueillant à toute heure du jour une foule de badauds. Parmi les bâtiments entourant la place, on remarque particulièrement l'**hôtel Palace**, avec sa spectaculaire façade ornée de tourelles et de clochetons, et l'hôtel de ville, surmonté de son beffroi, qui dominent le lieu.
Sur la gauche de la façade de l'hôtel de ville se dresse une populaire statue de bronze représentant **deux joueurs de trompette (Lurblæseren)**, et, à sa droite, se trouve la **fontaine du Dragon,** exécutée en 1923 par Skovgaard et Bindesbøll. Hans Christian Andersen, assis un livre à la main et, semble-t-il, un peu effaré par la densité de la circulation se dissimule dans les frondaisons qui agrémentent le boulevard du même nom, à la droite du bâtiment.

Hôtel de ville (Rådhuset) (B3 H)

☏ 33 66 25 83 - ♿ - visite guidée de l'hôtel de ville : 15h, sam. 10h et 11h - visite guidée des tours de l'hôtel de ville juin-sept. : 10h, 12h et 14h, sam. 12h ; oct.-mai : 12h - horloge astronomique de Jens Olsen : 8h30-16h30, sam. 10h-13h - fermé dim. et j. fériés - 30 DKK (hôtel de ville), 20 DKK (tours de l'hôtel de ville), 10 DKK (enf. 5 DKK) (horloge).
L'**hôtel de ville** est un édifice quelque peu massif de brique rouge, achevé en 1905 d'après les plans de Martin Nyrop qui s'inspira de l'architecture danoise médiévale et du style Renaissance de l'Italie du Nord. Du haut de la tour, on jouit d'une large **vue★** sur la ville et le port. À l'intérieur, deux salles sont consacrées à l'**horloge astronomique★,** réalisée par **Jens Olsen**, né en 1872 à Ribe, et dont le mécanisme donne l'heure sidérale ainsi que l'heure solaire partout dans le monde. Il indique la trajectoire des planètes autour du Soleil et calcule les éclipses du Soleil et de la Lune avec une précision diabolique de l'ordre d'une demi-seconde tous les 300 ans !

Le monde merveilleux de H. C. Andersen (H. C. Andersen Eventyrhuset) – *Rådhuspladsen 57, au pied de l'hôtel Palace.* Statues de cire, reconstitutions et documents, mettent en scène de façon ludique la vie, les voyages et l'œuvre du célèbre conteur.

Prendre la rue piétonne (Frederiksberggade) sur la gauche de l'hôtel Palace.

Strøget★ (B3-C2)

Cette longue voie piétonne reliant Rådhuspladsen à la Nouvelle Place Royale (Kongens Nytorv), à travers le vieux Copenhague, est en réalité constituée d'une succession de rues et de places bordées de magasins côtoyant les inévitables et rutilants établissements de restauration plus ou moins rapide. Animées à toute heure du jour, par des musiciens et artistes ambulants, envahies par les terrasses de café, elles attirent une foule de visiteurs et d'autochtones alléchés par les vitrines des boutiques et des galeries marchandes attenantes qui se dérobent parfois dans des passages, ainsi que par les souvenirs de l'histoire de la cité.

Ancienne et nouvelle places (Gammeltorv et Nytorv) – Ce vaste espace rectangulaire que traverse Strøget est en fait constitué de deux places situées de part et d'autre de la rue : sur votre gauche, l'**Ancienne Place (Gammeltorv** – **B2-3**), la plus vieille place de marché de la ville, dont le centre est occupé par la **fontaine Caritas** du 17e s. Sur la droite s'étend la **Nouvelle Place (Nytorv** – **B3**), dans un coin de laquelle se cache l'ancien hôtel de ville reconverti aujourd'hui en tribunal.

Poursuivre Strøget qui prend successivement le nom de Nygade puis de Vimmelskaftet.

Place d'Amager (Amagertorv) – Au carrefour avec Købmagergade, Strøget s'élargit pour former cette place, ornée d'une fontaine du 19e s., la **Storkespringvand (fontaine aux Cigognes)**. Sur la gauche, **l'église du St-Esprit (Helligåndskirke** – **C2 G**), est bâtie au milieu d'un paisible jardin offrant un contraste frappant avec l'animation fiévreuse de la rue. L'ensemble faisait partie d'un monastère médiéval maintenant disparu, et l'église fut reconstruite après l'incendie de 1728. N'hésitez pas à jeter un coup d'œil (au coin de Klostergade) dans la belle salle voûtée de la **maison du Saint-Esprit**, ancien hospice édifié en 1296, seul édifice médiéval encore intact de la capitale *(ouvert lors de ventes de charité ou d'expositions).*

Après l'église, vous découvrirez un ensemble de belles **demeures** de brique aux façades à pignon, édifiées au 17e s. et abritant aujourd'hui le magasin de la fabrique royale de porcelaine.

Højbro Plads – *Sur la droite.* Ouverte sur le canal entourant l'**île du Château (Slotsholmen)**, centre historique de la cité *(voir ci-après)*, cette place animée par nombre de bateleurs et de terrasses sert d'écrin à la statue équestre de l'évêque **Absalon** qui semble toujours veiller sur sa forteresse.

Prendre, sur la gauche de Strøget, Købmagergade.

Købmagergade

Tout aussi animée que Strøget et bordée de boutiques, cette large rue piétonne s'engage vers le cœur du quartier universitaire. Suivant vos centres d'intérêt ou l'humeur du jour, vous disposerez de deux musées bien différents.

Musée de l'Érotisme (Museum Erotica) (C2) – *au nº 24, sur la droite.* Photos, estampes, objets, lingerie et accessoires d'usage parfois mystérieux et souvent improbable permettent aux curieux de faire le tour de la question.

Musée de la Poste (Post & Tele Museum) (C2) – *Sur la gauche, après Kromprinsensgade. Købmagergade 37 - ✆ 33 41 09 00 - www.ptt-museum.dk - 10h-17h (merc. 20h), dim. 12h-16h - fermé lun., 24-25 et 31 déc. - 30 DKK (- 12 ans gratuit), merc. gratuit.* Les collections (3e étage) valent le coup d'œil même si les explications sont uniquement en danois, ce qui n'en atténue pas le charme : malles-poste, costumes, tableaux, sceaux, presses à imprimer les timbres, téléphones et télégraphes, sacs de dépêches, cabines téléphoniques, boîtes aux lettres, tricycles à moteur illustrent l'histoire des communications danoises de Christian IV à nos jours. Mais le clou de ce musée, c'est le café situé au 5e étage (et accessible par ascenseur), d'où le **panorama** s'étend sur les toits de la vieille ville. On peut ainsi reconnaître la tour ronde et plusieurs flèches recouvertes d'oxyde de cuivre : Børsen, l'hôtel de ville, et deux églises proches, les églises du Saint-Esprit (Helligåndskirke) et Saint-Nicolas (Sankt Nikolaj Kirke).

La Tour ronde★ (Rundetårn) (C2) – *Købmagergade 52A - ✆ 33 73 03 73 - juin-août : 10h-20h, dim. 12h-20h ; sept.-mai : 10h-17h, dim. 12h-17h - fermé 1er janv., 24 et 25 déc. - 25 DKK (enf. 5 DKK). Sur la droite au niveau de Landemærket.* Haute de 35 m, cette tour, à laquelle Andersen fait allusion dans *Le Briquet*, fut construite en 1642 sur l'ordre de Christian IV pour servir d'observatoire. Une rampe en spirale, inégalement pavée, que – si l'on en croit la légende – le tsar Pierre le Grand escalada à cheval lors de sa visite en 1716 suivi de la tsarine dans un carosse tiré par six chevaux, et un escalier *(31 marches)* permettent d'accéder au sommet, d'où l'on découvre une **vue panoramique★★** sur la ville avec sa forêt de flèches.

Église de la Trinité (Trinitatis Kirke) – *✆ 33 73 03 73 - juin-août : 10h-20h, dim. 12h-20h ; sept.-mai : 10h-17h, dim. 12h-17h - Observatoire de mi-oct. à fin mars : mar. et merc. 19h-22h. Attenante à la Tour.* Conçu par **Christian IV** comme lieu de culte universitaire, l'édifice fut achevé par son successeur en 1656. À l'intérieur *(accès par Landemærket),* on peut voir un retable sculpté et un buffet d'orgues baroque, ainsi qu'une horloge rococo.

Le quartier Latin★

Très animé par sa population d'étudiants, le quartier Latin de Copenhague est délimité au Sud par Strøget, et au Nord par Gothersgade, large avenue séparant Rosenborg et la « ville neuve » de la vieille ville. Le quartier est en grande partie piéton, et les rues étroites sont bordées de librairies, de magasins d'antiquités ou de mode, de petits restaurants sacrifiant aux modes « tex-mex » ou orientales, et de cafés, petites boutiques occupant souvent le sous-sol des maisons du 18e s., alignées en rangs serrés.

Prendre l'étroite Store Kanikestræde sur la gauche des arcades de brique qui font face à la Tour ronde et poursuivre jusqu'à la place Notre-Dame (Vor Frue Plads).

Place Notre-Dame (Vor Frue Plads) – C'est ici que s'élève l'**église Notre-Dame (Vor Frue Kirke – B2)**, cathédrale néoclassique construite en 1829 sur les plans de C. F. Hansen. C'est la troisième à occuper ce site, car l'édifice gothique d'origine fut détruit lors de l'incendie de 1728 et la seconde cathédrale sévèrement endommagée par les obus anglais en 1807. L'intérieur est orné de sculptures de **Bertel Thorvaldsen**.
Précédés par les bustes d'éminents universitaires, les pompeux bâtiments de l'**Université** occupent le côté droit de la place sur laquelle donne la façade du bâtiment

principal, construit en même temps que la cathédrale. Le bâtiment réservé aux étudiants, situé le long de Nørregade, fut quant à lui édifié un siècle plus tôt. Sur le côté opposé de Nørregade, au coin de Skt. Pedersstræde, se dresse **l'église Saint-Pierre (Skt. Petri Kirke) (B2),** austère église également incendiée et bombardée, ce qui ne l'a pas empêché de conserver son haut clocher du 16e s.

Revenir à Strøget par Krystalgade, puis à droite à nouveau Købmagegade.

Østergade

Il s'agit de la dernière partie de Strøget, là où se concentrent les grands magasins, tels que le célèbre Illum. Juste en face, sur la droite, une ruelle conduit à la petite place sur laquelle s'élève l'**église Saint-Nicolas (Skt. Nikolaj Kirke) (C2)** *✆ 33 93 16 26 - 12h-17h, possibilité de visite guidée en anglais sur demande préalable - 20 DKK (gratuit merc.)*, dotée d'une impressionnante tour carrée du 16e s. soutenue par six arcs-boutants. L'édifice, relativement récent, abrite aujourd'hui un centre d'expositions.

Plus loin sur la gauche s'ouvrent quelques passages, enfilades de cours aux maisons rénovées avec goût et aujourd'hui investies par des restaurants, cafés et boutiques de mode haut de gamme : c'est le cas de **Benikow Gården** et surtout de **Pistolstræde (C2)** à laquelle on accède par un porche au n° 24.

Quelques mètres suffisent alors pour déboucher sur la nouvelle Place Royale où l'on retrouve le flot des automobiles.

LA NOUVELLE PLACE ROYALE ET LA VILLE DU 18e SIÈCLE 2

De la Nouvelle Place Royale (Kongens Nytorv) à la Petite Sirène par Amalienborg et le port. Compter 3h.

Cette « nouvelle ville », qui se développa sur le bord de mer à la fin du 17e s. et tout au long du 18e, est aujourd'hui le quartier élégant de Copenhague. Autour du palais d'Amalienborg, résidence officielle de la souveraine, elle offre la perspective de ses larges avenues et concentre hôtels, ambassades et commerces hauts de gamme.

Nouvelle Place Royale★ (Kongens Nytorv) (D2)

La réalisation de cette magnifique place, à laquelle des travaux ont rendu son charme d'autrefois, fut la première opération d'urbanisme liée à la construction de la nouvelle ville, que le surpeuplement de Copenhague rendait nécessaire. Achevée en 1688, elle reçut en son centre une statue équestre de Christian V. La plupart des édifices bâtis alors ont maintenant disparu, mais l'harmonie architecturale recherchée a été respectée.

Sur le côté gauche de la place, le **Magasin du Nord**, grand magasin le plus couru de Copenhague, précède l'**Hôtel d'Angleterre**, qui a conservé la réputation d'être le grand palace de la capitale danoise. À l'angle de Gothersgade et de Store Kongensgade se dresse un nouveau centre culturel, **Baron Boltens Gård (D2)**, familièrement appelé Boltens. Plus loin, au coin de Bredgade, on peut admirer l'un des premiers édifices construits sur la place, **Thotts Palæ** (vers 1685), qui appartint à l'un des héros nationaux, l'amiral **Niels Juel**. L'immeuble est actuellement occupé par l'ambassade de France.

Théâtre royal (Kongelige Teater) (D2) – *Sur la droite après Niels Juels Gade.* Cet imposant bâtiment en pierre de taille a été construit en 1870.

Charlottenborg (D2) – Ce palais baroque édifié en 1670 et situé sur la rive Sud de Nyhavn abrite aujourd'hui l'Académie royale des arts et le **musée d'Art contemporain** qui présente des expositions temporaires (peintures, sculptures, installations et vidéos), et d'où l'on découvre de superbes **vues★★★** sur le quai de Nyhavn.

Nouveau port★★★ (Nyhavn) (D2)

Ce bassin, aujourd'hui un des sites les plus connus de Copenhague, fut creusé à la fin du 17e s. pour permettre l'accès des navires à Kongens Nytorv. L'essor rapide du commerce entraîna la construction d'entrepôts et d'étroites demeures à pignon. Mais la présence de marins de toutes nationalités eut bientôt pour effet de voir aménager les rez-de-chaussée en tavernes… Les rixes fréquentes contribuèrent à la mauvaise réputation de Nyhavn, où de respectables citoyens n'en continuèrent pas moins à demeurer à l'instar de Hans Christian Andersen, qui habita successivement aux nos 20, 67 puis 18.

De nos jours, les bars à matelots sont devenus de petits restaurants chaleureux débordant sur les quais devant des façades égayées de couleurs vives, tandis que, sur le canal, les navires de commerce d'autrefois ont cédé la place à de superbes voiliers. L'été, sur le quai Nord, ensoleillé et piétonnier, l'animation atteint son paroxysme l'après-midi, lorsque les terrasses sont bondées, quelle que soit la température (des plaids disposés sur les chaises permettent aux plus frileux de sacrifier à la tradition de consommer dehors) et que les bars à bière parviennent à peine à satisfaire la demande.

Au n° 69, aménagé en centre culturel, le **Hans Christian Andersen-Nyhavn** organise des expositions, mais on y trouve aussi un café et une boutique proposant livres et souvenirs.

À l'extrémité du bassin, du côté de la Place Royale, une ancre monumentale, que l'on pourrait croire échouée là à la suite de quelque tempête, commémore le souvenir des marins danois morts pendant la Seconde Guerre mondiale. Tout à côté se trouve **l'embarcadère** pour les excursions le long des canaux et autour du port.

Après une halte rafraîchissante à l'une des terrasses, s'engager dans Amaliegade.

Place du Palais d'Amalienborg★★ (Amalienborg Slotsplads) (D2)

La place, le palais et l'église de marbre un peu plus loin furent conçus en 1749 par Frédéric V pour former le cœur d'un nouveau quartier auquel il envisageait de donner le nom de Frederiksstaden. **Nicolai Eigtved** dessina les plans de quatre édifices identiques (que quatre personnalités éminentes se virent vivement incitées à financer de leurs deniers) disposés autour d'une place octogonale ainsi que ceux de l'église. En 1768, la statue équestre de Frédéric V, réalisée par le sculpteur français Jacques François Joseph Saly (1717-1776), fut installée au centre de la place.

Palais d'Amalienborg★★ (Amalienborg Slott) (D2)

Christian VIII's Palæ - Amalienborg - ✆ 33 12 21 86 - www.amalienborgmuseet.dk - mai-oct. : 10h-16h ; nov.-avr. : tlj sf lun. 11h-16h - fermé 1er janv., 18-26 et 31 déc. - 50 DKK (enf. 15 DKK).

Le palais devint la résidence officielle de la famille royale après la destruction de Christiansborg dans un incendie. De nos jours, lorsque la reine réside au palais, la cérémonie de la **relève de la garde** qui a lieu tous les jours à midi attire une foule de touristes, friands de ce genre de spectacle.

La visite permet de découvrir le bureau du roi **Christian IX**, l'élégant salon de son épouse, la reine Louise, le bureau de Frédéric VIII avec son mobilier d'origine, et celui de Christian X, ainsi qu'une collection de costumes et de joyaux.

Jardin d'Amélie (Amalienhaven) – Derrière le palais, au-delà de Toldbodgade, le quai a été aménagé en jardin donnant sur ce qui fut autrefois le port. En face, sur l'île des Docks (Dokøen), les lignes dépouillées du superbe **Opéra★★ (Operahaus) (D2)**, dessiné par l'architecte **Henning Larsen** et inauguré au début de 2005, étincellent au soleil.

En suivant le quai, vous longerez les anciens entrepôts, restaurés avec goût, et souvent reconvertis en appartements.

Collection royale de sculptures (Kongelige Alstøbningssamling) (D1) – Signalée par une reproduction du *David* de Michel-Ange, cette réjouissante collection de copies est hébergée dans un ancien entrepôt. De la *Pierre de Rosette* au *Discobole* de la villa de Tivoli, des *Trois Grâces* à *Apollon*, il émane de ce lieu soutenu par de vénérables poutres de bois, et peuplé d'une infinité de moulages que des artistes en herbe de tous âges recopient avec application, une ambiance aussi surréaliste qu'imprévue.

Poursuivre le long du quai et traverser Esplanaden jusqu'aux grilles du Parc Churchill.

Parc Churchill★ (Churchill Park) (D1)

C'est au milieu de ce vaste parc situé au Nord d'Amalienborg que se dresse l'ancienne citadelle.

Citadelle★ (Kastellet) – Entourée par des douves bordées de roseaux et de saules pleureurs, cette caserne du début du 18e s. comprend plusieurs rangées de

La mélancolique Petite Sirène veille sur Copenhague.

bâtiments de brique rouge le long d'une rue pavée s'achevant à chaque extrémité par une porte fortifiée.

En suivant toujours la rive, on parvient devant l'imposante **fontaine Gefion**, surmontée d'une sculpture de bronze représentant une femme menant avec fougue deux paires de bœufs. Sur la gauche, s'élève l'église anglicane, **Skt. Albans Kirke**. Derrière la fontaine, une passerelle en fer forgé permet de s'enfoncer dans le parc.

La Petite Sirène★★ (Den Lille Havfrue) – Plus loin, sur le front de mer, on aperçoit le véritable symbole de la ville de Copenhague, la Petite Sirène, silhouette énigmatique assise sur un rocher au bord de l'eau, le regard perdu au loin vers l'entrée du vaste port, et qui paraît si étrangère au cadre qui l'entoure que la plupart des visiteurs sont séduits sur-le-champ. Œuvre d'**Edvard Eriksen**, la statue de bronze qui honore à la fois Andersen et l'attachement des Danois à la mer fut offerte à la ville de Copenhague en 1913 par Carl Jacobsen, fils du fondateur des brasseries Carlsberg.

En continuant le long des quais, vous parviendrez à Langeliniekaj, où sont amarrés des paquebots. Le quai est bordé d'arcades abritant des boutiques et des cafés ; au-dessus, une allée piétonne offre de belles vues de l'Øresund.

Revenir en arrière jusquà Esplanaden que l'on prend sur la gauche.

Musée de la Résistance (Frihedsmuseet – D1) – *Churchillparken - ✆ 33 13 77 14 - mai-sept. : 10h-16h (dim. 17h) ; oct.-avr. : 10h-15h (dim. 16h), possibilité de visite guidée en anglais - fermé lun., 24-25 et 31 déc. - 40 DKK (merc. gratuit).* Il commémore la résistance danoise à l'occupation allemande pendant la Seconde Guerre mondiale.

Prendre à gauche Bredgade qui ramène à Kongens Nytorv.

Bredgade

Bordée d'élégants magasins d'antiquités, de galeries d'art et de restaurants, **Bredgade** est l'artère principale du quartier d'Amalienborg.

Musée danois des Arts appliqués (Danske Kunstindustrimuseum) (D1) – *Au n° 68, sur la gauche. ✆ 33 18 56 56 - www.kunstindustrimuseet.dk - 10h-16h (merc. 18h), w.-end 12h-16h - fermé lun. - 40 DKK.* L'ancien hôpital Frederik, autre édifice conçu par Eigtved, abrite aujourd'hui les collections européennes et orientales d'arts décoratifs qui font la part belle au design danois : mobilier, céramique, et surtout de superbes pièces de verrerie.

Église de marbre★ (Marmorkirken) (D2) – *Au débouché de Frederiksgade, conduisant sur la place d'Amalienborg. Lun.-jeu. 10h-17h, vend.-dim. 12h-17h.* L'**église de marbre**, qui s'appelle en réalité Saint-Frédéric (Frederiks Kirke), ne fut achevée qu'à la fin du 19e s. Son énorme dôme est l'un des points de repère de la ville.

ROSENBORG 3

De Kongens Nytorv aux lacs. 2h y compris la visite du château.

Partant de la Nouvelle Place Royale, **Gothersgade** est une large avenue délimitant au Nord la vieille ville et conduisant aux lacs creusés à l'emplacement des anciennes fortifications. C'est sur la droite de cette avenue que s'étend un vaste parc dans lequel se dresse le château royal de Rosenborg.

Arrivé devant le parc, prendre sur la droite Kron Prinsesse Gade.

Collection David (Davids Samling)★ (C2) – *Au n° 30 (accès par le porche). Fermé jusqu'en 2008.* La **collection David** est située dans une des belles maisons du 19e s. donnant sur le parc. Elle appartenait jadis à un avocat, C. L. David, qui, en 1945, en fit une institution publique, et contient une riche collection d'art islamique du Moyen Âge ainsi que des tableaux, de la vaisselle et du mobilier français du 18e s., du mobilier anglais, de la céramique et de l'argenterie scandinave.

Jardin Royal (Kongens Haven) (C2)

Ce havre de paix resplendissant au printemps de ses rhododendrons en fleur a été aménagé en 1606 par Christian IV qui, se sentant un peu à l'étroit dans la ville, avait décidé de faire édifier un pavillon, devenu peu à peu le chateau de Rosenborg, en dehors de ses limites. C'est aujourd'hui un vaste parc, soigneusement entretenu, paradis des chiens, et des enfants qui se pressent aux représentations du théâtre de marionnettes.

Après avoir gagné l'allée centrale, les douves séparant le jardin du château de Rosenborg, prendre à droite et sortir sur Georg Brandes Plads et prendre Sølvzge en face.

Musée national des Beaux-Arts★★★ (Statens Museum for Kunst) (C1)

Sølvgade 48-50 - ✆ 33 74 84 94 - www.smk.dk - tlj sf lun. 10h-17h (merc. 20h) - fermé 1er janv., 24-25 et 31 déc. - 50 DKK (-16 ans gratuit).

L'édifice qui abrite le musée fut conçu par **Vilhem Dahlerup**, mais l'intérieur fut modernisé ultérieurement afin d'y privilégier l'espace et la lumière. Un nouveau bâtiment donnant sur le jardin fut édifié en 1998 pour déployer les collections qui commençaient à être un peu à l'étroit.

L'art danois et international jusqu'en 1900 a trouvé sa place au premier étage de l'édifice construit par Dahlerup, dont les salles sont peintes de couleur bleue, grise, verte et rouge selon le genre d'œuvres présentées. Cette partie se compose de deux sections bien distinctes :

La **section d'art européen** (1300-1800) comprend un choix de toiles de l'école italienne du 14e au 18e s. et de l'école française du 17e et du 18e s., mais c'est la collection de peintures flamandes et hollandaises du 15e au 18e s. qui est la plus remarquable, avec, entre autres, des œuvres de Bruegel, Rembrandt, Hals, Rubens, Ruisdael et Memling. Quelques salles, consacrées à l'art danois et européen de 1600 à 1800, présentent les débuts de l'art danois illustré par les portraits et les paysages de **Jens Juel** ainsi que les toiles mythologiques d'**Abildgaard**.

La **section d'art danois et européen** (1800-1900) illustre le développement de la peinture danoise au cours du 19e s. ; la période de l'âge d'or danois est largement représentée (œuvres d'Eckersberg, Købke, Bendz, Lundbye, Sonne et Bissen), mais l'attention des visiteurs est également attirée par les peintres de la seconde moitié du 19e s. (école de Skagen, Theodor Philipsen et l'impressionnisme, les peintres fioniens) et par deux époques moins connues telles que le début du 19e s. et le symbolisme (œuvres de Ejnar Nielsen, Zahrtmann, Skovgaard, Ring, Edvard Munch, Hammershøj et Willumsen).

Une galerie coiffée d'une verrière, surnommée à juste titre « l'allée de la sculpture », sert de trait d'union entre l'ancien bâtiment et le nouveau dessiné par Anna Maria Indrio et Mads Møller, où sont exposées sur trois niveaux les collections d'art du 20e s. Des passerelles relient les deux édifices au-dessus de l'allée de la sculpture.

Niveau 1 : une salle présente la peinture scandinave du début du 20e s. : remarquez notamment deux œuvres d'**Edvard Munch** *(Ouvriers rentrant chez eux, 1914-19)*.

Niveau 3 : importante collection de toiles de **Matisse** *(Intérieur au violon, Odalisque, Poisson rouge)*, œuvres de Derain, Dufy, Marquet, **Modigliani** *(Alice)*, Laurens. Vient ensuite le surréalisme représenté par R. Mortensen *(Vision)*, Max Ernst et **Erik Olson** *(Paysage aérodynamique)* ; le mouvement Cobra est présent avec des œuvres d'**Asger Jorn** *(Printemps, Saxnås)* et de Carl-Henning Pedersen *(Château rouge, Reykjavik)*. Les dernières salles contiennent des tableaux de Niels Lergaard, Jens Søndergaard, Harald Giersing *(Le Jugement de Pâris)*, Georges Rouault *(Le Pont)* ou encore Chaïm Soutine *(La Bohémienne)*.

Niveau 2 : le cubisme est largement représenté par des œuvres de Braque, Joan Gris *(Le Guitariste)*, Picasso, Léger, Olaf Rude *(Composition cubiste)*, Edvard Weie *(Fantaisie romantique)*. Vous y verrez aussi une importante collection d'œuvres postérieures à 1950, avec **Richard Mortensen** *(Double Espace)*, Victor Vasarely ou **Per Kirkeby** *(Peinture romantique*). Les dernières salles sont consacrées à l'art contemporain, danois ou étranger, d'où l'on détachera *Central Park* d'Ola Billgren).

Contourner le parc et prendre à droite Stockholmgade.

Collection Hirschsprung★ (Den Hirschsprungske Samling) (C1)

Stockholmsgade 20 - ☏ 35-42 03 36 - www.hirschsprung.dk - 11h-16h - fermé mar., 1er janv., 23-25 et 31 déc. - 35 DKK.

Cette **collection** fut offerte au Danemark par **Heinrich Hirschsprung,** propriétaire d'une manufacture de tabac. Logée dans un édifice néoclassique inauguré en 1911, elle est exclusivement consacrée à l'art danois du 19e s. : peintures, sculptures, aquarelles et dessins. Dans la plupart des salles, du mobilier provenant des demeures des artistes renforce l'impression qui se dégage des œuvres.

Revenir à Georg Brandes Plads et prendre, le long du Parc de Rosenborg, Øster Voldgade.

Château de Rosenborg★★★ (Rosenborg Slot) (C1)

Amalienborg - ☏ 33 15 32 86 - www.rosenborgslot.dk - juin-août : 10h-17h ; mai et sept. : 10h-16h ; oct. : 11h-15h ; nov.-avr. : 11h-14h - 65 DKK (enf. 20 DKK).

Épargné par les incendies et les bombardements, le **château de Rosenborg** garde le même aspect extérieur qu'en 1633, bien qu'il ait perdu une partie des douves qui l'entouraient à l'origine. Inspiré par l'architecture de la Renaissance hollandaise, il est construit en brique rouge décorée de tuffeau.

Du pavillon d'été à la résidence royale – Les idées de modeste pavillon d'été que nourrissait Christian IV en 1606 ne résistèrent pas longtemps à la frénésie de bâtisseur du roi puisque, en 1615, le bâtiment avait doublé de dimension. Au cours de la décennie suivante, on vit s'édifier un troisième étage, puis on ajouta la grande tour et, enfin, deux autres tours plus petites. C'est ainsi que le petit pavillon des origines devint la résidence royale... à laquelle le roi attribua le nom de Rosenborg (« palais des roses ») en hommage à sa seconde épouse, Kirsten Munk, dont le blason s'ornait de trois roses. Le souverain s'enorgueillissait d'avoir introduit dans sa demeure les techniques les plus avancées de son temps : une salle de bains avec eau courante et un mécanisme permettant d'actionner le pont-levis depuis le salon d'hiver. Mais, dès 1710, le palais cessa d'être résidence royale, Frédéric IV le jugeant trop petit !

P. Plantier / MICHELIN

Le château de Rosenborg, un pavillon d'été devenu grand.

Les collections – Toiles, tapisseries, mobilier rare, argenterie et porcelaine furent rassemblés au château par les successeurs de Christian IV. En 1833, les collections furent disposées par ordre chronologique et le château ouvert au public. Vous y découvrirez le bureau de Christian IV, pratiquement inchangé, le salon d'hiver, orné de tableaux incorporés aux panneaux muraux, la salle de marbre, de style baroque, la chambre du roi, tendue de tapisseries flamandes, et, au dernier étage, la grande salle au splendide plafond en stuc datant du 18e s., où trois lions d'argent montent la garde autour du trône. Dans les sous-sols, le trésor expose les joyaux de la Couronne et les insignes de la royauté.

Jardin botanique★ (Botanisk Have) (BC1)

Øster Farimagsgade 2B - ✆ 35 32 22 40 - mai-sept. : 8h30-18h ; oct.-avr. : tlj sf lun. 8h30-16h - Palmhouse : tlj 10h-15h - gratuit.

Ce superbe jardin *(entrée à l'angle de Øster Voldgade et de Gothersgade)* fut planté vers 1870 sur un terrain libéré par la démolition des fortifications. Parsemé de grandes serres abritant des palmiers, des cactus et des orchidées, ombragé d'arbres vénérables et doté d'un lac artificiel, il compte également un jardin alpin ainsi qu'un petit **Musée botanique (botanisk museum)** qui présente une belle collection de plantes originaires du Danemark, des îles Féroé et du Groenland.

Vous pouvez dès lors rejoindre la rive des lacs aménagés sur les anciennes fortifications par Gothersgade ou bien regagner la place Amlager (Amagertorv) par NørreVoldgate puis à gauche, après la station du métro et du train S par Købmagergade.

DE L'ÎLE DU CHÂTEAU (SLOTSHOLMEN) À TIVOLI 4

D'Amagertorv à Tivoli par le château de Christiansborg. Comptez 1h (deux avec la visite du musée Thorvaldsen).

Quitter Amagertorv par Højbro Plads et franchir le pont jeté sur le canal pour accéder à l'île du château (Slotsholmen). Prendre immédiatement à gauche.

Île du Château★★ (Slotsholmen) (C3)

Musée Thorvaldsen★★ (Thorvaldsens Museum) (C3) – *Bertel Thorvaldsens Plads 2 - ✆ 33 32 15 32 - www.thorvaldsensmuseum.dk - Tlj sf lun. 10h-17h, possibilité de visite guidée en anglais en juil. - 20 DKK, merc. gratuit. Entrée en contournant l'édifice.* Ce musée fut édifié à la mémoire du plus célèbre sculpteur danois, **Bertel Thorvaldsen** (1770-1844), qui passa la plus grande partie de sa vie à Rome et fut accueilli en héros lorsqu'il revint dans son pays natal. Construit dans un style délibérément néoclassique, voire franchement pompéien, si l'on en juge par les peintures murales qui ornent le bâtiment, il abrite l'importante collection de sculptures d'un artiste très prolifique, où l'on reconnaîtra quelques personnalités de son temps : Metternich et Napoléon voisinnent avec sir Walter Scott... et les douze apôtres. La collection personnelle de Thorvaldsen comprend nombre de tableaux composant un panorama de l'art de son temps.

Revenir en arrière et prendre à droite devant la chapelle palatine.

Chapelle palatine (Christiansborgs Slotskirke) – Vestige du château antérieur, elle présente une façade à la colonnade rigoureusement néoclassique

Le château de Christiansborg (Christianborg Slot) – *Prins jorgens gaard 1 - ✆ 33 92 64 92 - www.ses.dk - visite guidée en anglais mai-sept. : 11h, 13h, 15h ; oct.-avr. : tlj sf lun. 15h - 60 DKK (enf. 25 DKK).* Le château actuel est le cinquième construit sur le même site depuis 1167. Le premier palais moderne fut édifié au 18e s. en style baroque mais fut ravagé par un incendie en 1794. Reconstruit en style néoclassique, il fut à nouveau détruit par les flammes moins d'un siècle plus tard. Terminé en 1928, le palais actuel, dont la façade aux ailes concaves est précédée de la statue équestre de Frédéric VII (1808-1863), englobe les Écuries royales et le Théâtre de la cour, vestiges du premier palais. Il ne servit jamais de résidence royale et abrite aujourd'hui le **Folketing** (Parlement), les bureaux du Premier ministre, la Cour suprême et les salons de réception royaux.

Église de la Marine★ (Holmens Kirke) (**C3**) – De l'autre côté du canal enjambé par l'Holmens Bro (pont de l'île), cette église Renaissance abrite un magnifique retable et une belle chaire. C'est ici que fut célébré en 1967 le mariage de la reine Margrethe II avec Henri de Laborde de Montpezat.

Continuer dans Sltosholmsgade.

Bourse★ (Børsen) (**CD3**) – *Fermé au public.* Construite en 1619 sur les ordres de Christian IV, c'est un remarquable édifice caractéristique du style de la Renaissance hollandaise. Sa flèche élancée, autour de laquelle s'enroulent les queues de 4 dragons, est un point de repère familier dans le ciel de Copenhague.

Sans franchir le pont qui conduit à Christianhavn et Christiania (voir ci-après), prendre sur la droite Christian Brygge.

Bibliothèque royale★ (Det Kongelige Bibliotek) (**C3**) – *✆ 33 47 47 47 - www.kb.dk - se renseigner pour les horaires - exposition tlj sf dim. 10h-21h (juil. 19h).* Les Danois ont surnommé la bibliothèque le **Diamant noir (Sorte Diamant)**. Cette annexe de la bibliothèque royale fondée en 1653 par le roi Frédérick III et ouverte au public en 1793 se dresse au bord du canal, telle une illustration éblouissante de l'architecture et du design à la danoise. L'extérieur est en granit noir brillant et en verre. Le café-restaurant **Søren K** offre une belle vue de **Christianshavn**, sur la rive opposée, avec sa rangée d'édifices modernes dominés par le clocher rococo et torsadé de Christians Kirke.
Au premier niveau, accessible par un escalier situé près de l'accueil, se trouve une salle d'expositions contenant les manuscrits et éditions originales d'œuvres d'écrivains célèbres tels que H. C. Andersen, Søren Kierkegaard et Karen Blixen ainsi que des partitions manuscrites de Carl Nielsen. Dans une boutique, au rez-de-chaussée, vous trouverez un grand choix de livres et de disques.

Pont de marbre★ (Marmorbroen) (**C3 D**) – Ce pont de style rococo franchit Frederiksholms Kanal et assure l'accès à la vaste cour de Christiansborg. Dessiné par l'architecte **Nicolai Eigtved** (1701-1754), il fut construit en même temps que le premier palais. Vu des rives ombragées du canal, il offre, avec ses arches élégantes, un spectacle qui serait sans doute plus attrayant si le nombre de véhicules garés à proximité tendait à diminuer.

Dans le prolongement du pont, prendre Ny Vestergade.

Musée national★★★ (Nationalmuseet) (C3)

Ny Vestergade 10 - ✆ 33 13 44 11 - www.natmus.dk - ♿ - 10h-17h, possibilité de visite guidée en anglais - fermé lun. - gratuit.

Le **Musée national** s'est agrandi plusieurs fois depuis sa fondation au début du 19e s. Les derniers travaux en date l'ont doté d'un bâtiment moderne et spacieux avec un hall grandiose. Ses départements sont répartis sur trois étages et un espace est affecté à un **Musée pour enfants**. Au rez-de-chaussée, la **préhistoire danoise**, de 13 000 ans av. J.-C. au 10e s. de notre ère, constitue le joyau du musée. Vous y verrez de nombreux objets en bronze et en or, comme le char solaire, retrouvé près de Trundholm (12e s. av. J.-C.). La collection de pierres runiques du 10e s. provenant de l'île de Lolland et du Jutland est remarquable, de même que les objets de la période viking.
Le **Moyen Âge** et la **Renaissance** sont représentés au 1er étage par du mobilier, des tapisseries et des objets religieux ; parmi les plus beaux, un autel en or du 12e s.

provenant d'Århus, des retables en bois peint, des vases sacrés des 15e et 16e s., des cornes à boire et des tapisseries. La **collection royale de monnaies et de médailles**, très riche en monnaies grecques et romaines, présente des spécimens de différents pays. Dans le **Palais du prince (Prinsens Palæ)**, construit en 1774 par Eigtved, vous découvrirez des salles rococo, notamment le superbe Grand Salon.

Le 2e étage est consacré à la **collection ethnographique**, parmi les plus riches du monde : il ne faut pas manquer, en particulier, la section consacrée aux Inuits du Groenland, du Canada et de l'Alaska. **Histoires du Danemark (1660-2000)** évoque l'évolution de la vie quotidienne et quelques salles sont réservées à des **jouets anciens**.

Au 3e niveau, enfin, vous pourrez découvrir les **antiquités du Proche-Orient, de la Grèce et de Rome** qui font revivre les civilisations égyptienne (momies), étrusque, grecque et romaine.

Traverser Vester Voldgade et prendre en face Ny jusqu'au boulevard H. C. Andersens.

Glyptothèque Ny Carlsberg★★★ (Ny Carlsberg Glyptotek) (B3)

Dantes Plads 7 - ☏ 33 41 81 41 - www.glyptoteket.dk - ♿ - 10h-16h - fermé lun., 1er janv., 5 juin, 24 et 25 déc. - 20 DKK (gratuit merc. et dim.). Les collections de sculpture française et danoise, de peinture danoise et d'art ancien sont fermées jusqu'au 28 juin 2006.

L'importante collection d'œuvres d'art fondée en 1882 par le brasseur Carl Jacobsen est exposée dans un édifice conçu par Vilhem Dahlerup et inauguré en 1897. Un autre bâtiment, ajouté ultérieurement par Hack Kampmann, est relié au premier par un monumental jardin d'hiver orné de palmiers et dont le bassin central est décoré d'une sculpture allégorique de Kaj Nielsen. Des bancs et un café sympathique permettent aux visiteurs de s'attarder dans ce havre de paix baignant dans une atmosphère tropicale absolument inattendue sous ces latitudes. Une nouvelle aile fut construite par Henning Larsen en 1996 pour abriter la collection de peinture française et les bronzes de Degas. D'importants travaux de rénovation menés en 2005-2006 contraignent le musée à ne présenter pendant un certain temps qu'une sélection des œuvres majeures de cette fabuleuse collection qui ne cesse de s'enrichir, avant leur redéploiement ultérieur.

E. Benard / MICHELIN

Ny Carlsberg Glyptotek : la palmeraie du hall d'entrée.

La **collection d'Antiquités** de Mésopotamie (l'objet le plus ancien date d'environ 2500 av. J.-C.), d'Égypte (y compris un hippopotame vieux de 5 000 ans), de Grèce (sculptures en marbre, terres cuites, bronzes et vases) et d'Italie (sculptures et vases étrusques) est la plus importante d'Europe du Nord, la section étrusque étant particulièrement riche.

La **collection d'art français des 19e et 20e s.** comprend surtout un grand choix d'œuvres impressionnistes et post-impressionnistes ainsi qu'un nombre important de sculptures de Degas et de Rodin (bronzes), mais aussi de Carpeaux et de Maillol. La peinture française est représentée de David à **Manet** avec, entre autres, des œuvres de **Delacroix** *(Mirabeau répondant au marquis de Dreux-Brézé)*, plusieurs tableaux de **Corot** *(Le Chemin, Paysage aux moissonneurs)*, le *Portrait du comte de Turenne* de **David** et quelques **Manet** *(Le buveur d'absinthe* et *L'Exécution de l'empereur Maximilien)*. Vous verrez ensuite les impressionnistes avec **Pissarro** *(Vue de la Seine du Pont-Neuf vers le Louvre)*, Sisley *(Inondation)*, **Monet** *(Pyramides de Port-Coton, Belle-Île-en-Mer)*, **Cézanne** *(Quatre Baigneuses, Autoportrait au chapeau melon)*, **Degas** *(Danseuses s'exerçant dans le foyer)* ainsi qu'un charmant ensemble de 72 statuettes de danseuses en bronze), **Renoir** *(Jeunes filles, Odalisque allongée)*. Enfin, il ne faut pas manquer la superbe collection de peinture post-impressionniste, en particulier des œuvres lumineuses de **Gauguin** illustrant tous les aspects de son art, y compris les sculptures sur bois et céramiques de sa jeunesse, les toiles de sa période bretonne *(Paysage de Pont-Aven, Jeune Bretonne)* et les tableaux peints à Tahiti *(Tahitienne à la fleur)* ; parmi les autres œuvres, il faut citer *Portrait de Suzanne Valadon* de **Toulouse-Lautrec**, plusieurs tableaux de **Bonnard** *(Paysage du Sud de la France, La salle à manger)*, *Paysage de St-Rémy* de **Van Gogh**, et des toiles d'**Émile Bernard**, de **Signac** et de **Guillaumin**. Enfin, le musée possède une large collection de **sculpture danoise** et une petite collection de toiles majeures de **peintres danois du 19e s.** De la terrasse, belle **vue** des flèches de la ville à la couleur verte caractéristique.

Remonter le boulevard Andersen vers l'hôtel de ville.

Centre du Design danois (Dansk Design Center)

Au n° 27. Qu'est-ce que le design ? C'est à cette question que ce centre tente de répondre grâce à une vitrine exposant des réalisations danoises et internationales : du fameux Levi's 501 (1873) au soutien-gorge de Louise Poirier (1963), de la 2 CV Citroën (1948) au Concorde (1967), du rasoir Gillette (1988) au téléphone portable Nokia de la même année, c'est bien simple : le design est partout ! Des expositions temporaires présentant les dernières œuvres des créateurs danois, une boutique et un petit café complètent ce lieu assez jubilatoire.

Sur la place de l'Hôtel-de-Ville, prendre vers la gauche Vesterbrogade en direction de la gare centrale.

Tivoli★★

3 Vesterbrogade - ☏ 33 15 10 01 - www.tivoligardens.com - ♿ - 12 avr.-24 sept. : 11h-0h ; 17 nov.-31 déc. : 11h-21h, sam. 10h-22h, dim. 10h-21h, possibilité de visite guidée en anglais - fermé 1er janv.-11 avr. et 25 sept.-16 nov. - 70 DKK (enf. 40 DKK).

Ce parc d'attractions, imaginé par Georg Cartensen, l'un des plus anciens au monde (il fut inauguré en 1843), est l'endroit le plus visité du Danemark, avec plus de trois millions de visiteurs par an.

Les distractions, la fantaisie et le charme animent ces merveilleux jardins éclairés la nuit des mille feux des lanternes vénitiennes suspendues aux arbres. Les nombreux restaurants et cafés illuminés créent une ambiance favorable à la détente. La musique y est constamment à l'honneur, dans la journée par des concerts en plein air, à intervalles réguliers, en soirée dans la salle où se produisent orchestres et solistes internationaux.

À l'agrément des arrangements floraux, au charme des édifices exotiques et des palais de contes de fées dont les arches sont soulignées, la nuit venue, par le scintillement de milliers de petites ampoules, s'ajoute pour les touristes le dépaysement d'un repas typiquement danois, pris à bord de la frégate *Skt. Georg III* ancrée sur le lac. Les gardes de Tivoli, vêtus d'uniformes rouge et blanc et coiffés de bonnets à poil, défilent régulièrement tandis que des pantomimes mettent en scène les personnages de la commedia dell'arte et que les attractions (autos tamponneuses, maison hantée, sans oublier la trompe volante inspirée des contes d'Andersen) rivalisent d'ingéniosité dans le domaine du sensationnel. Trois fois par semaine, des feux d'artifice embrasent le ciel de Tivoli.

Les secrets d'un succès

Les jardins de Tivoli couvrent une surface de 83 000 m^2 et 400 000 fleurs s'y épanouissent chaque année. Le parc propose 37 restaurants et cafés et plus de 25 attractions différentes. 110 000 ampoules sont nécessaires à la création quotidienne de son atmosphère enchanteresse. 100 concerts ont lieu chaque saison dans la salle de concerts, et parmi les artistes contemporains à s'y être produits figurent Arthur Rubinstein, Benjamino Gigli, Yehudi Menuhin, Isaac Stern, Janet Baker et Mstislav Rostropovitch.

Quartiers de Copenhague

Christianhavn (D3)

Le pont Knippels Bro (38) relie Slotsholmen à Christianshavn, ville fortifiée de Christian IV, qu'un long canal creusé au 17e s. traverse en son milieu afin de faciliter son accès au port.

Son aspect d'origine a été presque totalement préservé et le quartier propose d'agréables promenades le long du canal bordé de maisons du 18e s. restaurées. Dans Prinsessegade, l'**église Notre-Sauveur (Vor Frelsers Kirke)** est célèbre pour sa flèche élancée : les amateurs d'émotions fortes et de vues à couper le souffle peuvent grimper l'escalier en colimaçon qui s'enroule à l'extérieur de la flèche !

Christiana – Sur la rive droite du canal. C'est ici qu'a été fondée la plus grande communauté hippie du monde et, aujourd'hui, les squatters qui avaient investi un camp militaire du 18e s. sont des gens d'âge mûr. Certains travaillent en ville, reprenant le soir leur mode de vie alternatif, tandis que d'autres travaillent dans les ateliers du quartier. La seconde génération s'occupe d'environnement. En 1988, un décret gouvernemental leur ayant accordé des droits civiques, les membres de la communauté ainsi reconnue durent acquitter impôts et factures d'eau et d'électricité… Si panneaux muraux et étals de produits biologiques ont quelque peu modifié l'apparence des lieux, les armes, la violence et les drogues dures y sont toujours proscrits. Vous pourrez notamment admirer les étranges vélos à selle suspendue qui y sont fabriqués, et dont la forme s'inspire des premières bicyclettes.

E. Benard / MICHELIN

Sur les murs de Christiana, la « cité des hippies ».

Frederiksberg

Ce faubourg agréable situé à l'Ouest de Copenhague est facilement accessible par Vesterbrogade qui, prolongée par **Frederiksberg Allé** (**A3**), conduit directement à Frederiksberg Park que traverse un pittoresque canal sinueux.

Au Nord du parc, dans Smallegade, on peut visiter la célèbre **manufacture royale de porcelaine de Copenhague (Royal Copenhagen),** *(Welcomecentre - Søndre Fasanvej 5 - ✆ 38 14 92 97 - ♿ - tlj sf w.-end 9h-16h, possibilité de visite guidée en anglais - fermé 1er mai, 5 juin, 24 déc.-1er janv. - 40 DKK.)*

Au Sud du parc, le long de Ny Carlsbergvej, se dresse l'imposant bâtiment des **brasseries Carlsberg** *(Carlsberg Visitors Centre, 11 Gamle Carlsberg Vej - ✆ 33 27 12 82 - se renseigner)*. Tout près se trouve le **Carlsberg Museum** *(Valby Langgade 1 - ✆ 33 27 12 74 - tlj sf w.-end 10h-16h - fermé 23 déc.-1er janv. et 1er mai.)*

> **Chapeau bas**
>
> Si vous souhaitez aller saluer **Hans Christian Andersen** et **Søren Kierkegaard** ainsi que Martin Andersen, plus connu sous le nom de **Nexø** *(voir à Bornholm)* dans leur dernière demeure, rendez-vous au **cimetière de l'assistance (Assistens Kirekegård)** où nombre de célébrités danoises sont inhumées (**AX**, Kapelvej 2, accès par Nørrebrogade).

Aux alentours

L'île d'Amager

10 km au Sud par l'autoroute E 20 en direction de Malmö.

Pont de l'Øresund (Øresund Broen) – Inaugurée le samedi 1er juillet 2000, la **liaison fixe trans-Øresund** vers la Suède reconstitue autour du détroit la région historique de l'Øresund. La liaison fixe, longue de 16 km, comprend une autoroute et une ligne de chemin de fer parallèles, qui empruntent un tunnel jusqu'à l'île artificielle de Pederholm, au milieu du détroit, puis un **pont à haubans** à deux niveaux (routier au niveau supérieur, ferroviaire en dessous) jusqu'à la gare de péage de Lernacken, au Sud de Malmö *(péage : 230 DKK/275 SEK)*.

Dragør★ – Cette petite ville côtière située sur les rives de l'Øresund, à l'extrémité méridionale de l'île d'Amager, et tout près de l'aéroport international de **Kastrup**, a pourtant su rester un véritable havre de paix. La tradition maritime de Dragør remonte au Moyen Âge, quand la pêche et le commerce du hareng étaient la ressource principale. Plus tard, Dragør devint l'un des plus importants ports de commerce du pays, mais aujourd'hui, ses activités se réduisent à un service de ferry avec la Suède et à la pêche.

Un entrepôt restauré, datant de 1682, abrite le **musée** *Havnepladsen - Strandlinien 2-4 - ✆ 32 53 41 06 - mai-sept. : tlj sf lun. 12h-16h - 20 DKK (enf. 10 DKK)*. Il présente une intéressante collection et des reconstitutions d'intérieurs de maisons de marins et de pêcheurs. Un grand nombre d'entre elles, maintenant classées, ont été conservées le long des étroites ruelles pavées entourant le port ; la plupart sont peintes en jaune, certaines ont un toit de chaume, d'autres sont couvertes de tuiles rouges.

Lyngby

10 km au Nord. La petite ville occupe un agréable site boisé, agrémenté de lacs ; c'est tout naturellement un point de départ idéal pour découvrir les paysages attrayants et variés du Nord du Sjælland. Les trois lacs les plus proches de la ville sont reliés entre eux par une rivière, la Mølle, sur les rives de laquelle s'élevaient autrefois moulins, fonderies de cuivre et usines textiles. Certains ont été restaurés, tels le moulin à eau près de Lyngby Hovedgade et l'usine textile de Brede au Nord de Lyngby. Le **musée de Brede (Bredemuseet)** *(I. C. Modewegs vej - ☏ 33 13 44 11 - 10h-17h, possibilité de visite guidée - fermé lun., w.-end av. Pâques et fin du w.-end - 42-50 DKK.)*, annexe du Musée national, présente une exposition permanente, *Le berceau de l'industrie*, qui illustre les débuts de l'industrie danoise.

Non loin, le **Frilandsmuseet★** *(Kongevejen 100 - ☏ 33 13 44 11 - www.natmus.dk - ♿ - du 8 avr. au 22 oct. : 10h-17h ; déc. : w.-end 10h-17h, possibilité de visite guidée en anglais - fermé lun., 1er, 4, 8 et 11-31 déc. - gratuit)* est un musée de plein air consacré à la vie rurale aux 18e et 19e s. Sur un terrain de 35 ha, une centaine de bâtiments provenant du Sjælland, du Jutland et de la Fionie, mais aussi de Suède et des îles Féroé, ont été remontés avec le souci de reconstituer autant que possible leur environnement d'origine.

Arken★★

17 km à l'Ouest par la route 151. À Ishøj, prendre à gauche vers Strandparken. Skovvej 100-2635 Ishøj - ☏ 43 54 02 22 - www.arken.dk - ♿ - tlj sf lun. 10h-17h (merc. 0h), possibilité de visite guidée en anglais - 70 DKK (enf. 35 DKK).

Les formes anguleuses et la masse blanche du musée évoquent la silhouette d'un bateau émergeant derrière les dunes *(afin d'avoir la meilleure vue possible, prendre du recul en montant au sommet des dunes ou en allant sur la route principale)*.

L'architecture du bâtiment inauguré en 1996, année où Copenhague était capitale européenne de la Culture, joue un rôle primordial dans l'expérience du visiteur. L'architecte **Søren Robert Lund** est resté fidèle à l'inspiration nautique dans l'aménagement intérieur avec ses passerelles de métal, ses portes agrémentées de boulons et une longue nef centrale incurvée, appelée « axe de l'art » et principal espace d'exposition ; il y a également trois autres salles d'expositions, un auditorium et un café aux murs de verre regardant la mer. La vue englobe quelques cheminées d'usines et des groupes d'éoliennes tournant paresseusement au loin.

T. Fahn / VISITDENMARK

Le Musée d'Art moderne d'Arken.

Au cours d'expositions temporaires d'art contemporain, le musée accueille des œuvres d'art danois, nordique et international provenant des 26 musées d'art danois. Il y a en général deux expositions simultanées. La petite collection permanente s'agrandit sans cesse car le musée achète les œuvres les plus récentes, en favorisant cependant la peinture danoise. Les dernières acquisitions sont exposées dans le foyer, au printemps.

Circuit de découverte

LA RIVIERA DANOISE★★

De Copenhague à Elseneur par la route côtière (Strandvejen) 152 ou par le train S au départ de la gare centrale (arrêts dans la plupart des localités du trajet). Comptez une demi-journée.

Sa beauté naturelle, les belles demeures et manoirs qui la bordent en se nichant dans la végétation et la richesse de ses musées rendent la côte Nord-Est du Sjælland particulièrement attrayante.

Hellerup

Hellerup à 5 km au Nord du centre-ville par la route 152 ou par le bus n° 6 au départ de Rådhuspladsen.

Experimentarium – *Tubog Havnevej 7 - ☏ 39 27 33 33. www.experimentarium.dk - ♿ - 9h-17h (mar. 21h), w.-end et j. fériés 11h-17h - fermé 1er janv., 23-25 et 31 déc - 105 DKK (enf. 70 DKK).*

Aménagé dans le vaste espace où se faisait autrefois l'embouteillage des brasseries Tuborg, ce centre interactif de technologie propose un grand choix d'expériences à réaliser dans le domaine de la vue, de l'ouïe, du toucher, de l'environnement, de la santé, avec l'aide d'une équipe de « pilotes ». Un espace, réservé aux enfants de trois à six ans, offre diverses activités destinées à stimuler leur tendance naturelle à l'expérimentation. L'Experimentarium organise en outre des expositions temporaires.

Poursuivre sur la route 152.

Au-delà, la route longe l'**Øresund** où glissent des cygnes dédaigneux, et dont on peut admirer les couleurs changeantes, virant du bleu au vert émeraude ou au blanc argenté lorsque le soleil frappe, ou encore au gris foncé comme l'étain quand une tempête se lève et que la côte suédoise disparaît sous l'amoncellement des nuages. La route est bordée de belles villas disséminées parmi les arbres, dont de magnifiques hêtres. Parfois, une trouée permet d'apercevoir un petit port dans cet endroit où l'homme et la nature semblent avoir œuvré en harmonie. De-ci de-là apparaît une petite plage dotée d'une minuscule jetée permettant aux plus courageux d'aller piquer une tête dans la mer.

Après le petit port de plaisance de Charlottenlund, prendre à gauche la route vers Ordrup.

Ordrupgård★★ – *Vilvordevej 110 - ☏ 39 64 11 83 - www.ordrupgaard.dk - mar., jeu.-vend. 13h-17h, merc. 10h-20h, w.-end 11h-17h - 65 DKK.* Abritée par un écran de vieux hêtres, cette imposante demeure fut construite en 1918 par l'homme d'affaires Vilhem Hansen pour abriter son exceptionnelle collection d'art français et danois des 19e et 20e s. En 1951, les biens et les collections furent légués à l'État et la demeure transformée en musée. La **collection danoise**, exposée au rez-de-chaussée du bâtiment principal est constituée d'œuvres de la plupart des artistes danois importants du 19e s. : Christen Købke, Johan Thomas Lundbye, Vilhelm Hammershøj, le peintre fionien Johannes Larsen, Theodor Philipsen, la famille Skovgaard, L. A. Ring et Peter Hansen, ami de Vilhelm Hansen.

La **collection française** est, quant à elle, présentée dans une galerie contiguë au bâtiment principal. Outre les impressionnistes, vous verrez des toiles de la plupart des grands peintres français du 19e s. et du début du 20e s. : Corot *(Le Pont à Mantes, Route de campagne, Souvenir des environs d'Amiens)*, Delacroix *(George Sand)*, Manet *(Femme attachant sa jarretière)*, Degas *(Femme assise sur un balcon, Trois Danseuses)*, Monet *(Le Pont de Waterloo)*, Pissarro *(Pruniers en fleur)*, Renoir (*Moulin de la Galette*, étude pour le tableau du musée d'Orsay à Paris), Gauguin *(Arbres bleus, Femme tahitienne)*.

Revenir à la route 152 et poursuivre sur quelques centaines de mètres vers Klampenborg

Jægersborg

Jægersborg Dyrehave *(sur la gauche de la route)* fut jadis un terrain de chasse royal entourant **Eremitageslottet**, pavillon de chasse royal construit en 1736. La chasse à courre n'est plus qu'un souvenir, mais les cerfs continuent à paître sur ces vastes prairies, devenues l'un des lieux de détente favoris des habitants de Copenhague, qu'ils aiment la marche, l'équitation, le golf ou même le ski, car le terrain, vallonné, se prête aux sports d'hiver. En été, les visiteurs qui viennent pour la journée peuvent savourer les plaisirs d'un pique-nique, ou se poser dans l'un des restaurants du parc. Si vous préférez des distractions plus animées, vous trouverez le long de Klampenborgvej, le plus ancien parc d'amusements du Danemark, **Dyrehavsbakken,** dont les origines remonteraient à une foire du 16e s. Avec plus de 100 attractions différentes, un choix de restaurants, des orchestres, de la danse, sa tradition de divertissement populaire a été maintenue.

Revenir par le même chemin à la route 152.

Rungsted

25 km au Nord de Copenhague.

Située sur les rives de l'Øresund, cette charmante station, dotée d'un agréable port de plaisance est le lieu où vit le jour la romancière **Karen Blixen** (1885-1962).

Rungstedlund★ – *Sur la gauche de la route, avant le port. Parking. ☏ 45 57 10 57 - www.karen-blixen.dk - mai-sept. : tlj sf lun. 10h-17h ; oct.-avr. : tlj sf lun. et mar. 13h-16h, w.-end 11h-16h - 40 DKK.* Cette ancienne auberge est la maison natale de Karen Blixen, dont le livre autobiographique *La Ferme africaine* connut une notoriété mondiale après

Karen Blixen

Elle naquit dans une ancienne auberge du 16e s. entourée d'un vaste parc que son père avait achetée en 1879. En 1914, elle épousa le propriétaire d'une plantation de caféiers et partit vivre au Kenya, ne revenant au Danemark qu'en 1931 pour s'installer à Rungstedlund où elle demeura jusqu'à sa mort ; elle est enterrée dans la propriété. *La Ferme africaine*, publiée sous le nom d'Isak Dinesen retrace l'histoire de sa vie au Kenya et de l'influence que le pays exerça sur elle. Quelques années avant sa mort, elle créa la Fondation Rungstedlund, financée par ses droits d'auteur, afin d'assurer la sauvegarde de la maison familiale et de son environnement immédiat.

son adaptation à l'écran en 1985 avec Robert Redford et Meryl Streep *(Out of Africa)*. Après une évocation de la vie et de l'œuvre de l'écrivain à travers des photographies, des éditions de ses livres et des objets personnels comme sa vieille machine à écrire Corona, la visite des appartements permet de découvrir meubles, souvenirs d'Afrique (dont le Gramophone que lui offrit son amant), huiles et dessins qui démontrent qu'elle avait un beau coup de crayon… ainsi que la chambre conservée en l'état du poète **Johannes Ewald** qui fut un client assidu de l'auberge à la fin du 18e s.
L'agréable café-pâtisserie du musée déploie aux beaux jours ses tables derrière la maison dans un jardin romantique, particulièrement fleuri, et doté d'un lac que franchit un petit pont de bois. Si vous avez le temps, ne manquez pas de faire quelques pas sous les vénérables frondaisons de ce parc classé **réserve ornithologique**.

Continuer en direction d'Elseneur, et 600 m après 2,5 km, prendre sur la gauche la route de Nivå.

Nivå★

Charmant village résidentiel aux maisons à pans de bois et au toit de chaume nichées dans une nature verdoyante.

Collection de peintures de Nivågård★ (Nivågård Malerisamling) – *2 Gl. Strandvej - ✆ 49 14 10 17 - ♿ - 12h-16h, w.-end 11h-17h ; déc.-janv. : w.-end 11h-17h, possibilité de visite guidée (45mn, anglais et français) sur demande préalable - fermé lun. - 45 DKK. Sur la droite de la route à l'entrée du village. Grand parking.* Cette belle collection de peinture, rassemblée par un propriétaire terrien enrichi dans la culture du maïs, Johannes Hage, et présentée dans un bâtiment moderne de brique placé devant le manoir familial, fait la part belle aux maîtres hollandais et flamands (Van Ostade, Van Goyen, David Teniers, Jan Steen) et italiens (Bellini, Titien, Lorenzo Lotto, Ana Maria Anguisola). Remarquez également l'unique tableau français, une *Fuite en Égypte*, de Claude Lorrain.
Revenir à la route 152.

Humlebæk

6 km après, suivre la signalisation « Louisiana » à droite de la route et ranger la voiture sous les arbres.

Musée Louisiana d'Art moderne★★★ (Louisiana Museum for Moderne Kunst) – *✆ 49 19 07 19 - www.louisina.dk - ♿ - 10h-17h (merc. 22h) - fermé 24-25 et 31 déc. - 76 DKK (enf. 20 DKK).* Fondé en 1958 par **Knud W. Jensen** qui cherchait un lieu idyllique pour abriter sa collection personnelle, c'est aujourd'hui l'un des plus beaux musées d'Art moderne du Danemark, en raison (notamment) de son site : un parc aux arbres vénérables, avec en toile de fond l'immense étendue marine de l'Øresund, accueille des sculptures monumentales de **Arp**, **Calder**, **Ernst**, **Dubuffet** ou **Henry Moore** qu'un tel environnement ne fait que mettre en valeur.
Plusieurs bâtiments abritent les collections, chacun tirant le meilleur parti du cadre naturel qui est, pour ainsi dire, incorporé à l'architecture. Le verre est bien sûr largement utilisé pour faire la liaison entre les bâtiments, d'inspiration architecturale japonaise, et leur environnement.
Vous parcourrez longuement le jardin dominant la mer afin d'y découvrir les sculptures de **César** (avec son fameux *Pouce*), Calder, Henry Moore ou Max Ernst, avant d'explorer les bâtiments répartis dans deux ailes.
Tous les grands noms de l'art du 20e s. sont ici représentés par des œuvres majeures dressant ainsi un panorama complet de toutes les tendances de l'art moderne : Picasso et Matisse côtoient de superbes sculptures de Germaine Richier ; les sculptures d'**Alberto Giacometti** sont remarquablement mises en valeur dans des salles largement ouvertes sur le lac de Humlebæk par d'immenses panneaux de verre. Parmi les autres œuvres exposées, la part belle est faite à l'abstraction (Richard Mortensen) et au

Par beau temps, les sculptures ont vue sur la Suède depuis le parc du musée Louisiana.

pop art (Andy Warhol, Roy Liechtenstein). Ce serait peut-être l'occasion pour nombre de visiteurs étrangers de découvrir les peintures d'un artiste danois, **Per Kirkeby**, représenté par une série de paysages qu'il faut savoir prendre le temps d'observer, de près, puis de loin lorsque les taches de couleur se muent en paysages dotés d'une étonnante profondeur.

Le musée organise régulièrement des expositions temporaires et le lieu est également ouvert à d'autres formes d'expression artistique : cinéma, théâtre, musique et ballet. Votre visite se conclura par une pause au café dominant la mer, et qui aux beaux jours déploie ses tables dans le parc, ainsi qu'une exploration de la boutique-librairie où, outre les livres d'art et les reproductions, nombre d'objets représentatifs du design danois pourront constituer d'excellents souvenirs de votre promenade.

Bon à savoir : vous pourrez laisser vos enfants, le temps d'une visite, auprès des animatrices qui les initieront au dessin et aux activités artistiques dans l'espace qui leur est dédié.

Reprendre la route 152.

Espergærde

Cette station balnéaire au charme fin de siècle, située aux portes d'Elseneur, présente de beaux immeubles et villas disséminées dans des jardins dominant l'Øresund.

Prendre à gauche « Agnetevej » à la signalisation Flynderupgård Museum.

Flynderupgård Museum – Cet agréable manoir de la fin du 18e s. abrite des collections consacrées à la vie d'autrefois dans la région : reconstitution de boutiques anciennes, outils, etc. La section consacrée à la pêche et à la rude vie des pêcheurs est particulièrement intéressante et émouvante. La visite peut s'agrémenter aux beaux jours d'une promenade dans le vaste parc parsemé de sculptures.

Elseneur/Helsingør

Voir ce nom.

Elseneur★

Helsingør

FREDERIKSBORG – 61 000 HABITANTS
CARTE MICHELIN N° 711 P 9 ET PLI 9 OU ATLAS EUROPE P. 123

Qui ne connaît Elseneur et son château qu'*Hamlet* de Shakespeare a rendu célèbre dans le monde entier ? Propice à la flânerie, cette petite cité commerçante aux ruelles bordées de charmantes maisons de briques est également un port actif grâce au trafic incessant de ferries effectuant la navette avec Helsingborg, en Suède, dont elle n'est séparée que par un détroit de 4 km.

Se repérer – À 45 km au Nord de Copenhague par la « Riviera danoise », Elseneur est une petite cité dont le vieux centre est entouré d'une ceinture de boulevards. Le château se trouve quant à lui sur une péninsule que l'on atteint après avoir contourné le port de pêche.

Se garer – Quelques parkings et, dans les rues, des emplacements matérialisés par des peintures bleues : attention aux durées limitées et pensez à actionner votre disque.

À ne pas manquer – Le château de KRONBORG.

Organiser son temps – Entre la visite du château et une balade dans la ville, comptez une journée complète.

Pour poursuivre le voyage – HILLERØD, ROSKILDE et COPENHAGUE.

B. Krist / VISITDENMARK

Le château de Kronborg, que hantent les spectres du père de Hamlet à Ogier le Danois.

Comprendre

Un péage sur la Baltique – Dès qu'il devint roi de Danemark, de Norvège et de Suède, **Éric de Poméranie** décida de tirer parti de la position stratégique d'Elseneur à l'entrée de l'Øresund, bras de mer reliant la mer du Nord et la Baltique. En 1427, il imposa un péage aux navires empruntant cette voie et construisit une forteresse afin de le faire respecter. Grâce à cette manne, la ville prospéra rapidement, attira de nombreux négociants étrangers et menaça même de supplanter Copenhague ! Cet essor dura jusqu'en 1857, date de l'abolition du péage. Cependant, les constructions navales, le tourisme et le trafic maritime entre le Danemark et la Suède ont permis à Elseneur de conserver son animation.

Hamlet, prince de Danemark – Ce serait, dit-on, sur la terrasse du château qu'Hamlet vit le fantôme de son père enveloppé d'un manteau de brume épaisse. Dans la pièce, l'endroit est désigné comme « une terrasse devant le château » : on comprend que Shakespeare ne se soit pas montré plus précis, puisqu'il est établi qu'il ne mit jamais jamais les pieds à Elseneur et fonda son récit sur la légende du prince Amled, qui aurait régné pendant 65 ans à partir de 3507 av. J.-C., si l'on en croit la *Gesta Danorum* écrite

Elseneur pratique

Achats

Helsingør – Havnepladsen 3 - Box 60 - 3000 - ✆ *49 21 13 33 - www.visithelsingor.dk - Lun-jeu. 9h-17h, vend.9h-18h, sam. 10h-15h.*

Gilleleje Turist Bureau – En bordure de la route. *Lun-ven. 10h-16h (17h du 15 juin à fin août), sam. 10h-12h (mai-mi juin : 15h, mi-juin-août : 18h).*

Poste – *Skt. Olaigade - Lun-ven 10h-17h, sam. 10h-13h.*

Banques et distributeurs automatiques de billets – Vous en trouverez un peu partout dans les rues du vieil Elseneur, notamment dans Stengade et Bjerjegade.

Pharmacie (Apotek) – Bjerjegade/ Axeltorv, au coin de Groskenstræde

Transports

Train – Elseneur n'est qu'à une petite demi-heure de la gare centrale de Copenhague par le train S (rame toutes les 20mn). Au-delà, ligne jusqu'à Gilleleje.

En Suède par le ferry – Il ne faut que 25mn pour franchir le détroit et atteindre Helsingborg et, comme plusieurs compagnies maritimes assurent les traversées quasiment sans arrêt, il serait dommage de se priver de la vue sur Elseneur et son château. Comptez environ 70 DKK par personne (60 DKK le dimanche). En ferry, 240 à 500 DKK selon la taille de la voiture, plus 18 DKK (aller simple) par passager de plus de 4 ans. Billetteries manuelles et automatiques aux diverses gares maritimes. Renseignements : *www.scandlines.dk* et *www.sundbusserne.dk*.

Se loger

Hotel Hamlet – *Bramstræde 5 - ✆ 49 21 05 91, fax 49 26 01 30 - 36 ch. : 995 DKK ☕ - Demi-pension : 599 DKK/pers. en ch. double.* Stratégiquement situé à deux pas du port et de la gare, il a investi trois maisons dont la plus ancienne date de 1737. Les chambres, aux murs couverts de boiseries et aux meubles anciens, ne manquent pas d'un charme suranné.

Marienlyst Hotel & Casino – *Nordre Strandvej 2 (par la route 237 vers Gilleleje, et à droite au passage à niveau) - ✆ 49 21 40 00, fax 49 21 49 00 - www. marienlyst.dk - ch. : 1 600/1 875 DKK ☕ selon vue. Tarifs réduits pour les périodes de vacances (1 045/1 320 DKK ☕), et offres spéciales pour un w.-end complet.* Face à la mer, un établissement luxueux aux vastes chambres dont on préférera celles qui donnent sur le large. Piscine « tropicale », casino et golf : bref, tout pour réussir un w.-end de VIP !

SUR LA CÔTE NORD

Bon à savoir – Possibilités de locations de villas, chaumières et chalets à Holbæk et Gilleleje où, en outre, la formule du *Bed and Breakfast* se développe : s'adresser aux offices de tourisme.

Se restaurer

Ofelia – *Bramstræde 5.* Le restaurant de l'hôtel Hamlet propose chaque soir ses spécialités à base de poissons et fruits de mer dans une ambiance chaleureuse (Comptez de 200 à 250 DKK). À midi, buffet traditionnel (*smørebrød*).

Madame Sprunck – *Stengade 48.* Deux salles superposées dans une petite maison du 18e s. située au fond d'une cour. Tables sous tonnelle de mai à mi-octobre. Une certaine recherche gastronomique, un service et un cadre soignés et une belle carte des vins. Comptez 100 DKK pour les entrées, 200 DKK pour le plat principal.

Rådmand Davids Hus – *Srandgate 70.* Une minuscule maison basse sert de cadre à ce restaurant au décor fleuri et coloré, rendez-vous de la jeunesse dorée locale.

SUR LE POUCE

Bon à savoir – Plusieurs caféterias de la vieille ville proposent une restauration légère à prix plus doux que les restaurants traditionnels. Une autre est en cours d'aménagement dans l'enceinte du château.

Café Rendez-Vous – *Skt. Olaigade 24 - Mar.-sam. 18h-22h, vend.-sam. 11h-15h.* Dans une vieille demeure à pans de bois et aux poutres sculptées mais toute peinturlurée d'orange, grillades dans une atmosphère « parisienne ».

Café Olai – *Skt. Olaigade, à côté de la poste. Ouvert jusqu'à 23h. Smørebrød* et grillades dans un cadre confortable.

PRENDRE UN VERRE

Phonoteket – *Stengade 36, au coin de Grollowstraede - Ouvert jusqu'à 17h30 (mar.-jeu.), 18h (vend.), 15h (sam.).*

Un « café musique » où vous pourrez consommer une boisson chaude tout en écoutant le CD de votre choix (classique et jazz).

Holdan – *Bjerjegade, sur la place Axeltorv.* Une grosse choppe de bière sert d'enseigne à cet établissement évoquant les « cafés bruns » amstellodamois ; fresques sur les murs et billards.

Kobenhavn – *Sankt Anna Gade, face au musée de la ville.* Une impressionnante collection de choppes à bière en vitrine dissimule une salle où vous pourrez vous adonner aux joies du billard dans une atmosphère « hippie ».

SUR LA CÔTE

Adamsen's Fisk – *Gilleleje, Havnen 2.* Pour déguster une poignée de crevettes ou quelques harengs marinés : une guinguette sans prétention posée sur le quai du port. Une brasserie et un restaurant plus huppé, à proximité satisferont les faims plus importantes.

Achats

Linhjems Eftf Ole Jensen – *Stengade 19.* Les amateurs de fromages ne sauront où donner de la tête dans cette superbe fromagerie.

Autour de **Minkerup**, vous trouverez de nombreuses boutiques vendant des objets en **osier**.

À **Hornbæk**, sur le port, **Skibshandel** : pulls marins et suroîts, très mode… et très chers !

Sports et loislrs

Loisirs nautiques – Les marins disposent d'anneaux aux ports de plaisance d'Holbæk et de Gilleleje. Location de matériel et réparations dans les mêmes lieux.

Baignades – Superbes plages de sable et de galets entre Elseneur (à hauteur de l'hôtel Marienlyst) et Ålsgarde. Mais attention : l'eau peut être un peu fraîche !

Randonnées – Belles balades en perspective sur le sentier des douaniers tracé sur la falaise entre le phare de Nakkehoved Østre et Gilleleje.

P. Plantier / MICHELIN

Le port de Hornbæk.

vers 1200 par un dénommé **Saxo**… Amled serait peut-être tombé dans l'oubli si un écrivain français, **François de Belleforest**, n'avait repris son histoire dans ses *Histoires prodigieuses* publiées en 1582. Sept ans plus tard, **Thomas Kyd** faisait jouer à Londres une tragédie inspirée par le récit du Français. **William Shakespeare** s'empara alors de ce texte pour en faire le chef-d'œuvre que l'on sait, et qu'il présenta pour la première fois en 1600, la version de 1605 étant considérée comme la plus aboutie.

Découvrir

Le château de Kronborg★★★ (Kronborgs slot) (B1)

Contourner le port et laisser la voiture devant les fortifications du château. ✆ 49 21 30 78 - ♿ - mai-sept. 10h30-17h ; reste de l'année : tlj sf lun. 11h-15h (avr. et oct. 16h), possibilité de visite guidée en anglais (1h) - 50 DKK (enf. 15 DKK).

Se dressant sur une péninsule lancée dans l'Øresund, le **château de Kronborg** est devenu le plus célèbre château du Danemark non seulement pour avoir été choisi par Shakespeare, mais aussi parce qu'il symbolise la puissance maritime danoise, personnifiée par le mythique **Ogier le Danois (Holger Danske)** qui, dit-on, hante les souterrains où il serait enterré. Sa masse impressionnante, soulignée de tours imposantes et couverte d'un toit de cuivre vert surmonté d'élégantes flèches déchirant le ciel, continue à défier la mer comme elle l'a fait durant des siècles.

En 1574, Frédéric II engagea deux architectes hollandais, Hans Van Paeschen et Antonius Van Opberger, pour reconstruire et agrandir Krogen, la forteresse d'**Éric de Poméranie**, à laquelle on donna en 1577 le nom de Kronborg. Après l'incendie qui ravagea le château en 1629, **Christian IV** le fit restaurer et lui rendit sa splendeur. À la fin du 17e s., Christian V fit ajouter Kronværksport afin de fortifier le château du côté opposé à la mer.

L'extérieur – Des corniches soulignent l'encadrement des fenêtres et une balustrade ouvragée garnit la partie supérieure de la façade recouverte de grès. Entouré de douves profondes, le château est accessible par trois ponts de bois et une porte du 16e s., Mørkeport, qui donne sur la cour principale. Mais avant d'entrer dans le château, faites le tour des douves pour gagner le front de mer et admirer la vue sur le détroit et la côte suédoise.

Visite – Le château comprend de nombreuses salles, pour la plupart ouvertes au public. Les plus intéressantes sont la **chapelle**, dont la magnifique décoration Renaissance a été épargnée par l'incendie de 1629, les **chambres du roi et de la reine**, aux plafonds ornés de peintures à la demande de Christian IV, et la **salle de bal**, de 62 m de long, au remarquable sol de marbre en damier, mais qui a malheureusement perdu son plafond à caissons peint. Dans le petit salon sont exposées sept des quatorze **tapisseries** représentant les rois danois qui nous sont parvenues. Il y en avait à l'origine quarante toutes tissées à Elseneur pour Frédéric II en 1581-1582 sous la direction de l'Anversois Hans Knieper.

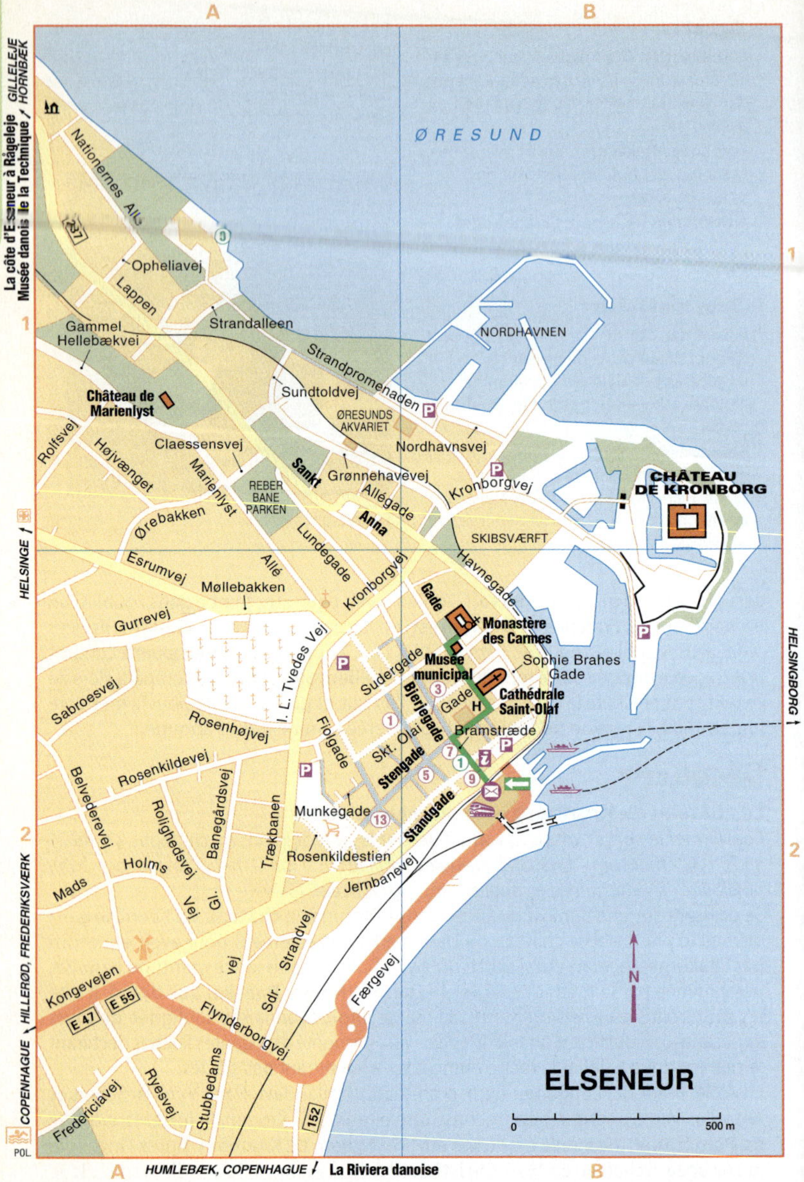

SE LOGER

Hôtel Hamlet............................. (1)
Marienlyst Hôtel & Casino......... (3)

SE RESTAURER

Café Olai............................. (1)
Café Rendez-Vous............... (3)
Madame Sprunck................. (5)
Ofelia................................... (7)
Rådmand Davids Hus.......... (9)

Dans les **casemates**, que l'on atteint en passant par les cuisines, vous découvrirez une statue d'Ogier le Danois qui, selon la légende, se dressera et lèvera une armée de jeunes gens et de vieillards pour sauver son pays si celui-ci était confronté à un danger imminent.

Le **musée danois de la Marine (Handels- og Søfartsmuseet)** évoque 1 000 années d'histoire maritime et les faits marquants jalonnant les quatre siècles d'octroi sur le détroit, ainsi que les activités de la Compagnie danoise des Indes Occidentales et des chantiers navals Burmeister & Wain.

Se promener dans le vieil Elseneur

Elseneur a conservé de nombreuses maisons anciennes à colombage, celles qu'habitaient les marchands aisés et les armateurs à proximité du port, tandis que les artisans et les marins vivaient à la périphérie. La vieille ville est en grande partie piétonne ; ainsi, vous pourrez vous promener agréablement le long de la rue principale, **Stengade**, et des rues perpendiculaires, **Skt. Anna gade**, **Strandgade** et **Bjerjegade,** à la découverte de belles maisons anciennes (pharmacie du 16e s. au n° 77 de Strandgade), ainsi que dans des ruelles fleuries de roses trémières.

Depuis la gare, prendre Bramstræde, puis à droite Stengade jusqu'à la cathédrale.

Cathédrale Saint-Olaf (Sankt Olai Kirke) (B2)

☏ 49 21 04 43 - mai-août : 10h-16h ; reste de l'année : 10h-14h - fermé dim.

Construite en brique entre 1200 et 1560, l'**église St-Olaf**, d'allure assez massive, dresse ses pignons à redans au croisement de Skt. Anna Gade et de Skt. Olai Gade. Parmi un mobilier, remarquez le retable et les fonts baptismaux.

Poursuivre dans Skt Anna gade.

Musée municipal (Bymuseum)

Skt. Anna Gade 36 - ☏ 49 28 18 00 - 12h-16h - 20 DKK.

Installé dans une ravissante demeure, l'ancien hôpital fondé par les moines du monastère voisin, ce musée abrite une belle collection de poupées anciennes, une imprimerie et une maquette du premier château, réalisée en 1801.

Monastère des Carmes (Karmeliterkloster) (B2)

☏ 49 21 17 74 - visite guidée (45mn) de mi-mai à mi-sept. : 14h ; reste de l'année : sur RV - 20 DKK (enf. 5 DKK).

Adjacent à **Skt. Maria Kirke** dont le compositeur allemand **Dietrich Buxtehude** (1637-1707) tint les orgues de 1660 à 1668, le **monastère des carmes** fut construit au début du 15e s. Vous pourrez visiter le **cloître** et les jardins du monastère, d'où l'on aperçoit le château de Kronborg.

À l'écart du centre

Quitter le centre-ville par la route de Gilleleje (Lappen), dans le prolongement de Sankt Anna gade. Au passage à niveau (prudence, car le carrefour est assez compliqué à négocier !), prendre sur la gauche et suivre la signalisation.

Château de Marienlyst (Marienlyst Slot) (A1)

☏ 49 28 18 30 - 12h-16h, possibilité de visite guidée en anglais sur demande préalable - 30 DKK (-16 ans gratuit), 500 DKK (visite guidée).

Construite au 16e s., la résidence d'été de Frédéric II fut agrandie après 1750 par l'architecte français **Nicolas-Henri Jardin**, qui la transforma en un petit palais de style Louis XVI. Dans le parc, pierre tombale à la mémoire de Hamlet.

Musée danois de la Technique (Danmarks Tekniske Museum)

Route de Gilleleje. ☏ 49 22 26 11 - ♿ - tlj sf lun. 10h-17h - 65 DKK (enf. 35 DKK) mai-sept., 50 DKK (enf. 25 DKK) oct.-avr.

Il illustre le développement des sciences et des techniques à travers les âges.

Circuits de découverte

La côte d'Elseneur à Rågeleje★★

35 km au Nord-Ouest par la route 237. Quitter le centre d'Elseneur par Lappen.

Cette côte magnifique offre de belles plages, des dunes battues par les vents, des villages de pêcheurs aux couleurs vives et des stations balnéaires animées.

Au départ de Elseneur, la route longe littéralement la plage. Sur le côté gauche, à flanc de coteau, de belles maisons, parfois à toit de chaume, superbement restaurées et entretenues, et de véritables petits manoirs se cachent parmi les arbres, bénéficiant d'une vue superbe sur le large. La route traverse de beaux villages, comme **Hellebæk** et **Ålsgårde** qui ont troqué leur vocation primitive, la pêche, pour celle, plus lucrative, d'un tourisme résidentiel assez cossu.

Hornbæk

C'est l'un des plus anciens villages de pêcheurs du Nord du Sjælland, et l'on peut y voir quelques maisons traditionnelles. Dans l'église du 18e s. sont suspendues des maquettes de bateaux. Mais Hornbæk est avant tout la station balnéaire la plus fréquentée de la région, grâce à sa plage, une des plus belles du Danemark, longue

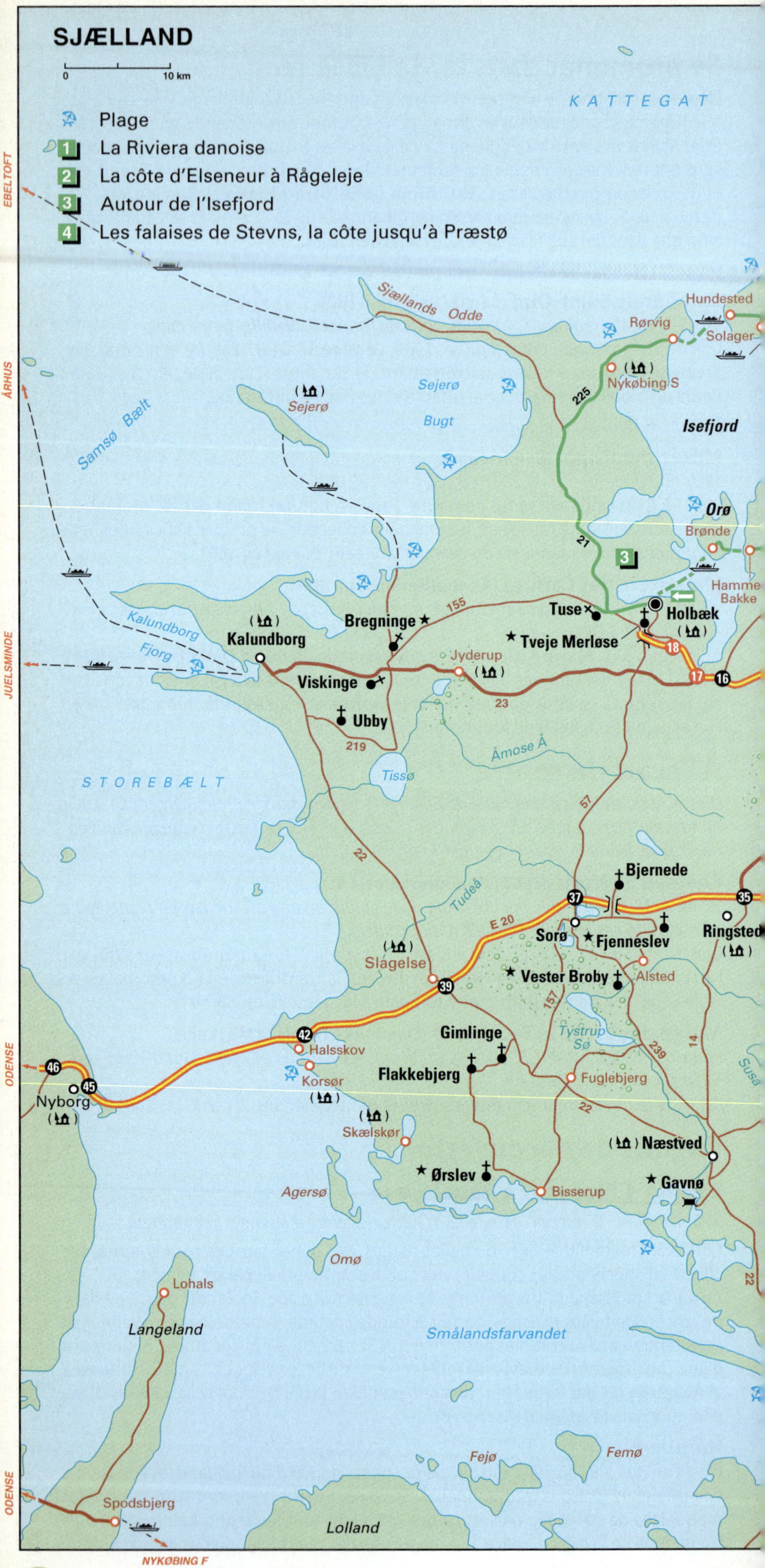
SJÆLLAND
0
10 km
Plage
1 La Riviera danoise
2 La côte d'Elseneur à Rågeleje
3 Autour de l'Isefjord
4 Les falaises de Stevns, la côte jusqu'à Præstø
KATTEGAT
EBELTOFT
ÅRHUS
JUELSMINDE
ODENSE
ODENSE
NYKØBING F
Sjællands Odde
Hundested
Rørvig
Solager
Nykøbing S
Isefjord
Sejerø
Sejerø Bugt
Samsø Bælt
225
21
Orø
Brønde
3
Hammer Bakke
Tuse
Holbæk
Tveje Merløse
155
Bregninge
Kalundborg
Kalundborg Fjord
Viskinge
Jyderup
23
18
17
16
Ubby
219
Tissø
Åmose Å
STOREBÆLT
57
22
Bjernede
Tudeå
37
35
Ringsted
E 20
Sorø
Fjenneslev
Slagelse
Alsted
Vester Broby
39
157
Tystrup Sø
42
Gimling
Halsskov
Korsør
Flakkebjerg
239
14
Susa
46
45
Nyborg
Fuglebjerg
22
Skælskør
Næstved
Ørslev
Gavnø
Agersø
Bisserup
Omø
22
Lohals
Langeland
Smålandsfarvandet
Fejø
Femø
Spodsbjerg
Lolland

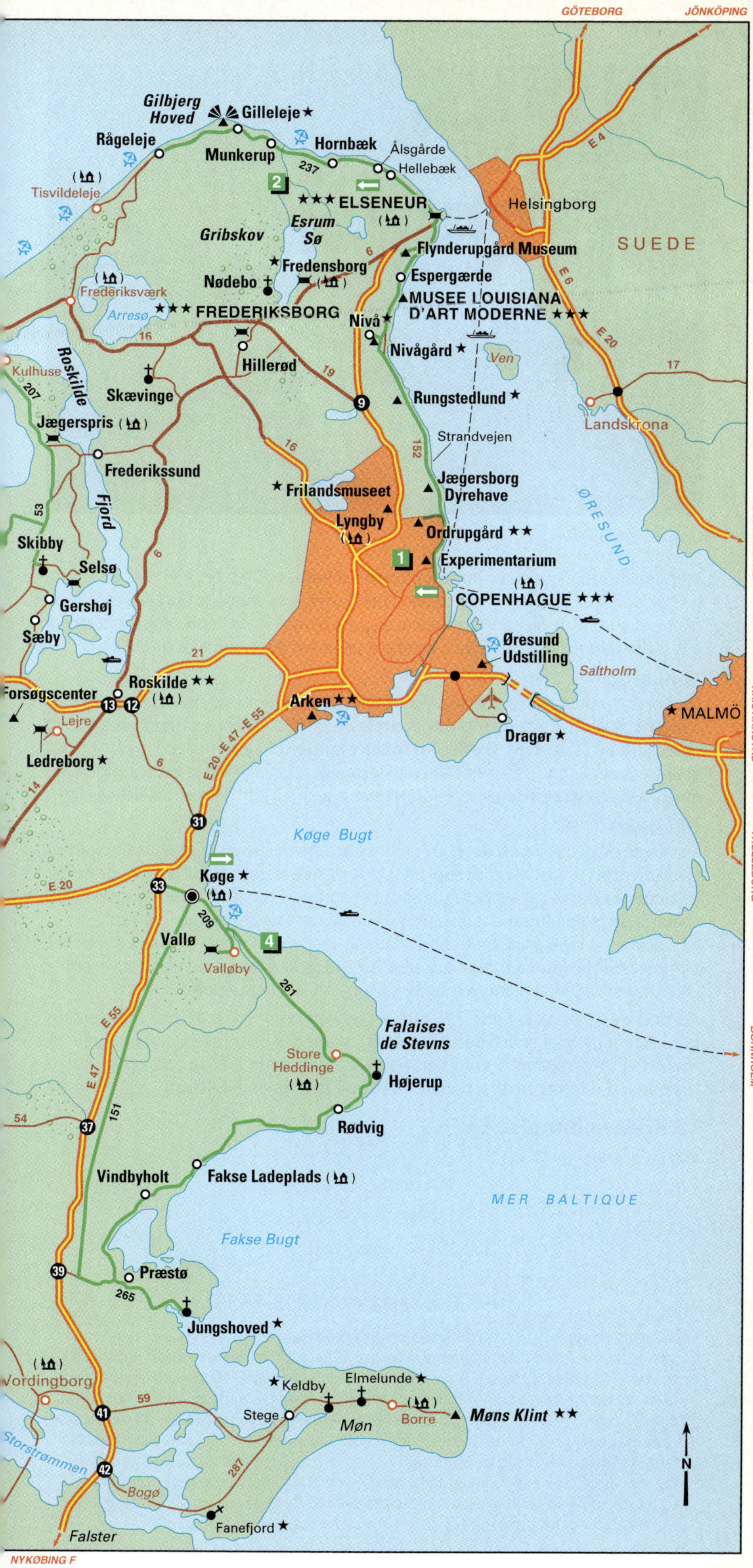
GÖTEBORG
JÖNKÖPING
Gilbjerg Hoved
Gilleleje ★
Rågeleje
Munkerup
Hornbæk
Ålsgårde
Hellebæk
Tisvildeleje
★★★ ELSENEUR
Helsingborg
SUEDE
Gribskov
Esrum Sø
Flynderupgård Museum
★ Fredensborg
Nødebo
Espergærde
Frederiksværk
Arresø
★★★ FREDERIKSBORG
MUSEE LOUISIANA D'ART MODERNE ★★★
Nivå ★
Nivågård ★
Ven
Kulhuse
Roskilde
Skævinge
Hillerød
Rungstedlund ★
Landskrona
Jægerspris
Strandvejen
Frederikssund
Fjord
★ Frilandsmuseet
Jægersborg Dyrehave
ØRESUND
KRISTIANSTAD
Lyngby
Ordrupgård ★★
Skibby
Selsø
Experimentarium
Gershøj
COPENHAGUE ★★★
Sæby
Øresund Udstilling
Saltholm
Forsøgscenter
Roskilde ★★
Arken ★★
★ MALMÖ
Lejre
Dragør ★
Ledreborg ★
Køge Bugt
TRELLEBORG
Køge ★
Vallø
Valløby
Falaises de Stevns
BORNHOLM
Store Heddinge
Højerup
Rødvig
Vindbyholt
Fakse Ladeplads
MER BALTIQUE
Fakse Bugt
Præstø
Jungshoved ★
Vordingborg
★ Keldby
Elmelunde ★
Stege
Møn
Borre
Møns Klint ★★
Storstrømmen
Bogø
Fanefjord ★
Falster
NYKØBING F
N

Les ruelles de Gilleleje.

étendue de sable ourlée de dunes couvertes d'herbes folles. Légèrement en retrait, les bois sont parsemés de villas, souvent luxueuses. Très animé, le port où bateaux de pêche et flottille de plaisance se mêlent dispose d'une sympathique poissonnerie qui pousse le sens du service jusqu'à vendre également des bouteilles de vin blanc.

Minkerup

Encore un petit village aux maisons restaurées. Quelques centaines de mètres plus loin, un chemin à droite permet de gagner le phare de Nakkehoved (Nakkehoved Fyr) reconverti en restaurant. On découvre alors que les plages ont cédé la place à des falaises quelque peu escarpées au pied desquelles se nichent des petites criques de galets. Un sentier des douaniers permet aux marcheurs de gagner Gilleleje à pied.

Gilleleje★

Ce village de pêcheurs est devenu l'un des ports de pêche les plus actifs du Nord du Sjælland et les ventes à la criée sont un spectacle que les lève-tôt se doivent de ne pas manquer. Le port a conservé sa simplicité et abrite de nombreux bateaux. De belles chaumières, soigneusement restaurées, contribuent au charme de l'endroit.
À l'Ouest du village, un chemin conduit au sommet d'une colline surplombant la mer, nommée **Gilbjerghoved**. Le philosophe **Søren Kierkegaard** s'y rendait souvent pour contempler l'admirable **vue★★** sur le Kattegat et la côte suédoise.

Au-delà de Gilleleje, la route 237, tout en suivant la côte d'assez près (des sentiers permettent de gagner la plage d'**Udsholt**), s'enfonce dans un sous-bois peuplé de chalets et de campings. Il en est ainsi jusqu'à **Rågelege** où l'on pourra obliquer à l'intérieur des terres en direction de **Helsinge** pour gagner Hillerød.

La Riviera danoise★★

Voir à Copenhague (p. 151).

Søren Kierkegaard (1813-1855)

Søren Kierkegaard étudia la philosophie et la théologie à l'université de Copenhague, sa ville natale. Profondément marqué par son éducation religieuse, la personnalité de son père et les échecs de sa vie personnelle, il suivit dans sa vie l'itinéraire qu'il décrivit dans ses œuvres. On peut y définir trois étapes : le *stade esthétique*, où l'on ne vit que dans l'instant, le *stade éthique*, où, se conformant aux devoirs sociaux, on découvre l'alternative du bien et du mal, le *stade religieux*, caractérisé par la conscience de la faute totale de l'individu devant Dieu. S'opposant au système hégélien, Kierkegaard fait de l'angoisse l'expérience fondamentale de l'homme, qui se sent irréductible à tout système. Peu connue de son temps, la pensée de Kierkegaard eut une influence significative sur les philosophes de l'existence, Heidegger et Sartre.

Îles de Falster, Møn et Lolland

STORSTRØM
CARTE MICHELIN N° 711 R8 OU ATLAS EUROPE P. 123 – SCHÉMA : SJÆLLAND (ELSENEUR)

Incontestablement, ce chapelet d'îles reliées par d'audacieux ouvrages d'art au Sud du Sjælland mérite un détour : que ce soit pour les superbes plages blanches de Falster, le passé jalousement entretenu de Maribo, « capitale » de Lolland ou, surtout, l'authenticité préservée de l'île de Møn, chacun trouvera son compte dans ce qui apparaît, champs d'éoliennes compris, comme un concentré du Danemark.

Se repérer – Les îles de Falster et de Lolland sont reliées au Sjælland par l'autoroute E47/E55 qui rejoint l'autoroute E20 à proximité de KOGE, au Sud de Copenhague. Plus excentrée, l'île de Møn est reliée par un pont routier à Gammel Kalvehave, à l'Est de Vordingborg et à Falster par un autre pont qui rejoint, sur l'île de Farø, l'autoroute E47/E55.

À ne pas manquer – Les églises de Keldby, d'Emelunde et de Fanefjord.

Organiser son temps – Comptez une journée pour la découverte des trois îles.

Avec les enfants – Le centre médiéval de Sundby et le Knuthenborg Safaripark sur l'île de Lolland

Pour poursuivre le voyage – KOGE et NÆSTVED.

Circuits de découverte

Circuits au départ de Vordingborg.

Vordingborg

Au Sud du Sjælland, cette petite cité commerçante présente un centre moderne animé, organisé autour de sa rue piétonne, Algade. Mais le principal titre de gloire de la cité (outre d'avoir donné naissance au légendaire footballeur **Morten Olsen**), est constitué par les ruines de son **château médiéval (slotsruin med tårn)**, juché sur une éminence dominant la mer *(accès par Glambæksvej, sur la gauche lorsqu'on arrive dans la ville)* et qui a conservéoutre ses remparts de brique, un agréable donjon, surnommé la **tour de l'Oie (Gåsetårnet)** en souvenir de l'oie dorée dont le roi Valdemar IV la fit coiffer après sa construction en 1360. L'église **Notre-Dame (Vor Frue Kirke)** conserve quant à elle quelques fresques ainsi qu'un retable réalisé au 17e s. par un sculpteur de Næstved, **Abel Schrøder le jeune**.

Quitter Vordingborg par la route 22 qui, après avoir franchi l'autoroute, devient route 59.

Gammel Kalvehave

Ce petit port de pêche commande le pont conduisant sur l'île de Møn.

Île de Møn★★

Malgré de bonnes liaisons avec le Sjælland et Falster et la beauté de ses paysages, l'île de Møn est restée à l'écart des grands courants touristiques et ses attraits naturels sont demeurés intacts. La qualité exceptionnelle de son environnement est un ajout supplémentaire à la liste de ses charmes : plages de sable blanc protégées par un écran de dunes, magnifiques régions boisées, impressionnantes falaises sauvages, diversité de la faune et de la flore, sans compter trois églises ornées de fresques comptant parmi les plus belles du Danemark.

Au premier carrefour, prendre à gauche la route 287 vers Stege.

Stege – La principale localité de l'île est la seule du Danemark avoir conservé des douves et des remparts médiévaux en bon état, mais il ne subsiste qu'une des trois portes fortifiées de la ville, **Mølleporten.** Dans ce bourg ancien, le temps semble avoir arrêté sa course pour le plus grand bonheur des visiteurs.

Près de Mølleporten, au n° 75 de Storegade, Empiregården, une vieille demeure de marchand, abrite le **musée de Møn (Møns museet)**, où l'on peut voir une collection d'objets préhistoriques. En retrait de la place du Marché (Torvet), l'**église** gothique, construite au 13e s. et agrandie au 15e s., est ornée de belles fresques à motifs floraux.

Poursuivre sur la route 287 vers Møns Klint.

Les fresques de l'église de Keldby.

Keldby – *4 km à l'Est de Stege.* Trois églises de l'île sont réputées, à juste titre, pour la profusion et la beauté des fresques qu'elles recèlent et pour présenter quelques exemples remarquables de peintures narratives du 15e s. Celles de l'**église de Keldby★** *(sur la droite de la route, tlj 8h-15h45),* illustrant diverses scènes de l'Ancien et du Nouveau Testament, datent du 13e s. pour ce qui est de celles ornant le chœur, tandis que celles qui recouvrent la voûte de la nef furent réalisées au 15e s. par le **Maître d'Elmelunde** considéré comme l'un des grands artistes du Moyen Âge. Remarquez également le beau retable sculpté. En quittant l'église, vous apercevrez dans le cimetière une butte herbeuse, probable tumulus funéraire antérieur au christianisme.

Elmelunde – *8 km à l'Est de Stege.* Le **maître** décora l'**église★** de son village natal de scènes bibliques parmi lesquelles on remarque une superbe interprétation du Jugement dernier et du Christ en majesté.

Au village de Borre, prendre sur la gauche et suivre Lyselund Ny Slott.

Nouveau château de Lyselund (Lyselund Ny Slott) – C'est à travers une campagne riante que l'on atteint ce ravissant manoir de la fin du 19e s. niché dans une forêt où se promènent des paons. Le château abrite aujourd'hui un hôtel. Non loin, le vieux château date de 1795.

Revenir à Magleby.

Falaises de Møns★★ (Møns Klint)

✆ 39 47 20 00 - parking 25 DKK. 18 km à l'Est de Stege. Parking après quelques centaines de mètres sur une route non revêtue. Formées par des sédiments glaciaires que la mer a érodés, ces **falaises** de craie blanche, recouvertes d'un épais manteau d'arbres sombres, s'étendent sur plusieurs kilomètres et surplombent la mer d'une hauteur qui atteint 128 m à leur point le plus élevé. Plusieurs sentiers mènent à travers bois (qu'agrémentent des aires de pique-nique et un camping) jusqu'au bord de la falaise d'où la **vue★★** est impressionnante. La grève, en contrebas, est parsemée de fossiles.

Sur le chemin du retour, à Magleby, prendre sur la gauche la route signalisée Klintholm Havn.

Klintholm Havn – Minuscule port de plaisance et lieu de baignade, idéal pour passer quelques jours en bord de mer à l'écart de la foule.

Revenir à Stege par le même chemin qu'à l'aller. Au-delà, prendre sur la gauche la route de Bogø (c'est toujours la route 287). Prendre à Damsholte une route secondaire sur la gauche.

Église de Fanefjord★ – *12 km au Sud-Ouest de Stege.*

C'est la troisième église de l'île qu'a décorée le **Maître d'Elmelunde**. Les fresques du chœur datent d'environ 1350, les autres sont de sa main ; la diversité des sujets, l'interprétation originale et la subtilité des couleurs sont remarquables.

À proximité, **Grønjægers Høj** est un tertre funéraire préhistorique entouré d'un cercle de pierres.

Îles de Falster, Møn et Lolland pratique

Adresses utiles

Vordingborg – Glambækvej - 4760 - 55 34 11 11 - *Lun.-vend. 9h-16h, sam. 9h-12h.*

Stege (Møn) – Storegarde 2 - 4780 - *55 86 04 10 - www.visitmoen.com - Lun.-ven. 9h30-16h30 (17h en été), sam. 9h30-12h (16h30 en été).*

Nykøbing Falster – Østergågade 7 - 4800 - *54 85 13 03.*

Saksöbing (Lolland) - 4990 - *54 70 56 30.*

Transports

Par la route – **Falster** est reliée au Sud du Sjælland par un pont prenant appui sur la petite île de Bogø et que franchit l'autoroute E55 descendant de Copenhague. Mais vous pouvez également prendre le pont plus ancien à partir de Vordingborg.

De Falster à **Lolland**, vous aurez le choix entre un pont et un tunnel sous-marin.

Pour vous rendre à **Møn** à pied sec, il faut quitter l'autoroute E55 à la sortie 41 et emprunter la route 59 qui franchit la mer sur un pont et conduit à Stege… ou bien la dérivation de l'E55 surl'île de Farø.

Ferries – Du port de **Rødbyhavn** sur la côte méridionale de Lolland partent régulièrement des ferries vers Puttgarden en Allemagne, tandis que la côte Ouest est reliée, par ferry également, à Langeland et à la Fionie.

Se loger

SUR L'ÎLE DE MØN

Bon à savoir – Les villages de Møn comme Stege, Damsholte, Keldby, Elmelunde, Borre ou Magleby proposent nombre de *Bed & Breakfast* souvent installés dans des fermes traditionnelles. S'adresser au Turistbureau de Møn qui s'occupe également de louer des chaumières aux visiteurs. Réservation sur *www.visitmoen.com.*

Pension Bakkegården – *Busenevej 64, Borre - 55 81 83 01 - www.bakkegaarden64.dk Borre - 12 ch. : 430 DKK* . Dans un agréable jardin, une belle ferme reconvertie en hôtel sur la route des falaises de Klint

Præstekilde – *Klintevej 116, Keldby - 55 86 87 88, fax 55 81 36 34 - ch. : 1 380 DKK (en demi-pension).* En pleine campagne, près d'un golf, cet hôtel dispose d'une piscine couverte et d'agréables terrasses fleuries.

Lyselund Ny Slot – *Langeebjergvei 6, Borre - 55 81 20 81, fax 55 81 21 91 - www.liselundslot.dk - ch. : 1 250 DKK (mais formules avantageuses en demi-pension ou le w.-end).* La vie de château dans un cadre élégant au cœur d'un superbe parc. Restaurant réputé.

SUR L'ÎLE DE FALSTER

Hotel Liselund – *Lundevej 22, Nykøbbing Falster - 54 85 15 66, fax 54 85 15 14 - www.hotelliselund.dk - 24 ch. : 340 DKK/pers. (650 DKK en demi-pension).* Bien sympathique établissement, à l'entrée de la ville, mais situé dans un cadre un peu ingrat.

Se restaurer

STEGE (MØN)

Café Klint – *Torget 30, Stege.* Déjeuners avec sandwiches à la danoise et menus plus consistants le soir, au cœur de la capitale de l'île.

NYRÅD

Nyråd Kro – *Hovedgade 66., Nyråd (4 km à l'Est de Vordingborg).* Ouvert le soir seulement, fermé lun. Agréable restaurant traditionnel danois.

Sports et loisirs

Location de vélos – L'île de Møn avec ses routes de campagne peu fréquentées se prête admirablement à la pratique du vélo. Vous pourrez louer des bicyclettes à **Stege** en vous adressant à Stege Havn Cykeludlejning, Ved Havnen 6.

Événements

Festival de Vordingborg (Festuge) – Première quinzaine de juillet : concerts classiques au château.

Kong Asgers Høj – *Au Nord de Fanefjord, à 8 km en direction de Tostenæs.* Il s'agit d'une imposante allée couverte comprenant un corridor ouvrant sur une vaste chambre funéraire.

Reprendre la route 87.

Un pont permet d'atteindre l'île de Bogø, d'où un second pont rejoint l'autoroute E 47/E 56 sur l'ilot de Farø et vous permet de rejoindre l'île de Falster.

Île de Falster

Falster se trouve au centre du groupe d'îles situées à la pointe Sud du Sjælland. À son extrémité Sud, le port de **Gedser**, à deux heures de ferry des côtes allemandes et à 150 km au Sud de Copenhague, est la ville la plus méridionale du Danemark. Du fait de sa position, Falster bénéficie d'un climat en général plus doux et plus ensoleillé que le reste du pays, et les magnifiques plages de sa côte orientale, sur les bords de la Baltique, sont réputées.

Deux voies rapides relient Falster au Sud du Sjælland en franchissant le détroit du Storstrøm. À l'Ouest, **le pont du Storstrøm**, réalisé en 1937 et long de 3 200 m, relie directement l'île à Vordingborg. Devant l'augmentation du trafic, il fut doublé par les **ponts de Farø**, inaugurés en 1985. D'une longueur totale de 3 322 m, ces deux ponts font franchir le détroit à l'autoroute E 55 : le plus petit relie le Sjælland à Farø, au milieu du détroit ; le second, impressionnant pont à haubans entre Farø et Falster, s'élance très haut au-dessus de la mer pour permettre le passage des navires.

Nykøbing Falster – Ville la plus importante de l'île, située sur le Guldborg Sund, détroit séparant Falster et Lolland, elle n'a gardé de son passé médiéval que son église de style gothique tardif, et quelques maisons à colombage. L'une d'elles, dite **maison du Tsar (Czarens Hus)** depuis que Pierre le Grand y fit halte, abrite un restaurant et le **musée de Falster** consacré à l'histoire locale *☎ 54 85 26 71 - de déb. mai à mi-sept. : mar.-vend. 11h-17h, sam. 11h-15h, dim. 14h-16h ; de mi-sept. à déb avr. : mar.-vend. et dim. 14h-16h, sam. 11h-15h, possibilité de visite guidée en anglais (1h) sur demande préalable - 20 DKK (enf. 5 DKK).*

Marielyst – *10 km au Sud de Nykøbing Falster par la E55 vers Gedser.* La côte orientale est bordée sur plus de 20 km de plages de sable blanc comptant parmi les plus belles du Danemark et réputées pour la propreté exceptionnelle de l'eau. C'est là que se trouve cette station balnéaire réputée.

Bøtø – *Un peu plus au Sud.* La station abrite une réserve ornithologique.

Nørre Aslev – *5 km au Nord de la sortie 44 de l'autoroute E47/E55.* L'**église** gothique de brique abrite une fresque ayant pour thème une danse macabre. La Mort, suivie par différents représentants de la société médiévale, mène la danse. On pourra rapprocher cette fresque de celle de l'église de **Jungshoved**, traitant du même sujet.

Île de Lolland

Par sa taille, Lolland est la troisième île danoise après la Fionie et le Sjælland. Sans relief et vouée à l'agriculture, Lolland offre de vastes étendues de prairies ponctuées, à l'horizon, par les graciles ailes blanches des éoliennes.

Sundby – *Face à Nykøbing, l'autre côté du détroit par la route 9 puis immédiatement à droite après le pont.*

Le **Centre médiéval (Middelaldercentret)** est un lieu intéressant où les techniques du Moyen Âge sont expliquées, avec démonstrations à l'appui *☎ 54 86 19 34 - www.middelaldercentret.dk - ♿ - mai-sept. : 10h-16h ; 42e de l'année : 10h-16h, possibilité de visite guidée (1h, anglais et français) - 80 DKK (enf. 40 DKK).*

Maribo★ – *Accès depuis Nikøbing par la route 9.* Au cœur de l'île, cette pittoresque bourgade sur la rive d'un lac romantique a grandi autour d'un couvent de l'ordre de Sainte-Brigitte, fondé en 1416. et dont il ne reste que l'église. Devenu **cathédrale** *(☎ 54 78 03 92 - avr.-oct. : 8h-18h ; nov.-mars : 8h-16h, possibilité de visite guidée en anglais)*, cet édifice massif est construit en brique avec des contreforts et des corbeaux. À l'intérieur, la voûte assez basse de la nef est épaulée par des bas-côtés ; des traces de fresques subsistent au-dessus de l'orgue du côté de l'entrée.

Les rues adjacentes sont bordées de maisons du 18e s. Outre un musée consacré au passé local, le **Kunst-og Stiftsmuseet** *(☎ 54 78 11 01 - 12h-16h - fermé lun., 1er janv. et 25 déc. - 30 DKK)*, et un petit musée de plein air, le **Frilandsmuseet** *(☎ 54 78 11 01 - ♿ - mai-oct. : 10h-16h, possibilité de visite guidée en anglais - fermé lun. - 30 DKK.)*, Maribo possède un musée d'art, **Lolland-Falsters Kunstmuseum**, consacré à l'art danois du 18e s. à nos jours - *☎ 54 78 14 14 - tlj sf lun. 12h-16h (1er merc. du mois 19h-21h), possibilité de visite guidée en anglais sur demande préalable - fermé 1er janv., 24 et 25 déc. - 30 DKK (-16 ans gratuit).*

Knuthenborg Safaripark – *8 km au Nord de Maribo par les routes 9 et 289. ☎ 54 78 80 89 - www.knuthenborg.dk - ♿ - se renseigner pour les horaires - possibilité de visite guidée en anglais (1h15) - 110 DKK (enf. 55 DKK).* Installé dans le parc d'un manoir, près du village de Bandholm, ce parc animalier sillonné de 16 km de routes est le plus grand du genre en Europe du Nord. Vous y verrez plus de 800 animaux et oiseaux exotiques. Au centre du parc se trouve une aire de jeux pour les enfants.

Aalholm Automobil Museum★ – *25 km au Sud-Est de Maribo, près d'Aalholm Slot. ☎ 54 87 19 11 - www.aalholm.dk - ♿ - juin-août : 10h-17h ; mai et de déb. sept. à mi-oct. : w.-end 10h-16h - 90 DKK (enf. 70 DKK).* Dans le beau cadre de la baie de Nysted, ce musée possède l'une des plus importantes collections d'automobiles du monde, avec plus de 200 modèles datant de 1886 à 1972.

Hillerød

FREDERIKSBORG – 37 288 HABITANTS
CARTE MICHELIN N° 711 Q 9 ET PLI 9 OU ATLAS EUROPE P. 123 – SCHÉMA : ELSENEUR.

C'est un superbe château Renaissance, édifié en brique sur un groupe d'îlots et ceint d'un parc romantique, qui attire de nombreux visiteurs dans cette petite ville qui, si elle n'a guère conservé de vestiges du passé, mérite néanmoins un arrêt.

Se repérer – Située au centre du Sjælland du Nord, à 35 km de Copenhague et 23 km d'Elseneur, Hillerød s'est développée à l'ombre du magnifique château de Frederiksborg dont la masse domine la ville.

Se garer – Après avoir gagné le lac du château par Slangerupgade, prenez sur la gauche Slotsgade le long des rives et laissez la voiture au grand parking (gratuit) proche du château.

À ne pas manquer – Le château de FREDERIKSBORG.

Organiser son temps – Comptez deux heures pour la visite du château… et, s'il fait beau, une heure supplémentaire de balade dans le parc.

Pour poursuivre le voyage – ELSENEUR, ROSKILDE et COPENHAGUE.

Comprendre

Au Nord de la ville, le **château de Frederiksborg★★★** s'étale sur trois petites îles au milieu du Slotssø (lac du château). En 1560, Frédéric II acheta le manoir d'Hillerød qui s'élevait sur l'île la plus septentrionale, l'agrandit et le baptisa de son nom, Frederiksborg. Son fils, Christian IV, décida de construire un château totalement neuf, mais le projet était si ambitieux que les travaux durèrent plus de vingt ans (1599-1622) : c'est de cette période que datent le bâtiment principal avec ses trois ailes enserrant la cour et la haute tour à barbacanes située sur l'île centrale. On décida alors de conserver les constructions qui se trouvaient sur l'île méridionale et, comme elles n'étaient pas dans l'alignement du nouveau château, on construisit un pont en forme de S pour les relier.

Le symbole de la monarchie absolue – Pendant cent ans, Frederiksborg servit de résidence royale et les monarques qui se succédèrent sur le trône du Danemark furent sacrés dans la chapelle du château jusqu'à l'abolition de la monarchie absolue. Les jardins à la française furent dessinés au début du 18e s. Plus tard, la famille royale utilisa de préférence le château de Fredensborg, moins grandiose, situé non loin de Frederiksborg, qui fut peu à peu transformé en musée royal abritant une collection de portraits historiques rassemblés par Frédéric VI.
En 1859, un incendie détruisit presque tout l'intérieur et une partie des murs du château. Celui-ci fut cependant rapidement restauré grâce à la participation financière de la nation danoise et en particulier de J. C. Jacobsen, propriétaire de la brasserie Carlsberg.

Hillerød pratique

Adresses utiles

Hillerød – Slangerupgade 2 - 3 400 - 48 24 26 26 et Slotsgade 2 - 3480 **Fredensborg** – *48 48 21 00 - www.visitferdenborg.dk - Ouvert avr-oct.*

Bon à savoir – Pensez à vous munir d'une pièce de 20 DKK pour laisser vos effets personnels (sacs, etc.) à la consigne automatique du château… et n'oubliez pas de la récupérer en reprenant vos affaires.

Transports

Train – Hillerød est située sur la ligne de l'Øresund : accès direct à **Copenhague** et **Malmö**. *Horaires et tarifs sur www.dsb.dk.*
Trains locaux pour **Hornbæk** et **Gilleleje** : *www.lokalbanen.dk*

Se loger

Hotel Hillerød – *Milnersvej 41 (accès par la route de Roskilde puis à gauche) - 48 24 08 00, fax 48 24 08 7 - www.hotelhillerod.dk. 74 ch. : 630/1 080 DKK* - Hôtel sans grand caractère mais de bon confort, utile pour être à pied d'œuvre pour une visite matinale du château.

Achats

Bon à savoir – Si Hillerød ne peut être considérée comme une ville historique, elle a su profiter de l'afflux des touristes pour développer son commerce : les rues piétonnes et le centre commercial des arcades du Château (Slots Arkadene) y attirent nombre de visiteurs.

Découvrir

Château de Frederiksborg★★★ (Frederiksborg slot)

✆ 48 26 04 39 - ♿ - en saison : 10h-17h ; hors saison : 11h-15h - 60 DKK (enf. 15 DKK).
Construit en brique rouge soulignée de décorations en grès et agrémenté d'élégants pignons, le château de Christian IV est un bel exemple d'architecture de la Renaissance hollandaise, alors que les édifices datant du règne de Frédéric II ont une allure presque médiévale. Il est préférable d'accéder au château par la porte de la ville, située sur l'île méridionale.

Extérieur – À l'extrémité des bâtiments de Frédéric II, de part et d'autre de l'étroite Strædet, se dressent deux tours rondes surmontées de dômes, qui datent de 1562. Le pont en forme de S conduit à l'imposante **tour à barbacanes** précédant le grandiose château de Christian IV. Au centre de la cour est érigée la **fontaine de Neptune**, qui, lors de l'occupation de Frederiksborg par les Suédois en 1659, fut dépouillée de ses statues de bronze réalisées (1623) par Adrian de Vries ; des copies sont venues les remplacer en 1888. Au-delà de la fontaine, un splendide portail surmonté d'un fronton sculpté marque l'entrée de la cour intérieure délimitée par les trois ailes de l'édifice principal : au Nord, l'**aile du Roi** et sa belle galerie de marbre à deux étages, à l'Ouest, l'**aile de la Chapelle** flanquée d'une large tour, et, à l'Est, l'**aile de la Princesse.** Quatre tourelles abritant chacun un escalier à vis relient les trois étages du château. L'entrée principale du musée se trouve dans l'aile du Roi.

E. Preben / VISITDENMARK

Le château royal de Frederiksborg.

Intérieur – Au rez-de-chaussée, l'aile de la Princesse abrite des expositions temporaires. Entièrement restaurée après l'incendie de 1859, la **Rose**, ou **salle des Chevaliers**, présente un plafond voûté soutenu par des colonnes de marbre et orné de subtiles décorations en stuc. Au premier étage, une loggia ouverte située au même niveau que la galerie courant autour de l'édifice donne accès à la superbe **chapelle palatine**, abondamment décorée. Des décorations en stuc peint et doré recouvrent entièrement la voûte de la nef. Le retable et la chaire, ornés d'or, d'argent et d'ébène, sont dus à Jacob Mores, de Hambourg ; à l'extrémité de la galerie surmontant l'autel se trouve l'orgue, réalisé en 1610 par Compenius, célèbre facteur d'orgue originaire de Brunswick. Plusieurs rangées de blasons superposés garnissent les murs. Un pont couvert, dit le **passage privé**, à la décoration rococo, donne accès à la **salle des Audiences**, que surmonte une coupole baroque. On parcourt les enfilades de pièces meublées et décorées de portraits royaux. Le **grand salon**, situé au-dessus de la chapelle, fut reconstruit après l'incendie d'après des croquis réalisés quelque temps auparavant : on peut y admirer le plafond de bois sculpté et peint, la cheminée de marbre noir, les tapisseries et la galerie des musiciens. Dans une petite pièce à l'angle du salon est exposé un globe céleste astronomique réalisé au 17e s. par Andreas Bösch, originaire de Limburg.

Musée – Sur les conseils de J. C Jacobsen, le château de Frederiksborg devint en 1878 un **musée national d'Histoire danoise**, département autonome de la Fondation Carlsberg. Ouvert au public en 1882, il abrite du mobilier et des objets présentant un intérêt historique, ainsi que des portraits et des tableaux. Les salles des premier et second étages des ailes du Roi et de la Princesse abritent les collections, classées par ordre chronologique. La collection moderne, à l'étage supérieur, abrite des portraits (photos, dessins, peintures, voire caricatures) de personnalités danoises du 20e s., présentées selon leurs domaines d'activité, le tout constituant un véritable panthéon des gloires danoises : parlementaires et hommes politiques y côtoient explorateurs, musiciens, artistes, écrivains et cinéastes comme **Lars von Trier**, ainsi que la famille royale : on regardera avec amusement les photos représentant le roi Christian X (1870-1947) en train de faire sa promenade matinale à cheval dans les rues de Copenhague entouré d'une horde de cyclistes se rendant au travail...

Aux alentours

Fredensborg★

9 km au Nord-Est par la route 6 (en direction d'Elseneur/Helsingør).
Le palais, l'orangerie et le potager ne sont ouverts qu'en juillet, mais le parc est accessible toute l'année. ✆ 33 40 31 87 - juil. : 13h-17h - 30 DKK (enf. 10 DKK.

De style baroque, le palais fut construit au 18e s. sur la rive orientale du vaste **lac Esrum (Esrum Sø)** par Frédéric IV, qui lui donna le nom de « château de la paix » pour célébrer la fin de la guerre avec la Suède. Inauguré en 1722, il ne fut cependant terminé que 50 ans plus tard. Œuvre de Johan Cornelius Krieger, la partie centrale, la plus ancienne, cerne une cour octogonale ; de célèbres architectes, tels **Nicolai Eigtved** (1701-1754), Laurids de Thurah et **Nicolas-Henri Jardin** (1728-1802), participèrent à la construction des autres bâtiments. Le tout forme un ensemble harmonieux d'un blanc lumineux, recouvert de toits de cuivre vert. Au printemps et à l'automne, la famille royale réside au palais. À l'**intérieur** du palais, on remarquera tout particulièrement le vestibule central, surmonté d'une vaste coupole, le jardin d'hiver rococo et la chapelle baroque.

Le **parc**, dont les larges allées ombragées conduisent jusqu'aux rives du lac Esrum, fut redessiné vers 1760 par **Nicolas-Henri Jardin**, qui sut tirer profit de la beauté naturelle du site. Il est parsemé – plus particulièrement dans le **Jardin de marbre (Marmorhaven)**, jardins privés de la famille royale – de nombreuses statues, parmi lesquelles on note une série mettant en scène des paysans norvégiens ou originaires des îles Féroé. Près du lac se dressent deux petits pavillons édifiés en 1765-1766. La nouvelle orangerie, inaugurée en septembre 1995, fut dessinée par l'étude d'architecture Søren D. Schmidt, d'après des plans de Nicolas-Henri Jardin.

Jardin de Copenhague

Cet architecte français fut appelé en 1754 au Danemark par Frédéric VI qui le nomma intendant des bâtiments du roi. Un séjour de dix-huit ans à Copenhague lui permit d'imprimer sa marque sur de nombreux édifices puisqu'il est l'auteur (entre autres) de l'église royale de la capitale ainsi que du palais d'Amalienburg.

Forêt de Gribskov

Accès par la route 227, en direction de Gilleleje.

Cette belle forêt s'étend au Nord d'Hillerød, sur la rive occidentale du lac Esrum, et offre de nombreuses possibilités de promenades à pied ou en voiture parmi les hêtres et les conifères. La route, qui longe le lac, traverse le village de **Nødebo**, où l'on peut voir une intéressante église médiévale.

Skævinge

10 km au Sud-Ouest par la route 16, vers Frederiksvær, puis à gauche par une petite route de campagne.

Les murs de l'église sont recouverts de fresques du 16e s. illustrant des scènes de la Bible. Mais le plus surprenant est d'y découvrir une peinture représentant le héros national, **Ogier le Danois (Holger Danske)**, qui, selon la légende, reposerait sous le château d'Elseneur.

Køge et le Sud du Sjælland★

ROSKILDE – 40 000 HABITANTS
CARTE MICHELIN N° 711 Q 9 OU ATLAS EUROPE P. 123. – SCHÉMA : VOIR À ELSENEUR.

Sa charte datant de 1288 fait de Køge l'une des plus anciennes cités du Danemark. La petite ville s'est développée autour de la place du Marché et du port naturel situé à l'embouchure de la rivière à laquelle la cité a emprunté son nom. Au 16e s., Køge devint un bourg prospère grâce au commerce avec les pays de la Baltique. C'est aujourd'hui une bourgade pleine de charme.

- **Se repérer** – Køge est située sur la côte orientale du Sjælland, à 38 km au Sud de Copenhague. Une fois arrivé dans la ville, tous les chemins mènent à la grande place du Marché (Torvet).
- **Se garer** – Sur Torvet (en pensant à régler convenablement le disque !).
- **Organiser son temps** – Le mercredi et le samedi, la ville est le siège d'importants marchés : il peut être difficile de circuler ces jours-là... Quant à se garer...
- **Pour poursuivre le voyage** – COPENHAGUE, NÆSTVED et les îles de FALSTER, MØN et LOLLAND.

Comprendre

La bataille de la baie de Køge

La ville fut considérablement éprouvée par les guerres avec la Suède et elle se trouva plus d'une fois en première ligne. En 1677, une bataille navale de grande envergure eut lieu dans la baie de Køge. Le roi Christian V assista du haut de la tour de l'église St-Nicolas au triomphe du héros national danois, l'amiral **Niels Juel**.

Se promener

Place du Marché★ (Torvet) – C'est sur ce vaste quadrilatère pavé dominé par la statue de Frédéric VII que se dresse l'**hôtel de ville (rådhuset)**, construit en 1803 et agrémenté d'une belle façade de style classique. Plusieurs rues, bordées de vieilles maisons construites entre le 16e et le 19e s., convergent vers la place **Brogade**, qui conduit à la paisible rivière de la Køge, et a conservé de belles maisons à colombage et **Nørregade** que l'on empruntera pour visiter les musées.

Musée municipal – *Au n° 4. ☎ 56 63 42 42 - juin-août : 11h-17h ; sept.-mai : 13h-17h, sam. 11h-15h, possibilité de visite guidée en anglais - fermé lun. - 30 DKK.* Installé dans un splendide entrepôt à colombage et à encorbellement de 1619, il est consacré à l'histoire locale évoquant notamment l'âge de pierre et la période viking. La partie ethnographique présente d'intéressantes reconstitutions d'intérieurs.

Musée des Esquisses (Kunstmuseet Køge Skitsesamling) – *Au n° 29.* Comment naît une œuvre d'art ? C'est ce que nous enseigne ce musée original qui présente esquisses, maquettes et dessins préparatoires, qu'il s'agisse de peinture, de sculpture ou de tapisserie. Du 3e niveau, belle vue sur la ville.

Revenir sur Torget.

Rue de l'Église (Kirkestræde) – Cette rue pavée a elle aussi conservé plusieurs vieilles maisons des 16e et 17e s., dont la plus ancienne, au n° 20, date de 1527 ; remarquez également celle du n° 19 dont l'étage en léger encorbellement est supporté par une poutre bossue. **Laugshusgade**, perpendiculaire à Kirkestræde, est bordée de demeures datant des 18e et 19e s.

Église Saint-Nicolas (Skt. Nicolai Kirke) – *☎ 56 67 60 01 - juin-août : tlj sf sam. 10h-16h, dim. 12h-16h ; sept.-mai : tlj sf w.-end 10h-12h.* Édifiée au 14e s., elle est ornée d'une tour à pignon surmontée d'une lanterne utilisée jadis comme phare. À l'intérieur, le mobilier du 17e s. comprend une chaire sculptée de style Renaissance et un retable baroque, œuvre de Lorens Jørgensen.

Circuit de découverte

Les falaises de Stevns et la côte jusqu'à Præstø.

Environ 120 km – une demi-journée.

Prendre la route 209 vers le Sud-Est sur 4 km, puis tourner à droite et suivre les panneaux indiquant Vallø Slot.

Køge et Sjælland pratique

Adresses utiles

Koge – Vestergade 1 - 4600 - ✆ *56 67 60 01 - www.koegeturist.dk.*

Bon à savoir – La Copenhagen Card donne accès gratuit aux musées de Køge.

Transports

En train – Køge est reliée à la garc centrale de Copenhague par la ligne S de chemin de fer qui dessert également Vallø et se termine à Fakse Ladeplads. *Renseignements et horaires sur www.dsb.dk/s-tog*

En voiture – Sortie 33 ou 32 de l'autoroute E 20 (Copenhague-Odense) et sortie 33 de l'autotroute E 47/E 55 reliant Copenhague aux îles de Falster et de Lolland.

Se loger

Il n'y a pas d'hôtels dans le centre historique de Køge. Par contre, vous pourrez vous poser dans deux établissements situés près du port :

Hotel Niels Juel – *Toldbodvej 20 - ✆ 56 63 18 00, fax 56 63 04 92 - www.hoelnielsjuel.dk - 51 ch. : 1 200 DKK* Bel établissement conforable dominant les eaux du port.

Hvide Hus – *Strandvejen 111 - ✆ 56 65 36 90, fax 56 6 33 14 - www.hotelvidehus.dk - 126 ch. : 1 100 DKK* . Un hôtel moderne environné de verdure.

Château de Vallø (Vallø Slot)

Ne se visite pas.

Une charmante auberge vieille de plus de deux siècles, Vallø Slotskro, fait face à l'entrée du château. Cet élégant édifice Renaissance de 1560, entouré d'arbres séculaires, se dresse dans un **parc à l'anglaise** ouvert au public.

Continuer en direction de Valløby, puis revenir vers Køge par la route 209 ; à droite la route 261 conduit à Store Heddinge. Poursuivre en direction d'Højerup et Stevns Klint (les falaises de Stevns).

La presqu'île de Stevns offre une succession de beaux paysages, parmi les plus variés du Danemark.

Falaises de Stevns (Stevns Klint)

La route aboutit devant l'**église d'Højerup**, qui se dresse au bord de la falaise. Malgré une légende affirmant que l'église se déplace vers l'intérieur des terres à chaque soir de Noël, le chœur s'abîma dans les flots en 1928 ! Plusieurs chemins conduisent à travers bois au bord des falaises blanches qui s'étendent sur 15 km et surplombent la mer de 41 m à leur point le plus élevé.

Suivre la direction de Præstø (route 154 puis 209).

Vous pourrez voir les pittoresques ports de pêche de **Rødvig** et de **Fakse Ladeplads**, à l'écart de la route qui traverse ensuite le coquet village de **Vindbyholt**.

Præstø

Paisiblement étalé sur les rives d'une baie abritée, le village offre la vue attrayante de son port de pêche, de sa place du marché aux pavés inégaux, et de ses rues étroites bordées de maisons anciennes.

Continuer sur la route 209 puis prendre à gauche.

Jungshoved

L'**église**★ *(✆ 55 90 91 92 Office du tourisme de Praestø - 8h-16h)* surgit brusquement, silhouette blanche se détachant sur un fond où se mêlent ciel, mer, arbres et ondulations vert tendre du terrain. Elle abrite une fresque intéressante représentant « la Danse de la mort ».

Le retour vers Køge peut s'effectuer par la route 265 ou bien par l'autoroute E 47/E 55 que l'on prend à la sortie 39. Dans un cas comme dans l'autre, quitter Præsto par la route 265 (direction Bårse).

Kolding

VEJLE – 46 000 HABITANTS
CARTE MICHELIN N° 711 Q 6 OU ATLAS EUROPE P. 122

De pittoresques ruelles pavées où il fait bon flâner parmi les maisons aux façades à pignon : ainsi se présente le vieux Kolding, cité médiévale endormie à l'ombre de son château à l'embouchure de la Kolding Å. Certes, la ville est aussi aujourd'hui un centre industriel dynamique. Pour autant, n'hésitez pas à partir à la découverte des charmes secrets de cette cité ancienne.

- **Se repérer** – La ville s'étale sur les deux rives de la Kolding Å, rivière qui se jette dans le Kolding Fjord. Du haut de sa butte, le château domine la cité.
- **Se garer** – Plusieurs parkings bordent le centre piéton, notamment au pied du château par la rue Hydre-straede.
- **À ne pas manquer** – Le Koldinghus.
- **Organiser son temps** – Une demi-journée suffira pour visiter le Koldinghus et déambuler dans le centre piéton, avant de poursuivre vers Jelling ou Billund.
- **Avec les enfants** – Le jardin géographique et, à Billund, le parc Legoland.
- **Pour poursuivre le voyage** – ÅRHUS et VIBORG.

Le saviez-vous ?

Prospère ville commerçante dès le Moyen Âge, Kolding a pendant longtemps joué un rôle primordial dans l'histoire du Danemark, d'abord en tant que siège de la monarchie, puis en tant que ville-frontière lorsque le Jutland méridional fut rattaché au duché de Schleswig-Holstein. Plus récemment, sa situation au carrefour de voies de communication importantes se révéla vitale pour le développement économique de la ville, qui est devenue le principal centre exportateur de bétail du pays.

Se promener

Le Château de Kolding★ (Koldinghus)

76 33 81 00 - 10h-17h, possibilité de visite guidée (1h, anglais) - fermé 1er janv., 24-25 et 31 déc. - 60 DKK (enf. 30 DKK).

Au milieu du 13e s., Éric Glipping, roi de Danemark, fit construire ce château pour renforcer ses défenses sur la frontière méridionale du royaume. La forteresse devint bientôt l'une des principales places fortes du pays, mais il ne subsiste rien des fortifications de cette période. Les parties les plus anciennes du château datent du 15e s. Au 16e s., devenu résidence royale, il fut reconstruit sans ouvrages défensifs. Au début du 18e s., Frédéric IV entreprit un nouveau remaniement, mais le château ne fut guère utilisé par la suite. En 1808, un incendie le ravagea et il demeura en ruine jusqu'au début du 20e s. Défiant toute convention, sa restauration, dont l'originalité se manifeste surtout dans la grande salle, la chapelle et l'aile méridionale, vit associer avec bonheur des structures modernes aux ruines anciennes.
Le château est maintenant aménagé en musée présentant des collections d'artisanat et d'art décoratif danois, de la Renaissance à nos jours.

La vieille ville

Située sur le flanc Sud du château, elle recèle dans ses pittoresques ruelles pavées nombre de maisons rénovées. L'un des édifices les plus beaux est une demeure à pignons de style Renaissance, **Borchs Gård**.

Jardin géographique (Geografiske Hav)

Christian IV vej - 75 50 38 80 - mai-sept. : 10h-18h ; oct.-avr. : tlj sf w.-end 7h-14h45, possibilité de visite guidée (2h, anglais) - 40 DKK (enf. 20 DKK).

Plaque.

I. Klipper / MICHELIN

Kolding pratique

Adresses utiles

Kolding –Akseltorv 8, au croisement avec la rue piétonne Jernbanegade - 6000 - *✆ 76 33 21 00 - www.visitkolding.dk - Lun.-ven. 9h30-19h, sam. 9h30-14h30.*

Brædstrup, Bredgade 9 - 8740 - *✆ 75 75 28 11.*

Haderslev, Honnørkajen 1 - 61000 - *✆ 74 52 55 50.*

Transports

Compter 25mn en voiture pour rejoindre Legoland et environ une heure pour Odense.

Se loger

Saxildhus – *Banegårdspladsen, dans le centre - ✆ 75 52 12 00, fax 75 53 53 10 - www.saxildhus.dk - ch. : 895/1 045 DKK, suite 1 295 DKK.* Cet hôtel central est bâti dans un immeuble ancien qui fait face à la gare centrale. Les chambres sont de caractère, et, même si l'ensemble a un peu vieilli, l'établissement demeure très correct et pratique pour une ville qui compte très peu d'hébergements touristiques.

Kolding Byferie – *Kedelsmedgangen 2, dans le centre - ✆ 75 54 18 00, fax 75 54 18 02 - www.kolding-byferie.dk - appart. : 795/1 495 DKK.* Cette résidence calme et paisible située en plein centre-ville propose des appartements spacieux et tout équipés, pouvant accueillir jusqu'à huit personnes. Certaines maisonnettes sont situées dans le parc voisin, au bord du lac. Calme garanti !

Se restaurer

Lucca – *Låsbybanke 4, dans le centre - Mar.-jeu. 11h-23h, vend.-sam. 11h-24h, dim. 10h-17h - ✆ 76 33 39 00 - www.lucca-kolding.dk - 60/150 DKK.* Ce grand restaurant moderne du centre-ville est doté d'une belle terrasse bordée de maisons anciennes. Cuisine rapide dans le café à base de sandwiches, salades, nachos, hamburgers et pâtes, et un espace aménagé en restaurant plus élégant pour les « vrais » dîners. Buffet la journée à 148 DKK.

A Hereford Beefstouw – *Helligkorsgade 20, dans le centre - ✆ 75 52 00 87 - www.a-h-b.dk - 150/300 DKK.* L'un des restaurants de cette fameuse chaîne danoise spécialisée dans les grillades. Les viandes savoureuses sont accompagnées d'un buffet de salades variées et de pommes de terre au four. Une valeur sûre !

Saxen – *Banegårdspladsen, dans le centre - Tlj 17h30-22h, fermé dim. - ✆ 75 52 31 60 - www.restaurant-saxen.dk - 150/300 DKK.* Bâti en sous-sol, ce restaurant de standing propose une cuisine locale raffinée dans une ambiance cosy. Des concerts sont organisés tous les soirs dans une décoration qui s'inspire des années 1930.

Ce **jardin botanique** en périphérie de la ville contient plus de 2 000 espèces de plantes originaires du monde entier. La roseraie et le bosquet aux bambous, les plus grands de leur genre en Europe du Nord, sont remarquables. Des activités spécialement conçues pour les enfants, des concerts et la possibilité de pique-niquer y favorisent les sorties familiales.

Musée des Beaux-arts ★ (Kunstmuseet Trapholt)

✆ 76 30 05 30 - 10h-17h, possibilité de visite guidée (11h, 13h et 15h, anglais) - fermé 1er janv., 24-25 et 31 déc. - 60 DKK (enf. gratuit).

Æblehaven. Consacré à la peinture, à la sculpture (à travers les œuvres d'artistes tels qu'**Anna Ancher** et **Richard Mortensen**), ainsi qu'aux arts décoratifs et au design danois du 20e s., il occupe une magnifique situation dans un parc surplombant le fjord. Situé au sous-sol, l'espace réservé au **mobilier danois** illustre l'évolution du mobilier depuis 1900 grâce aux œuvres de dessinateurs célèbres tels qu'**Arne Jacobsen**, **Poul Kjærholm** et **Børge Mogensen**, qui influencèrent considérablement le design international. Le musée organise également des expositions temporaires pour mettre en valeur ce que le design danois fait de mieux en matière de mobilier.

Aux alentours

Le fjord de Kolding (Kolding Fjord)

Kolding possède l'un des ports de plaisance les plus importants (capacité d'accueil : 1 000 bateaux) et les plus modernes du Danemark. Des excursions quotidiennes autour du fjord sont organisées pendant l'été. On peut aussi louer des bateaux pour découvrir à sa convenance les paysages variés du fjord.

Billund★

47 km au Nord-Ouest par la route 441 (direction d'Ødsted puis à gauche la route 28, ou par l'autoroute E 45 jusqu'à Vejle où vous prendrez la route 28). La petite ville de Billund est

située à la frontière des départements de Vejle et de Ribe, où les pittoresques collines du Jutland oriental cèdent la place aux vastes étendues sans relief du Jutland occidental.
La ville, moderne et sans attrait particulier, recèle une des plus célèbres attractions touristiques du Danemark, **Legoland Park**, qui attire un grand nombre de visiteurs.

Legoland Park★★ – ✆ *75 33 13 33* - ♿ - *mai-août : 10h-18h, w.-end 10h-20h (juil. 21h) ; avr. et sept.-oct. : tlj sf merc. et jeu. 10h-18h, possibilité de visite guidée en anglais - 185 DKK.*
Le parc de Legoland symbolise parfaitement le succès de l'industrie danoise et l'histoire de ce succès ressemble à un conte d'Andersen.
Plusieurs millions de cubes ont servi à la création de **Miniland**, version moderne du pays de Lilliput des *Voyages de Gulliver* contenant de fidèles reproductions en miniature de monuments célèbres ou de quartiers de cités européennes, comme Amsterdam, Bruxelles ou Copenhague. Des ports, des canaux, des ponts mobiles, des aéroports, des gares, des navires et des trains, dont tous les mouvements sont contrôlés par un ordinateur, animent ces paysages. Un petit train fait le tour du parc, et les enfants peuvent conduire une voiture ou un bateau également réalisés en cubes.
L'espace **Duploland**, réalisé à l'intention des tout- petits, comprend des maisons où ils peuvent jouer, des voitures qu'ils peuvent conduire, un train dans lequel ils peuvent voyager et des avions qu'ils peuvent piloter (avec leurs parents pour passagers !). Quant aux plus grands, ils peuvent s'essayer à la construction assistée par ordinateur dans l'espace qui leur est réservé au **Lego Mindstorms Center**.

Legoland possède, en outre, une belle collection de jouets comprenant des poupées et des maisons de poupées, en particulier un palais miniature connu sous le nom de **Palais de Titania**, qui fut construit au début du siècle par un Anglais excentrique qui le meubla de façon exquise et l'offrit à sa fille. Il fut acheté par Legoland en 1978.

Du haut de la tour d'observation, la vue s'étend sur tout ce pays de contes de fées, qui offre l'hospitalité de ses restaurants et de son hôtel. Plus d'un million de visiteurs par an consacrent le succès de Legoland, qui rivalise ainsi avec celui de la marque dont il est censé assurer la publicité.

La fortune d'un pauvre menuisier

Pendant la dépression des années 1930, **Ole Kirk Christiansen**, un menuisier au chômage natif de Billund, décida de se lancer dans la fabrication de jouets en bois. Cette intuition heureuse lui permit bientôt d'acquérir sa propre usine et il choisit le nom de **Lego**, dérivé de *Leg godt*, signifiant « joue bien ». En 1947, le bois céda la place au plastique, et le petit cube multicolore fit son apparition, consacrant la célébrité du Lego. Le fils d'Ole, Godfred, décédé en 1995 en laissant la plus grosse fortune industrielle du Danemark, conçut l'idée d'un parc à thème entièrement réalisé avec des cubes et lui donna tout naturellement le nom de Legoland.

I. Klipper / MICHELIN

Le célèbre quai de Nyhavn (Copenhague) reconstitué à Legoland Park.

Jelling★
47 km au Nord : gagner Vejle et prendre la route 442 qui serpente dans les collines. Paisible village édifié dans un charmant paysage lacustre entouré de collines boisées, Jelling est aujourd'hui l'une des principales attractions touristiques du Jutland en raison d'événements qui s'y déroulèrent au cours du 10e s. À l'apogée de la période viking, il fut, durant les règnes des fondateurs de la dynastie danoise, Gorm le Vieux et son fils **Harald à la Dent bleue**, le siège de la royauté, comme en attestent les deux imposants tumuli et les deux pierres runiques qu'ils laissèrent, connues sous le nom de pierres de Jelling.

I. Klipper / MICHELIN

Pierre de Jelling.

Les pierres de Jelling – *Le site se trouve en bordure de la place du village.* « Le roi Gorm érigea ce monument à la mémoire de sa femme Thyra, l'orgueil du Danemark », peut-on lire sur la plus petite des pierres. Quant à la plus grosse, elle porte ces mots : « Le roi Harald fit ériger ce monument en l'honneur de son père Gorm et de sa mère Thyra, ce même Harald qui conquit le Danemark tout entier ainsi que la Norvège et convertit les Danois au christianisme. » Il s'agit donc du plus ancien document écrit mentionnant le Danemark comme royaume unifié et établissant une date de conversion des Danois au christianisme.

Les pierres runiques

Les inscriptions runiques représentent la première forme d'écriture utilisée par les Scandinaves à partir du 3e s. apr. J.-C. ; sculptées dans le bois, la pierre ou le métal, elles ont été retrouvées non seulement en Scandinavie mais aussi dans les pays où se rendaient les Vikings. Il semble que les pierres les plus imposantes (elles peuvent peser plusieurs tonnes) aient servi de mémorial pour célébrer des exploits ou des personnages ; elles portent non seulement le nom de la personne ainsi honorée, mais aussi celui de la personne qui les fit ériger. Elles relatent aussi parfois des événements, tantôt d'importance locale, tantôt d'intérêt historique, comme par exemple à Jelling, dans le Jutland méridional, où sont ainsi célébrées l'unification et la christianisation du Danemark par **Harald à la Dent bleue**. Des milliers de pierres runiques ont été retrouvées en Suède, la plupart à proximité de Stockholm. Vers la fin de l'ère viking, les pierres runiques furent décorées d'emblèmes chrétiens, en particulier de croix, figurant ainsi à côté d'animaux mythologiques tels que les dragons et les serpents.

Inscrites sur la liste du patrimoine mondial de l'Unesco, les pierres se dressent devant le porche de l'**église** du 12e s. située entre les deux tumuli et ornée de fresques comptant parmi les plus anciennes du Danemark (mais malheureusement très mal restaurées).

Des fouilles ont révélé la présence d'une chambre funéraire sous le tumulus Nord, qui, bien que conçu pour recevoir deux corps, ne contenait pas d'ossements, le tumulus Sud étant quant à lui dépourvu de chambre funéraire. Des fouilles effectuées sous l'église ont permis d'affirmer que trois sanctuaires en bois s'étaient succédé sur le site, le plus ancien ayant été bâti par Harald. On trouva également des ossements humains, qui semblaient avoir été déplacés. Cela conduisit les archéologues à émettre l'hypothèse qu'Harald avait fait transférer les restes de ses parents du tumulus Nord sous l'église, construite sur l'emplacement d'un temple païen. Toutefois, les raisons d'un tel geste demeurent obscures et l'hypothèse d'un enterrement chrétien n'est aujourd'hui plus retenue. Quant au tumulus Sud, il aurait été construit pour servir de mémorial.

Jelling royal (Kongernes Jelling) – *Gomsgade 23 - ✆ 75 87 23 50 - déc-janv : mar.-ven. 13h-16h ; fev.-avr. et oct.-nov. : tlj sf lun. 13h-16h ; mai-15 juin et sept. : tlj sf lun. 10h-16h ;*

16 juin-31 août : tlj 10h-17h. - 40 DKK (enf. 15 DKK). En face du site, ce musée retrace l'histoire du site et permet de prendre connaissance de son contexte historique et de découvrir la vie des Vikings.

Au Sud de Jelling, le **lac Fårup (Fårup Sø)** offre, en été, un spectacle haut en couleur : aux mains d'un équipage en costumes d'époque, un **vaisseau viking** long de 15 m et reconstitué entre 1986 et 1990 par des volontaires glisse calmement sur les eaux.

Parc aux lions de Givskud (Givskud Løveparken) – *8 km au Nord-Ouest de Jelling par la route 442. ✆ 75 73 02 22 - ♿ - du 24 juin au 13 août : 10h-20h ; du 13 avr. au 23 juin et du 14 août au 17 sept. : 10h-18h ; du 18 sept. au 22 oct. : 10h 17h, possibilité de visite guidée en anglais - 110 DKK (enf. 50 DKK).*
Lions, éléphants, zèbres, rhinocéros, chameaux, gorilles et autres espèces animales sauvages ou domestiques évoluent sur les 160 ha de ce parc qui possède une aire de jeux pour enfants.

Haderslev★

38 km au Sud de Kolding par l'autoroute E 45 puis à la sortie 68, une petite route (la route 47) sur la gauche.
Située sur les rives d'un fjord étroit portant le même nom, à 15 km de la côte, Haderslev est une ville active et un agréable centre touristique. Occupant une position clé sur la principale voie Nord-Sud du Jutland, elle fut tôt vouée au négoce, qui y a toujours joué un rôle important. En 1292, elle obtint sa propre charte et son histoire fut alors jalonnée d'événements soulignant son importance. En 1448, la mort du roi Christophe ayant provisoirement mis un terme à l'**Union de Kalmar**, Christian Ier signait à Haderslev la charte qui lui assurait le trône danois, tandis que la Suède prenait pour roi **Karl Knutsson** (l'Union fut rétablie en 1457 quand Christian Ier fut élu roi de Suède avec l'appui de l'archevêque d'Upsal). En 1597, Christian IV y célébra ses noces avec Anne-Catherine de Brandebourg. Mais l'épisode le plus significatif de l'histoire de Haderslev se déroula entre 1864 et 1920, quand la ville fit partie, sous la férule prussienne, du duché de Schleswig-Holstein.

Cathédrale★★ – *✆ 74 52 55 50 - mai-sept. : 10h-17h, dim. 12h-17h ; oct.-avr. : 10h-15h, dim. 12h-15h.* Construite en brique rouge, c'est l'un des monuments gothiques les plus intéressants du Danemark. L'intérieur a été entièrement passé à la chaux, ce qui reflète la lumière plongeant sur le chœur (15e s.) à travers les hautes fenêtres. Le transept et la nef aux voûtes remarquablement hautes datent du 13e s., les fonts baptismaux en bronze de la fin du 15e s. et la chaire baroque de 1636. Mais le trésor de la cathédrale est sans aucun doute l'orgue, de facture Sieseby et récemment restauré, dont le son à la fois clair et velouté se fait entendre régulièrement.

Vieille ville – Dominée par la cathédrale, elle occupe une position élevée et ses rues sinueuses aux pavés irréguliers sont bordées de maisons anciennes ayant parfois près de 400 ans. Une restauration effectuée avec goût valut à Haderslev le titre de « ville de l'année » en 1984.

Au n° 20 de Slotsgade, l'un des plus vieux édifices de la ville date de la fin du 16e s. et abrite aujourd'hui une collection de céramiques, la **Collection Ehler (Ehlers Samlingen**, *✆ 74 53 08 58 - juin-août : 10h-17h, w.-end 13h-17h ; sept.-mai : 13h-17h, possibilité de visite guidée en anglais - fermé lun. - 25 DKK.)*

Dans Sejlstensgyde, la **Slesvigske Vognsamling**, *✆ 73 52 07 07 - ♿ - juin-août : 10h-17h, w.-end 13h-16h ; sept.-oct. et mars-mai : 13h-16h, possibilité de visite guidée en anglais (1h30) - fermé lun. - 25 DKK (enf. gratuit),* est une belle collection de voitures à chevaux datant des 17e, 18e et 19e s.

Musée d'Haderslev – *Dans Dalgade, ✆ 74 52 75 66 - ♿ - juin-août : 10h-16h ; sept.-mai : 13h-16h - fermé lun. - 25 DKK (enf. gratuit).* Il comprend une section consacrée aux fouilles archéologiques de la région et aux objets découverts dans les marais avoisinants. En face, un petit musée de plein air regroupe de vieux bâtiments du 17e s.

Næstved

STORSTRØM – 47 500 HABITANTS
CARTE MICHELIN N° 711 Q 8 OU ATLAS EUROPE P. 122 – SCHÉMA : VOIR À ELSENEUR

Næstved est l'une des plus anciennes villes du Danemark. Elle se développa autour d'un monastère fondé au 12e s. et fut un bourg prospère tout au long du Moyen Âge. L'extension du port au début du 20e s. attira de nouvelles industries, mais la ville a conservé son caractère de bourg traditionnel, animé le mercredi et le samedi par un marché qui se tient sur Akseltorv.

Se repérer – Deux rues perpendiculaires enserrent la ville ancienne aux ruelles piétonnes. L'une, Riddergade, conduit à l'église Saint-Martin ; la seconde, Købmagergade, à l'église Saint-Pierre.

À ne pas manquer – Le circuit des églises rurales.

Pour poursuivre la visite – Les îles de FALSTER, MØN et LOLLAND, et KØGE.

Næstved pratique

Adresses utiles

Næstved, Havnen 1 - 4700 - *55 72 11 22.*

Sorø – Storgade 15 - 4180 - *57 82 10 12.*

Ringsted – Skt. Bendtsgade 6 - 4100 - *57 62 66 00.*

Transports

En voiture – **Næstved** est située au Sud de l'île du Sjælland à peu de distance de l'autoroute E 47/E 56 qui relie Copenhague à l'île de Flaster. Empruntez la sortie n° 37 puis la route 54.

Ringsted et **Sorø** sont quant à elles desservies par l'autoroute E 20. Copenhague-Odense : sorties 36 et 37 respectivement.

Se loger

NÆSTVED

Hotel Kirstine – *Købmagergade 20 - 55 77 47 00, fax 55 72 11 53 - www.hotelkirstine.dk - 31 ch. : 895 DKK* - P. Équidistant des deux églises de la ville, cet hôtel a investi une demeure aux allures de ferme inattendue en milieu urbain. Confort et charme d'un décor soigné sont ici les maîtres mots. Restaurant gastronomique.

RINGSTED

Hotel Scandic – *Nørretorv - 57 61 93 00, fax 57 67 02 07 - www.sandichotel.dk - ch. : 1 250 DKK .* Parfaitement impersonnel mais très confortable et situé à deux pas du centre-ville (à pied à travers un petit centre commercial). Privilégiez le week-end lorsque les prix deviennent plus attractifs.

SORØ

Hotel Postgården – *Storegade 245 - 57.83 22.22, fax 57 83 22 91, www.hotelpostgaarden.dk - 23 ch. : 760 DKK .* Au centre de la bourgade, le confort à la danoise dans une maison à colombage. Agréable terrasse aux beaux jours.

Krebshuset – *Ringstedvej 87 - 58 82 01 81, fax 57 57 82 03 - www.krebshuset.dk - 10 ch. : 760 DKK .* À l'orée des forêts qui servent d'écrin à Sorø, ce sympathique hôtel est installé dans une ancienne demeure. Restaurant réputé.

Se promener

Balade dans la vieille ville – Les ruelles (semi) piétonnes de la vieille ville, bordées de demeures dont certaines ont conservé leur cachet ancien, seront le cadre d'une agréable promenade, d'autant que leur vocation commerciale assure une animation constante, en particulier autour d'Axeltorv.
La rue de l'Église (Kirkegade) conduit à la **place de l'Église-Saint-Pierre (Skt Peders Kirkeplads)**, bordée de maisons anciennes de brique aux façades à pignon, et où se dresse la première des deux églises.

Église Saint-Pierre (Skt. Peders Kirke) – *55 72 31 90 - de déb. mai à mi-sept. : 10h-12h, 14h-16h ; reste de l'année : 10h-12h - fermé lun. et w.-end.* De style gothique mais remaniée au 19e s., cette vaste église d'allure quelque peu massive a conservé quelques fresques médiévales ; l'une d'entre elles, datant d'environ 1375, représente le roi Valdemar IV et la reine Hedwige en prière. Le sanctuaire contient également de beaux fonts baptismaux en bronze.

Face à l'église, **Rådhuskirken** fut construit vers 1450 pour servir d'hôtel de ville, ce qui en fait le plus ancien édifice danois destiné à cet usage.

Contourner l'église et prendre Købmagergade. Face à la belle demeure à colombage abritant l'hôtel Kirstine, prendre sur la gauche Riddergade.

Riddergade – Vous verrez sur votre gauche une série de belles maisons anciennes à colombage. L'une d'entre elles, la **Maison des apôtres (Apostelhuset)**, construite en 1510, doit son nom aux sculptures encadrant les fenêtres et représentant Jésus-Christ et les douze apôtres.

Église Saint-Martin (Skt. Mortens Kirke) – *✆ 55 72 31 03 ou 55 73 57 39 - juil.-août : 9h-11h, 14h-17h ; reste de l'année : 9h-11h - fermé lun. et w.-end.* Du même style mais plus petite que l'église St-Pierre, l'**Église St-Martin** contient une fresque représentant saint Martin de Tours, saint patron de l'église, ainsi qu'un grand retable sculpté en 1667 par **Abel Schrøder le Jeune** et une chaire réalisée, elle, par son père.

Aux alentours

Château de Gavnø★ (Gavnø Slot)

6 km par la route 22 en direction de Vordingborg puis, à Vester Egesborg, une petite route signalisée à droite.

✆ 55 70 02 00 - ♿ - mai : 10h-17h ; juin-août : 10h-16h ; reste de l'année : sur RV, possibilité de visite guidée (1h, anglais) - 65 DKK (enf. 35 DKK).

Ce **château** du 18e s., de style rococo, est entouré d'un parc magnifique. Toujours habité, il contient la plus importante collection privée de peintures du Danemark, exposée dans la grande galerie, et qui comprend un grand nombre de portraits. Le mobilier du milieu du 17e s. contribue à l'atmosphère de l'ensemble. Rattachée au bâtiment principal, la **chapelle** est somptueusement décorée de panneaux sculptés et peints. Le **parc★**, aux arbres centenaires, est particulièrement attrayant en mai lorsque tulipes, narcisses, jacinthes et autres crocus l'illuminent de leurs couleurs vives.

Sorø

28 km au Nord-Ouest par la route 14 vers Ringsted, puis à gauche la route 239.

De nos jours, Sorø est un paisible bourg rural occupant un site agréable entre deux lacs cernés de forêts, mais au Moyen Âge c'était un important centre religieux. Un monastère cistercien y fut fondé vers 1160, très probablement par l'évêque **Absalon**. À la Réforme, le monastère fut fermé et transformé en école jusqu'au jour de 1623 où Christian IV décida de créer une académie pour jeunes aristocrates. Cette institution, l'**Académie de Sorø,** existe toujours, bien qu'elle ait dû être reconstruite à la suite d'un incendie. Dans le parc ouvert au public, la statue de **Ludwig Holberg** rappelle que ce poète et dramaturge du 18e s. fit don à l'Académie de sa fortune et de sa bibliothèque.

Église – *✆ 57 82 01 35 - mai-sept. : 10h-16h, dim. 12h-16h ; oct.-avr. : 1er dim. du mois 12h-16h, possibilité de visite guidée.* L'ancienne abbatiale est un édifice roman imposant construit sur le modèle de l'abbaye cistercienne de Fontenay et restauré au 19e s. À l'intérieur, on remarque un majestueux Christ en croix du 16e s., œuvre de Claus Berg, et le tombeau de l'évêque Absalon derrière l'autel. L'église eut des rapports étroits avec la famille royale dont plusieurs membres furent enterrés dans diverses parties de l'édifice au cours du 14e s. ; parmi eux Oluf, fils de la reine Margrethe Ire.

Ringsted

23 km par la route 14.

De nos jours, la capitale de la Zélande est une petite ville moderne et commerçante. Elle a toutefois conservé le symbole de l'influence qu'elle exerçait au Moyen Âge, à la fois comme centre religieux et comme siège de la justice. Il s'agit de l'**église Saint-Benoît★ (Sankt Bendts Kirke)** *(accès depuis Torget par Skt Bendtsgasse, ✆ 57 61 40 19 - de déb. mai à mi-sept. et vac. de printemps : 10h-12h, 13h-17h ; reste de l'année : 13h-15h.)*, ancienne abbatiale d'un monastère du 12e s, l'une des plus vieilles églises de brique du Danemark. Pendant deux cents ans, les monarques et les membres de la famille royale y furent inhumés. Elle renferme les portraits de certains d'entre eux, ainsi que 20 tombeaux royaux, dont celui de **Valdemar Ier** qui, le premier, décida de faire de Ringsted le lieu de sépulture officiel de la monarchie danoise.

Circuit de découverte

ÉGLISES RURALES DU SUD DU SJÆLLAND

Circuit au départ de Næstved. 100 km environ – Une demi-journée.

La plupart des églises que vous découvrirez au cours de ce circuit sont de style roman ou gothique primitif, construites en brique avec de massives tours carrées et ces pignons à redans caractéristiques des églises danoises qui ne contribuent pas à alléger leur silhouette. Leurs murs blanchis à la chaux et leurs toits de tuiles rouges, que l'on repère de loin, ressortent bien au milieu de leur petit cimetière soigneusement entretenu, décoré de parterres fleuris multicolores entourés par de minuscules haies de buis.

Quitter Næstved par la route 265 en direction de Skælsor, puis, à Bøgelunde, emprunter une petite route à gauche.

Ørslev★

L'**église★** est d'une taille imposante, inattendue pour une église rurale ; elle contient des fresques illustrant la vie à la campagne au Moyen Âge : vous y verrez ainsi, entre autres scènes profanes, un bal villageois des plus animés.

Poursuivre jusqu'à Skælsor sur la route 265. À l'entrée de la ville, avant de franchir le pont, prendre à droite la route 157. Après Eggeslevmagle, prendre sur la gauche la route de Slagelse.

Flakkebjerg

Datant des 14e et 15e s., les fresques de l'**église** de Flakkebjerg sont ornées de motifs floraux et géométriques.

Tourner à droite dans une petite route rurale conduisant à Gimlinge (à 3 km).

Gimlinge

L'église de ce village est elle aussi décorée de fresques intéressantes contemporaines de celles de Flakkebjerg.

Poursuivre jusqu'à la route 22 que l'on prend à droite jusqu'au carrefour avec la route 157. Continuer sur la gauche vers Sorø et, après avoir longé la rive du lac Tystrup, à Ekilstrup, prendre une petite route à droite.

Vester Broby

La petite **église★** (*✆ 57 83 23 20 - été : 8h-17h ; hiver : 8h-16h*) recèle diverses fresques exécutées entre le 12e et le 14e s. Peintes dans un style naïf, elles sont très expressives ; remarquez en particulier Adam et Ève mangeant le fruit défendu et Caïn poignardant Abel.

Rejoindre la route 239, tourner à gauche puis à droite vers Alsted et, après ce village, à gauche vers Fjenneslev.

Fjenneslev

Les deux tours de cette église★ romane (*Tlj sf lun. et w.-end 7h-17h*) construite en 1130 par Asser Rig, père du fameux évêque Absalon (le fondateur de Copenhague), furent ajoutées à la fin du 12e s. Les fresques datent aussi de cette époque ; l'une d'entre elles représente, selon la tradition, Absalon et sa femme.

Rejoindre la route 150, prendre à gauche la direction de Sorø, puis tourner à droite vers Bjernede sur une petite route qui passe sous l'autoroute.

Bjernede

C'est la seule église ronde du Sjælland (*avr.-oct. : 8h-16h*). Construite pendant la seconde moitié du 12e s. et soigneusement restaurée, c'est aujourd'hui la mieux conservée des églises rondes au Danemark. À l'intérieur, la voûte repose sur quatre énormes piliers circulaires.

Découvrir le Danemark en effeuillant la marguerite

Vous verrez un peu partout au Danemark ces panneaux bruns ornés d'une marguerite : ils balisent ce que l'on appelle la « **route de la Marguerite** », (**Margueritruten**), 3 500 km de routes souvent sinueuses permettant de découvrir villages typiques, paysages enchanteurs ou curiosités architecturales. La « route de la Marguerite » ne constitue pas un itinéraire continu, mais une alerte : lorsque vous apercevez un de ces panneaux, n'hésitez pas à le suivre ! En outre, une vingtaine d'auberges (« kro ») indépendantes, réputées pour la qualité de leur accueil et de leur cuisine, se sont regroupées sous ce label et proposent des séjours (« miniferie ») comprenant deux nuits avec petits-déjeuners et dîners à des tarifs fixes *(renseignements sur www.marguerit-hoteller.dk)*.

Odense★★

FYN – 186 030 HABITANTS
CARTE MICHELIN N° 711 Q 7 OU ATLAS EUROPE P. 122

Située au cœur de la plus verte des îles danoises, la troisième ville du Danemark est une métropole moderne dont les origines remontent à plus de mille ans, mais qui se tourne avec confiance vers l'avenir, surtout depuis que la construction d'une liaison fixe à travers le Storebælt a consolidé sa position sur le principal axe de communications Est-Ouest. Mais, aux yeux des milliers de visiteurs du monde entier qui affluent chaque année, Odense est tout simplement la ville natale de Hans Christian Andersen, et le charme du vieux quartier, admirablement conservé, qui vit naître le fameux conteur, ne pourra que vous séduire.

- **Se repérer** – Après avoir quitté l'autoroute E 20 (sortie 51 : Odense C), une longue route rectiligne vous conduit au pont. Dans le prolongement, Torvegade puis Thomas B. Thridges Gade séparent le centre-ville d'Odense (sur la gauche) du quartier Andersen (sur votre droite). Sur la gauche, la large Østre Stationsvej (que l'on prend en évitant le passage souterrain) bordant au Nord le centre-ville conduit à la gare et permet d'accéder en voiture à un quartier où sont regroupés nombre d'hôtels.
- **Se garer** – Parkings un peu partout, notamment sur Østre Stationsvej. dans les rues, possibilités de se garer (horodateurs), mais à durée parfois très limitée.
- **À ne pas manquer** – Le quartier Andersen, la Brands Klædefabrik et une balade maritime entre Kerteminde et Nyborg.
- **Organiser son temps** – Comptez une journée bien remplie pour la visite d'Odense... plus une seconde pour profiter des alentours.
- **Avec les enfants** – Le « Briquet » du quartier Andersen.
- **Pour poursuivre le voyage** – SVENDBORG et FÅBORG, ainsi que les îles du Sud de la Fionie.

I. Klipper / MICHELIN

Au cœur du quartier Andersen.

Comprendre

Entre légende et histoire – Bien avant l'époque d'Andersen, la ville fut associée au monde de l'imaginaire puisqu'elle doit son nom à **Odin**, dieu suprême de la Mythologie scandinave dont un sanctuaire était très probablement installé sur les lieux. Mais c'est en 1086 qu'elle entra dans l'histoire lorsque le roi **Canut** fut assassiné dans l'église St-Alban. Le défunt souverain ne tarda pas à être canonisé et la cité devint un lieu de pèlerinage qui comptait nombre de monastères et de couvents et dont l'importance spirituelle (et économique) ne cessa de s'accroître pendant tout le Moyen Âge. Après la Réforme, des périodes de prospérité alternèrent avec d'autres où incendies et guerres ravagèrent la ville. Cela dura jusqu'au 19e s. À cette époque, le canal reliant Odense au fjord fut percé et permit l'installation d'un port et l'implantation d'industries. Au même moment, la célébrité mondiale de **Hans Christian Andersen** donna à Odense une dimension culturelle qu'elle met un point d'honneur à conserver depuis.

« Ma vie est une charmante histoire »... – Fils d'un cordonnier qui préférait les livres aux souliers, **Hans Christian Andersen** (1805-1875) apprit très jeune à faire jouer son imagination grâce à un théâtre dont son père avait taillé les poupées. La disparition de son père alors qu'il n'avait que huit ans exacerba une sensibilité, déjà marquée par les railleries que lui attirait son physique ingrat. À 14 ans, pour fuir un beau-père qui voulait le mettre en apprentissage, il se rendit à Copenhague. Il rêvait de devenir comédien, entreprit d'écrire des pièces qui furent refusées par le Théâtre royal et passa des examens. Il publia ensuite des poèmes et des romans, sans le moindre succès. Une pension que le roi lui accorda lui permit d'entreprendre un voyage en Italie. À son retour, il publia l'*Improvisateur*, roman qui enfin lui apporta une certaine estime. D'autres suivirent, tandis qu'il imaginait des contes, pour son seul plaisir : les premiers furent publiés en 1835 et connurent immédiatement un immense succès populaire, qui dépassa très vite les frontières du royaume.

Tout le contraire d'un joyeux drille

Repoussé par les rares jeunes femmes dont il s'éprenait (notamment la cantatrice suédoise **Jenny Lind**), Andersen restait désespérément seul et mélancolique, au point que **Charles Dickens**, qui le reçut en 1847, mit après son départ dans la chambre qu'il avait occupée l'inscription : *« Hans Andersen a dormi dans cette chambre cinq semaines, qui, à la famille, ont paru cinq siècles. »*

Il se mit alors à voyager et visita de nombreux pays. En 1842, il fut reçu à Paris par Victor Hugo et Alexandre Dumas père, et il rencontra Lamartine, Vigny, Balzac... Les éloges de ses pairs flattaient son amour-propre, de même que les attentions des riches amis qu'il s'était enfin trouvés. Il confectionnait pour leurs enfants des livres d'images à partir de découpages.

Il lui fallut un temps considérable pour accepter l'idée que ses véritables chefs-d'œuvre étaient ses contes. De son vivant, il reçut honneurs et décorations du monde entier, fut fait en 1867 Citoyen d'honneur de sa ville natale, et sa statue fut érigée à Copenhague. Passant la majeure partie de son temps dans deux familles aisées qui le recevaient à tour de rôle, il termina néanmoins sa vie en solitaire et mourut à Copenhague le 4 août 1875, sans que sa vie ait été en somme aussi « charmante » qu'il voulait s'en persuader.

Se promener

LES DEUX VISAGES D'ODENSE

Le quartier Andersen★★★

Vous accéderez au quartier par la petite Hans Jensens Stræde sur la droite de Thomas B. Thridges Gade.

Vous étiez dans une ville moderne, presque banale et puis, soudain, à peine vous êtes-vous engagé dans cette ruelle que le charme opère. Les rues pavées de ce vieux quartier autrefois ouvrier ont bordé de petites maisons basses, certaines à colombage, datant de la fin du 18e s. et du début du 19e s. Soigneusement restaurées et repeintes, occupées parfois par des restaurants ou des boutiques de souvenirs, elles sont charmantes avec leurs minuscules fenêtres carrées dont le bas seulement est orné de rideaux ; mais, bien qu'elles soient habitées et forment un ensemble harmonieux, le quartier tout entier est empreint d'une telle nostalgie que l'on semble contempler un décor de scène oublié là, longtemps après que les feux de la rampe se furent éteints.

C'est au coin de Bangs Boder dans une petite maison jaune que rien ne signale à l'attention que serait né le célèbre conteur.

Prendre à droite dans Bangs Boder, puis encore à droite.

Au fond d'un jardin **(Lotzes Have)** agrémenté d'un petit lac, deux édifices modernes de verre et de brique se dressent devant vous :

Odense pratique

Adresses utiles

Odense – Vestergade 2 - 5000 - ✆ *66 12 75 20.*

Kerteminde –Strandgade 1B - 5300 - ✆ *65 32 11 21 - Lun.-ven. 9h-16h, sam. 9h-12h30.*

Nyborg – 5800 - ✆ 65 31 02 80.

Transports

Environ une heure et demie de voiture depuis Copenhague par l'aurtoroute E 20 qui traverse le détroit du Storebælt sur un pont à péage.

Se loger

Danhostel Odense City – *Østre Stationsvej 31, dans le centre - ✆ 63 11 04 25, fax 63 11 35 20 - www.cityhostel.dk - ch. : 400/480 DKK, dortoir : 167 DKK.* Même si cette auberge de jeunesse longe une artère bruyante, l'intérieur est silencieux grâce à un double vitrage. Les chambres disposent de lits superposés et d'une salle de bains privative. Plusieurs commodités, dont cuisine, accès Internet, réfectoire pour le petit-déjeuner. Pas de charme particulier, mais c'est propre, central et bon marché.

Det Lille – *Dronningensgade 5, dans le centre-ville - ✆ 66 12 28 21, fax 66 12 28 21 - www.lillehotel.dk -- ch. : 250/400 DKK, ☕ 25 DKK.* Ce Bed & Breakfast est situé dans une maison ancienne très proche du centre-ville. Les parties communes un peu vétustes ne sont pas à l'image des chambres spacieuses et confortables. Silence exigé après 22h.

Pjentehus – *Pjentedamsgade 14, à 5mn à pied du centre -- ✆ 66 12 15 55 - www.net.bb.dk - ch. : 350/450 DKK.* Accueil chaleureux dans ce Bed & Breakfast confortable situé dans le quartier de la maison Andersen. Les chambres sont impeccables de même que les parties communes. Petit-déjeuner convivial qui rassemble tous les hôtes de la pension.

Komfort & Økonomi – *Hans Tausensgade 19, dans le centre - ✆ 66 12 14 27, fax 66 12 14 13 - www.domir.dk - ch. : 495/545 DKK, suite : 745 DKK ☕.* Ce bel immeuble décoré de plaques de cuivre accueille un café design, des chambres correctes mais malheureusement un peu étroites et plutôt rudimentaires. L'intérêt tient essentiellement dans le prix et la situation.

City – *Hans Mules Gade 5, tout près de la maison Andersen - ✆ 66 12 12 58, fax 66 12 93 64 - www.city-hotel-odense.dk - ch. : 695/895 DKK, suite : 1 095 DKK ☕.* Un hôtel bien situé qui dispose de chambres très correctes et d'une grande terrasse où des transats sont installés en été. Les enfants trouveront dans le sous-sol un billard et une table de ping-pong.

First Hotel Grand – *Jernbanegade 18, dans le centre - ✆ 66 11 71 71, fax 66 14 11 71 - www.firsthotels.com - ch. : 778/1 198 DKK, suite 1 688 DKK ☕* L'hôtel le plus central de la ville ! Les prix élevés sont justifiés par des chambres spacieuses et confortables. Les prix baissent le w.-end et durant les vacances d'été.

Confort Hotel Windsor – *Vindegade 45, dans le centre - ✆ 66 12 06 52, fax 65 91 00 23 - www.choicehotels.dk - ch.: 845/995 DKK, suite 1 195 DKK ☕.* Les hôtels de cette enseigne sont globalement de bonne qualité. Celui-ci dispose de chambres accueillantes et agrémentées d'un mobilier de style ancien. Un buffet est inclus dans le prix du lundi au jeudi à partir de 18h30.

Ansgar – *Østre Stationsvej 32, dans le centre-ville - ✆ 66 11 96 93, fax 66 11 96 75 - www.hotel-ansgar.dk - ch. : 845/995 DKK ☕.* Un hôtel pour hommes d'affaires qui propose des chambres confortables et décorées d'un mobilier ancien. Plusieurs commodités, dont un accès Internet gratuit. Préférez les chambres qui donnent sur la cour.

Clarion Hotel Plaza – *Østre Stationsvej 24, dans le centre - ✆ 66 11 77 45, fax 66 14 41 45 - www.choicehotels.dk - ch. : 1 125/1 350 DKK, suite : 1 525 DKK ☕.* Un hôtel central et de qualité dont les chambres les plus calmes offrent une vue sur le square. Pas de charme particulier et sachez que les prix baissent considérablement en été et le week-end.

Radisson H.C. Andersen – *Claus Bergs Gade 7, en face de la maison Andersen - ✆ 66 14 78 00, fax 66 14 78 90 - www.radisson.com - ch. : 1 225/1 425 DKK, suite : 1 625 DKK ☕.* Un établissement du groupe Radisson qui propose évidemment des chambres spacieuses et très confortables. L'hôtel abrite entre autres un restaurant de standing, un casino, un solarium, un sauna, etc. Sans surprises !

À KERTEMINDE

Tornøes Hotel – *Standgade 2 - ✆ 65 32 16 05, fax 65 32 28 40 - www.tornoeshotel.dk - 30 ch. : 750/895 DKK ☕. selon la saison et la vue.* Posé face au petit fjord et au port, un établissement charmant, véritable institution locale, au décor paisiblement cossu. Chambres très claires et confortables et, pour les romantiques, lit à baldaquin dans la suite.

Se restaurer

Jensen's Bøfhus – *Kongensgade 10, dans le centre - ✆ 66 14 59 59 - 90/200 DKK - Lun.-jeu. 11h-22h, vend.-sam. 11h-23h, dim. 12h-22h.* Une chaîne de restaurants présente sur l'ensemble du territoire danois où vous pourrez apprécier de savoureuses grillades, accompagnées de salades et pommes de terre au four. Une valeur sûre !

Under Lindetraeet – *Ramsherred 2, en face de la maison Andersen - ✆ 66 12 92 86 - www.underlindetraet.dk - fermé lun. - 250/450 DKK.* Dans une jolie maison du quartier ancien, ce restaurant richement décoré propose une cuisine de qualité. Une belle cave de vin permet d'accompagner un dîner savoureux. Des liqueurs disposées sur une table roulante sont proposées pour finir le repas.

Klitgaard – *Gravene 4, au bord du quartier piéton - www.restaurantklitgaard.dk - tlj 18h-24h - 270/500 DKK.* Un restaurant élégant et central où l'on sert une cuisine élaborée pour des dîners dégustations. Pour accompagner votre repas, on vous proposera une très belle carte des vins. Attention, les prix s'envolent très rapidement !

Vestergade 1 – *Vestergade 1, à l'entrée du quartier piéton - ✆ 66 12 52 53 - tlj 11h-22h - 80/309 DKK.* Un café restaurant branché qui comprend une grande salle à manger lumineuse bordée de grandes baies vitrées. La décoration design accompagne une cuisine excellente et plus élaborée le soir (foie gras, carpaccio…).

Der Gamle Kro – *Overgade 23.* Dans les salles voûtées de cette demeure de 1683, vous pourrez déguster un excellent buffet danois à base de canapés *(smørrebrød)* propre à rassasier les appétits les plus solides.

À KERTEMINDE

Restaurant Rudolf Mathis – *Dosseringen 13 (face à la ville par le pont de la route de Nyborg et tout de suite à gauche).* Littéralement posé sur l'eau du fjord de Kerteminde, face à la ville, un restaurant de poissons réputé.

CAFÉS-RESTAURANTS

Bon à savoir – Cafés et établissements de restauration légère à l'ambiance jeune se succèdent dans le Brandts Passage conduisant à la Brandts Klæde Fabrik.

Pane & Vino – *Vintapperstraede 8, dans le quartier piéton - ✆ 63 11 13 90 - www.panevino.dk - tlj 12h-22h - 60/200 DKK.* L'intérêt principal de ce restaurant italien tient à sa belle terrasse qui s'étend sur une paisible ruelle pavée. Cuisine sans surprise, composée de pâtes, pizzas et d'un buffet de différentes salades.

Olivia – *Vintapperstraede 37, dans le quartier piéton - ✆ 66 17 87 44 - www.cafeolivia.dk - lun.-sam. 10h30-17h30, merc.-sam. 17h30-21h - 65/250 DKK.* Une brasserie élégante qui dispose d'une belle terrasse dans une ruelle piétonne, où vous pourrez déguster salades, sandwiches et brunches copieux. L'intérieur est décoré élégamment dans le style des cafés viennois.

P. Plantier / MICHELIN

La poste du passage Brandt.

Cuchoo's Nest – *Vestergade 73, sur la rue piétonne principale - ✆ 65 91 57 87 - Lun.-jeu. 9h-24h (cuisine 21h), w.-end 11h-2h (cuisine 22h) - 70/150 DKK.* Un café-restaurant fréquenté par une population locale où l'on vient apprécier une cuisine rapide de qualité. Une belle terrasse et un intérieur décoré avec soin contribuent à une atmosphère décontractée. Plein à craquer le week-end.

Envy – *Brandts Passage 31, dans le quartier piéton - ✆ 66 19 20 05 - jeu.-sam. 11h-2h (cuisine 21h30), dim.-mer. 11h-1h (cuisine 21h30) - 55/250 DKK.* Café restaurant lounge ouvert récemment. La salle à manger très lumineuse est bordée d'une belle terrasse qui donne sur une rue piétonne. Beaucoup de caractère, pour une cuisine soigneusement présentée à base de salades, brunch (*11h-16h*) accompagné d'une coupe de champagne, omelettes à composer soi-même, soupes et hamburgers. Une bonne adresse.

Biografen – *Brandts Passage 39-41, dans le centre piéton - ✆ 66 13 16 16 - Tlj 11h-24h (cuisine 21h) - 60/120 DKK.* Il règne en ces lieux une atmosphère de culture. Dans une ancienne usine où se situent un musée et un cinéma *(Biograf)*, cet imposant café-restaurant est fréquenté par une population locale qui vient apprécier une cuisine de qualité tout en lisant la presse.

PETITE PAUSE

Café Fyrtøjet – Grande salle donnant sur le petit parc de l'Andersen Hus. Idéal pour patienter devant un café pendant que les chers petits se déchaînent dans le « Briquet ».

Achats

Christmas shop – *Hans Jensens stræde 34.* Près de la maison natale d'Andersen une échoppe où vous trouverez des décorations de Noël, des poupées et des objets d'artisanat danois.

Keramiker Birthe Knudsen – *Overstræde 10.* Un atelier de céramiques design au cœur du quartier Andersen.

Événements

Festival international du film – 2e quinzaine d'août. *✆ 66 12 75 20.*

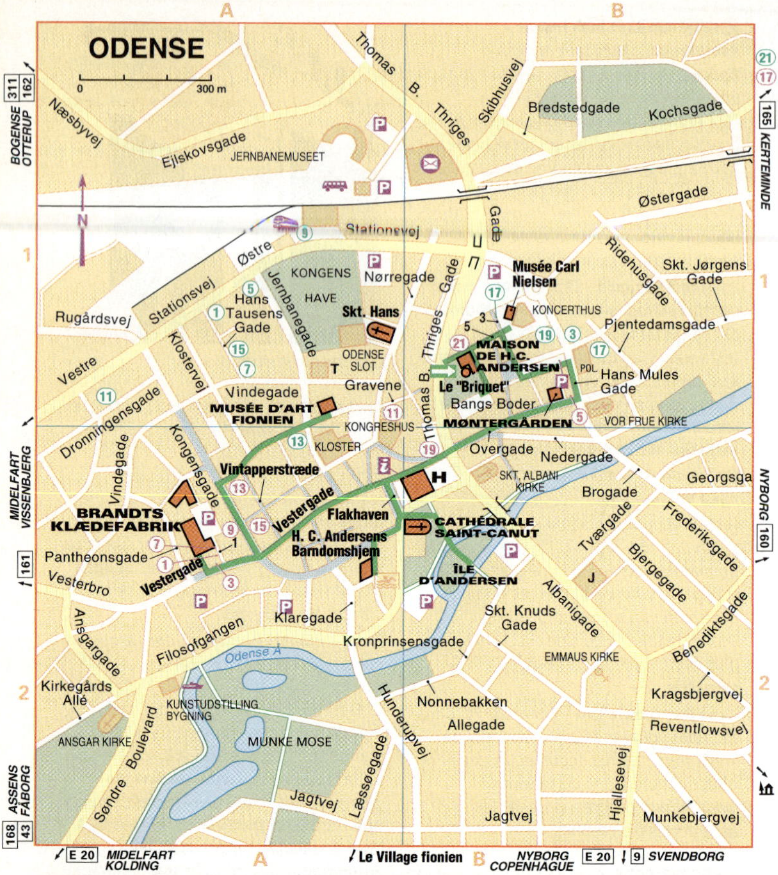

SE LOGER
- Ansgar 1
- City 3
- Clarion Hôtel Plaza 5
- Confort Hôtel Windsor 7
- Danhostel Odense City 9
- Det Lille 11
- First Hôtel Grand 13
- Komfort & Økonomi 15
- Pjentehus 17
- Radisson H.C. Andersen 19
- Tornøes Hôtel 21

SE RESTAURER
- Biografen 1
- Cuchoo's Nest 3
- Der Gamle Kro 5
- Envy 7
- Jensen's Bøfhus 9
- Klitgaard 11
- Olivia 13
- Pane & Vino 15
- Rudolf Mathis 17
- Vestergade 1 19
- Under Lindetraeet 21

INDEX DES RUES
- Brandts Passage 1
- Claus Bergs Gade 3
- Ramsherred 5

Maison de Hans Christian Andersen★★ (Hans Christian Andersens Hus) (B1)

Bangs Boder 29 - ☎ 65 51 46 01 - juin-août : 9h-18h ; sept.-déc : tlj sf lun. 10h-16h, possibilité de visite guidée (anglais) sur demande - fermé 1er janv., 24-25 et 31 déc. - 55 DKK (enf. 20 DKK).

Une muséographie claire, moderne et parfois ludique nous invite à faire connaissance avec le célèbre écrivain danois : des documents où le portrait de Karl Marx côtoie celui d'Abraham Lincoln plantent le décor dans lequel Andersen évolua. Une évocation de l'homme, ce grand échalas à la laideur légendaire, précède une sélection de ses fameux papiers découpés. Après avoir traversé une immense bibliothèque constituée des éditions en 150 langues des œuvres de l'écrivain, un salon mémorial (fresques de **Niels Larsen Stevns**) présente une biographie d'Andersen à travers des tableaux, des objets personnels et des manuscrits : ses amours malheureuses, ses voyages, l'étrange vie qu'il mena auprès d'amis fortunés y sont longuemnt évoqués. La visite se termine par une brève incursion dans les minuscules pièces de ce que l'on suppose être la maison natale du grand homme.

Le « Briquet » (Fyrtøjet)
Hans Jensens Stræde 21 - ✆ 66 14 44 11 - mi-juin-mi-août : 10h-17h ; déb. fév.-mi-juin et déb. sept.-21 déc. : tlj sf lun. 11h-16h - fermé du 24 déc. au 21 janv. - 60 DKK.
Située dans le jardin attenant à la maison natale d'Andersen, cette tour de verre et de brique est un espace culturel interactif destiné aux enfants ; ils écoutent des contes de fées, tandis que, dans la salle d'activités, ils se déguisent, se maquillent et jouent des pièces de théâtre, avec l'aide des animateurs du lieu. Ils peuvent aussi s'essayer à écrire des contes de fées ou lire tranquillement dans le coin réservé à la lecture. Ils y trouveront également un atelier consacré à la peinture et à la fabrication de marionnettes qui seront ensuite utilisées dans la salle de théâtre. Bref, de quoi occuper les chères têtes blondes toute la journée !

Revenir à Hans Jensens Stræde et prendre à droite.

Au débouché de la ruelle, contraste total avec le bâtiment de métal et de verre abritant à la fois la **salle de concerts (Koncerthuis)** et l'hôtel SAS Radisson. Cependant, de même que pour le Briquet ou le musée Andersen, l'irruption soudaine de la modernité n'a ici rien de choquant, tant les architectes ont su inscrire leur création dans le tissu urbain du quartier. C'est ce même bâtiment octogonal qui, sur la gauche, abrite le musée consacré au plus grand compositeur danois.

Musée Carl Nielsen (Carl Nielsen Museet) (B1)
Claus bergs gade 11 - ✆ 65 51 46 01 - juin-août : jeu. et vend. 14h-18h, dim. 12h-16h ; reste de l'année : 16h-20h, dim. 12h-16h - fermé 1er janv., 24-26 et 31 déc. - 25 DKK (enf. 5 DKK).
Anne Marie Carl-Nielsen, sculpteur, était l'épouse de **Carl Nielsen** (1865-1931), Fionien de naissance, et le musée évoque la vie et l'œuvre du célèbre couple : outre les documents et objets personnels, vous pourrez voir une vidéo et écouter des enregistrements de la musique de l'auteur de *Mascarade* et de *La Suite d'Aladdin*.

Revenir en arrière et prendre sur la gauche Oevrstræde, puis prendre à gauche.

Møntergården★★ (B1)
Overgade 48 - ✆ 65 51 46 01 - 10h-16h, possibilité de visite guidée en anglais - fermé lun., 1er janv., 24-25 et 31 déc. - 30 DKK (enf. 15 DKK).
La magie se poursuit avec ce superbe ensemble de demeures anciennes, nettement plus riches que celles de la rue où naquit Hans Christian Andersen. Le porche d'**Østerbyesgård★**, belle demeure à colombage de 1631, donne accès à une cour grossièrement pavée, bordée de maisons bourgeoises des 16e et 17e s.
L'une d'elles abrite le **musée de la Ville (Bymuseet)** qui présente des expositions temporaires sur la vie urbaine. Sur le côté une étroite ruelle, **Mønterstræde**, bordée de maisons toutes de guingois, puis de l'**Ejler Rønnovs Gård** (édifiée en 1547) conduit à Overgade.

Prendre Overgade à droite et traverser la large Tovergade pour pénétrer dans le quartier de la Cathédrale.

Au centre d'Odense

Prendre Vestergade dans le prolongement d'Overgade.

Flakhaven
Sur cette vaste place ornée de sculptures contemporaines (pas toujours heureuses) se dresse l'imposant **hôtel de ville (Rådhus – B2)** construit à la fin du 19e s. dans un style pseudo-Renaissance.

Cathédrale Saint-Canut★ (Skt. Knuds Kirke) (B2)
✆ 66 12 03 92 - www.odense-domkirke.dk - 10h-17h (nov.-mars 16h), dim. 12h-17h.
Cette cathédrale gothique, construite en brique et dédiée au roi assassiné, a été construite entre le 13e s. et le 15e s. La **crypte** contient les reliquaires de saint Canut et de son frère Benedikt ainsi que plusieurs tombes royales. Derrière l'autel, les couleurs lumineuses du magnifique **triptyque★★★**, haut de 5 m, réalisé par **Claus Berg** vers 1520, ressortent admirablement sur la blancheur des murs ; il se compose de plus de 300 personnages sculptés et son panneau central représente la Crucifixion. La cathédrale contient aussi des **grilles de fer forgé** réalisées par Caspar Fincke, des **fonts baptismaux** du 17e s. en bronze et une **chaire** du 18e s.

Contourner la cathédrale par la gauche et descendre vers la rivière.

Jardin Andersen★ (H. C. Andersen Haven)
Occupant en partie une petite île *(accès par une passerelle)*, il constitue un espace de verdure au cœur de la ville. La statue du conteur, érigée en 1888, est fleurie chaque année le 2 avril, pour son anniversaire.

Chemin faisant, vous aurez aperçu devant vous la façade asymétrique de l'**église Saint-Alban** à qui des incrustations de céramiques donnent un air faussement byzantin.

Revenir à la Cathédrale et prendre sur le parvis à gauche Munkemøllestræde.

H.C. Andersens Barndomshjem (A2)

Bangs boder 29 - ✆ 66 51 46 01 - juin-août : 10h-16h ; sept.-mai : tlj sf lun. 11h-15h - fermé 1er janv., 24-25 et 31 déc. - 10 DKK (enf. 5 DKK).

La maison où Andersen vécut jusqu'à son départ pour Copenhague a été transformée en un petit musée exposant des souvenirs de son enfance.

Revenir à l'hôtel de ville et prendre sur la gauche Vestergade.

Vestergade

C'est ici, dans la principale rue piétonne et commerçante de la ville, que se concentre l'animation. Quelques passages sous voûte donnent accès à des ruelles anciennes, comme **Vintapperstræde** *(à droite, face au nº 58)* dont les demeures abritent boutiques (mode, design), cafés et restaurants.

Poursuivre au-delà de Kongensgade puis à 200 m prendre sur la droite Brandts Passage.

Brandts Klædefabrik★★ (A2)

Brandts passage 37 - ✆ 66 12 10 20 - www.brandts.dk - ♿ - 10h-17h, possibilité de visite guidée en anglais - fermé lun. (sept.-juin) - 25 DKK (enf. 10 DKK).

Voici sûrement l'endroit le plus étonnant et le plus branché d'Odense. Cette friche industrielle, une ancienne manufacture de textiles, abrite tout au long de ses cours successives que parsèment des sculptures contemporaines (notamment celle intitulée *Les Nouveaux Habits d l'Empereur*, inspirée d'un conte d'Andersen, et réalisée en 1988 par Kelo Moseholm Jørgensen), librairies, cinémas, cafés et galeries d'art ou de design.

Au fond du passage, la fabrique proprement dite accueille en ses différents étages le **musée de la Photographie (Museet for fotokunst)**, qui expose par roulement une collection permanente d'une exceptionnelle richesse ; le **musée des Médias (Danmarks mediemuseum)** évoque les métiers de l'imprimerie et de la reliure et leur évolution ; enfin les **galeries d'art (Kunsthallen)** accueillent des expositions et des performances d'art contemporain qui peuvent être assez déconcertantes !

Rejoindre Kongensgade, prendre à droite Slotsgade, puis à gauche Jerbebanegade.

Musée d'Art fionien★ (Fyns Kunstmuseum)

Jernbanegade 13 - ✆ 65 51 46 01 - 10h-16h - 30 DKK (enf. 10 DKK).

Il abrite une collection de peinture très complète, présentant la peinture danoise par ordre chronologique, du 18e s. à nos jours. Au fil des salles, on remarquera les portraits et paysages de **Jens Juel** (1745-1802), les beaux jeux de couleurs de **C. Himmelbjerget** (fin 19e s.), l'impressionnisme de **Johannes Larsen** (1867-1961) et, pour ce qui est de l'art contemporain, **Richard Mortensen** (1910-1993) et **Ole Schwalbe** (1929-1990).

Aux alentours

Le village fionien★ (Den Fynske Landsby)

Sejerskovvej 20 - ✆ 65 51 46 01 - www.odmus.dk - juin-août : 10h-19h ; de mi-mars à fin mai et de déb. sept. à fin oct. : tlj sf lun. 10h-17h ; de fin oct. à fin déc. : dim. et j. fériés 11h-15h, possibilité de visite guidée en anglais sur demande - fermé 1er janv., 24-25 et 31 déc. - 55 DKK (enf. 20 DKK), 40 DKK en hiver.

En périphérie Sud par Læssøegade (**A2**).

Ce musée de plein air comprend des bâtiments ruraux des 18e et 19e s. patiemment reconstruits pour former un village typique, avec ses fermes, ses ateliers, ses moulins, son école, son presbytère, etc.

Château d'Egeskov★★ (Egeskov slot)

23 km au Sud sur la route 9 vers Svendborg, puis à gauche la route 8 sur Fåborg.

C'est l'un des châteaux Renaissance du Danemark les mieux conservés. Situé à proximité de la petite ville de **Kværndrup**, il se dresse sur une île au milieu d'un lac entouré d'une forêt de chênes qui lui donna son nom (*egeskov* signifie « forêt de chênes » en danois). Construit en 1554 sur des fondations en bois de chêne, il reflète les préoccupations de l'époque : nécessité de se défendre, et désir d'une vie plus confortable. C'est pourquoi il fut doté d'un pont-levis et de mâchicoulis, tandis que les murs étaient percés de larges baies inondant l'intérieur de lumière. Le corps principal, rectangulaire, se compose de deux bâtiments contigus : des cheminées et deux escaliers secrets furent installés entre les deux murs. Du côté du pont-levis, le château est encadré de deux tours rondes coiffées d'un toit pointu en cuivre. Les murs extérieurs, d'une belle couleur rouge patinée par le temps, sont surmontés de pignons à redans. Il se dégage de l'ensemble une impression d'élégance raffinée.

Les Rosenkrantz de Norvège

À la fin du 16e s., la petite-fille du fondateur du château tombe amoureuse d'un des héritiers de la famille Rosenkrantz, tant et si bien qu'elle lui donne un fils. La colère du papa fut terrible et la malheureuse fut enfermée pendant cinq longues années dans la salle Rigborg. Mais l'histoire a une fin heureuse : reconnu par son père, l'enfant deviendra le premier membre de la branche norvégienne des Rosenkrantz.

Château – *☎ 62 27 10 16 - www.egeskov.com - ♿ - mai-sept. : 10h-17h (juil. 19h) - 55 DKK (enf. 25 DKK).* Toujours habité par les descendants de son bâtisseur, il n'est que partiellement ouvert au public. Entièrement restaurée en 1975, la grande salle, où l'on donne régulièrement des concerts, est particulièrement remarquable. À l'une des extrémités, on peut admirer un imposant portrait équestre de Christian IV. Le château est décoré de nombreux trophées de chasse rapportés d'Afrique par l'avant-dernier propriétaire. La tour abritant l'escalier conduit au grenier, où se tient une exposition sur les travaux de restauration de la charpente et du toit, et, comme tout château digne de ce nom a sa légende, on dit qu'il suffirait de retirer *Træmanden*, mystérieuse poupée de bois couchée sous la charpente d'une des tours, pour que le château tout entier s'écroule.

Parc – Dessiné vers 1730, c'est aujourd'hui un parc fort bien entretenu, divisé en plusieurs sections délimitées par des haies ; vous admirerez le jardin des fuchsias qui contient 75 variétés différentes, le jardin Renaissance, agrémenté de fontaines, le jardin anglais, le jardin nautique et le jardin des herbes aromatiques et médicinales, sans oublier le labyrinthe.

Musée – *☎ 62 27 10 16 - www.egeskov.com - ♿ - juil. : 10h-20h, merc. 0h ; juin-août : 10h-18h ; mai et sept. : 10h-17h - 90 DKK (enf. 50 DKK).* Le domaine comprend également un musée de 3 000 m² présentant une collection de voitures anciennes, d'avions, de motos et de voitures à chevaux.

Kerteminde★

15 km au Nord-Est par la route 155.

Située à l'entrée du fjord de Kerteminde, sur la côte Nord-Ouest de la Fionie, cette charmante cité maritime posée à l'embouchure d'un fjord, est agrémentée de belles plages et d'un port de plaisance.

P. Plantier / MICHELIN

Kerteminde : une station balnéaire à l'embouchure d'un fjord.

Depuis le Moyen Âge, la pêche est l'activité principale de ce port qui offre un spectacle coloré et vivant qui faisait dire au peintre **Johannes Larsen** que sa ville natale était « la plus jolie petite ville du monde ». De nombreuses maisons anciennes jalonnent les petites rues qui bordent le port.

Musée historique (Kulturehistorikmuseum) – ✆ *65 32 37 27 - mars-oct. : tlj sf lun. 10h-16h, possibilité de visite guidée (45mn, anglais) - 25 DKK.* Dans Langegade, c'est dans une très belle maison à pans de bois du 17ᵉ s., **Farvergården**, qu'est évoquée l'histoire locale. On y voit la reconstitution d'un intérieur traditionnel.

Musée Johannes Larsen (J. Larsen Museet) – ✆ *65 32 11 77 -* ♿ *- juin-août : 10h-17h, mars-mai et sept.-oct. : 10h-16h ; nov.-fév : tlj sf lun. 11h-16h, possibilité de visite guidée (1h30, anglais) - 60 DKK.* Située sur le flanc d'une colline dominant le port, **Møllebaken** fut la demeure de **Johannes Larsen**, dont les sujets préférés étaient les scènes de la vie quotidienne et la nature. Elle abrite un musée consacré à son œuvre mais aussi à celles d'autres peintres fioniens. Un moulin à vent, **Svanemøllen (Le « moulin du Cygne »)** la domine de sa masse.

Ladby

À 3 km au Sud de Kerteminde.

Navire viking de Ladby★ (Ladbyskibet) – ✆ *65 32 16 67 - juin-août : 10h-17h ; mars-mai et sept.-oct. : tlj sf lun. 10h-16h ; nov. : tlj sf lun. et mar. 11h-15h, possibilité de visite guidée en anglais - fermé déc.-fév. - 40 DKK.* Au centre du village, une signalisation conduit à ce navire viking découvert en 1934, dans lequel un guerrier avait été enterré au 10ᵉ s. avec ses armes, ses chiens et ses chevaux. Les archéologues ont pu reconstituer le drakkar et l'abriter sous une grande voûte de béton.

Nyborg★

25 km à l'Est par la route 60 ou l'autoroute E 20 (ou, mieux, par la route côtière depuis Kerteminde).

Nyborg doit son développement et sa vitalité économique à sa situation sur la côte orientale de la Fionie, sur la principale voie de communication avec le Sjælland. La ville grandit au pied de son château construit en 1170 pour protéger le détroit du Storebælt. Pendant longtemps, elle eut le statut de résidence royale et de siège du Danehof (Diète), assemblée réunissant la noblesse et le clergé. Aujourd'hui, c'est le point d'accès au superbe **pont** qui traverse sur près de 20 km le détroit du Storebælt, permettant ainsi aux automobilistes de gagner le Sjælland sans emprunter de ferry. Les trains quant à eux circulent également sur ce pont jusqu'à l'île de Sprogø où ils achèvent la traversée en empruntant un tunnel.

Château – ✆ *65 31 02 07 - juil. : 10h-17h ; juin et août : 10h-16h ; du 20 mars au 31 mai et de déb. sept. au 23 oct. : 10h-15h, possibilité de visite guidée (1h30, anglais) - 30 DKK (enf. 15 DKK).* Ses vestiges se dressent sur un promontoire entouré d'eau. L'aile occidentale a été restaurée et comprend la salle des chevaliers, la salle de réunion de la Diète, la chambre du roi et les appartements des enfants royaux. La **Landport (porte de la ville)**, construite en 1660, se trouve au Nord du château.

Trois rues parallèles forment l'axe du centre-ville. Dans Kongegade une grande maison à colombage, datant de 1601, **Mads Lerches Gård**, abrite le musée local, consacré à l'histoire régionale.

Église Notre-Dame (Vor Frue Kirke) – ✆ *65 31 16 08 - juin-août : 9h-18h ; sept.-mai : 9h-16h.* Du 14ᵉ s. mais remaniée au 19ᵉ s., elle contient des fonts baptismaux Renaissance en bois sculpté, une chaire baroque et d'élégantes grilles en fer forgé, réalisées en 1649 par **Caspar Fincke**.

Près de l'église, au coin d'Adelgade et de Korsbrødregade, se dresse **Korsbrødregård**, vaste demeure de pierre datant de 1396.

Centre d'exposition du Storebælt (Storebælt Udstillingscenter) – *En quittant Nyborg, emprunter le pont au-dessus du Storebælt et quitter l'autoroute à la sortie 43 vers Halsskov.*

✆ *58 35 01 00 -* ♿ *- mai-oct. : 11h-17h ; avr. : 11h-16h, possibilité de visite guidée (1h, anglais et français) - 25 DKK (enf. 10 DKK). Tourner à droite et poursuivre sur près de 300 m pour gagner le centre d'information.* Maquettes, photographies et films vidéo retracent les différentes étapes de construction du pont reliant la Fionie au Sjælland.

Ribe★★

RIBE – 18 111 HABITANTS
CARTE MICHELIN N° 711 Q 5 OU ATLAS EUROPE P. 122

La plus célèbre cité médiévale du pays, Ribe, du fait de sa taille modeste, a pu préserver son unité architecturale et son atmosphère d'une autre époque sans perdre de son animation. La principale rue commerçante voit défiler une foule affairée vaquant à ses occupations comme elle le fait depuis des siècles.

- **Se repérer** – Ribe est située le long de la côte du Jutland occidental et séparée de la mer par une étendue marécageuse régulièrement recouverte par la marée et abritant une des plus importantes réserves ornithologiques d'Europe.
- **Se garer** – Le centre-ville qui borde la cathédrale est entièrement piéton. Un grand parking gratuit est aménagé devant le Dan Hostel à l'entrée de la ville.
- **À ne pas manquer** – La cathédrale et la vieille ville.
- **Organiser son temps** – En une journée, vous aurez le temps de vous imprégner de l'ambiance de la ville et de visiter ses principaux monuments.

Comprendre

À l'époque viking, Ribe était déjà un important centre de commerce sur la mer du Nord, et fut dotée d'une église, avant même que le Danemark ne fût officiellement christianisé ; la ville eut son premier évêque en 948. Au Moyen Âge, elle devint un port influent où transitait le commerce entre la Scandinavie et le reste de l'Europe, comme entre les ports de la Baltique et de la mer du Nord. Cependant, les itinéraires maritimes se modifièrent sous l'effet des progrès de la construction navale et la Réforme fut néfaste à la prospérité de la ville. Plus tard, la suprématie grandissante de Copenhague, la concurrence des autres ports et l'enlisement de la rivière provoquèrent le déclin progressif de Ribe, qui n'a jamais recouvré sa gloire. Demeurée une petite ville, elle a cependant gardé une vie culturelle intense.

Se promener

Cathédrale★★

✆ 75 42 06 19 (Office du tourisme de Ribe) - ✆ 75 12 08 56 (visite guidée) - de déb. juil. à mi-août : 10h-17h30, dim. 12h-17h30 ; mai-juin et de mi-août à fin sept. : 10h-17h, dim. 10h-17h.

De style roman, elle se dresse sur la place principale, **Torvet**, à 1,5 m au-dessous du niveau actuel du sol. Élevée dans la seconde moitié du 12e s., elle a été remaniée à diverses reprises. Du haut de l'imposante tour carrée du 13e s., les sonneries de cloches avertissaient les habitants d'un danger imminent, que ce soit une invasion ou la montée de la mer ! La vue superbe sur la ville et les marécages environnants est une belle récompense pour ceux qui auront entrepris l'ascension. Les cloches jouent différents airs selon les heures de la journée.

Le portail méridional est un des rares exemples de sculpture romane au Danemark ; on remarque en particulier le tympan représentant la Descente de Croix. À l'intérieur, la large nef est flanquée de deux bas-côtés et la croisée est surmontée d'un dôme. Certains piliers ont conservé des traces de fresques médiévales. Les fresques modernes ainsi que les mosaïques, derrière l'autel, sont l'œuvre de **Carl-Henning Pedersen**.

La vieille ville

La ville médiévale entoure la cathédrale. Sur **Torvet**, face à l'hôtel Dagmar, vous remarquerez une curieuse petite auberge

I. Klipper / MICHELIN

À Ribe, même les portes sont colorées.

Ribe pratique

Bon à savoir

Tous les soirs d'été un veilleur de nuit en habit traditionnel allume manuellement les vieilles lanternes à bougies fixées sur les façades des maisons. En sillonnant les ruelles pavées de la vieille ville entre 21 h et 22h, vous aurez probablement l'occasion de le croiser.

Adresses utiles

Ribe – Torvet 3 - 6760 - *75 42 15 00, fax 75 42 40 78 - www.visitribe.dk* Brochures en anglais, permis de pêche, tickets et informations concernant bateaux, réservation de chambres chez l'habitant. Vous pourrez également vous procurer le **pass Ribe** pour 20 DKK et bénéficier de 20 % de réduction sur la plupart des attractions.

Ringkøbing – Vestergade 2 - 6950 - 97 32 00 31.

Transports

Située dans le Sud-Ouest du Jutland, Ribe se trouve à moins d'une heure en voiture de Kolding, 2 h d'Odense et environs 4 h de Copenhague.

Se loger

Dan Hostel – *Sct. Pedersgade 16, à 2mn à pied du centre - 75 42 06 20, fax 75 42 42 88 - www.danhostel.dk/ribe - ch. : 310/480 DKK.* Une auberge de jeunesse moderne et très animée en été qui dispose de chambres simples mais très correctes, pouvant accueillir jusqu'à 5 personnes. Choisir de préférence les chambres qui offrent une vue sur la vieille ville. Jardin intérieur où vous pourrez vous détendre en été.

Dagmar – *Torvet 1, au pied de la cathédrale - 75 42 00 33, fax 75 42 36 52 - www.hoteldagmar.dk - ch. : 895/1 095 DKK, suite : 1 495 DKK.* L'hôtel le plus ancien du Danemark ! Cet édifice de 1581 abrite des chambres très décorées, charmantes et spacieuses. Une excellente adresse où l'on se sent bien, dans un cadre soigné. Le restaurant de l'hôtel est un peu cher, mais de qualité inégalable à Ribe.

Se restaurer

Saelhunden – *Skibbroen 13, le long de la rivière- 75 42 09 46 - Tlj jusqu'à 21h30 - 100/300 DKK.* Sur des quais paisibles, le long du canal, cette taverne traditionnelle propose une cuisine locale sans chichis. Les plats de viande ou de poisson sont copieux et à des prix plutôt modérés.

Weis Stue – *Torvet 2, sur la place principale - 75 42 07 00 - www.weisstue.dk - Tlj 12h-21h - 80/400 DKK.* Ce restaurant traditionnel, situé dans le centre piéton, est doté d'une belle terrasse d'où l'on peut voir la cathédrale. On y sert une cuisine locale de qualité à des prix tout à fait corrects. 8 chambres rudimentaires à l'étage sont disponibles à des prix défiant toute concurrence. Salle de bains commune, mais impeccable.

Jacobs *Nederdammen 36, dans le centre - 75 42 42 30 - www.jacobs-ribe.dk - Tlj 11h-21h30 - 50/150 DKK.* Un café-restaurant branché décoré dans le style design et dont les murs exposent des photos d'art contemporain. Cuisine simple mais correcte, à base de *nachos*, hamburgers maison et salades. La cour intérieure accueille une terrasse aux beaux jours.

Kolvig – *Mellemdammen 13, dans le centre - 75 41 04 88 - www.kolvig.dk - En hiver : lun.-sam. 11h-21h30, en été : tlj 11h-21h30 - 80/360 DKK.* Dans un immeuble ancien, ce restaurant aménagé au bord d'une rivière et flanqué d'une belle terrasse permet de profiter d'un cadre exceptionnel. Cuisine de qualité, et élaborée le soir. Différents menus, de 250 DK à 360 DK. Une des meilleures adresses de la ville !

Backaus – *Grydergade 12, dans le centre - 75 42 11 01 - www.backhaus.dk - Tlj jusqu'à 21h30 - 108/200 DKK.* Un restaurant traditionnel qui propose une cuisine typiquement danoise, copieuse et bon marché. Toujours plein à partir de 19h ! Plusieurs chambres sans charme mais propres et très bon marché à l'étage (de 250 à 500 DKK).

En soirée

Metro Bar – *Nederdammen 36, dans le centre - 75 42 42 30 - www.metro-bar.dk - vend. 11h-5h.* Dans la rue principale, ce bar ouvert le vendredi toute la nuit organise des concerts de rock et R & B. Ambiance conviviale et certaines semaines les lieux se transforment en discothèque. Vous pourrez également vous installer en journée sur la terrasse intérieure pour profiter du soleil.

Sports et loisirs

Location de vélos – *Ribe Vandrehjem, Sct. Pedersgade 16 - 75 42 06 20 - tlj 8h-12h, 16h-20h.* Comptez environ 50 DKK par jour ou 250 DKK par semaine. Ribe est un point de départ possible pour effectuer des randonnées en vélo dans une région dont l'absence de relief se prête particulièrement bien à cette cativité.

Événements

Plusieurs festivités sont organisées tout au long de l'année, dont le festival de jazz du 28 au 31 juillet.

du début du 17e s., **Weis'Stue** : l'intérieur 18e s. est charmant, avec ses poutres apparentes, ses murs décorés de boiseries peintes et de carreaux hollandais en parfaite harmonie avec les tables et les chopes.
Plusieurs pittoresques rues pavées convergent vers la place. À l'Ouest de la cathédrale, dans Skolegade, on peut visiter la **maison,** aménagée dans une partie de la résidence épiscopale du 16e s., où **Hans Tausen**, premier Danois à prêcher la Réforme, passa les dix dernières années de sa vie.

Vieil hôtel de ville (Det Gamle Rådhus) – *✆ 76 88 11 22 - juin-août : 13h-15h ; de mi-mai à fin mai et de déb. sept. à mi-sept. : tlj sf w.-end 13h-15h, possibilité de visite guidée (1h, anglais et français) - 15 DKK (enf. 5 DKK).* C'est le plus ancien du Danemark (1496). Situé à l'angle de Sønderportsgade et Stenbrogade, il est encore utilisé occasionnellement pour les réunions du conseil municipal.

En suivant Puggårdsgade vers le Sud, on voit sur la gauche **Tårnborg**, imposante demeure en pierre de taille, l'une des anciennes résidences des chanoines de la cathédrale, comme **Puggård**, un peu plus loin dans Gravsgade, construite vers 1400.

Église Sainte-Catherine (Skt.-Catharinæ Kirke) – *Mai-sept. : 10h-12h, 14h-17h ; reste de l'année : 10h-12h, 14h-16h - 3 DKK (enf. 1 DKK).* À l'Est de Torvet, c'est avec la cathédrale la seule église antérieure à la Réforme. On accède au cloître de l'abbaye dominicaine en passant par l'église.

Quedens Gaard – *Fermé en 2006.* À l'angle de Sortebrødregade et d'Overdammen, cette demeure bourgeoise construite vers 1580 a été transformée en **musée** abritant des reconstitutions d'intérieurs du 17e s. et une collection d'objets régionaux.

Le long du port *(accès par Fiskergade)*, **Skibbroen** accueille un marché les mercredis d'été.

Sur Odins Plads, **Ribes Vikinger**, *✆ 76 88 11 22 - www.ribesvikinger.dk - ♿ - juil.-août : 10h-18h (merc. 21h) ; avr.-juin et sept.-mars : 10h-16h, possibilité de visite guidée (anglais et français) sur demande - fermé lun. de sept. à mars - 55 DKK (7-15 ans 25 DKK),* recrée la vie quotidienne à Ribe à l'époque viking et au Moyen Âge.

De l'autre côté de la digue protégeant la ville des inondations, un bus tracteur transporte les passagers à travers la zone marécageuse jusqu'à **Mandø**, petite île comptant 700 habitants, où une auberge propose quelques chambres.

Dans les environs

Île de Rømø

22 km au Sud-Ouest par la route 11 puis à gauche aux abords de Skærbæk
Rømø est la plus grande des îles de la mer des Wadden, nom de la partie de la mer du Nord proche des côtes du Jutland, d'Esbjerg à la frontière allemande. On y accède par une chaussée sur digue de 10 km. La côte basse, les eaux peu profondes baignant des étendues immenses et les effets très sensibles de la marée ont contribué à créer un environnement naturel où se sont développées une flore unique et une faune variable selon la marée : sur les bancs de sable délaissés par la mer, des milliers d'oiseaux succèdent à d'abondants bancs de poissons et l'on peut aussi voir des phoques le long de la côte occidentale, bordée d'une très large plage.

Des chenaux qui serpentent à travers les eaux peu profondes permettent l'accès du port de **Havneby** aux bateaux de pêche et aux ferries. Au 18e s., la pêche à la baleine dans les mers nordiques, particulièrement au large des côtes du Groenland, apporta une certaine prospérité et les capitaines de baleiniers firent construire de belles maisons.

L'une d'elles, **Kommandørgården**, à Toftum, abrite un **musée local** *(✆ 74 75 52 76 - mai-sept. : 10h-18h ; oct. : 10h-15h, possibilité de visite guidée en anglais sur demande préalable - fermé lun. - 15 DKK).* À **Rømø Kirkeby**, l'**église Saint-Clément (Skt. Clemens kirke)** *(tlj sf lun. et w.-end 8h-16h - gratuit)*, église des marins, ornée de splendides modèles réduits d'anciens navires, est le symbole des liens étroits que Rømø a gardé avec son passé.

Les villages sont groupés sur la côte orientale, mais les vacanciers se pressent sur la magnifique plage de la côte occidentale où la planche à voile est reine.

Circuit de découverte

AUTOUR DU FJORD DE RINGKØBING★

La région qui s'étend au Nord d'Esbjerg entre Varde *(à 38 km au Nord de Ribe par la route 11)* et Ringkøbing offre des paysages variés caractéristiques de la côte occidentale du Jutland : une vaste lagune, des dunes mouvantes couvertes d'herbes folles et de bruyère, d'immenses plages, des réserves naturelles d'une grande richesse et des « plantations », mot qu'utilisent les Danois pour désigner les lieux où des arbres ont été plantés afin de fixer les dunes. De nombreux sentiers pédestres et pistes cyclables permettent de découvrir à loisir cet environnement.

150 km environ ; une demi-journée. Quitter Varde au Nord par la route 181, puis prendre à gauche la route 431 vers l'Ouest.

Janderup – La silhouette d'un blanc éclatant de l'imposante **église★** romane *(Tlj sf lun. et w.-end 7h-17h)* domine le bosquet d'arbres sombres qui l'entoure, tandis que son image se reflète dans les eaux calmes de la Varde. À l'intérieur, la voûte de la nef et le chœur sont couverts de fresques du début du 16ᵉ s., aux motifs géométriques entrelacés et aux fleurs de lys. La tribune d'orgues située au-dessus de l'entrée est ornée de panneaux de bois peint, représentant les douze apôtres ; l'église contient d'intéressantes sculptures médiévales dont un crucifix datant d'environ 1300 et une Vierge à l'Enfant de 1503. Le retable très travaillé date de 1645.

Reprendre la route 431 vers Oskbøl, à l'Ouest.

Oskbøl – Une église romane du 12ᵉ s. située presque dans le village mais connue sous le nom d'**église d'Aal** *(8h-16h)* a conservé une partie de ses fresques d'origine ; la frise qui orne le côté Nord est célèbre, car son sujet n'a rien de religieux : il s'agit d'une bataille entre chevaliers montés sur leurs destriers.

Par une route secondaire, se diriger vers le Nord jusqu'à la route 465, où l'on tourne à gauche.

Le « mont Bleu » (Blåbjerg) – Cette zone de plages de sable est ourlée de dunes qui se déplaçaient continuellement jusqu'à ce qu'une « plantation » y fût effectuée en 1878. Le nom de Blåbjerg désigne la plus haute dune, telle qu'elle apparaît vue du large. Cette zone protégée est sillonnée par tout un réseau de sentiers. La plage de **Henne Strand** est particulièrement attrayante.

Suivre la route secondaire qui contourne la plantation par l'Est et se diriger vers le Nord jusqu'à la route 181.

Réserve naturelle de Tipperne – La péninsule qui avance dans le fjord et la zone marécageuse qui l'entoure forment une réserve ornithologique d'accès limité.

Continuer le long de la route 181.

Hvide Sande – Située au milieu de **Holmsland Klit**, langue de terre séparant le fjord de la mer, la ville de Hvide Sande et son port de pêche se développèrent après la réalisation en 1931 du canal et des écluses reliant le fjord à la mer ; aujourd'hui, le port occupe la 5ᵉ place au niveau national. La ville dispose d'une plage magnifique face au large et le fjord est le paradis des amateurs de planche à voile. Un sentier court sur la crête des dunes, entre la mer et le fjord, offrant de part et d'autre de belles **vues.**

Du haut du **phare de Nørre Lyngvig**, à 5 km, une **vue** splendide sur toute la région justifie largement l'effort de l'ascension.

Continuer jusqu'à Søndervig, puis prendre à droite la route 15 vers Ringkøbing.

Ringkøbing
C'est sur Torvet, place ombragée par des tilleuls centenaires, que l'on peut voir les traces de la prospérité passée de Ringkøbing : l'église du 15ᵉ s. *(✆ 97 32 00 31 - mai-oct. : tlj sf w.-end 10h-16h)* et l'ancienne résidence du maire, édifice de style Empire datant de 1807.
Dans Kongevej, le **musée**, *✆ 97 32 16 15 - juil.-août : 10h-17h ; sept.-juin : tlj sf vend. 11h-16h, possibilité de visite guidée (anglais et français) - fermé 1ᵉʳ-2 janv., 22-25 et 31 déc. - 30 DKK (enf. 15 DKK)*, est consacré à l'histoire locale et à l'expédition effectuée par Mylius Erichsen au Groenland en 1906-1908.

À **Hee**, au Nord de Ringkøbing, le **Fiske et familiepark West**, un parc d'attractions proposant des activités de plein air, accueille parfois des fêtes vikings.

Poursuivre le long du fjord jusqu'à Skjern.

La **Skjern** est un fleuve célèbre pour la pêche à la truite et au saumon qui dure de mars à octobre et attire les pratiquants les plus enthousiastes en août lors d'un concours annuel.

Rejoindre Varde par la route 11.

Roskilde★★

ROSKILDE – 53 878 HABITANTS
CARTE MICHELIN N° 711 Q 9 OU ATLAS EUROPE P. 123 – SCHÉMA : VOIR À ELSENEUR.

Située au fond d'un fjord long et étroit, à 30 km de Copenhague, l'ancienne capitale du Danemark est aujourd'hui une tranquille ville de province. C'est une importante cité commerçante, mais aussi un centre culturel récemment doté d'une université, et accueillant en juillet le plus grand Festival européen de rock.

Se repérer – En prenant la direction « centrum », on est conduit à proximité de la cathédrale et l'on peut se garer à proximité des rues piétonnes. Pour gagner le fjord et le musée des Bateaux vikings, suivre Sankt Claravej (route de Hillerød) jusqu'au rond-point où l'on prend à gauche dans Vindeboder.

Se garer – Nombreuses possibilités à proximité de l'Office de tourisme, dans Læderstræde, et Borchsgade.

À ne pas manquer – La cathédrale et le musée des Bateaux vikings.

Organiser son temps – Compter une demi-journée pour épuiser les charmes de la ville.

Avec les enfants – Une demi-journée au centre de Lejre et une balade en bateau sur le fjord après la visite du musée des Bateaux vikings.

Pour poursuivre le voyage – HILLERØD, ELSENEUR et COPENHAGUE.

P. Plantier / MICHELIN

Un drakkar flambant neuf devant le musée des Bateaux vikings : Roskilde revendique fièrement son passé viking.

Comprendre

De Harald à Éric, grandeur et décadence d'une capitale

Une capitale viking – Après avoir unifié le Danemark et la Norvège, **Harald à la Dent bleue**, qui érigea l'une des **pierres runiques de Jelling**, choisit vers 980 Roskilde comme capitale de son nouveau royaume et fit probablement construire une église de bois, la première à occuper le site où s'élève aujourd'hui la cathédrale. L'importance de Roskilde à l'époque viking est confirmée par les efforts consacrés pour la protéger des invasions.

Les évêques de Roskilde – L'influence religieuse de la ville s'accrut rapidement et, dès 1020, elle devint le siège d'un évêché. Pendant plus de 300 ans, il fut occupé par une longue série d'ecclésiastiques puissants qui influencèrent le cours de l'histoire danoise. Le plus célèbre d'entre eux fut **Absalon** (vers 1128-1201), passé à l'histoire comme fondateur de Copenhague, un « évêque de choc ». Car ce personnage fut aussi, et peut-être surtout, un fameux guerrier (comme l'atteste la statue qui le représente à Copenhague , où il ne montre guère d'onction ecclésiastique) et un homme politique :

Roskilde pratique

Adresses utiles

Roskilde – Gullandsstræde 15 - 4000 - *46 32 65 65.*

Holbæk – Jerbaneplads 3 - 4300 – *59 43 11 31.*

Kallundborg – Volden 12 - 4400 - *59 51 09 15.*

La **Roskilde Card**, valable cinq jours, vous donne l'accès gratuit à 11 curiosités de la ville et des environs : 150 DKK (enf. : 75 DKK).

Se loger

ROSKILDE

Danhostel Roskilde Vendrerhjem – *Vinderboder 7 - 46 35 21 84, fax 46 32 66 90 - www.rova.dk - 40 ch. doubles : 200 DKK/pers. - : 45 DKK.* Bien située au bord d'un canal sur l'allée conduisant au fjord et au musée des Bateaux vikings, l'auberge de jeunesse de Roskilde est la solution d'hébergement offrant le meilleur rapport qualité-prix de la ville.

Hotel Prindsen – *Algade 13 (entrée par la cour) - 46 30 91 00, fax 46 30 91 50 - www.prindsen.dk - 77 ch. : 1 295 DKK .* Cette noble demeure s'enorgueillit d'exercer son activité depuis 1695 et compta parmi ses hôtes illustres H. C. Andersen. Luxe et raffinement tant dans les parties communes (salons, salles à manger) que dans les chambres.

Scandic Roskilde – *Søndre Ringvej 33 - Sur la droite à l'entrée de la ville, lorsque l'on arrive de Holbæk - 46 32 46 32, fax 46 32 02 32 - www.scandic-hotels.com - 98 ch. : 1 465 DKK .* Un peu excentré et impersonnel, mais les chambres sont vastes, lumineuses et confortables. Restaurant de bonne tenue.

SVOGERSLEV

Svogerslev Kro – *Svogerslev Hovedgade 45 - Svogeslev, à 4 km à l'Ouest de Roskilde par la route 155 - 46 38 30 05, fax 46 38 30 14 - www.svogerslevkro.dk - 18 ch. : 800 DKK .* Agréable auberge posée dans la verdure à deux pas de la ville.

GERLEV

Gerlev Kro – *Sur le bord de la route, à l'entrée du village, près de Vidby - 12 ch. : 795 DKK .* De vastes chambres confortables dans ce qui apparaît comme un hangar ouvrant sur un champ : ainsi se présente cette auberge dont la table est réputée pour ses spécialités de viande rouge. Idéal pour une nuit bucolique. Poteries animalières en vente à l'auberge.

KALUNDBORG

Ole Lunds Gaard – *Kordilgade 1-3 - 59 51 01 65, fax 59 51 01 64 - www.hotel-ole-lunds-gaard.dk -- 33 ch. : 1 060 DKK .* Au début de la rue piétonne de la ville, l'hôtel a investi une belle maison du 17e s. enserrant une cour ombragée, idéale pour prendre son petit-déjeuner sous la caresse du soleil levant.

Se restaurer

Raadhuskælderen – *Stændertorvet.* Spécialités danoises et grillades dans une belle salle voûtée proche de la cathédrale. Comptez 250 à 300 DKK, hors boissons.

Bryggergården – *Algade 15.* Pour déguster le traditionnel *smørrebrød* (buffet danois) dans une salle aux poutres apparentes, au cœur de la ville piétonne.

SUR LE POUCE

Restaurant Caffé Snekken – *Vinderboder 16 sur le fjord.* Pour un repas léger près du musée des Bateaux vikings.

Sports et loisirs

Découverte de l'Isefjord – Au port de plaisance de **Holbæk**, on peut louer des canoës (certains sont équipés pour y passer la nuit) ou des bateaux à moteur, afin d'explorer les rives, les petites criques et les étroits chenaux de l'Isefjord.

Le tour du fjord peut s'effectuer à vélo en empruntant des routes secondaires et des chemins, clairement indiqués sur 3 cartes cyclistes que l'on peut se procurer dans les offices de tourisme.

Sur le Fjord de Roskilde – Pour découvrir les paysages du fjord, vous pouvez faire une excursion à bord du **M/S Sagafjord**, depuis le port de Roskilde. Repas à bord. *46 75 64 60. - 85 DKK (enf. : 35 DKK) - Avr. et oct. : jeu., sam., dim. ; mai-sept. : tlj.*

Les bateaux viking amarrés près du musée peuvent également vous embarquer pour une **excursion** de 4 h (*début juillet à mi-août*).

Événements

Festival viking de Frederikssund – 2e quinzaine de juin. Représentation théâtrale sur un thème viking.

Roskilde Festival – *Festival de rock de 4 j. (29-30 juin et 1er-2 juil.) - 46 36 66 13 - www.roskilde-festival.dk* Depuis 1971 ce festival de rock attire des foules considérables sur le camping municipal. Programme et billets électroniques sur *www.roskilde-festival.dk*

P. Plantier / MICHELIN

Embarquement immédiat pour une promenade sur le fjord…

ministre des rois Valdemar 1er et Canut (Knud) VI, il se fit une spécialité de la chasse aux pirates et se lança dans la conquête du Mecklembourgh et de l'Estonie.

Un lieu de sépulture royale

Roskilde perdit de son importance sur le plan politique en 1417, lorsque **Éric de Poméranie** choisit Copenhague comme capitale. Les monarques danois continuèrent cependant à être inhumés dans la cathédrale de Roskilde, comme l'avait été la reine Margrethe 1re, même après la Réforme (1536) qui mit fin à la prospérité de la ville : les couvents et les monastères ainsi que la plupart des églises furent démolis, et Roskilde déclina rapidement. La ville ne connut de renouveau économique qu'au 19e s., lorsqu'elle fut reliée à Copenhague par chemin de fer.

Se promener

Place du Marché (Stændertorvet)

C'est l'âme et le cœur de la ville, lieu où convergent les deux rues piétonnes commerçantes, Skomakergade et Algade. Construit en brique, le massif **hôtel de ville (Rådhus)**, néo-gothique surveille un marché animé chaque mercredi et samedi matin. Sur la gauche de la cathédrale, dans Sankt Ols gade, le **musée de Roskilde** évoque l'archéologie, l'histoire et la vie quotidienne de la ville.

Cathédrale (Domkirke)★★★

Avr.-sept. : 9h-16h45, sam. 9h-12h, dim. et j. fériés 12h30-16h45 ; oct. mars : tlj sf lun. 10h-15h45, dim. et j. fériés 12h30-15h45.

Bâtie de brique rouge et surmontée de tours jumelles, la cathédrale, inscrite sur la liste du patrimoine mondial de l'Unesco, est le symbole du passé glorieux de Roskilde. Elle se dresse au centre de la ville, à proximité immédiate de la place. Elle est à la fois de style roman et gothique primitif car les travaux, commencés en 1170 par Absalon, ne furent terminés qu'au 13e s. Les deux tours furent érigées au 14e s. et surmontées par la suite de flèches élancées recouvertes de cuivre vert. L'entrée se situe au Sud.

E. Benard / MICHELIN

Le retable de cathédrale.

À l'**intérieur**, les voûtes blanchies à la chaux accroissent l'impression d'espace et d'élévation ; la nef, flanquée de deux bas-côtés, est prolongée par une large abside. L'absence de croisée est compensée par un grand nombre de chapelles latérales, souvent très vastes et ornementées. Les **stalles** gothiques richement sculptées sont décorées de scènes de l'Ancien et du Nouveau Testament et le magnifique **retable** doré fut sculpté au 16e s. à Anvers. Derrière le grand autel se trouve le **sarcophage** de marbre blanc de la **reine Margrethe Ire**, premier monarque à être enterré ici. Son exemple fut suivi par 38 reines et rois, dont les tombeaux se situent pour la plupart dans les chapelles. L'une des plus remarquables est la **chapelle de Christian IV**, sur le flanc Nord, fermée par une élégante grille de fer forgé et décorée de peintures murales illustrant la vie du roi ; sa statue en bronze est due à Thorvaldsen. Sur le flanc Sud,

Le triste destin d'une princesse danoise

Fille du roi Christian IX, la princesse **Dagmar** (1847-1928) épousa le futur tsar de Russie Alexandre III, se convertit à la religion orthodoxe et prit le nom de Marie Fedorovna alors qu'elle n'avait que dix-neuf ans. La jeune impératrice mit au monde cinq enfants, dont celui qui allait devenir Nicolas II et, dit-on, influença fortement son époux dans son rapprochement avec la France. Mais la fin de sa vie fut très sombre : deux de ses fils, le tsar et son jeune frère Michel, et ses cinq petits-enfants périrent fusillés par les bolcheviks en 1918. Elle-même avait été surprise par la révolution d'Octobre à Yalta. Les révolutionnaires la laissèrent quitter la Russie et c'est ainsi qu'elle repose aujourd'hui dans la cathédrale de Roskilde et non auprès de son époux, dans la cathédrale Saint-Pierre-et-Saint-Paul de Saint-Pétersbourg.

dans la **chapelle de Christian Ier** (15e s.), une colonne porte des marques indiquant la taille de plusieurs rois. Du même côté, la **chapelle de Frédéric V** surmontée d'une coupole diffère des autres par sa taille et sa luminosité.

Pour vous rendre en bordure du fjord, quitter le centre-ville en suivant les panneaux « Vikingshuset » : un vaste parking (gratuit) est aménagé devant le port. Vous pouvez également choisir de faire le chemin à pied, depuis le chevet de la cathédrale, en traversant un parc. La promenade en pente douce est agréable, mais songez qu'il vous faudra remonter...

Musée des Bateaux vikings★★★ (Vikingeskibshallen)

☏ 46 30 02 00 - 10h-17h, possibilité de visite guidée en anglais - 24-25 et 31 déc. - 80 DKK (enf. 25 DKK).

Logé dans un édifice moderne au bord du fjord, ce musée fut fondé pour abriter les épaves de cinq navires vikings découverts en 1962 au fond du fjord, à 20 km au Nord de Roskilde. Ils avaient été coulés vers l'an 1000 pour protéger la ville des incursions de pirates, probablement norvégiens. Un film de 15mn explique comment ces épaves furent remontées puis traitées et enfin reconstituées morceau par morceau.

Largement ouvert sur le fjord par une baie vitrée, le musée est construit sur plusieurs niveaux sans cloisonnement, ce qui offre des vues différentes sur les bateaux : un navire marchand de 16,5 m de longueur servant au commerce avec les pays lointains, un autre, plus petit, utilisé pour naviguer sur la Baltique et le long des rivières, un bateau de pêche (le plus court de tous), un vaisseau de guerre et un autre, impressionnant, utilisé pour les raids le long des côtes d'Europe occidentale. Le musée comprend également une exposition sur la société viking.

Le **chantier naval** est accessible aux visiteurs qui peuvent voir construire la copie d'un bateau viking selon les méthodes d'autrefois. En été, des ateliers y sont organisés : le public est invité à s'essayer aux anciennes techniques, de la menuiserie à la corderie et à la fabrication des voiles. En outre, vous pouvez naviguer sur un bateau viking reconstitué et vous exercer au maniement en cadence des rames. Dans l'atelier archéologique, on traite des fragments d'épaves retrouvées dans le port durant la construction de l'île artificielle qui abrite le musée.

Église Saint-Georges (Sankt Jørgensbjerg kirke)

Du 20 juin au 29 juil. : tlj sf w.-end 10h-12h.

Près du musée, sur une colline dominant le fjord, elle se dresse au centre de ce qui était au Moyen Âge un village de pêcheurs. La nef et le chœur datent du début du 12e s. tandis que la tour et le porche sont de style gothique tardif.

Aux alentours

Lejre

8 km au Sud-Ouest par la route 21 (Holbæk), puis à gauche. De 2 h à une demi-journée.

Centre de recherche de Lejre (Lejre Forsøgscenter) – *☏ 46 48 08 78 - www.lejre-center.dk - du 24 juin au 6 août et du 14 au 20 oct. : 10h-17h ; de déb. mai au 23 août et du 8 août au 17 sept. : tlj sf lun. 10h-16h, w.-end 10h-17h, possibilité de visite guidée en anglais - 95 DKK (enf. 55 DKK), hors saison 75 DKK (enf. 45 DKK).*

Installé depuis 1964 sur un parc vallonné de 45 ha agrémenté de lacs et d'étangs, il a pour objet de faire découvrir et d'expliquer l'artisanat, l'habitat et les conditions auxquelles les hommes étaient confrontés dans le passé tout en développant la connaissance de la nature. Vous pourrez y voir un village vieux de 2 000 ans (âge du fer) reconstitué dans un site identique à celui qu'il occupait près d'une forêt. Des ateliers permettent de réaliser diverses expériences. Des animaux domestiques ou à demi sauvages se promènent en liberté ou, comme les sangliers, sont retenus dans des enclos. Toutes sortes d'activités sont ici possibles : couper du bois, faire la cuisine sur des « barbecues » préhistoriques ou s'exercer à ramer dans des canoës faits de troncs d'arbres évidés.

Château de Ledreborg★ (Ledreborg Slot) – *✆ 46 48 00 38 - www.ledreborgslot.dk - de fin mai à fin août : 11h-17h ; sept. : sam. 11h-17h, possibilité de visite guidée en anglais - 75 DKK (enf. 45 DKK).* Près du centre de recherche, ce château, construit aux 17e et 18e s. et peint en jaune vif, est un bel exemple d'architecture baroque danoise. Le corps principal est flanqué de deux ailes identiques formant une vaste cour dans laquelle on pénètre par une porte monumentale surmontée d'un campanile de cuivre vert. Habité par la même famille depuis 1739, le château possède toujours son mobilier d'origine. Descendant en terrasses vers un étang, le jardin est entouré d'un **parc** boisé également ouvert au public.

Circuits de découverte

FJORDS ET ÉGLISES ROMANES

La région située au Nord de Roskilde est connue sous le nom de « région des fjords » car elle comprend deux des plus importants fjords danois, l'Isefjord et le Roskilde Fjord, qui débouchent au même endroit dans le Kattegat ; les terres qui les bordent et la presqu'île de Hornsherred qui les sépare font aussi partie de cette région aquatique. Le Roskilde Fjord est le plus étroit des deux, ses rives sont particulièrement attrayantes et ses paysages apaisants : des collines aux formes arrondies s'abaissent doucement vers les eaux tranquilles du fjord bordées de roseaux qui frissonnent dans le vent, tandis que de nombreux îlots se dessinent au loin. Les bois et les basses prairies, les rivières qui se jettent dans le fjord et les villages font de la **presqu'île de Hornsherred** un lieu enchanteur.

Le fjord de Roskilde★ (Roskilde fjord) 1

De Roskilde à Frederikssund – 50 km – une demi-journée.

La balade sur la rive orientale du fjord, le long de routes secondaires qui serpentent à travers la presqu'île de **Hornsherred** jusqu'au château de Jægerpris près de Frederikssund, offre maintes occasions d'admirer la beauté simple et naturelle de la région.

Prendre l'autoroute 21 vers l'Ouest ; la quitter à la sortie n° 15 et se diriger vers le Nord en direction de Lyndby.

Sæby★ et Gershøj★

Ces deux adorables villages situés sur les bords du fjord sont distants de 3 km seulement. Sæby est légèrement à l'intérieur des terres tandis que Gershøj est un minuscule port de pêche à l'air coquet, avec son église de brique rouge et ses chaumières peintes de couleurs vives.

Continuer vers le Nord jusqu'à Skibby.

Skibby

L'extérieur de l'église *(tlj sf dim. 8h-16h)* de ce village aux charmantes maisons coiffées de chaume est si peu attrayant que l'on ne peut éviter un mouvement de surprise en y pénétrant. Essentiellement de style roman, elle a conservé dans l'abside de belles fresques datant de la fin du 12e s., où l'on peut voir un Christ en majesté.

Prendre la direction de Selsø à l'Est.

Château de Selsø★

✆ 47 52 01 71 - ♿ - du 23 juin à mi-août : 11h-16h ; de déb. mai au 22 juin et de mi-août à fin oct. : w.-end 13h-16h (15-23 oct. 11h-16h), possibilité de visite guidée (45mn, anglais et français) - 40 DKK (enf. 10 DKK).

La route longe un lac, le Selsø, constituant aujourd'hui une réserve ornithologique avant de contourner une l'église, derrière laquelle un vaste espace permet de laisser la voiture *(sur la droite de la route).*

Un chemin conduit au château qui se dresse dans un site isolé dominant le fjord. L'édifice du 16e s. a été considérablement remanié pendant la première moitié du 18e s. et apparaît aujourd'hui comme un exemple typique d'architecture baroque danoise. Soigneusement restauré, l'intérieur a retrouvé sa splendeur du 18e s. grâce aux panneaux de marbre, aux plafonds en stuc et aux glaces immenses, ainsi qu'aux tableaux d'Henrik Krock, peintre officiel de l'époque. De la Renaissance, il ne subsiste que la voûte du cellier et les cuisines. On peut voir un cachot sous la porte monumentale et un grand puits médiéval dans la cour.

Continuer vers le Nord en passant par Skuldelev et Gerlev jusqu'à Jægerpris.

Palais de Jægerpris (Jægerpris Palæ)

✆ 47 53 10 04 - visite guidée (1h, anglais) de déb. avr. à fin oct. : 11h-15h (départ toutes les heures) - fermé lun. - 45 DKK (enf. 10 DKK).

Le nom de ce palais est associé au roi Frédéric VII et à son épouse morganatique, la comtesse Danner, qu'il épousa en troisièmes noces et à qui il légua le domaine. Celle-ci en fit don à une institution pour jeunes filles en détresse, en exprimant le vœu que l'aile Sud des 17e et 18e s., qu'elle avait occupée avec le roi, soit préservée et ouverte au public. L'entrée principale du palais est située au centre de cette aile ; à l'arrière, l'aile Nord construite autour de la partie la plus ancienne du palais date du 15e s., et l'imposante tour d'escalier a été ajoutée par Christian IV. Une troisième aile fut édifiée plus tard.

Se diriger par la route 207 à Frederikssund en franchissant le fjord sur un pont.

Frederikssund

Hors sa situation sur la rive orientale du fjord, la ville de Frederikssund n'a guère de charme particulier pour qui la traverse par la route principale (une rue piétonne animée et bordée de commerces incite toutefois à s'y arrêter quelques minutes, ne serait-ce que pour s'approvisionner). La cité est toutefois célèbre pour son festival viking, organisé dans le **village viking** reconstitué dans la verdure en bordure du fjord : des huttes aux toits de tourbe ou de chaume, et la grande demeure d'une famille (au sens large) de notables donnent une idée assez précise de l'habitat des Vikings.

P. Plantier / MICHELIN

Dans le village viking de Frederikssund.

Musée J.-F. Willumsen (J.F. Willumsens museum) – *✆ 47 31 07 73 - 10h-17h, possibilité de visite guidée (1h, anglais) - fermé lun., 1er janv., 24-25 et 31 déc. - 40 DKK (enf. 15 DKK).* Il présente la collection personnelle et une partie des œuvres que **Jens Ferdinand Willumsen** (1863-1958), l'un des principaux artistes danois du 20e s., légua à la ville.

Le retour à Roskilde se fait par Ølstykke où l'on trouve la route 6.

Autour de l'Isefjord 2

85 km. On peut effectuer le tour complet du fjord en combinant trajets en voiture et traversées en ferry.

Le fjord s'élargit en pénétrant à l'intérieur des terres et couvre une vaste étendue dont l'environnement protégé offre aux amoureux de la nature de nombreuses activités de plein air. La pêche à la truite de mer est un passe-temps apprécié, et d'agréables ports de plaisance ourlent le fjord. La grande île inhabitée d'**Orø** présente une belle plage, un parc animalier et des itinéraires de découverte de la nature le long de la côte.

Holbæk

Situé au fond de l'Isefjord, second fjord danois par la dimension, et sur la ligne ferroviaire reliant Copenhague à Kalundborg, cet ancien bourg, qui a su préserver son environnement, est devenu une ville commerçante moderne et un des principaux centres touristiques de la région. On peut y découvrir un pittoresque vieux port relié au quartier commerçant par des ruelles, des espaces verts comme **Strandparken** qui s'étend jusqu'aux rives du fjord, et, dans les bois environnants, parmi de vénérables arbres bicentenaires, des cerfs, des sangliers et des paons. À l'entrée du fjord d'Holbæk, branche de l'Isefjord, un port de plaisance moderne, un espace naturel protégé et un terrain de golf viennent compléter les attraits de ce plaisant lieu de séjour.

Musée (Klosterstræde). *℘ 59 43 23 53 - en saison : tlj sf lun. 10h-16h, w.-end 12h-16h ; hors saison : w.-end 12h-16h, possibilité de visite guidée en anglais - fermé janv. - 30 DKK (- 12 ans gratuit).* Cet important musée d'Histoire locale est réparti dans neuf bâtiments anciens, construits entre 1660 et 1867. Les 51 salles présentent des collections très variées : objets trouvés lors de fouilles archéologiques, poteries, céramiques, mais aussi reconstitutions d'intérieurs de fermes, de maisons bourgeoises et d'ateliers.

Tveje Merløse★

4 km au Sud par la route 57.

Dans ce village se niche une **église★** romane unique au Danemark *(℘ 59 43 24 53 - tlj 8h30-15h30)*. Construite au 12e s. en pierre de taille, elle n'a pratiquement pas été modifiée depuis, et c'est la seule à posséder encore, au-dessus du porche, les imposantes tours jumelles d'origine. L'intérieur est décoré de nombreuses fresques du 13e s. représentant des scènes du Nouveau Testament. Celles qui ornent l'abside et les groupes de soldats en armures représentés en plein combat sur le mur occidental sont absolument remarquables.

Revenir à Holbæk que l'on quitte par la route 155.

Tuse

6 km à l'Ouest par la route 155 (en direction de Kalundborg), juste après le départ sur la droite de la route 21.

Sur la droite de la route, vous verrez une autre église romane également décorée de belles fresques. Peintes vers 1450, elles opposent en un contraste frappant scènes bibliques et scènes de la vie médiévale, animées par de sympathiques diablotins.

Revenir à la route 21 et gagner Rørvig, d'où l'on prend le ferry pour Hundersted (traversée : 25mn), puis rouler jusqu'à Sølager et traverser en ferry (8mn) vers Kulhuse, et enfin prendre la route 207 en direction de Jægerpris.

On redescend sur Hammer Bake en visitant au passage le palais de **Jægerpris** et l'église de **Skibby**, décrits lors du circuit précédent.

À Hammer Bakke, prendre le ferry (traversée : 6mn) pour l'île d'Orø, rouler jusqu'au port de Brønde et prendre le bac pour revenir à Holbæk.

Églises romanes de la région de Kalundborg 3

Quitter Roskilde par la route 23.

Kalundborg

Sur la côte occidentale du Sjælland, Kalundborg occupe la rive Nord du fjord portant son nom et qu'encadrent deux presqu'îles. Ce port actif doit son développement aux échanges maritimes entre le Sjælland et le Jutland. C'est aujourd'hui une ville industrielle, en liaison permanente par ferry avec Århus (même si l'ouverture du pont lancé sur la mer entre le Sjælland et le Jutland, à une trentaine de kilomètres au Sud, a retiré beaucoup d'intérêt à cette liaison) et par train avec la capitale.

La ville fut fondée par Esbern Snare, frère de l'évêque Absalon, qui fit construire une église et un château sur les bords du fjord à la fin du 12e s. Plus tard, Valdemar IV construisit un autre château pour renforcer les fortifications de la ville qui devint un important centre de commerce ainsi qu'un lieu de rendez-vous pour le roi et la noblesse. Une charte lui fut accordée en 1485. Les fortifications furent détruites pendant l'occupation suédoise, de 1658 à 1660, et il ne reste des châteaux que quelques ruines et une tour isolée. Une grande partie de la ville fut incendiée, et les maisons anciennes se trouvent près de l'église, celle-là même que fit édifier Esbern Snare.

Église Notre-Dame ★(Vor Frue Kirke) – *9h-16h.* Fondée vers 1170, c'est l'une des plus curieuses églises danoises avec ses cinq tours évoquant les églises byzantines. Son fondateur, Esbern Snare, membre de la puissante famille des Hvide proche de la famille royale, ayant sans doute voyagé à l'étranger, en influença le style architectural.

Construit en forme de croix grecque, avec quatre branches d'égale longueur, l'édifice est surmonté de tours octogonales nommées Sainte-Gertrude, Sainte-Catherine, Sainte-Anne et Sainte-Marie-Madeleine, tandis qu'une massive tour carrée, plus haute, repose sur la croisée. Vue de loin, l'église est très imposante.
À l'intérieur, la nef, carrée, paraît petite. Quatre piliers massifs supportent le poids de la tour centrale. Les curieux fonts baptismaux datent de la fondation de l'église, et le retable baroque a été sculpté dans l'atelier de **Lorenz Jørgensen** au 17e s.

Lindegård★ *–Adelgade, derrière l'église. ✆ 59 51 21 41 - mai-août et vac. de la Toussaint : 11h-17h ; sept.-nov. et janv.-avr. : w.-end et j. fériés 11h-16h (vac. de fév. tlj) ; 1-19 déc. : 11h-16h - fermé 20 déc.-1er janv. - 30 DKK.* Ce groupe de bâtiments anciens répartis autour d'une cour accueille l'intéressant **musée d'Histoire régionale** : vous y verrez notamment (en prenant garde à ne pas vous fracasser le crâne aux chambranles de portes particulièrement basses !) un étonnant « verre » en bois utilisé pour célébrer dignement la Saint-Canut, une pharmacie reconstituée, des outils et des vêtements traditionnels, le tout constituant un véritable voyage dans le temps !

À proximité de l'église et de Torvet, ancienne place du marché, on peut parcourir quelques rues bordées de maisons à colombage constituant d'agréables ensembles : Præstegade, Lindegade et Kordilgade.

Églises romanes villageoises

Ces églises contemporaines de l'église Notre-Dame de Kalundborg, peuvent être découvertes lors d'un circuit de 40 km (*compter 1h30*) au départ de cette cité.

Quitter Kalundborg par la route 22 au Sud ; parcourir 7 km et tourner à gauche vers Ubby.

Ubby

De proportions particulièrement harmonieuses, l'église fut, selon une inscription apposée sur le mur extérieur du porche, fondée par Esbern Snare en 1179. L'intérieur recèle un remarquable retable du 17e s. et une chaire plus ancienne.

Continuer sur la route 219 pendant 5 km et tourner à gauche aux abords du lac Tis ; poursuivre vers le Nord par la route 225 ; traverser la route 23 : 3 km plus loin, on arrive à Bregninge.

Bregninge★

L'imposante **église★** (*tlj sf w.-end : 8h-16h*) en brique et pierre est peinte d'un rouge vif contrastant avec la blancheur des pignons à redans. À l'intérieur, la voûte de la nef est recouverte de fresques de différentes époques illustrant des scènes bibliques soulignées par des motifs d'animaux et de fleurs.

Revenir vers la route 23 pour la prendre à droite vers Kalundborg.

Viskinge

De belles fresques du 15e s. ornent la voûte et les piliers de la nef de l'église.

Skagen★

NORDJYLLAND – 12 027 HABITANTS
CARTE MICHELIN N° 711 O 7 OU ATLAS EUROPE P. 122

Célèbre dans le monde entier, Skagen évoque l'histoire étonnante d'un simple village de pêcheurs devenu l'un des lieux de villégiature les plus connus au Danemark depuis qu'un groupe de peintres s'y installa à la fin du 19e s.

- **Se repérer** – À l'extrême pointe septentrionale du Jutland, dans une région de dunes désertiques, de landes et de marais encerclée par la mer.
- **Se garer** – Un grand parking est situé devant le port.
- **À ne pas manquer** – Le musée de Skagen et une promenade en bord de mer.
- **Organiser son temps** – En saison, deux jours, le temps de se baigner et de déambuler dans les rues paisibles.

J. Sommer / VISITDENMARK

Skagen, village de pêcheurs et d'artistes.

Comprendre

Pêcheurs et peintres

Un village noyé par les dunes – Communauté prospère au Moyen Âge, Skagen n'était plus au 19e s. qu'une simple bourgade que la progression inéluctable des dunes avait envahie, forçant même sa population de pêcheurs à déplacer le village de la côte Ouest, bordée par le Skagerrak (appelé aujourd'hui Gammel Skagen, le « Vieux Skagen »), sur la côte Est baignée par le Kattegat. La construction d'une ligne de chemin de fer à la fin du 19e s. lui permit de devenir une station balnéaire réputée pour ses belles plages et ses rues animées. Mais c'est aussi et avant tout la ville où naquit et se développa le mouvement artistique connu sous le nom d'école de Skagen.

Les peintres de Skagen – Vers 1870, un groupe de peintres découvrit Skagen et fut séduit à la fois par les paysages désertiques battus par les vents et par la lumière, continuellement changeante ; les artistes furent aussi frappés d'admiration par le courage des gens du pays qui, en dépit des difficultés extrêmes, continuaient à défier la nature et restaient dans cet endroit désolé. **Michael et Anna Ancher** s'y installèrent à la fin du 19e s. en compagnie de leur ami peintre et poète, **Holger Drachmann** ; ils attirèrent bientôt auprès d'eux d'autres artistes scandinaves qui leur rendaient visite régulièrement et travaillaient avec eux ; parmi ceux-ci se trouvaient **P. S. Krøyer** (1851-1909), **Christian Krohg**, Oscar Björck, Laurits Tuxen et Carl Locher.

Se promener

Le Skagen des peintres

Le quartier des peintres longe la mer et se situe entre la rue principale, Skt Laurentiivej, et le port. Ses rues étroites sont bordées de vieilles maisons de pêcheurs, parfaitement

Skagen pratique

Adresses utiles

Skagen – Skt Laurentii Vej 22 dans la gare - 9990 - *☏ 98 44 13 77, fax 98 45 02 94 - www.skagen-tourist.dk - en été : tlj 9h-17h, sam : 10h-14h (fermé dim.)* Aide à l'hébergement.

Krystalgade 3 - 9300 **Sæby** – *☏ 90 46 15 19/12 44.*

Transports

Port de Fredrerikshavn – Ferries pour la Norvège (Larvik, Oslo et Moss) et la Suède (Göteborg).

Se loger

Marienlund – *Fabriciusvej 8, à 15mn à pied du centre - ☏ 98 44 13 20, fax 98 45 14 66 - www.marienlund.dk - ch. : 400/680 DKK, suite : 850 DKK*. Une petite pension et ses dépendances entourent un jardin où vous pourrez flâner en été. Située dans un quartier paisible, cette demeure charmante dispose de chambres simples, spacieuses et lumineuses. En fonction du prix, les salles de bains sont privées ou collectives.

Brøndums – *Anchersvej 3, juste à côté du musée de la Ville - ☏ 98 44 15 55, fax 98 45 15 20 - www.broendums-hotel.dk - ch. : 575/875 DKK, suite : 1 250 DKK*. Cette maison ancienne a vu défiler les grands artistes de la ville qui aimaient s'y retrouver. Tout le charme d'antan a été préservé. Le mobilier ancien, les boiseries et tapis donnent aux parties communes une élégance propre aux maisons d'artistes. Les chambres sont moins agréables mais correctes. Salles d'eau collectives.

Finns Hotel Pension – *Østre Strandvej 63, à 10mn à pied du centre - ☏ 98 45 01 55 - www.skaw.dk/finnshotelpension - 675 DKK-950 DKK*. Chaque petit détail de cette pension est pensé avec soin ! Les chambres sont décorées de façon originale, à l'image de la chambre « royale » dont la baignoire ancienne est dissimulée dans un placard. Petit-déjeuner sensationnel, mais, étrangement, les enfants de moins de 15 ans ne sont pas les bienvenus.

Strandhotellet – *Jeckelsvej 2, Gl. Skagen - ☏ 98 44 34 99, fax 98 44 59 19 - www.strandhotellet.glskagen.dk - ch. : 975/1 300 DKK, suite : 2 500 DKK*. À quelques pas de la plage, cette grande demeure abrite des chambres de caractère. Les murs très colorés sont décorés de peintures, et les parties communes très accueillantes. Clientèle d'habitués exigeants.

Sønderstrand – *Østre Strandvej 45, à 10mn à pied du centre, le long de la mer - ☏ 98 44 21 22, fax 98 44 20 04 - www.soenderstrand.dk - ch. : 1 050 DKK, suite : 1 800 DKK*. Une maison charmante récemment rénovée qui abrite des chambres impeccables dans une ambiance chaleureuse. Délicieux jardin où vous pourrez prendre le petit-déjeuner en toute quiétude. Les familles ont la possibilité de louer des suites pour plusieurs personnes.

Ruths – *Hans Ruths Vej 1, Gl. Skagen - ☏ 98 44 11 24, fax 98 15 08 75 - www.ruths-hotel.dk - ch. : 1 500/1 650 DKK, suite 1 950 DKK*. Un vrai coup de cœur ! Cet établissement récemment rénové est à la fois élégant, fonctionnel et spacieux. Les chambres somptueuses sont décorées avec goût et bordées de petits jardins. De nombreux avantages : salle de fitness, piscine, sauna, et par-dessus tout, un des meilleurs restaurants du pays, tenu par un chef français réputé, Michel Michaud.

Jeckels Gl. Skagen – *Jeckelsvej 5, Gl. Skagen - ☏ 98 44 65 44 - www.jeckels.dk - appart. : 3 400/6 400 DKK*. Cette résidence élégante située en bord de mer dispose d'appartements spacieux et tout équipés pour accueillir des familles (jusqu'à 8 personnes). Petits jardins privés et ambiance conviviale, mais réservez à l'avance, surtout en été !

ÅLBÆK

Possibilités de location en B & B dans cette cité, moins connue que Skagen, mais qui ne manque pas non plus de charme.

FREDERIKSHAVN

Plusieurs hôtels sont présents face à l'embarcadère des ferries ce qui peut se révéler utile en cas de départ matinal…

Se restaurer

Pakhuset – *Rødspaettevej 6, sur le port - ☏ 98 44 20 00 - tlj 10h-4h (22h pour les cuisines) - 80/354 DKK*. Ce restaurant spécialisé dans les produits de la mer dispose d'un café au rez-de-chaussée, pour les petits budgets, et d'un restaurant élégant à l'étage. La cuisine, raffinée et joliment présentée, est essentiellement composée de la pêche du jour. Une des meilleures adresses de la ville !

Skagen Fiske restaurant – *Fiskehuskaj 13, sur le port - ☏ 98 44 35 44 - www.skagen-fiskerestaurant.dk - tlj 11h-22h - 100/495 DKK*. Ce restaurant de poissons est quotidiennement alimenté en produits frais par les pêcheurs. Les poissons sont servis marinés, grillés, frits ou crus. Le restaurant à l'étage est plus élégant que le café à l'entrée, mais la cuisine est la même… et ces petites salles au sol couvert de sable ont un charme indéniable que ne fait que renforcer l'amabilité du personnel.

Gl. Skagen – *À l'entrée de la vieille ville - ☏ 98 44 21 65 - tlj 18h-22h - 170/250 DKK*. Cette grande demeure peinte en jaune abrite un restaurant élégant richement décoré de nappes noires, tapis, lustres et mobilier en bois ancien. Cuisine danoise de qualité.

entretenues et peintes en jaune foncé. L'**hôtel Brøndum**, dans Anchersvej, où les artistes avaient l'habitude de se rencontrer, a conservé son charme désuet.

Musée de Skagen (Skagens Museum)★★ – *✆ 98 44 64 44 - ♿ - mai-sept. : 10h-17h ; oct.-avr. : tlj sf lun. et mar. 10h-15h, possibilité de visite guidée (45mn, anglais) - fermé 1er janv., 24-25 et 31 déc. - 60 DKK.* Près de l'hôtel, dans Brøndumsvej, l'édifice construit pour abriter le musée fondé par Michael Ancher et ses amis, fut inauguré en 1928, puis agrandi en 1980 et 1989. Il contient quelque 1 500 toiles, dessins, sculptures et objets, œuvres des artistes qui travaillèrent à Skagen entre 1830 et 1930. On remarque en particulier les 81 portraits d'artistes et les peintures des panneaux muraux de la salle à manger de l'hôtel Brøndum, transférés au musée en 1946.

Maison de Michael et Anna Anchers (Michael & Anna Anchers Hus)★ – *✆ 98 44 30 09 - ♿ - mai-sept. : 10h-17h ; avr. et oct. : 11h-15h ; fév.-mars et nov. : sam. 11h-15h, possibilité de visite guidée (45mn, anglais) - fermé déc.-janv. - 50 DKK (enf. 10 DKK).* Non loin du musée, dans Markvej, on peut voir la **maison** dans laquelle le couple vécut à partir de 1884. Après la mort, en 1964, de leur fille Helga, peintre elle aussi, la demeure fut soigneusement restaurée afin de recréer l'atmosphère empreinte de créativité qui y régnait. Elle contient leur mobilier, des livres, des chevalets, des toiles et, bien sûr, de nombreux tableaux.

Maison de Drachmann (Drachmanns Hus) – *✆ 98 44 51 88 - de déb. juin à mi-oct. : 11h-15h, possibilité de visite guidée (30mn, anglais et français) - 30 DKK.* La **maison** que le poète et peintre **Holger Drachmann** (1846-1908) acheta en 1902, et où il passa les six dernières années de sa vie, reçut le nom significatif de villa Pax. Située dans Hans Baghs Vej, de l'autre côté du centre-ville, elle contient de nombreux tableaux de Drachmann et de ses amis.

Musée de plein air de Skagen (Skagen By- og Egnsmuseum) – *✆ 98 44 47 60 - ♿ - juil. : 10h-18h, w.-end 11h-16h ; juin et août : 10h-16h, w.-end 11h-16h ; janv.-fév. et nov.-déc : tlj sf w.-end 11h-15h ; mars-avr. et oct. : tlj sf w.-end : 10h-16h ; mai et sept. : w.-end 11h-16h, possibilité de visite guidée (anglais et français) - fermé 19 déc.-2 janv. - 35 DKK (enf. 5 DKK).* Il illustre la vie à Skagen au 19e s. Vous pourrez y voir la maison d'un pêcheur modeste côtoyant celle d'un confrère aisé, ainsi qu'une section consacrée à la rude vie des marins : pêche et naufrages (canot de sauvetage) y sont évoqués.

Église Saint-Laurent ou église des Sables (Skt. Laurentii Kirke/Den Tilsandede kirke) – *Accès par la route de Frederikshavn (route 40) puis signalisation sur la gauche. Juin-août : 11h-17h - 10 DKK (enf. 5 DKK).* Dédiée au saint patron des marins, cette église du 14e s. fut ensevelie par les dunes à la fin du 18e s. et fermée par décret royal en 1795. En 1810, la nef fut enlevée et aujourd'hui seule la tour est visible au-dessus du sable. On peut l'atteindre en suivant Gammel Kirkesti, à l'Ouest du centre-ville.

Aux alentours

Grenen

3 km au Nord-Est. La route 40 continue au-delà de Skagen jusqu'à Grenen, point le plus septentrional du Danemark. Du parking qui se trouve à côté des dunes où est enterré Holger Drachmann, on peut aller à pied à l'extrémité même de la presqu'île qui sépare le Skagerrak du Kattegat et semble disparaître dans les flots. À cet endroit, les courants sont très forts, et il est strictement interdit de se baigner.

Circuit de découverte

LE LITTORAL DU KATTEGAT, DE SKAGEN À SÆBY

Quitter Skagen par la route 40.

Dune blanche de Råbjerg★ (Råbjerg Mile) – *10 km au Sud-Ouest.* Aux alentours de Skagen, les dunes constituent un environnement particulièrement vulnérable car leur végétation est fragile et le sable ne cesse d'avancer, en dépit des plantations (les *plantage*) effectuées pour tenter de contrôler ce processus. Ainsi, cette grande dune blanche, haute de 41 m, formée au cours des siècles, continue-t-elle à se déplacer vers l'Est.

Et la mer ?

Est-elle démontée ? On est parfois tenté de reprendre le fameux sketch de Raymond Devos en longeant cette route côtière d'où l'on n'aperçoit jamais la mer, ou en parcourant les rues de ces stations balnéaires comme **Ålbæk**, soigneusement placées à l'abri du cordon dunaire. Il faut prendre les routes transversales pour gagner les petits ports isolés et recevoir de plein fouet les vents du large : et l'on comprend mieux alors pourquoi les habitants du cru ont pris leurs précautions…

Autour de Skagen : un écosystème fragile.

Réserve ornithologique de Tuen (Ørnereservat) – 15 km au Sud-Ouest. *✆ 98 93 20 31 - www.eagleworld.dk - juil. : tlj sf lun. 10h et 17h, w.-end 17h ; août : mar., merc., 10h et 15h, jeu. 10h, vend. et w.-end 15h ; mai et juin : merc. et jeu. 10h, w.-end 15h ; avr. et sept.-oct. : téléphonez pour connaître les horaires - entrée à l'Eagleworld 1h av. le déb. du spectacle - 90 DKK (enf. 45 DKK).* À mi-chemin entre Ålbæk et Tversted, la réserve naturelle de Tuen abrite notamment des aigles royaux que l'on peut observer chassant en toute liberté. Des photos illustrent les divers aspects de la vie des aigles.

Sæby

Cette petite ville côtière, à 12 km au Sud de Frederikshavn, a conservé quelques édifices publics du 18e s. le long de la rue principale, Algade, et des alignements de maisons basses peintes de couleurs vives.

Église★ – *✆ 98 46 12 44 - avr.-oct. : 8h-18h, dim. 9h-16h ; sept.-mars : 8h-16h, dim. 9h-12h.* Elle faisait partie du couvent carmélite dédié à la Vierge Marie et fondé à la fin du 15e s. sur un site où existait déjà une église qui fut ensuite agrandie. Le monastère fut fermé lors de la Réforme en 1536, et les bâtiments démolis un à un.

L'église contient un intéressant mobilier du 16e s. et quelques **fresques** de la fin du Moyen Âge, d'une rare beauté, qui furent recouvertes d'une couche de peinture blanche à la Réforme et redécouvertes en 1905 seulement. Les plus anciennes, datant du 15e s., ornent le côté gauche de la nef, partie subsistante de l'église primitive. Les autres, qui recouvrent une partie de la voûte, furent exécutées après l'agrandissement de l'église. Elles sont très expressives et les couleurs sont chaudes, avec une prédominance des ocres aux nuances subtiles. Des motifs floraux et géométriques compliqués séparent les différentes scènes. On distingue deux ensembles : le premier illustre la légende de **Joachim et d'Anne**, parents de Marie. L'autre met en scène le **Jugement dernier** avec quelques interprétations réalistes, dont une représentation en partie effacée de l'Enfer où l'on note, parmi les couvre-chefs portés par les damnés, une tiare pontificale et une mitre d'évêque ! Ailleurs, le diable arrache l'âme d'un mourant, tandis que la veuve se laisse consoler par son amant ! Le magnifique **retable**, très probablement réalisé à Anvers aux alentours de 1520, comporte un panneau central sculpté représentant la Vierge et l'Enfant entourés d'anges adorateurs et plusieurs panneaux latéraux illustrant l'Adoration de Jésus par les bergers et les Rois mages.

On remarque une très belle **chaire** Renaissance surmontée d'un baldaquin en bois peint, une vingtaine de stalles d'origine dont certaines ont conservé leurs miséricordes et, dans le transept, une splendide **sculpture sur bois** de la Vierge à l'Enfant, de style gothique tardif, probablement réalisée dans l'atelier de Claus Berg.

Sønderborg

SØNDERJYLLAND – 30 257 HABITANTS
CARTE MICHELIN N° 711 R 6 OU ATLAS EUROPE P. 122

Sønderborg est une ville industrielle moderne établie sur l'île d'Als, le long du détroit qui sépare Als de la côte Est du Jutland méridional et que franchit le pont Christian X. Il ne subsiste aujourd'hui de la vieille ville, aux abords du pont, que quelques rues bordées de minuscules maisons peintes et couvertes de tuiles rouges, ainsi qu'un château massif dominant l'entrée du détroit.

- **Se repérer –** Le centre-ville piéton est dominé par l'imposant château d'où vous pourrez apprécier un panorama sur le fjord.
- **Se garer –** Les rues qui bordent le centre sont bordées de places de parking : n'oubliez pas de mettre votre disque !
- **À ne pas manquer** – Sønderborg slot.
- **Organiser son temps** – Prévoir une demi-journée pour sillonner le centre piéton et visiter le château.
- **Pour poursuivre le voyage** – Voir aussi KOLDING et RIBE.

Sønderborg pratique

Adresses utiles

Sønderborg – Rådhustorget 7 - 6400 - *74 42 35 55.*

Tønder – Torvet - 6270 - *74 72 12 20.*

Transports

Aéroport – Lufthavnsvej 1, 6400 **Sønderborg**, à 7 km de la ville - *www.eksb.dk*

Bateau - Depuis Fynshav, un bateau rejoint la Fionie toutes les heures en moins de 20mn. Comptez 170 DKK par voiture.

Se loger

Scandic Sonderborg City – *Rosengade 2, dans le centre-ville - 74 42 19 00, fax 74 42 19 50 - www.comwell.com - 95 ch. : 830/930 DKK, suite 1 625/1 825 DKK* . Ce grand hôtel bâti au sommet d'une colline, domine la baie de Sønderborg. La plupart des chambres confortables offrent par ailleurs une belle vue sur la ville. De nombreux services sont proposées dont une piscine libre d'accès pour les résidents.

Quality Hotel Sonderborg – *Ellegardvej, à 5mn de l'aéroport - 74 42 26 00 fax 74 42 76 00 - www.qhs.dk - 102 ch. : 1 050/1 250 DKK, suite : 1 650 DKK* . Cet hôtel situé à 10mn en voiture du centre-ville a l'avantage d'être bâti au cœur d'un immense parc à moins de 5mn de l'aéroport. Idéal pour passer une nuit très tranquille dans des chambres confortables.

Se restaurer

Café au lait – *Sdr. Havnegade 22, le long de la rivière - 74 43 16 39 - www.cafeaulait.dk - tlj 11h-24h - 150/250 DKK.* Le long de la rivière, dans un quartier animé, ce restaurant élégant propose une cuisine de qualité composée de viandes et poissons. L'intérieur charmant est décoré dans le style ancien.

Pascal – *Radhus Torvet 5, dans le centre piéton - 74 42 38 80 - 150/200 DKK - tlj 11h-14h30, 18h30-22h30.* L'intérieur de cet établissement est bâti dans l'esprit d'un loft en ciment. Le style design accompagne une cuisine européenne de qualité, composée de salades, brunches, et quelques plats. L'attrait de ce restaurant tient également à sa situation en plein centre-ville.

Jensen's Bøfhus – *Perlegade, dans le haut de la rue piétonne principale - tlj 10h-22h - 150/300 DKK.* Un établissement moderne spécialisé dans les grillades. Les viandes sont accompagnées de salades composées et de pommes au four. Service rapide et cuisine savoureuse.

Trappen – *Perlegade 79, en haut de la rue piétonne principale - tlj 11h-16h, fermé dim.* Salon de thé central proposant une cuisine rapide à base de salades, sandwiches, omelettes et quiches. Idéal pour une petite pause après avoir fait du shopping dans cette rue riche en commerces.

Visiter

Le château de Sønderborg★ (Sønderborg slot)

74 42 25 39 - - mai-sept. : 10h-17h ; reste de l'année : tlj sf lun. 13h-16h, possibilité de visite guidée en anglais - 30 DKK (enf. 15 DKK).

Le premier **château** fut probablement construit vers 1170 par le roi Valdemar le Grand afin de défendre la côte contre les attaques des Wendes. Il fut agrandi plusieurs fois et, dès 1500, il avait l'allure d'une forteresse imposante. Le roi Christian II, après avoir été destitué par la noblesse, y fut retenu de 1532 à 1549. Durant la seconde moitié du 16e s., le château fut reconstruit dans le style Renaissance mais les guerres et la négligence le ruinèrent. Au début du 18e s., il fut reconstruit dans le style baroque. En 1921, à nouveau délabré, il fut restauré et aménagé en musée.

Intérieur – Le château accueille un musée historique à forte signification nationale, car une section importante y est consacrée à la guerre de 1864 contre la Prusse, qui se termina par la perte du Jutland méridional dont l'occupation dura jusqu'à la fin de la Première Guerre mondiale.

L. Nielsen / VISITDENMARK

Dans le château de Sonderborg.

Les collections sont réparties sur trois étages. La **chapelle Renaissance de la reine Dorothée,** au rez-de-chaussée, retient particulièrement l'attention avec le triptyque réalisé par Franz Floris d'Anvers et ses fonts baptismaux en marbre et albâtre, œuvre d'un autre artiste hollandais, Cornelis Floris. La **grande salle de bal** occupe tout le second étage de l'aile Nord, étage où l'on trouve également le chemin de ronde et les mâchicoulis médiévaux.

Dans les environs

Nordborg

27 km au Nord par Augustenborg puis à gauche la route 405.

Danfoss-Teknorama – *www.danfossuniverse.com - mai-oct. : tlj 10h-18h (20h en juil) ; nov.-avr. : lun.-ven. 10h-16h, w.-end 10h-17h. - 110 DKK (été), 67 DKK (hiver).* Ce vaste parc a pour ambition, pour reprendre les termes de son créateur, de « faire de la technologie quelque chose de tangible. » Divers bâtiments permettent aux visiteurs, jeunes et moins jeunes, d'appréhender de façon ludique les techniques liées à la réfrigération, à la chaleur et au mouvement et, d'une façon générale, toutes les techniques utilisées par la sociéé fondatrice. Bref, un lieu qui ne peut que déclencher des vocations scientifiques !

Tønder★

71 km à l'Ouest par la route 481 jusqu'à Tinglev, puis la route 8.

À proximité de la frontière allemande, sur les bords de la Vidå, Tønder est un charmant vieux bourg à l'ambiance méridionale. Pour aussi étonnant que cela puisse paraître aujourd'hui, c'était au Moyen Âge le siège d'un marché actif et son important port de commerce était spécialisé dans l'exportation de bétail et de chevaux. Mais, environné de terres basses, Tønder fut souvent victime d'inondations, si bien qu'au 16e s. on décida de ceinturer la ville de digues qui la privèrent de son port. Elle retrouva cependant une certaine prospérité avec le développement de l'industrie de la dentelle qui, au début du 18e s., employait près de 12 000 artisans travaillant chez eux.

Vieille ville – La plupart des vieilles maisons que l'on peut voir datent de cette période de prospérité. La rue principale, qui porte successivement les noms d'**Østergade**, **Storegade** et **Vestergade**, est bordée de maisons bourgeoises des 17e et 18e s., aux portails richement décorés (remarquez notamment la résidence de l'intendant des digues, dans Vestergade, et la pharmacie dans Østergade). Les rues moins importantes comme **Uldgade** et **Spikergade** sont bordées de plus modestes habitations aux traditionnelles fenêtres en saillie qui, au 17e s., appartenaient à des artisans.

Église du Christ (Christ Kirke) – ✆ *74 72 20 80 - tlj sf dim. 10h-16h.* Richement décorée, elle témoigne elle aussi de la prospérité de Tønder aux 17e et 18e s. Elle fut construite à la fin du 16e s. pour remplacer l'église St-Nicolas, devenue trop petite. Toutefois, la tour du premier sanctuaire subsiste, ainsi que les fonts baptismaux de 1350 et la chaire de 1586. La splendide galerie du jubé date de 1625 et le retable de 1695.

Musée – *✆ 74 72 89 72 - ♿ - 10h-17h, possibilité de visite guidée (1h) sur réserv. (14 j. av.) - fermé lun. (sept.-mai), 1er janv., 24-25 et 31 déc. - 40 DKK.* Une porte monumentale, vestige du château, abrite le **musée** qui contient une importante collection de faïences et de carreaux hollandais en céramique, ainsi que des dentelles et de l'argenterie.

Musée des Beaux-Arts du Jutland méridional (Sønderjyllands Kunstmuseum) – *✆ 74 72 89 84 - ♿ - 10h-17h, possibilité de visite guidée (1h) sur réserv. (14 j. av.) - fermé lun. (sept.-mai), 1er janv., 24-25 et 31 déc. - 40 DKK.* Logé dans le même édifice, ce musée présente divers aspects de l'art danois, dont la peinture surréaliste et l'art contemporain.

Møgeltønder

5 km à l'Ouest de Tønder.

Ce charmant village semble presque sorti d'un conte de fées. À l'une des extrémités de **Slotsgade**, longue rue principale pavée et bordée de maisons basses à pignon, parfois couvertes de chaume, et frangée d'une double rangée de tilleuls régulièrement espacés, se dresse l'église du 12e s. On peut y voir d'intéressantes fresques dont les plus anciennes se trouvent dans le chœur (1550) et sur l'arche du chœur (1275). Un beau retable de 1500 environ, des fonts baptismaux romans, une chaire baroque et un orgue fait à Hambourg en 1679 ajoutent à l'intérêt de cette église.

Slotsgade conduit à **Schackenborg**, palais datant de la fin du 17e s. et habité par 11 générations de la famille Schack jusqu'en 1978, date à laquelle il fut rendu à la famille royale. Le prince Joachim en devint propriétaire en 1993 et s'y installa en 1995 lors de son mariage avec la princesse Alexandra. Des visites guidées du parc sont organisées en été *(s'adresser à l'Office du tourisme de Tønder).*

Højer

10 km de Tønder par la route 419.

Ce pittoresque village est implanté sur un banc de sable surélevé, dans une zone protégée des inondations par des digues et des écluses. Un **moulin** à vent restauré a été transformé en musée où est expliqué le système de contrôle des inondations.

Circuit de découverte

LE BROAGER LAND

25 km – 2h30. Traverser le détroit vers l'Ouest par la route 481et suivre Dybbølgade sur 3 km environ.

Moulin de Dybbøl (Dybbøl Mølle)

✆ 74 48 69 91 - avr.-sept. : 10h-17h ; de mi-oct. au 22 oct. : 10h-17h, possibilité de visite guidée (1h30, anglais) - 25 DKK (enf. 10 DKK).

Le **moulin de Dybbøl** se dresse sur un site qui, en 1848 et 1864, fut témoin de batailles meurtrières entre les troupes danoises et prussiennes ; aussi est-il tout naturellement devenu un symbole de la nation danoise. Un centre historique récemment inauguré sur les lieux, **Historiecenter Dybbøl Banke**, fournit une information complète sur les batailles des deux guerres et la réunification en 1920 *– ✆ 74 48 90 00 - ♿ - du 9 avr. à fin sept. : 10h-17h ; de mi-oct. au 22 oct. : 10h-17h, possibilité de visite guidée (1h, anglais) - 55 DKK (enf. 18 DKK).*

Continuer sur la route 481, puis prendre à gauche la route 8.

Broager

Campée sur une haute colline et flanquée de deux tours aux clochers élancés, l'**église** est visible de loin. La majeure partie de l'édifice est de style roman et du premier gothique, tandis que les tours ont été ajoutées plus tard. Les fresques du 13e et du 16e s. ne furent découvertes qu'en 1923. L'abside abrite un splendide Christ en majesté datant de 1250 environ et le transept Nord des scènes de la légende de saint Georges datant du 16e s. Le retable, richement décoré, date du 18e s.

Continuer sur la route 8 et tourner à gauche à Alnor.

Le fjord de Flensborg (Flensborg Fjord)

Une route pittoresque longe la rive Nord du fjord, offrant de belles vues de la vaste étendue d'eau dont le bleu aux reflets argentés contraste avec le sombre manteau boisé qui recouvre les rives.

Svendborg

FYN – 27 000 HABITANTS
CARTE MICHELIN N° 711 Q 7 OU ATLAS EUROPE P. 122

Sur les bords du Svendborg Sund, détroit qui sépare la Fionie de l'île de Tåsinge, Svendborg est un centre industriel et commercial important et la deuxième ville de Fionie. L'aspect un peu ingrat des abords de la localité ne doit pas pour autant décourager : bordées de quelques belles demeures traditionnelles, les ruelles du centre méritent d'être explorées.

- **Se repérer** – Vestergade ou Skolegade, selon que l'on arrive d'Odense, de Fåborg ou de Nyborg, conduisent à la place centrale (Centrumpladsen) qu'entourent des bâtiments modernes (hôtel et centre commercial). C'est à partir de là que vous pourrez gagner la ville ancienne par la rue du théâtre (Teatergate).
- **Se garer** – Quelques places à durée limitée sur Centrumpladsen.
- **À ne pas manquer** – Fåborg et les trois îles (Tåsinge, Langeland et Æro).
- **Organiser son temps** – Consacrez plus de temps aux îles qu'à la ville elle-même qu'une petite heure suffit à explorer.
- **Avec les enfants** – Naturama et le musée du jouet du château de Valdemar sur l'île de Tåsinge.
- **Pour poursuivre le voyage** – ODENSE.

Comprendre

Une vocation maritime – Svendborg était au Moyen Âge un bourg prospère dont la vocation maritime, reposant sur un commerce régulier avec les ports de la Baltique et de la **Ligue hanséatique**, était déjà bien établie. Aujourd'hui, les activités maritimes de Svendborg se résument essentiellement en un service de ferries d'importance primordiale avec Ærø et d'autres îles de l'archipel proche de la côte méridionale de la Fionie. Le centre de la ville est toujours aussi animé les jours de marché (*mercredi et samedi*) qui offrent aux visiteurs, assis confortablement à la terrasse d'un café, l'occasion d'assister au spectacle de la rue.

Se promener

La vieille ville

Le vieux quartier de la ville s'organise autour de la place du marché (qui porte ici le nom de **Ramsherred**), et des rues pavées avoisinantes, d'où l'on peut, à l'occasion, apercevoir une charmante cour intérieure. La ville est ornée de plusieurs statues sculptées par **Kai Nielsen** (1882-1924), un enfant du pays. L'une d'elles se dresse à proximité de l'église Saint-Nicolas.

Ramsherred – C'est autour de cette vaste place pavée, de forme irrégulière, un peu vide lorsque le marché ne vient pas l'animer, que se concentrent la plupart des points d'intérêt de la vieille ville.

Église Notre-Dame (Vor Frue Kirke) – *℘ 62 21 11 61 - avr.-sept. : 8h-16h ; oct.-mars : 8h-12h.* De style essentiellement gothique, juchée en haut d'une volée de marches, elle domine la place du marché et son carillon de 27 cloches sonne quatre fois par jour.

Anne Hvides Gård★ – *℘ 62 21 02 61 mai-août : 10h-16h ; reste de l'année : sur demande, possibilité de visite guidée en anglais - fermé lun. - 25 DKK.* Située presque en face de l'église, dans Fruestræde *(accès là encore par quelques marches)*, la plus ancienne maison de Svendborg est un charmant édifice tout de guingois à colombage datant de 1560 qui abrite aujourd'hui une partie du musée local.

P. Plantier / MICHELIN

« Biggersgaard » sur la place du marché.

Prendre devant la grande demeure de brique à colombage abritant un magasin de mode Skt. Nikolai Gade et poursuivre jusqu'au carrefour avec Gerritsgade.

Église Saint-Nicolas (Skt. Nicolai Kirke) – *✆ 62 21 28 54 - 10h-16h.* Construite au 13e s., c'est la plus vieille église de Svendborg. Soigneusement restaurée à la fin du 19e s., elle est dotée d'un retable exécuté par **Joachim Skovgaard**.

Gåse stræde, sur la droite, permet de revenir à la place centrale. Par Skolegade, en face, on gagne Dronningemaen, boulevard descendant vers le port et la route de Nyborg.

Une prospère cité commerçante

Mentionnée pour la première fois en 1229, la ville était au Moyen Âge défendue par un château et entourée d'une muraille rasée au 16e s. Elle se développa grâce aux relations commerciales qu'elle entretenait avec les duchés de Holstein et de Schleswig, et, au 18e s., elle était l'un des principaux centres du commerce des céréales et de la viande, connaissant une prospérité que ses anciennes maisons reflètent encore.

Naturama – *Dronningemaen 30 - ✆ 62 21 06 50 - www.zoomus.dk - mar-dim. 10h-17h (20h jeu.) - Fermé mi-déc.-mi janv. - 70 DKK (enf. 35 DKK).*
Ce grand bâtiment de brique propose une balade dans le règne animal qu'il soit maritime, terrestre ou aérien : sons, éclairages, écrans interactifs, la technologie multimédia se met au service de la zoologie pour la plus grande joie des petits et des grands.

Remonter Dronningemaen et prendre à gauche Grubbemølleve.

Museum – *Grubbemølleve 13 - ✆ 62 21 02 61 - www.svendborgmuseum.dk - mar-dim 10h-16 (fermé 1er janv, 24-26, et 31 déc - 40 DKK (enf. gratuit).* L'ancien asile de la ville, **Viebæltegård**, qui a conservé son intérieur d'origine, abrite un petit musée consacré à l'enfance.

En poursuivant tout droit, on retombe sur Skolegade qui ramène à la Place centrale.

Dans les environs

Fåborg★★

44 km à l'Ouest par la route côtière (44).
Située au cœur d'un paysage vallonné dont les collines recouvertes d'un épais manteau forestier portent le nom d'**Alpes fioniennes**, Fåborg est une ancienne cité animée sur la côte méridionale de la Fionie. Des environs attrayants, un bord de mer magnifique et un contexte historique bien mis en valeur en font l'une des plus jolies villes danoises au charme de laquelle il est difficile de résister. Elle propose en outre un choix varié d'événements culturels, tels que concerts et expositions d'art, et d'activités maritimes comme la voile et la planche à voile. Doté d'un équipement des plus modernes, le port est avec celui de Svendborg la principale escale de voiliers naviguant le long de la côte méridionale. Des ferries assurent également des liaisons régulières avec les îles les plus importantes.

En arrivant au centre-ville, garer la voiture sur le parking du supermarché sur la gauche de la route.

Des anciennes fortifications de la **vieille ville** ne subsiste plus que la **porte occidentale**, dans Vestergade, sur votre gauche, première rue que vous croiserez *(sur votre droite).*

Continuer tout droit dans jusqu'au bout d'Hellemgade qui rencontre alors Torvetgade que prolonge à droite Holkegade.

La Vieille Maison (Den Gamle Gård) – *Holkegade. ✆ 62 61 20 00 - de mi-mai à mi-sept. : 10h30-16h30 ; de déb. avr. à mi-mai et de mi-sept. à fin oct. : w.-end, j. fériés et vac. scol. 11h-15h - 30 DKK (- 14 ans gratuit).* Cette belle maison bourgeoise à encorbellement abrite le **Kulturhistoriske Museet**, musée historique rappelant le passé prospère de la ville par des reconstitutions d'intérieurs ou l'exposition d'objets liés à la navigation.

Une cité maritime

Vous pourrez rejoindre en voiture le petit front de mer et le port de Fåborg (et, accessoirement, la route côtière de Svendborg) sans faire le tour des quartiers modernes en prenant Vestergade et en passant sous la porte fortifiée *(attention : croisement impossible)* puis immédiatement à gauche. Mais le mieux est de la gagner à pied par Torget et une ruelle à droite… Les mouettes ne vous avaient pas trompé : la mer est tout de suite là !

Svendborg pratique

Adresses utiles

Svendborg – Centrumpladsen 4 - 5700 - *62 21 09 90.*

Fåborg – Banegårdspladsen - 5600 - *62 61 07 07.*

Rudkøbing (Langeland) – Torvet 5 - 5900 - *69 51 35 05.*

Ærøskøbing – Vestergade 1B - 5970 - *62 52 13 00.*

Transports

Ferries – Deux ports permettent de rallier l'ile d'Æro depuis les côtes de la Fionie :

à Svendborg, le ferry effectue en 70mn la traversée jusqu'à Æroskøbing – *62 52 40 00 - des ferries de Svendborg à Ærøskøbing (1h15) : 6 fois par jour.*

Du port de Fåborg, vous pourrez embarquer pour le port situé à la pointe Nord de l'île, Søby.

Se loger

SVENDBORG

Hotel Svendborg – *Centrumpladsen 1 - 62 21 17 00, fax 62 21 90 12 - www.hotel-svendborg.dk - 131 ch. : 995 DKK*. Au cœur de la ville, un hôtel moderne et fonctionnel d'allure très design bien qu'un peu froide : avec ses murs en carrelage blanc, le grand hall évoque (selon l'humeur) l'entrée d'un hôpital ou d'une piscine. Chambres vastes, claires et confortables.

FÅBORG

Danhostel Vandrerhjem – *Grönnegade.* C'est à côté du musée de la Peinture que se trouve l'auberge de jeunesse locale. Attention : réservation préalable obligatoire entre le 1er sept. et le 1er juin, époque où les touristes ne se pressent pas en ville.

Hotel Fåborg – *Torget - 62 61 02 45, fax 62 61 08 45. - ch. : 750 DKK* C'est une des vieilles maisons de la place qui abrite ce petit hôtel idéal pour prolonger le charme de la découverte de la cité.

TROENSE (TÅSINGE)

Valdemars Slot – *Slotsalleén 100, Troense - 62 22 61 06/50 04, fax 62 22 72 67 - www. valdemarsslot.dk - 8 ch. : 840 DKK*. Dans le cadre superbe du célèbre château de Valdemar, quelques chambres confortables sont mises à la disposition des visiteurs. Et si vous voulez vraiment vivre la vie de château, sachez qu'il y a aussi des suites…

RUDKØBING (LANGELAND)

Hotel Skandinavia – *Brogade - 62 54 14 95 - ch. : 500 DKK*. Situé près de la place centrale, ce petit hôtel peut être le cadre d'une pause agréable dans la capitale de l'île.

SUR L'ÎLE D'ÆRO

Camping, chambres d'hôtes, auberges, auberge de jeunesse – si vous souhaitez prolonger votre séjour dans l'île, adressez-vous à l'Office de tourisme qui centralise les offres d'hébergement.

Se restaurer

FÅBORG

Bed Brønden – *Torget.* Près de la statue fontaine de Kai Nielsen, un agréable restaurant de poissons vient rappeler que, si on ne la voit jamais, la mer n'est qu'à deux pas.

TÅSINGE

Valdemars Restaurants – *Au château.* Les superbes caves voûtées situées sous la chapelle du château accueillent deux restaurants, l'un de cusine danoise traditionnelle, l'autre de cuisine française. À essayer, ne serait-ce que pour le coup d'œil ! Mais sachez que vous disposez également de lieux de restauration légère sur l'emprise du château.

Sports et loisirs

Location de vélos – Danhostel Svendborg Youth Hostel et Course Centre - *Vestergade 5 - 62 21 66 99 - Renseignements à l'Office du tourisme de Svendborg - 62 21 09 80.* Louez un vélo pour 60 DKK la journée ou bien 400 DKK la semaine.

Nautisme – Ports de plaisance sur la côte Sud de la Fionie à Fåborg, Radkilde, Ballen et Svendborg ; dans les îles, à Vindby (Tåsinge) et Thurø By (îlot situé juste en face) ; sur Langeland, à Rudkøbing, Spodsbjerg, Dageløkke et Lohals.

Prendre Torvetgade qui, comme son nom l'indique, conduit à la place du Marché.

Place du Marché (Torvet) – Sur cette harmonieuse place quelque peu biscornue, vous pourrez voir une curieuse fontaine de bronze, œuvre quelque peu énigmatique de **Kai Nielsen**. À proximité, le beffroi du 15e s. domine le quartier. Toute jaune, la petite église se niche dans un pâté de maisons aux rues étroites aux pavés inégaux. Les ruelles sont bordées de maisons à colombage, peintes de couleurs vives, remarquables par la diversité de leur architecture : de modestes habitations d'artisans y côtoient des demeures de marchands cossus.

Prendre Ostergade et la suivre jusqu'au bout.

Musée de la Peinture fionienne (Fåborg Museum for Fynsk Malerkunst) – *Grønnegade, sur la gauche. 62 61 06 45 - - avr.-oct. : 10h-16h ; nov.-mars : tlj sf lun. 11h-15h, possibilité de visite guidée en anglais - 40 DKK (enf. gratuit).* C'est un curieux bâtiment, à l'architecture pas vraiment heureuse, qui abrite ce musée, fondé par un mécène, Mads Rasmussen, qui en fit don à la ville en 1915. Il est célèbre au Danemark pour sa superbe collection de toiles de peintres fioniens, parmi lesquels **Peter Hansen** et **Johannes Larsen**.

Balade dans les îles

DE « FAUSSES ÎLES »...

Île de Tåsinge★

Enserrée entre la côte méridionale de la Fionie et l'île de Langeland, auxquelles la relient des ponts, Tåsinge n'est plus vraiment une île ! Le flot de voitures joignant Lolland et Odense la traverse le plus souvent sans s'arrêter, ce qui est bien dommage...

Quitter Svendborg par la route d'Odense et suivre les panneaux qui permettent d'attraper la route 9 qui traverse le détroit sur un pont. Juste après celui-ci, tourner sur la gauche.

Troense – C'est sans doute l'un des plus adorables villages du Danemark, avec ses jolies petites maisons à colombage peintes en blanc, ses haies basses, ses barrières blanches et son minuscule port blotti au creux d'une anse paisible.

Château de Valdemar (Valdemars Slota) – *℘ 62 22 61 06 - www.valdemarsslot.dk - mai-sept. et 16-22 oct. : 10h-17h (juil. 18h) ; avr. et 1-15 oct. : w.-end 10h-17h - 90 DKK (enf. 45 DKK).* Cet imposant **château** de style baroque se dresse dans un site boisé au bord d'un grand étang. Construit entre 1639 et 1644 par Christian IV pour son fils Valdemar, il fut offert ensuite au héros national **Niels Juel** qui le remania à la fin du 17e s Outre le corps principal, le château présente deux ravissants pavillons sous lesquels la route passa avant d'aboutir à la mer.

Laissez la voiture à l'un des deux grands parkings.

Toujours propriétaires du château, les descendants de l'amiral l'ont en partie ouvert à la visite et ont installé dans les dépendances pas moins de trois musées ! Parmi les salles meublées, vous serez sans nul doute impressionné par la grande salle avec son sol en damier.

Dans le **musée des Trophées de chasse**, vous verrez essentiellement du grand gibier naturalisé, notamment un ours redoutable.

Le musée danois des Jouets (Danmarks Legetøjsmuseum) *℘ 62 22 64 40 - mai-sept. et 16-22 oct. : 10h-17h (juil. 18h) ; avr. et 1-15 oct. : w.-end 10h-17h, possibilité de visite guidée en anglais - 40 DKK (enf. 20 DKK)* - expose une belle collection de jouets anciens ou plus récents.

Installé dans les anciennes écuries, le **musée du Yachting** est consacré à la navigation de plaisance : vous remarquerez *Bess*, le voilier sur lequel le navigateur **Paul Elvström** gagna la première de ses quatre médailles olympiques.

Bregninge – *Sur la route 9 qui traverse l'île.* Du haut de la tour de l'église du village, on découvre une **vue** étonnante sur tout l'archipel enserrant le Sud de la Fionie.

Île de Langeland★

Langeland est une île longue et étroite située au large de Tåsinge à laquelle la relie un pont. Ses belles plages et son atmosphère paisible commencent à attirer de plus en plus de touristes.

Rudkøbing – Principale ville de l'île, cette cité dont l'ambiance incite à la détente, est dotée d'un port de plaisance accueillant. Le long de ses étroites rues pavées aux maisons colorées, des portes cochères laissent entrevoir de charmantes cours. La statue de **Hans Christian Ørsted** (1777-1851), qui découvrit le principe de l'électromagnétisme, se dresse au centre de la place du Marché (Torvet) triangulaire. Vous verrez aussi de belles maisons bourgeoises dans Østergade (Bays Gård) et Nørregade (Bondos Gård).

La nef romane est la partie la plus ancienne de l'**église**. La découverte d'une vieille cloche portant une inscription runique a permis de dater sa fondation de 1105. Le moulin du 18e s. situé rue Stræde est le seul encore debout des trois moulins de la ville.

Prendre la route 305 qui parcourt l'île dans sa longueur en direction de Lohals.

Tranekær – Ce village aux maisons peintes de couleurs vives est connu pour son château rouge vif, résultat d'un remaniement en 1863 de l'édifice du 12e s. La même famille l'habite depuis 1535, et il n'est pas ouvert au public. Mais le **parc** est accessible gratuitement : vous y verrez des rhododendrons, des étangs et des ponts de bois, ainsi qu'une **réserve ornithologique**.

P. Plantier / MICHELIN

Bas-relief à Rinkobing (Langeland).

Jusqu'au port de pêche de **Lohars**, la route traverse une agréable campagne parsemée de quelques moulins. Sur la gauche, à intervalles réguliers, de petites routes conduisent à des plages agrémentées de campings comme **Emmerbølle** ou **Dageløkke**.

... ET UNE VRAIE

Île Ærø★★

En mettant le pied sur cette île, la deuxième en superficie de l'archipel fionien on a l'impression de revenir 200 ans en arrière !

Ærøskøbing★★ – C'est le joyau de cette île « authentique », comme l'appellent les Danois, formant une sorte d'équerre avec Langeland.
La petite ville s'abrite au creux d'un port naturel. la majorité des édifices date du 17e s. ; ses maisons fleuries, peintes de couleurs vives, aux portes de bois sculptées, s'alignent gaiement le long des rues pavées. La vieille pharmacie dans Vestergade, abritant l'**Office de tourisme**, est particulièrement intéressante, mais il faut également flâner le long de Sluttergyden, de Søndergade, de Brogade et de Nørregade pour bien apprécier la diversité de cet ensemble architectural.

Parmi ces vieilles maisons, il en est une, au 22 Smedegade, qui abrite le **musée des Bateaux en bouteille (Flaskeskibssamlingen)**, *✆ 62 52 29 50 - 20 juin-5 août : 10h-17h ; 19 mars-19 juin et 6-23 août : 10h-16h ; 24 oct.-18 mars : tlj sf lun. 13h-15h, w.-end 10h-12h - 30 DKK (enf. 7,5 DKK)*. Vous y découvrirez l'extraordinaire collection de Peter Jaconsen, dit Flaskes Peter (« Pierre Bouteille »). Durant toute sa vie, ce cuisinier de navire mit environ 1 700 bateaux en bouteille dont plus de 700 sont exposés ici.

À l'Ouest de la ville, sur la belle plage de sable fin de **Vesterstrand**, se dressent des cabines de bain privées souvent transmises de génération en génération.

Ærø ne mesurant que 30 km de long et 9 km de large, pourquoi ne pas explorer à **vélo** cette île idyllique, sur laquelle se trouvent deux autres « villes » (**Søby** au Nord et **Marstal** à l'autre extrémité), et s'imprégner de la tranquillité de cette admirable campagne parsemée de moulins à vent ; la principale route de l'île la parcourt dans toute sa longueur, passant à côté de minuscules villages et de fermes à colombage. Il est possible de visiter une grande partie de l'île en une journée, mais ceux qui souhaiteront prolonger leur séjour trouveront plusieurs solutions d'hébergement.

Viborg★

VIBORG – 43 382 HABITANTS
CARTE MICHELIN N° 711 P 6 OU ATLAS EUROPE P. 122

Située au cœur d'une région vallonnée agrémentée de lacs et de sombres forêts, cette paisible ville provinciale, dominant deux beaux lacs, est l'une des plus anciennes cités danoises… Pour vous en assurer, faites donc quelques pas, de place en placette, dans les ruelles pavées du centre ancien, et vous tomberez vite sous le charme.

- **Se repérer** – Viborg est située dans le Nord Jutland à quelques kilomètres d'un fjord et à moins d'une heure en voiture d'Århus. Le centre piéton est traversé par les rues Vestergade et Mathias Gade Torvet.
- **Se garer** – Un parking est aménagé devant l'Office de tourisme sur la place Nytorvgyde.
- **À ne pas manquer** – La cathédrale.
- **Organiser son temps** – Une journée pour sillonner le centre piéton, visiter la cathédrale et les deux musées de la ville.
- **Avec les enfants** – Musée de plein air de Hjerl Hede (Hjerl Hede Frilandsmuseum).
- **Pour poursuivre le voyage** – ÅRHUS.

Comprendre

L'ancienne capitale du Jutland – Viborg fut probablement un lieu de culte païen avant de devenir un des plus importants diocèses du Danemark, doté d'une magnifique cathédrale. Durant tout le Moyen Âge, il était de coutume que le nouveau roi fût nommé à Viborg ; c'est pourquoi s'y maintint jusqu'au milieu du 17e s. une cérémonie au cours de laquelle le souverain recevait l'hommage de ses sujets. La ville prospérait alors grâce au très lucratif commerce du bétail : elle était un centre important d'exportation, établi à la tête de ce que l'on appelle toujours « l'ancienne

Viborg pratique

Adresses utiles

Viborg – Nytorv 9 - 8800 - *℘ 87 25 30 75.*

Skive – Turistbureauet I Skive - 7800 - *℘ 97 52 32 66.*

Silkeborg – Åhavevej 2A - 8600 - *℘ 86 82 19 11.*

Se loger

Golf Hôtel – *Randersvej 2, à 5mn à pied du centre - ℘ 86 61 02 22, fax 86 61 31 71 - www.golf-hotel-viborg.dk - ch. : 725/795 DKK, suite : 995 DKK.* Le deuxième et dernier hôtel à proximité du centre-ville. Les bâtiments et les chambres ne présentent aucun charme, mais l'ensemble est bâti dans un parc à proximité du centre. Plusieurs facilités sont proposées comme la piscine, le sauna ou le Jacuzzi. Prenez impérativement une chambre donnant sur le lac.

Palads Hotel – *Sct. Mathiasgade 5, dans le centre - ℘ 86 62 37 00, fax 86 62 40 46 - ch. : 895/1 495 DKK.* Un grand bâtiment blanc en bordure des rues piétonnes qui dispose du label Best Western. Pour autant, les chambres ne sont pas particulièrement charmantes et l'accueil laisse à désirer. Il y a très peu d'hôtels dans la ville, et celui-ci propose des chambres équipées d'un Jacuzzi et d'un sauna.

Se restaurer

Morville – *Hjultorvet 4 - dans le centre piéton - ℘ 86 60 22 11 - lun.-jeu. 11h-24h, sam. 10h-1h, dim. 12h-23h - 80/150 DKK.* Un café moderne idéalement situé sur une place piétonne où le samedi se tient le marché. L'intérieur sans charme particulier est envahi par la population locale qui vient se délecter d'un brunch copieux. Soirées animées en week-end.

Arthur – *Vestergade 4, dans le centre - ℘ 86 62 21 26 - lun.-jeu. 11h-23h, vend.- sam. 11h-24h – 65/500 DKK.* Cet établissement moderne dispose d'un café pour les déjeuners rapides et d'un restaurant pour les repas plus complets. Dans une ambiance cosy, on vous sert une cuisine copieuse.

KK – *Skt. Mathiasgade 76, dans le centre - ℘ 86 62 11 30 - www.restaurant-kk.dk - mar.-sam. 18h-21h30 - 268/428 DKK.* Vous pourrez uniquement dîner dans ce restaurant élégant qui propose une cuisine scandinave de qualité. Un menu dégustation à 428 DKK permet de découvrir les spécialités locales.

Loisirs

Excursion en bateau de Silkeborg au Himmelbjerget – Prévoir une demi-journée.

route du bétail » qui menait au Schleswig en traversant le centre du Jutland. Le célèbre **Hans Tausen**, artisan de la Réforme au Danemark, y prêcha la nouvelle doctrine et initia le mouvement qui aboutit à l'adoption de la religion évangélique comme religion d'État en 1536. Plusieurs incendies, dont le plus dévastateur fut celui de 1726, détruisirent la plus grande partie de la ville, tandis que la concentration progressive des pouvoirs à Copenhague accélérait son déclin. L'inauguration du chemin de fer favorisa le retour d'une certaine prospérité au 19e s. et, depuis, Viborg est une ville industrielle et commerciale et un centre administratif.

Se promener

Cathédrale★ (Domkirke)

Skt Mogens Gade 4 - ✆ 87 25 52 50.
Du vaste sanctuaire roman du 12e s., il ne reste que la crypte, d'un volume imposant, construite en 1130 et comprenant trois nefs reposant sur d'énormes piliers. L'actuelle cathédrale en granit rose fut achevée en 1876, et son style néoroman tente d'être aussi fidèle que possible à l'édifice original. Son ornement le plus remarquable est l'ensemble de **fresques** peintes par **Joachim Skovgaard** au début du 20e s. et représentant des scènes de la Bible.

J. Sommer / VISITDENMARK

Viborg, que dominent les deux clochers de sa cathédrale.

Musée Skovgaard (Skovgaard Museet)

Domkirkestræde 2, sur la gauche de la cathédrale. ✆ 86 62 39 75 - ♿ - mai-sept. : 10h-12h30, 13h30-17h ; oct.-avr. : 13h30-17h, possibilité de visite guidée en anglais - 20 DKK. Il abrite une collection de toiles de Joachim Skovgaard et de divers membres de sa famille.

Église de la paroisse Sud (Sortebrodre Kirke)

Sortebrodre Kirke - St. Skt. Mikkelsgade 12 - Viborg - ✆ 86 62 49 96 - sur demande.
Au Sud de la cathédrale, cette ancienne chapelle d'un monastère dominicain est aujourd'hui la plus vieille église de Viborg, bien qu'elle ait été largement remaniée en 1728 après un incendie. De l'édifice original, seuls subsistent le chœur et la nef. Elle contient un retable hollandais très ouvragé datant du 16e s.

Musée d'Histoire locale (Viborg Stiftsmuseum)

Hjultorvet 9. - ✆ 87 25 26 10, 87 25 26 25 - www.viborgstiftsmuseum.dk - 5 juin-31 août : tlj sf lun. 11h-17h. ; 1er sept.-14 juin : mar.-ven. 13h-16h, w.-end 11h-17h - 25 DKK (enf. gratuit). Dans une grande maison qui domine une charmante placette vous découvrirez l'histoire de la ville au travers des objets usuels qui ont servi à ses habitants. Parmi une importante collection, les habits traditionnels et outils anciens sont les plus remarquables.

Dans les environs

Ålestrup

30 km au Nord – À l'Ouest de la route 13, le musée danois de la Bicyclette (Danmarks Cykelmuseum), *✆ 98 64 19 60 - mai-sept. : tlj sf lun. 10h-17h - 35 DKK (enf. 10 DKK)*, illustre l'histoire de la bicyclette, du vélocipède aux modèles les plus récents.

Circuits de découverte

FJORD DE MARIAGER (Mariager Fjord) 1

45 km jusqu'à Mariager.
Ce fjord étroit pénètre à l'intérieur des terres jusqu'à la ville de Hobro, proche de la forteresse viking de Fyrkat.

Il est possible d'explorer les deux rives du fjord en prenant la route 555 qui longe la rive Sud, puis en traversant au pont de Hadsund et en suivant la route 541 sur la rive Nord.

Particulièrement pittoresque entre la vieille ville de Mariager et Hadsund, le parcours présente une grande variété de paysages, où s'harmonisent le manteau forestier descendant jusqu'aux rives du fjord, les grasses prairies et les cours d'eau sinueux.

Tout au long du fjord alternent mouillages bien abrités et petits villages de pêcheurs comme **Stinesminde**.

Mariager a conservé un cachet ancien qui donne un attrait tout particulier à une promenade le long des rues pavées bordées de superbes vieilles maisons telles que Købmandsgården, dans Kirkegade, transformée en musée municipal, et Postgården, auberge du 18e s. convertie en hôtel.

LE LAC DE HALD (Hald Sø) 2

Circuit de 25 km - 1h - Emprunter la route 13 vers le Sud sur 3 km, puis tourner à droite sur une route secondaire.

Cette route pittoresque traverse une belle région boisée et longe la rive occidentale du lac Hald, dominé par le manoir de Hald Hovedgård.

La route continue vers le Sud et rejoint la route 13. Prendre à gauche pour retourner à Viborg.

LA PRESQU'ÎLE DE SALLING 3

75 km - une demi-journée.

La presqu'île de Salling et l'île de Mors obstruent presque entièrement la partie la plus large du tortueux Limfjord, créant ainsi un réseau complexe de détroits et de petits fjords qui sont le paradis des amateurs de voile ; ceux-ci ont en effet un grand choix de mouillages allant du modeste port de pêche au port de plaisance bien abrité, comme celui de Skive sur la côte Est de Salling.

Salling est une région de landes et de forêts et abrite un parc naturel de toute beauté qui entoure le plus grand lac danois de ce type d'écosystème. On peut aussi y voir de vieilles églises très intéressantes et l'un des plus beaux châteaux médiévaux du Danemark. La ville animée de Skive occupe une position centrale et s'impose donc comme le point de départ le plus commode de tout circuit à travers la presqu'île.

Skive

Avant d'entreprendre le circuit, visiter la vieille **église** essentiellement romane qui contient un ensemble de fresques du 16e s. représentant de nombreux saints et personnages sacrés sur un fond aux motifs floraux.

Quitter Skive par la route 189 et prendre à gauche, à la sortie de la ville, la route 34 vers Herning ; 7 km plus loin, prendre la fourche de droite vers Sevel.

Sevel

La vieille **église** *(℘ 97 44 86 56 - 10h-16h)* de ce charmant village possède un carillon qui joue des hymnes trois fois par jour.

À partir de Sevel, suivre la route secondaire qui conduit vers le Nord, au Musée de plein air de Hjerl Hede.

Musée de plein air de Hjerl Hede (Hjerl Hede Frilandsmuseum)

℘ 97 44 80 60 - www.hjerlhede.dk - avr.-oct. : 10h-17h ; déc : 3 derniers w.-ends 10h-17h - se renseigner pour les tarifs.

Situé sur un site protégé couvrant plus de 1 000 ha de collines revêtues de bruyère et de forêt, le **musée de plein air de Hjerl Hede** présente la reconstitution d'un campement de l'âge de la pierre et un vieux village illustrant la vie rurale au Danemark du 16e au 19e s. On y voit des fermes, une auberge, une école, une église, un moulin à eau, une forge et d'autres ateliers ainsi qu'une épicerie. Tout s'anime en juillet, car des volontaires habitent et travaillent alors dans les vieilles maisons, s'efforçant de faire revivre les coutumes d'antan pour le plus grand plaisir des visiteurs.

En quittant le vieux village, suivre l'indication Udsigten.

Lac Flynder (Flyndersø)

Une vue magnifique se développe sur le **lac Flynder**, long et étroit, qui fut formé à la fin de l'ère glaciaire.

Continuer jusqu'à Sahl, à 3 km vers l'Ouest.

Sahl

L'église romane *(8h-16h)*, construite en pierre vers 1150, conserve les vestiges de **fresques** du début du 16e s. et un ensemble rare de bancs en chêne datant de 1600 environ (ceux destinés aux hommes sont côté Sud, ceux destinés aux femmes côté Nord). Mais l'élément le plus remarquable est l'autel en cuivre ciselé doré à l'or fin, reposant sur une base en chêne réalisé vers 1200 par un artisan de Ribe. À l'origine, le frontal était placé devant l'autel, tandis que l'actuelle prédelle était placée au-dessus : les deux parties furent ensuite inversées.

Se diriger vers le Nord pendant 4 km puis tourner à gauche vers Ejsing.

Ejsing

Ici aussi, l'**église** (*✆ 97 44 60 07 - juin-sept. : 8h-19h30, dim. 10h-17h ; reste de l'année : tlj sf dim. 8h-16h)* est romane, malgré une importante empreinte du style gothique. À l'intérieur, le beau mobilier peint, datant de 1760, et les splendides **fresques** du 16e s. aux tons d'ocre chauds, représentant Adam et Ève ainsi que diverses scènes de la Bible méritent un coup d'œil ; elles se trouvent dans l'abside et dans une chapelle latérale accessible par une porte en bois sculpté.

Continuer vers le Nord jusqu'à Rødding en passant par Lem ; le château de Spøttrup est tout proche.

Château de Spøttrup (Spøttrup Borg)

✆ 97 56 16 06 - mai-août : 10h-18h ; sept. : 10h-17h ; oct. : 10h-16h ; avr. : mar., merc., dim. et j. fériés 11h-17h ; nov. : merc. 11h-15h - se renseigner pour les tarifs. Deux ponts de bois donnent accès à ce remarquable château médiéval, le mieux conservé du Danemark, construit en brique et entouré de deux fossés que sépare un haut remblai de terre. Érigé par les évêques de Viborg pour protéger leurs domaines, il fut achevé vers 1500 et comprend trois ailes, le quatrième côté étant fermé par une porte fortifiée. Après la Réforme, le château fut confisqué par la Couronne, puis offert en 1579 à un pair du royaume. Deux tourelles d'escaliers furent alors construites dans la cour. En 1937, l'État acheta Spøttrup et le restaura peu à peu.

Revenir à Skive en passant par Sønder Balling.

SILKEBORG ET L'HIMMELBJERGET 4

Circuit de 50 km – 3h.

Silkeborg

Silkeborg fut fondée au milieu du 19e s. au cœur du Jutland oriental, dans une région de hautes collines recouvertes d'un vaste manteau de forêts et de lacs reliés entre eux par la Gudenå, le plus long fleuve danois. Cette agréable cité qui s'étend sur les bords du Langsø possède deux splendides musées.

Musée de Silkeborg★ (Silkeborg Museum) – *✆ 86 82 14 99 - ♿ - de déb. mai à mi-oct. : 10h-17h ; reste de l'année : w.-end 12h-16h, possibilité de visite guidée (1h, anglais) sur réserv. - fermé 24-26 déc. - 40 DKK (enf. 10 DKK).* Près de Torvet, la place principale, le **musée** est installé dans le plus ancien édifice de la ville, Hevedgården, manoir construit en 1767. Consacré à l'histoire et à l'artisanat régional, il abrite dans une aile récente une exposition ayant pour thème la vie quotidienne vers 400 av. J.-C. des contemporains de l'**homme de Tollund★★**. Son corps, pièce maîtresse du musée, fut découvert en 1950 dans une tourbière près de Silkeborg ; l'homme avait été offert en sacrifice aux divinités, puis, la corde encore passée autour du cou, étendu dans la tourbière où il se momifia.

Musée des Beaux-Arts (Kunstmuseum)★★ – *✆ 86 82 53 88 - ♿ - avr.-oct. : 10h-17h ; nov.-mars : 12h-16h, w.-end 10h-17h, possibilité de visite guidée (1h, anglais et français) -*

I. Klipper / MICHELIN

L'homme de Tollund.

Si vous préférez embarquer...

Le circuit en voiture peut être agréablement remplacé par la remontée du fleuve jusqu'au Himmelbjerget (prévoir 1/2 journée). Cette excursion s'effectue à bord d'un vieux bateau à vapeur nommé *Hjejlen*. Inauguré en 1861 et amarré près du pont dans le centre de Silkeborg, il remonte le fleuve, pénètre dans le Julsø et s'arrête au pied du Himmelbjerget, dont on peut facilement entreprendre l'ascension à partir de la rive.

fermé lun., 1er janv., 23-26 et 31 déc. - 40 DKK. C'est l'un des plus intéressants musées d'art moderne de Scandinavie. Fondé par **Asger Jorn** (1914-1973), l'un des peintres danois les plus importants de l'après-guerre, il est admirablement mis en valeur par sa situation privilégiée sur la rive gauche de la Gudenå dans un édifice construit pour abriter la collection personnelle de l'artiste. Elle comprend environ 400 de ses toiles ainsi que des œuvres d'autres peintres de ses amis, depuis ses débuts à Paris avant la Seconde Guerre mondiale jusqu'à sa mort en 1973. En 1947, en réaction non seulement contre la tragédie de la guerre, mais aussi contre les tendances artistiques alors en vogue, il avait fondé le **groupe Cobra** qui comprenait des artistes belges, hollandais et danois, dont Appel, Constant, Alechinsky et Jacobsen. Parmi toutes les œuvres de Jorn, *Stalingrad* apparaît comme un chef-d'œuvre effrayant. Léger, Picasso, Miró, Ernst, Le Corbusier et Dubuffet sont également bien représentés, et il y a une importante collection d'art danois du 20e s.

Se diriger vers l'Est par la route secondaire longeant la rive droite de la rivière Gudenå.

La « Colline du Ciel » (Himmelbjerget)

La première partie du circuit jusqu'à Ry suit de très près le fleuve et les lacs et traverse d'épaisses forêts, offrant de temps à autre une belle vue du Himmelbjerget de l'autre côté du lac Julsø.

À Ry, tourner à droite vers Gammel Rye, puis prendre une seconde fois à droite la route 461.

Le **Himmelbjerget** n'a que 147 m d'altitude, mais il est bien plus impressionnant que l'on pourrait se l'imaginer. Du haut de la tour de 25 m qui le coiffe, on découvre une vue panoramique sur un paysage que l'on dirait presque tyrolien avec ses forêts sombres, comparables à celles des Alpes, se reflétant dans le lac.

Retourner au croisement de la route 445 et tourner à droite en direction de Silkeborg.

AU NORD DE SILKEBORG 5

60 km – environ 3h. Prendre la route 46 en direction du Nord jusqu'à Grønbæk.

Grønbæk

L'abside de l'**église** romane est décorée de belles fresques du début du 13e s.

Continuer vers le Nord en suivant une route touristique qui passe par Ans et Tange.

Lac de Tange (Tange Sø)

Le lac de Tange est né de la construction d'un barrage sur la Gudenå. La centrale électrique, inaugurée en 1921, fournit de l'électricité à toute la région et abrite maintenant le musée de l'Électricité (Elmuseet), évoquant le rôle de l'électricité dans notre vie quotidienne. *87 25 97 31 - ♿ - avr.-oct. : 10h-17h ; 13-19 fév. : 10h-16h, possibilité de visite guidée (1h, anglais) - 50 DKK (enf. 25 DKK).*

Continuer vers l'Ouest jusqu'à Rødkærsbro, puis prendre au Sud vers Levring et Vinderslev.

Vinderslev

Construite en granit dans le style roman, l'église *86 86 70 40 - mai-déc. : 9h-16h.* présente de beaux portails sculptés et deux groupes de fresques peintes à des époques différentes. La nef est couverte de scènes bibliques datant de la fin du 13e s., tandis que les fresques qui ornent le chœur datent probablement de la fin du 16e s. ; plus fouillées, elles se caractérisent par des motifs floraux assez complexes.

Revenir à Silkeborg par la route 52.

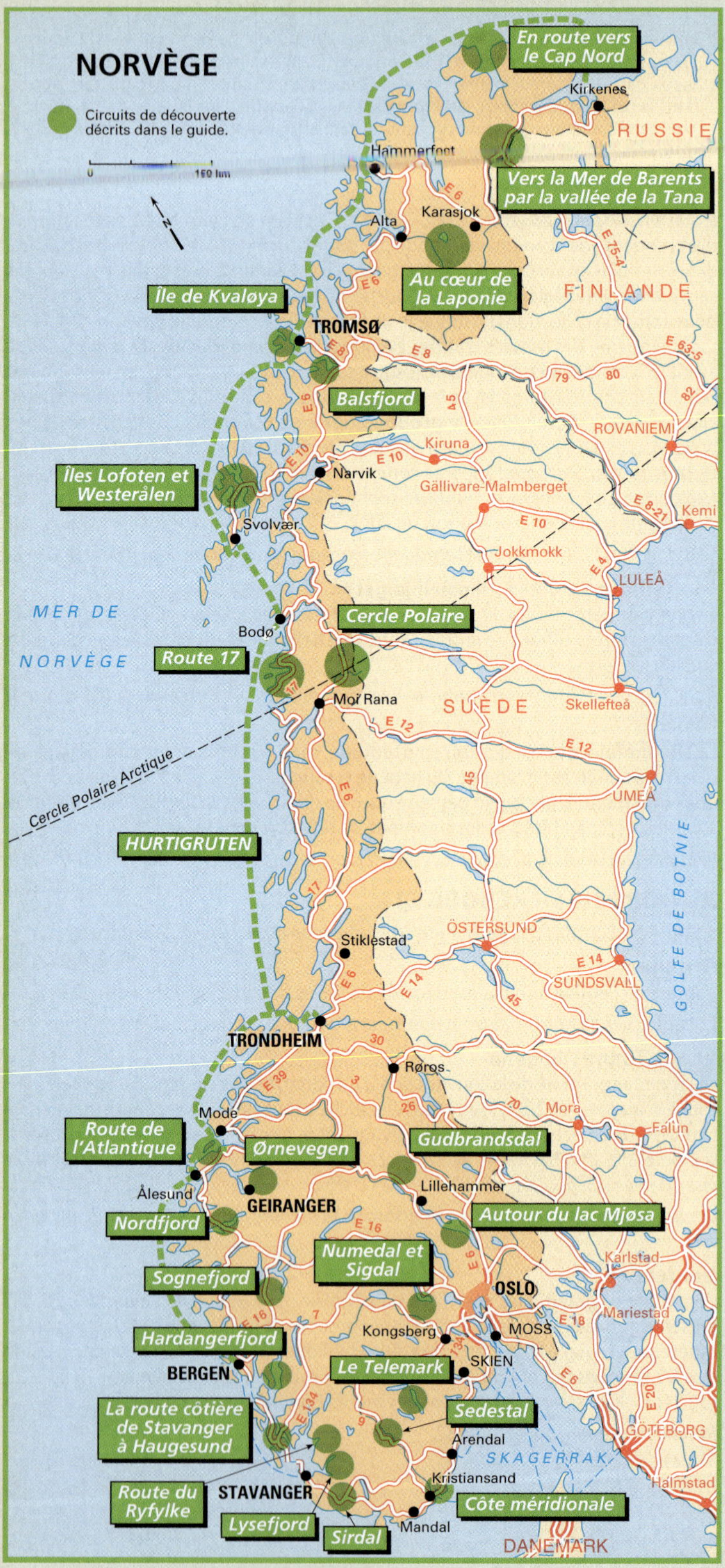

NORVÈGE
Circuits de découverte décrits dans le guide.
0
150 km
N
En route vers le Cap Nord
Kirkenes
RUSSIE
Hammerfest
Vers la Mer de Barents par la vallée de la Tana
Karasjok
Alta
Au cœur de la Laponie
FINLANDE
Île de Kvaløya
TROMSØ
Balsfjord
Kiruna
Narvik
Îles Lofoten et Westerålen
Gällivare-Malmberget
Svolvær
Jokkmokk
ROVANIEMI
Kemi
LULEÅ
MER DE
NORVÈGE
Bodø
Cercle Polaire
Route 17
Mo i Rana
SUÈDE
Skellefteå
UMEÅ
Cercle Polaire Arctique
HURTIGRUTEN
GOLFE DE BOTNIE
Stiklestad
ÖSTERSUND
SUNDSVALL
TRONDHEIM
Røros
Mode
Mora
Falun
Route de l'Atlantique
Ørnevegen
Gudbrandsdal
Ålesund
GEIRANGER
Lillehammer
Nordfjord
Autour du lac Mjøsa
Numedal et Sigdal
Karlstad
OSLO
Sognefjord
Mariestad
Kongsberg
MOSS
Hardangerfjord
BERGEN
Le Telemark
SKIEN
La route côtière de Stavanger à Haugesund
Sedestal
Arendal
SKAGERRAK
GÖTEBORG
Kristiansand
Halmstad
Route du Ryfylke
STAVANGER
Côte méridionale
Lysefjord
Sirdal
Mandal
DANEMARK

LA NORVÈGE

Norge

Superficie : 323 878 km^2 sans l'archipel du Svalbard situé dans l'océan Arctique. Une grande partie du pays est montagneuse et seulement 4 % des terres sont cultivés.

Frontières : avec la Suède, la Finlande et la Russie.

Latitude : 58° à 71°10′ de latitude Nord.

Heure : GMT + 1.

Population : 4 606 363.

Densité : 13 au km^2.

Capitale : Oslo.

Villes principales : Bergen, Stavanger, Trondheim. Hammerfest est la ville la plus septentrionale du monde.

Système politique : monarchie constitutionnelle, Parlement à Assemblée unique (Storting).

Divisions administratives : 19 *fylker.*

Fête nationale : 17 mai, jour anniversaire de la Constitution.

Langues officielles : le bokmål (apparenté au danois) et le nynorsk (néo-norvégien).

Religion : le luthéranisme (plus de 90 %).

Monnaie : 1 *krone* (Nkr ou NOK) = 100 *øre* = 0,14 €.

Sites inscrits sur la Liste du patrimoine mondial de l'Unesco : sites d'art rupestre d'Alta – Bergen, quartier de Bryggen – Geirangerfjord et Næerøyfjord – Røros – arc géodésique de Struve – Stavkirke d'Urnes – Vegaøyan (archipel de Vega).

Ålesund★★

MORE OG ROMSDAL – 40 295 HABITANTS
CARTE MICHELIN N° 711 J 3 OU ATLAS EUROPE P. 110

Voici une ville inattendue et qui saura vous charmer tant par son site spectaculaire que par son architecture Art nouveau. Située au centre d'un archipel bordé par l'océan, la ville s'est développée sur les rives d'un détroit et a peu à peu investi les îles voisines, reliées entre elles par des ponts.

- **Se repérer** –Le centre de la cité s'organise autour d'un canal, Brosundet, transformé en port de plaisance.
- **Se garer** – Jouez la sécurité avec le parking souterrain du centre commercial de Rådhuset (péage aux automates avant de reprendre le véhicule).
- **À ne pas manquer** – La ville Art nouveau.
- **Organiser son temps** – Compter 2h pour une flânerie dans la ville.
- **Avec les enfants** – L'aquarium du parc de l'Atlantique.
- **Pour poursuivre le voyage** – GEIRANGER et le Nordfjord.

Comprendre

Une ville Art nouveau – Le samedi 23 janvier 1904, après une tempête d'une rare violence, Ålesund fut ravagée par les flammes ; le centre de la cité fut presque entièrement détruit et 10 000 personnes se retrouvèrent sans abri du jour au lendemain. De nombreux pays envoyèrent des secours, l'empereur Guillaume II se montrant particulièrement généreux (ce qui explique sans doute l'allure germanique de la cité). La ville fut reconstruite en trois ans dans le style en vogue, l'Art nouveau. Nombre de ces bâtiments ont été préservés donnant à la ville d'aujourd'hui son cachet inimitable.

P. Plantier / MICHELIN

Au centre d'Ålesund : la place de la Pharmacie.

Se promener

La **place de la Pharmacie★ (Apotekertorget)** où trône un fier matelot en bronze et **Brosundet★**, l'ancien port de pêche, canal encombré de bateaux de pêche ou de plaisance, constituent le cœur de la cité. Vous prendrez plaisir à flâner sur les deux rives du port, le long d'**Apotekergata** que prolonge **Kirkegata**, ou dans la rue piétonne principale, **Kongensgate**, commerçante, en détaillant les façades des immeubles décorées avec fantaisie de flèches, de tourelles et de clochetons, de sculptures, de moulures et de céramiques colorées, dans le plus pur style Art nouveau, auquel sont venues s'ajouter quelques touches norvégiennes comme des têtes de dragons.

Centre d'Art nouveau (Jugendstil senteret) – *Apotekertorget - ✆ 70 10 49 70 - de déb. juin à fin août : 10h-19h (sam. 17h), dim. 12h-17h ; reste de l'année : tlj sf lun. 11h-16h, dim. 12h-16h - 50 NOK (enf. 25 NOK).* L'ancienne pharmacie Svann abrite ce centre évoquant à l'aide de reconstitution d'intérieurs, de mobilier et d'éléments décoratifs, la frénésie créatrice de l'Art nouveau.

Musée d'Ålesund (Ålesunds museum) – *Rasmus Rønnebergs gate (accès par des marches à partir de Korsegata, à côté de la poste). ✆ 70 12 31 70 - juil.-août : 11h-16h, dim. 12h-16h ; reste de l'année : 11h-15h, dim. 12h-15h - fermé nov.-déc. et dim. en fév.-mars - 30 NOK (enf. 10 NOK).* Installé dans une maison jaune dominant la cité, il évoque de manière émouvante le passé de la ville : son développement (maquette), l'occupation allemande et la vie quotidienne des habitants (reconstitution de boutiques et d'intérieurs, notamment un terrifiant cabinet de dentiste, maquettes de navires...).

Ålesund pratique

Adresses utiles

🅸 *Skateflukaia - ✆ 70 15 76 00 - fax 70 15 76 01 - info@visitalesund.com - www.visitalesund.com.*

Visites guidées du quartier Art nouveau – *✆ 70 15 76 00 - visite guidée Art nouveau (1h30-2h) du 20 juin au 20 août : 12h - 60 NOK (enf. gratuit)*

Balades de découverte en vedette – *1h15 - Départ de Brosundet tlj du 1er juin au 15 août, à 12h et 14h (16h et 18h en juil.) - 100 NOK (enf. : 50 NOK).*

Transports

Aéroport – Cinq à six vols quotidiens sans escale pour Oslo, Trondheim et Bergen.

Express côtier – Escale tous les jours à Skansekaia à 12h de l'Hurtigruten sur le chemin du retour vers Bergen.

Se loger

Bon à savoir – La plupart des chaînes hôtelières (SAS Radisson, Rica) sont présentes au centre d'Ålesund. Confort et prix (élevés) garantis.

⊖⊖ Brosundet Gjestehus – *Apotekergata 5 - ✆ 70 12 10 00 44 ch : 990 NOK ☕.* Cet hôtel confortable a investi une demeure Art nouveau construite en 1905 au cœur de la ville. La salle du petit-déjeuner largement ouverte sur le port ne manque pas de charme.

⊖⊖ Clarion Hotel Bryggen – *Apotekergata 1-3 - ✆ 70 12 64 00 - ch. : 980 NOK ☕.* Il est installé dans les anciens entrepôts donnant sur le canal de Brosundet, ce qui lui confère un charme supérieur à celui de ses confrères de qualité équivalente.

MOLDE

Rica Seile Hotel – *Gideonvegen 2 - 6 412 Molde - ✆ 71 11 40 00, fax 71 11 40 01 - 169 ch.* Dominant le fjord de Romsdal, le confort standard de la chaîne se conjugue à une belle réussite architecturale.

KRISTIANSUND

Bon à savoir – Haugata, rue dominant le port, concentre la plupart des chaînes hôtelières scandinaves (Riva, Comfort...)

⊖⊖ Astoria Hotel – *Haugata 13 (au coin de Storgata, la rue piétonne) - ✆ 71 67 84 37, fax 71 67 92 00 - www.astoriahotell.no - ch. : 795/895 NOK ☕.* Un hôtel pratiquant des tarifs raisonnables, tout en maintenant un confort convenable. Depuis les chambres situées au 4e (sans ascenseur), belle vue sur le port et les maisons colorées de l'autre rive.

Se restaurer

ÅLESUND

Bon à savoir – Nombreux fast-foods de toutes obédiances. Pour un déjeuner rapide, préférez la cafétéria du centre commercial de Rådhuset.

Cavatelli Mat & Vin – *Apotekergata (au coin de la place).* Bar à vin et restaurant élégant (et cher) au cœur de la cité.

Sjøbua fiskerestaurant – *Brunholmgata (au bout d'Apotekergata).* Pour déguster près du port les spécialités de la mer.

À KRISTIANSUND

Fiskerestaurant Sjøstjerna – *Storgata.* Parmi filets de pêche et autres nasses, dans une salle au décor adorablement rétro, vous dégusterez des spécialités locales, de la soupe de poissons *(fiskesuppe)* onctueuse à souhait, à la cassolette de saumon et moules *(Laks og blåskjellgryte)* sans oublier le *kristiansundfsbaill*, mêlant boulettes de poisson et agneau dans une sauce aux oignons et au bacon. Un service attentif et aimable achève de faire de ce lieu une de nos meilleures adresses norvégiennes.

Sports et loisirs

Nautisme et pêche – Håholmen Havstuer, *✆ 47 71 51 72 50 - www. haholmen.no - Sur la route de l'Atlantique, à droite en venant de Kristiansund.* Pêche en mer, voile, balades en bateau... et restaurant de poissons pour se remettre de ses émotions, dans un lieu magique... au mileu de nulle part !

Achats

Pulls marins – Vous pourrez en acheter (*paiement en espèces seulement*) à l'Office de tourisme. Et pourquoi ne pas compléter votre équipement avec un ciré jaune qui vous donnera l'allure d'un véritable loup de mer ?

En suivant le long de Brodinset, **Skansegata**, qui accueille au matin un marché aux poissons, vous arriverez au **Skansekaia** qu'anime chaque jour l'arrivée de l'Express côtier.

Mont Aksla – À l'Est, par Sjøgata puis Røysegata, une route serpentant dans un quartier résidentiel grimpe jusqu'au sommet de ce promontoire dominant la ville. La route se termine à Fjellstua (le chalet), d'où l'on bénéficie d'une vue surprenante sur la ville et les différentes îles *(les plus vaillants atteindront le sommet à pied en montant 418 marches : de Kongsgata, prendre à droite Finarvikgata jusqu'au parc).*

Parc de l'Atlantique (Atlanterhavsparken) – *À Tueneset, à 3 km à l'Ouest du centre-ville. ℘ 70 10 70 60 - juin-août : 10h-19h (sam. 16h) ; sept. : 11h-19h ; oct.-avr. : tlj sf lun 11h-16h - 90 NOK (enf. 55 NOK).*

Il abrite de grands aquariums marins construits dans la roche qui borde la côte et qui permettent de découvrir la faune marine de la région. Des sentiers de promenade, une cafétéria et une boutique de souvenirs complètent l'ensemble.

Aux alentours

Île de Giske – *Route à péage.* Cette île, dont serait originaire le chef viking **Rollon**, qui fut le premier duc de Normandie (911-933) et l'ancêtre de Guillaume le Conquérant, est reliée à Ålesund et à la côte par des ponts et des tunnels. Sur l'île se dresse une charmante **église** romane en marbre. Elle fut restaurée au 18e s., la chaire et le retable datant de cette époque. *℘ 70 18 09 90 - de déb. juin au 20 août : 10h-17h, dim. 13h-19h ; reste de l'année : sur RV (℘ 70 18 80 40) - 25 NOK (enf. 10 NOK).* Au-delà, à la pointe de l'île de **Godøy**, le phare d'Alnes (1876) reçoit de plein fouet les bourrasques de l'Atlantique. **Alnes** est un pittoresque village de pêcheurs.

Île de Runde – *40 km jusqu'à Ulsteinvik, puis 4h de bateau pour faire le tour de l'île.* Plus éloignée de la côte, Runde est une réserve ornithologique renommée. Plus de 1,5 million d'oiseaux de 40 espèces nichent sur les falaises entre mars et août.

Circuit de découverte

SUR L'ATLANTIQUE, DE ÂLESUND À KRISTANSAND

150 km. Quitter Ålesund par la E 136/E 39 vers Trondheim. Après 65 km, prendre à Furneset le ferry traversant le fjord de Romsdal (Romsfdalsfjorden) jusqu'à Molde.

Molde – Réputée pour ses roses, Molde n'offre que l'intérêt d'être une ville commerçante qui s'allonge en bordure du fjord. C'est au bout de la longue Storgata, bordée de commerces, que se situe la zone hôtelière dans un quartier à l'architecture parfois hardie : dressé comme une voile au-dessus du fjord, l'**hôtel Rica** en est un bel exemple. D'un embarcadère situé sur la place du marché (Torget), des navettes conduisent en été sur l'île de **Hjertøya** qui abrite un **musée de la Pêche (Fiskerimuseet)**.

Quitter Molde en suivant toujours la E 39 en direction de Trondheim qui longe le fjord puis prendre à gauche la route 64 vers Eide (attention : le carrefour est des plus discrets !).
Après avoir rejoint le Kornstadffjord à **Eide**, vous suivrez la côte le long de la route 64 traversant au passage l'agréable village de **Lyngstad**.

La route de l'Atlantique (Atlanterhavsveien)★★ – Longue de 8 km cette route, construite en utilisant un chapelet d'îles comme points d'appui, franchit les bras de mer sur huit ponts (dont l'un, dessine une sorte d'ellipse dans l'espace). Le résultat est absolument étonnant : les îles plates et dénudées, les récifs et la mer toujours présente, souvent houleuse et charriant de gros rouleaux, s'allient pour créer un grandiose spectacle maritime au sein duquel l'automobiliste semble s'être aventuré par intrusion ; profitez alors des quelques points d'arrêt pour gonfler vos poumons de cet air chargé d'iode et d'embruns, au risque d'éprouver une sensation d'enivrement !
Un dernier pont et vous voilà sur l'île d'**Averøya** que la route 64 traverse jusqu'à **Bremsnes**, lieu d'embarquement sur le ferry qui vous déposera sur le port de Kristiansund.

Kristiansund – S'il est en Norvège une cité maritime, c'est bien ce port juché sur trois îles que relient d'audacieux ponts franchis par la route 70 qui permet, moyennant un tunnel creusé sous la mer, de rejoindre la route de Trondheim. Au bout de la route, le centre-ville est bâti en amphithéatre sur une pente dévalant vers le port. Un quartier résidentiel, tout en haut, avec de belles maisons de bois, deux rues piétonnes bordées de commerces et des capacités hotelières assez considérables qu'explique sans doute le rôle joué par le port dans l'industrie pétrolière norvégienne font de Kristiansund une agréable étape sur la route de l'Atlantique.

Bergen★★★

HORDALAND – 239 209 HABITANTS
CARTE MICHELIN N° 711 L 2 OU ATLAS EUROPE P. 110 – PLAN D'AGGLOMÉRATION : CARTE MICHELIN N° 711

Souvent surnommée « la cité de bois » ou « la porte d'entrée des fjords de Norvège », Bergen, deuxième ville du pays, fascine ses visiteurs qui découvrent avec enchantement cette ville cosmopolite très animée au riche passé. Occupant une position privilégiée sur la magnifique côte occidentale de la Norvège, à proximité de fabuleux sites naturels, Bergen est protégée à l'Ouest par un chapelet d'îles et à l'Est par un cirque montagneux.

- **Se repérer** – Une fois franchi le péage, suivez la direction *Sentrum*... et laissez votre voiture au premier emplacement autorisé de manière à pouvoir effectuer à pied un repérage des lieux.
- **Se garer** – Voilà une entreprise difficile ! La seule solution viable (si vous ne souhaitez pas agrémenter votre visite d'un détour par la fourrière), ce sont les parkings couverts (P-hus).
- **À ne pas manquer** – Bryggen et la ville hanséatique.
- **Organiser son temps** – Comptez deux jours (mais, attention : les musées sont fermés le lundi).
- **Pour poursuivre le voyage** – Le SOGNEFJORD et ÅLESUND.

P. Nybø / BERGEN TOURIST BOARD

Sur Bryggen, les entrepôts de la Ligue hanséatique.

Comprendre

L'ancienne capitale de la Norvège

Fondée en 1070 par le roi Olav Kyrre (« le Tranquille »), Bergen fut avec Trondheim l'un des deux premiers évêchés norvégiens. De nombreuses églises et monastères (cisterciens, notamment) en firent un centre ecclésiastique important, privilège qu'elle conserva durant tout le Moyen Âge. Son port naturel unique et sa position centrale le long de la côte occidentale lui valurent de devenir un centre florissant d'exportation de poisson séché, denrée alors très appréciée en Europe. Bergen fut la capitale de la Norvège jusqu'à la fin du 13e s. et, bien que supplantée par Oslo en 1299, elle continua à prospérer et demeura jusqu'au 19e s. la plus grande ville du royaume.

Les parapluies de Bergen

Bergen doit au Gulf Stream de bénéficier d'un des climats les plus doux de la côte norvégienne... mais aussi d'être une des villes les plus pluvieuses au monde. Les habitants du cru prennent les choses avec autant de philosophie que d'humour puisqu'ils ont choisi comme emblème de leur ville... un parapluie !

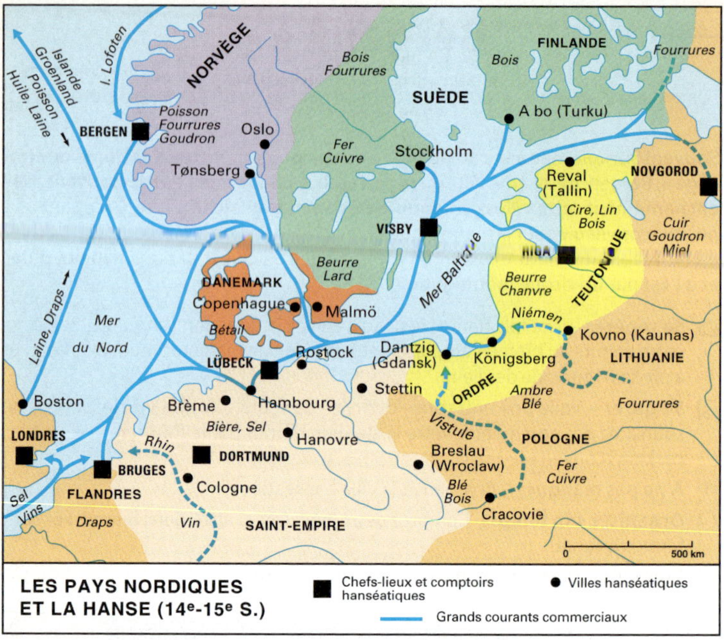

Un important « kontor » de la Ligue hanséatique

Une association commerciale –Cette association de cités d'Allemagne du Nord tient son nom de la Hanse, corporation médiévale de marchands. En 1241, plusieurs villes allemandes signèrent un traité d'alliance commerciale pour encourager les monopoles et développer le commerce entre l'Est et l'Ouest de l'Europe du Nord, contrebalançant ainsi l'influence de Venise qui contrôlait les échanges commerciaux en Méditerranée et au Moyen-Orient. Leurs représentants se réunissaient à Lübeck et le sceau de Lübeck, sur lequel figurait un navire, symbole des activités de la Ligue, conférait à leurs décisions l'autorité nécessaire pour être exécutées dans tous les pays de la Baltique. Leur influence s'étendit bientôt vers l'Est jusqu'en Russie et à l'Ouest en Angleterre et en Écosse ; la Ligue installa des comptoirs commerciaux, ou *kontor*, sur toute l'Europe du Nord, de Novgorod à Londres et de Bergen à Bruges, si bien qu'à la fin du Moyen Âge l'association ne comptait pas moins de 100 villes. Ces *kontor* avaient leurs propres magistrats, leurs tribunaux et leurs systèmes financiers, certains organisaient d'importantes foires internationales, comme Bruges qui, jusqu'à l'enlisement de son port à la fin du 15e s., fut la plaque tournante européenne de l'importation et de l'exportation des marchandises transportées par les navires vénitiens et hanséatiques.

D'importantes réserves d'épices, de soieries, de vins et de fruits en provenance de la Méditerranée, mais aussi du poisson, des métaux, du bois de construction, des textiles et des fourrures d'Europe du Nord étaient stockés dans des entrepôts, en attendant d'être expédiés dans le monde entier. Les financiers italiens faisaient des bénéfices énormes grâce à leurs agences sur place. À part Bruges, la Ligue hanséatique contrôlait trois autres comptoirs importants, chacun spécialisé dans des produits indispensables à l'économie européenne du Moyen Âge : Novgorod fournissait les fourrures, Londres, la laine et les tissus de qualité, et Bergen, le bois de construction et le poisson séché provenant essentiellement des îles Lofoten.

Pourquoi Bergen ? – La Ligue hanséatique avait choisi Bergen en raison de la proximité des bancs de poissons des mers nordiques. Le *kontor* de Bergen fonctionna à partir de 1360. La ville se développa rapidement, et, à mesure que le commerce de la Baltique accentuait sa prospérité, le pouvoir politique de la Ligue s'accroissait au point d'imposer ses conditions aux souverains norvégiens. Le quartier allemand, situé le long de **Bryggen**, du côté Est du port, comptait un grand nombre de maisons de bois à deux ou trois étages, où vivaient et travaillaient ouvriers et marchands. Après la découverte de l'Amérique, l'ouverture de nouveaux itinéraires et de nouveaux marchés amorça le déclin de la Ligue, et le *kontor* de Bergen fut fermé en 1754.

Prospérité et patrimoine : le défi de Bergen

L'essor de l'industrie pétrolière en mer du Nord a lancé un nouveau défi à Bergen : concilier son rôle de métropole industrielle tout en préservant l'ensemble architectural unique inscrit par l'Unesco parmi les hauts lieux du patrimoine culturel mondial. La construction du Bryggens Museum sur un site archéologique au cœur de la cité témoigne de la prise de conscience du rôle culturel de cette ville universitaire qui construisit le premier théâtre permanent de Norvège en 1850, se dota d'une salle de concerts en 1978 et organise un prestigieux festival musical et artistique tous les ans aux mois de mai et juin.

Se promener

AUTOUR DU VIEUX PORT (VÅGEN) (B1) 1

Vågen est le nom donné au vieux port autour duquel la cité se développa dès le début du 12e s. Tandis que le volume des activités commerciales de Bergen augmentait, la ligne du rivage fut modifiée et le quai fut élargi jusqu'au chenal d'eau profonde afin de permettre aux navires importants d'accoster directement. Aujourd'hui, il accueille avant tout des bateaux de plaisance et des navires de croisère, le port de commerce ayant été relégué de l'autre côté du cap de Nordnes.

Place du Marché (Torget) (B1)

Cette place située au bord de l'eau, en plein cœur de la cité, est l'endroit le plus vivant de Bergen, car le marché au poisson quotidien attire une foule dense d'autochtones et de visiteurs enchantés de flâner parmi les étalages sur lesquels on peut voir une grande variété de poissons frais, de crustacés, de harengs et de saumon fumé (remarquez les viviers dans lesquels le poisson vivant attend patiemment son destin) ou acheter des sandwiches au saumon ou au « caviar ». D'autres étalages proposent des fruits, des légumes, des fleurs et des objets artisanaux. Torget est aussi le point de départ d'excursions en bateau vers les îles proches. En face, l'ancienne Bourse a été reconvertie en office de tourisme : sa **salle des fresques (Frescohallen)** réalisées par **Axel Revold** (1887-1962) mérite un coup d'œil.

Arrivé au bout de Torget, prendre sur la gauche le quai de Bryggen.

Varg Veum ou l'envers du décor

C'est un détective privé et son nom pourrait se traduire par « loup dans le lieu sacré », autrement dit « hors-la-loi ». Désabusé, voire déprimé, il exerce sa profession à Bergen et enquête sur les dysfonctionnements d'une société que d'aucuns présentent comme un paradis. Au fil des romans, le héros profondément humain créé par **Gunnar Staalesen** renvoie aux Norvégiens une image de leur pays sans doute très vraie puisqu'elle lui a valu de s'imposer sur la scène du polar scandinave. Cet engouement se prolonge en France où six romans ont déjà été traduits.

Bryggen★★★ (B1)

Connu autrefois sous le nom de Tyskebryggen ou « quai des Allemands », Bryggen formait le cœur de la cité médiévale : aujourd'hui, il constitue un ensemble unique d'édifices en bois, caractéristiques de ces célèbres *kontore* établis dans toute l'Europe du Nord par la Ligue hanséatique.

Musée de la Ligue Hanséatique★★ (Det Hanseatiske Museum) (B1)

Finnegårdsgaten 1a - ✆ 55 54 46 90 - www.hanseatisk.museum.no - juin-août : 9h-17h ; mai : 11h-14h ; reste de l'année : tlj sf lun. 11h-14h, dim. 12h-17h - 25 NOK (enf. gratuit), billet combiné avec Schøtstuene.

Il est installé dans l'un des bâtiments de bois les mieux conservés et l'un des plus anciens puisqu'il fut construit après l'incendie de 1702. Cette maison de trois étages donne une excellente idée du mode de vie spartiate d'un marchand de la Ligue et des personnes qui vivaient sous son toit ; l'entrepôt (outils utilisés pour confectionner l'huile de foie de morue ou des pâtés de poissons), le bureau du marchand où l'on gardait les livres de comptes et les registres concernant le mouvement des navires et les transactions, ainsi que plusieurs pièces servant d'ateliers occupaient les étages inférieurs : vous y verrez de beaux meubles peints et une collection de sceaux de villes hanséatiques… ou non puisque la cité ariégeoise de Pamiers y figure, de même que Paris ; le dernier étage servait de dortoir aux employés, pour la plupart de jeunes hommes venant de l'étranger pour apprendre le négoce : remarquez les lits cages.

Bergen pratique

Adresses utiles

L'office de tourisme (**B2**) est situé face au marché aux poissons, dans Frescohallen : *Vågsallmenningen 1 - ✆ 55 55 20 00 - info@visitbergen.com - fax 55 55 20 01 - www.visitbergen.com* Cet édifice spacieux offre aux visiteurs de Bergen et de la région des fjords un service complet (aide à l'hébergement, visites guidées) et organise également diverses expositions. On y trouve en outre quelques souvenirs.

La « Bergen Card » – Elle est incontournable pour les visiteurs de Bergen. Ce laissez-passer coûte 170 NOK *(70 NOK pour les mineurs de 3 à 15 ans)* pour 24h et 250 NOK *(100 NOK pour les enfants)* pour 48h. On peut trouver la carte à l'Office de tourisme, dans la plupart des hôtels et campings, à la gare ferroviaire ainsi qu'auprès des agences de voyages émettant des billets de train. Elle permet de bénéficier d'un accès gratuit à la majeure partie des curiosités, au funiculaire du Fløyen (Fløibanen) et donne droit à des tarifs réduits pour les salles de concerts, les théâtres et les cinémas ainsi que pour certaines excursions.

VISITES TOURISTIQUES

Visites guidées à pied – Remontez le temps et visitez la cité médiévale de Bergen. Des départs ont lieu tous les jours à partir du Bryggens Museum à 11h et 13h de juin à fin août *(commentaires en anglais ; durée : 1h30 ; prix : 70 NOK)* ; accès libre pour les enfants de moins de 10 ans et réduction de 10 % pour les détenteurs de la *Bergen Card*.

Visites en bus – Départs devant l'Office de tourisme à 10h et 14h pour le centre de Bergen et Troldhaugen *(durée : 3h, prix : 250 NOK)* ; à 16h pour le centre-ville *(durée : 1h30, prix : 125 NOK)*. Réduction de 10 à 35 % pour les détenteurs de la Bergen Card selon la visite choisie.

Le petit train « Bergens Expressen » – Ce sympathique petit train emmène les touristes dans une visite de la ville pour découvrir le marché aux poissons, les quais de Bryggen, avec leurs édifices médiévaux et les quartiers les plus pittoresques de Bergen. En fin de parcours, on admire l'un des plus beaux points de vue sur la « porte des fjords ». L'excursion dure 1 h et le train part du marché aux poissons. Les billets sont en vente sur place ou à l'Office de tourisme. Le train fonctionne tous les jours de mi-mai à mi-septembre. Départ de Bryggen (réduction de 10 % pour les détenteurs de la *Bergen Card*).

Téléphérique « Ulriksbanen » – Tour en bus (commentaires en français) du centre historique de Bergen suivi d'une montée en téléphérique (commentaires en anglais) au sommet du mont Ulriken. Départ de l'Office de tourisme à 9h et 22h en été (130 NOK). Pour le téléphérique seul, comptez 80 NOK (demi-tarif pour les enfants).

EXCURSIONS EN BATEAU

Les nombreuses possibilités portent aussi bien sur des croisières d'une ou deux heures autour des îles, que sur des excursions d'une journée sur les fjords. Les excursions les plus courtes se font en bateau, les plus longues combinent en général plusieurs moyens de transport, bateau, train et autocar. Les plus intéressantes sont mentionnées ci-dessous.

Du 1er juin au 21 août, on peut découvrir tous les jours à 14h30 le **port de Bergen** *(promenade de 1 h, compter 100 NOK)*. Le **Fjordtur** d'une durée de quatre heures permet de voir de plus près le chapelet d'**îles** qui protège l'entrée du port *(à 10h du 1er mai au 30 juin et du 22 au 30 août, et à 15h30 du 1er juil. au 21 août, 350 NOK)*. Les bateaux sont amarrés le long du quai devant Torget (**B1**), dans le centre-ville.

Les excursions d'une journée dans le **Sognefjord**, incluant le retour en autocar et en train, partent aussi de Torget, mais les circuits d'une demi-journée en bateau le long de la **côte au Sud de Bergen** partent de Munkebryggen (**A1**) sur la rive occidentale du Vågen.

Il est possible de combiner une visite à l'île d'**Osterøya**, située à 15 km seulement au Nord-Est de Bergen, avec une excursion en bateau sur l'**Osterfjord**.

EN TRAIN

Norge i et Nøtteskal★★ (Norway in a nutshell/La Norvège en miniature) – Cette excursion d'une journée est riche en expériences inoubliables le long de fjords magnifiques à travers une région de montagnes escarpées ; elle permet aux visiteurs de découvrir certains des paysages les plus spectaculaires de Norvège. Le circuit commence par un trajet en train jusqu'à Voss, puis à travers les montagnes jusqu'à Myrdal où un autre train dévale une pente de 900 m en 40mn dans la vallée de Flåm pour atteindre l'Aurlandsfjord. La construction de la ligne, caractérisée par une des pentes les plus raides du monde, a nécessité des prouesses technologiques, le train étant équipé de cinq jeux de freins indépendants ! Mis à part le frisson garanti, le trajet en train offre des vues à vous couper le souffle, dont une impressionnante chute d'eau. À partir de Flåm, le ferry longe les rives d'Aurlandsfjord et de Nærøyfjord, qui sont deux bras étroits du Sognefjord, pour arriver à Gudvangen où un autocar attend les passagers ; après avoir gravi la côte abrupte jusqu'à Stadheim, il poursuit sa route vers Voss d'où l'on rentre à Bergen en train. Il est possible de commencer et de terminer cette excursion à Voss. *Excursion organisée par Fjord Tours : billets à l'Office du tourisme de Bergen ou d'Oslo, et dans toutes les gares ferroviaires de Norvège. Renseignements et réservations sur www.fjordtours.no*

Transports

EN AVION

Aéroport – L'aéroport est situé à 19 km du centre-ville. Vols directs quotidiens pour Førde, Haugesund, Kristiansand, Molde, Oslo (au moins un par heure !), Sandjeford, Sogndal, Stavanger, Trondheim et Ålesund.

La compagnie **Norwegian** assure deux allers-retours hebdomadaires pour Paris. *Horaires et tarifs sur www.norwegian.no*

À l'arrivée, le **Flybussen** vous conduit au centre-ville (gare routière et hôtel SAS Radisson) pour 70 NOK (enfants : 35 NOK).

EN VOITURE

Depuis Oslo, comptez au minimum 6h de voiture pour rejoindre Bergen, sachant que l'autoroute est limitée à 110 km/h. Au niveau de Granvyn, vous pourrez emprunter la route secondaire 7 qui longe les fjords et traverse des paysages exceptionnels sur plus de 50 km.

Bon à savoir – Pour pénétrer en voiture au centre de Bergen, du lundi au vendredi entre 6 h et 22h, il est nécessaire d'acquitter un **péage**, payable par achat soit de tickets uniques, soit de cartes d'abonnement.

Au passage des *Bompenger* ou barrières de péage (*voir leur emplacement sur le plan de la ville*), les possesseurs de cartes d'abonnement empruntent la voie signalée par un panneau bleu « Abonnement », les autres automobilistes prenant la file signalée par le panneau jaune « Mynt » (monnaie) s'ils disposent du montant exact du péage ou la file signalée par un panneau gris « Manuell » s'ils n'ont pas de monnaie.

Stationnement – Une gageure dans cette ville où tout est fait pour décourager la circulation automobile ! Quelques emplacements payants à durée le plus souvent très limitée vous permettront de décharger vos bagages à proximité de votre hôtel : une fois cette opération réalisée, allez ranger votre voiture dans l'un des parkings couverts proches du centre-ville. Il en existe deux : l'un sur Markeveien accessible par la place Ole-Bull a l'avantage d'être très près du centre ; le second, à la gare routière et ferroviaire (Byporten), présente la particularité intéressante d'offrir une réduction de 30 % aux titulaires de la *Bergen Card*.

TRANSPORTS EN COMMUN

Bus – La *Bergen Card* donne l'accès gratuit au réseau de Bergen mais ne permet pas d'emprunter la navette entre la ville et l'aéroport ni les bus de nuit ; des feuillets sur les lignes et les horaires sont disponibles à l'Office de tourisme.

L'EXPRESS CÔTIER

Son nouveau terminal a été inauguré en mars 2005 sur Nøstet, au port de commerce. Pour toutes les informations concernant l'Express côtier, voir le site officiel en français *www.hurtigruten.fr* Selon la saison et le type de cabine, comptez entre 2 000 € et 7 000 € pour une croisière de deux semaines qui vous permettra de découvrir l'essentiel des fjords norvégiens depuis Bergen jusqu'à la Laponie.

Se loger

Comme ailleurs en Norvège, les prix des hôtels à Bergen sont extrêmement élevés. Essayez de réserver en avance par Internet ou de faire appel à l'Office de tourisme pour louer des chambres chez l'habitant.

PENSIONS

Det Lille Gjestehus – *Klosterhaugen 1, à 10mn à pied du centre - ✆ 55 23 35 02 - 10 ch. : 450 NOK* ☕. Cette grande demeure perchée sur les hauteurs de Bergen possède quelques chambres confortables et décorées dans le style rustique. Les salles de bains communes sont bien tenues et l'ambiance de la salle à manger plutôt propice aux rencontres. Idéal pour un séjour bon marché au contact de l'habitant.

Skansen Pensjonat – *Vetrlidsall-menningen 29, dans le centre - ✆ 55 31 90 80, fax 55 31 15 27 - www.skansen-pensjonat.no - 20 ch. : 400/650 NOK* ☕. Il vous faudra emprunter des pentes escarpées pour accéder à cette pension familiale accrochée au flanc de la colline. Les chambres très correctes offrent une vue grandiose sur la ville, mais sachez que les salles de bains, bien tenues, sont malgré tout collectives. Attention, il faut quand même être en forme si vous devez faire le trajet plusieurs fois par jour.

Jacobs – *Kong Oscarsgata 44, dans le centre - ✆ 98 23 86 00, fax 55 54 41 69 - www.apartment.no - dortoir : 165 NOK, appart. : 690/790 NOK* ☕. Cet établissement au concept original propose des lits en dortoir ou de petits appartements confortables et tout équipés. En plein centre, une adresse chaleureuse où les voyageurs se rencontrent dans le restaurant très fréquenté. On y croise de nombreux jeunes, notamment le week-end à l'occasion de soirées très animées qui finissent tard dans la nuit.

HÔTELS

⊜⊜ **Bergen Gjestehus** – *Vestre Torggate 20A, dans le centre - ✆ 55 59 90 90, fax 55 59 90 91 - www.hotelbergen.com - 65 ch. : 825/895 NOK.* Bon rapport qualité-prix pour cet hôtel sans prétentions situé dans le centre-ville. Les chambres sont réduites et la décoration sans charme particulier, mais l'ensemble est suffisant pour les voyageurs de passage.

Steens – *Parkvei 22, dans le centre - 55 30 88 88, fax 55 30 88 89 - www. steenshotel. no -35 ch. : 840/1 040 NOK*. Un coup de cœur ! Cet hôtel géré par une petite équipe accueillante est bâti à proximité d'un parc dans un cadre fleuri. Les chambres stylées ont chacune leur caractère et vous remarquerez la beauté particulière de la salle à manger qui se démarque par ses vitraux colorés et ses boiseries somptueuses. Les petits-déjeuners copieux sont l'occasion d'apprécier le saumon fumé norvégien.

Park – *Harald Hårfagres gata 35, dans le centre - 55 54 44 00, fax 55 54 44 44 - www.parkhotel.no - 50 ch. : 890/1 090 NOK, suite 1 350 NOK*. Un hôtel charmant situé dans le centre et à proximité d'un parc paisible. Les chambres confortables sont décorées d'un mobilier norvégien élégant, et le personnel se distingue par sa disponibilité. Tout pour satisfaire le visiteur !

Strand – *Strandkaien 2-4, dans le centre - 55 59 33 00, fax 55 59 33 33 - www.strandhotel.no - 88 ch. : 1 150/1 400 NOK*. Cet hôtel est idéalement situé sur le port en face du fameux quai Bryggen. Les chambres modernes offrent d'ailleurs une vue sur le célèbre quai, de même que le balcon situé au dernier étage. Le côté rue est néanmoins un peu bruyant le week-end lorsque les étudiants sillonnent les rues la nuit en chantant. Un petit sauna est aménagé au dernier étage.

Rica Travel – *Christies Gate 5-7, au coin de Foreningsgata - 55 36 29 00 - ch. : 1 225 NOK*. Idéalement situé à proximité immédiate de Lille Lungegårdsvann. Confort et qualité standard de la chaîne. Attention toutefois : les chambres donnant sur la rue peuvent être assez bruyantes : en fin de soirée, lorsque les autochtones reviennent de leur sortie nocturne hebdomadaire arrosée, comme en début de matinée quand les bus se succèdent.

Bristol – *Torgallmenningen 11 - 55 55 1 000 - ch. : 1 535 NOK*. Son avantage : outre le confort, une situation très centrale. Inconvénient : pas vraiment un hôtel de charme… et certaines chambres sont bien petites. Le prix n'est pas non plus spécialement attractif, donc plus une adresse de dépannage en cas d'urgence.

Augustin – *C. Sundts g 22, dans le centre - 55 30 40 00, fax 55 30 40 10 - www.augustin.no - 250 ch. : 1 295/1 550 NOK, suite 1 850 NOK*. Un charmant hôtel de standing situé à proximité des fameux quais de Bergen. L'intérieur sans surprise est confortable et le restaurant dispose de la plus ancienne cave à vins de la ville. Un plus que vous pourrez apprécier à l'occasion d'un dîner savoureux.

Neptun Hotel – *Valkendorfsgata 8 (ruelle donnant dans Strandgata) - 55 30 68 00, fax 55 30 68 50, www.hotelclub.net - 950 - 1 400 NOK*. Une institution que cet ancien hôtel à matelots reconverti à la fois en hôtel de grand confort et en galerie d'art permanente. Pour couronner le tout, il dispose de deux des tables les plus renommées de la ville : le restaurant **Lucullus** et le « bistro » **Pascal Mat & Vin** qui jouent tous les deux la carte française.

Clarion Hotel Admiral – *C. Sundtsgate 9, dans le centre - 55 23 64 00, fax 55 23 64 64 - www.choicehotels. no - 400 ch. : 1 695/1 895 NOK, suite 2 600 NOK*. Idéalement placé sur le port, en face de Bryggen, cet hôtel offre tous les avantages dédiés à la clientèle d'hommes d'affaires : service irréprochable, chambres modernes et spacieuses, connection Internet. Signalons que certaines chambres sont reliées entre elles, ce qui permet de loger une famille.

Se restaurer

Aroma – *Rosenkrantzgate 1, dans le centre - 55 56 00 20 - www.aroma.no - lun.-jeu. 11h-23h30 (cuisine 22h), w.-end 11h-0h30 (cuisine 22h) - 150/300 NOK*. Un restaurant design aménagé sobrement à la scandinave qui propose une cuisine rapide le midi, à base de salades, pâtes et sandwiches, et une cuisine plus élaborée le soir, avec notamment un excellent saumon grillé. Vous pourrez digérer tranquillement, bien installé dans de confortables sofas.

Ned's – *place du marché aux poissons, sur le port, tous les jours sauf le dimanche*. Un des marchés les mieux fournis de Scandinavie. Vous pourrez choisir votre poisson vivant dans un aquarium ou vous régaler des innombrables tartines qui sont vendues à moins de 25 NOK (saumon fumé ou cru, harengs, crevettes, crabes...).

Egon – *Torget*. Au rez-de-chaussée de la halle aux viandes, l'avatar local d'une chaîne de restaurants pratiquant la formule des pubs anglais : tables numérotées et commandes passées au bar. Carte norvégienne (saumon, renne) ou plus internationale.

I. Klipper / MICHELIN

Bien sûr, vous pouvez vous contenter de sandwiches…

Holberg Stuen – *Torgalmenningen 6, en plein centre - ✆ 55 55 20 55 - www.holbergstuen.no - tlj 11h-0h30 (cuisine 23h), dim. 14h-0h (cuisine 22h) - 100/350 NOK.* Dans un cadre cossu, la vaste salle de ce restaurant accueille aussi bien les autochtones venus deviser autour d'une bière locale que les gourmets. Carte mêlant spécialités norvégiennes (*laksefilet* ou filet de saumon, renne…) à des spécialités plus conventionnelles.

USF Kafédrift – *Georgernes Verft 12, dans la maison de la culture - ✆ 55 31 00 60 - Tlj 15h-22h - 135/450 NOK.* Le bâtiment de la culture est longé d'une grande terrasse qui déborde sur le fjord de Bergen. Vous pourrez apprécier un déjeuner bon marché au niveau du café, ou vous installer sur la terrasse du restaurant et déguster d'excellents produits de la mer.

Brygeloftet & Stuene – *Bryggen 11.* Deux salles (en rez-de-chaussée et à l'étage) accueillent les amateurs de poissons dans un décor tout en boiseries parsemées de maquettes de navires. Longue carte où le *røkt hval* (carpaccio de baleine) côtoie la *bergenske fiskesuppe* (soupe de poissons à la mode de Bergen) aux crevettes et noix de Saint-Jacques, et le *kongeretter* (crabe royal de la mer de Barents). Pour le reste, morue et saumon à l'honneur dans cette institution locale (fondée en 1911).

Bryggen Handel – *Jacobsfjorden.* Signalé par une tête de renne dorée sur une façade de Bryggen, ce restaurant se niche en réalité tout au fond d'un passage entre les entrepôts. Tout ici est voué au culte de la viande de renne et d'élan.

Potet Kjelleren – *Kong Oscarsgata 1a, dans le centre - ✆ 55 32 00 70 - www.potetkjelleren.no - tlj 16h-0h (cuisine 22h), fermé dim. - 395/585 NOK.* Un restaurant élégant très fréquenté en hiver, la plupart des tables étant installées en sous-sol dans une ambiance feutrée. La cuisine internationale, d'inspiration italienne, est réputée dans toute la ville.

Bølgen & Moi – *Rasmus Meyers Allé 9, dans le centre - ✆ 55 59 77 00 - www.bolgenogmoi.no - mar.-ven. et dim. : 11h-01h (cuisine 22h), sam. : 11h-17h, fermé lun. - 400/540 NOK.* Le restaurant du musée des Beaux-Arts offre une vue panoramique sur le parc Lille Lungegårdsvann. Dans une salle à manger design, vous pourrez déguster une cuisine raffinée tout en appréciant les grandes peintures d'art contemporain qui décorent les murs. Plusieurs menus dégustation le soir, dont certains servis avec du vin (770 NOK pour le premier).

Krystall – *Kong Oscarsgate 16, en plein centre - ✆ 55 32 10 84 - www.krystall.no - lun.-ven. 18h-22h, sam. seulement pour les réceptions, fermé dim. - 260/660 NOK.* Seulement 5 tables sont dressées dans ce petit restaurant intimiste où l'on sert une excellente cuisine dans une ambiance feutrée. Idéal pour un dîner romantique à peine éclairé par quelques bougies discrètes.

Finnegaards Stuene – *Rosenkrantzgata 6, dans le centre - ✆ 55 55 03 00 - www.finnegaarden.no - tlj 18h-23h, fermé dim. - 550/795 NOK.* Cette grande demeure datant du 18e siècle a vu défiler toute l'histoire de la ville. Dans un décor en bois sublime, agrémenté d'un service de table Versace exceptionnel, vous dégusterez des mets raffinés qui attirent les habitants de Bergen depuis des siècles. Une véritable institution à visiter aussi bien pour la cuisine que pour le cadre.

I. Klipper / MICHELIN

Sur les étals du marché aux poissons.

CAFÉS-RESTAURANTS

Opera – *Engen 18, dans le centre – ✆ 55 23 03 15 - tlj 11h-2h (cuisine 22h) - 70/120 NOK.* Un lieu très fréquenté par les étudiants de Bergen qui apprécient la cuisine bon marché. L'intérieur sobrement décoré est bordé de grandes baies vitrées qui laissent passer en continu les rayons du soleil.On y sert quelques belles salades copieuses.

Pygmalion – *Nedre Korskirkeallmenning 4, en plein centre - ✆ 55 32 33 60 - www.pygmalion.no - lun.-ven. 9h-0h (cuisine 23h), w.-end jusqu'à 2h (cuisine 23h) - 89/140 NOK.* Un petit restaurant à la décoration rustique qui propose une cuisine simple mais excellente, essentiellement à base de salades, sandwiches et pâtes. Si vous êtes seul, vous pourrez déjeuner face à une grande baie vitrée et contempler le paysage urbain.

Zupperia – *Croisement Kyrresgata et N. Brunsgata, dans le centre - 75/250 NOK.* Le sous-sol de cet immeuble est aménagé comme une grande cantine où se croisent de nombreux jeunes du quartier. Vous pourrez choisir parmi une importante variété de soupes maison, d'inspiration asiatique ou scandinave. Une autre spécialité de la maison : la fondue.

SUR LE POUCE

Godt Brød – *Vestre Torvgate 2, dans le centre - ✆ 55 32 80 00 - lun.-ven. 7h-18h, sam. 8h-16h, fermé dim. - 30/60 NOK.* Une chaîne norvégienne très réputée pour la qualité de ses produits. Les sandwiches sont à composer soi-même, à partir de viandes ou poissons fumés. Vous pourrez les déguster sur place ou les emporter. Une autre adresse à Bergen, *Nedre Korskirkealm 12.*

Zaccharias Bryggen - *Torget, près du marché aux poissons*. Ensemble d'adresses de restauration rapide de tous styles (et de toutes nationalités) : ce serait bien le diable si vous n'arriviez pas à y satisfaire une petite faim !

Pensez également aux **cafétérias des musées**, notamment Stenersen (département du musée des Beaux-Arts), et de l'Aquarium.

PAUSE SUCRÉE

Kafebar Dromedar – *Strandgaten*. À la fois salon de thé et pâtisserie, dans une ambiance détendue et un décor minimaliste, ce petit établissement (appartenant à une chaîne) est le refuge des amateurs de bon café ordinairement frustrés sous ces latitudes. Vous pourrez en outre y acheter votre café (moulu et en grain)... et même une cafetière

En soirée

Bon à savoir – Les vendredis et samedis soir, la jeunesse locale envahit les bars de Torget et des rues avoisinantes. Même les terrasses sont occupées, hiver comme été, par les fumeurs... pour lesquels on a eu l'attention de disposer des plaids.

Altona Vinbar - *Strandgaten 81 - ✆ 55 30 40 72 - tlj jusqu'à 2h*. Cette cave chargée d'histoire est bâtie dans des sous-sols anciens qui portent la marque du temps. Ces murs abritent la plus ancienne taverne de la ville où vous pourrez déguster quelques bons verres de vin parmi une belle sélection de bouteilles, dont plusieurs sont originaires de France.

Dubliner Pub - *Vetrelidsallmenningen 15, dans le centre - ✆ 55 96 20 10*. Un authentique bar irlandais qui s'anime en soirée à mesure que la bière coule à flots. Vous pourrez vous installer en terrasse lors des douces soirées d'été ou emprunter le funiculaire voisin pour admirer une vue nocturne de Bergen. Attention, après 22h il vous faudra redescendre à pied.

Kamelon – *Vågsalmenning 16, dans le centre - ✆ 55 32 75 20*. Une nouvelle discothèque bâtie dans le centre de Bergen où de nombreux jeunes viennent apprécier des concerts dans un cadre design. Le week-end la foule danse au son de la musique électronique. Sachez que même les discothèques sont non fumeursen Norvège, et l'entrée est souvent aménagée pour accueillir les irréductibles.

Sports et loisirs

Distractions – Bergen offre toute une gamme d'activités sportives, pêche, équitation, golf, parapente, tennis, randonnée, etc., ainsi que des distractions d'ordre culturel telles que concerts à Troldhaugen, la maison d'Edvard Grieg, et au Grieg Hall ou spectacles de folklore au Bryggens Museum dans le centre-ville. Renseignements à l'Office de tourisme.

Sports d'hiver – De décembre à avril, la région montagneuse qui entoure **Voss** (106 km par la E 16 vers Oslo) se prête à la pratique du ski alpin et du ski de fond. Les pistes sont accessibles par téléphérique ou par remonte-pentes. L'école de ski est ouverte tous les jours pendant la saison et on peut louer la totalité de son équipement.

Achats

Souvenirs – Laissez-vous tenter par les pulls norvégiens et leurs jolis motifs, les objets en bois, en étain, en verre ou les bijoux en argent. Strandgaten, Torgallmenningen, Marken, Hollendergaten et Bryggen sont bordées de boutiques proposant de l'artisanat norvégien. Le dernier jour de votre voyage? vous pourrez acheter des poissons fumés sous vides au marché sur le port.

Pour les achats courants, vous disposerez de magasins et de centres commerciaux : Galleriet, Kløverhuset, Bergen Storsenter et Åsane Senter (à la sortie de la ville sur la route d'Oslo).

Juhl's Sylver Gallery – *Bryggen*. L'entreprise de Kautokeino (Laponie) exporte jusqu'à Bergen ses bijoux d'argent, au dessin souvent inspiré des gravures rupestres d'Alta.

Blonder & Stas – *Jacobsfjorden (Bryggen)*. Au fond de ce passage étroit, cette boutique installée dans une maison de bois perpétue la tradition des dentelles de Bergen qui n'ont rien à envier à celles d'une autre cité hanséatique, Bruges.

Boutique du musée des arts appliqués – *Nordahl Brunsgate 9*. Nombreux objets représentatifs du Design norvégien (verrerie, notamment).

Événements

Festspillene (Festival international de Bergen) – *(24 mai-5 juin) - ✆ 55 21 06 30 - www.visitbergen.com* Théâtre, concerts (classique, jazz) et danse dans les diverses salles de spectacles de la ville, mais aussi dans les églises, la salle du Håkonshallen ou la villa Grieg, sans oublier la rue. L'événement culurel par excellence. Programme sur le site *www.festspillene.no*

Le risque d'incendie interdisait toute forme de chauffage ou d'éclairage et l'on ne faisait même pas la cuisine sur place.

Le quai – Les bâtiments de bois, qui servaient à la fois d'habitations, d'entrepôts et d'ateliers, s'alignent en rangées séparées par d'étroits passages, qu'assombrissent des étages en surplomb. Nombre de ces maisons furent détruites par les incendies qui se succédèrent, mais elles furent patiemment reconstruites à chaque fois ; celles qui ont survécu le long des quais ont été inscrites par l'Unesco sur la liste du patrimoine mondial. Elles ont été soigneusement restaurées et la plupart, occupées aujourd'hui par des restaurants ou des boutiques, sont peintes en rouge brique, en jaune ou en ocre ; leurs pignons pointus alignés le long du quai forment un tableau très coloré avec les montagnes en arrière-plan, surtout lorsqu'un chaud rayon de soleil consent à les illuminer. Il faut prendre le temps de flâner dans les passages, notamment le premier d'entre eux, **Jacobsfjorden** : vous pourrez y observer les décrochements multiples ainsi que les poulies qui servaient à monter les marchandises dans les entrepôts avant de déboucher sur une placette pavée où les passants ont coutume de lancer une pièce de monnaie dans la petite fontaine en prononçant un vœu.

P. Plantier / MICHELIN

Les passages de Bryggen.

Après la dernière maison et l'immeuble de verre de l'hôtel SAS Radisson (qui détonne un peu !) prendre à droite Dregshalm.

Musée de Bryggen (Bryggens Museum) (B1)

Dreggsallm 3 - ✆ 55 58 80 10 - ♿ - mai-août : 10h-17h ; sept.-avr. : 11h-15h, sam. 12h-15h, dim. 12h-16h - 40 NOK, gratuit pour les possesseurs de la Bergen Card.

Plusieurs bâtiments hanséatiques furent détruits par un incendie en 1955. Les archéologues saisirent l'occasion pour procéder à des fouilles sur les lieux du désastre dans le quartier situé entre Bryggen et Mariakirken. Elles se poursuivirent pendant 14 ans et mirent au jour les vestiges du plus ancien ensemble de bâtiments datant du 12e s. ; cette découverte fournit de précieux renseignements sur divers aspects de la vie à Bergen pendant le Moyen Âge. Destiné à abriter le produit de ces fouilles, ainsi que d'autres objets découverts sur d'autres sites après 1970, le musée a été construit autour des vestiges qui constituent la partie centrale des collections;

Vous y verrez les vestiges de cinq bâtiments en bois, très probablement des entrepôts, qui se trouvent à l'endroit exact où ils ont été découverts, le long de l'ancien quai, juste au-dessous de Mariakirken. Ces bâtiments construits au 12e s. et détruits par un incendie peu de temps après, reposaient sur des piliers, afin que les planchers restent secs ; des sections de passages en bois retrouvées indiquent que ces ensembles de bâtiments étaient déjà conçus selon le plan des bâtiments que l'on peut voir aujourd'hui : deux rangées de bâtiments séparées par une allée.

La section consacrée à la ville médiévale illustre les principaux aspects de la vie urbaine vers 1300, lorsque Bergen était la capitale de la Norvège et un centre religieux important qui comptait nombre d'églises et de monastères. La « visite guidée » de cette cité du temps jadis commence par le quartier du négoce le long de Bryggen, elle se poursuit par Øvrestretet, rue du marché et centre de l'artisanat, et se termine à Holmen, qui marque l'entrée du Vågen et où se dresse aujourd'hui Håkonshallen et la tour Rosenkrantz où s'élevait la résidence royale. Des inscriptions runiques découvertes au cours des fouilles témoignent de l'intensité de la vie intellectuelle médiévale à Bergen.

Église Notre-Dame★★ (Mariakirken) (B1)

Dreggen 15 - ✆ 55 59 32 70 - du 20 juin au 19 août : tlj sf. w.-end 9h30-11h30, 13h-16h ; reste de l'année : tlj sf lun. et w.-end 11h-12h30 - du 22 mai au 31 août 10 NOK (enf. gratuit), reste de l'année gratuit.

L'ancienne paroisse des marchands de la Ligue hanséatique, rare exemple norvégien d'architecture romane, est aujourd'hui le plus ancien édifice de Bergen? ce qu'elle doit au fait d'avoir été épargnée par les nombreux incendies qui ravagèrent la ville. La nef, flanquée de deux bas-côtés et surmontée d'un triforium, forme avec les deux

hautes tours carrées un ensemble imposant. Les quatre portails sont tous médiévaux mais furent réalisés à des époques différentes, le plus ancien étant celui du bas-côté Nord en alignement avec le mur extérieur et surmonté d'un linteau droit. Beaucoup plus travaillé, le portail Sud est caractéristique de la fin de l'époque romane.

Les proportions harmonieuses confèrent à l'intérieur un charme particulier rehaussé par un mobilier de qualité. Le beau **triptyque** qui se trouve derrière l'autel fut probablement réalisé à Lübeck à la fin du 15e s. Le chœur abrite aussi 15 statues datant de 1634 et représentant les 12 apôtres accompagnés de Moïse, de saint Jean Baptiste et de saint Paul. La magnifique **chaire,** surmontée d'un dais, fut offerte à l'église par un groupe de marchands en 1676. Ce superbe exemple d'art baroque proviendrait

SE LOGER

Augustin 1
Bergen Gjestehus 3
Bristol 5
Clarion Hotel Admiral 7
Det Lille Gjestehus 9
Jacobs 11
Neptun Hotel 14
Park 16
Rica Travel 18
Skansen Pensjonat 20
Steens 22
Strand 25

SE RESTAURER

Aroma 2
Bolgen & Moi 4
Bryggeloftet & Stuene 6
Bryggen Handel 8
Egon 10
Finnegaards Stuene 12
Holberg-Stuen 14
Krystall 16
Ned's 18
Opera 20
Potet Kjelleren 22
Pygmalion 24
USF Kafédrift 26
Zupperia 30

INDEX DES RUES

des Pays-Bas. Les nombreux tableaux qui ornent les murs illustrent le style en vogue en Allemagne du Nord aux 17e et 18e s. Vous apercevrez également des traces de fresques du 15e s., notamment sur l'arc du chœur.

Revenir au quai et poursuivre en direction de la forteresse.

Forteresse de Bergen (Bergenhus festning)

Fermant le vieux port, la forteresse, toujours en partie domaine militaire, se dresse dans un agréable parc, ménageant depuis les remparts (attention à ne pas glisser !), d'agréables vues sur Vågen que semble particulièrement apprécier l'effigie de bronze du roi Håkon VII (1872-1957).

Tour de Rosenkrantz★ (Rosenkrantztårnet) (B1) – *Bergenhus - ✆ 55 58 43 80 - de mi-mai à fin août : 10h-16h ; de déb. sept. à mi-mai : dim. 12h-15h - 25 NOK (enf. 12 NOK).* Elle doit son nom à Erik Rosenkrantz, qui fut gouverneur du château de Bergen vers 1560. Conçue à la fois comme ouvrage défensif et comme résidence, elle fut érigée par des maîtres d'œuvre écossais qui incorporèrent à l'ensemble un donjon massif datant de 1270 et un retranchement de 1520, tout en utilisant des pierres provenant d'un ancien monastère cistercien. Du côté tourné de la ville, ce haut édifice offre une façade Renaissance surmontée d'une petite tour octogonale coiffée d'une coupole. La chapelle du roi Magnus Lagabøte (le Législateur), située au deuxième étage du donjon, est particulièrement intéressante ; la chambre du roi qui se trouvait au-dessus fut transformée en élégante salle de réception au 17e s. Depuis le sommet de la tour, belle **vue** sur la ville.

Salle de Håkon (Håkonshallen) (B1) – *Bergenhus Festning - ✆ 55 58 80 10 - de mi-mai à fin août : 10h-16h ; reste de l'année 12h-15h, jeu. 15h-18h - 25 NOK (enf. 12 NOK).* Construite de 1247 à 1261 par le roi Håkon Håkonsson, père de Magnus, comme salle de réception, Håkonshallen fut utilisée pour la première fois à l'occasion du mariage et du couronnement du roi Magnus. Tombée en ruines après que la résidence royale eut cessé d'être habitée au 16e s., elle ne fut restaurée qu'à la fin du 19e s. avant d'être ravagée par les flammes pendant la Seconde Guerre mondiale à la suite de l'explosion qui ébranla le port et détruisit en partie la tour Rosenkrantz ; seuls les murs restèrent debout. Une seconde restauration lui permit d'être utilisée à nouveau régulièrement pour des cérémonies et des concerts, notamment pendant le Festival de Bergen. Un portail de style gothique tardif inséré dans le mur Sud au cours du 15e s. sert aujourd'hui d'entrée royale à cette « grande salle » qui fait 33 m de long, 13 m de large et 17 m de haut. Les boiseries et les décorations intérieures sont modernes. Sous la grande salle, il y a deux étages ; l'étage intermédiaire, juste au-dessous, servait de lieu de travail : la voûte en pierre fut ajoutée après coup, afin d'éviter la propagation des flammes au parquet en bois de la grande salle en cas d'incendie. Plus bas, le sous-sol servait au stockage des provisions.

Au-delà du parc, auprès de massifs entrepôts frigorifiques attestant du dynamisme des pêcheurs locaux (l'histoire de leur activité peut être découverte dans le **musée norvégien de la Pêche** ou **Norske Fiskerimuseum**), quelques pas sur Skutevistorget permettent d'apercevoir la baie de **Skuteviken★** que bordent les anciens entrepôts des pêcheurs, maisons de bois colorées posées sur des pilotis au-dessus de l'eau.

Revenir à travers le parc jusqu'à l'église et emprunter Øvregaten.

Rue Haute (Øvregaten)

C'est dans cette rue dominant Bryggen que se tenait le marché principal de la ville et où se regroupaient les artisans : cordonniers, fabricants de peignes (en bois de renne ou d'élan), sculpteurs sur bois, orfèvres, tailleurs et fourreurs ; chaque groupe avait sa place assignée le long de la rue, aujourd'hui investie par les brocanteurs.

P. Plantier / MICHELIN

Les entrepôts des pêcheurs.

Depuis le funiculaire : vue panoramique sur le Vieux Port.

Schøtstuene (B1)

Øvregaten 50 - ✆ 55 54 46 90 - juin-août : 10h-17h ; mai et sept. : 11h-14h ; oct.-déc. et mars-avr. : dim. et j. fériés 11h-14h - fermé janv.-fév., 17 mai et 24-31 déc. - 40 NOK (oct.-avr. 25 NOK).

Il s'agit d'un lieu qui remplissait à l'époque de la Hanse des fonctions variées, d'autant plus conviviales qu'ici on avait le droit de faire du feu. La nourriture était préparée dans la cuisine et servie aux marchands et aux ouvriers dans le vaste réfectoire. En cas de grand froid, les hommes se réunissaient après le travail pour boire de la bière et se réchauffer dans les bâtiments collectifs qui étaient ainsi au centre de la vie sociale, et qui servaient également d'écoles aux apprentis vivant dans les habitations de bois.

En continuant dans la rue, on arrive à la gare du funiculaire conduisant au mont Fløyen.

Le mont Fløyen en funiculaire★★ (C1)

Vetrlidsalmenning 21 - ✆ 55 33 68 00 - www.floibanen.no - ♿ - funiculaire dép. ttes les 30mn, mai-août : 24h/24 ; reste de l'année : 7h30-23h, sam. 8h-23h, dim. 9h-23h - 60 NOK (enf. 30 NOK), gratuit pour les porteurs de la Bergen Card.

Le funiculaire (Fløibanen), qui fonctionne depuis 1918, transporte en huit minutes (avec quelques arrêts intermédiaires assurant la desserte de différents quartiers) ses passagers du centre-ville jusqu'au sommet du mont Fløyen, à 320 m d'altitude.
Les **panoramas★★** sur la ville et les îles alentour valent le déplacement et cette découverte peut être complétée par une promenade à travers les bois qui couvrent le mont Fløyen.

Par Vetrelidsalm, on rejoint Torget.

LA PÉNINSULE DE NORDNES 2

Cette promenade permet de découvrir cette péninsule abrupte qui sépare le vieux port du port de commerce actuel.
Bordé de commerces et de hauts immeubles, le **quai de la Plage (Starnskaien) (B1)** ménage de belles **vues★★** sur l'ensemble de Bryggen. C'est ici que se trouve le terminal des catamarans qui assurent la navette entre Bergen et Stavanger.

Au bout du quai, remontez à gauche jusqu'à **Strandgaten (A1 B1)**, principale artère commerçante de la ville, en partie réservée aux piétons.

Nouvelle Église (Nykirken) (A1)– Si le batiment actuel est récent, son nom est dû au fait que c'est ici que s'élevait la première église construite à Bergen après la Réforme.

Poursuivre jusqu'au bout de la péninsule.

Aquarium (Akvariet) (A1)

Nordnesbakken 4 - ✆ 55 55 71 71 - www.akvariet.no - mai-août : 9h-19h (repas des animaux à 12h, 15h et 18h) ; sept.-avr. : 10h-18h - 100 NOK (enf. 50 NOK), avec la Bergen Card 65 NOK (35 NOK).

Posé dans un parc à la pointe du cap de Nordnes, ce vaste aquarium a pour vedettes des spécimens de la faune marine arctique (phoques, pingouins) ou plus tropicale (crocodiles). Une salle de cinéma, une exposition sur la pisciculture norvégienne et un bassin où vos enfants pourront caresser les carpes (elles adorent ça) font, entre autres, la joie des petits comme des grands…

Revenir vers le centre par Haugeveien puis Klostergaten dans le prolongement. Ces deux rues paisibles dominent un charmant quartier constitué de maisons basses de bois bordant un lacis de ruelles pavées dévalant vers le nouveau port. Au passage, vous apercevrez la statue d'**Amalia Skram**, écrivain naturaliste et pionnière de l'émancipation féminine.

Par Markeveien, puis à droite Veiten Engen, on aperçoit le théâtre que surveille la statue d'Henrik Ibsen, qui en fut quelques années le directeur, et qui commande la large **place Ole Bull (Ole Bulls plass) (B2)** honorant le célèbre violoniste, natif de Bergen, et au centre de laquelle une sculpture contemporaine, surnommée « la Pierre bleue », sert de principal lieu de rendez-vous aux habitants de la ville.

Sur votre gauche, **Torgallmenningen (B2)**, large artère piétonne bordée de grands magasins et de librairies où se concentre l'animation de la journée, ramène à Torget tandis que, sur votre droite, placée au sommet d'une éminence, l'**église Saint-Jean (Johannes kirken)**, néogothique, domine le quartier universitaire.

AUTOUR DE LILLE LUNGEGÅRDSVANN 3

Agrémenté d'un vaste bassin, ce parc, dominé par la silhouette grise de l'**hôtel de ville (Rådhus)**, constitue le poumon vert de la cité et ses allées en font un lieu de promenade dominicale. Les amateurs de plantes y découvriront en saison une belle collection de rhododendrons.
Sur le côté Sud, l'allée Rasmus-Meyer, est bordée par une série de bâtiments où se déploient les collections constituant le Musée des Beaux-Arts de Bergen.

Musée des Beaux-Arts★★ (Bergens kusntmuseum) (B2)

Rasmus Meyers allé 3, 7 et 9 - ✆ 55 55 80 00 - ♿ - 11h-17h - fermé lun. (du 15 sept. au 14 mai) - 50 NOK (enf. gratuit), gratuit pour les porteurs de la Bergen Card.

Musée des Beaux-Arts Lysverket (Bergen Kunstmuseum Lysverket) (B2 M³) – *Au nº 9 (mais accès par Lars Hilles gate).* Aménagé sur trois niveaux dans un immeuble Art déco, il présente un intéressant panorama de l'art norvégien et international : des icônes et des peintures de vieux maîtres, flamands notamment (comme Hendrik Avercamp) précèdent un panorama de la peinture norvégienne où le peintre de Bergen, **Johan Christian Dahl** (1788-1857), tient tout naturellement la vedette. Le second étage abrite la **collection Stenersen** qui regroupe quelque 250 œuvres d'art signées par des artistes tels que **Klee**, **Picasso** ou **Joan Miró** et bien sûr des Norvégiens au premier rang desquels figurent **Edvard Munch** et **Jacob Weidemann**. Quant au rez-de-chaussée, il est dévolu à l'art contemporain.

Collections Rasmus Meyer (Rasmus Meyers samlinger) (B2 M²) – *Au nº 7, accès par l'allée.* Superbe collection d'art norvégien, du 19ᵉ s. à 1915 : **Edvard Munch** est largement représenté *(Jalousie)*, de même que **J. C. Dahl** ou les duettistes du paysage romantique **Adolph Tidemand** et **Hans Gude**.

Stenersen (B2 M⁴) – *Au nº 3 dans un bâtiment de verre.* Financier et mécène, Rolf Stenersen (1899-1978) a donné son nom au bâtiment dévolu à d'intéressantes expositions temporaires, souvent consacrées à des aspects de sa donation.

Collection d'art de Bergen (Bergens Kunstforening) (B2 M¹)

Rasmus Meyers allé 5 - ✆ 55 55 93 10 - ♿ - tlj sf lun. 12h-17h - 40 NOK (enf. gratuit), gratuit pour les porteurs de la Bergen Card. Au nº 5, dans un bâtiment peinturluré de vert. Expositions d'artistes contemporains, norvégiens ou étrangers : installations, performances et vidéos.

Au bout de l'allée, traverser Christies gate et prendre en face Nordahls Brunsgate.

Musée des Arts appliqués de la Norvège occidentale (Vestlandske Kunstindustrimuseum) (B2)

Nordahl brunsgate 9 - ✆ 55 33 66 33 - www.vk.museum.no - de mi-mai à mi-sept. : 11h-17h ; reste de l'année : tlj sf lun. 12h-16h - 50 NOK.
Intéressante collection consacrée aux arts décoratifs de la région, des époques les plus anciennes aux dernières tendances du design norvégien : mobilier, bijoux, tapisseries,

vêtements, objets, argenterie (celle de Bergen est réputée). Remarquez en particulier les créations du joaillier **Tone Vigeland**. Les mélomanes se recueilleront devant le violon d'**Ole Bull**, de 1562 : ce serait le plus ancien au monde… Une collection d'art chinois complète l'ensemble.

À l'écart du centre

Le Vieux Bergen★ (Gamle Bergen)

3 km au Nord par la route 585 **(B1)**. *Nyhavnsv 4 - ✆ 55 39 43 00 - du 8 mai au 4 sept. : 9h-17h - 60 NOK (enf. 30 NOK).*

Situé sur la côte, le **Vieux Bergen** est un musée de plein air qui comprend plus de 40 maisons de bois originaires de Bergen et datant des 18e et 19e s. Elles ont été transportées ici et ont été garnies avec du mobilier d'époque, illustrant la vie d'autrefois. On peut voir le studio d'un photographe vers 1900, la maison d'une couturière datant de 1860, la résidence d'été d'un marchand construite en 1798, la maison d'un boulanger avec son magasin, ainsi que le fournil à l'arrière, la boutique d'un barbier, etc.

Aux alentours

Paradis

Cette banlieue résidentielle de Bergen aligne ses belles maisons de bois en bordure du lac Nordås (Nordåsvatnet).

Église en bois debout de Fantoft (Fantoft stavkirke) – *6 km au Sud par la route E 39 (direction de Stavanger)* **(C3)**. *Fantoftveien 46 - ✆ 55 28 07 10 - de mi-mai à mi-sept. : 10h30-14h, 14h30-18h - 30 NOK (enf. gratuit).* Construite à l'origine à Fortun (Sognefjord) vers 1150, cette église fut remontée ici en 1883. Après l'incendie qui la ravagea en juin 1992, elle fut reconstruite à l'identique, en utilisant autant que possible le bois qui avait pu être sauvé des flammes.

La « Colline des trolls »★★ (Troldhaugen) – *2 km plus loin, toujours par la route E 39* **(C3)**. *Troldhaugveien 65 - ✆ 55 92 29 92 - trold@online.no - www.troldhaugen.com - ♿ - mai-sept. : 9h-18h ; oct.-nov. et avr. : 10h-14h, w.-end 12h-16h ; de mi-janv. à fin mars : 10h-14h - fermé de déb. déc. à mi-janv. - 60 NOK (enf. gratuit), 20 NOK pour les porteurs de la Bergen Card.* Située sur une hauteur dominant le lac Nordås, l'imposante maison de bois peinte en blanc est célèbre dans le monde entier, car **Edvard Grieg** y passa les vingt dernières années de sa vie. Le cadre idyllique où se trouve la maison et la quantité de souvenirs qu'elle contient concourent à faire de Troldhaugen l'un des endroits les plus visités de Norvège.

Troldhaugen est le nom que choisit Nina, la femme de Grieg, pour la nouvelle maison du couple. La salle à manger et le salon ont à peine changé depuis le temps où les Grieg y habitaient ; le Steinway, qui leur fut offert en 1892 à l'occasion de leurs noces d'argent, occupe la place d'honneur sous un grand paysage danois. La cabane, qu'il se fit construire dans le jardin afin de s'y réfugier pour composer, abrite sa table de travail et quelques objets personnels, son piano droit et sa chaise à bascule.

Depuis les débuts du Festival de Bergen en 1953, des récitals ont lieu régulièrement à Troldhaugen et, en 1985, un auditorium de 200 places, Troldsalen, fut inauguré.

Edvard Grieg (1843-1907)

Né à Bergen, Edvard Grieg quitte sa ville natale à l'âge de 15 ans pour poursuivre pendant 4 ans des études musicales au Conservatoire de Leipzig où il subit l'influence du romantisme allemand. Puis il s'installe à Copenhague et commence à composer. Ces années de formation, pendant lesquelles il montre un vif intérêt pour la musique folklorique de son pays, marquent le début d'un long processus menant à ses œuvres de maturité, où se mêlent harmonieusement la tradition norvégienne et les tendances artistiques du temps. En 1866, Grieg s'installe à Christiania. Compositeur, il est également enseignant, pianiste et chef d'orchestre. C'est en 1868 que paraît son premier chef-d'œuvre, le *Concerto pour piano* en *la* mineur. Afin de rencontrer d'autres artistes, il séjourne dans les capitales européennes (c'est ainsi qu'en 1869 il rencontre Liszt à Rome), mais c'est au cœur de la nature norvégienne qu'il trouve l'inspiration. Durant les années 1970, Grieg compose la musique de *Peer Gynt* d'après le drame d'Ibsen. Suivent quelques-unes de ses œuvres les plus réussies comme les *Danses norvégiennes* et la *Suite de Holberg*. En 1885, il emménage avec sa femme Nina à Troldhaugen : c'est dans cette maison qu'il va passer les vingt dernières années de sa vie, alternant la composition et les tournées, rencontrant un grand succès tant auprès du public que de ses confrères, comme Ravel ou Bartok.

L'architecte a su tirer le meilleur parti de la configuration du terrain pour dissimuler la salle afin de ne pas gâcher le site. La tombe d'Edvard et de Nina Grieg, creusée dans la falaise, est accessible par une série de marches et un chemin à travers bois.

EDVARD GRIEG MUSEUM

Troldhaugen, la maison d'Edvard Grieg.

Laksevåg

3 km à l'Ouest par la route 510.

Manoir de Damsgård★ (A3) – *Alléen 29 - ✆ 55 94 08 70 - juin-août : 11h-17h - 50 NOK (enf. gratuit).* Construite vers 1770, cette « maison de campagne » est un très beau manoir rococo en bois. Inspiré par les tendances stylistiques en vogue en Europe, il reste toutefois fidèle à la tradition norvégienne. Acheté par un riche marchand en 1797, il appartint pendant près de 200 ans à sa famille qui le vendit à la municipalité de Bergen en 1983. Classé monument historique, il fut restauré, retrouva son aspect d'origine et fut transformé en musée. Les collections illustrent le mode de vie de la classe dirigeante de Bergen aux 18e et 19e s. Le jardin a également été soigneusement reconstitué, tel qu'il aurait pu être à la fin du 18e s.

Dans les environs

Voss

106 km au Nord-Est. Quitter Bergen par la E 16 (direction Oslo) **(C1).**

La E 16 suit longuement le Veafjord, puis traverse un canyon pittoresque avant d'atteindre Voss. Hormis son église gothique construite en 1277, surmontée d'un sympathique clocher de bois, la bourgade est avant tout le cadre d'une étape paisible, en bordure d'un lac et un point de départ commode pour les excursions vers les fjords de Sogne et de Hardanger.

Aux alentours immédiats de Voss, deux cascades méritent l'attention : sur la route E 16, les **chutes de Tvine (Tvindefossen)★** et sur la route 13 la **cascade de Fano★★** dont l'eau dévale d'une centaine de mètres de hauteur dans un lac situé en contrebas.

Embarquer

Croisière à bord de l'Express côtier★★★ (Hurtigruten)

Le service régulier qui assure la liaison Bergen-Kirkenes, **Hurtigruten**, a donné son nom au roi des ferries norvégiens et assure la survie des régions septentrionales : la moitié de son trajet se situe au Nord du cercle polaire, et son arrivée dans les ports est un événement quotidien qui rythme la vie des régions arctiques. Il fonctionne depuis plus de cent ans et fut, pour les hommes qui l'inaugurèrent, une entreprise hardie et la démonstration de leur compétence en matière de navigation.

L'épopée d'une ligne maritime – Avant 1893, le Nord de la Norvège était coupé du reste du pays pendant le long hiver arctique et le service postal était interrompu pendant cette période. Pour faire avancer le projet de crétaion de l'Express côtier, on avança alors la nécessité d'instaurer un service postal régulier fonctionnant toute l'année.

Bien qu'étant à la même latitude que l'Alaska et la Sibérie, la Norvège, en particulier le long des côtes, jouit d'un climat beaucoup plus clément ; cela est dû à la présence du Gulf Stream qui part du golfe du Mexique, traverse l'Atlantique, longe les côtes de l'Europe occidentale et pénètre dans les mers arctiques sur une distance de 1 000 km, empêchant ainsi les côtes de Norvège d'être bloquées par les glaces. Cependant, jusqu'à la fin du 19e s., les navires n'osaient longer la côte et contourner le cap Nord que durant les mois d'été, car ils craignaient la violence des tempêtes hivernales et l'obscurité profonde des nuits polaires. Deux hommes furent assez hardis pour tenter l'expérience : **Richard With**, un armateur de **Stokmarnes** (à Vesterålen, petit port où un musée de l'Hurtigruten fait revivre l'épopée de la ligne, *voir p. 289*), et **Ånders Holte**, meilleur pilote côtier de Norvège, qui fut le premier à naviguer durant les hivers polaires.

C'est le 2 juillet 1893 que le premier navire, le *Vesterålen,* termina son voyage inaugural après avoir effectué l'aller et retour de Trondheim à Hammersfest en moins de six jours. Au fil des ans, le service gagna en rapidité et l'itinéraire fut prolongé au-delà du cap Nord jusqu'à Kirkenes à la frontière russe. Un service de ce genre nécessitait une flotte de plusieurs navires qui s'ajoutèrent au *Vesterålen* et dont le nombre n'a cessé d'augmenter depuis. On améliora également l'accès à certains ports : ainsi le détroit de Risøy entre Andøya et Hinnøya, deux îles des Vesterålen, qui était trop peu profond, qu'il fallut draguer pour permettre à l'Express côtier de faire escale en 1922 à Risøyhamn. Quant au port de pêche de Gamvik sur la côte septentrionale, il dut attendre jusqu'au milieu des années 80 la construction d'un quai approprié. Ainsi naquit et se développa ce service dont le nom Hurtigruten signifie littéralement « la ligne rapide », mais que l'on connaît plus communément aujourd'hui sous le nom d'Express côtier.

Dès le début du service, les navires transportèrent courrier, marchandises et passagers, dont un nombre sans cesse croissant de touristes qui souhaitaient accomplir un passionnant voyage en mer et vivre la vie norvégienne au rythme de la ligne.

Embarquement immédiat… – L'aller et retour Bergen-Kirkenes-Bergen dure 11 jours avec des escales dans 34 ports. Il est bien entendu possible d'embarquer ou de débarquer dans n'importe quel port avec ou sans voiture, mais, dans ce dernier cas, il est impératif de réserver à l'avance. Une troisième possibilité consiste à combiner un voyage aller ou retour avec un vol vers ou au départ d'un des ports d'escale. À bord, on insiste surtout sur le confort et l'absence de formalités selon la tradition norvégienne et on a maintes fois l'occasion de se familiariser avec le mode de vie norvégien.

Les plus beaux paysages de Norvège –Les navires longent la côte et se faufilent entre les îles, ne donnant à l'ennui aucune chance de s'installer puisque les plus beaux paysages de Norvège défilent à une vitesse de 15 nœuds. Cela permet d'admirer et

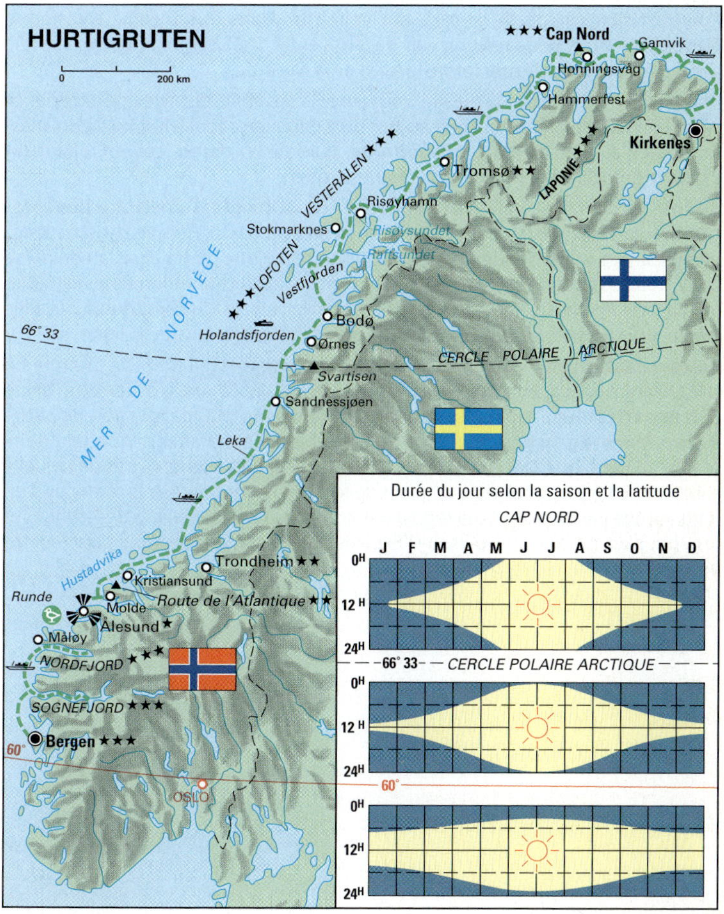

L'Express côtier en chiffres

– Un service quotidien est assuré de Bergen à Kirkenes et vice versa.
– Le long des 2 537 km du trajet, on compte 34 escales.
– La flotte parcourt au total 1 million et demi de kilomètres par an.
– Jusqu'à 3 000 passagers embarquent et débarquent au cours d'un seul voyage.
– Il y a en tout 11 navires appartenant à 2 compagnies. Le *Vesterålen* porte le nom du premier navire à assurer le service, qui appartenait à la Compagnie des navires à vapeur des Vesterålen du capitaine With. Un autre navire récent a été baptisé *Midnatsol* (Soleil de minuit), nom romantique fort approprié pour un navire qui vogue vers les régions où le soleil ne se couche pas pendant deux mois en été. D'autre part, le *Polarlys* et le *Nordlys* doivent leurs noms signifiant respectivement « Lumière polaire » et « Lumière du Nord » à l'**aurore boréale**, qui illumine les longues nuits polaires.

de filmer à loisir des spectacles étonnants comme celui de l'île aux oiseaux de **Runde** près d'Ålesund, visible seulement du navire. La plupart des escales sont assez longues pour permettre aux passagers d'aller à terre et de visiter le port ; par ailleurs, des excursions vers le cap Nord ou vers l'impressionnant glacier Svartisen sont organisées pour coïncider avec les horaires de l'Express côtier.

De Bergen à Kirkenes – La première escale importante à partir de Bergen en direction du Nord, à **Ålesund★★**, dure trois heures, ce qui permet de visiter la ville à loisir et de monter au sommet du mont Aksla pour admirer le panorama. L'escale suivante est **Molde**, mise en valeur par son cadre montagneux pittoresque, et réputée pour être la ville des roses malgré sa latitude nordique ; les passagers peuvent continuer le voyage par mer vers **Kristiansund** en saisissant une des rares occasions de naviguer en pleine mer, ou bien quitter momentanément le navire et se joindre à une excursion le long de la spectaculaire **route de l'Atlantique★★ (Atlanterhavsveien)** pour embarquer de nouveau à Kristiansund. **Trondheim★★** est une autre escale importante, et vous pourrez visiter une partie de cette ancienne cité. Après Trondheim, l'occasion se présente à nouveau de respirer l'air du large entre Stokksund et Rørvik ; au-delà s'étend la bande étroite qui forme le Nord de la Norvège.

Après avoir franchi le cercle polaire, vous aurez la possibilté de vivre une expérience exceptionnelle en prenant un bateau plus petit qui vous conduira le long du Holandsfjord jusqu'au pied du glacier **Engebreen**, bras du **Svartisen**, puis en rejoignant **Bodø** en autocar pour y reprendre l'Express côtier.

Bodø est la dernière escale avant la traversée du Vestfjord et l'arrivée aux **îles Lofoten★★★**. Le navire se faufile entre les îles, en passant par les détroits de Raftsundet et de Risøyrenna bordés de phares ; la plus grande partie du trajet se fait de nuit à l'aller, mais, au retour, il est possible d'admirer pendant toute une journée les paysages uniques des îles Vesterålen et Lofoten. Le bateau fait escale à **Stokmarknes**, où l'idée de créer l'Express côtier vit le jour : un musée y illustre l'histoire de la ligne.

L'escale dans la ville polaire de **Tromsø★★** vous laissera le temps de prendre un téléphérique pour apercevoir le soleil de minuit. Ensuite, l'Express côtier jette l'ancre à **Hammerfest**, ville la plus septentrionale de Norvège, puis dans le port de pêche de **Honningsvåg** où des excursions coïncidant avec ses horaires permettent de se rendre au mythique **cap Nord★★★**. La ville minière de **Kirkenes**, près de laquelle sont situées les plus importantes mines de fer de Norvège, marque le terminus d'un long voyage passionnant de la région des fjords aux régions polaires désertiques et le début d'un autre voyage puisque l'Express côtier fait alors demi-tour pour repartir vers le Sud.

Geiranger★★★ et le Nordfjord★★★

MØRE OG ROMSDAL – 300 HABITANTS
CARTE MICHELIN N° 711 J 4 OU ATLAS EUROPE P. 110

Ce petit village de montagne porte l'un des noms les plus célèbres de Norvège et pour cause : il est niché au cœur d'une région fameuse pour ses paysages, sans doute les plus beaux et les plus impressionnants de tout le pays.

- **Se repérer** – Geiranger est relié au monde extérieur par la route 63.
- **À ne pas manquer** – Balade en bateau sur le fjord de Geiranger.
- **Pour poursuivre le voyage** – BERGEN et ÅLESUND.

Se promener

Entouré de hautes montagnes dont les sommets atteignent près de 1 600 m, Geiranger est blotti au fond du Geirangerfjord, lui-même bras annexe du Storfjord. Malgré ses atouts touristiques exceptionnels, qui occasionnent un certain encombrement en plein été, le village a conservé son atmosphère champêtre caractérisée par son vigoureux torrent, qui dévale la pente abrupte des rives du fjord, et par sa petite **église** *(20 juin-20 août : 10h-21h)* octogonale en bois. Les hôtels et autres formes d'hébergement sont dispersés tout autour et rien ne vient gâcher la beauté sauvage du site. Bien que Geiranger attire les touristes depuis plus de 100 ans et que les navires de croisière y mouillent depuis 1869, il n'a jamais été envisagé de construire un véritable port sophistiqué ; ainsi, les bateaux se contentent-ils de jeter l'ancre à 100 m de la rive et leurs imposantes silhouettes blanches se détachent étrangement sur les reflets bleu et vert du fjord serti dans un cadre montagneux.

J. Berge / INNOVATION NORWAY

À la découverte des somptueux paysages des fjords.

Mini-croisière sur le fjord★★★

Compter 1h30. Ce bras du Storfjord qui serpente vers l'intérieur à partir d'Ålesund s'étire sur une distance de 16 km entre Hellesylt et Geiranger, qu'un ferry relie à intervalles réguliers. Geiranger est situé à 100 km de la mer et il est difficile de croire, si l'on ignore tout de la formation des fjords, qu'un paquebot comme le *Queen Elizabeth* puisse en toute sécurité s'introduire si loin à l'intérieur des terres !

Ce n'est que d'un bateau que l'on peut apprécier toute la splendeur du fjord, car il est entièrement serti entre des parois rocheuses aux sommets couronnés de neige toute l'année. Une excursion est proposée à partir de Geiranger à bord d'un bateau assez petit pour pouvoir s'approcher des rives du fjord et donner aux passagers les meilleurs points de vue possibles.

Le fjord décrit une courbe gracieuse en forme de S entre deux murs presque verticaux de roche gris foncé en partie recouverts par une végétation sauvage. Tandis que le bateau fend l'eau, les paysages se font de plus en plus sublimes.

Naissance d'un fjord

Au cours de la dernière glaciation, la Norvège était entièrement recouverte d'un manteau de glace, relativement mince en bordure des côtes mais beaucoup plus épais à l'intérieur. Le poids et l'action des glaciers provoquèrent l'élargissement et le rabotement des vallées existantes, que la mer envahit lors de la fonte des glaciers, formant ainsi les fjords. Leur profondeur, modeste sur la côte, peut atteindre 1 300 m à l'intérieur. Le fjord de Geiranger se situe dans les normes et atteint 360 m de profondeur à certains endroits et les montagnes à pic qui le bordent s'élèvent jusqu'à 1 600 m.

Geiranger et le Nordfjord pratique

Adresses utiles

🅸 **Geiranger** – 6212 - ✆ *70 26 30 59/70 26 38 00.*

Transports

Aéroports les plus proches – à **Molde** : vols directs pour Bergen, Oslo et Trondheim ; depuis l'aéroport d'**Ålesund**, à ces trois destinations s'ajoute Stavanger.

Bateau – Un ferry régulier relie Hellesylt à Geiranger en 1h10 tous les jours de mai à septembre.

Par la route – La route 63 franchit les montagnes vers le Nord en direction d'Eidsdal, et vers le Sud vers Stryn sur les rives du Nordfjord.

Sports et loisirs

Randonnées – Les environs de **Geiranger** offrent de nombreuses possibilités de randonnées : promenades, marches de 5h, randonnées en montagne de un à plusieurs jours, randonnées à thème (géologique, botanique), excursions à dos de poney… elles sont de tous niveaux et les sentiers sont bien balisés *(renseignements auprès des offices de tourisme de la région).*

Randonnées sur glacier – À Briksdal, un bras du glacier Jostedalsbreen, des excursions de 2h à plusieurs jours sont organisées. Pour plus d'infos : *www.briksdalsbre.no*

Centre de ski d'été de Stryn (Strynefjellet Sommarski) – *40 km au Sud de Geiranger par la route 63 puis la route 15 à gauche et, enfin, à Videsæter, la route 258. - Strynefjellet - ✆ 57 87 54 74 - mai-juil. : se renseigner pour les horaires.* Ouverte chaque année à partir du 15 juin, l'ancienne voie d'accès, **Gamle Strynefjellsvegen★**, monte en une série de virages en épingle à cheveux vers le glacier **Tystig** et le centre de ski d'été ménageant des vues superbes, à partir de l'**hôtel Videsæter** à 600 m d'altitude. Un télésiège et un remonte-pente conduisent les skieurs sur le glacier où ils peuvent choisir entre le ski alpin et le ski de fond sur le plateau. La bonne qualité de la neige attire de nombreux amateurs et, lorsque le soleil brille, la plupart des gens font du ski en short ou en maillot de bain.

Promenade à poney – Le **Norsk Fjordhestsenter** à Nordfjordeid abrite environ 40 poneys de fjord et organise des concours hippiques ainsi que des présentations d'étalons dans un grand stade couvert. Mais le centre propose également des balades à dos de poney, d'une heure à une journée. Renseignements sur *www.norsk-fjordhestsenter.no*

De toutes parts, l'eau ruisselle le long de la paroi rocheuse qui scintille au soleil, formant de magnifiques cascades, telles les célèbres **Sept Sœurs (Sju Søstre)**, qui tombent d'une grande hauteur avec un bruit assourdissant, tandis que d'autres donnent l'impression de descendre du sommet de la montagne en flottant comme un voile blanc et en étincelant au soleil avec des reflets d'arc-en-ciel. De temps en temps, de puissants surplombs de roche nue, comme celui que l'on appelle familièrement **la Chaire** (**Prekestolen**), projettent sur l'eau leur ombre impressionnante. On aperçoit en plusieurs endroits, à mi-pente, des rebords étroits auxquels s'accrochent de maigres carrés d'herbe et des bâtiments de ferme abandonnés parfois restaurés : naguère, ces lopins de terre étaient cultivés bien qu'ils ne soient souvent accessibles qu'à partir du fjord, ce qui nécessitait une certaine compétence en matière d'escalade !

Aux alentours

À l'assaut du Dalsnibba★★★

Balade de 21 km vers le Sud par la route 63.

La route monte en lacet du niveau de la mer à 1 500 m d'altitude sur une distance de 15 km, dévoilant au passage de somptueux panoramas… mais sachez qu'au retour le paysage sera plus impressionnant encore car vous verrez grandir à chaque lacet le fjord et Geiranger blotti au creux des montagnes dans un cadre sauvage.

Flydalsjuvet – *4 km.* De cet endroit, on embrasse une merveilleuse **vue★★★** sur les gorges du Flydal et au-delà sur le village et le fjord.

Djupvasshytta – Ici la route atteint 1 038 m d'altitude ; comme beaucoup de lacs de montagne dans la région, le **Djupvatnet** est souvent gelé, même en plein été. À côté du café, la route dite « Nibbevegen » commence son ascension vers le Dalsnibba (1 495 m). Elle n'est pas très large, les virages y sont très prononcés et dépourvus de garde-fous, mais des sensations fortes vous attendent au sommet lorsque vous découvrez l'immense **panorama★★★** : des pics coiffés de neige à perte de vue et, tout au fond de la vallée, 1 500 m en contrebas, Geirangerfjord !

Circuits de découverte

ROUTE DES AIGLES★★★ (ØRNEVEGEN) ET TROLLSTIGVEIEN

86 km vers le Nord jusqu'à Andalsnes.

Inaugurée en 1952, la **route des Aigles** ouvrit une voie d'accès vers Ålesund, qu'on ne pouvait atteindre auparavant qu'en passant par Hellesylt et Andalsnes, qui n'était pas du tout accessible. La route grimpe à 620 m d'altitude sur une distance de 8 km. À la hauteur du dernier virage en épingle à cheveux, connu sous le nom d'**Ørnesvingen** (le virage de l'Aigle), s'offre une **vue★★★** extraordinaire du Geirangerfjord qui embrasse l'une de ses deux courbes harmonieuses et s'étend à la fois vers Geiranger et vers Hellesylt.

Au-delà d'un portail en bois, un chemin escarpé conduit à l'extrémité du promontoire.

De là, la **vue★★★** est encore plus grandiose car elle révèle les **Sept Sœurs** déroulant leur voile blanc sur la sombre paroi rocheuse jusque dans les eaux vert foncé.

À Eidsdal, prendre le ferry qui traverse le Storfjord en 15mn. De l'autre côté, à Linge, poursuivre sur la route 63 (à droite) en direction d'Åndalsnes.

On traverse alors une fertile vallée, la **Valldal**, dont la sérénité offre un contraste sensible avec les paysages sauvages rencontrés jusque-là ; les cultures fruitières sont la principale ressource de cette vallée ensoleillée.

Gudbrandsbru – *À 13 km de Valldal.* De ce pont, vue sur les torrents d'eau écumeuse qui se précipitent en grondant à travers une gorge très étroite, **Gudbrandsjuvet**.

Trollstigveien – Ouverte en 1936, cette route traverse l'une des régions les plus désertiques du pays. Lorsqu'on atteint le col, la route passe entre plusieurs sommets qui culminent entre 1 500 m et 1 800 m, le plus élevé étant Trolltindene à l'Est. Sur les pentes raides et nues s'effritent de nombreuses roches. Juste avant que la route ne plonge dans la vallée profonde de l'autre versant, un chemin à droite conduit à une terrasse taillée dans le rocher, d'où la **vue★★★** est exceptionnelle. À cette distance, la route qui descend vers Åndalsnes ressemble à une éraflure à la surface de la paroi rocheuse. Au cours de la descente, on s'approche de deux chutes d'eau impressionnantes ; un pont enjambe la **Stigfoss**, qui tombe d'une hauteur d'environ 180 m.

Åndalsnes – La cité est située à l'embouchure de la Rauma qui se jette dans le Romsdalfjord. De par sa position sur les rives d'un fjord et au début d'une route aux paysages inoubliables, Åndalsnes est devenu un centre touristique animé.

LE NORDFJORD★★★

De Geiranger à Måloy

Le Nordfjord, l'un des plus beaux de Norvège, s'enfonce de plus de 100 km à l'intérieur des terres ne s'arrêtant qu'au pied du plus grand glacier de Norvège, le **Jostedalsbreen**. De Stryn à Måloy, vous découvrirez en parcourant l'itinéraire ci-dessous une

étonnante variété de paysages : versants abrupts, cimes enneigées, promontoires rocheux se reflétant dans les eaux tranquilles, prairies verdoyantes descendant en pente douce jusqu'au bord de l'eau, rives parsemées de minuscules villages, îles austères battues par les vents…

Quitter Geiranger par la route 63 au Sud, puis après 20 km prendre sur la droite la route 15 qui longe le lac de Stryn. Avis aux claustrophobes : quelques tunnels à prévoir !

Stryn – La bourgade s'étage sur la rive du Nordfjord, à plus de 100 km de l'Océan. On y prend sur la gauche la route 60 qui parcourt la rive du fjord.

Loen – Cette agréable petite station, dotée d'hôtels, de chalets et de campings, offre de nombreuses possibilités d'activités de plein air dans un site magnifique.

Glacier de Kjenndal★ (Kjendalsbreen) – La route qui longe la rive du **lac de Lovatn** en remontant la vallée de la Lo ne manque pas d'impressionner : plus qu'étroite par endroits, elle est surplombée d'à-pics rocheux déchiquetés qui peuvent paraître menaçants, et qui le sont : on compte déjà trois glissements de terrain depuis le début du siècle près du hameau de **Bødal**, entraînant, à chaque effondrement partiel de **Ramnefjell (la montagne du Corbeau)**, la formation d'une vague énorme qui, un jour, souleva le vapeur du lac et le transporta à 400 m de là sur le flanc de la montagne ! La route s'arrête au relais de montagne Kjenndalsbre Fjellstove et le reste du trajet jusqu'au pied du glacier, un bras du Jostedalbreen, s'effectue à pied *(environ 45mn)*.

Olden – Au fond d'une magnifique vallée, c'est un lieu de séjour agréable présentant un large choix de promenades et d'excursions.

La vieille **église d'Olden** *(✆ 57 87 31 26 - du 10 juin au 10 août : 10h-18h)* fut construite en 1759 en forme de croix grecque. À l'intérieur, remarquez les vieux bancs dont chaque rangée est fermée par une porte sculptée surmontée d'un porte-chapeau, ainsi que le retable de 1772.

Non loin se trouve l'**atelier de Singer (Singerheimen)** *(✆ 57 87 31 06)*où travailla William Henry Singer, peintre impressionniste américain qui s'installa en Norvège pour se consacrer à son art. Il abrite quelques-unes de ses toiles, une partie de ses meubles et des objets personnels.

Glacier de Briksdal★★ (Briksdalsbreen) *– 23 km vers le Sud jusqu'au parking, puis 4 km à pied ou en carriole ; se munir de chaussures confortables – compter une demi-journée.* La remontée de la **vallée d'Olden** est magnifique. Le torrent tumultueux qui descend du glacier s'élargit pour former trois lacs successifs encadrés de versants montagneux en pente raide, avec en toile de fond la masse blanche du glacier. Les sédiments que charrient les rivières nourries par les glaciers donnent à l'eau des lacs et des fjords norvégiens sa couleur verte caractéristique en été. *Au bout de la route, près du parking, se trouve un relais de montagne, Briksdalsbre Fjellstove, doté d'une cafétéria et d'une boutique de souvenirs ; de là, la distance jusqu'au pied du glacier est de 4 km.*

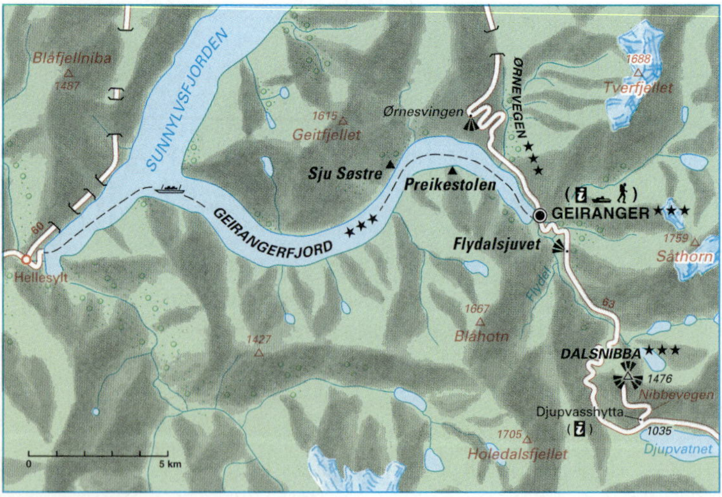

Vue sur le fjord de Geiranger.

Une partie du trajet peut se faire en carriole à deux roues ou *stolkjerre*, tirée par un poney, le *fjordhest*, ce qui permet d'admirer le paysage, tandis que le robuste petit cheval monte courageusement la pente raide ponctuée de virages en épingle à cheveux. La piste s'arrête avant d'atteindre le glacier. Un chemin étroit se faufile entre d'énormes rochers jusqu'au pied du glacier qui descend de 1 700 m d'altitude à seulement 346 m. La vue de cette masse énorme de glace, entaillée de larges crevasses et retenue par deux murs de roche sombre telle une coulée de lave blanche, coupe littéralement le souffle.

De retour à Olden, vous pourrez poursuivre sur la route 60 qui suit la rive méridionale du fjord, traverse les villages d'**Innvik** et de **Utvik** puis oblique vers l'intérieur des terres jusqu'à la bourgade de **Byrkjelo** où l'on retrouve la E 39 que l'on prend sur la gauche (direction Ålesund-Trondheim) vers Sandane.

Sandane – Ce beau village étage ses maisons colorées tout au fond du Gloppenfjord. Le **musée folklorique du Nordfjord (Nordfjord Folkemuseum)**, *☎ 57 86 61 22 - ♿ - de déb. juil. à mi-août : 10h-16h, w.-end 13h-16h ; de mi-mai à fin juin et de mi-août à mi-sept. : tlj sf w.-end 10h-16h - 50 NOK (enf. gratuit)* est un musée de plein air comprenant 29 bâtiments anciens ; on peut voir, entre autres, une curieuse habitation d'une seule pièce avec un foyer central et un trou dans la toiture en guise de cheminée.

Toute rouge, la vieille **église de Gjemmestad** *(☎ 57 86 53 17 - visite guidée juil. : tlj sf w.-end 15h-17h.)*, datant de 1692, se dresse sur la rive du fjord, à 5 km de Sandane, le long de la route 615.

En poursuivant sur la E 39, vous traverserez le fjord en ferry entre Anda et Lote.

Nordfjordeid – Situé sur la rive Nord, à mi-chemin entre la côte et le fond du fjord, le chef-lieu du Nordfjord est renommé pour son **Centre norvégien du fjordhest (Norsk Fjordhestsenter)** *(☎ 7 86 48 00 - www.norsk-fjordhestsenter.no - se renseigner pour les horaires.)*

Dès lors, vous emprunterez la route 15 qui longe la rive Nord du fjord, dévoilant des paysages grandioses ou plus riants jusqu'à Eldevisa, où vous prendrez la route 617 vous permettant de gagner l'île de Vågsøy contrôlant l'entrée du fjord par un curieux pont en forme de S, long de 1 224 m, qui, dit-on, « chante » un *do* lorsque le vent souffle dans une certaine direction.

Un ami des enfants

Le *fjordhest*, ou *fjording*, est un pur-sang originaire des fjords de la Norvège occidentale, parfaitement adapté au terrain montagneux ; son poil est blond et sa nature placide le fait aimer des visiteurs et des enfants.

Måløy – Escale de l'Express côtier, ce port de pêche ferme le fjord. Restauré, le **phare de Kråkenes** se visite aux beaux jours.

Kongsberg★ et le massif du Telemark

BUSKERUD – 23 244 HABITANTS
CARTE MICHELIN N° 711 M6 OU ATLAS EUROPE P. 116-117

Située à 80 km à l'Ouest d'Oslo au cœur d'une région montagneuse, Kongsberg s'étale sur les deux rives de la Lågen qui descend la Numedal en direction du Sud. Le pont qui relie la vieille ville et les nouveaux quartiers franchit la rivière à l'endroit où elle rebondit en cascade par dessus un barrage dans un cadre pittoresque dominé par la tour massive de l'église.

- **Se repérer** – Il y a deux centres à Kongsberg : la ville moderne en occupe le centre oriental (Vest) ; les principaux points d'intérêt se trouvent de l'autre côté de la rivière.
- **À ne pas manquer** – L'église en bois debout de HEDDAL... et les balades dans les vallées.
- **Pour poursuivre le voyage** – OSLO, KRISTIANSAND et MANDAL.

Comprendre

Les mines d'argent – Des gisements d'argent, découverts dans les montagnes à l'Ouest de la rivière, furent à l'origine de la fondation de la ville en 1624 par le roi du Danemark **Christian IV**. Les mines fonctionnèrent pendant plus de 300 ans avant d'être définitivement fermées en 1958. Durant toute cette période, elles permirent à Kongsberg de jouir d'une prospérité considérable qui se reflète dans le vieux quartier situé autour de l'église. Lorsqu'au début du 19e s. les mines connurent une récession, la création de l'usine d'armement vint pallier ces difficultés économiques.

Le ski, une tradition – À une époque plus récente, Kongsberg devint célèbre dans le domaine du sport grâce à ses champions de ski qui gagnèrent un nombre impressionnant de médailles olympiques et de championnats du monde durant les années 1930 et 1940. Leurs exploits sont relatés au musée du Ski de la ville, tandis que le complexe de ski très moderne tente de perpétuer la tradition.

De l'industrie au tourisme – De nos jours, Kongsberg est une ville industrielle et commerciale moderne, soucieuse de préserver son patrimoine mais consciente de sa nouvelle image de pôle touristique au centre de la région de la Numedal et du Telemark. Elle offre de nombreuses possibilités d'excursions, de pratique du ski, de pêche à la truite dans la rivière et les lacs de montagne, de golf sur un terrain de 18 trous, et organise un festival de jazz en juin.

Se promener

Depuis la ville moderne, franchir le pont neuf (Nybrua) lancé sur les eaux tumultueuses de la rivière, et sur la route 40, et prendre Myntgata en face, puis la première rue à gauche.

Église★★

Du 18 mai au 16 août : 10h-16h, sam. 10h-13h, dim. 14h-16h ; du 17 août au 16 mai : mar.-jeu. 10h-12h - fermé j. fériés - 30 NOK (enf. 10 NOK).

Elle a été construite pour être la plus grande de Norvège et remplacer l'église antérieure qui était devenue trop exiguë après l'expansion rapide de la ville. Le projet fut financé par les bénéfices des mines d'argent. L'église fut achevée en 1761 et la date fut gravée sur le fronton situé sous la tour ; immédiatement au-dessus est dessiné l'emblème de la mine, comme c'est le cas sur l'église d'une autre ville minière, Røros.

Bien que l'église ait été construite en forme de croix, la tour fut placée sur un des bras du transept et l'intérieur fut décoré avec faste, dans le goût baroque, comme si l'édifice était rectangulaire. L'autel se dresse au milieu de l'un des longs bras, la chaire et l'orgue étant placés immédiatement au-dessus. Sur le mur opposé se trouvent la loge royale ainsi que des loges plus petites réservées aux hauts fonctionnaires des mines. Les bancs qui se trouvent en bas et dans les galeries étaient destinés aux autres paroissiens selon leur rang social. Le décor est de toute beauté, et vous admirerez les trois énormes **lustres** réalisés par des artisans norvégiens, ainsi que plusieurs objets en argent de grande valeur parmi lesquels un coffret et un pichet à vin provenant de l'église précédente.

Les deux cloches de la tour furent fondues au Danemark ; il fallait les efforts de 6 hommes pour faire sonner la grosse cloche que l'on entendait dans toute la ville !

Kongsberg et le massif du Télémark pratique

Adresses utiles

Kongsberg – Karsches gata 3 *(dans la petite impasse ouvrant sur Storgata au nº 36, au cœur du quartier neuf) - 3600 - ☎ 32 29 90 50 - www.visitkongsberg.no - lun-ven. 9h-16h, sam. 10h-14h (mai-juin-sept) et sam.-dim. 10h-16h (du 26 juin au 15 août).*

Pour un séjour dans la station de **Geilo**, vous pouvez vous adresser au Geilo Turoistservice, *www.geilo.no - turistservice@geilo.no*

Transports

Train – Kongsberg est desservie par la ligne 50 Oslo-Kristiansand-Stavanger. La ville est à environ 1h15 d'Oslo S et à un peu plus de 3h de Kristiansand.

Par la route – Kongsberg est située à 5 km au Nord de la route 134, à 88 km au Sud-Ouest d'Oslo. En venant de la capitale, suivre la route E 18 (direction Kristiansand) et la quitter à Drammen.

Si vous venez directement de l'aéroport d'Oslo-Gardermoen et souhaitez éviter la traversée de la capitale, prenez la direction Nannestad, puis Roa (route à péage où la route 241 vous conduira à Hønnefoss. De là, prenez la route 35 jusqu'à Hokksund et enfin la route 134).

Se loger

KONGSBERG

Quality Hotel Grand– *Christian Augustsgate 2 - ☎ 32 77 28 00, fax 32 73 41 29 - www.quality-grand.no - 175 ch. : 1 475/1 775 NOK, selon confort.* Dans une des deux rues principales de la ville moderne (face à la gare), une instituton locale.

SVENE

Grettefoss Gjestegård – *À 15 km de Kongsberg, sur la route 40 en direction de Geilo, juste après le pot sur la Numedalslåen - ☎ 32 76 26 00. 4 ch. : 300 NOK/pers. : chalets 350 NOK.* Une modeste auberge-café en bordure du torrent. Accueil familial. Chalets aux beaux jours avec douches et WC dans le bâtiment principal. Restaurant (un peu rustique !) sur place.

LAMPELAND

Lampeland Hotel – *20 km sur la route 40 - ☎ 32 76 20 46 - ch. : 950 NOK.* Une adresse chaleureuse que cet établissement de bois situé en bordure de la route 40 : idéal pour une pause dans la Numedal.

Bon à savoir – Notez également que les nombreux campings de la Numedal proposent des chalets à la location, souvent dotés de kitchenettes et de tout le confort. C'est le cas notamment à **Uvdall** où le camping est situé au bord de l'eau *(www.uvdal-camping.no - ☎ 32 74 31 08 - prix échelonnés de 200 à 580 NOK selon la solution choisie).*

Se restaurer

Restauranthus & Opsahlgården Christians Kjeller – *Kirkegata 10.* Au cœur du vieux quartier, un restaurant traditionnel dont les tables sont (aux beaux jours) disposées dans un agréable jardin.

DANS LA NUMEDAL

Bon à savoir – Le long de la route 40, vous trouverez de nombreuses auberges propres à satisfaire une petite faim, notamment à **Lampeland**, **Rodberg**, **Udval** et dans la station de **Geilo**.

DANS LA SIGDAL

Eggedal Borgerstue – *À Eggedal (avec chambres) - ☎ 32 71 46 18 - post@eggerdal-borgerstue.no*
Poisson d'eau douce et saumon sont presque toujours au menu de cette auberge qui cultive l'authenticité. L'élan et l'agneau marinés sont servis avec une sauce à la crème assaisonnée aux fines herbes, accompagnés d'une salade de pommes hachées et de baies cueillies dans les bois environnants. Le ragoût d'élan aux champignons et aux légumes est un succulent plat de résistance et le repas peut s'achever par un gâteau léger aux baies sauvages. Un repas inoubliable !

Sports et loisirs

SPORTS D'HIVER

Centre de ski de Kongsberg (Kongsberg Skisenter) – *Bus quotidiens depuis la ville - ☎ 32 71 70 70 - www.kongsberg-skisenter.no* Situé sur les pentes du Knutefjellet, à quelques kilomètres à l'Ouest de la ville et disposant de 10 km de pistes (celles-ci sont au nombre de 7) et de 4 remontées mécaniques. Ouverture de mi-novembre à début avril de 9h à 21h.

Uvdal Alpinsenter – *☎ 32 74 37 95 - www.uvdalalpin.no* Dix pistes représentant 21 km pour un dénivelé de 620 m, mais pas de remontées mécaniques en dehors du télésiège conduisant du village en haut des pistes.

Geilo – *www.geilo.no* 33 km de pistes de ski alpin, 220 km de ski de fond, sans parler d'un domaine de 40 km livré aux patineurs. Ici, la saison peut durer jusqu'à la fin avril.

Ål – *S'adresser à Ål Tursitinformasjon - www.aal.as* 6 pistes pour un kilométrage total de 9 km, à quoi s'ajoutent près de 400 km de pistes de ski nordique.

Événements

Festival folklorique du Telemark, à Bø.

Festival de blues de Notodden début août. *Progamme sur www.bluesfest.no* Il succède au **festival de jazz de Kongsberg** organisé en juillet.

Revenir à Myntgata et prendre sur la droite Hyttegata. C'est ici qu'au n° 3 un imposant édifice, ancien quartier général de la Compagnie des mines d'argent, abrite les quatre musées de la ville.

Les musées de Kongsberg

32 72 32 00 - ♿ - 18 mai-31 août : 10h-17h, 1er sept.-16 mai : 12h-16h - 50 NOK (enf. 10 NOK).

Musée des Mines de Norvège★ (Norsk Bergverksmuseum)– Ce musée retrace l'histoire des mines d'argent de Kongsberg pendant leurs trois siècles d'existence grâce à des maquettes illustrant l'accès aux mines et les conditions de travail des mineurs, les méthodes d'extraction du minerai d'argent, etc. Une des pièces uniques du musée est une maquette du 18e s. en parfait état de fonctionnement qui montre le procédé d'extraction et de fusion du minerai. L'ancienne fonderie est située au sous-sol du musée. Il y a en outre une collection unique de minerais et de spécimens rares d'argent pur aux formes étranges, découverts à différentes époques.

Musée royal de la Monnaie (Den Kongelige Mynts museum) – Il abrite une collection de monnaies frappées à Kongsberg après que l'hôtel de la Monnaie eut été transféré dans la ville en 1686.

Musée du Ski – Fondé par les champions du monde et médaillés d'or olympiques Birger Ruud et Petter Hugsted, il contient une collection de skis et d'équipements anciens ainsi que des coupes et des médailles gagnées par les skieurs de la ville. Il y a également une bibliothèque qui contient des archives importantes concernant les événements du ski international. Un nouvel espace contient une partie de l'équipement et des objets utilisés par Erling Kagge et Børge Ousland lors de leurs expéditions au Pôle Nord et au Pôle Sud ainsi qu'une exposition consacrée au ski alpin en Norvège.

Musée de la Manufacture d'armes de Kongsberg – Ce quatrième musée retrace l'histoire industrielle de la ville depuis 1814.

Aux alentours

Saggrenda

8 km au Sud-Ouest par la route 11 puis à gauche la E 134 en direction de Notoden.

Mine d'argent de Kongsberg★ (Sølvgruvene) – *32 72 32 00 - ♿ - visite guidée du 18 mai au 20 juin : 11h, 12h30 et 14h ; du 21 juin au 31 août : 10h, 12h, 14h et 15h30 ; sept. : dim. 12h30 et 14h - tour long 125 NOK (enf. 30 NOK), tour court 100 NOK - renseignements au Berverksmuseum.* La visite guidée de la mine d'argent de Kongsberg commence par un trajet dans un train miniature qui s'enfonce au cœur de la montagne sur 2,3 km jusqu'à la plus importante des mines de Kongsberg.

Le train s'arrête à 342 m de profondeur, à l'entrée de la **mine du Roi (Kongens Gruve)** où se trouvaient les principaux compresseurs qui alimentaient les foreuses et autres équipements situés à plusieurs kilomètres de distance. La mine du Roi se trouvait à 1 070 m de profondeur, soit 500 m au-dessous du niveau de la mer. Le puits principal est assez large pour que deux ascenseurs opèrent de front, chacun pouvant descendre quatre ou cinq mineurs aux différents niveaux. On assiste alors à une démonstration de la *Fahrkunst*, première machine capable de monter et descendre les hommes dans la mine ; allemande de conception, elle fut installée ici vers 1880. Enfin, on découvre la salle de repos où les mineurs effectuaient leur pause déjeuner.

Tout ce qui brille n'est pas or !

Durant l'été de 1623, deux jeunes bergers découvrirent une veine d'argent pur sous un tapis de mousse. Des fouilles systématiques furent bientôt entreprises et le roi danois Christian IV, qui revendiqua la totalité des richesses pouvant découler de cette découverte, fit venir des mineurs allemands pour travailler sur le site.

À la fin du 18e s., il y avait environ 80 mines employant 4 000 hommes. Mais au début du 19e s., des difficultés financières entraînèrent la fermeture provisoire des mines. Avant leur réouverture, des galeries d'accès furent creusées pour faciliter le travail et augmenter le rendement ; les résultats furent spectaculaires : 400 hommes seulement suffisaient pour extraire la quantité qui en mobilisait dix fois plus auparavant.

Mais, à partir de 1870, le prix de l'argent commença à chuter tandis que la qualité du minerai se détériorait, ce qui eut pour conséquence la fermeture définitive des mines en 1958. De 1623 à 1958, 1 350 tonnes d'argent pur furent produites, ce qui représente environ 4 tonnes par an, performance remarquable lorsque l'on sait qu'une tonne de minerai ne produit que 200 à 500 grammes d'argent !

Heddal

Par la route 11 au Sud de Kongsberg puis la E 134 jusqu'à Notoden. Poursuivre en direction de Sejford, sur 5 km.

Cette petite commune rurale doit sa célébrité à la splendide église en bois debout, qui est la plus grande de Norvège et l'un des plus beaux exemples de ces édifices médiévaux en bois.

Église en bois debout★★★ (Stavkirke) – ✆ *35 02 04 00 - www.heddal-stavkirke.no - du 20 mai au 19 juin : 10h-17h ; du 20 juin au 20 août : 9h-19h ; du 21 août au 10 sept. : 10h-17h.* Toujours utilisée comme église paroissiale, elle aurait été construite en 1242, selon une inscription runique qui se trouve sous la galerie couverte, et dédiée à la Vierge Marie, mais on admet généralement que le chœur est plus ancien que le reste d'une centaine d'années et servit probablement de nef à une église antérieure, devenue trop petite. Heddal fut remaniée plusieurs fois, mais l'édifice a été restauré afin de retrouver son aspect médiéval.

On entre par le portail Ouest, le plus richement décoré de motifs d'animaux et de feuillages entrelacés caractéristiques de la décoration du 13e s. La nef est séparée des bas-côtés par des piliers circulaires ornés de sculptures représentant des masques très expressifs et reliés au sommet par des croix de Saint-André et des poutres horizontales. Le seul mobilier médiéval que l'église ait conservé est un fauteuil en bois, connu sous le nom de « fauteuil de l'évêque », orné de fines sculptures illustrant une légende de la mythologie nordique, ce qui a fait dire qu'il pourrait être antérieur à la christianisation du pays. Le retable date de 1667 et les murs de la nef et du chœur sont couverts de peintures de deux époques différentes, la plus récente étant la fin du 17e s.

Musée de plein air de Heddal (Heddal Bygdetun) – Située à 300 m au Sud de l'église, la ferme de Heddal comprend plusieurs anciens bâtiments caractéristiques de l'architecture en bois dans la région du Telemark : certains d'entre eux, meublés, sont couverts de fresques lumineuses, réalisées dans le style local de la **peinture à la rose**.

Dans les environs

Rjukan

103 km au Nord-Est. Poursuivre sur la route 134 au-delà de Notoden. Après 18 km, prendre sur la droite la route 361 jusqu'à Gransherad où la route 37 pour Rjukan se poursuit sur 45 km.

Située au pied de l'imposant mont Gausta, dans le Nord du **massif du Telemark**, la ville devint brusquement célèbre pendant la Seconde Guerre mondiale lorsqu'elle se trouva au cœur d'une bataille acharnée dont l'enjeu était le contrôle de l'eau lourde, élément essentiel dans la fabrication des bombes atomiques.

À la centrale de Vemork, on produisait et on stockait de **l'eau lourde** ; les Allemands avaient l'intention de l'envoyer en Allemagne par bateau et, dès le mois de mai 1940, avaient extrait de la Norvège une tonne et demie d'eau lourde. Dès que les Alliés eurent vent de l'opération, ils décidèrent de saboter la centrale ; le raid, préparé avec soin, eut lieu en février 1943. Ce fut un succès, mais quelques mois plus tard la centrale produisait de nouveau de l'eau lourde. Cette fois-ci, les bombardiers alliés détruisirent entièrement l'usine ; la production fut stoppée, mais les stocks étaient intacts et les Allemands décidèrent de les envoyer immédiatement en Allemagne.

Une bataille pour « l'eau lourde »

C'est un composé dans lequel l'hydrogène de l'eau est remplacé par du deutérium. Elle pèse 10 % de plus que l'eau ordinaire et, dans certains réacteurs nucléaires, elle agit comme modérateur en ralentissant les neutrons et en les rendant plus aptes à provoquer la fission des atomes d'uranium 235. Elle est donc une composante essentielle dans le fonctionnement de la pile atomique. Il faut une énergie considérable pour extraire l'eau lourde de l'eau ordinaire. Dans les années 1940, seule l'usine Norsk Hydro Hydrogen Electrolysis de Vemork était en mesure d'en produire de grandes quantités. Aussi, en effectuant des opérations de sabotage sur le site de Vemork, on empêchait Hitler de s'approvisionner en eau lourde pour fabriquer une bombe atomique. *La Bataille de l'eau lourde*, tel est le titre du film franco-norvégien réalisé en 1948 par **Titus Vibe Müller** et **Jean Dréville** sur les lieux mêmes de l'événement avec dans leurs propres rôles, à une exception près, les parachutistes des corps francs norvégiens qui participèrent à l'opération entre février 1943 et février 1944.

Cependant, la Résistance, en février 1944, fit sauter le ferry qui transportait l'eau lourde sur le lac Tinnsjø. La bataille avait duré un an et coûté la vie à 30 soldats britanniques et 40 civils norvégiens.

La vieille centrale, située à 7 km à l'Ouest de Rjukan, abrite aujourd'hui le **musée des Guerriers de l'industrie** (**Norsk Industriarbeidermuseum**), qui présente des expositions consacrées à la bataille de l'eau lourde et à l'hydro-électricité (*✆ 35 09 90 00 - www.visitvemork.com - ♿ - mai-sept. : 10h-16h ; oct.-avr. : tlj sf lun. 12h-15h, w.-end 11h-16h - 60 NOK (enf. 35 NOK)*).

Circuits de découverte

LE TELEMARK★

Région montagneuse située au cœur de la Norvège méridionale, le Telemark est célèbre dans le monde entier pour être le pays natal du ski. Des cimes enneigées, des forêts denses, des vallées profondes et des lacs, mais aussi une côte bordée d'îles et ensoleillée forment les paysages de cette région riche en contrastes. Elle a conservé de nombreuses traditions, son dialecte, ses costumes, sa musique folklorique et sa danse (mis en valeur lors du Festival folklorique du Telemark à Bø), ainsi que ses robustes maisons en bois et son artisanat qui s'exerce dans le travail de l'argent, la sculpture sur bois et le tissage.

Au fil du canal du Telemark (Telemarkskanal)

Itinéraire de Skien à Dalen - 60 km - compter au moins une demi-journée. Vous pouvez bien entendu l'effectuer au départ de Kongsberg en gagnant Notoden puis Skien par la route 36. Bien que la route ne suive pas toujours le canal de près jusqu'à Dalen, le trajet en voiture est malgré tout très intéressant, car les paysages changent continuellement.

Inauguré en 1892, le **canal du Telemark**, long de 110 km, relie Skien sur la côte Sud à Dalen, au cœur du Telemark. Il comporte 18 écluses, toutes construites en pierre et commandées manuellement. À Ulefoss, le canal se divise en deux bras, le plus court prenant la direction du Nord vers Notodden, le plus long virant vers l'Ouest et aboutissant à Dalen au pied de l'immense plateau du **Hardangervidda**.

Skien – Principale agglomération du Telemark, c'est la ville natale d'**Henrik Ibsen**. Sa maison d'enfance, **Nordre Venstøp**, est située à Gjerpen, faubourg au Nord de Skien. C'est là que le jeune Ibsen fit ses premières armes comme dramaturge et metteur en scène d'un théâtre de marionnettes qu'il avait fabriqué lui-même. Par ailleurs, les combles de Venstøp forment « le grenier sombre » dont il parle dans sa célèbre pièce *Le Canard sauvage*.

Info pratique

D'écluse en écluse

Des excursions en bateau le long du canal sont organisées au départ de Skien : trajet de 4h avec retour en autocar. Renseignements, horaires et tarifs à l'Office du tourisme de Kongsberg qui peut s'occuper également de vous trouver un hébergement.

Le **musée départemental du Telemark★ (Fylkesmuseet for Telemark og Grenland)** est situé au milieu d'un parc, **Brekkeparken**. Le bâtiment principal est un ancien manoir datant du début du 19e s. ; il abrite d'importantes collections folkloriques du Telemark, dont un splendide intérieur décoré selon la technique de la **peinture à la rose**, spécialité de la région. Le musée abrite aussi les appartements reconstitués d'Henrik Ibsen. Le musée de plein air comprend des bâtiments représentant les divers styles architecturaux de différentes régions.

Quitter Skien par la route 36 vers le Nord et, à Ulefoss, prendre sur la gauche la route 359.

Vrangfoss – Entre Ulefoss et Lunde, l'**écluse (Sluser) de Vrangfoss** est la plus intéressante de tout le parcours. Elle compte cinq vannes pour une dénivellation de 23 m.

Revenir à la route 359.

Bø – 👪 **Telemark Sommarland** est un parc aquatique équipé d'un générateur de vagues permettant la pratique du surf.

Continuer sur la route 36.

À partir de **Seljord**, pittoresque petite ville au bord d'un lac, la route (il s'agit désormais de la E 134) serpente le long de versants abrupts couverts de forêts ; les balcons des fermes peintes en blanc sont garnis de jardinières de fleurs et il y a presque toujours un *stabbur* à proximité. Un pont suspendu enjambe le lac et les lacets de la route offrent de belles vues.

Peu avant Kviteseid, à Brunkeberg, suivre sur la droite la route E 134.

Morgedal – *7 km.* C'est de Morgedal qu'arriva en 1994 la flamme des Jeux Olympiques d'hiver de Lillehammer. Elle avait été allumée dans la maison où naquit en 1825 **Sondre Norheim**, premier champion de ski norvégien, dont la statue se dresse sur place du village. Modifiant la forme traditionnelle des skis et des fixations, il essaya de nouvelles techniques qui furent, plus tard, universellement adoptées : en 1868, il fit à Oslo une démonstration des nouvelles possibilités offertes par son équipement révolutionnaire, le virage *télémark* permettant de changer de direction et de s'arrêter court et l'atterrissage *télémark* utilisé en saut afin d'amortir le choc. Le père du ski moderne émigra aux États-Unis en 1884 et contribua à promouvoir le ski en tant que discipline sportive dans son pays d'adoption.

Question de vocabulaire...

L'origine du mot **slalom** est peu connue : *slalåm* est un mot emprunté au dialecte parlé au Telemark qui signifie « piste le long d'une pente ». Il était autrefois employé pour désigner une course de ski de fond à travers champs, arbres et buissons.

L'Aventure du ski norvégien (Norsk Skieventyr) est un centre consacré à l'histoire du ski : il comprend une reconstitution du chalet et de l'atelier de Sondre Norheim et présente un film projeté sur trois écrans.

Revenir à Brunkeberg et prendre à droite la route 41.

Kviteseid – Comme Selfjord, cette petite ville est posée sur les rives d'un lac dans un cadre charmant.

Poursuivre jusqu'à Eidstod et prendre sur la gauche la route 38 en direction de Dalen.

Entre Vrådal et Dalen, la route longe le lac **Vråvatn** puis pénètre dans les montagnes pour redescendre ensuite en dévoilant des vues pittoresques sur **Dalen** et son lac.

Eidsborg – *5 km au Nord de Dalen sur la route 45.* Charmante avec ses murs en écaille, l'**église en bois debout (stavkirke)** *(☏ 35 07 73 31 - visite guidée (anglais, français et allemand) du 29 mai au 1er sept. : 10h-19h - 50 NOK billet combiné avec le Vest-Telemark museum)* fut édifiée au début au 13e s. Au cours d'une restauration en 1927, on découvrit à l'intérieur des fresques du 17e s.

À proximité, le **musée de plein air du Lårdal** (**Vest-Telemark museum**) *(☏ 35 07 73 31 - ♿ - juin-août : 11h-17h, possibilité de visite guidée (anglais, français et allemand) - 50 NOK billet combiné avec l'église Eidsborg.)* comprend deux vieilles fermes et leurs dépendances ; sur l'une d'entre elles, on peut voir une inscription runique datant d'environ 1300.

VALLÉES NORVÉGIENNES : NUMEDAL★★ ET SIGDAL★★

Fermes et églises de la Numedal★★ et de la Hallingdal★★

La région montagneuse du Sud de la Norvège est caractérisée par une forêt dense, qui, au-dessus d'une certaine altitude, cède la place à la lande, et des vallées profondes occupées par des rivières au débit puissant. Les versants raides sont recouverts d'une herbe grasse jusqu'au niveau de la forêt et dans cette région agricole s'élèvent de nombreux bâtiments ruraux en bois. La Numedal est sans aucun doute la plus caractéristique et la plus pittoresque de ces vallées, avec ses belles fermes anciennes souvent construites sur des hauteurs et ses églises en bois debout uniques.

216 km – compter une journée entre Kongsberg et Gol. Quitter Kongsberg par la route 40 en direction de Geilo.

La route suit la vallée de la Numedalslågen dans un paysage qui, pour peu que le soleil soit de la partie, sait se montrer riant. Quelques villages accueillants (**Svene** où l'on traverse la rivière, **Lampeland**) viennent poser les notes colorées de leurs maisons de bois repeintes de frais.

Flesberg – Sur la gauche de la route, à l'entrée du village, l'**église en bois debout (stavkirke)** a été élevée au 12e s. mais largement remaniée en 1735. Quelques vestiges du sanctuaire d'origine peuvent être vus à l'intérieur, à l'abside. Tout simple, le bâtiment actuel, de plan cruciforme, avec son petit clocher à motifs peints en bleu sur fond blanc est charmant.

L'église en bois debout de Nore.

Rollag – Quittez la route sur la droite en suivant le panneau « stavkirke » puis, prenez à gauche à l'entrée du village, et suivez sur 6 km environ une agréable petite route qui serpente à flanc de coteau, parmi fermes traditionnelles au toit herbu (vous remarquerez les rampes d'accès permettant d'entreposer les récoltes directement à l'étage) et *stabbur.*

Dans un cadre serein dominant la rivière, la petite **église en bois debout de Rollag**, veille sur son cimetière. D'origine médiévale, elle a été agrandie au 17e s., date à laquelle les fresques ont été réalisées. On peut en parcevoir un exemple charmant sous l'auvent situé sur la gauche de l'édifice, qui accueille parfois des concerts.

Poursuivre sur cette petite route jusqu'à Veggli (6 km) où l'on retrouve la route 40.

Nore – On aperçoit sur la gauche de la route l'église moderne du village : prenez alors à gauche sur 500 m.

Lorsque l'**église de Nore (Nore stavkirke)★★** *(de mi-juin à mi-août - 30 NOK)* fut agrandie en 1683, les architectes utilisèrent à nouveau des panneaux peints en 1656, mais ne s'attachèrent pas à faire coïncider les motifs entre eux. Les rébus, peints sur les panneaux des murs Nord et Sud sous la galerie, sont des copies d'une Bible illustrée imprimée à Copenhague en 1710. Le pilier central est couvert d'inscriptions runiques. À l'extérieur, au-dessus du bras droit du transept, remarquez la délicate frise sculptée dans le bois.

Rødberg – Avec ses commerces, ses hôtels et ses campings, ce gros village à l'allure de station climatique peut constituer le lieu idéal pour une halte réparatrice, en vue d'un pique-nique par exemple.

Udval – Sur la droite de la route, suivez le panneau « stavkirke » et garez la voiture devant l'entrée du **musée de plein air d'Udval (Udval Bygdetun)** *(Juin-août : 9h-18h).*

De beaux bâtiments de ferme anciens (dont l'un abrite un café) constituent ce musée installé sur les pentes de la vallée sur laquelle la **vue★** est très belle. L'**église en bois debout d'Uvdal★★ (Uvdal stavkirke)** est le clou de la visite. Comme celle de Nore, elle a été construite à la fin du12e s. autour d'un pilier central soutenant la structure tout entière, puis remaniée au 17e s. et décorée par le même artiste. Ici, les peintures les plus anciennes datent de 1656 et créent une illusion de vitraux encadrés de motifs de fleurs et de fruits de couleur ocre et anthracite, tandis que d'autres peintures, dont l'une représente

Dans le musée de plein air d'Uvdal, la vieille « stavkirke ».

Adam et Ève peints dans un style naïf, datent de 1720. La chaire est décorée de scènes représentant quatre apôtres accompagnés chacun d'un animal, mais pas celui avec lequel ils sont généralement associés : on voit par exemple saint Matthieu accompagné d'un bouc ! Remarquez également les visages sculptés sur les arcs surplombant le chœur.
La route permet de gagner le village dont l'église est un pastiche, plus vrai que nature, des églises en bois debout médiévales : celle-ci a été élevée à la fin du 19e s.

Dès la sortie d'Udval, la route se met à monter sévérement : assurez-vous qu'elle est ouverte avant d'entreprendre l'expédition, car elle peut être enneigée jusqu'à une période avancée du printemps : apercevoir des skieurs en train de dévaler les pentes alors que quelques kilomètres plus bas les promeneurs sont en bras de chemise est un spectacle toujours étonnant !

La Hallingdal

Geilo – Carrefour de la route 40 et de la route 7 qui n'est autre que l'axe Oslo-Bergen, Geilo est une station de montagne où se regroupent hôtels, restaurants et nombre de boutiques d'articles de sport ; la bourgade est le point de départ idéal de nombreuses randonnées, notamment vers le plateau reculé du **Hardangervidda**.

Le Hardangervidda

Cet immense plateau parsemé de lacs n'est traversé que par la route 7, entre Geilo et Eidfjord, en direction de Bergen. Ici, sur ces étendues désertiques et désolées s'étendant à perte de vue et où seuls poussent quelques lichens, rien ne semble pouvoir troubler la nature originelle, dans laquelle s'ébattent paisiblement des troupeaux de rennes… si ce n'est le mugissement des motoneiges, et les envols de cerfs-volants multicolores entraînant des skieurs vers de nouvelles sensations…

À moins que vous ne souhaitiez gagner Bergen, vous prendrez donc la route 7 sur la gauche, en direction de Gol.

Torpo – Construite au milieu du 12e s., l'**église en bois debout (Torpo stavkirke)**, (*☎ 32 89 14 16 - visite guidée (anglais et français) juin-août : 8h30-18h ; reste de l'année : sur RV - 35 NOK*) est l'une des plus anciennes encore visibles aujourd'hui. Le chœur, l'abside et la galerie extérieure ont été démolies au 19e s. : il ne subsiste plus que la nef et les bas-côtés. Les **portails Ouest et Sud** sont magnifiquement décorés de motifs sculptés représentant des animaux entrelacés. La **voûte** est particulièrement remarquable : reposant sur des chapiteaux sculptés, elle est recouverte de peintures de 1260, représentant le Christ avec six apôtres de chaque côté ainsi que des scènes de la vie de sainte Marguerite.

FORTIDSMINNEFORENINGEN

Église de Torpo.

Suivre la route 7 vers l'Est jusqu'à Gol (16 km).

Gol – Ce lieu de séjour animé été comme hiver occupe une position centrale à proximité relative des fjords de Sogn (Sognefjord) et de Hardanger (Hardangerfjord). La vieille église en bois debout qui faisait l'orgueil du village est aujourd'hui un des fleurons du superbe musée norvégien du Folklore (Norsk Folkemuseum) d'Oslo… Parmi les nombreuses excursions proposées par l'Office de tourisme, la visite des fermes de montagne est l'une des plus intéressantes.

Continuer sur la route 7 en suivant la direction de Henefoss et Oslo puis, après 32 km, prendre à hauteur de Bromma la route 287 sur la droite.

La Sigdal ou la vallée des Artistes ★★

120 km, de Bromma à Kongsberg.

Les Norvégiens l'appellent **Kunstnerdalen**, la vallée des Artistes, en raison du grand nombre de peintres célèbres, tels que Munch, Thaulow, Krohg, Kittelsen, Skredsvig, Tidemand et Gude, qui, après avoir voyagé de par le monde, découvrirent la vallée de la Simoa vers la fin du 19e s. et le début du 20e s. et puisèrent leur inspiration dans la sérénité émanant de ses paysages. Leur imagination comme leur sensibilité furent sollicitées par cette nature sauvage soudain empreinte de mystère lorsque la brume étend son épais manteau sur les denses forêts bordant les eaux paisibles du lac Soneren. Deux d'entre eux, **Theodor Kittelsen** et **Christian Skredsvig** s'installèrent dans la vallée. Son authenticité est encore de nos jours le principal atout de ce terroir où les activités rurales traditionnelles ont encouragé le développement d'une riche culture folklorique célébrée par les artistes qui se sentaient là chez eux, et aujourd'hui préservée par les musées.

Cet itinéraire offre l'avantage d'illustrer les aspects authentiques des traditions de la Norvège rurale : il y a de nombreuses choses à voir et à faire en chemin ainsi qu'un grand choix d'auberges sans prétention mais confortables pour ceux qui seraient tentés de s'attarder une nuit ou deux et de savourer les spécialités de la cuisine du terroir.

La route 287 longe le versant ensoleillé de la chaîne de **Norefjell**, prisée depuis longtemps pour ses excellentes possibilités de ski alpin et de fond et, de nos jours, de plus en plus appréciée pendant la saison estivale ; elle offre la possibilité de nombreuses randonnées à pied, à vélo ou à cheval ; la région se prête en outre admirablement à la pêche et à la chasse (l'équipement peut être loué) ; enfin, plusieurs auberges et hôtels blottis au cœur même de la montagne réservent à leurs hôtes un séjour convivial.

Eggedal – Une pause à l'auberge du village, **Eggedal Borgestue** sera certainement la bienvenue. Le cadre de cette élégante demeure à la façade coiffée d'un fronton triangulaire est parfaitement authentique, décoré selon la technique de la « peinture à la rose », caractéristique du Sud de la Norvège et la cuisine est, elle aussi, du terroir *(voir carnet pratique)*.

Suivre une route secondaire en direction de Tempelseter sur une distance de 2,5 km puis prendre à gauche une piste non goudronnée jusqu'à la maison du peintre Christian Skredsvig (1,5 km).

La **maison de Christian Skredsvig★ (Christian Skredsvigs Hjem)**, où le peintre vécut de 1894 jusqu'à sa mort en 1924, se dresse sur une hauteur dominant toute la vallée. À l'origine une simple grange, elle devint une maison de famille, habitée par ses proches jusqu'en 1960. Le mobilier et les tableaux (collection impressionnante de 150 œuvres du maître de maison et de ses amis) sont restés tels qu'ils étaient de son vivant. Cet artiste qui avait tant voyagé, et étudié à Copenhague, à Munich et à Paris, où il obtint une récompense au salon de 1881, trouva l'inspiration de ses tableaux champêtres et animaliers dans les paysages de la région de Sigdal.

Continuer par la route 287 qui longe la rive occidentale du lac Soneren. Sur le côté droit de la route, laisser la voiture au parking réservé aux visiteurs de Lauvlia. De là, un sentier conduit à la maison de l'artiste.

Maison de Theodor Kittelsen ★(Theodor Kittelsens Hjem, Lauvlia) – *✆ 32 71 48 08 - www.kunstnerhjem.net - juin-sept. : 11h-17h, possibilité de visite guidée (30mn) - 70 NOK (enf. 40 NOK).*

Theodor Kittelsen s'installa sur les bords du lac Soneren avec sa nombreuse famille en 1899 et décora lui-même la maison de motifs peints et sculptés. Les environs, tout particulièrement le mont Andersnatten qui domine le lac à quelques kilomètres au Nord, inspirèrent à ce poète de la nature plusieurs de ses paysages les plus célèbres : son imagination débordante transformait les formes et les ombres étranges en trolls, en animaux et en personnages féeriques.

Continuer sur Presfoss (à 8 km).

Prestfoss – Situé à l'entrée du village, le **Sigdal museum★** – *✆ 32 71 13 00 - du 4 juin au 25 juin : w.-end 11h-17h, du 26 juin au 9 sept. : 11h-17h, reste de l'année : sur demande, possibilité de visite guidée en anglais - 50 NOK (enf. 15 NOK)* - est consacré à la culture et à l'histoire du terroir. Le musée comprend 13 bâtiments, essentiellement des corps de fermes, regroupés dans un site choisi avec soin afin de recréer la vie rurale d'autrefois. Des activités liées à l'artisanat traditionnel et des spectacles pour les visiteurs de tous âges (animaux, danses villageoises) animent les lieux en

L'amour du rail

Si vous vous trouvez dans la région durant le week-end, faites le détour de **Prestfoss** à **Krøderen** *(15 km au Nord-Est par une route secondaire)*, où vous attend le **Krøderbanen** ; la locomotive à vapeur et ses wagons de bois vous feront faire un périple de 26 km jusqu'à **Vikersund** sur les bords du Tyrifjord, sur un tronçon abandonné de la ligne Oslo-Bergen. Le service est assuré par des volontaires enthousiastes qui entretiennent le matériel roulant pendant leurs heures de loisir. L'ancienne gare de Krøderen, du 19e s., comprend la gare de passagers et un bâtiment pour le fret, qui abrite une exposition sur l'histoire de cette ligne de chemin de fer et du service de ferry sur le lac Kröderen.

été. Inauguré en 1978, le bâtiment destiné aux expositions contient une très belle collection de costumes régionaux et une collection encore plus impressionnante d'instruments de musique folklorique, violons ornés de superbes incrustations, lurs (sortes de trompettes) remontant aux temps préhistoriques, luths norvégiens, harpes à faire vibrer avec la bouche, etc ; les explications émaillées d'anecdotes et des extraits d'enregistrements de chaque instrument rendent la visite plus vivante. Les visiteurs ont en outre la possibilité d'essayer divers instruments et des concerts sont organisés chaque jour du 1er juillet au 15 août. Parmi les autres objets exposés, remarquez un traîneau à cheval de 1795 et des peaux d'animaux décorées de motifs imprimés au moyen d'écorce d'arbre (bouleau ou aulne).

À proximité, le **Centre de musique folklorique (Folkemusikksenteret)** détient d'importantes archives concernant la musique folklorique dans la province du Buskerud et organise des stages de musique, des concerts et des expositions.

Reprendre la route 287 jusqu'à Blaafarveværket (26 km).

Blaafarveværket★★ – Cet ancien complexe industriel construit à proximité des mines de cobalt, qui furent exploitées de la fin du 18e s. à la fin du 19e s., faillit être détruit en 1968. Depuis cette date, une fondation privée s'est chargée de restaurer plusieurs bâtiments disséminés sur une distance de 8 km et de les transformer en un musée culturel, consacré à l'histoire technique et sociale de l'exploitation du cobalt et aux rapports que Blaafarveværket entretenait avec le monde des artistes.
La **verrerie** (Glasshytten) transformait le cobalt concassé en pigment bleu, un processus complexe qui est expliqué en détail ; à son apogée vers 1830, l'usine produisait 80 % du pigment utilisé dans les manufactures de verre et de porcelaine mondiales. Une telle production nécessitait une main-d'œuvre de 2 000 ouvriers. Un grand nombre de bâtiments furent érigés ; certains ont pu être préservés comme des **logements d'ouvriers**, une **école**, une **épicerie** et la **maison du directeur (Nyfossum)**.
À proximité se trouve la puissante **chute d'eau (Haugfoss)** qui produisait l'énergie nécessaire au concassage du minerai transporté des **mines** à la chute (7 km) dans des charrettes tirées par des chevaux. L'extraction du minerai de cobalt se faisait dans des mines à ciel ouvert et dans des galeries souterraines. L'arsenic, un des sous-produits du traitement du minerai, était obtenu par torréfaction.
Les liens de Blaafarveværket avec le monde des artistes remontent à 1883, date de la première académie de plein air qui réunit des artistes norvégiens dans la maison de l'entrepreneur. Parmi les artistes présents, Edvard Munch et Frits Thaulow, dont le tableau de la chute de Haugfoss est exposé au musée des Beaux-arts d'Oslo.
Une exposition d'art norvégien ou nordique est organisée chaque année dans une galerie située près de la Verrerie et il y a en outre une exposition permanente d'œuvres de Theodor Kittelsen sur le site des mines de cobalt.
Des tables et des bancs sont à la disposition des visiteurs qui souhaiteraient piqueniquer dans le parc et l'Auberge des tonneliers sert des plats chauds et froids.

Une fois arrivé à Amot, rejoindre Kongsberg par la route 35 puis la E 134.

Kristiansand

VEST-AGDER – 76 066 HABITANTS
CARTE MICHELIN N° 711 N 4/5 OU ATLAS EUROPE P. 116

Kristiansand est la cinquième ville de Norvège et la capitale du Sørland, région côtière bordant le Skagerrak. Ce port de ferries, l'un des plus importants de Norvège, assure un service régulier avec Hirtshals au Danemark, Göteborg en Suède et Newcastle en Grande-Bretagne. C'est aussi un centre industriel et commercial très actif et l'une des « villes blanches » les plus animées de la Norvège du Sud, ainsi appelées à cause de leurs maisons blanches caractéristiques.

Se repérer – La vieille ville se trouve sur la rive droite du fleuve, l'Otra. Difficile de se perdre dans ce damier parfait tracé entre le fleuve, la mer et la route E 18.

Avec les enfants – Kristiansand Dyrepark.

Pour poursuivre le voyage – MANDAL et STAVANGER par la Setesdal.

Comprendre

La « Quadrature »

La cité fut fondée en 1641 par le roi **Christian IV** de Danemark à l'embouchure de l'Otra. Conçu par le roi lui-même, son plan rigoureusement géométrique, avec la place du marché au centre, était caractéristique des villes de la Renaissance au 17e s. Le centre de la ville a conservé son réseau de rues se coupant à angle droit qui valut au quartier le nom de Kvadraturen, encore utilisé aujourd'hui.

Afin de protéger la ville contre toute attaque venue de la mer, le roi construisit un fort sur la rive, **Christiansholm Festning**, qui a résisté à l'épreuve du temps. Au 20e s., l'industrialisation entraîna une période de prospérité pour la ville qui s'étendit sur la rive gauche Est de l'Otra.

Se promener

Posebyen★

Compter 30mn. C'est le long de la rivière que se situe le quartier ancien de Kristiansand. Le cachet ancien qu'il a su sauvegarder lui confère beaucoup de charme. Vous prendrez plaisir à flâner parmi ses maisons blanches, dont certaines datent du 17e s., aux encadrements de portes et de fenêtres rehaussés de couleurs vives aux toits couverts de tuiles et aux rampes en fer forgé qui ajoutent une note enjouée à ce tableau provincial. Plusieurs galeries d'art élégantes bordent certaines rues. Sur la **place du marché (torget)** s'élève la cathédrale, reconstruite à la fin du 19e s. dans le style néogothique.

Au Nord-Ouest de Posebyen, de l'autre côté de la route E 18, **Baneheia** est un vaste parc sillonné de sentiers de promenades, et parsemé de lacs.

À l'écart du centre

Musée d'Histoire naturelle de l'Agder (Agder Naturmuseum og Botaniske hage)

Prendre la route E 18 vers Oslo. Juste après avoir passé le pont, tourner à gauche dans Torbnsdallveien puis à droite dans Gimleveien - ☎ 38 09 23 88 - ♿ - 20 juin-29 août : 12h-17h, reste de l'année : tlj sf lun. et sam. 10h-15h, dim. 12h-17h, possibilité de visite guidée en anglais - fermé 20 déc.-5 janv. - 40 NOK (enf. 15 NOK).

Fondé en 1828, le **musée d'Histoire naturelle de l'Agder** est l'un des plus anciens musées d'Histoire naturelle de Norvège. Ses collections ont entièrement été rénovées en 1990 et installées dans Gimle Gård juste au Nord de la route E 18 ; le musée illustre une partie de l'histoire naturelle de la Norvège du Sud depuis la dernière glaciation : il montre par exemple comment les glaciers ont façonné les paysages, comment des rochers, venus de la Suède et du Danemark actuels, se trouvèrent emprisonnés dans des icebergs. Vous y ferez connaissance également avec la faune caractéristique des différentes périodes climatiques. Un **jardin botanique** est rattaché au musée.

Musée régional de l'Agder occidental (Vest-Agder Fylkesmuseum)

À l'Est de la ville. En quittant Kristiansand par la E 18, après avoir traversé l'Ostra et longé le nouveau quartier de Lund, prendre à droite Østre Ringvei puis la première à gauche le long du parc - ☎ 38 10 26 80 - 20 juin-20 août : 10h-18h, lun. et w.-end 12h-18h, reste de l'année : dim. 12h-17h, possibilité de visite guidée (anglais et français) - 40 NOK (enf. 15 NOK).

Kristiansand pratique

Adresses utiles

🅘 Vestre Strandgata 34 - 4665 Kritiansand - *☎ 38 12 13 14*. Nombreuses brochures et possibilité de réserver une chambre chez l'habitant.

Transports

Aéroport – Il est situé à 16 km de la ville sur la route E 18 qui remonte à l'intérieur des terres vers Kviteseid et le Telemark. Vols quotidiens sans escale pour Bergen, Oslo et Stavanger.

Trains – Kristiansand est située sur la ligne 50 reliant Oslo S à Stavanger. Compter 4h30 pour la capitale, un peu moins de 3h pour Stavanger.

Se loger

Norske Vandrerhjem – *Skansen 8 - ☎ 38 02 83 10, fax 38 02 75 05 - www.vandrerhjem.no - dortoir : 225 NOK, 49 ch. : 290/390 NOK*. Une auberge de jeunesse à proximité du centre qui n'est pas particulièrement charmante mais qui propose différents types d'hébergement en fonction du budget : dortoir, chambres simples oudoubles, avec ou sans salle de bains.

Sjøgløtt Hotel – *Østre Strandgata 25 - ☎ 38 02 21 20 - www.sjoglott.no - 12 ch. : 380/880 NOK*. Vous ne pourrez pas rater la façade ancienne de cette pension sans prétention qui dispose de chambres simples et plus ou moins confortables en fonction du prix.

⊖⊖ **Rainbow hotel Wergeland** – *Kirkegata 15, dans le centre - ☎ 38 17 20 40, fax 38 02 73 21 - www.rainbow-hotels.no/wergeland - 30 ch. : 950/1 200 NOK* ☕. Cette chaîne bien implantée en Norvège garantit des établissements de standings. Celui-ci dispose de chambres spacieuses et colorées et sa localisation très centrale est un sérieux avantage.

⊖⊖ **Clarion Hotel Ernst** – *Rådhusgaten 2, dans le centre - ☎ 38 12 86 00, fax 38 02 03 07 - www.ernst.no - ch. : 995/1 300 NOK, suite 1 800 NOK* ☕. Un hôtel central dont l'accueil est bâti autour d'un grand patio où sont aménagés un bar et un restaurant. Un bel escalier ancien mène à des chambres colorées et accueillantes. Un hôtel de charme !

⊖⊖⊖ **Hotel Norge** – *Dronningensgate 5-7, dans le centre - ☎ 38 17 40 00, fax 38 17 40 01 - www.hotel-norge.no - 172 ch. : 1 195/1 295 NOK, suite 1 800 NOK* ☕. Un grand hôtel moderne et central qui propose des chambres confortables. Essentiellement fréquenté par des hommes d'affaires en semaine, il est plus familial le week-end.

Se restaurer

⊖⊖ **Vaertshuset Pieder Ro** – *Gravane 10, près de la halle aux poissons - ☎ 38 10 07 88 - www.pieder-ro.no - 100/350 NOK*. Un restaurant de poissons d'une qualité irréprochable. La marchandise est livrée tous les jours depuis la halle adjacente. Le midi est proposé un buffet alors que le soir est servi une cuisine plus élaborée. Très fréquenté !

⊖⊖⊖ **Sjøhuset** – *Ostre Strandgata 12A, sur les quais - ☎ 38 02 62 60 - Tlj 11h-23h - 90/500 NOK*. Un restaurant bien situé sur les quais de Kristiansand où vous pourrez contempler une vue agréable tout en dégustant une cuisine norvégienne agrémentée de plats français et italiens.

⊖⊖⊖ **Bølgen & Moi** – *www.bolgenomoi.no - Tlj 17h-22h, fermé dim. - 150/400 NOK*. Cet établissement en bois peint en rouge est bâti au bord de l'eau, en face de la halle aux poissons. On y sert une cuisine savoureuse essentiellement composée de poissons. Une très bonne adresse, mais on s'en sort difficilement à moins de 400 NOK par personne.

⊖⊖⊖ **Bakgården** – *Tollbodgaten 5 - ☎ 38 02 79 55 - www.restaurantbakgarden.no - tlj 18h-23h - 250/565 NOK*. Restaurant très élégant où l'on sert une cuisine raffinée composée notamment de viande de renne et autres spécialités scandinaves.

CAFÉS-RESTAURANTS

Frk. Larsen – *Markensgata 5, dans le centre - ☎ 38 07 14 13 - tlj 10h-24h (restaurant 22h) - 99/200 NOK*. Un café-restaurant cosy où vous pourrez déguster une cuisine rapide, confortablement installé dans un fauteuil. Quelques plats chauds de type hamburgers maison. Soirées animées le week-end dans le bar qui borde le café.

Phileas Fogg – *Markensgata 10, dans la rue piétonne principale - ☎ 38 02 28 28 - lun.-jeu. 10h-0h (cuisine 23h), w.-end 10h-1h (cuisine 23h) - 100/300 NOK*. Cette grande brasserie décorée dans le style britannique est très fréquentée en raison de sa cuisine de qualité. Différents plats copieux sont proposés en fonction des budgets, du sandwich aux poissons grillés, en passant par la salade.

Herlig land – *Markensgata 16, dans le centre - ☎ 38 09 06 22 - tlj 10h-23h - 90/350 NOK*. Ce restaurant italien se vante d'être le seul à disposer d'un four au feu de bois à plus de 60 km à la ronde. On y savoure d'excellentes pizzas composées à partir de véritables mozzarella et autres produits frais.

En soirée

Bakgården bar – *Tollbod Gaten 5, dans le centre - ☎ 38 02 12 11 - Lun.-mer. 18h-1h, jeu.-sam. 18h-3h - 89/250 NOK*. Un bar moderne qui propose de nombreux alcools, dont une belle collectiond'aquavit du pays. Une carte qui contient plus de 400 cocktails.

Ce musée comprend une section de plein air, dans laquelle a été reconstituée une vieille rue ancienne de Kristiansand, ainsi que des fermes caractéristiques du Vest Agder et de la Setesdal. Le bâtiment principal abrite des expositions thématiques.

Aux alentours

Parc de Loisirs de Kristiansand (Kristiansand Dyrepark)
12 km à l'Est par la route E 18 en direction de Lillesand et d'Oslo.
Ce parc de loisirs comprend un zoo, un parc à thème dans lequel vous pourrez visiter une ville imaginaire baptisée « Kardemomme », ainsi qu'une base de jeux aquatiques ; on y pratique diverses activités de plein air et on y organise des manifestations théâtrales. Bref, l'endroit idéal pour passer un après-midi en famille.

Circuits de découverte

LA CÔTE MÉRIDIONALE DE KRISTIANSAND À ARENDAL

67 km vers l'Est. Quitter Kristiansand par la route E 18 en direction d'Oslo.

Lillesand
28 km. Cette « ville blanche » typique a su préserver son cachet ancien ainsi que plusieurs élégantes demeures des 18e et 19e s. Certaines d'entre elles sont désormais protégées, tel l'ancien édifice des douanes. Lillesand est célèbre pour la profusion de roses et de géraniums qu'elle déploie en saison donnant ainsi l'impression que chaque jour est un jour de fête. La ville dispose d'un nouveau port de plaisance, d'où l'on peut faire d'intéressantes excursions en bateau tout au long de **Blindleia**, chenal pittoresque qui serpente à travers les îles situées juste au large du port.

Grimstad
47 km. Deux des plus célèbres écrivains norvégiens, **Henrik Ibsen** et **Knut Hamsun**, ont vécu à Grimstad, ville animée par de nombreuses activités culturelles, dont les principales sont les manifestations théâtrales d'été, le Séminaire international Ibsen et le Festival du cinéma, sans compter les concerts et les expositions.

Le musée municipal, installé dans la **maison d'Ibsen (Ibsenhuset)**, abrite de nombreux de souvenirs de l'auteur de *Peer Gynt*. On y voit notamment une reconstitution de la vieille pharmacie, où il fut employé dans sa jeunesse comme apprenti. Chaque année en été, la « ville blanche » baignée de soleil est envahie par une foule de vacanciers enthousiastes qui profitent de la mer et des îles tout autant que des activités culturelles.

Arendal
67 km. Ce centre administratif et commercial, construit sur un groupe de sept îles entrecoupées de canaux, était autrefois surnommé la « Venise du Nord ». Les canaux ont aujourd'hui été comblés mais la ville a conservé une partie de son attrait, surtout à proximité du vieux port, **Pollen,** et dans le quartier de **Tyholmen**, l'un des sites urbains les mieux conservés de Norvège. Quelques imposantes maisons de bois, pour certaines d'anciennes résidences privées de riches armateurs, témoignent de la vitalité d'Arendal en tant que port de commerce important. L'**hôtel de ville (Rådhus)**, notamment, atteste de cette prospérité : construit en 1815 dans le style Empire, ce superbe édifice en bois, le plus élevé de Norvège, a été transformé en hôtel de ville en 1844.

LA SETESDAL, DE KRISTIANSAND À VALLE★★

150 km par la route 9 – compter une journée pour l'aller et retour. Quitter Kristiansand vers le Nord par la route 9.
Setesdal est le nom donné à la longue vallée de l'Otra qui s'enfonce profondément au cœur d'une région de hauts plateaux et se fraie un chemin vers le Sud pour se jeter finalement dans le Skagerrak à Kristiansand. Lorsque les versants sont trop abrupts, les torrents de montagne se transforment en chutes d'eau, tandis que la rivière, tumultueuse dans son cours supérieur, s'élargit tout à coup en formant une série de lacs étroits (appelés fjords), grossis par la fonte des neiges au printemps. La route 9 longe tour à tour la rive gauche et la rive droite, offrant de belles vues, traversant de petits villages et longeant des fermes isolées.
Souvent caractéristiques de l'architecture rurale traditionnelle, ces dernières se présentent sous forme de maisons construites en poutres de bois partiellement équarries et de **stabbur**, greniers typiques du Sud de la Norvège, montés sur de courts piliers de pierre. La Setesdal est également l'une des régions les plus

pittoresques et les plus intéressantes à visiter en raison de son folklore varié représenté en particulier par des costumes richement brodés *(bunader)*, une musique exécutée surtout au violon, des danses traditionnelles et un artisanat consacré à la sculpture sur bois et à la bijouterie.

Hægeland et Hornnes

Ces deux villages *(à 33 et 51 km de Kristiansand)* possèdent chacun une église octogonale en bois datant respectivement de 1830 et 1828.

Auesneset

Le **parc minéralier de la Setesdal (Setesdals Mineralpark)** - *℘ 37 93 13 10 - www.mineralparken.no - juin-août : 10h-17h - 75 NOK (enf. 40 NOK)* - est un centre d'exposition creusé dans le roc : cadre idéal pour abriter des collections de minéraux provenant de la région comme d'autres parties du monde. Sur place un « chemin des minéraux », balisé, conduit à plusieurs mines des environs (renseignements à l'Office du tourisme d'Evje).

Evje

58 km. C'est le principal centre commercial de la basse Setesdal, riche en minéraux rares.

Fjord de Bygland (Byglandsfjord)

On arrive à ce fjord long et tortueux dont l'eau, aux reflets d'argent scintillant au soleil, offre un contraste frappant avec les montagnes sombres qui projettent leur ombre à la surface.

Grendi

L'église, construite en 1827, est un édifice octogonal en bois caractéristique de la région. Dans le cimetière attenant, on peut voir une pierre runique.

Araksfjord

La route change de rive passant sur une écluse récemment restaurée d'où commence le deuxième lac, l'Araksfjord. Sur la rive droite du lac, elle dévoile de belles vues, notamment à **Frøysnes**.

Helle et Hylestad

Ces deux villages proches l'un de l'autre sont renommés pour la beauté de leurs bijoux en argent et pour leurs ouvrages en filigrane, technique que les artisans se transmettent de génération en génération. L'**église de Hylestad** *(ne se visite pas)*, datant de 1838, est l'une des églises octogonales de la Setesdal, qui furent toutes construites durant la première moitié du 19e s.

Sur la gauche, la route reliant Brokke à Suleskar, dans la haute Sirdal a permis de raccourcir le trajet d'Oslo à Stavanger de quelque 100 km.

Peu avant l'arrivée à Valle, **Hallandsfoss** est l'une des nombreuses chutes d'eau de la région.

Valle

Encadrée de montagnes escarpées, Valle est l'agglomération principale de la haute Setesdal. On peut y voir diverses boutiques d'artisanat, dont plusieurs bijouteries.

Le **musée de la Setesdal (Stesdals museet)** illustre les traditions de la vallée. Le musée comprend également une ancienne ferme, **Tveitentunet**, comprenant plusieurs bâtiments dont les plus vieux remontent au 16e s.

Rygnestad

12 km au Nord de Valle. La vie quotidienne rurale d'autrefois y revit dans une ferme, section de plein air du musée de la Stesdal ; au nombre des bâtiments dignes d'intérêt figure **Rygnestadloftet**, entrepôt bâti il y a 500 ans.

La Laponie★★★ et le Cap Nord★★★

Finnmark - Nordkapp

CARTE MICHELIN N° 711 A/D18/27 OU ATLAS EUROPE P. 104-105

Le Finnmark est la province qui englobe presque toute la partie norvégienne de la Laponie. Ce nom a généralement une résonance romantique, car il évoque les régions désertiques et froides du Nord de la Scandinavie, habitées par les Sames, ou Lapons, peuple de nomades, plus ou moins sédentarisés et qui forment une sorte d'enclave primitive dans une Europe très civilisée. La réalité est à la fois proche et très éloignée de cette conception simpliste.

- **Se repérer** – De part et d'autre du mythique Cap Nord, la Laponie norvégienne, baignée par l'océan Arctique et bordée par la Finlande s'étend jusqu'à la frontière russe.
- **À ne pas manquer** – le CAP NORD, les gravures rupestres d'ALTA, une aurore boréale (ou le soleil de minuit) et une balade en traîneau à chiens.
- **Organiser son temps** – consacrez une semaine à la Laponie si vous êtes un adepte des loisirs sportifs ou des grands espaces sauvages.
- **Avec les enfants** – le Sápmi Park de Karasjok.
- **Pour poursuivre le voyage** – TROMSØ et les îles LOFOTEN.

P. Plantier / MICHELIN

Au commencement étaient les rennes…

Comprendre

La terre et les hommes

Sa superficie de 48 000 km² fait de la Laponie la plus grande province norvégienne… Rien détonnant donc, si son climat est soumis à de forts contrastes : si les régions côtières, verdoyantes, jouissent d'une température relativement douce grâce à l'influence du Gulf Stream, sur les hauts plateaux de l'intérieur règnent des températures extrêmes (+ 32 °C en été et – 50 °C en hiver) qui ont façonné des paysages arides.

La **lumière arctique** contribue énormément à l'attrait qu'exerce le Finnmark sur les visiteurs, que ce soit en été, lorsque la lumière du jour baignant pendant 24 heures les vastes étendues de landes accentue l'impression d'infini ou, en hiver, avec les nuits polaires, les aurores à peine marquées et la lune dans le ciel créent une atmosphère mystérieuse, ponctuée de temps en temps par de superbes **aurores boréales**.

Laponie : 70 000 humains et 400 000 rennes : autant dire que la population est très clairsemée et que vous pourrez parcourir de longues distances sans apercevoir la moindre habitation… Cependant, les ressources économiques de ce vaste territoire ont attiré des vagues successives d'immigrants tout au long de son histoire. Les autochtones, les **Sames**, sont venus de l'Est il y a très longtemps, et se sont consacrés pour l'essentiel à l'élevage du renne. Plusieurs vagues d'immigration se sont ensuite succédé aux 17e, 18e et 19e s. en provenance du Sud de la Norvège, de Finlande et de Suède. Ces colons étaient souvent des agriculteurs ou des pêcheurs, mais la plupart d'entre eux constitua la main-d'œuvre des industries minières. Cette variété ethnique est toujours sensible aujourd'hui puisque, dans certains lieux, trois langues sont parlées : le norvégien, le same et le finnois.

De nouvelles activités comme la pisciculture ou la prospection du pétrole et du gaz au large des côtes ont récemment attiré des populations qui viennent s'installer au Finnmark. Quant aux touristes, de plus en plus nombreux à être attirés par ces immenses étendues sauvages et conquis, tant par les activités de plein air qui leur sont proposées que par la découverte de la civilisation originale et attachante des Sames, ils contribuent pour une bonne part au développement économique rapide que connaît aujourd'hui la région.

Être same

Pour être considéré comme same et donc être électeur au Parlement, plusieurs conditions sont nécessaires : avant tout, il faut se sentir et s'affirmer same ; ensuite, il faut être de langue maternelle same ou, au pire, avoir un arrière-grand-parent reconnu comme tel. En 2001, près de 10 000 personnes étaient inscrites sur les listes électorales, soit un quart de la population same de Norvège.

Vers l'autonomie des Sames

Vivant en majorité de l'élevage du renne et nécessitant pour cela de disposer du libre droit de passage et de pacage dans les grands espaces, les populations sames se sont opposées au gouvernement central norvégien dès 1950 lorsqu'ils apprirent que celui-ci envisageait de construire un barrage qui aurait englouti un village, Máze, situé au Nord de Kautokeino. Le projet traîna en longueur et, entre 1979 et 1982, des manifestations parfois assez violentes opposèrent les Sames aux autorités du pays. Tout cela s'acheva par une conciliation : le barrage fut construit mais épargna le village. Quant aux Sames, ils obtinrent la reconnaissance de leurs droits par un acte constitutionnel et la création en 1982 d'un **Parlement** contitué de 39 représentants élus tous les quatre ans. Les décisions de ce Parlement sont souveraines en matière d'éducation et de culture, mais aussi d'économie, et il doit être consulté sur toute question concernant les Sames. Enfin, il dispose d'un budget (plus de 200 millions de NOK) dont 59 % sont consacrés aux affaires culturelles et linguistiques. Cependant, on ne saurait considérer l'exécutif same comme quelque chose d'aimablement folklorique lorsque l'on sait qu'il aborde en ce moment plusieurs questions assez sensibles : la propriété terrienne, l'eau ainsi que le droit des indigènes sur les ressources de leur sous-sol.

Découvrir la Laponie norvégienne

Pour se faire une idée dans un temps limité de cet immense territoire, il est absolument nécessaire de le gagner, depuis Oslo ou Bergen, en avion : deux aéroports peuvent donc constituer la base de départ de cette exploration, Alta à l'Est, et Kirkenes au Nord. Depuis ces deux villes, vous pourrez louer une voiture afin de rayonner, découvrir le légendaire Cap Nord, et faire connaissance avec la culture same à Karasjok ou à Kautokeino, sans oublier les nombreuses activités de plein air auxquelles vous pourrez vous adonner, tant l'été que l'hiver. Sachez qu'en voiture il vous faudra parcourir 410 km depuis Tromsø par la route E 6/E 8, et plus de 500 km depuis Narvik pour atteindre Alta. Il y a peu de routes dans le Nord de la Norvège, car l'entretien pose des problèmes presque insolubles dans une région si peu peuplée. Des excursions sont organisées été comme hiver par des moyens aussi divers que l'autocar, l'hélicoptère, le traîneau, la motoneige, le cheval et le bateau. Il va de soi que si vous disposez de plus de temps, atteindre la Laponie à bord de l'Express côtier constituera une expérience inoubliable.

LES PLUS ANCIENS SKIEURS DU MONDE

Alta

10 800 habitants. Carte Michelin n° 711, C20. Bien abritée au fond d'un fjord profond, lui-même protégé de l'Océan par un chapelet d'îles, en liaison permanente avec Oslo par des vols quotidiens, Alta, la plus grande ville de Laponie, est aussi l'un des principaux centres touristiques de la Norvège du Nord. Depuis la ville, on peut facilement accéder au Cap Nord et, du côté opposé, au plateau désertique du Finnmarksvidda, au cœur de la Laponie.

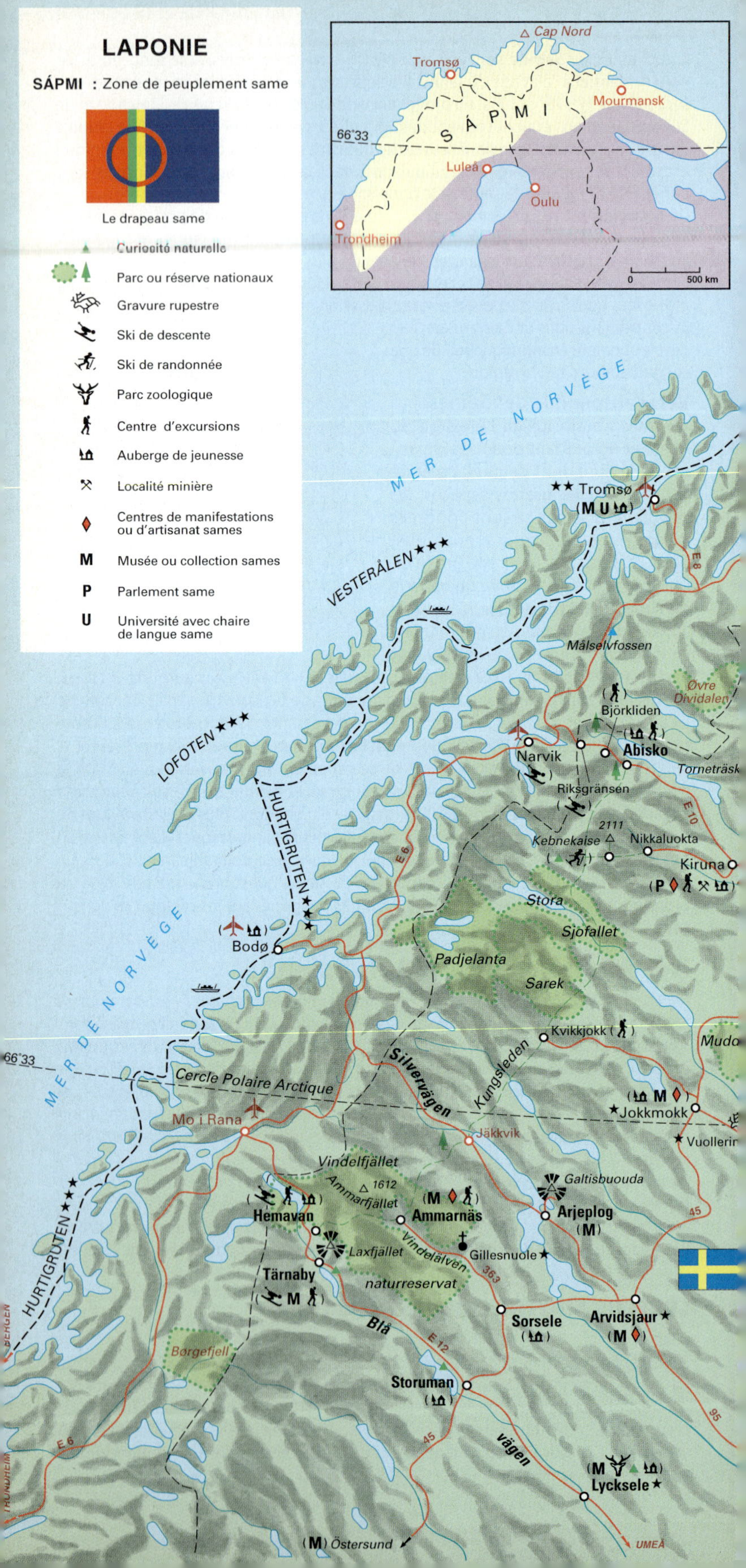

LAPONIE
SÁPMI : Zone de peuplement same
Le drapeau same
Curiosité naturelle
Parc ou réserve nationaux
Gravure rupestre
Ski de descente
Ski de randonnée
Parc zoologique
Centre d'excursions
Auberge de jeunesse
Localité minière
Centres de manifestations ou d'artisanat sames
M Musée ou collection sames
P Parlement same
U Université avec chaire de langue same
Cap Nord
Tromsø
Mourmansk
SÁPMI
66°33
Luleå
Oulu
Trondheim
0 500 km
MER DE NORVÈGE
★★ Tromsø (M U)
E 8
VESTERÅLEN ★★★
Målselvfossen
Øvre Dividalen
Björkliden
Abisko
Narvik
Torneträsk
Riksgränsen
LOFOTEN ★★★
HURTIGRUTEN ★★
E 10
2111
Kebnekaise
Nikkaluokta
Kiruna
(P)
E 6
Stora Sjofallet
Bodø
Padjelanta
Sarek
Kvikkjokk
Muddus
Silvervägen
Kungsleden
66°33
Cercle Polaire Arctique
(M) ★Jokkmokk
Mo i Rana
Jäkkvik
★ Vuollerim
Vindelfjället
1612
Ammarfjället
(M) Ammarnäs
Galtisbuouda
Arjeplog (M)
45
Hemavan
Laxfjället
Vindelälven naturreservat
Gillesnuole ★
363
HURTIGRUTEN ★★
Tärnaby (M)
Sorsele
Arvidsjaur ★ (M)
BERGEN
Blå
E 12
Børgefjell
Storuman
95
45
vägen
E 6
TRONDHEIM
(M) Lycksele ★
(M) Östersund
UMEÅ

NB: Bien qu'au cœur du royaume du renne, l'endroit où demeure le Père Noël demeurera confidentiel.
N
MER DE BARENTS
CAP NORD ★★★
Magerøya
Honningsvåg
HURTIGRUTEN ★★
E 69
Varangerbotn
E 6
Levajok
Utsjoki
Kirkenes
Pečenga
Alta (P M)
FINNMARK
Teno
Sevettijärvi
Karigasniemi
★ Karasjok
(P M)
92
E 75
971
93
FINNMARKSVIDDA
Pielpajärven erämaakirko
Inarijärvi ★★
Saana
1029
Kilpisjärvi
Kautokeino
(M)
★ Inari
Ukonkivi
Øvre Anarjokka
Lemmenjoen kansallipuisto
Ivalo
Neljän tuulen tie
Enontekiö
Kaaresuvanto
Saariselkä
Urho Kekkosen kansallispuisto
45
Ounas Pallastunturi
kkasjärvi ★★
★ Muonio
Jerisjärvi
Ishavsleden
Muonioälven
718 Ylläs
Kittila
E 8
395
Sarestöniemi
Sodankylä
Malmberget
Kolari
Pajala
Kengisforsen
Tornealven
Gällivare
(M)
E 10
E 63
Pello
Kemijärvi
Nordkalottvägen
Svanstein
Cercle Polaire Arctique
66°33
Övertorneå
Rovaniemi ★★
Aavasaka
Juma
Rukatunturi
Luppioberget
E 75
E 8
★★ Kukkolaforsen
Kukkolankoski
Kuusamo
99
Tornio
Haparanda
★ GAMMELSTADEN
Kemi
E 8-E 75
LULEÅ
20
E 4
GOLFE DE BOTNIE
Oulu/Uleåborg
Suomussalmi
Skellefteå
E 8
E 75
E 63
0
100 km
VAASA
JYVÄSKYLÄ
KAJAANI

Laponie et Cap Nord pratique

Adresses utiles

Alta – Postboks 1223 - 9501 - *78 45 77 77.*

Kautokeino – 9260 - *78 48 65 00 - www. kautokeino.info*

Honningsvåg – Noårdkapp Reiseliv, Postboks 34 - 9751 è *78 47 70 30. 15-30 juin : 9h-16h, du 1er juil. au 31 août : 9h-18h.*

Kirkenes – Prestveien 1 - *78 99 25 44, www.kirkenesinfo.no - du 10 juin au 15 août : lun.-ven. 8h30-17h30, sam., dim. 10h-17h30. Le reste de l'année : lun.-ven. 8h30-16h.*

Transports

SE RENDRE EN LAPONIE

Par la route

Conseil d'ami : les stations-service sont rares en Laponie et les villes éloignées les unes des autres : pensez à faire le plein dès que l'occasion se présente !

Tunnel du Cap Nord (Nordkapptunnelen) – Pour gagner l'île de Magerøya où se trouve le Cap nord, vous devez emprunter un tunnel d'une longueur de 6,8 km creusé à une profondeur de 212 m au-dessous du niveau de la mer. Il vous faudra acquitter un péage tenant compte de la catégorie du véhicule (140 NOK pour un véhicule de moins de 6 m et 3,5 t, 68 NOK pour les motos) auquel il faut ajouter un droit pour chaque passager (46 NOK, enf. : 23 NOK).

En bateau

L'Express côtier (Hurtigruten) fait escale à Hammerfest, Honningsvåg (Magerøya), Kjøllefjord, Mehamm, Gamvik, Berlevåg, Båtsfjord, Vardø, Vadsø et Kirkenes, son terminus. *Réservations à Kirkenes : 810 30 000/78 97 36 70.*

En avion

Meilleur moyen de rallier rapidement la Laponie, l'avion a fortement contribué à désenclaver cette région isolée. Liaisons directes quotidiennes depuis Oslo assurées par Braathens, filiale de SAS (environ 2 h de vol). Les vols à l'intérieur de la Laponie, souvent avec plusieurs escales, sont opérés par Widerøe sur de petits avions à hélices.

Aéroports – **Alta** 5 km : vols quotidiens directs ou avec escale pour Oslo, Hammerfest, Kirkenes et Tromsø où vous pourrez prendre des correspondances pour Oslo.

Kirkenes (12 m sur la route de Tana Bru) : vols quotidiens pour Oslo et Tromsø (correspondances) ; à l'intérieur de la Laponie, liaisons directes pour Lakselv, Mehamm, Vadsø et Vardø, et avec 2 à 3 escales pour Båtsfjord, Hammerfest et Honningsvåg.

Honningsvåg : vols directs pour Hammerfest, Mehamm et avec une ou deux escales pour Kirkenes, Vadsø et Tromsø où la correspondance pour Oslo est assurée.

Se loger

ALTA

Rica Hotel Alta – *Løkkeveien 61 (au centre-ville) - 78 48 27 00, fax 78 48 27 77 - rica.hotel.alta@rica.no - 155 ch. : 915/1 475 NOK*. Confort et chaleur au cœur de la Laponie norvégienne. Cet hôtel moderne possède en outre un restaurant de spécialités locales.

Igloo hotel – *Alta Friluftspark (route de Kautokeino) - 78 43 33 78 - www. alta-friluftspark.no - Ouvert de fin janv. à mai.* Reconstruit chaque année, l'Igloo Hotel est une attraction incontestable. Quant à y dormir, sachez que si vous décidez de tenter l'expérience, vous serez couché sur un bloc de glace (avec un peu de neige pour adoucir les choses) et protégé du froid par des peaux de rennes. Les salles de bains et autres commodités (dont un sauna) se trouvent par chance dans un bâtiment annexe édifié en bois et chauffé.

P. Plantier / MICHELIN

L'Igloo Hotel près de Alta.

MAGERØYA ET CAP NORD

Rica Hotel Nordkapp, à Skipsfjorden. *Attention : ouvert seulement de juin à août - 78 47 33 88, fax 78 47 32 33 - rica. hotel.nordkapp@rica.no*

Rica Hotel Honningsvåg – *Nordkappgt 4 - 78 47 23 33, fax 78 47 33 79 - rica.hotel.honningsvaag@rica.no - 174 ch. : 9 00/1 295 NOK.* Lui aussi saisonnier (mai-août), cet hôtel est posé devant l'embarcadère de l'Express côtier.

KARASJOK

Rica Hotel – *Porsangervn. 3 (100 m après le Park Sápmi Park, sur la droite de la route) - 78 46 74 00, fax 78 46 68 02 - rica. hotel.karasjok@rica.no - 56 ch. : 955/ 1 320 NOK*. Près du Sápmi Park, cet hôtel moderne est doté de tout le confort, d'un sauna et même d'un observatoire pour admirer les aurores boréales.

Grensen Hytteutleie – *5 km à l'Est juste avant la frontière finlandaise -*

✆ 78 46 81 61, fax 95 82 21 16. Plusieurs chalets composés de trois chambres, une cuisine et une salle d'eau avec sauna : idéal pour un séjour en famille.

LEVAJOK

Levajok Fjellstue – *9 845 Tana - ✆ 78 92 87 14 (portable : 95 76 47 46) - 9 cabanes.* En bordure de la Tana, des cabanes traditionnelles en rondins constituent un hébergement qui conviendra aux amateurs de pêche et de randonnées à cheval. Repas pris au café du village.

POLMAK

Polmakmoen Gjestegård – *À Polmak, 4 km au Sud de Tana Bru sur la route 895 pour la Finlande, sur la gauche - ✆ 78 92 89 90, fax 78 92 84 59, polmakmoen@samitour.no* Maison d'hôtes constituée de huttes recouvertes de tourbe dotées de tout le confort. Les repas, traditionnels, sont servis dans la grande hutte centrale au chaleureux décor de bois. L'endroit est idéal pour prendre un bain de vapeur en plein air dans un grand baquet en contemplant la montagne. Les plus aventureux peuvent en outre demander à dormir dans « l'hôtel de montagne » constitué de 4 « lavvu » (tentes sames) pouvant abriter chacun 8 personnes.

KIRKENES

Rica Arctic Hotel – *Kongens gt 1 - ✆ 78 99 59 00, fax 78 99 11 59 -, rica.artic.hotel@rica.no* Au cœur de la ville, donnant sur la place centrale, un hôtel aussi moderne que confortable.

Directørboligen – *Kristen Nygaardsgate 37 - ✆ 78 99 18 09.* C'est une immense villa construite en 1962 pour accueillir les cadres des mines de fer et aujourd'hui reconvertie en hôtel. Dominant la ville, elle offre des vues superbes sur le fjord. certaines chambres, toutes différentes, viennent d'être remises à neuf.

Se restaurer

KARASJOK

Restaurant sami – Dans le parc de l'hôtel Rica, cette grande cabane au toit de tourbe abrite un restaurant où vous pourrez déguster renne, saumon et baies polaires dans une ambiance same.

KIRKENES

Vi og Vilt – *Kirkegata 5.* Décor cossu et service soigné dans ce restaurant situé au centre-ville et tenu par un Danois plein de faconde. Cuisine à base de produits locaux (crabe royal, saumon, renne et même ours) à prétentions gastronomiques.

Directørboligen – *Kristen Nygaardsgate 37.* La « maison du directeur » accueille les gourmets dans son cadre raffiné. Carte librement inspirée par l'Italie…

Sports et loisirs

Pour tout savoir : visitnorway.com/laponie

À KIRKENES

Arctic adventure – *✆ 95 15 07 55 - www.arctic-dive.no* Propose des parties de pêche au crabe royal ou au cabillaud, des randonnées en motoneige et en traîneau à chiens et, l'été, des safaris aux baleines et de la plongée.

Taiga kulturopllevelser – *Melkefoss (Svanvik, au Sud de Kirkenes par la route 885 qui longe la frontière russe) - ✆ 78 99 56 08 -/909 78 25 48 - www.taigakulturopplevelser.no* Promenades en traîneau à chiens ou (l'été !) en canoë sur le lac de Svanvik (Svanevatn), dîner typique sous « lavvu », et possibilités d'hébergement.

À LEVAJOK

Pêche au saumon et balades à cheval – S'adresser à l'auberge du village.

PARFUM D'AVENTURE

Le Raid Paris-Cap Nord – Depuis 1988, chaque année au mois d'août, près de 200 participants se retrouvent sur les routes et les pistes scandinaves pour vivre une aventure passionnante. Loin des courses chronométrées, chaque équipage s'efforce de réaliser un reportage photo et un reportage écrit ou vidéo tout en se signalant aux points de contrôle le long des 12 000 km parcourus. Au choix, plusieurs activités sportives sont organisées : VTT, rafting, marche, ski de descente et courses d'orientation. Ouvert à tous (il suffit d'avoir une voiture) et sans limite d'âge, il requiert des qualités d'endurance et de débrouillardise et, avant tout, une grande ouverture d'esprit.

Pour suivre le rallye au jour le jour sur internet : www.infinit.net/raid

Raid Paris-Cap Nord - 50 av. Lacassagne - 69 003 Lyon - ✆ 04 72 33 32 88, fax 04 72 36 89 53.

Achats

Bijoux d'argent – À la Juhls Silver gallery de **Kautokeino**.

Artisanat same – À la boutique du Sápmi Park, à **Karasjok**. Objets (couteaux), bijoux en argent, gravures, peluches, peaux de rennes, pull traditionnels norvégiens, et même trolls…

Événements

Finmarksløpet – *Début mars - www.finmarkslopet.no* Entre Alta et Kirkenes, la plus longue course de traîneaux à chiens d'Europe, avec plus de 1 000 km à parcourir.

Festival de Pâques de Kautokeino – *www.saami-esaterfestival.org* Fête traditionnelle same célébrant la fin de l'hiver : concerts, concours de *jokk* (chants traditionnels sames), championnat du monde de traîneaux attelés de rennes.

À **Honningsvåg** – En juin, le **Marathon du Cap Nord** et le **Festival du Cap Nord**, attirent une foule considérable.

Franchir les frontières

Si vous souhaitez poser le pied en **Finlande**, il est plus que probable que l'on ne vous demandera rien, si ce n'est de ralentir, au poste frontière. Munissez-vous tout de même de vos papiers d'identité (carte d'identité ou passeport en cours de validité) et des documents de la voiture (permis de conduire, carte grise du véhicule, carte verte d'assurance). Une fois en territoire finlandais, vous retrouvez l'Union européenne et, qui plus est, la zone euro. Les limitations de vitesse sont (un peu) plus laxistes qu'en Norvège puisque vous pouvez rouler jusqu'à 100 ou 120 km/h sur autoroute, 80 à 100 km/h sur route. En revanche, en agglomération, vous ne dépasserez pas les 50 km/h. Enfin, même si vous profitez de votre escapade pour acheter de l'alcool, attendez d'être rentré pour consommer : le taux maximum d'alcoolémie est de 0,05 % et les contrevenants risquent une forte amende parfois assortie d'emprisonnement. Enfin, en cas d'urgence, composez le ✆ *112* comme dans toute la Scandinavie.

À Kirkenes, certaines agences de tourisme proposent des circuits accompagnés en **Russie** (visite d'un jour dans un des villages au-delà de la frontière ou week-end à Mourmansk). Elles s'occupent des formalités pour obtenir les visas si vous leur confiez votre passeport mais le délai d'obtention de celui-ci peut être important (comptez au moins six jours) et la chose n'est pas gratuite. Les individuels peuvent s'adresser au **Service des visas (Visumformidlingen)**, Fjellveien 44 à Kirkenes ; comptez alors quatorze jours pour la formule la plus économique. Bref, à moins de rester trois semaines sur place, l'intérêt de cette escapade n'est pas d'une évidence absolue.

P. Plantier / MICHELIN

Panneau près de Kirkenes : la Russie est proche.

La région environnante est réputée pour ses paysages superbes et les nombreuses activités de plein air qu'elle propose tout au long de l'année, que ce soit la pêche en haute mer, la pêche au saumon, le canoë, le ski, les excursions en traîneau à chiens ou à rennes ou les safaris en motoneige. Mais la renommée internationale d'Alta est essentiellement fondée sur son ensemble de gravures rupestres préhistoriques, le plus important d'Europe du Nord, que l'Unesco a inscrit dans la liste du patrimoine mondial de l'humanité.

Bien que située à 70° de latitude Nord, comme l'Alaska et la Sibérie, Alta jouit d'un climat relativement doux grâce au Gulf Stream, et l'on sait que, dès 8 000 ans av. J.-C., la bande côtière était déjà habitée par des tribus de chasseurs. Dès l'âge de la pierre, des colonies sédentaires avaient fondé des villages et Alta était un centre religieux. Vers la fin du Moyen Âge, Alta devint un important centre de commerce des produits fabriqués par les Sames à partir du renne. Aujourd'hui, Alta (qui fut détruite en 1945) est une ville nouvelle, florissante, aux coquettes maisonnettes de bois peintes de couleurs vives et dont l'économie est fondée sur l'agriculture, la pêche, l'extraction de minerais et d'ardoise, et les communications.

Musée★★

✆ 78 45 63 30 - www.alta.museum.no - de juin à août : 8h-21h ; du 2-31 mai et sept. : 9h-18h ; oct.-avr. : 9h-15h, w.-end 11h-16h (gratuit).

Il est situé le long de la route E 6, à la sortie d'Alta en direction de Tromsø. Inauguré en juin 1 991, ce musée se compose d'une part d'un édifice moderne et spacieux doté de salles d'exposition, d'un café, d'une boutique et même d'un bureau de poste, mais aussi d'un vaste terrain clos renfermant l'ensemble des célèbres gravures rupestres d'Alta.

Les **salles d'exposition** sont disposées sur deux étages et illustrent cinq thèmes ayant trait à l'histoire et au développement de la région : *Des gravures rupestres à l'ère chrétienne* concerne les différentes époques de l'art rupestre à Alta mais aussi certains aspects de l'art médiéval ; *Richesse et marché* dépeint Alta en tant que centre commerçant important ; *Alta – Rivière et fjord – De l'ère glaciaire à l'hydro-électricité* met en parallèle économie et culture à travers les âges ; *Guerre et paix au Finnmark* relate l'histoire militaire de la région, en particulier durant la Seconde Guerre mondiale ; enfin, la section intitulée *Aurores boréales et mines de cuivre* est consacrée à l'Observatoire des aurores boréales, situé sur la montagne Haldde, à l'extraction du minerai de cuivre dans la région, aux expéditions scientifiques et aux débuts du tourisme dans la région.

Le terrain clos attenant au musée descend en pente douce vers les rives du fjord, étendue d'eau tranquille aux reflets argentés, encadrée de montagnes aux crêtes enneigées. Un réseau de chemins surélevés, d'une longueur totale de 5 km, permet aux visiteurs de voir une partie plus ou moins importante des **gravures rupestres★★★** largement disséminées et soulignées par un trait de couleur rouge brique, identique à celle employée pour les peintures rupestres plus récentes.
Les gravures, réalisées pendant la période néolithique entre 4000 et 500 av. J.-C., furent découvertes en 1973 et, bien qu'on en ait dénombré 3 000 jusqu'à présent, beaucoup n'ont pas encore été mises au jour ; les plus anciennes se trouvent sur les hauteurs et les plus récentes sur les bords du fjord, le niveau de la mer ayant baissé depuis la fin de la dernière glaciation. La variété des sujets traités est étonnante : scènes de pêche et de chasse – où l'on reconnaît des élans, des ours et des rennes –, bateaux, armes, outils, oiseaux, ainsi qu'hommes, femmes et enfants, représentés dans diverses situations, et notamment pour certains chaussés de skis. On pense que ces gravures avaient une signification religieuse et servaient à implorer la protection des dieux, mais il ne faut bien évidemment, pour l'instant, exclure aucune autre interprétation.

Altaelva – *Compter 4h – Quitter Alta en direction du Sud par la roue 93, puis prendre à gauche la route de Boeskades/Beaskkadás (direction Gargia) et, après 26 km, suivre un chemin balisé qui conduit au canyon.* Célèbre pour son saumon, ce fleuve offre des paysages splendides que l'on peut admirer en suivant l'itinéraire ci-dessus ou bien au cours d'une excursion en bateau jusqu'au **canyon de Savtso**, le plus grand d'Europe du Nord.

Hôtel des Glaces★ (Igloo Hotell) – *De fin janvier à mai. Quitter Alta comme dans la promenade ci-dessus ,et après 2 km environ, prendre à gauche vers Alta Frilutspark en traversant le fleuve.* Alors que tant d'œuvres humaines ont pour vocation plus ou moins avouée de s'inscrire dans l'éternité, voici un véritable hymne à l'éphémère ! Cet hôtel reconstruit tous les ans est entièrement fait de glace, qu'il s'agisse des murs, des lits (une couche de neige vient alors atténuer le côté spartiate de cette literie), du bar, et même des verres (n'oubliez pas vos gants avant de trinquer !). Des sculptures, également en glace, viennent décorer un ensemble auquel on ne peut nier un charme certain… à défaut d'avoir véritablement envie d'y passer la nuit !

Croisières sur le fjord – Un circuit en bateau sur l'**Altafjord** et autour de l'archipel peut être combiné avec une partie de pêche et se terminer par un festin composé de la prise de la journée.

Mont Haldde – *4h. Aller jusqu'à Kĭfjord à 10 km au Sud-Ouest d'Alta sur la route E 6, puis suivre le chemin balisé.* Au sommet de cette « montagne sacrée », à environ 1 000 m d'altitude, se dresse l'**observatoire des aurores boréales**, construit en 1899, en partie détruit pendant la Seconde Guerre mondiale et récemment restauré. L'aurore boréale est un phénomène naturel que l'on peut observer durant les longues nuits polaires, entre la fin novembre et la fin janvier, à condition que le temps soit clair ; de magnifiques tentures lumineuses éclairent alors le ciel.

AU CŒUR DE LA LAPONIE

De Alta à Karasjok. Compter une à deux journées. Quitter Alta par la route 93 au Sud.

Une région victime de la guerre

L'occupation de la Laponie norvégienne par les troupes nazies avait plusieurs buts : faire main basse sur les ressources minières du sous-sol, certes, mais surtout contrôler une région dont l'importance stratégique était capitale dans le cadre de la guerre contre les Soviétiques. Ceux-ci, de même que les Alliés, bombardent à maintes reprises les cités du Finmark comme Vadsø, Vardø et surtout Kirkenes. Le 7 octobre 1944, l'Armée rouge franchit la frontière, s'empare de Kirkenes et repousse les Allemands jusqu'à Tana Bru. C'est alors que le Führer donne l'ordre de brûler toutes les habitations et d'évacuer la population : cette entreprise méthodique de destruction dura tout l'hiver 1944-1945. Au moment de l'armistice, il ne restait plus une seule habitation en Laponie et même les poteaux télégraphiques avaient été incendiés. 75 000 personnes avaient été déplacées. Devant l'ampleur du désastre, le gouvernement norvégien voulut interdire leur retour dans la région meurtrie : mais c'était compter sans l'obstination des habitants qui, dans un mouvement d'insubordination général, réinvestirent leur terre pour entreprendre une longue reconstruction.

La transhumance des rennes

C'est la grande affaire de l'année : le printemps arrive et les éleveurs conduisent leurs rennes vers la côte d'où ils gagneront les îles pour y estiver. Autrefois, les troupeaux traversaient les bras de mer à la nage, opération délicate qui entraînait parfois de lourdes pertes, surtout lorsque les bêtes affolées formaient un « tourbilllon », nageant en cercle jusqu'à l'épuisement avant de couler. Aujourd'hui, des navires assurent la traversée du bétail, ce qui suppose d'autres contraintes, notamment en ce qui concerne les délais : heureusement, le téléphone portable permet à tout un chacun de savoir où en sont les bateaux et de prévenir d'un éventuel retard.

Kautokeino/Guovdageaidnu

129 km au Sud. 3 000 habitants. C'est la deuxième agglomération importante de Laponie norvégienne et son activité est axée aujourd'hui sur l'enseignement et la recherche. À partir du 16e s., le nom de Kautokeino est mentionné dans les registres, mais ce qui n'était alors qu'un campement ne devint permanent qu'au 17e s. lorsque les Sames se mirent à élever les rennes qu'ils se contentaient jusqu'alors de chasser. Cette activité traditionnelle constitue encore l'occupation principale de la population. En été, Kautokeino, déserté par les Sames pour cause de transhumance (leur départ est l'occasion d'un festival), est un village beaucoup plus calme. C'est le moment idéal pour les amoureux de la nature qui souhaitent participer aux nombreuses randonnées organisées dans la région, en particulier la célèbre **Nordkalottruta** dont l'itinéraire conduit les participants en Suède *(s'adresser à l'Office de tourisme).*

Écomusée de Kautokeino (Kautokeino Bydgetun og Museum) – *✆ 78 48 71 00*
♿ - de mi-juin à mi-août : 9h-19h, dim. 12h-19h ; de mi-août à mi-juin : tlj sf dim. 9h-15h.
Il comprend une exposition illustrant certains aspects de la culture same (outils, costumes…) et une section de plein air où l'on peut voir des bâtiments anciens, essentiellement des cabanes faites d'écorce et de tourbe utilisées autrefois par les agriculteurs.

Parmi les ateliers et boutiques qui vendent divers objets d'artisanat, et en particulier des bijoux traditionnels en argent, la **Juhl's Silver Gallery** se distingue tant par la qualité de ses produits (dont la notoriété a atteint toute la Norvège) que par le bâtiment à l'architecture futuriste qui l'abrite, conçu par les propriétaires puis agrandi au fur et à mesure des besoins.

À travers le Finnmarksvidda

Reprendre la route 93 vers Alta puis, après 31 km, tourner à droite sur la route 92 en direction de Karasjok.

Le Finnmarksvidda est un plateau d'altitude, immense et sauvage, parcouru par de nombreux torrents et rivières et parsemé de lacs. Il reste enfoui sous un épais manteau de neige pendant les longs mois d'hiver et les rennes sont contraints d'aller chercher leur nourriture sous la neige. Au cœur de l'été, la maigre végétation est complètement desséchée par le soleil brûlant, mais les troupeaux sont alors partis vers la côte dans leur migration annuelle à la recherche de pâturages plus appropriés.

Bien qu'il n'y ait pas véritablement de routes, il est possible de traverser le plateau de différentes manières et des excursions sont organisées tant en hiver qu'en été, au départ de Karasjok ou de Kautokeino. On peut effectuer des promenades sur les rivières à bord de bateaux sames, s'adonner à des parties de pêche au saumon ou faire des randonnées accompagnées de chiens au cours desquelles on fait étape dans des auberges. En hiver, lorsque les rennes sont de retour, on peut faire des excursions d'un ou deux jours en motoneige jusqu'à un camp same, assister à des courses de rennes et entreprendre des excursions en traîneau sur l'ancienne route de montagne.

Les 97 km que vous parcourrez sur la route 92 (en faisant particulièrement attention aux rennes qui n'ont qu'une notion relative des règles de prudence à adopter en cas de rencontre avec une voiture) vous permettront de vous faire une idée assez précise de la réalité des paysages du plateau.

Karasjok/Kárášjohka★

2 700 habitants. C'est la cité la plus importante de la Laponie norvégienne. Au 18e s., c'était un campement d'hiver autour duquel se développa une bourgade… mais cette dernière fut complètement détruite en 1945, à l'exception de l'église de 1807, que l'on peut visiter et qui est la plus ancienne du Finnmark. Aujourd'hui, 90 % des habitants de Karasjok sont des Sames et l'économie locale repose essentiellement sur l'élevage du renne, l'agriculture, l'industrie et les services tandis que le tourisme et l'artisanat prennent une importance grandissante.

Plusieurs institutions culturelles et administratives sames se sont établies à Karasjok, devenue la « capitale » du **pays same (Sápmi)** : le Parlement, la radio et la télévision, le musée, la bibliothèque, le centre d'art et l'école same d'Études supérieures.

Toponymie lapone

Une des manifestations visibles des droits obtenus par le peuple same est l'adoption de la double toponymie, norvégienne et same, sur la plupart des panneaux d'entrée dans les villes et villages. Nous indiquons donc ici les deux noms de chacune des localités décrites.

Parlement same (Sámediggi)★ – C'est un superbe bâtiment de bois et de verre, disposé en arc de cercle et dont une partie évoque la forme d'un « lavvu » (tente traditionnelle) qui abrite le centre législatif du pays same. Cette œuvre des architectes Stein Halvorsen et Christan Sunby a obtenu le Prix d'architecture norvégienne en 2001.

Parc same (Sápmi Park) – *☏ 78 46 88 00/10 - www.koas.no - du 6 juin au 14 août : 9h-19h ; de déb. mai au 5 juin et du 6 août au 28 août : 9h-16h ; du 29 août au 29 mai : tlj sf w.-end 9h-16h.* Ce vaste parc initie de façon attrayante à la culture, l'histoire et la vie quotidienne des Sames. Il comprend quatre espaces distincts : l'espace-habitat, en plein air, présente des tentes et des huttes de terre et offre aux visiteurs la possibilité de participer à diverses activités ; vous y verrez en outre quelques rennes dans un enclos. La grande boutique propose, outre les souvenirs norvégiens habituels, des objets d'artisanat souvent d'excellente qualité. Un café sert des plats légers dérivés de la cuisine traditionnelle. Il ne faut surtout pas manquer une séance au **Stálubákti** (**Théâtre magique**)★★ : après une première salle évoquant le développement de la société same, vous assisterez dans un amphithéâtre à un spectacle total et envoûtant, exaltant le thème de la continuité de la vie et la terre sauvage sur laquelle la culture same s'est développée autour de son animal emblématique, le renne.

Musée same (Samiske museum) – *☏ 78 46 99 50 - ♿ - de juin à mi- août : 9h-18h ; reste de l'année : 9h-15h - 25 NOK (enf. 5 NOK).* Le musée national de la Culture same illustre le mode de vie des Sames grâce à des objets et des vêtements utilisés dans la vie quotidienne ou dans les grandes occasions. Vous remarquerez, dans la partie de plein air, les fosses creusées jadis pour capturer les rennes sauvages.

VERS LA MER DE BARENTS PAR LA VALLÉE DE LA TANA

De Karasjok à Kirkenes. Compter une journée.

Quitter Karasjok par la route E 6 en direction de Tana Bru.

Vallée de la Tana★

Ce fleuve, dont le nom (« Deatnu » en same, « Teno » en finlandais) signifie « la grande rivière », est long de 330 km, ce qui en fait le troisième cours d'eau de Norvège. Il est célèbre dans les milieux des pêcheurs pour la qualité et l'abondance de son saumon. et marque la frontière finno-norvégienne de Karasjok à Polmak, avant de s'évaser en un long estuaire aux allures de fjord (le T**anafjord**) dans la mer de Barents.

Levajok/Leavvajohka

Quelques chalets de bois disposés de part et d'autre de la route et reconvertis en chambres d'hôtel, un sauna, et un café-restaurant du bout du monde constituent ce modeste hameau que seule la rivière, gelée pendant les longs mois d'hiver, sépare de la Finlande. Les amateurs de pêche s'y pressent, de même que les amoureux des randonnées, pédestres ou équestres, à qui, aux beaux jours, l'on propose des expéditions sur les montagnes afin de pouvoir y admirer le soleil de minuit. Construite en rondins assemblés de manière traditionnelle, la **chapelle** de Levajok date de 1973.

Un homme, une mer

Peu de mortels peuvent se targuer d'avoir donné leur nom à une mer : c'est toutefois le cas d'un navigateur hollandais, **Willem Barents** (v. 1150-1597) qui conduisit trois expéditions dans les mers polaires, découvrit le Svalbard (Spitzberg) avant d'être surpris par les glaces. Le hardi capitaine décida d'attendre le dégel pour regagner la terre ferme en chaloupe, mais il ne survécut pas à l'hiver. La **mer de Barents** désigne cette partie de l'océan glacial Arctique comprise entre le Spitzberg, la Terre de François-Joseph, la Nouvelle-Zembie et la côte Nord de la Norvège et de la Russie occidentale.

À 32 km au Nord de Levajok, le pont Samelandsbroen sur la Tana permet d'accéder en Finlande. Le village de Utsjoki se trouve juste au débouché du pont, sur la rive droite du fleuve.

Utsjoki★ (Finlande)

Au confluent de la rivière portant son nom et de la Tana (« Teno » en finlandais), ce village dépend de la commune la plus septentrionale de Finlande, la seule du pays à être peuplée en majorité de Sames (52 % des quelque 1 500 habitants). Les minuscules **églises-huttes★ (kirkkotuvat)** sur les bords de la rivière ont été construites aux 19e et 20e s. par des familles sames de régions éloignées qui y passaient la nuit chaque fois qu'elles se rendaient à l'église.

Tana bru/Deanu šaldi

C'est en ce lieu (un pont autour duquel s'est rassemblée une petite agglomération) que se rejoignent plusieurs routes : du côté Sud, la route E 6 venant de Karasjok sur la rive gauche de la Sama et la route 895 qui se prolonge au-delà de Pomak pour pénétrer en territoire finlandais. Vers le Nord, la route 98 continue à longer le fleuve jusqu'à son embouchure et, au-delà du pont, la route 890 se poursuit vers Berlevåg et Batsfjord. À l'Est, enfin, la route E 6/E 75 permet de rejoindre Vadsø et Vardø d'une part, Kirkenes et la frontière russe, de l'autre. C'est dire le rôle stratégique du lieu, d'autant que la Finlande n'est qu'à 18 km et que, derrière la frontière, à **Nuorgam**, les supermarchés et boutiques d'alcool abondent, offrant des produits nettement meilleur marché qu'en Norvège (et payables en euros).

Franchir à nouveau le pont pour regagner la Norvège et reprendre la E 6 vers le Nord.

Varangerbotn/Vuonnabahta

Ce petit village se situe au fond du Meskfjorden, ultime bras du fjord de Varanger (Vaangerfjorden) : un arrêt sera l'occasion de découvrir un autre aspect de la culture same : celle des Sames de la côte.

Musée same de Varanger★ (Varijat Sami Musea) – *Sur la gauche de la route E 6, juste après l'embranchement avec la E 75 qui, en longeant la rive Nord du fjord, rejoint Vadsø, puis Vardø - lun.-ven. 10h-15h. 40 NOK (enf. : 20 NOK).*

Cet excellent petit musée présente de façon ludique, moderne et attrayante à l'aide de diaporamas, de maquettes et d'écrans interactifs (en anglais) la vie traditionnelle des Sames des régions côtières. D'un point de vue à la fois archéologique (traces de la civilisation des premiers habitants de la région : armes en os, foyer, flèches remontant à l'âge de la pierre découverts dans une nécropole des alentours) et ethnologique. On y apprend que les Sames de la région vivaient essentiellement de la chasse aux rennes (ceux-ci n'ont commencé à être domestiqués qu'entre le 13e et le 15e s.) et de la pêche. La présentation du milieu naturel et de ses hôtes (ours, nombreux dans la région de Kirkenes, loups…) précède celle de la société avec l'organisation du **siida**, mot désignant à la fois une communauté locale établie dans un village de tentes, et le territoire sur lequel ses membres évoluent. Des objets de la vie quotidienne et des outils montrent, à l'aide d'intérieur reconstitués, l'évolution des Sames et l'intrusion de la modernité qui, dans sa dernière partie du siècle passé, a bouleversé un mode de vie multiséculaire : le motoneige et le téléphone portable sont désormais des outils irremplaçables pour tout Same digne de ce nom ! Une librairie et une petite cafétéria complètent cet ensemble et, en été, une exposition de plein air sur les rives du fjord permet de découvrir habitat et bateaux traditionnels.

Prendre la route E 6 vers Kirkenes, puis une route à gauche en direction du fjord.

Bugøynes/Bugøya

À 18 km. Ce petit port de pêche tire aujourd'hui l'essentiel de sa prospérité des activités liées à la pêche et à la commercialisation du crabe royal. Bugøynes doit son cachet ancien au fait d'avoir échappé par miracle aux destructions de 1944.

Revenir à la routeE 6.

Kirkenes

À 127 km. À quelques encablures des frontières finlandaise et russe, Kirkenes est un port du bout du monde, terminus de l'Express Côtier. Posée au fond du Bokfjorden qui ouvre sur la mer de Barents, cette

P. Plantier / MICHELIN

Le crabe royal : une belle bête !

L'irrésistible invasion du crabe royal

Son nom véritable, c'est le **crabe géant de Kamtchatka**. Ce monstre qui peut atteindre plus de deux mètres d'envergure faisait le bonheur des pêcheurs de Vladivostock, en Sibérie. Pourquoi ne pas tenter de l'acclimater dans la mer de Barents ? se demandèrent les têtes pensantes du régime soviétique. Ce qui fut fait discrètement après qu'on eut réussi à en transporter quelques specimens dans un train spécialement équipé. Et le crabe se trouva bien dans ce nouveau milieu. Si bien qu'il se mit à proliférer. On imagine la surprise et la colère des pêcheurs norvégiens lorsqu'ils remontèrent leurs filets déchiquetés vers 1980. Mais ce crabe qui fait aujourd'hui leur bonheur ne s'arrête pas en si bon chemin : dépourvu de prédateur, ses facultés d'adaptation lui ont permis de poursuivre son inexorable progession : après avoir franchi le Cap Nord, il descend sur la côte occidentale de la Norvège... et il n'est pas interdit de penser que d'ici une cinquantaine d'années, il sera tout à fait commun sur les côtes françaises.

petite ville industrielle, née de l'exploitation des mines de fer, se consacre aujourd'hui à la réparation de chalutiers russes dont les carcasses rouillées donnent à son port l'allure d'un cimetière de bateaux. Si la cité n'a aucun charme (résultat des combats de 1944-1945 : le monument au Soldat soviétique et celui aux Mères en temps de guerre dressé sur la place du Marché rappellent la dureté de l'époque), son activité touristique est intense, en raison des multiples possibilités d'activités de plein air qu'elle propose, allant de la pêche au crabe royal à la balade en traîneau à chiens et ce été comme hiver.

EN ROUTE VERS LE CAP NORD

De Alta au Cap Nord par la route E 6 puis la E 69. 215 km. Compter une journée.

Hammersfest

À 146 km par la route E 6 jusqu'à Skaidi, puis à gauche la route 94. Détruite en 1944-1945, cette cité côtière est une importante escale de l'Express côtier.

Musée de la Reconstruction du Finmark et du Nord-Troms (Gejenreisnings-museet for Finnmark og Nord-Troms) – *Kirkegata 21 - ✆ 78 42 26 30 - du 13 juin au 12 août : 9h-16h, w.-end 10h-14h, reste de l'année : 11h-14h - 40 NOK (enf. 15 NOK).* Il expose de façon saisissante et parfois poignante la détresse d'une région dévastée par la guerre et la folie meurtrière du IIIe Reich. Parmi les objets exposés les plus émouvants, citons un couple de fauteuils que leurs propriétaires avaient enfoui dans le sol avant d'être contraints de quitter la région.

Revenir à la route E 6.puis prendre sur la gauche la route E 69.

Le long de la route la E 69 qui longe le vaste Porsangerfjord se dressent d'étranges parois rocheuses stratifiées, riches en fossiles, auxquelles l'érosion a donné des formes impressionnantes.

L'accès à l'île de Magerøya s'effectue par un tunnel à péage long de 7 km.

P. Plantier / MICHELIN

Le fjord, près de Kirkenes.

Île de Magerøya

Magerøya est l'île la plus septentrionale de la Norvège ; à son extrémité, le Cap Nord pointe droit vers le pôle Nord à 2 000 km de là au-delà de l'océan Arctique.

C'est une île austère et dénudée : sa pauvre végétation consiste principalement en lichens et en mousses qui font le délice des rennes venus y prendre leurs quartiers d'été en traversant le détroit de 3 km séparant l'île de la presqu'île de Porsanger ; cependant, le climat (relativement) doux permet à des espèces alpines et à de petites orchidées de fleurir en été et d'apporter une note de couleur contrastant avec la roche sombre.

Les mers autour de Magerøya sont parmi les plus riches au monde en poisson et assurent depuis des siècles leurs moyens d'existence aux insulaires. De nos jours, le poisson se fait plus rare et de nombreux villages de pêcheurs ont été abandonnés ; il ne reste que les trois principaux, abrités au fond d'une anse, Honningsvåg au Sud, Gjesvær à l'Ouest et Skarsvåg au Nord, eux aussi entièrement détruits en 1944-1945. Aujourd'hui, le tourisme est devenu le moteur d'économie locale.

Honningsvåg – Du village ancien, seule l'église a survécu à la guerre. Escale de l'Express côtier, Honningsvåg est le plus grand port de pêche du Finnmark et l'un des centres de pilotage les plus importants de la côte. En plein centre-ville, le **musée du Cap Nord (Nordkappmuseet)** - *℘ 78 47 72 00 - www.nordkappmuseet.no - de déb. juin à mi-août : 10h-18h, dim. 12h-18h ; de mi-août à fin mai : tlj sf w.-end 12h-16h, possibilité de visite guidée (30mn, anglais) - fermé Pâques, 17 mai et 25 déc. - 30 NOK (enf. 5 NOK* - abrite des expositions permanentes sur le tourisme au Cap Nord depuis le 17e s., l'histoire de la pêche le long des côtes du Finnmark et le mode de vie à Magerøya.

Le port est le point de départ d'excursions vers des hameaux de pêcheurs désertés, ou des réserves ornithologiques, ainsi que d'expéditions en pleine mer à bord de grands canots pneumatiques qui peuvent atteindre une vitesse de 30 nœuds.

Gjesvær – Ce port de la côte occidentale de Magerøya est le point de départ d'un **safari ornithologique**★★ *(Birdsafari AS - Nygårdsvei 38 - Gjesvær - ℘ 78 47 57 73 - www.birdsafari.com - mai-août : tlj - Birdsafari AS - MS 'Havsula' - ℘ 41 61 39 83 - mai-août : tlj, compter 2 à 3h)* à bord d'un bateau de pêche. La destination est la **réserve naturelle de Gjesværstappan**, à 15 km à l'Ouest du Cap Nord. La réserve s'étend sur trois îles rocheuses, Storstappan, Kirkestappan et Bukkestappan, sur lesquelles nichent des milliers d'oiseaux, mouettes, cormorans, pingouins, fous de Bassan, fulmars et pétrels, guillemots de Troil, sans oublier une grande colonie de macareux, le tout représentant au total une population de quelque 360 000 oiseaux. Vous admirerez les plongeons hardis et les acrobaties spectaculaires de ces oiseaux s'installant sur les îles Stappan avec une régularité étonnante : c'est le 6 avril qu'ils arrivent par vagues successives durant toute la journée et à 18 heures précises, qu'ils se précipitent tous ensemble vers les falaises où ils vont nicher !

Le bateau se faufile avec aisance entre les nombreux écueils, qui sont parfois à peine visibles. Des phoques se prélassent près des rochers, dans les eaux peu profondes, tandis que des pygargues volant très haut se précipitent sur les nids d'autres espèces. Sachez enfin que, pour une immersion enivrante dans ce milieu arctique d'une beauté sauvage, vous pouvez vous adonner à la pêche tout en visitant la réserve.

Le Cap Nord★★★ (Nordkapp)

Promontoire impressionnant s'avançant dans l'océan Arctique, le **Cap Nord**, point le plus septentrional du continent européen, est situé à 71° 10′ 21 de latitude Nord. Son ancien nom était Knyskane,s et les Russes l'appelaient *Murmanski Noss*, « cap des hommes du Nord », mais en 1553 Richard Chancellor, explorateur anglais qui tentait de trouver un passage vers la Chine par le Nord-Est, lui donna son nom actuel.

Le Cap Nord était depuis longtemps un point de repère pour les marins, pêcheurs, baleiniers ou pirates lorsqu'au 17e s. il devint une véritable attraction touristique. Francesco Negri, prêtre originaire de Ravenne, fut probablement en 1665 le premier visiteur. Après la visite en 1873 du roi Oscar II de Suède et de Norvège, Thomas Cook inaugura le premier voyage organisé au Cap Nord. Jusqu'en 1956, les touristes arrivaient par mer, débarquaient au pied de la falaise et devaient ensuite affronter la montée raide jusqu'au plateau, ce que les plus sportifs d'entre vous ne manqueront pas de faire…

Entre Honningsvåg et le Cap Nord, une route sinueuse qui semble ne mener nulle part traverse le **plateau du Cap Nord**, parmi des collines dénudées parsemées de cratères remplis d'eau gelée. Elle donne indéniablement un avant-goût de l'expérience qui attend le visiteur. Le plateau est souvent enveloppé dans le brouillard, mais celui-ci peut soudain se lever et dévoiler l'immensité de l'océan, vaste étendue

Les frasques d'un (futur) roi au Cap Nord

Alors âgé de 22 ans, **Louis-Philippe d'Orléans**, après avoir fui l'armée française avec Dumouriez et refusé d'intégrer l'armée des Princes avec opiniâtreté, mit à profit un voyage en Scandinavie pour découvrir le Cap Nord en 1795. Il ne se serait pas contenté d'admirer le paysage puisqu'il existe aujourd'hui à Tana Bru des familles prétendant descendre en ligne directe de celui qui allait prendre en 1830 le titre de roi des Français. Est-ce en souvenir de ces ébats qu'il fit don aux habitants de Måsøy d'un buste en bronze à son effigie ? Victime de la Seconde Guerre mondiale, le buste original a été remplacé par une copie offerte par la France et aujourd'hui placée dans le bâtiment édifié sur le promontoire du Cap Nord.

qui s'étire sur 2 000 km entre le cap et le pôle Nord. On peut aller à pied jusqu'au bord de la falaise et apercevoir la paroi rocheuse à pic qui plonge dans la mer 307 m plus bas. Le globe transparent, érigé près du bord pour capter les rayons du soleil de minuit, fait partie du paysage du cap Nord. En 1988, sept enfants de différents pays réalisèrent des dessins sur le thème de la paix et du soleil : ces derniers ont été reproduits sur sept dalles rondes sous le nom *Enfants de la Terre* pour symboliser l'unité des peuples du monde.
Construit en 1988 et judicieusement dissimulé dans le flanc de la falaise, **Nordkapphallen** *(✆ 78 47 68 60 - www.visitnorthcape.no - 16 juin-31 juil. : 9h-2h ; 1er-14 août : 9h-0h ; 15-31 août : 12h-0h ; 1er-18 mai : 12h-16h ; 19 mai-15 juin : 12h-1h ; 1er sept.-12 oct. : 12h-16h ; 13 oct.-30 avr. : 12h30-14h15)* est un complexe de quatre étages. Vous pourrez y assister à une projection vidéo illustrant, sur un écran de 225°, les divers aspects du cap Nord et de son environnement. Une terrasse, la Grotte, a été creusée dans le roc ; elle pointe vers le Nord et offre une vue de l'immensité qui s'étend au-delà du Cap. En retrait se trouve un amphithéâtre doté de fenêtres panoramiques et d'un bar. Une petite chapelle œcuménique vouée à Saint-Jean a été creusée au cœur de la falaise : meublée de façon design, elle baigne dans une lumière bleue évoquant celle de la nuit polaire, et, semble-t-il, propice à la méditation. Nombre de Norvégiens viennent spécialement au Cap Nord pour y célébrer leur mariage… avant, pourquoi pas, de le consommer dans la fameuse suite 71° 10′ 21″… À l'étage supérieur, un restaurant propose des spécialités du Nord.
La plupart des gens se rendent au Cap Nord pendant la période où le soleil ne se couche jamais (du 14 juin au 30 juillet) : pour peu que le temps soit clair, la vue est inoubliable. Mais même s'il y a de la brume, personne n'est déçu par cette expérience unique... Cependant, le tourisme d'hiver se développe et nombreux sont ceux qui veulent pouvoir admirer les aurores boréales et partir en safari en motoneige.

Escapade en Laponie finlandaise

Le lac d'Inarijärvi★★

Vous pouvez entreprendre cette expédition à partir de Kirkenes en prenant la route E 6 vers Tana Bru puis sur la gauche à Neiden, après 44 km, la route 893 qui en 9 km vous conduit à la frontière finlandaise (elle devient alors route 971). Depuis Karasjok, prendre la route 92 et entrer en Finlande à Karigasniemi où vous poursuivrez sur la route 4. Quelle que soit l'option choisie, prévoir de passer une nuit en Finlande.
Ce lac immense (1 153 km^2), le deuxième du monde au nord du cercle polaire, voit se refléter dans ses eaux sombres les versants couverts de pins et de bouleaux des collines qui l'entourent et des quelque 3 000 îles rocheuses qui en émergent.
Inari★ – Sur la rive, ce village est un centre de culture same et le siège du Parlement same de Finlande. Vous pourrez y visiter un musée consacré à la culture de ce peuple, **Siida★★** près duquel a été aménagé un écomusée de plein air. L'**église same (Saamelaiskirkko)**, de 1951, a conservé un retable réalisé en 1938 par **Väinö Saikko**.

Plus au Nord, une promenade à pied (ou en motoneige) vous permettra de découvrir la charmante **église de Peilparjärvi★ (Peilpajärvien erämaakirkko)**, construite en 1760 au cœur de la forêt.

Sevettjärvi – *Sur la route 971 entre Kirkenes et Inari.* Ce village fut fondé en 1947 pour abriter les Sames skolts, après qu'ils eurent perdu leur territoire ancestral cédé à l'URSS. Le lieu est le cadre du roman d'**Arto Paasilinna**, *La Forêt des renards pendus*.

Lillehammer★★

OPPLAND – 25 075 HABITANTS
CARTE MICHELIN N° 711 K 7 OU ATLAS EUROPE P. 111

L'organisation des jeux olympiques d'hiver de 1994 a projeté les feux de l'actualité sur cette agréable petite ville étagée sur une pente dominant le lac Mjøsa à l'entrée de la superbe Gusbrandstal. Que l'on soit ou non amateur de sports d'hiver, il fait bon séjourner dans cette cité qui a su concilier tradition (en conservant nombre de maisons de bois) et modernité et qu'anime une intense vie nocturne.

Se repérer – Sur la rive orientale du lac Mjøsa, Lillehammer est à 160 km au Nord d'Oslo à laquelle la relie la route E 6. Un pont lancé sur le lac puis un tunnel permettent de gagner le centre à Kirkegata.

Se garer – Nombreux parkings payants : autour de l'église pour un premier repérage ; pour passer la nuit, P-Hus au bout de Kirkegata, à moins que votre hôtel dispose d'un parking privé : mais sachez que celui-ci sera tout aussi payant…

À ne pas manquer – Le musée des BeauxArts et une balade dans la GUSBRANDSTAL.

Organiser son temps – Lillehammer mérite bien une journée de visite…

Avec les enfants – MAIHAUGEN, le parc de loisirs de HUNDEFOSSEN et le musée du Train de HAMAR.

Pour poursuivre le voyage – OSLO au Sud et RØROS au Nord-Est.

F. Klische / LILLEHAMMER TURIST AS

Lillehammer, par une belle journée d'hiver.

Comprendre

La légende des deux Birkebeiner – La saga de **Håkon Håkonsson** raconte comment, dans la lutte qui opposait le roi Sverre à l'évêque d'Oslo, deux partisans du roi sauvèrent la vie de l'héritier du trône, **Håkon**, âgé de deux ans, en le soustrayant à ses ennemis. Ceux-ci, par dérision, appelaient leurs adversaires « Birkebeiner » (jambes de bouleau), car ils portaient des jambières en écorce de bouleau. Durant l'hiver de 1205-1206, les deux hommes firent franchir au prince les montagnes dominant Lillehammer, où ils passèrent probablement une nuit ou deux. Un tableau romantique peint en 1869 par K. Bergslien les met en scène, courbés sous le poids des armes et skiant sous une tempête de neige tout en portant le jeune prince dans leurs bras. Chaque année, la **course des Birkebeiner**, entre Lillehammer et Rena, commémore l'événement.

Sigrid Undset, le Nobel de Lillehammer – La romancière, née en 1882, reçut en 1928 le prix Nobel de littérature pour ses romans dont l'action se déroule dans la Norvège médiévale. Elle vécut de 1919 jusqu'à sa mort en 1949 à Bjerkebæk, maison située à la périphérie de Lillehammer. Son père était archéologue et dès son plus jeune âge elle s'intéressa beaucoup à l'histoire et en particulier aux sagas nordiques. Mais l'espoir qu'elle nourrissait d'aller à l'université s'évanouit lorsque son père mourut et qu'elle dut se mettre à travailler pour aider sa mère et ses deux sœurs. Elle commença à écrire pendant ses moments de loisirs et à l'âge de 25 ans publia son premier roman, histoire réaliste ayant pour cadre Oslo (alors Christiania). Jusqu'en 1919, elle écrivit des romans du même genre et décrivit avec beaucoup de réalisme la vie de tous les jours des gens ordinaires. En 1909, elle voyagea à l'étranger ; c'est ainsi qu'à Rome elle rencontra son futur mari, un peintre norvégien. Ils se marièrent en 1912 et eurent trois enfants, mais ils se séparèrent en 1919 et elle alla vivre à Lillehammer avec ses enfants. C'est alors qu'elle commença son premier roman historique, *Kristin Lavransdatter*, qui est généralement considéré comme son chef-d'œuvre ; il fut suivi d'*Olav Audunssøn*, et ce sont ces deux volumineux ouvrages qui lui apportèrent la gloire et le fameux prix. En 1940, elle se réfugia aux États-Unis et durant toute la guerre elle écrivit et parla sans cesse de son pays occupé. Les années d'exil semblèrent avoir tari son inspiration car, après son retour en Norvège en 1945, elle cessa complètement d'écrire.

Lillehammer et les Jeux de 1994 – En février 1994, pendant 16 jours, Lillehammer fut l'hôte des 17es jeux Olympiques d'hiver. Tous les sites étaient situés dans un rayon de 50 km autour de la cité : dans la ville et ses environs immédiats eurent lieu les épreuves de ski de fond, de saut et de hockey sur glace ; les épreuves de patinage et certains matchs de hockey se déroulèrent à Hamar et Gjøvik au Sud, et celles de ski alpin à Hatfjell et Kvitfjell au Nord.

Les Jeux olympiques d'hiver

Quand le 25 novembre 1892 **Pierre Frédy, baron de Coubertin** proposa le rétablissement des jeux olympiques et quand les premiers Jeux se déroulèrent à Athènes en 1896, nul ne songeait aux sports de neige et de glace. Si le patinage artistique fut inscrit au programme des Jeux en 1908, il fallut attendre 1924 pour voir l'organisation des premiers Jeux d'hiver, qui eurent alors lieu à Chamonix, tandis que Paris organisait les Jeux d'été.

Les compétitions, comprenaient alors 16 épreuves – dont une seule féminine – dans 5 disciplines (ski nordique, patinage artistique, patinage de vitesse, hockey et bobsleigh, le ski alpin n'apparaissant qu'en 1948), et virent s'affronter 258 participants issus de 16 nations. 70 ans plus tard, les Jeux de Lillehammer, les premiers à se dérouler l'année intermédiaire de l'olympiade, réunirent pour leur part 1 737 athlètes de 67 nationalités concourant dans 61 épreuves !

Se promener

Au cœur de la ville

Commode pour les places de stationnement que la vaste place qu'elle domine propose *(paiement à l'horodateur)*, la grande église de brique vouée à **Sainte-Marie (Mariakirken)** veillant sur son cimetière et l'agréable **Søndre Park** qui le prolonge au-delà de Kirkegata constituent un excellent point de départ pour une découverte pédestre du centre de la cité.

Par Kirkegata à gauche, vous contournerez un bâtiment néoclassique abitant la **maison de la culture (Kulturhuset Banken)**, lieu d'expositions et de concerts, mais aussi café servant de point de ralliement à la jeunesse locale, afin d'emprunter Bankgata qui monte vers l'axe de la cité, Storgata.

Storgata – Rue rectiligne et en partie piétonne, elle est bordée de nombre de boutiques de tous ordres, de cafés et de restaurants. Devant la mairie, sur une sorte de petite place, vous rendrez hommage à la statue de la gloire de la ville, **Sigrid Undset**. Mais ce sont surtout les maisons basses, pour la plupart en bois, surmontées d'un pignon triangulaire, qui confèrent son unité et son charme à cette rue : la demeure du n° 68 juste après l'étroit passage de Torgguhsa (sur la gauche) est sans doute la plus caractéristique.

Emprunter le passage jusqu'à la place centrale (Stortorget).

Musée des Beaux-Arts★★ (Kunstmuseum)

✆ 61 05 44 60 - www.lillehammerartmuseum.com - ♿ - tlj sf lun. 11h-16h - 60 NOK (enf. gratuit).

Le musée des Beaux-Arts est situé sur la place centrale où trône la statue d'Anders Sandvig, dans un bâtiment à la façade sinueuse, de verre et de bois, inauguré

Lillehammer pratique

Adresses utiles

Place de la gare (Jernbanetorget), Postboks 44 - *61 28 98 00 - Du 14 juin au 15 août, lun.-sam. 9h-19h, dim. 11h-18h ; le reste de l'année : lun.-ven. 9h-16h, sam. 10h-14h.* L'Office de tourisme a profité de l'extension de la gare ferroviaire pour s'installer dans les anciens bâtiments.

Transports

Train – Lillehammer est placée sur la ligne Oslo S-Trondheim. Compter un peu plus de deux heures depuis la capitale, d'une heure et demie depuis l'aéroport d'Oslo-Gardemoen. Entre Lillehammer et Trondheim, le trajet dure environ quatre heures et demie.

Se loger

Breiseth hotell – *Jernebanegata 1-5 (autre accès par Sorgata) - 61 24 77 77 - www.breiset.com 89 ch. (dont 20 rénovées) : 1 000/1 250 NOK.* Au début du 20e s., une colonie d'artistes aimait à passer les beaux jours dans cet hôtel : leurs toiles servaient à payer la pension. Telle est la légende de cet hôtel confortable et central, aujourd'hui intégré à la chaîne First Hotel, qui perpétue la tradition en accueillant des expositions de peintures contemporaines en liaison avec une galerie de la ville.

Mølla – *Elvegaten 12 (accès par Kirkegata) - 61 26 92 94 - www.mollahotel.no - 58 ch. : 850 NOK.* Cet hôtel s'est installé dans un ancien silo à grain désaffecté en 1991 et dominant le centre de la ville, sur la rive du torrent. Les chambres, confortables, sont aménagées avec beaucoup de goût. Bar panoramique au sommet du silo. Une critique ? La porte de la réception, qui s'ouvre automatiquement vers l'extérieur : bien des pensionnaires arborent de superbes coquards…

Se restaurer

Vetshuset Solveig – *Storegata (dans l'étroit passage conduisant au musée avant le nº 68).* Un restaurant norvégien traditionnel (renne, élan… et buffet de *smörrebrod*), installé dans une demeure de 1834, avec jardin aux beaux jours mais attention : tradition oblige, il n'est ouvert que pour le déjeuner !

Egon – Le restaurant de l'hôtel Mølla a investi un moulin de 1863 posé sur la Mesna : pierres apparentes et outils en font un véritable petit musée d'ethnologie. Formule pub où des spécialités du cru (renne, saumon) se mêlent à des préparations plus internationales.

SUR LE POUCE

Bon à savoir – Dans son décor design baigné de lumière, café du **musée des Beaux-Arts** accueille la jeunesse branchée ; celui de **Maihaugen** rassemble les familles entières aurour de sandwiches et de pâtisseries.

Sports et loisirs

De par la variété de ses paysages et la richesse de son environnement, la région est une destination touristique idéale, propice à des activités de plein air passionnantes, tant en été qu'en hiver. Par exemple, la **descente en canot** des nombreuses rivières qui dévalent les versants des montagnes, plus particulièrement la **Sjoa**, juste au Sud d'Otta, dont les rapides sont connus sous le nom de « machine à laver », est une expérience mémorable ; par ailleurs, entreprendre un **safari** dans les régions sauvages est une aventure tout aussi fascinante. La région est sillonnée du Nord au Sud par plus de 250 km de pistes skiables balisées et dotée de plusieurs complexes de ski convenant aux loisirs familiaux ainsi que de nombreuses stations telles que Lillehammer et **Beitostølen**, au pied du Jotunheimen *(pour obtenir des renseignements détaillés sur les diverses possibilités, s'adresser à l'Office du tourisme de Lillehammer).*

Ski de fond – Les deux stations de Sjusjøen et Nodsetet proposent 300 km de pistes de ski de fond à double voie. Des cartes de ski de randonnée sont en vente dans les stations. En outre, les magasins d'équipements sportifs proposent des leçons de ski et la possibilité de louer son équipement.

Sensations fortes – Le tremplin olympique, comme la piste de bobsleigh sont ouverts aux visiteurs intrépides qui disposent même d'un simulateur de saut. *Renseignements et réservations au* **parc olympique** - *Håkonshall - 61 05 42 02 - www.olympiaparken.no*

Dans la Gudbrandsdal – Le choix d'excursions et de randonnées organisées est vaste : safaris au bœuf musqué, à l'élan et au renne, pêche au saumon ou à la truite dans la rivière, balades à cheval sur les pistes de montagne, découverte de la flore et de la faune en suivant les itinéraires adaptés, visite d'une ferme de montagne à l'Ouest de Vinstra, où commença en 1863 la fabrication du **gudbrandsdal**, célèbre fromage proposé aux visiteurs avec un trancheur spécialement inventé en 1925 !

Achats

Verre et design – Deux possibilités : la boutique du musée des Beaux-Arts et **Lillehammer Kunstglass** *(Elvegata 17)*, où vous pourrez voir, en semaine, les artisans au travail.

Événements

Vinterspillene (Festival d'hiver) – Festival musical et culturel, le seul en Norvège à se dérouler pendant les mois d'hiver.

Inga Låmi – 8 000 participantes prennent chaque année le départ de la plus importante compétition de ski de fond féminin.

Course des Birkebeiner – 56 km entre Lillehammer et Rena pour les fondeurs soucieux de perpétuer la célèbre légende.

Les Journées Sigrid Undset (Sigrid Undseth Dagene) – Événement littéraire organisé chaque année en l'honneur de l'écrivain.

Festival de blues – Les plus grands noms du blues, américains et européens, se donnent rendez-vous chaque année à la mi-avril dans l'auditorium de l'hôtel SAS Radisson.

à l'occasion des jeux Olympiques d'hiver de 1994. Ces vastes salles, largement éclairées par la lumière du jour, présentent (outre des expositions temporaires d'art contemporain) un remarquable panorama de la peinture norvégienne.

Les salles de l'étage proposent un parcours de l'époque du romantisme aux recherches des premières décennies du 20e s. les paysages de fjords de Johan Eckersberg (1822-1870) ou Lars Hertevig (1830-1902), les portraits d'Olav Rose (1850-1920) et Aksel Ender (1853-1920) précèdent des œuvres de qualité d'**Adolph Tidemand** (1814-1876), **Johan Christian Dahl** (1788-1857) ou **Hans Frederik Gude** (1825-1903). Le préimpressionnisme apparaît avec Gerhard Munthe (1849-1929) et **Frits Thaulow** (1847-1926), tandis que **Christian Krohg** (1852-1925) défend un réalisme sans concession. On voit apparaître la version norvégienne des grands courants européens avec Elif Peterssen (1852-1928), le symboliste **Erik Weresnskiold** (1855-1938, représenté par une œuvre pleine de mélancolie), les disciples de Matisse, parmi lesquels **Kai Fjell** (1907-1989) ou Hjalmar Haalke (1884-1964). Vous verrez un portrait d'**Edvard Munch**, mais intéressez-vous également à **Axel Revold**, Jean Heiberg (1884-1976) et Thorvald Erichsen (1868-1939) qui, sans adopter le pointillisme, ont su retrouver les couleurs de Seurat. Deux œuvres excellentes (*Composition* et *Nature morte*) de **Jacob Weidemann** annoncent l'art contemporain présenté au rez-de-chaussée : **Reidun Tordhol** (1931) avec ses *Amours de deux oreillers*, **Hilde Vemren** (1953) et son *Profession peintre*, hommage à Matisse comme à Picasso, **Frans Wiberberg** (1931), adepte des couleurs primaires éclatantes et **Odd Nestrum** (1944) dont les portraits retrouvent la manière du siècle d'or hollandais, font partie des personnalités les plus intéressantes.

Revenir à Storgata par le passage et reprendre la rue piétonne jusqu'à l'approche du torrent qui dévale la pente pour se jeter dans le lac en contrebas.

Elvegatta – *Sur la droite.* La ruelle pavée s'enfonce dans un ancien quartier industriel, hérissé de cheminées d'usines. Le lieu a aujourd'hui été réhabilité et reconverti puisque boutiques (exposant notamment les créations de la verrerie d'art locale), cafés et restaurants branchés ont aujourd'hui investi les anciens ateliers.

Une passerelle à gauche permet de traverser la **Mesna** : vous remarquerez alors que, sur les deux rives, les cafés et restaurants ont installé au-dessus des flots d'agréables terrasses sur pilotis.

Musée norvégien des véhicules historiques (Norsk Kjøretøyhistorisk Museum)

✆ 61 25 61 65 - de mi-juin au 19 août : 10h-18h ; du 20 août à mi-juin : tlj sf dim. 11h-15h, sam. 11h-16h - tarifs non communiqués.

C'est également une ancienne fabrique qui abrite cet important musée consacré aux véhicules historiques (le plus grand de Norvège) et illustre le développement du transport terrestre depuis les premiers traîneaux jusqu'aux voitures modernes, en passant par les carrioles à cheval et les trains. Les véhicules sont placés dans des décors restituant le contexte de l'époque (ainsi, à la sortie du musée, une station-service comme on n'en voit plus guère), et les passionnés en apprendront sans doute beaucoup sur l'histoire de l'automobile norvégienne, de la Fossum à la Troll, dernière-née de la production nationale en 1959.

Par le passage face à la sortie du musée, que peuplent cafés, restaurants et boutiques joyeusement éclectiques, en passant sous un gracieux clocheton, vous gagnez la place **Lille Torget** d'où, en revenant par Storgata, vous irez rejoindre votre véhicule.

Sur les hauteurs

Accès en voiture depuis l'église en remontant le long du Søndre Park puis en suivant le fléchage précis jusqu'à la route (Sigrid Undsets veig) qui s'élève en lacet au-dessus de la ville (parking payant à l'horodateur).

Maihaugen : les collections Sandvig★★

☏ 61 28 89 00 - de mi-mai à fin sept. : 10h-17h ; de déb. oct. à mi-mai : 11h-16h - fermé lun. - 75 NOK (enf. 25 NOK) - parking payant 36 NOK la journée.

Maihaugen est l'un des plus beaux musées de plein air de la Norvège, en raison d'abord de sa situation sur le versant de la montagne qui domine le centre de Lillehammer, également par le nombre impressionnant de bâtiments de bois qu'il regroupe sur un terrain boisé d'une superficie de 369 ha. Depuis leur inauguration en 1904, les **collections Sandvig** se sont accrues et le musée constitue aujourd'hui l'un des plus grands musées de plein air d'Europe.

Près de 150 maisons de la Gudbrandsdal, datant des 18e et 19e s., ont été reconstruites pour illustrer la grande diversité architecturale de la région ; on a soigneusement recréé une commune rurale dans un paysage de lacs et de cours d'eau afin de donner à la fois l'impression d'espace et d'unité. Une **église en bois debout** a été transportée de **Lom** et reconstruite telle qu'elle était au 18e s., tandis que les 27 bâtiments d'une grande ferme ont été remontés à Maihaugen en respectant scrupuleusement leur disposition d'origine. Un village, avec sa gare et ses boutiques, composé essentiellement de bâtiments originaires de Lillehammer, est situé près de l'édifice principal du musée, tandis que des exemples de constructions norvégiennes du 20e s., placés sur une hauteur, viennent confirmer si besoin était que la modernité n'a pas fait renoncer les Norvégiens à leurs racines. Maihaugen est aussi un musée vivant, du moins l'été, des personnes et des animaux occupent la ferme Øygarden et des artisans s'affairent dans les ateliers.

Le **musée intérieur★★** n'est pas moins intéressant et constitue une superbe collection ethnographique : ateliers d'artisans de tous corps de métiers, de l'horloger au typographe en passant par le maître verrier s'y succèdent, soigneusement reconstitués et dotés de leurs outils et accessoires. Enfin, l'art populaire de la Gudbrandsdal est représenté par des meubles peints et sculptés, des tapisseries et de superbes traîneaux…

Poursuivre dans Sigrid Untsets veg puis au rond-point prendre à droite la route 311. Parking payant.

Parc olympique★ (Olympiaparken)

Håkons Hall, conçu pour le hockey sur glace, est un très bel exemple d'architecture norvégienne contemporaine en bois. Le bâtiment abrite le **Musée olympique norvégien (Norges Olympiske Museum**, *☏ 61 25 21 00 - ♿ - 11h-16h - fermé lun. - 60 NOK*) qui dresse le bilan des exploits des champions norvégiens aux divers Jeux olympiques, tant d'hiver que d'été.

C'est dans le parc que se trouve le **tremplin de saut (hoppanlegg) de Lysgårdsbakkene** dont la construction fut une véritable prouesse technique : l'inclinaison naturelle du terrain a été exploitée de telle sorte que les deux rampes se fondent dans le paysage boisé. Du haut de la tour, la **vue★★★** sur la ville et le lac est superbe.

La route 311 permet d'accéder au **Birkebeiner Ski Stadium**, puis, à 14 km, à la **piste olympique de bobsleigh et de luge (Lillehammer Olympiske Bob- og Akedane),** seule piste scandinave à être refroidie artificiellement.

Aux alentours

Nordsæter et Sjusjøen

Respectivement à 12 km et 22 km au Nord-Est par la route 311.

Depuis ces deux stations de sports d'hiver, vous pourrez emprunter une route à péage, la **route des Birkebeiner (Birkebeinerveien)** qui descend jusqu'à **Messelt**, dans l'Østerdal, en traversant une magnifique région montagneuse parsemée de fermes traditionnelles. C'est une des régions d'Europe du Nord les mieux adaptées au ski de fond.

Circuits de découverte

AUTOUR DU LAC MJØSA

Situé au cœur d'une riche région agricole, le plus grand lac de Norvège est bordé, sur sa rive orientale, par la route E 6 ; **Eidsvoll**, à son extrémité méridionale, n'est qu'à 70 km d'Oslo. En 1856, un bateau à vapeur, le *Skibladner*, assurait un service régulier sur toute la longueur du lac et, vers 1880, quelque 40 bateaux y naviguaient. Seul le *Skibladner*, qui a conservé son aspect d'autrefois, assure aujourd'hui le service *(renseignements à l'Office du tourisme de Hamar).*

Hamar

Sur la rive orientale du lac, le centre de cette cité qui accueillit les épreuves de patinage des Jeux d'hiver de 1994 dans **Olympia Hall**, vaste structure de béton en forme de vaisseau viking, présente un aspect assez ingrat. Les mélomanes pourront toutefois s'y arrêter pour visiter dans une maison de bois (la plus vielle de la ville) située sur la place de l'église le **musée** installé dans la maison natale de **Kirsten Flagstad** (1895-1962), cantatrice qui fut en son temps réputée comme la meilleure interprète de Wagner.

Gagner les rives du lac et suivre (en voiture) le fléchage « museet ».

Musée de plein air du Hedmark (Hedsmarkmuseet og Domkirkeoden) – *Parking payant.* En bordure du lac, dans un quartier résidentiel dont les belles maisons se nichent parmi les pins, ce musée ethnographique, installé dans d'anciennes fermes fait revivre les traditions rurales de la région. Le clou en est incontestablement la saisissante **structure de verre★** qui protège aujourd'hui les ruines de l'ancienne cathédrale.

P. Plantier / MICHELIN

Au musée de plein air de Maihaugen.

Musée du Chemin de fer (Jerbanemuseet) – *500 m plus loin (fléchage). ✆ 62 51 31 60 - ♿ - été : 10h30-17h ; hiver : 10h30-15h30 (possibilité de visite guidée en anglais) - fermé lun. (sept.-mai), 1er janv., Pâques, 1er et 17 mai, 24-25 et 31 déc. - 70 NOK (enf. 40 NOK).* Cet intéressant musée retrace les débuts du chemin de fer en Norvège. Aux beaux jours, un petit train à vapeur fait le tour du parc dans lequel ont été remontées quelques adorables gares rurales en bois.

Reprendre la route E 16 vers Oslo et sortir dans la direction d'Eidsvoll Verk puis suivre les panneaux indiquant « Eidsvollbygningen ».

Eidsvoll 1814★ (Eidsvollbygningen)

✆ 63 92 22 10 - mai-août : 10h-17h ; sept.-déc. : tlj sf lun. 10h-14h, w.-end 10h-17h - 50 NOK (enf. 30 NOK).

Ce que les Norvégiens appellent « l'édifice d'Eidsvoll » était la résidence de Carsten Ankers, industriel qui avait acheté l'aciérie d'Eidsvoll Verk et fait agrandir la maison d'habitation où il vécut de 1811 à 1823. Cette maison fait partie du patrimoine national des Norvégiens depuis 1814, lorsqu'ils décidèrent de se donner une constitution après le traité de Kiel ratifiant la cession de la Norvège, alors possession danoise, à la Suède. Des négociations eurent lieu entre une poignée de patriotes et Christian Frederik, héritier du trône de Danemark, gagné à leur cause. La Constitution fut rédigée puis signée le 17 mai (aujourd'hui fête nationale de la Norvège) par une Assemblée nationale composée de 112 membres réunis dans la salle de bal où l'on peut encore voir les bancs sur lesquels ils s'asseyaient. Les appartements de Christian Frederik ont été meublés et décorés à l'identique et l'on peut visiter également les pièces utilisées par le maître de maison et sa famille *(le café et la boutique se trouvent dans un bâtiment séparé sur le côté de l'édifice principal).*

Retourner à la route E 6 et continuer jusqu'à Minnesund puis prendre à gauche la route 33 vers Gjøvik qui suit la côte occidentale du lac Mjø ; après 3 km, descendre sur les rives par un chemin de terre au panneau indiquant « Smaragdgruve, Byrud Gård ».

Mine d'émeraudes (Smaragdgruve) de Byrud Gård

Minnesund - ✆ 63 96 86 11 - de mi-avril à fin sept. : 8h-18h - 80 NOK (enf. 40 NOK).

Le *stabbur* (ancienne réserve à provisions) de la ferme abrite une collection de minéraux originaires de différentes parties de la Norvège ainsi que des objets artisanaux que l'on peut acheter. L'ancienne mine d'émeraudes, exploitée entre 1899 et 1909 est située sur les bords du lac, à environ 2 km de la ferme ; une allée en sous-bois *(parking à mi-chemin)* y conduit et vous pourrez pénétrer dans la mine désaffectée afin d'observer les différentes strates rocheuses. Les rives du lac sont couvertes, sur une distance d'environ 100 m, d'une épaisse couche de roche concassée, déposée lorsque la mine était en activité et, sachez que si vous mettez la main sur un éclat d'émeraude, il sera à vous ! Mais ce que vous apprécierez surtout, c'est la tranquillité des lieux, la beauté de la vue sur le lac et la promenade le long du chemin forestier.

Au Nord de la mine, la route en corniche procure de belles **vues★** sur le lac.

Par Gjøvik, rejoindre la route E 6 pour retourner à Lillehammer.

LA GUDBRANDSDAL★★

La Lågen coule au fond de la plus longue vallée de Norvège depuis Bjørli au Nord jusqu'à Lillehammer au Sud, sur une distance de 203 km. La Gudbrandsdal creuse un profond sillon au cœur de cette région montagneuse ouvrant ainsi une voie d'accès vers d'autres régions.

Une des meilleures façons de visiter la région est donc de suivre la route E 6 depuis Lillehammer en suivant la direction de Trondheim. 214 km entre Lillehammer et Hjeskin. Compter une journée.

Grandrumoen

À 13 km au Nord de Lillehammer, cette localité s'est découvert une vocation hôtelière et touristique avec la création du parc de loisirs de Hunderfossen.

Parc de loisirs de Hunderfossen (Hunderfossen Lekeland) – *✆ 61 27 72 22 - ♿ - juil. 10h-20h ; juin et août : 10h-17h - 240 NOK (enf. 215 NOK).*

Ce parc très fréquenté aux beaux jours combine l'illustration des contes du folklore norvégien et les attractions à vocation éducative. On y trouve aussi bien des sections sur l'énergie, le pétrole et le gaz, qu'une école de conduite pour enfants et une grotte des fées, dont l'entrée est gardée par un troll géant. Un film vidéo propose un voyage à travers toute la Norvège.

Ringebu

Quitter la E 6 sur la droite en suivant la direction Stavkirke par une route en lacet.

Église en bois debout★ (stavkirke) – *✆ 61 28 43 50/13 74 - visite guidée (15mn, anglais ; français sur demande préalable) 3-30 juil. : 8h-18h, du 27 mai au 2 juil. et du 31 juil. au 20 août : 9h-17h - 40 NOK.*

Du 13e s. mais remaniée vers 1630, cette église est placée sur le **Pilegrim Vej (voie des pèlerins)**, chemin conduisant jadis les pèlerins d'Oslo à Nidaros (Trondheim). Son aspect extérieur, très sobre, bien que coloré, ne prépare absolument pas à la décoration baroque foisonnante de l'intérieur dont les éléments essentiels sont un retable et une chaire magnifiques ainsi qu'un orgue et des piliers peints de couleurs vives.

P. Plantier / MICHELIN

L'église en bois de Ringebu.

Collection Jacob Weidemann (Jacob Weidemanns Samling) – *Dans l'ancien presbytère.* Elle abrite une trentaine de toiles de **Jacob Weidemann** (1923-2001), un des artistes majeurs du 20e siècle norvégien.

Depuis le village, une route partant vers le Sud sur la rive droite de la rivière conduit à la station de sports d'hiver de **Kvitjell**.

Au carrefour, continuer sur la route E 6.

Sør Fronn

Bâtie en 1792, l'église octogonale de ce village est représentative de l'œuvre du maître bâtisseur, **Svend Halloisen Aspaas** (1736-1816), qui édifia nombre d'églises dans le style baroque.

Depuis ce village, vous pourrez suivre une route touristique qui vous ramènera vers le Sud aux environs de Lillehammer : il s'agit de la **route de Peer Gynt (Peer Gyntveien)**, baptisée du nom du héros du drame d'Ibsen, dont l'action se passe en partie dans cette région. La route étroite (et peu, voire pas du tout, praticable l'hiver !) offre des vues magnifiques sur les massifs du Jotunheimen et du Rondane.

Otta

Ce village possède lui aussi une église octogonale agréablement juchée sur une éminence dominant la vallée.

Dombas

Ce gros bourg, serré autour de son église au clocher curieusement effilé (et d'un centre commercial où abondent les magasins de souvenirs… mais qui a la curieuse idée de fermer ses portes le samedi à midi alors que les promeneurs affluent) est la capitale touristique de la Dovre, région montagneuse quasi désertique de **toundra** où les lichens vert pâle sont les seuls végétaux à émerger du *permafrost*, sol gelé en permanence. Sur les montagnes environnantes errent des hardes de rennes sauvages qui font les beaux jours des chasseurs (en saison), ainsi que de **bœufs musqués** : ces derniers descendent de quelques couples importés quelques années après la fin de la guerre.

Dès la sortie du bourg, la route E 16 s'élève sensiblement : peut-être apercevrez-vous alors un troupeau de rennes en quête de pâture sur les vastes étendues gelées ? Quoi qu'il en soit, faites très attention : ces braves bêtes ont une fâcheuse tendance à traverser la route sans se soucier de la circulation…

Hjerkin

Posé au sommet d'un col dans un paysage désolé, le village s'enorgueillit d'une église moderne, une des œuvres emblématiques de l'architecture contemporaine norvégienne.

Au-delà, vous aurez le choix entre poursuivre sur la route E 16 en direction de Trondheim ou obliquer à droite par la route 29 qui permet, à terme, de gagner Rørosentraversant la région minière de la Folldalen.

Au pays des trolls : l'Oppland et le Hedmark

Située au Nord d'Oslo, cette vaste région montagneuse recouvre à peu près le triangle formé par Eidsvoll à l'extrémité Sud du lac Mjøsa, Geiranger au Nord-Ouest et Røros au Nord-Est. Selon la légende, la région est le lieu de prédilection des **trolls**, ces êtres surnaturels qui vivent dans les forêts et les montagnes et ne se montrent que le soir ou la nuit. Ils ressemblent à des êtres humains, bien que certains d'entre eux soient gigantesques et d'autres au contraire très petits ; ils ont tous le nez très long, sont plutôt vilains, et tout Norvégien sait qu'il est prudent d'être en bons termes avec eux, car leur colère est effrayante !

Les provinces d'Oppland et de Hedmark, dont les vastes paysages comptent parmi les plus beaux de la Norvège intérieure, ont une superficie totale de 55 000 km^2. Coupant la région en deux du Nord-Ouest au Sud-Est, la plus longue et la plus large vallée de Norvège, la **Gudbrandsdal**, est encadrée par les massifs du **Jotunheimen**, du **Rondane** et du **Dovrefjell**, les plus hautes montagnes du pays. À l'Est, le long de l'Østerdal, coule la **Glåmma**, le plus long fleuve de Norvège, tandis qu'au Sud de Lillehammer se trouve le **lac Mjøsa**, le plus grand du pays ; légèrement à l'écart, à l'Est, le **lac Femund** occupe le centre du **Femundsmarka**, vaste région sauvage. L'Oppland et le Hedmark sont en grande partie couverts de forêts denses ; plusieurs parcs nationaux s'étendent dans les montagnes et le Femundsmarka.

Îles Lofoten★★★ et Vesterålen★★★

NORDLAND
CARTE MICHELIN N° 711 C/E 9/13 OU ATLAS EUROPE P. 104 ET 107

Depuis des générations, ces îles excitent l'imagination des voyageurs qui rêvent d'admirer leurs paysages sauvages et aspirent à retrouver un mode de vie simple et naturel. Soyez certain que vous ne serez pas déçu, surtout si vous faites le voyage depuis Bodø, par ferry ou par l'Express côtier : tandis que le bateau traverse le Vestfjord, la masse sombre du Lofotveggen, ou « mur des Lofoten », se profile au loin puis barre littéralement l'horizon. Austère et déchiquetée, cette merveille de la nature semble surgir de la mer et puis l'on distingue peu à peu les minuscules villages entourés de carrés d'herbe et blottis au pied des cimes.

- **Se repérer** – Les îles Lofoten et Vesterålen forment deux archipels distincts qui s'étirent du Sud-Ouest au Nord-Est le long de la côte occidentale de la Norvège, à 200 km au Nord du cercle polaire.
- **À ne pas manquer** – Tout est à voir ici !
- **Avec les enfants** – Le musée national de la Pêche à Melbu, l'aquarium des Lofoten à Kabelvåg, l'Hurtigruten Museum à Stokmarknes et le Musée viking de Borg.
- **Pour poursuivre le voyage** – NARVIK.

J. Berge / INNOVATION NORWAY

Reine : quand la mer s'invite à la montagne.

Comprendre

Pleins feux sur les îles

Ici, rien ne peut faire oublier les sommets sombres des montagnes omniprésentes. Les îles sont faites de roches qui se formèrent à des périodes géologiques différentes. Certaines datent d'il y a 3,5 milliards d'années, d'autres (sur Andøya) remontent à 150 millions d'années et elles sont composées, entre autres, de couches de charbon et de fossiles. Quatre glaciations successives et les variations du niveau de la mer qui en résultèrent ont modelé les paysages, nivelé une bonne couche de sol arable le long de la côte, laissé à d'autres endroits d'énormes rochers peu à peu arrondis par les vagues, et provoqué la formation de lacs en amont des moraines déposées par les glaciers.

	LOFOTEN	VESTERÅLEN
Superficie	1 227 km^2	2 368 km2
Population	23 814	32 818
Villes principales	Svolvær	Sortland

Îles Lofoten et Vesterålen pratique

OÙ S'INFORMER ?

Andenes – Andøy Turistkontor - *76 14 12 03 - www.andoyturist.no*

Sortland – Vesterålen Reiseliv, Kjøpmannsgata 2 - *76 11 14 80 - vesteraalen.reiseliv@online.no*

Stokmarknes – Turistsenteret - Hurtigrutens Hus, *76 15 06 00 - www.hurtigrutenshus.com*

Svolvær – Face au port - *76 06 98 00 - toute l'année, lun-ven, 9h-16h - www.lofoten.info*

TRANSPORTS

ACCÈS AUX ÎLES DEPUIS LA NORVÈGE CONTINENTALE

Il y a plusieurs façons de gagner les deux archipels ; suivant le mode de transport que vous privilégiez, et selon l'endroit où vous vous trouvez au préalable, vous aborderez les Vesterålen ou les Lofoten, plus au Sud. Ceux qui souhaitent les rallier en avion, doivent savoir qu'il existe des possibilités de location de voiture une fois arrivés sur place, en particulier aux aéroports *(voir ci-dessous)*.

En avion – Des vols quotidiens assurés par la compagnie Widerœ relient Bodø (et, plus rarement Tromsø) à Andenes, Stokmarknes, Svolvær et Leknes : ambiance aéropostale assurée ! Vous pouvez également gagner Narvik (voir ce nom) depuis Oslo et y louer une voiture pour découvrir les archipels depuis le Nord.

Widerœ – *81 00 12 00, www.wideroe.no*

Par la route – Au Nord, les îles Vesterålen sont reliées à la côte par des ponts que franchit la route E 10 (à 32 km au Nord de Narvik) qui traverse les deux archipels du Nord au Sud, avec une seule liaison par ferry de Fiskebøl à Melbu.

En ferry – Un service de ferries fait la navette entre Bodø et Moskenes (moyen le plus commode pour se rendre dans le Sud de l'archipel) et entre Skutvik et Svolvær. L'Express côtier (Hurtigruten) fait escale quotidiennement et dans les deux sens à Stamsund, Svolvær, Stokmarknes, Sortland et Risøyhamn ; les passagers à pied n'ont pas à effectuer de réservation ; en revanche, celle-ci est préférable si vous comptez embarquer avec votre véhicule.

Comme ailleurs en Scandinavie, les itinéraires maritimes empruntés par les ferries entre les îles ou à travers les détroits font partie intégrante du réseau routier. Les ferries fonctionnent selon des horaires précis.

Durée des traversées :

À bord de l'Hurtigruten :

Bodo/Stamsund : 3h45

Bodo/Svolvæ : 6h

Stokmarknes/Svolvær : 3h

En ferry :

Skutvik/Svolvær : 2h

Bodo/Moskenes : 3h30

D'ÎLE EN ÎLE

Les îles sont reliées entre elles par des ponts ou des tunnels franchissant des bras de mer, tous gratuits. Notez qu'en cas de tempêtes certains ponts peuvent être fermés à la circulation. D'autres, particulièrement étroits, sont dotés de feux rouges permettant une circulation alternée.

Entre les îles Vesterålen et Lofoten (plus précisément entre Melbu et Fiskebøl), le passage est assuré par un ferry qui fonctionne entre 6h30 et 23h. Durée de la traversée : 25mn ; tout juste le temps d'écouter les conseils de sécurité et de regarder la mer. Compter environ 110 NOK (voiture, plus deux passagers). Rotations à peu près toutes les 90mn. Notez que si Melbu est une « ville », Fiskebøl est un simple embarcadère doté en tout et pour tout d'une sorte de café-épicerie (qui n'ouvre pas avant 10h précises).

Renseignements complémentaires sur www.reiseinfo.no/nordtrafikk/ruter/t/18-732.htm

C. Brett / MICHELIN

Des ponts sur la mer : ici entre Flakstad et Fredvang.

LOCATION DE VOITURES

Avis Lofoten – Svolvær - *76 07 11 40 - svolvaer@avis.no ou www.avis.no*

Europcar – Leknes ou Svolvær - *76 06 83 33 - www.europcar.no*

Hertz – Svolvær - *76 07 07 20 - svolvaer@hertz.no, www.hertz.no*

SE LOGER

Vivre dans un « rorbu » – C'est la façon la plus agréable et sans doute la moins onéreuse de séjourner dans les Lofoten et les Vesterålen. Si le confort de ces anciennes cabanes de pêcheurs satisfera les plus difficiles, il faut savoir que vous ne trouverez pas forcément de restaurants à proximité (et que, hors saison, les restaurants existants sont le plus souvent fermés). C'est l'occasion de profiter des kitchenettes équipées (de façon plus ou moins complète). Plus ou moins grands, ils sont toujours très confortables mais surtout, ils vous donnent la possibilité de voir la mer de toutes parts (et même en dessous puisqu'ils sont souvent construits sur pilotis) dès votre réveil. L'expérience peut en outre se révéler économique si vous voyagez à plusieurs.

Les prix varient selon l'emplacement du rorbu, le nombre de personnes et la saison.

ANDENES ET ALENTOURS

Grønnbua I et II – *Sur le port, à Andenes - Réception au restaurant Lysthuset, sur Sorgata - ☎ 76 14 14 99, fax 76 14 64 00 - www.rorbucamping.no - 64 ch. : 500 NOK/700 NOK (selon le bâtiment).* Ces deux bâtiments de bois disposés face à face sur le port peuvent constituer une solution d'hébergement typique et relativement économique au centre d'Andenes.

Norlandia Havhusene på Bleik – *À Bleik, à l'entrée du village - réservations : s'adresser à l'hôtel Norlandia d'Andenes - Réception sur place en été ; hors saison, l'hôtel Norlandia fournit les clés ainsi qu'un panier petit-déjeuner - 6 ch. : 995 NOK/nuit (1 à 2 pers.)/1 175 NOK (3-4 pers.)/1 400 NOK (5/6 pers.).* Séries de chalets en bois à deux étages alignés directement en bordure de la plage. Chaque chalet comprend au rez-de-chaussée un salon-salle à manger avec coin kitchenette tout équipée et une chambre à lits superposés, ainsi qu'une salle de douches ; à l'étage, deux chambres à deux lits.

S. Loken / Andøy turistkontor

Rorbu sur la plage à Bleik (en hiver !).

Norlandia Andrikken Hotell – *Storgata 53, Andenes - ☎ 76 14 12 33, fax 76 14 19 33 - www.norlandia.no - 73 ch. : 1 070/1 295 NOK : (1 005 NOK le w.-end).* Dans la rue principale de la ville, un hôtel moderne et de bon confort bien que sans personnalité.

BUKSNESFJORD

Andøy Friluftssenter – *Sur la route 82 au Sud de Risøyhamn - ☎/fax 76 14 88 04, portable 41 55 37 56 - www.andoy-friluftssenter.no, post@andoy-friluftssenter.no - Prix en haute saison pour 2 pers. : 900 NOK la première nuit, 700 NOK les nuits suivantes - En basse saison 810/630 NOK - Camping (30 places) : 2 pers. en caravane : 165 NOK électricité comprise, 2 pers. sous tente : 95 NOK/j. - Ouvert toute l'année.* Quelques chalets au toit herbu posés sur un petit plateau dominant le fjord : vue imprenable sur le soleil de minuit ! Chaque chalet est entièrement équipé et peut contenir jusqu'à 8 personnes. Accès possible par une rampe spécialement aménagée pour les fauteuils roulants. Nombreuses activités proposées qui raviront les amateurs de nature : randonnées en montagne, pêche, safaris aux élans…

MELBU

Melbu Hotell – *Chr. Frederiksensgate 2, face au ferry - ☎ 76 16 00 00, fax 76 16 00 66 - www.norlandia.no/melbu - 58 ch. : 780 NOK.* Si vous souhaitez prendre le ferry pour les Lofoten, cet hôtel de la chaîne Norlandia constituera une bonne solution.

HENNINGSVÆR

Henningsvær Bryggehotell – *☎ 786 07 47 50, fax 76 07 47 30 - booking@henningsvaer.dvgl.no, www.henningsvaer.no - 31 ch.* Des chambres des plus confortables dont une ouverte sur la mer de trois côtés, un estaurant, des salons confortables dotés d'une cheminée, où le jeu des volumes, des couleurs et des matériaux (pierre, bois, métal), confèrent aux lieux une ambiance chaleureuse, le tout donnant directement sur l'eau. Location de bateaux en été. Réputé, le restaurant **Den Blå Fisk** arbore le label « arktisk meny » accordé aux établissements servant des spécialités à base de produits locaux.

KABELVÅG

Nyvågar Rorbuhotell – *Situé à Storvågan, à 1 km de Kabelvåg - ☎ 76 06 97 00, fax 76 06 97 01 - booking@nyvagar.dvgl.no - 30 rorbuer - 750/+1000 NOK, selon la taille du rorbu et le nombre de chambres occupées - Ouvert toute l'année (restaurant –* **Lorchstua** *– en saison seulement).* En bordure d'une crique sauvage, une série de *rorbuer* confortables. Intérieur tout en bois y compris les salles de bains. Demandez de préférence une des cabanes donnant directement sur l'eau.

MORTSUND

Statles Rorbusenter AS – *☎ 76 05 50 60, fax 76 08 71 11 - post@statles.no, www.Statles.no* Situé dans le village de pêcheurs de Mortsund, à 10 km de Leknes, un ensemble de 54 *rorbuer* avec 1, 2 ou 3 chambres, ouvert toute l'année et doté d'un restaurant. De 500 à plus de 1 000 NOK selon la taille du *rorbu* et le nombre de chambres occupées. Un accueil chaleureux dans cet établissement qui est un des pionniers du genre puisqu'il fonctionne depuis plus de quarante ans.

Ici, les *rorbuer* sont de plain-pied et certains sont dotés d'immenses salles de séjour dotées de larges baies donnant sur l'eau. Restaurant panoramique où vous pourrez également prendre le petit-déjeuner.

SAKRISØY

Sakrisøy Rorbuer AS – *76 09 21 43, fax 76 09 24 88 - sakrisoy@lofoten-info.no - 670 NOK. S'adresser au musée des Poupées.* Pour les amateurs d'authenticité, des *rorbuer* aux murs jaunes, beaucoup moins « léchés » que ceux que vous verrez ailleurs : ils ont même conservé les « couchettes » des pêcheurs d'autrefois et on a l'impression que le bois est encore imprégné de l'odeur du poisson ! Ils sont situés sur une île minuscule face au petit port de Reine.

SE RESTAURER

Bon à savoir – Comme ailleurs en Norvège, il y a assez peu de restaurants, même dans les « villes », et les rares qui existent sont le plus souvent fermés hors saison. Bref, pour ce qui est du dîner, vous devrez vous rabattre sur les restaurtants d'hôtels (généralement de bonne qualité) et, si vous logez en *rorbu*, surtout dans les endroits un peu isolés, précipitez-vous au supermarché le plus proche.

Spécialités insulaires – Parmi les spécialités locales, il faut goûter le *fiskemølje*, foie et œufs de morue sur des toasts très fins, la soupe de hareng et d'orge, le *boknafisk*, ragoût de poisson en partie séché ; les steaks de phoque et le *finnbiff*, viande de renne accompagnée d'une sauce aux airelles.

STOKMARKNES

Pub Rødbrygga – *En face de l'Hurtigruttens Hus.* Intérieur tout en bois au décor bien entendu marin. Terrasse extérieure au bord de l'eau.

ANDENES

Restaurant Lysthuset – *Storgata.* Taverne fréquentée par une clientèle locale : cusine du pays où vous pourrez déguster une soupe de poissons ou une truite actique (*ishavsrøye*) à moins que vous n'essayiez le *boknafisk*. Si vous êtes plutôt viande, vous aurez le choix entre un civet de renne (*finnebiff*) et un steack de baleine (*hvalbiff*).

BUKNESFJORD (RISØYHAMN)

Andøy Friluftssenter – *Sur la route 82 - /fax 76 14 88 04 - www.andoy-friluftssenter.no - Ouvert à la belle saison (mai-sept.) ainsi qu'à Noël sur réservation.* « Un repas arctique dans un environnement arctique » : telle est la devise de la maison. Menus traditionnels à base de produits du terroir : saumons du fjord en contrebas, baies polaires cueillies dans la montagne, etc.

SVOLVÆR

Lofoten – *Restaurant du Royal Hotel Lofoten, de la chaîne Norlandia. Près du*

S. Loken / Andøy turistkontor

Restaurant Andøy Fruluftssenter.

centre-ville, à proximité des centres commerciaux. Menu à 295 NOK proposant notamment un assortiment de viandes présentées avec une pointe d'inventivité. Belle carte de vins et service appliqué.

Kjøkkenet – *Sur le port dans le complexe Anker Brygge réunissant hôtel et rorbuer.* Sur une île artificielle, un restaurant au décor chaleureux.

STAMSUND

Skjærbrygga – *Au bout du village, près du port de l'Hurtigrutten.* Au bord de l'eau dans une ancienne pêcherie, une grande salle aux poutres de bois accueille un café-pub constitué d'alcôves confortables aux étagères munies de livres que l'on imagine emplis de récits de voyages et de naufrages. Ouvert à partir de 17h, le restaurant aux tables joliment dressées et donnant directement sur le port propose des spécialités locales à base de poissons.

SPORTS ET LOISIRS

Bon à savoir – Toutes les activités recensées ci-dessous dépendent essentiellement des conditions météorologiques qui sont particulièrement changeantes et souvent rudes dans l'archipel. Les fréquentes tempêtes peuvent donc entraîner l'annulation de votre programme, en particulier lorsqu'il s'agit de sorties en mer. Sachez à cet égard que, même lorsque le temps semble être revenu au calme, les conditions en pleine mer peuvent être différentes. Enfin, si à terre la température est clémente, n'oubliez jamais d'emporter des vêtements chauds pour toute sortie en mer.

Cela dit, les Lofoten, c'est toute l'année, comme en témoignent les nombreuses activités proposées, même en hiver, comme les **safaris aux orques**, les observations de la nuit polaire (avec pour les plus chanceux une **aurore boréale** à la clé). Pour vous en convaincre, consultez le site **www.lofoten-winter.com** Sachez que les activités proposées dans le cadre de ce programme, réunissant un certain nombre de prestataires ayant pour ambition de faire des Lofoten une grande destination touristique hivernale, sont garanties (hors conditions météo) quel que soit le nombre de participants. Reste que l'on aimerait que les restaurants de l'île participent plus activement à ce projet...

RANDONNÉES PÉDESTRES

Ascension du Møysålen★ – *Environ 9 h, trajet en bateau compris.* L'ascension du plus haut sommet des îles Lofoten et Vesterålen est une expérience énivrante qui permet de découvrir de superbes panoramas. L'excursion commence à Hennes sur les rives du Hadselfjord.

RANDONNÉES CYCLISTES

Locations de vélos à la journée ou à la semaine : s'adresser aux Offices du tourisme de Leknes, Moskenes et Svolvær.

GOLF

Lofoten Golf Links– Parcours de 9 trous, à Hov, à 45 km de Svolvær, sur l'île de Gimsøya - *mai-oct., hébergement sur place possible - ℘ 76 07 20 02 - post@lofoten-golf.no - www.lofoten-golf.no*

SAFARIS

Aux baleines – *De fin mai à mi-sept. Réservations au centre baleinier d'Andenes : ℘ 76 11 56 00, fax 76 11 56 10 - booking@whalesafari.no - Départs quotidiens à 11h30 si le temps le permet - Compter 4 à 5h - 695 NOK y compris visite du Centre et casse-croûte en mer.* Au cours de ce safari, on peut observer différentes espèces de baleines, dont la plus imposante de toutes, le cachalot, que Moby Dick a rendu célèbre et qui peut mesurer 20 m de long et peser 60 tonnes.

Aux phoques et aux oiseaux marins – Au départ de Nyksund. *Réservations auprès de Whale Tours AS, Nyksund - ℘ 76 13 11 66.*

Aux orques – Les célèbres « baleines tueuses » sont présentes entre octobre et janvier au large des Lofoten. Plusieurs organismes organisent des safaris de découverte : *Orca-Lofoten Kabelvåg - ℘ 76 07 92 00 - www.orca-lofoten.no (safaris d'une journée) et Orca Tysfjord-Lofoten à Svolvær - ℘ 75 77 53 70..*

CALENDRIER

Les Estivales de Melbu – Ce festival culturel propose des concerts, des festivités de plein air, des expositions, une pantomime, des séminaires et des démonstrations gastronomiques.

Nordlyst Festival d'Andenes – *En février.* Concerts classiques, jazz et rock, conférences scientifiques, expositions de peinture et concours gastronomiques. Programme sur le site de l'Office de tourisme.

Championnat du monde de pêche au skrei – À Svolvær ; en 2006, 31 mars-1er avril.

Un climat sous influence – Les îles jouissent d'un climat océanique humide caractérisé par de fréquents changements de temps et un écart relativement faible entre les températures d'été et celles d'hiver. D'autre part, l'influence du **Gulf Stream** rend les températures plus douces qu'elles ne le sont normalement à la même latitude : il gèle rarement en janvier mais, en été, la température moyenne est de 12 °C. Cependant, lorsque le vent souffle de l'Est, il fait froid et sec en hiver ou particulièrement chaud en été. Tout comme les autres régions arctiques, les Lofoten et les Vesterålen sont plongées dans le noir une partie de l'hiver mais, par contre, le soleil ne se couche pas en juin et en juillet.

Pêcheurs et chasseurs – Les premiers habitants des îles furent des chasseurs et des pêcheurs, attirés par la présence d'animaux et de poissons en grand nombre. Durant la période viking et le Moyen Âge, c'est l'exportation, via Bergen, de grandes quantités de morue séchée vers l'Europe continentale et en particulier vers les villes hanséatiques d'Allemagne du Nord, qui assura le développement des Lofoten et des Vesterålen.

Près de Kabelvåg, des fouilles ont révélé l'existence de la plus ancienne ville connue au Nord du cercle polaire, confirmant ainsi l'importance des îles pendant le Moyen Âge. Une fois Bergen privée de son monopole, les périodes de prospérité alternèrent avec les périodes de déclin jusque pendant la deuxième moitié du 19e s., lorsque la pêche au hareng ramena la richesse dans la région et que la population s'accrut rapidement. L'inauguration de l'Express côtier à Stokmarknes, en instaurant une liaison régulière avec la Norvège continentale a également participé à ce nouvel essor.

Le skrei, poisson miracle des Lofoten – La pêche au cabillaud est, depuis des siècles, la principale activité des îles. Elle a lieu de janvier à mars, époque où les poissons adultes de 7 à 10 ans d'âge quittent la mer de Barents et se dirigent vers le Sud jusqu'au Vestfjord afin de se reproduire dans les eaux tièdes de l'Atlantique qui jouent un rôle essentiel dans le développement des œufs. Ce cabillaud en pleine forme, réputé pour la saveur de sa chair ferme et blanche, de sa langue et de ses œufs, prend alors le nom de skrei. Signalée par les enfants, son arrivée tant attendue déclenche un grand branle-bas et tous les navires quittent alors l'abri des ports. Mais il faut faire vite car les petits cabillauds naissent au bout de trois semaines et tous repartent alors vers la mer de Barents.

Pendant la saison de la pêche, les pêcheurs vivent dans des cabanes en bois appelées **rorbuer**, qui, de nos jours, sont souvent louées à des vacanciers pendant l'été. Traditionnellement, les poissons sont vidés et séchés en plein air sur des cadres de bois... bien que de nos jours une bonne partie de la pêche soit congelée.

Au bonheur des ornithologues – Le nombre et la variété des oiseaux sédentaires et migrateurs font des îles Lofoten et Vesterålen un paradis pour les ornithologues. Les plus intéressants sont ceux qui nichent en colonies importantes sur les falaises de la côte occidentale des îles, face à l'océan ; des milliers d'oiseaux cohabitent, chaque espèce ayant sa place réservée le long de la paroi rocheuse selon sa taille et son aptitude à voler ; les cormorans, qui sont les moins habiles, vivent au pied de la falaise. Lorsque le soir approche, la paroi sombre disparaît sous un véritable nuage d'oiseaux tourbillonnant et poussant des cris perçants : guillemots, mouettes, macareux et, moins nombreux, fous de Bassan et fulmars. Les falaises les plus peuplées se trouvent à Bleiksøya, au large d'Andøya, Nykan près du port de pêche de Nykvåg à l'Ouest de Langøya, et sur les îles les plus méridionales de l'archipel des Lofoten, Værøy et Røst.

Circuit de découverte

L'itinéraire routier ici proposé a pour point de départ Bjervik, à 32 km au Nord de Narvik, où l'on prend la route E 10. Celle-ci conduit en direction de Sortland, « capitale » des Vesterålen. Peu avant l'arrivée à Sortland, à hauteur de Strand, avant le pont, prendre sur la droite la route 82 signalisée « Andenes ».
Jusqu'à Risøyhamn, la route longe le détroit de Risøy avant de le franchir sur un pont permettant de gagner l'île d'**Andøya**.

Dverberg

Aux abords de ce village, vous apercevrez une église octogonale de bois, construite en 1843 sur un promontoire.

Andenes

Ce centre de pêche important situé à l'extrémité Nord d'Andøya est aujourd'hui une base de l'OTAN, mais, aux 16e et 17e s., c'était le point de départ de la chasse à la baleine. Les principaux centres d'intérêt sont regroupés autour du port, à proximité du grand phare.

Hisnakul – *Dans le bâtiment de l'Office de tourisme. 50 NOK (enf. 25 NOK) : notez que l'Andenes pass (100 NOK) donne accès tant à ce lieu qu'au Centre des aurores boréales et au Musée polaire.* Mythologie et symbolique autour des quatre éléments (air, terre, eau, feu) et leur rencontre avec la culture humaine considérée comme le cinquième élément. Dans une ancienne usine de poissons, une musique planante, traditionnelle ou religieuse, vient accentuer le sentiment d'étrangeté de ce lieu décoré des masques de 200 habitants d'Andalnes : un tableau tracé sur le mur nous apprend qu'à Andenes, « le jour dure 1 608 heures ».

Centre des aurores boréales★ (Nordlys senteret) – *20 juin-20 août : tlj 12h-14h. ✆ 76 14 18 10 - 40 NOK.* Dans un bâtiment fendant les eaux du port telle une étrave de navire, une remarquable exposition fait le point des connaissances comme des croyances au sujet des aurores boréales : des objets interactifs aident à comprendre le phénomène, tandis qu'une vidéo permet à tous ceux qui n'ont pas eu la chance d'en apercevoir réellement de visionner une aurore boréale. La salle du haut est conçue de façon à constituer un observatoire idéal pour admirer le phénomène.

Centre baleinier (Hvalsenteret) – *25 mai-15 sept. tlj 8h-16h (19h30 du 15 juin au 15 août) 60 NOK (enf. : 30 NOK).* Tout ce que vouliez savoir sur les baleines et leur inscription dans l'écosystème local grâce à des bornes multimédias x.

Musée polaire (Polarmuseet) – *Du 20 juin au 22 août – ✆ 76 14 20 88/76 11 54 32.* Évocation des activités locales (chasse, pêche) et des expéditions au Spitzberg du chasseur Hilmar Nøis.

Bleik

9 km au Sud par la route de Nordmela.
Village de pêcheurs blotti entre l'Océan et des montagnes déchiquetées. Sa particularité ? Les maisons qui ici sont alignées le long de la rue au lieu d'être disséminées comme ailleurs en Norvège : cela est dû au manque de terres arables. C'est le point de départ d'excursions en bâteau pour l'île de Bleiksøya qui dresse sa silhouette au large de la côte, ainsi que pour des safaris aux phoques, qui ne sont pas rares le long de la côte.

La côte, entre Andenes et Nordmela.

Île de Bleik (Bleiksøya)★

Environ 2h. Réservations au port d'Andenes.

Entre mai et juin, des excursions sont organisées vers cette île, célèbre pour sa falaise aux oiseaux qui ressemble à un cône sombre surgissant de la mer ; 80 000 couples de macareux y nichent, et on peut observer, entre autres, des cormorans huppés, des petits pingouins et des aigles de mer qui s'y invitent fréquemment, notamment lorsque les éclosions leur assurent des festins. Les habitants de Bleik ne laisseraient pour rien au monde tomber en désuétude la tradition du ramassage des œufs qui a lieu tous les ans en mai.

Au Sud de Bleik, la route côtière★ en direction de Nordmela longe la mer traversant des paysages impressionnants : parois verticales plongeant dans l'océan aux multiples îlots rocheux ensevelis sous des gerbes d'écume. Le long du littoral, nombreuses possibilités de randonnées, à pied ou à vélo (aux beaux jours bien entendu). Le petit port de **Stave** est le point de départ de safaris aux phoques.

Plus au Sud, la montagne cède la place un temps à un territoire de marais constituant la **réserve naturelle de Skogvoll** connue pour ses cygnes chanteurs. Quelques petits ports se succèdent comme **Nordmela** et **Nøss**.

Après Bø, prendre sur la gauche la route qui rejoint Risøyhamn en traversant l'île. Reprendre ensuite sur la droite la route 82 vers Sortland puis la route E 10.

Sortland

Un pont aux lignes audacieuses lancé sur le Sortlandsundet permet de gagner l'île de Langøya et la petite cité moderne de Sortland, principale agglomération des Vesterålen.

Juste après le pont, prendre à droite la route 820.

Jennestad

Juste au Nord de Sortland, le vieux centre commercial de Jennestad n'a pratiquement pas changé depuis le début du siècle, époque à laquelle c'était le magasin général et le lieu de rendez-vous des habitants.

Aux abords de Froskeland, prendre à droite la route 821 en direction de Myre puis à l'entrée de cette localité, prendre à droite puis à gauche.

Nyksund

Déserté par ses habitants, Nyksund est devenu un village fantôme, mais ses bâtiments sont aujourd'hui restaurés un à un par des jeunes gens en provenance de différents pays européens.

Revenir à Sortland et prendre la route E 10 en direction de Melbu.

Stokmarknes

En bordure du détroit, accessible par un autre pont élancé, cette ancienne place commerciale est la ville « natale » du Hurtigruten, l'Express côtier, mis en service en 1893.

Musée de l'Express côtier★ (Hurtigrutemuseet) – *✆ 76 11 81 90 - ♿ - de mi-juin à mi-août : 10h-18h ; de mi-mai à mi-juin et de mi-août à mi-sept. : 12h-14h ; de mi-sept. à mi-mai : 14h-16h, sam. 12h-16h, possibilité de visite guidée (1h, anglais) - 80 NOK (enf. 30 NOK). En arrivant dans la ville, prendre la rue principale juste avant le pont et suivre jusqu'au bâtiment de verre dont se détache une passerelle enjambant la rue.* Aménagé dans la Maison de l'Express côtier (Hurtigrutens Hus) qui comprend également un hôtel, ce musée retrace l'histoire de ce service maritime ; vous y verrez la reconstitution de différents services à bord (cabine du postier, poste de pilotage, poste radio, cuisine, cabines) agrémentée de bruitages d'ambiance. Photos de tous les bateaux de la ligne au fil des années, maquettes et documents divers précèdent la visite à bord du *M/S Finnmarken* (accès par ascenseur au 3e étage, puis emprunter la passerelle décorée de photos des différentes escales assurées par la ligne), navire de 1956 aujourd'hui en cale sèche.

Église d'Hadsel (Hadsel kirke)

Sur la droite de la route E 10 menant à Melbu (direction Svolvær).

Sur une butte dominant le fjord d'Hadsel, cette église octogonale rouge, édifiée en 1824, est au cœur d'un site peuplé depuis des temps immémoriaux, et a succédé à de précédents sanctuaires médiévaux aujourd'hui disparus. Si le retable sculpté polychrome de 1520 et le lustre du 12e s. qu'elle contient ne peuvent être vus que dans les rares cas où vous la trouverez ouverte, ce site auquel la présence d'un cimetière confère une certaine sérénité mérite d'être exploré ne serait-ce que pour la vue sur la barrière rocheuse des Lofotveggen qui, au-delà du fjord, baignés dans un hallo de brume, prennent une allure fantasmagorique.

Continuer sur la route E 10.

Melbu

Plus perceptible en été lors du festival, l'animation de cette cité se concentre sur le port ; en retrait de celui-ci, Frederiksens Allé bordée d'agréables maisons de bois entourées de jardins conduit au musée local aménagé dans plusieurs bâtiments.

Musée des Vesterålen (Vesterålsmuseet) – *✆ 76 15 75 56 - de mi-juin à mi-sept. : 11h-17h ; reste de l'année : tlj sf w.-end 9h-15h, possibilité de visite guidée en anglais - fermé Pâques et 25 déc. - 40 NOK.* Siège du Nordmuseet qui fédère neuf musées à Narvik et dans l'archipel, il comprend un musée ethnographique restituant de façon émouvante la vie quotidienne d'autrefois : salle de classe, magasin général, vie des pêcheurs, fabriques, ateliers d'artisans... Vous pourrez aussi visiter *(en face)* le manoir des industriels locaux, la famille Frederiksen, dont une pièce est meublée dans le style Art nouveau et une autre décorée de fresques du peintre local Gunnar Berg (1864-1893) dont on peut également voir des peintures au musée de Svolvær. Vous y découvrirez aussi des motifs décoratifs réalisés par Henning Welford (1852-1921). L'étage est consacré à des expositions temporaires, notamment de photographies.

Musée norvégien de la Pêche (Norsk Fiskeindustrimuseum) – *Contourner le port en suivant la route E 10 en direction de Stokmarknes. À la sortie de la ville, prendre sur la droite une route étroite et en mauvais état tracée sur une digue qui enserre le port et suivre jusqu'au musée. ✆ 76 15 98 25 - 9h-15h, possibilité de visite guidée (45mn, anglais) - fermé lun. - 50 NOK (enf. 20 NOK).* Il a été aménagé, comme il se devait, dans une ancienne usine fabriquant de l'huile de hareng ; le musée illustre tous les aspects de l'industrie de la pêche, depuis les méthodes de pêche jusqu'au conditionnement des produits pour la consommation. Des concerts, des expositions et des activités pour les plus jeunes y sont en outre organisés.

Un service de ferries opérant entre Melbu et Fiskebøl (voir carnet pratique) relie les Vesterålen aux Lofoten.

LES ÎLES LOFOTEN

C'est à **Fiskebol** que l'on prend pied sur l'archipel des Lofoten, et plus précisément sur l'île d'Austvagøy. Vous retrouvez alors la route E 10 qui, après avoir longé le sévère Austnesfjorden encadré de montagnes que dévalent de nombreuses cascades, conduit à Svolvær et que l'on atteint après avoir longé un port de plaisance *(sur la gauche).*

Svolvær

Principale ville des Lofoten, Svolvær s'inscrit dans un paysage tourmenté d'îles et de presqu'îles dominées par des à-pics rocheux, dont la fameuse « chèvre de Svolvær » (Svolværgeita). Son port est le principal attrait de cette ville commerçante, dont une partie récemment construite sur pilotis constitue une île artificielle vouée à l'hôtellerie et à la restauration. Pour le reste, mis à part quelques galeries d'art, c'est surtout la vocation commerciale de la cité qui attire les visiteurs.

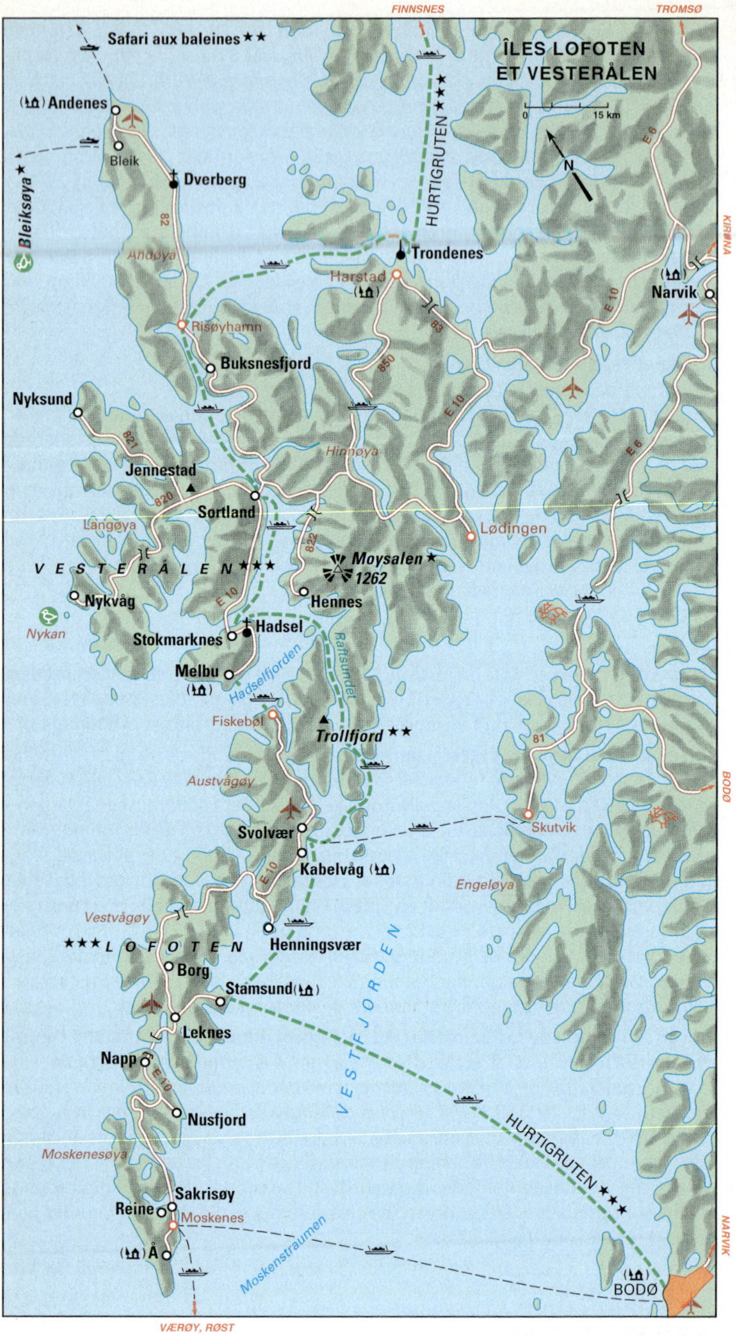

Excursion au Trollfjord★★ – *Environ 3h.* Ce fjord étroit, encadré de parois rocheuses presque verticales, n'est accessible que par bateau à partir du Raftsundet, long détroit qui sépare Austvågøy et Hinnøya. En été, des excursions sont régulièrement organisées au départ de Svolvær (ou de Stokmarknes) et l'Express côtier emprunte régulièrement ce fjord, si étroit que les navires arrivent à peine à y manœuvrer.

Kabelvåg

Ce village représentait, au 19e s., le premier port de pêche des Lofoten, mais il y a des siècles, à l'époque viking, il était déjà un centre de négoce important contrôlant l'exportation du poisson séché. Des fouilles ont été entreprises pour tenter de metrre au jour des traces du plus ancien village de la Norvège du Nord. Il est annoncé par une grande église de bois (1898), surnommée ici la « cathédrale des Lofoten », dominant un petit port de pêche. Les principaux points d'intérêt sont regroupés à Storvågen, à la sortie du village, sur la gauche de la route E 10.

Musée des Lofoten (Museum Nord-Lofotmuseet) – *✆ 76 06 97 90 - juin-août : 9h-18h ; mai : 9h-15h, w.-end 11h-15h ; sept.-avr. : tlj sf w.-end 9h-15h, possibilité de visite guidée en anglais - fermé Pâques et 25 déc. - 50 NOK (enf. 15 NOK). Le Storvågan ticket à 130 NOK donne accès aux trois musées du village.*

Composé de plusieurs bâtiments, ce musée illustre le passé de la région. Dans la maison du marchand, riche demeure du début du 19e s., vous verrez notamment un studio de photographe, ainsi que des jouets anciens. Sur la droite, l'ancienne pêcherie évoque la vie quotidienne des pêcheurs à travers leurs instruments (hameçons montés sur lignes, séchoirs à morue), maquettes et photos annciennes. Un autre bâtiment présente des moteurs de bateaux. Sur l'arrière, donnant sur la grève, quelques rorbuer anciens demeurés en l'état (comparez avec celui dans lequel vous dormez !) et un hangar à bateaux.

Aquarium des Lofoten★ (Lofotakvariet) – *fév.-avr. et sept.-nov. : tlj sf sam 11h-15h ; mai : tlj 11h-15h ; juin-août : tlj 10h-19h ; fermé déc.-janv. - 80 NOK (enf. 40 NOK).*

Consacré à la vie marine des mers nordiques, cet aquarium moderne présente de façon fort didactique à la fois la faune locale (morues, saumons, etc.) présentée sous tous ses aspects (notamment anatomique) et les activités humaines liées à la mer : pêche, pisciculture (la présentation du cycle de vie du saumon d'élevage vous révélera des aspects sans doute inattendus de cette activité), comme extraction du pétrole. L'accent est mis sur la préservation nécessaire du milieu naturel, présentée avec humour par la présence de bouteilles de soda au fond de certains bassins. Vidéos, bornes interactives, tableaux aident à la compréhension de ce milieu maritime d'autant plus important pour les Norvégiens que la longueur totale de leurs côtes équivaut à deux fois celle de l'équateur. En sortant du musée, dans des bassins de plein air, évoluent quelques phoques.

Si les Norvégiens devaient consommer tout le saumon que produit le pays, ils devraient manger chacun un saumon chaque jour de l'année cinq jours par semaine.

Galerie Espolin – *✆ 76 07 84 05 - mai : 11h-15h ; 1er-14 juin et 16 août-10 sept : 10h-18h ; 15 juin-15 août : 10h-19h ; le reste de l'année : tlj sf sam. 11h-15h. - 50 NOK.* Cette galerie est consacrée aux œuvres du peintre et lithographe Kåre Espolin Johnson (1907-1994) pour la plupart consacrées au Nord de la Norvège. La dure vie des pêcheurs, la mer et ses drames, l'histoire des Lofoten sont représentés avec force. Une petite salle contenant des objets personnels et l'atelier reconstitué de l'artiste, ainsi qu'une bibliothèque complètent cet ensemble abrité dans un bâtiment moderne dont les murs et le toit sont recouverts d'herbe.

Quitter Storvagan et reprendre à gauche la E 10.

Henningsvær★

Ce village de pêcheurs *(accessible par une petite route sur la gauche)* est posé sur plusieurs îles, ce qui lui a valu le surnom de « Venise des Lofoten ». Des maisons colorées, des *rorbuer* et des entrepôts de bois sur pilotis, un cadre où la mer est omniprésente rendent le lieu séduisant.

Revenir à la route E 10 et la suivre jusqu'au Gimsøystraum bua, pont long de 840 m qui relie les îles d'Austtvagøya et Gimsøya. Quitter la E 10 immédiatement après le pont de Sundklakk qui conduit sur l'île de Vestvågøy et suivre la route côtière 815 en direction de Stamsund.

Le long de cette route, nombreuses anses naturelles dont celles de **Molland**, de **Stokkelvikka** où quelques bateaux sont amarrés, de **Valberg** où l'église se dresse pratiquement sur la plage, de **Rolvsfjord** et son Brustranda Sjocamping, ensemble de *rorbuer* nichés dans une petite baie solitaire, qu'agrément un café-restaurant et la Gallerie Lofotstua qui propose (*en été*) aux visiteurs de passage un grand choix de bougies.

Stamsund

Situé après la route de Steine, le port de ce long village bâti en amphithéâtre au-dessus de la mer, s'anime chaque soir lorsque l'Express Côtier vient y aborder. À proximité, le port de pêche est bordé de *rorbuer* et d'un très agréable café-restaurant, Skaerbrygga.

Au-delà de Stamsund,une petite **route★** très pittoresque longe la côte jusqu'à Steine, avant de s'élever et de ménager de belles vues en arrière sur un lac.

Leknes

C'est dans ce petit centre urbain, sans attrait autre que ses centres commerciaux (bien utiles si vous logez en *rorbu*), que vous rejoignez la route E 10.

Au rond-point, prendre la E 10 en arrière (en direction de Svolvær) et la suivre sur une dizaine de kilomètres.

Borg

Lofotr–Musée viking de Borg★★ – *Sur la droite de la route, avant le village. Parking. De mi-mai à fin août, tlj 11h-17h, le reste de l'année ven. 11h-17h. - 90 NOK (enf. : 45 NOK).* C'est en 1983 qu'ont été mis au jour au sommet d'une butte les vestiges d'une grande demeure d'époque viking aujourd'hui reconstituée à quelques mètres de son emplacement initial. Long de 83 m, le bâtiment était habité par un groupe de 30 à 80 personnes. Fidèle à l'original, l'aménagement intérieur permet de s'initier (en suivant les gestes d'artisans revêtus de costumes d'époque) aux différentes techniques utilisées par les Vikings, tant dans le domaine de la conservation des aliments, que dans celui du tissage ou du travail sur bois et de découvrir des objets et du mobilier réalisés avec ces mêmes méthodes. Une partie de la maison est aménagée en musée exposant de façon didactique (explications en français) des objets trouvés sur le site.

Passionnant, en particulier pour les enfants qui font ainsi connaissance avec la vie quotidienne de leurs lointains ancêtres, le lieu propose en outre en été diverses activités, allant de la promenade en charrette à la navigation en bateau viking sur un lac tout proche, sans oublier l'organisation de festins traditionnels, ni la présence d'une ferme viking avec ses animaux. Plusieurs boutiques situées en contrebas près de la billetterie permettent en outre d'acheter de l'artisanat « viking » pouvant constituer des souvenirs originaux.

Revenir à Leknes et continuer sur la E 10 en direction de Å. Un pont puis un tunnel, long de 1 780 m, permettent d'accéder sur l'île de Flakstad (Flakstadøya), au port de pêche de Napp.

Après **Napp**, les paysages où les prairies alternent avec la lande deviennent plus austères.

À Vareid, prendre à droite vers Vikten (4 km).

Au bout de cette petite route côtière entre mer et montagne pelée apparaît **Vikten**, « bout du bout » avec sa plage de sable et de rochers, quelques maisons et deux bâtiments de part et d'autre de la route : celui de gauche, maison de bois au toit pentu couvert d'herbe, où même les énormes pierres posées devant l'entrée semblent avoir été sculptées, abrite la soufflerie de verre, **Glasshytta**, et le **Lofoten Design** (*mai-août, tlj 10h-19h*) où vous pourrez acheter quelques articles aux formes originales. À droite, on peut voir un atelier de céramique.

Revenir vers Vareid et, après Kilan, prendre à gauche pour Nusfjord (6 km).

F. Fure / INNOVATION NORWAY

Les « rorbuer » posés au-dessus des flots : une forme d'hébergement séduisante.

Nusfjord

Ce village restauré apparaît soudain au fond d'un fjord, dans un paysage presque entièrement minéral, où le rouge des *rorbue*r tranche avec le camaïeu de gris des rochers sur lesquels ils sont posés. En vous promenant dans ce minuscule village de pêcheurs, vous apercevrez dans un hangar des ballots de poissons séchés dont vous aurez senti la présence dès votre descente de voiture !

Remontez vers Ramberg, puis, toujours sur la E 10, longez à nouveau la côte vers **Sund**, village de pêcheurs aux maisons blanches et aux nombreux séchoirs à morue, où, en haute saison, vous pourrez visiter le **musée des Pêcheries de Sund (Sundfiskerimuseum)**, qui présente d'anciens moteurs de bateaux et un atelier de forgeron *(40 NOK, enf. 10 NOK)*.

Après Sund, un pont permet d'accéder à l'île de Moskenes.

La route, tracée en corniche, dévoile des vues impressionnantes sur l'océan parsemé d'innombrables îlots rocheux. À la sortie d'Hamnøy, une série de ponts (dont certains à circulation alternée) sont jetés entre les îlots occupant l'embouchure d'un fjord.

Sakrisøy

Deuxième îlot. Vous verrez ici une collection de poupées et de jouets exposés avec goût au **musée Dagmar des Poupées (Dagmars Dukkemuseum)**, où des poupées allemandes, françaises et norvégiennes côtoient des ours en peluche et divers autres jouets. *✆ 76 09 21 43 - www.lofoten.ws - 16 juin-20 août : 10h-20h ; 1-15 juin et 21-31 août : 10h-18h ; reste de l'année : sur demande - 40 NOK (enf. 20 NOK).* Tout près les balcons de bois d'une rangée d'anciens *rorbuer* rénovés, donnent directement sur le port.

Un peu plus loin, au-delà du fjord, le village de **Reine** est situé sur une île, au pied d'impressionnantes montagnes escarpées.

Å i Lofoten

Ce village de pêcheurs situé à l'extrémité de Moskenesøya, terminus de la route E 10, est l'un des plus pittoresques des Lofoten, car il a conservé son cadre typique. Des *rorbuer* peints en rouge et construits sur pilotis enserrent le minuscule port, ajoutant ainsi une note de couleur au paysage sombre dominé par les cimes bleu foncé des montagnes. Le cri perçant des mouettes, tourbillonnant au-dessus des morues qui sèchent sur leurs cadres de bois, devient vite obsédant.
Beaucoup de bâtiments anciens ont été rénovés et le village constitue maintenant un musée de plein air, le **musée de la Pêche★ (Norsk Fiskeværsmuseum)**, qui rappelle que Å était naguère un important centre de commerce. Vous y verrez un hangar à bateaux, une fabrique d'huile de foie de morue, une cabane de pêcheurs et une boulangerie. *✆ 76 09 15 55 - www.lofoten-info.no - de mi-juin à mi-août : 10h-17h, possibilité de visite guidée en anglais - 50 NOK (enf. 25 NOK).*

Aux alentours

Île de Værøy

Accès par ferry : depuis Bodø (tlj en été, 6 fois par semaine en hiver) ainsi que depuis le port de Moskenes en haute saison. En hélicoptère : depuis l'aéroport de Bodø.
L'archipel des Lofoten se poursuit au large de l'île de Moskenes, avec cette île montagneuse de 18 km² réputée pour ses populations d'aigles de mer. Les quelque 750 habitants de l'île sont pour l'essentiel regroupés à **Sørland**.

Le maelström

Les marées sont ici particulièrement fortes et il y a des courants puissants entre les îles, dont le plus célèbre est le **Moskenesstraumen** (ou maelström) entre Moskenes et Værøy, déjà connu des Anciens.

Île de Røst

Accès par ferry depuis Bodø (4h environ) et Moskenes, via Værøy. Avion quotidien depuis Bodø (20mn de vol).
Ce minuscule archipel se compose de 365 îlots, dont le principal, **Røstandlet**, abrite les 600 habitants du lieu. Cette île vouée à la pêche et à la production du stockfish est renommée pour ses colonies d'oiseaux de mer : on en a recensé près de 2,5 millions !

Mandal★

ZVEST-AGDER – 10 143 HABITANTS
CARTE MICHELIN N° 711 N 4 OU ATLAS EUROPE P. 116

Mandal est la ville la plus méridionale de Norvège et l'une des plus anciennes de la côte Sud : le petit port de Kleven remonte au début du 16e s. Posée sur une péninsule, Mandal s'abrite au fond d'une petite baie protégée par un groupe d'îles pittoresques, à l'embouchure de la Mandalselva, célèbre depuis le 17e s. pour la qualité de son saumon.

Se repérer – Mandal est située sur la route E 39 qui en traverse la périphérie par le biais d'un tunnel. Plusieurs sorties permettent de gagner le centre-ville, que l'on vienne de l'Est ou de l'Ouest.

Pour poursuivre le voyage – KRISTIANSAND (38 km à l'Ouest).

T. Salvesen / MANDALSBILDER.NO

Mandal, ville blanche.

Se promener

Les maisons de bois peintes en blanc, les rues pavées, les terrasses des cafés, le marché à ciel ouvert, les boutiques aux couleurs vives et l'atmosphère détendue contribuent à faire de cette « ville blanche » l'une des plus attrayantes de la côte Sud. Le centre est animé tout au long de l'été, surtout en août pendant le célèbre festival des crustacés.

L'extrémité de la minuscule presqu'île proche du centre est un site protégé agrémenté d'une belle plage orientée vers le Sud, connue sous le nom de **Sjøsanden**. La courbe gracieuse que décrit cette étendue de sable blond autour d'une petite baie ouverte est soulignée par une rangée de buissons vert foncé couverts au début de l'été de jolies fleurs cramoisies.

Aux alentours

Vigeland

11 km à l'Ouest par la route E 39. C'est le village natal de **Gustav Vigeland** (1869-1943), le plus connnu des sculpteurs norvégiens qui conçut à Oslo le parc monumental qui porte son nom. La galerie Gustav Vigeland organise en été des expositions.

Lindesnes

38 km par la E 39 jusqu'à Vigeland, puis à gauche la route 460 jusqu'au phare de Lindesnes.

La région de Lindesnes comprend 90 km de côte aux échancrures profondes qui abritent de minuscules ports et des plages de sable ; de nombreuses petites îles et des écueils bordent la côte. À l'intérieur s'étend la lande, peuplée d'élans.

Mandal pratique

Adresses utiles

Mandal – Turistkontoret fur Region Mandal - Bryggegata 10 - 4514 - *38 27 83 00, fax 38 27 83 01 - www.regionmandal.com (page avec option en français... ce qui est assez rare pour être signalé).* Vous pourrez commander des brochures sur la région sur le site Internet.

Transports

Aéroport – *À Kristiansand (42 km à l'Est).*

Voiture – La ville est à 30mn en voiture de Kristiansand. Vous pourrez vous garer sur les quais après avoir franchi le pont qui débouche sur la ville. Cartes de parking à l'Office de tourisme (60 NOK pour 24h).

Se loger

Kjøbmandsgaarden – *Store Elvegate 57, dans le centre-ville - 38 26 12 76, fax 38 26 33 02 - www.kjb-hotel.n -- 11 ch. : 740/970 NOK.* Cette grande demeure à la façade blanc et vert abrite quelques chambres charmantes et décorées avec goût. Le bâtiment est situé dans un quartier calme où vous serez certain de dormir paisiblement. Au rez-de-chaussée, le restaurant propose une cuisine locale de qualité.

First Hotel Solborg – *Neseveien 1, à proximité du centre - 38 27 21 00, fax 38 27 21 01 - www.firsthotels.com - ch. : 1 209/1 409 NOK.* Un autre hôtel dans le centre astucieusement bâti au-dessus d'un parc. Depuis les chambres spacieuses et confortables, on entend le matin le chant des oiseaux. Les prix élevés sont justifiés par les nombreuses commodités offertes aux résidents, dont la piscine.

Se restaurer

Hr Redaktør – *Store Elvegate 23a, dans le centre - 38 27 15 30 - En été, tlj 11h-0h (cuisine 22h) - 80/250 NOK.* Ce restaurant partage l'immeuble du journal local. Les murs sont décorés des photos de personnalités du lieu. Le midi, on y sert une cuisine copieuse, simple et bon marché à base de salades, sandwiches et grillades. Le soir, une carte plus élaborée propose plats en sauce et poissons savoureusement préparés.

Hegnanders Hus – *Store Elbegate 47, sur les quais - 38 26 66 60 - tlj en semaine 18h-1h (cuisine 22h), w.-end 12h-22h - 80/350 NOK.* Ce restaurant de trois étages bâti au bord de l'eau vous accueille dans un cadre rustico-moderne. Vous pourrez y apprécier une cuisine d'inspiration européenne. Aux beaux jours, une grande terrasse est dressée le long du fjord.

En soirée

Vous trouverez quelques cafés ouverts le soir dans la rue principale ainsi que sur les berges.

Sports et loisirs

Mandal est traversée par un bras de mer. Une balade aménagée sur les berges conduit à un parc où vous pourrez vous détendre à l'ombre des grands arbres.

Événements

Festival des crustacés – *Août.* Pour le plus grand délice des gourmets, toutes sortes de fruits de mer sont disposés sur une immense table au beau milieu de la rue piétonne.

Phare de Lindenes (Lindesnes fyr) – *38 25 77 35 - www.lindesnesfyr.no - de déb. juil. à mi-août : 9h-21h ; mai-juin et de mi-août au 9 oct. : 11h-17h ; reste de l'année : w.-end 11h-17h, possibilité de visite guidée en anglais - 40 NOK (enf. gratuit).* Il se dresse depuis 1655 à la pointe la plus méridionale du pays, à 2 518 km du Cap Nord.

Dans les environs

Le fjord de Feda (Fedafjord)

Quitter Mandal par la route E 39 en direction de Stavangerv puis, à Liknes, prendre sur la gauche la route 465 et parcourir 15 km.

Sur la rive occidentale de l'étroit Fedafjord, un bras du Listafjord, le charmant village de **Feda** est l'un des mieux préservés de la région ; plusieurs édifices anciens, dont le bureau de poste du 17e s. et l'église de 1802, contribuent à lui donner son cachet.

Continuer sur la route E 39 jusqu'à Kvinesdal.

Après Feda, la route dut être creusée dans la paroi rocheuse afin de suivre de près le bord du fjord, si bien que lorsqu'elle ne passe pas dans un tunnel elle dévoile un paysage austère de falaises couvertes d'arbustes sauvages vert foncé se reflétant dans l'eau vert clair.

Kvinesdal – Un habitant sur dix de cette petite ville située au fond du fjord a émigré aux États-Unis. Chaque année, un Festival de l'émigration célèbre les liens étroits que la ville entretient avec l'Amérique.

Flekkefjord★

75 km à l'Ouest par la route E 39 en direction de Stavanger. Cette pittoresque petite ville côtière occupe une position agréable entre Kristiansand et Stavanger, le long de la côte occidentale ensoleillée connue sous le nom de « **Côte verte** » en raison de ses champs minuscules formant un damier de ses arbustes vivaces et de ses collines boisées. Jusqu'à la fin du 19e s., les ports établis sur cette côte entretenaient un commerce régulier avec l'Europe continentale car les communications étaient plus faciles à assurer par mer que par terre, le terrain montagneux étant un obstacle plus redoutable que les sautes d'humeur de la mer du Nord. Flekkefjord était alors l'un des ports les plus actifs puisqu'il entretenait depuis le Moyen Âge des échanges commerciaux avec le reste de l'Europe. L'exportation de bois de construction et de harengs vers la Hollande assura la prospérité de la ville au début du 19e s., ce qui explique le nom de Hollenderbyen (ville des Hollandais) donné aux vieux quartiers.

Ces dernières années, Flekkefjord a décidé de tirer parti de sa position exceptionnelle entre deux fjords, le Grisefjord et le Flekkefjord, ainsi que de son patrimoine architectural. Ce lieu de séjour charmant et animé est devenu l'une des plus jolies « villes blanches » qui jalonnent la côte.

De nombreuses petites boutiques rehaussent de leurs couleurs vives les rues étroites et tortueuses bordées de maisons en bois peintes en blanc et dont l'entrée est souvent soulignée par une rampe en fer forgé ornée de plantes grimpantes. Certains édifices ont fait l'objet d'un décret de conservation, comme par exemple l'**hôtel de ville (Rådhuset)** - *✆ 38 32 80 00 - ♿ - tlj. sf w.-end : 8h-15h30 (15h en été* - et la plus ancienne maison de Flekkefjord, qui date de 1720 et qui abrite le musée municipal, le **Flekkefjord Museum** - *✆ 38 32 81 40 - de mi-juin à fin août : 11h-17h, sam. 12h-15h, dim. 12h-16h, possibilité de visite guidée (anglais et français) - 25 NOK (enf. 10 NOK).* L'église octogonale, de 1833, est également intéressante avec sa tour carrée surmontée d'un lanternon. Un autre tableau pittoresque est formé par les maisons en bois sur les rives des fjords avec leurs balcons surplombant les abris à bateaux et les mouillages privés.

Circuit de découverte

La vallée de la Sira (Sirdal)

Circuit au départ de Flekkefjord. 94 km au Nord jusqu'à Svartevatn, 136 km si vous poussez jusqu'à Lysebotn. Quitter Flekkefjord par la route E 39 vers Stavanger et après 4 km prendre à droite la route 466 vers Sandvatn. Après 27 km, continuer vers le Nord par la route 42 sur la gauche jusqu'à Tonstad.

La route longe le **Sirdalvatn**, un lac long et étroit qui forme la partie inférieure de la Sira, l'un des plus importants centres de production d'hydro-électricité du pays ; l'une des centrales est située près de **Tonstad** dans la montagne. La région est sillonnée de sentiers, qui ne manquent pas d'attirer les amateurs de randonnées.

De Svartevatn, on peut gagner Stavanger soit en suivant la route 45 vers Sandnes (87 km), soit en continuant vers le Nord (mais cet itinéraire n'est praticable qu'aux beaux jours).

Par l'itinéraire du Nord, on parcourt 12 km avant de virer en direction de l'Est à travers les montagnes, où l'on peut parfois voir des troupeaux de rennes sauvages se diriger vers la Setesdal.

À cet endroit, une route secondaire *(fermée l'hiver)* prend à gauche et entame une descente vertigineuse de 1 000 m de dénivelé sur une distance d'à peine 20 km jusqu'à **Lysebotn**, blotti au fond du Lysefjord. Malgré les 27 virages en épingle à cheveux, vous ne regretterez pas d'avoir emprunté cette route, car elle vous aura offert une série de vues spectaculaires.

En été, un ferry quitte Lysebotn et parcourt sur toute sa longueur le fjord étroit avant de vous déposer à Stavanger.

Moutons en fête

En amont de la Sira, si du moins vous découvrez la région au mois de septembre, vous aurez quelques chances d'assister à un événement qui, pour être annuel, n'en est pas moins digne d'être célébré : il s'agit de la transhumance de 40 000 moutons redescendant des montagnes où ils ont brouté tout l'été. Leur passage dans les villages est, comme de juste, un prétexte pour faire la fête dans toute la vallée.

Narvik

NORDLAND – 18 512 HABITANTS
CARTE MICHELIN N° 711 D 14 OU ATLAS EUROPE P. 104

Née de l'exploitation du minerai de fer, cette ville moderne se niche dans un site sublime, à l'embouchure d'un fjord encadré de montagnes. Porte d'entrée des îles Lofoten et Vesterålen, la cité se tourne aujourd'hui vers le tourisme hivernal (grâce à sa station de ski ultramoderne) comme estival.

- **Se repérer** – Située à 345 km au Nord du cercle polaire et à quelques kilomètres seulement de la frontière suédoise, Narvik domine l'Ofotfjord et le Rombaksfjord.
- **À ne pas manquer** – La vue depuis le sommet du téléphérique.
- **Pour poursuivre le voyage** – Les îles LOFOTEN et VESTERÅLEN.

Comprendre

L'Ofotbanen, un train pour le fer

Narvik fut fondée à la fin du 19e s., lorsque les royaumes unifiés de Norvège et de Suède décidèrent d'aménager un port qui ne soit jamais bloqué par les glaces et d'où ils pourraient exporter le minerai de fer extrait en Laponie suédoise. La construction d'une ligne de chemin de fer entre Kiruna et Narvik commença en 1898 et dura quatre ans. Longue de 168 km, la ligne d'Ofoten est l'œuvre de travailleurs itinérants, les *rallare*, qui vivaient à Rombaksbotn, au fond de l'étroit Rombaksfjord. Lorsque leur village fut détruit par un incendie en 1903, de nombreux ouvriers s'installèrent à Narvik qui prospérait rapidement.

Le train grimpe le long des versants montagneux sur une distance de 42 km jusqu'à la frontière suédoise, frôlant des précipices et empruntant 22 tunnels et 9 ponts. 13 trains transportent quotidiennement le minerai de fer jusqu'au port de Narvik. Chaque train est composé de 52 wagons et chaque wagon a une charge de 80 tonnes environ. Il faudrait 300 camions pour transporter la charge totale d'un train !

La première défaite des nazis

Le 9 avril 1940, le port fut attaqué par 10 destroyers allemands et la ville fut occupée. La marine britannique riposta immédiatement en faisant sauter les navires des agresseurs. En mai, des troupes britanniques, françaises et polonaises débarquèrent et se joignirent aux forces norvégiennes contraignant les Allemands à se retirer dans

Narvik pratique

Adresses utiles

Narvik – Kongensgate, 26 - Postboks 338 - 8505 – *76 96 56 00* - *www.destinasjonnarvik.no.*

Transports

Aéroport – L'aéroport d'Harstad-Narvik est situé sur la route reliant les deux villes, à 79 km de Narvik. Vols quotidiens directs pour Bodø, Oslo, Tromsø (correspondances) et Trondheim.

En été s'offrent plusieurs possibilités tentantes d'excursions dans la région, en particulier vers les Lofoten à bord d'un **bateau express** et vers la Laponie suédoise par la célèbre ligne de chemin de fer d'**Ofoten**.

Sports et loisirs

Sports d'hiver – Les versants du mont Fagernes offrent les meilleures possibilités de ski alpin de la Norvège du Nord grâce à un équipement ultramoderne et des pistes dont certaines sont particulièrement impressionnantes.

Possibilité de louer du matériel au **Skisenter** de Narvik.

Un beau terrain de **golf** a été aménagé sur les rives du Skjomen, riche en saumon, qui coule au pied de montagnes atteignant 1 500 m d'altitude.

Safari aux orques organisés entre la mi-octobre et la fin janvier époque où ces animaux pénètrent dans le fjord de Narvik.

Se loger

Bon à savoir – Outre quelques hôtels à prix raisonnables (le **Norlandia** situé près des pistes, le **Victoria**, en plein centre-ville), Narvik compte plusieurs maisons d'hôtes *(gjestehus)* parfois installées dans de sympathiques villas. Consulter le site de l'Office de tourisme.

Événements

Chaque année en mars, un **festival culturel** célèbre le souvenir des *rallare*, ces hommes et de ces femmes qui contribuèrent tant au développement de la ville en construisant la ligne d'Ofoten.

les montagnes. Le 28 mai, la ville fut libérée, mais les bombardiers ennemis avaient réussi à en détruire le centre. Malheureusement, les Alliés durent se retirer le 8 juin car la bataille de France faisait rage et on avait besoin d'eux sur le front. Même si elle fut éphémère, la victoire de Narvik conserve une grande importance symbolique, car elle représente la première défaite allemande de la Seconde Guerre mondiale : un espoir pour les pays occupés !

Aujourd'hui

Reconstruite après la guerre, cette ville moderne et industrielle agrémentée d'un centre-ville spacieux est aujourd'hui le deuxième port de Norvège. Le déclin de l'exportation du minerai de fer, sur laquelle l'économie de la ville était fondée, a poussé Narvik à trouver d'autres créneaux d'activité comme la construction mécanique, l'électronique, l'imprimerie, le traitement des déchets, le conseil en entreprise, la recherche et le tourisme. Pour tenir son pari (devenir une station touristique d'été et d'hiver), Narvik compte sur deux atouts essentiels : un excellent réseau de communications et la proximité des montagnes, comme des îles Lofoten et Vesterålen.

Se promener

Le port minéralier

C'est l'un des plus grands et des plus efficaces au monde. Les trains sont déchargés grâce à un système de trappes sous les wagons et le minerai est trié selon sa qualité. Des navires de plus de 250 000 tonnes peuvent être amarrés au quai d'embarquement. En étés des visites guidées quotidiennes permettent de découvrir les aires de stockage et le quai d'embarquement *(s'adresser à l'Office de tourisme)*.

Musée de la Guerre (Krigsminnemuseum)

✆ 76 94 44 26 - 2 mai-21 août : 10h-21h, dim. 12h-18h ; 22 août-14 sept. : 10h-16h, dim. 12h-16h - 50 NOK (enf. 25 NOK).

Appartenant à la Croix-Rouge norvégienne qui en assure le fonctionnement, il est consacré à la bataille de Narvik d'avril-mai 1940 et à l'occupation allemande de juin 1940 à mai 1945. Les collections, présentées par ordre à la fois chronologique et thématique, expliquent le rôle des différentes forces engagées dans les combats (armes, uniformes, médailles, photos, dessins, cartes et maquettes).

Musée d'Ofoten (Ofoten Museum)

✆ 76 96 00 50 - 20 juin-7 août : 10h-15h, w.-end 12h-15h ; reste de l'année : tlj sf w.-end 10h-15h - fermé Pâques et 25 déc. - 40 NOK (-16 ans gratuit).

Ce petit musée montre le développement spectaculaire de Narvik qui, de simple ferme, devint une ville en l'espace de quelques années, après la construction de la ligne d'Ofoten.

Téléphérique (Fjellheisen)

Solliveien 12 - 9020 Tromsdalen - ✆ 77 63 87 37 - www.fjellheisen.no - 20 mai-20 août : 10h-1h ; 1er avr.-19 mai et 21 août-30 sept. : 10h-17h ; reste de l'année : w.-end 10h-17h - 80 NOK (enf. 35 NOK).

La ville s'est équipée d'un **téléphérique** permettant d'atteindre 656 m au-dessus du niveau de la mer. De cette altitude, la **vue panoramique★★** est magnifique sur la ville inscrite dans un cadre exceptionnel entre fjord et montagne escarpée. En outre, l'endroit est idéal pour les randonnées… mais vous pourrez vous contenter de vous installer au restaurant qui, au terminus du téléphérique, accueille ceux qui désirent prolonger la soirée afin d'admirer le soleil de minuit à loisir.

Aux alentours

Route des Rallare (Rallarveien)

Construite à l'origine pour relier Rombaksbotn à la Suède à travers les montagnes, cette route a été remise en état : elle offre maintenant de bonnes possibilités de randonnées et d'excursions à VTT.

Trondenes

Gagner Bjervik, à 32 km au Nord de Narvik où l'on prend la route E 10. Au carrefour après Evenskjær, prendre sur la droite la route 83 vers Harstad. À 3 km au Nord de Harstad.

L'église date de 1250 environ ; à l'origine, elle était surmontée de fortifications dont on peut encore voir les vestiges aujourd'hui.

Oslo★★★

529 846 HABITANTS
CARTE MICHELIN N° 711 M 7 OU ATLAS EUROPE P. 117
PLAN D'AGGLOMÉRATION : CARTE MICHELIN N° 711

Oslo est située dans un cadre exceptionnel au fond du seul grand fjord de la côte sud, sur des terres basses entourées de collines boisées aux versants escarpés. La zone urbaine est très étendue et agrémentée d'espaces verts recelant une vie paisible. Par contraste, le centre-ville est aussi réduit qu'animé, ce qui donne tout son charme à cette cité largement ouverte sur la mer.

- **Se repérer** – La capitale s'organise à partir d'un grand axe rectiligne, Karl Johans gate, conduisant du Palais royal à la gare centrale. C'est dans le petit périmètre situé entre cette avenue et le port, délimité d'un côté par l'ancienne forteresse d'Askershus, de l'autre par le quartier animé d'Aker Brygge qui a investi les anciens entrepôts portuaires, que se concentre le centre-ville.
- **Se garer** – Laissez la voiture dans les grands parkings situés au Nord de Karl Johans gate.
- **À ne pas manquer** – Les musées de Bygdøy.
- **Organiser son temps** – Comptez une journée pour le centre-ville, une autre pour les musées de Bygdøy et une troisième pour les curiosités excentrées.
- **Avec les enfants** – Le musée du Folklore norvégien (Norskfolkemuseum) et les musées de Bigdøy consacrés aux aventures maritimes.
- **Pour poursuivre le voyage** – LILLEHAMMER, MANDAL et KRISTIANSAND.

E. Valenne / GEOSTORY

Le port d'Oslo vu d'Aker Brygge.

Comprendre

Le passé d'une capitale

Des débuts difficiles – Occupé par la colonie viking, le fond de l'Oslofjord était déjà un port actif lorsque **Harald Hårdråde** fonda officiellement la cité en 1048 sur la rive droite du fjord (quelques vestiges de cette première ville peuvent être aperçus à l'Est, au-delà de la gare, dans un petit parc au cœur d'un quartier dénommé Gamlebyen, la « Vieille Ville »). Oslo devint capitale de la Norvège à la fin du 13e s. et Håkon V fit édifier la forteresse d'Akershus pour défendre la ville. Cependant, plusieurs facteurs contrariaient son développement : la **Ligue hanséatique**, qui avait conclu des accords commerciaux avec Bergen, et qui contrôlait le commerce de la Baltique, voyait d'un mauvais œil l'émergence d'une possible concurrence ; la peste de 1348 tua la moitié de la population ; et, enfin, à la fin du siècle, l'**Union de Kalmar** scellait l'annexion de la Norvège par le Danemark et Oslo perdait de ce fait son statut de capitale.

Oslo pratique

Adresses utiles

ℹ – Vous trouverez deux centres d'information touristique. Le plus proche en arrivant de l'aéroport est celui de la **Gare centrale d'Oslo**, Jernbanetorget 2, qui effectue des réservations d'hôtels, délivre l'*Oslo Card* et des billets pour les visites guidées.

L'office le plus important se trouve tout à côté de l'Hôtel de Ville : le **Norges Informasjonssenter (Centre d'information touristique de Norvège)**, *Fridtjof Nansens Plass 5 - ✆ 24 14 77 00 - en été tous les jours 9h-19h*, fournit des renseignements sur Oslo et sa région, ainsi que sur d'autres régions de Norvège, sur l'hébergement et les transports. Le centre comprend une galerie d'exposition et une boutique dévolue à l'artisanat et aux arts décoratifs, un restaurant norvégien et une Maison internationale de la presse.

On peut également trouver toutes ces informations sur Internet *(www.visitoslo.com)*. Le site très bien documenté fournit des informations générales sur la ville et offre surtout la possibilité de trouver des hébergements à meilleur marché une fois sur place.

Bon à savoir – La **carte d'Oslo (Oslo kortet)** donne accès (gratuitement) aux musées et aux monuments historiques, aux transports en commun, aux parkings municipaux et offre des réductions sur la location de voitures, de patins et de skis. Valable un, deux, ou trois jours aux prix respectifs de 180, 270 ou 360 NOK, elle est disponible dans la plupart des hôtels de la ville, dans les bureaux d'information touristique et les terrains de camping d'Oslo, au bureau « Trafikanten » place de la Gare-Centrale, dans les kiosques et les bureaux de poste.

Brochures et journaux

Vous trouverez à la réception des hôtels et à l'Office de tourisme différentes brochures et magazines qui fournissent de nombreuses informations.

Oslo Guide – Ce guide annuel publié par l'Office de tourisme contient des informations générales en français, une présentation historique d'Oslo, des adresses utiles, une rubrique pour les enfants et une présentation des principaux hôtels et restaurants. Probablement la brochure la plus complète.

What's on Oslo – En anglais, une publication mensuelle qui contient les dates des principaux événements culturels, une description des musées et autres sites touristiques, ainsi qu'une liste de restaurants.

L'hiver à Oslo/L'été à Oslo – Une petite brochure en français qui propose aux touristes une sélection d'activités selon les saisons.

Transports

ARRIVÉE EN AVION

L'aéroport d'Oslo (Oslo Lufthavn) est situé à Gardermoen, à 25 km au Nord-Est du centre-ville. Il est accessible par l'autoroute E 6 (direction Lillehammer).

A l'arrivée – Bureaux de change de la banque Nordea et distributeurs dans les halls. Vous y trouverez également un bureau d'information où l'on vous aidera à situer votre hôtel sur un plan.

Vous pouvez rejoindre le centre de la capitale en empruntant **l'Airport Express Train** qui dessert en 25 mn la gare centrale et le Théâtre national. Comptez environs 150 NOK par personne. Certains trains de la NSB (la Compagnie nationale de chemins de fer), en provenance ou à destination de Skien, Lillehammer, Trondheim et Kongsberg, s'arrêtent également à l'aéroport. Attention ! au retour, c'est seulement à l'arrivée à l'aéroport que vous composterez votre billet sur des lecteurs optiques.

Si vous préférez le bus, le **Flybussen** vous attend à l'extérieur du terminal (niveau arrivées) et vous conduira à la gare routière centrale en 40 mn environ pour moins de 100 NOK par personne.

Location de voiture – Avis, Budget, Europcar et Hertz disposent d'un comptoir dans le hall d'arrivée Au retour, vous devrez laisser votre voiture de location dans les zones P et Q du parking couvert à étages (suivre les signalisations « Rental Car Return »).

Passagers en transit – si dès votre arrivée de France, vous prenez une correspondance pour un avion des lignes intérieures norvégiennes, vous devez récupérer vos bagages même s'ils sont enregistrés pour votre destination finale : vous passerez la douane avant de vous rendre au guichet « Transfer check-in » situé dans le hall, d'où ils seront acheminés vers le nouvel avion. Vous pourrez alors passer le contrôle de sécurité pour vous rendre dans le hall des départs nationaux.

Produits détaxés –: Adressez-vous au comptoir « Cash Refund », dans le hall des départs internationaux, après le contrôle d'identité. Vous devez signaler les produits achetés, votre passeport et le *Global Refund Cheque* qui vous aura été remis par le commerçant.

CIRCULER DANS OSLO

Péage urbain – Pour pénétrer en voiture au centre d'Oslo, du lundi au vendredi entre 6h et 22h, il est nécessaire d'acquitter un péage, payable par achat soit de tickets uniques, soit de cartes d'abonnement.

Le règlement s'effectue à quelques kilomètres de la ville, aux péages situés sur l'autoroute.

Au passage des barrières (Bompenger), les possesseurs de cartes d'abonnement empruntent la voie signalée par un panneau bleu « Abonnement », les autres automobilistes prenant la file signalée par le panneau jaune « Mynt » (monnaie), s'ils disposent du montant exact du péage, ou la file signalée par un panneau gris « Manuell », s'ils n'ont pas de monnaie.

Transports publics – Oslo est facile à visiter à pied. La capitale dispose cependant d'un bon réseau de transports en commun. Les tramways sont un moyen commode de rejoindre le centre-ville, notamment en fin de soirée si vous souhaitez sortir. Sachez qu'un billet de tramway ou de bus coûte quand même plus de 4 €. Pour tout renseignement, adressez-vous au Trafikanten, place de la Gare-Centrale, où l'on vend des billets à l'unité ou des cartes. Les 5 lignes de **métro (T-bane)** convergent vers la station de Stortinget, celles de **tramway** vers la gare et le port. Cinquante lignes de **bus** parcourent la ville en tous sens. Des **ferries**, partant de Rådhusbrygge 3 en face de l'Hôtel de Ville, traversent le port et atteignent la verte presqu'île de Bygdøy célèbre pour ses musées (avril à septembre). L'occasion d'une petite sortie en mer.

Visites

À pied – Essentiellement deux agences proposent des services de visites guidées à pied : **Guideservice A/S** – *Akershusstranda 35 - ✆ 22 42 70 20, fax 22 42 29 80 - www.guideservice.no*, et **Oslo Guidebureau AS** – *Nedre Slottsgate 13 - ✆ 22 42 28 18, fax 22 42 28 16 - www.osloguide.no* Pour les informations en français demandez Marit. Comptez environ 1 150 NOK pour deux heures de visite, et 350 NOK par heure supplémentaire.

Cars – Des autobus spécialement aménagés avec un toit ouvrant sillonnent le centre-ville à la découverte des sites historiques d'Oslo. Départ toutes les 30mn de l'Hôtel de Ville ou du Théâtre pour un parcours de 2 ou 3h comprenant une dizaine d'arrêts. Comptez entre 200 NOK et 300 NOK par personne.

Bateau – Plusieurs agences proposent une visite combinée d'Oslo en car et en bateau. **Båtservice Sightseeing A/S** – *Rådhusbrygge 3 - ✆ 23 35 68 90 - www.boatsightseeing.com*, et **Kustos AS** – *Drammensveien 208 - ✆ 91 15 91 19 - www.kustos.no* Prévoir environ 320 NOK pour passer une soirée sur un voilier sur le fjord d'Oslo (buffet compris). Certaines de ces compagnies proposent également des activités nautiques, comme la bouée tractée par un bateau rapide, ou la location de bateau pour ceux qui ont le permis.

N. Bundt / INNOVATION NORWAY

Un ferry sur le fjord.

Dans les airs – La compagnie **Fonnafly Oslo AS** propose des vols de 20mn à 3h au dessus des fjords qui bordent la ville - *✆ 67 10 50 50 - www.fonnaflyoslo.no* Pour un vol en hélicoptère, contacter **Pegasus Helikoper** à Gardermoen - *✆ 64 81 92 00 - www.pegasus-as.no/*

Se loger

Anker Hostel – *Storgata 55, près de la gare - ✆ 22 99 72 10, fax 22 99 72 20 - www.ankerhostel.no - 155/440 NOK*. Une auberge de jeunesse sans charme particulier qui présente l'intérêt d'être correctement située et bon marché. Les chambres, un peu froides, disposent d'une salle de bains privée et d'une kitchenette. Chambres ou dortoirs pour 2, 4 et 6 pers. Comptez 440 NOK pour une chambre double. Réservez absolument !

Golden Tulip – *Grensen 19, dans le centre - ✆ 23 31 80 00, fax 23 31 80 01 - www.rainbow-hotels.no - ch. : 790/1 255 NOK*. Un hôtel plus que correct qui propose des tarifs intéressants tout en étant situé dans le centre. Les prix peuvent descendre jusqu'à 700 NOK, ce qui est exceptionnel à Oslo. Un bon rapport qualité-prix.

Bygdøy Allé – *Bygdøy Allé 53, à 15mn à pied du centre - ✆ 23 08 58 00, fax 23 08 58 08 - www.rica.no - 57 ch. : 1 130/1 330, suite : 1 595 NOK*. Cet hôtel est situé dans un quartier paisible où vivent les habitants aisés de la capitale. Le bâtiment ancien est à l'image de l'intérieur, décoré avec goût. Les chambres sont spacieuses, toutes équipées et lumineuses. Le tramway qui passe devant l'hôtel rejoint le centre-ville en moins de 5mn, de même que le bus 10.

Travel Hotel – *Arbeidergata 4, dans le centre - ✆ 22 00 33 00, fax 22 33 51 22 - www.rica.no - ch. 970/1 320 NOK*. Un des nombreux établissements de la chaîne Rica qui dispose d'hôtels de qualité dans tout le pays. Celui-ci est très central et dispose de chambres confortables. En réservant en avance vous obtiendrez des prix beaucoup plus avantageux.

Victoria – *Rosenkrantzgate 13, dans le centre - 24 14 70 00, fax 24 14 70 01 - www.rica.no - 199 ch. : 1 095/1 295 NOK, suites : 1 750/2 450 NOK* Cet hôtel moderne est bâti en plein centre à proximité de l'Hôtel de Ville. L'intérieur est impeccable et confortable, mais un peu impersonnel, à l'image de tous les grands hôtels du centre. L'intérêt tient surtout en sa situation, à proximité des nombreux restaurants de poissons qui étalent leur terrasse sur le port.

Stefan – *Rosenkrantzgata 1, dans le centre - 23 31 55 00, fax 23 31 55 55 - www.rainbow-hotels.no/stefan - ch. : 1 100/1 400 NOK, suite : 2 500 NOK*. Les résidents de cet établissement sont soigneusement accueillis dans un cadre élégant où l'on vous propose des chambres spacieuses et toutes équipées. Demandez de préférence les chambres du dernier étage qui viennent d'être élégamment rénovées.

Bastion – *Skippergaten 7, à 5mn à pied du centre - 22 47 77 00, fax 22 33 11 80 - www.hotelbastion.no - 99 ch. : 1 295/1 595 NOK, suite : 2 600 NOK*. Beaucoup d'hommes d'affaires se croisent dans cet hôtel moderne à la décoration rustique. Les chambres sont impeccables, mais la plupart donnent hélas sur une artère assez bruyante. Le lobby chaleureux est chauffé en hiver par une cheminée.

Savoy – *Universitetsgaten 11*, tout près de l'Université. Cette grande demeure ancienne peinte en rose abrite un hôtel de standing décoré dans le style ancien. L'intérieur est à la fois sobre et accueillant, le quartier animé et central. Une bonne adresse pour séjourner dans la capitale.

Grand – *Karl Johansgade 31, en plein centre - 23 21 20 00, fax 23 21 21 00 - www.grand.no - Ch. : 1 450 NOK*. Un hôtel de luxe idéalement situé et décoré avec goût dans le style ancien. Les prix varient beaucoup en fonction de la période et mieux vaut réserver à l'avance pour bénéficier de tarifs avantageux.

First Hotel Noble House – *Kongensgate 5, dans le centre - 23 10 72 00/05, fax 23 10 72 10 - www.firsthotels.no - Ch. : 1 599/1 799 NOK, suite : 2 099 NOK*. Cet hôtel situé près du port est très fréquenté par les hommes d'affaires. En plus d'être très confortable, il dispose d'un Jacuzzi aménagé sur le toit, d'où l'on peut admirer la ville. En réservant plus d'un mois en avance, vous pourrez bénéficier de tarifs très avantageux : la chambre simple à 598 NOK.

Continental – *Stortingsgaten 24-26, en face du Théâtre national - 22 41 90 60, fax 22 42 96 89 - www.hotel-continental.no - Ch. : 1 960/2 360 NOK, suite : 3 500 NOK* Probablement le meilleur hôtel de la ville où se croisent des célébrités internationales. Les couloirs, décorés de velours et dorures, desservent des chambres de caractère et de taille variable. L'excellent restaurant est honoré d'une étoile par le *Guide rouge*.

Bristol – *Kristian IV's gt. 7, dans le centre - 22 82 60 00, fax 22 82 60 01 - www.bristol.no - Ch. : 1 350/2 030 NOK, suites : 4 000/8 000 NOK*. Cet hôtel de luxe s'apparente à un véritable palace. Le hall bordé de colonnes dessert des chambres qui sont pour certaines de vastes appartements. Le restaurant propose une cuisine savoureuse et le petit-déjeuner est tout simplement exceptionnel. Les prix baissent considérablement en été.

PRÈS DE LA GARE FERROVIAIRE

Spectrum – *Brugata 7 - 23 36 27 00, fax 23 36 27 50 - www.rainbow-hotels.no/spectrum - 151 ch. : 995/1 245 NOK, suite : 1 650 NOK*. Ce grand hôtel moderne est sobrement aménagé dans le style ancien pour accueillir correctement les voyageurs. Alors qu'on y trouve essentiellement des hommes d'affaires en semaine, le week-end est plus convivial. Les chambres n'ont pas d'intérêt particulier et l'accueil un peu froid, mais les prix défient toute concurrence.

Oslo Hotel – *Europarådets Plass - 23 10 42 00, fax 23 10 42 10 - www.rica.no - 175 ch. : 1 195/1 495 NOK, suites : 1 650 NOK-2 100 NOK* Un hôtel de standing qui allie confort et modernité. Ce grand bâtiment moderne est situé tout près de la gare, dans un quartier animé. Les chambres sont accueillantes, le restaurant de qualité et le personnel très disponible.

Royal Christiana – *Biskop Gunnerusgate 3 - 23 10 80 00, fax 23 10 80 80 - www.choice.no - Ch. : 1 195/1 895 NOK, suites : 2 095/2 295 NOK*. Un hôtel moderne qui dispose de chambres confortables. Le quartier, central, est traversé par de grandes artères un peu bruyantes.

Radisson SAS Plaza – *Sonja Henies Plass 3 - 22 05 80 00, fax 22 05 80 10 - www.radisson.com/oslono_scandinavia - 624 ch. : 1 890/2 890 NOK, suites : 3 500/10 000 NOK*.Un hôtel de grand standing qui propose toute une gamme de chambres, les plus belles étant de véritables appartements. Toutes sont impeccables et spacieuses. En réservant sur Internet et plusieurs jours à l'avance, vous pourrez obtenir une chambre double à moins de 900 NOK.

AUTOUR DU PALAIS ROYAL

Rica Holberg hotel – *Holbergs plass 1 - 23 15 72 00, fax 23 15 72 01 - 133 ch. : 900/1 290 NOK* - P. Noble demeure néoclassique dont la façade à colonnade donne sur une placette triangulaire sillonnée par les tramways conduisant au centre-ville. Chambres vastes et extrêmement confortables.

P. Plantier / MICHELIN

Sur les hauteurs de la ville, l'hôtel Rica Holmenkollen.

À HOLMENKOLLEN

Holmenkollen Park Hotel Rica – *Kongeveien 26 - 22 92 20 00, fax 22 14 61 92 - 200 ch. : 1 295/1 600 NOK.* C'est en 1894 que fut édifié, à côté du tremplin de ski, ce grand manoir de bois en « style dragon » qui a des allures de château de conte de fées. La vue, sur la ville et le fjord, est admirable.

Se restaurer

Vous trouverez dans la capitale norvégienne plusieurs restaurants de haut standing, dont la plupart proposent une cuisine d'inspiration européenne, interprétée à la mode scandinave.

Kaffistova – *Rosenkrantzgate 8 - 23 21 42 10 - www.bondeheimen.com - lun.-ven. 9h30-21h, sam.-dim. 10h30-18h - 150/300 NOK.* Le restaurant de l'hôtel Bondeheimen sert une authentique cuisine norvégienne de qualité : vous apprécierez les boulettes de viande, comme les poissons frais ou fumés, agrémentés d'un appétissant buffet de salades. Cuisine copieuse et bon marché, et une réduction de 20 % est proposée aux résidents de l'hôtel.

Sorgenfri – *Bryggetorget 4, tout près du port - 21 02 36 59 - www.cafesorgenfri.no - lun.-sam 11h-23h, dim. 11h-22h - 78/350 NOK.* Cette grande brasserie moderne est richement décorée d'objets de brocantes en tout genre. Le plafond est totalement dissimulé sous des instruments de musique, bouées, jouets, etc. Sur la grande terrasse vous pourrez apprécier une cuisine de brasserie très correcte (moules, frites, spécialités danoises, etc.). Les prix sont plutôt bon marché par rapport au quartier.

Solsiden – *Søndre Akershus Kai 34, sur les quais au pied de Akershus Slott - 22 33 36 30 - www.solsiden.no - tlj du 3 mai au 3 sept. 17h-1h (restaurant 22h) - 200/715 NOK.* Les habitants de la capitale se pressent dans ce restaurant incontournable qui propose des produits de la mer exceptionnels. Bâti dans un ancien entrepôt, cet établissement design sert de somptueux plateaux de fruits de mer, des poissons tendres et fraîchement pêchés. Une belle carte de vins accompagne ce dîner particulièrement savoureux. Un coup de cœur !

DS Louise – *Stranden 3, dans le quartier d'Aker Brygge - 22 83 00 60 - www.dslouise.no - Lun.-sam. 11h-23h, dim. 11h-22h - 150/450 NOK.* Un des plus anciens restaurants d'Aker Brygge. L'intérieur est décoré de statues, tableaux, scaphandres et autres curiosités que les serveurs décrivent à votre gré. Un véritable petit musée qui est également doté d'une grande terrasse où vous pourrez déguster une cuisine copieuse à base de poissons et crustacés. Pensez à réserver le week-end.

Holmenkollen – *Holmenkollveien 119 - 22 13 92 00 - www.holmenkollen-restaurant.oslo.no - tlj 11h-22h, dim. 11h-20h - 150/400 NOK.* Ce restaurant situé sur les hauteurs offre une vue panoramique exceptionnelle sur Oslo. L'intérieur est élégamment aménagé dans le style rustique et l'on y sert une cuisine scandinave raffinée. Le week-end, l'établissement accueille beaucoup de groupes à l'occasion de mariages et autres cérémonies.

Det Gamle Rådhus – *Nedre Slottsgata, dans le centre - 22 42 01 07 - lun.-sam. 16h-22h, fermé dim. - 200/500 NOK.* Ce restaurant ancien richement décoré est aménagé dans un bâtiment qui date de 1641 et qui fut l'ancien Hôtel de Ville d'Oslo. Une charmante terrasse est dressée en été dans une cour intérieure joliment décorée. On y sert une bonne cuisine de type occidental, avec des plats fameux de poissons et gibiers.

Engebret Café – *Bankplassen 1, près du Astrup Fearnley museet - 22 82 25 25 - www.engebretcafe.no - lun.-sam. 11h-23h, fermé dim. - 150/750 NOK.* Une véritable institution qui a su préserver l'atmosphère d'antan. L'intérieur est décoré d'un plafond en bois sculpté, d'un mobilier ancien et de dorures. Les serveuses sont vêtues en costume traditionnel. Même si l'on y vient surtout pour le cadre, on continue d'y servir une cuisine locale de qualité. Les prix sont toutefois un peu élevés, surtout le soir.

Havsmak – *Drammensveien 4, en face du parc Slottsparken - 24 13 38 00 - www.havsmak.no - Lun.-sam. 11h-23h (café jusqu'à 1h), dim. 12h-22h (café jusqu'à minuit) - 100/450 NOK.* Ce restaurant de poissons est élégamment décoré dans le style design. Une imposante mosaïque de Poséidon trône au-dessus du bar. Les produits très frais sont achetés tous les matins au port. Essayez l'excellente soupe de poissons aux tomates et au safran. Plusieurs menus le soir de 300 à 450 NOK.

Theatercafeen – *Stortingsgaten 24-26, en face du Théâtre national - 22 82 40 50 - Lun.-sam. 11h-23h, dim. 15h-22h - 150/750 NOK.* Un véritable voyage dans le temps. Cette brasserie

Le Theatercafeen, une institution.

ancienne accueille une clientèle aisée dans un cadre élégant. Les dîners raffinés sont accompagnés de concerts de musique classique. Des portraits de célébrités locales décorent les murs.

Lofoten – *Stranden 75, le dernier restaurant qui longe le port - ✆ 22 83 08 08 - www.lofoten-fiskerestaurant.dk - lun.-sam. 12h30-23h, dim. 12h-22h - 200/550 NOK.* Cet immense restaurant sert des produits de la mer très frais à l'image des homards qui sont conservés à l'entrée dans un aquarium. Une qualité qui explique les prix élevés, d'autant que le service y est très soigné. Une grande terrasse offre une vue imprenable sur le port.

CAFÉS-RESTAURANTS

Vous trouverez ici une sélection de restaurants très corrects à prix bon marché. Sachez qu'il existe également des épiceries où l'on propose des produits alimentaires. Les magasins « Seven-Eleven » sont ouverts tard dans la nuit et l'on peut toujours y trouver un sandwich et quelques confiseries.

Palace Grill – *Solligata 2, à 5mn à pied du centre - ✆ 23 13 11 43/44 - restaurant : lun.-sam. 17h-23h, bar : lun.-jeu. 15h-2h, w.-end : 15h-3h - 790/950 NOK.* Un grand établissement qui accueille un restaurant élégant, un bar branché et une cour intérieure atypique bordée de plusieurs terrasses en étage, décorée de façon colorée à la manière d'un atelier d'artiste.

Pascal – *Drammensvn 10, dans le centre - ✆ 22 55 00 20 - tlj 9h-22h30 - 120/285 NOK.* Une pâtisserie française à l'origine transformée en un café restaurant design, où vous pourrez savourer d'excellentes pâtisseries ou une cuisine gastronomique le soir avec cassoulet ou autres plats du terroir. N'hésitez pas à vous y installer également pour une petite pause sucrée.

Celsius – *Rådhus Gaten 19, sur la place Christiania Torv - ✆ 22 42 45 39 - tlj. 11h-22h - 120/350 NOK.* Ce café-restaurant est logé dans la plus vieille demeure d'Oslo (1626). On y sert une cuisine excellente d'inspiration européenne, soit sur une grande terrasse en été, soit au coin d'une imposante cheminée en hiver, dans un cadre rustique.

Cafe M – *Valkyriegata 9, près du parc Vigeland - ✆ 22 60 34 00 - www.cafem.no - tlj 11h-1h - 100/200 NOK.* Une déco disign dans ce café-restaurant, où l'on sert une cuisine rapide de qualité, composée essentiellement de salades, sandwiches et hamburgers maisons. On y va aussi bien pour manger que pour boire un verre.

Sult – *Thorvald Meyers Gate 26, dans le quartier de Gruner Løkka - ✆ 22 87 04 67 - lun.-jeu. 16h-1h (rest. 22h), w.-end 13h-1h (rest. 23h)x - 90/250 NOK.* Un café-Restaurant-bar branché à la décoration urbaine où l'on sert une cuisine composée essentiellement de poissons. Des fêtards en tout genre s'y retrouvent le soir dans une ambiance très animée.

Bistro Brocante – *Thorvald Meyers Gate 40, dans le quartier de Grüner Løkka - ✆ 22 35 68 71 - tlj 11h-24h (restaurant jusqu'à 22h30) - 82/350 NOK.* Un bistrot qui propose une carte en français, avec quiche lorraine, salade lyonnaise, soupe à l'oignon ou coq au vin. Depuis la petite terrasse, vous pourrez apprécier les dernières tenues portées par les habitants branchés du quartier.

Fru Hagen *–ier de Grüner Løkka - ✆ 22 35 67 87 - tlj 11h-3h (restaurant 21h30) - 90/150 NOK.* Un café-restaurant où se croise la population locale, autour d'un verre ou pour apprécier une restauration rapide à base de salades, sandwiches ou hamburgers maison. Petits prix et ambiance décontractée.

PETITE PAUSE

Bagel & Juice – *Thorvald Meyers Gate 40, dans le quartier de Grüner Løkka - ✆ 22 37 05 80 - lun.-jeu. 8h-21h, w.-end 9h-19h - 50/100 NOK.* Un salon de thé moderne et coloré, situé en face d'un parc dans un quartier branché. On y passe pour une petite pause sucrée ou pour se composer un Bägel à petit prix. Comme d'habitude, il faut venir commander au bar.

SUR LE POUCE

Tous les musées (ou presque) proposent une caféteria (voire un restaurant) à leurs visiteurs.

En soirée

Les longues nuits d'été sont particulièrement animées à Oslo. Selon les quartiers, vous trouverez une ambiance différente, mais sachez que tous les lieux publics sont non fumeurs et que l'entrée en discothèque est limitée aux plus de 25 ans. Le **centre** abonde en discothèques, pubs et salles de concerts. En déambulant dans les rues qui bordent Karl Johansgate, vous trouverez nécessairement un lieu où faire la fête. Pour côtoyer l'avant-garde d'Oslo, nous vous suggérons le quartier de **Grünerløkka**. Ses rues rénovées depuis peu accueillent une population festive qui se retrouve dans des cafés soigneusement décorés. Les restaurants y sont meilleur marché qu'ailleurs et l'on y croise peu de touristes. En longeant les berges, vous dénicherez des lieux insolites sis parmi les arbres et décorés de bougies où se retrouvent les jeunes dans une ambiance intimiste. Le quartier d'**Aker Brygge**, enfin, longe le port et comprend de nombreux restaurants et cafés qui ont aménagé leur terrasse au bord de l'eau (voire sur le pont des bateaux).

Sports et loisirs

Bon à savoir – La ville des parcs et des espaces de plein air offre un éventail particulièrement riche d'activités sportives. La cité possède des pistes de patins à roulettes, des terrains de sport et des piscines en grand nombre. Le saut à ski se pratique à Holmenkollen et est très suivi lors des championnats mondiaux. Compétitions de ski et concerts d'été sont des événements populaires qui ont lieu tous les ans.

Randonnées et excursions – Elles incluent des randonnées à skis accompagnées en hiver, des randonnées à bicyclette en été ou des promenades en Land-Rover dans la ceinture boisée qui entoure la capitale. Il existe aussi des possibilités de promenades en calèche dans le centre-ville. Des bateaux d'excursions permettent de gagner, entre autres, Drøbak, les îles et le fjord.

EN HIVER

Vous serez surpris en hiver de prendre les transports en commun avec des skieurs qui rejoignent les pistes en tramway ou bus. A 20mn du centre se trouvent les pistes de Tryvann qui sont ouvertes de début décembre à Pâques, et éclairées jusqu'à 22h. 6 remontées mécaniques desservent 11 pistes de différents niveaux. Plusieurs pistes spéciales sont également aménagées pour les snowboarders, alors que les skieurs de fond trouveront de nombreux chemins qui sillonnent la forêt d'Oslo. Vous pourrez louer des skis auprès de **A/S Skiservice Tomm Murstad jr.**, station Voksenkollen à Tryvannsveien, *☎ 22 13 95 00 - www.skiservice.no*

EN ÉTÉ

Plages – La ville étant située au bord d'un fjord, les habitants se retrouvent en été sur de belles plages où l'eau est à une température moyenne de 18 °C. L'une des plages les plus appréciées est probablement celle de **Langøyene**. On y accède en bateau depuis Vippetangen. Départ toutes les heures de 9h45 à 18h45. Elle est aménagée dans un cadre exceptionnel et dispose de grandes aires de jeux. Toujours depuis Vippetangen, vous pourrez également accéder en bateau à la plage **Hovedøya** qui est aménagée près des ruines d'un cloître. Sur la rive Est du fjord, vous trouverez les plages d'**Ingierstrand**, **Hvervenbukta**, **Katten** et **Fiskvollbukta** qui sont très prisées.

Golf – Groruddalen Golfkull, *Tokeruddalen - ☎ 22 79 05 60*. Parcours de 9 trous. Pour le minigolf : Grünerløkka Minigolf Park, *Søndregate 1 - ☎ 22 38 00 27 - www.minigolfparken.no - tlj 12h-21h*. Depuis le centre emprunter le tramway ou le bus en direction de Nybrua ou d'Heimdalsgata.

POUR LES ENFANTS

Tusenfryd – Un grand parc d'attractions où l'on trouve montagnes russes, manèges en tout genre et parc aquatique

Shopping

Les principales rues commerçantes sont Karl Johansgate, les rues piétonnes du centre-ville et Viketerrassen. On peut aussi faire du lèche-vitrines à Aker Brygge au port, dans les centres commerciaux de Paleet et d'Oslo City.

Karl Johansgate – Cette grande rue piétonne qui s'étend depuis la place du Théâtre jusqu'à la gare ferroviaire abonde en cafés, restaurants et boutiques en tout genre. Vous y trouverez les principaux centres commerciaux, tels Paleet, des disquaires, magasins de vêtements à la mode et de souvenirs. Le week-end, une foule impressionnante de jeunes s'y retrouve. Les rues alentour qui composent le centre-ville sont bordées de boutiques à la mode.

Majorstua/Frogner – Le quartier qui s'étend depuis le Palais royal jusqu'au parc Vigeland accueille la population aisée de la ville. Les élégantes maisons anciennes y côtoient des boutiques de luxe. On y trouve des vêtements de marque, des meubles de designers et restaurants de standing. Un ensemble de petites rues paisibles où l'on aime déambuler par un samedi ensoleillé.

Grünerløkka – Un ancien quartier ouvrier au Nord de la ville investi aujourd'hui par une population de jeunes inspirés et créatifs qui ont ouvert des magasins à la mode, de bijoux, de musiques ou de céramiques. Un quartier cosmopolite, plein de vie et toujours en ébullition, de jour comme de nuit. Une étape incontournable pour aller à la rencontre de l'avant-garde locale.

N. Bundt / INNOVATION NORWAY

Les chaussons, une idée de cadeau pour amateurs de confort...

Grønland – Quartier animé et populaire, derrière la gare ferroviaire, où se sont installés de nombreux marchands de produits exotiques. Vous pourrez également y acheter des tissus à bon marché. Les rues Grønland et Smalgangen sont particulièrement animées.

QUE RAPPORTER

Comme idées de cadeaux ou de souvenirs, pensez aux trolls, aux objets en étain, en bois naturel ou peint, en argent, aux émaux, aux fourrures et naturellement aux tricots avec leurs motifs chatoyants. Le magasin Husfliden, Møllergata 4, derrière GlassMagasinet, offre un grand choix de produits d'artisanat d'art. Pensez également aux boutiques des musées : objets design au musée des Arts appliqués, artisanat au musée du Folklore norvégien, littérature sur les Vikings au musée des Bateaux vikings, etc.

Événements

23 juin – **Fête de la Saint Jean**. Chaque année, lors des nombreuses célébrations organisées un peu partout en ville, le Musée du Folklore propose des concerts.

Août – **Festival de jazz**. Un festival de renommée internationale où se produisent les plus grands artistes du moment. Le festival permet de découvrir les haut-lieux de la vie nocturne de la capitale.

La ville de Christian – En 1624, Oslo est ravagée pour la 13e fois par les flammes. Le souverain danois **Christian IV** décide de faire construire une nouvelle ville, à l'emplacement actuel du centre-ville, et proscrit l'utilisation du bois. Cette cité Renaissance prend le nom de son refondateur et s'appelle **Christiania**. À partir de 1814, début de l'union avec la Suède, la ville se développe : la révolution industrielle voit s'implanter des usines le long du torrent et attire de nouveaux habitants, tandis que de nouveaux édifices publics s'édifient.

Renaissance d'une capitale – En 1905, l'indépendance donne un nouvel élan à cette expansion. Vingt ans plus tard, pour le 300e anniversaire de sa fondation, Christiania reprend son nom d'origine, Oslo. Aujourd'hui, Oslo, où la prospérité norvégienne a suscité une véritable frénésie de construction, dont l'emblème est sans doute le futur **opéra** en cours d'édification sur un terrain gagné sur la mer (*ouverture prévue en 2008*), est une capitale moderne, vaste (sa superficie représente quatre fois celle de Paris) mais où la nature demeure toujours présente, la surface bâtie n'excédant pas un tiers de la surface totale.

Se promener

LE CENTRE-VILLE 1

Une journée, visite des musées comprise.
Commencer la promenade sur Rådhuspladsen, face aux quais d'embarquement des vedettes de promenade.

Vous êtes alors face au **fjord d'Oslo★★** ; au loin, des îles et presqu'îles boisées émergent de l'eau bleue. Sur votre gauche, la forteresse d'Akershus domine le port où sont amarrés quelques anciens voiliers. À droite, l'anse est fermée par les anciens entrepôts d'Akker Brygge.

Hôtel de ville (Rådhus) (C2 H)

☏ 23 46 16 00 - ♿ - mai-août : 9h-17h ; reste de l'année : 9h-16h - 40 NOK (enf. gratuit), sept.-avr. gratuit.

Le moins que l'on puisse dire, c'est que cet édifice de brique rouge placé face au port et au fjord, avec ses deux tours massives servant de point de repère aux navires, manque singulièrement de légèreté ! Inauguré en 1950 pour célébrer le 900e anniversaire de la fondation d'Oslo, l'édifice mérite que l'on s'y attarde, pour la somptueuse **décoration intérieure** *(accès en contournant l'édifice par Fridtjof Nansens Plads)* dont les fresques réalisées par divers artistes, dont Hendrik Sørensen et Guy Krohg, retracent les grandes heures de l'histoire de la cité. C'est l'immense **salle des cérémonies** qui est le cadre chaque année le 10 décembre de la remise du **prix Nobel de la paix**.

Ce prix est le seul des six prix Nobel qui soit remis à Oslo. Parmi les personnalités célèbres distinguées par ce prix, citons Albert Schweitzer, Willy Brandt, mère Teresa, Lech Walesa, Andreï Sakharov, Mikhaïl Gorbatchev, Élie Wiesel ou Nelson Mandela, ainsi que des organismes comme Médecins sans frontières et l'Agence internationale de l'énergie atomique (AIEA) en 2005. Inauguré en juin 2005, sur la place de l'Hôtel de Ville (Rådhuspladsen), le **Centre Nobel de la Paix (Nobels Fredssenter)** présente les lauréats, leurs travaux et le contexte dans lequel ils se distinguèrent.

De retour sur le quai, suivre vers la droite.

L'Hôtel de Ville d'Oslo : pas vraiment un modèle de légèreté, mais un symbole fort...

Aker Brygge★ (B2)

Aker Brygge est l'un des endroits les plus animés de la capitale. Les quais sont entièrement occupés par des terrasses de café (qui ont également investi les ponts des bateaux) fréquentés au moindre rayon de soleil par la clientèle des immenses galeries commerciales qui ont investi les anciens entrepôts, superbement restaurés. Des théâtres, des cinémas, des cafétérias et des restaurants entretiennent une animation permanente jusqu'à des heures avancées de la soirée.

Revenir vers l'Hôtel de Ville et se glisser, à gauche, vers Olav V Plass. Prendre alors Olav V Gate jusqu'à la large Karl Johans Gate.

Vous y arrivez à hauteur du **Théâtre national (Nationaltheatret)** devant lequel veillent les bustes des dramaturges **Henrik Ibsen** et **Bjørn Bjørnson**, prix Nobel de littérature en 1903.

Palais royal (Kongelige Slott) (B2)

Fermant l'avenue, ce palais néoclassique achevé en 1828 s'élève sur une éminence du très agréable **parc du château (Slotsparken) (B1)**, où les habitants d'Oslo aiment se promener ou effectuer leur jogging matinal. Sur l'avenue, devant le parc, se dresse la statue de Karl XIV Johann, roi de Suède et de Norvège de 1814 à 1844, mieux connu chez nous sous le nom de **Jean-Baptiste Bernadotte**.

Longer le parc par la gauche, sur Drammmensveien ou, plus agréablement, en empruntant les allées du parc.

Musée Ibsen★ (Ibsen-museet) (B2)

Arbins gate 1 - ✆ 22 12 35 50 - ♿ - visite guidée juil.-août : 11h-15h (ttes les heures) ; reste de l'année : 12h-14h (ttes les heures) - 50 NOK.

C'est ici qu'**Henrik Ibsen** passa les 11 dernières années de sa vie et qu'il écrivit quelques-uns de ses chefs-d'œuvre. Dans l'appartement, garni de mobilier d'époque, le bureau de l'écrivain a été laissé dans l'état où il se trouvait à sa mort.

Né à Skien, puis apprenti dans une pharmacie de Grimstad, Henrik Ibsen (1828-1906) travailla dans les théâtres de Bergen et de Christiania, tout en créant des pièces historiques sans grand succès. Partie prenante dans la quête d'identité nationale, il fonda en 1859 avec son ami **Bjørn Bjørnson** (prix Nobel de littérature en 1903) la *Compagnie norvégienne* afin de promouvoir l'art et la culture norvégienne. En 1863, lauréat d'une bourse, il part à l'étranger, s'installe à Copenhague, puis à Rome tout en continuant à écrire. Son poème dramatique, *Peer Gynt*, porté au théâtre en 1876 avec une musique de **Grieg,** rencontra un immense succès et est considéré comme l'incarnation du génie national norvégien. Dès lors, rompant avec le drame historique, Ibsen s'attache à fouiller les caractères psychologiques et à analyser la société de son temps, parfois dans une veine naturaliste, dans des pièces à la mécanique particulièrement précise. *Une maison de poupée* (1879), *Les Revenants* (1881), *Hedda Gabler* (1890) lui apportent la renommée dans toute l'Europe. Revenu en Norvège en juillet 1891, Ibsen est désormais une gloire nationale. Il mène une vie si bien réglée que, dit-on, les habitants de Christiania peuvent régler l'heure de leur montre sur son passage !

Revenir à Karl Johans Gate.

Karl Johans gate★ (C2)

Reliant le Palais royal à la gare centrale, cette voie rectiligne est la plus célèbre et la plus animée des rues d'Oslo. Cette première partie de l'avenue, bordée d'hôtels, de galeries commerciales et de cafés, est dotée d'un terre-plein central ombragé.
Sur la droite, autour du Théâtre national, les **jardins de l'Université (Studenterlunden)**, sont un des lieux de rendez-vous prisés par les habitants de la capitale. Juste en face, sur le trottoir de gauche que vous prendrez de préférence, s'élèvent les bâtiments de l'Université.

Musée historique★ (Kulturhitorik museet) (C2) – *Frederiks gate 2 (première rue à gauche). Frederiks gate 2 - ✆ 22 85 19 00 - www.khm.uio.no - de mi-mai à mi-sept. : 10h-16h ; de mi-sept. à mi-mai : 11h-16h - fermé lun. - 40 NOK (enf. gratuit).* Plusieurs sections très différentes constituent ce musée, rattaché à l'Université. Outre les collections numismatique et ethnographique (les salles consacrées à l'Arctique présentent de façon vivante la civilisation des Sames norvégiens), vous visiterez avec intérêt les salles consacrées aux Vikings où vous verrez de superbes trésors d'or et d'argent : les enfants peuvent ici s'initier à la vie et aux travaux de leurs lointains ancêtres. Mais le clou du musée est sans conteste la **galerie d'art médiéval★★★**, qui présente des portails d'églises en bois debout richement sculptés de motifs floraux ou d'entrelacs, des cornes à boire finement gravées, des sculptures religieuses et, surtout, la **voûte peinte de l'église de Ål**.

Galerie nationale★★★ (Nasjonal Galleriet) (C2) – *Universitesgaten 13 (seconde rue). Universitetsgaten 13 - ✆ 22 20 04 04 - ♿ - 10h-18h (jeu. 20h), w.-end 10h-17h - fermé lun. (gratuit).* Cette importante collection d'art, installée dans cet édifice depuis 1881, est actutellement présentée selon des critères déconcertants au premier abord, mais terriblement stimulants. C'est ainsi qu'une première salle consacrée aux paysages met en résonance des œuvres aussi dissemblables qu'un grand paysage de **Johan Christian Dahl** (1788-1857) une *Vue du Jas de Bouffan* de Cézanne, une toile monochrome d'Arne Halmedal (né en 1937) avec une *Forêt enchantée* de Munch, des photos avec des tableaux de l'époque romantique. Il en va de même avec la salle suivante, consacrée au portrait où le Danois Jens Juel (18e s.) cohabite avec le célèbre portrait d'Ibsen exécuté par Erik Werenskiold.
Les autres salles présentent de façon plus académique l'évolution de la peinture norvégienne. En particulier, le **romantisme national** est illustré par les paysages de **J. C. Dahl**, l'un des leaders du mouvement ; et par *Voyage de noces sur le Hardangerfjord,* chef-d'œuvre de deux autres peintres célèbres, **Adolph Tidemand** et **Hans Gude**.
Une période de réalisme parfois quasi photographique, parfois animé de préoccupations sociales comme chez **Christian Krohg**, précède un retour au romantisme (néoromantisme) vers la fin du 19e s. C'est à cette époque que le nom d'**Edvard Munch** commence à être connu : une salle met en relation une version du *Cri* et *La Danse de la vie* avec des toiles de Gauguin, Courbet, Degas, Cézanne, Monet (*Bords de Seine* et *Étretat*), Renoir *(Après le bain)* et Van Gogh *(Autoportrait)*.
Le début du 20e s. est dominé par les peintres expressionnistes et néo-impressionnistes, comme Erichsen, Svarstad, Lund et **Frits Thaulow** (1847-1908), suivis, pendant l'entre-deux-guerres, par un groupe d'élèves de Matisse, tandis que d'autres tendances européennes telles que le symbolisme (Harald Sohlberg), le cubisme et l'expressionnisme s'épanouissent également. *La Seine en hiver* de Marquet, *Pauvre Ménage* et *Guitare* de Picasso, *Le Journal* de Joan Gris, *Nature morte* de Fernand Léger représentent (entre autres) la peinture européenne de cette période.

Revenir à Karls Johans Gate.

Toujours sur le trottoir de gauche, vous longerez le **Grand Café**, prestigeux établissement que fréquentait jadis la bohème d'Oslo. N'hésitez pas à vous installer à une des tables de ce café dont le mur est décoré d'une fresque où l'on peut reconnaître quelques-uns des anciens clients, comme Ibsen, Christian Krohg et Edvard Munch entre autres personnalités du monde des arts et de la culture.

La curieuse façade en forme de rotonde du **Parlement (Stortinget)**, édifié en 1866, marque la fin de la première partie de la rue. Dès lors, après la statue d'un petit homme replet qui n'est autre que le peintre **Christian Krohg** (dont Munch fut l'élève et le disciple), le décor change radicalement : devenue nettement plus étroite et aménagée en rue piétonne, Karls Johans Gate est bordée de boutiques, de cafés, animée par des musiciens, des vendeurs à la sauvette et des bateleurs, de même que les petites rues adjacentes, avant de descendre de façon assez prononcée en direction de la gare centrale.

Prendre sur la gauche Kirkegata.

Cathédrale (Domkirken) (C2)

Construite pendant la seconde moitié du 17e s. et consacrée « Église de Notre Sauveur », la **cathédrale** fut considérablement restaurée au 19e s. puis de nouveau en 1950, si bien qu'aujourd'hui il ne reste plus rien d'origine à l'intérieur, excepté la **chaire** et le **retable** sculptés à la fin du 17e s. et décorés de motifs de feuilles d'acanthe. Le buffet d'orgue date du 18e s. La voûte tout entière est couverte de fresques peintes entre 1936 et 1950 et les vitraux sont l'œuvre d'**Emmanuel Vigeland**, frère du sculpteur Gustav. Vous remarquerez la loge royale aménagée en 1905 pour le premier roi de la Norvège indépendante, **Håkon VII**.

De la salle du garde de nuit aménagée dans le clocher ajouté en 1850, on a une très belle **vue★★** de la ville.

Place du marché (Stortorvet) (C2)

Un marché aux fleurs éclaire la place principale, **Stortorvet**, situé devant la cathédrale sur laquelle trône la statue du fondateur de la ville, Christian IV. Sur les côtés et à l'arrière de celle-ci, de minuscules boutiques, les **Basarhallene**, construites en 1850, vendent aujourd'hui des produits artisanaux et des antiquités.

Revenir à Karls Johans gate et prendre sur la droite Dronningens gate.

Musée Astrup Fearnley d'Art moderne (Astrup Fearnleay museet for Moderne Kunst) (C3)

Dronningens gate 4 - ✆ 22 93 60 60 - www.afmuseet.no - tlj sf lun. 11h-17h (jeu. 19h), w.-end 12h-17h (gratuit).

Cette institution privée présente des expositions d'art contemporain norvégien et international.

Face au musée prendre Revierstredet.

Musée d'Art contemporain (Museet for Samtidskunst) (C3)

Bankplassen 4 - ✆ 22 86 22 10 - 10h-18h (jeu. 20h), w.-end 10h-17h - fermé lun. (gratuit).

Inauguré en 1990, le **musée d'Art contemporain** occupe l'ancien bâtiment de la Banque de Norvège, situé sur une place agréable (où se niche un sympathique petit café), en retrait de la rue à droite. Il abrite les collections d'après-guerre d'art norvégien et international. Installations plus ou moins ludiques, tableaux, photos, sculptures, performances vidéo, représentent les différentes tendances de l'art contemporain norvégien qui n'a rien à envier à ses homologues étrangers. On retiendra des toiles abstraites d'**Anna-Eva Bergman** (1908-1987), une *Composition* géométrique de **Gunnar S. Gundersen** (1921-1983), une tapisserie de **Synnøve Anker Aurdal** (1908-2000) et on restera sans doute perplexe devant une installation de Ilia Kabakov, *L'homme qui ne jetait jamais rien*, tandis que le pop art et l'art cinétique sont représentés par Vasarely, Carlos Cruz Diez et Soto.

En sortant du musée, traverser Kongens gate et prendre Myntgata.

Forteresse d'Akershus★ (Akershus Festning) (C3)

Oslo Mil Akershus - ✆ 22 41 25 21 - du 13 juin au 31 août : 9h-17h, w.-end 11h-17h ; reste de l'année : 9h-16h, w.-end 11h-16h - gratuit - relève de la garde à 13h30.

Toujours utilisée pour les fonctions officielles, la **forteresse d'Akershus** a aujourd'hui l'allure d'un château Renaissance rénové ayant conservé des traces du château fort médiéval d'origine. Ce dernier fut construit vers 1300 par **Håkon Magnusson** sur un promontoire dominant le fjord pour servir de résidence royale et défendre la ville à l'Est.

Château (C3) – *Oslo Mil Akershus - ✆ 22 41 25 21 - du 13 juin au 31 août : 9h-17h, w.-end 11h-17h ; reste de l'année : 9h-16h, w.-end 11h-16h - gratuit - relève de la garde à 13h30.*
Le château fut considérablement remanié par le roi **Christian IV** au début du 17e s. : le périmètre de défense fut prolongé, des tours Renaissance élancées furent ajoutées, la cour et les fenêtres agrandies et l'intérieur fut richement décoré. Après le siège des Suédois au début du 18e s., ses défenses furent de nouveau renforcées. L'entrée du parc est à l'extrémité de Myntgata ; l'emplacement du donjon massif est visible sur le sol de la cour du château ; deux grandes salles, la salle d'Olav et la salle de Christian IV, occupent le dernier étage des ailes Nord et Sud ; on peut également visiter les cachots.

SE LOGER

Anker Hostel 1	Golden Tulip 10	Royal Christiana 18
Bastion 3	Grand 11	Savoy 20
Bristol 4	Holmenkollen Park Hotel Rica 13	Spectrum 21
Bygdøy Allé 6	Oslo Hotel 14	Stefan 22
Continental 7	Radisson SAS Plaza 16	Travel Hotel 24
First Hotel Noble House 8	Rica Holberg hotel 17	Victoria 25

SE RESTAURER

Det Gamle Rådhus	1	Lofoten	9
DS Louise	2	Solsiden	10
Engebret Café	3	Sorgenfri	12
Havsmak	5	Theatercafeen	13
Holmenkollen	6		
Kaffistova	7		

Musée de la Résistance norvégienne★ (**Norges Hjemmefrontmuseum**) (**C3**) – *Dans le parc du château. Forsvarsmuseet - Oslo Mil/Akershus - ✆ 23 09 35 82 - www.fmu.mil.no - de mi-juin à fin août : tlj sf vend. 10h-17h (mar. et jeu. 18h), dim. 11h-17h ; de mi-avr. à mi-juin et sept. : 10h-16h, dim. 11h-16h ; de déb. oct. à mi-avr. : 10h-15h, w.-end 11h-16h - 30 NOK (enf. 15 NOK)*. Ce musée illustre, grâce à des documents, des photos, des affiches, des modèles et des enregistrements, l'histoire de l'occupation de la Norvège pendant la Seconde Guerre mondiale, le rôle de la Résistance durant les cinq années d'épreuves et sa contribution à la victoire finale, avec l'épisode de la « bataille de l'eau lourde » *(voir Telemark)* dans la région de Rjukan en 1943-1944. Le site du musée est tout à fait approprié puisque Akershus fut le quartier général allemand pendant l'occupation.

En quittant la forteresse, après avoir admiré depuis les remparts la vue sur le port et, au-delà, Akker Brygge, vous vous retrouverez sur la place de l'Hotel-de-Ville : il sera sans doute plus que temps d'aller vous poser à la terrasse d'un café des anciens entrepôts…

AUTOUR DE L'AKERSELVA 2

Compter 3h. Un peu à l'écart du centre, cette balade vous permettra de découvrir un autre Oslo, tout aussi authentique, mais beaucoup moins connu.

Au départ de Karls Johans Gate, au niveau de Stortinget, prendre la rue Akersgata en montée relativement douce.

Tout en traversant le quartier des journaux, judicieusement installés à proximité du siège du gouvernement, vous traverserez Grensen, rue qui marquait la limite extérieure de Christiania lorsque **Christian IV** la fonda. La rue s'élève jusqu'à la cathédrale catholique vouée à Saint Olav.

Prendre sur la gauche de la cathédrale, puis à gauche dans Skt Olavs gate.

Musée des Arts appliqués★ (Kunstindustrimuseet) (C1)

Skt Olavs gate 1 - ✆ 21 98 20 00 - tlj sf lun. 11h-17h (jeu. 20h), w.-end 12h-16h - gratuit. Voici un musée qui doit à sa position, à l'écart des grands axes touristiques, de rester relativement méconnu, ce qui est dommage ! Si vous vous intéressez à la mode, vous découvrirez au 3e étage des robes de créateurs norvégiens. Au 2e étage est présenté un panorama des arts décoratifs de 1100 à 1915 : de très belles tapisseries médiévales (la plus ancienne remonte au 11e s., si l'on en croit la datation au carbone 14) précèdent une balade à travers le mobilier et les objets des époques baroque, Régence, rococo, néo-classique, historiciste (caractérisé ici par le style « dragon » inspiré des Vikings) et Art nouveau. Vous remarquerez notamment les **faïences bleues de Herrebø** (18e s.) et les objets en verre réalisés par la **verrerie de Gjøvik**, dans la première moitié du 19e s., ainsi qu'un secrétaire tout en sinuosités réalisé à Oslo en 1902 par Valentin et Ingolf Kielland. Quant au 1er étage, il nous promène entre modernisme et post-modernisme dans le royaume du **design**, tant norvégien qu'international. Vous découvrirez notamment la production de **Gerard Munthe** (1849-1909), premier *designer* norvégien, très inspité par l'art japonais et, plus tard, celles du verrier **Sverre Petersen** (1884-1956) et de la céramiste **Nora Guldbrandsen** (1894-1976), deux des créateurs majeurs des années 1930. Le parcours explore les évolutions du design jusqu'à nos jours, où il oscille entre minimalisme austère et maximalisme débridé. Enfin, vous admirerez les étonnantes créations de la joaillière **Tone Vigeland**, considérée comme la plus grande designer norvégienne contemporaine.

Continuer à monter par Ullevålsveien.

Autour du cimetière (Vår Freisers Gravlund) (C1)

Vaste cimetière paysager, empreint de sérénité : c'est autour d'une éminence, au centre du lieu, que reposent les grands noms de la culture norvégienne : **Henrik Ibsen** et sa femme et inspiratrice Susannah, Bjørn Bjørnson, Edvard Munch et son maître **Christian Krohg**, les peintres du mouvement romantique comme Fearnley, ou encore le poète national **Henrik Wergeland** (1808-1845).

Longez le cimetière par la doite (Askersveien).

Damstredet★ (**D1**) – *Sur la droite.* Cette ruelle au charme suranné est bordée de maisons en bois construites au 19e s., restaurées avec goût et à présent occupées par des artistes.

Vieille église d'Aker (Gamle Aker Kirke) (**C1**) – La plus vieille église d'Oslo a été construite en pierre vers 1100. Vous remarquerez à l'intérieur, très dépouillé, les gros piliers circulaires sur lesquels reposent les voûtes, ainsi qu'une abside romane en cul-de-four.

Prendre sur la droite Telthusbakken. Continuer le long de Damstredet et prendre Møllerveien en forte pente à droite.

Telthusbakken★ (D1) – Comme Damstredet, il s'agit d'une ruelle bordée de charmantes maisons de bois dotées d'un jardinet. Là aussi, le lieu est investi par des artistes et architectes.

Traverser Maridalsveien.

L'Akerselva (D1) – Les berges de ce torrent dévalant des proches montagnes ont été aménagées en promenade où piétons et cyclistes aiment à flâner.

Après avoir traversé le torrent sur un pont (Cuba bru), remonter droit devant vous par Bergverksgate que prolonge Helgesensgate, puis prendre à droite Thorvald Mayers gate.

Grünerløkka (D1)

Au moment de l'essor industriel, tandis que les usines de papier, de bois et de voiles s'étaient installées en bordure de la rivière, ce quartier fut dévolu aux habitations des ouvriers, installés dans des immeubles, tous à peu près identiques, construits à la fin du 19e s. Le quartier a aujourd'hui retrouvé une nouvelle jeunesse : des immigrés, souvent pakistanais, y ont ouvert des commerces de proximité (primeurs), tandis que la jeunesse branchée s'y retrouve, attirée par les loyers modestes. De multiples petits restaurants représentant à peu près toutes les gastronomies de la planète y ont fleuri et, aujourd'hui, le quartier s'anime chaque soir d'une ambiance jeune et festive.

Les tramways 11, 12 et 13 ramènent vers la gare centrale ou l'Hôtel de Ville.

LA PRESQU'ÎLE DE BYGDØY 3 (A3)

Une journée. *La presqu'île de Bygdøy est accessible en voiture : suivre la route E 18 vers l'Ouest et prendre la sortie Bygdøy ; tourner à gauche dans Bygdøy allé, puis de nouveau à gauche et franchir l'autoroute : Dronning Blancas vei conduit à Museumveien où se trouve le musée du Folklore. L'autobus n° 30 que l'on peut prendre depuis Rådhuset dessert également la péninsule. Cependant, il est bien plus agréable de s'y rendre en bateau (d'avril à octobre) depuis le quai situé en face de l'Hôtel de Ville : la première escale (Dronningen) dessert leMusée du Folklore et le musée des Bateaux vikings. Le retour peut s'effectuer depuis la seconde escale, Bygdøynes, à côté des musées maritimes.*

La presqu'île de Bygdøy, qui avance dans le fjord au Sud-Ouest du centre-ville, est un quartier résidentiel agrémenté de plages du côté Ouest, à Huk et Paradisbukta. Mais la visite de Bygdøy s'impose surtout à cause de ses cinq musées, dont chacun illustre un aspect différent de la culture norvégienne.

Musée du Folklore norvégien★★★ (Norsk Folkemuseum) (A3)

Museumsveien 10 - Bygdøy - ☎ 22 12 37 00 - www.norskfolke.museum.no - ♿ - de mi-mai à mi-sept. : 10h-18h ; reste de l'année : 11h-15h, w.-end 11h-16h - parc de mi-mai à mi-sept. : 9h-20h ; reste de l'année : 9h30-18h - 90 NOK (enf. 25 NOK). *Parking face à l'entrée.*

Au milieu d'un parc, le **musée du Folklore norvégien** retrace l'histoire culturelle de la Norvège depuis le Moyen Âge. C'est le plus grand musée de ce genre dans tout le pays, répartissant ses collections tant à l'intérieur qu'à l'extérieur, et l'un des plus anciens au monde puisqu'il a ouvert en 1894. La **section de plein air**, attraction principale, comprend 140 bâtiments illustrant l'architecture rurale en bois de différentes régions de Norvège. Des fermes de la Gudbrandsdal, du Sogn og Fjordane, de l'Østerdal, ou de la Hallingdal, reliées par un réseau de chemins sinueux, montrent les techniques traditionnelles de construction ainsi que leurs variantes régionales. Les ensembles les plus représentatifs sont originaires de la Setesdal, de la Numedal et du Telemark. La plus belle pièce du musée est l'**église en bois debout de Gol★★★**, transférée depuis plus de cent ans de la petite ville de Gol, à 224 km au Nord-Ouest d'Oslo. Les peintures de l'abside datent du 17e s. ; remarquez la

P. Plantier / MICHELIN

L'église en bois debout de Gol, fleuron du Norsk Folkemuseum.

P. Plantier / MICHELIN

Au Norsk Folkemuseum : les décors gravés de l'architecture rurale norvégienne.

Cène au-dessus de l'autel. Enfin, une petite ville est reconstituée, avec ses boutiques (pharmace, épicerie) et sa station-service. L'été, artisans et animaux viennent animer ce lieu où l'on passerait volontiers une journée entière.
Le reste des collections exposé dans les grands bâtiments qui se trouvent à l'entrée du musée comprend une section ethnographique consacrée à la **culture same**, une superbe collection de **costumes traditionnels**, et une collection d'**art populaire** qui présente des objets en argent, des meubles sculptés et peints selon la technique de la « peinture à la rose », des instruments de musique, ainsi que des intérieurs du 19e s. reconstitués.

Prendre à droite Langviksveien qui mène au proche musée des Bateaux vikings.

Musée des Bateaux vikings★★★ (Vikingskipshuset) (A3)

Huk aveny 35 - Bygdøy - ✆ 22 13 52 80 - www.ukm.uio.no - mai-sept. : 9h-18h ; oct.-avr. : 11h-16h - 40 NOK (enf. 20 NOK).

Ce musée abrite le contenu de trois tombeaux vikings découverts à proximité de l'Oslofjord entre 1867 et 1904. Selon une pratique courante chez les Vikings, les trois bateaux avaient servi à des funérailles. C'est Arnstein Arneberg qui conçut en 1913 le musée construit en forme de croix : le **bateau d'Oseberg** est exposé dans la « nef », juste au-delà de l'entrée, tandis que les **bateaux de Gokstad et de Tune** occupent chacun une aile. La nef est prolongée par l'**aile Oseberg**, qui contient d'autres objets trouvés dans les tombes. L'état de conservation exceptionnelle des objets découverts s'explique par le fait que le sous-sol est composé de tuf, qui protège les matériaux des effets nuisibles de l'air et de l'eau. Le contenu de la t**ombe de Tune** est très fragmentaire, mais celui des **tombes d'Oseberg et de Gokstad** est varié et très intéressant. La tombe d'Oseberg, datant de 834 environ, est la plus ancienne, les deux autres ayant 30 ou 40 ans de moins. Les objets en bois que l'on y retrouva, surtout le chariot et les trois traîneaux, sont magnifiquement décorés de sculptures complexes représentant des animaux et des personnes.

Continuer à suivre Langviksveien, puis prendre à gauche Bygdøynesveien qui conduit aux trois autres musées ayant tous un rapport avec la navigation.

Musée de la Marine norvégienne★★ (Norsk Sjøfartsmuseum) (B3)

Bygdøynesveien 37 - ✆ 24 11 41 50 - www.norsk-sjofartsmuseum.no - ♿ - de mi-mai à fin août : 10h-18h ; reste de l'année : 10h30-16h (jeu. 18h) - 40 NOK (enf. 25 NOK).

Inauguré en 1974, ce musée moderne occupe deux bâtiments séparés. Largement ouvert sur le fjord, le bâtiment principal, aux vastes perspectives intérieures, abrite diverses collections. On remarque des peintures (dont *Nordlandskejt* d'Axel Revold et *Soir d'été sur le fjord d'Oslo*, de Hans Gude), une collection de figures de proue, des intérieurs de navires avec leur vaisselle et leurs cabines, de superbes maquettes et l'on pénètre même dans les coursives du steamer *Sandnes* : bref, dans ce remarquable musée, difficile de ne pas se laisser envahir par l'illusion de prendre la mer !
La **salle des bateaux (båthallen)** illustre la rude vie quotidienne des pêcheurs norvégiens. Vous y verrez un *fembøring* du Nord et son gréement, qui s'apparente

aux bateaux vikings, un *sekskeiping* du Nordfjord, ainsi que des bateaux fluviaux et un bateau same. Le navire polaire **Gjøa**, dans lequel Roald Amundsen navigua à travers le passage du Nord-Ouest en 1903-1906, est exposé à l'extérieur du musée, face à la mer.

Musée du Fram★★ (Frammuseet) (B3)

Bygdøynesveien 36 - ✆ 23 28 29 50 - www.fram.museum.no - mai-août : 9h-18h45 ; sept. : 10h-16h45 ; janv.-avr. et oct.-déc. : 10h-15h45 - fermé 1er janv. - 40 NOK (enf. 20 NOK).

Ce très intéressant musée n'abrite que le **vaisseau polaire Fram**, construit spécialement à Larvik par Colin Archer pour l'explorateur **Fridtjof Nansen** (1861-1930) qui, à l'âge de 27 ans, avait traversé à skis le Groenland et se préparait à se rapprocher le plus possible du pôle Nord à travers l'océan Arctique, en utilisant les courants polaires. Les spécificités du navire portaient sur la coque entièrement lisse pour que la glace n'ait pas de prise sur elle et sur le réseau serré de poutres et d'armatures en chêne pour la renforcer de l'intérieur. On pouvait également surélever le gouvernail et l'hélice lorsque la glace enserrait le navire. Nansen commanda en 1893 la première expédition. Le *Fram* parvint à atteindre le degré 86 de la latitude Nord et fut immobilisé par la glace pendant trois hivers consécutifs ; il dut résister à un poids supplémentaire considérable chaque fois que d'énormes blocs de glace s'écrasaient sur le pont ; le navire retourna en Norvège en 1896, après avoir dérivé vers l'Ouest comme prévu. Nansen devint plus tard le représentant de la Norvège à la Société des Nations au sein de laquelle il mena à bien plusieurs missions humanitaires et obtint en1922 le prix Nobel de la paix.

POLARMUSEET

Fridtjof Nansen.

La seconde expédition du *Fram* fut commandée par Otto Sverdrup qui avait traversé la calotte glaciaire du Groenland avec Nansen et assumé le rôle de capitaine du *Fram* lors de son premier voyage. Cette fois-ci, on découvrit plusieurs îles au Nord du Canada. Lors de son troisième voyage, le *Fram* emmena dans l'Antarctique **Roald Amundsen** qui fut, par la suite, le premier homme à atteindre le pôle Sud. Le voyage dura deux ans (1910-1912).

Musée du Kon-Tiki★★ (Kon-Tiki museet) (B3)

Bygdøynesveien 36 - ✆ 23 08 67 67 - ♿ - juin-août : 9h-17h30 ; avr.-mai et sept. : 10h-17h ; oct.-mars : 10h30-16h - 45 NOK (enf. 20 NOK).

Ce musée est, comme le précédent, consacré aux expéditions maritimes extraordinaires, mais d'une autre sorte puisqu'il retrace les voyages de **Thor Heyerdahl** (1914-2002) dont le but était non pas de découvrir de nouvelles terres mais de retrouver les itinéraires suivis par les peuples anciens. En 1947, Heyerdahl quitta le Pérou en direction de la Polynésie sur un radeau en bois de balsa (bois très léger). Son but était de prouver que les Polynésiens étaient originaires d'Amérique du Sud. Le radeau, auquel il donna le nom de *Kon-Tiki*, était une réplique exacte de ceux que fabriquaient les Indiens avant la période Inca. Le deuxième radeau exposé, appelé **Ra II** et construit en papyrus, fut utilisé par Heyerdahl en 1970 pour traverser l'Atlantique de Safi, au Maroc, jusqu'aux Barbades, afin de montrer que les anciens Égyptiens auraient pu traverser l'Atlantique et exercer une influence sur la civilisation des Indiens d'Amérique centrale. Si les théories d'Heyerdahl semblent contestables, il se dégage de ses périples un exaltant parfum d'aventure qui ne devrait pas en rester là puisque l'expédition « Tangaro » s'est donné pour mission de refaire le trajet Pérou-Polynésie à partir du 28 avril 2006 avec à son bord un certain Olav Heyerdahl.

À l'écart du centre

Musée Munch★★ (Munchmuseet) (D2)

Sortir du centre-ville par Grønland (D2) et gagner le jardin botanique à gauche par Tøyengata. Métro Munch-Museet (lignes allant vers Tøyen). Autobus n° 20. Le musée se trouve au n° 53.

✆ 23 49 35 00 - www.munch.museum.no - ♿ - juin-août : 10h-18h ; sept.-mai : tlj sf lun. 10h-16h, w.-end 11h-17h - 65 NOK (enf. 35 NOK).

Dans son testament, Edvard Munch légua toutes ses œuvres à la ville d'Oslo, don qui, avec les compositions acquises plus tard, représente une immense collection de 1 100 toiles et de 18 000 estampes, de dessins, de lettres, etc. Le musée fut inauguré en 1963, mais en raison de l'ampleur de la collection, les peintures sont exposées par roulement.
L'enfance d'**Edvard Munch** (1863-1944) fut assombrie par une longue maladie, suivie de la mort de sa mère et de sa jeune sœur, ce qui le marqua de façon indélébile. Inspiré par le courant réaliste français, il s'installa à Paris en 1885 où il commença à travailler sur l'*Enfant malade*, tableau qui attira l'attention de la critique. De retour à Christiania, il fréquenta le milieu anarchiste et voulut peindre le désespoir de l'homme moderne. Cependant, en 1889, il retourna à Paris où il rejeta le courant réaliste et fut attiré par l'impressionnisme, puis influencé par le symbolisme.
L'exposition de ses créations à Berlin en 1892 fit scandale, mais il décida de vivre dans cette ville. Il rencontra le dramaturge suédois August Strindberg, avec lequel il s'entretint sur Nietzsche qui eut une grande influence sur lui. En 1893, il exposa quelques-unes de ses œuvres majeures, une partie du cycle de La *Frise de la vie*, dans lequel les thèmes principaux sont l'amour, la mort, l'obscurité et l'anxiété, et *Le Cri*, qui fit de lui le précurseur du mouvement expressionniste. En 1896, il retourna à Paris à l'époque où le symbolisme était en plein essor, et se consacra avec succès à la lithographie. En 1909, il s'installa définitivement en Norvège et réalisa la décoration du nouvel auditorium de l'université d'Oslo, prenant le soleil pour thème principal. Son intérêt pour le mouvement socialiste se traduisit par la réalisation du célèbre *Travailleurs rentrant chez eux* (1913-15). À partir de 1916, il vécut seul dans sa maison de la banlieue d'Oslo et, durant les dernières années de sa vie, il peignit des paysages sensuels aux couleurs fortes qui semblent indiquer qu'il en était arrivé à une vision plus sereine de la vie.

Le Cri

C'est le 24 août 2004 que le plus célèbre tableau de Munch a été dérobé dans le musée. Mettant à profit l'absence de système de sécurité, les malfrats ont opéré en plein jour devant des visiteurs médusés et, depuis lors, on est sans nouvelle de cette œuvre invendable, du moins sur le marché officiel... La conséquence ? Victime de la traditionnelle confiance norvégienne, le musée vient de se doter de moyens de protections *high tech*... *Le Cri* sera-t-il retrouvé ? Il semble que l'on soit sur la piste des malfaiteurs. Quoi qu'il en soit, consolez-vous : il en existe une deuxième version, visible à la Galerie nationale...

Parc Vigeland★ (Vigelandsparken) (A1)

Entrée principale dans Kirkeveien. Accès par le métro (station : Majorstuen) ou le tramway n° 12. Ce parc conçu selon un plan très structuré s'inscrit dans le vaste parc Frogner, situé au Nord-Ouest du centre-ville. C'est l'un des endroits les plus visités d'Oslo. Il a été dessiné par **Gustav Vigeland** (1869-1943), le plus célèbre sculpteur norvégien du 20e s., qui y travailla pendant près de 20 ans, mais qui mourut un an avant qu'il ne soit terminé. Le parc contient 200 sculptures monumentales sur le thème de la destinée de l'Homme, depuis l'enfance jusqu'à la vie adulte.
Une fois les imposantes grilles de fer forgé franchies, on peut contempler l'expression puissante et sans détour des statues massives et réalistes représentant des hommes, des femmes et des enfants, des gens ordinaires croqués dans différentes scènes de la vie quotidienne. Au-delà du pont (où est placé le bébé coléreux devenu l'emblème de la ville), de ces groupes de statues en bronze et de la fontaine centrale allégorique, on atteint le point culminant du parc, le Monolithe, monticule étagé en terrasses, surmonté d'une colonne centrale entourée de statues illustrant divers aspects des relations humaines, telles que le combat, l'amour, etc. Sur toute la hauteur de la colonne, une multitude de formes entrelacées essayant péniblement d'atteindre le sommet symbolise la lutte pour la vie, thème qui revient sans cesse dans l'œuvre de Vigeland.

Musée de la Ville d'Oslo★ (Oslo Bymuseum) (A1)

Dans le parc, avant le pont, sur la gauche de l'allée centrale. Frogner Hovedgård - Frognerveien 67 - ✆ 23 28 41 70 - juin-août : 10h-18h, w.-end 10h-17h ; sept.-mai : 10h-16h, w.-end 11h-16h - fermé lun., 1er-14 janv. - 50 NOK (enf. 20 NOK).
Dans un beau manoir de bois coiffé d'un élégant clocheton, ce passionnant musée fait revivre l'histoire de la ville à travers les âges, des documents, des tableaux, des

reconstitutions d'intérieurs et de boutiques, à travers des demeures du 18e s. Quartiers disparus et métiers d'autrefois y sont évoqués avec sensibilité et les enfants seront sans doute amusés par la reconstitution des cuisines du Moyen Âge à nos jours.

Musée Vigeland (Vigelandsmuseet) (A1)

Nobelsgate, derrière le musée de la Ville (sortir du parc et traverser). Nobelsgate 32 - ☎ 23 49 37 00 - www.vigeland.museum.no - ♿ - juin-août : 11h-17h ; sept.-mai : 12h-16h - fermé lun. - 45 NOK (enf. 25 NOK).

Le musée est aménagé dans l'ancien atelier de l'artiste, maison que lui fit construire la ville d'Oslo, où il vécut et travailla de 1924 à 1943. Il contient presque toutes ses œuvres, ses dessins, ses gravures sur bois, ses moulages, ainsi que les esquisses et les moules ayant servi à réaliser les sculptures du parc.

Holmenkollen★ (A1)

Environ 10 km au Nord-Ouest du centre-ville. En quittant le parc Vigeland, tourner à gauche dans Sørkedalsveien, puis à droite dans Holmenkollveien que l'on suit jusqu'au tremplin de ski et musée du Ski... ou bien prendre à Majorstuen le métro (ligne 1) qui s'élève dans un paysage de sapins parsemé de maisons en bois.

Ce tremplin de ski a été élevé en 1892 en même temps que le mythique hôtel qui se dresse à proximité, sur cette colline dominant l'Oslofjord, mais le nom d'Holmenkollen ne devint célèbre qu'en 1952 lorsque les jeux Olympiques d'hiver s'y déroulèrent. Modernisé plusieurs fois, le tremplin de ski continue à être utilisé pour des compétitions internationales ; le Festival de ski d'Holmenkollen s'y tient chaque année en mars. La marche d'Holmenkollen, rencontre très populaire, est une course de ski de fond à laquelle participent des milliers de skieurs et qui se termine de façon spectaculaire au pied du tremplin. Du haut de la tour, la **vue★★** sur Oslo et le fjord est superbe.

Musée du Ski (Skimuseet) (A1) – *Kongeveien 5 - ☎ 22 92 32 64 - ♿ - juin-août : 9h-20h ; janv.-avr. et oct.-déc. : 10h-16h ; mai et sept. : 10h-17h - 60 NOK (enf. 30 NOK).*

Installé au pied du tremplin, il illustre l'évolution de la fabrication et de la technique du ski depuis la préhistoire. Les collections comprennent également des vêtements et des équipements, en particulier ceux des expéditions polaires de Nansen et d'Amundsen. Dans un ancien atelier, on peut assister à la fabrication des skis suivant une méthode traditionnelle.

Ski Simulator Holmenkollen (B1) – Avis aux amateurs et aux cœurs bien accrochés ! En pénétrant dans cet engin passablement mystérieux, ils éprouveront des sensations rares, comme celle d'être en train de dévaler la piste du tremplin...

Dans les environs

Le département d'**Akershus** entoure la ville comme une ceinture de verdure, dotée de lacs, de forêts et de villages pittoresques où les citadins peuvent s'adonner à diverses activités de plein air dans une nature préservée, à quelques kilomètres du centre-ville. En été, le passe-temps favori consiste à faire de la voile sur le fjord tandis qu'en hiver il semble tout à fait normal de faire du ski sur le pas de sa porte. En effet, les Norvégiens attachent beaucoup de prix à leur qualité de vie et ils veulent pouvoir vivre dans la capitale sans avoir à supporter les inconvénients de la grande ville.

Le fjord d'Oslo (Oslofjord)

Les îles

Au départ de l'embarcadère de Vippetangen Brygge *(services fréquents)*, juste au Sud du château d'Akershus, on peut facilement accéder en bateau aux îles situées à proximité du port d'Oslo. Sur la plus proche, **Hovedøya**, les ruines romantiques d'une abbaye cistercienne, construite par des moines anglais, se dressent dans un site charmant, qui offre en outre plusieurs points de baignade. Les bateaux desservent d'autres îles, telles **Lindøya**, **Nakholmen** et **Gressholmen**, proches les unes des autres, mais aussi **Langøyene**, située plus au Sud, agrémentée de belles plages.

Croisières sur le fjord

Batservice Sightseeing AS - 0116 Oslo - ☎ 23 35 68 90 - www.boatsightseeing.com - se renseigner pour les horaires.

Plusieurs départs par jour ont lieu en été de l'embarcadère de Rådhusbrygge 3, face à l'Hôtel de Ville. L'éventail d'excursions propose un tour du port *(50mn)* permettant de voir de près la forteresse d'Akershus et les îles les plus proches, une excursion de 2h pour ceux qui désirent s'aventurer plus au Sud et se faufiler entre les îles de la rive occidentale, enfin plusieurs possibilités de croisières nocturnes.

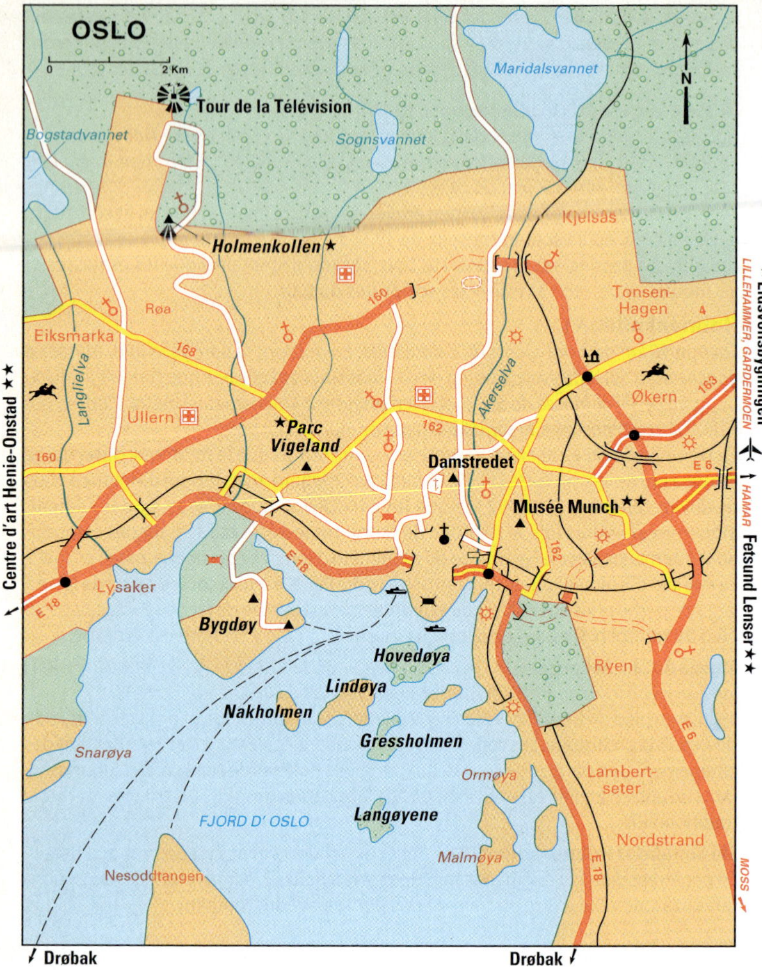

Drøbak

Par bateau express à partir de l'embarcadère d'Aker Brygge ou en suivant la route E 18-E 6 qui longe la côte orientale du fjord, puis en tournant à droite à Horgen (40 km).

Ce vieux bourg animé a conservé quelques charmantes maisons de bois datant pour la plupart du 19e s. L'intérieur baroque de l'église de bois, de 1776, et peinte en blanc, est très intéressant. Au début du 20e s., plusieurs artistes, dont **Christian Krohg** et **Frits Thaulow**, vinrent travailler à Drøbak en été ; depuis ce temps-là, la cité reçoit régulièrement la visite d'artistes, ce qui explique l'existence de nombreuses galeries de peinture et d'ateliers d'artisanat.

Maison de Noël (Tregaardens Julehus) – *Havnebakken 6 - ☎ 64 93 41 78 - www.julehus.no - mars-oct. : 10h-17h (sam. 15h) ; nov. : 10h-20h (sam. 15h) ; déc. : 10h-20h (sam. 16h) ; de déb. juin au 23 déc. : dim. 12h-16h ; 24 déc. : 9h-12h ; pendant les fêtes de fin d'année : 10h-15h - gratuit.* Vous découvrirez dans un cadre féerique à dominante rouge et vert, toutes sortes de décorations de Noël et de personnages traditionnels.

Follo Museum★ – *Quitter la route 153 au moment où celle-ci amorce sa descente vers Drøbak et suivre les panneaux indicateurs. Le musée se trouve à 800 m de la route principale. Belsjøveien - ☎ 64 93 99 90 - de mi-mai à mi-sept. : 11h-16h, w.-end et j. fériés 12h-17h - fermé lun. - 40 NOK (enf. 15 NOK).* Ce musée de plein air, inauguré en 1968, est situé au milieu des bois, dans un site naturel préservé. Il comprend un relais de poste (Korsegården) de 1730, une ferme de 1812, une maison de paysan de 1700 environ, une école de 1869. Des concerts et diverses activités sont organisés pendant la belle saison. Le musée, qui est également responsable de la préservation du patrimoine côtier de l'Akershus, a fait l'acquisition de plusieurs bateaux présentant un intérêt historique.

Oscarsborg Festning – *✆ 64 90 41 61 - juin-août : 10h-17h, possibilité de visite guidée en anglais - fermé lun. - 40 NOK.* Ce fort se dresse sur une île du détroit de Drøbak, à l'endroit même où le fjord commence à s'élargir à l'approche d'Oslo. Sa position stratégique valut à la forteresse une renommée soudaine lorque, en avril 1940, ses batteries coulèrent le cuirassé allemand *Blücher* et donnèrent ainsi à la famille royale et au gouvernement norvégien le temps de quitter Oslo…

Sur la rive occidentale

Centre d'art Henie-Onstad★★ (Henie-Onstad Kunstsenter)

12 km au Sud-Ouest. Quitter Oslo par la E 18 à l'Ouest **(A2).**

Sonja henies vei 31 - Høvikodden - ✆ 67 80 48 80 - www.hok.no - ♿ - mar.-jeu. 11h-19h, vend.-dim. 11h-18h - 80 NOK.

Ce centre d'art moderne occupe un site magnifique sur la rive boisée du fjord. Il fut inauguré en 1968 pour abriter 300 œuvres d'art, dont la danseuse sur glace **Sonja Henie** (1912-1969) et son mari, l'armateur Niels Onstad, avaient fait don à la Norvège. Depuis, la collection s'est considérablement élargie et constitue aujourd'hui la plus importante collection d'art moderne international du pays. Les principales tendances du 20e s. sont bien représentées dans le fonds exposé par roulement : le cubisme, par Braque, Joan Gris et Picasso ; le surréalisme par Miró et Ernst ; le groupe Cobra par plusieurs œuvres d'Asger Jorn et de Karel Appel… Les diverses tendances de l'art abstrait sont bien évoquées. Une salle est consacrée aux trophées et médailles remportés par Sonja Henie. Selon les vœux des fondateurs, le Centre a une vocation pluridisciplinaire, allant de la musique au cinéma, en passant par la danse, le théâtre, et le cinéma.

Continuer le long de la E 18 jusqu'à Holmen et tourner à droite vers Hvalstad, puis suivre les panneaux indiquant le musée d'Asker.

Musée d'Asker (Asker Museum)

Otto vallstadsvei 19 - Hvalstad - ✆ 66 79 00 11 - 11h-15h, dim. 12h-16h - fermé lun. - gratuit, 50 NOK (visite guidée).

Le musée abrite la collection léguée par Otto et Tilla Valstad, comprenant leur domaine ainsi que plusieurs bâtiments qu'ils y avaient fait transporter et reconstruire afin de les préserver (un *stabbur* ou réserve traditionnelle, trois maisons d'habitation, une forge et une petite chapelle). Les tableaux et dessins rassemblés par les Valstad ainsi que les œuvres d'Otto, qui était lui-même peintre, sont exposés dans une galerie édifiée à cet effet. D'autres artistes s'installèrent dans ce coin tranquille, qui fut alors surnommé « vallée des Artistes ».

Au Nord d'Oslo

La vallée de la Glomma

Quitter Oslo par la route E 6 en suivant la direction Lillestrøm-Trondheim. À Lillestrøm, prendre à droite la route 22 vers Fetsund.

Fetsund Lenser★★

Lundveien 3 - Fetsund - ✆ 63 88 75 50 - ♿ - juin-août : tlj sf lun. 11h-16h ; mai et du 1er au 15 sept. : w.-end 11h-16h ; oct.-avr. : w.-end 12h-16h (gratuit).

Ce musée de plein air original fut aménagé afin de préserver le barrage flottant utilisé pour rassembler et trier les troncs d'arbres descendant la Glomma jusqu'à ce que cette activité cesse définitivement en 1985. Le musée comprend 2,5 km de chemins flottants, une forge, une exposition présentant une maquette du site avec des troncs d'arbres attachés bout à bout pour former une chaîne destinée à contenir les autres troncs, des outils utilisés par les employés pour manœuvrer les troncs, les diriger vers un endroit donné et les empêcher de s'amonceler, des estampilles, marques distinctives des différents propriétaires, qui indiquaient en outre où le bois devait être expédié. Il y a également un **centre d'information sur la Nature** relié au musée par un sentier de découverte sur la rive et sur l'eau. La **cafétéria** rustique sert de délicieux petits sandwiches au pain complet, garnis de concombre et de poisson fumé. L'endroit où la Glomma se jette dans le lac Øyeren, un peu en aval de Fetsund Lenser, forme l'estuaire intérieur le plus vaste de Norvège.

Prendre la route 172 vers le Nord ; à Sørumsand, prendre à gauche la route 173 qui traverse la rivière et suit la rive droite de la Glomma. À Arnes, prendre la route 177puis, à Vormsund, la route 2 à droite. Les ruines de l'église de Nes (Nes Kirkeruiner) sont signalées sur la droite.

Le flottage du bois sur la Glomma

Le flottage du bois sur la Glomma remonte au Moyen Âge, mais cette activité s'intensifia à partir du 16e s. lorsque l'exportation du bois de construction prit un essor considérable. Des barrages flottants comme celui de Fetsund Lenser jouèrent le rôle de coopératives pour le compte des forestiers, chacun marquant son bois avec sa propre estampille. Fetsund employait jusqu'à 300 ouvriers pendant la saison qui durait de mai à septembre. Ces hommes accomplissaient un travail dangereux, car ils devaient diriger les troncs d'arbres à l'aide d'une sorte de crochet fixé au bout d'une longue perche ; il arrivait souvent que d'énormes amoncellements se produisent, risquant à tout moment de céder. À son apogée, Fetsund Lenser triait environ 14 millions de troncs d'arbres au cours d'une seule saison ! Cette activité cessa définitivement en 1985 et, en 1989, Fetsund Lenser devint un site préservé.

Ruines de l'église de Nes (Nes Kirkeruiner)

Accès libre. Il s'agit des ruines d'une église construite vers 1100 en pierre de la région du lac Mjøsa. L'édifice fut détruit par un incendie en 1567, puis reconstruit et agrandi pour être de nouveau frappé par la foudre en 1854. Il resta ensuite à l'état de ruine, mais les murs en pierre furent restaurés en 1958. On donne maintenant des concerts dans ce site magnifique, accessible tout au long de l'année : le parc entourant l'église surplombe le confluent de la Vorma qui descend de la Gudbransdal, et de la Glomma qui arrive de l'Østerdal, deux des plus puissantes rivières de la Norvège. Des tables sont à la disposition des visiteurs qui désirent pique-niquer et jouir de la **vue magnifique★★**.

Au-delà, en poursuivant sur la route 177, vous pouvez rejoindre Eidsvoll et les rives du lac Mjøsa (voir à Lillehammer).

Røros★★

SØR-TRONDELAG – 5 636 HABITANTS
CARTE MICHELIN N° 711 J 8 OU ATLAS EUROPE P. 111

Au cœur d'une région montagneuse aux paysages vastes et variés, où dominent les forêts de conifères et de bouleaux, les marais, les torrents et les rivières ainsi que de nombreux lacs, l'ancienne cité minière de Røros a si bien su mettre en valeur l'authenticité de son patrimoine naturel et culturel qu'elle fut inscrite en 1984 sur la liste du patrimoine mondial de l'Unesco.

- **Se repérer** – Røros est située à l'écart des grands axes, dans les montagnes de l'Est de la Norvège, à 150 km au Sud-Ouest de Trondheim par la route 30 qui traverse la **vallée de la Gaula (Gauldalen)** et à proximité de la frontière suédoise. La route 30 longe la voie de chemin de fer et passe au pied de la colline sur laquelle s'étage la ville. Une autre route constituant une sorte de boulevard périphérique part à l'assaut de la colllne et contourne la cité par le haut.
- **Se garer** – Parkings au bas de la ville, à proximité de la gare. Dans les rues, horodateurs : attention, la police locale est très vigilante quant aux dépassements d'horaires !
- **À ne pas manquer** – La vieille ville dominée par l'église et la fonderie de cuivre – le lac Aursund avec ses réserves naturelles.
- **Organiser son temps** – Consacrez une demi-journée à la ville.
- **Pour poursuivre le voyage** – TRONDHEIM au Nord, LILLEHAMMER au Sud.

Comprendre

Un très ancien peuplement

Bien qu'éloignée des grands courants de communications, la région de Røros est habitée depuis l'âge de la pierre : ses lacs, ses rivières et ses forêts formaient un terrain de chasse idéal pour les hommes préhistoriques. Au Moyen Âge, les pèlerins se rendant de Suède à la célèbre cathédrale de Nidaros (Trondheim) passaient par Røros qui se trouvait alors au cœur d'une région agricole occupée par des éleveurs de bovins et de moutons et, probablement, par des Sames nomades.

Le cuivre et le bois

En 1644, **Hans Olsen Åsen**, dont la ferme était située à l'Ouest de l'église, découvrit un filon de minerai de cuivre. Deux ans plus tard, le roi **Christian IV** accorda une charte royale à la fonderie de cuivre établie sur les rives de la Hyttelva, lui donnant le monopole de toutes les activités minières dans un rayon de 40 km autour de la première mine située au Nord-Est de Røros. Les mines comme la fonderie et les ateliers de poterie, qui ne tardèrent pas à se développer eux aussi, étaient de grands consommateurs de bois de combustion : c'est ainsi que commença le défrichement à grande échelle des forêts environnantes. D'énormes troncs d'arbres étaient transportés par **flottage** sur les rivières et les lacs et un système de canaux reliant les lacs **Femund** et **Feragen** fut aménagé au 18e s. La charte royale stipulait également que les fermiers de la région devaient travailler pour la société minière en plus de leurs activités agricoles. Au même moment, les habitants des communes proches, attirés par la possibilité de trouver du travail, s'installèrent à Røros et la société fit appel à des experts allemands. La ville se développa rapidement et l'imposante église construite à la fin du 18e s. témoigne d'une prospérité… qui fut loin d'être éphémère puisque la fonderie fonctionna pendant trois cent trente trois ans avant de fermer définitivement ses portes en 1977.

P. Plantier / MICHELIN

La rue de l'Église (Kjerkgata).

Des pâturages d'été
De nombreux fermiers, dont les terres se trouvaient dans la vallée ou à Røros même, se consacraient à l'élevage d'été sur les hauteurs dominant la ville. Ils utilisaient ces terres comme pâturages et y cultivaient le foin qu'ils emmagasinaient pour l'hiver. Ils prirent peu à peu l'habitude de passer quelques mois dans leurs propriétés d'été et ils y construisirent des cabanes pour eux-mêmes et leur famille, ainsi que des granges pour abriter le foin, et des étables pour le bétail. Aujourd'hui, cette coutume a presque entièrement disparu, mais certains lieux comme **Småsetran**, à la périphérie de la ville, ont conservé leur aspect d'autrefois.

Se promener

Au cœur de la vieille ville★★ (Bergstaden)
La vieille ville, qui s'étend sur le versant d'une colline dominée, d'un côté, par l'église et de l'autre, par la fonderie, constitue un ensemble important de maisons de bois d'un style très particulier, aux murs construits avec des poutres épaisses et parfois recouverts de planches en guise de protection contre les intempéries, tandis que sur nombre de toits, recouverts de tourbe, l'herbe (et parfois même des arbustes) ajoute une touche végétale. Les couleurs traditionnelles, le rouge et l'ocre, donnent à l'ensemble une unité remarquable, d'autant que Røros, contrairement à bon nombre de villes de Norvège construites en bois, a été épargnée par les incendies et nous est parvenue quasiment intacte. Le centre de la cité s'organise autour de deux parallèles, **Kjerkgata** et **Bergmannsgata**, qui escaladent la colline, l'une vers l'église, l'autre vers la fonderie. Kjerkgata est bordée de quelques boutiques d'artisanat et de cafés, tandis que Bergmannsgata, plus résidentielle, abrite les plus belles demeures.

Røros pratique

Adresses utiles
Røros – Postboks 123 - 7460 - ✆ *72 41 11 65*. Au bas de la ville, en retrait de Kjerkgata (sur la gauche). Il propose un grand choix d'excursions (comme, par exemple, des visites accompagnées des troupeaux de rennes qui paissent dans la région).

Bon à savoir – Le climat continental de la région est caractérisé par un niveau d'humidité bas, des étés chauds et des hivers très froids, les plus rigoureux de toute la Norvège.

Transports
Aéroport – Un vol quotidien direct pour Oslo.

Trains – Røros est située sur la ligne Oslo S-Trondheim. La gare est installée au bas de la ville, au-delà d'Osloveien qu'emprunte la route 30.

Rorøs est réputée pour sa céramique.

Depuis **Oslo**, changement à Hamar (1h20 de trajet environ), puis compter 3h entre Hamar et Røros. De **Trondheim** à Røros plusieurs trains directs (environ 2h30).

Se loger
⊖⊖ **Vertshuset Røros** – *Kjerkgata 34 - ✆ 72 41 93 11, fax 72 41 93 51 - 17 ch. : 880 NOK* . Dans une maison de bois caractéristique del'architecture locale. Beaucoup de charme.

⊖⊖ **Hotel Bergstaden** – *Ostveien 2 (face à la gare) - ✆ 72 40 60 80, fax 72 40 60 81 - www.bergstaden.no - 90 ch. : 1 275 NOK* . Le grand hôtel de la ville, partenaire de la chaîne Rica. Confortable, même si la vue des chambres donnant sur la cour est un peu tristounette. Le **restaurant** présente le soir un somptueux buffet… et la boîte de nuit ne désemplit pas les soirs de week-end.

Sports et loisirs
Activités de plein air d'été et d'hiver : pêche, canoë, ski et promenades en traîneau.

Achats
Dans les boutiques d'artisanat de Kjergata, vous trouverez de l'argenterie, de la verrerie, de la céramique, et, bien entendu, des pulls norvégiens.

Potteriet Røros – *Fargarveien 4*. Cet atelier reproduit de manière artisanale les céramiques norvégiennes des 17e et 18e s. au décor parfois très sobre, parfois exubérant, notamment à l'époque baroque.

La conception de la ville reflète une organisation sociale très stricte : les grandes maisons situées au pied de la colline, les plus éloignées de la fonderie, étaient habitées par les directeurs de la mine et par les dignitaires de la cité, tandis que les mineurs et les ouvriers vivaient dans les modestes maisons aux toits de tourbe construites à proximité de la fonderie. L'**Hyttelva**, un torrent de montagne, dévale quant à elle la pente et, après avoir longé la fonderie traverse la ville en bouillonnant, avant de se jeter dans la Glåma.

Église

En haut de Kjerkgata.

✆ 72 41 00 50 - de déb. juin au 10 sept. : tlj ; du 11 sept. à fin mai : sam. uniquement.

Elle domine la ville non seulement de par sa situation presque au sommet de la colline, mais aussi parce que c'est l'édifice le plus élevé et le plus imposant de Røros. Son importance témoigne de la richesse économique que la ville tira de plus de trois siècles d'exploitation des mines de cuivre.

La première église de bois construite en 1650 devint vite trop petite, du fait de l'afflux de nouveaux habitants. L'édifice actuel fut construit en pierre en cinq ans à peine et achevé en 1784. Le contraste est frappant entre sa silhouette peinte en blanc et les maisons marron foncé et rouge brique qui l'entourent. Comme à Kongsberg, ville du Sud de la Norvège célèbre pour ses mines d'argent, dont la destinée est comparable à celle de Røros, l'horloge située au sommet de la haute tour carrée est surmontée de l'emblème de la société minière.

L'intérieur, de style baroque tardif, évoque également celui de l'église de Kongsberg. L'église peut contenir 1 600 personnes assises, en bas et dans les galeries ; illustration jusqu'en ces lieux saints de la hiérarchie de la société locale, des loges séparées étaient prévues pour les notables ainsi que la famille royale. Les drapeaux exposés dans l'église appartenaient à l'armée privée de la société minière : la couleur bleue correspondait aux mineurs de fond, et le beige aux travailleurs de surface.

Vous pourrez voir dans le sanctuaire de nombreux portraits représentant des directeurs de la mine, des prédicateurs et quelques généreux donateurs.

Fonderie (Smelthytta)

En sortant de l'église, reprendre Kirkegata, puis tourner à droite et encore à droite dans Bergmannsgata.

✆ 72 40 61 70 - ♿ - de mi-juin à mi-août : 10h-19h ; reste de l'année : tlj sf lun. 11h-15h (w.-end 14h), possibilité de visite guidée (1h, anglais) - 60 NOK (enf. 30 NOK).

Située sur **Malmplassen**, vaste cour ouverte où arrivaient les chargements de minerai de cuivre qui étaient pesés sur un pont-bascule avant le traitement, la fonderie actuelle est une réplique de l'édifice précédent, datant de 1888, qui fut détruit par un incendie. Lorsqu'elle fut définitivement fermée en 1977, le gouvernement norvégien acheta le terrain et les bâtiments pour en faire un musée illustrant les techniques d'extraction et de fusion du minerai à l'aide de magnifiques maquettes réalisées à la main. Tout près, **Hyttklokka** sonnait le début et la fin de chaque période de travail à la fonderie.

Pollution industrielle

Vous remarquerez que les alentours immédiats de la fonderie sont plutôt dénudés : c'est la fumée qui s'échappait des hauts fourneaux qui a détruit toute la végétation.

Les **crassiers (slegghaugar)** occupent un vaste espace sur l'autre rive de la Hyttelva, et leur masse sombre fait maintenant partie du paysage. À leur pied, **Sleggveien** est une ruelle bordée de petites maisons en bois où vivaient les ouvriers pauvres et quelques artisans qui ne bénéficiaient que d'un petit coin d'herbe ou de cour. Cinq de ces maisonnettes, datant du début du 19e s. appartiennent aujourd'hui au musée de Røros.

Dans les environs

Småsetran

13 km au Nord-Est. Quitter Røros depuis le « périphérique » (Falunveien) par la route 31 (Småselerveien) en direction de la frontière suédoise.

La route longe les crassiers, à gauche, et se rapproche de cet endroit charmant où l'on pratiquait jadis l'élevage d'été. Les prairies sont aujourd'hui en friche, les chemins sont bordés d'arbres, de murets en pierre sèche et de petites maisons en bois.

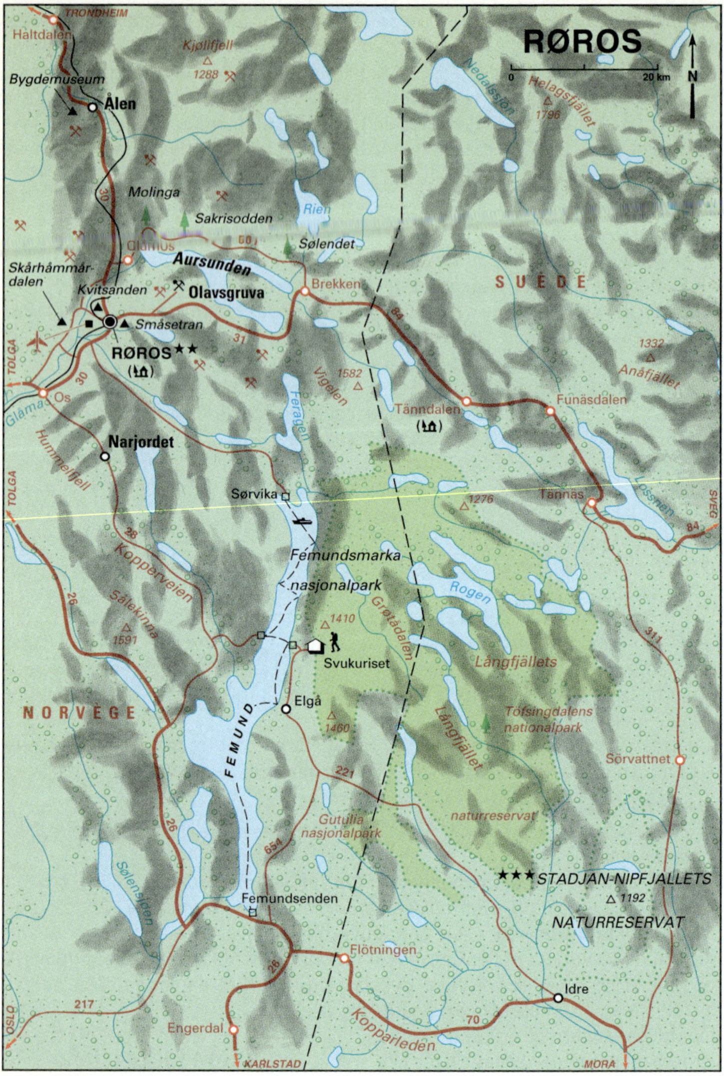

Mine du prince Olav (Olavsgruva) – *✆ 72 40 61 70 - visite guidée (1h, anglais) juin-août : 10h30-17h ; reste de l'année : sam. 10h-16h - 60 NOK (enf. 30 NOK).* **Olavsgruva** comprend deux mines attenantes, Nyberget, l'une des plus vieilles de la région, et la mine du prince Olav, qui fut l'une des dernières à fonctionner. Une partie de la mine, restaurée, est ouverte au public. Lors de la visite, des effets spéciaux recréent la vie dans les mines. Vous pourrez suivre une démonstration des différentes méthodes d'extraction du minerai par le feu, le forage à air comprimé et l'explosion. Parmi les objets exposés, vous verrez un crampon, un buggy utilisé pour transporter le minerai, des lampes et des sièges en bois conçus pour le repos des mineurs. La visite s'achève à 50 m sous terre, dans une vaste salle, **Bergmannshallen**, où ont lieu des concerts et des représentations théâtrales.

Kvitsanden

3 km à l'Ouest.

C'est un ensemble de dunes de sable formées à la fin de la dernière glaciation, lorsque les glaciers fondirent et que les rivières charrièrent de grandes quantités de sable et de petits cailloux. Sur ce sol en partie dénudé poussent quelques pins, de la bruyère et des buissons. Ce paysage, rare dans une région montagneuse, est protégé.

Après Kvitsanden, tourner à gauche vers Os.

La route qui longe la rive de la Glåma conduit au **canyon de la Skårhammardal**, de 1,2 km de longueur et de 30 m de profondeur, aux versants abrupts. Le chemin qui serpente au fond du canyon permet d'apprécier l'atmosphère paisible qui règne dans ce lieu retiré.

Ålen

36 km au Nord par la route 30 (direction Trondheim).

Au cœur du village, la **galerie norvégienne de la Photographie de nature (Norsk Naturfotogalleri)** abrite une collection permanente d'œuvres de divers photographes norvégiens, spécialistes de la nature. À la sortie du village un **musée de plein air (Bygdemuseum)** est consacré à l'agriculture.

Narjordet

25 km par la route 30 jusqu'à Vos puis à gauche, la route 28 (signalisée « Mora »).

Dans ce village, une belle ferme ancienne, **Oddenhuset**, avec ses curieuses décorations extérieures et intérieures, a été conservée dans son état d'origine. Non loin, un chemin mène à un ancien moulin à eau en état de marche.

Lac Femund (Femunden)

34 km au Sud-Est jusqu'à Synnervika.

L'été, un bateau assure un service régulier ponctué de plusieurs escales sur le troisième lac de Norvège, entre **Synnervika** au Nord et **Femundsenden** au Sud. Situés entre la rive du lac et la frontière suédoise, le **site pour la protection de l'environnement du Femundsmarka** et le **parc national du Femundsmarka** couvrent une vaste région sauvage et inhabitée (à l'exception de quelques Sames), riche en conifères, lacs et rivières, un véritable paradis pour les pêcheurs et les amoureux de la nature. Le parc est accessible par la route à partir de l'extrémité Sud du lac Femund *(109 km de Røros à Femundsenden, puis 37 km jusqu'à Elgå sur la rive orientale du lac ; à partir d'Elgå, une route secondaire mène à la cabane de Svukuriset, à 10 km au Nord)*. La cabane est le point de départ idéal pour les randonnées et les parties de pêche dans le parc national.

Lac Aursund (Aursunden)

92 km. Une demi-journée. Quitter Røros au Nlrd par la route 30, puis prendre à droite vers Glåmos, puis encore à droite et longer la rive Nord du lac.

Pâturages, prairies et forêts alternent avec des marais dont la flore très riche compte des espèces rares, et la faune variée comprend des chevreuils et des élans que l'on peut surprendre en train de brouter, surtout le soir. La rive Nord du lac est bordée par trois réserves naturelles.

Protégée depuis 1983, la **réserve naturelle de Molinga (Molinga Naturreservat)**, à l'extrémité occidentale du lac, est un site de marais, riche en faune et flore sauvages. Ici nichent plusieurs espèces de canards, ainsi que divers échassiers : des grues, des bruants des roseaux, ou encore des sternes arctiques. C'est dans la réserve que se réfugient les oiseaux migrateurs en attendant la fonte des neiges sur les lieux où ils ont l'habitude de nicher.

Un peu plus à l'Est, sur la Zone de protection végétale de **Sakrisodden (Sakrisodden Plantefredningsområde)** pousse une plante très rare, l'aster de Sibérie, qui fleurit de la mi-juillet à la mi-août.

À l'extrémité orientale du lac, la **réserve naturelle de Sølendet (Sølendet Naturreservat)** est famause pour sa forêt de bouleaux et ses marais, riches en flore variée, dont plusieurs espèces d'orchidées.

Route 17★★★

NORD-TRØNDELAG ET NORDLAND
CARTE MICHELIN N° 711 H 9/E 11 OU ATLAS EUROPE P. 107

Cet itinéraire, qui longe la côte du Helgeland par voie terrestre et maritime, relie Steinkjer au Sud et Bodø au Nord. Il permet, à partir de Høylandet, de faire un voyage passionnant en découvrant des paysages extraordinaires et une région authentique du littoral. Sur les 460 km du trajet, la nature est reine et ses éléments (la mer, les rochers et le ciel) se renouvellent constamment comme les images changeantes d'un kaléidoscope, composant un spectacle inoubliable. La route sinueuse, divisée en tronçons reliés par six ferries et de nombreux ponts, progresse entre ciel et mer en épousant les contours du terrain. Pendant la majeure partie du trajet, le regard embrasse de vastes étendues dénudées limitées à l'horizon par des pics escarpés.

- **Se repérer** – Vous atteindrez la route 17 au Sud à partir de Trondheim en suivant la E 6 sur 198 km puis, au niveau de Grong, la route 760 à gauche sur 20 km. Høylandet est à 238 km de Trondheim.
- **À ne pas manquer** – La ligne mythique et symbolique du cercle polaire.
- **Organiser son temps** – Consacrez trois bonnes journées à cette découverte.
- **Pour poursuivre le voyage** – NARVIK et l'archipel des LOFOTEN au Nord, TRONDHEIM au Sud.

Avani / INNOVATION NORWAY

Le glacier Svartisen vu de la Route 17.

Comprendre

La côte du Helgeland

La côte du Helgeland est basse et très découpée, bordée de montagnes d'un côté et de l'autre, d'innombrables îles de dimensions et de formes très variées. Cette large ceinture d'îles et de récifs est probablement le résultat de l'assaut répété des vagues combiné à la rigueur du gel qui firent éclater les roches au cours des glaciations successives. De beaux ponts, ouvrages d'art parfois audacieux, franchissent les nombreux fjords et détroits, souvent très resserrés et orientés en tout sens, mais ce sont sans aucun doute les ferries qui seront vos compagnons les plus assidus, que vous les empruntiez pour franchir un fjord, ou qu'ils naviguent en pleine mer pour assurer la liaison entre la côte et les quelques dizaines d'îles habitées.
La région est peuplée depuis la Préhistoire. La beauté étrange et austère des paysages ne pouvait que frapper l'imagination des habitants puisque des points de repère aussi singuliers que l'île rocheuse de **Torghatten** ou la chaîne montagneuse des **Sept-Sœurs** occupent une place importante dans le monde fantastique des sagas nordiques. Aujourd'hui, la population côtière du Helgeland est divisée en petites

Route 17 pratique

Adresses utiles

Destinasjon Helegaland à **Brønnøysund** – ✆ *75 01 80 00, www. visithelgelad.com* ouvert toute l'année.

Helgelanskysten Reiseliv à **Sandnessjøen** – ✆ *75 04 25 80, www. helgelandskysten.com*

Destinasjon Bodø – Sjøgata 3, 8 001 **Bodø** – ✆ *75 544 80 00, www.visitbodo. com - lun.-ven. 9h-20h, sam. 10h-18h (23 mars-28 août), lun.-ven. 9h-16h, sam. 10h-14h (le reste de l'année).*

Services très complets s'occupant tant de l'hébergement que des excursions et autres activités de loisirs.

Transports

Bon à savoir - La route est bonne en général et bordée de nombreuses aires de pique-nique. Les ferries sont à l'heure et synchronisés ; il faut donc planifier son voyage en tenant compte des horaires afin d'éviter les longues attentes aux points de passage. Il y a en tout six traversées en ferry entre Høylandet et Bodø. Il est possible de faire le trajet en deux jours, mais si l'on dispose de quatre jours ou plus, on pourra faire les excursions et visiter les îles. *Voir détail des ferries dans l'itinéraire.*

Express côtier – La côte du Helgeland est desservie par plusieurs escales de l'Express côtier : Brønnøysund, Sandnessjen, Nesnat, Ørnes et Bodø.

Aéroports – Pour rallier directement la Route 17 depuis Oslo, vous disposez de plsuieurs possibilités.

Au Sud, **Trondheim**, également reliée par des vols directs à Bergen.

Au Nord, **Bodø** est en outre desservie par des vols directs en provenance de Tromsø.

À l'intérieur des terres, au niveau du cercle polaire, **Mo i Rana** n'est pas reliée directement à Oslo, mais l'est à Bodø et, moyennant une escale, à Trondheim.

Se loger

Bon à savoir – Les possibilités d'hébergement ne manquent pas le long du trajet. Tout au long de la route, on trouve des hôtels de taille moyenne, des pensions, des auberges, des motels et des terrains de camping. Mais le choix est plus intéressant à Brønnøysund et Sandnessjøen, ensuite à Glomfjord, Ørnes, Nesna, Lovund, Sleneset et Saltstraumen.

Vous trouverez des « **rorbuer** » (cabanes de pêcheurs) à louer à Kaukholmen (près de Brønnøsubd), Nes (sur l'île de Vega) ou Lovund : s'adresser aux Offices de tourisme...

À **Bodø**, la plupart des chaînes hôtelières scandinaves (Roca, SA Radisson, Tulip Inn Thon (ex Rainbow), Comfort...) sont répésentées.

Sports et loisirs

Les occasions de découvrir l'environnement naturel unique de la région sont nombreuses, par le biais de la randonnée, de l'escalade, du cyclotourisme dans les îles, de la pêche en haute mer, de la plongée, etc.

Pêche en mer – Que ce soit sur la côte du Helgeland ou dans le célèbre maelström de Saltstraumen, la pêche en mer est libre, à condition, bien sûr, qu'il ne vous vienne pas à l'idée de vendre vos prises ! Dans les **lacs et cours d'eau**, la pêche au saumon est soumise à une taxe de l'ordre de 180 NOK : elle doit être réglée dans les bureaux de poste.

communautés dont le rythme de vie est réglé sur les horaires des ferries. Il n'y a pas de véritable ville le long de la côte, la commune la plus importante étant **Sandnessjøen** qui compte 7 500 habitants.

Circuit de découverte

De Hølandet à Bodø. 460 km.

DE HØYLANDET À BRØNNØYSUND

147 km et une traversée en ferry de 20mn – Prévoir une journée.

Après avoir traversé Hølandet, 10 km avant Foldereid, la route devient très pittoresque tandis qu'elle longe la rive de l'étroit Foldfjorden, encadré par des murailles rocheuses à pic.

Foldereid

Le village bénéficie d'un courant marin, le **Kollstraumen**, qui fournit beaucoup de poissons aux pêcheurs du cru.

Traversée en ferry de Holm à Vennesund : 20mn (départ à peu près toutes les heures).

La route côtière caractéristique commence à **Vennesund** où le paysage change radicalement et le regard embrasse à perte de vue un ensemble d'îles dont certaines émergent à peine au-dessus des flots, tandis que d'autres profilent leurs formes étranges sur le ciel changeant. D'autres encore apparaissent sous la forme d'une masse rocheuse dénudée, mystérieusement lisse et arrondie comme le dos de quelque monstre aquatique, alors que sur les îles voisines pousse une maigre végétation, petits arbres, buissons, mousse et herbe rase.

Vik

Le musée local, (Bygdetun) - *✆ 75 01 52 42 - 23 juin-20 août : tlj sf lun. et mar. 11h-17h (sam. 16h), dim. 12h-18h ; reste de l'année : sur demande, possibilité de visite guidée en anglais - gratuit ; 20 NOK (visite guidée).* illustre la pêche traditionnelle dans le Sud du Helgeland.

Brønnøysund

Ce petit port est particulièrement animé lorsque l'Express côtier arrive en fin d'après-midi. Dans le cinéma local, vous pourrez assister à une projection de diapositives sur la région *(renseignements à l'Office de tourisme).*

> **La légende du chapeau troué**
>
> Une légende raconte qu'une nuit Hestmannen, fils d'un roi puissant, pourchassait Lekamøyen, jeune fille de l'île de Leka, qu'il avait regardée se baigner nue ; sentant qu'elle lui échappe, il envoie une flèche dans sa direction, mais le roi de Sømna, qui passait par là, lance son chapeau sur la trajectoire de la flèche et sauve la jeune fille. La flèche perce le chapeau et, le soleil se levant au même moment, tout est soudain pétrifié…

Une route franchit le détroit de Brønnøy par un pont élégant et conduit, 15 km plus loin, au pied du **Chapeau troué (Torghatten)**, éminence rocheuse haute de 256 m, affectant la forme d'un chapeau percé d'un trou. Ce trou est dû à l'érosion à un moment où le niveau de la mer était beaucoup plus élevé à la fin de la dernière glaciation.

Un chemin conduit jusqu'au trou *(20mn)* qui fait 35 m de profondeur, 20 m de largeur et 160 m de longueur.

Île de Vega

Liaison rapide par bateau au départ de Brønnøysund ou ferry régulier depuis Horn).
On a trouvé sur cette île, habitée depuis dix mille ans et inscrite sur la liste du patrimoine mondial de l'Unesco, des traces de peuplement remùontant à l'âge de la pierre. Une piste facile sur 3 km, jalonnée de panneaux d'information, permet de les découvrir. Quant à la lande, elle fera le bonheur des ornithologues.

DE BRØNNØYSUND À SANDNESSJØEN

64 km et 2 traversées en ferry – Compter une demi-journée.

Un écran ininterrompu d'îles barre la vue vers le large. Entre les îles et la côte, s'étendent de paisibles baies fermées et des criques pittoresques, pratiquement à sec à marée basse. De temps en temps, quelques carrés de terre cultivée, des fermes isolées et des villages charmants aux églises de bois peintes en blanc viennent interrompre l'aridité dominante.

> **Ferries**
>
> **Horn – Andalsvågen :** traversée, 15mn (fréquence : toutes les 90mn environ).
>
> **Forvik – Tjøtta :** traversée, 60mn (fréquence : toutes les 2h environ).

Île de Tro

Ferry au départ de Forvik ou deTjøtta. Parmi les gravures rupestres de l'île, la plus connue est celle du skieur qui fut choisi comme emblème des jeux Olympiques d'hiver de Lillehammer en 1994.

Alstahaug

19 km au Nord de Tjøtta.
Construite au 12e s., l'église fut considérablement agrandie au 19e s. **Petter Dass**, qui en fut le curé à la fin du 17e s., est l'auteur de *Nordlands Trompet*, poème vibrant décrivant la région et la vie rude des habitants. Le **presbytère,** où il vécut, est aujourd'hui un musée consacré à sa mémoire.

Chaine des Sept-Sœurs (Sju Søstre)

Entre Alstahaug et Sandnessjøen, la ligne de crêtes de la chaîne des Sept-Sœurs barre l'horizon de façon impressionnante. Le système culmine à une altitude de 1 072 m, et il est possible d'accéder aux sept pics sans équipement spécial en empruntant les sentiers balisés.

ROUTE 17
LOFOTEN
STAMSUND
NARVIK
BODØ
Løding
Fauske
Saltstraumen
Straumen
HURTIGRUTEN
Gildeskål
Skaugvoll
Ørnes
Glomfjord
Braset
Forøy
Holand
Engebreen
SVARTISEN
Ågskaret
Tjong
Holandsfjorden
CERCLE POLAIRE ARCTIQUE
Jektvik
Kilboghamn
MER DE NORVÈGE
66°33
MO I RANA
Træna
Lurøy
Stokkvågen
Sleneset
Lovund
Hemnesberget
Finneidfjord
SUÈDE
UMEÅ
Nesna
Bardal
Dønna
Glein
Lavong
Leirosen
Helgelandsbrua
Sandnessjøen
Sju Søstre
Mosjøen
Røssvatnet
Alstahaug
Tjøtta
Tro
Hattfjelldal
Vefsna
Forvik
Andalsvågen
Gladstad
Vega
Horn
Brønnøysund
Torghatten
Vik
HELGELAND
Børgefjell
Nasjonalpark
Vennesund
Holm
Leka
Foldereid
Limingen
Tunnsjøen
Høylandet
TRONDHEIM
NAMSOS
GRONG

Sandnessjøen

Port d'escale de l'Express côtier, Sandnessjøen est aussi un bon centre d'excursions *(location de bicyclettes)*.

Île de Dønna

Une demi-heure de traversée.

Depuis le port d'arrivée, une route mène au Nord de l'île. À **Glein**, sur un tertre funéraire, est érigé un phallus en marbre, symbole de fertilité, élevé entre 400 et 600 av. J.-C.

À l'extrémité de l'île, près d'un manoir, sur un site occupé à l'époque viking, se dresse l'**église de Dønna** dont la partie la plus ancienne remonte au 11e s. Du haut du **Dønnesfjell**, que l'on peut atteindre en voiture, s'offre une **vue** superbe sur la côte du Helgeland, les îles et les montagnes.

DE SANDNESSJØEN À ØRNES

210 km et 3 traversées en ferry – compter une journée.

Un pont de 1 065 m de long, **Helgelandsbrua**, relie Sandnessjøen et la côte. La route longe le Leirfjord puis, à partir de Leirosen, vire vers le Nord. La région montagneuse qui s'étend entre Leirosen et Bardal au Nord-Est est idéale pour les randonnées.

Îles de Sleneset et Lovund

Des ferries quittent **Stokkvågen** pour **Sleneset** où il est possible de louer un *rorbu* (cabane de pêcheur) et de naviguer à bord d'un *fembøring* (grand bateau traditionnel).

Le ferry continue jusqu'à **Lovund** où 200 000 macareux nichent au printemps et passent les mois d'été à élever leurs petits. On y voit aussi un élevage d'huîtres ainsi que les vestiges d'une colonie de l'âge de la pierre.

Ferries

Levang – Nesna : 30mn (fréquence : toutes les heures ou 2h).

Kilboghamn – Jektvik : 1h (5 traversées par jour).

Ågskaret – Forøy : 10mn (toutes lesheures ou toutes les 2h).

De Stokkvågen, on peut également se diriger vers le large et l'archipel de **Træna**, situé à la hauteur du cercle polaire : habité depuis la préhistoire, il compte 1 300 îles et récifs et seulement 500 habitants.

Glacier du Svartisen

Après **Forøy**, la route longe la côte Nord du **Holandsfjord** ; à **Braset** *(à 9 km de Forøy)*, des petits bateaux font la navette en 15mn jusqu'au pied du glacier *de* l'**Engebreen**, l'un des bras du Svartisen, qui s'arrête à 20 m à peine du niveau de l'eau.

Au fond du Holandsfjord, un tunnel de 7,6 km conduit à Glomfjord ; la route continue le long de la côte vers le pittoresque village d'**Ørnes**.

D'ØRNES À BODØ

125 km – compter une demi-journée.

À 38 km au Nord d'Ørnes, à Skaugvoll, prendre la route 838 à gauche et rouler pendant 9 km.

Église de Gildeskål

Ce sanctuaire fut construit vers 1130 probablement sur un lieu de culte païen et agrandie au 18e s.

Saltstraumen

Parking au-delà du pont. Ce maelström qui change de direction toutes les 6h est le courant marin le plus puissant de Norvège : 400 millions de mètres cubes d'eau s'engouffrent dans un détroit de moins de 150 m de large à une vitesse qui peut atteindre 28 nœuds !

Bodø

Principale ville de la province du Nordland, Bodø fut fondée au début du 19e s. puis détruite en 1940. C'est aujourd'hui un centre commercial moderne avec un port actif et un service de ferries régulier vers les îles Lofoten. Les aigles de mer sont la principale attraction de la ville au-dessus de laquelle ils planent fréquemment. Des sorties en mer sont organisées vers l'île de **Landego**, leur principal repaire.

Un vagabond qui a mal tourné

Né dans une famille modeste de la Grubendstal, **Knut Hamsun** (1859-1952) fut élevé par un oncle pasteur aux îles Lofoten avant d'exercer mille et un métiers, dont celui d'apprenti cordonnier à Bodø, avant d'embarquer pour les États-Unis où il poursuivit sa vie aventureuse : répétiteur de français, alors qu'il n'en parlait pas un traître mot, receveur de tramway, incapable de renseiger les passagers faute de sens de l'orientation... La publication de *La Faim*, puis de son chef-d'œuvre *Pan* (1894) lui apportèrent la reconnaissance littéraire et il obtint le prix Nobel de littérature en 1920. Mais sa critique de la société moderne se chargeait de plus en plus d'aigreur et Hamsun finit par adhérer aux thèses hitlériennes et par appuyer le gouvernement pro-nazi de Quisling pendant la Seconde Guerre mondiale. À la Libération, le tribunal mit sur le compte de la sénilité l'engagement politique du vieux baroudeur.

Circuit de découverte

LE CERCLE POLAIRE (POLARSIRKELEN)

Le **cercle polaire** est le parallèle situé à 66° 33' de latitude Nord. Cette ligne imaginaire traverse le territoire norvégien juste au Nord de Mo i Rana dans une région de glaciers et de plateaux désertiques. Plus au Nord se trouvent les fascinantes régions polaires ou arctiques.

En Norvège, il y a deux façons de franchir le cercle polaire. La première en suivant la route 17 qui longe la côte entre Steinkjer et Bodø ; on franchit la ligne à bord du ferry qui relie Kilboghamn et Jektvik : les paysages sont magnifiques, mais l'événement passerait totalement inaperçu si le capitaine ne l'annonçait dans les haut-parleurs. La seconde façon – et sans aucun doute la plus mémorable – consiste à suivre l'itinéraire européen E 6 qui relie Oslo au Cap Nord.

Centre du cercle polaire (Polarsirkelensentret)

Ce centre est situé sur le bord de la route, sur le plateau désertique du **Saltfjellet**, à 650 m d'altitude, d'où le regard embrasse de vastes étendues de neige et de roche. De part et d'autre de l'édifice circulaire en forme d'igloo, des monuments marquent l'emplacement de la ligne imaginaire. En été, les alentours du centre sont en partie libérés de leur manteau de neige et de glace et il est d'usage qu'en souvenir de leur passage les visiteurs élèvent de petits monticules de pierres sur la terre nue, en faisant un vœu. À l'intérieur du centre, vous trouverez une boutique de souvenirs, une cafétéria, des expositions sur l'art et l'industrie de la Norvège du Nord ainsi que sur la faune des régions arctiques (animaux naturalisés, dont le grand ours polaire). On peut suivre également une présentation vidéo intitulée *Nord Norge*. Dans le bureau de poste, on applique sur les cartes postales le tampon spécifique du cercle polaire ! À l'extérieur de l'édifice se dresse un monument élevé à la mémoire des prisonniers russes et yougoslaves pendant la Seconde Guerre mondiale.

La Région du cercle polaire

Le climat arctique et la chaîne montagneuse du Saltfjellet (« montagne du sel ») jouent un rôle déterminant dans la région du cercle polaire, empêchant la survie de certaines espèces animales et végétales au Nord de cette ligne. Ainsi les ormes et les frênes sont-ils remplacés par des conifères et des bouleaux. Si on ne rencontre pas de serpents au Nord du Saltfjellet, d'autres espèces animales présentes dans les climats tempérés le sont aussi au Nord du cercle polaire, en particulier les renards, les castors, les aigles royaux et les dauphins.

Parc national du Saltfjellet/Svartisen

La région traversée par le cercle polaire s'inscrit presque entièrement dans le **parc national du Saltfjellet/Svartisen** où l'on peut admirer la nature dans toute sa beauté sauvage à partir de **Mo i Rana**, qui constitue une base idéale d'exploration.

La Dunderlandsdal

L'itinéraire en voiture du cercle polaire à Mo i Rana sur une distance de 80 km à travers la **Dunderlandsdal** (« vallée du pays qui gronde ») est extrêmement pittoresque car le décor change de façon radicale : de la roche nue et des neiges éternelles, on passe à des paysages alpins où domine la verdure, où coule un torrent de montagne qui s'élargit peu à peu tandis que des bovins paissent tranquillement sur les versants dominés par la masse sombre des sapins.

I. Klipper / MICHELIN

Vue sur le fjord depuis la route 17.

Glacier du Svartisen★

32 km au Nord de Mo i Rana ; une demi-journée. Prendre la E 6 en direction du Nord jusqu'à Røssvoll puis tourner à gauche et suivre les panneaux ; un bateau assure la traversée du lac Svartisvatn en 20mn ; un chemin de 3 km conduit ensuite au pied de l'Østerdalsisen, glacier qui est un bras du Svartisen.

Par sa surface, le Svartisen est le deuxième glacier de Norvège (370 km^2). Il compte soixante bras dont le plus célèbre est l'Østerdalsisen. En dépit de chutes de neige importantes et régulières sur le plateau, le glacier recule et dévoile un paysage fascinant. La vue de cette masse de glace énorme, qui se désintègre lentement en formant de minuscules icebergs qui dérivent de façon imperceptible sur le lac, est très impressionnante.

Grønligrotta

20 km au Nord de Mo i Rana ; 2h. Suivre les mêmes indications que ci-dessus ; 10 km après avoir tourné à gauche, on atteint la grotte (visite guidée toutes les heures de 10h à 19h à partir de la mi-juin ; café et hébergement sur place). Les alentours de la grotte offrent de superbes possibilités de randonnées.

Grønligrotta est une grotte calcaire naturelle dotée d'une salle immense, de passages étroits et d'une rivière souterraine qui la traverse à vive allure. On peut y admirer des stalactites et des stalagmites. Tout près, une grotte semblable, **Setergrotta**, conviendra mieux aux plus audacieux.

Un menu arctique

Les amateurs de gastronomie locale curieux de découvrir les spécialités de la région arctique ne manqueront pas de fréquenter les restaurants frappées du label « **Arktisk Meny** ». Une trentaine d'établissements situés au Nord de la Norvège (le long de la route 17, sur les îles Lofoten et Vesterålen, dans la région de Tromsø et en Laponie) s'engagent en effet à proposer une cuisine de terroir à base de produits et de spécialités locales. Ce sera l'occasion pour les plus aventureux des gourmets de goûter à la viande de baleine ou de phoque, de renne ou d'élan, sans oublier bien entendu les différentes manières d'accommoder le cabillaud, ni les délicieuses baies polaires...

Le Sognefjord★★★

SOGN OG FJORDANE
CARTE MICHELIN N° 711 K 2 À 4 OU ATLAS EUROPE P 110

Le Sognefjord est le plus long (205 km) des fjords norvégiens et l'un des plus impressionnants. Tour à tour grandioses, énigmatiques, sauvages, austères, lumineux et colorés, ses paysages apparaissent dans toute leur splendeur à la fin du printemps, lorsque les arbres frutiers se couvrent de fleurs, composant un taleau idyllique sur fond de montagnes enneigées.

- **Se repérer** – C'est à Vik, situéau Nord de **Voss** sur la route 13, que commence la découverte du fjord. Toutefois cette route peut être coupée jusqu'à la fin avril. Dans ce cas, il faut prendre la route E 16 qui, au prix de quelques longs tunnels (dont un de 26 km !) vous conduira à Lærdal, sur la rive méridionale du fjord.
- **À ne pas manquer** – L'église d'Urnes, le village d'Udredall…
- **Organiser son temps** – Consacrez trois à quatre jours à l'exploration du fjord.
- **Pour poursuivre le voyage** – BERGEN, GERIRANGER et ÅLESUND.

P. Plantier / MICHELIN

Undredal, un lieu hors du temps.

Comprendre

Le plus beau des fjords de Norvège

Le fjord pénètre à l'intérieur des terres d'Est en Ouest avant d'étendre ses bras presque jusqu'à la plus élevée des chaînes montagneuses de Norvège, le massif du **Jotunheim,** et jusqu'au plus grand glacier norvégien, le **Jostedalsbreen**. À peu près à mi-chemin, près d'Høyanger, le fjord atteint sa profondeur maximale, 1 308 m. Entre la côte et Balestrand, il est assez large et offre de vastes panoramas, mais il se resserre ensuite et certains de ses bras, tel le Næerøyfjord qui s'étend vers le Sud jusqu'à Gudvangen, sont particulièrement étroits. Cet arrière-pays est la partie la plus attrayante, car le fjord y dévoile tout l'éventail de ses aspects. La région du Sognefjord se prête à toutes sortes d'activités de plein air : randonnées en montagne, promenades équestres, escalade, ski alpin, cyclotourisme, voile, etc.

Circuit de découverte

Vik

Ce village animé est célèbre pour l'**église en bois debout de Hopperstad** - *✆ 57 67 88 40 - www.stavechurch.com - visite guidée du 19 juin au 13 août : 9h-19h ; du 18 mai au 18 juin et du 14 août au 14 sept. : 10h-17h* - datant de 1130 environ, a retrouvé aujourd'hui son aspect médiéval. On peut y admirer un beau retable gothique à baldaquin.

Traverser le fjord par le ferry à Vangsnes.

Sognefjord pratique

Adresses utiles

Vik – ✆ *57 69 56 86.*

Balestrand – Holmatunet - ✆ *57 63 33 13 - www.sognefjord.no*

Sogndal – Sognfjorden As - ✆ *57 67 30 83 - www.sognefjorden.no*

Flåm – Stationen - ✆ *57 63 33 13 www.visitflam.com*

Transports

Avion – Le Sognefjord est facilement accessible par avion à partir d'Oslo (vols réguliers Oslo-Sogndal).

Bateau – Depuis Bergen, des ferries assurent des services rapides jusqu'à Sogndal et Flåm, au plus profond du fjord, avec plusieurs escales en cours de route.

La compagnie **Fjord 1 (Fylkesbaatane)** assure l'ensemble du trafic maritime le long des différents bras du fjord et ce toute l'année. Horaires sur *www.fylkesbaatane.no*

Train – Il est également possible de se rendre dans la région en train selon différents itinéraires, le plus intéressant étant sans aucun doute la ligne Myrdal-Flåm *(voir Bergen – Excursions)*.

Route – Plusieurs routes mènent au Sognefjord en partant du Nord, du Sud et de l'Est, mais deux d'entre elles offrent des vues particulièrement superbes.

La première est la **route 13**, qui part de Voss au Sud, franchit le Vikafjellet (986 m) et redescend sur Vik situé sur la rive méridionale du fjord.

La seconde est la **route 55**, connue sous le nom de route du Sognefjellet, qui part de Lom au Nord-Est, franchit le plus haut col de Norvège (1 440 m) puis redescend en lacet jusqu'à Skjolden au fond du Lustrafjord, bras du Sognefjord le plus éloigné de la côte. La route 55 continue ensuite le long de la rive septentrionale du Sognefjord presque jusqu'à Lavik, les sections les plus pittoresques étant les bords du Lustrafjord et le trajet de Sogndal à Balestrand.

Se loger

BALESTRAND

⊜⊜ **Hôtel Kvikne** – ✆ *57 69 42 00, fax 57 69 42 01, www.kviknes.no - 730 – 850 NOK. selon saison.* Un hôtel historique. Charme à l'ancienne dans un paysage somptueux de montagnes s'évasant autour du fjord.

LEIKANGER

Leikanger Fjord Hotel – ✆ *47 65 36 22, fax 57 65 40 30, www.leikanger-fjordhotel.no – 50 ch.* Bien situé face au fjord, doté d'une partie moderne et confortable, meublé et décoré avec goût, une des bonnes adresses de la région. Restaurant remarquable. Il peut être prudent de réserver !

SOGNDAL

⊜⊜ **Quality Hotel** – ✆ *57 62 77 00, fax 57 62 77 40 - 108 ch. : 1 250 NOK* ☕. confort standard pour un hôtel moderne qui peut constituer une étape commode dans la « capitale » du Sognefjord.

FLÅM

⊜⊜ **Furukroa** – ✆ *57 63 20 50, fax 57-20 51, www.furukroa.no - 8 ch. : 900 NOK* ☕. Idéal pour attendre au calme en méditant devant le fjord, le ferry ou le train de Bergen ou se remettre des émotions du Flåmbana !

P. Plantier / MICHELIN

Une gare ? Non, un café. Et c'est à Flåm, au fond de l'Aurlandsfjord.

Événements

Un festival de ski a lieu en mai sur les versants du Vikafjellet au-dessus de **Vik** ; il est accompagné de manifestations culturelles.

Festival de la Chèvre à **Udredall** : le premier w.-e. suivant le 14 Juillet.

Balestrand

Le village occupe un **site★★** superbe au confluent du fjord et de l'un de ses bras, le fjord de Fjærland. Le splendide **hôtel Kvikne**, de « style suisse », se dresse sur les bords du fjord depuis 1877.

Prendre le ferry pour Hella et suivre la route 55.

Leikanger

Le village s'étage paisiblement en bordure du fjord, sur un versant assez ensoleillé pour permettre, depuis le Moyen âge, la culture des arbres fruitiers. Dans le prolongement, **Hermansverk** propose aux visiteurs un centre commerçant animé.

Sogndal

Petit centre régional sans charme particulier, à la croisée des routes 55 et 5.

Poursuivre sur la route 55.

Fjord de Lujster (Lustrafjord)

La route 55 atteint le Lustrafjord, autre bras du Sognefjord, qui se poursuit jusqu'à **Skjolden** à 51 km.

Mais juste avant Hafslo, une route secondaire, à droite, conduit au hameau de **Solvorn** où un service de ferry traverse *(en saison)* le fjord pour visiter l'**église en bois debout d'Urnes★★** *(✆ 57 67 88 40 - de déb. juin à fin août : 9h30-17h30 - 40 NOK. -*, la plus ancienne et l'une des plus belles de Norvège, construite vers le milieu du 12e s. et inscrite par l'Unesco sur la liste du patrimoine mondial. Son portail, orné de dragons et de serpents sculptés, est particulièrement remarquable. À l'intérieur, les colonnes et les chapiteaux sont richement décorés de sculptures représentant des animaux, des formes humaines, des dragons et des centaures. Un beau retable baroque représente la Crucifixion.

Plus loin, à **Gaupne**, la route 604, à gauche, conduit à **Gjerde** *(30 km)*, au pied du Jostedal où le **centre des Glaciers** présente une foule d'informations. Des visites guidées du glacier et du parc national qui l'entoure y sont organisées.

Revenir à Sogndal et prendre la route 5 vers le Sud.

Kaupanger

Avant le village, sur la gauche de la route, le **Musée Folklorique régional (Sogn Folkemuseum/De Heibergske Samlinger)** - *✆ 57 67 82 06 - www.dhs.museum.no - juin-août : 10h-18h ; mai et sept. : 10h-15h, w.-end 10h-18h - 60 NOK (enf. 30 NOK), ticket donnant accès au musée du Sognfjord* - est un musée de plein air présentant l'architecture et la vie rurale de la région.

Un peu plus loin, une route à droite permet d'accéder au petit port et au minuscule village situés en contrebas : vous y verrez une belle **église en bois debout★(stavkirke)** - *✆ 57 67 88 40 - de déb. juin à fin août : 9h30-17h30 - 30 NOK* - construite en 1184 et remaniée au 17e s, et pourrez visiter le **musée des Bateaux du Sognfjord** - *✆ 57 67 82 06 - www.dhs.museum.no - ancienne gare du ferry ouvert juin-août* - consacré à la navigation et à la pêche sur le fjord.

Poursuivre sur la route 55, après le ferry conduisant de Manheller à Foldnes.

Lærdal

Outre un remarquable ensemble de maisons anciennes **(Gamle Lærdalsøyri)**, le village abrite le **Centre norvégien du saumon sauvage (Norsk Villakssenter)** - *✆ 57 66 67 71 - www.norsk-villakssenter.no - juil. : 10h-22h ; mai : 10h-18h ; juin et août : 10h-19h ; sept. : 11h-17h.* - un aquarium en eau vive, une exposition et un film permettent de découvrir le roi de la table norvégienne.

Rejoindre la route E 16 et la prendre sur la gauche (directon Bergen).

La route emprunte le **Lærsdaltunnelen**, fantastique ouvrage d'art de 25 km de long, auquel la lumière bleutée des espaces d'arrêt placés tous les 6 km confère une atmosphère onirique, vaguement inquiétante, évoquant les images d'un film de science-fiction.

Flåm

À la sortie du tunnel, accès par une voie en lacets serrés.

En bordure de l'Aurlandsfjord, ce lieu se compose d'un hôtel, de restaurants, d'une boutique de souvenirs (très fournie) et d'une gare où un train à crémaillière, le **flåmsbana★★★**, conduit en 46mn ses passagers 866 m plus haut avec des dénivelés à 55 %. Les **paysages** que vous découvrez progessivement lors de la montée sont absolument admirables ! *(Renseignements et horaires sur le site www.flaaamsbana.no).*

Cette excursion s'intègre dans le programme « Norway in a Nutshell » réalisable à partir de Bergen grâce à la ligne de chemin de fer desservant la gare de Flåm.

Le fjord le plus étroit

Bras de l'Aurlandfjord, le **Nærøyfjord**, encaissé entre de hautes montagnes, est le fjord le plus étroit de Norvège : encadré par des montagnes culminant à 1 800 m d'altitude, il n'est large en certains endroits que de 250 m ! Un ferry relie Kaupanger et **Gudvangen** au fond du Nærøyfjord ; un autre ferry rejoint Aurland et, de là, une route touristique conduit en 45 km à Erdal, offrant des vues mémorables sur l'Aurlandsfjord.

Reprendre la route E 16 qui s'enfonce dans un nouveau tunnel, modeste en comparaison puisqu'il ne fait que 5 km ! Dès la sortie, s'engager sur une route étroite à droite (espaces de croisement aménagés).

Undredall★★

Ce minuscule hameau est posé en bordure du fjord d'Aurland, dont les eaux sont ici d'un étonnant vert soutenu. Une petite **église en bois debout (stavkirke),** de 1147, quelques fermes spécialisées dans la production de fromage de chèvre, des pontons où sont amarrées des barques, un café-épicerie et, en face, très près, la paroi verticale de l'autre rive : voici un endroit serein, longtemps inaccessible autrement qu'en bateau, propre à s'isoler du monde afin de parcourir les sentiers à la recherche de quelque orchidée sauvage, ou d'une ferme abandonnée... où à contempler les eaux calmes où de temps à autre, un phoque daigne se montrer.

Reprendre la E 16 puis la route à gauche vers Sogndal où prendre la E 5 vers le Nord.

Fjærland

Jusqu'en 1987, Fjærland n'était relié au reste du monde que par le ferry qui parcourt le Fjærlandfjord à partir de Balestrand ou de Hella. Aujourd'hui, deux tunnels permettent de relier le village à Sogndal au Sud (le Frudalstunnelen) et à Skei au Nord : le Fjærlandstunnelen (à péage), creusé sous le glacier de la **Jostedal**.

Situé sur la gauche de la route, le **musée des Glaciers norvégiens (Norsk Bremuseum** - *✆ 57 69 32 88 - www.fjaerland.org - ♿ - juin-août : 9h-19h ; avr.-mai et sept.-oct. : 10h-16h - 80 NOK (enf. 40 NOK -*) installé dans un bâtiment en forme de pyramide, expose de façon didactique et ludique à l'aide d'une présentation audiovisuelle et d'un film projeté sur un écran semi-circulaire, la formation et l'évolution des glaciers et des fjords. Des randonnées accompagnées (adaptées à plusieurs niveaux) permettent de découvrir les glaciers proches...

Le nageur et le Patrimoine mondial

Il ne pouvait en être autrement ! Les plus beaux fjords de Norvège ont été inscrits par l'Unesco sur la liste du patrimoine mondial de l'humanité en juillet 2005 : ont été ainsi distingués le **fjord de Geiranger** *(voir ce nom)* et un bras du Sognefjord, le **Nærøyfjord**. Pour célébrer dignement l'événement, un nageur, **Lewis Gordon Pugh**, s'est lancé dans l'eau du Nærøyfjord afin d'en parcourir les 17 km dans une eau dont la température était estimée, au cœur du mois de juillet et en certains endroits à 5° C en raison des multiples cascades de torrents nés de la fonte des neiges... Il a fallu 7h et 28mn au nageur britannique pour réaliser cet exploit, une première puisque personne n'avait jusque-là parcouru le fjord à la nage. Mais Pugh n'en était pas à son coup d'essai puisqu'il avait traversé en 2004 les 204 km du plus long bras du Sognefjord, sans oublier des exploits similiaires aux chutes de l'Iguazu en Argentine et à l'île Robben d'Afrique du Sud. Ce nageur de l'extrême ne compte pas s'en arrêter là et envisage d'être le premier baigneur de l'Arctique en se lançant à l'eau à l'extrême pointe du Spitzberg !

Stavanger★ et le Hardangerfjord★★

ROGALAND – 113 991 HABITANTS
CARTE MICHELIN N° 711 N 2 OU ATLAS EUROPE P. 116

La quatrième ville de Norvège est située dans un paysage caractéristique de la côte occidentale de Norvège : sur une presqu'île qui s'avance dans la mer du Nord, le long d'une côte dentelée protégée par un chapelet d'îles. Si Stavanger est aujourd'hui la capitale régionale prospère du Sud-Ouest, c'est à sa détermination obstinée et à sa faculté d'adaptation qu'elle le doit. Depuis ses débuts modestes, la ville a toujours compté sur la mer du Nord pour lui fournir ses ressources essentielles et lui assurer une croissance économique saine.

- **Se repérer** – Stavanger est située sur la côte occidentale de la Norvège, à 177 km au Sud de Bergen dont la sépare le fjord d'Hardanger (Hardangerfjord).
- **À ne pas manquer** – La cathédrale (Domkirke) et le vieux port (Vagen) que domine la vieille ville.
- **Pour poursuivre le voyage** – Bergen (en longeant la côte vers le Nord), Kristiansand, en direction d'Oslo.

Bon à savoir

Stavanger a été choisie pour être la capitale européenne de la culture en 2008.

Comprendre

Hareng, sardine... et pétrole

Au début du 12e s., Stavanger n'était qu'un village d'agriculteurs et de pêcheurs et un avant-poste commercial le long de la côte, lorsqu'en 1125 l'évêché de St-Svithun fut fondé et la cathédrale fut construite. Au fur et à mesure que la ville devenait un centre culturel florissant, sa richesse économique, fondée sur la pêche au hareng, grandissait. En même temps, la construction navale prenait un tel essor qu'à la fin du 18e s. Stavanger possédait une flotte importante de navires marchands qui faisaient voile vers tous les points du globe, de la Baltique à la Méditerranée et aux Antilles. Lorsqu'au 19e s. le hareng se fit rare, il fut remplacé par la sardine et la cité posséda bientôt un nombre impressionnant de conserveries. Aujourd'hui, le pétrole de la mer du Nord a donné un nouvel élan à l'économie locale qui s'est impliquée dans toutes les branches de l'industrie pétrolière, depuis la construction de plates-formes de forage jusqu'au raffinage et au transport du pétrole brut. Cette activité a bien entendu encouragé le développement du secteur tertiaire et Stavanger a ainsi acquis une nouvelle dimension internationale.

L'essor économique se reflète dans l'ambiance cosmopolite de la ville, sa vie nocturne animée et son nombre croissant de restaurants étrangers. Cependant, le vieux port a gardé son cachet typiquement norvégien et la vieille ville a conservé son charme d'autrefois, même si elle tend peut-être un peu trop à ressembler à un musée.

Se promener

LE VIEUX STAVANGER★

1h30.

Vieux port (Vågen)

Au fond du vieux port transformé en port de plaisance abritant quelques voiliers pittoresques, sur la place (Torget), se tient le marché au poisson ; toujours très animé jusqu'à 16 heures, il attire quotidiennement une foule de badauds fascinés par les quantités impressionnantes de crevettes et autres crustacés de la mer du Nord exposés sur les étalages.

T. Rakke / NORDIC LIFE/INNOVATION NORWAY

Demeures colorées sur le port de Stavanger.

Stavanger et le Hardangerfjord pratiques

Adresses utiles

Stavanger – Rosenkildetorget 1 - 4001 - *51 85 92 00, fax 51 85 92 02 - www.regionstavanger.com - en été : tlj 9h-20h, en hiver : lun.-ven. 9h-16h, sam. 9h-14h.* Vous y trouverez une vaste documentation sur la ville et des tickets pour les transports en commun et sites à visiter.

Visites

À pied – *Guide Compagniet AS, Verksgaten 14b, 51 85 09 20 - www.guidecompagniet.no* - Une agence de guides qui propose des excursions autour des principaux sites historiques de la ville et dans toute la région des environs de Stavanger.

En bateau – Au départ du quai Skagenkaien, vous trouverez plusieurs bateaux qui proposent des escapades exceptionnelles dans les fjords qui bordent la ville de Stavanger. Les billets s'achètent au départ des bateaux ou à l'Office de tourisme. Environ deux départs tous les matins en été. Pour le tour le plus complet, comprenant une visite des îles, du Lysefjord, et autres paysages somptueux, comptez 280 NOK pour les adultes et 140 NOK pour les enfants. Pour toutes les informations complémentaires, *51 89 52 70* ou *www.rodne.no*

En hélicoptère – Un moyen original de visiter ces paysages grandioses que vous ne verrez nul part ailleurs. La compagnie Norcopter propose des excursions dont les prix sont raisonnables pour quelques minutes de vol. Pour les informations, s'adresser à l'office de tourisme ou *88 00 14 14 - www.norcopter.com*

En vélo – Comptez 35 km ou une demie journée pour rejoindre Hommersåk depuis Stavanger, avec une traversée en bateau.

Transports

Aéroport – Il est situé en bordure de la mer, à Sola, à 14 km au Sud de la ville. Liaisons directes quotidiennes pour Bergen, Kristiansand, Oslo, Sandjeford et avec une escale pour Trondheim et Ålesund.

Train – Quatre trains quotidiens (dont un de nuit) relient Oslo S à Stavanger via Kristiansand. Comptez un peu plus de sept heures de trajet pour les trains diurnes.

Se loger

Tone's B & B – *Peder Claussøns gt. 22, tout près du centre - 51 52 42 07 - www.tones-bb.com - ch. : 300/450 NOK.* On vous accueillera en français dans ce « bed & breakfast » très apprécié des Norvégiens qui s'y rendent nombreux en été. L'intérieur est charmant, les chambres simples et correctes, les salles de bains communes bien tenues.

Charlottenlund – *Kongsgaten 45, dans le centre - 51 91 76 00 - 5 ch. : 550/1 000 NOK.* Cet établissement situé au bord du lac est surtout réputé pour son fameux restaurant. Vous y trouverez également quelques chambres charmantes, simples et confortables. Le petit-déjeuner est servi dans une salle commune conviviale.

Skansen – *Skansegata 7, dans le centre - 51 93 85 00, fax 51 93 85 01 - www.skansehotel.no - 28 ch. : 835/970 NOK.* Un petit hôtel sans charme particulier, mais confortable et bon marché. Le patron prépare régulièrement des soupes ou des pâtisseries pour les résidents. Pensez à réserver, c'est souvent complet en été.

Thon (Rainbow) Hotel Maritim – *Kongsgata 32, dans le centre - 51 85 05 00, fax 51 85 05 01 - www.rainbow-hotels.no/maritim - 177 ch. : 1 000/1 250 NOK.* Situé au bord d'un lac, cet établissement fait partie d'une chaîne réputée qui propose des hôtels globalement très convenables. Celui-ci est bien situé et accueillant, les chambres étant confortables. Si vous devez rester plusieurs jours ou séjourner dans d'autres établissements de ce groupe, il peut être financièrement avantageux de prendre le pass Skanplus. La chambre double est alors à 690 NOK et la 6e nuit est gratuite.

Den Gamle Stallen – *Øvre Strandgate 112, à 10mn à pied du centre - 51 52 53 46 - Accueil tous les jours entre 11h et 22h - ch. : 1 000/1 200 NOK.* Les propriétaires de cette maison ont aménagé une écurie vieille de 300 ans en un petit appartement confortable. L'ensemble, plutôt rustique, est équipé d'une cuisine et de plusieurs pièces, ce qui en fait une résidence idéale pour les familles. Une bonne adresse, même si le cadre est un peu gâché par la présence d'une usine.

Radisson SAS – *Løkkeveien 26, dans le centre - 51 76 60 00, fax 51 76 60 01 - www.radissonsas.com - ch. : 1 295/1 495 NOK, suite : 2 800 NOK.* Sans surprise, un hôtel moderne et accueillant de ce groupe prestigieux dont la réputation n'est plus à faire. Les services et l'accueil sont à la hauteur du prix, mais la décoration de ce type d'hôtel pour hommes d'affaires est toujours un peu impersonnelle.

Clarion – *NY Olavskleiv 8, dans le centre - 51 50 25 00, fax 51 50 25 01 - www.choicehotels.no - 500 ch. : 1 235 NOK, suite : 2 200 NOK.* Un hôtel de standing décoré dans le style ancien qui accueille essentiellement des hommes d'affaires. Les chambres sont plutôt décorées avec goût et l'accueil attentionné. Les prix sont nettement plus intéressants le week-end et en été. Réservation possible sur Internet.

Victoria – *Skansekaien 1, dans le centre - 51 86 70 00, fax 51 86 70 70 - www.victoria-hotel.no - ch. : 1 425/1 525 NOK, suite : 2 200 NOK*. Ce grand bâtiment ancien est idéalement situé entre la rue piétonne principale et le port. L'intérieur élégant comprend un restaurant de qualité, un bar, des chambres décorées avec goût et variées selon les budgets. Une adresse fiable comme la plupart des hôtels Rica.

Se restaurer

NB Sørensens – *Skagen 26, dans le centre - 51 84 38 20 - Tlj 11h-0h30, dim. 14h-0h30 - 129/300 NOK*. Une brasserie ancienne, décorée à la manière d'un bateau, où l'on sert une cuisine de type international très correcte. Elle est composée entre autres d'entrecôtes, saumons grillés et hamburgers. Une valeur sûre.

Skagen – *Skagenkaien 16, dans le centre - 51 89 51 80 - www.sjohusetskagen.no - tlj 11h30-23h, dim. 14h-22h - 100/379 NOK*. Le restaurant traditionnel par excellence ! Situé sur les quais, cet établissement est probablement le meilleur de tous les restaurants qui se font concurrence sur cet espace très fréquenté. On y sert une cuisine scandinave avec quelques plats de poisson remarquables. Une belle terrasse est dressée en été.

Charlottenlund – *Kongsgaten 45, au bord du lac - 51 91 76 00 - www.charlottenlund.no - mardi.-sam. 17h-23h30, dim. 13h-19h - 150/400 NOK*. Cette charmante maison ancienne date de 1828. L'ensemble a été réaménagé en un restaurant élégant décoré dans le style de l'époque. On y sert une cuisine d'inspiration française et scandinave. Le service y est particulièrement soigné.

Bølgen & Moi – *Norsk Oljemuseum, à 5mn à pied du centre - 51 93 93 51 - tlj 11h-22h, dim. 12h-18h - 200/400 NOK*. Le musée du Pétrole offre un décor exceptionnel pour apprécier une cuisine scandinave de grande qualité. Les grandes baies vitrées qui bordent la salle à manger permettent de découvrir une vue panoramique sur la mer qui entoure Stavanger. Une excellente adresse. Un peu plus cher le soir.

Jans – *Breitorget, dans le centre - 51 85 45 85 - www.jans.no - Lun.-sam. 19h-23h - 250/535 NOK*. Situé en sous-sol, ce restaurant élégant propose une cuisine d'inspiration française et préparée à la mode scandinave. Le tout est servi dans un cadre rustique décoré de peintures d'artistes connus. La cave comprend une très belle collection de bonnes bouteilles.

Tango – *Nedre Strandgate 25, dans le centre - 51 50 12 30 - tlj 18h-22h, fermé dim. - 370/390 NOK*. L'établissement « select » de la ville. L'étage est occupé par un bar branché alors que le rez-de-chaussée est un restaurant très élégant où l'on sert un menu composé par le chef. Donc, pas de carte et tous les jours une nouvelle formule est proposée. Une excellente adresse où les clients se doivent d'être élégamment habillés.

Stim – *Skagen 28, sur les quais - 51 85 00 16 - lun.-ven. 17h-01h, sam.11h30-01h - 165/400 NOK*. Ce restaurant moderne est richement décoré par des artistes scandinaves reconnus. Tout est pensé, depuis les plats fixés sur le bar, les sculptures en canettes ou encore les couleurs pop. Un véritable musée d'art contemporain où l'on sert une excellente cuisine à base de poissons et quelques curiosités plus exotiques, dont le filet d'antilope.

Straen – *Nedre Strandgata 13-15, dans le centre - 51 84 37 37 - lun.-sam. 18h-23h, fermé dim. - 235/745 NOK*. Bâti le long d'un fjord, ce restaurant gastronomique occupe le premier étage de cette maison charmante. Dans un cadre design décoré de coupures de vieux journaux, vous pourrez savourer des plats raffinés composés essentiellement de poissons. Les prix un peu élevés sont justifiés par la qualité des produits servis.

CAFES-RESTAURANTS

Resept – *Østervåg 43, dans le centre - 51 55 39 80 - tlj 11h-0h, dim. 14h-22h - 63/150 NOK*. Un café restaurant branché et cosy, aménagé sur deux étages, où l'on sert une cuisine rapide, composée de salades, sandwichs et quelques grillades. Nous vous conseillons les fameuses crevettes à la coco que vous pourrez déguster sur la terrasse dressée dans une rue calme (aux beaux jours, bien entendu !).

En soirée

Broremann Bar – *Skansegaten 7, dans le centre - 51 93 85 00 - tlj 15h-01h* - Un bar à cocktails joliment décoré dans un esprit qui mélange à la fois le moderne et le rustique. On y croise aussi bien des jeunes que des adultes qui viennent se détendre autour d'un verre.

Sports et loisirs

Cyclisme – Une des activités les plus en vogue dans la région de Stavanger qui est traversée par la route de la mer du Nord. Pour les détails vous pourrez vous procurer l'excellente brochure « On Green Wheels in Rogaland » à l'Office de tourisme qui fournit toutes les informations nécessaires. Pour un tour, voir l'agence Scan One Tours, 51 85 09 10 - www.scanonetours.no

Événements

Les temps forts des activités culturelles de Stavanger sont le **Festival international de musique de chambre** et le **Festival de danse** qui ont lieu en août, les concerts étant donnés dans la cathédrale et dans la salle de concerts de l'hôtel de ville.

Musée de la Marine (Sjøfartsmuseum)

✆ 51 84 27 00 - ♿ - de mi-juin à mi-août : 11h-16h ; de déb. juin à mi-juin et de déb. août à mi-août : horaires spéciaux, se renseigner ; sept.-juin : dim. 11h-16h, possibilité de visite guidée (1h, anglais) - fermé déc. - 50 NOK (enf. 10 NOK).

Situé tout près du port, il illustre l'importance de la mer dans le développement de la ville au cours de 200 années d'histoire maritime, à l'aide de maquettes, de boutiques et d'une agence maritime reconstituées, ainsi que de divers objets ayant trait à la navigation.

Musée de la Conserve (Norsk Hermetikkmuseum)

Øvre Strandgate, en retrait du port, du côté opposé à la vieille ville - ✆ 51 84 27 00 - ♿ - de mi-juin à mi-août : 11h-16h ; de déb. juin à mi-juin et de déb. août à mi-août : horaires spéciaux, se renseigner ; sept.-juin : dim. 11h-16h, possibilité de visite guidée (1h, anglais) - fermé déc. - 50 NOK (enf. 10 NOK).

Aménagé comme il se doit dans une ancienne conserverie, il illustre les différentes étapes du processus de mise en conserve des sardines vers la fin du 19ᵉ s.

Vieille ville

La **vieille ville** proprement dite est située à l'Ouest du vieux port (Vågen), et étagée sur un versant en pente raide dominant le quai de la Plage (Strandkaien). C'était à l'origine un quartier ouvrier, construit à la fin du 18ᵉ s. lorsque la sardine était la principale source de richesse de la ville et que les conserveries employaient beaucoup de main-d'œuvre. Environ 170 maisons, datant des 18ᵉ et 19ᵉ s., ont été restaurées et sont désormais protégées. Vous pourrez faire une promenade agréable au sein de ce quartier, le long des rues pavées et étroites et vous replonger ainsi dans un passé authentique : des plantes grimpantes garnissent généralement le seuil des maisons de bois peintes en blanc, qui sont parfois séparées par de minuscules jardins en terrasses, tandis que des lampadaires désuets complétant ce décor charmant achèvent de donner une touche intemporelle à votre flânerie. Les maisons sont toutes habitées et le quartier est aujourd'hui devenu très prisé.

Cathédrale★★ (Domkirken)

45mn - juin-août : 11h-19h ; sept.-mai : mar.-jeu. et sam. 11h-16h.

L'évêque Reinald arriva de Winchester (en Angleterre) avec les reliques de saint Svithun auquel la **cathédrale**, construite entre 1125 et 1135, fut dédiée. L'édifice roman, en partie détruit par les flammes en 1272, fut reconstruit avec un chœur beaucoup plus grand de style gothique et flanqué à l'Est de deux tours carrées tandis qu'à l'Ouest un vaste porche remplaçait la tour d'origine, dotant ainsi la cathédrale d'une façade imposante. À la Réforme, la cathédrale fut dépouillée de tous ses trésors, dont les cloches, plusieurs autels et les reliques de saint Svithun. La restauration effectuée entre 1938 et 1942 avait pour objet de redonner son caractère médiéval à la cathédrale qui est aujourd'hui l'une des églises anciennes les mieux conservées de Norvège.

Intérieur – La longueur totale de l'édifice est de 65 m et le chœur seul fait déjà 21,5 m de longueur. En pénétrant à l'intérieur, on est tout d'abord frappé par le contraste entre la simplicité de la nef, avec ses piliers circulaires massifs surmontés de chapiteaux carrés, et l'ornementation délicate du chœur agrémenté de fines colonnes engagées et de corbeaux richement sculptés soutenant l'élégante voûte à nervures. Dans la nef, certains chapiteaux sont ornés de scènes de la Bible où sont représentées des créatures fabuleuses comme les griffons et les dragons.

La chaire baroque, décorée avec profusion, s'appuie contre la dernière arche de la nef. Ce chef-d'œuvre de la sculpture sur bois illustre l'Ancien Testament depuis la Création jusqu'à la Fuite en Égypte. La chaire est surmontée d'un baldaquin célébrant les Victoires du Christ dans une flambée de gloire.

À l'entrée du chœur, on peut voir des fonts baptismaux gothiques recouverts d'une plaque d'argent du 18ᵉ s. La lumière, qui pénètre par les hautes fenêtres et inonde le chœur, joue sur les motifs sculptés et sur les têtes des souverains médiévaux. Du côté Est du chœur, remarquez un vitrail moderne de toute beauté, datant de 1957. L'élégant portail de l'évêque sur le côté Sud du chœur mérite d'être admiré de l'extérieur et comparé aux deux portails romans plus simples situés sur les flancs Nord et Sud de la nef.

Visiter

Musée norvégien du Pétrole Norsk Oljemuseum

Kjeringholmen. ✆ 51 93 93 00 - ♿ - juin-août : 10h-19h ; sept.-mai : 10h-16h (dim. 18h), possibilité de visite guidée en anglais - fermé 17 mai et 25 déc. - 80 NOK (enf. 40 NOK).

Le **musée norvégien du Pétrole** se dresse dans le port de Stavanger comme une plate-forme de forage attendant d'être remorquée en pleine mer. D'intéressantes expositions interactives illustrent le développement fulgurant de l'industrie pétrolière norvégienne, expliquent les progrès technologiques et démontrent l'importance capitale du pétrole dans notre société tout en le situant dans le contexte historique de l'énergie en général. Des maquettes permettent de se faire une idée des dimensions énormes de la plate-forme *Troll*, dont la hauteur dépasse de 100 m celle de la tour Eiffel ! Vous pourrez voir également une cloche à plongeur ainsi que le premier engin sous-marin contrôlé à distance, de conception norvégienne ; les conditions de travail sur une plate-forme de forage sont décrites de façon réaliste et l'histoire du pétrole norvégien est présentée dans un film intitulé *Seaborn* « issu de la mer ». Enfin, vous pourrez flâner dans la boutique ou prendre un repas léger dans le café.

Circuits de découverte

La beauté de la région de Stavanger est due au contraste frappant entre les paysages marins dénudés et austères et, ceux, spectaculaires, des fjords encadrés de montagnes dans lesquelles des rochers impressionnants semblent avoir été taillés avec une hache gigantesque.

Les deux premiers circuits peuvent faire partie d'un itinéraire plus long vers les fjords de l'Ouest ou être combinés en une excursion d'une journée avec Stavanger comme point de départ.

NORDSJØVEGEN : LA ROUTE CÔTIÈRE DE STAVANGER À HAUGESUND

70 km vers le Nord et une traversée en ferry (1h10). Quitter Stavanger par la route E 39 en direction du Nord.

La route côtière est en constante évolution, car les liaisons par tunnels remplacent peu à peu certaines des traversées en ferry. Un tronçon récent, de Randaberg à l'extrémité de l'île de Rennesøy, a nécessité la construction de deux tunnels sous la mer, le plus long étant le tunnel du Byfjord (5 830 m), qui descend à 45 m au-dessous du fond marin.

Quitter la E 39 à gauche à hauteur de Mekjarvik pour prendre le ferry en direction de Skudeneshavn. Compez 1h10 de traversée (six rotations par jour).

Skudeneshavn

Situé à l'extrémité de l'île de Karmøy, c'est un village côtier très pittoresque et bien conservé où l'on peut voir des entrepôts au cachet ancien bordant les quais et de charmantes maisons de bois peintes en blanc le long des rues étroites. Comme son nom l'indique, l'île de **Karmøy** sert d'écran contre l'acharnement de la mer ; sa côte est découpée et l'intérieur est une vaste lande vallonnée.

Selon vos préférences, quitter Skudeneshavn par la route 47 qui longe la côte, ou la route 511 qui suit la côte de Karmøy du côté du détroit (le Karmsundet). Les deux routes se rejoignent à Kopervik.

Avaldsnes

L'**église St-Olav (Olavs kirke)** n'a presque pas changé depuis sa construction en 1250 (*✆ 52 83 84 00 - ♿ - Juil.-août : 11h-16h ; reste de l'année : sur demande*).

ROUTE DU RYFYLKE (RYFYLKEVEGE)

160 km au Nord-Est jusqu'à Oanes et deux courtes traversées en ferry. Prendre la route 44 vers le Sud jusqu'à Sandnes, puis tourner à gauche et suivre la route 13 jusqu'à Lauvvik, où la traversée en ferry vers Oanes dure 10mn.

Entre Oanes et Tau, la **route du Ryfylke** est une route touristique longeant la côte de l'Idsefjord.

Environ 20 km après Oanes, une route sur la droite mène à la cabane de Preikestolen où l'on peut garer sa voiture.

Rocher de la Chaire★ (Preikestolen)

Comper 2h de marche pour atteindre le rocher de « la Chaire ». Le **rocher de « la Chaire »** doit son nom à sa forme car son sommet est complètement plat et sa paroi verticale surplombe le **Lysefjord** de 600 m ; l'expérience est propre à donner le frisson et la **vue★★★** sur le fjord et les îles est prodigieuse.

Entre Tau et **Hjelmeland**, la route traverse une région montagneuse, offrant de belles vues sur des paysages dénudés et sauvages.

Hjelmeland

Construite au début du 16e s., la **vieille église d'Årdal (Årdal Gamle Kyrkje)** est célèbre pour sa magnifique décoration intérieure (*✆ 51 75 71 50 - 25 juin-14 août : 11h-16h, dim. 13h-17h, possibilité de visite guidée le merc.).*

Au-delà de **Nesvik** *(traversée en ferry depuis Hjelmeland : 10mn)*, la route longe le **Jøsenfjord** de près, puis se dirige vers le Nord-Ouest et grimpe tout en s'éloignant du fjord, offrant de belles vues sur cette étroite bande d'eau.

Avant d'atteindre **Sand**, la route 517 sur la gauche convie à un plaisant détour par les maisons en bois et l'**église** Renaissance (*✆ 52 79 29 50 - w.-end 12h-16h.)* du village côtier de **Jelsa.**

À Sand, il y a trois possibilités : prendre le ferry pour Ropeid (10mn) et continuer en voiture vers Ølen et Haugesund ou vers Sauda et Røldal (route 520) ou bien encore poursuivre par la route 13 jusqu'à Odda et le Sørfjord, bras étroit du Hardangerfjord.

LE FJORD DE LYSEBOTN★ (LYSEFJORD)

Des excursions en bateau d'une durée de 3h ouy de 6h sont organisées au départ de Stavanger (renseignements auprès de l'Office de tourisme). il est aussi possible de faire une excursion combinant un circuit en voiture et un trajet en ferry (compter une journée).

135 km vers l'Est par la E 39, la route 45 à gauche à Ålgård jusqu'à Svartevatn, puis une route secondaire jusqu'à Lysebotn (trajet en ferry : 4h, réservations nécessaires).

Une route extraordinaire part de Suleskar, situé sur le plateau de la Sirdal, et descend en 27 lacets d'une altitude de 900 m jusqu'à Lysebotn, au fond du fjord, dont on découvre des vues magnifiques. Celle que l'on prend dans ce village passe sous le rocher de « la Chaire » (Preikestolen) et la vue est aussi tout impressionnante d'en bas que du sommet.

LE HARDANGERFJORD★★

De Skånevik à Norheimsund.

193 km par les routes 48, 11, 13 et 7. Cette excursion peut se faire en un ou plusieurs jours, car la région offre une grande variété de paysages magnifiques ainsi que diverses possibilités de randonnées en plaine ou en montagne, d'excursions, de croisières sur le fjord, etc. En outre, les localités de Skånevik, Odda, Lofthus, Kinsarvik, Eidfjord, Ulvik et Norheimsund offrent des possibilités d'hébergement.

Facilement accessible à partir de Stavanger, le fjord du Hardanger s'enfonce à l'intérieur des terres en direction du Nord-Est sur une distance de 179 km et se divise en plusieurs bras. Près de la côte, le fjord est large et ouvert, et sur ses berges en pente douce on peut voir des vergers, des prairies et de coquets villages ; puis, au fur et à mesure qu'il pénètre dans les régions montagneuses, il devient plus étroit et les paysages deviennent plus sauvages.

P. Plantier / MICHELIN

Ouvrez grand les yeux sur le Hardangerfjord.

Toutefois, le Hardangerfjord peut réserver des surprises avec ses charmantes prairies, ses vergers et une ferme contrastant de façon marquée avec les austères paysages de montagne. De nombreuses chutes d'eau sont présentes dans la région : certaines surgissent soudain au détour d'un virage, d'autres, visibles de loin, rebondissent dans un nuage d'écume sur le flanc des montagnes.

Une succession de routes touristiques permet d'apprécier la variété des paysages ; elles longent le fjord depuis Skånevik près de la côte *(à 87 km au Nord-Est de Haugesund)* jusqu'à Norheimsund *(à 81 km à l'Est de Bergen)*.

Skånevik

Ce port pittoresque est blotti au creux d'une petite crique au fond du Skånevikfjord, bras du Hardangerfjord. Tout près des rives, de minuscules îles, sur lesquelles poussent quelques arbres, forment un splendide tableau romantique surtout pendant les longs crépuscules d'été, lorsqu'elles se découpent en ombres chinoises sur fond de montagnes enneigées, éclairées par les reflets argentés des eaux du fjord.

Suivre la route 48 jusqu'à Håland (13 km) et prendre la route E 134 à gauche ; entre Tjelmeland (16 km) et Fjæra (40 km), la route longe l'Åkrafjord, autre bras du Hardangerfjord.

Åkrafjord

Littéralement creusée dans la montagne, la route est dominée par des surplombs impressionnants en saillie sur la paroi rocheuse quand elle ne passe pas dans des tunnels (avis aux claustrophobes : certains sont assez longs !) ou sur des ponts. Les sommets arrondis couverts de neige qui se profilent au loin forment un agréable contraste avec le fjord couleur vert. À chaque virage, on découvre des paysages différents où s'inscrivent de minuscules villages dont les maisons peintes de couleurs vives et couvertes de lauzes s'accrochent au rocher, quelques bateaux de pêche amarrés le long des berges et des chutes d'eau étincelant au soleil.

À **Langfoss bro**, 4 km avant Fjæra, une écume blanche, projetée du haut de la montagne à 600 m d'altitude, rebondit plusieurs fois sur la paroi rocheuse.

Continuer sur la route E 134 jusqu'à Jøsendal (54 km), puis prendre la route 13 vers Odda (74 km).

Låtefoss bro

5 km après Jøsendal.

La route suit maintenant le cours tumultueux d'un torrent de montagne et traverse une région variée où l'on aperçoit quelques carrés de terre cultivée. Puis le cours d'eau et la route pénètrent dans un canyon et l'on se trouve soudain face à l'impressionnante chute d'eau de Låtefoss bro. La quantité d'eau, qui jaillit de deux crevasses du flanc de la montagne, est si importante qu'un voile d'embruns brouille en partie la vue.

Une fois sorti du canyon, le torrent devient une rivière qui serpente à travers une vallée plus large et rebondit sur d'énormes rochers avant de se jeter dans le Sørfjord à Odda.

Odda

Ce centre touristique est la principale ville de la région. L'attraction principale est l'excursion au **Buarbreen**, glacier que l'on peut atteindre par une route secondaire qui commence à 2 km au Sud d'Odda.

Après 6 km, on parvient au bout de la route ; à partir du parking, un chemin bien indiqué conduit au bord du glacier (1h de marche). Les promenades sur le glacier même se font sous la conduite de guides locaux.

Le Buarbreen fait partie du **Folgefonna**, troisième glacier norvégien par la taille, d'une longueur de 37 km, d'une largeur de 16 km et d'une épaisseur allant jusqu'à 170 m.

Des excursions au sommet du Folgefonna (1 660 m), comprenant une nuit dans un refuge à Holmaskjer, sont organisées à partir de Buar.

Le fjord du Sud (Sørfjord)

Au départ d'Odda, deux routes panoramiques (les routes 13 et 550) longent chacune des rives de ce fjord, l'un des bras du Hardangerfjord. Le fjord est long et étroit mais la vue est plus dégagée ici qu'au long de l'Åkrafjord, car le flanc de la montagne, couvert alternativement de buissons sauvages et d'arbres fruitiers, descend en pente douce jusqu'au niveau de l'eau, tandis que les cimes enneigées forment au-dessus une ligne blanche continue.

La route 550, qui suit la rive occidentale, traverse **Aga**, ancien village agricole comptant environ 40 habitations (aujourd'hui protégées) construites entre le Moyen Âge et le 19e s.

Utne

Ce village abrite le **musée folklorique du Hardanger**, qui mérite une visite ; ce musée de plein air comprend plusieurs bâtiments traditionnels caractéristiques de l'architecture locale ainsi que des expositions sur le mode de vie dans la région du Hardanger - *✆ 53 66 69 00 - www.hardanger.museum.no - ♿ - juil.-août : 11h-17h ; mai-juin et sept. : 10h-16h ; oct.-avr. : tlj sf w.-end 11h-15h (dernière entrée 30mn av. fermeture), possibilité de visite guidée en anglais (45mn) - 50 NOK (enf. gratuit).*).

Au-delà d'Utne, la route vire en direction du Sud-Ouest et longe la côte orientale du Hardangerfjord jusqu'à **Jondal**. De là, une route conduit au **Folgefonn Sommar Skisenter**, centre de ski d'été situé sur les bords du glacier.

Pour parcourir la rive orientale du Sørfjord, revenir à Odda et prendre la route 13.

La route suit la côte du Sørfjord depuis Odda jusqu'à **Kinsarvik** sur une distance de 41 km.

Un peu après Odda, la centrale électrique de **Tyssedal**, construite en 1908, a conservé intacts ses turbines et générateurs et offre ainsi un aperçu du développement de l'énergie hydroélectrique en Norvège, illustré par des expositions et un programme multimedia.

À l'Est du fjord s'étend le vaste plateau montagneux du **Hardangervidda**, situé à une altitude comprise entre 1 000 et 1 200 m avec une superficie de 7 500 km^2, dont une partie est classée parc national. Le plateau est habité par des rennes sauvages que rejoignent en été, sur les riches prairies, des milliers de moutons, de chèvres et de chevaux. Les pistes et sentiers ancestraux sont de nos jours utilisés par les randonneurs qui peuvent passer la nuit dans des cabanes bâties en troncs d'arbre. Kinsarvik et Eidfjord sont de bons points de départ pour ces expéditions *(contacter les Offices de tourisme locaux).*

Lofthus

Comme le village suivant de Kinsarvik, Lofthus fait partie de la commune d'**Ullensvang**, au cœur d'une région où les cultures fruitières prospèrent depuis le 13e s. Grâce à la richesse du sol, aux hivers doux et aux longues heures d'ensoleillement en été et en dépit d'une latitude de 60° Nord, ces cultures fournissent aujourd'hui une grande partie de la production norvégienne. Pendant les deux dernières semaines de mai et la première semaine de juin, les rives du Sørfjord offrent un véritable festival de couleurs.

L'**église gothique d'Ullensvang** fut construite en pierre à la fin du 13e s. et remaniée à la fin du 19e s. Elle contient une chaire datant de la Réforme et un retable de 1699. Dans le parc de l'hôtel Ullensvang, au bord du fjord, se dresse une cabane utilisée par Edvard Grieg lors de son séjour dans la région en 1877-1878 *(demandez la clé à la réception de l'hôtel).*

Kinsarvik

10 km plus loin. C'est la principale agglomération de la commune d'Ullensvang ; c'est aussi une charmante station de vacances à l'embouchure de la Kinso. L'**église**, l'une des plus vieilles de Norvège, aurait été construite par des maîtres d'œuvre écossais pendant la seconde moitié du 12e s. ; cette hypothèse est tout à fait plausible puisque l'on sait que Kinsarvik exportait à l'époque du bois de construction vers l'Écosse. Le chœur fut ajouté plus tard, probablement au début du 13e s. À l'intérieur subsistent des traces de fresques médiévales, représentant, entre autres, un curieux *Jugement dernier* où saint Michel tient une balance et pèse les âmes de ceux qui souhaitent entrer au Paradis, tandis que des démons armés de crochets font de leur mieux pour l'en empêcher. L'église abrite aussi une chaire peinte par **Peter Reimers** en 1609 et un retable datant de 1695.

De Kinsarvik à Brimnes (à 17 km), la route 13 continue le long de l'Eidfjord, sauvage et splendide. Avant d'emprunter le ferry pour Bruravik, il est recommandé de faire un détour vers Eidfjord, à 11 km à l'Est de Brimnes.

Eidfjord

Cette station pittoresque offre plusieurs possibilités d'excursions dans un rayon de 20 km.

Vøringfossen, dont la chute verticale fait 182 m de hauteur, est l'une des chutes d'eau les plus spectaculaires de Norvège *(à 18 km d'Eidford le long de la route principale ; continuez vers l'Est jusqu'à Fossli (1 km), puis suivez le chemin qui conduit à la chute (1h AR).*

Le **Hardangervidda Natursenter Eidfjord** est situé à **Øvre Eidfjord**, près de Vøringfossen ; ce centre fournit des renseignements et propose des activités se rapportant à l'environnement naturel, à la culture et à la vie en plein air sur le plateau du Hardangervidda.

Revenir à Eidfjord et prendre une petite route Nord-Est sur 12 km.

Kjeåsen

Une ferme de montagne typique préservée avec soin est perchée à 600 m au-dessus du fjord dans un admirable décor de style alpin. L'accès se fait par une pittoresque route sinueuse qui passe dans un tunnel de plus de 2 km de long.

HARDANGERVIDDA NATURSENTER EIDFJORD AS

Ferme au-dessus du fjord à Kjeåsen.

Revenir à Brimnes et traverser l'Eidfjord (en ferry) jusqu'à Bruravik. De Bruravik on peut aller directement à Granvin (14 km) par la route 7/13 qui emprunte un tunnel de 7,5 km de long ou en faisant le détour par Ulvik (10 km au Nord de Bruravik, par la route 572, les deux étant signalisées « Bergen ».)

Ulvik

C'est aussi une station de vacances importante à l'intérieur des terres. Elle offre diverses possibilités : le survol des fjords, des glaciers et des chutes d'eau à bord d'un hydravion ainsi que des excursions en bateau sur l'Ulvikfjord et l'Osafjord.

Les alentours sont le paradis des ornithologues, en particulier la région boisée proche d'Ulvik et le marais salant s'étendant sur les rives du fjord qui est très intéressant à marée basse, d'autant plus qu'il y a tout près une cabane d'observation des oiseaux.

À Granvin, prendre à gauche la route 7 vers Norheimsund (193 km).

La route longe le majestueux Hardangerfjord qui s'élargit considérablement par endroits, atteignant des proportions impressionnantes et permettant de découvrir des panoramas grandioses. En chemin, on rencontre quelques jolis villages aux couleurs vives comme **Ålvik.**

Norheimsund

Principale agglomération sur la rive Nord du Hardangerfjord, Norheimsund possède un des trois centres norvégiens de restauration des anciens bateaux de bois, **Hardanger Fartøyvernsenter**, où les visiteurs peuvent observer les spécialistes à l'œuvre ; le centre présente aussi une collection de bateaux et propose des expositions sur la construction et les traditions maritimes de la région du Hardanger ainsi qu'une présentation audiovisuelle. La grande attraction touristique de cette petite ville est la chute de **Steindalsfossen** : le café qui tient lieu de boutique de souvenirs, au pied de la chute, est souvent envahi de monde en été, mais plusieurs chemins permettent d'explorer les environs ; l'un d'eux conduit sous la chute.

Tromsø★★

TROMS – 62 558 HABITANTS
CARTE MICHELIN N° 711 C 15/16 OU ATLAS EUROPE P. 104

Le cadre dans lequel se situe la plus grande ville du nord de la Norvège est unique et on lui doit l'attrait que la cité arctique exerce sur ses visiteurs : l'île de Tromsøya s'inscrit dans un cirque de montagnes bleutées aux cimes enneigées qui reflètent l'étrange lumière arctique inondant d'un scintillement d'argent les eaux calmes du détroit et enveloppant ce paysage sublime d'un voile quasi irréel.

- **Se repérer** – Tromsø est située sur Tromsøya, petite île (10 km de long), au milieu d'un large chenal, entre la côte à l'Est et l'île de Kvaløya aux contours dentelés qui reçoit de plein fouet les tempêtes venant de l'Ouest.
- **À ne pas manquer** – Le Musée polaire et la cathédrale des Glaces.
- **Avec les enfants** – Polaria et le Musée polaire.
- **Pour poursuivre le voyage** – La LAPONIE au Nord, les îles LOFOTEN au Sud.

P. Plantier / MICHELIN

Vue du port et du Polarmuseet.

Comprendre

Le « Paris du Nord » – Centre ecclésiastique dès 1252, la ville dépendit de Bergen sur le plan économique durant tout le Moyen Âge. Ce n'est qu'après avoir obtenu sa charte, en 1794, qu'elle se développa. Au début du 19e s., le commerce avec la Russie et les profits générés par la chasse dans les régions arctiques donnèrent finalement à Tromsø son indépendance économique. Au milieu du 19e s. s'instaura une période de prospérité et, grâce au commerce maritime, la ville s'ouvrit aux influences étrangères et se vit décerner le titre de « Paris du Nord ». Tromsø devint alors un évêché, un centre administratif et pédagogique et le point de départ d'expéditions de chasse dans les régions arctiques.

Tromsø, ville universitaire – Le pont de Tromsø reliant la ville à la côte fut mis en service en 1960 et, en 1972, l'université la plus septentrionale du monde fut inaugurée par le roi Olav V. Certaines des recherches qui y sont menées concernent l'étude de l'atmosphère des régions arctiques. L'économie de Tromsø reste basée sur la pêche, mais l'aquaculture et la haute technologie se sont développées et la cité est devenue l'une des trois principales villes de congrès du pays.

Tromsø, nuit et jour – De par sa position à 70° de latitude Nord, Tromsø jouit du soleil de minuit pendant deux mois, mais, l'hiver, elle est plongée dans une nuit profonde qu'éclairent de temps en temps les aurores

> En 1969, un incendie détruisit malheureusement un certain nombre de maisons traditionnelles en bois du centre-ville. Il en est resté assez, cependant, pour que soit préservé en partie le cachet que la ville revêtait au 19e s.

Tromsø pratique

Adresses utiles

ℹ Tromsø – Storgata 61/53 - 9 253 - *✆ 77 61 00 00.*

Excursions quotidiennes combinant l'Express côtier et l'autocar entre Tromsø et Skjervøya. 450 NOK/pers. S'adresser au Traffiktriangelen, sur Kalgata.

Transports

EN AVION

Aéroport – *5 km à peine du centre-ville. Sur l'île de Tromsøya en bordure de la route 862, juste avant le pont conduisant à Kvaløya.* Des vols directs quotidiens pour Alta, Andenes, Bodø, Hammersfet, Harstad/Narvik, Kirkenes, Lakselv, Longyerbyen, Oslo, Sørkjosen et avec une escale pour Trondheim font de l'aéroport de Tromsø la plaque tournante du Nord du pays.

À l'arrivée – Le *Flybussen* conduit en dix minutes au cœur de la ville devant le Rica. Comptez une rotation par heure environ. 45 NOK (enf. : 22 NOK).

Sur place – Un dense réseau d'autobus couvre l'île et ses abords. Billets auprès du conducteur, valables 1h depuis leur émission. Le 28 permet de rejoindre le musée de l'Université, et de traverser le pont jusqu'à la cathédrale des Glaces.

L'Express côtier – Escale quotidienne sur la route du nord entre 15h et 18h30.

Se loger

Bon à savoir – La plupart des hôtels (Rica, Radisson, Comfort) sont regroupés en bordure du détroit, entre le pont et la gare de l'Express côtier.

⊖ Ami Hotel – *Skolegata 24 - ✆ 47 63 05 00 - ch. : 460 NOK ☕.* Dans une rue dominant le centre de la cité (il faut des jarrets d'acier pour y monter !) un Bed and Breakfast familial installé dans une villa. Prix dégressifs au-delà de deux nuits.

⊖ Viking hotel – *Grønnegata - ✆ 77 64 77 30 - 24 ch. : 770 NOK ☕.* Des chambres minuscules et un confort sommaire, mais un des rares hébergements à prix doux.

⊖⊖ Rica Ishavhotel – *Fr. Langesgate 2 - ✆ 77 66 64 00, fax 77 66 64 44 - 180 ch. : 1 450/1 650 NOK ☕ selon vue.* Posé sur le détroit. Ses chambres vastes et confortables offrent des vues incomparables sur le trafic maritime.

⊖⊖ Grand Nordic Hotel – *Storgaten 44 - ✆ 77 75 37 77, fax 77 75 37 78 - 113 ch. : 1 200 NOK ☕.* Central et confortable.

SOMMARØY

⊖⊖ Sommarøy Kurs & Feriesenter – *✆ 77 66 40 00, info@sommaroy.no - 28 ch. traditionnelles et 7 « rorbuer » totalisant 21 ch. : 895/1 090 NOK ☕.* Accueil chaleureux pour un séjour inoubliable au bout du monde face à l'Océan. Nombreuses activités (balades en mer, pêche).

P. Plantier / MICHELIN

Les « rorbuer » de l'hôtel Sommaroyen.

Se restaurer

Steakers – *Sur le port, à côté du Rica.* Ambiance de ranch américain pour ce restaurant spécialisé dans les grillades.

⊖⊖ Store Norsk Fiske og Skalldyr Restaurant – *Sorgata 73 à l'étage (entrée par une impasse latérale). Le soir seulement.* Le meilleur restaurant de la ville. Comptez de 100 à 150 NOK pour une entrée (gratinée de coquilles Saint-Jacques), 250 à 300 NOK pour le plat. Quant au plateau de fruits de mer *(skalldyrflest)*, il est facturé 395 NOK/pers.

Sjømatrestaurant Arctandria – *Strandtorget, près de la gare de l'Express côtier.* Un restaurant fréquenté par les amateurs de cuisine arctique : baleine et phoque au menu.

PAUSE

Café Peppermöllen et **Abboteke Bar** – *Storgata 42.* Au rez-de-chausése et à l'étage d'une pharmacie construite en 1868 et tenue par un ami d'Admunssen.

Sports et loisirs

HIVER

Ski de fond – Les environs de la ville proposent 71 km de pistes balisées.

Randonnées en motoneige – Elles peuvent être agrémentées d'une partie de pêche sur le fjord gelé.

Bains d'extérieur – Dans une eau à 37°… et en sortant, il est particulièrement vivifiant de se rouler dans la neige !

Randonnées en traineau à chiens – Dans un élevage spécialisé à 25mn de la ville.

Aurores boréales – Diverses formules, en bateau sur le fjord ou en avion !

ÉTÉ

C'est le **soleil de minuit** qui est la grande attraction estivale : diverses randonnées permettent d'en profiter au mieux et chaque soir, à 23h30, des concerts sont organisés dans la cathédrale des Glaces

Safaris aux baleines, parties de **pêche**, **escalade**s, balade sur les **glaciers** font également partie des activités proposées. *Pour de plus amples renseignements sur les activités, contactez le site www. destinasjontromso.no*

boréales. Il n'est donc pas surprenant que le 21 janvier qui marque le retour du soleil sur l'horizon soit ici un jour de fête ! L'hiver dure de novembre à mai et l'effet refroidissant de la neige empêche l'atmosphère de se réchauffer vraiment avant juillet. L'été dure deux mois mais le soleil de minuit réchauffe si vite la terre que les « nuits tropicales » (selon l'expression locale) durant lesquelles la température ne tombe jamais au-dessous de 20 °C ne sont pas rares.

Se promener

La ville polaire

Pour commencer votre découverte de Tromsø, descendez en bordure du détroit : là, l'Express côtier fait escale chaque après-midi, et vous pourrez admirer le **panorama★** constitué par le **Tromsøbrua**, ouvrage audacieux qui s'élève très haut au-dessus des eaux bleu pâle, tandis qu'en toile de fond le **Strosteinen** enneigé barre l'horizon. Au débouché du pont, sur la rive de Tromsdalen, la **cathédrale des Glaces** dresse sa silhouette triangulaire. Vous parcourrez alors les quais du port que bordent des entrepôts de bois aux murs peints de rouge sombre, caractéristique de la région.

Prendre Havnegata, puis à droite Søndre Tollbugata.

Musée polaire★★ (Polarmuseet) – *Søndre Tollbugata 11 - ✆ 77 68 43 73 - de mi-juin à mi-août : 10h-19h ; de déb. mars à mi-juin et de mi-août à fin sept. : 11h-17h ; oct.-fév. : 11h-15h - 50 NOK (enf. 10 NOK).*

Dans un ancien entrepôt des douanes (1833), ce musée retrace de façon très vivante l'histoire des expéditions de trappeurs et d'explorateurs dans les régions arctiques. Vous y verrez notamment la reconstitution d'une hutte de trappeur. La chasse à la baleine au 17e s., aux animaux à fourrure au 18e s., aux phoques de 1700 à nos jours, à l'ours, au bœuf musqué et au phoque sont amplement évoquées. Pièges, skis, objets nécessaires à la survie et modèles de navires font revivre cette épopée. Une salle entière est consacrée à **Roald Amundsen** et à ses expéditions polaires.

Revenir sur vos pas et par Skippergata sur la gauche, gagner la rue principale de la ville, en partie piétonne.

Storgata – Partiellement piétonne, Storgata est la principale artère commerçante de la ville et la première partie de la rue a conservé de belles maisons de bois : c'est le cas de la **Folkets Hus★** (1838), au n° 95, avec ses portes encadrées de colonnes cannelées qui abrite le Perspektivet Museum ou en face, au n° 110, d'**Echrollgården** (1829).

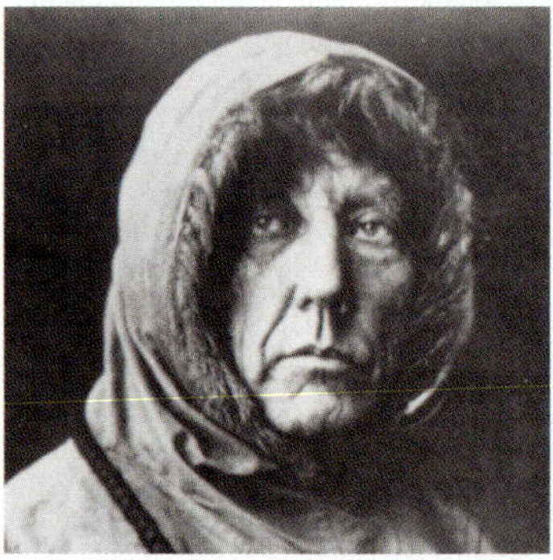

POLARMUSEET

Roald Amundsen : une vie consacrée aux pôles.

Musée de la Ville (Perspektivet museum) – *Storgata 95 - ✆ 77 60 19 10 - www.perspektivet.no - de mi-juin à fin août : 11h-17h ; reste de l'année : tlj sf lun. 11h-15h, w.-end 12h-16h - 40 NOK (enf. 20 NOK).*

Le musée retrace l'histoire de la ville et de cette belle demeure qui appartient à un négociant, J.F.D. Mack, et évoque la vie quotidenne de jadis, ainsi que la présentation de figures locales comme **Cora Sandel** (1880-1974) qui, partie à Paris pour y devenir peintre en revint écrivain. Elle connut le succès avec son roman, *Alberta et Jacob* paru en 1926. Mais c'est surtout le rappel du rôle primordial joué par Tromsø dans la musique pop norvégienne qui intéresse avec ses vieux Teppaz, les 45 tours, des costumes de scène et des écrans interactifs qui permettent d'écouter les tubes des gloires locales.

Place du Marché (Stortorget) – Ouverte sur le détroit du côté gauche où trône un marin prêt à harponner quelque cétacé, cette place présente quelques bâtiments intéressants sur le côté droit de Storgata : l'évêché (Bispegård, *au coin*) qui occupe une demeure de bois construite en 1832 et où Jean-Paul II passa la nuit lors de sa visite de juin 1989. Dans le prolongement, l'église Notre-Dame (Vår Frues Kirke), en bois, est la paroisse des catholiques du lieu. L'ancienne mairie (Rådstua), de 1869, trône au fond de la place, tandis qu'en face de l'église se dresse son successeur, un immeuble de verre et de métal fort réussi. Deux théâtres et un ancien kiosque à musique que coiffe un charmant clocheton complètent l'ensemble.

P. Plantier / MICHELIN

Storgata, la rue piétonne de Tromsø.

Reprendre Sorgata, toujours piétonne jusqu'à Frerik Lanes gate. Sur la gauche, au centre d'une vaste place, après l'immeuble massif de la Spare Bank, se dresse la Cathédrale.

Cathédrale (Domkirke) – *Storgata 85 - juin-août : 12h-16h, dim. 13h-19h ; reste de l'année : 12h-16h, dim. 10h-14h - fermé lun.* - Construite en 1861, surmontée d'une flèche élancée, et peinte en gris et jaune, c'est l'une des plus grandes églises de bois de Norvège.

Descendre vers le détroit par Kirkegata.

Musée des Beaux-Arts de la Norvège du Nord★ (Nordnorsk Kunstmuseum) *Sjøgata 1 - ☏ 77 64 70 20 - 20 juin-21 août : 12h-18h, w.-end 12h-17h ; reste de l'année : tlj sf lun. 10h-17h, w.-end 12h-17h - 30 NOK (enf. 20 NOK).* Occupant l'ancienne poste, ce musée présente l'art norvégien depuis le 19e s., à travers des œuvres de **J. C. Dahl**, Peder Balke, Hans Gude et Thomas Fearnley avec, Otto Sinding et Nils Aas. Le 20e s. est représenté par **Edvard Munch** *(Ouvriers sortant de l'usine)*, Jean Heiberg, **Axel Revold**, Lars Tiller ou Anna-Eva Bergman avec qui l'on aborde l'abstraction.

Revenir à Sorgata et poursuivre au-delà de Peder Handsensgate.

Brasserie Mack – *Aux nos 5-13. Storgata 5-13 - ☏ 77 62 45 00 - visite guidée juin-août : 13h et 15h30 ; reste de l'année : tlj sf vend. et w.-end 13h - 110 NOK.* - Tromsø s'enorgeuillit d'abriter depuis 1876 la brasserie la plus septentrionale au monde. La visite permet de découvrir le savoir-faire maison et l'évolution de sa communication, de la réclame à la pub.

Plus loin sur la droite, un élégant hôtel néoclassique accueille la **Collection d'art de Tromsø (Tromsø Kunstforennin)** – *Muségate 2 - ☏ 77 65 58 27 - tlj sf lun. 12h-17h - 40 NOK (enf. 20 NOK)* - qui présente des expositions temporaires.

Centre Polaria★ – *Halmar Johansengate 12 - ☏ 77 75 01 00 - www.polaria.no - 18 mai-15 août : 10h-19h ; reste de l'année : 12h-17h - fermé 17 mai - 80 NOK (enf. 40 NOK) - Après la Collection d'art, en bordure du détroit.*

Ce bâtiment futuriste propose une fascinante expérience (promenade dans la nuit polaire, film superbe sur le Svalbård). Vous découvrirez dans les aquariums, des poissons des régions arctiques ainsi que des phoques.

Hit-parade

Connaissez-vous **Little Henrik** ? De son vrai nom Bjørn Henriksen, ce garçon sortit le premier disque de rock norvégien en 1958 : comme pour ses homologues français, il reprenait alors le répertoire d'Elvis Presley. La ville n'allait pas s'arrêter en si bon chemin et en 1965, **The Pussycat** était le groupe le plus populaire du pays, dans un style inspiré de Cliff Richard et ses fameux Shadows... Les Beatles et les Rollingstones eurent leurs clones locaux et le **Nordnorsk Visegruppe** représenta la folk music en adaptant des chansons traditionnelles, avant que les vagues punk, heavy et gore ne déferlent dans ce Liverpoool arctique où l'on compte une trentaine de groupes en activité et une maison de Musique, **Tvibit** (Le Refuge), destinée à entretenir la flamme.

Tromsø Museum★★ – *Lars thøring veg 10 - ✆ 77 64 50 00 - www.tmu.uit.no* ♿ *- de mi-juin à mi-août : 9h-20h ; de mi-mai à mi-juin et de mi-août à mi-sept. : 9h-18h, w.-end 11h-18h ; de mi-sept. à mi-mai : 9h-15h30, w.-end 11h-17h - 30 NOK (enf. 15 NOK) -* Dépendant de l'université et situé à l'extrémité Sud de Tromsøya *(bus 28)*, il est divisé en sept départements : sciences naturelles (rez-de-chaussée), archéologie, ethnographie, musique (étage). Les collections zoologiques, et l'exposition same sont remarquables.

Tromsdalen

Cathédrale Arctique★★ (Ishavskatedralen) – *De déb. juin à mi-août : 9h-19h, dim. 13h-19h ; reste de l'année : 16h-18h - 22 NOK (enf. gratuit) -* Ce chef-d'œuvre d'architecture, de Jean Inge Hovig, unit le verre et le béton pour former un ensemble géométrique qui utilise la lumière arctique pour créer un effet d'iceberg dressant son arête tranchante vers le ciel, se détachant sur la silhouette du mont Tromsdalstind (1 238 m). Sa façade triangulaire est faite de panneaux de verre neutre ; à l'autre extrémité, un immense vitrail projette une lumière chaude.

La cathédrale Arctique.

P. Plantier / MICHELIN

Le « Gros Rocher » (Storsteinen) – Le trajet en **téléphérique★**, *Solliveien 12 - ✆ 77 63 87 37 - www.fjellheisen.no - 20 mai-20 août : 10h-1h ; 1er avr.-19 mai et 21 août-30 sept. : 10h-17h ; reste de l'année : w.-end 10h-17h - 80 NOK (enf. 35 NOK)* - qui ne dure que quelques minutes, vaut le déplacement, surtout les soirs d'été. La cabine grimpe jusqu'au sommet du Storsteinen, à 420 m d'altitude, offrant de superbes **vues★★★** de Tromsø, du détroit, des ponts et des montagnes enneigées de Kvaløya.

Musée de l'Armée (Forsvarsmuseum) – *4,5 km plus au Sud, sur la rive (bus 28). Solstrandiein - ✆ 77 62 88 36 - juin-août : tlj sf lun. 12h-17h ; mai et sept. : w.-end 12h-17h - 30 NOK (enf. 15 NOK) -* Évocation de la guerre autour du cuirassé allemand *Tirpitz*, coulé dans le détroit en novembre 1944.

Circuits de découverte

L'île de Kvaløya★

Au-delà de l'aéroport, un pont permet de traverser le détroit reliant Tromsøya à Kvaløya. En prenant à gauche la route 863, vous longerez de superbes paysages conjuguant mer et montagne et parsemés de cabanes de pêcheurs sur pilotis. Un pont vous conduira à **Sommarøy★★** : là, vous serez face à la pleine mer dans un hameau du bout du monde, dans un paysage grandiose. Le retour peut s'effectuer en poursuivant sur la route, d'abord en longeant un fjord puis une vallée jusqu'à **Eidkjosen**.

Autour du Balsfjord

Quitter Tromsø vers le Sud par la route E 8 et la suivre jusqu'à Nordkjosbotn (70 km) où l'on prend à gauche la route E 6 jusqu'au croisement avec la route 858, que l'on prend à droite. Après Storsteinnes, suivre la route 859 jusqu'à l'église de Balsfjord qui domine le fjord (10,5 km). Du parking, un chemin indiquant « Helleristninger » conduit au site (150 m).

Storsteinnes – Les **gravures rupestres** du néolithique représentent des animaux, rennes et poissons. Visibles sur des rochers plats envahis par la mousse, elles sont disséminées sur un terrain vallonné et boisé.

Chutes de la Målselva (Målselvfossen) – *Regagner la route E6 après Storsteinnes et la suivre (à gauche) sur 19 km où l'on prend, toujours à gauche, la route 857 vers Skoljd (à 20 km). Prendre alors à droite la route 87 puis tourner à droite et suivre les panneaux indiquant Målselvfossen (8 km).* Cette impressionnante chute d'eau est située au cœur de vastes étendues boisées et sauvages. La **Målselva** est réputée pour son saumon. Le site de la chute est grandiose, car la rivière est très large à cet endroit et d'énormes quantités d'eau écumeuse rebondissent sur trois marches gigantesques

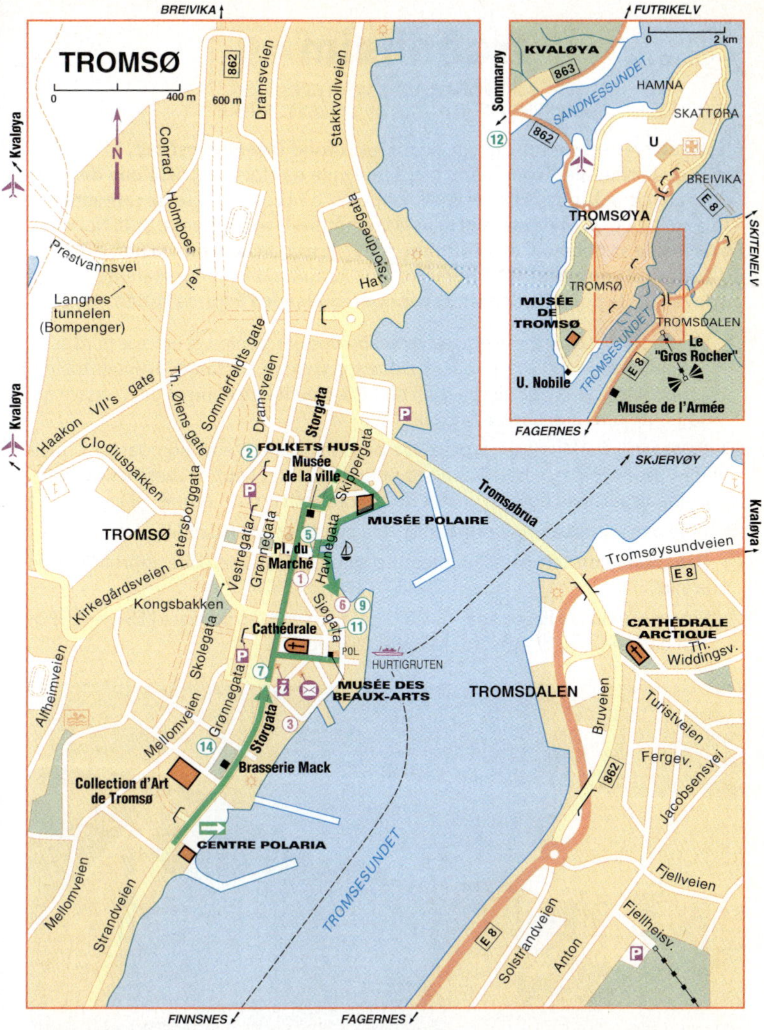

SE LOGER

- Ami Hotel.................. ②
- Comfort...................... ⑤
- Grand Nordic Hotel..... ⑦
- Rica Ishavhotel........... ⑨
- SAS Radisson............ ⑪
- Sommarøy Kurs & Feriesenter............... ⑫
- Viking Hotel............... ⑭

SE RESTAURER

- Sjømatrestaurant Arcandria....... ①
- Steakers.................................. ③
- Store Norsk Fiske og Skalldyr................................. ⑥

sur une distance de 600 m. Une longue échelle à saumons fut construite en 1910 pour permettre aux poissons de remonter le courant ; on peut les voir sauter hors de l'eau, vers la fin juin et le début juillet. Un centre touristique propose des chalets à louer et un restaurant ; le terrain de camping est doté d'une piscine en plein air chauffée. Outre la pêche au saumon, les activités proposées par le centre incluent des randonnées à cheval ou en traîneau, ainsi que la descente des rapides en canot.

Trondheim★★

SØR-TRONDELAG – 156 161 HABITANTS
CARTE MICHELIN N° 711 I 7 OU ATLAS EUROPE P. 111

Blottie au creux de la courbe que décrit le profond Trondheimsfjord, à l'embouchure de la Nidelva, Trondheim, troisième ville de Norvège, est l'une des plus anciennes cités du pays. Elle s'est développée à l'ombre de sa célèbre cathédrale et a toujours joué un rôle essentiel dans la vie culturelle et spirituelle de la Norvège. En raison de sa position, on la désigne souvent sous le nom de « la porte d'accès du Nord », rôle qu'elle a déjà assumé lorsque les communications étaient difficiles en devenant le point de départ du service régulier de l'Express côtier.

Se repérer – Le centre-ville assez réduit occupe une péninsule entre le fjord et les méandres de la Nidelva, ce qui explique son charme. Les larges avenues tracées à travers les vieux quartiers à la fin du 17e s. créent une impression d'espace qui accentue son caractère provincial.

Se garer – Sur Munkegata, places de parking payantes à un horodateur… mais vous avez droit à y rester 3h : assez pour repérer les lieux et chercher un hôtel, avant de partir en quête d'un des trois P-Hus couverts du centre-ville.

À ne pas manquer – La cathédrale et le quartier de Bakklandet.

Organiser son temps – Compter une journée pour une visite approfondie de la ville.

Pour poursuivre le voyage – RØROS ou Östersund (en Suède) à l'EST, les LOFOTEN par la ROUTE 17 au Nord, ÅLESUND au Sud.

I. Klipper / MICHELIN

Les anciens entrepôts de Bakklandet.

Comprendre

Sur les pas de saint Olav

Nidaros – Dans son effort pour unifier le royaume de Norvège sous son autorité, le roi Viking **Olav Tryggvason** fonda en 997 la ville de Nidaros, dont le nom signifie « à l'embouchure de la Nid », et construisit une résidence royale, instituant ainsi la première capitale de Norvège. Il édifia en même temps la première église de Nidaros, afin de convertir la population à la nouvelle religion chrétienne.

Saint Olav – Olav Tryggvason n'avait que partiellement réalisé sa double tâche d'unifier et de convertir son peuple lorsque, 30 ans plus tard, des chefs vikings rebelles, qui étaient particulièrement puissants dans le Trøndelag, forcèrent un autre roi chrétien, **Olav Haraldsson**, à s'enfuir de son royaume. Il y revint cependant en 1030 mais fut tué à la bataille de Stiklestad, à 100 km au Nord-Est de Nidaros. Ce qu'il ne put accomplir de son vivant le fut après qu'il eut été enterré à Nidaros. Bien que le roi n'ait jamais été officiellement canonisé, son culte se répandit non seulement dans

Trondheim pratique

Adresses utiles

Trondheim – *Munkegata 19, Torget. P.b. 2102, N - 7411 - ✆ 73 80 76 60, fax 73 80 76 70 - www.trondheim.com et www.visit-trondheim.com - lun.-ven. 9h-16h, sam. 10h-14h.* Sur la place du marché, un office de tourisme où vous trouverez une importante documentation sur la ville et la région. Vous pourrez vous y proccurer des tickets pour les visites guidées. Départ tous les matins à 11h depuis le Mc Donald's qui borde le centre commercial (180 NOK/pers.). Pour des visites personnalisées, contactez Trondheim Aktivum *✆ 73 80 76* 63.

Stiklestad – 7 650 Verdal - *✆ 74 07 31 00.*

Transports

Aéroport – Il est situé à **Stjørdal**, à 32 km à l'Est de Trondheim. Pour joindre la compagnie SAS *t 74 80 41 00.* Vols quotidiens directs pour Bergen, Bodø, Brønnøysund, Harstad/Narvik, Mo i Rana, Molde, Mosjøen, Namsos, Oslo, Rørvik, Sandefjord, Sandnessjøen , avec une escale pour Stavanger et Tromsø. Comptezmoins d'une heure pour rejoindre la capitale.

Bateau – Depuis le port, vous trouverez des bateaux qui organisent des visites autour de Trondheim. Comptez 1h30 de navigation pour 130 NOK par personne. En été sont organisés des tours en soirée après 18h30.

Se loger

P Hotels – *Nordregade 24, dans le centre - ✆ 73 80 23 50, fax 73 80 23 51 - www.p-hotels.no - ch. : 495/595 NOK ☕.* L'hôtel le moins cher de la ville ! Les prix sont les mêmes en semaine et le week-end, et les chambres n'en sont pas moins confortables et spacieuses. Mieux vaut téléphoner avant d'arriver, la réception n'est pas ouverte tout le temps.

Rainbow – *Kongensgade 15, en plein centre - ✆ 73 50 50 50, fax 73 51 60 58 - www.rainbow-hotels.com - ch. : 995/1 245 NOK ☕.* Un hôtel central et accueillant dont l'intérieur est décoré de photos anciennes de Trondheim. Petit-déjeuner copieux, et un buffet inclus dans le prix est organisé du lundi au jeudi à partir de 18h.

Scandic Residence – *Munkegaten 26, en plein centre - ✆ 21 61 47 00, fax 21 61 47 11 - www.scandic-hotels.no - ch. : 995/1 250 NOK ☕.* Un des hôtels modernes et confortables de ce quartier animé où se concentrent cafés et centres commerciaux. Une bonne adresse pour se trouver à proximité des sites et rues piétonnes de Trondheim.

Viking Hotel – *Thomas Angellsgate 12B - ✆ 73 51 21 33, fax 73 51 43 15 - 35 ch : 1 195 NOK ☕.* Ne vous fiez pas à son allure vieillotte : cet hôtel rénové est très confortable.

Chesterfield – *Søndregade 26, dans le centre - ✆ 73 50 37 50, fax 73 50 37 55 - ch. : 1 195/1 395 NOK ☕.* Un hôtel moderne sans charme particulier, néanmoins situé en plein centre et confortable. Les salles de bains sont parfois un peu vétustes, mieux vaut préférer les chambres au dernier étage. La 702 et la 706 offrent une vue panoramique sur la ville.

Augustin – *Kongensgate 26, en plein centre - ✆ 73 54 70 00, fax 73 54 70 01 - www.hotel-augustin.no - ch. : 1 350/1 550 NOK, suite : 2 495 NOK ☕.* Un hôtel central et confortable qui a été rénové très récemment. Les prix sont un peu plus élevés qu'ailleurs, mais la qualité est irréprochable.

Rica Nidelven – *Havnegata 1-3, près de la gare centrale - ✆ 73 56 80 00 - www.rica.no - 221 ch. : 1 425/1 695 NOK, suites : 1 895/5 000 NOK ☕.* Un des meilleurs hôtels de la ville ! Situé au bord d'un fjord, cet établissement imposant et moderne dispose de chambres lumineuses qui offrent une vue somptueuse sur le port. Le petit-déjeuner est composé d'un buffet exceptionnel.

I. Klipper / MICHELIN

Café-terrasse sur l'eau

Radisson SAS – *Kjøpmannsgaten 73, près de la gare centrale - ✆ 73 80 30 00, fax 73 80 35 50 - www.radissonsas.com - ch. : 1 395/1 645 NOK, suite 3 500 NOK ☕.* Cet hôtel de luxe n'est pas beaucoup plus cher que les hôtels du centre-ville, et propose de nombreux avantages : il est situé près du port, en face d'un quai animé, et dispose de chambres très confortables et modernes. Une carte de fidélité permet d'avoir des réductions dans tous les Radisson d'Europe.

Britannia Hotel – *Dronningensgate 5 - ✆ 73 80 08 00, fax 73 80 08 01, www.britannia.no - 247 ch. : 1 700/2 050 NOK ☕, mais 1 075 NOK ☕ le week-end.* Toute la classe et le raffinement d'un hôtel cossu. Le restaurant-palmeraie ne manque ni d'allure ni de charme.

Se restaurer

⊖⊖ **Grenaderen** – *Konsgårdsgade 1, au pied de la Cathédrale - ✆ 73 51 66 80 - www.grenaderen.no - Tlj 12h-22h - 234/400 NOK*. Cette vieille demeure a gardé tout son charme d'antan. Située près de la cathédrale, elle est décorée dans le style rustique et chauffée en hiver par une grande cheminée. Buffet le midi à bon marché et restaurant élégant le soir qui propose une cuisine européenne avec quelques plats scandinaves.

⊖⊖ **Chablis** – *Øvre Bakklandet 66, dans le quartier de Nedre Bakklandet - ✆ 73 87 42 50 - Lun.-sam. 17h-23h, fermé dim. - 245/500 NOK*. Ce restaurant élégant propose une cuisine sophistiquée dans un cadre moderne et design. Parmi les plats incontournables, vous pourrez déguster un savoureux canard à l'orange ou une entrecôte marinée au cognac.

⊖⊖⊖ **Havfruen** – *Kjøpmannsgata 7, dans le centre - ✆ 73 87 40 70 - www. havfruen.no - Tlj à partir de 15h - 250/600 NOK*. Ce bâtiment ancien abrite un restaurant charmant et élégant spécialisé dans les produits de la mer. L'endroit idéal pour un dîner romantique avec vue sur la mer.

⊖⊖⊖ **Credo** – *Ørjaveita 4, dans le centre piéton - ✆ 73 53 03 88 - www. restaurantcredo.no - Lun.-sam. 18h-23h - 50/550 NOK*. Le menu de ce restaurant élégant change tous les jours. C'est donc le chef qui décide des plats qui vous seront proposés. Décoration moderne et soignée, cuisine raffinée. Une belle carte de vins.

CAFÉS-RESTAURANTS

Mormors Stue As – *Nedre Enkeltskillingsveita 2, dans le quartier piéton - ✆ 73 52 20 22 - tlj 10h-23h - 50/150 NOK*. Cette charmante vieille demeure abrite sur deux étages un café-restaurant très fréquenté et populaire. Restauration rapide à base de sandwichs, salades, pâtes et quelques pâtisseries crémeuses. Un lieu incontournable et excellent rapport qualité/prix.

Erichsen – *Nordregade 8, dans le quartier piéton - ✆ 73 52 52 23 - lun.-sam 9h-24h, fermé dimanche - 90/150 NOK*. Une véritable institution ! Cette grande brasserie bondée à midi accueille une population locale dans un cadre ancien décoré de photos de la ville. Cuisine rapide à base de salades, soupes, hamburgers et sandwichs.

Daily – *Øvre Bakklandet 66 - ✆ 73 87 42 42 - www.daily.no - tlj 11h-23h - 80/200 NOK*. Un café-restaurant moderne situé au bord de la mer qui propose une cuisine rapide de qualité. Idéal pour un déjeuner bon marché avant de visiter les musées et sites alentour.

PAUSE SUCRÉE

Choco – *Nedre Baklandet 48*. Dans un dédale de cours et de salles au décor coloré et joyeusement décalé : ce salon de thé pâtisserie attire la jeunesse de la ville.

Dromedar Kaffebar – Deux adresses pour les amateurs de vrai café : à *Nedre Bakklandet* (à côté du précédent), et dans la rue piétonne Nordregata au centre-ville.

Café Børsen – *Accès par Nordregata*. Sa terrasse vitrée donnant sur Kongensgate est un lieu stratégique pour qui souhaite calmer une petite faim tout en observant l'animation du centre-ville.

Rabarbra Kafe – *Nedre Bakklandet 4 - tlj 11h-1h (cuisine 21h) - 50/75 NOK*. Un petit café convivial et branché où l'on sert sans chichis sandwichs et quelques plats pour un déjeuner rapide et bon marché. Depuis la terrasse paisible et ensoleillée, vous pourrez contempler les passants qui circulent.

Sports et loisirs

Randonnées – Trondheim est située en bordure d'un fjord, ce qui en fait un site de randonnées exceptionnelles. Le parcours du Laid (14 km) vous permettra de longer la côte et d'observer une vue exceptionnelle sur Trondheim depuis Fosen et Frosta.

Piscine – Deux adresses de piscines couvertes : **Pirbadet**, *✆ 73 83 18 00*, dans le centre - La plus grande piscine couverte de Norvège et **Husebybadet** - Saupstadringen 13 - *✆ 72 54 80 75*.

Achats

Majas Nabo – *Øvre Baklandet 48*. Une superbe collection de bibis pleins de couleurs.

Julehuset Gåsa – *Øvre Baklandet 48*. L'occasion ou jamais de découvrir des décorations originales (ou plus traditionnelles) pour votre arbre de Noël.

Événements

Le Jeu de St-Olav – Tous les 29 juillet, jour de l'anniversaire de la bataille de Stiklestad, un spectacle est donné dans le théâtre en plein air de Stiklestad par 350 participants devant 20 000 spectateurs. Il relate les derniers jours du roi dans le cadre de la bataille et tente de décrire la vie, les croyances et les idées des gens de l'époque.

La tradition se maintient également à Trondheim où chaque année un **festival culturel** a lieu aux alentours du 29 juillet, en l'honneur de saint Olav.

Nidaros Blues festival – 28 avril au 1er mai, un festival où se rencontrent des stars internationales et les artistes norvégiens les plus fameux. Plus de 50 concerts blues, rock et pop. Toutes les informations sur le site *www. nidarosbluesfestival.com*

Marathon du soleil de minuit – mi-juin.

toute la Scandinavie, mais aussi au-delà de la mer du Nord, jusqu'en Angleterre, où subsistaient encore quelques royaumes vikings et où des églises dédiées à saint Olav furent construites en maints lieux.

Un lieu de pèlerinage – Les pèlerins venaient de loin pour voir la tombe du saint dans la cathédrale de Nidaros ainsi que le lieu où il mourut à Stiklestad, ce qui permit à la ville de se développer rapidement. Les « miracles » qu'il accomplit durant sa vie furent consignés par écrit, ce qui renforça la légende. Depuis lors, saint Olav continue à jouer un rôle unificateur en soutenant le moral de la nation dans les périodes difficiles.

La capitale spirituelle de la Norvège – L'importance attachée au sanctuaire de saint Olav conféra à l'église de Nidaros une grande envergure spirituelle, et son influence ne cessa de croître pendant le Moyen Âge ; les rois de Norvège prirent l'habitude de se faire couronner dans la cathédrale. Une fois bien établie, cette tradition se perpétua même après la Réforme. La cérémonie du couronnement n'a plus lieu de nos jours, mais le roi Harald V se fit officiellement consacrer à Trondheim en 1991 au cours d'un service dans la cathédrale de Nidaros.

De Nidaros à Trondheim – Durant tout le Moyen Âge, les activités portuaires de la ville se développèrent, mais la Réforme mit un frein à cet essor économique et, en 1681, Nidaros, qui avait pris le nom de Trondheim, fut dévastée par un incendie : une partie de la vieille ville fut détruite. Le général **Johann Caspar von Cicignon**, descendant d'un huguenot français qui avait émigré en Norvège via le Luxembourg, remodela le centre de la ville tel qu'il est aujourd'hui en le dotant de larges avenues rectilignes rayonnant autour d'une immense place centrale, un carré de 90 m de côté. Il fit également construire le fort de Kristiansten sur une éminence dominant la cité afin de la protéger d'une éventuelle incursion suédoise.

Se promener

En arrivant à Trondheim par la route E 6, suivre la direction Sentrum puis tourner à droite après le pont dans Bispegata et laisser la voiture dans la très large Munkegata.

Cathédrale de Nidaros★★★ (Nidarosdomen) (2)

✆ 73 53 91 60 - booking.ndr@kirken.no - www.nidarosdomen.no - ♿ - visite guidée du 13 juin au 14 août : 9h, 18h, sam. 9h, 14h, dim. 13h, 16h ; de déb. mai au 12 juin et de mi-août à mi-sept. : 9h, 15h, sam. 9h, 14h, dim. 13h, 16h ; de mi-sept. à fin avr. : 12h, 14h30, sam. 11h30, 14h, dim. 13h, 16h - 40 NOK (enf. 20 NOK), billet combiné avec le palais de l'Archevêché - réserv. tlj sf w.-end 8h30-14h30.

Considérée comme le sanctuaire national, la **cathédrale de Nidaros** recèle dans ses murs toute l'histoire de la ville et du royaume de Norvège.

Après la bataille de Stiklestad, le roi Olav Haraldsson fut enterré sous le maître autel de la première église de bois construite par l'un de ses prédécesseurs, Olav Tryggvasson. Comme des rumeurs faisant état de miracles qui se seraient produits sur sa tombe s'étaient rapidement répandues, la sainteté du roi défunt ne fit plus aucun doute et ses restes furent placés dans un précieux reliquaire. Plus tard, le roi Olav Kyrre décida de remplacer l'église de bois par une église en pierre dédiée au Christ ; les travaux commencèrent en 1070. Les pèlerins affluèrent dans l'église et celle-ci s'avéra trop petite surtout lorsqu'en 1153 Nidaros, qui n'était jusqu'alors que simple évêché, devint archevêché à la suite d'un décret papal. La ville était le siège ecclésiastique de Norvège mais aussi d'Islande, du Groenland, des îles Féroé, des Orcades et de l'île de Man.

De style roman, les parties les plus anciennes de la cathédrale furent construites avant la fin du 12e s. par le second évêque, Eystein Erlendsson : l'édifice de pierre fut agrandi par l'adjonction du transept et de la salle du chapitre. Vint ensuite la construction de l'octogone et du chœur, mais cette fois-ci dans le style gothique, et la nef qui remplaça la nef romane fut achevée vers 1300. Bien que la cathédrale ait été plusieurs fois

I. Klipper / MICHELIN

Une cathédrale de stéatite grise.

SE LOGER

- Augustin 1
- Britannia Hotel 4
- Chesterfield 6
- P Hotels 9
- Radisson SAS 11
- Rainbow 14
- Rica Nidelven 16
- Scandic Residence 19
- Viking Hotel 23

SE RESTAURER

- Chablis 2
- Credo 5
- Grenaderen 10
- Havfruen 13

INDEX DES RUES

- Munkegata 3
- Nedre Enkeltskillingsveita 5
- Thomas Angellsgate 9

endommagée par des incendies, elle fut chaque fois restaurée et elle continua d'être un lieu de pèlerinage célèbre dans toute l'Europe du Nord ainsi que le lieu de sépulture des monarques norvégiens. Cependant, à la **Réforme**, elle fut dépouillée de tous ses trésors et le culte de saint Olav fut interdit par l'Église évangélique luthérienne qui est depuis lors l'Église officielle de Norvège. La cathédrale fut réduite au rang d'église paroissiale en 1585.

Construite en stéatite grise, la cathédrale se dresse dans un site harmonieux, au creux d'un méandre de la Nidelva. Côté Ouest, la **façade★★** imposante est décorée de rangées de saints et de rois sculptés. Le portail principal est surmonté d'un tympan ouvragé, et d'une magnifique **rosace. L'intérieur** est vaste et l'impression de hauteur est accentuée par la prédominance des lignes verticales. Les piliers massifs de la nef sont entourés de colonnes engagées tandis que de fines colonnettes, reliées par des arches sculptées avec raffinement, séparent la nef du chœur. Les chapiteaux sont richement sculptés, notamment celui qui est situé à l'entrée de l'octogone, sur lequel on peut voir sept têtes très expressives. Les vitraux ont des couleurs magnifiques.

Les **joyaux de la couronne** utilisés jusqu'en 1906 pour le couronnement des rois de Norvège sont exposés dans la **chapelle Nord**.

Palais de l'archevêque ★(Erkebispegården) (2)

Museet Erkebispegården - Kongsgårdsgt 1B - ☎ 73 53 91 60 - www.nidarosdomen.no - du 13 juin au 14 août : 9h-17h, sam. 9h-14h, dim. 13h-16h ; de déb. mai au 12 juin et de mi-août à mi-sept. : 9h-15h, sam. 9h-14h, dim. 13h-16h ; de mi-sept. à fin avr. : tlj sf lun. 11h-15h, dim. 12h-16h, possibilité de visite guidée en été (anglais) - 40 NOK (enf. 20 NOK).

Sur la droite de la façade de la cathédrale, dans un espace de verdure occupant le méandre du fleuve, le **palais de l'archevêque** fut construit en 1160 par l'archevêque, Eystein Erlendsson. Après la Réforme, il devint la résidence officielle des gouverneurs danois avant d'être réquisitionné par l'armée qui reconvertit la grande salle en grenier à grains. La plus ancienne partie du palais est l'aile Est, Østhuset, datant de 1160-1170 et comprenant les salles de réception.

L'aile Ouest, Vesthuset, construite vers 1230, comprenait les appartements privés et le bureau de travail de l'archevêque. Les deux édifices furent reliés par une tour, qui fut plus tard démolie, tandis que le palais subit plusieurs agrandissements, notamment au 15e s., où il fut également fortifié. Il sert désormais de résidence aux hôtes officiels. Fermant la cour, dans un bâtiment de brique, le **musée (museet Erkebuspegården)** présente une belle collection de sculptures médiévales provenant de la cathédrale.

Revenir à Bispegata.

Musée des Beaux-Arts (2)

Face à la cathédrale. Bispegata 9a - ☎ 73 52 66 71 - tlj sf lun. 10h-17h, dim. 12h-16h - 40 NOK (enf. 20 NOK).

Il présente par roulement son importante collection d'art norvégien, de 1820 à nos jours. **Adolf Tidemand** (1814-1876) avec une scène villageoise pleine de verve, un paysage romantique de **Johann Fredrik Eckersberg** (1822-1870), un *Goûter au jardin* impressionniste d'**Oscar Wergeland**, et une vue nocturne de Røros baignant dans une lumière bleutée par **Harald Sohkberg** (1869-1935) constituent quelques-uns des fleurons de ce musée. L'art moderne est représenté entre autres par **Gunnar S. Gundersen** (1921-1983), **Lars Tiller** (1924-1994) et **Frans Widerberg** (né en 1934).

Revenir en arrière sur Bispegata et poursuivre jusqu'à la rivière.

Le Vieux Pont de la ville★ (Gamle Bybro) et Bakklandet★ (2)

Du pont qui remplaça en 1861 un ouvrage de la fin du 17e s, on découvre une belle **vue★** des entrepôts à pignons alignés le long de la rivière, bâtiments en bois peints en rouge, jaune ou brun, construits sur pilotis au 18e s.

Au débouché du pont, **Øvre Bakklandet** *(à droite)* et **Nedre Bakklandet** *(à gauche)* constituent une longue ruelle pavée bordée de maisons basses de bois : l'endroit est d'autant plus agréable qu'aux abords du carrefour, nombre d'entre elles ont été investies par des cafés branchés, de retaurants et des galeries d'art ou d'artisanat.

Les plus courageux partiront à l'assaut du **fort de Kristiansten (Kristiansten Festning)**

Ouvert quand le drapeau est hissé. Accès à l'intérieur des bâtiments *(juin-août : 10h-15h, w.-end 11h-16h)* par une rue en forte pente *(Sykkelheis Brubakken, dans le prolongement du pont)* : ils seront récompensés de cet effort en découvrant une ample **vue** générale sur la ville et son fjord.

Poursuivre dans Nedre Baklandet et retraverser la rivière sur Bakke bru, puis prendre à droite dans Kjøpmannsgaten qui longe la Nidelva.

Musée de la Marine (Sjøfartmuseum) (1)

Fjordgata 6A - ☎ 73 89 01 00 - juin-août : 10h-16h - 25 NOK (enf. 15 NOK).

Aménagé dans un bâtiment du 18e s., ce musée présente de superbes maquettes de voiliers, des figures de proue et autres instruments de navigation d'où émanent la poésie du grand large et la nostalgie de l'époque héroïque de la marine à voile.

Poursuivre dans Fjordgata qu'un canal (bordé d'entrepôts) sépare du quartier de la gare et du port et prendre à gauche Nonnegata qui, après la large Olav Tryggvasons gate , devient Nordregata.

Le centre-ville★ (Midtbyen) (1)

Organisé autour de Torget, le centre-ville obéit au plan rigoureux tracé par l'ingénieur militaire Cicignon avec ses rues rectilignes se coupant à angle droit.

Résidence royale (Stiftsgården) (1) – *Sur la gauche, par Dronningens gate. Munkegt. 23 - ✆ 73 80 89 50 - renseignements au Kunstindustrimiseum - de déb. juin au 20 août : 10h-17h, dim. 12h-16h, sauf présence de la famille royale - 50 NOK (enf. 25 NOK).* Ce vaste palais de bois de style baroque aux murs peints en ocre fut élevé en 1778 au coin de cette rue et de Munkegata. Résidence royale depuis 1800, il peut se visiter en été.

Nordregata (1) – Au-delà de Dronningens gate, la rue devient piétonne et d'autant plus animée que de nombreux cafés attirent la jeunesse, comme l'immeuble abritant à la fois un centre commercial et le café Børsen, au coin de Kongensgate. En face, sur votre gauche, c'est une maison de bois datant de 1869 qu'a investie le Dromedar Kaffebar.

Église Notre-Dame (Vår Frue Kirke) (1) – *Kongensgate.* Cette église massive, bien que remaniée au 17e s., a conservé des éléments datant de la constructon d'origine, en 1209. Derrière l'église, un lacis de ruelles pavées bordées de maisons basses et colorées constitue un paisible petit quartier ancien.

Kongensgate – *Prendre à gauche vers Torget.* Large rue piétonne que bordent au débouché de la rue sur la place deux belles constructions de bois en vis-à-vis. Celle de gauche, **Hornemansgården (1)** (dite aussi Eldres Hus) date de 1710.

Place du marché (Torget) – Au centre de ce vaste quadrilatère trône la statue de Olav Tryggvason, œuvre du sculpteur Wilelm Rasmussen. On pourra lui préférer un bronze plus intimiste représentant une brave dame aux bonnes joues rebondies en train de faire son marché, le panier au bras, qui signale l'entrée de l'Office de tourisme. Intitulée *Go'Dagen*, elle a été réalisée par Tone Thiis Schjene en 1983. Sur le côté opposé de la place, des établissements de restauration rapide et un grand centre commercial attirent la foule.

Depuis Torget, **Munkengata** bordée de nobles demeures ramène à la cathédrale.

Musée des Arts appliqués du Nordenfjeld★★ (NordenfjeldskeKunstindustrimuseum) (2) – *Munkegata 5 - ✆ 73 80 89 50 - www.nkim.museum.no - de déb. juin au 20 août : 10h-17h, dim. 12h-17h ; du 21 août au 31 mai : tlj sf. lun. 10h-15h (jeu. 17h), dim. 12h-16h - 50 NOK (enf. 25 NOK).* Fondé en 1893, ce beau musée abrite diverses collections illustrant les principaux mouvements artistiques internationaux, ainsi que des expositions temporaires.

Les **collections historiques** proposent un parcours chronologique depuis l'époque baroque jusqu'au design des dernières décennies du 20e s., en portant une attention particulière au mouvement Arts and Crafts, avatar anglais de l'Art nouveau et qui eut William Morris comme chef de file. Au fil des salles, on admirera une ravissante horloge peinte rococo de 1770, un secrétaire en acajou de 1898, ou un étonnant lavabo créé en 1985 par l'Américain Marek Cecula. L'étage présente une superbe collection de vingt **tapisseries★★** réalisées par **Hannah Ryggen** (1894-1970), artiste née à Malmö et qui passa de longues années à Trondheim, des tapisseries abstraites de **Synnøve Anker Aurdal** (1908-2000), ainsi que des objets en verre, œuvres de **Benny Motzfeldt** (1909-1995). Une collection japonaise complète l'ensemble.

Aux alentours

Musée des Instruments de musique★★ (Ringve Museum)

À 3 km au Nord-Est, par Innherredesveinen (1). Lade allé 60 - ✆ 73 87 02 80 - www.ringve.no - 19 juin-7 août : 11h-17h ; 18 mai-18 juin et 8 août-11 sept. : 11h-15h ; 1er janv.-16 avr. et 12 sept.-18 déc. : dim. 11h-16h ; 17 avr.-16 mai : 11h-15h, w.-end 11h-16h - 70 NOK (enf. 25 NOK).

Ce fascinant musée, aménagé dans le splendide manoir de Ringve construit au 19e s. sur la presqu'île de Lade, domine la cité et le fjord. La visite, obligatoirement guidée, comprend la démonstration, par des étudiants, de certains instruments souvent très rares.

Parmi ces spécimens parfois extrêmement curieux, citons des cloches éoliennes norvégiennes du 18e s., un superbe clavecin réalisé à Londres en 1767 par Jacob Kirkman, un piano à queue datant de 1783, œuvre de Johann Andreas Stein, un piano harpe exécuté à Bruxelles à la fin du 19e s. par Christian Dietz, une cithare norvégienne du Telemark, un violon d'Amati datant de 1612, un téorbe (sorte de luth) allemand de 1700, ou encore un élégant clavecin français de couleur noire du 18e s., dont l'intérieur est décoré d'un paysage. Citons également un étrange piano rectangulaire du 18e s., des orgues de Barbarie, des instruments miniatures ou exotiques, un juke-box américain de 1948, et des violons richement décorés de la région de Hardanger.

La bataille de Stiklestad

Elle opposa le 29 juillet 1030 l'armée d'Olav Haraldsson aux forces nettement supérieures de quelques chefs locaux soutenus par le roi de Danemark et d'Angleterre **Canut Ier**, qui après avoir conquis la Suède tentait de s'emparer de la Norvège. Pour les historiens, la mort d'Olav au cours de la bataille changea le cours de l'histoire et Stiklestad annonce la fin de l'ère viking et le début du Moyen Âge, même s'il ne s'agissait que d'une tentative de plus, de la part d'un roi viking pour unifier la Norvège sous son autorité, tout en imposant la religion chrétienne à ses sujets. À l'époque, le Trøndelag du Nord était une région importante sur le plan économique et militaire et il était primordial pour Olav de s'imposer dans cette région. Si Canut devint roi de Norvège, la mort d'Olav transforma sa défaite en victoire : considéré comme martyr du christianisme, il devint le symbole de la nation norvégienne.

Château d'Austråt

Une demi-journée. Départ en bateau du Fosenkaia (**1**), *près de la gare.* Le catamaran longe le fjord jusqu'à Brekstad où un autocar emmène les passagers à Austråt. Au cours de la visite guidée, on fait le tour du château du 17e s., qui a conservé les vestiges d'un édifice médiéval. On admire de remarquables pièces en fer forgé, du mobilier baroque, ainsi que, dans la chapelle, des sculptures sur bois médiévales.

Dans les environs

Stiklestad

93 km au Nord-Est, le lond du fjord de Trondheim par la route E 6.
Stiklestad est l'un des sites historiques les plus célèbres de Norvège, car l'événement qui s'y produisit marqua un tournant décisif dans l'histoire du pays.

Stiklestad Nasjonale Kultursenter – *✆ 74 04 42 00 - de déb. juin à mi-août : 9h-20h ; reste de l'année : 11h-17h30.* Il abrite une exposition intitulée *Stiklestad 1030,* qui, à l'aide de scènes reconstituées d'après les découvertes archéologiques, illustre le contexte de la bataille.

Église★ – *✆ 74 04 42 00 - 11h-18h.* L'édifice roman de 1150 remplaça une église en bois construite à l'endroit même où le roi Olav serait tombé. Au cours des travaux de restauration exécutés à l'occasion du 900e anniversaire de la bataille, on découvrit sur ses murs des fresques du 16e s. illustrant diverses scènes bibliques, dont la Passion sur le mur Nord. Les fonts baptismaux en stéatite datent du 12e s.
Les peintures qui ornent le chœur furent commandées spécialement pour le 900e anniversaire de la bataille. Elles sont l'œuvre d'Alf Rolfsen et illustrent par des scènes successives le déroulement des événements tout au long de la journée : le roi et ses hommes avant la bataille, le roi mourant s'appuyant contre une pierre, le Christ apparaissant une épée dans une main et un lys dans l'autre ; la dernière scène se passe la nuit, après la bataille : un aveugle retrouve la vue lorsque le sang du roi touche ses yeux et, devant le miracle, Tore Hund, l'un des guerriers qui blessa mortellement le roi, décide de faire un pèlerinage en Terre sainte pour recouvrer la paix intérieure.

Musée – *✆ 74 04 42 00 - 21-30 juil. : 9h-0h ; juin-août : 9h-20h ; reste de l'année : 11h-17h30, possibilité de visite guidée sur demande (anglais) - fermé Pâques et 25 déc. - 95 NOK (enf. 50 NOK).* Ce musée de plein air illustre la vie d'un village d'autrefois grâce à des démonstrations de méthodes de travail traditionnelles dans une ferme laitière, une forge, une boulangerie, un moulin, etc. Les bâtiments du 17e au 19e s. comprennent un moulin à eau, un « stabbur », une maison de charpentier et même un sauna du début du 18e s.

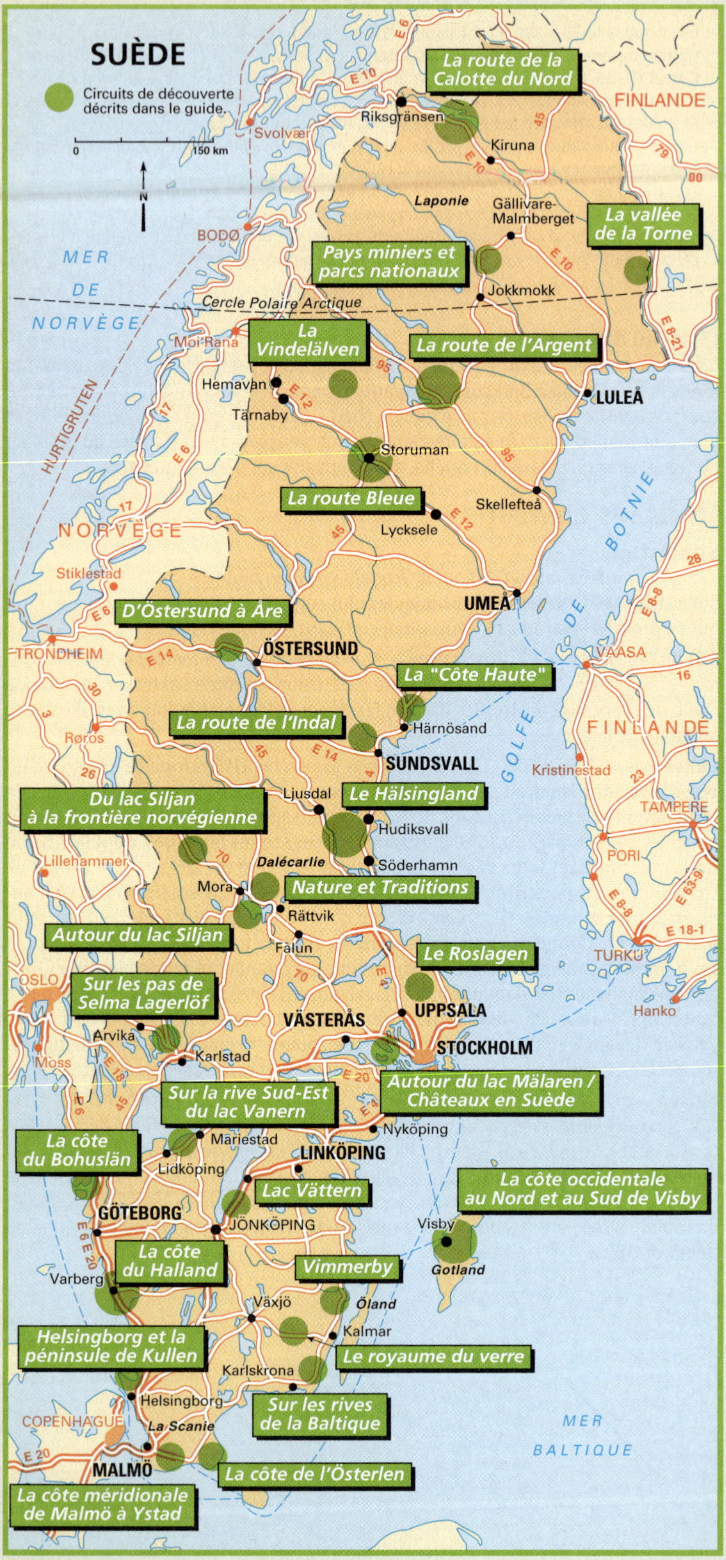
SUÈDE
Circuits de découverte décrits dans le guide.
0
150 km
N
La route de la Calotte du Nord
Riksgränsen
Kiruna
FINLANDE
Svolvær
Laponie
Gällivare-Malmberget
La vallée de la Torne
BODØ
Pays miniers et parcs nationaux
Jokkmokk
MER DE NORVÈGE
Cercle Polaire Arctique
Mo i Rana
La Vindelälven
La route de l'Argent
Hemavan
Tärnaby
LULEÅ
HURTIGRUTEN
Storuman
La route Bleue
Skellefteå
Lycksele
NORVÈGE
BOTNIE
Stiklestad
UMEÅ
D'Östersund à Åre
DE
TRONDHEIM
ÖSTERSUND
VAASA
La "Côte Haute"
La route de l'Indal
Härnösand
Røros
FINLANDE
GOLFE
SUNDSVALL
Kristinestad
Du lac Siljan à la frontière norvégienne
Ljusdal
Le Hälsingland
TAMPERE
Hudiksvall
Lillehammer
Dalécarlie
Söderhamn
PORI
Mora
Nature et Traditions
Rättvik
Autour du lac Siljan
Falun
TURKU
Le Roslagen
OSLO
Sur les pas de Selma Lagerlöf
UPPSALA
Hanko
VÄSTERÅS
Arvika
STOCKHOLM
Karlstad
Moss
Sur la rive Sud-Est du lac Vanern
Autour du lac Mälaren / Châteaux en Suède
Nyköping
La côte du Bohuslän
Mariestad
LINKÖPING
Lidköping
La côte occidentale au Nord et au Sud de Visby
Lac Vättern
GÖTEBORG
Visby
JÖNKÖPING
La côte du Halland
Gotland
Vimmerby
Varberg
Växjö
Öland
Kalmar
Helsingborg et la péninsule de Kullen
Le royaume du verre
Karlskrona
Helsingborg
Sur les rives de la Baltique
COPENHAGUE
La Scanie
MER BALTIQUE
MALMÖ
La côte de l'Österlen
La côte méridionale de Malmö à Ystad

LA SUÈDE

Sverige

Superficie : 449 964 km^2, dont 40 000 km^2 de lacs et de voies navigables ; les forêts couvrent 55 % de la superficie totale et 10 % des terres sont cultivés.

Frontières : avec la Norvège et la Finlande.

Latitude : 55° à 69° de latitude Nord.

Heure : GMT + 1.

Population : 9 014 921.

Densité : 20 au km^2, mais les 3/4 des Suédois vivent dans le Sud du pays.

Capitale : Stockholm.

Villes principales : Göteborg, Malmö, Uppsala.

Système politique : monarchie constitutionnelle, Parlement à Assemblée unique (Riksdag).

Divisions administratives : 21 *län*.

Fête nationale : 6 juin, journée du drapeau suédois.

Langue officielle : le suédois ; le finnois est également parlé par une minorité.

Religion : le luthéranisme (87 %).

Monnaie : 1 *krona* (Skr ou SEK) = 100 *öre* = 0,11 €.

Sites inscrits sur la Liste du patrimoine mondial de l'Unesco : Birka – domaine royal de Drottningholm – forges d'Engelsberg – zone minière de la grande montagne de cuivre de Falun –village-église de Gammelstad, Luleå – Hovgården – port naval de Karlskrona – Laponia – Paysage agricole du Sud d'Öland – Skogskyrkogården – arc géodésique de Struve – gravures rupestres de Tanum – station radio Varberg – ville hanséatique de Visby.

Le Bohuslän★★

VÄSTRA GÖTALANDS LÄN
CARTE MICHELIN N° 711 N/O 8 OU ATLAS EUROPE P. 118

L'aspect solitaire et la beauté sauvage de la côte occidentale de la Suède, au Nord de Göteborg, avec sa ligne dentelée, ses échancrures et ses îlots, ses rochers, ses récifs et ses villages de pêcheurs hauts en couleur, font de cette province un des lieux de prédilection des touristes suédois aussi bien qu'étrangers. Aujourd'hui, le tourisme détrône la pêche en tant que principale ressource économique de la région côtière.

- **Se repérer** – Frange côtière s'étendant de la frontière norvégienne à Göteborg, le Bohuslän est traversé du Nord au Sud par la E 6 reliant Oslo et Malmö.
- **À ne pas manquer** – L'île de Tjörn et son musée de l'Aquarelle sur pilotis ainsi que les gravures rupestres de Tanum.
- **Organiser son temps** – Prévoir deux à trois jours selon le nombre d'îles visitées.
- **Avec les enfants** – Des balades à vélo et en bateau, la visite de la réserve de l'Arche nordique et de la forteresse de Carlstens sur l'île de Marstrand.
- **Pour poursuivre le voyage** – La E 6 poursuit sa route vers le Nord le long du fjord d'Oslo au fond duquel se trouve la capitale norvégienne.

Se promener

UDDEVALLA

Uddevalla est la principale ville du Bohuslän. C'est un centre commerçant et industriel (textiles, papier, transformation du bois et constructions navales) moderne. Son petit port de négoce connut la prospérité au 18e s. grâce à la pêche au hareng.

Musée du Bohuslän★★ (Bohusläns museum)

0522-65 65 00 - www.bohusmus.se - mai-août : 10h-20h, vend. et w.-end 10h-16h ; reste de l'année : tlj sf lun. 10h-20h, vend. et w.-end 10h-16h (gratuit).
Face au parking situé à côté de la gare routière. Trois bâtiments de bois peints en blanc et agrémentés de gables se dressent le long du quai bordant le Bäveån à son embouchure dans le Byfjorden. L'intérieur spacieux comprend un rez-de-chaussée, réservé aux expositions temporaires, une mezzanine où est retracée en photos l'histoire du Bohuslän, et un premier étage accueillant l'exposition principale, consacrée à l'environnement naturel de la province et à la vie, au cours des siècles, des pêcheurs, des agriculteurs, des ouvriers, notamment des carriers, évoquée à travers une série de tableaux. Un espace est réservé à la culture et à l'art contemporains. Le restaurant propose des spécialités du Bohuslän.

E. Morris / MICHELIN

Le paisible port de Gustafsberg.

Le Bohuslän pratique

Adresses utiles

Uddevalla – Kundstorget 4, 451 81 - *0522 997 20.*

Bon à savoir : le site Internet *www.westsweden.com* fournit en anglais toutes les informations concernant la côte Ouest de la Suède depuis Göteborg jusqu'au Västergötland, au passant par le Bohuslän et le Dasland.

Transports

Göta Canal – *AB Göta kanalbolag Box 3 - 591 21 Motala - 0141 20 20 50 - www.gotakanal.se/* Vous pourrez sillonner la région en bateau ou en canoë en empruntant ce canal très apprécié des Suédois.

Voiture – L'autoroute E 6 longe les îles puis la mer jusqu'à Oslo. Compter moins de 2h pour rejoindre la frontière depuis Göteborg.

Aéroport – *voir Göteborg.*

Se loger

Bon à savoir – Bien que les hôtels ne manquent pas dans la région, vous pouvez essayer d'autres formes d'hébergement : un séjour à la ferme ou dans une pension de famille, dans une petite maison de vacances en location ou même dans une des auberges de jeunesse de l'archipel.

ÎLE DE MARSTRAND

Grand Hotell –*Marstrand - 0303 603 22 - fax 0303 600 53 - www.grandmarstrand.se - 22 ch. : 1 795 SEK.* Hôtel élégant datant de la fin du 19e s. dans un cadre romantique avec une vue superbe du petit port de plaisance. La rénovation récente a su préserver le charme désuet d'origine. *Prix sur demande.*

UDEVALLA

Laholmen Hotell – *Strömstad - 526 197 00, fax 526 100 36 - www.laholmen.se - 152 ch. : 695/775 SEK.* Un grand hôtel du groupe Rica bâti au bord de la mer à la frontière avec la Norvège.

Scandic Swania – *Storgatan 47-49 - Trollhättan - 520 89 000, fax 520 89 001 - www.scandic-hotels.se/swania*

Campings

Lagunen – *526-123 65, fax 526-123 67 - info@lagunen.se*

Solviks Camping & Stugby – *456 91 Kungshamn - 523-188 90, fax 523-188 97 - info@solvikscamping.se*

Se restaurer

ILE DE TJÖRN

Restaurant Vatten – *Södra Hamnen, Skärhamn - 0304 67 00 87 - www.vgc.nu* Le restaurant du musée nordique de l'Aquarelle a vue sur la mer à travers d'immenses panneaux de verre et, lorsque le temps le permet, les repas sont servis sur la terrasse au bord de l'eau : une façon très agréable de prolonger la visite de ce musée original.

ÎLE DE MARSTRAND

Restaurant Tenan : le restaurant de l'hôtel offre à ses clients une véritable expérience gastronomique avec une sélection de poissons et de fruits de mer préparés et cuits à la perfection, comme on sait le faire le long de la côte du Bohuslän, mais aussi des plats de viande très appréciés comme par exemple « Africana », une spécialité qui a contribué a faire la réputation du restaurant dans tout l'Ouest de la Suède.

Sports et loisirs

Sur la côte, le choix d'**excursions en bateau** est considérable. Ceux qui préfèrent hisser leurs propres voiles ou tenir la barre de leur propre bateau à moteur ont à leur disposition une bonne sélection de spécialistes de location de bateaux de toutes sortes.

La pêche en mer, la plongée, la pêche en eau douce et la natation sont des activités très pratiquées dans le Bohuslän. Ceux qui préfèrent le vélo peuvent pédaler le long de la **piste du Bohuslän** sur une distance de 290 km entre Svinesund, près de la frontière norvégienne et Göteborg. Les randonneurs peuvent parcourir un chemin de grande randonnée, **Bohusleden**, long de 360 km, qui relie Strömstad et Lindome. Les offices de tourisme locaux tiennent à la disposition des personnes intéressées des brochures et des cartes concernant ces activités.

Kayak – *Myrstigen 11, Uddevalla - /Fax : 0522-131 00, Mobile : 0705-13 10 85 - www.upplevelsebolaget.com* Depuis la ville d'Uddevalla sont organisées des excursions dans les archipels.

Événements

Journées d'été – Les 24 et 25 juin sont célébrées les journées d'été dans plusieurs châteaux et sites exceptionnels de la région : dans le château de Läckö près de Vänern et celui de Nääs, ou encore dans le village de Falkängen.

Festival international de blues d'Åmål – 7-10 juillet.

Semaine des chevaliers – 9-17 juillet, la célèbre bataille de Hova est célébrée pendant une semaine à l'occasion de défilés de chevaliers en tenue médiévale.

Journées médiévales de Kungahälla – 22-24 juillet, l'une des plus importantes célébrations de tournoi médiéval en Suède.

Hornbore Ting – Marché viking à Hamburgsund du 5 au 7 août.

OSLO
ÅRJÄNG
Svinesundsbron
Halden
Kjerköya
Lommeland
NORVÈGE
Stora Le
Grönehög
Blomsholmsskepp
Strömstad
Skee
Ed
Koster
Bohusleden
164
166
172
E6
165
Tanumshede
HÄLLRISTNINGAR ★★★
Örekilsälven
Grebbestad
163
★★ Fjällbacka
Hamburgsund
Färgelanda
Svenneby
Dingle
173
Bovallstrand
Hunnebostrand
Nordens Ark
★ Ramsvikslandet
174
171
Hovenäset
Hällristningar ★★
Brastad
★ Smögen
Kungshamn
Uddevalla
161
44
SKAGERRAK
162
Bokenäs
Nötesundsbron
★★ Lysekil
Rörbäck
Kungsviken
Henån
Ellös
160
Gullholmen
Orust
Käringön
Hälleviksstrand
Skåpesundsbron
Stenungsund
Almöbron ★
45
★★ Tjörn
★★ Skärhamn
169
Götaälv
★ Klädesholmen
Rönnäng
★ Åstol
★★ Marstrand
168
Kungälv
Rörö
BOHUSLÄN
★★ GÖTEBORG
Öckerö
Hjuvik
E 20
Sentier
Piste cyclable
Hönö
40
0
15 Km
DANEMARK
VARBERG

Aux alentours

Gustafsberg★

4,5 km au Sud par la route E 6.

La promenade en voiture offre de magnifiques vues du fjord sur la route menant au charmant village de Gustasfberg, une enclave du passé. Les maisons bien tenues, joliment décorées et richement ornées datent du milieu du 19e s., quand le village connut son apogée comme station thermale. Les thermes furent définitivement fermés en 1970 et l'établissement thermal fut transformé en auberge de jeunesse.

Circuit de découverte

LA CÔTE DU BOHUSLÄN, DE GÖTEBORG À SVINESUND

220 km.

L'attrait de cet itinéraire réside dans les nombreux détours vers les villages côtiers et les îles bordant la côte. Quitter Göteborg en direction du Nord par la E 6.

Forteresse de Bohus★★ (Bohus fästning)

☏ 0303-156 62 - mai-août : 10h-19h ; avr. : w.-end 11h-17h ; sept. : 11h-17h, possibilité de visite guidée en juil. - fermé 24 juin - 35 SEK (7-16 ans 20 SEK), 45 SEK (visite guidée).

À la périphérie Sud de **Kungälv**, on peut voir les ruines d'une puissante **forteresse** sur une île du Nordre älv. En 1308, le roi **Håkon** de Norvège fit construire le fort de Bohus, qui donna son nom à la province ; sa position stratégique lui permit de jouer un rôle défensif primordial jusqu'au traité de Roskilde en 1658 ; la forteresse passa alors aux mains des Suédois et, comme elle avait perdu tout intérêt stratégique, elle fut abandonnée et tomba en ruine. L'imposante tour ronde surnommée Fars Hatt (le « Chapeau de papa ») est la seule tour d'angle encore debout. De nos jours, des concerts et autres divertissements ont lieu dans la cour intérieure en été.

Kungälv

Détruite à plusieurs reprises, Kungälv fut reconstruite en 1613 sur Fästningsholmen, au pied de la puissante forteresse de Bohus, puis, en 1676, la ville fut déplacée pour être bâtie le long d'une seule rue en raison du manque de place. De nos jours, Gamla Torget, Östra Gatan et Västra Gatan, avec leurs agréables édifices de bois (18e s.-19e s.) peints de couleurs pastel, forment le centre pittoresque de la ville. L'extérieur sobre et peint en blanc de l'**église de bois** érigée en 1679 cache un intérieur baroque riche en couleurs.

☏ 303-102 10 - ♿ - été : tte la journée ; hiver : sur réserv. auprès de Mme Lisbeth Samuelsson (☏ 070 655 52 04).

Suivre la route 168 sur 28 km. Les voitures ne sont pas admises sur le groupe d'îles portant Marstrand : laisser la voiture au parking situé à l'embarcadère du ferry (service régulier, durée : 7mn).

Marstrand★★

Le village du 13e s. se développa au 16e s. en un important centre de négoce de pêche au hareng. Au milieu du 19e s., Marstrand vit grandir sa renommée de station thermale et connut son apogée à la fin du siècle lorsque le roi **Oscar II** (1829-1907) lui-même en fit une ville d'eaux à la mode. Le Grand Hôtel dominant le port rappelle la splendeur passée de Marstrand. Aujourd'hui, ses maisons de bois décorées avec goût, ses ruelles étroites et sinueuses résonant de l'animation des boutiques et des restaurants, et l'activité de son port de plaisance, où se balancent yachts et canots, en font la station estivale par excellence de la région du Bohuslän et le rendez-vous obligatoire des plaisanciers attirés par plusieurs compétitions internationales et des régates annuelles très suivies. La ville est dominée par la masse de sa forteresse, **Carlstens fästning★**, dont la construction commença peu après le traité de Roskilde ; en 1719, la forteresse fut prise par les flottes danoise et norvégienne réunies sous le commandement de l'amiral Peter Tordenskiøld, qui l'utilisa ensuite comme base pour attaquer le fort de Nya Elfsborg qui défendait le chenal de Göteborg. Vue splendide de la côte et des îles voisines.

☏ 0303-602 65 - juin-août : 11h-18h ; sept.-mai : w.-end et j. fériés 11h-16h, possibilité de visite sur demande les autres jours de la semaine - 60 SEK (enf. 20 SEK).

Reprendre la voiture et revenir sur la route E 6 que l'on quitte juste au Sud de Stenungsund pour suivre la route 160 en direction de Tjörn-Orust.

La route longe le Hakefjorden jusqu'au pont de Tjörn, l'**Almöbron★** ; une fois sur l'île, après les premiers feux tricolores (café et point d'informations touristiques),

E. Morris / MICHELIN

Les hangars à bateaux de Skärhamn, sur l'île de Tjörn.

on découvre un magnifique **panorama★★★** qui embrasse plusieurs fjords et une myriade d'îles.

Pour visiter Tjörn, prendre la route 169 à gauche en direction de Skärhamn et Rönnäng.

Île de Tjörn★★

Les îles de Tjörn et d'Orust ont toutes deux, en raison de leur lumière, inspiré des artistes tels que **Karl Nordström**, l'un des peintres de l'école de Varberg et deux autres peintres du groupe de Göteborg *(voir ce nom)*, **Ragnar Sandberg** et **Ivan Ivarsson**.

Les côtes occidentales de ces îles sont ponctuées de villages de pêcheurs hauts en couleur, où les hangars à bateaux peints en rouge s'alignent le long du port, tandis qu'un dédale de ruelles serpente à travers les maisons blanches serrées les unes contre les autres. Les petites îles proches des côtes sont desservies par les ferries locaux.

Skärhamn★★ – La principale agglomération de l'île est aussi une des bases de la marine suédoise et un port de commerce dont le passé est évoqué dans son petit **musée de la Marine (Sjöfartsmuseum)**.

☏ 0304 670 067 - juil. : 15h-20h ; de mi-mai à fin juin et août : w.-end 15h-20h ; de déb. sept. à mi-mai : sur demande, possibilité de visite guidée (30mn, anglais) - gratuit ; 10 SEK (visite guidée).

Le Musée nordique de l'Aquarelle★★ (Nordiska akvarellmuseet) – *☏ 304 60 00 80 - www.akvarellmuseet.org - 5 juin-5 sept. : 11h-18h ; oct.-mai : 12h-17h (jeu. 20h) - de mi-mai à fin sept. 70 SEK (enf. 10 SEK), de déb. oct. à mi-mai 45 SEK*. Inauguré en 2000, ce musée est à la fois un lieu de rencontre et de découverte des artistes nordiques et un centre de recherche et d'enseignement des techniques et des supports de l'aquarelle. Construit sur pilotis, au milieu de rochers polis par la mer, le musée s'ouvre sur l'eau qui l'entoure à travers de larges murs vitrés. La collection permanente et les expositions temporaires permettent au public d'apprécier les oeuvres d'aquarellistes contemporains de réputation internationale. Des stages pour adultes et enfants sont dirigés par des artistes professionnels et une grande salle polyvalente est animée par des programmes culturels et des conférences. Étudiants et artistes professionnels peuvent également louer un studio pour la réalisation d'un projet. Le restaurant Vatten offre une vue splendide de cet environnement naturel unique.

Île de Klädesholmen★

Elle est reliée à Tjörn par un pont ; depuis le 16e s., les habitants y vivent de la pêche et les conserveries artisanales de harengs constituent encore leur principale activité.

Île d'Åstol★

Des ferries au départ de **Rönnäng** desservent **Åstol★** dont les maisons blanches s'accrochent à la roche nue en se blotissant derrière le quai bordé de hangars à bateaux. Les maquereaux qui viennent d'être fumés sont une spécialité locale appétissante.

La route 160 longe la côte Nord de Tjörn et offre des panoramas ininterrompus sur les falaises et le rivage jusqu'au pont, le **Skåpesundsbron**. Du parking, il y a une belle vue.

Île d'Orust

Hauteurs boisées et terres cultivées alternent sur cette île renommée pour sa tradition de construction navale. **Kungsviken** et **Henån** sont les principaux centres. Bien que les coques soient désormais presque toutes en plastique, il y a encore un maître charpentier spécialisé dans les bateaux en bois. Il y a un service de ferry entre Hälleviksstrand et **Käringön**.

Île de Gullholmen

À partir de Tuvesvik, les ferries gagnent **Gullholmen**, île habitée depuis le 13e s. où les maisons se serrent les unes contre les autres plus encore que partout ailleurs dans le Bohuslän. Près du port, on peut voir **Skepparhuset**, la demeure d'un capitaine datant de 1893, contenant le mobilier et les ustensiles domestiques traditionnels, et complétée par un hangar à bateau, un musée de la pêche et un atelier de confection de voiles.

✆ 031-81 83 00 - de déb juil. à mi-août : tlj sf lun. et sam. 15h30-18h, possibilité de visite guidée en anglais - 50 SEK (enf. 25 SEK).

À 3 ou 4 km au-delà de Henån, l'agglomération principale de l'île d'Orust, un belvédère offre de belles **vues** sur le **pont de Nötesund (Nötesundsbron)**, qui permet de rejoindre le continent.

Au croisement des routes 160 et 161, tourner à gauche en direction de Lysekil

Bokenäs

L'**église** médiévale, dont le sol du porche est pavé, date du 12e s. L'abside arrondie et l'absence de fenêtres dans le mur Nord sont des détails caractéristiques de cette époque. La tour et les peintures de l'intérieur furent ajoutées au 18e s.

Continuer en direction de l'Ouest : un ferry transporte gratuitement les voitures et leurs passagers de l'autre côté du Gullmarsfjord. Un peu plus loin, au carrefour en T, tourner à gauche et suivre la route 162 jusqu'à Lysekil.

Lysekil★★

Lysekil se développa rapidement au 18e s. grâce au succès que connut soudain la pêche au hareng. Mais elle acquit sa renommée au milieu du 19e s. en tant que ville d'eaux ; elle a conservé quelques-uns de ses établissements thermaux. La rue principale longe le port Sud, où sont amarrés les bateaux de pêche qui approvisionnent les conserveries locales. Pour avoir des renseignements sur les excursions en bateau, les croisières nocturnes et les parties de pêche sur un bateau de pêcheurs professionnels, s'adresser à l'Office de tourisme *(Södra Hamngatan 6)*.

Continuer le long de Södra Hamngatan.

AKVARELLMUSEET

Le musée de l'Aquarelle, sur pilotis et intégré à l'environnement naturel.

Havsbadsområdet – Le front de mer reflète la fréquentation que connut très tôt Lysekil en tant que station estivale : la **Curmanska villan** rouge et jaune, de style nordique traditionnel, était la résidence d'été du docteur qui recommanda les bienfaits de la station à un grand nombre de ses patients ; les thermes richement décorés, qui datent de 1864, et la salle des fêtes à tourelles, **Societetshuset** (copie de l'édifice d'origine) sont situés dans Havsbadsparken.

Havets Hus *(à l'extrémité de Södra Hamngatan)* abrite un petit musée – annexe du Centre de recherche marine de Göteborg – consacré à la vie en milieu marin le long des côtes et dans les eaux du Gullmarsfjord.

☎ 0523-196 71 - www.havetshus.lysekil.se ♿ de déb. juin à mi-août : 10h-18h ; fév.-juin et de mi-août à mi-nov. : 10h-16h - fermé de mi-nov. à fin janv. - 75 SEK (enf. 40 SEK).

Suivre la signalisation jusqu'à **Vikarvet (Turistgatan)** ; le musée illustre la pêche et les carrières locales.

☎ 0523-137 20 ou 0523-61 10 68 - de mi-juin à mi-août : tlj sf lun. 14h-16h ; de mi-août à mi-juin : dim. 14h-16h ; reste de l'année : sur RV.

Suivre le chemin à gauche derrière Vikarvet, puis tourner encore à gauche en direction des quais.

Stångehuvuda – Ce promontoire de granit rose voit croître plus de 250 espèces de plantes, aussi est-il souvent inclus dans les promenades à vocation botanique et géologique.
L'ancien centre de pêche au hareng (Gamlestan) était situé autour du port Nord. L'église en granit de Bohus datant de 1901, perchée au sommet de la colline, servait de point de repère aux marins.

Reprendre la route 162, tourner à droite à Brastad et suivre la signalisation « Backa Hällristningar ».

Gravures rupestres de Backa★ (Backa hällristningar)

Les **gravures rupestres de Backa** sont situées en bordure d'une route de campagne. La première gravure importante que l'on rencontre représente, entre autres, la silhouette grandeur nature d'un homme brandissant une hache. Des cercles (disques solaires) sont représentés sur une autre gravure 600 m plus loin. Le soleil et les saisons avaient une grande importance pour les peuples du début de l'âge du bronze.

Continuer le long de la route 162 en direction de la E 6. Prendre ensuite la route 171 vers Kungshamn.

Nordens Ark★

☎ 0523-795 90 - de mi-juin à mi-août : 10h-19h ; de mi-avr. à mi-juin et de mi-août à fin oct. : 10h-17h ; de déb. janv. à mi-avr. et nov.-déc. : 10h-16h.
La réserve fait partie d'un domaine (Åby Säteri) situé près de la route 171. La réserve de l'Arche nordique a été fondée en collaboration avec le **Jersey Wildlife Preservation Trust**, pour servir de refuge et de lieu de reproduction aux animaux menacés de disparition.
La campagne environnante fournit aux enclos un cadre naturel splendide et les visiteurs peuvent apercevoir les animaux (renards argentés, gloutons, otaries, panthères des neiges, chevaux Przewalski et grands-ducs) en se promenant le long des trottoirs de bois. L'un des projets envisagés est la réinstallation de l'amusant macareux, symbole de la réserve, sur ses anciens lieux de reproduction au large des côtes du Bohuslän.

Continuer 100 m au-delà de l'entrée de Nordens Ark jusqu'à un petit parking.

Åby

Une autre série de **peintures rupestres** représentant des scènes de la vie guerrière orne les bateaux. Des passagers en rangs serrés y sont représentés, certains brandissant des haches et des lances, d'autres portant des coiffures traditionnelles, probablement en pleine danse rituelle.

La route 171 conduit à Smögen.

Île de Smögen★

L'île est reliée à la côte par un pont. C'est un port de pêche important qui accueille les chalutiers au retour de la pêche et où la **vente des crevettes à la criée★** est une distraction quotidienne.

☎ 0523 66 55 50 - juin-août : 8h-20h (vente aux enchères de poissons réservée aux professionnels à 8h tlj et à 17h le jeudi) ; sept.-mai : 10h-17h - fermé w.-end et j. fériés (gratuit).
Plus de 2 000 tonnes de poissons et de fruits de mer sont vendues ici chaque année.

Le quai de bois, **Smögenbryggan**, est un endroit apprécié des visiteurs ; il pointe vers le large en se faufilant à travers les bateaux de plaisance et les hangars à bateaux, aujourd'hui transformés en boutiques, cafés et restaurants, où l'on peut déguster les crevettes de Smögen toutes fraîches.

Kungshamn

De l'autre côté du détroit, cette station balnéaire et port de pêche côtier constitue le pendant de Smögen.

Prendre au Nord la route 174 sur environ 7 km ; une route sur la gauche permet de franchir le canal de Soten et d'atteindre la réserve naturelle de Ramsvikslandet.

Ramsvikslandet★

C'est une réserve naturelle où l'on peut également voir les affleurements de granite rose du Bohuslän balayés par les puissantes vagues du Skagerrak à l'Ouest et léchés à l'Est par les eaux paisibles du canal de Soten. Tournez à gauche après le pont pour admirer l'alignement austère des falaises ou au contraire à droite pour rejoindre la plage et le terrain de camping.

Suivre la route 174 qui longe la côte et, 3 km au-delà de Bovallstrand, tourner à gauche en direction d'Hamburgsund.

Église de Svenneby

De mi-mai à mi-sept. : 9h-18h.

Un porche en bois fut ajouté au 18e s. à cette église romane du début du 12e s., à nef rectangulaire et abside étroite. Les magnifiques **peintures★★** de la voûte en bois datent de 1741. On remarquera un morceau de crucifix ainsi que d'autres sculptures rares du 13e s.

Au-delà de Hamburgsund, continuer le long de la route 163.

Fjällbacka★★

Homards, écrevisses, huîtres et crabes sont quelques-unes des spécialités de ce port de pêche, qui est également connu comme retraite estivale préférée d'une star du cinéma, **Ingrid Bergman**. Une statue de bronze a été érigée à la mémoire de l'actrice sur la place qui porte aussi son nom.

Tout le long de la côte, la terre arable alterne avec les affleurements rocheux.

Grebbestad

Cette localité est, elle aussi, réputée pour ses huîtres et ses homards.

La route 163 rejoint la E 6 à Tanumshede. Rester à droite et, 400 m plus loin, tourner de nouveau à droite. La route d'accès aux gravures rupestres (Hällristningar) est indiquée à partir de l'église.

Gravures rupestres de Tanum★★★ (Tanum Hällristningar)

Ce célèbre site du début de l'âge du bronze (1500-500 av. J.-C.) fait désormais partie du **patrimoine mondial de l'Unesco**. Les gravures du Nord de la Scandinavie représentent de façon très caractéristique des scènes de chasse, tandis que celles des régions du Sud, y compris le Bohuslän, illustrent le plus souvent des thèmes agricoles. Il est tout à fait possible qu'à l'origine les gravures aient été peintes en ocre rouge. Certaines ont été repeintes afin d'être plus faciles à repérer. Leur signification n'est pas très claire ; tout ce que l'on peut dire, c'est qu'animaux et êtres humains – femme aux cheveux longs et homme représenté avec un pénis – sont esquissés. Dans la plupart des cas, chaque silhouette forme un tableau séparé, mais il arrive que, pour former une véritable scène, plusieurs silhouettes soient groupées. Quatre sites ont été aménagés :

Vitlycke – *2 km au Sud de l'église de Tanum*. Ces gravures rupestres représentent divers bateaux rudimentaires, des personnages brandissant des haches et des couples d'amoureux. Le **musée** fournit des renseignements sur les gravures, leurs auteurs et leur mode de vie. Une ferme de l'âge du bronze donne une idée de ce qu'était la vie à cette époque.

℘ 0525-209 50 - ♿ - avr.-sept. : 10h-18h, possibilité de visite guidée (anglais et français) - 50 SEK (-20 ans gratuit).

Aspeberget – *Continuer encore pendant 500 m ; les gravures se trouvent à 100 m au-delà du parking, en bordure de route.* Parmi cette succession de gravures, le visiteur pourra distinguer plusieurs silhouettes, une rangée de taureaux robustes suivis d'un homme, peut-être le gardien du troupeau, un laboureur, un archer et un grand chariot à quatre roues tiré par deux animaux.

Litsleby – *500 m plus loin, tourner à droite (indication : « Tegneby »), puis continuer pendant 800 m pour apercevoir le parking et les gravures sur la gauche.* La silhouette de plus de 2 m de hauteur d'un homme brandissant un épieu a été gravée sur des gravures antérieures.

Fossum – *4 km à l'Est de l'église de Tanum par la route 163 en suivant la signalisation « Hällristningar ». Le parking est à droite de la route et les gravures de l'autre côté, à peu près 10 m plus loin.* Ici, les silhouettes sont groupées en rangs serrés. On peut voir de nombreux bateaux presque identiques et plusieurs scènes de chasse.

Reprendre la E 6 vers le Nord, puis prendre à droite la route 164 et suivre la signalisation pour « Skee kyrka » pendant 2 km.

Église de Skee

☏ 0526-210 01 - juin-août : 9h-15h, possibilité de visite guidée ; reste de l'année : sur RV (téléphoner jeu. 9h30-11h).

L'abside et les trois portails de cette église romane, qui date d'environ 1150, sont caractéristiques de cette période. Le **chœur★★** est un joyau d'architecture romane. Le retable de Lübeck date des années 1490, malgré son cadre et sa base de style baroque ajoutés en 1686. La **Vierge de Skee**, placée sur un autel à gauche, en stéatite de couleur sombre, date du 13e s. À l'origine, la statue se trouvait au-dessus du portail Ouest. Les peintures du plafond datent de la restauration de 1924.

Strömstad★

Cette station balnéaire bien établie appartint à la Norvège jusqu'en 1658, puis on l'encouragea à jouer le rôle de nouveau centre commerçant. Aujourd'hui le port est animé par le va-et-vient des ferries à destination de Sandefjord en Norvège (seulement 2h de navigation) et la ville est un centre commerçant actif, mais ce sont les crevettes et les homards frais (marché au poisson du mardi au vendredi à partir de 7 h) qui ont fait sa réputation.

Des services réguliers de **ferries** permettent de se rendre sur les **îles Koster★** où les voitures sont interdites. Ces îles habitées, les plus occidentales de Suède, jouissent d'une douceur climatique particulière due au Gulf Stream qui leur permet d'avoir une végétation luxuriante et une faune variée.

Pour informations, horaires ou tarifs, contacter Kosterbåtarna, ☏ 0526-201 10 ; TidPunkten Kampenhof, ☏ 077 141 43 00 ou Strömstad Tourist Office, ☏ 0526- 623 30.

En sortant de Strömstad par le Nord, se diriger vers le croisement de la route 176 et de la E 6.

Le tumulus de **Grönehög**, qui fait 6 m de haut et de 45 à 50 m de diamètre, date d'environ 500 av. J.-C.

Reprendre la E 6 et tourner à droite.

Blomsholmsskeppet

On atteint un parking d'où un chemin à gauche – 200 m – conduit au bateau de pierres tandis que le chemin de droite – 250 m – mène au cercle de pierres.

Le **bateau de pierres** est un imposant alignement en forme de bateau, de 42 m de long et 9 m de large et doté d'une pierre de 4,3 m de hauteur marquant la proue. Le bateau et les petites pierres funéraires qui l'entourent datent de l'âge du fer ou peut-être de la période des migrations (400-600) comme le **cercle de pierres**, d'un diamètre de 33 m.

Pont de Svinesund (Svinesundsbron)

Le **pont de Svinesund**, arc de cercle de 420 m de long reliant la Suède et la Norvège, fut construit entre 1939 et 1942 au-dessus du détroit et ouvert à la circulation quatre ans plus tard.

La Dalécarlie★★★

Dalarna

DALARNAS LÄN – 288 000 HABITANTS
CARTE MICHELIN N° 711 K/L 11/12 OU ATLAS EUROPE P. 112 ET P. 118-119

La Dalécarlie représente tout ce qui est suédois par excellence, les costumes de couleurs vives, la danse et la musique pleines d'entrain, en particulier pour la St-Jean, avec toujours en toile de fond un magnifique paysage champêtre. De nos jours, les traditions folkloriques de la Dalécarlie, dont le nom suédois de Dalarna signifie « les Vallées », attirent de nombreux visiteurs. Les villages d'autrefois sont demeurés intacts et les villageois ont conservé un solide sens de l'intérêt commun.

- **Se repérer** – Située à quelque 250 km au Nord-ouest de Stockholm, la Dalécarlie est à la charnière entre le Nord des grands espaces sauvages et le Sud beaucoup plus peuplé.
- **À ne pas manquer** – La mine de cuivre et les peintures dalécarliennes à Falun, un spectacle à l'amphithéâtre naturel de Dalhalla, les bords du lac Siljan et ses villages traditionnels.
- **Organiser son temps** – L'hébergement abondant et bien réparti permet de profiter pleinement des circuits proposés ; comptez au minimum deux jours pour chaque circuit.
- **Avec les enfants** – Visitez le parc aux ours de Grönklitt, les ateliers de fabrication des petits chevaux de Dalécarlie et Sommarland au Nord de Leksand.
- **Pour poursuivre le voyage** – Au Nord du lac Siljan, vous pourrez parcourir les vallées de la Voxnan et de la Ljusnan, jalonnées de belles fermes traditionnelles.

C. Jasinski / SCANDI-VOYAGE.COM

Les fêtes de la St-Jean sont l'occasion de revêtir les beaux costumes du folklore dalécarlien.

Comprendre

Lac Siljan

De tous les lacs qui parsèment les paysages de la Dalécarlie, le lac Siljan est le plus grand (280 km²) et le plus profond (124 m). Il fait partie du fameux « **cercle du Siljan** » **(Siljansringen)**, formé il y a 360 millions d'années par la chute d'une météorite. L'énorme cratère ainsi créé a plus de 75 km de diamètre et comprend un plateau central circulaire entouré par les lacs Siljan, Orsasjön, Skattungen et Oresjön. La beauté célèbre de la région et l'attachement des habitants de Leksand, Rättvik, Mora et Orsa aux vieilles traditions du folklore dalécarlien sont caractéristiques et attirent une foule de touristes.

La Dalécarlie pratique

Adresses utiles

Falun – Trotzgatan 10-12 - 791 83 - *023 830 50, fax 023 833 14 - www.visitfalun.se*

Leksand – Norsgatan 1, Box 52 - 793 22 *0247 803 00.*

Mora – Ångbåtskajen - 992 30 - *0250 592 020.*

Falun

Se loger

Falu Fängelse Vandrarhem – *Villavägen 17, à 15mn à pied du centre-ville - 79 55 75, fax 79 54 74 - www.falufangelse.se - ch. : 500/900 SEK.* Cette imposante maison jaune bâtie dans un cadre fleuri n'est autre que l'ancienne prison municipale. Les chambres étant aménagées dans les cellules, elles sont donc plutôt étroites et rappellent indéniablement l'histoire de ces lieux. Pourquoi ne pas y passer une nuit, mais plutôt à titre d'expérience.

Park Inn Bergmästaren – *Bergsskolegränd 7, à l'entrée de la ville - 70 17 00, fax 70 17 09 - www.falun.parkinn.se - 88 ch. : 1 120/1 390 SEK, suites : 1 680/2 400 SEK.* Situé à l'entrée de la ville dans une maison jaune charmante, cet hôtel à l'intérieur coloré abrite des chambres impeccables et confortables. Une adresse plus que correcte, bien que les salles de bains puissent être améliorées et que le bâtiment soit longé par une route un peu bruyante.

First Hotel Grand – *Trotzgatan 9-11, à l'entrée de la ville - 794 880, fax 141 43 - 150 ch. : 1 139/1 339 SEK, suite : 2 495 SEK.* Ce grand bâtiment gris à l'entrée de la ville donne une mauvaise image de l'intérieur moderne, spacieux et accueillant. Les chambres sont tout équipées et plusieurs commodités sont mises à disposition des résidents, dont un accès gratuit à la piscine mitoyenne.

Scandic Lugnet – *Svärdsjögatan 51, à la sortie de la ville en direction de l'autoroute E 4 - 669 22 00 - www.scandic-hotels.se - 1 200/1 400 SEK.* Ce grand bâtiment à l'architecture originale est bâti à l'extérieur de la ville en face d'une colline. Bien qu'il soit un peu excentré il présente de nombreux avantages : en plus d'être impeccable et accueillant, vous pourrez profiter d'une piscine et d'un bowling. Service attentionné. Un des meilleurs hôtels de la ville.

Se restaurer

Bon à savoir - Vous trouverez plusieurs restaurants et bars très corrects sur le site de Stora Stöten.

Banken – *Åsgatan 39, dans le centre - lun.-ven. 11h30-23h, sam. 11h30-1h, dim. 17h-1h - 150 SEK-255 SEK.* Ce bâtiment ancien du centre piéton est une brasserie où vous pourrez manger une cuisine simple mais de qualité, telle la salade au chèvre chaud, le hamburger maison ou, plus original, une bouillabaisse.

Kopparhatten – *dans le musée Dalarnas - 76 55 00 - Lun.-ven. 10h-17h, sam.-dim. 12h-17h - 100 SEK-200 SEK.* Le musée comprend un café-restaurant culturel où l'on sert une cuisine rapide à base de salades, sandwiches et buffet végétarien. Vous pourrez vous installer sur la terrasse qui longe le canal et emprunter l'un des quelques jeux mis à disposition par le café (backgammon, échecs…).

Rådhus Källaren – *Croisement Slaggatan et Kristinegatan, dans le centre - 254 00 - 140/495 SEK.* Ce restaurant traditionnel partage le même bâtiment que l'hôtel de ville. Vous pourrez y savourer une cuisine de qualité, installé sur l'une des deux terrasses qui s'étendent dans la rue piétonne.

Petite pause

Hammars Konditori – *Åsgatan, en face du restaurant Banken - sem. 10h-18h, sam. 10h-16h.* Un salon de thé charmant aménagé dans une maison ancienne où vous pourrez déguster quelques pâtisseries locales excellentes. Tout est préparé à l'ancienne et les serveuses sont parées d'habits traditionnels en dentelle.

Bryggcafé – *(en face du musée Dalarmas)* Cette petite chapelle en brique rouge flanquée d'une tourelle est bâtie le long du canal en plein centre. Une curiosité : un café est aménagé dans ce lieu insolite où vous pourrez savourer une pâtisserie en vous désaltérant. Une terrasse est bâtie directement sur l'eau le long de ce bâtiment historique.

Tällberg

À proximité de Leksand se trouve le petit village de Tällberg (10 km). Plusieurs hôtels et restaurants y sont bâtis au cœur d'une nature préservée, dans un cadre exceptionnel. Vous pourrez y faire des randonnées, nager dans le lac Siljan et profiter de ses belles plages. Les prix y sont plus attractifs qu'ailleurs et on y croise des gens de toutes les nationalités. Vous obtiendrez de nombreuses informations sur le site *www.siljan.se*

Transports

Bus – Tous les jours depuis Stockholm au moins 5 départs pour Leksand. De là, vous pourrez prendre un taxi pour Tällberg, 10 km (250 SEK), ou demander à l'équipe de votre hôtel de venir vous chercher.

Train – Plusieurs trains par jour partent directement pour Tällberg (3h30). Comptez 300 SEK environ par personne.

Se loger

Une gamme très étendue de logements est proposée aux touristes qui se rendent à Tällberg. De la maison particulière, au grand hôtel tout confort en passant par le camping. Sachez que les prix baissent de moitié en été et si vous réservez à l'avance sur Internet. Tous les hôtels disposent de leurs propres restaurants.

Leksans Camping and Holiday village – *Situé entre Läksand et Tällberg, sur la ligne des minibus qui rejoignent les deux villages - ✆ 0247/80313 - www.leksand.se/camping_stugby - Ouvert toute l'année, bungalow : 235/700 SEK selon la taille et le confort, tente et voiture : 115 SEK, caravane : 160 SEK (électricité : 40 SEK).* Un camping idéalement situé au cœur d'une végétation boisée et au bord du lac. Une plage est aménagée où se rencontrent les résidents dans une ambiance chaleureuse. Le camping en lui-même est très bien tenu, les parties communes sont impeccables et de nombreuses activités sont proposées aux résidents, dont le volley-ball, minigolf et barbecues. Ambiance festive le soir et conviviale. Juste à côté du camping se trouve le centre sportif.

⊖⊜ **Åkerblads** – *Sjögattu 2 - ✆ 0247/508 00, fax 0247/506 52 - www.akerblads-tallberg.se - 69 ch. : 695/1 490 SEK* ☕. Un grand hôtel traditionnel reconnaissable par sa façade en bois rouge. L'ensemble particulièrement charmant est célèbre pour le romantisme qu'il dégage. Dans un cadre naturel exceptionnel, l'accueil est particulièrement soigné : les hôtes sont reçus avec du champagne et des fruits. Piscine et massage, évidemment, et probablement l'hôtel le plus proche de la plage. Les suites sont équipées d'un Jacuzzi. Toutes les chambres ont leur propre style et un charme particulier.

⊖⊜⊜ **Dalecarlia** – *✆ 0247/89100, fax 0247/50240 - www.dalecarlia.se - 200 ch. : 1 095/1 795 SEK/pers.* ☕. Dans un cadre paradisiaque, entre un parc parfaitement entretenu et le lac qui s'étend à perte de vue, cet hôtel de luxe à l'accueil irréprochable propose des chambres confortables et spacieuses. Nombreuses commodités, dont un centre de thalassothérapie équipé de plusieurs piscines, massage, Jacuzzi en intérieur et en extérieur. On peut y passer une semaine sans s'ennuyer.

Centre sportif

Leksand sommarland – *Äventyret Sommarland AB, Leksand - ✆ 139 39/137 38, fax 133 75 - www.sommarland.nu - Ouvert de juin à septembre - Compter 195 SEK/pers. et par jour, 295 SEK pour deux jours, 735 SEK pour une famille comprenant 2 adultes et 2 enfants.* Un immense centre d'attractions situé au bord du lac Siljan où vous trouverez de nombreux divertissements pour toute la famille : trois piscines, une descente en bouée sur un immense tobogan, squads, karting, bumper boat, tir à la carabine, pédalos sur le lac, mini-saut àl'élastique, escalade, et quelques animaux (chevaux).

Achats

Artisanat – Au début du 20ᵉ s., des associations folkloriques se formèrent pour tenter de faire revivre les anciens métiers et aujourd'hui de nombreux artisans ont réussi à préserver les méthodes traditionnelles de tissage, de fabrication des paniers et de la poterie ainsi que l'art de la ferronnerie.

Événements

Festivités – Les villages de la Dalécarlie sont célèbres pour leurs fêtes estivales traditionnelles, telle l'érection du mât de St-Jean, accompagnées de musique et de danse folklorique et, dans certains cas, d'une représentation théâtrale traditionnelle en plein air.

Fête de la St-Jean – Le solstice d'été est célébré en Dalécarlie avec plus d'enthousiasme qu'ailleurs et les mâts de mai sont érigés pendant une période de plusieurs semaines. On les laisse ensuite en place pendant toute l'année et on se contente de les décorer à nouveau l'année suivante de verdure et de fleurs fraîches.

Musique sur le lac Siljan – Pendant neuf jours, la région du lac Siljan résonne des accents de la musique, depuis très tôt le matin jusque tard le soir, à l'occasion de cette grande fête de la musique folklorique.

Festival folklorique de Rättvik (Rättviksdansen) – Ce festival international de musique et de danse folkloriques accueille tous les deux ans des musiciens et des danseurs du monde entier.

Courses de « bateaux d'église » – Il était de coutume autrefois, sur le pourtour du lac Siljan, de se rendre à l'église en bateau à rames et la rencontre de deux bateaux était alors l'occasion d'une course. Des courses annuelles entretiennent cette vénérable tradition, de la St-Jean à la fin juillet.

La Vasaloppet – Le premier samedi du mois de mars, sur une distance de près de 90 km, a lieu une rude course de ski de fond qui attire chaque année plus de 14 000 participants et qui fut gagnée pour la première fois par un Français, J.-P. Pierrat, en 1978. Cette course, destinée à commémorer l'évasion et la fuite à ski de Mora à Sälen, en 1519, de Gustave I Vasa, qui faisait partie des otages accordés au roi Christian II après la prise de Stockholm, eut lieu pour la première fois en 1922 et son vainqueur parcourut la distance en 7 h 32 mn 49 sec. Le record de rapidité fut établi en 1986 en 3h 48 mn 55 sec.

Au pays des fermes d'été

Autrefois, les animaux transhumaient vers les fermes d'été appartenant généralement à plusieurs familles ; des bâtiments modestes abritaient animaux et gens de la ferme et l'on y engrangeait le fourrage pour l'hiver. En Dalécarlie, ce système de fermage atteignit son apogée dans les années 1870-1880 puis déclina lentement à partir du début du 20e s. De nos jours, les fermes d'été revivent et, bien que pratiquement sans confort, isolées et d'un accès difficile, elles sont appréciées des visiteurs qui désirent goûter à la vie d'autrefois : voir battre le beurre *(messmör)*, le déguster ainsi que le fromage *(mesost)* doux traditionnel ou d'autres produits de la ferme, sans oublier le vrai café préparé à la mode campagnarde.

Traditions populaires de laDalécarlie

Costumes – Les habitants de la Dalécarlie sont très fiers de leurs costumes régionaux. Chaque village a ses couleurs et ses motifs propres et le costume des femmes comprend une foule d'accessoires dont chacun a sa signification particulière. Toutes les festivités, surtout la fête de la St-Jean, offrent aux Dalécarliens l'occasion de revêtir leurs ensembles aux couleurs vives.

Musique – Le rappel des animaux au son d'une mélopée féminine ou d'un cor est l'une des plus anciennes traditions musicales de la Dalécarlie. Le violon était l'instrument le plus populaire, souvent accompagné par une harpe et une clarinette jusqu'à ce que l'accordéon prenne le pas. Les réunions d'un grand nombre de musiciens *(spelmansstämmor)* ont toujours fait partie de la vie musicale locale et, aujourd'hui, ce genre de spectacle attire des milliers de visiteurs.

Se promener dans la ville du cuivre

FALUN★

Ce centre administratif et culturel situé au cœur de la Dalécarlie, que l'on appelle aussi la « ville du cuivre », doit sa renommée à un trou béant connu sous le nom familier de « grand puits ». C'est probablement à l'époque viking que furent découverts pour la première fois les importants gisements de cuivre auxquels on donna le nom de **Stora Kopparberg** (« grande montagne de cuivre »). La première mention écrite ne date cependant que de 1288. L'apogée de la mine de Falun coïncida avec l'époque où la Suède fut une grande puissance. Durant certaines périodes, le rendement de la mine représenta environ la moitié de la production globale du pays et, avec plus de 1 000 ouvriers, la mine était au 17e s. l'employeur le plus important de Suède dans le domaine industriel ; la reine Christine l'appelait alors avec fierté le « joyau du royaume ». Stora Kopparberg devint le nom officiel de la plus ancienne société de Suède, fondée au 13e s. Le nom a récemment été changé pour n'être plus que Stora. Au 18e s., le cuivre cessa de jouer un rôle primordial au sein de l'économie suédoise, mais Falun continua à produire du cuivre en quantité importante pendant une grande partie du 19e s. La mine fut définitivement fermée en 1982.

Dès 1641, Falun obtint sa propre charte et le nouveau centre-ville se développa autour de la place principale (Stora torget), de l'église de la reine **Christine (Falu Kristine kyrka)** et de l'hôtel de ville. Les mineurs et les ouvriers de la fonderie avaient leurs propres quartiers, et l'on peut encore voir quelques petites maisons de bois dans le vieux quartier d'Östanfors *(à l'Est de la rivière, des deux côtés d'Åsgatan en allant vers le Nord au-delà de Södra Mariegatan)*.

La ville historique de Falun et son patrimoine industriel sont inscrits sur la liste du **patrimoine mondial de l'Unesco** depuis décembre 2001.

Falun est également un centre international de ski. En 1954 et 1974, les championnats du monde de ski se sont déroulés au stade de ski Lugnet.

L'ocre rouge de Falun

La couleur rouge, qui égaie les maisons et les cabanes et jette une note de couleur vive dans le paysage suédois est un sous-produit du cuivre. La production de l'ocre rouge de Falun commença au 17e s. et la demande n'a pas faibli. Personne ne songerait à nier que la petite maison suédoise peinte en rouge soit devenue un symbole national. Au début du 17e s., seuls les hôtels particuliers et les églises étaient peints en rouge mais, durant la période de l'empire suédois, on se mit à attacher une plus grande importance aux apparences et le rouge devint plus fréquent.

Les mines de cuivre : voyage au pays de l'« or rouge ».

Mine de cuivre★★ (Kopparguva)

☏ 023-782 030 - mai-août : 10h-17h (juil. 18h) ; sept.-avr. : 12h-16h30 (w.-end 16h) - 90 SEK (enf. 40 SEK) billet combiné avec Stora Kopparberget Foundation.

À l'Ouest de la rivière, à quelques minutes du centre de la ville, en direction de Borlänge et de Leksand. Continuer tout droit jusqu'au rond-point. L'accès se fait à partir du bâtiment d'entrée, devant le musée Stora. Température + 5 °C. Imperméable et casque sont fournis à l'entrée. Des vêtements chauds et des chaussures de marche sont conseillés.

« La plus grande merveille de Suède, mais aussi terrifiante que l'enfer lui-même » ; c'est en ces termes que le célèbre botaniste Carl von Linné décrivit la **mine de cuivre** lors de sa visite en 1734. L'imposante mine à ciel ouvert surnommée le « grand puits » résulte d'un affaissement massif qui eut lieu en 1687 : des galeries et des chambres s'effondrèrent à une profondeur de 300 m en raison de la technique d'exploitation utilisée. En effet, l'extraction se faisait dans de vastes chambres creusées les unes sous les autres. Depuis cette époque, le grand puits, profond de 100 m environ et large de 400 m, est devenu une curiosité très appréciée des touristes. Un ascenseur descend les visiteurs à une profondeur de 55 m. Le circuit (environ 600 m) passe par quelques-unes des plus anciennes chambres et galeries ainsi que par le puits Creutz, où l'extraction commença en 1662. La tradition veut que tous les puits et toutes les galeries aient un nom. « La paix générale », nom donné en l'honneur d'un traité de paix éphémère signé par la Grande-Bretagne et la France en 1801, désigne une énorme chambre d'un genre couramment utilisé dans les mines au 17e s. Des visiteurs de sang royal ont inscrit leurs noms sur les murs du « Cadeau de Noël », appelé ainsi parce que l'on y découvrit un filon au moment de Noël. Viennent ensuite le « Puits Rålamb » ouvert en 1732, la « Galerie du Prince Eugène » où eurent lieu les premiers essais d'extraction mécanique en 1879, la galerie « Osman Pacha » qui porte le nom d'un célèbre maréchal turc et, enfin, le « Puits de l'Étranger » creusé à l'aide de brasiers : on empilait du bois contre la paroi rocheuse, on y mettait le feu et la chaleur rendait la roche plus facile à extraire.

Musée Stora★★ (Stora museet)

☏ 023-782 030 - mai-août : 10h-17h (juil. 18h) ; sept.-avr. : 12h-16h30 (w.-end 16h) - fermé 1er janv., vend. saint, 24 juin et 24-25 déc.- 90 SEK (enf. 45 SEK) billet combiné avec Falu Kopparguva.

Le musée de la société d'exploitation est extrêmement intéressant, car il abrite d'exceptionnelles collections illustrant l'histoire de la mine du point de vue industriel et technique. On remarquera en particulier les inventions ingénieuses de **Christopher Polhem**. Polhem (1661-1751), que l'on surnomme le père de la mécanique suédoise, accomplit un travail important pour Stora et la mine, en utilisant des appareils mécaniques (l'Alphabet mécanique). L'histoire des différentes méthodes de production du fer est illustrée par des tableaux et des modèles réduits. Les différents minéraux, ainsi que la collection de plaques de métal utilisées pour l'impression de la monnaie de 1650 à 1717 et d'énormes pièces de monnaie en cuivre de la période 1718-1759, sont fascinants.

Le **Centre d'accueil du patrimoine mondial**, situé à proximité et inauguré en 2005, invite les visiteurs à la découverte de ce site exceptionnel grâce à une très belle carte en mosaïque qui recouvre le sol du hall d'entrée et à des expositions sur l'environnement immédiat, les oiseaux, les fouilles archéologiques, etc. Des ordinateurs sont à la disposition du public pour des recherches ciblées et il y a une présentation audiovisuelle des principaux sites du patrimoine mondial.

Musée de la Dalécarlie★★ (Dalarnas museum)

✆ 023-76 55 00 - www.dalarnasmuseum.se - lun.-vend. 10h-17h (sept.-avr. merc. 21h), w.-end 12h-17h - 40 SEK (enf. 20 SEK).

Suivre Falugatan en direction de l'Ouest à partir de la place principale, puis traverser la rivière.

Ce musée présente aux visiteurs les traditions les plus caractéristiques de la région. Des expositions sont consacrées au folklore (essentiellement à la peinture et la musique), mais aussi aux traditions locales que représentent les anciens **costumes folkloriques★★** authentiques aux couleurs vives accompagnés de leurs accessoires. Les étonnantes **peintures dalécarliennes★★** de l'art paysan sont l'âme même du musée. La **musique folklorique★★** joue depuis très longtemps un rôle symbolique en Dalécarlie ; une section entière est consacrée à ces traditions musicales et l'on peut écouter des violoneux, des chanteurs traditionnels et des jeunes filles soufflant dans des cors traditionnels qui ressemblent à de petits cors de montagne.

Le **bureau et la bibliothèque de Selma Lagerlöf★★** ont été reconstitués dans le musée. Elle séjourna et travailla pendant de longues périodes à Falun.

Église Sainte-Christine★★ (Kristinekyrka)

✆ 023-545 70 - 10h-16h.

Cette basilique à trois nefs, construite de 1642 à 1655, témoigne de l'importance de Falun au 17e s. On est immédiatement frappé par l'impressionnante décoration baroque ; la combinaison des couleurs bleu et or date de la restauration de 1905-1906. Le retable pompeux et la chaire dorée furent réalisés en 1669. Les fonts baptismaux en marbre et l'orgue de la tribune datent tous deux de 1906. L'orgue du chœur (1982) est le résultat d'une tentative de reconstruction d'un orgue ancien, construit en 1724 par **Johan Nicolas Cahman**, que l'on a appelé le « père des facteurs d'orgues en Suède ».

Aux alentours

Gamla Staberg

14 km au Sud-est par la route 80, puis en tournant à droite vers Kniva.

✆ 023 77 10 85 - visite guidée sur RV - gratuit - café ouvert de mai à fin sept.

Cette ancienne résidence d'un des actionnaires et directeur de la mine de cuivre fut construite vers 1700 et agrémentée d'un jardin baroque en cours de restauration, comprenant un verger et un potager disposés de part et d'autre d'une allée centrale descendant en pente douce vers deux petits bassins symétriques.

Sundborn★

13 km au Nord-est par la route 80 en direction de Gävle, puis en suivant la direction de Svärdsjö et Sundborn. Dans le village de Sundborn, au cadre idyllique, suivre la signalisation « Carl Larssongården ».

Carl Larssongården★★ – *De fin juin à mi-août : 11h-17h - 25 SEK*.

L'originale demeure de **Carl Larsson** (1853-1919) et de sa grande famille est un des endroits les plus visités de Suède. Les Larsson décorèrent leur maison dans un style entièrement nouveau pour l'époque : les couleurs sombres caractéristiques du 19e s. furent remplacées par des couleurs claires et chaudes. La femme de Carl Larsson, Karin, abandonna la peinture pour se consacrer au travail des textiles et l'on peut voir ses tapisseries et ses broderies dans toute la maison. La plus grande partie du mobilier fut dessinée par Karin et réalisée par le charpentier du village. Carl lui-même contribua à la décoration de la maison en exécutant des peintures murales et des portraits de leurs sept enfants, que l'on peut voir sur une série d'aquarelles connue sous le nom de *Maison sous le Soleil*.

Stora Hyttnäsa – *✆ 023-782 030 - mai-août : 10h-17h (juil. 18h) ; sept.-avr. : 12h-16h30 (w.-end 16h) - fermé 1er janv., vend. saint, 24 juin et 24-25 déc.- 90 SEK (enf. 45 SEK) billet combiné avec Falu Koppargruva.*

Cette demeure en bois de construction traditionnelle est un parfait exemple de l'intérieur cossu d'une famille de la haute bourgeoisie suédoise à l'aube du 20e s. Remarquez les livres datant du 17e s. qui ornent la bibliothèque et la belle collection de vêtements taillés dans des tissus somptueux. Les Larsson étaient souvent les invités des propriétaires des lieux.

Collection de portraits de Carl Larsson (Carl Larssons Porträttsamling) – *De fin juin à mi-août : 11h-17h - 25 SEK.* La **collection de portraits de Carl Larsson** est constituée de douze portraits de personnes de la région présentés dans la maison des Paroissiens, à côté de l'église. Certains ont été exposés à Helsinki, Tokyo, Pékin et New York. Les commentaires de l'artiste sur ces personnes sont disponibles en anglais, allemand et français.

Église – *✆ 023-600 15 - été : 9h-18h ; hiver : 9h-16h - fermé w.-end.* Lors de la restauration de 1905, la décoration intérieure de cette église en bois peinte en rouge fut réalisée par Carl Larsson.

La peinture dalécarlienne

Les motifs floraux ont de tout temps été utilisés pour décorer les buffets et les armoires mais, vers la fin du 18e s., des artistes itinérants entreprirent de décorer les demeures rustiques de la région. Des scènes bibliques, souvent inspirées de la Bible des pauvres, étaient replacées dans un cadre dalécarlien et les personnages représentés en costume régional. Un des artistes les plus connus fut **Winter Carl Hansson** (1777-1805), qui travailla à la ferme des Daniel à Bingsjö. On peut voir des collections de peintures dalécarliennes à Falun et à Leksand.

Bjursås★

20 km par la route 80 en direction de Rättvik, puis, à Bjursås, suivre la signalisation Dössberget.

Les anciens **bâtiments de ferme**, qui abritent le **musée d'Histoire locale (Dössbergets museum)**, sont situés dans un cadre splendide sur la montagne de Dössberget ; de là s'offre une **vue**★★ spectaculaire de l'église de Bjursås et des lacs et forêts des alentours. **Stadigstugan**★★★ était la maison du peintre dalécarlien **Mats Stadig** (1786-1862) ; les murs et les plafonds sont décorés de ses compositions aux couleurs splendides (voir *la Peinture dalécarlienne*, à Dalarna). Les outils et les matériaux qu'il utilisait sont exposés au Dalarnas Museum à Falun.

De déb. juin à déb. août, gratuit.

Danielsgården, à Bingsjö

50 km au Nord par la route 50, puis à gauche à Lamborn. ✆ 0248-797 210 - visite guidée (1h, anglais) sur demande préalable - tarifs : se renseigner.

Des peintures d'une beauté unique réalisées par le peintre de la Dalécarlie **Winter Carl Hansson** décorent cette ferme, qui était au 18e s. l'une des trois plus grandes de la région. Hansson mit trois ans pour réaliser ses œuvres. Les plus intéressantes se trouvent dans le pavillon d'été, où l'on peut voir un « escalier de la vie », qui illustre le chemin parcouru du berceau à la tombe.

Carl Larsson, quant à lui, était fréquemment invité par la famille Daniel, qu'il a représentée dans son cadre habituel dans plusieurs de ses aquarelles.

Balades en Dalécarlie

AUTOUR DU LAC SILJAN 1

Circuit de 110 km environ au départ de Leksand.

Leksand★★

Située à l'extrémité méridionale du lac Siljan, Leksand est une petite communauté active et le centre régional des 90 villages de la commune. La ville a la réputation d'être attachée aux anciennes traditions et en particulier au festival des mâts de la St-Jean : du dimanche précédant cette fête jusqu'à la mi-juillet, des mâts aux couleurs vives sont dressés dans la plupart des villages de Leksand. Chaque année depuis plus d'un demi-siècle, la pièce de Rune Lindström, « Himlaspelet » (« Le Chemin des cieux »), est jouée au théâtre de plein air et ceux qui ne comprennent pas le suédois prendront tout de même plaisir à admirer les costumes multicolores de la région et le jeu plein de verve des acteurs.

Centre culturel (Kulturhus) – *À l'extrémité Ouest de Norsgatan, entre l'Office de tourisme et l'église. ✆ 0247 802 45 - de mi-mai à mi-sept. : tlj sf lun. et dim. 11h-16h (sam. 14h) - 20 SEK.* Le sous-sol du **centre culturel** abrite un passionnant musée consacré à la peinture dalécarlienne et aux costumes locaux.

Église★ – *✆ 0247 807 00 - été : 9h-20h ; hiver : 9h-16h.* Construite au 13e s. en pierre crème et blanche, l'église se dresse dans un site paisible au bord du lac. L'intérieur turquoise forme un cadre parfait pour la chaire dorée (1757) et le crucifix triomphal du 15e s.

Au nord de l'église, le **Parc japonais (Japanska Parken)**, lieu de paix et de tranquillité inauguré en 2004, rend hommage à la coopération entre Leksand et la ville japonaise de Tobetsu.

Le soulèvement des cloches

C'est pendant le règne du roi Gustave Vasa, que débuta le soulèvement des cloches : le roi avait en effet décrété, afin de rembourser sa dette envers la ville hanséatique de Lübeck, que la deuxième cloche de chaque église du pays lui serait remise. Le soulèvement fut vite réprimé et les cloches des églises confisquées.

Tibble

2,5 km vers l'Est en direction de Sågmyra. Dès que l'on approche de Tibble, Alfvéngården est signalé (petit panneau). Entrer dans le village, puis tourner à gauche.

Dans ce charmant village aux maisons de bois peintes en rouge, le compositeur et chef d'orchestre **Hugo Alfvén** (1872-1960) trouva un havre de paix où il passa les 15 dernières années de sa vie. Alfvén incarna le romantisme national, et sa prédilection pour les nuances délicates de la musique folklorique suédoise contribua à attirer l'attention du public international sur cette musique. Alfvén se consacra également à la peinture (aquarelle) et à l'écriture (ses Mémoires couvrent quatre volumes).

Les trois pièces du rez-de-chaussée de sa demeure, **Alfvéngården★★**, sont ouvertes au public.

✆ 0247-151 09 - de mi-juin à mi-août : 12h-16h - fermé lun. - 60 SEK

Suivre la route qui longe le lac vers le nord en direction de Tällberg.

Sommarland

✆ 0247 139 39 - juil. - 10h-18h ; juin et du 1er au 21 août : 10h-17h - 155 SEK (famille 495 SEK) juin, 195 SEK (famille 735 SEK) juil.-août.

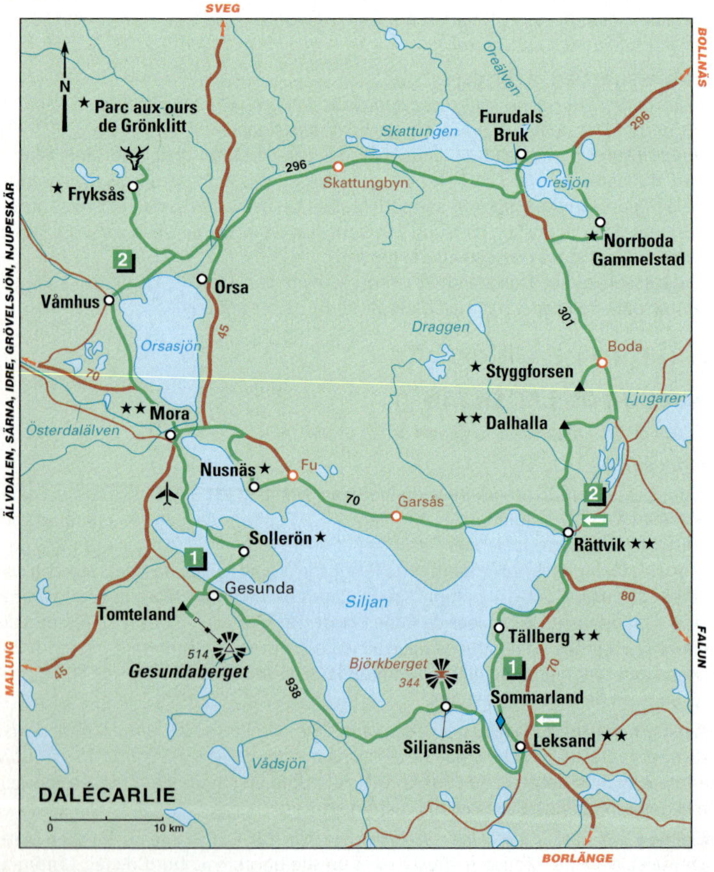

Ce parc aquatique offre un grand nombre d'activités spectaculaires dont un tobogan de 300 m de long !

Tällberg★★

Ce joli petit village aux maisons caractéristiques de la Dalécarlie est situé sur le flanc d'une colline qui s'abaisse en pente douce vers le lac. Tällberg attire tous les étés une foule de visiteurs et l'étroite rue du village est encombrée de voitures. L'artisanat régional est florissant. **Holens gammelgård** *(gravir la colline à partir du mât de la St-Jean)* est le musée local d'où l'on a une **vue★★** ravissante sur les environs.

✆ 073-658 95 34 et 0247 80245 (leksands kulturhus) - de mi-août à mi-juin : 11h-17h (sam. 16h), dim. 13h-16h ; reste de l'année : tlj sf lun. et dim. 11h-16h (sam. 14h) - 20 SEK (visite guidée).

Continuer vers le Nord en direction de Rättvik, puis prendre la route 80 à droite vers Falun ; 500 m plus loin, prendre à gauche « Vidablicksvägen ».

Vidablick

✆ 0248-302 50 - de mi-mai à fin août - 30 SEK.

Du belvédère qui surplombe le lac de 190 m, une tour offre une **vue★★★** spectaculaire sur le lac Siljan et les environs.

Rättvik★★

Cette petite ville est étroitement associée à la culture et aux traditions de la Dalécarlie. Un festival folklorique s'y déroule tous les deux ans et, chaque année, à la St-Jean, le Kyrkbåtsrodd commémore la traversée du lac qu'effectuaient jadis les paroissiens pour se rendre à l'église : des femmes, en costume traditionnel, font en 25mn le trajet d'une rive à l'autre à bord de bateaux longs de 18,5 m et équipés de dix paires de rames. La ville est devenue un centre culturel important avec sa Maison de la culture (Rättviks kulturhus) et sa Maison de la musique (Folkmusikens Hus).

S. Ollivier / MICHELIN

Le cheval de bois peint, symbole de la Dalécarlie.

Église★ – *✆ 0248 736 50 - de déb. juin à mi-août : 9h-21h, sam. 9h-18h ; de mi-août à fin mai : 9h-16h.* Cette grande église blanche, surnommée « la mariée agenouillée », se dresse sur les bords du lac. Édifiée au 13e s. et reconstruite au 17e s., elle fut dotée d'une tour un siècle plus tard. La **croix triomphale** date du 14e s., mais le **retable** et les **peintures dalécarliennes** qui ornent la tribune d'orgue sont du 18e s. Les 87 **écuries paroissiales★★**, serrées les unes contre les autres, rappellent l'époque où les gens allaient à l'église en voiture à cheval.

Gammelgård★★ – *✆ 0248-514 45 - de mi-juin à mi-août : 12h-16h (dim. 17h) - 40 SEK (visite guidée).* Ce musée de la ferme comprend une maison de ferme, un pavillon d'été et une maison d'hôtes rassemblés autour de la même cour. Le mobilier, les peintures dalécarliennes et les costumes sont tous typiques de la région.

Suivre la route 70 qui longe le lac vers l'Ouest.

Nusnäs★

✆ 0250-372 00 - www.nohemslojd.se - atelier ouvert en été : 8h-18h, w.-end 9h-17h ; hiver : tlj sf dim. 8h-17h, sam. 10h-14h - gratuit.

C'est dans ce petit village que le célèbre souvenir suédois, le cheval de Dalécarlie, est fabriqué. Peint de couleurs vives, il est devenu une sorte de symbole national. Les **ateliers** sont ouverts au public.

Mora★★

Située au cœur de la Dalécarlie, Mora est une station animée aussi bien en été qu'en hiver. Le roi Gustave Vasa et Anders Zorn furent en étroite relation avec la ville et des statues commémorent leur souvenir. Celle du roi (1903), par Anders Zorn, marque le terme de la Vasaloppet tandis que la statue de Zorn, exécutée par Christian Eriksson en 1936, se dresse près de l'église.

Maison d'Anders Zorn★★ (Zorngården) – *Dans Vasagatan, à l'Ouest de l'église. ✆ 0250-5923 10 - visite guidée de mi-mai à mi-sept. : 10h-16h, dim. 11h-16h ; de mi-sept.*

à mi-mai : 12h-15h, dim. 13h-16h - 50 SEK (enf. 10 SEK). La **maison d'Anders Zorn** n'a pas été transformée depuis sa construction en 1910 et constitue un bel exemple de décoration intérieure de l'époque. C'est dans la grande pièce de style viking située au premier étage que les Zorn recevaient leurs nombreux amis peintres. Au-delà de la pelouse en forme de cœur agrémentée d'une statue représentant le *Bain du matin,* se dressent trois bâtiments en bois, dont l'un servait de studio à Zorn.

Musée Zorn★★ (Zornmuseet) – *✆ 0250-5923 10 - www.zorn.se - ♿ - de mi-mai à mi-sept. : 9h-17h, dim. 11h-17h ; de mi-sept. à mi-mai : 12h-17h, dim. 13h-17h - 40 SEK (enf. 2 SEK).* Le musée consacré à Anders Zorn présente surtout ses œuvres : aquarelles, peintures à l'huile, eaux-fortes et sculptures. On y voit aussi des œuvres de ses amis, notamment Bruno Liljefors, Carl Larsson, Ernst Josephson et Karl Nordström, ainsi que des peintures dalécarliennes qu'il avait lui-même collectionnées et de l'argenterie.

Anders Zorn (1860-1920)

Celui qui fut l'un des plus réputés peintres suédois fut aussi un éminent graveur et sculpteur. Il acquit une réputation internationale par ses portraits de personnalités célèbres, mais de nos jours il est estimé pour ses nus de baigneuses. Grand amateur d'art, il fut avec sa femme Emma l'un des plus fervents défenseurs des traditions populaires.

Zorns Gammelgård och Textilkammare★★ – *En direction de Malung. Signalé à gauche quelques centaines de mètres au-delà du passage à niveau. ✆ 0250-100 04 - ♿ - juin-août : 12h-17h - 30 SEK (enf. 2 SEK).* Zorn rassembla lui-même les quelque 40 bâtiments en bois qui composent ce musée de plein air consacré aux fermes d'été. Le contenu et les outils sont authentiques. La **Zorns textilkammare** contient une intéressante collection de textiles.

Musée de la Vasaloppet (Vasalopps museet) – *✆ 0250-392 25 - 10h-17h - fermé w.-end en hiver - 30 SEK (enf. 10 SEK).* Le musée consacré à la célèbre compétition de ski est situé comme il se doit près de la ligne d'arrivée. Le film *(25mn ; sous-titré en anglais)* et les différentes expositions présentent la course, les concurrents et les champions, ainsi que les records, les équipements et les traditions.

Sollerön★

14 km au Sud par les routes 45 et 64, puis à gauche. Une fois sur Sollerön, prendre à gauche à l'église et suivre l'indication « Hembygdsgård ». ✆ 0250-225 67 - du 26 juil. à déb. août : 11h-18h.

Il y a 1 000 ans, cette petite île fut le site d'un campement viking. Un chemin balisé (un soleil doré et un bateau viking sur fond bleu) permet de voir le produit des fouilles. *✆ 025 022 500 - 11h-16h.*

Les objets trouvés dans les tombes sont exposés dans un **Musée viking (Vikinga-museum)**, inauguré en 2003.

Les habitants de l'île ont préservé les techniques de construction des bateaux de leurs ancêtres et, de nos jours, la plupart des bateaux d'église sont construits ici. Du sommet du **Gesundaberget** (514 m ; télésiège), on a une **vue★★★** étendue de Sollerön, du lac Siljan et des hauteurs boisées qui l'entourent.

Tomteland

✆ 0250 287 70 - de mi-juin à mi-août et de mi-déc. à fin déc. : 10h-16h ; de mi-nov. à mi-déc. : vend. et w.-end 10h-16h - fermé 24 déc. - 455 SEK billet familial (2 adultes et 2 enf., - 3 ans gratuit) - parc ouvert à d'autres moments pendant l'année mais il n'y a ni Père Noël ni animations - 20 SEK.

Le royaume du père Noël à Gesunda est un parc à thème de 11 ha où des bâtiments en rondins de construction traditionnelle abritent diverses activités et animations orchestrées par le père Noël en personne avec l'aide d'autres personnages du monde imaginaire des enfants.

Suivre la route 938 vers le Sud.

Siljansnäs

Prendre à gauche vers l'église et suivre la route jusqu'au sommet du Björkberget.

Dans ce petit village, le belvédère *(128 marches)* du Björkberget (344 m) offre un **panorama★★★** splendide du lac Siljan et de la campagne environnante (table d'orientation). Le **Naturum** est un centre d'information dédié à la nature, illustrant la géologie, la flore et la faune locales.

✆ 0247-221 05 - de mi-juin à fin juil. : 11h-20h ; août : 11h-18h ; de mi-mai à mi-juin : 11h-16h - gratuit.

Continuer vers le Sud en direction de Leksand.

Jobs Handtryck, à Västanvik

☏ 0247-122 22 - de mi-juin à mi-août : 10h-18h (w.-end 16h), possibilité de visite guidée (11h, tlj sf w.-end) - 25 SEK.

Cet **atelier** produit de très beaux tissus de coton et de lin imprimés à la main dont les motifs s'inspirent des fleurs d'été.

NATURE ET TRADITIONS [2]

Circuit de140 km environ au départ de Rättvik.

Rättvik★★

Voir Autour du Lac Siljan [1].

Dalhalla★★

À 10 km du centre-ville ; quitter Rättvik vers le nord le long de Sätravägen. Dalhalla Produktion AB Box 1 - ☏ 0248-79 79 50, fax 0248-79 79 60 - www.dalhalla.se - juin-août : 11h-15h, possibilité de visite guidée départs ttes les heures - concerts d'été dans les amphithéâtres.

Une carrière de chaux abandonnée a été transformée en amphithéâtre à ciel ouvert d'une capacité de 3 500 spectateurs. Le cadre est magique, l'acoustique excellente et les meilleurs musiciens du monde entier s'y produisent durant la saison qui s'étend de la fin mai à la fin août (concerts et opéras).

Poursuivre vers le nord jusqu'à Boda puis tourner à gauche vers Styggforsen

Styggforsen★

On ne s'attend pas à découvrir cette chute d'eau impressionnante de 36 m de haut au milieu d'une forêt dense ; des passerelles de bois permettent de parcourir 1 km à travers ce site sauvage et protégé.

Retourner à Boda et suivre la route 301 vers le Nord puis tourner à droite pour contourner le lac Oresjön.

Norrboda Gammelstad★

Cet ancien village du début du 17e s. comprend 27 maisons en rondins très bien préservées illustrant la vie d'autrefois : costumes, textiles, peintures murales et outils.

Ouvert pendant l'été.

Furudals Bruk

Ce petit village traditionnel est célèbre pour ses anciennes forges datant de 1709, dont les bâtiments se dressent de part et d'autre de la rivière Ore.

Suivre la route 296 vers l'Ouest.

Orsa

Petite ville à la limite de la zone agricole ; au Nord s'étendent les terres sauvages.

M. Litens / DALHALLA.SE

La magie d'un concert en plein air à Dalhalla.

Parc aux ours de Grönklitt★ (Grönklitts Björnpark)

À 12 km au Nord-Ouest en direction de Fryksås.

☏ 0250-462 00 - de mi-mai à mi-sept. : 10h-15h (de déb. juin à mi-août 18h) ; de mi-sept. à déb. oct. : w.-end 10h-15h - 110 SEK (enf. 55 SEK).

Des ours vivent et se reproduisent dans leur environnement forestier naturel en compagnie de lynx, de loups et de gloutons. Les visiteurs peuvent les observer du haut de passerelles surplombant le parc.

Ferme d'été de Fryksås★

1 km plus loin.

Une quarantaine de fermes accueillaient autrefois d'immenses troupeaux pendant l'été. Aujourd'hui, il n'en reste que quelques-unes. Situées à 500 m d'altitude, elles offrent une vue magnifique du lac Siljan et de ses environs. Certaines cabanes sont réservées aux visiteurs afin qu'ils puissent profiter de la beauté, de la tranquillité et du silence qui règnent dans cet endroit champêtre.

Retourner à Orsa puis suivre la route de Våmhus.

Våmhus

Les femmes de ce village sont réputées pour les tresses de cheveux qu'elles confectionnent ; dans la première moitié du 19e s., elles se rendaient jusqu'en Russie, en Angleterre et en Allemagne pour vendre le produit de leur travail : bracelets, colliers, chaînes de montres, etc. Les hommes, quant à eux, étaient spécialisés dans la fabrication de paniers. Leurs travaux respectifs sont exposés au **Gammelgårdsmuseum**, situé juste à la sortie du village, sur la route d'Orsa.

☏ 0250-452 60 - du 21 juin à mi-août : 12h-18h - 20 SEK.

Poursuivre vers le Sud jusqu'à **Mora★★** *(voir Autour du Lac Siljan* 1) *puis suivre la route 70 en direction de Rättvik en faisant un détour vers* **Nusnäs★** *(voir Autour du Lac Siljan* 1).

DU LAC SILJAN À LA FRONTIÈRE NORVÉGIENNE 3

À Mora, suivre la route 70 vers le Nord-Ouest (environ 200 km).

Älvdalen

Situé dans la vallée de l'Österdalälv et entouré de forêts denses, le village se trouve également sur l'ancienne route du cuivre (Kopparleden), qui reliait Falun à Røros en Norvège. Elle traverse la région sauvage la plus méridionale de Suède, où les ours, les lynx, les castors, les élans et les gloutons évoluent dans leur environnement naturel. Les offices de tourisme locaux organisent des safaris à l'élan et au castor ainsi que des parties de pêche. On trouve dans les environs de nombreuses fermes d'été.

On travaille le porphyre volcanique à Älvdalen depuis 1788, et il y a encore une fabrique, Nya Porfyrverket (de l'autre côté de la rivière en direction de Sälen), qui produit des petits objets, des ornements et des bijoux. Au centre du village, le musée du **Porphyre★ (Porfyrmuseet)** *- ☏ 0251-410 35 - ♿ - de mi-juin à mi-août : 10h-17h ; reste de l'année : tlj sf lun. et w.-end 10h-12h, 13h-15h, possibilité de visite guidée (1h, anglais) sur demande préalable - 30 SEK.* Le musée abrite une importante collection d'objets en porphyre ainsi qu'une section de géologie. Älvdalen est également célèbre pour ses guitares électriques Hagström, utilisées par des stars de la musique pop telles que Björn Ulveus du groupe ABBA, Elvis Presley et Frank Zappa. D'autre part, une ancienne fabrique d'accordéons abrite maintenant la collection **Hagström (Hagströmsamlingen)** et réunit des instruments célèbres et des guitares électriques *(mêmes conditions de visite que le Porfyrmuseet)*. Derrière l'église se trouve une curieuse grange à dîme (kyrkhärbre).

Särna

Tout comme Idre *(voir ci-dessous)*, Särna est la porte d'accès d'une région montagneuse et sauvage. Les deux villages appartenaient autrefois à la Norvège et ne devinrent suédois qu'en 1644 lorsque le pasteur d'Älvdalen les revendiqua au nom de la reine Christine. L'événement est commémoré par une stèle sur le côté de l'église. L'**ancienne église★** *(à 100 m de l'église actuelle peinte en blanc)*, qui date du 17e s., est caractéristique du style norvégien traditionnel. L'intérieur est richement décoré ; la chaire est l'œuvre du « pasteur conquérant ». Non loin, on peut voir plusieurs bâtiments en bois, **Särna Gammelgård**, datant du 18e s.

Njupeskär★★

30 km par la route 70, puis à gauche en direction de Mörkret. Un chemin conduit du parking à la chute d'eau.

Le Fulufjället est un massif montagneux au sommet aplati, qui culmine à 1 044 m. La principale attraction de la région est l'une des plus hautes chutes d'eau de Suède, **Njupeskär★★**, dont la hauteur totale est de 125 m. Les autres chemins de grande randonnée de la région ne pourront être empruntés que par les personnes bien équipées, car le terrain peut s'avérer très difficile.

Idre

Cet authentique village de montagne est une station de ski populaire, fréquentée en été par de nombreux visiteurs attirés par un grand choix d'activités sportives : pêche, randonnée, descente des rapides et équitation. Sur les pentes du sommet le plus élevé, le Nipfjället (1 191 m), la station de montagne de **Idre Fjäll**, lieu de séjour familial, convient aux skieurs de tout niveau. La **réserve naturelle de Städjan-Nipfjället★★** est dominée par l'ancien volcan Städjan (1 131 m) à la forme caractéristique. Une route grimpant au Nipfjället jusqu'à une altitude de 1 000 m offre un **panorama★★★** saisissant qui embrasse les montagnes environnantes souvent auréolées de nuages.

À Idre, quitter la route 70 vers le Nord en direction de Grövelsjön.

Grövelsjön

La route se termine à la frontière norvégienne, et c'est là que commencent les grands espaces sauvages. Les visiteurs viennent profiter du silence et de la beauté irrésistible de la nature ou encore refaire le parcours que suivit **Linné** en 1734, lorsqu'il passa par Grövelsjön pour se rendre à Røros. La station touristique du STF (Touring Club Suédois) fournit l'hébergement aux randonneurs ; il existe un grand choix de pistes et de chemins balisés qu'il est possible d'emprunter pour des randonnées pouvant durer de 2h à plusieurs jours. Situé à une altitude de 762 m, le lac Grövelsjön est le plus élevé de Suède.

Göteborg★★

**AGGLOMÉRATION – 462 470 HABITANTS
CARTE MICHELIN N° 711 O 8 OU ATLAS EUROPE P. 118 -
PLAN D'AGGLOMÉRATION : CARTE MICHELIN N° 711**

Göteborg a, non sans raison, reçu des Suédois eux-mêmes le titre de la « ville la plus accueillante de Suède » et déjà, en 1746, Linné la qualifiait de plus la jolie ville de tout le pays. La deuxième ville de Suède, qui joue le rôle de porte d'accès aux régions de l'Ouest, occupe une position favorable sur la côte occidentale a égale distance de deux capitales scandinaves, Copenhague et Oslo. Fière de ses traditions maritimes, Göteborg, qui est située à l'embouchure du fleuve Göta, est le premier port scandinave et un centre commercial actif. La ville est dotée d'excellents équipements pour les congrès, les foires commerciales, les événements sportifs et les concerts de rock, mais c'est son atmosphère cosmopolite et animée et son accueil chaleureux qui expliquent sa popularité.

- **Se repérer** – Göteborg est reliée par l'autoroute E 6-E20 à Malmö sur la côte Sud et de là à Copenhague par le magnifique pont sur l'Öresund (310 km). Vers le Nord, Oslo est facilement accessible par la E 6 (300 km).
- **Se garer** – Parking gratuit avec la carte Göteborg dans les parkings municipaux, en particulier dans le vaste parking Heden en plein centre-ville.
- **À ne pas manquer** – La vieille ville autour de Gustaf Adolfs Torg, le musée des Beaux-Arts, Feskekörka (le marché au poisson), le vieux quartier de Haga, Gunebo Slott à Mölndal, au Sud de la ville.
- **Organiser son temps** – Prévoir une journée pour l'itinéraire de visite du centre (y compris les deux musées) et une autre journée pour la visite, au choix, de Liseberg, de deux autres musées, de Gunebo Slott, des îles de l'archipel.
- **Avec les enfants** – Liseberg, Universeum, l'exposition consacrée à l'aventure de l'Ostindiefararen Götheborg, hier et aujourd'hui.
- **Pour poursuivre le voyage** – Au Nord s'étend la côte pittoresque du Bohuslän et au Sud les paysages et villages ensoleillés de la Scanie.

KAMERAREPORTAGE/GÖTEBORG & CO

Conçu par l'architecte Ralph Erskine, Göteborg-Utkiken domine le port.

Comprendre

Une ville hollandaise...

L'agglomération d'origine fut fondée par le roi **Charles IX** à Hisingen, à l'Ouest de la Göta älv mais, lorsqu'elle fut détruite en 1611 par les Danois et les Norvégiens, la Suède fut coupée de la mer. Pour éviter que cela ne se reproduise, le roi Gustave II Adolphe fonda en 1619 une nouvelle ville sur le site actuel, à laquelle il accorda une charte deux ans plus tard. En raison de la position stratégique du site et des difficultés que présentait le sous-sol argileux, le roi engagea des ingénieurs hollandais pour construire sa nouvelle

Comment la Suède s'installa à « Saint-Barth' »

Bien qu'il ne fût plus contrôleur général des finances, **Necker** avait gardé quelque pouvoir au ministère. En 1784, la France vendit à la Suède l'île de Saint-Barthélemy, aux Antilles, pour obtenir des avantages commerciaux à Göteborg. Mais on dit qu'en soutenant le projet de cession Necker cherchait à obtenir le consentement du roi de Suède au mariage de son ambassadeur, le baron de Staël-Holstein, avec Germaine Necker, la future **Madame de Staël**.
Quoi qu'il en fût, l'île resta suédoise jusqu'en 1876, année où le gouvernement français la racheta. De son passé suédois, elle a gardé le nom de Gustavia, qui avait été donné à son chef-lieu, et une petite touche suédoise sensible dans l'architecture de ses anciennes maisons.

ville. La première cité présenta donc des caractéristiques indéniablement hollandaises, comme par exemple son plan tracé avec une rigueur géométrique, ses canaux, ses remparts et fortifications. Kronhuset, Skansen Kronan et Skansen Lejonet datent tous trois de cette période. La Compagnie des Indes suédoises fut fondée en 1731 (la Compagnie hollandaise date de 1602) et la fin du 18e s. fut une ère de prospérité pour la ville pendant laquelle les marchands s'enrichirent grâce au commerce du thé, de la porcelaine, de la soie et des épices d'Orient.La pêche au hareng le long de la côte occidentale fut également très lucrative au cours de la deuxième moitié du 18e s. et contribua à faire de Göteborg un centre prospère de commerce et de transports maritimes.

… et écossaise

Lors du blocus continental mis en place pendant les guerres napoléoniennes, Göteborg fut l'un des ports de transit des marchandises en provenance de la Grande-Bretagne et à destination des marchés européens. De bonnes relations commerciales s'établirent entre la Grande-Bretagne et la Suède et de nombreux marchands écossais (Dickson, Chalmers et Carnegie) s'installèrent à Göteborg et devinrent les mécènes généreux des institutions culturelles et sociales de la ville. Celle-ci connut une prospérité accrue grâce à l'arrivée du chemin de fer et à la construction du Göta kanal. Pour un grand nombre d'émigrants suédois en partance pour l'Amérique entre 1850 et 1870, la vue de Göteborg s'estompant à l'horizon fut souvent la dernière image qu'ils eurent de leur chère patrie. Au début du 20e s., Göteborg devint une ville industrielle dynamique avec pour principales activités l'industrie mécanique lourde, les constructions navales et le transport maritime (Stena Line). Göteborg est aujourd'hui le siège de quelques-unes des plus prestigieuses entreprises suédoises telles que Volvo, les roulements à billes SKF, les appareils de photo Hasselblad et Saab Ericsson Space.

Se promener

GÖTEBORG MARITIME

Le front de mer, de Göteborg Utkiken à Älvsborgsbron.

Lorsque les chantiers navals cessèrent leurs activités vers 1970, le port perdit beaucoup de son animation. Certains sites ont été reconvertis en ensembles résidentiels facilement accessibles grâce aux ferries qui sillonnent le fleuve.

Göteborg-Utkiken (B1)

Entrer par le côté Nord.
Lila Bommen 1 - ✆ 031-61 25 00 - juin-août : 11h-16h ; reste de l'année : tlj sf w.-end 11h-16h - 20 SEK.
Ce gratte-ciel rouge et blanc occupé par des bureaux, exemple frappant de l'architecture rompant avec les traditions de la fin des années 1980, est l'œuvre de Ralph Erskine (né en 1914), architecte anglais résidant en Suède. Un ascenseur fait monter rapidement les visiteurs à 86 m au-dessus du niveau de la mer où un café offre un magnifique **panorama**★★ sur la ville et son port.

Ports de Göteborg

Göteborg possède plusieurs ports séparés, dont la capacité totale est de 30 millions de tonnes de marchandises : le port pétrolier, qui gère 18 millions de tonnes de pétrole brut par an, le port de Skandiahamnen, le plus grand port de containers de Scandinavie, et des ferries assurant le transport des passagers d'Angleterre (par la Norvège), le port d'Älvsborgshamnen pour le transport des marchandises par camion et le port central.

Göteborg pratique

Adresses utiles

🅸 *Kungsportsplatsen 2 - 411 10 -* **Göteborg** – ✆ *031 61 25 00*. Un office de tourisme très compétent où l'on vous accueille en français. En plus des brochures et cartes, vous y trouverez la **carte Göteborg** (Göteborgskortet). Elle donne droit à la gratuité des transports en bus et en tramway, aux visites guidées en bateau, à l'accès gratuit aux parkings municipaux, à une visite guidée gratuite de la ville, à l'entrée gratuite dans les musées et le parc d'attractions (Liseberg) ainsi qu'à des réductions dans certains magasins et restaurants. Il est possible d'acheter la carte dans les offices de tourisme, au parc d'attractions, dans les kiosques « Pressbyrån », dans les hôtels et les terrains de camping (95 SEK par jour).

Renseignements complémentaires sur la ville et ses activités : www.goteborg.com

Lidköpping – ✆ *0510 77 05 00.*

Visites

Du printemps à l'automne, chaque week-end (tous les jours en juillet), les tramways d'autrefois de la Lisebergslinjen circulent entre la gare centrale et Liseberg de 12h à 18h. *De fin juin à déb. août : 12h-18h, ttes les 15mn ; printemps et automne : sam. - 18 SEK (7-16 ans 9 SEK).*

Paddan Boat – *Depuis le quai qui longe le théâtre – en été : tlj 10h-21h – www.paddan.com – 95 SEK / adulte et 60 SEK / enf.*
Le **paddan**, bateau à fond plat, offre l'occasion de découvrir de façon originale cette cité maritime, tandis qu'il glisse le long des canaux bordés d'édifices imposants et passe sous 20 ponts. Les départs se font du pont de Kungsportsbron le long du théâtre. L'excursion est gratuite après 15h si vous disposez de la carte de Göteborg. ✆ *031-60 96 70 - www.paddan.com - de fin avr. à déb. oct. : départ tlj de Kungsportsbron, visite de 50mn - 90 SEK (6-12 ans 50 SEK).*

Pour de plus long trajets, « Göteborg Sightseeing » vous permet de participer à des **excursions en bateau** de Lilla Bommen à Nya Elfsborg et Vinga.

Sight seeing bus – La station est assez mal indiquée mais se trouve devant le théâtre. Pour plus d'informations : *www.borjessons.com* - ✆ *31 60 96 70*. Comptez environ 120 SEK / adulte et 60 SEK / enf pour une vsite de la ville.

Sites Internet

www.goteborg.com – Un site créé pour les touristes qui fournit en plusieurs langues les informations générales sur la ville.

www.goteborg.se – Un site pour les résidents de Göteborg qui y trouveront toutes les informations pratiques et actualités sur la ville. Possibilité d'afficher les pages en anglais.

www.restaurangguiden.se – Une présentation des différents restaurants de la ville. Pratique pour retrouver une adresse !

Transports

Aéroport – Göteborg Airport Landvetter, situé à 25 km de Göteborg, il est desservi par des bus qui partent toutes les 15mn. Service d'informations : ✆ *31 94 11 00, fax 31 94 11 89.*

Pour les vols à bas prix, voir le **Göteborg City Airport**, situé à 17 km du centre-ville, le deuxième aéroport qui est desservi par la compagnie **Ryanair** (30mn en bus). Vous trouverez ainsi quelques billets très bon marché pour accéder à Göteborg.

SUR PLACE

Göteborg est construite sur une couche d'argile qui empêche la construction d'un métro ; toutefois, la ville possède un service de tramways aussi performant qu'un réseau souterrain. Les **tramways** portent le nom de personnalités ayant un rapport avec Göteborg. Les billets, les horaires, les itinéraires et le prix des trajets en bus et en tramway sont disponibles dans les bureaux d'information (tidpunkten) situés à Brunnsparken, Drottningtorget, Nils Ericssonsplatsen ou Folkungabron. Les conducteurs de bus et de tramway vendent également des billets.
Renseignements : ✆ *031 80 12 35.*

EXCURSIONS VERS LES ÎLES

Göteborg est située à proximité de la mer. Le tramway 11 vous mène jusqu'à la station Saltholmen où est aménagée une ligne régulière de bateaux qui desservent les archipels. Vous pourrez accéder jusqu'à Vrångö en passant par Köpstadsö, Styrsö Skäret, Donsö et bien d'autres îles charmantes.

Se loger

⊖⊖ **Elite Hotel Plaza** – *Västra Hamngatan 3, dans le centre -* ✆ *31 720 40 00, fax 31 720 40 10 - www.designhotels.com - ch. : 1 670/2 900 SEK, suites : 3 700/17 000 SEK* ☕. Un hôtel qui se démarque des autres établissement de la ville par son charme et son élégance. Les prix élevés sont justifiés par un cadre exceptionnel, un service soigné et un confort irréprochable. De plus, vous y trouverez un des restaurants gourmets les plus cotés de la ville.

⊖⊖⊖ **Royal** – *Drottninggatan 67, dans le centre -* ✆ *31 700 11 70, fax 31 700 11 79 - www.hotelroyal.nu - ch. : 1 045/1 295 SEK* ☕. Le plus ancien hôtel de la ville ! L'intérieur est décoré avec charme, notamment par de belles peintures murales, des tapis anciens et des lustres. Les chambres ont chacune leur caractère et l'ensemble est d'autant plus accueillant que le personnel est très disponible.

Opera – *Norra Hamngatan 38, dans le centre - 31 80 50 80, fax 31 80 58 17 - www.hotelopera.se - 1 095/1 295 SEK*. Un hôtel plutôt rudimentaire au centre-ville qui propose des chambres variées en fonction de votre budget : au tarif standard, elles sont correctes sans être luxueuses, alors que les chambres économiques sont très sommaires. Les prix peuvent néanmoins descendre jusqu'à 495 SEK pour une simple et le bâtiment est situé au cœur de la ville.

Liseberg Heden – *Sten Sturegatan, à 5mn à pied du centre - 31 750 69 00, fax 31 750 69 30 - www.liseberg.se - ch. : 1 285/1 390 SEK, suite 1 995 SEK*. L'hôtel du parc d'attraction est bâti dans une grande demeure originale en bois rose. L'ensemble est coloré et très accueillant, et certaines chambres disposent de petits jardins privatifs. On y trouve également un restaurant suédois de qualité.

Hotel Eggers – *Drottningtorget, en face de la gare ferroviaire - 31 333 44 40, fax 31 333 44 49 - www.hoteleggers.se - ch. : 1 425/1 950 SEK, suites : 1 905/2 190 SEK*. Un des plus anciens hôtels de Suède ! Cet établissement situé en face de la gare ferroviaire est élégamment aménagé dans le style ancien. Les chambres sont spacieuses, décorées avec goût, et le restaurant propose une cuisine internationale de qualité.

Lorensberg – *Berzeliigatan 15, à 5mn à pied du centre-ville - 31 81 06 00, fax 31 20 50 73 - www.hotel-lorensberg.se - 107 ch. : 1 150/1 490 SEK, suite : 1 850 SEK*. Un hôtel bon marché dans le centre qui ne propose rien de remarquable mais les chambres sont confortables et correctes. Les murs intérieurs sont couverts de grandes peintures sur le thème de la nature. On peut difficilement les rater !

Onyxen – *Sten Sturegatan 23, à 5mn à pied du centre - 31 81 08 45, fax 31 16 56 72 - www.hotelonyxen.com - ch. : 1 290/1 490 SEK*. Un hôtel du centre correct et sans prétentions qui propose des prix avantageux le week-end et en été. Les prix peuvent ainsi descendre jusqu'à 695 SEK. Sans être spéciales, les chambres sont impeccables et très correctes.

Mornington – *Kungsportsavenyn 6, en plein centre - 31 507 330 00, fax 31 507 330 39 - ch. : 1 420/1 930 SEK, suite : 2 150 SEK*. L'intérêt essentiel de cet établissement tient en sa localisation idéale sur la rue piétonne. L'entrée un peu difficile à trouver se situe à côté du restaurant Gondola. L'intérieur, de style anglais, est un peu ancien, de même que les chambres qui ne sont pas particulièrement accueillantes. Les prix baissent nettement si vous restez plusieurs jours (995 SEK par nuit, si vous restez 3 jours).

Clarion Collection Hotel Odin – *Odinsgatan 6, près de la gare ferroviaire - 31 745 22 00, fax 31 711 24 60 - www.hotelodin.se - ch. : 1 495 SEK - 1 895 SEK*. Ce nouveau bâtiment très design propose 136 appartements de haut standing. Les chambres impeccables et soigneusement aménagées sont équipées d'une petite cuisine. L'ensemble est décoré avec soin dans le style moderne.

Scandic Hotel Rubinen – *Kungsportsavenyn 21, en plein centre - 31 751 54 00, fax 31 751 54 11 - www.scandic-hotels.com - 191 ch. : 1 795 SEK-2 195 SEK, suite : 2 795 SEK*. Cet hôtel idéalement situé sur la rue piétonne fait partie du prestigieux groupe Scandic. L'intérieur est aménagé dans un style plutôt design et un café le long de la réception dispose d'une terrasse sympathique.

Scandic Europa – *Köpmansgatan 38, près de la gare ferroviaire - 31 7 516 500, fax 31 751 65 11 - www.scandic-hotels.se/europa - ch. : 1 795/2 095 SEK, suites : 2 095/2 395 SEK*. Cet immense bâtiment du centre-ville abrite un hôtel moderne très confortable. Les chambres sont accueillantes et le centre de relaxation est équipé d'une piscine. Juste à côté, vous trouverez l'immense centre commercial Nordstan.

Elite Park Avenue – *Kungsportsavenyn 36-38, dans le centre - 31 727 10 00, fax 31 727 10 10 - www.elite.se - 293 ch. : 1 850 SEK, suite : 3 600 SEK*. Cet hôtel de luxe est à la fois idéalement situé, décoré élégamment dans le style du design scandinave et doté d'un excellent restaurant. Une des meilleures adresses pour séjourner dans la ville.

Radisson SAS – *Södra Hamngatan 59-65, dans le centre - 31 758 50 00, fax 31 758 50 01 - www.radissonsas.com - ch. : 1 870/1 970 SEK, suite : 2 450 SEK*. Un hôtel de grand standing aménagé autour d'un jardin intérieur où s'écoule une rivière artificielle. L'ensemble est à la fois spacieux et très confortable. Sans surprise !

Gothia Towers – *Mässans Gata 24, tout près du parc d'attractions - 31 750 88 00, fax 31 750 88 82 - www.gothiatowers.com - ch. : 1 690/2 090 SEK, suites : 3 900/7 000 SEK*. Cette immense tour de verre est un des hôtels les plus prestigieux de Göteborg. Il est doté de restaurants, cafés, lobbies et de nombreuses commodités. Il attire de nombreux visiteurs essentiellement en raison de sa proximité avec le parc d'attractions.

Se restaurer

Bon à savoir - Sachez que la plupart des restaurants gourmets de Göteborg sont fermés 4 ou 5 semaines pendant les deux mois d'été.

Andrum – *Östra Hamnegatan 19, dans le centre - ✆ 31 13 85 04 - 80/150 SEK*. Ce restaurant végétarien simple et populaire propose un buffet richement garni pour des prix très bon marché. Une petite adresse centrale où l'on passe quand on est pressé.

Papa Joe's – *Kungsportsavenyn 1, en plein centre - ✆ 31 13 05 59 - www.restaurangguiden.se - tlj 12h-22h30 - 100/200 SEK*. Sur la rue principale, un restaurant italien familial où l'on sert pizzas et pâtes. La cuisine sans chichis est copieuse et une charmante terrasse sous une véranda déborde sur la rue piétonne.

Bryggeriet – *Kungsportsavenyn 3, sur la rue piétonne principale - ✆ 31 711 92 60 - lun.-vend. 11h-23h, sam.-dim. 11h-23h - 100/300 SEK*. Un café restaurant sympathique et bon marché, situé sur la rue piétonne, où l'on sert une cuisine rapide. Une astuce : en dehors des heures de repas, si deux personnes déjeunent, une seulement paye (à partir de 15h). Le vendredi, les boissons sont beaucoup moins chères entre 15h et 19h.

S.O.H.O – *Östra Larmgatan 16, dans le centre - ✆ 31 13 33 26 - www.sohogothenburg.se - tlj 11h-24h - 79/350 SEK*. Un café-restaurant design dont l'intérieur est aménagé dans l'esprit des lofts américains sur deux étages. On y sert une cuisine internationale avec des plats essentiellement italiens, suédois et américains que vous pourrez savourer dans des sofas confortables ou en terrasse.

Restaurant Smaka – *Vasaplatsen 3 - ✆ 311 322 47 - www.smaka.se - lun.-jeu. 17h-1h, vend.-sam. 17h-2h, dim. 17h-1h - 135/385 SEK*. Un restaurant moderne et populaire où l'on sert une cuisine nordique de qualité. Essayez les incontournables « Köttbular », d'excellentes boulettes de viande qui sont très appréciées des Suédois.

Två Kan Ten – *Kungsportsavenyn 27, dans le centre - ✆ 31 18 21 15 - www.tvakanten.se - tlj 11h30-14h30, 17h-23h - 150/395 SEK*. Une brasserie élégante du centre piéton dont l'intérieur en briques rouges est aménagé dans le style rustique. L'accueil soigné est suivi d'un buffet copieux, le midi, et d'un dîner plus raffiné le soir. Une adresse très appréciée des habitants de la ville.

Trädgår'n – *Au bout du parc des roses - ✆ 31 10 20 80 - www.tradgarn.se - lun.-ven. 11h30-14h, lun.-sam. 18h-23h - 150/400 SEK*. Cet immense bâtiment en bois est un restaurant gourmet très apprécié par la population locale. Depuis la terrasse dressée dans le jardin, vous pourrez apprécier une excellente cuisine d'inspiration scandinave. La nuit, les lieux se transforment en discothèque.

Restaurant Tvåkanten - *Kungsportsavenien 27 - ✆ 31 18 21 15 - www.tvakanten.se - lun.-jeu. 11h30-0h, vend. 11h30-2h, sam. 13h-2h, dim. 16h-23h - 150/195 SEK*. Un restaurant accueillant au service soigné où l'on sert une cuisine internationale d'inspiration suédoise. L'ambiance est décontractée le midi et plus élégante le soir, ce qui explique les grosses différences de prix. Une belle carte de vins et cuisine copieuse de qualité.

Fond – *Götaplatsen - le long du musée des Arts - ✆ 31 81 25 80 -lun.-sam. 11h30-15h30, 17h-23h - 185/500 SEK*. Ce grand restaurant circulaire bâti derrière une grande baie vitrée propose une cuisine scandinave de grande qualité. Les plats sont sophistiqués et les produits achetés auprès de petits producteurs locaux. Une adresse qui vaut vraiment le détour et qui a été décorée à plusieurs reprises par des magazines culinaires.

Sjömagasinet Klippans Kulturreservat – *Adolf Edelsvärdsgata 5 - ✆ 31 775 59 20, fax 31 24 55 39 - lun.-vend. 11h30-14h, 18h-22, sam. 17h-22h, dim. 14h-20h - 130/695 SEK*. Cet établissement a été bâti en 1775 par la Compagnie des Indes. Le restaurant qu'il abrite est réputé pour être un des meilleurs restaurants de poissons de la ville. On y sert aussi bien des plats en sauce, des grillades que de succulents fruits de mer. L'intérieur est décoré élégamment et une belle terrasse est dressée à l'extérieure.

Restaurant Basement – *Götabergsgatan 28, ✆ 31 28 27 29 - www.restbasement.com - lun.-jeu. 17h-23h, vend.-dim. 17h-1h - 150/500 SEK*. Un restaurant très élégant où l'on sert une cuisine européenne excellente dans une ambiance cosy. Un menu dégustation très complet à 480 SEK permet d'expérimenter différentes saveurs. Les vendredis soir sont organisées des soirées thématiques qui permettent de découvrir les spécialités culinaires d'une région.

28+ – *Götabergsgatan 28, dans le centre - ✆ 31 20 21 61 - lun.-sam. 18h-23h - 200/400 SEK*. Cet établissement est considéré comme l'un des meilleurs restaurants gastronomiques de la ville. En sous-sol d'une charmante maison en briques rouges, vous pourrez savourer une excellente cuisine de type européenne. Une curiosité : un petit magasin de fromages est aménagé dans le restaurant. En face se trouve un square charmant où vous pourrez digérer après un bon repas.

Fiskekrogen – *Lilla Torget 1 - ✆ 31 10 10 05 - www.fiskekrogen.com - lun.-ven. 11h30-23h, sam. 13h-23h - 285/795 SEK*. Ce restaurant très élégant propose une excellente cuisine à base de produits de la mer. Les poissons très frais sont soigneusement préparés de même que les nombreux fruits de mer. Pour accompagner votre dîner, le restaurant dispose d'une impressionnante cave contenant plus de 300 étiquettes.

Linnéa – *Södra Vägen 32, dans le centre - ✆ 31 20 79 50 - www. restauranglinnea.com - lun.-sam. 17h30-22h - 245/725 SEK.* Cet excellent restaurant de standing est spécialisé dans les plats à base de poissons. Vous pourrez les savourer dans un cadre élégant et moderne. Service soigné.

PAUSE SUCRÉE

Evas Paley – *Au sommet de la rue piétonne principale, près du musée des Arts - ✆ 16 30 70 – lun.-ven. 8h-23h, sam. 8h-1h, dim. 8h-22h.* Cet immense café est très apprécié des locaux pour ses pâtisseries fameuses. Parmi les plus célèbres, essayez absolument les muffins géants qui ont fait la réputation de la maison. Ces pâtisseries ont un tel succès qu'on les retrouve dans certains cafés du centre-ville.

En soirée

Pour obtenir des renseignements complets sur les manifestations et spectacles, s'adresser au *Göteborgs Turistbyrå - Kungsportsplatsen 2 - 411 15 Göteborg - ✆ 031 61 25 00.* Les renseignements et les billets pour les manifestations sportives, les concerts et les représentations théâtrales sont disponibles à *Scandinavium, Ullevi, Skånegaten - 401 25 Göteborg - ✆ 031 61 56 80 - www.scandinavium.se*

POUR SORTIR

Valand – Sur la rue piétonne principale. Ce grand bâtiment de style ancien abrite une discothèque très prisée où l'on diffuse les derniers morceaux à la mode. Bizarrement, l'entrée est réservée aux plus de 25 ans, mais l'ambiance est excellente jusqu'au petit matin.

Excet – En face de Valand. Ce club situé dans une grande maison en briques jaunes est plus intime et propice aux rencontres. On y passe une musique à la mode et plusieurs alcôves sont aménagées pour prendre un verre tranquillement.

Rue Vasagatan – Cette rue fleurie qui part vers l'Université abonde en cafés branchés où se rencontrent les jeunes de la ville. Une étape incontournable pour commencer votre soirée.

Sports et loisirs

Location de vélos – Une carte spécifique pour les cyclistes est disponible à l'Office de tourisme et sur le site Internet *www. cykla.goteborg.se* Pour les locations, vous pourrez vous adresser à : **Cykelverkstan & Piaggio** – *Parkgatan 29 ✆ 31 774 00 01.*

Achats

Bon à savoir – La plus grande concentration de magasins se trouve dans Nordstan, Avenyn, Linnégatan et Haga. Les établissements qui appliquent la détaxe (sauf pour les ressortissants de l'Union européenne) affichent le symbole approprié dans leur vitrine.

Göteborg possède le plus grand centre commercial d'Europe du Nord, Nordstan, qui est situé à proximité de la gare ferroviaire.

Kronhuset & Kronhus Bodarna – *Postgatan, dans le centre.* Cette grande demeure en briques rouges est la plus ancienne demeure de la ville. Elle abrite aujourd'hui un centre d'artisanat où se regroupent entre autres un fabricant de montres, une manufacture de chocolats ou encore un fabricant d'instruments de musique. Le bâtiment est également bordé d'une charmante terrasse ombragée où vous pourrez prendre un verre.

Antik Hallarna – *Västra Hamngatan 6 - lun.-ven. 10h-18h, sam. 11h-14h - www. antikhallarna.se* Probablement le marché d'antiquaires le plus important de Scandinavie. Cette ancienne demeure blanche est très fréquentée par les habitants de la ville qui viennent y négocier quelques objets de collection ou meubles anciens. Sachez que les marges de négociation sur les prix sont généralement assez étroites.

Saluhallen – Les halles couvertes de Göteborg abritent une multitude de commerçants spécialisés dans les produits de bouche. En plus des boulangeries, primeurs et charcuteries, vous y trouverez un traiteur libanais qui prépare d'excellents fallafels, un stand de produits italiens et un autre de produits orientaux.

Konsum – En haut de la rue piétonne principale, un supermarché ouvert en semaine jusqu'à 23h.

Événements

La **Foire internationale du voyage et du tourisme** (TUR), au printemps, et la **Foire du livre**, à l'automne, attirent de nombreux visiteurs au centre des expositions, Svenska Mässan.

Le plus grand stade de Scandinavie, **Ullevi**, pouvant contenir 47 000 spectateurs, et le deuxième stade couvert après le Globe de Stockholm, Scandinavium, avec ses 12 500 places, accueillent diverses manifestations allant des concerts de rock aux manifestations sportives. La Coupe Gothia, qui a lieu tous les ans, est le championnat de football junior le plus important du monde, avec quelque 25 000 participants issus de 52 pays.

Festival du film de Göteborg – *28 jan.-24 fév.* Un des plus grands festivals de Suède qui accueille chaque année plus de 500 films et 100 000 visiteurs. *Pour le programme et les salles : www.filmfestival. org*

Fête de Göteborg – *5 au 13 août.* Une semaine de festivités dans toute la ville pendant laquelle ont lieu des concerts et de nombreuses activités pour les enfants.

SE LOGER

- Elite Hôtel Plaza 1
- Elite Park Avenue 3
- Gothia Towers 5
- Liseberg Heden 8
- Lorensberg 10
- Mornington 12
- Opera 15
- Onyxen 17
- Radisson SAS 19
- Royal 22
- Scandic Hôtel Rubinen 25

SE RESTAURER

Andrum ... 1	Papa Joe's ... 12	28+ ... 21
Bryggeriet ... 4	S.O.H.O. ... 14	
Fond ... 7	Trädgår'n ... 16	
Linnéa ... 9	Två Kan Ten ... 19	

Port de Lilla Bommen (Lilla Bommens Hamn) (B1)

Ce bassin est le point de départ de diverses excursions dans les environs (Elfsborg, Vinga, Marstrand et Hisingen) et de croisières nocturnes organisées par Börjessons Restaurang & Utflyktsbåtar. Le quatre-mâts *Viking* (1906) accomplit son dernier voyage en 1948 et remplit ensuite les fonctions de navire-école de 1957 à 1994. Le voilier a été restauré et transformé en restaurant, hôtel et cafétéria, offrant des divertissements en été. Il y a également un port de plaisance pour accueillir les bateaux qui font escale à Göteborg.

Opérations de sauvetage d'anciens vaisseaux

Mary Rose – Ce quatre-mâts, vaisseau vice-amiral de la flotte d'Henri VIII, sombra au large de Portsmouth le 19 juillet 1545. Construit en 1509, il fut renfloué en 1982 *(voir le Guide Vert Michelin Grande-Bretagne).*

Batavia – Navire marchand de la Compagnie hollandaise des Indes orientales. Construit en 1628, il s'échoua au large de l'Australie lors de sa première traversée *(voir le Guide Vert Michelin Hollande).*

Vasa – Le plus beau vaisseau de guerre de la marine de Gustave II Adolphe. Construit en 1628, il sombra dans le port de Stockholm le 10 août 1628 lors de son voyage inaugural. Il fut renfloué en 1961 *(voir Stockholm).*

Kronan – Vaisseau de guerre de la marine suédoise deux fois plus grand que le *Vasa*. Construit entre 1665 et 1672, il explosa et coula avec tout son équipage en 1679. Son épave fut découverte en 1980 *(voir Kalmar).*

La navette fluviale **Älvsnabben** relie Lilla Bommens Hamn aux **chantiers navals de Terra Nova**, situés face au port de Majnabbe, où fut construit l'**Ostindiefararen Götheborg**, copie fidèle du *Götheborg*. Une belle **exposition** retrace l'histoire de ce voilier suédois de la Compagnie des Indes qui s'échoua et coula avec sa cargaison de thé, porcelaine, soie et épices de Canton alors qu'il entrait dans le port de Göteborg en 1745. Une grande partie de la cargaison a été récupérée, on a examiné minutieusement les parties du voilier, qui ont pu être sauvées, et on a étudié des manuels de construction navale datant du 18e s. avant de dresser les plans du nouveau Götheborg. La quille a été mise en place en juin 1995 et le lancement a eu lieu en 2003. Le voilier a quitté Göteborg à l'automne 2005 à destination de Canton en suivant l'itinéraire traditionnel du 18e s.

✆ 031-779 34 50 - parti en mer à l'automne 2005 ; retour prévu à Göteborg en septembre 2007.

Opéra de Göteborg (Göteborgsoperan) (B1)

Christina Nilssons Gata - ✆ 031-10 82 03 - www.opera.se - visite guidée de déb. juil. à mi-août : 14h, possibilités de visite guidée toute l'année sur réserv. auprès de M. Rolf ✆ 0703 28 91 33 - fermé lun. - 40 SEK.

Packhuskajen. Les formes d'inspiration nautique du nouvel **opéra de Göteborg**, inauguré en 1994, s'harmonisent parfaitement avec son site au bord de l'eau. Selon les plans pour le moins originaux de l'architecte Jan Izikowitz, les visiteurs pénètrent dans l'édifice par la « proue » pour atteindre le foyer en demi-cercle dont les murs sont en verre et qui offre une vue splendide du fleuve, du port et des bateaux ; l'auditorium ressemble à une cheminée de navire et la salle des machines au pont d'un navire. L'opéra dispose d'un orchestre permanent, d'un chœur, de solistes et d'un corps de ballet qui prêtent leur concours à six nouvelles productions par an. Pour l'inauguration, la fantaisie spatiale de Karl Birger Blomdahl, *Aniara,* composée en 1959, fut judicieusement choisie afin de tester l'acoustique et la technologie de pointe de l'équipement de la scène. La visite guidée permet de voir les coulisses, les ateliers et les salles de répétition.

Centre maritime (Maritiman) (A1)

Packhuskajen 81/2 - ✆ 031-10 59 50 - mai-août : 10h-18h ; mars-avr. et sept.-oct. : 10h-16h ; nov. : vend. et w.-end 10h-16h - 75 SEK (enf. 30 SEK).

Packhuskajen. Le parc maritime avec son exposition de navires historiques fait revivre le passé maritime de Göteborg. Entrez dans le parc par le ferry *Dan Broström,* qui porte le nom d'un armateur célèbre. Le ferry dispose d'un café, d'une boutique de souvenirs et d'un restaurant de fruits de mer. Le musée flottant se compose de 13 navires dont le contre-torpilleur *Småland,* le sous-marin *Nordkaparen,* un bateau-phare et des remorqueurs. Les bateaux du Göta Kanal sont amarrés ici lorsqu'ils ne sont pas en service : *Juno*, construit en 1874, *Wilhelm Tham*, construit en 1912 et *Diana*, construit en 1931.

La première jetée de pierre, **Stenpiren (A2)**, datant de 1845, est ornée d'une copie de la **statue** de Carl Milles dédiée à la mémoire des nombreux Suédois qui émigrèrent vers le Nouveau Monde. L'original, qui se trouve dans la ville américaine de Wilmington (État du Delaware), commémore l'installation de la communauté suédoise en 1638.

Masthuggskajen (A3) est le quai d'où partent les navires de la Stena Line à destination du Danemark ; Frederikshavn est à 3h de bateau.

K. Holmner / GÖTEBORG & CO

Vue générale du port de Lilla Bommen.

Masthuggskyrkan (A4)

Storebackegatan, au sud de Masthuggskajen. L'église se dresse sur une hauteur offrant une belle vue de Göteborg. Construite de 1914 à 1919 par Sigfrid Ericson, c'est un admirable exemple d'architecture romantique nationale suédoise. Les cloches sonnèrent pour la première fois pour annoncer le début de la Première Guerre mondiale.

Intérieur★ – Cette église originale à trois nefs rappelle l'architecture de bois d'autrefois dans les pays nordiques. La haute nef centrale est décorée de poutres de bois. Les murs blanchis à la chaux contrastent avec l'intérieur de bois. Tous les piliers sont sculptés de façon différente et celui qui soutient la tribune Sud porte le nom d'*Arbre de vie*. On remarquera le modèle réduit d'un voilier de la Compagnie des Indes prêté par le Musée maritime. Les lampes en fonte sont couronnées de têtes de dragons. Le cadre du **retable** de style byzantin est l'œuvre de Sigfrid Ericson ; quant aux sculptures sur bois de Ninnan Santesson, elles furent ajoutées en 1923. Le crucifix triomphal du même sculpteur date de 1925.

Quartier préservé de Gathenhielm★

Ce quartier protégé proche de l'église, qui comprend des maisons de bois d'un ou deux étages agrémentées de jardins, est caractéristique des quartiers résidentiels de la ville avant 1850. **Gathenhielm** appartenait à un corsaire renommé, le capitaine **Lars Gathenhielm** ; c'est une maison en bois comme on en voyait couramment à Göteborg avant que plusieurs incendies ne ravagent la ville entre 1794 et 1813.

Musée de la Marine (Sjöfartsmuseet)★

Stigbergstorget, à l'ouest de Masthuggskajen. Karl Johansgatan 1-3 - ✆ 031-61 29 00 - www.sjofartsmuseum.goteborg.se - mai-août : 10h-17h ; sept.-avr. : mar.-vend. 9h-16h (merc. 20h), w.-end 11h-17h, possibilité de visite guidée en anglais - fermé vend. saint, 1er Mai, 23-24 juin et 25 déc. - 40 SEK (-20 ans gratuit).

Imprégné de l'odeur de pitchpin, le **musée de la Marine** illustre le commerce qu'entretenait Göteborg avec les Indes, la vie des marins et l'évolution des navires et de la navigation, grâce à des tableaux et des modèles réduits de bateaux. Parmi les pièces exposées, l'une des plus intéressantes est sans doute le navire marchand de la Compagnie des Indes, le *Finland*. La collection de figures de proue est remarquable. Dans l'**aquarium**, on peut admirer des espèces nordiques aussi bien que tropicales.

Tour du Marin (Sjömanstornet)

Karl johansgatan 1-3 - ✆ 708-94 34 66 - www.sjofartsmuseum.goteborg.se - sur demande.

La **tour du marin** dresse ses 49 m à côté du musée ; l'entrée est face au fleuve. Elle est surmontée de la statue d'une femme de marin attendant patiemment, *Femme au bord de la mer*, érigée en souvenir des marins qui périrent durant la Première Guerre mondiale. Du sommet *(accessible par un escalier en colimaçon de 192 marches ou par un ascenseur)* s'offre une **vue★★** splendide de la ville et du port.

Stigbergskajen

À hauteur du musée de la Marine. Les paquebots transatlantiques ont été remplacés à **Stigbergskajen** par des navires de croisière luxueux. Le *Sea Cat* – un catamaran – transporte des passagers jusqu'au port danois de Frederikshaven en 1h45.

Port de pêche (Fiskhamnen)

À l'Ouest de Stigbergskajen. C'est à **Fiskhamnen** qu'ont lieu tôt le matin (6h30 ou 7h), du mardi au vendredi, les **ventes de poisson aux enchères**. La vente ne dure que 30mn.

Encore plus à l'Ouest, au-delà de **Majnabbehamnen** se trouve la gare maritime de la Stena Line à destination de l'Allemagne ; la traversée vers Kiel dure 14h.

Quartier préservé de Klippan (Klippans kulturreservat)

Carnegie-kajen, vers le Sud, le long de la Göta älv ; choisir l'entrée qui donne dans Adolf Edelsvärdsgatan. Ce quartier protégé était déjà un port au 17e s. ; c'est aujourd'hui un lieu de promenade idéal. Un grand nombre de bâtiments ont eu un rapport avec la Compagnie des Indes et la période de prospérité que connut la ville au 18e s. La brasserie Carnegie eut une importance considérable au 19e s. C'est également ici que se trouvait la forteresse Älvsborg construite au 14e s. qui fut remplacée par une autre forteresse au 17e s. Les offices ont toujours lieu dans la chapelle Ste-Brigitte qui date de 1857. Du restaurant Sjömagasinet, situé sur le môle, la vue embrasse cette partie du port.

Pont d'Älvsborg (Älvsborgsbron)

L'imposant pont suspendu, inauguré en 1966, relie Göteborg au faubourg d'Hisingen, où fut fondée la première ville. Long de 933 m, le pont a une portée de 417 m, et la chaussée se trouve à 45 m au-dessus du fleuve, offrant une belle **vue** de l'entrée du port et de la zone portuaire.

LE CENTRE DE GÖTEBORG

Cette promenade part du centre historique et se termine à Götaplatsen, centre culturel de la ville, relié par l'artère principale, Kungsportsavenyn.

Place Gustave Adolphe (Gustav Adolfs torg) (B2)

Cette place, qui est le centre de la ville depuis sa fondation en 1621, porta le nom de Grande Place jusqu'en 1854, date à laquelle la statue du roi Gustave II Adolphe y fut installée. Un modèle réduit en pierre donne une idée de la ville telle qu'elle était en 1644. L'édifice à colonnes situé sur le côté Nord est l'ancienne Bourse, **Börsen (B2),** datant de 1849 et aujourd'hui réservée aux réceptions et aux banquets municipaux. À côté, on peut voir la **résidence Wenngren**, hôtel particulier construit en 1759 pour le conseiller municipal du même nom. Le troisième étage fut ajouté par la suite. L'édifice attenant est le **Stadshuset**, construit un an auparavant, en 1758, pour servir d'arsenal. De nos jours, les deux édifices ne font qu'un et abritent l'administration et le conseil municipal. L'**hôtel de ville (Rådhuset) (B2 H)**, situé sur le côté Ouest de la place, fut construit en 1672 selon les plans de Nicodemus Tessin l'Ancien. La façade à colonnes et l'aile Nord dessinées par Gunnar Asplund font partie des modifications ultérieures.

Tout à côté, en bordure du canal, se dresse le **Musée municipal** érigé au 18e s. *(voir ci-après dans « visiter »).*

Un peu au Nord du musée, entre Kronhusgatan et Postgatan, on découvre **Kronhusbodarna★**, vaste cour pavée entourée de bâtiments anciens transformés en ateliers. On peut ainsi voir les artisans et les artistes au travail. Remarquez en particulier un atelier de verrerie d'art appartenant à Helena Gibson qui se fera un plaisir de vous montrer ses créations.

Traverser le canal, suivre Östra Hamngatan vers le Sud et franchir Kungsportsbron. Sur la gauche se trouve l'entrée de **Trädgårdsföreningen**, beau parc longeant le canal *(voir ci-après « Göteborg côté verdure »).*

Stora Teatern (B3)

Inauguré en 1859, ce théâtre musical est l'un des plus anciens de Suède ; il est consacré essentiellement à l'opéra comique et aux comédies musicales.

Tourner à droite dans Nya Allén que l'on suit jusqu'à Rosenlundsbron ; traverser le canal, Feskekörka est sur la gauche.

Feskekörka (A3)

Tramway 3, 6, 9 et 11 jusqu'à Hagakyrkan. Le marché aux poissons et aux fruits de mer abrite un restaurant. Construit en 1874, sa silhouette comparable à celle d'une église lui a valu le surnom d'**« église du poisson »**. Il est conseillé de s'y rendre le matin. Les poissonneries sont fermées le lundi car les pêcheurs ne sortent pas pendant le week-end. Le restaurant Gabriel est ouvert pour le déjeuner en semaine.

Traverser le canal en sens inverse.

Haga★ (A4)
Tramway 3, 6, 9 et 11 jusqu'à Järntorget. La place est ornée d'une fontaine et animée par l'activité des cafés qui la bordent. À partir de 1640, ce quartier situé en dehors des fortifications fut le lieu de prédilection des pêcheurs et des ouvriers et, vers le milieu du 19e s., c'était devenu un véritable quartier ouvrier. De nombreuses maisons datent de cette époque : la pratique consistait à construire deux étages en bois sur un rez-de-chaussée en pierre afin de ne pas enfreindre la réglementation pour la prévention des incendies, qui stipulait qu'aucune maison en bois ne pouvait avoir plus de deux étages. La rue principale, Haga Nygata, est bordée de boutiques et de cafés.

Suivre Vasagatan qui rejoint Kungsportsavenyn ; sur la droite se dresse le **Röhsska Muséet** *(voir ci-après dans « visiter ») ; tourner à droite.*

Kungsportsavenyn★ (C3-4)
C'est l'artère principale de Göteborg, que les habitants appellent tout simplement Avenyn ; elle s'étend de Kungsportsplatsen au Nord jusqu'à Götaplatsen sur une distance d'environ 1 km. Cette avenue bordée d'arbres, de cafés, de restaurants, de night-clubs et de bars est le lieu où vivent et se divertissent les citadins du début du printemps jusqu'à l'automne.

Götaplatsen (C4)
Le centre culturel de la cité est situé à l'extrémité Sud d'Avenyn ; la plupart des édifices datent de 1923-1935. La **fontaine Poséidon★★** qui orne le centre de la place, œuvre de Carl Milles, est un symbole fort de la vocation maritime de Göteborg. Autour de la place, on remarquera le **musée des Beaux-Arts** (**Göteborgs Konstmuseum**, *voir ci-après dans « visiter »*) (C4), le **Stadsteatern** (C4) qui met en scène un répertoire de drames et de comédies, et le **Konserthuset** (C4) qui abrite l'Orchestre symphonique de Göteborg, orchestre national suédois. Dotée d'une acoustique excellente, la salle de concerts est utilisée par la firme allemande Deutsche Grammophon pour ses enregistrements.

GÖTEBORG CÔTÉ VERDURE

Liseberg★★ (D4)
Tramway 5 ; entrer par Örgrytevägen. ✆ 031-40 01 00 - www.liseberg.se - se renseigner pour les horaires - 50 SEK (-6 ans gratuit).
La plus grande attraction touristique de Suède est beaucoup plus qu'un parc d'attractions. Les montagnes russes, le petit train, les loopings qui font tourner la tête, le bruit, la gaieté, la musique et les sensations fortes, tout y est. Mais à cela s'ajoutent un cadre de verdure agréable, des parterres de fleurs, de nombreuses sculptures, des kiosques à musique, des salles de danse, des cafés, des restaurants et des théâtres, ce qui fait que toute la famille peut en profiter. Les divertissements du « Liseberg Cirkus » sont destinés aux jeunes enfants.

S. Kälvelid / GÖTEBORG & CO
Sentations fortes à Liseberg.

Trädgårdsföreningen★★ (C2)
✆ 031-365 58 58 - mai-août : 7h-21h ; mars-avr. et sept.-oct. : 7h-19h30 ; nov.-fév. : 7h-18h - 15 SEK (mai-août entre 10h-18h), gratuit reste de l'année. ✆ 031-41 57 73 - palmhuset mai-août : 10h-17h ; reste de l'année : 10h-16h - 20 SEK (- 20 ans gratuit).
Entrée dans Södra vägen. Dessiné par la Société d'horticulture en 1842, ce parc a toujours été un lieu de rendez-vous populaire. Il possède son palais de cristal avec la **serre des palmiers★★ (Palmhuset) (C2)**, construite par une société écossaise en 1878 et réaménagée vers 1980. Chaque saison a son charme particulier : la floraison des camélias a lieu en février, celle des orchidées en mars et avril, tandis que les nénuphars géants sont magnifiques en juillet. On remarquera notamment la **roseraie★★★** et ses quelque 6 000 arbustes représentant 2 600 espèces différentes, dont certaines sont très rares. C'est au début du mois de juillet et à la fin du mois d'août qu'ont lieu les deux principales floraisons. Les étiquettes vertes et marron indiquent respectivement si les plantes sont à vendre ou non.

Jardin botanique★★ (Botaniska trädgården)

Carl Skottsbergs gata 22A, tramway 1, 7, 8 ou 13. Suivre la route 158 **(A4)**.

Carl Skottsbergs Gata 22 A - ✆ 031-741 11 06/00 (pour informations en anglais faites le 7) - www.gotbot.se - jardin : de 9h au coucher du soleil - serres mai-août : 10h-17h ; sept.-avr. : 10h-16h - 20 SEK (enf. gratuit).

Ce **jardin botanique**, ouvert au public en 1923, compte aujourd'hui des kilomètres de chemins sinueux, de vastes pelouses, des coins boisés, des berceaux de verdure comme le bosquet de bambous, le vallon japonais et celui des rhododendrons ainsi que des serres et des parterres fleuris bien entretenus où se côtoient fleurs à bulbe, fleurs d'été et plantes vivaces. Les moindres recoins de la splendide **rocaille★★★**, avec ses « falaises », ses roches rugueuses, ses bassins, ses ruisseaux et ses cascades, sont occupés par 5 000 plantes venues du monde entier.

Slottsskogen★★

Tramway 1 ou 6 jusqu'à Linnéplatsen. Suivre la route 158 **(A4)**. Slottsskogen est une vaste étendue de verdure sillonnée de chemins sinueux, lieu idéal pour les promenades nonchalantes et les pique-niques. De petites maisons provenant de différentes régions de Suède, un vallon d'azalées en pleine floraison au mois de juin, un zoo pour les enfants, un belvédère, des cafés et des restaurants contribuent au plaisir que l'on a à visiter ce parc. Le musée d'Histoire naturelle *(voir ci-après dans « visiter »)* se dresse dans le coin Nord-Est du parc.

Visiter

Musée des Beaux-Arts★★★ (Göteborgs Konstmuseum) (C4)

Götaplasten/Avenyn - ✆ 031-61 29 80 - www.konstmuseum.goteborg.se - mar.-jeu. 11h-18h (merc. 21h), vend. et w.-end 11h-17h - 40 SEK (enf. gratuit).

L'important **musée des Beaux-Arts** contient des collections d'art scandinave des 19e et 20e s., d'art flamand et hollandais du 17e s., d'art italien et espagnol du 16e s. au 18e s., d'art français des 19e et 20e s. et d'art contemporain international. Les sections les plus intéressantes concernent l'art scandinave des années 1880 et 1890, ainsi que les **coloristes de Göteborg** qui peignaient dans les années 1920 et 1930.

Le nouveau centre de photographie Hasselblad et la salle Stena réservée aux expositions d'art contemporain sont situés au rez-de-chaussée.

Un ascenseur permet de monter directement à la **galerie Fürstenberg★★★**, qui porte le nom du mécène **Pontus Fürstenberg** (1827-1902) et contient une sélection d'œuvres d'artistes scandinaves qui vécurent à Paris ou à Grez-sur-Loing dans les années 1880 : remarquez en particulier *Näcken* (esprit aquatique des pays nordiques) d'Ernst Josephson et la toile de Peder Severin Krøyer qui met en scène une joyeuse réunion d'artistes à Skagen au Danemark, ainsi que d'intéressantes œuvres de Carl Larsson. Une salle est consacrée à la période du romantisme national (années 1890) : **Richard**

Les artistes nordiques en France

Dans les dernières décennies du 19e s., Paris, capitale des idées et des arts, attire irrésistiblement vers elle les jeunes talents, leur offrant maintes possibilités de découvertes et de rencontres. L'École des Beaux-Arts, l'Académie Julian, l'Académie Colarossi et de nombreux ateliers privés accueillent, à partir de 1875, des peintres venus de l'Europe du Nord comme **Albert Edelfelt**, Ernst Josephson, Akseli Gallen-Kallela, Pekka Halonen, **Frits Thaulow** ou **Helene Schjerfbeck**. Les artistes nordiques s'intéressent à l'œuvre de Courbet, Manet, Bastien-Lepage et Millet tout en essayant de se faire connaître. À travers les impressionnistes (Monet, Pissarro, Renoir et Sisley), ils découvrent une nouvelle forme d'expression picturale.

Dans les années 1880, le petit village de **Grez-sur-Loing**, situé au Sud de Fontainebleau, attira une petite colonie scandinave. Précédés par le Norvégien **Christian Krohg**, des artistes suédois, dont Richard Bergh, **Carl Larsson, August Strindberg** (plus connu comme écrivain), **Ernst Josephson**, **Karl Nordström**, Nils Kreuger et Bruno Liljefors, viennent s'installer dans la pension de Mme Chevillon à l'instar des peintres venus précédemment vivre à Barbizon. Séduits par la luminosité du ciel d'Île-de-France et le travail en plein air, ces artistes peignent des vues de Grez, des jardins fleuris, des scènes campagnardes ou des groupes d'amis attablés. Carl Larsson se plaisait tellement à Grez, qu'il revint y passer trois ans après son mariage. De retour dans leur pays, les artistes nordiques s'appliquent à traduire les vibrations de la lumière dans leurs tableaux. Ils se mettent même à peindre des paysages enneigés, ce qu'ils ne faisaient guère avant leur séjour en France.

Bergh, **Nils Kreuger**, **Karl Nordström**, le prince Eugène et **Bruno Liljefors**. La **salle Arosenius★★★**, de forme octogonale, est remarquable en raison des charmantes scènes humoristiques d'Ivar Arosenius (1878-1909).

La salle 24 contient les tableaux des **coloristes de Göteborg** dont le lyrisme s'exprime par la couleur. Très individualistes, ces artistes ne formèrent jamais de groupe vraiment homogène. Précédés par **Karl Isakson** (1878-1922) et **Carl Kylberg** (1878-1952), ils sont représentés ici par **Ivan Ivarson**, **Inge Schiöler** et **Ragnar Sandberg**. Les collections exposées à cet étage comprennent des œuvres de Sigrid Hjertén (1885-1948), de son mari **Isaac Grünewald** (1889-1946), de **Nils Dardel** (1890-1976) et d'**Einar Jolin** (1889-1946). Ces peintres furent des disciples de Matisse entre 1908 et 1911, et firent partie de la nouvelle génération moderniste de l'art suédois.

Musée Röhss du Design et des Arts appliqués★★ (Röhsska Museet) (B3-4)

Vasagatan 37-39 - ✆ 031-61 38 50 - www.designmuseum.se - tlj sf lun. 12h-17h (mar. 20h), w.-end 11h-17h - 40 SEK (enf. gratuit).

Le seul musée suédois consacré au design et aux arts appliqués fut ouvert au public en 1916 à la suite d'une donation faite à l'État par les frères Röhss. L'entrée principale de l'édifice de style romantique national suédois est encadrée par deux lions de marbre de la dynastie Ming (1368-1644). Le musée possède un fonds important d'art décoratif suédois et européen mais aussi chinois illustrant une vaste période allant de 2000 ans avant notre ère jusqu'au 20e s.

L'exposition permanente est consacrée au design depuis les débuts de la société industrielle (milieu du 19e s.) jusqu'à nos jours. Cinq salles contiennent meubles, affiches, textiles, céramiques, verrerie et objets variés illustrant le design industriel.

Les expositions temporaires sur des thèmes variés se succèdent tout au long de l'année.

Universeum★★ (D4)

Korsvägen.

Södra Vägen 50 - ✆ 031 335 64 50 - www.universeum.se - de fin juin au 21 août : 10h-19h ; janv.-avr. et du 22 août à fin déc. : tlj sf lun. 11h-18h (merc. 20h) ; de déb. mai à fin juin : 10h-18h (merc. 20h), w.-end 11h-18h - janv.-juin et du 22 août à fin déc. 110 SEK (w.-end 135 SEK, -5 ans gratuit), de fin juin au 21 août 135 SEK.

Ce centre original, logé dans un très beau bâtiment contemporain, propose l'exploration ludique de questions scientifiques concernant directement la vie de l'homme sur terre : on peut ainsi suivre le « **parcours de l'eau** » des montagnes jusqu'à la mer ; un funiculaire conduit les visiteurs au dernier étage du musée puis ils redescendent par étapes le long d'un chemin en pente. L'univers de la **forêt tropicale** est tout aussi réaliste, plongeant les visiteurs dans l'atmosphère oppressante qui caractérise ce milieu. **Explora** est une section interactive et très conviviale du musée, où ceux qui le souhaitent peuvent faire des expériences sur les couleurs, les nombres, le design, les robots, les sons, etc.

Musée des Cultures du Monde★ (Vårldskultur museet) (D4)

Södra Vägen 54 - ✆ 031 63 27 30 - www.varldskulturmuseet.se - merc.-vend. 12h-21h, mar. et w.-end 12h-17h - fermé lun., 23 juin, 24 et 31 déc. (gratuit).

Inauguré en décembre 2004, le musée des Cultures du monde est l'héritier direct du **musée d'Ethnographie** et en particulier de ses riches collections d'Amérique latine. Sa mission a cependant été élargie car il doit rendre compte de l'évolution culturelle du monde à l'ère de la globalisation en faisant ressortir les similarités et les différences à travers des expositions temporaires sur des thèmes aussi variés que « Voix africaines », « Le Sida à l'ère de la globalisation », « Peuple et mythes du fleuve Orinoco » ou bien encore « La Spiritualité ».

Musée municipal de Göteborg (Göteborgs Stadsmuseum) (B2)

Norra Hamngatan 12 - ✆ 031-61 27 70 - mai-août : 10h-17h ; sept.-avr. : tlj sf lun. 10h-17h (merc. 20h) - fermé 1er Mai, 24-25 et 31 déc. - 40 SEK (- 20 ans gratuit).

Cet imposant **édifice★★** fut construit entre 1750 et 1762 par la Compagnie suédoise des Indes pour servir à la fois de siège, d'entrepôt et de lieu de vente aux enchères. La Compagnie fit faillite en 1809 et fut formellement dissoute quatre ans plus tard, mais ce n'est qu'en 1861 que les locaux furent transformés en musée. Diverses expositions illustrent l'histoire culturelle de la ville et de la région : intérieurs d'époque, meubles, ustensiles domestiques, costumes, objets artisanaux, porcelaine orientale…

Le musée abrite le seul bateau viking que possède la Suède.

Musée d'Histoire naturelle★ (Naturhistoriska museet)
Slottsskogen. Suivre la route 158 (A4) en direction du Sud.
Slottsskogen vid Linnéplatsen - ✆ 031-775 24 00 - www.gnm.se - mai-août : 11h-17h ; sept.-avr. tlj sf lun. 9h-16h, w.-end 11h-17h - fermé 1er janv., 14 avr., 1er Mai, 23-24 juin, 24-25 et 31 déc. - 60 SEK (-20 ans gratuit).
Fondé en 1833, ce musée est le plus ancien de Göteborg ; ses riches collections comprennent notamment deux squelettes de baleines, un cachalot échoué sur la côte en 1988 et une jeune baleine bleue échouée en 1865.

Aux alentours

Musée Volvo (Volvo museum)
Tramway 5, 6 ou 10 jusqu'à Eketrägatan, puis bus 27 jusqu'à l'arrêt Arendal skans. Suivre la route 159.
Avd. 1670 - ✆ 031-66 48 14 - juin-août : 10h-17h, w.-end 11h-16h ; sept.-mai : 12h-17h, w.-end 11h-16h - fermé lun. et j. fériés - 30 SEK (enf. 10 SEK).
Le musée retrace l'histoire du premier fabricant de véhicules automobiles de Suède depuis sa fondation en 1927 jusque dans les années 1990. Parmi les prototypes, les véhicules et les camions expérimentaux, on découvre la très spéciale PV 444, plus connue sous le nom de « voiture du peuple ».

Nouvelle forteresse d'Elfsborg★ (Nya Elfsborgs Fästning) (A3)
Accessible par ferry en 30 mn au départ de Lilla Bommen, dans le centre-ville (voir les Infos pratiques). Visite guidée avec des animateurs tous les jours de mai à août. Promenade en bateau (30mn), départ de « Lilla Bommen ». Promenade en bateau et visite de la forteresse 110 SEK (6-12 ans 60 SEK). Börjessons - ✆ 031 60 96 60.
La **nouvelle forteresse d'Elfsborg**, qui occupe une position stratégique sur une île commandant l'entrée du port, fut érigée entre 1653 et 1670 afin de protéger la ville récemment fondée des attaques danoises. En 1719, Göteborg fut de nouveau attaquée par les forces combinées des flottes danoise et norvégienne sous le commandement de l'amiral Peter Tordenskiøld, mais après quatre jours de siège, les assaillants durent se retirer. Au 18e s., la forteresse servit de prison. De nombreux mariages ont lieu dans la petite chapelle.

Le château de Gunnebo★★ (Gunnebo Slott)
Suivre la E 6-E 20 vers le Sud en direction de Malmö sur une distance de 4 km environ et prendre la sortie Mölndal Ö ; tourner à gauche dans Gunnebogatan puis encore à gauche 1,5 km plus loin dans Rådavägen et enfin à droite dans John Halls väg qui conduit au parking.
Christina halls väg - Mölndal - ✆ 031 334 1600 - www.gunneboslott.se - visite guidée de mi-juin à fin août : 12h, 13h et 14h ; de déb. mai à mi-juin et sept. : w.-end et j. fériés 12h, 13h et 14h ; oct.-avr. : dim. et j. fériés 12h et 13h - 50 SEK (- 16 ans gratuit), jardin 40 SEK.
« Château » n'est sans doute pas le mot qui convient le mieux à ce bijou d'architecture néo-classique de proportions modestes mais harmonieuses, érigé sur une hauteur dominant deux lacs et un paysage boisé.
Un riche marchand de Göteborg, **John Hall**, acheta les terres de Gunnebo en 1778 et confia la construction de sa résidence d'été à l'architecte de la ville, **Carl Wilhelm Carlberg**. Celui-ci ne se contenta pas de faire les plans de l'édifice : il dessina également le mobilier, les poêles en faïence, les tissus d'ameublement ainsi que les communs, les jardins et leurs terrasses et il paysagea lui-même le parc environnant. Le domaine de Gunnebo est donc le fruit de l'inspiration d'un seul homme et il n'est pas étonnant, lorsque l'on contemple ce petit « château de bois », de ressentir une impression de grande unité esthétique, car la restauration réalisée de 1995 à 1999 avec la participation de l'Union européenne s'est appuyée sur quelque 200 dessins et plans d'origine.

GUNNEBO SLOTT
Intérieur du « château de bois » de Gunnebo.

Embarquer

L'ARCHIPEL DE GÖTEBORG

C'est le chapelet d'îles qui bordent la côte de part et d'autre de l'estuaire de la Göta älv : on distingue l'archipel Nord ou archipel d'Öckerö et l'archipel Sud.

Archipel d'Öckerö★

L'archipel est accessible directement par bateau à partir de Göteborg ou par ferry depuis Hjuvik (à 15 km de Göteborg par les routes 159 et 155). Ces îles, dont une dizaine sont inhabitées, sont de véritables paradis pour les cyclistes et les amateurs de planche à voile. Hälsö, Öckerö, Hönö et Fotö sont reliées entre elles par des ponts.

Sur **Öckerö**, on remarquera l'**église**★ du 15e s. aux murs blanchis à la chaux, dont l'intérieur est charmant ; non loin, on peut voir les bâtiments rouges d'un musée rural.

Hönö est fière de son **musée de la Pêche**★ (Fiskemuseet, à l'extrémité du port), qui retrace l'histoire et l'évolution de la pêche, le mode de vie des pêcheurs et de leurs familles dépendant entièrement de la mer. *Hönö Klåva hamn - 43091 Hönö - ☎ 031-96 89 94 - de mi-mai au 11 sept. : 10h-18h - 25 SEK.*

L'île la plus septentrionale, **Rörö**, est une réserve naturelle qui offre d'excellentes conditions de baignade.

Le récif de **Vinga** est le point le plus occidental de l'archipel et son phare est bien connu des marins. L'île offre d'excellents endroits pour pêcher et se baigner. Un petit musée est consacré à l'un des poètes et des compositeurs les plus populaires de Suède, **Evert Taube** (1890-1976).

Archipel Sud

Les voitures ne sont pas admises sur ces îles qui sont accessibles par ferry au départ de Saltholmen (prendre le tramway 11 jusqu'à son terminus). Les îles sont également reliées entre elles par un service de ferry à partir d'Asperö, l'île la plus proche de Saltholmen.
L'archipel, qui compte un nombre croissant de résidents, voit sa population doubler en été car il offre un dépaysement assuré et de nombreuses possibilités de randonnées à pied, à vélo ou à cyclo-moteur à trois roues dans un environnement protégé où les activités traditionnelles sont la pêche et l'agriculture.

MARINS D'EAU DOUCE

Le canal de la Göta★★ (Göta Kanal)

Une croisière sur le canal de la Göta, qui traverse la Suède dans sa largeur de Göteborg à l'Ouest à Stockholm à l'Est, est un moyen agréable et reposant de découvrir la diversité des villes et des paysages suédois, sans parler des Suédois eux-mêmes, toujours bons marins.
La région est idéale pour les passionnés de voile, qui rencontrent le long du trajet les vastes étendues d'eau des lacs Roxen, Vättern, Viken et Vänern, dont il est possible d'explorer les îles et les rives.
Plusieurs personnalités avaient eu l'idée de relier la côte occidentale et la côte orientale par une voie d'eau navigable avant que **Baltzar von Platen** (mort en 1829), officier de marine et homme politique important, n'en conçût lui-même le projet et ne trouvât l'énergie nécessaire pour le mettre à exécution. Les travaux commencèrent en 1810, année pendant laquelle le Parlement suédois approuva ce qui devait être le plus grand et le plus ambitieux projet de construction jamais entrepris par la Suède. Jusqu'à 58 000 jeunes conscrits travaillèrent pendant vingt-deux ans pour construire les 190 km de voie navigable entre Mem et Sjötorp. Avec la Göta älv, le Trollhätte kanal, le Vänern et le Vättern, le canal formait une voie d'eau de 398 km de longueur. La cérémonie d'inauguration eut lieu en 1832 en présence du roi et de la famille royale, mais l'inspirateur du projet, von Platen, était mort trois ans auparavant.
Le canal améliora considérablement les communications à l'intérieur du pays, les bateaux à vapeur transportant à la fois passagers et marchandises. Cependant, les chemins de fer firent bientôt concurrence au transport fluvial et le canal devint une voie d'eau très appréciée des touristes.

Croisière au fil de l'eau

Trollhättan

La puissante Göta älv prend sa source dans le Vänern et coule jusqu'à Göteborg, où elle se jette dans le Kattegat ; la longueur totale de son cours est de 82 km.

Le canal en chiffres

Cinquante-huit écluses sont réparties le long des 190 km du canal, dont la profondeur moyenne est de 3 m et la largeur variable de 7 à 26 m. Le canal est ouvert au trafic du début du mois de mai à la mi-octobre. Sur certaines sections, l'éclusier est responsable de plusieurs ponts et écluses, aussi des temps d'attente sont à prévoir. Certains ponts sont ouverts selon des horaires fixes en fonction du trafic local, d'autres sont commandés à distance. S'il est possible de louer un bateau et de naviguer au rythme de son humeur, on peut préférer la nonchalante oisiveté que procurent les **croisières**, ou dépenser son énergie à longer le canal à vélo en empruntant les chemins de halage *(144 km à partir de Sjötorp)*.

L'obstacle majeur que présentait la liaison fluviale entre le Vänern et la côte occidentale était constitué par les tumultueuses chutes de Trollhättan. Pour surmonter cet obstacle, **Christopher Polhem** (1661-1751) dressa les plans du Trollhätte kanal, dont la première écluse ne fut construite qu'en 1800. L'ouverture en 1832 du Göta kanal, qui permettait le trafic de bateaux plus importants, imposa l'élargissement du Trollhätte kanal. En 1844, le système comprenait une écluse pour trois dénivellements. Un nouveau système fut élaboré en 1910. Ne manquez pas de visiter une des écluses de Polhem (Ekeblad), le **Kanalmuseet** et, bien sûr, les écluses modernes utilisées de nos jours par 3 500 navires marchands et 65 000 bateaux de plaisance chaque année. L'impressionnante **Olidestationen**, centrale électrique en granit datant de 1910, est la plus ancienne centrale hydro-électrique de Suède. Le **Centre de l'énergie** (**Energihuset Insikten**) donne une bonne idée de ce qu'est le domaine de l'énergie.

Lac Vänern

Le plus grand lac de Suède a des rives charmantes, de nombreuses îles et des plages de sable. Les curiosités situées sur les rives du lac sont **Lidköping**, le **château de Läckö**, **Mariestad** *(voir ci-après)* et **Karlstad** *(voir ce nom)*.

Lac Vättern★

Voir ce nom.

Circuit de découverte

SUR LA RIVE SUD-EST DU LAC VANERN

Lidköping

Cette charmante petite ville est située au fond d'une baie du Vänern et encadrée par la péninsule de Kålland à l'Ouest et le mont Kinnekulle à l'Est. La cité marchande du Moyen Âge occupait la rive orientale de la Lidan jusqu'à sa destruction par un incendie. Il n'en reste que quelques maisons de bois peintes en rouge autour de Limtorget. En 1670, le chancelier Magnus Gabriel de la Gardie décida de construire une nouvelle ville sur la rive opposée et aujourd'hui l'ancienne place et la nouvelle sont reliées par une passerelle. Sur **Nya Torget**, le regard est immédiatement attiré par le **pavillon de chasse** que le chancelier fit transférer de son domaine pour en faire l'hôtel de ville. Cet édifice de bois peint en rouge, surmonté par la statue de la Justice, abrite aujourd'hui l'Office de tourisme et un café. La place, l'une des plus grandes d'Europe, est un lieu de rendez-vous populaire où se tient le marché.

Rörstrands Museum – *✆ 0510-823 48 - 10h-18h (sam. 15h), dim. 12h-16h.* La première **manufacture de porcelaine** fut fondée près de Stockholm en 1726. En 1936, les ateliers furent transférés à Lidköping où ils produisent depuis un grand choix de services de table et d'objets décoratifs. La série « Feu bleu » fut lancée en 1951 par Hertha Bengtson qui avait travaillé comme dessinatrice au sein du groupe Rosenthal en Allemagne. Devenue une ligne classique, on en trouve des exemplaires dans de nombreux intérieurs suédois. Les visiteurs peuvent faire le tour des ateliers, puis du **musée★★**, qui contient une belle collection de ravissantes porcelaines, et enfin se laisser tenter par les étalages attrayants de la boutique.

Rörstrand et Arabia : marques de prestige de porcelaine fine

Lorsqu'elle s'installa près d'Helsinki en 1874, la société finlandaise Arabia fut tout d'abord une succursale de Rörstrand. En 1916, elle devint une société indépendante.

Kålland et le château de Läckö

25 km au Nord. Emprunter Kållandsgatan, puis Läckögatan, et suivre les indications « Läckö slott ».

La route sinueuse qui conduit à Läckö serpente à travers la campagne tranquille de la péninsule de Kålland. La route franchit d'étroits chenaux avant d'atteindre les deux îles du Nord, elles-mêmes bordées de nombreux îlots. Le long de la côte Ouest, un récif, Hindens rev, reste de moraine glaciaire, s'étend comme un doigt pointé vers le Vänern. Après avoir franchi le pont qui mène à Kållandsö, on aperçoit à travers les arbres les ruines d'une forteresse du 17e s., Skansen Läckö.

Spiken – Dans ce petit hameau de pêcheurs – le seul du Vänern – le visiteur se voit proposer un choix de poissons fraîchement fumés, dont la lotte, spécialité locale.

Château de Läckö (Läckö Slott) – *✆ 0510-103 20 - 6 juin-28 août : 10h-17h ; possibilité de visite guidée du 3 mai au 30 sept. : 11h-15h (ttes les h), w.-end 13h et 16h - 70 SEK (enf. 20 SEK) 6 juin-28 août, 50 SEK (enf. 20 SEK) reste de l'année.* Les murs blanchis, les tours et les tourelles de ce château se dressant au-dessus des eaux du Vänern font songer à un château de conte de fées. Le premier château épiscopal du 12e s. fut détruit par un incendie. Le suivant, construit au 15e s., fut peu à peu agrandi et modifié, mais ce n'est qu'au 17e s. que Magnus Gabriel de la Gardie transforma sa nouvelle résidence en ce palais baroque que nous pouvons voir aujourd'hui. Il n'épargna pas ses efforts pour embellir les appartements, dont on remarquera plus particulièrement les plafonds peints. Une fois leur œuvre achevée, les artistes qui avaient travaillé au château, connus plus tard sous le nom d'École de Läckö, décorèrent les églises des environs.

Kinnekulleleden★★

Environ 45 km. Suivre la route 44 en direction de Mariestad et, après avoir parcouru 14 km, tourner à gauche vers Husaby.

Cet itinéraire balisé passe devant des églises et des manoirs médiévaux avant de parvenir au sommet du plateau ovale de Kinnekulle (306 m), et d'atteindre les rives du Vänern.

Husaby – Le trait le plus caractéristique de l'église est sa massive tour de défense, flanquée de tourelles d'escaliers circulaires. Probablement construite vers 1100, la tour était sans doute à l'origine un donjon séparé bien qu'il ne soit pas exclu qu'elle ait été rattachée à une église antérieure en bois. L'église actuelle en pierre, de style roman, la remplaça plus tard.

Cent mètres plus loin, on peut voir la source de Saint-Sigfrid. Selon la légende, ce serait à cet endroit que le premier souverain à porter le titre de roi de Suède, **Olof Skötkonung**, fut baptisé en 1008 par un missionnaire anglais, saint Sigfrid.

Continuer à suivre les indications du Kinnekulleleden. Pour atteindre le sommet, tourner à droite à l'église de Medelplana et suivre la direction « Högkullen ».

Kinnekulle – *Alt. 306 m.* Au sommet se trouvent un bureau de tourisme, un restaurant et un café. Il faut encore parcourir à pied 900 m pour parvenir au sommet même et à la tour d'observation. Elle offre un **panorama★★★** spectaculaire du Vänern avec, au Sud, Lidköping au fond de sa baie, en face, l'île de Kållandö et au loin, de l'autre côté du lac, le Dalsland, tandis qu'à l'Est on aperçoit la plaine fertile du Västergötland et le mont Billingen en toile de fond.

Mariestad

Mariestad est située dans un cadre attrayant sur la rive orientale du lac Vänern. C'est le point de départ idéal pour de courtes excursions sur le lac. Mariestad doit son nom à la comtesse palatine Marie, première femme du duc Charles, qui devint plus tard le roi Charles IX.

La **cathédrale** (comme à Kalmar, le nom de *domkyrkan* est trompeur car, ici aussi, l'église n'est plus une cathédrale) de style Renaissance, agrémentée d'une élégante tour flanquée de tourelles élancées, fut construite entre 1593 et 1625. On raconte que le duc Charles l'édifia afin de rivaliser avec l'église construite par Jean III à Skara et que l'architecte se serait inspiré des plans que Willem Boy avait dessinés pour Sankta Clara de Stockholm. Au Sud de la cathédrale, les deux rues les plus intéressantes, **Västerlånggatan** et **Kyrkogatan,** sont bordées de beaux édifices en bois construits entre les 17e et 19e s. Trois ailes de la résidence du gouverneur, Marieholm, située sur une île, abritent aujourd'hui le **Vadsbo museum**, qui retrace l'histoire de la ville depuis les temps les plus reculés jusqu'à nos jours.

Sjötorp, au Nord de Mariestad, est le point de départ du canal de la Göta pour ceux qui le suivent vers l'Est et le point d'arrivée pour ceux qui viennent de la Baltique. On peut y voir fonctionner plusieurs écluses et visiter le musée du Canal.

Suivre le canal en vélo est une façon intéressante et relaxante de passer ses vacances ; les pistes cyclables sont assez larges pour permettre à deux personnes de pédaler de front et les Offices de tourisme fournissent cartes et renseignements.

Gotland★★

GOTLANDS LÄN – 57 428 HABITANTS
CARTE MICHELIN N° 711 – O 15 OU ATLAS EUROPE P. 119

La « Perle de la Baltique » est située à 90 km au large de la côte Est de la Suède. Elle jouit d'un climat particulièrement doux, ce qui en fait l'un des lieux de villégiature préférés des Suédois. Grâce à son sol fertile et à ses conditions climatiques exceptionnelles, l'île est devenue célèbre pour ses cultures de roses, d'orchidées (Gotland recèle 36 des 46 espèces d'orchidées qui poussent en Suède) et pour ses riches prairies parsemées de fleurs sauvages qui s'étendent jusqu'à la mer. Celle-ci a érodé la craie et sculpté de hautes falaises, des grottes marines et, au large, de curieuses formations rocheuses connues sous le nom de « raukar » (« rauk », au singulier).

Se repérer – L'île a 176 km de long de Fårö à Hoburgen, 56 km de large à son point le plus large et 800 km de côtes bordées essentiellement de plages de galets associées à quelques belles plages de sable blanc (**Tofta** au Sud de Visby, **Sudersand** sur la petite île de Fårö et **Ljugarn** sur la côte orientale).

À ne pas manquer – La ville historique de Visby inscrite au patrimoine mondial de l'Unesco, les paysages fascinants de Fårö et la semaine médiévale au début du mois d'août.

Organiser son temps – À partir de Visby, porte d'entrée de Gotland, on peut facilement sillonner l'île de long en large *(voir les circuits de découverte ci-après).*

Avec les enfants – Le village viking et la plage de sable de Tofta ainsi qu'une excursion en bateau vers l'île de Stora Karlsö *(voir le circuit 5 ci-après)*, la grotte de Lummelunda *(voir le circuit 1 ci-après)*, un trajet en train à vapeur à Dalhem *(voir le circuit 3 ci-après).*

Pour poursuivre le voyage – D'Oskarshamn, port d'attache des ferries qui relient Gotland à la côte, il est facile de rejoindre la cité historique de Kalmar au Sud ou Vimmerby au Nord-Ouest et son parc à thème, Astrid Lindgrens Värld.

M. Jansson / GOTLANDS TURISTFÖRENING

Étranges « raukar » sur une des plages de Gotland.

Comprendre

Une plaque tournante du commerce

L'île est habitée depuis plus de 7 000 ans, et les occupants successifs ont laissé des traces de leur passage : cimetières, tumulus, alignements de pierres en forme de bateau datant de l'âge du bronze et stèles gravées. Durant la période qui a précédé l'ère viking, l'île servit de base aux peuplades qui pénétrèrent en Europe de l'Est. Les Gotlandais étaient d'habiles marins et des négociants paisibles et, en 700 apr. J.-C. (avant la grande période viking), ils contrôlaient déjà le commerce de la Baltique et s'étaient infiltrés vers le Sud jusqu'à la mer Caspienne afin de trouver de nouveaux marchés et de négocier avec Byzance. À la fin du 12e s., les marchands allemands qui commerçaient sur l'île de Gotland avaient déjà fondé une association qui fut peut-être à l'origine de la Ligue hanséatique. De la grande période de prospérité qui suivit (12e s.-14e s.), il reste la charmante ville de Visby et 92 églises médiévales magnifiquement décorées. Un siècle plus tard, Visby était sur le déclin en tant que place commerciale et son rôle fut désormais assumé par les villes marchandes du Sud de la Baltique. L'âge d'or de Visby prenait fin, et l'année 1361 marqua un tournant dans l'histoire de l'île qui fut conquise par le roi du Danemark Valdemar Atterdag et resta sous contrôle danois pratiquement sans discontinuer pendant trois cents ans.

M. Jansson / GOTLANDS TURISTFÖRENING

Bijoux viking en argent.

Stèles gravées et églises

Gotland possède un riche patrimoine de stèles gravées de l'époque viking et d'églises médiévales. Les caractéristiques les plus remarquables des églises sont les tours carrées de la façade Ouest, qui devinrent de plus en plus travaillées – les plus belles sont l'œuvre d'« Egypticus » –, quelques très beaux fonts baptismaux, réalisés par des maîtres comme Byzantios, Majestatis et Sigraf, et des peintures murales.

Un archipel

Parmi les petites îles proches, il faut citer **Fårö**, paradis qui attira le metteur en scène Ingmar Bergman, ainsi que des hommes politiques et d'autres personnalités de la vie publique ; la grande étendue sablonneuse de **Gotska Sandön** est une zone militaire *(accès interdit aux étrangers)*, tandis que **Stora Karlsö** et **Lilla Karlsö** sont des réserves ornithologiques où vivent de mars au début du mois d'août des colonies de guillemots et de petits pingouins qui nichent dans tous les creux et les fissures des falaises abruptes.

Se promener

VISBY★★

20 000 habitants. Les voitures ne sont pas admises à l'intérieur des remparts en été ; il est donc conseillé de laisser sa voiture dans l'un des parkings à proximité des portes de la ville, Söderport, Österport ou Fiskarport.

Lorsqu'on la voit de la mer, la « Cité des roses et des ruines » semble sortir de l'eau en une suite d'étages superposés. La magnifique cité médiévale entourée de remparts et les grandes églises en ruine sont l'héritage du passé hanséatique de Visby.

À l'époque viking, Visby était une place forte et de négoce très animée, d'où partaient les expéditions vers l'Orient. Dès le milieu du 12e s., des marchands allemands s'y étant installés, la ville joua un rôle primordial dans le commerce de la Baltique. Au 13e s., Visby comptait 8 000 habitants, dont un tiers d'Allemands, et devint au 14e s. un membre actif et prospère de la Ligue hanséatique. Au 15e s., les Danois et les Allemands s'affrontèrent pour en obtenir le contrôle et, en 1525, les troupes de Lübeck attaquèrent et brûlèrent une grande partie de la ville. Visby fait aujourd'hui partie du **patrimoine mondial de l'Unesco**.

Remparts★★★

Ponctués de tours et de portes, ils s'étendent sur plus de 3,4 km et comprennent une muraille côté mer et une autre côté terre. Le **mur côté mer**, haut de 5,30 m, longe la côte et date de la fin du 13e s. Il est percé de plusieurs portes et comprend une **tour aux poudres★** (Kruttornet) du milieu du 12e s., d'où l'on pouvait surveiller le vieux port (transformé en parc, Almedalen).

✆ 0498-29 27 00 - clé sur demande au musée Fornsalen qui est ouvert de mi-mai à mi-sept. : 10h-17h - caution de 40 SEK et 250 SEK demandée.

Le **mur côté terre**, haut de 6 m et crénelé, était doté d'une galerie réservée aux archers et percé de trois portes d'accès, **Norderport** (vue sur Visby), **Österport** et **Söderport**. Il reste encore 27 des 29 tours d'origine. Au début du 14e s., les remparts furent surélevés, et un siècle plus tard une solide forteresse, Visborg, fut construite

Gotland pratique

Adresses utiles

Visby – Skeppsbron 4-6 - 62125 - *☏ 0498 20 17 00, fax 0498 20 17 17 - info@gotland.info - www.gotland.info* Site également en français où vous trouverez de nombreuses informations générales sur l'île de Gotland. L'office récemment rénové vend des tickets pour les événements organisés par la ville, des cartes, et fournit un service de guides.

Sites internet

www.formguide.net Site Internet d'un bon guide annuel qui fournit de nombreuses informations sur le Gotland. Une section importante est consacrée à l'artisanat.

www.gotland.net De nombreuses informations en français : comment s'y rendre, plan routier, hébergement et loisirs.

www.guteinfo.com Probablement le site le plus complet avec une partie importante consacrée à la culture. Malheureusement, les informations sont uniquement en suédois.

www.vikinggotland.com Pour tout savoir sur le passé viking de l'île qui a fait l'objet, en 2005, de nombreuses manifestations.

Transports

Aéroport – Il est situé à quelques kilomètres seulement de la ville. Comptez environ 90 SEK en taxi. La compagnie Skyways (*www.skyways.se*) assure la liaison avec Stockholm. Prévoir environ 300 SEK pour un aller et retour depuis la capitale jusqu'à Visby. La compagnie Direktflyg assure quant à elle une liaison entre Visby et Linköping.

Ferries – Liaisons régulières depuis les ports d'Oskarshamn (entre Vastervik et Kalmar) et Nynäshamn (*57 km au Sud de Stockholm*). *Informations : ☏ 771 22 33 00 - www.destinationgotland.se*

Se loger

Best Western Strand Hotel - *Strandgatan 34, dans le centre de Visby - ☏ 498 25 88 00 - www.gotlandshotellen.se*

⊜⊜⊜ **Wisby Hotell** – *Strandgatan 6, Visby - ☏ 498 25 75 00, fax 498 25 75 50 - www.wisbyhotell.se, info@wisbyhotell.se - 1 290/1 930 SEK*

Sports et loisirs

Plages – 800 km de plages bordent les côtes du Gotland. Vous trouverez aussi bien des grandes plages de sable que des petites criques peu fréquentées.

Golf – L'île de Gotland possède six terrains de golf très bien entretenus, dont celui de Visby, à proximité de la mer, *Kronholmen 415 - SE-620 20 Klintehamn - ☏ 498 24 50 58 - www.visbygk.com* ou *www.golfgotland.com*

Spéléologie – *Lummelunda Grottan, Lummelunds Bruk - ☏ 498 27 30 90/27 30 50 - www.lummelundagrottan.se* Vous aurez la possibilité de partir à la découverte des grottes de Lummelunda. Comptez environs 450 SEK pour une découverte de 3 heures.

Gotland Zoo – *Guffride, Alskog – ☏ 498 49 35 03 - www.gotlandsdjurpark.se - en été : tlj 10h-16h - 58 SEK / adulte et 20 SEK / enf.* Situé à 58 km de Visby, ce grand parc accueille une quarantaine d'espèces animales en allant des singes au kangourous en passant par les lémuriens.

Roma Kungsgård – *☏ 498 500 57 - www.romakungsgard.se - 1er juin-30 août : 10h-18h - 40 SEK ou 120 SEK pour une famille.* À 18 km de Visby est aménagé un grand espace consacré à l'artisanat du Gotland. Les enfants pourront participer à la fabrication d'objets selon les méthodes traditionnelles, comme le verre soufflé.

Achats

Les artisans sont nombreux à exercer leur métier. Vous trouverez des céramiques, des vêtements en laine de mouton, différents objets en argent, dont des couteaux, ou encore des sculptures en bois.

Événements

Semaine médiévale – Au début du mois d'août, Visby redevient une ville hanséatique, peuplée de marchands, de vaillants chevaliers, de bouffons et d'artisans en costumes d'époque.

Festival de musique de chambre de Gotland – Des musiciens suédois et étrangers participent à ce festival qui se déroule pendant la première semaine d'août, notamment dans les ruines de l'église St-Nicolas.

Jeux de Stång (Stångaspelen)– Pendant la première semaine de juillet ont lieu des concours de jeux à l'ancienne auxquels s'adonnaient autrefois les habitants.

Shakespeare dans le cloître de Roma – Des pièces de Shakespeare sont jouées dans le cadre d'un monastère cistercien en ruine.

à l'angle Sud-Ouest. Il ne reste presque rien de cette puissante forteresse qui fut détruite par les troupes danoises en 1679.

Cathédrale★★ (Domkyrkan)

☏ 0498 20 68 00 - 8h-17h, possibilité de visite guidée sur demande.

Une visite de la **cathédrale** donne une très bonne idée de la splendeur passée des autres églises aujourd'hui en ruine. L'église fut fondée par les marchands allemands et devint très vite la paroisse de la communauté allemande de Visby. La basilique d'origine (1175-1225) fut agrandie et transformée en une vaste église à trois nefs de hauteur égale (1230-1260). Au début du 14e s., les tours furent surélevées.

Les églises médiévales en ruine

Des nombreuses églises médiévales, il ne reste que des ruines imposantes à la silhouette caractéristique. La plupart d'entre elles furent construites et remaniées entre le début du 13e s. et le milieu du 14e s. Lorsque les troupes de Lübeck donnèrent l'assaut en 1525, elles détruisirent toutes les églises, à l'exception de la cathédrale qui appartenait à la communauté allemande.

La cité médiévale

Le dédale de rues datant de l'époque médiévale est inclus dans un périmètre délimité par les trois rues principales, **Strandgatan**, **Mellangatan** et **Sankt Hansgatan**, toutes parallèles à la côte et reliées entre elles par de nombreuses ruelles pavées. En raison d'un manque de place, les boutiques et entrepôts furent construits en hauteur et les maisons par-dessus les ruelles. On peut encore voir quelques-uns de ces magasins dans Strandgatan. L'**ancienne pharmacie** (Gamla apoteket) du 13e s., située au n° 26, est la mieux conservé. La maison à colombage du 17e s. dite **Burmeisterska huset** appartenait autrefois à un marchand de Lübeck.

Stora torget

C'est sur la place principale très vivante que Valdemar Atterdag exigea une rançon de la ville en 1361. Cet événement est devenu le thème de la populaire **Semaine médiévale** qui se déroule en août.
La place est bordée de restaurants et de boutiques qui vendent des produits de l'artisanat local. Adelsgatan est la principale rue commerçante.

Musée d'Histoire de Gotland★★ (Gotlands fornsal)

✆ 0498-29 27 00 - www.lansmuseetgotland.se - de mi-mai à mi-sept. : 10h-17h ; de mi-sept. à mi-mai : tlj sf lun. 12h-16h - 60 SEK.
Le musée d'Histoire de Gotland abrite une belle collection de stèles gravées (400-1100 apr. J.-C.), un magasin typique et la gracieuse vierge d'Öja, sculpture en bois polychrome datant du 13e s. *(voir l'église d'Öja dans les Excursions)*. La nouvelle exposition permanente est consacrée à la transition du paganisme au christianisme.

Musée des Beaux Arts (Konstmuseet)

✆ 0498 29 27 00 - de mi-mai à mi-sept. : 10h-17h ; reste de l'année : tlj sf lun. et dim. 12h-16h - 40 SEK (- 16 ans gratuit).
Le musée présente des expositions temporaires illustrant le rôle que joua Gotland en tant que source d'inspiration de nombreux artistes du début du 19e s. à nos jours.

Jardin botanique (Botaniska trädgården)

Le jardin fut dessiné en 1856 par la Société des amis du bain de mer, qui recommandait les bains de mer et la culture des plantes médicinales pour combattre les maladies courantes. Aujourd'hui, le jardin possède une collection de plus de 2 000 plantes du monde entier. La roseraie est charmante et la ruine couverte de lierre qui se trouve à l'entrée est un vestige de la tour Ouest de l'église Sankt Olof.

Circuits de découverte

LA CÔTE OCCIDENTALE AU NORD DE VISBY 1

27 km par la route 149 ; suivre la signalisation pour Snäck, puis Kappelshamn. Tourner à droite vers Brissund.

Krusmyntagården★

Ce pittoresque **jardin** offre un grand choix de plantes médicinales *(vente de plantes)* dans la meilleure tradition monastique.
✆ 0498-29 69 00 - ♿ - juil. : 9h-22h ; juin et 3 premières sem. d'août : 9h-18h - 25 SEK (enf. gratuit).

Lummelundagrottan

Suivre les indications « Grottan ». ✆ 0498-27 30 50 - de fin juin à déb. août : 9h-18h ; de déb. mai à fin juin : 9h-16h ; de déb. août à mi-sept. : 10h-14h ; de mi-sept. à fin avr. : sur demande - 70 SEK (enf. 50 SEK).
C'est la seule grotte contenant des concrétions calcaires qui soit ouverte au public dans les pays nordiques, ce qui explique son grand attrait.

M. Jansson / GOTLANDS TURISTFÖRENING

Les chemins côtiers de l'île se prêtent avec bonheur aux balades à vélo.

Lickershamn

Ce village de pêcheurs est censé posséder le *rauk* le plus haut, **Jungfrun** (la jeune fille), qui dépasse de 12 m le sommet de la falaise, déjà haute de 27 m.

VERS LE NORD ET FÅRÖ 2

55 km par la route 148.

Bro

L'église s'ouvre par un intéressant portail datant de 1300 et des fonts baptismaux, œuvre de Sigraf.

Tingstäde

La tour de l'église contient des fresques essentiellement romanes ; les fonts baptismaux datent du 12e s.

Lärbro

La belle église gothique est flanquée d'une tour octogonale insolite.

Au-delà de Rute, on traverse une zone militaire et les étrangers sont tenus de rester sur la route 148 jusqu'à ce qu'ils atteignent l'église de Fårö.

Bungemuseet★★

✆ 0498-22 10 18 - de déb. juil. à mi-août : 10h-18h ; de mi-mai à fin juin et de mi-août à fin août : 10h-16h - 70 SEK.

Ce **musée de plein air** est situé à côté de l'église du village. Le bel ensemble de bâtiments est divisé en trois groupes, la ferme du 17e s. *(à gauche)*, celle du 18e s. *(à droite)* et celle du 19e s. plus à l'Est. Il y a aussi une intéressante sélection de stèles gravées.

Le ferry traverse le Fårösund en 10mn.

Fårö

La côte Nord-Ouest de Fårö est bordée d'un nombre étonnant de *raukar* près de la crête hérissée de galets de Gamlehamn, entre Digerhuvud et le petit village de pêcheurs de Helgumannen et également à Langhammars. Par ailleurs, la côte Est est bordée de plages de sable, comme celle de **Sudersand** où l'on peut voir à l'intérieur des terres une imposante dune, Ulla Hau, de 15 m de hauteur.

LES ÉGLISES DE KÄLLUNGE ET DALHEM 3

30 km. Quitter Visby par la route 147, puis tourner à droite vers Källunge.

Källunge★

✆ 0498-483 001 - mai-sept. : 8h-20h ; reste de l'année : sur RV.

La nef romane et la tour Ouest de l'église sont écrasées par les grandioses proportions du chœur gothique.

Suivre les routes secondaires qui conduisent à Dalhem.

Dalhem★

☏ 0498-380 01 - été : tte la journée - fermé hiver.
Avec sa tour haute de 50 m, c'est l'une des plus grandes églises de la région. On remarquera les sculptures du portail Ouest réalisées par « Egypticus » et les **vitraux★★** du chœur.

Plusieurs locomotives et wagons datant de 1878 à 1960 sont conservés à la gare de Hesselby d'où l'on peut parcourir un court trajet en train à vapeur le mercredi, le samedi et le dimanche pendant l'été.
(Premier départ : 11h15, dernier départ : 15h30).

AUTOUR DE LJUGARN 4

56 km. Quitter Visby par la route 143.

Roma

L'église présente plusieurs traits caractéristiques de l'architecture de Gotland et l'on peut voir à proximité les ruines d'une abbatiale cistercienne.

Poursuivre vers Ljugarn sur la côte Est.

Ljugarn

La deuxième ville de Gotland est à la fois un port et une station balnéaire. La section de côte au Nord de la ville est parsemée d'étranges formations rocheuses *(raukar)* comme on en voit ailleurs sur l'île.

Suivre la route 144, puis une route secondaire à gauche jusqu'à Lau.

Lau

L'**église★** de taille impressionnante comprend une nef du 13e s. prolongée par un vaste chœur datant de 1300 ; le tout forme un ensemble harmonieux. La **croix triomphale** date du milieu du 13e s., tandis que la **peinture murale** illustrant le Jugement dernier est de 1520.

Une route secondaire conduit vers le Nord jusqu'à Garde.

Garde

L'**église★** du 11e s., dans son enclos médiéval percé de quatre portes à auvent, est célèbre pour ses peintures murales qui dénotent une forte influence byzantine.
☏ 0498-483 001 - mai-sept. : 8h-20h ; reste de l'année : sur RV.

Suivre la route 144 jusqu'à Lye.

Lye

La grande **église**, bien conservée, est célèbre pour ses **vitraux★★**.
☏ 0498-483 001 - mai-sept. : 8h-20h ; reste de l'année : sur RV.

Continuer sur la route 144.

Stånga

Ce village est renommé pour ses jeux annuels qui ont lieu en juillet ; les athlètes participent à des sports traditionnels qui rappellent les jeux des Highlands en Écosse.

Les bas-reliefs en tuffeau insérés dans le mur près du portail Sud de l'**église** sont censés être l'œuvre d'« Egypticus ».
☏ 0498-483 001 - mai-sept. : 8h-20h ; reste de l'année : sur RV.

LA CÔTE OCCIDENTALE AU SUD DE VISBY 5

110 km. Quitter la ville par Söderväg et Toftavägen pour rejoindre la route 140 en direction de Klintehamn. Suivre la signalisation pour Kneippbyn.

Kneippbyn Sommar & Vattenland

☏ 0498-29 61 50 - www.kneippbyn.se - 20-26 juin et 15-21 août : 10h-17h (sommarland), 11h-17h (vattenland) ; 27 juin-14 août : 10h-18h ; 13 mai-19 juin et 22 août-4 sept. : 11h-17h (sommarland), 12h-17h (vattenland).

La villa Villekulla est celle qui figura dans les films mettant en scène les aventures de Fifi Brindacier par Astrid Lindgren. La maison fait maintenant partie d'un grand parc d'attractions, mais cet endroit curieux, désordonné et accueillant, est le paradis des admirateurs de Fifi.

Suivre la signalisation pour Högklint.

Högklint

Du haut de la falaise, qui culmine à 48 m, s'offre une **vue★★** spectaculaire sur Visby dans le lointain.

Rejoindre la route 140 ; prendre à droite la route en direction de l'église de Gnisvärd. Un tombeau en forme de bateau est visible sur la gauche.

Gnisvärd★
Ce hameau de pêcheurs était l'un des plus importants de la côte occidentale et l'on peut encore voir, alignées en rangs serrés, les cabanes où le poisson était fumé et les cadres sur lesquels on le mettait à sécher.

Tofta
Le **village viking★ (Vikingabyn)** – *☎ 0498 29 71 00 - www.vikingabyn.com - de mi-juin à mi-août : 10h-17h - 80 SEK (enf. 50 SEK).*

Ce musée accueille en été tous ceux qui s'intéressent à la vie quotidienne de ce peuple qui occupa la Scandinavie il y a 1 000 ans ; il est possible de prendre part aux diverses activités qui se déroulent au moulin, à la forge, dans les ateliers de tissage et de fabrication de bijoux, ou bien de pratiquer le tir à l'arc, le lancer de hache, etc.

Kovik
Cet ancien hameau de pêcheurs situé sur un banc de sable possède un musée de la pêche. La petite chapelle est dédiée au souvenir de ceux qui ont péri en mer.

Klintehamn
Des bateaux partent du port vers la réserve naturelle de l'île de **Stora Karlsö★** dont les falaises, dominées par un phare de 1887, abritent des milliers de guillemots et de petits pingouins. La lande et les prairies parsemées d'orchidées offrent par ailleurs des paysages reposants.

Gannarve

L'**alignement en forme de bateau★★**, datant de l'âge du bronze, long de 29 m et large de 5, est l'un des deux seuls qui aient été préservés.

Fröjel

L'église se dresse dans un site splendide au sommet de la falaise, non loin des ruines de sa tour de défense (au Nord du cimetière). *✆ 0498-24 00 05 - juin-août : 8h-20h ; sept. et mai : 8h-16h.*

On remarquera l'étonnant **labyrinthe de pierre** dans le cimetière, à l'Ouest de l'église.

Après Fröjel, prendre une route à droite vers Djauvik et Hammarudd.

La pittoresque **route côtière★★** qui se dirige vers le Sud à partir de Djauvik, hameau de pêcheurs de la fin du 19e s., offre des vues splendides de la mer et des îles Karlsö au large des côtes.

Revenir sur la route 140, puis prendre une route à droite indiquant « Petes ».

Petes Museigård★, à Hablingbo

✆ 0498-48 70 54 - de mi-juin à fin août : 11h-17h, possibilité de visite guidée en anglais - 40 SEK (enf. gratuit).

Cette grande ferme du 18e s. a été transformée en musée ; la grange abrite une exposition intéressante sur les modes de construction traditionnels.

Rejoindre la route 140, puis continuer le long de la route 142 jusqu'à Burgsvik et tourner à gauche.

Öja

La robuste tour de l'**église★★** fut construite par le maître d'œuvre « Egypticus ». Le **crucifix d'Öja★★★** était, à l'origine, entouré d'une foule de personnages sculptés. Sur la gauche, la Vierge est une réplique de la Vierge d'Öja, qui se trouve aujourd'hui au Gotlands Fornsal de Visby *(voir plus haut).*

Rejoindre la route 142 et continuer vers le Sud.

Bottarvegården, à Vamlingbo

✆ 0498-49 82 40/72 80 - mai-août : 11h-17h - 30 SEK (-16 ans gratuit).

Cette ferme de 1844, caractéristique du Sud de Gotland, comprend des bâtiments recouverts de mottes d'herbe qui abritent un musée.

Prendre la route secondaire qui longe la côte entre Kettelviken et Hoburgen.

Le long de cette **pittoresque route★★** où se succèdent les champs cultivés traditionnels délimités par des murets de pierres sèches, les panoramas embrassent la mer étincelante et les vertes prairies égayées par des fleurs sauvages aux couleurs vives : le bouton-d'or jaune (avril et mai) cède la place à la vipérine, de couleur bleu foncé (juin et juillet).

Hoburgen

Ce promontoire est célèbre pour ses formations de roches calcaires, en particulier, l'étonnant **Hoburgsgubben★★**, le « Vieil Homme » de Hoburgen.

Kalmar★

KALMAR LÄN – 59 122 HABITANTS
CARTE MICHELIN N° 711 P 13 OU ATLAS EUROPE P. 123

Kalmar est célèbre pour son château qui défendit longtemps la frontière méridionale de la Suède. Il y a toujours eu d'étroits rapports entre la ville industrielle de Kalmar et l'île d'Öland à vocation agricole, aujourd'hui reliée à la côte par le magnifique pont qui permet à de nombreux insulaires de se rendre quotidiennement à Kalmar pour leur travail.

Se repérer – Kalmar est située sur la côte Sud-Est bordant la Baltique, à quelque 400 km de Stockholm à laquelle elle est reliée par la E 22 et la E 4.

À ne pas manquer – Une promenade le long des rues pavées de la vieille ville suivie d'une visite au château et, pour finir, une pause dans l'agréable parc municipal situé à côté.

Organiser son temps : Comptez une demi-journée pour visiter la ville.

Avec les enfants – La visite du château, les vestiges du vaisseau de la flotte royale au musée du comté et une journée en compagnie de Fifi Brindacier à Astrid Lindgrens Värld *(voir Vimmerby p. 419)*.

Pour poursuivre le voyage – Le circuit « Sur les rives de la Baltique » conduit aux portes de la Scanie qui offre des trésors variés *(voir le chapitre Malmö et la Scanie)*.

KALMAR TOURIST INFORMATION CENTER / KALMARTURISM AB

Le château de Kalmar, autrefois surnommé la « clé de la Suède ».

Comprendre

L'Union des trois couronnes

La ville est depuis très longtemps associée dans l'esprit des gens à l'**union de Kalmar**, signée ici en 1397. Cette vaste union territoriale entre les royaumes de Danemark, Norvège et Suède représente un exploit remarquable à une époque où la rivalité entre les différentes dynasties et la guerre civile régnaient partout. La reine **Margrethe** de Danemark fut à la tête de cette union dont le but était de faire obstacle à l'influence grandissante de la Hanse. Difficile à maintenir en raison des conflits opposant la noblesse et le pouvoir royal, elle fut dissoute en 1523 à la suite du « bain de sang de Stockholm » et de l'accession au trône de **Gustave Vasa**.

La cité fut souvent victime d'attaques et de sièges au cours de cette période trouble, mais c'est pourtant pendant la guerre de Kalmar (1611-1613) qu'elle fut le plus endommagée et, à la suite d'un incendie dévastateur en 1647, elle fut reconstruite sur le site insulaire de Kvarnholmen, éloigné du château.

Kalmar pratique

Adresses utiles

ℹ **Kalmar –** Ölandskajen 9 - ☎ *0480 417 70 - juste à côté de la gare ferroviaire - www.kalmar.se (site également en anglais) - en été : lun.-ven. 9h-17h, w.-end 10h-16h.* Cette maison bordée d'une grande baie vitrée accueille un grand hall où sont disposées de nombreuses brochures sur la ville et les alentours. Réservation d'hôtels, cartes, quelques souvenirs, cartes postales et timbres.

Växjö – Stationen, Norra, Järnägsg - ☎ *0470 414 10.*

Karlskrona – Sortorget 2 - ☎ *0455 30 34 90.*

Ronneby – Västa Torgg 1 - ☎ *0457 180 90.*

Karlshamn – Ronnebygatan 1 - ☎ *0454 812 03.*

Bon à savoir - Bien que l'on puisse sans difficulté se rendre sur Öland en voiture, il est préférable d'utiliser le vélo. Se rendre d'abord au centre d'accueil, **Träffpunkt Öland** – *Brofästet, Färjestaden -* ☎ *0485 560 600* - où sont réunis l'Office de tourisme, l'« Historium », où l'on peut voir une série de diapositives accompagnées d'un court commentaire historique *(en anglais et en allemand)* et le « Naturum », qui identifie les plantes ayant un intérêt particulier. ☎ *0485-560 600 - de fin juin à mi-août : 9h-20h, dim. 10h-19h ; de déb. mai à fin juin et de mi-août à fin août : 5h-17h (sam. 16h), dim. 10h-15h ; sept. : tlj sf dim. 9h-17h, sam. 10h-15h ; oct.-avr. : tlj sf w.-end : 9h-17h (gratuit).*

Se loger

⊖⊖ **Frimurare** – *Larmtorget 2, dans le centre -* ☎ *152 30, fax 858 87 - www. frimurarehotellet.gs2.com - 35 ch. : 990/1 210 SEK* ☕. Un somptueux et imposant bâtiment ancien datant de 1873 qui abrite un hôtel de charme richement décoré dans le style ancien créant une ambiance d'un autre temps. Le confort des chambres varie selon les prix. Les moins chères n'ont pas de douches.

⊖⊖⊖ **Slottshotellet** – *Slottsvägen 7, dans la vieille -* ☎ *882 60, fax 88 266 - www. slottshotellet.se - 44 ch. : 1 350/1 690 SEK, suite 1 550/1 990 SEK* ☕. Une vieille maison charmante construite en 1864 située près du château et bordée d'un somptueux jardin. L'ensemble très accueillant dispose de chambres stylées et décorées à l'ancienne. En été les petit-déjeuners se prennent en terrasse.

⊖⊖⊖ **Clarion Packhuset** – *Skeppsbrogatan 26, dans le centre -* ☎ *570 00, fax 866 42 - www. hotelpackhuset.se 97 ch. : 1 345/1 545 SEK, suite : 1 645 SEK* ☕. Hôtel moderne aménagé dans le style ancien, et idéalement situé dans le centre-ville et au bord de la mer. Les chambres sont impeccables et la plupart disposent d'un balcon et d'une vue sur la mer. Tous les soirs un buffet est offert aux résidents de l'hôtel. Parmi les commodités, vous trouverez un sauna.

KALMAR TOURIST INFORMATION CENTER / KALMARTURISM AB

Se restaurer

⊖⊖ **Helen & Jörgens** – *Olof Palmes gata, dans le centre -* ☎ *288 30 - www.helen-jorgens.nu - Lun.-vend. 11h-14h, 18h-22h, sam. 18h-22, fermé le dim. - 100/440 SEK.* Un grand restaurant qui propose une cuisine variée d'inspiration européenne et scandinave. Chacun trouvera son plaisir parmi les petits plats dégustation ou dans le menu grand gourmet.

⊖⊖⊖ **Calmar Hamnkrog** – *Skeppsbrogatan 30, dans le centre -* ☎ *41 10 20 - www.calmarhamnkrog.se - lun.-ven. 11h30-14h et lun.-sam. 18h-22h - 89/400 SEK.* Probablement le meilleur restaurant de poissons de la ville ! Dans un cadre élégant, vous pourrez apprécier une cuisine raffinée soigneusement servie. Quelques bonnes bouteilles de vin accompagneront ce repas gourmet.

Cafés

Krusenstiernska Gården – *St. Dammgatan 11, dans la vieille ville -* ☎ *41 15 52 - Ouvert en été.* Une oasis de tranquillité ! Ce café aménagé dans un jardin paisible propose boissons et pâtisseries de fabrication maison. Le lieu idéal pour lire à l'abri du tumulte urbain.

En soirée

Palace – *Unionsgatan 14, dans le centre -* ☎ *106 19.* Un lieu de fête immense où l'on trouve aussi bien un restaurant, des concerts, des bars à thèmes, des pistes de danse où se retrouvent les jeunes pour des soirées qui durent jusque tard dans la nuit. On peut s'y rendre plusieurs jours de suite sans jamais passer la même soirée.

Événements

À **Karlshamn**, un **festival balte** (musique et manifestations culturelles) a lieu en juillet.

Tosia Bonnadan (la « Journée loufoque des paysans ») est une foire populaire qui attire à **Ronneby** une foule nombreuse.

Découvrir

Château de Kalmar★★★ (Kalmar slott)

✆ 0480-451 490 - juil. : 10h-18h ; juin et août : 10h-17h ; avr.-mai et sept. : 10h-16h - 75 SEK (enf. 20 SEK).

Pendant cinq siècles, le **château** fut l'une des forteresses suédoises les plus puissantes et les plus convoitées en raison de ses fortifications et de sa position stratégique contrôlant le détroit de Kalmar, position qui lui valut d'être surnommée « la clé de la Suède » à l'époque où la Suède méridionale était aux mains des Danois.

Le donjon d'origine, construit au 12e s., faisait partie d'une ligne de défense jalonnée d'églises fortifiées et de donjons, de l'île d'Öland à la côte. C'est le roi Gustave Vasa qui, au 16e s., fit renforcer les fortifications et reconstruire le château ; ses fils transformèrent par la suite l'intérieur pour en faire celui d'un palais Renaissance. Le château devint un symbole du pouvoir royal et l'une des résidences préférées des rois de Suède. Les splendides appartements d'apparat richement décorés reflètent la pompe et l'éclat que l'on attribue à cette période. Après le traité de Roskilde, le château perdit son importance stratégique au profit de Karlskrona.

Le château est encadré de quatre tours rondes surmontées de coupoles cannelées, terminées par des fleurons effilés. Des bastions à pignons avancent en saillie sur les ailes, tandis qu'une grande tour carrée et une coupole à tourelle s'élèvent au-dessus de l'ensemble. Les murs nus contrastent avec la ligne délicate des toits.

On remarquera en particulier la chambre à coucher (1555-1562) du roi Éric, à la décoration somptueuse, ainsi que la chapelle et sa belle voûte en berceau du 16e s.

Se promener

LE CENTRE-VILLE

Se garer près du port, face au musée.

Les plus beaux vestiges des **remparts** se trouvent dans le quartier du port et comprennent le bastion Johannes Rex et la porte Sud, dite « des Chevaliers » (Kavaljeren).

Lilla Torget

Une fois la porte franchie, la petite place de **Lilla torget**, bordée d'édifices du 17e s. et d'une section des remparts, révèle son véritable caractère médiéval. Västra Storgatan conduit à Stortorget, où l'**hôtel de ville** (Rådhuset) du 17e s. se dresse face à l'église située au centre de la place.

Cathédrale (Domkyrkan)

✆ 0480-262 48 - été : tte la journée ; hiver : sur RV.

On l'appelle toujours ainsi bien qu'elle n'ait plus ce rang. Elle doit son style baroque italien à **Nicodemus Tessin l'Ancien**, qui fit un séjour à Rome avant de la dessiner en 1660.

Musée du Comté (Länsmuseet)

✆ 0480 451 300 - de fin juin à mi-août : 10h-18h ; reste de l'année : 10h-16h, w.-end 11h-16h, possibilité de visite guidée (1h, anglais et français) - fermé j. fériés - 50 SEK (- 18 ans gratuit).

Un moulin à vapeur réaménagé abrite le **musée du Comté**. Les vestiges du vaisseau amiral de la flotte royale, le **Kronan**, sont les pièces les plus intéressantes du musée. Le navire explosa et coula au cours d'une bataille au large de la côte d'Öland en 1676. 42 personnes seulement sur les 800 qui se trouvaient à bord survécurent. L'épave fut découverte en 1980 à 6 km des côtes par 26 m de fond. Si le *Vasa*, qui se trouve à Stockholm, est le plus célèbre navire du 17e s. et le mieux conservé, le *Kronan* a livré un ensemble considérable d'objets, parmi lesquels on dénombre 44 canons de bronze, de très belles sculptures en bois, des objets en étain, des cruches en poterie, la cloche du navire, des instruments de navigation et des objets en or. Les plongées se poursuivirent jusqu'en 2000. L'exposition du quatrième étage présente le monde enchanté de **Jenny Nyström** peuplé d'elfes et de lutins comme ceux qui ornent traditionnellement les cartes de Noël suédoises.

Krusenstjerna

Dans Stora Dammgatan, à 200 m à l'Ouest du château.

Cette maison du 19e s. entièrement meublée, dissimulée dans son propre jardin derrière une clôture de bois, marque le cœur de la vieille ville.

Dans les environs

ÎLE D'ÖLAND★

L'île du soleil et des vents

Les moulins à vent, bien qu'il n'en subsiste que 400 sur les 2 000 qui tournaient au 19e s., font également partie du paysage de cette île surnommée « île du soleil et des vents ». Le moulin à pivot, qui tourne sur lui-même selon la direction du vent, est le type de moulin le plus courant sur Öland.

L'île d'Öland présente un front uniforme et étroit, large au plus de 14 km, s'étirant sur 140 km le long de la côte Sud-Est. Un magnifique **pont** récemment construit, vital pour les nombreux habitants de l'île qui travaillent à Kalmar, la relie à la côte. L'agriculture est depuis toujours la principale ressource et les paysages sont quadrillés de murets de pierre calcaire qui s'allongent à l'infini, séparant les champs et les fermes. De nombreux pêcheurs fournissent le poisson nécessaire aux besoins locaux (le carrelet, servi frais ou fumé, est la spécialité culinaire) et la pêche commerciale ne fut introduite qu'au 20e s. L'île vit aussi de l'extraction de calcaire et du tourisme, devenu l'une des principales ressources. C'est sur la côte Ouest, le long de la route 136, que les maisons de vacances et l'équipement touristique sont concentrés.
L'île est un vaste plateau calcaire recouvert d'une fine couche arable. Au Sud, Stora Ålvaret est une grande étendue de lande dépourvue d'arbres, à l'aspect dénudé. C'est cependant une zone d'un grand intérêt du point de vue botanique car de nombreuses orchidées y fleurissent en compagnie de la potentille ligneuse *(Potentilla fruticosa,* dite à Öland *Ölandstok)* aux fleurs jaunes et de l'hélianthème d'Öland *(Ölands solvända),* qui, lors de sa floraison à la fin du printemps et au début de l'été, forme un tapis aux couleurs vives. L'hélianthème est l'emblème d'Öland.
L'île est célèbre pour ses 15 immenses forteresses de l'âge du fer, qui ont, pour certaines d'entre elles, fait l'objet de fouilles systématiques. Ces forts circulaires servaient de refuge en cas de danger, ainsi que de cadre aux cérémonies et aux assemblées. Certains forts, tels qu'Eketorp et Gråborg, étaient encore utilisés au Moyen Âge.
Tout le Sud de l'île, de Färjestaden à la pointe surmontée d'un phare impressionnant, est inscrit au patrimoine mondial de l'Unesco.

Pont d'Öland★★ (Ölandsbron)

D'une longueur totale de 6 072 m, le **pont d'Öland** enjambe le détroit de Kalmar grâce à ses 155 arches, ce qui en fait l'un des ponts les plus longs d'Europe. Il fut inauguré en 1972 et, du belvédère situé à 42 m au-dessus de l'eau *(parking),* on a une **vue panoramique** magnifique.

Vers le Nord

96 km depuis le pont jusqu'à byxelkrok par la route 136.

Ruines du château de Borgholm★

✆ 0485-123 33 - avr.-sept. : 10h-18h - 50 SEK (enf. 20 SEK).
Peu avant Borgholm, les ruines de ce château jadis puissant dominent toujours la lande de leur masse imposante. Comme celui de Kalmar, il défendait le détroit et servait de poste méridional avancé de la Suède. Les vestiges du donjon primitif sont visibles dans l'angle Nord-Ouest de la cour intérieure. Le roi Jean III fit construire un château fort composé de quatre bâtiments autour d'une cour et d'une solide tour dans chaque angle. Cette place forte fut sérieusement endommagée durant la guerre de Kalmar (1611-1613). Le roi Charles X Gustave chargea plus tard **Nicodemus Tessin l'Ancien** de la remanier. Il entreprit la réalisation d'un palais baroque dont les travaux furent interrompus en 1709 et qu'un incendie ruina en 1806.

À proximité, une villa à l'italienne, **Solliden**, fut construite entre 1903 et 1906 pour servir de résidence d'été à la famille royale. Le beau parc est ouvert au public plusieurs heures par jour pendant les mois d'été. *✆ 485 15 355 - www.sollidensslott.se - de déb. mai à mi-sept. : 11h-18h (dernière entrée 1h av. fermeture) - 60 SEK (7-17 ans 30 SEK).*

Borgholm★

Le chef-lieu de l'île fut fondé en 1816 alors que le château qui lui a donné son nom était déjà en ruine. La rue principale, Storgatan, conduit au port débordant d'activité.

Environ 25 km après Borgholm, quitter la route 136 et tourner à gauche vers Sandvik.

Sandvik

Centre de l'exploitation des carrières de calcaire, on peut encore y admirer le mécanisme d'origine en bois d'un énorme **moulin à vent★ (Sandviks kvarn)** de huit étages, dont les ailes ont 24 m d'envergure. *✆ 0485-261 72/260 36 - de mi-juin à mi-août : 10h-22h ; de déb. mai à mi-juin et de mi-août à déb. sept. : 12h-20h.*

Revenir à la route principale et parcourir environ 7 km avant de tourner à droite. L'ancienne église est distante de 2 km.

Ancienne église de Källa

℘ 0485-270 43 - visite sur RV.

C'est l'unique exemple encore existant d'église médiévale fortifiée à trois étages. Le rez-de-chaussée était réservé au culte, le premier étage à l'habitation du prêtre, le deuxième étage servant d'ultime lieu de refuge.

Revenir sur la route 136. À l'église de Högby, tourner à gauche et prendre à droite 200 m plus loin, vers Byrum.

Byrum Raukar

Un ensemble impressionnant de **roches calcaires★** *(raukar, voir p. 402)*se dresse en bordure de la côte.

Böda Kronopark

La route 136 traverse ce parc où, sur 6 000 ha, croissent de très anciens conifères dont un grand nombre sont couverts de lierre. La splendide plage de sable de **Böda Sand** qui décrit une courbe autour de la baie de Böda, sur la côte orientale de l'île, est le paradis des baigneurs.

Au large, l'imposante silhouette en forme de dôme de l'île de **Blå Jungfrun (« la vierge bleue »)**, qui se dresse à 86 m au-dessus du niveau de la mer, est un point de repère familier du détroit de Kalmar. Les roches de granit rose polies par les glaciers sont attrayantes.

Neptuni Åkrar

À 2 km au Nord de Byxelkrok.

Linné donna à ces plages de galets surélevées le nom de « champs de Neptune ». Aujourd'hui, elles sont couvertes de vipérine *(Blåeld)*, plante aux fleurs abondantes.

Vers le sud par la côte orientale

183 km de Borgholm au pont d'Öland. Quitter Borgholm par la route 136 au Sud, puis, après l'aérodrome, prendre à gauche en direction de Räpplinge et Störlinge.

Un groupe de sept moulins à vent bordent la route à **Störlinge.** Mais les plus beaux se trouvent plus au Sud, à Lerkaka, où l'on peut en visiter un.

Musée de l'Himmelsberga★★ (Himmelsberga museum)

À 2 km de la route.

℘ 0485-561 022/561 11 - de mi-mai à mi-août : 10h-5h30 - 55 SEK.

Le **musée** de l'Himmelsberga a reconstitué un bel exemple de village agricole traditionnel, où les cours de fermes étaient alignées le long de la rue principale. Les outils, le mobilier et les objets domestiques sont typiques des 18e et 19e s.

À l'église de Långlöt, prendre une route à droite.

Ismanstorp★★

À 5 km de Långlöt, puis à 500 m à pied du parking.

Édifié vers 400, ce fort de l'âge du fer a 125 m de diamètre. À l'intérieur de son rempart circulaire, de 3 à 4 m de haut, on peut voir les fondations de 88 maisons. La présence de 9 portes fait supposer qu'il s'agissait d'un marché ou d'un lieu de culte.

Revenir à Långlöt et reprendre l'itinéraire vers le Sud. À Nord Möckleby, prendre la direction de Färjestaden.

Gråborg★★

À 1 km de la route de Färjestaden, un panneau pointant vers le Nord signale Gråborg.

Le plus grand fort de l'île date de 400 ou 500. Ses remparts immenses, dont la hauteur atteint 6 m et l'épaisseur 11 m, décrivent un cercle dont la circonférence est de 640 m et le diamètre de 200 m. Les ruines d'une chapelle datant de 1200 sont visibles au Nord du fort. L'arche d'une porte est le seul vestige des fortifications de la fin du 13e s.

Revenir à Nord Möckleby et reprendre la route vers le Sud. Peu après Gräsgård, tourner à droite vers Eketorp.

Eketorp★★

De nombreuses années de recherches archéologiques ont permis de retracer l'histoire de ce fort. *℘ 0485-66 20 00 et 0480-45 1303 (oct.-avr.) - www.eketorp.se - de mi-mai à mi-août : 10h-18h - 50 SEK (enf. 20 SEK), 70 SEK (enf. 30 SEK) de mi-juin à mi-août.*

On a retrouvé les traces de trois colonies successives sur une durée de mille années, entre 300 (période des migrations) et 1300. Une grande partie du mur extérieur a été reconstruite et l'on peut visiter les maisons, les étables et les remises. Une sélection du produit des fouilles est exposée au **musée** où l'on peut voir des objets de la vie quotidienne à côté de bijoux et d'armes finement ciselés.

Revenir vers l'itinéraire.

Immédiatement après Näsby, la route longe l'ancien domaine royal d'**Ottenby**, clos par un **mur** rectiligne construit vers 1650 sur ordre du roi Charles X Gustave. Ce domaine, ancien monastère fondé au 13e s. que le roi **Gustave Vasa** s'appropria lors de la sécularisation des biens du clergé catholique, est aujourd'hui transformé en réserve naturelle et s'étend sur toute la largeur de l'île.

Linné à Eketorp

Linné visita Eketorp le 8 juin 1741 au cours de son voyage sur l'île d'Öland, qu'il décrivit de la façon suivante :
« Nous visitâmes le fort d'Eketorp, situé à 2,5 km de la côte orientale, dont les murs sont aujourd'hui inégaux et dilapidés, mais qui fut un des plus beaux de ce pays ; car il avait pour diamètre la portée d'un mousquet et en son centre un puits qui ne se tarit jamais. Ces forts étaient sans aucun doute des lieux de refuge pour la population avant l'invention de la poudre et du canon. »

Bois d'Ottenbylund

Le bois de chênes et de bouleaux d'**Ottenbylund**, situé au Sud-Est, abrite un troupeau de daims qui fut à l'origine importé d'Angleterre par le roi Jean III. Les prairies verdoyantes et les longues plages sont peuplées d'échassiers (combattants et avocettes) et d'autres espèces telles que canards et oies sauvages y font une pause lors de leurs migrations de printemps et d'automne.
L'extrémité Sud de l'île est dominée par le plus haut phare de Suède, **Långe Jan**, qui atteint une hauteur de 42 m. L'ascension *(195 marches)* jusqu'au sommet du phare est récompensée par une vue magnifique.

Retour par la côte Ouest.

Entre le domaine d'Ottenby et Grönhögen, on peut voir entre la route et la côte un vaste cimetière parsemé de pierres runiques. Un autre cimetière situé à 3 km au Nord de Degerhamn contient une grande diversité de tombes, des alignements de pierres en forme de bateau ainsi que des menhirs, ce qui indique que le site a servi pendant une très longue période (de 1000 av. J.-C. à 1050 de notre ère).

Circuits de découverte

SUR LES RIVES DE LA BALTIQUE 1

160 km de Kalmar à Sölvesborg. Quitter Kalmar vers le Sud par la E 22.

Karlskrona

La cité fut fondée en 1680 par décret royal de **Charles XI** pour servir de base à la flotte suédoise et, de nos jours, les activités de la ville se rapportent essentiellement à la base et aux chantiers navals qui, depuis 1998, sont sur la liste du patrimoine mondial de l'Unesco. Karlskrona s'étend sur une trentaine d'îles et l'odeur de la mer est omniprésente.
L'archipel est principalement une zone militaire mais des visites guidées sont possibles pour les étrangers *(se renseigner à l'Office de tourisme)*. En raison de sa vieille tradition maritime, Karlskrona a souvent été le port d'accueil de la course internationale Cutty Sark pour grands voiliers.

Stortorget – La statue du roi Charles XI, fondateur de la ville, se dresse au centre de cette vaste place où s'élèvent deux églises baroques conçues par Nicodemus Tessin le Jeune.

Église Saint-Frédéric (Fredrikskyrkan) – ✆ *0455 33 47 47 - mai-août : tlj sf dim. 11h-16h, sam. 9h30-14h ; reste de l'année : sur RV.* L'église (1720-1758), dont le nom rappelle le souvenir du roi Frédéric, est agrémentée de pilastres.

Église de la Sainte-Trinité (Trefaldighetskyrkan) – ✆ *0455 33 47 47 - mai-août : tlj sf dim. 11h-16h, sam. 9h30-14h ; reste de l'année : sur RV.* Cette église (1697-1749) était destinée à la communauté allemande, qui continua à l'utiliser jusqu'en 1846.

Musée provincial★ (Blekinge museum) – ✆ *0455 30 49 85 - de mi-juin à mi-août : 10h-18h ; reste de l'année : tlj sf lun. 11h-17h (merc. 19h), possibilité de visite guidée en anglais (1h) - fermé vend. saint, 21 juin, 24-25 et 31 déc. (gratuit).*
Le bâtiment principal du **Musée provincial** (beaux-arts, mobilier et artisanat) est un élégant hôtel particulier de style baroque, Grevagården, datant de 1705 et agrémenté

de beaux jardins. D'autres bâtiments situés dans l'enceinte du parc sont consacrés à la sculpture sur pierre, à la construction navale et à la pêche.

Fisktorget ou **Fiskbron** – C'est ici que se dressait le vieux marché couvert et que les bateaux de pêche étaient amarrés. C'est aujourd'hui l'embarcadère des bateaux d'excursions qui font le tour de l'archipel.

Björkholmen – C'est ici que s'installa la première communauté d'artisans de la marine. Les petites maisons alignent leurs pignons le long des rues en pente raide. Les rues orientées d'Est en Ouest portent le nom de célèbres amiraux suédois, tandis que celles qui sont orientées du Nord au Sud portent le nom de différents types de navires.

Église de l'Amirauté (Amiralitetskyrkan) – *✆ 0455-30 34 90/91 - ♿ - mai-août : 10h-17h ; reste de l'année sur RV.* Entièrement construite en bois, cette église fut le premier lieu de culte de Karlskrona lorsqu'elle fut consacrée en 1685, cinq ans après la fondation de la ville. L'église est célèbre pour son curieux tronc des pauvres, qui représente Rosenbom, personnage que l'on rencontre aussi dans *Le Merveilleux Voyage de Nils Holgersson*, de Selma Lagerlöf. C'est Rosenbom qui cacha Nils sous son chapeau.

Pont du Roi (Kungsbron) – Autrefois, lorsqu'il était naturel d'arriver par mer, le **pont du Roi** était la prestigieuse porte d'accès de la cité. La statue représente Erik Dahlberg, urbaniste qui dota la ville de ses larges avenues et de ses vastes places bordées d'édifices monumentaux. Le bâtiment rose était la résidence du gouverneur. Le **bastion Aurora** faisait partie des fortifications construites autour des chantiers de la marine.

Le *Jarramas*, avec son gréement complet, est aujourd'hui un café qui offre des divertissements musicaux en été.

Musée naval★ (Marinmuseum) – *✆ 0455-359 302 - juin-août : 10h-18h ; sept.-mai : tlj sf lun. 11h-17h, possibilité de visite guidée en anglais - 50 SEK (enf. 25 SEK).*
Le nouveau **Musée naval** sur l'île de **Stumholmen** retrace l'héritage naval de la Suède. Les deux éléments les plus intéressants sont une épave, visible au travers d'un écran panoramique dans le tunnel sous-marin, et *Hiorten*, réplique exacte d'un bateau postal de 1692. Ce musée peut aussi se vanter d'abriter deux magnifiques collections de figures de proue et de maquettes de bateaux (18e-19e s.). Le dragueur de mines **HMS Bremön** a été converti en bateau-musée dans une section en plein air.

Ronneby

25 km à l'Ouest par la route E 22.
Les propriétés curatives des eaux de Ronneby furent découvertes en 1705, mais ce n'est qu'au 19e s. que la ville devint une ville d'eaux cosmopolite renommée, accueillant l'élite sociale de l'Europe. Lorsqu'un incendie détruisit l'établissement thermal, un nouveau centre de conférence et de divertissement fut construit à sa place. Il est pourtant possible d'apprécier l'élégance et le style de la ville d'autrefois d'après les quelques édifices thermaux qui se trouvent encore dans **Brunnsparken**.
Logé dans un bâtiment industriel rénové, le Kulturcentrum abrite aujourd'hui l'Office de tourisme et une salle d'exposition. *✆ 0457-186 52 - 11h-16h, w.-end 12h-16h.*

Église de la Sainte-Croix★★ (Heliga Kors kyrka) – *✆ 0457-178 50 - juin-août : 9h-20h ; sept.-mai : 10h-16h.* Perchée sur une hauteur au centre de la ville, l'église de la Ste-Croix est remarquablement mise en évidence. À l'édifice roman du 12e s., furent ajoutés le transept du 13e s. et la massive tour du 15e s. de la façade Ouest. D'intéressantes peintures des 15e et 16e s. ont été découvertes dans le chœur et le transept Sud ; on remarquera la Danse macabre qui orne le mur du chœur sur le côté Sud. Le retable à trois étages datant de 1652, admirablement sculpté, et la chaire (1620), ornée de peintures et de dorures, sont tous deux de style baroque. Cette dernière est un très bel exemple de l'élégante sculpture sur bois pratiquée par les Danois sous le règne de Christian IV. Erik Olson, du groupe d'Halmstad, dessina en 1955 les deux vitraux du chœur. Une lourde porte de chêne portant des traces d'incendie et de coups de hache rappelle qu'il y eut un bain de sang à Ronneby en 1564, lorsque le roi de Suède Eric XIV s'empara de la ville.

Un charmant quartier ancien, **Bergslagen**, aux rues sinueuses, aux allées en pente raide et aux maisons pittoresques, s'étend à l'Ouest de l'église. Les maisons **Mor Oliviagården** *(près des rapides)* et **Möllebackagården** *(dans Kyrkogatan)* proposent des expositions d'artisanat. *✆ 0457-134 64 - juin-août : tlj sf lun. et mar. 12h-16h ; reste de l'année : demandez la clé à Mme Helen Svennsson (✆ 0457-187 04).*

Poursuivre par la route E 22. Suivre les panneaux indiquant Åryd et ensuite Eriksberg. 14 km de piste de découverte ; les visiteurs sont priés de ne pas quitter leur voiture excepté au manoir et à certains points d'observation.

Réserve naturelle d'Eriksberg (Eriksbergs naturreservat)

✆ 0454-600 58 - www.eriksberg.skogssallskapet.se - ♿ - visite guidée du 3 juin au 27 août : 12h-19h - 100 SEK (enf. 50 SEK).

La réserve abrite environ 800 animaux dont des cerfs, des daims et des bisons d'Europe. La piste traverse des bois d'arbres à feuilles caduques, de vastes étendues de forêt de conifères et longe un petit lac sur lequel flotte une espèce rare de **nénuphar rouge**. Les distractions qu'offre le manoir d'Eriksberg comprennent un zoo pour enfants, un musée, une cafétéria et une impressionnante collection de trophées de chasse tels que des bois de cervidés.

Reprendre la E 22 vers l'Ouest.

Karlshamn

Pendant la guerre de Scanie (1675-1679), **Charles XI** installa dans les régions dévastées par le conflit des Suédois loyaux et fonda la ville de Karlshamn pour servir de base à la flotte suédoise. Le port, le plus grand en eau profonde de la côte méridionale, s'avéra trop difficile à défendre et Karlshamn se développa pour devenir un important centre de commerce.

Quartier culturel★★ (Kulturkvarter) – *✆ 0454-812 03 - de mi-juin à mi-août : tlj sf lun. 12h-17h.* Le quartier culturel (Drottninggatan/Vinkelgatan) est constitué par d'un ensemble d'édifices historiques abritant des musées et des galeries d'art.

Le **Museum** *(entrée dans Vinkelgatan)* comprend des sections sur le folklore (art et costumes), l'industrie locale, les activités maritimes et l'art de peindre les plafonds. Une autre pièce commémore la chanteuse Alice Tegnér (1864-1943), connue pour ses chansons pour les enfants.

Entrer dans la cour.

Dans **Stenhuset** sont exposés des buffets d'orgue, des décorations murales et des pièces en fer forgé. **Holländarhuset,** où les marchands hollandais se retrouvaient lors de leurs séjours en Suède, est aujourd'hui occupé par des logements et un atelier. Le hangar à tabac, **Tobaksladan★★**, est maintenant un petit musée consacré à l'industrie locale du tabac, qui remonte au 17e s. Dans le courant du 18e s., les Suédois prirent l'habitude de priser, et l'industrie du tabac devint florissante. En 1915, les 40 usines qui fonctionnaient encore furent reprises par l'entreprise jouissant du monopole d'État. Le **musée des Beaux-Arts** *(de l'autre côté de Vinkelgatan)* abrite des expositions régulières sur l'art suédois contemporain, ainsi que de beaux spécimens de peintures murales et de splendides plafonds peints qui ont été transférés ici de l'hôtel de ville.
La façon de faire le punch avec l'*arak*, boisson alcoolisée distillée soit à partir de lait de coco, soit à partir de riz et de mélasse, est expliquée à l'aide de l'équipement traditionnel d'une distillerie du 19e s. dans le **musée du Punch (Punschmuseet)★★.**

Skottsbergska gården★★, remarquable exemple de maison de marchand du 18e s., contient de beaux meubles et peintures murales.

Emprunter Prinsgatan, puis Hamngatan, et dépasser une petite marina.

Monument d'Axel Olson★★ – Près du port, on peut voir dans Hamnparken ce monument qui a été érigé à la mémoire des Suédois qui émigrèrent en Amérique. Il représente les deux principaux personnages, Kristina et Karl-Oskar, de l'œuvre magistrale de **Vilhelm Moberg**, *Les Émigrants*, qui furent interprétés par Liv Ullman et Max von Sydow dans l'adaptation cinématographique (1973) qu'en réalisa Jan Troell.
Une excellente vue de l'estuaire de Karlshamn et de la citadelle du 17e s. surveillant de son île les abords de la ville s'offre au promeneur depuis *Villa Utsikten*, café situé dans un cadre agréable le long d'un chemin de promenade qui aboutit au petit port où l'on vend du saumon, de l'anguille et du maquereau fumés.

Morrum

10 km à l'Ouest de Karlshamm par la route E 22.
Maison du saumon (Laxens hus) – *✆ 0454-50 123 - ♿ - avr.-sept. : 9h-17h ; oct. : 9h-16h - 65 SEK (7-18 ans 35 SEK).* Un aquarium à saumons permet d'observer les saumons et les truites aux différentes étapes de leur développement. La région de Mörrum est célèbre depuis le 13e s. pour la pêche au saumon et même, de nos jours, elle offre aux amateurs une bonne pêche du 1er avril au 30 septembre. Le poids record (1991) d'un saumon est d'un peu moins de 25 kg.

Sölvesborg★

12 km plus loin par la route E 22.

La plus ancienne et la plus petite ville de la province de Blekinge obtint sa charte en 1445, mais elle fut probablement fondée au 13e s. La ville a conservé un certain caractère médiéval en raison de ses rues étroites et sinueuses. La silhouette imposante de l'église St-Nicolas *(✆ 0456-554 40 - fermé w.-end)*, construite en briques au 13e s., marque le centre de la ville. L'intérieur, décoré de fresques, contient un crucifix du 15e s. En été, Sölvesborg est une station animée qui offre un choix de plages (Listershuvud) et des conditions idéales pour faire de la voile.

À L'INTÉRIEUR DU SMÅLAND : LE ROYAUME DU VERRE★ (GLASRIKET) 2

Circuit de 138 km de Kalmar à Växjö le long de la route 25.

La Suède est renommée pour son design et sa fabrication du verre, effectuée dans le Småland. Quinze verreries, situées entre Nybro et Växjö, ont développé leur style propre. On peut visiter la plupart des fabriques du lundi au vendredi de 9 h à 16h ; on admirera en particulier l'habileté avec laquelle les souffleurs de verre font tourner les boules de verre fondu, rougies par la chaleur. La boutique des articles déclassés, ouverte en général tous les jours, offre une bonne occasion d'acheter des souvenirs et des cadeaux à un prix raisonnable.

Suivre la route 25 jusqu'à Nybro puis la route 31 vers le Nord-Ouest.

Orrefors★★

✆ 0481 341 91 (Orrefors), 0478 345 00 (Kosta), 0481 424 10 (Boda), 0471 418 14 (Åfors) - ♿ - de fin avr. à fin août : 9h-18h, sam. 10h-17h, dim. 11h-17h ; reste de l'année : 10h-18h, sam. 10h-16h, dim. 12h-16h, possibilité de visite guidée - fermé 1er janv., 24-25 et 31 déc. - 20 SEK. Possibilité de voir les expositions en été et l'atelier des souffleurs de verres toute l'année.

Depuis l'établissement de la **cristallerie★★** sur ce site en 1898, la production a été orientée vers des objets de forme classique en cristal de très bonne qualité et vers des bibelots de couleur au design original. Orrefors fut l'une des premières sociétés à employer des designers et elle devint de ce fait l'une des plus célèbres cristalleries au monde. Au début du siècle, des artistes renommés, tels Simon Gate, portraitiste et paysagiste, et Edvard Hald, qui travailla avec Matisse, collaborèrent avec la firme. Une exposition illustre cette période.

Poursuivre sur la route 31 et tourner presque tout de suite à gauche vers Kosta.

Kosta★

Les **verreries★** Kosta, autour desquelles s'édifia un village qui prit leur nom, furent fondées par deux généraux, Koskull et Staël von Holstein, qui composèrent le nom avec les premières lettres des leurs. La fondation eut lieu en 1742, ce qui en fait les plus anciennes verreries suédoises. La firme, qui produit aussi bien des objets d'art que de la verrerie de table de haute qualité, appartient désormais aux verreries **Orrefors Kosta Boda**, le groupe le plus important de Scandinavie.

Suivre la route 28 ver le Sud jusqu'à Eriksmåla puis suivre les panneaux indiquant Åfors.

Åfors★★

Trois designers au style très différent ont marqué la production de verre de la **cristallerie★★** d'Åfors : Gunnel Sahlin, dont les créations sont une véritable symphonie de couleurs et de formes, Ulrika Hydman-Vallien, dont les œuvres d'art se trouvent dans les galeries d'art du monde entier, et son mari Bertil Vallien, surtout connu pour ses sculptures sur verre. L'atelier fait partie des verreries Kosta Boda.

Reprendre la route 25 vers l'Ouest jusqu'à Lessebo.

Lessebo

Dans ce village, on peut visiter une manufacture de papier *(Lessebo Bruk, Storgatan 9)*, où la fabrication s'effectue à la main pratiquement de la même façon depuis 1693 ; une visite guidée permet d'observer les différentes étapes de production. La visite se termine dans la salle d'exposition, où l'on peut voir un manuscrit d'**August Strindberg**, qui préférait le papier fait à la main.

Strömbergshyttan★

8 km à l'Ouest.

Ici, les visiteurs peuvent admirer l'art très subtil de la peinture à la main dans l'atelier de peinture sur verre de Lindblom. Au-delà de la petite maison rouge de l'orfèvre, on aperçoit au loin un joli musée de la Poupée. À gauche se trouve l'**atelier du verre (Studioglas)**, où l'on peut voir une fascinante exposition des pièces les plus originales que les ateliers aient produites.

Reprendre la route 25 vers l'Ouest jusqu'à Växjö.

Växjö

Située au cœur des grands espaces boisés du Småland, Växjö fut un évêché dès le 12e s. Aujourd'hui, la ville organise une série de manifestations pour les Américains d'origine suédoise le « **Jour du Minnesota** ».

Maison des émigrants★★ (Utvandrarnas Hus) – *✆ 0470-201 20 - www.swemi.se - mai-août : 9h 17h, w. end 11h-16h ; reste de l'année : tlj sf dim. et lun. 9h-16h, sam. 11h-16h - 40 SEK (enf. 5 SEK).* L'Institut des émigrants suédois, fondé en 1965, s'installa en 1968 dans la **Maison des émigrants**. De vastes locaux furent construits pour accueillir les archives les plus importantes d'Europe sur l'émigration et une bibliothèque de plus de 25 000 volumes. C'est entre 1846 et 1930 qu'eut lieu le grand exode vers l'Amérique du Nord, l'Australie ou des pays d'Europe de 1 300 000 Suédois, soit presque un quart de la population, issus en majorité de la province rocailleuse et stérile du Småland.

Les documents et les livres des archives et de la bibliothèque ainsi qu'une banque de données peuvent être consultés dans la salle de lecture où le personnel est heureux d'offrir son aide. Des expositions illustrent les divers aspects de l'émigration suédoise. Dans une des pièces est reconstitué le bureau de **Vilhelm Moberg** (1898-1973), écrivain né dans le Småland qui raconta l'histoire de quelques-uns des premiers émigrants dans les quatre romans formant ses *Émigrants*. Une sculpture d'Axel Olson représente deux des plus célèbres personnages de ces romans, Karl-Oskar et Kristina, et la fontaine de **Carl Milles**, copie de celle de Karlshamn, rend hommage aux émigrants.

Musée du Småland (Smålands museum) – *✆ 0470-7042 00 - ♿ - 10h-17h, w.-end 11h-17h - fermé lun. (sept.-mai) - 40 SEK.* On remarquera surtout l'importante **collection de verrerie★★★**, présentée de façon chronologique et alphabétique, et l'intéressante collection de monnaies et de médailles.

Cathédrale – *✆ 0470-704 824 - 9h-17h, possibilité de visite guidée sur demande***.**
Elle a été en grande partie reconstruite de 1958 à 1960 pour lui rendre son aspect médiéval. Le mobilier contemporain est très intéressant, en particulier la croix de bronze formée de onze plaques qui réfléchit la lumière inondant l'intérieur à travers les vitraux de couleur pourpre. La mosaïque dorée située à la fin du transept Sud est l'œuvre de l'artiste Bo Beskow. Remarquez sur le sol de la nef la marque indiquant la sépulture de **Saint Sigfrid** (mort en 1045), missionnaire envoyé par le roi d'Angleterre Ethelred pour évangéliser les Norvégiens et les Suédois.

VIMMERBY : LE MONDE D'ASTRID LINDGREN★ (ASTRID LINDGRENS VÄRLD) 3

À 128 km au Nord de Kalmar. Quitter Kalmar par la E 22 en direction de Norrköping jusqu'à Ålem puis suivre la route 34 jusqu'à Vimmerby. Le Monde d'Astrid Lindgren est signalé.
✆ 0492 798 00 - www.alv.se - 11 juin-28 août : 10h-18h ; 14 mai-10 juin : 10h-17h - 210 SEK (enf. 145 SEK) du 11 juin au 28 août, 125 SEK (enf. 105 SEK) reste de l'année - www.alg.se - Astrid lindgren Gården en saison : mêmes horaires que le parc à thème ; reste de l'année : merc.-vend. 10h-16h, w.-end 12h-16h.

Fifi Brindacier fit son apparition il y a soixante ans et, pourtant, les enfants auxquels Astrid Lindgren donna vie dans ses livres continuent à séduire les générations d'aujourd'hui comme en témoigne la popularité du parc à thème dédié à l'auteur par sa ville natale. Le **Monde d'Astrid Lindgren** comprend trois espaces bien distincts : une fois franchies les grilles d'entrée, le dépaysement est assuré car les maisons qui abritent boutiques et restaurants sont celles du Vimmerby d'antan. Plus loin, c'est le monde de l'imaginaire enfantin où évoluent bruyamment Fifi Brindacier et ses amis, Emil et sa famille et bien d'autres… Les maisons, disséminées dans un beau parc boisé, sont réduites à un tiers de leur taille réelle ; chaque personnage a la sienne et invite les enfants à entrer pour jouer avec lui ou elle. Il y a également un modèle réduit de Vimmerby, « la toute petite ville », telle qu'elle était au temps de la jeunesse d'Astrid Lindgren. Des spectacles sont organisés dans plusieurs endroits du parc dans lesquels les enfants sont invités à prendre part aux chants. Le troisième espace concerne l'auteur ; **Astrid Lindgren Gården** est une exposition sur l'univers personnel d'Astrid Lindgren, son enfance dans une ferme à proximité de Vimmerby, son départ pour Stockholm, puis sa carrière, son succès, le prix Nobel…

Laponie suédoise

Lappland

NORRBOTTENS LÄN – VÄSTERBOTTENS LÄN – VÄSTERNORRLANDS LÄN
CARTE MICHELIN N° 711 D/G 11/20 OU ATLAS EUROPE P. 104 À 109
SCHÉMA P. 262-263

La Laponie suédoise correspond aux limites géographiques de la région la plus septentrionale du pays, appelée Lappland, région très peu peuplée s'élevant graduellement d'Est en Ouest jusqu'aux montagnes qui bordent la frontière norvégienne et dont le sommet le plus haut est le Kebnekaise. La zone occupée par les Sames s'étend vers le Sud jusqu'aux limites de la Dalécarlie. Sur les 70 000 Sames qui, selon les estimations, vivent en Scandinavie, 17 000 vivent en Suède, mais ils représentent une minorité de la population même dans la zone qu'ils occupent traditionnellement.

- **Se repérer –** Plusieurs routes sillonnent la Suède du Nord en diagonale du golfe de Botnie à la frontière norvégienne en suivant le cours des rivières et de fleuves.
- **À ne pas manquer –** La vue du sommet du Laxfjället (circuit 1), la réserve naturelle du massif de Vindel (circuit 2), Lappstan à Arvidsjaur et le panorama du sommet du mont Galtisbuouda (circuit 3), le soleil de minuit du haut du mont Dundret et le Musée same à Jokkmokk (cirsuit 4), la route de la calotte du Nord (circuit 5).
- **Organiser son temps –** Comptez plusieurs jours selon le circuit choisi en faisant une pause dans des villages tels que Hemavan, Ammarnäs, Kvikkjokk, Jukkasjärvi ou Abisko, où des randonnées, des descentes de rapides en radeau et autres activités sportives sont organisées.
- **Avec les enfants –** Le zoo de Lycksele, une promenade en bateau sur le lac Storuman (circuit 1), Skeppsholmen Saamiland (circuit 3), la visite de la mine de fer de Malmberget (circuit 4).
- **Pour poursuivre le voyage –** Les circuits B, D et F conduisent sur la côte norvégienne aux paysages envoûtants.

AJTTE MUSEUM

Dans les montagnes du Lappland, les rennes, guidés par les Sames, sont chez eux.

Comprendre

Dans un effort d'adaptation aux conditions des régions septentrionales, les Sames ont fondé leur culture sur l'élevage du renne. Ils vivaient en cellules familiales *(siidâ)* et leur société fonctionnait selon le bon vouloir des dieux et la sagesse des anciens. Le « chaman » *(noaidi)*, doté de dons particuliers, entrait en contact avec les dieux et prévoyait l'avenir à l'aide d'un tambour. Lorsque la christianisation débuta au 17e s., les chefs spirituels furent persécutés et les Sames furent contraints de renier leur ancienne religion et de remettre leurs tambours sacrés aux missionnaires itinérants.

Laponie Suédoise pratique

Adresses utiles

Kiruna Lappland Tourist Information Office – *980 18880, fax 980 18286 - www.lappland.se - lun.-ven. 8h30-20, sam. 8h30-18h, dim. 8h30-17h.*

Bon à savoir – Dans les parcs nationaux et les réserves naturelles, le droit d'accès public (Allemansrätten) est restreint par certains règlements concernant les VTT, les excursions à cheval, l'introduction de chiens dans les parcs, les feux et le camping *(pour plus de renseignements, s'adresser aux offices de tourisme ou consulter le site www.environ.se).*

Attention aux rennes !

En Laponie, il faut conduire avec prudence car les rennes n'ont pas appris à se méfier de la circulation (certains foncent carrément sur les phares). Tout accident impliquant un renne doit être signalé aux autorités locales car les propriétaires ont droit à une compensation pour tous les animaux blessés ou tués sur la route. Les rennes sont la seule richesse d'un éleveur et il n'est pas courtois de lui demander combien il en possède !

Transports

AVION

Chaque jour 2 ou 3 vols directs effectuent la liaison entre Stockholm (Arlanda) et Kiruna. Comptez 90mn de vol. Une fois sur place, l'aéroport est situé à 10 km du centre-ville. Trois compagnies assurent des vols pour la Laponie :

SAS – *0770-727 727 - www.sas.se*

Flynordic – *528 06 820 - www.flynordic.com*

Nordkalottflyg – Pour les vols entre Luleå, Kiruna et Tromsö *920-22 74 74 - www.nordkalottflyg.se*

TRAIN

Depuis la gare centrale de Stockholm partent plusieurs trains hebdomadaires pour Kiruna. Comptez une nuit de voyage. Pour toutes informations, **Connex** *0771-26 00 00 - www.connex.se*

LOCATION DE VOITURES

AVIS - *980 130 80 - www.avis-se.com*

Europcar - *980 807 59 - www.europcar.se*

Hertz – *980 190 00 - www.hertz.kiruna.se*

Se loger

Scandic Ferrum – *Lars Janssongatan 15,* Kiruna - *980 39 86 00, fax 980 39 86 11 - www.scandic-hotels.se/ferrum - ch. : 890/1 090 SEK.*

Hotel Porjus – *Strömgatan 28, Porjus - (0)973-102 55, fax (0)973-104 97 - www.hotelporjus.com - 23 ch : 1 000/1 400 SEK.*

Ice Hotel – *Marknadsvägen, à 20mn de Kiruna, S-98191 Jukkasjärvi - 980 66 800, Fax 980 66 890 - www.icehotel.com - 2 500/2 800 SEK, suites : 3 800/6 000 SEK.* Ce fameux hôtel entièrement fait de glace est éphémère. Chaque année pendant quelques mois, les visiteurs viennent dormir sur les lits de glace de cet hôtel qui est le premier et le plus grand hôtel de glace et de neige au monde.

I. Klipper / MICHELIN

VILLAGES DE VACANCES

Saltoluokta Mountain Station – *Gällivare, 973 41010 - www.stfsaltoluokta.com, info@saltoluokta.stfturist.se* Hébergement dans cinq bâtiments dont la décoration intérieure constituée de rondins confère aux lieux un aspect chaleureux. Nombreuses possibilités de randonnées dans les parcs nationaux de SÅk et Padjelanta.

L'agence **Comptoir des Pays scandinaves** - *0892 237 337 - www.comptoir.fr* propose à **Svanstein**, petit village au bord de la rivière Torne, un séjour tout compris en fin d'année, avec hébergement à l'hôtel ou en chalets individuels, agrémenté de nombreuses activités (motoneige, pêche sous glace, traîneau à chiens ou à rennes, etc.), et de rencontres chaleureuses avec les Sames.

Sports et loisirs

Motoneige - Depuis Kiruna plusieurs compagnies organisent des safaris en motoneige. L'Ice Hotel propose des excursions *980 66 800 - www.icehotel.com*

Laponia, patrimoine mondial naturel de la Laponie suédoise, offre aux visiteurs, été comme hiver, de nombreuses activités encadrées par des guides expérimenrés : **kayak en haute montagne,** avec Outdoor Lapland, *Jokkmokk - 70 260 05 37 - info@outdoorlapland.com, www.outdoorlapland.com* ; **randonnées** sur les sentiers d'été des Lapons, **safaris d'élans, randonnées à ski de fond** : Laponia World Heritage - *Jokkmokk* -

℘ 971 170 82 - *www.laponia.nu* ; **tours en traîneaux à chiens** : Position Jokkmokk 67° Nord, *Solgatan 19 - Jokkmokk* - ℘ *971 556 67 - info@positionjokkmokk.se, www.positionjokkmokk.se* ; **pêche** (omble et truite saumonnée à Ammarnäs, brochet près de Sorsele sur la rivière Vindel), sans oublier des rencontres avec la population locale lors de repas autour d'un feu de camp sous une tente same.

Bon à savoir – Plusieurs voyagistes (Allibert, Grand Angle, Voyageurs du Monde, Destination Poudreuse, UCPA), proposent des raids à ski sur la Piste royale ou des séjours multiactivités en Laponie suédoise.

Achats

Atelier de Margareta Grahna – Juste avant d'atteindre **Ammarnäs**, prenez à droite puis, 200 m plus loin, à gauche une route qui conduit à une maison verte. Une femme same vend de très beaux spécimens authentiques d'artisanat same (Sameslöjd/Sámi duodji) dans son atelier situé à gauche de la maison. Les matériaux utilisés sont les racines, l'étain, les peaux d'animaux et les textiles (les objets artisanaux fabriqués par les hommes sont traditionnellement en bois et en corne).

Événements

Lapplands Festspel – Arjeplog ville organise un festival international de musique de chambre, (*fin juin et début juillet*), ainsi qu'un festival de danse à quatre aux alentours de la St-Jean.

Jokkmokk – Chaque année a lieu le marché d'hiver lapon (*premiers jeudi, vendredi et samedi de février*). Ce marché qui a fêté ses 400 ans en 2005 est l'un des plus anciens marchés du monde.

La difficile intégration des Sames – Les premiers missionnaires tentèrent de contraindre les enfants à aller dans des écoles sédentaires ; la première fut inaugurée à Lycksele en 1632. Puis, au début du 20e s., des écoles itinérantes furent instituées ; de nos jours, les enfants sames ont le choix entre les écoles locales traditionnelles et les écoles sames subventionnées par l'État. Luleå possède une école normale réservée aux étudiants de langue same et Jokkmokk une école de tradition populaire tandis que l'université d'Umeå est dotée d'une chaire de same.

L'élevage du renne – Une loi votée en 1971 réglemente l'élevage du renne, réparti sur 43 villages. Environ 35 % du territoire suédois sont consacrés à cette activité et approximativement 300 000 bêtes vivent actuellement dans ces régions.

Le pays du soleil de minuit – Pour les visiteurs, le soleil de minuit est l'une des merveilles les plus célébrées de ces latitudes nordiques. Mais les Sames autochtones sont contraints d'endurer la période de nuit hivernale dont la durée varie de deux mois dans le Sud des régions arctiques à quatre mois dans le Grand Nord. Les aurores boréales sont un phénomène spectaculaire de la nuit polaire.

Laponia

En 1996, une partie de cette vaste région fut inscrite par l'Unesco sur la liste du **patrimoine mondial** sous le nom de Laponia. Située à l'Ouest de Gålliware et de Jokkmokk, Laponia s'étend sur 9 400 km^2 et englobe quatre parcs nationaux (Muddus à l'Est, Stora Sjöfallet, Sarek et Padjelanta à l'Ouest) ainsi que deux réserves ornithologiques (Sjaunja et Stubba). Laponia fut choisie par l'Unesco en raison de la beauté et l'originalité de son cadre naturel et de sa richesse culturelle, car la région est habitée par les Sames depuis la nuit des temps (un des plus anciens sites archéologiques de la Suède du Nord est situé à Kårtejaure à l'intérieur du parc national de Stora Sjöfallet).

Les curiosités décrites ici débordent largement les limites du Lappland. Elles ont été rassemblées d'un point de vue géographique le long de vallées et de routes en fonction de leur accessibilité.

Circuits lapons

LA ROUTE BLEUE (BLÅ VÄGEN) 1

507 km le long de la route E 12.

La **route Bleue** part du golfe de Botnie, remonte la vallée de l'Umeälven puis les vallées sinueuses du massif de Vindel, d'où l'on découvre de vastes panoramas, avant d'atteindre Mo i Rana sur la côte norvégienne. On progresse lentement à travers les montagnes dont les couleurs passent du bleu lilas au rose marron. Entre Lycksele et Storuman, la campagne recouverte de forêts est parsemée de nombreux lacs en forme de ruban ; le Ryfjället (1 202 m), situé au Nord de la route avant d'arriver à Tärnaby, est le symbole du massif de Tärna.

Lycksele

13 800 habitants. Lycksele, qui s'étend sur les deux rives du fleuve Umeälv, est connue familièrement sous le nom de « Lappstockholm » ; l'immense tente *(restaurant)*, qui accueille les visiteurs à leur arrivée en ville, leur rappelle que la ville est la porte d'accès à la Laponie suédoise et à la culture same.

Zoo★★★ – *Traverser le fleuve, tourner à droite après le pont, puis prendre la première à gauche et suivre l'indication « Djurpark » puis, 1,2 km plus loin, tourner à gauche dans Brännbergsvägen. ✆ 0950-163 63 - de mi-mai à mi-août - 110 SEK (enf. 75 SEK), reste de l'année 55 SEK (enf. 35 SEK).*

Ce zoo immense est spécialisé dans la faune des pays nordiques. Il présente 120 animaux de 36 espèces différentes que l'on ne peut généralement apercevoir qu'à l'heure des repas du fait de l'étendue de certains enclos. Les élans, les bisons et les bœufs musqués sont nourris à midi, les ours, les loups et les lynx à 14h, les phoques, les loutres et autres animaux entre 10 h et 15h. Dans la partie du zoo réservée aux enfants, ceux-ci peuvent caresser les animaux. Il y a aussi sur place un parc d'attractions.

Gammplatsen★★ – *Après le pont, longer le fleuve pendant 700 m, puis suivre l'indication « Gammplatsen ». ✆ 950 379 45 - Skogsmuseet : juin-août : 10h-18h ; reste de l'année : 12h-16h, possibilité de visite guidée (1 sem., anglais) - fermé lun. - 50 SEK.*
L'emplacement d'origine de la ville devint un musée de plein air en 1945. On peut visiter la jolie chapelle Margaretakapellet et son clocher situés au bord du fleuve. Le **musée de la Chasse (Jaktmuseet)**, à côté du parking, abrite au premier étage une belle collection de sculptures sur bois réalisées par des artistes sames. Le **musée de la Sylviculture (Skogsmuseet)** illustre les rudes efforts physiques qu'impliquent le travail du bûcheron et le débitage en rondins. Ruselegården est un petit café.

Storuman

7 359 habitants. Storuman occupe un site agréable sur le lac du même nom, au carrefour des routes E 12 et 45 avec la voie ferrée. Non loin du camping, on peut voir **Kåtakyrkan,** chapelle construite en forme de tente same traditionnelle. *✆ 951-775-61 - de mi-juin à déb. août : de 8h au coucher du soleil.*
Pour avoir une **vue★★** magnifique du lac Storuman et des îles Luspholmarna avec les montagnes en toile de fond, dépassez l'hôtel Toppen puis suivez l'indication « Utsikten ».
Pour vous rendre sur les **îles Luspholmarna★★★**, tournez à droite au-delà de l'Office de tourisme, puis encore à droite. La route offre des **vues** splendides sur les îles.

Église de Stensele

5 km à l'Est par la route E 12.
✆ 0951-203 15 - du 25 juin au 6 août : 9h-16h ; reste de l'année : sur demande.
Datant de 1886, c'est l'une des plus grandes églises de bois du Nord de la Suède, pourtant nombreuses. Elle contient l'un des plus petits livres au monde : une loupe est nécessaire pour y lire le Notre Père dans sept langues différentes et des pinces fines pour en tourner les pages. L'église abrite également l'un des plus beaux exemplaires de la Bible de la reine Christine, datant de 1646.

S. Arnfjell / LYCKSELE ZOO

Les impressionnants bœufs musqués du zoo de Lycksele.

Tärnaby

630 habitants. Ce village de montagne situé à l'extrémité Nord du lac Gäutajaure est une station de ski et le point de départ idéal d'excursions à travers les grands espaces sauvages de la réserve naturelle du massif de Vindel. Il doit aussi une part de son renom au fait que le champion de slalom **Ingemar Stenmark** y réside.

Laxfjället – *4 km à l'Est du pont. On peut monter à pied à partir du parking ou prendre un télésiège à partir de Fjällvindens Hus.*
Le trajet en voiture jusqu'au parking de la piste de slalom de Tärnaby offre des **vues★★★** splendides.

Hemavan

225 habitants. Situé au Nord-Ouest de Tärnaby auquel il ressemble beaucoup, le village d'Hemavan est une station touristique au cœur d'une région montagneuse dominée par la lande. C'est le point de départ du **Kungsleden**, chemin de grande randonnée qui se dirige vers le Nord, traverse Ammarnäs et aboutit 500 km plus loin à Abisko. La section Hemavan-Ammarnäs *(75 km)*, jalonnée de refuges, traverse la réserve naturelle du massif de Vindel.

Tärna fjällpark
À 1,5 km du village.
✆ 0954-301 50 - du 27 juin au 21 août : 10h-18h - 20 SEK.
Cette étonnante tour en forme de champignon, surmontée d'un dôme doré, se dresse contre le flanc de la montagne et sert de centre d'accueil pour les touristes qui veulent visiter la réserve naturelle du massif de Vindel (Vindelfjällens naturreservat). On y obtient également les renseignements nécessaires pour se rendre à la montagne sacrée des Sames, Atoklinten. L'exposition du rez-de-chaussée est intitulée **Sinne-riket (Empire des sens)** : la lumière, les sons et les odeurs sont utilisés pour évoquer l'environnement de la région, sa faune et sa flore. Du café situé au 10e étage, une **vue★★★** remarquable embrasse la campagne environnante. Une passerelle couverte conduit de cet étage sur le flanc de la montagne où se trouve le **jardin botanique** le plus septentrional du monde, spécialisé dans la flore de montagne, en particulier la flore alpine. Une des espèces les plus célèbres est la nouvelle orchidée créée en 1987, qui s'appelle Brudkulla. Du jardin, il est possible de suivre plusieurs pistes, dont le premier kilomètre du Kungsleden.

LA VINDELÄLVEN 2

91 km de Sorsele à Ammarnäs par la route 363.

Les rivières suédoises ont été pour la plupart aménagées afin de produire de l'énergie hydro-électrique. La Vindelälven est l'une des quelques grandes rivières restées à l'état naturel, essentiellement grâce à une importante campagne menée par les écologistes. Longue de près de 500 km, elle comprend de nombreuses sections de chutes et de rapides. Les sections intermédiaires, où elle coule paisiblement, sont connues sous le nom de « sel », que l'on retrouve dans de nombreuses appellations locales, car c'est au bord de ces étendues tranquilles que les premiers habitants s'installèrent.

Sorsele

3 524 habitants. Tout comme Storuman, Sorsele est un centre régional, situé sur une île du cours moyen de la rivière. L'Office de tourisme fournit tous les renseignements sur les diverses possibilités de pêcher, de faire du canoë et de descendre les rapides des environs.
Le nom du village de **Hemfjäll** situé en bordure de route signifie littéralement « village avec vue » (Byn med vyn) et les panneaux routiers invitent les conducteurs à s'arrêter pour jouir de la vue. La rivière roule tumultueusement et les **rapides** sont visibles de la route à Björkheden et à Järnforsen.

Gillesnuole★

60 km au Nord-Ouest de Sorsele.
Un chemin conduit à une ancienne chapelle same dissimulée parmi les arbres, sur la rive Nord-Ouest du lac Storvindeln. Construite dans les années 1750, elle a conservé son clocher, sa stèle, sa cabane en rondins sur pilotis et une hutte same. Elle est utilisée pendant trois week-ends au cours de l'été.

Ammarnäs

280 habitants. Ce village de montagne isolé, situé sur les rives du lac Gausträsk, au pied de l'Ammarfjället (1 612 m), fut relié par la route à Gillesnuole à partir de 1921 seulement et à Sorsele à partir de 1939. Malgré sa faible population, composée pour moitié de Sames éleveurs de rennes, le village est aujourd'hui un centre populaire de découverte des grands espaces, en particulier la réserve naturelle du massif de Vindel. Les randonneurs ont la possibilité de prendre le raccourci qui conduit vers le Sud à Hemavan et à Tärnaby en empruntant le **Kungsleden** *(voir Hemavan ci-dessus).*

La colline aux pommes de terre – *Tourner à droite au carrefour en T et continuer jusqu'à la fin de la route.*
Cette colline remarquable ne cesse de fasciner les visiteurs. Depuis le début du 19e s., on y cultive en terrasses la pomme de terre amande, appelée ainsi à cause de sa forme. Un chemin grimpe jusqu'au sommet par le flanc Nord.

Église – Cette belle chapelle same en bois construite en 1858 pour remplacer celle de Gillesnuole fut remaniée en 1912. Quelques pierres tombales sont de simples rochers.
Lappstan★ – *Au Sud-Ouest de l'église. ✆ 0960-65 10 26 (réserv.) - juin-août : 10h-19h ; reste de l'année : se renseigner à l'Office de tourisme, visite des huttes et des cabanes sames - 500 SEK (enf. 350 SEK).* Des huttes et des cabanes sames, précédemment situées à Gillesnuole et transportées sur ce site en 1911, sont utilisées par les Sames au cours de trois festivals annuels.

Prendre à droite au carrefour en T et aller jusqu'au bout de la rue ; Hembygdsgården est sur la droite.

Hembygdsgården – Le **musée de la Ferme** illustre l'histoire des fermiers suédois au moyen d'objets et de photographies. *✆ 0960-124 28 - de mi-juin à fin août : 10h-18h ; de déb. sept. à mi-juin : tlj sf w.-end 8h-16h.*

Norra Ammarnäs

4 km au Nord, suivre les indications N. Ammarnäs.
Après 2 km, on peut admirer près du pont les bouillons formés par la rivière sur des roches plates stratifiées.
Poursuivez jusqu'au village de montagne que traverse le Kungsleden. Un chemin facile à suivre conduit à une ancienne ferme de montagne connue sous le nom d'Örnboet (« nid d'aigle »). Le dernier occupant quitta les lieux dans les années 1950. Les maisons et leur contenu donnent un aperçu de ce qu'était au 19e s. la vie dans cette région reculée de Suède.

Ammarnäsgården – *En venant d'Ammarnäs, tourner à gauche au carrefour en T.*
Un édifice central destiné à l'hébergement des visiteurs abrite également l'Office de tourisme et le centre d'accueil, **Naturum**, de la réserve naturelle du massif de Vindel *(✆ (0) 952 60003 - de mi-juin à mi-sept. : 8h-10h, 17h-20h ; fév.-avr. : 8h-10h, 17h-20h, possibilité de visite guidée (anglais) sur demande - 390 SEK).* Lapplandsafari, géré par une famille same appartenant à la communauté locale, organise des excursions et des safaris dans les montagnes, ainsi que des parties de pêche dans la Laisälv ou la descente des rapides de la Vindelälven. L'équipement nécessaire peut être acheté ou loué sur place.

Réserve naturelle du massif de Vindel (Vindelfjällens naturreservat)

Sa superficie de 5 500 km^2 fait de la **réserve naturelle du massif de Vindel** une des plus grandes d'Europe. Elle inclut de nombreux hauts sommets, des centaines de lacs, la puissante rivière Vindelälven, une faune très variée qui comprend des gloutons, des ours, des lynx, des renards argentés – symbole de la réserve –, une réserve ornithologique, une flore très riche, comprenant aussi bien des orchidées que des taillis, et un troupeau permanent de 25 000 rennes.

LA ROUTE DE L'ARGENT (SILVERVÄGEN) 3

360 km jusqu'à la frontière norvégienne par la route 95.

La **route de l'Argent** s'étend de Skellefteå, sur les bords du golfe de Botnie, à la côte occidentale de la Norvège. Au 17e s., le minerai était extrait aux environs de Nasafjäll et transporté sur des traîneaux tirés par des rennes, puis acheminé par bateau jusqu'à la côte orientale de la Suède. L'exploitation minière cessa en 1810. La route ne fut goudronnée qu'en 1972.

Arvidsjaur★

7 716 habitants. Situé à un carrefour, Arvidsjaur devint très tôt un centre commercial et un lieu de rencontre sur la route de l'Argent conduisant à la mine de Nasafjäll. C'est aujourd'hui une petite ville suédoise typique.

Lappstan★★★ – C'est le plus ancien et le mieux conservé des « villages paroissiaux » sames du 17e s. où se concentraient les populations à l'occasion de festivités religieuses *(voir Skellefteå.)* À Arvidsjaur, on distinguait trois quartiers : l'un rassemblant les

Le village paroissial same à Arvidsjaur.

huttes construites par les nomades sames pour y passer la nuit et leurs remises, l'autre les maisons et les écuries des fermiers suédois et le troisième les maisons des commerçants. Seul subsiste le quartier same : les huttes sont encore utilisées lors du grand festival same qui a lieu pendant le dernier week-end d'août. *Des visites guidées quotidiennes ont lieu en été, et, de la fin juin à la fin juillet, une des huttes sert du café et vend de la viande de renne séchée.*

3 km à l'Ouest par la route 951 en suivant l'indication « Hembygdsgård ».

Hembygdsmuseet – *℘ 0960-124 28 - de mi-juin à fin août : 10h-18h ; de déb. sept. à mi-juin : tlj sf w.-end 8h-16h.* L'ancien presbytère centenaire abrite aujourd'hui le musée local du patrimoine.

Arvas – L'édifice de bois peint en rouge est occupé par l'Office du tourisme same, **Sita Sameland** (*sita* signifie « commun » dans la langue des Sames). L'office fournit des renseignements sur les Sames et organise des visites guidées de Lappstan ainsi que des excursions dans les environs pour donner aux visiteurs une notion du mode de vie et des traditions des Sames, en particulier des éleveurs de rennes. Durant trois semaines à partir de la St-Jean, des excursions sont organisées pour permettre aux visiteurs d'assister au marquage des rennes nouveau-nés.

Arjeplog

3 615 habitants. Arjeplog occupe un ensemble de promontoires et d'îles situé entre les lacs Uddjaure et Hornavan, le plus profond de Suède (226 m).

Musée de l'Argent★★ (Silvermuseet) – *℘ 0961-612 90 - de mi-juin à déb. août : 9h-12h, 13h-18h ; reste de l'année : tlj sf dim. 10h-12h, 13h-16h, sam. 10h-14h, possibilité de visite guidée en anglais - 50 SEK.* **Einar Wallquist** (1896-1985), le « docteur lapon », vint pour la première fois à Arjeplog en 1922 et, outre ses activités médicales, entreprit de collectionner aussi bien de simples objets de la vie quotidienne que des objets en argent très raffinés. Il fonda le musée en 1965 dans l'ancienne école same (1854). La boutique du musée, qui occupe l'ancienne salle de classe, vend de l'artisanat. C'est dans les pièces de l'arrière qu'habitait l'instituteur et le cabinet du docteur Wallquist est visible à travers un écran en verre.

Au sous-sol sont exposés les splendides colliers, ceintures, bibelots, pichets et cuillères en argent qui ont fait la réputation du musée. Les objets les plus anciens sont norvégiens et datent du 15e s. La collection comprend également des produits de l'artisanat same, une hutte sur roulettes servant de remise (*skiedja* en same) et d'autres objets d'usage courant chez les nomades. Le **tambour magique** est particulièrement intéressant, car ce fut l'un des seuls à être conservé lorsque les Sames furent baptisés de force et leurs tambours détruits.

Au premier étage, on peut voir des ustensiles ayant appartenu aux fermiers suédois. Dépourvus de décorations, leur simplicité contraste de façon frappante avec la richesse ornementale des outils sames.

Skeppsholmen Saamiland – *0961-222 30 - se renseigner.*
Une passerelle étroite conduit sur un îlot du lac Hornavan, où des huttes sames et des hangars *(härbren)* ont été rassemblés pour former un campement typique. L'immense hutte en forme de tente *(kåta)* sert de lieu de réunion pour les deux groupes de Sames, habitants de la montagne ou de la forêt, qui constituent aujourd'hui l'association des Sames d'Arjeplog. Situé dans un cadre paisible, le campement est entouré d'eau et l'on aperçoit au loin le mont Galtisbouda.
Église – *0961-612 50 - 8h-16h.* De couleur rose et en forme de croix, elle date de 1763 et s'élève à l'emplacement d'un édifice antérieur consacré par la reine Christine en 1641.

Mont Galtisbuouda

Prendre la direction d'Arvidsjaur ; 3 km après Arjeplog suivre une route bitumée sur la gauche, qui conduit au sommet (les 5 derniers km sont très raides).
Du sommet, on peut pleinement apprécier la beauté du système lacustre entourant Arjeplog. Par temps clair, le regard embrasse un vaste **panorama**★★★ qui s'étend sur une distance de 100 km dans toutes les directions et comprend le pic de l'Ammarfjället à l'Ouest, le Pieljekaise au Nord-Ouest et le massif enneigé de Pårte dans le parc national de Sarek.

PAYS MINIERS ET PARCS NATIONAUX 4

Gällivare

Dundret – *820 m - 9 km au Sud par la route 45 ; après avoir parcouru 5 km, suivre la signalisation « Dundret, toppstuga ».*
Déjà au 19e s., le mont Dundret était réputé comme étant l'un des meilleurs endroits d'où l'on pouvait observer le soleil de minuit. La **vue**★★★ embrasse Malmberget au Nord, le pic du Kebnekaise au Nord-Ouest, les parcs nationaux de Sarek et de Padjelanta à l'Ouest ainsi que la vallée du fleuve Luleälven et les montagnes de Norvège se profilant à l'horizon. *Du 2 juin au 12 juillet, un café situé au sommet est ouvert de 21h à 1h du matin.*
Pour atteindre la grande construction en bois située à mi-pente qui porte le nom de « Piège à ours », **Björnfällan**, il faut suivre la route 45 en direction de Gällivare jusqu'au panneau indiquant « Dundret, Björnfällan ». Construit avec du pin du Nord de Finlande vieux de 400 ans, cet édifice a été conçu par l'architecte finlandais Esko Lehmola, qui dessina le sauna du président Kekkonen. Le bâtiment fait partie d'un centre de vacances offrant diverses activités telles que le ski alpin et le ski de fond.

Lappkyrka – *Le panneau « Lappkyrka » se trouve à l'Est de l'église de bois peinte en blanc ; suivre la route qui longe l'église, continuer tout droit et traverser la voie ferrée, puis tourner à droite en vue du panneau « Gamla kyrkan ».*
Cette petite **église** en bois toute simple surmontée d'un clocher se dresse sur les bords de la rivière Vassara avec le Dundret en toile de fond. On l'appelle « l'église d'un sou » parce qu'elle fut construite grâce à des fonds versés par la population (un sou en argent par famille, en application d'un décret du roi Frédéric, ce qui explique son second nom Friedrich). Au moment de sa construction en 1747-1754, la plupart des paroissiens étaient des Sames, d'où son surnom d'église lapone. *0970 755 30 - juin-août : 8h-15h, w.-end et j. fériés 10h-18h.*

Hembygdsmuseet – *0970-186 92 - été : 11h-15h30 ; hiver : tlj sf dim. 11h-15h30, sam. 12h-14h (gratuit).* Ce musée du patrimoine régional est logé aux deuxième et troisième étages de l'école en brique rouge. On y vend le produit de l'artisanat same. Le centre d'information touristique se trouve au premier étage.

Hembygdsområdet – *Prendre la direction de Jokkmokk ; juste avant la rivière Vassara, suivre l'indication « camping », puis continuer au-delà du campement sportif. 0970 153 75 - de mi-juin à mi-août : 10h-22h.* Ensemble d'édifices de la fin du 19e s. et du début du 20e s., ainsi que campement same.

Malmberget

5 km au Nord de Gällivare en suivant Parkgatan qui devient Malmbergsleden.

Exploitation minière – Malmberget signifie littéralement « montagne de minerai » et c'est, avec Kirunavaara, la plus grande réserve de minerai de fer de Suède. Les découvertes les plus anciennes remontent au milieu du 18e s. mais l'exploitation commerciale fut retardée par les difficultés de transport et l'opposition des Sames pour qui la montagne était sacrée. L'exploitation commença effectivement au cours des années 1860 sous le contrôle de plusieurs Anglais qui financèrent également la liaison ferroviaire avec le port de Luleå, réalisée en 1888. Les mines passèrent ensuite sous le contrôle de la compagnie Luossavaara-Kirunavaara AB (LKAB). La population passa de 147 à 7 000 habitants en huit ans (1891-1899). À l'heure actuelle, on extrait six millions de tonnes de minerai par an d'un filon situé à 850 m de profondeur.

Mine de fer : Gruvtur LKAB – *3h. ✆ 0970-166 60 - ♿ - de mi-juin à déb. août : 10h-17h, possibilité de visite guidée en anglais ; reste de l'année : visite guidée sur demande - 40 SEK (- 16 ans gratuit)*.

Cette visite guidée commence par celle du musée de la Mine (Gruvmuseet), qui illustre 250 années d'exploitation et montre, avec l'aide d'un support audiovisuel, les conditions dans lesquelles l'exploitation minière se fait de nos jours. La visite comprend ensuite un trajet en bus de 35 à 40 km permettant de se rendre sur divers sites d'exploitation et une descente à 815 m de profondeur pour voir le filon de minerai. Les plateaux des chariots électriques, assez larges pour porter une automobile, peuvent transporter une charge de 120 tonnes.

Mine de cuivre : Aitik-turen – *3h30.* Cette visite guidée fait découvrir une mine à ciel ouvert longue de 2,5 km, large de 800 m et profonde de 300 m. C'est la plus grande mine de cuivre d'Europe encore exploitée et la deuxième mine d'or de Suède avec une production de deux tonnes d'or par an.

Kåkstan – *Suivre les indications à partir de la station-service Statoil.* Les premières tentatives de prospection et d'exploitation attirèrent de nombreux mineurs volontaires et très vite la mine fut entourée d'une grande quantité de cabanes qui furent déplacées au fur et à mesure que la mine s'agrandissait. Aujourd'hui, les bâtiments ont été de nouveau érigés sur leur emplacement d'origine.

Gropen - *À l'Est des cabanes de mineurs.* La mine sépare Malmberget en deux et les maisons sont déplacées au fur et à mesure que le puits lui-même se déplace.

Jokkmokk★

La commune de Jokkmokk est la plus grande de Suède après celle de Kiruna ; elle s'étend en effet des hautes montagnes de l'Ouest jusqu'aux marais et aux anciennes forêts de pins du parc national de Muddus à l'Est. Jokkmokk a de tout temps été un centre politique et culturel du peuple same et fut pendant très longtemps le lieu où les Sames se regroupaient en hiver ; il s'y tient aujourd'hui un célèbre marché d'hiver. Le cercle polaire, qui passe à 14 km au Sud de Jokkmokk, est clairement indiqué par un panneau en trois langues : « Polarsirkelen », « Polcirkeln » et « Napapiiri ».

Le marché d'hiver – *(du 1er jeudi au samedi suivant).* Depuis 1605, les gens viennent de loin au marché de l'artisanat qui a lieu les premiers jeudi, vendredi et samedi du mois de février. La population du bourg est multipliée par 10 et les chambres d'hôtel sont réservées longtemps à l'avance ! Une foire d'automne a lieu les derniers vendredi, samedi et dimanche du mois d'août.

Storknabben – *À l'extrémité Est du bourg ; à l'Est d'Ájtte, prendre la route forestière étroite pour parcourir les 2 derniers km jusqu'au sommet.* C'est un belvédère idéal d'où l'on peut admirer le soleil de minuit de début juin à début juillet. Toutefois, il fait jour toute la nuit de mai à juillet ; par ailleurs, l'hiver on peut y admirer le phénomène des aurores boréales.

Ájtte, montagne suédoise et musée same★★★ – *✆ 0971-170 70/17 - ♿ - de mi-juin à mi-août : 9h-18h ; reste de l'année : 10h-16h, w.-end 12h-16h - fermé w.-end (oct.-avr.) - 50 SEK.* Ce musée passionnant et original, inauguré en 1989, est consacré au patrimoine culturel des Sames et à leurs terres montagneuses, étudiées d'un point de vue écologique. Il contraste avec le musée de l'Argent à Arjeplog *(voir le circuit 3)*, car ici la forme des pièces et les décorations murales sont aussi importantes que les objets exposés. À l'extérieur, le visiteur peut voir des huttes sames, des réserves *(ájtte)* et découvrir la flore des montagnes. L'exposition permanente relate l'histoire des Sames (*Sápmi* est le nom qu'ils se donnent), leurs mythes, leur religion, leurs traditions et leur élevage de rennes. D'autres sections présentent les différents aspects de leur environnement, les montagnes, les forêts et les rivières. Tout proche, le **Jardin Alpin** est une parfaite description de la végétation alpine et de l'environnement dans les montagnes.

Edvin « Sarek » Nilsson Naturfoto – *Bâtiment jaune au carrefour des routes 97 et 45. ✆ 0971-557 65 - de mi-juin à mi-août : 10h-18h, w.-end 10h-15h.* Les imposants paysages du massif du Sarek, la délicatesse de la flore, un ours solitaire ou un troupeau de rennes ont été saisis de façon remarquable par le photographe **Edvin Nilsson**, célèbre pour ses livres et films documentaires sur les parcs nationaux suédois.

Atelier de Lars Pirak – *Jarregatan 4. Traverser le village en suivant Storgatan jusqu'à ce que la rue amorce une légère courbe ; Jarregatan est sur la gauche. ✆ 0971-106 32 -*

A. Zuber / MICHELIN

La course en traîneau, un mode de déplacement incontournable en Laponie.

juin-août : tlj sf w.-end 11h-20h. Les œuvres de cet artiste et artisan d'art same ont trouvé leur place dans les musées du monde entier. L'art same et le chamanisme sont ses grandes sources d'inspiration tandis que les montagnes et les rennes sont des thèmes qui reviennent souvent dans ses œuvres. Un atelier et une exposition d'art et d'artisanat se trouvent au sous-sol de la maison.

Vuollerim 6000★

42 km au Sud-Est de Jokkmokk par la route 97. À Vuollerim suivre l'indication « Stenåldersbyn ». Compter 3h pour une visite guidée du site.

☏ 0976 101 65 - www.vuollerim6000.se - ♿ - 20 juin-7 août : 9h-18h, w.-end 11h-16h ; 8 août-30 sept. : tlj sf w.-end 10h-16h ; 9 mai-17 juin : tlj sf w.-end 11h-16h ; 4 oct.-21 déc. et 11 janv.-4 mai : mar. et merc. 11h-15h, possibilité de visite guidée en anglais - fermé 22 déc.-10 janv. - 50 SEK (-16 ans gratuit), 30 SEK (du 11 janv. au 4 mai).

Des fouilles ont révélé la présence d'un village de l'âge de la pierre datant d'il y a 6 000 ans. Le produit des fouilles est exposé dans un musée construit spécialement. L'un des habitats a été reconstitué à l'extérieur et des démonstrations régulières d'anciennes méthodes culinaires et artisanales sont organisées.

Vers les parcs nationaux

Sarek et Padjelanta

120 km jusqu'à Kvikkjokk par les routes 45 puis 805. Faire le plein avant de partir car il n'y a qu'une station-service le long de cette route, au village de vacances d'Årrenjarka, 20 km avant Kvikkjokk.

La route longe la rivière Lilla Luleälven et, au fur et à mesure que l'on approche de Kvikkjokk, de hautes montagnes se profilent à l'horizon.

Kvikkjokk

Au-delà de ce village, où prend fin la route 805, s'étendent les grands espaces sauvages des parcs nationaux de Sarek et de Padjelanta, où règnent l'aigle royal, le lynx et le glouton. Des excursions quotidiennes en avion permettent de visiter les parties les plus reculées des parcs.

Sarek

Ce parc national s'étend sur une région montagneuse aux sommets pouvant atteindre 2 000 m, comptant de nombreux glaciers et éboulis de roches ainsi que des vallées profondes. Seuls les randonneurs et les alpinistes chevronnés peuvent s'aventurer sur ses pistes.

Padjelanta

Situé encore plus à l'Ouest que Sarek, Padjelanta est le plus grand parc national d'Europe. Il englobe la région des hauts plateaux qui entoure les lacs Virihaure et Vastenjaure. Dès 1732, Linné reconnut son importance dans le domaine de la botanique. C'est également depuis toujours une région d'herbages naturels où paissent les troupeaux de rennes des Sames. Mieux adapté aux randonneurs inexpérimentés, il offre des itinéraires plus courts.

Stora Sjöfallet

160 km par la route 45 ; après Porjus, suivre la signalisation.

Le parc national des Chutes du Grand Lac est facilement accessible en voiture. Quand on longe le lac Stora Lulevatten, les hautes montagnes apparaissent bientôt au loin. Le grand complexe hydro-électrique, qui comprend l'immense barrage Suorva et plusieurs centrales souterraines, a transformé les rivières et les lacs allongés de la région en vastes réservoirs. Toutefois, la plus grande partie du parc y compris les montagnes et le mont Akka, dont il fallait protéger l'environnement, ont été préservés dans leur état naturel.

Muddus

Le parc est situé à l'Est de Porjus.

Ce parc national fut créé afin de sauvegarder les anciennes forêts, les marais, les gorges et les lacs. Ours, lynx et gloutons vivent en toute liberté et à l'époque de la reproduction (du 15 mars au 31 juillet), la partie centrale du parc n'est pas accessible aux visiteurs.

LA ROUTE DE LA CALOTTE DU NORD★★★ (NORDKALOTTVÄGEN) 5

132 km de Kiruna à la fontière norvégienne par la route E 10

La **route de la Calotte du Nord** a été inaugurée en 1993 en présence des monarques de Suède et de Norvège et du président finlandais. Le mot « calotte » se rapporte à la calotte polaire de la Norvège, de la Suède, de la Finlande et de la Russie, située au Nord du cercle polaire. En 1984, une route fut tracée à travers l'un des derniers grands espaces sauvages de l'Europe, de Kiruna à Narvik, en passant par Riksgränsen à la frontière norvégienne. Avant cette date, la ligne de chemin de fer construite en 1903 pour l'exportation du minerai de fer était la seule liaison par-delà la frontière. Le parcours routier offre des vues spectaculaires, en particulier les eaux bleues et étincelantes du lac Torneträsk, emprisonné de chaque côté par d'imposantes montagnes.

Kiruna

La montagne métallifère, Kirunavaara, qui se dresse au centre même de la ville, est un point de repère frappant dans cette austère ville minière qui a tant contribué à la prospérité de la Suède. Au début du siècle, forer une mine, construire une ville puis une ligne de chemin de fer dans cet avant-poste des régions arctiques relevait presque de la gageure. Le plan irrégulier de la ville a été conçu pour s'adapter au relief et le quadrillage des rues prévu pour réduire l'effet du puissant vent du Nord.

Kiruna est également renommée pour sa station de recherche spatiale située à **Esrange** et pour son Institut de géophysique, où l'on étudie le phénomène des aurores boréales, de la radiation cosmique, du magnétisme de la terre et des tremblements de terre. En outre, Kiruna est le siège du Parlement des Sames suédois.

La ville enfin est un centre d'excursion idéal d'où l'on peut découvrir les hautes montagnes de l'Ouest, en particulier le massif du Kebnekaise, visible du centre de Kiruna par temps clair, où le plus haut sommet de Suède culmine à 2 114 m.

Snöfestival – Kiruna, ville hivernale au climat froid et sec, plongée dans une obscurité magique illuminée par les aurores boréales, organise un **festival de la Neige** très populaire ; à cette occasion, les visiteurs peuvent admirer les résultats du **concours de sculpture sur glace** qui se déroule pendant le dernier week-end de janvier.

Aurore boréale – L'obscurité permanente fascine toujours les étrangers attirés par la possibilité de voir les **aurores boréales** zébrer le ciel durant les nuits froides et claires de l'hiver, entre le mois d'octobre et le mois de février. Pendant 28 jours, entre le 9 décembre et le 5 janvier, lorsque le soleil ne paraît pas du tout au-dessus de l'horizon, il ne fait pas nécessairement entièrement nuit, mais au contraire, si le soleil est à moins de 6° au-dessous de l'horizon, les paysages sont doucement éclairés par une sorte de crépuscule. Le manteau de neige d'un blanc étincelant contribue aussi à rendre l'obscurité moins intense.

Une ville minée

Née des mines de fer qui aujourd'hui tentent de satisfaire la quasi-totalité des besoins européens, Kiruna risque bien d'en mourir : les fissures du sous-sol et les risques d'éboulement dus aux galeries qui courent à plus d'1 km de profondeur pourraient entraîner à terme rapide un effondrement de cette cité célèbre pour son église et son hôtel de ville Dépêchez-vous donc de visiter ces joyaux avant que les habitants de cette cité pionnière ne décident de déménager afin de créer une nouvelle cité (tout aussi audacieuse que la précédente !) sur une terre plus ferme !

Faire fortune à Kiruna

Le fondateur – Bien que les gisements de fer de Kiruna aient été reconnus très tôt, aucune estimation de leur importance n'en avait été faite avant l'arrivée en 1890 du géologue **Hjalmar Lundbohm** (1855-1926). À la suite de ses recherches et de la découverte d'un riche filon, il entreprit le développement commercial d'une mine à ciel ouvert et devint directeur de la société anonyme Luossavaara-Kirunavaara (LKAB). Ami intime d'artistes et écrivains de premier plan – le prince Eugène, Christian Eriksson, Albert Engström, Carl Larsson notamment – et fortuné, il avait une conscience sociale très développée. Choqué par l'apparition de baraques en bois autour de Malmberget (voir Gällivare-Malmberget), il prit une part active dans l'élaboration du plan d'urbanisme de Kiruna.

La mine – Dès la fin du 19e s., l'exploitation de la mine se fit à grande échelle et, en 1903, le chemin de fer du minerai (Malmbanan) fut construit afin de relier Kiruna au port de Narvik *(voir ce nom)* en Norvège. Un grand filon de 4 km de long, de 100 m de large et épais de 2 000 m produit environ 200 millions de tonnes de minerai par an dans des carrières à ciel ouvert, la zone d'extraction se trouvant à près de 1 000 m de profondeur. Treize trains de 52 wagons chacun transportent 52 000 tonnes de minerai par jour. En été ont lieu des visites guidées d'une mine réservée aux visiteurs, à 375 m de profondeur.

Soleil de minuit – Quand il fait constamment jour, du début du mois de mai jusqu'au mois d'août, la meilleure période pour apercevoir la totalité du globe solaire à minuit se situe entre le 28 mai et le 14 juillet ; le meilleur endroit est le sommet du Luossavaara, ancienne montagne de minerai, aujourd'hui centre de ski. *Aller jusqu'à l'extrémité de Hjalmar Lundbohmvägen.*

Église★★ – *✆ 0980 67812 - juil. : 9h-18h, w.-end 11h-16h45, possibilité de visite guidée ; reste de l'année : 11h-16h45.* Hjalmar Lundbohm demanda à Gustaf Wickman de « dessiner une église en forme de tente same » ; c'est le sanctuaire des nomades. En avant de l'église, le **clocher** est renforcé par 12 étais. Les **statues** de bronze doré qui bordent la ligne du toit sont l'œuvre de **Christian Eriksson**. Celles du côté Nord représentent le désespoir, la timidité, l'arrogance, la piété et la confiance, et sur le côté Sud, l'humilité, l'amour, la tristesse, la mélancolie et la dévotion. Le **bas-relief**, placé au-dessus de la porte principale et représentant des groupes de Sames sous les nuages célestes, est également l'œuvre d'Eriksson. Les décorations de fer forgé des doubles portes ont été réalisées par **Ossian Elgström**.

La tombe de Hjalmar Lundbohm, située sur le côté Sud, porte cette inscription d'Albert Engström : « Pour le bien de la Nation, il exposa les trésors de la montagne et créa la cité. »

L'intérieur spacieux aux murs de bois sombre rappelle effectivement l'intérieur d'une tente same. L'attention du visiteur est immédiatement attirée par le **retable** réalisé par le prince Eugène et donnant au Paradis l'apparence d'un paysage de Toscane. La **croix** au pied de laquelle prient des Sames et la sculpture en métal représentant **saint Georges et le dragon** sont encore dues à Christian Eriksson.

Hôtel de ville★★ (Stadshus) – *✆ 0980-70000 - de mi-juin au 20 août : 8h-16h ; reste de l'année : 8h-17h.* Dessiné par Arthur von Schmalensee, l'hôtel de ville, fut inauguré en 1963. La tour en fonte fut conçue par Bror Markland et le carillon de 23 cloches sonne à midi et à 18 heures tous les jours. Les poignées de porte en bouleau et en bois de renne sont l'œuvre d'Esaias Poggats, qui s'inspira du tambour magique des Sames. Le sol du grand hall est revêtu d'une mosaïque italienne, tandis que les murs sont en briques de Hollande fabriquées à la main et les boiseries en pin de l'Orégon.

La tenture nouée à la main et intitulée *Le Tambour magique de Rautas* illustre dans sa partie supérieure le soleil de minuit à Lapporten (la Porte lapone), alors que la partie inférieure déploie toute la richesse des couleurs flamboyantes de l'automne.

La sculpture en bouleau et en bois de renne exécutée par l'artiste same **Lars Sunna** représente le tambour magique entre deux sommets montagneux.

La mosaïque murale que l'on peut voir dans le café est de Bruce Carter et s'intitule *Quatre Personnes dansant au lever du soleil.* À gauche, avant d'entrer dans la salle de conférences, on peut admirer le buste de Hjalmar Lundbohm par Christian Eriksson ainsi qu'une œuvre d'**Helmer Osslund**, *Couleurs d'automne en montagne.*

La salle du conseil (sessionssal) contient également des toiles d'Osslund et un grand tableau de la montagne de minerai de Kirunavaara par **Sixten Lundbohm**, neveu de Hjalmar Lundbohm.

Paysage glacé près de la rivière Torne dans la commune de Kiruna.

Maison de Hjalmar Lundbolm (Hjalmar Lundbohmsgården) – ✆ *0980 188 80 - 8h-16h, merc. 10h-16h - fermé w.-end.* Cette maison de bois fut la demeure de Hjalmar Lundbohm *(voir l'encadré « Faire fortune à Kiruna »).* C'est aujourd'hui un centre culturel consacré à la ville, où l'on remarquera en particulier le bureau de Lundbohm.

Samegården – ✆ *0980-170 29 - juin-août : se renseigner pour les horaires ; sept.-mai : 7h-16h - 20 SEK.* Ce centre culturel et lieu de rendez-vous de la communauté same de Kiruna contient un **musée** qui organise en été une exposition d'artisanat. Les poignées de porte par Lars Sunna ont la forme d'un tambour magique.

Aux alentours de Kiruna

Esrange

À 45 km en direction de Jukkasjärvi.

✆ *0980-18880 - visite guidée (4h, anglais mar. et jeu. en juil.) 9h15 - 290 SEK (enf. 200 SEK) de juin à août ; 390 SEK (enf. 300 SEK) de sept. à mai.* Base de lancement de fusées et centre de recherches spatiales qui envoie entre 10 et 30 fusées dans l'espace chaque année.

Nikkaluokta

70 km à l'Ouest. Sortir de la ville par Hjalmar Lundbohmvägen.

Dans ce village same au pied du Kebnekaise (2 111 m), un édifice moderne d'architecture intéressante abrite un restaurant et un office de tourisme où l'on peut obtenir des renseignements sur les excursions en bateau sur le lac.

Ladtjojaure, piste de 19 km, conduit à la **station de montagne de Kebnekaise** d'où partent les ascensions guidées du Kebnekaise et des visites guidées du centre de recherches sur les glaciers à **Tarfala**. Une des sections les plus populaires du chemin de grande randonnée Kungsleden est celle qui relie Abisko *(voir ci-dessous)* au Sud du Kebnekaise et Nikkaluokta.

Jukkasjärvi★★

1 000 habitants. C'est le village le plus septentrional de la vallée de la Torne, aussi a-t-il de tout temps accueilli des voyageurs venant de loin. C'est aujourd'hui un centre idéal pour pratiquer en été la pêche, le canoë et la descente en radeau pneumatique des rapides de la Torne, tandis que l'hiver offre la possibilité de faire des excursions en traîneau à chiens, des safaris en motoneige, du ski de fond et du ski alpin.

Hôtel arctique (Ice Hotel) – Le village est réputé pour son étonnant hôtel hivernal, reconstruit chaque année avec plus de 1 500 tonnes de glace. Cet igloo géant dont l'architecture change chaque année abrite également une galerie, un restaurant, un bar, un club de jazz, une salle d'exposition et une église en plus des chambres (des sacs de couchage et des peaux de rennes sont fournis aux visiteurs). La température intérieure reste constante (entre – 3° et – 8 °C), quelle que soit la température extérieure. Vers les mois d'avril et mai, le soleil commence son travail de démolition.

Linné en Laponie

Lors de sa visite de la Laponie en 1732, Linné n'atteignit pas Abisko et l'on doute même qu'il soit jamais parvenu à Jukkasjärvi, mais il décrivit son ascension du Vallevare près de Kvikkjokk en ces termes :
« Ici, il n'y a plus d'arbres, rien que des montagnes, toutes plus hautes les unes que les autres et couvertes de neige glacée. Il n'y a ni chemins ni pistes et aucun signe d'habitation humaine. Le vert lumineux de l'été semble avoir été banni (de la palette de la nature) et relégué dans les vallées les plus profondes. On ne voit aucun oiseau mis à part les lagopèdes des montagnes qui s'affairent autour de leurs petits dans les vallées… J'ai grimpé au plus haut point pour voir le soleil de minuit… Puis je me suis assis pour trier et décrire les plantes que j'avais ramassées » (et il en énumère trente).

Église – L'édifice de bois au bord de la rivière fut agrandi à la fin du 18e s. Sous le porche, on peut voir les inscriptions faites par divers voyageurs, dont une écrite en latin en 1681 par trois Français : « Élevés en France, nous avons visité l'Afrique, goûté l'eau sacrée du Gange, et parcouru l'Europe ; ainsi, conduits par le destin et voyageant sur terre et sur mer, nous sommes finalement parvenus ici, au pôle où finit le monde. »
Le remarquable **retable★★** est un triptyque aux couleurs vives, sculpté dans du bois de teck par **Bror Hjorth** en 1958.
Il montre Lars Levi Laestadius *(voir plus loin, à Pajala)* prononçant un sermon. Les personnages sont naïfs, mais le message est aussi clair que semble l'être le ton de celui qui prêche. Les gouttes de sang coulant du flanc et du front du Christ se transforment en fleurs rouges en tombant. Marie est auréolée par le soleil de minuit tandis que, apothéose de l'œuvre, une femme same touchée par la grâce entre en lévitation. Un paysage hivernal et un ciel nocturne éclairé par les étoiles et les aurores boréales forment la toile de fond.

Mattarahkka

5 km à l'Ouest de Kiruna.
Le drapeau same flotte en signe d'accueil au sommet de ce centre d'artisanat où les jeunes femmes sames perpétuent les techniques traditionnelles. Les ateliers sont tous reliés à la salle d'exposition et à la boutique.

Torneträsk

Avec ses 72 km de long pour 9 km de large seulement, ce lac, dont le nom signifie « forêt au bord du grand lac » en same, est l'un des plus longs de Suède. Des excursions en bateau partent d'Abisko turiststation.

Abisko

120 habitants. Ce village de montagne, situé sur la rive méridionale du lac **Torneträsk,** a pour principal attrait sa situation au cœur d'une des régions les plus sauvages de Suède. C'est le point de départ du **Kungsleden**, itinéraire de randonnée long de 500 km, qui se dirige vers le Sud et aboutit au village d'Hemavan.

A. Zuber / MICHELIN

Jukkasjärvi, endroit idéal pour dormir dans un igloo.

Turiststation – *℘ 980 40200 - www.abisko.nu - de déb. juin à fin sept., de mi-fév. à déb. mai, 25 déc. et 1er janv. : logement, rest., magasin, télésiège et visites guidées ; de mi-juin à mi-juil. : télésiège pour un circuit soleil de minuit ; reste de l'année : logement uniquement - 190 SEK (logement).* Le village de vacances comprend une auberge de jeunesse, un ensemble de chalets, un camping, une épicerie et un centre de location d'équipement sportif. Le centre d'accueil, **Naturum**, propose des expositions sur la flore locale, la faune, la géologie et les Sames, et organise des randonnées thématiques touchant ces mêmes domaines ainsi que des excursions sur le lac.

À faible distance, **Abiskojåkka★★**, sorte de canyon à l'embouchure de la rivière dans le lac, met en évidence les différentes couches géologiques. On y reconnaît la dolomite d'un blanc jaunâtre connue sous le nom de marbre d'Abisko.

Mont Njulla

Alt. 1 169 m. Un téléphérique permet d'accéder à une altitude de 900 m, où une **vue** magnifique s'offre sur un célèbre point de repère, le **Lapporten (la Porte lapone)**, dont la silhouette caractéristique se dresse au Sud-Ouest d'Abisko. Du haut du Njulla, on peut aussi contempler le **soleil de minuit** dans les meilleures conditions, du 31 mai au 16 juillet.

Parc national d'Abisko

Situé à l'Ouest d'Abisko, c'est l'un des principaux pôles d'attraction de la région. Couvrant une superficie de 77 km^2 et inauguré en 1909, il est réputé pour la diversité de sa flore de montagne, en particulier pour les nombreuses et rares espèces d'orchidées. On peut apercevoir des lemmings, des ours, des élans, des martres, des lynx et des gloutons.

Plus au Nord, près de **Björkliden**, où la route sinue entre le mont Njulla et le lac, le visiteur apercevra des signaux lumineux. Ils sont destinés à prévenir les automobilistes des risques d'avalanche et il convient de maintenir une vitesse constante de 60 km/h lorsque les signaux ne sont pas allumés.

Rakkasjåkka★

Entre Björkliden et les signaux lumineux ; parking prévu à chaque extrémité du pont.
Suivre le chemin qui descend en pente raide le long de cet impétueux torrent de montagne *(jåkk)* roulant jusqu'à la rive du lac Torneträsk couverte de galets.

Björkliden

À 10 km au Nord-Ouest d'Abisko.
Ce centre de vacances situé sur les bords du lac Torneträsk propose un hébergement et diverses expéditions à la découverte des grands espaces sauvages environnants.

Riksgränsen

Cette station de ski située à la frontière norvégienne offre de très bonnes possibilités de ski d'été.

LA VALLÉE DE LA TORNE (TORNEDALEN) 6

186 km du golfe de Botnie à Pajala par la route 99.

La vallée de la Torne était une région culturellement et linguistiquement homogène jusqu'à ce que la guerre russo-suédoise de 1808-1809 ne la divisât en deux. La Torne (Torneälven en suédois, Tornionjoki en finnois), après avoir traversé le lac Torneträsk, reçoit la Muonioälven au Sud de Pajala avant de se jeter dans le golfe de Botnie.
La Muonio, de Treriksröset à la jonction des frontières finlandaise, suédoise et norvégienne, jusqu'à son confluent avec la Torne, puis la Torne même, servent de frontière entre la Suède et la Finlande. Pendant plus de cent ans, elles furent l'un des principaux axes de flottage du bois.

Haparanda

10 666 habitants. Le traité de 1809, cédant la Finlande à la Russie, entraîna dans son sillage la division de la vallée de la Torne (de langue suédoise) en deux. Haparanda fut fondée en 1842 pour remplacer la cité marchande de Tornio, cédée aux Russes avec le territoire finlandais. Un monument aux victimes de la guerre de 1808-1809 a été érigé près de la frontière finlandaise.

Église – Son modernisme a été un sujet de controverse dès la consécration de l'édifice en 1967. Le sombre extérieur habillé de cuivre forme un contraste frappant avec l'intérieur clair et élégant. Le curieux clocher se dresse à l'emplacement de la première église de bois, détruite par un incendie en 1963. *℘ 0922 29 290 - 9h-19h.*

Maupertuis

La terre est-elle plate ou pointue ? C'est pour répondre à cette question, qui était à l'origine d'une véritable querelle de scientifiques, que **Pierre-Louis Moreau de Maupertuis** (1698-1759) séjourna pendant un an (1736-37) avec les membres de son expédition dans les environs du cercle polaire. Les scientifiques étaient divisés en deux camps, ceux qui soutenaient la théorie du philosophe français Descartes selon laquelle la terre était pointue aux pôles et ceux qui soutenaient celle du savant anglais Newton selon laquelle elle était au contraire aplatie aux pôles. Partisans de Newton, les membres de l'expédition de Maupertuis, qui comprenaient le Suédois Anders Celsius, construisirent un réseau triangulaire entre Tornio, sur le golfe de Botnie où ils s'installèrent, et le village de Pello, situé à une centaine de km au Nord. Pour ce faire, ils durent défricher sept sommets afin que leurs repères fussent visibles de l'un à l'autre. Ce travail, entrepris en plein été nordique fut épuisant à cause de la chaleur, des moustiques et des marécages et les mesures ne furent terminées que durant l'hiver suivant. Cependant, en dépit de l'aridité de leur tâche, Maupertuis et ses compagnons eurent l'occasion de prendre part à la vie mondaine de Tornio et ils ne quittèrent la ville que l'été suivant. Une fois rentré à Paris, Maupertuis présenta le résultat concluant de ses expériences dans une publication intitulée *La Figure de la Terre.*

Kukkolaforsen★★★

15 km au Nord de Haparanda.

Les **rapides de Kukkola** dominés par des jetées en bois délabrées, les inévitables cabanes de pêcheurs et les moulins à eau, forment un tableau des plus familiers. Depuis le Moyen Âge, on pêche traditionnellement à partir des jetées toutes les espèces de corégones, poissons des lacs proches des salmonidés tous désignés en Suède par le terme *sik*, auxquels on consacre un festival, le **Sikfesten,** le dernier week-end de juillet.

Luppioberget

9 km au Sud d'Övertorneå ; une route grimpe jusqu'au sommet.

La **vue★★★** sur la vallée de la Torne est magnifique.

Église d'Övertorneå★

De forme polygonale, c'est l'une des églises du 18e s. les mieux préservées de Laponie. Les tympans de chaque portail de la tour-clocher sont ornés de peintures, comme l'intérieur, lui aussi richement décoré. La chaire et la barrière séparant le chœur de la nef sont remarquablement ouvragées. Parmi les nombreuses sculptures médiévales sur bois, on retiendra la charmante **Mantelmadonnan★★** qui s'ouvre comme un retable.

À Niskanpää, la route franchit le **cercle polaire (polcirkeln).**

Svanstein

15 km au Nord du cercle polaire. Suivre le panneau « Konst och konsthantverk ».

L'édifice principal, Dränglängan, autrefois réservé aux ouvriers agricoles, abrite aujourd'hui des sculptures en bois de Rolf Suup. On peut voir dans le parc un authentique **sauna traditionnel à la fumée de bois★**.

Kengisforsen★★

7 km au Sud de Pajala ; suivre l'indication « Kengis » ; les 2 derniers kilomètres ne sont pas goudronnés.

La route passe devant le manoir de Kengis, datant des années 1830, seul vestige d'une fonderie autrefois prospère, et conduit aux spectaculaires **rapides.**

Pajala

La ville est connue parce qu'y habita **Lars Levi Laestadius** (1800-1861), fondateur du mouvement évangélique, qui fit de nombreux adeptes dans le Nord de la Scandinavie. Sa maison, **Laestadii pörte**, est ouverte au public et le vieux presbytère abrite une exposition sur sa vie et son mouvement. Durant les dernières années de sa vie, il vécut dans une cabane de bois toute simple. Prêchant la sobriété, il était aussi un botaniste et un savant de renom.

Luleå

NORRBOTTENS LÄN – 71 251 HABITANTS
CARTE MICHELIN N° 711 G 19 OU ATLAS EUROPE P. 108 – SCHÉMA : LAPONIE (NORVÈGE).

Luleå est située au fond du golfe de Botnie, dans un cadre agréable sur les bords du fleuve Luleälv ; son centre occupe une langue de terre bordée de ports de plaisance et s'achevant par la zone de loisirs de Gültzaudden. Ce fut la première ville suédoise à posséder une galerie marchande (années 1950, architecte Ralph Erskine).

- **Se repérer** – La ville est située à 905 km au Nord-Est de Stockholm par la route E 4 qui longe la côte de la Baltique.
- **À ne pas manquer** – L'église de Gammelstad.
- **Organiser son temps** – Comptez une demi-journée pour visiter la vieille ville et une autre demi-journée pour faire une excursion en bateau vers les îles de l'archipel.
- **Avec les enfants** – Une des nombreuses excursions en bateau dans l'archipel.
- **Pour poursuivre le voyage** – La route 97, qui suit le cours du fleuve Luleälv, conduit à Jokkmokk au cœur de la Laponie.

Comprendre

Un faux départ – Des marins étaient déjà installés le long de la côte au début du 14e s., mais l'agglomération se trouvait à l'intérieur des terres, sur le site aujourd'hui appelé Gammelstad. Après l'enlisement progressif de son chenal navigable, la ville s'établit en 1649 sur son site actuel (Lule Nystad, « nouvelle ville de Luleå »), et l'église et l'ancien village attenants prirent alors le nom de Lule Gammelstad (« vieille ville de Luleå »). La nouvelle ville devint un port actif à la fin du 19e s. après la découverte de gisements de fer à Kiruna et à Malmberget, reliés par voie ferrée depuis Gällivare à Luleå en 1895.

Se promener

Gammelstad★★★

La vieille ville est située à l'emplacement d'origine de Luleå. C'est aujourd'hui le plus grand « village paroissial » de Suède, édifié voici 450 ans. Il est inscrit au patrimoine mondial de l'Unesco. Les traditions des « villages paroissiaux » sont encore très vivaces, et même de nos jours les maisonnettes sont occupées par les paroissiens lors des festivals religieux importants, comme cela se fait depuis des siècles.

Église

De style gothique scandinave tardif et construite en gros blocs de granit rouge et gris, son pignon est garni de décorations en brique. La construction commença dans la première moitié du 15e s., et la voûte fut achevée vers 1480. Un mur percé de plusieurs portails (le portail Nord est intact) entoure le cimetière. Des centaines d'hirondelles de rivage ont fait leur nid dans la section Nord du mur. La tour située sur la façade Ouest fut ajoutée pour servir d'entrée cérémonielle face à l'autel, mais les paroissiens continuèrent à utiliser l'ancienne entrée. Le bâtiment accolé au mur Sud est l'ancienne grange dîmière de la paroisse.

Intérieur – Cette splendide église, richement décorée, est la plus grande église médiévale du Norrland. Lors de sa consécration en 1492, elle était destinée à remplir le rôle de siège épiscopal.

Les fresques du chœur furent découvertes en 1909 lorsqu'on enleva la peinture à la chaux : elles sont très probablement l'œuvre d'un des élèves d'Albertus Pictor et furent exécutées vers 1492. Le retable sculpté et doré fut réalisé à Anvers. Le crucifix triomphal est un magnifique chef-d'œuvre médiéval orné d'un évangéliste et d'un symbole à chaque extrémité de la croix. Les fonts baptismaux en grès provenant du Gotland sont antérieurs à la construction de l'église. Les stalles du chœur ont également été sculptées au Moyen Âge. Les plaques commémoratives que l'on peut voir sur les murs et la chaire somptueusement décorée

> **Le saviez-vous ?**
>
> Luleå tire son nom d'un mot same signifiant « eaux de l'Est » (Luleju) ; c'est aujourd'hui la plus grande ville du Nord de la Suède.

Luleå pratique

Adresses utiles

Luleå – Storgatan 43B – *0920 29 35 00, fax 0920 29 4138 - www.lulea.se - En hiver : lun.-vend. 10h-18h, sam. 10h-14h, en été : lun.-vend. 9h-19h, sam.-dim. 10h-16h -* En plus des informations générales et brochures, on y trouve un service de guides. Le site Internet en anglais est très bien documenté.

Gammelstad, *à 10 km au Nord de Luleå - 920-29 35 81, fax 920 43 51 12 - www. lulea.se/gammelstad - lun.-dim. 9h-18h.* Toutes les informations sur cet exceptionnel village paroissial.

Transports

AÉROPORT

Aéroport Kallax – *Flygstationsvägen 4, à 8 km du centre-ville - 920 24 49 00.* Nordi Airlink *(08 528 068 20) et* SAS *(770-727 727).* assurent plusieurs liaisons quotidiennes avec Stockholm. City Airline *(200-250 500)* assure depuis peu une communication avec Göteborg.

BÂTEAUX

Plusieurs compagnies assurent des excursions dans les archipels. Un Ferry régulier dessert les îles de Junkön, Kluntarna, Småskär, Hindersön, Brändöskär et Rödkallen. Les billets s'achètent à l'Office de tourisme ou au départ des bateaux sur le port. Vous pourrez également vous adresser à des compagnies privées :

M/S Ronja – *070 589 88 11 ou 070 604 21 24, fax 0920 23 07 55*

L-Line Rederi AB – *Västra Brunnsgatan 1 A - 0920 106 85 ou 070-518 06 85, fax 0920 885 88*

LOCATION DE VOITURES

Quelques distances :Luleå est à 933 km de Stockholm, 1 529 km de Malmö et 1 306 km de Göteborg.

Si vous en avez le temps, n'hésitez pas à partir à la découverte de la Laponie suédoise ; bien que Kiruna soit à 4h de voiture de Luleå, vous découvrirez des paysages là aussi magnifiques.

Hertz - *à l'aéroport Kallax – 0920 873 44*

Avis - *à l'aéroport - 0920 22 83 55*

Sixt - *à l'aéroport - 0920 881 88*

Se loger

Vous trouverez à l'office de tourisme des adresses de chambres chez l'habitant, des hébergements dans des chalets ou en auberge de jeunesse.

HÔTELS

First Hotel Arctic – *Sandviksg 80 - 920 10 980, fax 920 607 87 - www. arctichotel. se - 94 ch.*

Comfort Hotel Max – *Storgatan 59, dans le centre - 920 22 02 20, fax 920 20 10 90 - www.choicehotels.se - 1 130 SEK.*

Elite Stadshotellet – *Storgatan 15, en plein centre - 920 27 40 00, fax 920 670 92 - www.elite.se - 1 220/1 400 SEK - suite : 1 476 SEK -* offres avantageuses sur internet.

Scandic – *Banvägen 3, à l'entrée de la ville, à 2 km du centre - 920 27 64 00, fax 920 27 64 11 - www.scandic-hotels.com*

Sports et loisirs

Si lemonde des sciences et techniques vous intéresse, et si vous avez envie de tester vos talents, arrêtez-vous à la **Maison des sciences et techniques (Teknikens Hus)** située dans la ville moderne de Luleå - *Depuis le centre-ville, prendre les bus 4 ou 5 qui vous mèneront à l'université en 20mn - en été : tlj 10h-17h - 50 SEK pour les adultes, 30 SEK pour les moins de 18 ans - www.teknikenshus.se*

Luleå et toute la région se prêtent magnifiquement aux activités de plein air : vous pourrez pratiquer la pêche en mer (perches, sandres et ombres), en rivière sur les côtes (saumons et truites) et à l'intérieur des terres (truites, ombres, ombles), le canoë-kayak sur le fleuve Luleälven ou le long des côtes, ou encore les randonnées en motoneige et à ski de fond, l'hiver.

Des excursions dans le « désert blanc », dans **l'archipel de Luleå**, sont proposées hiver comme été par CreActive - *70 207 37 51 - www.creactive-adventure.se/eng/ start.htm*

Vous pourrez faire du golf aux environs de Luleå ; le parcours du **Luleå Golf Club**, situé en forêt, comporte 18 trous - *à Rutvik (à 12 km à l'Est de Luleå) - 0920 563 00.*

Événements

Le **festival de Musique folklorique** de Gammelstad, à la mi-juin, attire des musiciens des régions arctiques de tous les pays scandinaves.

et dorée, de style baroque local, sont l'œuvre d'un charpentier des environs, Nils Fluur, qui exerçait son métier au début du 18e s. L'orgue est un exemple d'artisanat moderne, réalisé par les célèbres facteurs d'orgues de la région, la société Grönlund.

Village paroissial

La rue principale, Gamla Hamngatan, relie la place située au Nord de l'église et le port. Les plus belles maisons du village se trouvent dans le quartier situé au Sud-Ouest de l'église. Une des maisonnettes de Framlänningsvägen est ouverte au public.

Les humbles logements des artisans et des ouvriers, serrés les uns contre les autres, côtoient les résidences plus spacieuses des riches citoyens, qui laissaient peu de place aux maisonnettes paroissiales et aux écuries.

En 1817, ces dernières étaient au nombre de 350, mais l'arrivée de l'automobile entraîna leur disparition et aujourd'hui il n'en reste plus que cinq. On peut en voir trois derrière les maisonnettes, sur le côté Sud de Gamla Hamngatan.

Villages paroissiaux

Depuis plus de cinq cents ans, les habitants de Luleå organisent à Gammelstad des marchés, des sessions du tribunal d'instance, des mariages et des enterrements, mais ils s'y rendent surtout pour la célébration des festivals religieux. Il est de coutume pour les paroissiens de séjourner plusieurs jours dans leur maisonnette près de l'église. Il y avait autrefois 72 villages paroissiaux dans le Nord de la Suède mais il n'en reste plus que 18 ; six d'entre eux sont des villages sames.

Musée de plein air Hägnan

Ce musée, qui abrite divers bâtiments de ferme près du port d'origine, organise en été des démonstrations des différents métiers ruraux.

Dans la ville moderne

Musée de la Botnie du Nord (Norrbottens museum)

2, Storgatan. ✆ 0920-24 35 00 - 10h-16h, w.-end 12h-16h, possibilité de visite guidée en anglais - fermé lun. - gratuit. Le musée présente les gens, leur travail et leur vie quotidienne en Botnie du Nord. Le second étage abrite une importante collection d'objets sames.

Cathédrale

Tlj sf w.-end : 10h-15h.

Cette église gothique en brique rouge est la troisième à avoir été construite sur le même site ; sa **flèche** élancée de 63 m de haut est un point de repère bien connu localement. Le motif doré qui orne l'intérieur des portes de verre représente l' « Arbre de vie ».

Institut de technologie (Teknikens Hus)

Tlj sf w.-end : 10h-15h.

À 4 km. Suivre les indications « Högskolan » ou « Porsön ». L'**Institut de technologie**, qui fait partie de l'université, fournit aux enfants et aux parents un aperçu de la technologie industrielle par le biais de la pratique.

Embarquer

L'archipel de Luleå

L'archipel de Luleå compte une centaine d'îles, pour la plupart inhabitées. La longue plage et le restaurant de Sandön sont les lieux de prédilection de la population locale. Les excursions en bateau partent du port Sud (Södra hamnen), à l'exception de celles vers Hindersön et les petites îles voisines, qui partent du port Nord (Norra hamnen), pittoresque avec ses entrepôts de bois peints en rouge.

Autour du lac Mälaren★★★

VÄSTMANLANDS LÄN, UPPSALA LÄN, SÖDERMANLANDS LÄN, STOCKHOLMS LÄN
CARTE MICHELIN N° 711 M 13 OU ATLAS EUROPE P. 119

Troisième lac de Suède par la taille (1 140 km²), Mälaren s'étire d'Ouest en Est sur 150 km jusqu'à Stockhom où il se déverse dans la Baltique. Il est formé d'une multitude de bras tortueux séparés par des îles et des presqu'îles sur lesquelles se dressent souvent d'admirables châteaux et ses rives sont bordées de petites villes pittoresques.

Se repérer – Situé à l'Ouest de Stockholm, le lac est accessible à partir de la capitale par les autoroutes E 18 et E 20.

À ne pas manquer – La cathédrale de Västerås, les châteaux de Grönsö, Skokloster et Gripsholm, le site d'Anundshög.

Organiser son temps – Comptez une demi-journée pour visiter Västerås et deux ou trois jours pour chacun des deux circuits proposés ; les hébergements sélectionnés ajoutent leur propre charme au plaisir de la découverte de paysages enchanteurs.

Avec les enfants – La visite de Parken Zoo à Eskilstuna, le musée de l'automobile à Skokloster, une balade en bateau à partir de Sundbyholm ou de Mariefred.

Pour poursuivre le voyage – Voir aussi Stockholm ainsi qu'Uppsala, très ancienne ville écclésiastique et universitaire.

E. Morris / MICHELIN

Cette pergola près du château de Grönsö est un bel exemple d'architecture lacustre.

Comprendre

Le lac Mälaren n'est pas un lac ordinaire car avant le 12e s. il formait une baie profonde par laquelle les navires sillonnant la Baltique pouvaient pénétrer dans les terres. Cependant, en raison de la lente élévation du socle rocheux de la baie depuis la fin de la dernière glaciation, la vaste étendue d'eau salée fut peu à peu remplacée par l'eau douce des rivières qui se jetaient dans le Mälaren, et celui-ci devint ainsi un lac se déversant à son tour dans la Baltique. De nos jours, le niveau du lac se trouve à 70 cm au-dessus du niveau de la mer ; la jonction se fait à Slussen, en plein centre de Stockholm.

Se promener

VÄSTERÅS★

Västerås est un centre administratif et commerçant occupant une position stratégique au fond du lac Mälaren ; la ville est reliée par bateau à Strängnäs ainsi qu'à d'autres îles et sites du lac (Birka, Tidö slott et Engsö slott). Elle est également située sur la « **Route du Roi** », qui relie Oslo et Saint-Pétersbourg à travers la Norvège, la Suède, la Finlande et la Russie.

Mälaren pratique

Adresses utiles

Västerås – *Stora Gatan 40 - ✆ 021 10 38 50.*

La plupart des curiosités décrites dans ce circuit sont aisément accessibles à partir de Stockholm, soit par la route, soit en bateau.

Transports

Le lac Mälaren borde Stockholm. Vous trouverez donc de nombreux trains et bus quotidiens qui relient la capitale suédoise à Västeras en mois d'une heure et demie.

Se loger

MARIEFRED

In my Garden Bed & Breakfast – *Strandvägen 17 - ✆ 0159 133 53 ; www. inmygarden.se - ch. : 1 195 SEK* . Trois chambres doubles décorées avec beaucoup de goût et d'amour dans une maison familiale entourée d'un beau jardin et admirablement située sur les bords du lac Mälaren. Bon à savoir : vous obtiendrez des réductions si vous résidez plus de trois jours.

Gripsholms Värdshus & Hotel – *Kyrkogatan 1 - ✆ 0159 347 50, fax 0159 347 77 - www. gripsholms-vardshus.se - ch. : 2 190 SEK* . Cet hôtel de charme situé près du port de plaisance, face au château de Gripsholm, se vante d'être la plus vieille « auberge » de Suède et d'avoir accueilli des invités célèbres comme, par exemple, le roi Gustave III et son entourage. Lors de la rénovation du bâtiment en 1989, les vestiges d'un monastère cartusien furent retrouvés dans les sous-sols. Le restaurant est célèbre pour sa « nouvelle cuisine » suédoise et sa carte des vins.

ESKILSTUNA

Sundbyholms Slott – *✆ 016 428 400, fax 016 965 78 - www. sundbyholms-slott.se - ch. : 1 200/2 000 SEK.* Ce complexe hôtelier comprend plusieurs bâtiments entourant un joli manoir avec vue imprenable sur le petit port de plaisance et le lac Mälaren. Les rives sinueuses, bordées de roseaux, au creux desquelles se blottissent les voiliers, forment un cadre pittoresque et romantique. Les chambres allient confort, charme et tranquillité.

SIGTUNA

Sigtuna Stads Hotell – *Stora Nygatan 3 - ✆ 08 592 501 00, fax 08 592 515 87 - www.sigtunastadshotell.se - ch. : 2 390 SEK* . Hôtel de luxe situé au cœur de la petite ville et offrant une vue panoramique du lac Mälaren ; l'architecture élégante du début du 20e s. a été revalorisée par une rénovation soignée ; cuisine gastronomique et service impeccable. Demander les chambres qui offrent une vue imprenable sur le lac.

Se restaurer

MARIEFRED

Gripsholms Slottspaviljong – *Slottsparken, Lottenlund - ✆ 0159 100 23 - www.gripsholmsslottscafe.se* Café-restaurant avec terrasse, situé sur les bords du lac Mälaren, offrant une belle vue sur le château de Gripsholm ; ouvert en été seulement.

ESKILSTUNA

Jernberghska – *Rademachergatan 48 - ✆ 016 14 65 05 - www.jernberghska.se* Café-restaurant situé au cœur du pittoresque quartier des Forges Rademacher dont les belles maisons de bois peintes en rouge revivent grâce à l'artisanat.

SIGTUNA

Farbror Bla Restaurant – *Stora torget 4, Sigtuna - ✆ 08 592 560 50.* Situé à côté du pittoresque hôtel de ville, ce restaurant offre une cuisine simple mais savoureuse dans le cadre attrayant d'une maison traditionnelle.

Un comptoir commercial, fondé à l'embouchure de la rivière Svartån et nommé Västra Aros (estuaire à l'Ouest), vit son nom simplifié plus tard en Västerås. Le développement de l'exploitation des gisements de cuivre et de fer dans la région de Bergslagen permit à Västerås de devenir un important port d'exportation du minerai et l'une des plus grandes villes de Suède dès la fin du Moyen Âge.

La **place de la cathédrale (Domkyrkoplatsen)** est dominée par la statue (œuvre de Carl Milles) de Johannes Rudbeckius, évêque de Västerås au 17e s., et bordée par la résidence épiscopale et le premier collège de Suède, fondé en 1623.

Domkyrkan★★★

✆ 021-81 46 00 - www.svenskakyrkan.se - 8h-17h, w.-end 9h30-17h.

La **cathédrale** fut construite au 13e s. mais plusieurs agrandissements et modifications ont changé son aspect d'origine. La tour surmontée de la flèche est l'œuvre de Nicodemus Tessin le Jeune. Parmi tous les monuments funéraires, on remarquera en particulier le monument de marbre noir (sur le côté Sud du déambulatoire) posé sur un socle de grès rouge d'Öland, dédié au roi Éric XIV, ainsi que l'imposant mausolée des comtes Brahe *(voir Vättern)*, en marbre noir et blanc, orné de figures en albâtre. Les trois admirables retables sont flamands : celui de la grande chapelle des baptêmes fut exécuté à Anvers au début du 16e s., celui qui est placé derrière le maître-autel vient également d'Anvers, et celui de la chapelle des Apôtres est l'œuvre de **Jan Borman** de Bruxelles et date de 1500 environ. Le crucifix triomphal date du début du 14e s.

L'introduction de la Réforme en Suède

L'archevêque d'Uppsala, le turbulent **Gustav Trolle**, qui avait provoqué le bain de sang de Stockholm, s'était enfui au Danemark en 1523 derrière le roi Christian II. Le pape Clément VII exigea du roi Gustave Vasa, qui avait entrepris de nommer des titulaires de son choix aux sièges épiscopaux, que l'archevêque fût rétabli. Le refus du roi entraîna la rupture avec Rome. En 1527, le Riksdag réuni à Västerås approuva la confiscation des biens ecclésiastiques puis, en 1528, le **concile d'Örebro**, où l'influence d'Olaus Petri fut déterminante, adopta la religion évangélique comme religion d'État, le roi se proclamant chef de l'Église suédoise.

Colline de l'église (Kyrkbacken)

Au Nord de la cathédrale se trouve le quartier connu sous le nom de **Kyrkbacken** ou Colline de l'église, très pittoresque avec ses maisons de bois où logeaient autrefois artisans et ouvriers.

Hôtel de ville (Stadshuset)

L'hôtel de ville avec sa curieuse tour se dresse sur Fiskatorget, à l'emplacement d'un monastère dominicain du 13e s., qui fut détruit après l'introduction de la Réforme. Son carillon contraste avec les sons puissants des cloches de la cathédrale. Situé en haut d'une colonne sur la gauche, le *Taureau* doré symbolise la force. La *Grotte des Vents*, face à l'entrée principale, est d'Éric Grate (1896-1983).

Musée des Beaux-Arts (Västerås Konstmuseum)

✆ 021-39 13 00 - de mi-mai à mi-août : 11h-16h, w.-end 12h-16h ; reste de l'année : 10h-17h, w.-end 12h-17h - fermé lun. (gratuit).

Tout à côté de l'hôtel de ville, l'ancien tribunal qui date des années 1850 abrite aujourd'hui ce musée qui contient une belle collection d'œuvres d'art suédois et nordique, essentiellement du 20e s.

Prendre la passerelle pour traverser la rivière.

Maison des turbines (Turbinhuset)

✆ 021-39 01 00 - visite guidée (1h, anglais) sur demande préalable - 800 SEK (tarif unique quel que soit le nombre de participants).

La petite **Maison des turbines** en brique fut construite en 1891 et équipée un an plus tard de trois turbines par la société Asea, spécialisée dans l'électrotechnique. En 1988, Asea fusionna avec la société suisse Brown Boveri pour former le groupe multinational Asea Brown Boveri (ABB).

Château

Slottsgatan, sur la rive droite de la rivière.

La première forteresse du 13e s. fut construite à l'embouchure de la rivière sur un site choisi pour son importance stratégique. Plusieurs fois remanié, le château actuel apparaît tel que le transforma **Carl Hårleman** en 1737. Il sert de résidence au gouverneur du comté.

Aux alentours

Mine d'argent de Sala★ (Sala Silvergruva)

À 37 km au Nord, à 2 km de la ville.

✆ 0224-195 41 et 0224-552 02 - www.salasilvergruva.se - visite guidée (30mn à 2h selon le tour choisi) juin-août : 11h-17h ; sept.-mai : w.-end 12h-16h - de 60 à 275 SEK (enf. 30 à 150 SEK).

La **mine d'argent** fut exploitée pendant 400 ans, jusqu'en 1908. Elle appartenait à la Couronne et, au 16e s., **Gustave Vasa** contrôla lui-même les travaux d'amélioration. Durant les trois siècles suivants, de nouveaux puits furent mis en service et, vers 1830, le puits le plus profond atteignit 318 m. Les visites guidées *(de 30mn à 2h)* permettent aux visiteurs de descendre jusqu'à 60 m de profondeur et d'explorer plusieurs puits et galeries. Le prix de la visite comprend la projection d'un film et l'entrée au musée de la mine.

Château de Tidö (Tidö Slott)

13 km au Sud-Ouest.

Ce palais du 17e s., l'une des grandes résidences édifiées à l'époque de l'hégémonie suédoise en Europe, fut élevé sur les berges du Mälaren en 1625 par le chancelier **Axel Oxenstierna**.

Circuits de découverte

CHÂTEAUX EN SUÈDE

Une vingtaine de demeures historiques allant du fastueux château royal au plus modeste manoir ornent les rives du lac Mälaren ainsi que certaines de ses îles.

De Västerås à Stockholm par la rive Nord 1

Environ 240 km de part et d'autre de la E 18.

Quitter Västerås vers l'Est par la E 18 en direction de Stockholm ; environ 3 km plus loin, suivre la signalisation « Anundshög ».

Anundshög★★

Ce remarquable cimetière comprend le plus grand tertre funéraire de Suède (14 m de haut et 60 m de diamètre à la base), édifié probablement entre 400 et 700.

Les deux **alignements de pierres en forme de bateau,** longs de 53 m et 50 m respectivement, ainsi que trois alignements plus petits datent de l'an 1000. Au Moyen Âge, le site devint le lieu de réunion de l'assemblée du peuple (tingvalla). Le roi, voyageant entre Västra Aros (Västerås) et Östra Aros (Uppsala), arrivait alors par l'ancienne route, Eriksgata, bordée de **pierres runiques** et de rangées de pierres plus petites.

E. Morris / MICHELIN

À Anundshog, les ancêtres vous parlent...

Le nouveau centre d'accueil situé face au parking offre en saison un complément d'information aux visiteurs qui peuvent faire une pause au café.

Revenir vers la route E 18, la traverser et continuer vers le Sud.

Château d'Engsö★ (Engsö Slott)

✆ 0171-44 40 12 - de déb. juil. à mi-août : tlj sf vend. 12h-17h ; mai-juin et de mi-août à fin août : w.-end 12h-17h - 60 SEK.

Un premier château fut construit sur l'île vers 1480 puis agrandi vers 1630, mais le château actuel est le résultat de la reconstruction réalisée par **Carl Hårleman** (1700-1753). Il ajouta un quatrième étage, deux nouvelles ailes et traça le parc, le tout dans le style rococo. La décoration intérieure et le mobilier reflètent différentes époques et le château abrite une importante collection de tableaux.

La **chapelle** du 14e s., ornée de belles peintures murales également du 14e s., comporte aussi un élément ajouté par Hårleman, la coupole.

Retourner vers la route E 18 et la suivre jusqu'à Enköping ; prendre ensuite la direction de Härjarö au Sud-Est. Grönsö est signalé à partir de Veckholms Kyrka.

Château de Grönsö★★ (Grönsö Slott)

✆ 0171 870 84 - manoir visite guidée de déb. mai à mi-sept. : w.-end 13h-15h - 160 SEK - expositions de mi juin à mi-août : tlj sf lun. et w.-end 12h-16h ; de déb. mai à mi-juin et de mi-août à mi-sept. : w.-end 12h-16h - 50 SEK.

Ce manoir du 17e s., qui se dresse dans un site magnifique à l'extrémité d'une presqu'île, est habité depuis le début du 19e s. par la famille von Ehrenheim. La demeure contient une admirable collection de mobilier, de livres et d'œuvres d'art, enrichie par les générations successives.

Vue de l'intérieur du château d'Engsö.

Un chemin longe le lac et conduit à une pagode chinoise datant de la fin du 18e s. Dans les anciennes écuries, des expositions thématiques permettent d'admirer une partie des vastes collections de meubles anciens et d'objets d'art de Grönsö. Le domaine de 720 hectares est géré par la famille von Ehrenheim.

Retourner vers la E 18 et continuer vers l'Est puis, à la hauteur de Bro, prendre la route 269 ; à l'intersection avec la route 263, tourner à gauche vers Skokloster.

Skokloster★★

Situé dans un bras du Mälaren, le château de Skokloster est aussi accessible par bateau au départ de Stockholm. Son parc est l'endroit rêvé pour faire un pique-nique *(tout le nécessaire est disponible au café)*.

Château★★ – *018-38 60 77 - www.skoklostersslott.se - visite guidée (ttes les heures en anglais) juin-août : 11h-16h ; avr. : w.-end 12h-15h ; mai : 12h-15h ; sept. : 13h et 15h, w.-end 12h-15h - 40 SEK (enf. 20 SEK).* **Nicodemus Tessin l'Ancien** et **Jean de la Vallée** construisirent ce grand château baroque (1654-1676) en collaboration avec l'architecte allemand Caspar Vogel. Il frappe par sa blancheur et sa symétrie ; les bâtiments, alignés autour de la cour centrale, sont flanqués aux quatre angles de tours octogonales coiffées de coupoles à lanterne.

L'intérieur, richement orné de décorations en stuc ainsi que de peintures sur les murs et les plafonds, forme un cadre parfait pour les collections inestimables de tableaux, de textiles, de verreries, de céramiques, d'argenterie et surtout d'armes.

Église – *714 680 20 - possibilité de visite sur RV.* Cette chapelle en brique date du 13e s. mais la majeure partie du mobilier est postérieure. La chaire ornée de beaux personnages sculptés, les fonts baptismaux et le retable viennent de l'abbaye Oliva, près de Gdansk. La sculpture en bois représentant la Vierge et l'Enfant et le crucifix triomphal datent tous deux du 13e s. Le caveau de la famille Wrangel remonte à 1639.

À l'Est de la chapelle, on peut voir une remarquable **pierre runique** ornée de deux cavaliers censés être antérieurs à l'inscription (an 1000).

Motormuseum –*À côté du parc de stationnement 018-38 61 06 - de déb. mai à mi-sept. : w.-end 12h-16h - 50 SEK (enf. 25 SEK).*

Le plus ancien véhicule de la collection de plus de 40 voitures date de 1898.

De l'abbaye à l'imposante demeure

Une abbaye cistercienne fut fondée sur ce site au début du 13e s. Tous les bâtiments, à l'exception de l'église et de la résidence du chanoine, furent détruits au 16e s. Le domaine fut acheté par le maréchal Herman Wrangel, dont le fils **Carl Gustav** devint Grand maréchal et Grand amiral à l'époque où la Suède était une grande puissance européenne. Il engagea les architectes auxquels il avait déjà confié le **palais Wrangel**, sa résidence de Stockholm, pour construire cette demeure grandiose digne de sa puissance.

L'imposant château de Skokloster domine un beau parc.

Retourner vers la route 263 et la prendre à gauche en direction de Sigtuna.

Sigtuna★★

Fondée en 980 par le roi Éric le Victorieux, Sigtuna fut la première capitale du pays, puis elle devint un important centre religieux et finit par remplacer Birka comme principale place commerciale de la Baltique. Les ruines de St-Lars, St-Per et St-Olof datant du 12e s., sont les plus anciennes églises en pierre et témoignent du fait que Sigtuna fut la première ville chrétienne de Suède. Aujourd'hui, cette agréable cité-jardin sur les rives du Mälaren a retrouvé sa prépondérance de centre religieux.

La flânerie dans le quartier historique avec ses allées médiévales, ses maisons de bois et ses quelques belles pierres runiques permet de profiter de l'atmosphère dont il est imprégné.

Stora gatan★ – C'est, depuis le Moyen Âge, la rue principale de la ville ; de nos jours, elle est bordée de maisons de bois du 19e s. aux couleurs vives, de boutiques et de cafés pittoresques. Le **musée** local, situé au n° 55, présente le produit des fouilles réalisées sur les sites vikings et médiévaux.
✆ 08-597 838 70 - 12h-16h - 30 SEK.

Lundströmska gården – *✆ 08-597 838 70 - de mi-juin à mi-août : 12h-16h - 10 SEK.*
Cette demeure, située au n° 39, vit grandir l'un des enfants les plus célèbres de Sigtuna, **Vilhelm Lundström** (1869-1940), mécène et promoteur de la culture suédoise à l'étranger, qui fonda les instituts culturels suédois. L'hôtel de ville miniature, qui se dresse sur la place à l'extrémité de Stora gatan, date du 18e s.

Église Notre-Dame (Mariakyrkan) – *✆ 08-592 50454 - 9h-16h.* Consacrée en 1247, c'était l'abbatiale des moines dominicains, qui, pense-t-on, introduisirent en Suède la technique de la construction en brique.

Reprendre la route 263 vers l'Est et tourner à droite un peu avant Märsta en direction de Steninge.

Château de Steninge★★ (Steninge Slott)

✆ 08 592 595 23 - www.steningeslott.com - visite guidée du palais uniquement sur réservation. Centre culturel ouvert toute l'année : 10h-17h, dim. 11h-17h - 55 SEK (palais).
Ce palais baroque aux proportions harmonieuses, d'influence italienne et française, fut construit par **Nicodemus Tessin le Jeune** et achevé en 1705. À la fin du 18e s., Steninge devint la propriété d'Axel von Fersen, diplomate suédois en poste à Paris qui voua un amour éternel à Marie-Antoinette et essaya en vain de sauver la famille royale.
Plusieurs bâtiments entourent le palais, en particulier une immense grange en pierre datant de la fin du 19e s.

Steninge est aujourd'hui un centre culturel où l'on peut voir, entre autres, un atelier de verrerie d'art et une galerie d'art abritant des expositions d'art international.

Reprendre la route 263 vers Märsta ; elle rejoint la E 4 qui conduit à Stockholm.

De Västerås à Stockholm par la rive Sud 2

190 km d'Ouest en Est le long de la E 20
Quitter Västerås par la E 18 en direction d'Örebro ; parcourir 13 km et prendre la route 53 vers Eskilstuna puis tourner bientôt à droite vers Strömsholm.

Château de Strömsholm★ (Strömsholms Slott)

Il s'élève dans un cadre attrayant de bois et de pâturages verdoyants où de vénérables chênes millénaires offrent leur ombre et leur protection aux chevaux qui paissent tranquillement. Le roi **Gustave Vasa** le fit construire en 1556 sur un domaine royal, avec l'intention d'en faire un hara.
Au 17e s., un centre équestre et une école d'équitation s'y établirent puis, de 1868 à 1968, le château et son parc servirent d'académie militaire d'équitation.
C'est encore de nos jours un centre populaire de manifestations hippiques : le Concours national de dressage et le « Grand national » suédois (course de plat) qui s'y déroulent chaque année attirent une foule nombreuse. Un tournoi haut en couleur est donné vers la fin du mois de juillet.

Château – *✆ 0220-430 35 - juil. : 12h-17h ; mai-juin et août : 12h-16h - 40 SEK.* Il fut la résidence préférée de plusieurs reines douairières. La construction du château actuel fut confiée à **Nicodemus Tessin l'Ancien**. Achevé en 1681, il ne fut meublé qu'entre 1767 et 1776. La décoration intérieure est essentiellement de style gustavien. Durant la première moitié du 19e s., Strömsholm retrouva la faveur de la famille royale et devint l'une de ses résidences de campagne préférées. L'importante collection de tableaux comprend des œuvres du peintre animalier **David Klöcker von Ehrenstrahl** (1628-1698), le « Stubbs suédois ».
Les concerts d'été sont très appréciés des mélomanes.

Le canal de Strömsholm – Construit entre 1777 et 1795, c'est le plus ancien de Suède après le Hjälmare kanal et le plus long après le Göta kanal. Reliant Smedjebacken, en Dalécarlie, à Strömsholm, ses 110 km traversent 14 lacs et ses 26 écluses élèvent son niveau de 100 m. Il est ouvert à la navigation de mi-juin à mi-août.

Prendre la route 252 vers le Sud ; au-delà de Borgåsund elle rejoint la route 53 : tourner à droite en direction d'Eskilstuna.

Eskilstuna★

Eskilstuna est situé sur les bords de la rivière Eskiltunaån, entre les lacs Mälaren et Hjälmar. La ville devint au 19e s. un centre industriel spécialisé dans la mécanique, bien que les origines de son industrie remontent à l'époque des forges où l'on travaillait le fer.

Rademachersmedjorna★ – *À l'extrémité Ouest de Rademachergatan. ✆ 016-10 13 71 - les ateliers sont ouverts du lun. au vend. 10h-16h, certains ouvrent aussi le samedi et le dimanche - gratuit.* En 1658, le roi Charles X Gustave chargea Reinhold Rademacher, marchand originaire de Livonie, d'installer une forge et de fournir au royaume couteaux, aiguilles, étriers, etc. C'est à cette ancienne tradition que la ville doit aujourd'hui sa réputation pour la qualité de sa coutellerie, de ses instruments chirurgicaux et de son acier inoxydable.
De nos jours, six forges ont été transformées en musées vivants, où chaudronniers, couteliers, orfèvres, graveurs et forgerons font des démonstrations de leurs métiers. Dans ce quariter préservé, on trouve aussi, autour d'une cour pavée, un café-restaurant et l'office de tourisme de la ville.

Factoriholmarna – *✆ 016-10 23 75 - 11h-16h, possibilité de visite guidée en anglais - fermé lun. (gratuit).* Au 17e s., ces îlots connaissaient déjà une certaine activité industrielle et, de 1813 à 1969, une usine produisit ici des armes à feu. Le **musée de l'Industrie et de la Technologie (Factoriet)** abrite aujourd'hui une exposition retraçant le développement d'Eskilstuna depuis les temps préhistoriques. L'espace interactif, Faktotum, offre aux visiteurs la possibilité de faire des expériences ayant un rapport avec l'activité industrielle traditionnelle et moderne de la ville.

Tingsgården – *Sur Rådhustorget. ✆ 01 51 04 60 - tlj sf dim. 10h-18h (sam. 14h).* Cette verrerie d'art située dans la vieille ville, au bord de la rivière, occupe plusieurs bâtiments classés groupés le long des quais (possibilité de garer la voiture) et encadrés par un café et un restaurant avec une agréable terrasse au bord de l'eau. On peut visiter l'atelier de fabrication du verre, l'atelier de peinture sur verre, et la galerie où sont exposées les plus belles pièces ; la boutique a un grand choix de très beaux souvenirs.

Parken Zoo★ – *Suivre Västeråsvägen vers l'Ouest à partir de la vieille ville. Restauration rapide et boutiques.*

☏ 016 100 100 - www.parkenzoo.se - de la dernière sem. de juin à mi-août : 10h-18h - 140 SEK (enf. 100 SEK) - de la dernière sem. d'avr. à la dernière sem. de juin et de mi-août à mi-sept. : 10h-16h (w.-end 18h) - 120 SEK (80 SEK) - de mi-sept. à mi-déc. : 10h-15h - 60 SEK (enf. 40 SEK).

La ville d'Eskilstuna a inauguré ici une formule originale qui a beaucoup de succès : un parc zoologique doublé d'un parc d'amusements offrant une dizaine d'attractions et une piscine.

Le zoo, qui comprend trois espaces bien distincts, l'un pour les animaux d'Asie, l'autre pour les animaux d'Afrique et le troisième pour ceux d'Amérique du Sud, abrite plusieurs espèces menacées tel le magnifique tigre blanc aux yeux bleus et au nez rose ; il ne reste plus aucun tigre blanc à l'état sauvage et seulement 200 répartis dans les différents zoos à travers le monde. Parken zoo en possède trois : une femelle et deux mâles.

L'Information et l'éducation jouent un rôle essentiel dans les activités du zoo qui propose aux visiteurs des visites guidées, des stages, des conférences et publie une brochure gratuite en suédois et en anglais sur les animaux de Parken Zoo, leurs caractéristiques, leurs habitudes, la menace qui pèse sur l'espèce, etc.

Sundbyholm★

10 km au Nord-Est ; à partir du centre d'Eskilstuna, traverser la rivière par le pont de Nybron et continuer toujours tout droit ; suivre la signalisation pour Sundbyholm et juste avant l'entrée du château du même nom, prendre une route secondaire sur la droite.

La Gravure de Sigurd★★ (Sigurdristningen)

Quelques visites guidées sont organisées par l'Office de tourisme en été. Renseignements au ☏ 161-070 00.

Réalisée en souvenir d'un héros mort, sur un affleurement de rocher, la **Gravure de Sigurd** date du 11e s. et illustre quelques-uns des épisodes dramatiques du poème épique de tradition germanique, *le Chant des Nibelungen*, dans sa version scandinave. Une des scènes montre comment le héros Sigurd réussit à transpercer avec son épée le dragon Fafner dont le corps est couvert de runes.

Le **Château de Sundbyholm (Sundbyholm Slott)** se dresse dans un **site idyllique★** sur les bords du lac Mälaren. Le château de 1648, le manoir du 18e s. et les dépendances ont été convertis en un hôtel de luxe plein de charme dans un cadre paisible et relaxant, à deux pas d'une plage de sable fin et d'un pittoresque petit port.

Reprendre la route d'Eskilstuna puis tourner à gauche pour rejoindre l'E 20 en direction de Stockholm.

Strängnäs★

Cette ville de la rive méridionale du lac Mälaren a marqué un moment important de l'histoire de la Suède. La ville fut en effet l'un des foyers de diffusion du luthéranisme dans le pays après que le jeune diacre **Olaus Petri** eut gagné à la cause de la Réforme l'archidiacre de la cité, Laurentius Andreae, qui eut l'honneur de proclamer roi de Suède Gustave Vasa le 6 juin 1523.

Cathédrale★★ – *☏ 0152-245 00 - été : 10h-18h ; hiver : 10h-16h.*

Elle fut consacrée en 1291 et, lorsque les travaux furent interrompus en 1342, seuls la nef et les bas-côtés étaient achevés. Le chœur fut ajouté au milieu du 15e s. et les

fresques qui en décorent l'arche datent de cette époque. **Carl Hårleman** coiffa la tour du 15e s. d'un dôme baroque.

Après la Réforme, les chapelles latérales furent transformées en chapelles funéraires. Le long du collatéral Sud, on remarque la **chapelle Notre-Dame** construite en 1404, parfois surnommée « chapelle aux fresques » en raison de ses admirables peintures murales.

La **chapelle Gyllenhjelm,** au-delà du porche Sud, dont les décorations en stuc datent du 17e s., abrite le monument funéraire d'un fils illégitime du roi Charles IX.

La dernière chapelle, elle aussi ornée de très belles fresques, devint à la fin du 17e s. la chapelle funéraire d'un noble, l'amiral comte Otto Gustav Stenbock, dont le souvenir est perpétué par un énorme monument en bois représentant la Mort.

La voûte en étoile du chœur contraste avec la croisée d'ogives plus simple de la nef. Le magnifique **retable★★★** (1490) situé derrière le maître-autel est un chef-d'œuvre de l'École de Bruxelles. Le **monument funéraire** (1597) de Charles IX, couronné de la statue en bois d'un cheval paré d'une armure de cuivre doré, est entouré d'une belle grille en fer forgé.

On remarquera un autre monument intéressant (1580), œuvre de Willem Boy, à l'effigie de la princesse Isabelle, fille du roi Jean III. La décoration de la chapelle des Baptêmes dans le collatéral Nord, face à la chapelle Notre-Dame, date de 1910 mais les **fonts baptismaux** sont du 14e s. et le **retable** (1515) sort de l'atelier de **Jan Borman** à Bruxelles, tandis que la prédelle aurait été exécutée à Anvers.

Abords de la cathédrale – Bordée de maisons basses en bois, **Gyllenhjelmsgatan** fut tracée par décret royal vers 1640 afin d'aménager un accès à la cathédrale. À l'Ouest, le dédale de rues médiévales a été préservé. **Lillgatan** est bordée de maisons des 17e et 18e s. peintes en rouge. L'édifice situé sur la gauche, juste avant la porte du Lion qui marque l'entrée du cimetière, était au 18e s. l'imprimerie du diocèse.

Près du chœur de la cathédrale se dresse le **Roggeborgen**, ancienne résidence épiscopale qui devint en 1626 le deuxième collège de Suède après celui de Västerås (1623). Il abrite aujourd'hui une bibliothèque contenant plus de 70 000 livres et manuscrits.

C'est dans la grande salle que l'archidiacre Andreae aurait proclamé **Gustave Vasa** roi de Suède. Depuis le 17e s., la résidence épiscopale est établie dans le bâtiment rose situé au Sud de la cathédrale. Aujourd'hui, on sert le café dans les anciennes écuries, **Kyrkstallarna.**

Café Grassagården – Kvarngatan 2. *✆ 0152-296 98 - été : 11h-17h.* Dans cette demeure bourgeoise de 1638, le bâtiment principal donne sur la cour, tandis que les dépendances donnent sur la rue. La plupart des autres bâtiments sont du 18e s. Utilisée comme taverne pendant très longtemps (à la fin du 17e s., Strängnäs comptait 17 débits de boisson et Mariefred 32), elle abrite aujourd'hui un **musée** où, en juillet, un café est ouvert et des divertissements musicaux sont organisés.

Reprendre la E 20 en direction de Stockholm puis sortir par la route 223 qui conduit à Mariefred.

Mariefred★

La ravissante petite ville de **Mariefred**, située dans une anse du Mälaren, est reliée à Stockholm par un pittoresque bateau à vapeur centenaire, le *S/S Mariefred*, pour lequel le réseau complexe de chenaux du lac n'a plus de secrets.

Mariefred se développa autour d'un monastère de chartreux *(Pax Mariae)* fondé en 1493 par le seigneur de Gripsholm. Au 18e siècle, **Gustave III** flatta le goût de ses habitants pour la splendeur en faisant construire des édifices tels que l'hôtel de ville de style gustavien sur Rådhustorget qui abrite l'Office de tourisme.

L'**église** dresse sur une colline dominant les eaux tranquilles du lac sa tour élancée blanchie à la chaux. Construite en 1624, partiellement détruite par un indendie en 1682, elle fut restaurée à la fin du 17e s. et n'a pas été modifiée depuis. À l'intérieur, le retable de 1689 est l'œuvre de Caspar Schröder. La chaire date de 1701 et l'orgue de style baroque fut construit en 1786 par Olaf Schwan. Trois lustres du 17e s. éclairent la nef.

En suivant la rue de l'église, **Kyrkogatan**, on parvient au centre historique de la ville où l'on peut voir plusieurs édifices de la fin du 18e s. et du début du 19e s.

Le château qui est à l'origine de la fondation de Mariefred est admirablement situé sur une île face au petit port de plaisance.

Grafikens Hus – *✆ 0159 231 60 - www.grafikenshus.se - juin-août : 11h-17h ; reste de l'année : w.-end 11h-17h.* Une ancienne dépendance du château, située entre celui-ci et la ville, a été convertie en centre d'arts graphiques où de très belles expositions d'estampes sont organisées et où l'on peut visiter l'atelier de fabrication des estampes selon différentes méthodes. Café et boutique.

E. Morris / MICHELIN

Château de Gripsholm.

Château de Gripsholm★★ (Gripsholms Slott)

Le conseiller d'État Bo Jonsson Grip fit édifier la première forteresse au 14e s., mais ce fut Gustave Vasa qui érigea l'actuel château, imposante construction hexagonale entourant une cour intérieure et flanquée de tours cylindriques à ses angles. Au fil des siècles, le château fut modifié et restauré par ses successeurs, en particulier **Gustave III**, qui y résida fréquemment à partir de 1772 et créa l'importante collection de portraits.

Château – *✆ 0159 231 60 - www.grafikenshus.se - juin-août : 11h-17h ; reste de l'année : w.-end 11h-17h.* Depuis 1822, il abrite la **collection nationale de portraits** qui compte quelque 4 000 œuvres du 16e s. à nos jours : les 16e et 17e s. (de Gustave Vasa à Charles XII) se trouvent au premier étage, le 18e s. (Frédéric Ier – Gustave III) au second étage. Les 19e et 20e s., situés au troisième étage, comprennent des portraits d'écrivains, d'hommes politiques et d'artistes contemporains comme par exemple Greta Garbo par Einar Nerman et un buste en bronze d'Ingrid Bergman. Les portraits de personnalités étrangères sont exposés dans une série de salles situées au premier étage.
Le second étage est l'étage principal : la plus grande partie de la décoration intérieure date des années 1770 et 1780. La plus grande pièce des appartements royaux est la **salle du conseil (Rikssalen)**, achevée vers 1590 mais réaménagée plusieurs fois depuis cette époque. Le beau salon blanc de Gustave III, dit **Runda salongen** (« le salon rond »), situé dans la tour du Théâtre, a été dessiné par Jean Eric Rehn, véritable créateur du style gustavien. La passion de Gustave III pour le théâtre est à l'origine d'un élégant **théâtre** à l'atmosphère intime, doté d'une machinerie du 18e s. ; de pur style néoclassique, c'est le chef-d'œuvre d'Erik Palmstedt (1741-1803).

Malmö★ et la Scanie

SKÅNE LÄN – 257 574 HABITANTS
CARTE MICHELIN N° 711 Q 9/10 OU ATLAS EUROPE P. 123

La troisième ville de Suède est située face à la capitale danoise, de l'autre côté du détroit de l'Öresund large de 25 km. La liaison routière et ferroviaire entre les deux rives de l'Öresund, inaugurée en 2000, a permis le développement d'une nouvelle région européenne comprenant Malmö et la Scanie du côté suédois et Copenhague et la Sjælland du Nord du côté danois. Dotée de trois aéroports et de nombreux services de ferry vers les ports de la Baltique, cette région porte le nom du détroit qui fut le témoin de tant de guerres entre la Suède et le Danemark et se trouve aujourd'hui au cœur de l'espace économique le plus dynamique d'Europe du Nord.

Se repérer – Malmö est reliée par des voies express à trois métropoles européennes : Copenhague (39 km) à l'Ouest par la E 20 et le pont de l'Öresund, Göteborg (271 km) au Nord par la E 20/E 6 et Stockholm (612 km) au Nord-Est par la E 20/E 6 et la E 4 via Jönköping ou, en suivant la côte Est (691 km), par la E 22 et la E 4 via Kalmar.

À ne pas manquer – Malmöhus et le centre historique ainsi que Turning Torso à Malmö, la cathédrale et Kulturen à Lund, Sofiero et l'église de Brunnby (circuit 1), le charmant port d'Ystad (circuit 2), la petite ville de Simrishamn (circuit 3).

Organiser son temps – Comptez une journée pour Malmö et une autre journée pour Lund, en tenant compte de la visite des musées, une demi-journée pour le circuit 1 à partir d'Helsingborg et un ou deux jours pour chacun des circuits de la côte Sud.

Avec les enfants – le parc d'attractions Folkets à Malmö et une baignade dans la Baltique à Ribersborg, Kulturen à Lund, le village viking de Foteviken, les dunes de Sandhammaren.

Pour poursuivre le voyage – Au-delà de Kivik (circuit 3), continuer à suivre la côte vers le Nord jusqu'à Kristianstad et prendre ensuite la E 22 vers l'Est *(voir Kalmar : circuit « Sur les rives de la Baltique »)*.

I. Klipper / MICHELIN

Residenset, la résidence du gouverneur sur la place principale de Malmö.

Comprendre

La Scanie : une région aux particularismes prononcés

La **Scanie** est la région de Suède où l'influence danoise est la plus forte. Plus proche de Copenhague que de Stockholm, elle appartint au Danemark dès le 8e s. (sauf durant une courte interruption au 14e s.) jusqu'au **traité de Roskilde**, en 1658, qui assurait à la Suède sa frontière naturelle au Sud. Les Danois tentèrent ensuite de la récupérer (guerre de Scanie) et la paix ne revint définitivement dans la région qu'après la bataille d'Helsingborg (1710). Certains Scaniens, soutenant que la Scanie devrait être un royaume indépendant, sont fiers de faire flotter leur propre drapeau, et le dialecte local a des résonances typiquement danoises. Cela ne laisse personne indifférent et provoque de nombreuses discussions amicales.

Malmö, l'essor d'un village de pêcheurs

Un village de pêcheurs du 13e s. se développa en un centre de négoce actif et les marchands allemands qui s'y installèrent lui donnèrent le nom d'Elbogen (« coude ») en raison de la courbe que décrit la côte à cet endroit. En 1360, le roi du Danemark **Valdemar Atterdag** conquit la Scanie, ce qui marqua le début de près de 300 ans de domination danoise. Vers la fin des années 1520, la Réforme ayant davantage progressé au Danemark, la ville devint l'un des pôles de diffusion de la nouvelle doctrine. Malmö jouit d'une longue période de prospérité durant la première moitié du 16e s. sous l'impulsion d'un bourgmestre ambitieux, Jörgen Kock. C'était à cette époque la deuxième ville danoise après Copenhague !

À la suite de sa cession à la Suède, la ville connut un certain déclin, mais retrouva ses forces vives lorsque le port fut construit à la fin du 18e s. et, de nouveau, avec l'arrivée du chemin de fer en 1860.

L'orientation économique de la ville a pris un tournant décisif après la fermeture des chantiers navals à la fin des années 1980. Grâce à l'ouverture du **pont sur l'Öresund,** au développement du port Ouest en technopole et au lancement du projet de tunnel sous la ville, dont l'achèvement est prévu en 2011, Malmö est en train de devenir une métropole européenne spécialisée dans les domaines de la communication et des services.

Paysages de Scanie

La campagne intérieure vallonnée, coupée par trois crêtes (Romeleåsen, Söderåsen et Linderödsåsen) orientées du Nord-Ouest au Sud-Est, est parsemée de fermes bien entretenues et prospères, d'églises blanches caractéristiques et de grandes étendues cultivées, où pousse le colza jaune vif. Le long de la côte, trois péninsules retiennent l'attention : Bjäre et Kullen au Nord, Falsterbo à l'extrême Sud-Ouest de la Suède. Au large, point d'archipel comme dans le reste du pays, mais deux îles, Ven et Väderö, qui méritent chacune une visite.

Au paradis des gourmets

La Scanie est réputée pour sa tradition gastronomique et le célèbre *smörgåsbord* (« table de tartines ») suédois est originaire de la région. Il est servi surtout le dimanche dans de nombreuses auberges traditionnelles de Scanie *(Gästgivaregårdar)*, où une grande table, généralement placée au centre de la salle à manger, est surchargée de mets délicats. Les clients sont libres de se servir autant de fois qu'ils le souhaitent, mais il y a un ordre à respecter : harengs marinés accommodés de différentes façons précèdent deux autres plats de poisson (saumon fumé, anguille fumée ou bouillie servie froide, harengs frits et sardines à l'huile) ; puis on passe aux viandes, qui comprennent de la dinde rôtie froide, du canard et de l'oie, du jambon bouilli, des tranches de bœuf rôti ; vient ensuite le plateau de fromages, suivi des salades de fruits, de fruits frais et de gâteaux à la crème ; on termine avec le *spettekaka,* gâteau traditionnel de Scanie. Ce gâteau jaune de forme pyramidale, qui ressemble à une meringue, est généralement fait avec un grand nombre d'œufs, du sucre et de la farine, et cuit à la broche.

La saison des anguilles se situe en septembre et octobre et une véritable fête de l'anguille doit être célébrée en consommant sept différents plats d'anguille cuite. En Scanie, les oies sont engraissées pour la St-Martin (11 novembre).

Se promener

LE CENTRE HISTORIQUE

La vieille ville est limitée par une ceinture de canaux datant du début du 19e s., qui remplacèrent les douves des fortifications antérieures. Le caractère médiéval du centre a été bien préservé.

De nombreuses rues du centre ville sont piétonnes et il est vivement recommandé de laisser la voiture dans un des parkings des services municipaux, Gatukontoret (stationnement gratuit avec la carte Malmö).

Stortorget★ (B1)

La place principale date des années 1530. En son centre se dresse la **statue équestre** de **Charles X Gustave**, qui annexa la Scanie, le Blekinge et le Halland à la Suède en

Malmö et la Scanie pratique

Adresses utiles

Malmö – *Centralestationene - 040 34 12 00 - www.malmo.se/turist*

Helsingborg – *Stortoget/Södra Storgatan 1 - 042 10 43 50.*

Simrishamn – *Tullgatan 2 - 0414 01 98 00.*

Lund – *Kyrkogatan 11, en face de la cathédrale - 046 35 50 40 - www.lund.se* Informations sur la ville, la Scanie et le Danemark, réservations d'hôtels et de guides, ainsi que des souvenirs.

Bon à savoir – La Malmökortet est vendue à l'Office de tourisme à 130 SEK pour une journée et 190 SEK pour trois jours. Elle donne un accès gratuit aux musées de la ville, aux bus municipaux et aux principaux sites touristiques. Elle donne aussi des réductions pour les transports vers Copenhague, la location de vélos et de nombreuses activités.

Transports

PAR LA ROUTE

La liaison fixe trans-Öresund – L'accord de réaliser une telle liaison fut signé entre les gouvernements suédois et danois le 23 mars 1991. Ouverte à la circulation depuis juillet 2000, elle comprend une autoroute à 4 voies, une double ligne de chemins de fer ainsi qu'un pont géant à 2 niveaux. Le péage (*275 SEK/230 DKK*) est situé à Lernacken au Sud de Malmö. Les services de ferry sont suspendus, hormis celui reliant Helsingør et Helsingborg. La traversée dure à peu près 20mn en voiture et 30mn par le train, de centre-ville à centre-ville *(voir aussi Copenhague dans le chapitre Danemark)*.

AVION

Aéroport – Sturup, à 30 km de la ville.

Se loger

Ramada Plaza – *Kasinogatan 6, dans le centre - 330 550, fax 330 551 - www.ramadamalmoplaza.se - ch. : 995/1 095 SEK* . Dans la partie moderne du centre piéton, ce petit hôtel sans prétentions abrite des chambres simples mais correctes. Les prix sont avantageux, l'ensemble très propre, mais les salles de bains à peine rudimentaires.

Savoy – *Norra Vallgatan 62, dans le centre - 664 48 00, fax 664 48 50 - www.elite.se - ch. : 1 395/1 595 SEK, suites : 2 395 /4 495 SEK* . Situé en face de la gare centrale, cet hôtel charmant est aménagé dans le style ancien avec des boiseries, des lustres et tapis. L'intérieur plutôt classique est spacieux, confortable et accueillant.

The Mayfair Hotel – *Adelgatan 4, dans le centre 10 16 20, fax 10 16 25 - www.mayfairtunneln.com - ch. : 1 095/1 395 SEK, suites : 1 545/1 645 SEK* . L'hôtel de charme par excellence ! La façade majestueuse bâtie autour de grandes colonnes, abrite un intérieur élégant en marbre. Les chambres charmantes sont desservies par des tapis de velours rouge. Le petit déjeuner est servi dans une salle en briques anciennes.

Accome – *Norra Skolgatan, 5mn à pied du centre - 641 30 00, fax 641 30 99 - www.accome.com - ch. : 1 095/1 115 SEK, suites : 1 295/1 360 SEK* . Ce bâtiment moderne et plutôt confortable est bâti autour d'un jardin intérieur à 5mn à pied du centre-ville. On s'y rendra plus pour ses prix intéressants que pour son charme.

Residens – *Adelgatan 7, dans le centre - 664 48 90, fax 664 48 95 - www.elite.se - ch. : 1 295 SEK-1 595 SEK, suites : 1 795/2 095 SEK* . Cette grande maison en briques rouges accueille un hôtel de haut standing aménagé dans le style anglais. Préférez les chambres qui ne donnent pas sur le boulevard et, si vous devez prendre une suite, choisissez-la junior, moins chère et plus charmante.

Rica – *Stortorget 15, dans le centre - 660 95 50, fax 660 9559 - www.rica.se - ch. : 1 250 /1 445 SEK, suite : 1 745 SEK*. Ce grand bâtiment en briques rouges s'élève au-dessus de la place principale de la vieille ville. Les chambres sont très confortables et les plus hautes offrent une vue splendide sur les monuments historiques alentour.

Mäster Johan – *Mäster Johansgatan 13, dans le centre - 664 64 00, fax 664 64 01 - www.masterjohan.se - ch. : 1 595/2 500 SEK, suite : 3 150 SEK* . Cette charmante demeure ancienne est idéalement située dans le centre-ville. L'entrée est très accueillante de même que les chambres décorées avec soin. Une curiosité à l'entrée : l'ascenseur en pierre.

Scandic Kramer – *Stortorget 7, dans le centre - 693 54 00, fax 693 54 11 - www.scandic-hotels.com - ch. : 1 740 SEK-2 240 SEK, suite : 4 500 SEK* . Une autre belle maison ancienne en pierres blanches qui domine la place centrale de la vieille ville. L'intérieur est soigneusement aménagé dans le style ancien, à l'image du hall très élégant en marbre. Dans la salle de relaxation, vous trouverez un sauna et un bain de boue.

Clarion – *Engelbrektsgatan 16, dans le centre - 710 20, fax 304 406 - www.choicehotels.se - ch. : 1 495/1 790 SEK, suite : 1 990 SEK* . Un hôtel moderne et impeccable du centre-ville aménagé dans le style art contemporain car il est décoré de nombreux objets d'art. Sans surprise.

Se restaurer

Miso – *Brogatan 11 - 306 663 - Lun.-sam. 18h-22h - 75/150 SEK*. Ce petit restaurant coloré et aménagé de petits objets de brocante propose une cuisine végétarienne simple et très correcte.

⊖ **Brogatan** – *dans le centre, en face du précédent - lun.-vend. 11h30-1h, sam.-dim. 16h-1h - 100/200 SEK.* Un bistro populaire aménagé dans une grande maison rouge où se retrouvent les habitants du quartier. Bon rapport qualité-prix pour une cuisine familiale.

⊖⊖⊖ **Arstiderna** – *Stortorget - ✆ 23 09 10 - www.arstiderna.se - lun.-vend. 11h30-0h, sam. 17h-0h - 195/495 SEK.* Une véritable institution ! Cette demeure historique abrite un restaurant traditionnel de grande qualité. L'ensemble est bâti dans un sous-bassement en briques où respire le passé.

⊖⊖⊖ **Kramer** – *Stortorget 7, dans le centre - ✆ 693 54 07 - www. kramergastronomi.com - 190/395 SEK.* Un des meilleurs restaurants de la ville où vous pourrez savourer une excellente cuisine européenne tout en contemplant la vieille ville. Des fauteuils sont installés pour dîner confortablement autour de tables soigneusement dressées.

⊖⊖⊖ **Lemongrass** – *Grynbodgatan 9, dans le centre - ✆ 30 69 79, fax 30 69 78 - www.lemongrass.se - lun.-jeu. 18h-0h, vend.-sam. 18h-1h - 150/350 SEK.* Un restaurant moderne et design où l'on sert une cuisine asiatique savoureuse et plutôt sophistiquée. Le chef est décoré de plusieurs prix culinaires.

⊖⊖⊖ **Johan P Saluhallen** – *Landbygatan 3, dans les Halles - ✆ 97 18 18 - www.johanp.nu - lun.-sam.11h30-22h - 190/495 SEK.* Situé dans les halles, ce restaurant propose une excellente cuisine à base de produits de la mer. Depuis la terrasse vous pourrez savourer différents poissons grillés ou en sauce.

Malmborgen – *Stadt Hamburgsgatan* - Cette immense demeure bâtie autour d'une cour intérieure abrite plusieurs restaurants, cafés et discothèque. Une très bonne adresse où chacun trouvera son plaisir selon son budget et ses goûts. Une véritable institution où l'on croise de nombreux Suédois.

Petite pause

Cosmopolitan – *Djäknegatan 7, dans le centre* - Un petit café sympathique, voisin du théâtre, où vous pourrez savourer quelques excellentes pâtisseries ou sandwiches maison.

En soirée

Möllevangstorget – La place centrale d'un quartier populaire où l'on croise une population de jeunes fêtards. Beaucoup de cafés à des prix très bon marché et une grande animation le week-end.

Lillatorg – Cette charmante place pavée et bordée de vieilles maisons accueille une multitude de cafés élégants où se rencontrent touristes et habitants du quartier. Vous pourrez manger dans la plupart des établissements, tel **Pronto**, **Ôhman** ou **Moosehead Bar**.

A. Brandel / MALMÖ TOURISM

Soirée en terrasse sur la place de Lillatorg.

Achats

PRODUITS FRAIS

La place Möllevångstorget où se tient chaque jour le marché aux fruits et aux légumes mérite une visite, comme Banérskajen bordé d'anciennes cabanes de pêcheurs (à l'Ouest du musée des Techniques), où l'on vend du poisson frais.

Événements

Malmö est un centre culturel animé fier de sa tradition théâtrale. Le **festival de Malmö**, à la mi-août, voit se mêler théâtre, expositions artistiques et gastronomie. Lors de la **semaine équestre**, qui est aussi une manifestation annuelle, la place principale se transforme en arène de concours hippique.

Lund

Se loger

STF Vandrarhem Tåget – *Vävaregata 22, le long de la gare ferroviaire - ✆ 14 28 20 - lits : 130 SEK avec la carte, 175 SEK sans la carte ☕ 50 SEK.* En traversant le square qui longe la gare, vous accéderez à ce train des années 1950 qui abrite une auberge de jeunesse. Les lits sont aménagés dans d'anciennes cabines et l'ensemble est plutôt rudimentaire. Malgré tout, les parties communes sont correctes, on y trouve une salle de télévision, une cuisine équipée et une terrasse.

⊖⊖ **Lila Hotellet I Lund** – *Bankgatan 7, dans le centre - ✆ 32 88 88, fax 38 58 68 - www.lillahotelletilund.se - 26 ch. : 950/1 100 SEK ☕.* Cet ancien garage a été réaménagé il y a quelques années en un hôtel charmant composé de maisonnettes colorées. Les chambres modernes et accueillantes sont bâties autour d'une cour intérieure où sont disposées tables et chaises pour profiter de l'été.

⊖⊖⊖ **Oskar** – *Bytaregatan 3, en plein centre - ✆ 18 80 85, fax 37 30 30 - www. hotelloskar.com - 6 ch. : 980/1 350 SEK ☕.* Très bien située, cette charmante maison ancienne dispose de quelques chambres accueillantes et équipées de tout le confort. Il n'y a pas de réception : vous pouvez réserver sans crainte par téléphone, cet établissement est idéal pour un séjour à Lund.

Lundia – *Knut den Stores Torg 2 - dans le centre - 280 65 00, fax 280 65 10 - www.lundia.se - ch. : 1 395 SEK*. Un grand hôtel moderne et fonctionnel du centre, sans charme particulier, mais les chambres y sont impeccables et un café terrasse sur son flanc donne directement sur la rue piétonne. C'est une des adresses les plus charmantes !

Petri Pumpa – *Petri Kyrkogata 7, dans le centre - 13 55 19, fax 13 56 71 - www.petripumpa.se - 22 ch. : 1 395/1 695 SEK*. Cet hôtel à la décoration rétro accueille surtout des hommes d'affaires. Il est charmant et doté de chambres spacieuses et impeccables. La réception n'est pas toujours ouverte en été, sauf entre 16h et 20h.

Concordia – *Stålbrogatan 1, dans le centre - 13 50 50, fax 13 74 22 - www.concordia.se - 64 ch. : 1 420/1 620 SEK, suite : 1 800 SEK*. Cet hôtel familial est aménagé dans une ancienne maison blanche du centre-ville. Elle fut autrefois la demeure du directeur de l'Université. Aujourd'hui, c'est un hôtel accueillant à la fois moderne et de style classique. Une adresse charmante où l'on vous reçoit avec beaucoup d'attention.

Grand Hotel – *Bantorget 1, en plein centre - 280 61 00, fax 280 61 50 - www.grandilund.se - 84 ch. : 1 625/1 995 SEK, suite : 4 200 SEK*. Le grand hôtel de luxe de la ville ! Très bien situé face à un petit parc, il est décoré dans le style ancien tout en étant très moderne. Un établissement accueillant qui dispose d'un restaurant élégant où l'on sert une cuisine raffinée.

Se restaurer

Mikai – *Stora Södergatan 20, dans le centre - 15 60 80 - lun.-vend. 9h-19, sam. 10h-19h, dim. 11h-17h - 80/150 SEK*. Un charmant restaurant traiteur asiatique bon marché, où l'on sert une cuisine de qualité. Vous pourrez manger de fameuses nouilles sautées sur les quelques tables dressées dans le fond du magasin.

Herkules – *Store Torget 1, dans le centre - 13 92 93 - lun.-vend. 11h-23h 100/200 SEK*. De nombreux étudiants se retrouvent dans cette belle maison ancienne pour apprécier une cuisine simple mais de qualité à des prix tout à fait corrects. La terrasse est bondée en été.

Café Finn – *Mårtenstorget 3, dans le centre - 13 05 65 - tlj 11h-22h - 100/200 SEK*. Un café-restaurant culturel aménagé dans un petit entrepôt design décoré d'affiches d'art. La terrasse devant la place du marché fait face à la plus ancienne maison de la ville. Vous pourrez y déguster de bonnes salades et grillades.

Stäket – *Stora Södergatan 6, dans le centre - 211 93 67 - tlj 11h-23h - 100/200 SEK*. Cette ancienne demeure en briques rouges date du 17e s. Elle abrite un restaurant très fréquenté où l'on sert le soir des fondues à base de viande dans un cadre rustique. Le midi, vous pourrez apprécier une cuisine rapide sur la jolie terrasse qui borde l'établissement.

Italia – *Stora Fiskaregatan 6, dans le centre - 14 80 80 - www.italia-ilristorante.com - lun.-sam. 11h30-22h30 - 80/250 SEK*. Cette immense cour intérieure abrite une pizzeria et un restaurant plus élégant où vous pourrez savourer une excellente cuisine italienne à base de pâtes et plats en sauce. Aux beaux jours, une grande terrasse est dressée dans ce cadre préservé de l'agitation urbaine.

Carlssons Trädgård – *Mårtenstorget 6, dans le centre - 13 11 72 - www.carlssonstradgard.se - 160/295 SEK*. Un restaurant moderne où se rencontrent de nombreux hommes d'affaires pour apprécier une cuisine internationale composée entre autres d'excellentes grillades. Une belle terrasse est dressée dans un cadre fleuri en été.

Bantorget 9 – *Bantorget 9, à côté du Grand Hotel - 32 02 00 - www.bantorget9.com - lun.-jeu. 18h-23h, vend.-sam. 18h-24h, fermé en été - 200/525 SEK*. Cette petite maison située en face d'un square est réputée pour son restaurant gastronomique. L'occasion d'un excellent dîner dans un cadre de style ancien décoré de superbes statues. L'une des meilleures adresses de la ville !

Petite pause

Ebbas Skafferi – *Bytaregatan 5, dans le centre - 13 41 56 - tlj 7h-21h*. Ce petit salon de thé du centre-ville occupe une splendide maison ancienne rouge. À l'intérieur, vous trouverez une cour calme, dans un cadre fleuri où vous pourrez consommer sandwiches et pâtisseries.

Coffee Break – *Sankt Petri Kyrkogata 3, dans le centre - 211 21 00 - Tlj 8h-20h*. Tout près de la cathédrale se trouve ce petit salon de thé moderne et coloré où l'on sert entre autres quelques pâtisseries américaines, tels les muffins et brownies. Idéal pour une petite pause après avoir visité les monuments alentour.

Helsingborg

Rådhuset, au sein de l'Hôtel de ville - *10 43 50, fax 10 43 55 - www.helsingborg.se*. Nombreuses informations et brochures sur les visites, réservation d'hôtels et un magasin de souvenirs.

Transports

Ferry – Comptez environ 20mn pour la traversée entre Helsingborg et Helsingör. Un départ toutes les 10-20mn 24h/24. Pour plus de renseignements, Scandlines *18 60 00 - www.scandlines.se*

Se loger

Kärnan – *Järnvägsgatan 17, dans le centre - 12 08 20, fax 14 88 88 - www.hotelkarnan.se - ch. : 895/1 400 SEK, suites : 1 500/4 995 SEK*. Un établissement simple et confortable du centre-ville. Il a l'avantage d'être un peu moins cher que les grands hôtels tout en restant très correct. Un parking pour 150 SEK par nuit.

Linnéa – *Prästgatan 2-4, dans le centre - 42 37 24 00, fax 42 37 24 29 - www.hotell-linnea.se - ch. : 935/1 195 SEK, suites : 1 400/1 600 SEK*. Un petit hôtel familial très apprécié des Suédois pour la qualité de son accueil. Les chambres sont simples mais confortables, ce qui en fait un ensemble au bon rapport qualité-prix.

Viking – *Fågelsångsgatan 1, dans le centre - 42 14 44 20, fax 42 18 43 20 - www.hotellviking.se - ch. : 965/1 335 SEK, suites : 1 435/1 635 SEK*. Un hôtel familial dans le centre décoré avec soin dans le style ancien. Chaque chambre dispose ainsi de son propre style, faisant de l'ensemble un établissement charmant et accueillant à dimension humaine.

Hotel Helsingborg – *Stortorget 20, en plein centre - 37 18 00, fax 37 18 50 - www.rica.se - 56 ch. : 1 050/1 495 SEK, suite 1 800 SEK*. Ce beau bâtiment ancien en briques rouges abrite un hôtel moderne, qui appartient à une chaîne réputée et implantée dans toute la Scandinavie. Pour les petits budgets, vous trouverez quelques chambres plus rudimentaires (classe économique).

Elite Hotel Mollberg – *Stortorget 18, en plein centre - 37 37 00, fax 37 37 37 - www.elite.se - 104 ch. : 1 125/1 395 SEK, suites : 1 800/2 200 SEK*. Cette grande maison ancienne bâtie en plein centre est un des plus anciens hôtels de la ville. Richement décoré dans le style ancien et doté d'un restaurant gourmet, il vaut le détour. Une excellente adresse où un soin particulier est porté à la décoration.

Radisson SAS – *Stortorget 8-12, en plein centre - 38 04 00, fax 38 04 04 - www.radissonsas.com - 164 ch. : 1 195/1 600 SEK, suites : 1 950/2 450 SEK*. Ce très bel hôtel est aménagé dans le style ancien. Tout le confort possible est mis en œuvre pour accueillir les résidents dans les meilleures conditions. Une valeur sûre !

Elite Hotel Marina Plaza – *Kungstorget 6, sur le port - 19 21 00, fax 14 96 16 - www.elite.se - 190 ch. : 1 225/1 795 SEK, suites : 1 995/3 995 SEK*. Cet immense hôtel de luxe s'élève le long du port. L'impressionnant lobby aménagé au centre du bâtiment donne le ton de cet hôtel moderne très accueillant dont certaines chambres offrent une vue sur la mer. Un des meilleurs hôtels de la ville.

Se restaurer

Olson's Skafferi – *Mariagatan 6, dans le centre - 14 07 80 - lun.-vend. 11h-22h - 60/150 SEK*. Ce petit traiteur restaurant aménagé dans une charmante maison ancienne, qui fait face à une église, propose une cuisine méditerranéenne excellente. Les plats maison sont à emporter ou à déguster sur la petite terrasse paisible.

Lagmark – *Sundstorget 3, dans le centre - 14 88 30 - 80/150 SEK*. Cette adresse très populaire est à la fois un restaurant et un traiteur. Sur place ou à emporter, vous y trouverez de nombreux plats et tartines typiquement scandinaves. Une terrasse est dressée sur une place piétonne.

Fahlmans Conditori – *Stortorget 11, dans le centre - tlj 8h-18h- www.fahlmans.se - 80/200 SEK*. Cette grande brasserie est une institution depuis presque un siècle. L'intérieur n'a pas de charme particulier, mais vous pourrez apprécier une cuisine rapide bon marché depuis la grande terrasse. Un buffet très fourni le midi.

Dunker Bar & Matsalar – *Kungsgatan 11, sur le port - 32 29 95 - tlj 10h-21h30 - 80/150 SEK*. Ce restaurant appartient à la maison de la culture de Helsingborg. L'intérieur design est bordé de grandes baies vitrées, alors que dehors une grande terrasse est dressée sur la rue piétonne qui longe le port. Cuisine rapide à base de sandwiches et salades.

Bara Vara – *Fågelsångsgatan 2, dans le centre - 24 52 52 - www.baraweb.se - tlj 18h-23h - 100/200 SEK*. Un café-restaurant design idéalement situé devant une placette paisible. On y sert une cuisine européenne à base de grillades et plats en sauce. Très apprécié par la population locale.

Persson's – *Kajpromenaden 14, sur le port - 42 13 85 70 - tlj 11h30-15h, 17h30-22h - 120/425 SEK*. Un restaurant de poisson dans le style lounge, le long du port. Depuis la belle terrasse vous pourrez contempler les bateaux tout en dégustant des produits de la mer fraîchement arrivés le matin.

La Petite – *Bruksgatan 19, dans le centre - 42 21 97 27 - www.lapetite.se - 150/300 SEK*. Ce restaurant français à la décoration kitsch est malgré tout charmant en raison des objets de décoration inspirés de la France. L'ambiance est conviviale et la cuisine bien de chez nous, avec un magret de canard à l'orange ou un filet d'agneau à la provençale.

S/S Swea – *Kungstorget – En semaine à partir de 18h - 13 15 16 - www.swea.nu - 150/350 SEK*. Ce grand bateau est amarré définitivement sur les quais du port et abrite un restaurant de standing. Un cadre original dans lequel on sert une cuisine d'inspiration européenne très correcte.

TVÅ Bröder – *Sundstorget 7, dans le centre - tlj 11h30-23h - 21 25 21 - www.tvabroder.com - 150/400 SEK*. Un restaurant moderne et élégant situé dans le centre où l'on sert d'excellents plats composés essentiellement à base de poissons. La journée la terrasse est investie par les habitants de la ville.

Niklas – Norra Storgatan 16, dans le centre - *28 00 50 - www.niklas.se - lun.-sam. 18h-23h, fermé dim. - 200/595 SEK.* Le troisième restaurant incontournable de Suède ! Le chef est à ce point reconnu dans la profession qu'il anime toutes les semaines une émission de cuisine à la télévision suédoise. Son restaurant propose une cuisine très recherchée et savoureuse dans un cadre élégant en bois.

Gastro – *Södra Storgatan 13, dans le centre - 24 34 70, fermé en été - 250/350 SEK.* Ce restaurant est considéré par les Suédois comme un des meilleurs de tout le pays. Dans une belle maison en briques jaunes, vous pourrez savourer une cuisine raffinée de grande qualité et de style international. Une adresse incontournable pour les connaisseurs.

Slottsrestaurang – *Dans le château Sofiero, à 5 km du centre-ville - 42 13 74 00 - www.sofiero-helsingborg.se - 295 (déjeuner)/825 SEK.* L'un des trois restaurants gourmets de la ville et parmi l'un des meilleurs du pays. Situé dans un cadre exceptionnel, dans un château ancien, ce restaurant de grand standing propose une cuisine raffinée servie avec soin et élégance. Une excellente adresse.

Cafés

Bagatelle – *Södra Storgatan 6, dans le centre - 42 24 03 40 - www.bagatelle.se - sem. 10h-22h, w.-end 10h-1h.* Ce café moderne à la décoration design est très fréquenté par les jeunes notamment pour sa terrasse paisible qui occupe le contour de l'église voisine. On y sert également une cuisine très correcte.

Petite pause

Ebbas Fik – *Bruksgatan 20, dans le centre - 42 28 14 40 - lun.-vend. 9h-18, sam. 9h-16h.* Un café à thème décoré dans l'esprit des années 1950 aux États-Unis. Tous les objets sont d'époque, ainsi vous pourrez savourer des pâtisseries tout en admirant le riche décor. Une belle télévision au fond du magasin qui vaut le coup d'œil.

1658. La fontaine (1964) est l'œuvre de Stig Blomberg. L'**hôtel de ville (Rådhuset)** (**B1**), construit en 1546 dans le style de la Renaissance hollandaise mais remanié par Helgo Zetterwall vers 1860, borde le côté Est de la place, tandis que sur le côté Nord s'élève **Residenset** (**B1**), la résidence du gouverneur, datant du début du 17e s., mais dont la façade actuelle est postérieure (1850). **Kockska huset★** (**B1**) est un imposant édifice de 1523 avec pignon à redans ; c'est le seul vestige des trois édifices ayant appartenu au bourgmestre et puissant directeur de la Monnaie, Jörgen Kock. La vieille pharmacie, **Apoteket Lejonet** (**B1**), de style néo-renaissance, a conservé un intérieur typique du début du 20e s.

La rue qui longe le côté Nord de l'hôtel de ville conduit à l'église St-Pierre.

Église Saint-Pierre★ (Sankt Petri kyrka) (B1)

040-35 90 43 - ♿ - été : 10h-18h ; hiver : 10h-16h, possibilité de visite guidée en anglais sur demande - gratuit.

L'imposante église de brique fut construite au début du 14e s. à l'époque où Malmö était sous l'emprise de la Ligue hanséatique, sur le modèle de la Marienkirche, à Lübeck. L'intérieur est clair et élevé, la voûte en ogives reposant sur des piliers élancés. La **Krämarkapellet★★**, ou chapelle des commerçants, est la seule partie de l'église qui ait conservé ses fresques médiévales, mises au jour lors des travaux de restauration exécutés au début du 20e s. Parmi les ornements, on remarquera notamment le **retable★** (1611) de 15 m de haut, la **chaire** (1599) de grès et de tuffeau noir finement sculptée et les **fonts baptismaux** (1601) de forme octogonale, ces deux derniers étant l'œuvre du même artisan, **Daniel Tommisen**.

Suivre Kalendegatan vers le Sud.

Hippodromen (B1)

Kalendegatan 12.

Après avoir abrité un cirque (1899-1922) et servi de théâtre puis de lieu de culte, cet imposant édifice de style Art nouveau, mieux connu sous le nom de Hipp Teatern, au dôme à douze cannelures, a été récemment réaménagé pour loger le Malmö Dramatiska Teater. Le restaurant est un exemple remarquable d'Art nouveau.

Un peu plus loin, tourner à droite dansBaltzarsgatan puis à gauche dans Södergatan ; traverser Gustav Adolfs Torg et prendre Lilla Nygatan à gauche.

Exposition sur le « Citytunnel »★ (Citytunnelutställningen)

Lilla Nygatan 7 - 040 32 14 00 - www.citytunneln.com - tlj sf lun. et dim. 13h-17h (vend. 16h), sam. 11h-16h - 40 SEK (enf. 20 SEK).

L'exposition est consacrée au projet de construction de la nouvelle ligne férroviaire qui doit relier la gare centrale de Malmö et le pont de l'Öresund (11 km) et comprendra un « double tunnel sous la ville » de 6 km de long ainsi que trois nouvelles gares. L'exposition est présentée sous forme de parcours le long duquel sont expliqués le choix du tracé, les problèmes d'ordre géologique, la méthode employée pour creuser le tunnel (avec modèle de foreuse à l'appui), la protection de l'environnement pendant les travaux, etc.

Retourner vers Gustav Adolfs Torg et prendre Stora Nygatan vers l'Ouest, traverser Slottsgatan et pénétrer dans le parc.

Kungsparken★ (A1) et Slottsparken★ (A1)

Ce parc à l'anglaise de 50 ha, inauguré en 1872 par le roi Oscar II, est sillonné de canaux et d'allées et peuplé d'oies sauvages et d'une multitude d'oiseaux. Un pavillon érigé en 1912 a été converti en casino. En remontant vers Malmöhus situé au Nord du parc, on peut voir **Slottsträdgården**, petit jardin botanique que l'on peut admirer d'un charmant café.

Tourner à gauche dans Malmöhusvägen.

E. Morris / MICHELIN

L'Apoteket Lejonet inchangée depuis le début du 20e s.

Maison de la Science et de la Marine (Teknikens och Sjöfartens Hus)

Ce musée, destiné aux passionnés de technologie, contient des voitures de différentes époques, un simulateur de vol, des tramways, des ferries et même un sousmarin à bord duquel on peut monter. Un espace est réservé aux expériences de physique et de chimie.

Kommendanthuset

Située à côté de la maison de la Science et de la Marin, face à Malmöhus.

La maison du commandant datant du 18e s abrite diverses expositions temporaires.

Château de Malmö (Malmöhus slott) : les musées (A1)

Malmöhusvägen - ✆ 040-34 44 04 - ♿ - juin-août : 10h-16h ; sept.-mai : 12h-16h, possibilité de visite guidée juin-août (45mn, anglais) - fermé 1er janv., 1er mai, 24-25 et 31 déc. - 40 SEK (enf. 10 SEK).

La première forteresse fut construite sur ce site par **Éric de Poméranie** vers 1430. Elle remplit plus tard les fonctions d'hôtel de la Monnaie du Danemark, puis devint une résidence royale. Quand elle revint à la Suède en 1658, les fortifications furent renforcées et le château fut entouré de douves et de bastions. À partir du 18e s., il perdit son importance stratégique et servit de prison entre 1820 et 1914. En 1937, trois rangées de bâtiments furent construites autour de la cour pour abriter les collections des musées de la ville.

Musée des Beaux-Arts★★ (Konstmuseet) – *Malmöhusvägen - ✆ 040-34 10 00 - ♿ - juin-août : 10h-16h ; sept.-mai : 12h-16h, possiblilité de visite guidée (45mn, anglais) - fermé 1er janv., 1er Mai, 24-25 et 31 déc. - 40 SEK (enf. 10 SEK).*

Le musée des Beaux-Arts présente l'art nordique durant les années 1920 et 1930 avec des œuvres de **Carl Fredrik Reutersward** et **Christian Berg**. Le travail de Max Walter Svanberg (né en 1912) retient également l'attention. Sont encore réunies de nombreuses œuvres du paysagiste Carl Fredrik Hill (1849-1911) et de jeunes artistes de la fin des années 1980 et des années 1990. On remarquera aussi une importante collection d'œuvres russes de la période 1890-1914.

Dans la **salle Skovgaard** est exposée la grande **esquisse** de Joachim Skovgaard (1856-1933) pour la mosaïque dorée ornant l'abside de la cathédrale de Lund *(voir ce nom)*. L'**orgue** de la fin du 15e s.

« L'Oie rôtie de la St-Martin »

La St-Martin est particulèrement populaire en Scanie où ont lieu des banquets traditionnels autour de l'oie. La *svartsoppa* (soupe noire) faite avec du sang d'oie et des épices est suivie par de l'oie rôtie. La **fête de la St-Martin**, qui marque la fin du travail d'automne, est associée à l'ancienne fête de saint Martin de Tours et à celle de Martin Luther, célébrée le jour précédent.

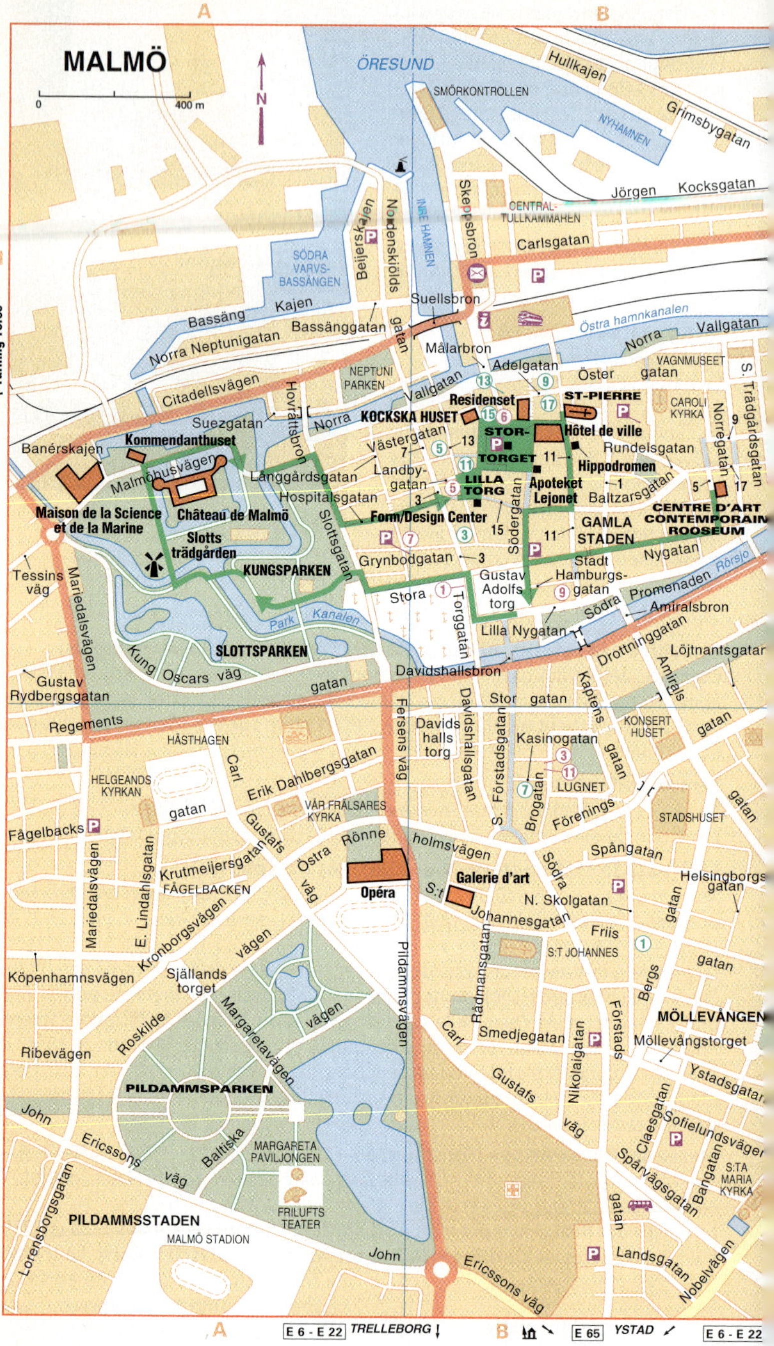

provenant de Sankt Petri kyrka (concerts d'orgue au printemps et en automne) se trouve dans la même salle.

À part le musée des Beaux-Arts, les musées municipaux comprennent divers départements : histoire locale, géologie, histoire naturelle (dont flore et faune de Scanie).

En sortant du château, tourner à droite, franchir Slottsbron puis tourner encore à droite dans Slottsgatan qui longe le parc ; tourner à gauche dans Hospitalsvägen qui conduit à Lilla Torg.

SE LOGER

- Accome 1
- Clarion 3
- Mäster Johan 5
- Ramada Plaza 7
- Residens 9
- Rica 11
- Savoy 13
- Scandic Kramer 15
- The Mayfair Hotel 17

SE RESTAURER

- Arstiderna 1
- Brogatan 3
- Johan P Saluhallen 5
- Kramer 6
- Lemongrass 7
- Malmborgen 9
- Miso 11

INDEX DES RUES

Lilla torg★★ (B1)

Cette jolie place pavée est encadrée des deux côtés par des maisons à colombage édifiées du 16e s. au 18e s. Au début du 20e s., un marché couvert se substitua aux étals d'antan. Aujourd'hui, un bâtiment plus récent rassemble aussi un certain nombre de restaurants.

Form/Design Center (B1)

Lilla Torg 9 - ✆ 040-664 51 50 - www.formdesigncenter.com - tlj sf lun. 11h-17h (jeu. 18h et w.-end 16h), possibilité de visite guidée.

Au fond d'une cour, accès par une porte cochère sur le côté sud de la place. Ce centre, installé dans un vaste entrepôt datant de 1850, présente ce qui se fait de mieux en Suède et en Scandinavie en matière de design dans le domaine de l'architecture et des arts décoratifs.

Le Centre d'art contemporain est situé à la périphérie du quartier historique. De Gustav Adolfs Torg, suivre Stora Nygatan vers l'Est et tourner à gauche dans Gasverksgatan.

Centre d'Art Contemporain Rooseum★ (B1)

Gasverksgatan 22 - ✆ 040 121 716 - www.rooseum.se - tlj sf lun. et mar. 12h-18h, merc. 14h-20h, possibilité de visite guidée merc. 18h, jeu.-vend. 16h, w.-end 14h - 60 SEK (- 15 ans gratuit).
Une centrale électrique du début du siècle fut transformée en 1988 en un élégant musée. Le projet fut conçu par l'amateur d'art **Fredrik Roos** (1951-1991) afin de faire connaître les tendances de l'art contemporain au moyen d'expositions à thème. Le musée connaît un succès international considérable.

LA VILLE MODERNE

Opéra (Musikteatern) (A2)

Fersens Väg. Inauguré en 1944, ce théâtre produisit essentiellement des drames, des ballets, des opéras et des comédies musicales jusqu'en 1992. Il connut son apogée vers 1950, lorsque **Ingmar Bergman** fut le metteur en scène d'acteurs célèbres tels que Max von Sydow, Bibi Andersson, Harriet Andersson et Ingrid Thulin.

Galerie d'art (Konsthall) (B2)

Sankt Johannesgatan 7 - ✆ 040 34 12 93 - www.konsthall.malmo.se - durant les expositions uniquement : 11h-17h (merc. 21h) - gratuit.
Les expositions organisées par cette galerie proposent un tour d'horizon de l'art contemporain allant de ses formes les plus « classiques » à ses expressions les plus expérimentales.

Pildammsparken★★

Les grands jardins connus sous le nom de **Pildammsparken★★ (A2)** furent dessinés pour l'Exposition nordique de 1914. Au Sud du pavillon Margareta, élevé à la mémoire de la première femme du roi Gustave VI Adolphe, on peut voir un **théâtre de plein air** utilisé en été pour des spectacles dramatiques, musicaux ou de danse.

Folkets Park (C2)

Amiralsgatan 35 - ✆ 040 34 21 44 - www.malmo.se/folketspark - parc de fin avr. à fin sept. : 7h-23h ; reste de l'année : 7h-20h - attractions du 23 avr. à mi-août : 12h-19h ; de mi-août au 25 sept. : w.-end 12h-19h - parc gratuit, se renseigner pour les tarifs des attractions.
Ce parc d'attractions plus que centenaire est situé à Möllevången, quartier commerçant très animé où l'on peut faire un tour du monde culinaire. Le style des premiers édifices du parc dénote l'influence de Tivoli à Copenhague (style mauresque et japonais). Cependant, au fil des ans, le parc a essentiellement orienté ses attractions vers un jeune public : aire de jeux, théâtre pour enfants, ferme miniature, etc.

Port Ouest★ (Västrahamnen)

Ce tout nouveau quartier de Malmö, proche du centre historique, est au cœur d'un projet de développement complexe : un espace résidentiel écologique à la pointe de l'innovation, avec des canaux, des bassins, et des ports de plaisance au pied des immeubles ; une université, des sociétés d'informatique et de télécommunications, le nouveau palais des congrès de la ville, l'aménagement du bord de mer pour la baignade et, dominant le tout du haut de ses 190 m, **Turning Torso**, une tour d'habitation à l'architecture révolutionnaire qui est devenue le symbole du nouveau dynamisme de Malmö et de sa région.

La côte de Västrahamnen au pont de l'Öresund

En suivant la route côtière, on longe la **plage de sable de Ribersborg**, qui s'étire sur 2 km, et l'on peut faire une pause agréable au café de Ribersborgs

H. Stenberg / VISITDENMARK

Le pont gigantesque de l'Öresund.

Kallbadhus, établissement de bain en bois construit sur pilotis à la fin du 19e s. La route continue jusqu'à une aire de parking d'où l'on peut admirer le magnifique pont lancé sur l'Öresund, dont la structure sobre et élégante s'estompe à l'horizon.

Dans les environs

LUND★★

La deuxième ville universitaire de Suède par ordre d'ancienneté est une cité charmante dont les rues étroites sont bordées d'édifices de différentes époques.
La population estudiantine (environ 30 000 personnes) anime les rues et les places, où l'on assiste souvent à des manifestations traditionnelles hautes en couleur. Le 30 avril de chaque année, par exemple, les étudiants se réunissent à Tegnerplatsen et revêtent, selon le cérémonial d'usage, leur toque d'étudiant pour célébrer le printemps.

Probablement fondée vers 990 par le roi de Danemark **Sven Tveskägg**, Lund fut promue au rang d'évêché en 1050, puis à celui d'archevêché des pays nordiques en 1104. Ce centre religieux danois fermement établi vit se multiplier le nombre de ses églises et de ses monastères – il y en eut 27 en tout – jusqu'à ce que l'avènement de la Réforme mît un terme à l'influence du clergé. La puissance de l'église catholique fut anéantie et la plupart des édifices religieux furent détruits. Selon les modalités du **traité de Roskilde** (1658), les provinces de Scanie, de Halland et de Blekinge – constituant le diocèse de Lund – furent cédées à la Suède et il devint impératif d'instaurer un établissement universitaire suédois dans cette ancienne province danoise. L'université de Lund fut donc fondée en 1666. Danois et Suédois continuèrent à se battre pour la possession de ce territoire jusqu'à la signature du **traité de Lund** en 1679, qui mettait fin à la **guerre de Scanie** (1675-1679).

Cathédrale★★★ (Domkyrkan)

✆ 046-35 88 80 - 8h-18h, sam. 10h45-18h, dim. 12h30-18h.
Cette imposante **cathédrale** en grès de couleur grise, flanquée de deux tours, est le plus bel exemple d'architecture romane en Suède. C'est le roi Canut II qui lança les travaux dans les années 1080 et la cathédrale fut consacrée en 1145. Le plan d'origine témoigne de l'influence anglo-normande, tandis que la décoration qui suivit est d'inspiration lombarde. L'**abside★★★**, datant de 1130 environ, est un chef-d'œuvre roman, dont l'arcature sur trois niveaux et la galerie supérieure sont de style lombard. Les portails des côtés Nord et Sud sont agrémentés de beaux motifs sculptés, également de style lombard ; le tympan du portail Sud représente l'*Agnus Dei* entouré des symboles des Évangélistes et complété par des motifs de plantes grimpantes.
En entrant, on remarque à gauche l'étonnante **horloge astronomique** datant du 14e s., dont les automates fascinent toujours le public lorsque l'horloge sonne et qu'ils s'animent soudain. Après 300 ans de silence, l'horloge fut restaurée et remise en état de marche en 1923. Le maître allemand Johannes Ganssog réalisa en 1592 la belle **chaire** Renaissance en marbre noir et albâtre. La gracieuse statue de la Vierge située dans le transept Nord date de la première moitié du 14e s. Le chandelier de bronze à sept branches que l'on peut voir dans le transept Sud est également du 14e s. Le relief qui orne le mur Sud représente la Vierge Marie et les patrons de la cathédrale, saint Lars et Knut le Saint, fut réalisé par **Adam van Düren** vers 1510. Les **stalles du chœur★★★** (vers 1370), remarquablement sculptées, sont de style gothique, tandis que le retable est probablement une œuvre d'Allemagne du Nord datant de 1400 environ. Parmi les œuvres du 20e s., il faut citer les vitraux (1930) de l'abside et du transept par Emmanuel Vigeland et la scène de la Résurrection en **mosaïques★★★**, qui orne la voûte de l'abside. Cette mosaïque en verre de Venise fut réalisée dans la véritable tradition du style byzantin par le peintre danois, Joachim Skovgaard entre 1925 et 1927. Le musée de Malmö a consacré une section à ce peintre et à cette œuvre en particulier.

On pénètre dans la **crypte★★★** par les marches qui se trouvent de chaque côté du chœur. Les piliers du début du 12e s. sont ornés de motifs en zigzag et en spirale. Deux d'entre eux ont été surnommés les piliers de Finn, car les sculptures qui les ornent illustrent la légende de Finn le Géant.
L'imposant tombeau de style Renaissance placé devant l'autel fut réalisé par Van Düren pour le dernier archevêque de Lund. Il commémore les quatre siècles pendant lesquels Lund fut un centre ecclésiastique très important (1104-1519).

Lundagård

Au Moyen Âge, ce parc abritait la résidence fortifiée des évêques. Le seul édifice subsistant de cette époque est **Kungshuset**, bâtiment de brique rouge flanqué d'une

La légende de Finn le Géant

On raconte que le maître d'œuvre de la cathédrale fut saint Lars lui-même et que, trop affaibli, il fut contraint d'engager un géant pour poursuivre le travail. Le géant exigea du saint le sacrifice de ses yeux s'il ne parvenait pas à découvrir son nom avant l'achèvement de la cathédrale. Saint Lars entendit par hasard la femme du géant chanter une berceuse et révéler son nom. Il s'empressa de retourner à l'église et, alors que le géant s'apprêtait à mettre en place la dernière pierre, lui dit : « Finn, place cette pierre mieux que cela. » Dans sa rage, le géant se précipita dans la crypte et empoigna un des piliers pour essayer d'ébranler l'église.

tour ronde, où se trouvent aujourd'hui des salles de conférences. Construit pour le roi du Danemark entre 1580 et 1584, le roi **Charles XI** en fit don à l'université lors de sa fondation en 1666. Le parc que nous admirons aujourd'hui fut dessiné par **Carl Hårleman** au milieu du 18e s.

Place de l'Université (Universitetsplatsen)

C'est au 19e s. que Helgo Zetterwall donna à cette place son aspect actuel en la bordant de plusieurs monuments imposants. Le **bâtiment de l'université**, un édifice blanc de style classique, se dresse sur le côté Ouest, face à l'édifice qui abrite l'**Association des étudiants (Akademiska föreningen)**, datant de 1830. Une vaste **fontaine** occupe le centre de la place.

Place Tegnér (Tegnérplatsen)

Cette place doit son nom à **Esaias Tegnér** (1786-1846), poète national successivement élève et professeur à l'université, dont la **statue** en orne le centre. Sur le côté Est, derrière Sankt Annegatan, se dresse un édifice imposant, Kulturen, tandis que le côté Sud est bordé par le **musée d'Histoire** (Historiska museet), qui présente de remarquables collections d'objets de l'âge de la pierre, de l'âge du bronze et de l'âge du fer.
Krafts torg 12B - ☏ 046-222 79 44 - 11h-16h - fermé lun. - 30 SEK (enf. 15 SEK).
Le même édifice abrite aussi le **musée de la cathédrale★** (**Domkyrkomuseet** *; entrer par Kraftstorg en été ou par le musée d'Histoire toute l'année*). Celui-ci contient une belle collection de vêtements liturgiques, du 13e s. à nos jours, et une section intéressante consacrée à l'histoire de la cathédrale. *Kraftstorg 1 - ☏ 046-222 00 00 - 11h-16h - fermé lun. - 30 SEK (enf. 15 SEK).*

Kulturen★★

Tegnérsplatsen - ☏ 046-35 04 00 - www.kulturen.com - de mi-avr. à fin sept. : 11h-17h ; de déb. oct. à mi-avr. : tlj sf. lun. 12h-16h - fermé 1er janv., vend. saint, sam. de Pâques et 24-25 déc. - 50 SEK.
Ce musée situé en plein centre de Lund fut fondé en 1882 et transformé en musée de plein air en 1892, un an après l'inauguration de Skansen à Stockholm. Le bâtiment principal contient de belles collections de textiles, de céramiques, de verre et d'argenterie. Des expositions ayant pour thème le design sont régulièrement organisées.

Un passage souterrain conduit à la section en plein air, au-delà d'Adegatan.

Il y a 36 bâtiments représentant les quatre ordres du royaume : la noblesse, la bourgeoisie, le clergé et la paysannerie.
Tout de suite à gauche, on peut voir la **Maison du diacre**, datant du 14e s. La **maison orange** d'un membre de l'aristocratie contient une belle collection de porcelaine et d'argenterie *(au sous-sol)*. Le grand édifice à trois étages illustre l'évolution du mobilier bourgeois à travers une exposition répartie dans 16 salles.
La **Maison Schlyter**, située à l'Ouest, est consacrée aux corporations d'artisans et comprend quatre ateliers. La section consacrée à l'agriculture est située à l'Est. L'église en bois de Bosebo date de 1652.

Kulturens Östarp – *30 km au Sud-Est de Lund ; prendre la route 16 jusqu'à Veberöd puis continuer en direction de Blentarp. Östarps Gästgivaregård - Blentarp - ☏ 046 802 29 - toute l'année (gratuit).*
Sur ce site, qui fait partie du musée, on peut visiter plusieurs fermes traditionnelles dans un paysage typique de Scanie ; c'est ici que l'expression « musée vivant » prend toute sa signification ; mais ce n'est pas tout, car le site est au cœur d'un projet de recherche sur le développement durable, conduit par Kulturen en collaboration avec l'université de Lund.

Adelgatan, une des rues les plus pittoresques de la ville, conduit au jardin botanique.

Jardin botanique (Botaniska Trädgården)

Östra vallgatan 20 - ✆ 046 222 73 20 - tlj (gratuit).
Ce havre de paix datant des années 1860 contient 7 000 différentes espèces de plantes que l'on peut admirer au détour d'un des nombreux chemins serpentant à travers le parc.

Musée des Esquisses★★ (Skissernas museum)

Finngatan 2 - ✆ 046-222 72 83 - ♿ - tlj sf lun. 12h-17h, possibilité de visite guidée (1h30, anglais) sur demande préalable - fermé 1er janv., Pâques, 24-25 et 31 déc. - 30 SEK.
Cet original **musée des Esquisses**, qui ressemble plutôt à un studio d'artiste, contient une importante collection d'environ 20 000 études de monuments publics dont la construction fit appel à toutes sortes de matériaux et de techniques. Le but du musée est d'illustrer le processus de création dans son ensemble.
La collection internationale comprend notamment des œuvres d'**Henri Matisse**, de **Fernand Léger**, de **Sonia et Robert Delaunay** et de **Jean Bazaine**. Il y a également des esquisses d'artistes mexicains spécialistes des peintures murales tels qu'**Orozco** et **Diego Rivera**. La collection suédoise offre un aperçu passionnant de l'art du 20e s. On y voit tant les esquisses réalisées par le premier donateur du musée, le **prince Eugène de Suède** *(voir index)*, pour le Stadshuset de Stockholm, que des œuvres d'artistes d'avant-garde tels que **Sigrid Hjertén**, **Isaac Grünewald** et GAN. La salle où sont rassemblées les œuvres de sculpture internationale est dominée par divers modèles qu'exécuta **Henry Moore** pour sa sculpture *Hill Arches (Les Arches de la colline).*

SVANEHOLM★

40 km à l'Est. Suivre la E 65 (**C2**). *Signalé juste avant Skurup.*
Cet imposant château Renaissance datant de 1530 compta parmi ses propriétaires le baron **Rutger Macklean** (1742-1816), qui introduisit en Suède le système de la rotation des cultures. Le château contient du mobilier, des textiles, des costumes, des tableaux, des armes et des outils.

Circuits de découverte

HELSINGBORG ET LA PÉNINSULE DE KULLEN★ 1

Circuit de 45 km au Nord d'Helsingborg.

Helsingborg

Pendant des siècles, deux puissants châteaux se sont dressés face à face, séparés seulement par un détroit de 4 km de large, l'Öresund. Helsingborg fut fondé au 11e s. sur un site stratégique afin de contrôler le détroit et, aujourd'hui, la ville danoise d'Elseneur (Helsingør), située de l'autre côté, n'est qu'à 25mn de ferry. Helsingborg est un port animé ainsi qu'un centre commercial et administratif.
Pendant plusieurs centaines d'années, la région appartint aux Danois et le 17e s. fut une période sombre de l'histoire de la ville car elle fut impliquée dans les guerres incessantes que se livrèrent la Suède et le Danemark. Les Suédois prirent la ville au moins six fois avant que le **traité de Roskilde** (1658) ne rendît à la Suède les provinces qu'elle avait perdues. Cependant, la cité souffrit encore plus au cours de la période suivante marquée par la guerre de Scanie (1675-1679), lorsque les Danois essayèrent de reprendre la province. À la suite de la **bataille d'Helsingborg**, en 1710, **Magnus Stenbock** chassa les Danois de Suède et les guerres prirent définitivement fin.

Kärnana – Stortorget. *Slottshagen - ✆ 042 10 59 90 - juin-août : 11h-19h ; avr.-mai et sept. : tlj sf lun. 9h-16h ; oct.-mars : tlj sf lun. 11h-15h, possibilité de visite guidée en anglais sur demande préalable (✆ 42 10 45 05) - fermé 24-25 et 31 déc. - 20 SEK (enf. 10 SEK).*
Au 14e s., les Danois érigèrent cet imposant donjon pour remplacer la tour de bois construite précédemment. Il faisait partie d'un château fort en forme d'ellipse, d'où son nom de Kärnan, qui signifie amande en suédois. La forteresse fut détruite vers 1680 et le donjon de 34 m de hauteur avec ses murs épais et sa tour d'escalier extérieure en est le seul vestige. De la terrasse *(146 marches)*, la **vue** embrasse Elseneur de l'autre côté du détroit et l'île de Ven un peu plus au Sud.

Église Notre-Dame (Sankta Maria kyrka) – Mariatorget. *✆ 042-372 840 - 8h-18h (16h en hiver).* L'église d'origine, construite en grès au 12e s., fut remplacée au 15e s. par l'édifice actuel de style gothique danois en brique rouge. La tour ornée d'un pignon à redans fut ajoutée au 16e s.
À l'intérieur, on remarquera en particulier le **retable** (1450), œuvre d'un artisan d'Allemagne du Nord, la **chaire** Renaissance (1615) et les **fonts baptismaux** médiévaux en calcaire gris, réalisés par l'école de Gotland. On peut voir des traces de peintures

murales du 15e s. par le maître d'Helsingborg dans le déambulatoire qui abrite également de beaux **vitraux★★**.

Les deux vitraux situés sur la droite sont de Martin Emond et illustrent l'histoire d'Helsingborg, le troisième et le quatrième sont d'Einar Forseth et représentent Dieu le Père et la Vierge et l'Enfant, tandis que les deux autres situés sur la gauche sont d'Erik Olson et mettent en scène le Fils et le Saint-Esprit. Les vitraux du transept Nord intitulés *Rivière de Vie* et *Arbre de Vie* datent tous deux de 1953 et sont l'œuvre de Ralph Bergholtz.

Sacristie et salle de l'Argenterie★★ – La première pièce contient une sélection de vêtements liturgiques d'une valeur inestimable, et la seconde abrite la Bible de Christian III datant de 1550 ainsi qu'un certain nombre d'objets en argent datant du 17e s. à nos jours.

Dunkers Kulturhus – *Kungsgatan 11 - ✆ 042 10 74 00 - www.dunkerskulturhus.se - tlj sf lun. 10h-17h (jeu. 20h) - gratuit, expositions 70 SEK.* Cette maison de la culture toute blanche, construite face à la mer par l'architecte danois **Kim Utzon**, prête son intérieur spacieux à toutes sortes d'expositions, d'activités et de projets dans les domaines de l'art, de l'histoire, du théâtre, de la musique et de la danse. Des espaces sont réservés aux enfants et aux jeunes dans le but de les encourager à se montrer créatifs.

Fredriksdal museer och trädgårdar★ – *Gisela trapps väg 1 - ✆ 042 10 45 00 - www.fredriksdal.helsingborg.se - juin-août : 10h-19h30 ; avr.-mai et sept. : 10h-18h ; oct.-mars : 11h-16h - 60 SEK mai-sept., 30 SEK avr. et oct.-déc., gratuit janv.-mars.* La diversité de ce musée de plein air est étonnante : un jardin botanique où toute la flore de Scanie est représentée, une roseraie où poussent 450 variétés, un parc à l'anglaise, un potager, un verger, un jardin d'herbes aromatiques, un théâtre de plein air et une ferme en pleine activité sont groupés autour d'un manoir datant de 1787 avec vue sur des parterres à la française.

Île de Ven – À partir de Råå *(6 km au Sud du centre d'Helsingborg)*, un service régulier de ferry dessert en été cette île où vécut de 1576 à 1596 le célèbre astronome danois **Tycho Brahe** (1546-1601). Il y construisit un château aujourd'hui détruit et un observatoire.

Quitter Helsingborg vers le Nord en suivant Drottninggatan.

Promontoire battu des vents, la **péninsule de Kulen** mérite d'être parcourue en raison de ses villages de pêcheurs alignés le long de la côte.

Tycho Brahe

L'astronome danois Tycho Brahe fit construire son nouvel observatoire en 1576 sur la petite île de Ven au milieu du détroit séparant le Danemark de la Suède, à équidistance de Copenhague et d'Elseneur. Alors que le télescope n'était pas encore inventé, ses observations et calculs (il établit notamment un catalogue d'étoiles et montra que les comètes n'étaient pas des phénomènes atmosphériques) concoururent à faire accepter la théorie de Copernic selon laquelle le centre de l'univers était le soleil et non la terre. À la mort du roi, Tycho se vit contraint à chercher des mécènes. Il finit ses jours à Prague où **Johannes Kepler** astronome allemand, reprenant ses observations sur la planète Mars, énonça les lois sur les mouvements des planètes.

Sofiero★

✆ 042-13 74 00 - avr.-août : 10h-18h ; mars et sept. : 11h-17h - 60 SEK.

Le château fut construit pour la reine Sophie, épouse du roi Oscar II, puis fut offert en 1905 comme cadeau de mariage à leur petit-fils le prince héritier Gustave Adolphe et à sa jeune épouse la princesse Marguerite de Grande-Bretagne, qui, à l'exemple de son père, le duc de Connaught, aimait beaucoup le jardinage.

Les **jardins** *(un plan est disponible à l'entrée)* sont agrémentés d'un bel assortiment de rhododendrons et d'azalées. L'allée des rhododendrons commence dans le vallon situé au pied du château et se termine près de la pièce d'eau. Une partie de l'Allée fleurie est restée telle que la princesse la dessina il y a 80 ans.

Suivre la route 111 en direction d'Höganäs.

Viken

Ce pittoresque village de pêcheurs est aujourd'hui un élégant faubourg d'Helsingborg

Höganäs

Höganäs est le berceau de l'industrie suédoise de la céramique. Le petit village de pêcheurs du 16e s. se transforma au 18e s. en une ville minière à la suite de la découverte d'un gisement de charbon à proximité. Au 19e s., on se mit à extraire de la mine de l'argile qui fut utilisée pour la fabrication de briques, puis de faïence et de poterie de grès. Plusieurs sociétés produisent encore de la poterie durcie au sel.

Musée de Höganäsa (Höganäs museum) – *✆ 042-34 13 35 - www.hoganas.net/museum - ♿ - 13h-17h - fermé lun. - 40 SEK (enf. 10 SEK).* Il présente une exposition chronologique de la poterie locale ainsi qu'une sélection de poteries de grès réalisée par plus de 60 artistes nordiques contemporains. On remarquera en particulier les personnages bibliques humoristiques d'**Åke Holm** (1900-1980). Une exposition destinée aux enfants est consacrée au célèbre personnage de la bande dessinée, *Bamse l'ours le plus fort du monde.*

Suivre la direction de Mölle, prendre Bruksgatan à gauche, puis suivre les indications

Höganäs Saltglaserat AB – *✆ 042-21 65 40 - du 1er juil. au 20 août : 10h-18h, w.-end 11h-15h ; du 21 août à fin juin : tlj sf lun. et dim. 11h-17h, sam. 11h-15h.* « Il arriva comme une tempête de neige un soir d'avril, une bouteille en Höganäs accrochée autour du cou par une lanière de cuir. » C'est ainsi qu'**August Strindberg** décrit l'arrivée de Carlsson dans son roman *Les Gens de Hemsö*. Établie en 1832, la société produisit d'abord de la faïence vernie de couleur jaune, puis s'orienta vers la production de poterie de grès durcie au sel. Cette poterie eut un grand succès et il n'y a guère de famille suédoise qui ne possède un pot en Höganäs. La production continue à petite échelle, selon les méthodes traditionnelles qui exigent une grande partie de travail à la main.

Höganäs keramik BodaNova AB – *De déb. juil. à mi-août : 9h-19h, w.-end 10h-17h ; de mi-août à fin juin : 10h-18h, w.-end 10h-17h. www.hoganaskeramik.com* Cette fabrique traditionnelle produit aujourd'hui de la faïence de table au design moderne et aux couleurs vives.

Continuer en direction de Mölle.

Krapperup

✆ 42 34 41 90 - galerie d'art et musée mai-oct. - visite guidée du château en saison sur demande préalable - 30 SEK (galerie d'art et musée), 80 SEK (château), jardin gratuit.

Ce vaste domaine appartenait autrefois à la famille Gyllenstierna. Le petit musée et la galerie d'art *(situés dans le bâtiment qui borde la route)* ainsi que les remarquables **jardins** sont ouverts au public. Ils offrent une belle vue du château entouré de douves, construit au 16e s. mais considérablement remanié à la fin du 18e s. Concerts et expositions temporaires ; café.

Mölle

Construite à flanc de coteau, cette petite station estivale était fréquentée au début du siècle par les Danois et les Allemands. La réputation d'immoralité qu'acquit Mölle en autorisant hommes et femmes à se baigner ensemble lui valut de se faire des adeptes dans toute l'Europe. L'empereur d'Allemagne **Guillaume II** et sa femme firent partie des habitués les plus célèbres.

Kullaberg★★★

Accès payant : 35 SEK par voiture.

Le promontoire, dont les falaises tombent à pic dans la mer, sépare la baie de Skälderviken au Nord du détroit de l'Öresund. Des chemins longeant le bord de la falaise *(il est conseillé de faire attention)* conduisent au phare de Kullen qui se dresse à 88 m au-dessus du niveau de la mer. Il fut érigé en 1900 à la place du phare du 16e s.

À mi-chemin, un panneau (« Ransvik ») indique la direction d'un café, dont la situation pour le moins impressionnante au bord de la falaise offre des vues splendides sur le détroit.

Revenir à l'embranchement et prendre à gauche en laissant la route 111 sur la droite ; tourner à droite au carrefour en T suivant, juste avant le virage à gauche pour Arild.

Église de Brunnby★★

✆ 042-346 520 - juin-août : 9h-20h, dim. 12h-20h ; reste de l'année : 9h-17h30, dim. 12h-15h30, possibilité de visite guidée en anglais - fermé sam. (gratuit).

L'**église** romane du 12e s. est célèbre pour ses **peintures** du 15e s. qui ornent la voûte du bas-côté et comptent parmi les œuvres les mieux conservées du maître d'Helsingborg.

Arild★

Ce vieux village aux petites maisons de pêcheurs agrémentées de jardins est une station pittoresque fréquentée des artistes depuis près d'un siècle.

La petite église de Brunnby, sur la péninsule de Kullen.

Skäret

042-34 60 44 - ♿ - de déb. mai à mi-sept. : 10h-19h (gratuit).

Flickorna Lundgren est une maison d'été vieille de 260 ans qui appartenait à la famille Lundgren, laquelle transforma la maison en café en 1938. Le roi Gustav Adolf fut un habitué de l'établissement jusqu'à sa mort en 1973. Le jardin, avec sa magnifique vue sur la baie, est un endroit idéal, sur fond de fleurs et de mer, pour déguster les gâteaux « dont le goût égale le chant des anges ».

LA CÔTE MÉRIDIONALE DE MALMÖ À YSTAD★★ 2

Environ 100 km. Ce circuit peut être combiné avec le suivant ; prévoir dans ce cas une nuit à Ystad.

*Sortir de la ville par la E 6 - E 22, au Sud (***BZ** *du plan), que l'on quitte à hauteur de Vellinge pour emprunter la route 100. Aux abords d'Höllviken, suivre la signalisation « Vikingamuseet ».*

Fotevikens Museum★

Fotevikens museum - Halörsvägen - Höllviken - 040 33 08 00 - www.foteviken.se - juin-août : 10h-16h ; mai et sept. : tlj sf w.-end 10h-16h - 60 SEK (enf. 25 SEK).

Située sur la côte de la Baltique, cette reconstruction d'un village viking est le résultat d'un projet partiellement financé par l'Union européenne. L'enceinte comprend une vingtaine de bâtiments traditionnels en bois couverts d'une couche de terre garnie d'herbe. Ouvert tous les jours pendant la saison d'été, le village est animé par des artisans en habit d'époque, utilisant les méthodes et les matériaux dont se servaient les Vikings durant la première moitié du 12e s. L'activité bat son plein durant la semaine du marché viking *(dernière semaine de juin).*

Reprendre la route 100 vers l'Ouest.

Skanör med Falsterbo

Ces villes jumelles, situées sur la péninsule de Falsterbo, sont des stations estivales très fréquentées et réputées pour leurs magnifiques plages de sable blanc. Falsterbo se développa grâce à la pêche au hareng, et les deux villes furent des centres de commerce importants à l'époque de la **Ligue hanséatique**. Falsterbo a davantage gardé son aspect médiéval et son église contient quelques belles sculptures du Moyen Âge. Le musée de Falsterbo comprend une section très informative sur la Hanse et son temps. Pour sa part, Skanör possède une charmante place pavée, Rådhustorget, et un hôtel de ville du 18e s.

Revenir à Höllviken et prendre la route côtière vers Trelleborg.

Musée de l'Ambre★ (Bärnstensmuseet)

Sur un site archéologique du village de Kämpinge.
Södra Mariavägen 4 - Kämpinge - Höllviken - 040 45 45 04 - www.brost.se - de mi-mai à fin août : 10h-18h ; de déb. sept. à mi-mai : w.-end 11h-17h - 10 SEK (enf. 5 SEK).

« L'or de la Baltique » a été formé lorsque la résine des forêts qui recouvraient la région il y a 40 millions d'années s'est solidifiée, emprisonnant souvent plantes et insectes.

Cette matière attrayante a toujours fasciné l'homme qui croyait en son pouvoir magique de protection contre les forces du mal mais aussi contre certaines maladies. Le musée possède une intéressante collection d'objets divers et l'on trouve dans la boutique tout un assortiment de souvenirs et de livres sur le sujet.

Trelleborg

La ville devint prospère au Moyen Âge grâce à la pêche au hareng. C'est aujourd'hui un important port de ferries assurant la liaison avec des ports allemands.

Quitter Trelleborg par la route 9 à l'Est.

Smygehuk★

Le point le plus méridional de la Suède est celui où, dans *Le Merveilleux Voyage de Nils Holgersson,* de **Selma Lagerlöf**, le jeune Nils dit adieu aux oies sauvages. Une petite **statue** célèbre l'héroïne à plumes, Akka. Le port, établi à l'emplacement d'une ancienne carrière de pierres à chaux, est bordé de cabanes de pêcheurs et de fumoirs à poisson. Un chemin, qui se dirige vers l'Est et passe devant un four à chaux, conduit à un grand **entrepôt** blanc, dont la présence rappelle la prospérité passée. Construit pour emmagasiner du grain, il servit de dépôt à des contrebandiers et abrite aujourd'hui une exposition d'artisanat.

Smygehamn

Ce minuscule hameau connut une relative prospérité grâce à la pêche au hareng puis à l'industrie de la chaux. Les maisonnettes du 19e s. sont très appréciées comme maisons de vacances.

Poursuivre par la route 9.

Ystad★★

Ystad est une charmante ville médiévale qui a conservé plus de 300 maisons de bois. C'est le port de ferry qui dessert l'île de Bornholm *(voir ce nom dans le chapitre Danemark).*

La ville médiévale – Partir de Lilla Västergatan, qui était autrefois la rue principale, dans laquelle s'élève **Kemmerska Gården**, en partie du 16e s. Stortorget est dominée par **Sankta Maria kyrka★**, basilique romane du 13e s. maintes fois remaniée par la suite. On remarquera en particulier le retable (1733) richement décoré et l'admirable **chaire★★** Renaissance exécutée par un artisan du Nord de l'Allemagne. *✆ 0411-692 00 - juin-août : 10h-18h ; sept.-mai : 10h-16h, possibilité de visite guidée merc. 17h30.*

Le guetteur de la ville continue à souffler du cor *(lur)* tous les quarts d'heure de 21h15 à 1h du matin du haut de la tour de l'église. Le garde d'incendie continue à veiller sur la ville endormie.

Sur la place, on remarquera également l'**école latine (Latinska skolan)**, édifiée vers 1500, ainsi que **Krookshuset**, édifice à colombage de la fin du 18e s. peint en jaune, et l'**ancien hôtel de ville (Gamla Rådhuset)**, achevé en 1840. Prenez Stora Norregatan vers le Nord jusqu'à Sladdergatan où se trouvent, à gauche, **Änglahus** et sa façade de 1630, à droite en diagonale, **Brahehus** du 15e s. Sur la droite, Sladdergatan mène à une église du 13e s., **Sankt Petrikyrkan★★**, vestige du monastère le mieux préservé de Suède ; l'intérieur conserve d'admirables restes de fresques et des fonts baptismaux du 14e s.

Le mythique Inspecteur Wallander

Vous ne risquez pas de rencontrer le plus célèbre habitant d'Ystad, Kurt Wallander, inspecteur principal au commissariat de la ville... car il n'existe que dans l'imagination de Henning Mankell, auteur à succès d'une dizaine de romans policiers dont le héros est le mythique inspecteur Wallander. Et pourtant, si vous avez lu un ou plusieurs de ces romans, vous aurez l'impression de connaître déjà les lieux en vous promenant dans la vieille ville et vous vous attendrez à rencontrer Wallander au détour d'une rue... car l'auteur a décrit des endroits qui existent vraiment et donné aux rues leur véritable nom ; nombreux sont les fans de l'inspecteur qui se rendent à Ystad pour faire une promenade guidée « dans les pas de Wallander ». Il faut dire que Henning Mankell a rendu son personnage très sympathique : ce n'est pas à proprement parler un héros, car l'auteur s'applique plutôt à décrire ses faiblesses, sa solitude, ses frustrations, ce qui rend l'identification du lecteur avec le personnage presque inévitable... d'autant plus que sa compétence professionnelle est sans faille et son intuition hors du commun !

Le cloître abrite aujourd'hui le **Musée municipal** (Stadsmuseum), qui contient une section d'histoire locale et une exposition temporaire renouvelée chaque année. *℘ 0411-57 72 86 - tlj sf lun. 10h-17h, w.-end 12h-16h - 40 SEK.*

Un chemin étroit, Bäckahästgränd, conduit à la plus petite place de la ville, Tvättorget, bordée de maisons à colombage. Dans Stora Östergatan, rue piétonne, on admirera à droite les pignons à redans de **Birgittahuset**. Au coin de Pilgränd se dresse **Pilgrändsgård**, la plus vieille maison à colombage de Scandinavie, datant de 1480 environ.

Continuer vers le Sud jusqu'à Sankt Knuts Torg et le **musée des Beaux-Arts (Konst museum)**, qui présente une intéressante collection d'art suédois et danois du 20e s. et déjà quelques œuvres du 21e s. *℘ 0411-57 72 85 - www.konstmuseet.ystad.se - tlj sf lun. 10h-17h, w.-end 12h-16h - 40 SEK.*

LA CÔTE DE L'ÖSTERLEN★ 3

Environ 90 km d'Ystad à Kivik.

Österlen, ou « chemin de l'Est », est une expression formée au 19e s. La région est réputée pour le nombre de ses ateliers et galeries d'art (une semaine « portes ouvertes » est organisée à Pâques).

Quitter Ystad par la route 9 et, après Nybrostrand, prendre une route secondaire à droite.

Kåseberga

C'est l'un des nombreux et charmants ports de pêche, où l'on peut déguster un sandwich au poisson fumé tout en admirant la vue vers le large. Une marche de 15mn le long d'un chemin en pente raide conduit à un site mégalithique au sommet d'une falaise, connu sous le nom d'**Ales stenar★★** : c'est l'emplacement de la tombe du chef viking Ale marqué par un **alignement de 58 pierres** silhouettant un navire. Les pierres situées à la proue et à la poupe ont respectivement 3,3 m et 2,5 m.

Revenir à Kåseberga et tourner à droite, puis suivre successivement les indications « Sandhammaren » et « Dag Hammarskjölds Backåkra ».

Backåkraa : mémorial de Dag Hammarskjöld

La ferme Backåkra située sur la crête Kåseberga fut acquise par l'ancien secrétaire général des Nations unies en 1957 et, un an plus tard, le site recevait l'appellation de réserve naturelle. Après la mort prématurée de Dag Hammarskjöld dans un accident d'avion, le domaine fut cédé au Touring Club suédois (STF). Hormis quelques pièces, le mobilier, les œuvres d'art et objets divers appartenaient à Dag Hammarskjöld.

Sandhammaren★

Les dunes mouvantes et les bancs de sable de la pointe Sud-Est de la Scanie font partie d'une réserve naturelle. Cette section de la côte possède quelques-unes des plus belles plages de Suède.

Poursuivre le long de la côte par la route secondaire.

Skillinge

Autre village de pêcheurs aux charmantes maisonnettes bordant d'étroites ruelles sinueuses. En remontant vers le Nord, la côte est jalonnée de villages de pêcheurs tous très pittoresques : Brankevik, Simrishamn, Baskemölla, Vik et Kivik... Seuls deux d'entre eux sont encore des ports de pêche actifs, Skillinge et Simrishamn.

Quitter Skillinge suivre une route secondaire vers l'Ouest jusqu'à Östra Hoby, puis vers le Nord en direction de Vallby.

Glimmingehus★

Adam Van Büren construisit entre 1499 et 1509 pour le compte d'un aristocrate danois ce majestueux édifice qui a tous les attributs d'une forteresse : murs solides, minuscules fenêtres, meurtrières, larges douves et mâchicoulis. Quand le logis fut jugé trop inconfortable et incommode, la forteresse fut abandonnée et devint alors un grenier habité seulement par les rats. Dans *Le Merveilleux Voyage de Nils Holgersson*, **Selma Lagerlöf** raconte la lutte épique que se livrent les rats gris et les rats noirs de Glimmingehus et explique comment Nils parvient à éloigner les rats gris en jouant de sa flûte enchantée, présent de la chouette qui vivait dans la tour de la cathédrale de Lund.

Rejoindre la côte à Brankevik via Gislöv, puis suivre la route côtière vers le Nord.

Simrishamn★

Au cœur de l'Österlen, Simrishamn est la ville la plus colorée de Suède, où les vieilles rues pavées serpentent entre de charmantes maisons basses. La ville subit très tôt l'emprise de la Ligue hanséatique et, dès le 14e s., les marchands de Lübeck contrôlaient le commerce du hareng. Simrishamn prospéra sous le règne du roi du Danemark **Christian IV** (1588-1648), mais la guerre de Scanie mit un terme à cette prospérité que la ville ne recouvra que partiellement au 19e s. avec l'essor de la pêche et le développement du commerce des céréales. Simrishamn est encore aujourd'hui l'un des plus grands ports de pêche suédois, avec une prise annuelle atteignant 25 000 t et se composant essentiellement de harengs, de morues et d'anguilles.

Une promenade dans le centre historique – *Laisser la voiture près du port.* Passer devant l'Office de tourisme puis prendre Strandvägen, où le jardin, **Sjöfatsplatsen**, sur la droite, est agrémenté d'œuvres d'art réalisées à partir de débris d'épaves. Le **Gösta Werners och Havet**, sur la gauche à côté de l'hôtel Svea, est une galerie consacrée aux œuvres du peintre **Gösta Werner**, spécialisé dans les marines et la vie quotidienne des marins. *✆ 0414-104 40 - de mi-juin à fin août : tlj sf lun. 12h-17h - 25 SEK (enf. gratuit).*

Continuer le long de Stora Rådmansgatan pour admirer les maisons soigneusement repeintes aux toits rouges couverts de tuiles flamandes. L'église domine les attrayantes maisons de **Lilla torg**, au cœur du vieux quartier. **Stora Norregatan** et **Östergatan** sont toutes deux bordées de coquettes petites maisons du 19e s., peintes de couleurs vives et agrémentées de belles portes de bois sculptées. Suivre une ruelle, Klockaresträddet, en direction de l'église qu'il faut contourner pour parvenir sur la place principale, Stortorget. Storgatan est coupée en deux par la place : la section de droite conduit à Hafreborg, tandis que la section de gauche, piétonne, permet de retourner au port. Suivre cette dernière sur une courte distance, avant de tourner à droite dans Dammgatan, puis à gauche dans une ruelle sinueuse, **Strömmens sträddle**, où se trouvait autrefois la maison et l'atelier du tanneur Ström. Continuer le long de cette rue jusqu'au port, très animé en été.

Hafreborg - Österlens Museum – *Storgatan 24, derrière la barrière verte. ✆ 0414-81 96 74 - du 20 juin au 4 sept. : 10h-18h ; janv.-mai et de déb. juin au 19 juin : tlj sf w.-end 12h-16h.* Un ancien grenier abrite le musée de l'Österlen consacré à l'histoire locale et comprenant des sections intéressantes sur l'**art paysan★★**, les costumes et l'**argenterie nuptiale★★**, ainsi que les techniques traditionnelles de fabrication de la dentelle.

Église Saint-Nicolas (Sankt Nicolai kyrka) – *✆ 0414-412 480 - de déb. juin à mi-août : 10h-19h ; reste de l'année : 12h-15h.* La pierre aux teintes douces de la façade Est du 12e s., de la nef du 13e s. et de la tour Ouest du 15e s., contraste avec la brique du porche, datant lui aussi du 15e s. Le mobilier, rehaussé de couleurs vives, se détache sur le blanc sobre de l'intérieur. Le **retable** et la **chaire** au monogramme C 4 datent du règne de Christian IV (1588-1648). Les **fonts baptismaux** sont de style carolien.

Du côté Sud de l'église, on peut voir la sculpture de Carl Milles, *Les Sœurs*, détail de sa *Fontaine de la Foi*, qui se dresse dans le cimetière de Falls Church à Washington.

Quitter Simrishamn par le Nord, toujours par la route 9.

Juste avant d'arriver à Kivik, une route secondaire sur la droite conduit sur la côte, au cœur de la **réserve naturelle de Stenshuvud** dont la flore et la faune sont parmi les plus variées de toute la Suède *(✆ 0414 708 82 - www.stenshuvud.se).*

Kivik

À 18 km de Simrishamn. Blotti au cœur d'une région de vergers de pommiers et de poiriers, le village de Kivik est réputé pour son cidre mais encore plus, aux yeux des Suédois, pour son marché burlesque. Les visiteurs étrangers seront intrigués par le célèbre **monument de l'âge du bronze**, remarquable cairn de 75 m de diamètre dont la chambre funéraire est tapissée de 8 dalles recouvertes d'énigmatiques signes gravés. Découverte au 18e s., la tombe fut pratiquement reconstruite dans les années 1930.

Nyköping

SÖDERMANLANDS LÄN – 49 070 HABITANTS
CARTE MICHELIN N° 711 N 14 OU ATLAS EUROPE P. 119

La capitale historique de la province du Sörmland est située sur les bords de la Baltique, à l'embouchure de la Nyköpingså qui se jette dans une baie profonde et bien abritée.

- **Se repérer** – Nyköping est à 102 km au Sud-Ouest de Stockholm par l'autoroute E 4.
- **À ne pas manquer** – Nyköpinghus et le musée du Sörmland, Julita Gård et le musée suédois de l'Agriculture.
- **Organiser son temps** – La visite de Nyköping et de la petite ville voisine de Trosa ne prendra qu'une journée ; il faut compter une autre journée pour voir Lindköping et le zoo de Kolmården, situés à l'ouest.
- **Avec les enfants** – Le parc animalier de Kolmården (Kolmårdens Djurpark).
- **Pour poursuivre le voyage** – En continuant vers le Nord à partir de Julita Gård, on arrive sur les bords du lac Mälaren qui offre des possibilités de circuits intéressants *(voir le chapitre Autour du lac Mälaren)*.

Se promener

Autour de la place du marché (Stora Torget)

On peut voir, groupées autour de la place du marché, Stora torget, et de la fontaine Ragnar Östberg, l'église du 13e s., la cour de justice du 18e s., peinte en jaune et blanc, et la résidence du gouverneur qui date du 19e s. La petite rivière Nyköpingså, bordée de saules pleureurs et de rhododendrons, serpente à travers la ville, offrant par-ci par-là le spectacle d'une cascade. Un chemin de promenade agréable suit les berges, de Storgatan à Nyköpinghus, et continue ensuite vers le port, d'où partent les bateaux à destination de l'archipel.

Nyköpingshus★

Sur la rive Ouest ; suivre les panneaux indiquant « Slottet ». Entrer par l'ancien corps de garde, face à l'auberge de jeunesse. ✆ 0155-24 57 00 - expositions diverses de mi-juin à mi-août : 10h-17h ; reste de l'année : tlj sf lun. 11h-17h. La cour est toujours ouverte.

Au 16e s., le futur **Charles IX**, alors duc de Södermanland, fit démolir le donjon du 12e s. pour édifier un somptueux palais Renaissance qui fut lui-même détruit par un incendie en 1665. Il ne fut jamais restauré et il ne reste aujourd'hui que le **corps de garde★★** Renaissance et la tour du roi, **Kungstornet★★**, ainsi que les ruines du donjon d'origine, avec ses cachots légendaires, dans le coin Nord-Est de la cour, où l'on peut assister chaque année en juillet à la reconstitution du célèbre **banquet de Nyköping.**

Le banquet de Nyköping

Au début du 14e s., une lutte fratricide, dont l'enjeu était la couronne de Suède, opposa les fils de Magnus Ladulås. En 1317, le roi Birger invita à un banquet ses frères Éric et Valdemar, qui depuis près de quinze ans cherchaient à l'écarter du trône, et les fit arrêter. On ne sait s'ils furent exécutés ou si, enfermés dans les cachots, ils y moururent de faim. La reconstitution historique relate ce lugubre événement.

Remarquez aussi l'ancienne résidence du gouverneur, **Gamla Residenset**, datant du 18e s., qui donne sur la cour extérieure.

Nyköpinghus abrite le **Sörmlands museum (Södermanlands)**, où l'on peut voir des expositions retraçant divers aspects de l'histoire de la ville et du château. *✆ 0155-24 57 00 - expositions diverses de mi-juin à mi-août : 10h-17h ; reste de l'année : tlj sf lun. 11h-17h.*

Au Sud-Est du château se dresse une pittoresque cabane du 17e s., au toit d'écorce et de tourbe, **Tovastugan**, transformée en café. On remarquera tout particulièrement les murs magnifiquement décorés (1641), admirable illustration de la peinture ornementale traditionnelle - *✆ 0155-24 82 00 - de mi-mai à fin août - renseignez-vous pour les horaires.*

Nyköping pratique

Adresses utiles

Stora Torget - 611 83 - ✆ 0155 24 82 00. Sur la place centrale, un bureau bien équipé où l'on trouve des informations sur toute la région.

Se loger

Park Inn – *Brunnsgatan 33, en plein centre - ✆ 155 29 35 00, fax 155 29 35 09 - www.nykoping.parkinn.se - ch. : 995/ 1 195 SEK, suite : 1 390 SEK.* Cette grande demeure très bien située dans le centre piéton dispose de chambres très correctes pour des prix acceptables et qui baissent considérablement pendant les vacances. Vous y trouverez également un restaurant, un bar et un sauna.

Comfort Hotel Kompaniet – *Folkungavägen 1, à 10mn à pied du centre - ✆ 155 28 80 20, fax 155 28 16 73 - www.choicehotels.se - ch. : 1 380/1 580 SEK, suites : 1 699/1 799 SEK.* Cet hôtel moderne n'est situé qu'à quelques minutes du centre dans un jardin fleuri. L'aménagement astucieux, la décoration soignée et les nombreuses commodités en font un établissement de grande qualité.

Se restaurer

Bon à savoir – Résidents et visiteurs aiment à se rassembler dans le quartier du port, dont les entrepôts en bois peints en rouge ont été transformés en boutiques et en cafés.

Pelles Lusthus – *On y accède par la rue Folkungavägen, dans le centre.* Cette Maison de la culture est longée de plusieurs restaurants dont les terrasses débordent sur le canal. Un cadre sauvage et paisible dans lequel vous pourrez déguster une cuisine simple mais très correcte.

Forsen – *On y accède par la rue Forsgrata, en entrant dans la cité - lun.-vend. 11h30-14h, 18h-23h, sam. 13h-23h, dim. 13h-21h - 185/300 SEK.* Cette charmante maison jaune est située sur le canal à moins de 10mn à pied du centre piéton. Vous pourrez apprécier une cuisine locale savoureuse depuis la terrasse aménagée directement sur l'eau.

Skafferi – *Västra storgatan, tout près de l'Office de tourisme - ✆ 155 26 99 50 - Lun.-vend. 17h-23h, sam. 12h-23h - 190/400 SEK.* Un restaurant gourmet bâti dans le centre piéton, dont l'intérieur est élégamment aménagé en bois. On y sert une cuisine européenne savoureuse que vous pourrez accompagner d'un bon vin.

Lynköping

Adresses utiles

Klostergatan 68, à la réception de l'hôtel Ekoxen - ✆ 013 20 68 36, fax 013 12 19 03 - www.linkoping.se Toutes les informations sur la région, souvenirs, brochures et billets pour les visites des sites.

Bon à savoir – Une des attractions principales est de faire une balade en bateau sur le canal Kinda qui peut vous mener jusqu'au village de Horn, en passant par Tannefors, Landeryd, Brokind et bien d'autres villages pittoresques. En passant par l'Office de tourisme, vous aurez le choix entre plusieurs compagnies qui effectuent cette escapade. Pour une découverte d'une journée, il vous en coûtera environ 300 SEK/pers. pour un tour guidé, et environ 1 000 SEK si vous louez votre propre bateau.

Se loger

Quality Hotel Ekoxen – *Klostergatan 68, à 5mn à pied du centre-ville - ✆ 013 25 26 00 - www.ekoxen.se - 190 ch. : 1 395/1 595 SEK.* Un hôtel moderne, sans charme particulier mais bien situé dans un parc et à quelques minutes du centre-ville. Les chambres sont impeccables sans être exceptionnelles et plusieurs boutiques et restaurants sont aménagés dans le hall et les environs, dont l'Office de tourisme de la ville.

Scandic Linköping Frimurarehotellet – *St Larsgatan 14, dans le centre - ✆ 013 495 30 00, fax 495 30 11 - www.scandic-hotels.com - 208 ch. : 1 380/1 680 SEK, suite : 2 900 SEK.* L'extérieur un peu froid de cet hôtel donne une mauvaise image de l'intérieur accueillant. Les chambres sont spacieuses, à l'image du grand hall en marbre et vous y trouverez plusieurs commodités dont une piscine. Le tout situé à quelques pas de la place centrale.

Scandic Linköping City – *Gamla Tannerforsvägen 51, à 10mn à pied du centre - ✆ 495 54 00, fax 495 54 11 - 216 ch. : 1 440/1 740 SEK, suite 3 100 SEK.* Ce très bon hôtel est situé un peu à l'écart du centre dans un cadre fleuri en bordure du canal. Le bâtiment en verre abrite un hall spacieux à l'image des chambres modernes et confortables. Le restaurant situé derrière la réception est excellent. D'un point de vue du confort,c'est probablement une des meilleures adresses de la ville.

Radisson SAS – *Stora Torget 9, dans le centre - ✆ 129 630, fax 133 769 - www.radissonsas.com - 88 ch. : 1 550/ 1 795 SEK, suites : 2 700/4 300 SEK.* Cette imposante demeure ancienne domine la place principale du quartier piéton. L'intérieur est accueillant et dispose de chambres irréprochables. Les résidents ont accès à plusieurs commodités, dont le solarium et la salle de fitness.

Se restaurer

Sur la place piétonne principale, Stara Torget, vous trouverez plusieurs brasseries tout à fait convenables qui pourront convenir pour un déjeuner rapide. Citons par exemple le **Baren** et **Överste Mörner** qui se partagent une immense terrasse. Les deux servent de bonnes salades. Pour dîner, vous pourrez vous rendre au restaurant **Magnolia**, sur la même place, où l'on déguste une cuisine d'inspiration asiatique confortablement installé dans des sofas élégants.

Platå – *Croisement Ågatan et Platensgatan, dans le centre - 80/250 SEK.* Un café-restaurant moderne à proximité de la Cathédrale, bordé d'une grande terrasse ombragée. On y sert une cuisine européenne de qualité et l'intérieur accueille également un bar lounge où les jeunes de la ville viennent s'installer le soir.

Sangria – *Platensgatan, en face du Hagdahl Center - lun.-sam. 17h30-0h - 150/300 SEK.* Cette grande demeure ancienne abrite un restaurant espagnol où l'on sert entre autres d'excellents tapas. L'intérieur élégant fait également office de bar et certains soirs l'ambiance devient très chaude .

« **L'histoire le long de la rivière** » est un musée de plein air qui suit les berges de la rivière en partant du port et retrace l'histoire de la ville grâce à des panneaux d'information jalonnant le parcours.

Dans les environs

Trosa

48 km au Nord-Est par la E 4 puis la route 218, en direction de la côte.

La charmante petite ville de Trosa eut son moment de gloire au début du siècle lorsque la haute société de Stockholm en fit sa villégiature de prédilection. Pendant des siècles, la pêche fut sa principale ressource et on peut voir d'anciennes maisons de pêcheurs à l'Ouest de la rivière Trosa, le long de laquelle s'élèvent les résidences d'été et leurs vérandas.

Le quartier du port avec ses restaurants et ses boutiques d'artisanat est un endroit animé. Au coin de Västra Långgatan et de Garvaregränd, l'ancien atelier d'un tanneur, **Garvaregården**, a été transformé en musée municipal *(un café fonctionne et des divertissements sont donnés en été)* illustrant l'histoire de Trosa à travers ses activités traditionnelles.

Manoir de Julita★★ (Julita Gård)

85 km au Nord-Ouest par la route 52 jusqu'à Katrineholm, puis la route 56 vers Äsköping.
✆ 0150-48 75 55 - ♿ - mai-sept. : 11h-16h ; oct.-avr. : vend. et w.-end : 12h-16h, possibilité de visite guidée - fermé janv. - 60 SEK (enf. 30 SEK).

Situé sur les bords du lac Öljaren, à une trentaine de km au Nord de Katrineholm, ce manoir abrite aujourd'hui le **musée suédois de l'Agriculture**.

Au 12e s., des moines cisterciens fondèrent un monastère qui fut entièrement détruit en 1535. Le domaine devint propriété de la Couronne, un manoir fut construit et une fabrique de pièces d'artillerie, établie sur le site (1627-1665), fournit au roi Gustave II Adolphe les canons dont il avait besoin pour prendre part à la guerre de Trente Ans. Le domaine changea plusieurs fois de propriétaire jusqu'au début du 20e s. ; c'est alors que le nouveau propriétaire, le **lieutenant Arthur Bäckström** (1861-1941), influencé par les idées d'**Artur Hazelius**, fondateur du musée de Skansen à Stockholm, conçut un projet similaire. Avec la coopération du Musée nordique, auquel il légua le domaine, et du musée d'Histoire, il créa un musée de plein air.

Stora huset★★★ – Le beau manoir jaune de trois étages date de 1750. Deux ailes séparées, ajoutées plus tard, se dressent face à face de part et d'autre de la cour. L'édifice principal est tel qu'il était du vivant de son dernier propriétaire Arthur Bäckström ; une grande partie du mobilier est l'œuvre du menuisier du domaine.

La remise abrite une collection de voitures à chevaux des 19e et 20e s., ainsi que le bureau de Bäckström tel qu'il était à l'époque.

Parc – Splendide avec ses arbres vénérables, sa roseraie et son joli belvédère, il présente, près de la jetée, le charmant « Åttkanten » conçu pour servir de lavoir et transformé en pension au 20e s. Au Sud des écuries se trouve la résidence de l'abbé dont le rez-de-chaussée date du 13e s., alors que l'étage fut ajouté au 18e s.

Dans la serre, une présentation illustrant la construction génétique des plantes explique le rôle de la Banque nordique des gènes végétaux tandis que l'on peut voir d'autres expériences visant à préserver des espèces locales très anciennes dans le jardin potager. Bäckström créa un Skansen en miniature, avec de petites maisons, un musée et une chapelle pour préserver le patrimoine culturel du pays. Le domaine possède également une laiterie, une briqueterie, un four à chaux, un séchoir à tabac et un poste de pompiers qui est aujourd'hui un petit musée.

Parc animalier de Kolmården★ (Kolmårdens Djurpark)

✆ 11 24 90 00 - www.kolmarden.com - zoo et parc safari : de fin juin à la 1re sem. d'août : 10h-18h ; de déb. mai à fin juin et de la 2e sem. d'août- à déb. sept. : 10h-17h ; sept. : w.-end 10h-17h - dolphinarium : fin juil. à mi-août : se renseigner - 200 SEK (4-15 ans 115 SEK) zoo, 110 SEK (4-15 ans 80 SEK) parc safari ; 260 SEK (4-15 ans 155 SEK) billet combiné.

35 km sur la E 4 en direction de l'Ouest (sortie signalée).

C'est le plus grand zoo et parc animalier des pays nordiques ; il compte, en effet, 400 naissances par an ! Le public apprécie particulièrement le Dolphinarium et son spectacle qui a lieu quatre ou cinq fois par jour en été. Parmi les attractions spécialement destinées aux enfants, on peut citer le Circuit de la Forêt magique et la Cuisine de Grand-mère qui sert des crêpes et autres friandises dont les enfants raffolent.

Linköping★

97 km au Sud-Ouest par la E 4.

Ville agréable, Linköping fut dès le 12e s. une cité ecclésiastique qui devint très vite un centre intellectuel renommé. C'est aujourd'hui la capitale administrative de l'Östergötland, mais aussi un centre industriel moderne (usine Saab) et une ville universitaire avec une école de médecine et un institut de technologie.

Cathédrale★ – *✆ 013-20 50 60 - 9h-18h, possibilité de visite guidée en anglais sur demande préalable.* C'est l'un des plus beaux édifices religieux de Suède. La cathédrale primitive fut érigée sur ce site vers 1120 et la construction du sanctuaire actuel fut entreprise en 1232. Pendant près de trois cents ans, elle fut agrandie et remaniée. L'intérieur, à la fois majestueux et harmonieux, contient des éléments décoratifs de tous les siècles, conformément à la tradition médiévale. Le 20e s. est particulièrement bien représenté avec le retable exécuté entre 1934 et 1936 par l'artiste norvégien **Henrik Sørensen**, les vitraux gravés (1995) de la chapelle Notre-Dame (Mariakoret), le jubé de 1987 illustrant des scènes de la vie de la Vierge et les tapisseries représentant la Création du monde (1938).

Musée provincial de l'Östergötland (Östergötlands Länsmuseum) – *✆ 013-23 03 00 - tlj sf lun. 11h-16h (mar. 20h) - 20-40 SEK.* Les principales collections du musée provincial concernent l'archéologie ainsi que la peinture européenne et suédoise, mais il ne faut pas manquer les **broderies Königsmarck★** (1680).

Le « Vieux Linköping » (Gamla Linköping) – *À 3 km. Suivre la rocade C en direction de Mjölby et les panneaux indiquant « Gamla Linköping ». ✆ 013-12 11 10 - site : ouvert tlj - boutiques et ateliers : 10h-17h30, w.-end 12h-16h, possibilité de visite guidée sur demande - gratuit.* Le **Vieux Linköping** est un musée de plein air rassemblant 80 bâtiments construits entre 1695 et 1887 et transférés du centre de la ville. Son charme réside dans le fait qu'une communauté d'une cinquantaine de personnes – principalement des artisans – y vit et y travaille, donnant vie et authenticité aux maisons, aux musées et aux ateliers.

Malmslätt

6 km à l'Ouest par la route E 4 en direction de Ryd.

Musée des Avions militaires (Flygvapenmuseum) – *✆ 013-28 35 67 - juin-août : 10h-17h ; sept.-mai : tlj sf lun. 12h-16h, possibilité de visite guidée en anglais - gratuit.*

Il présente la plus importante collection de Suède en ce domaine, large panoplie allant des modèles de 1912 équipés de moteurs à hélice capables d'atteindre des vitesses de 80 à 100 km/h aux avions actuels, dépassant Mach 1.

La terre des Goths de l'Est

L'**Östergötland** ou « terre des Goths de l'Est » est limitée à l'Ouest par le lac Vättern et à l'Est par la mer Baltique. C'est une région agricole fertile parsemée de forêts, de lacs et de voies d'eau. C'est ici que sont situées les plus grandes propriétés agricoles de Suède.

Östersund

JÄMTLANDS LÄN – 58 387 HABITANTS
CARTE MICHELIN N° 711 I 11 OU ATLAS EUROPE P. 112

Östersund, la seule grande ville de la région du Jämtland, occupe une position idéale sur les rives du Storsjön ou « Grand Lac » avec les montagnes d'Oviksfjällen en toile de fond. C'est un centre commerçant et culturel vivant et le point de départ de nombreuses excursions autour du lac et dans les montagnes de l'Ouest.

- **Se repérer** – Östersund est située à 184 km de Sundsvall sur le golfe de Botnie par la E 14 et à mi-chemin entre Stockholm et Luleå.
- **À ne pas manquer** – Jamtli, l'île de Frösön, l'ascension en téléphérique au départ d'Åre vers le sommet de l'Åreskutan.
- **Organiser son temps** – Compter une journée pour la visite de la ville et de l'île de Frösön et une autre journée pour l'excursion vers Åre (y compris l'ascension en téléphérique).
- **Avec les enfants** – Jamtli, le zoo de Frösö.
- **Pour poursuivre le voyage** – D'Östersund, il est possible de rejoindre la côte vers l'Est et de la suivre jusqu'au fond du golfe de Botnie en visitant Umeå, Skellefteå et Luleå, ou bien de faire route vers l'Ouest au-delà d'Åre et de rejoindre la ville historique de Trondheim en Norvège.

Le rival de « Nessie »

Tout comme le Loch Ness en Écosse, le **Storsjön**, cinquième lac de Suède par la taille, a son propre monstre, le **Storsjöodjuret** *(monstre du Grand Lac)*. Il a été aperçu de nombreuses fois et l'équipement utilisé au 19e s. pour tenter de le capturer est exposé au musée. Storsjöodjuret ne s'est jamais laissé prendre et jouit désormais d'une immunité totale puisque selon la réglementation locale établie en 1986, il est « illégal de tuer, blesser ou capturer » toutes les espèces qui vivent dans le Storsjön. Le monstre est devenu, sous la forme d'un Ö, le symbole d'Östersund.

Se promener

Jamtli Historieland – Jämtlands läns museum★★

À proximité de la route E 14 dans la direction de Trondheim.
063-15 01 00 - ♿ - de fin juin à fin août : 11h-17h ; sept.-mai : tlj sf lun. 10h-16h, w.-end 11h-17h - 90 SEK (été), 60 SEK (hiver).

Le **musée de plein air**, qui comprend plus de 60 constructions, est un musée d'histoire vivante permettant aux visiteurs de remonter dans le passé, au 18e et 19e s. plus précisément. Des figurants en costumes, des animaux, des cultures et des jardins bien entretenus forment un environnement approprié et ajoutent une note d'authenticité.

Le **musée du Jämtland** contient la remarquable **tapisserie Överhogdal★★★**, tissée à l'époque viking (800-1000), qui met en scène des personnages, des cerfs, des rennes, des chiens, des chevaux à quatre et… huit pattes, des arbres, des bateaux et des maisons.
De fin juin à fin août : 11h-17h ; reste de l'année : tlj sf lun. 10h-16h, w.-end 11h-17h.

Aux alentours

Île de Frösön★★

Une passerelle et un pont assurent l'accès à cette île, qui doit son nom à Frö (ou Frej en suédois, Freyr en français), dieu de la Fertilité, et fut dans des temps très reculés un lieu de sacrifice.

JAMTLAND HARJEDALEN TURISM

Vue d'Östersund.

Östersund pratique

Adresses utiles

ℹ *Rädhusgatan 44 -831 82 - ✆ 063 144 001 - www.turist.ostersund.se* Vous pourrez y acheter la carte de la ville. Vendue au prix de 140 SEK par adulte et 55 SEK par enfant, elle donne un accès gratuit aux principaux musées et sites touristiques, aux transports municipaux et aux parkings.

Bon à savoir – Sur le site Internet de l'Office de tourisme vous pourrez télécharger le magazine *Östersund & Frösön* au format pdf.

Transports

Aéroport – Sur l'île de Frösön, à 11 km de Östersund *✆ 063 19 30 00*. Les compagnies Flyme *✆ 770 790 790* et SAS *✆ 660 68 6000* assurent des liaisons quotidiennes avec Stockholm.

En bateau sur le lac – Le vapeur *S/S Thomée*, construit en 1875, assure un service régulier sur le lac pendant l'été.

Se loger

Gamla Teatern - *Thoméegränd 20, dans le centre - ✆ 063 51 16 00, fax 063 13 14 99 - www.gamlateatern.se - ch. : 1 150/1 400 SEK* .

Sports et loisirs

L'un des atouts de la ville est sa proximité des stations de ski d'Åre et de Storlien.

Les guides d'Åre *(derrière le magasin Konsum)* organisent de nombreuses activités de plein air qui permettent de découvrir les grands espaces environnants. Parmi ces activités, citons des excursions en bateau, des parties de pêche, des randonnées pédestres, des randonnées à cheval sur des poneys islandais, des expéditions en canoë, la descente des rapides en radeau pneumatique et même l'apprentissage de l'orpaillage.

Événements

Festival de Musique de chambre et le **Festival du Grand Lac (Storsjöyran)** en juillet.

Festival du trot – Les 10 et 11 juin. Deux jours entièrement consacrés aux courses de chevaux.

On peut y voir de nombreux tertres funéraires ainsi qu'une pierre runique, nommée **Frösöstenen** *(tourner à gauche après le pont, puis prendre la première route à droite et suivre le panneau « Runsten »)*, dont l'inscription raconte qu'Östman, fils de Gudfast, christianisa le Jämtland au milieu du 11e s. et fit construire le pont. Mais l'île vaut surtout par trois édifices, qu'il ne faut pas manquer de visiter.

Maison d'été★★ (Sommarhagen) – *À 6 km d'Östersund – ✆ 063-430 41 - de fin juin à mi-août : 11h-18h ; juin et 2e et 3e sem. d'août : 11h-15h - 50 SEK.* Ce fut à l'origine la maison d'été du célèbre compositeur et critique musical **Wilhelm Peterson-Berger** (1867-1942) avant de devenir sa résidence permanente de 1930 à sa mort. Compositeur fécond, il est surtout apprécié en Suède pour ses œuvres pour piano. Chaque année en juillet, son œuvre la plus célèbre, *Arnljot*, opéra ayant pour héros le Viking épris de liberté, est représentée sur les prairies de Frösö *(pour de plus amples renseignements et pour réserver, s'adresser à l'Office du tourisme d'Östersund)*.
Le compositeur stipula que la maison devait être peinte en marron et non en rouge selon la tradition, afin de mieux s'harmoniser au paysage. Le salon de musique ressemble à une salle viking.

Église de Frösö – *À 8 km d'Östersund, suivre les indications « Frösön kyrka ». ✆ 063-16 11 50 - 8h-20h.*
Située dans un cadre idyllique, elle est très recherchée pour la célébration des mariages. Construite en pierre et peinte en blanc, l'église date du 12e s. ; l'intérieur présente un décor raffiné d'or et de bleu. La **tour-clocher** (1754) séparée est caractéristique du Jämtland. La pierre tombale de **Wilhelm Peterson-Berger** se trouve près du mur Sud de l'église. Concerts hebdomadaires l'été.

Tour de Frösö (Frösötornet/Östbergets utkistorn) – *À 3 km du pont – ✆ 063 12 81 69 - de fin juin à mi-août : 9h-21h ; de mi-mai à fin juin : 11h-18h ; de mi-août à mi-sept. : 11h-17h - tarifs non communiqués.* Le belvédère qui se dresse sur l'Östberget (468 m) offre une vue splendide sur la campagne environnante, les forêts et les lacs encerclés par les montagnes.

Zoo de Frösö★ – *Sur une hauteur à 3 km d'Östersund ; après le pont, prendre à droite. ✆ 063 51 47 43 - www.frosozoo.com - de la dernière sem. de juin à mi-août : 10h-18h ; de la 3e sem. de juin à la 3e sem. d'août : 10h-16h - 140 SEK (enf. 70 SEK).*
Le parc de 42 ha comprend le zoo mais aussi un parc d'attractions, un restaurant et un snack ; 700 animaux exotiques, dont certaines espèces menacées, se reproduisent dans cet environnement protégé et sont ensuite relâchés dans leur milieu naturel. Le tigre de Sibérie est particulièrement bien représenté.

Circuit de découverte

D'ÖSTERSUND À ÅRE

75 km vers le Nord-Ouest et la frontière norvégienne.
Quitter Östersund par la route E 14 en direction de Trondheim.

La route E 14 longe la **route des Pèlerins** en de nombreux endroits. **Saint Olav** mena la vie nomade des Vikings avant de devenir roi de Norvège, et cette route correspond à l'itinéraire qu'il emprunta de Novgorod à Stiklestad en Norvège, où il mourut lors de la célèbre bataille. Après sa « canonisation », de nombreux pèlerins se rendirent au sanctuaire du roi à Nidaros *(voir à Trondheim).*

Après l'église de Näskott, prendre à droite vers Nälden.

Lac d'Alsen★★ (Alsensjön)

Une route secondaire passant par Alsen permet d'effectuer une charmante promenade en longeant la rive Nord du **lac d'Alsen**, étincelant au soleil, sur lequel elle offre de belles vues. Des collines boisées, de petites maisons rouge et blanc et une église blanche complètent le paysage.

Rejoindre la E 14 à Mörsil. Après l'église d'Undersåker, suivre l'indication « Ristafallen », puis parcourir 500 m sur une route étroite.

Les **Ristafallen★** (chutes de Rista) n'ont jamais été captées pour la production d'énergie hydro-électrique.

Åre

Première station de sports d'hiver de Suède, Åre, blottie au pied du mont Åreskutan (1 420 m) sur les rives du **lac d'Åre (Åresjön)**, a accueilli de nombreuses épreuves de la Coupe du monde et les championnats du monde en 1954 (et devrait organiser ceux de 2007). Vers 1880, c'était une station fréquentée par l'aristocratie britannique dont les hôtels grandioses et les pensions furent construits sur le modèle de ceux de Davos en Suisse. Le funiculaire reliant le centre de la ville au **téléphérique** date des débuts de la station, en 1909. Le téléphérique emmène les visiteurs à une altitude de 1 274 m. Il faut ensuite parcourir 800 m pour atteindre le sommet d'où l'on découvre un splendide **panorama★★★** qui embrasse de charmants paysages de lacs encadrés de montagnes.
L'**église** du 12e s., reconstruite en 1736, possède une surprenante statue du 14e s. représentant saint Olav portant un tricorne carolien. Il fut affublé de cet étrange chapeau au 18e s., après que sa couronne eut disparu.

D'Åre, on peut pousser jusqu'aux **Tännforsen★★** *(19 km à l'Ouest, jusqu'à la rivière, puis suivre le panneau « Tännforsen » sur 8 km supplémentaires),* chutes bouillonnantes qui tombent d'une hauteur de 38 m, ou à **Njarka** *(29 km à l'Ouest),* où un campement same a été reconstruit sur les rives du **lac Hägg (Häggsjön).** En été, un couple same y fait visiter les différentes huttes et cabanes et explique l'art de l'élevage des rennes.

Stockholm★★★

743 703 HABITANTS
CARTE MICHELIN N° 711 M 15 OU ATLAS EUROPE P. 119 -
PLAN D'AGGLOMÉRATION : CARTE MICHELIN N° 711

« La Venise du Nord », « la reine du lac Mälar » ou encore « la ville qui flotte sur l'eau » sont autant de périphrases pour évoquer le charme particulier de Stockholm. Cette cité est construite sur quatorze îles entre deux grandes étendues d'eau, le lac Mälar à l'Ouest et la Baltique à l'Est. Cet ensemble fait partie du grand archipel de Stockholm composé de 24 000 îlots rocheux. C'est pourquoi la meilleure manière de découvrir la ville reste encore de prendre un des bateaux de tourisme au départ de Nybroplan ou de Stadshuskajen.

Se repérer – Chacune des îles principales forme un quartier bien défini avec son caractère propre ; ce découpage naturel a été respecté dans la rubrique « Se promener ».

Se garer – Avec la Stockholm Card, le parking est gratuit sur les emplacements contrôlés par horodateur, mais attention, la durée est limitée. Les parkings à niveaux multiples ne sont pas gratuits mais on peut y laisser sa voiture à la journée.

À ne pas manquer – La vieille ville, l'hôtel de ville, le musée du Vasa, Skansen, le Musée national, le musée d'Art moderne, Drottningholm, une promenade en bateau à travers l'archipel de Stockholm.

Organiser son temps – Compter une journée pour visiter la vieille ville ; les curiosités les plus intéressantes sont souvent proches les unes des autres et il est possible d'en visiter plusieurs en une demi-journée : par exemple le musée du Vasa et Skansen sont voisins, le Musée national et le musée d'Art moderne ne sont séparés que par un pont.

Avec les enfants – Junibacken, Skansen et le musée du Vasa sur Djurgården, une promenade en bateau et, pourquoi pas, une baignade en pleine ville, la propreté de l'eau est garantie.

Pour poursuivre le voyage – Glissez pendant deux heures sur l'eau calme qui baigne la ville et passez par deux écluses et sous 15 ponts, c'est ce que vous propose le circuit « Sous les ponts de Stockholm ». Ou bien encore, choisissez un des nombreux circuits en car, par exemple « Panorama de Stockholma » ou « Grand tour de Stockholm ».

Comprendre

Une ville sur une île

Au 13e s., l'île de Stadsholmen ne couvrait qu'un tiers de sa superficie actuelle, car les eaux du lac Mälaren et de la Baltique étaient beaucoup plus hautes.

I. Klipper / MICHELIN

Vue aérienne de Stockholm.

Stockholm pratique

À l'aéroport

Centre d'information – Situé en face de la sortie des arrivées, il fournit des tickets pour le bus ou le train et des brochures sur les hôtels de la capitale. Pas la peine d'acheter une carte de la ville, elles sont délivrées gratuitement à la réception de la plupart des hôtels. Juste en face se trouve le guichet automatique de la banque SEB.

Depech center - Ce kiosque, situé dans l'aérogare « Sky city » (à 100 m des arrivées), propose la *Tourist Card* qui donne un accès illimité aux transports en commun et à certains musées de la ville. Elle est bon marché mais moins avantageuse que la *Stockholm Card* vendue à l'Office de tourisme du centre-ville. Dans le même aérogare se trouvent de nombreux restaurants, bars et magasins de souvenirs.

Location de voitures – Emprunter le bus n°19, à la sortie de l'aérogare des arrivées, qui vous mène en 5mn aux principaux concessionnaires.

REJOINDRE LE CENTRE-VILLE

En bus – Le bus n° 11 passe toutes les 10mn devant le hall des arrivées et rejoint le centre-ville en 40mn. Le billet est vendu 89 SEK par adulte, 59 SEK pour les étudiants et retraités. Il est gratuit pour les mineurs accompagnés.

En train – Toutes les 15mn, le train vous dépose dans le centre en moins de 20mn. Comptez 190 SEK par adulte et 100 SEK pour les moins de 26 ans, les étudiants et les retraités. Entre le 20 juin et le 21 août, les 2 tickets pour adultes sont vendus 200 SEK. Si vous prenez les billets dans le train, vous payerez 50 SEK de plus.

En taxi – Comptez environ 445 SEK pour parcourir une distance de 45 km.

Adresses utiles

Sverigehuset – *P O Box 16 282*, au sous-sol de la **Maison de la Suède** – *✆ 08 508 28 508, fax 08 508 28 509 - www. stockholmtown.com - lun.-ven. 9h-19h, w.-end 10h-17h*. La première chose à faire en entrant dans l'Office est de prendre un ticket pour ne pas attendre trop longtemps ! Ce centre moderne et compétent vient d'être aménagé dans le même immeuble que la maison de la Suède. L'étage accueille une multitude de magasins spécialisés sur la Suède où vous trouverez de nombreux souvenirs (artisanat, meubles, vêtements…). Au sous-sol se trouvent les brochures, des connexions Internet, et surtout une équipe chaleureuse composée de gens compétents dont certains parlent français. Parmi les nombreux services fournis aux visiteurs, on vous propose des logements bon marché dans des Bed & Breakfast (entre 150 SEK et 300 SEK). On vous proposera également la *Stockholm Card*, qui donne droit à la gratuité des transports en commun, du stationnement dans le centre-ville, d'une visite guidée de la ville en bateau et à l'accès gratuit à 70 monuments et musées. Elle est valable 24h (220 SEK), 48h (380 SEK) ou 72h (540 SEK).

Gotland City – *Kungsgatan 57A, dans le centre - ✆ 406 15 00, fax 406 15 90 - www. gotlandcity.se - lun.-vend. 10h-18h, sam. 10h-15h*. Un office de tourisme spécialisé dans les séjours sur l'île de Gotland. Comptez environ 1 500 SEK pour un week-end sur cette île très fréquentée par les touristes, comprenant le trajet en bateau (3h) ou en avion (25mn) ainsi que le logement sur place. Tout pour organiser une petite escapade sur cette île préservée. Vous trouverez quelques souvenirs à l'entrée de l'office (thés, herbes, peaux de mouton, huiles…).

Sites Internet

www.alltomstockholm.se - Le meilleur site sur la capitale suédoise. On y trouve à la fois des articles de fond, des informations pratiques fréquemment renouvelées et des sélections soignées de bars, restaurants et autres lieux pour sortir.

www.stockholm.com – L'actualité culturelle de la capitale et de nombreuses informations pratiques.

VISITES GUIDÉES

En car : plusieurs circuits en autocar panoramique à impériale sont proposés quotidiennement d'avril à début octobre (départ devant l'Opéra) par la compagnie City Sightseeing, *Skeppsbron 22, 11130 Stockholm - t 08-587 140 00 - www. citysightseeing.com*

En bateau : *Sous les ponts de Stockholm* et le *Circuit des canaux royaux* font découvrir les paysages fascinants de cette ville à cheval sur plusieurs îles et son réseau complexe de voies navigables (départs quotidiens de Strömkajen ou de Nybroplan). Il existe aussi un circuit mixte, combinant autocar et bateau. Renseignements et réservations : Stockholm Sightseeing, *Skeppsbron 22 - 11130 Stockholm - ✆ 08-587 140 00 - www. stockholmsightseeing.com*

S. Ollivier / MICHELIN

À pied : *Promenade dans la Vieille Ville* est une visite guidée de Gamla Stan ; départ quotidien devant l'Opéra.

Ekoparken – Des excursions en bateau permettent de découvrir les différents aspects de ce parc national urbain : autour de Djurgården (tous les jours d'Avril à la mi-décembre) ; autour de Brunnsviken, au Nord du centre-ville (tous les jours de la fin juin au début août ; la dernière visite est en anglais) ; navette quotidienne vers les îles Fjäderholmarna situées à l'Est de Djurgården (de mai à la mi-septembre) ; pour de plus amples renseignements : *✆ 08-587 140 40.*

De nombreuses croisières et excursions sont organisées **vers les îles rocheuses**. Les renseignements concernant les visites organisées sont disponibles à Sweden House. La **Waxholmsbolaget**, dont la gare maritime se trouve sur Strömkajen près du Grand Hôtel, propose un service régulier de ferries toute l'année vers les différentes parties de l'archipel. La flotte de la compagnie comprend une vingtaine de bateaux allant des embarcations modernes très rapides aux fidèles bateaux à vapeur d'autrefois, *S/S Storskär* et *S/S Norrskär*, qui sont les préférés des gens de la région. La **carte Båtluffarkort** (Liaison entre les îles), valable 16 jours, permet un nombre illimité de voyages sur les services de croisières de la Waxholmsbolaget.

La **Strömma Kanalbolaget** possède l'une des plus anciennes flottes de bateaux traditionnels assurant un service régulier. Certains d'entre eux permettent de se restaurer à bord, et le circuit nocturne inclut aussi les animations et l'accès à la piste de danse. Les bateaux partent de Nybroplan, près du Théâtre royal.

Les excursions sur le **lac Mälaren** et les villes des environs telles que Mariefred et Sigtuna, partent de Stadshuskajen.

Transports

Transports publics – Stockholm dispose d'un réseau de transports en commun comprenant un **métro** (Tunnelbanan), qui est plus qu'un simple moyen de transport, des trains de banlieue et des bus fréquents. On peut se procurer les horaires et les plans à bord des bus ou au centre de renseignements de SL (Trafic local à Stockholm), dans la gare centrale. Un ferry assure toute l'année la liaison entre Skeppsbron et Djurgården, ainsi qu'un service d'été au départ de Nybroplan *(pour des excursions dans l'archipel et sur le lac Mälar, voir l'archipel de Stockholm).*

Se loger

Bon à savoir – La **Centrale de réservation hôtelière** *(Hotell Centralen, ✆ 08 789 24 90, tlj 8h-20h)*, dans la gare centrale, aide les visiteurs à trouver une chambre d'hôtel. Il est conseillé de consulter le site web (même adresse que l'Office de tourisme) qui fournit des renseignements sur les achats, les curiosités et les manifestations ainsi que sur les heures d'ouverture des musées et les prix d'entrée. N'hésitez pas à demander une liste des agences qui proposent des chambres chez l'habitant.

AU CENTRE-VILLE

AUBERGES DE JEUNESSE

Af Chapman & Skeppsholmen – *Flaggmansvägen 8, dans le centre - ✆ 08 463 22 66, fax 08 611 71 55 - www.stfchapman.com - dortoir : 155 SEK, ch. 275 SEK ☕ 60 SEK.* Excellent rapport qualité/prix pour cette auberge de jeunesse centrale qui abrite des chambres simples mais propres, dont certaines offrent une vue imprenable sur la vieille ville. Toutes les salles de bains sont communes mais bien tenues. Vous pourrez acheter sur place une carte de membre, qui donne des réductions dans toutes les auberges de jeunesse du pays. N'oubliez pas vos draps sinon vous paierez un supplément.

STF Vandrarhem Fridhemsplan – *Sankt Eriksgatan 20, sur Kungsholmen - ✆ 653 88 00, fax 653 89 29 - www.fridhemsplan.se - dortoir : 195 SEK, ch. : 390/495 SEK (avec la carte) ☕ 60 SEK.* Cette auberge de jeunesse récente et qui peut paraître un peu froide dispose néanmoins de chambres très bien tenues et variées selon les budgets. Les plus grandes comprennent 4 lits, ce qui conviendra particulièrement aux familles. Toutes sont équipées d'une télévision et d'une connexion gratuite à Internet. Garage : 95 SEK par jour.

Hostel Bed & Breakfast – *Vandrarhemmet på Rehnsgatan 21, à 15mn à pied du centre-ville - ✆ 15 28 38, fax 612 62 56 - www.hostelbedandbreakfast.com - dortoir : 190 SEK, ch. : 375/500 SEK ☕.* Un établissement aux dimensions humaines ! Cette auberge de jeunesse familiale est organisée autour d'un salon convivial où se rencontrent les résidents. Vous aurez la possibilité d'y louer un lit en dortoir ou une chambre séparée selon votre budget. Les salles de bains sont toutes collectives mais plutôt modernes et bien tenues. Plusieurs commodités sont proposées aux résidents, dont Internet, cuisine, lave-linge…

Långholmen – *Kronohäktet, à 15mn en métro du centre - ✆ 720 85 00, fax 720 85 75 - www.langholmen.com - dortoir : 205 SEK, ch. : 595/1 540 SEK (avec la carte) ☕ 80 SEK.* Cette ancienne prison bâtie au cœur d'un parc abrite une auberge de jeunesse et un hôtel. Vous aurez le choix entre une multitude de chambres et de prix, sachant que certaines sont aménagées dans d'anciennes cellules. L'ensemble n'en est pas moins confortable et très accueillant, d'autant plus qu'une plage est accessible à quelques mètres de l'hôtel.

Zinkensdamm – *Zinkens Väg 20, à trois stations de métro de la vieille ville - ✆ 616 81 00, fax 616 81 20 - www.zinkensdamm.com - dortoir : 185 SEK, ch. : 660/1 490 SEK (avec la carte).* Un hôtel et une auberge de jeunesse partagent ce même bâtiment en bois situé au cœur d'un parc. L'ensemble plutôt charmant comprend une multitude de chambres selon les budgets : dortoirs, chambres avec ou sans salle de bains, pour 2, 3 ou 4 personnes. Vous pourrez également y louer des vélos ou flâner dans la cour intérieure. Bon rapport qualité/prix.

HÔTELS

Crystal Plaza – *Birger Jarlsgatan 35, à 5mn à pied du centre - ✆ 406 88 00, fax 24 15 11 - www.crystalplazahotel.se - 111 ch. : 1 525/2 025 SEK.* Un hôtel trois étoiles sans distinctions particulières mais impeccable et plutôt central. Choisissez de préférence les chambres qui ne donnent pas sur le boulevard. Les prix plus intéressants en été et sur Internet peuvent baisser jusqu'à 790 SEK pour une chambre simple.

Scandic Malmen – *Götgatan 49-51, dans le quartier Medborgarplatzen - ✆ 517 347 00, fax 517 347 11 - www.scandic-hotels.com - 327 ch. : 1 565/2 065 SEK, suites : 2 265/3 170 SEK.* Cet hôtel de standing du groupe Scandic a l'avantage d'être situé dans un quartier branché, fréquenté par les artistes de Stockholm, tout en étant à moins de 10mn à pied du centre historique. Les chambres sont confortables et spacieuses à l'image du lobby.

Rica Hotel Gamla Stan – *Lilla Nygatan 25, dans la vieille ville - ✆ 723 72 50, fax 723 72 59 - www.rica.se - 51 ch. : 1 685/1 945 SEK, suite : 2 090 SEK.* Cette grande maison ancienne abrite un hôtel charmant du groupe Rica qui dispose d'établissements confortables dans toute la Scandinavie. Celui-ci est bien situé, décoré avec goût et aménagé d'un mobilier ancien typique de l'artisanat suédois. Un établissement à dimension humaine.

Lord Nelson – *Västerlånggatan 22, dans la vieille ville - ✆ 506 401 20, fax 506 401 30 - www.lord-nelson.se - 29 ch. : 1 690/1 990 SEK 90 SEK.* Ce petit hôtel est situé sur la rue la plus fréquentée du centre historique. L'intérieur charmant comprend quelques chambres minuscules mais confortables, impeccables et décorées dans le style ancien. On se sent un peu à l'étroit mais l'emplacement est idéal.

Lydmar – *Sturegatan 10, à 5mn à pied du centre-ville - ✆ 566 11 30 00, fax 566 11 301 - www.lydmar.se - ch. : 1 500/2 400 SEK, suites : 3 950/7 500 SEK.* Un hôtel étonnamment décoré dans le style art contemporain. La musique et le design jouent ici un rôle prépondérant, à tel point que vous pourrez choisir votre playlist dans l'ascenseur. Selon les goûts, les chambres sont parfois un peu « trash », parfois plutôt élégantes. Dans le lounge sont organisés des concerts très prisés. Recommandé surtout pour les artistes, designers ou architectes.

Lady Hamilton – *Storkyrkobrinken 5, dans la vieille ville - ✆ 506 401 00, fax 506 401 10 - www.lady-hamilton.se - 34 ch. : 1 790/2 490 SEK 170 SEK.* Un hôtel très charmant du centre historique décoré de nombreux objets typiques de l'artisanat suédois. Les chambres ont beaucoup de caractère ainsi que les parties communes. Le sauna est accompagné d'un authentique puits d'eau froide datant du 14e s. Un petit regret, les chambres du dernier étage ne sont pas toutes climatisées.

Nordic Sea – *Vasaplan 4, le long de la gare centrale - ✆ 50 56 30 00, fax 50 56 30 90 - www.nordicseahotel.com - 367 ch. : 2 000/2 400 SEK.* Un hôtel central dans l'esprit classique qui accueille essentiellement des hommes d'affaires. L'intérêt tient essentiellement dans le bar de glace situé à l'accueil. Dans une température de –5 °C, vous pourrez apprécier une vodka glacée emmitouflé dans une combinaison polaire. Réservation au 50 56 30 00, 125 SEK pour les résidents de l'hôtel, 140 SEK pour les autres.

Scandic Hasselbacken – *Hazeliusbacken 20, sur Djurgården - ✆ 517 343 00, fax 517 343 11 - www.scandic-hotels.se - ch. : 1 790/2 090 SEK.* Ce grand bâtiment ancien est bâti dans un parc paisible sur une île charmante à moins de 15mn du centre-ville. Les chambres sont très plaisantes, le restaurant aménagé dans un cadre fleuri et le service soigné. Une très bonne adresse, au calme.

Victory – *Lilla Nygatan 5, dans la vieille ville - ✆ 506 400 00, fax 506 400 10 - www.victory-hotel.se - ch. : 1 990/2 490 SEK, suites : 3 990/5 990 SEK 170 SEK.* L'hôtel de charme par excellence ! En plus des chambres confortables et joliment aménagées vous y trouverez un des meilleurs restaurants de la vieille ville. Une adresse que l'on recommande vivement.

Diplomat – *Strandvägen 7C, dans le centre - ✆ 459 68 00, fax 459 68 20 - www.diplomathotel.com - 128 ch. : 1 995/2 645 SEK, suite : 4 495 SEK : 170 SEK.* Un hôtel de luxe bien situé le long de la mer. Les chambres très confortables sont aménagées sobrement dans l'esprit du design scandinave et de nombreux lobbies spacieux sont aménagés dans les étages. Un petit regret : l'hôtel est longé par une artère un peu bruyante.

First Hotel Reisen – *Skeppsbron 12, dans la vieille ville - ✆ 22 32 60, fax 20 15 59 - www.firsthotels.com -- 144 ch. : 2 199/2 399 SEK, suites : 2 799/5 499 SEK.* Un très bon établissement du centre historique où l'on peut se reposer aisément dans le bar confortable ou dans la salle de détente qui jouxte le sauna. Les chambres sont colorées et accueillantes, certaines offrent une vue imprenable sur la mer. Elles sont très différentes selon les budgets !

Berns – *Näckströmsgatan 8, en plein centre - 566 322 00, fax 566 322 01 - www.berns.se - 65 ch. : 2 200/2 800 SEK, suites : 4 100/6 500 SEK*. Cet hôtel aux dimensions humaines est décoré avec goût dans le style du design scandinave. Une excellente adresse dans une rue calme et centrale dont les chambres sont modernes et chaleureuses. Le café mitoyen est un des plus réputés de la capitale et la discothèque un des endroits les plus fréquentés du moment.

Nordic Life – *Vasaplan 7, tout près de la gare centrale - 50 56 32 00, fax 50 56 30 30 - www.nordiclighthotel.com - 175 ch. : 2 500/2 700 SEK*. Les amateurs de design apprécieront cet hôtel élégant décoré dans un esprit nordique aux couleurs blanc et noir. Toutes les chambres sont accueillantes et stylées, les plus luxueuses étant équipées de lampes colorées qui sont censées influer sur l'état d'esprit du résident.

Hilton Stockholm Slussen - *Guldgränd 8, dans le centre - 517 353 00, fax 517 353 11 - www.hilton.com - ch. : 1 990/2 500 SEK*. Ce grand établissement prestigieux dispose de chambres spacieuses et lumineuses, d'un excellent restaurant, d'un café branché et d'une piscine. Tout serait parfait si certaines chambres ne donnaient pas sur les voies de chemin de fer.

Grand Hôtel – *Södra Blasieholmshamnen 8, en plein centre - 679 35 60, fax 679 35 61 - www.grandhotel.se - 300 ch. : 2 400/3 600 SEK, suite 5 500/26 200 SEK*. La plupart des chambres de ce grand bâtiment élevé en face de la vieille ville offrent une vue imprenable sur le Château Kungliga et le Parlement. L'intérieur est abondamment décoré dans le style baroque et abrite des chambres très stylées. Mieux vaut visiter avant de se décider et réserver en avance pour obtenir des prix un peu plus avantageux.

DANS L'ARCHIPEL DE STOCKHOLM

Bon à savoir - La plupart des îles sont dotées d'auberges de jeunesse, très appréciées, et il est préférable de réserver à l'avance.

Se restaurer

Dans le centre-ville : il existe un grand choix de cafés, snack-bars et restaurants dans le triangle formé par Birger Jarlsgatan et Nybrogatan jusqu'à la hauteur d'Östermalmstorg. Pour un déjeuner léger, l'endroit idéal est **Östermalms Saluhall** (marché couvert), situé à l'angle de Nybrogatan et d'Humlegårdsgatan, où l'on trouve un assortiment de poissons, de viande, de légumes et de fromages ainsi qu'une sélection de *Smørgasbord* (sandwich scandinave), de salades et de snacks ; les clients pressés se font servir au comptoir, les autres à une des tables disposées à l'intérieur du marché couvert.

Gamla Stan regorge aussi de restaurants, dont certains sont installés dans de vieilles demeures pittoresques ; pourquoi ne pas essayer **Markattan**, 41-43 Stora Nygatan, où le poisson est excellent, ou bien **Fem Små Hus** (salle voûtée du 16e s.), 10 Nygrånd, dans une petite rue tranquille, ou bien encore **Den Gyldene Freden**, à l'extrémité Sud d'Österlånggatan, où l'on sert de la cuisine typiquement suédoise.

Vete Katten – *Kungsgatan 55, dans le centre - 20 84 05 - Tlj 7h30-20h, sam. 9h30-17h, fermé dim. - 70/100 SEK*. Ce vaste établissement accueille une boulangerie, un salon de thé et un restaurant où l'on sert une cuisine rapide. L'ensemble est très visité par les Suédois, surtout pour les pâtisseries qui sont très réputées. À emporter ou déguster dans la petite cour intérieure.

Ulla Winbladh – *Rosendalsvägen 8, à 15mn à pied du centre-ville - 663 05 71 - www.ullawinbladh.se - Tlj 11h30-23h - 95/300 SEK*. Cette petite maison charmante bâtie au cœur d'un parc accueille un restaurant populaire très fréquenté par les habitants de la capitale. Cuisine typiquement suédoise que vous pourrez savourer en été sur la grande terrasse fleurie.

Storstad – *Odengatan 41, à 15mn à pied du centre-ville - 673 38 00 - www.storstad.info - Lun.-jeu. 16h-0h, vend.-sam. 16h-0h - 98/350 SEK*. Un café-restaurant moderne et cosy où l'on sert une cuisine simple, bon marché et copieuse. Tout cela explique la présence de nombreux jeunes, principalement le week-end. Une petite terrasse est dressée les jours de beau temps.

Bistro Ruby – *Österlånggatan 14, dans la vieille ville - 21 30 44 - www.bistroruby.com - Tlj 17h-23h - 115/385 SEK*. Un bistro français qui sert une cuisine familiale d'inspiration française et suédoise. La décoration réalisée par l'artiste Erik Dietman est accompagnée d'une cuisine copieuse marquée par une excellente crème brûlée. Une petite terrasse s'étend le long de cette ruelle pavée du vieux centre.

Berns – *Berzeli Park, en plein centre - 566 322 22 - www.berns.se - 150/350 SEK*. L'intérieur de ce grand bâtiment est un véritable musée dont les murs sont couverts de peintures anciennes, boiseries et moulures dorées. Un cadre exceptionnel pour un dîner savoureux composé de viandes et poissons. L'étage abrite une belle terrasse qui donne sur le jardin Kungsträd.

East – *Stureplan 13, dans le centre - 611 49 59 - www.east.se - 125/400 SEK.* Un restaurant asiatique très couru où l'on peut déguster d'excellents poissons crus d'une fraîcheur irréprochable. L'intérieur immense accueille de nombreux hommes d'affaires le midi et une belle terrasse est dressée les journées ensoleillées.

F12 – *Fredsgatan 12, en plein centre - 24 80 52 - www.fredsgatan12.com - tlj 11h30-14h, 17h30-22h30, sam. 17h-22h30, fermé dim. - 140/450 SEK.* Ce restaurant design a été aménagé élégamment par Pontus Lomar dans le style des seventies. La cuisine élaborée par un chef français mélange des saveurs européennes et scandinaves. Une cuisine de qualité.

Prinsen – *Mäster Samuelsgatan 4, dans le centre - 611 13 31 - www.restaurangprinsen.se - tlj 11h30-23h, dim. 17h-22h30 - 175/500 SEK.* Ce restaurant moderne décoré dans le style ancien est une brasserie élégante située dans une rue piétonne. On y sert une cuisine de qualité composée d'entrecôte grillée, filet de bœuf ou salade de crevettes. Beaucoup d'hommes d'affaires le midi.

Erik's Gondolen – *Stadsgården 6, dans le centre - 641 11 40 - www.eriks.se - lun.-vend. 11h-14h30, 17h-23h, sam. 16h-23h, fermé dim. - 185/645 SEK.* Ce restaurant incontournable offre une vue exceptionnelle sur toute la ville. Selon votre budget et vos envies, vous y trouverez un café lounge, un bistro, une terrasse ensoleillée ou une salle à manger plus élégante. Dans tous les cas, la cuisine d'inspiration européenne est excellente. Les tables disposées derrière le café, qui longent les grandes baies vitrées, sont particulièrement adéquates pour les couples.

Operakällaren – *Karl XII's Torg, en plein centre - 676 58 00 - www.operakallaren.se - 100/800 SEK.* Ce grand bâtiment abrite plusieurs restaurants de standing : 3 cafés-restaurants soigneusement décorés où l'on sert une cuisine de qualité et un restaurant très élégant décoré par plusieurs magazines culinaires. La salle à manger principale est somptueusement ornée de peintures anciennes, fauteuils en velours et dorures. Le tout forme un ensemble baroque exceptionnel. Le soir, les lieux deviennent une discothèque très prisée.

Wedholms Fisk – *Nybrokajen 17, dans le centre - 611 78 74 - www.melanders.se - lun.-vend. 11h30-23h, sam. 17h-23h, fermé dim. - 265/535 SEK.* Probablement le meilleur restaurant de poissons de toute la ville ! dans un cadre soigné et lumineux, vous pourrez déguster soles meunières accompagnées d'une sauce au champagne, turbot au parmesan, saumon grillé ou mariné… Très fréquenté par les hommes d'affaire.

Villa Källhagen – *Djurgårdsbrunnsvägen 10, à 15mn à pied du centre-ville - 665 03 00 - www.kallhagen.se - 250/625 SEK.* Situé en bord de mer, dans un cadre très fleuri, ce restaurant sert une cuisine de grande qualité que vous apprécierez particulièrement en prenant le menu dégustation. L'intérieur élégant est bordé de grandes baies vitrées qui offrent une vue agréable sur le parc alentour.

Pontus in the Green House – *Österlånggatan 17, dans la vieille ville - 545 273 00 - www.pontusfrithiof.com - lun.-sam. 11h30-15h, 18h-0h - 295/1 395 SEK.* Probablement le meilleur restaurant de la vieille ville ! L'intérieur est soigneusement décoré autour de fauteuils confortables et de tables impeccablement dressées. Une ambiance chaleureuse dans laquelle vous pourrez déguster une cuisine sophistiquée, composée entre autres de langoustines au foie gras ou de poussins aux truffes.

Bon Lloc – *Regeringsgatan 111, à 10mn à pied du centre-ville - 660 60 60 - www.bonlloc.se -lun.-sam. 18h-23h, fermé dim - 395/1 100 SEK.* Cet ancien cinéma abrite un restaurant très élégant où l'on peut savourer une cuisine de type latino-européen. Vous remarquerez le long couloir décoré de splendides azulejos importés du Portugal et la cuisine aménagée derrière une grande baie vitrée. Les prix élevés sont justifiés par une cuisine recherchée et préparée avec soin.

En soirée

Stureplan – Cette place centrale est bordée de rues animées où se concentrent la plupart des restaurants et discothèques à la mode. Un quartier incontournable pour faire la fête à Stockholm.

Medborgarplatsen – *Rue Götgatan, dans la partie Sud de la ville.* Cette grande place située dans un quartier populaire est un lieu de rencontre pour de nombreux Suédois à l'heure de l'apéro. On y trouve plusieurs cafés terrasses, ainsi que des clubs ouverts la nuit, dont le **Femtiofyra 54** ou le **Kvarnen**, une discothèque avec ses deux dance floors à l'ambiance électrique. La rue Götgatan déborde de cafés, restaurants, bars et boutiques en tout genre. Le quartier trendy !

E. Benard / MICHELIN

Buddha – *Biblioteksgatan 9, dans le centre - ✆ 545 185 00 - www.buddha.se - sem. 11h-30-0h, w.-end 11h30-3h ou 5h - 90/400 SEK.* Vous pourrez passer toute la soirée dans cet établissement lounge qui est à la fois un restaurant de qualité, un café cosy et une discothèque très fréquentée le week-end où les Dj's passent une excellente musique électronique. L'intérieur feutré est idéal pour les dîners romantiques.

Panoramas

Depuis la place Slussen, empruntez la rue Guldgränd qui longe l'hôtel Hilton, montez les marches en face, puis accédez au sommet de la rue Bränkyrgatan. En prenant un petit passage qui part en direction de la mer, vous accéderez à un chemin isolé (Heleneborgsgatan) qui longe la colline sur plusieurs dizaines de mètres et offre une vue exceptionnelle sur la ville. Plusieurs bancs y sont aménagés.

Mosebacke – *Mosebacke Torg 3, dans Södermalm - ✆ 556 098 90 - www. mosebacke.se* Une grande maison de la culture bâtie au sommet d'une colline dans le quartier Sud de Stockholm. Des concerts, expositions et pièces de théâtre y sont fréquemment organisés. Au sommet, une immense terrasse est aménagée où sont vendues des bières dans des gobelets en plastique à des prix défiant toute concurrence. On peut s'installer des heures et admirer le somptueux panorama qui s'ouvre sur la ville.

Kaknästornet – *Mörkakroken 28-38, à 30mn à pied du centre-ville - ✆ 667 21 80 - Tlj 10h30-22h.* Au sommet de cette célèbre tour de 155 m de haut, vous trouverez un café et un restaurant bon marché où vous pourrez déjeuner le midi pour moins de 100 SEK. Les prix sont plus élevés le soir « à la carte ». Spectacle assuré grâce à une vue exceptionnelle sur la ville et la région environnante.

Sports et loisirs

Au cours des dernières décennies, Stockholm est devenue une métropole internationale. Les rues sont animées et les très nombreux (700) restaurants proposent des plats de divers pays. La foule fréquentant assidûment les cafés et les spectacles gratuits dans les parcs et les jardins contribue en été à animer la vie en plein air. Stockholm est particulièrement riche en activités culturelles, avec un grand choix de musées, de théâtres, de galeries d'art et de spectacles musicaux. Des concerts sont donnés non seulement dans des lieux traditionnels tels que la salle Berwaldhallen et la salle de concerts (Konserthuset), mais aussi dans certains musées qui cherchent à familiariser le public avec toutes les formes d'expression musicale. Dans les nombreuses églises de la capitale sont donnés des concerts dont la gamme varie de l'oratorio aux accents rythmés d'une chorale gospel (un demi-million de Suédois font partie d'une chorale). Le jazz trouve un regain de popularité parmi les jeunes et les Suédois apprécient leurs excellents artistes. Le pub *Stampen (Stora Nygatan 5)* se spécialise dans le jazz traditionnel et le swing.

Outre *What's On*, publication mensuelle de l'Office de tourisme, le numéro du vendredi des quotidiens *Svenska Dagbladet* et *Dagens Nyheter* contient une section intitulée « På Stan » (En ville), qui fournit des informations sur les manifestations culturelles ainsi que sur les restaurants, les programmes de cinéma (toujours en version originale avec sous-titres en suédois), les excursions, etc. Bien que le texte soit en suédois, la publicité donne des renseignements précieux et tout à fait compréhensibles pour des étrangers.

Achats

Comme toutes les grandes villes, Stockholm offre à ses visiteurs un vaste choix de magasins de toutes tailles, de la petite boutique au grand magasin. Certaines rues et même certains quartiers ont tendance à se spécialiser : les grands magasins sont presque tous situés le long de Hamngatan, alors qu'un grand nombre de petites boutiques originales, mais dont les produits sont chers, bordent les rues étroites de Gamla Stan. Quant à la rue piétonne, Drottninggatan, lieu de rendez-vous de la jeunesse de Stockholm, elle est bordée de boutiques dont la plupart vendent des vêtements à la mode. Par ailleurs, plusieurs boutiques spécialisées dans le design sont situées dans le quartier qui longe Strandvågen.

Marchés

Östermalmshallen – *Östermalmstorg - lun.-jeu. 9h30-18h30, vend. 9h30-18h30, sam. 9h30-16h.* Ce grand bâtiment en briques rouges accueille un somptueux marché couvert dans un cadre ancien charmant. Vous y trouverez essentiellement des produits scandinaves, servis par des commerçants ou dans les quelques cafés-restaurants aménagés dans les halles.

Hötorgshallen - *Lun.-jeu. 10h-18h, vend. 10h-18h30, sam. 10h-16h.* Un marché couvert où l'on trouve des produits asiatiques à bon marché.

Söderhallarna - *Söderhallarna 110.* Un grand centre commercial moderne où l'on trouve à manger, s'habiller et se divertir.

Événements

Un festival de renommée internationale attire de nombreux visiteurs : le **Festival international de jazz et de blues de Stockholm**, en juillet. On y croise quelques-uns des plus célèbres musiciens du moment dans les nombreuses salles de concerts de la capitale ou en plein air.

Les héros nationaux suédois

Durant l'**Union de Kalmar**, la monarchie danoise, impopulaire auprès des paysans et d'une partie de l'aristocratie par sa tendance autoritaire, n'exerce effectivement le pouvoir que par de brèves intermittences. Dès 1434, une révolte des régions minières de la Dalécarlie, sous la conduite d'**Engelbrekt**, qui se voit confier la régence par le premier Riksdag réuni en Suède, s'achève par la destitution d'Éric de Poméranie en 1439.
Engelbrekt ayant été assassiné par **Karl Knutsson**, celui-ci reçoit à son tour la régence, qu'il abandonne l'année suivante, laissant le pouvoir au roi Christophe, à la mort duquel, en 1448, il se fait élire roi sous le nom de **Charles VIII**. Élu roi de Norvège en 1449, il rencontre cependant l'opposition de familles puissantes, dont les Vasa, favorables alors à l'Union et donc au roi de Danemark Christian Ier, et celle de l'archevêque d'Uppsala, Jöns Bengtsson.
Les années qui suivent voient le pouvoir passer de main en main : 1457, exil de Charles, 1464, déposition de Christian et retour de Charles immédiatement remplacé par un nouveau régent, l'archevêque lui-même qui disparaît à son tour de la scène politique en 1468 au profit de… Charles VIII ! Lorsqu'il meurt en 1470, ses héritiers s'opposent aux partisans de Christian Ier, appuyé notamment par la famille Vasa.
La bataille de Brunkeberg assure le triomphe momentané de **Sten Sture l'Ancien**, neveu de **Charles VIII**, qui devient régent de Suède mais doit tolérer, sous la pression du clergé, l'élection du roi Jean II en 1483. Celui-ci laisse Sture exercer le pouvoir jusqu'en 1495 puis l'exile en Finlande. Sture prend les armes, bat le roi, et reprend la régence, qu'il garde jusqu'à sa mort en 1503. Lui succède Svante Sture, qui meurt en 1511 : Jean II règne ensuite à nouveau sur la Suède. Sa mort en 1513 offre à **Sten Sture le Jeune** l'occasion de s'emparer de la régence au détriment du roi Christian II. La lutte qui s'ensuit entre les deux hommes ne s'achève qu'en 1520, avec la mort de Sten le Jeune lors d'un combat sur le lac Mälaren gelé. Trois ans plus tard, **Gustave Vasa** met un terme définitif à l'Union de Kalmar en se faisant couronner roi de la Suède indépendante.

Cependant, même si au cours des 700 dernières années la terre s'est soulevée d'environ trois mètres par un effet d'isostasie, la majeure partie de la superficie supplémentaire de la vieille ville a été récupérée par l'Homme. La situation de Stockholm la prédestinait à jouer un rôle défensif et commercial.
La fondation de Stockholm sur Stadsholmen en 1252 est attribuée au régent Birger Jarl, qui fit construire les fortifications. Vers la fin du 13e s., les moines franciscains établirent leur monastère sur cette même île.
Des marchands de Lübeck entretenaient déjà depuis la fin du 12e s. des relations commerciales avec les régions situées autour du lac Mälaren. Un nouvel accord commercial marqua le début de la suprématie hanséatique, qui dura jusqu'à la fin du 15e s.
En 1336, **Magnus Eriksson** fut couronné dans la cité, qui n'était pourtant pas encore la capitale du pays.
La période de l'**Union de Kalmar** fut marquée par une lutte incessante pour le pouvoir entre d'importantes familles. On retiendra de cette période quelques événements dramatiques, notamment la **bataille de Brunkeberg** le 10 octobre 1471, qui vit triompher le héros suédois Sten Sture l'Ancien sur le roi du Danemark Christian Ier, et le **bain de sang de Stockholm** en 1520.
Avec l'arrivée des Vasa sur le trône, Stockholm devint le centre de l'administration suédoise. La cité déborda de ses murailles, et il fallut édifier de nouvelles fortifications. Les régions avoisinantes se développèrent et obtinrent en 1573 la même charte que la cité.
C'est sous le règne (1611-1632) de **Gustave II Adolphe** que l'administration centrale fut installée dans la cité. À sa mort sur le champ de bataille de Lützen, la Suède était devenue un empire, et Stockholm en devint officiellement la capitale en 1634.

Chapeaux contre Bonnets

Pendant ce que l'on a appelé le **Temps de la liberté** (1718-1772), la vie politique suédoise est agitée par la lutte entre le parti des **Chapeaux**, francophiles désireux de reprendre la politique belliqueuse de Charles XII, et celui des **Bonnets**, prêts à des concessions envers la Russie et l'Angleterre. La politique protectionniste que pratiquent alors ces derniers encourage le commerce tandis que se développent l'art et les sciences.

E. Benard / MICHELIN

Gamla Stan (la vieille ville) vue du large.

Stockholm, capitale

Le commerce et les activités maritimes devinrent florissants. En 1640 fut tracé le réseau de rues à angle droit encore existant ; des édifices de pierre et des palais imposants de style Renaissance tardif, inspirés de l'architecture allemande et hollandaise, furent érigés pour la plupart sur Blasieholmen, Riddarholmen et autour du Palais royal. La population de la ville passa de 9 000 à 43 000 habitants en moins d'un demi-siècle et Stockholm devint une métropole peuplée, sale et malsaine.

La construction du Palais royal au 18e s. fut un projet considérable et son style fut repris pour d'autres édifices en Suède.

Le règne (1771-1792) du roi **Gustave III** est caractérisé par une activité culturelle riche et variée, qui reflète la passion du monarque pour les arts, le théâtre et la culture française. Il fut à l'origine du premier opéra de Stockholm, fonda plusieurs académies et réunit autour de lui des poètes et des écrivains. Le plus célèbre fut **Carl Michael Bellman** (1740-1795), qui chercha son inspiration dans les scènes de la vie quotidienne, dans les tavernes et sur les marchés.

Au 19e s., les inventions modernes telles que la machine à vapeur et la dynamite ouvrirent la voie à la révolution industrielle et, par là, à l'enrichissement, marqué par la construction des immeubles de l'avenue Strandvägen. Au début du 20e s., Stockholm comptait déjà 300 000 habitants et les faubourgs commençaient à prendre forme.

Se promener

LA VIEILLE VILLE★★★ (GAMLA STAN) (A3)

La vieille ville comprend **Stadsholmen**, site d'origine, **Riddarholmen** et ses tribunaux, **Helgeandsholmen**, entièrement occupée par l'édifice du Parlement, et **Strömsborg**, îlot minuscule encore inhabité au 18e s. Les premiers remparts de la ville (1250), simple muraille de pierre qui donna à la cité sa forme caractéristique en cœur, s'élevaient dans le périmètre délimité par **Österlånggatan** et **Västerlånggatan**, les deux Rues Longues. À la fin du 14e s., une nouvelle muraille remplaça l'ancienne et les Rues Longues se trouvèrent cette fois à l'intérieur des remparts. Le centre du commerce avec l'étranger était situé à l'extrémité Sud de **Skeppsbron** ; les principales matières premières exportées étaient le cuivre et le fer, que l'on pesait à **Järntorget** (la place du Fer). Les marchandises destinées à l'exportation étaient chargées au port de Kornhamn, actuellement **Kornhamnstorg** du côté de l'île baigné par le lac Mälaren. En raison de son dédale de ruelles bordées d'édifices en bois, la cité fut dévastée par plusieurs incendies. Sa reconstruction au 17e s. lui donna l'aspect qu'elle a conservé.

Gamla Stan est le paradis des piétons, mais attention, ses pavés inégaux font mal aux pieds et il est conseillé de porter des chaussures de marche confortables. Une fois franchi Riksbron ou Vasabron, on a l'impression de remonter le temps : les rues étroites sont bordées de vieilles maisons aux formes originales, qui se touchent presque par endroits. Le long des trois rues principales, Stora Nygatan, Österlånggatan et surtout

Västerlånggatan, qui convergent vers l'extrémité sud de la vieille ville, sont alignées des boutiques pittoresques (œuvres d'art, objets anciens, vêtements, jouets, etc.) ainsi que des cafés faiblement éclairés et des restaurants de toutes catégories.

Le palais royal★★ (Kungliga Slottet) (A3)

Ⓜ Gamla Stan. ✆ 08 402 6130 - juin-août : 10h-17h ; 3e et 4e sem. de mai et 1re quinzaine. de sept. : 10h-16h ; de déb. fév. à mi-mai et de mi-sept. à fin déc. : tlj sf lun. 12h-15h, possibilité de visite guidée en anglais - fermé vend. saint, 1er mai, 24-25 et 31 déc. - 90 SEK (enf. 35 SEK) ; billet combiné 130 SEK (enf. 65 SEK).

Le château des « Trois Couronnes » (Tre Kronor) – *Mêmes conditions de visite que les Appartements royaux.* C'est le premier **palais royal** de Stockholm ; il se développa autour d'un donjon érigé vers 1200 pour devenir, sous le règne de Gustave Vasa, une citadelle puissamment fortifiée. Sous le règne de son fils Jean III, elle fut agrémentée de splendides façades Renaissance. La famille Tessin joua un rôle prépondérant dans l'évolution de l'art et de l'architecture suédois durant trois générations, toutes trois associées au sort du palais royal. **Nicodemus Tessin l'Ancien** (1615-1681) dessina dans les années 1660 les plans et les esquisses d'un édifice entièrement nouveau. Mais ce fut son fils, **Nicodemus Tessin le Jeune** (1654-1728), profondément influencé par l'architecture classique de Rome, qui réalisa la reconstruction de l'aile Nord du palais dans le style baroque romain. La mort de Charles XI en 1697 coïncida avec l'incendie qui détruisit complètement l'ancien palais, à l'exception de la récente aile Nord, qui devint le noyau d'un nouveau palais de style Renaissance italienne et baroque romain. Les travaux commencèrent au moment où Charles XII était entraîné dans la grande guerre du Nord et ne furent achevés qu'en 1754. **Carl Gustaf Tessin** (1695-1770) prit la suite de son père et surveilla l'achèvement des travaux. Mais la direction réelle revint cependant à **Carl Hårleman** (1700-1753), qui respecta les plans d'origine. La famille royale emménagea dans sa nouvelle résidence en 1754, bien que les décorations intérieures se soient poursuivies jusque dans les années 1770.

Extérieur – Le palais actuel a la forme d'un imposant quadrilatère, dont les bâtiments sont disposés autour d'une cour centrale pavée. Deux ailes, qui enserrent une terrasse, s'étendent vers l'Est et le bord de l'eau. La **relève de la garde** *(à midi en semaine, à 13h10 les dimanches et jours fériés)* a pour cadre la cour en demi-cercle qui orne la façade Ouest, tandis que la façade principale, située au Nord, du côté du fleuve, est précédée de deux rampes monumentales.

Intérieur – Cet imposant palais composé de 608 salles est une véritable ruche où pas moins de 200 personnes travaillent. Le roi et la reine y ont leurs bureaux, et il est régulièrement utilisé pour les manifestations officielles. Les visiteurs peuvent néanmoins découvrir ses splendides intérieurs. Le style baroque étant passé de mode au cours de la longue période de construction, l'aménagement intérieur reflète l'influence du style rococo français importé en Suède par Carl Hårleman.

Appartements royaux★★ – *Entrée par l'arche Ouest (Västra Valvet). ✆ 08-402 61 30 - www.royalcourt.se - ♿ - juin-août : 10h-17h ; 1re sem. de janv., de déb. fév. à mi-mai et de mi-sept. à fin déc. : tlj sf lun. 12h-15h ; de mi-mai à fin mai et de déb. sept. à mi-sept. : 10h-16h, possibilité de visite guidée en anglais - fermé 9-31 janv., 1er janv., 14 avr., 1er mai, 24-25 et 31 déc. - 80 SEK (7-18 ans 35 SEK).* Les **appartements d'apparat** *(deuxième étage de l'aile Nord)* décorés dans les années 1690 par des artistes français de renom d'après les dessins de Tessin le Jeune constituent les salles les plus anciennes du palais. La galerie de Charles XI offre un cadre somptueux aux banquets officiels qui précèdent les bals donnés dans la magnifique salle connue sous le nom de Mer blanche. Dans la chambre d'apparat de Gustave III, les décorations de style rococo français furent réalisées par **Jean Eric Rehn**.

Carl Hårleman dessina lui-même les **appartements Bernadotte** *(premier étage de l'aile Nord)*. C'est dans la salle des Colonnes qu'ont lieu les remises de décorations, tandis que l'investiture des ambassadeurs étrangers se déroule dans le cabinet octogonal situé à l'Est, l'une des plus belles salles rococo.

Les **appartements des hôtes** *(aile Ouest)* furent également conçus par Jean Eric Rehn. Le travail fut exécuté dans les années 1760-1770 ; la décoration des pièces principales reflète l'évolution de la mode en matière de style, le classicisme gustavien se substituant au rococo français, qui domine dans la chambre à coucher principale.

Salle du trône (Rikssalen) – *Accès par l'arche Ouest (Västra Valvet).* La **salle du Trône** est un ensemble harmonieux combinant la rigueur du classicisme de Tessin et la délicatesse du style rococo d'Hårleman. Le trône d'argent de la reine Christine, réalisé pour son couronnement en 1650, est l'un des rares meubles fabriqués avec ce métal.

Arsenal royal★★ (Livrustkammaren) – *Accès par Slottsbacken. Slottsbacken 3 - ✆ 08-519 555 44 - ♿ - juin-août : 10h-17h ; sept.-mai : tlj sf lun. 11h-17h (jeu. 20h) - fermé vend. saint, 21 juin et 24-25 déc. - gratuit.* Les parties basses du palais constituent un cadre idéal pour la collection unique de **l'Arsenal royal**, fondé en 1628. De magnifiques carrosses d'apparat, des armures et des armes utilisées lors des cérémonies officielles, des vêtements portés pour les couronnements, le costume porté par Gustave III lors du bal masqué qui lui coûta la vie *(voir Drottningholm)* y sont exposés.

Salle du Trésor★★ (Skattkammaren) – *Accès par l'arche Sud (Södra Valvet). ✆ 08 402 61 30 - www.royalcourt.se - mêmes conditions de visite que les appartements royaux.* Dans la **salle du Trésor** sont réunis les joyaux de la Couronne suédoise. La magnifique couronne, le sceptre, la pomme et la clé considérés comme les principaux emblèmes de l'État datent du couronnement d'Éric XIV en 1561. D'autres pièces furent ajoutées au cours des siècles, la dernière en date étant une couronne de prince de 1902. Le roi Oscar II fut le dernier à être couronné en 1873. De nos jours, les couronnes sont placées de façon symbolique de chaque côté du couple royal lors de certaines cérémonies officielles.

Musée du Château (Slottsmuseum) – *Entrée face au pont de Norrbro.* Les parties basses de l'aile Nord abritent le **musée du château**, où les visiteurs peuvent contempler les vestiges de l'ancien château des Trois Couronnes.

Chapelle du Château (Slottskyrkan) – *Accès par l'arche Sud. ✆ 08-402 61 30 - juin-août : merc. et vend. 12h-15h ; reste de l'année : pdt les messes de dim. 11h.* **Chapelle** du château, à l'origine de style baroque, fut décorée dans le style rococo par Carl Hårleman en 1754.

Promenade dans Stadsholmen★★

Au Sud du Palais royal, une vaste place, Slottsbacken, à l'Ouest de laquelle est édifiée Storkyrkan, débouche sur Skeppsbron.

Slottsbacken

La Colline du Château, qui descend en pente raide jusqu'au bord de l'eau, offre de belles vues sur les imposants musées situés de l'autre côté du chenal. L'architecte royal Tessin le Jeune a construit pour lui-même l'élégant **Tessinska palatset (A3)** face au Palais royal. Il devait faire partie de l'ensemble d'édifices prévus autour du palais, mais les guerres interminables de Charles XII ruinèrent le projet. Le palais Tessin est aujourd'hui la résidence officielle des gouverneurs de la province de Stockholm. La célèbre **statue** de Gustave III réalisée par Sergel se trouve au bord de l'eau.

Skeppsbron

Pendant des siècles, Skeppsbron fut la vitrine de Stockholm, la première vision de la ville lorsqu'on arrivait par bateau. De nos jours, c'est l'une des artères les plus passantes, reliant les quartiers Nord de Stockholm aux quartiers Sud. Les édifices imposants, s'alignant au bord de l'eau, sont un héritage des 17e et 18e s., époque où Skeppsbron se composait d'une rangée de maisons de commerce appartenant à de riches marchands, surnommés « l'aristocratie de Skeppsbron ».

Grande Église★★ (Storkyrkan)

Ⓜ Gamla Stan. Accès par Trångsund. ✆ 08-723 30 00 - de mi-mai à mi-sept. : 9h-18h ; reste de l'année : 9h-16h, possibilité de visite guidée sur demande.

La cathédrale de Stockholm, ou **Grande Église**, où l'on célèbre les mariages royaux et les couronnements, était au Moyen Âge la seule église paroissiale de la ville. Construite vers 1279, elle fut consacrée en 1306. L'extérieur fut agrémenté d'une façade baroque et d'une tour lanterne dans les années 1740, afin d'harmoniser l'édifice avec le Palais royal, tout proche. L'aménagement de l'intérieur est le résultat de plusieurs agrandissements effectués au cours des 14e et 15e s. Cette imposante église

S. Ollivier / MICHELIN

Storkyrkran, la cathédrale de Stockholm.

INDEX DES RUES

SE LOGER

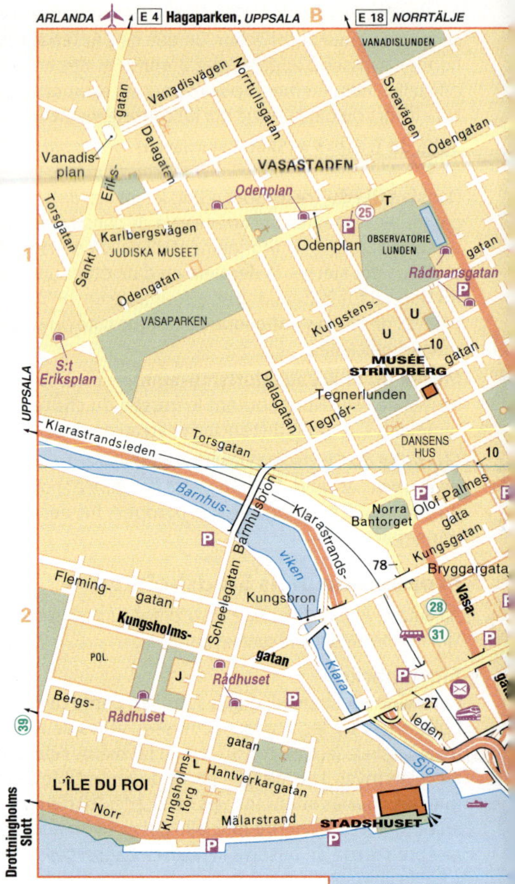

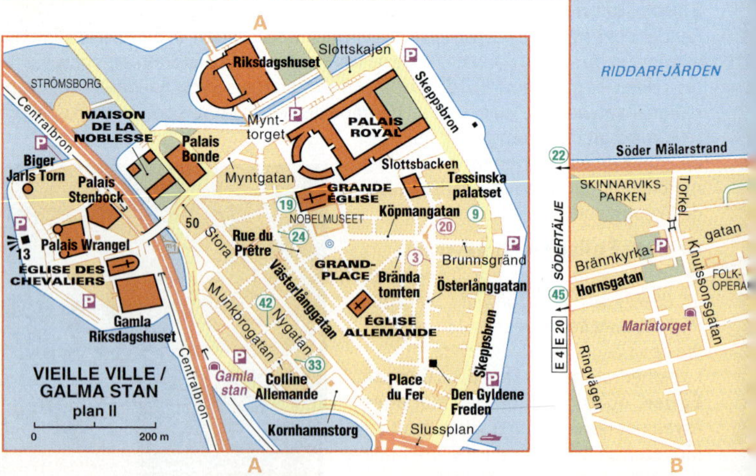

SE RESTAURER

Prinsen.. 23
Storstad.. 25
Ulla Winbladh.. 27
Vete Katten.. 29
Villa Källhagen.. 31
Wedholms Fisk.. 33

de style gothique tardif aux solides piliers de brique rouge surmontés d'une haute voûte en étoile est agrémentée d'un somptueux mobilier baroque. La **chaire** (datant d'environ 1700) et une partie de la **tribune** Nord (1686) avec ses décorations dorées sont l'œuvre du célèbre Burchardt Precht, immigré allemand, qui réalisa également les **bancs royaux** d'après des dessins de Tessin le Jeune.

Derrière le banc royal, du côté Sud, on verra un amusant **monument** (1933) réalisé par **Carl Milles** à la mémoire des trois générations de la famille Tessin. Le magnifique **autel d'argent, d'ébène et d'ivoire**, date de 1640 environ. L'œuvre d'art la plus remarquable est cependant l'extraordinaire groupe du 15e s. représentant **saint Georges terrassant le dragon★★★**, monument commémorant la victoire des Suédois sur les Danois (le dragon) à la bataille de Brunkeberg en 1471.

Cette sculpture sur bois exécutée par **Bernt Notke**, maître sculpteur de Lübeck qui exerça à Stockholm entre 1483 et 1498, est considérée comme l'un des chefs-d'œuvre de la sculpture médiévale en Europe du Nord. Le collier du dragon est fait de bois d'élan ; à côté de saint Georges (Sten Sture), on peut voir la silhouette d'une princesse (Stockholm) sur un socle en forme de château à pinacles. La sculpture fut commandée par le héros lui-même, le régent **Sten Sture l'Ancien**. Sur le mur Sud, près de l'entrée, se trouve un autre élément intéressant, le **Parhelion** (1535) représentant Stockholm, peinte sous un halo (une copie est exposée au Musée médiéval).

Se diriger vers le Sud jusqu'à Stortorget.

Grand-Place★ (Stortorget)

Le cœur même du vieux Stockholm, la **Grand-Place**, occupe le site le plus élevé de l'île. C'était au Moyen Âge un lieu de négoce bruyant d'où partaient des chemins que parcouraient les porteurs transbordant les marchandises entre la Baltique et le lac Mälaren. La place était aussi un lieu d'exécution et elle fut en 1520 le siège d'un événement horrible, le **bain de sang de Stockholm**.

Le bain de sang de Stockholm

L'archevêque d'Uppsala, **Gustav Trolle,** réclamait au roi Christian II le châtiment des partisans du défunt régent Sten Sture le Jeune. La veuve de ce dernier, pour défendre sa mémoire et les membres du parti national suédois dont elle eut l'imprudence de citer les noms, accusa le clergé d'être responsable de la révolte en raison de ses exactions. Outré, le roi déclara hérétiques les nationalistes ainsi désignés et les fit arrêter lors de son sacre le 3 novembre 1520. Le 8, il les fit exécuter sur la place qui était alors la place du Marché. Parmi les 82 victimes figuraient Éric Vasa, père du futur roi Gustave Ier, et son gendre, Joachim Brahe.

« On ne fait rien avec la douceur ; les moyens les plus efficaces sont ceux avec lesquels on ébranle les corps », avouait le roi au philosophe Érasme. Reprenant sans doute la leçon à son compte, Gustave Vasa soulèvera la Dalécarlie à la première occasion…

La place se distingue par les élégantes façades de ses maisons des 17e et 18e s. **Börsen**, la Bourse, est un grand édifice de style rococo tardif construit en 1776 à l'emplacement de l'ancien hôtel de ville. C'est ici que les 18 membres de l'Académie suédoise, fondée par le roi Gustave III en 1786, se réunissent régulièrement, c'est également d'ici que, traditionnellement, le nom du lauréat du prix Nobel de littérature est révélé à la presse internationale.

La place est particulièrement vivante lors de la foire de Noël au début décembre, quand badauds et visiteurs boivent du vin chaud *(glögg)* pour se réchauffer en flânant parmi les étals.

Emprunter Köpmangatan jusqu'à Köpmantorget.

Köpmangatan (A3)

Cette rue bordée de magasins d'antiquités et de boutiques de brocanteurs est la plus ancienne dont le nom ait été enregistré (1323).

Faire un détour par Själagårdsgatan.

Brända tomten (A3)

À la suite de l'incendie partiel d'un pâté de maisons à la fin des années 1730, on créa une place permettant le demi-tour des voitures. « Brända Tomten » signifie « emplacement incendié ».

Revenir en arrière jusqu'à Köpmangatan.

Köpmantorget

La porte Est de la cité fut démolie en 1685. Une copie en bronze (1912) du monument de St-Georges, dans la cathédrale, décore cette place.

Tourner à droite et prendre Österlånggatan.

Österlånggatan★

Situées à l'extérieur des premiers remparts, Österlånggatan et Västerlånggatan marquaient les limites de la cité d'origine en forme de cœur. Österlånggatan était reliée au port par d'étroites ruelles et venelles et avait l'habitude d'être envahie par les marins et les dockers qui fréquentaient les auberges, les tavernes et les marchands de fournitures pour la marine. De nos jours, Österlånggatan est une rue commerçante agréable, bordée de boutiques de potiers, de magasins de mode et de galeries.

Au n° 51, la taverne la plus ancienne et la plus célèbre de Suède, **Den Gyldene Freden (la Paix dorée) (A3)** ouvrit ses portes en 1721, au moment où le traité de paix entre la Suède et la Russie mettait fin aux guerres de Charles XII. Depuis le 18e s., l'établissement est le lieu de prédilection des poètes. Le peintre Anders Zorn acheta le bâtiment en 1919, puis le légua plus tard à l'Académie suédoise, qui y organise ses dîners traditionnels du jeudi.

Place du Fer (Järntorget) (A3)

Tournant le dos à l'édifice qui abrita de 1680 à 1906 la Banque de Suède, plus ancienne banque nationale du monde, la statue du poète **Evert Taube** (1890-1976), très aimé du public, se dresse sur le trottoir Est de la place du Fer.

Västerlånggatan (A3)

Cette rue animée bordée de boutiques fait pendant à Österlånggatan. Au n° 81, une étroite ruelle aux marches raides, **Mårten Trotzigs gränd**, témoigne de la différence de niveau entre le plateau de Stadsholmen et les rives du lac Mälaren.

Continuer le long de Västerlånggatan, puis prendre Tyska Brinken à droite.

Colline allemande (Tyska brinken) (A3)

Comme les autres rues adjacentes à l'église allemande, le nom de la **Colline allemande** rappelle l'influence allemande dans la ville au temps de la toute-puissance de la **Ligue hanséatique**.

Église allemande★ (Tyska kyrkan) *Gamla Stan* (A3) *℘ 08-411 11 88 (9h-12h) - mai-sept. : 12h-16h ; reste de l'année : w.-end 12h-16h.*

En 1565, la communauté finlandaise reçut de la ville l'hôtel des corporations allemandes, devenu vacant, l'agrandit et le transforma en église, qu'utilisèrent conjointement Finlandais et Allemands. En 1601, les Finlandais ayant été écartés, l'édifice prit le nom d'**église allemande**, qui fut dédiée à sainte Gertrude, patronne des voyageurs, des marchands et des marins. La riche ornementation date de cette époque. La chaire d'ébène (1660) soutenue par un ange à genoux est ornée de plusieurs personnages en albâtre représentant les apôtres. Avec son allure de loge de théâtre, la splendide tribune royale, située dans un angle, agrémentée d'anges, de décorations et de dorures, fut dessinée par Tessin l'Ancien, qui était membre de la paroisse.

Continuer le long de Prästgatan (ou Skomakargatan, qui est parallèle et rejoint Stortorget).

Rue du Prêtre (Prästgatan)

La longue et silencieuse **rue du Prêtre** a gardé son caractère médiéval. Les poutres saillant des pignons servaient jadis à faire monter les provisions dans les appartements et les marchandises dans les greniers où elles étaient stockées.

Tourner à gauche dans Storkyrkobrinken. On aperçoit en face la maison de la Noblesse.

Palais Bonde (Bondeska palatset) (A3)

Dessiné par Jean de la Vallée et Tessin l'Ancien entre 1662 et 1673, le **palais Bonde** abrite la Cour suprême depuis 1949.

Maison de la noblesse★ (Riddarhuset) (A3)

Ⓜ Gamla Stan. Riddarhustorget 10 - ℘ 08-723 39 90 - tlj sf w.-end 11h30-12h30 - fermé j. fériés - 40 SEK.

Avec ses deux pavillons au bord de l'eau, l'élégante **Maison de la noblesse**, ou palais des Chevaliers, est considérée comme l'un des plus beaux édifices de Stockholm ; elle fut érigée entre 1641 et 1674 dans le style baroque selon les plans de plusieurs architectes,parmi lesquels Simon et Jean de la Vallée. Les aristocrates, formant l'un des quatre ordres gouvernant le pays, s'y réunissaient régulièrement. La brique rouge

Maison de la Noblesse.

pâle est agrémentée de splendides pilastres en grès de couleur grise, de frontons et de guirlandes de fruits, dont les lignes et les couleurs s'harmonisent avec la courbe du toit de cuivre verdi par le temps.

La **grande salle**, dont les murs sont revêtus de 2 326 armoiries et sur laquelle plane « La Mère Suède » (*Moder Svea,* peinture de 1675 par David Klöcker Ehrenstrahl), forme un cadre fascinant pour les concerts animant les soirées d'été. Riddarhuset appartient toujours à la noblesse suédoise.

L'ÎLE DES CHEVALIERS (RIDDARHOLMEN) (A3)

Ⓜ *Gamla stan*

L'**île des Chevaliers** et des Nobles est un remarquable havre de paix. Un monastère franciscain, établi sur l'île vers 1270, fut dissous en 1527. Au 17e s., des aristocrates (Wrangel, Sparre et Stenbock) obtinrent des terrains sur l'île et y construisirent de superbes hôtels particuliers. Aujourd'hui, quelques privilégiés y demeurent encore mais les palais sont occupés par les bureaux de l'administration.

Église des Chevaliers★ (Riddarholmskyrkan) (A3)

℘ 08-402 61 30 - www.royalcourt.se - juin-août : 10h-17h ; 3e et 4e sem. de mai et 1re et 2e sem. de sept. : 10h-16h, possibilité de visite guidée en anglais - 20 SEK (7-18 ans 10 SEK).

L'**église de Riddarholm** constitue l'équivalent suédois du Panthéon, et demeure l'unique monastère de l'époque médiévale ayant survécu à l'épreuve du temps. Sa construction en brique par les moines franciscains fut entreprise vers 1270, selon la tradition française d'un bâtiment à voûtes transversales et deux collatéraux. L'ensemble fut consacré vers 1300. Au fil des siècles, plusieurs chapelles ont été ajoutées à l'édifice, mais ce n'est qu'après le grand incendie de 1835 que fut érigée la flèche en fonte travaillée. Cette dernière adjonction fait aujourd'hui partie des symboles caractérisant la ville de Stockholm.

Une fois à l'intérieur, les principaux centres d'intérêt de l'église sont les chapelles funéraires. La chapelle de Charles, dans la partie Nord du chœur, comprend deux étages. Les deux personnages couchés en face du maître-autel sont deux rois médiévaux : **Karl Knutsson Bonde** et **Magnus Ladulås**, les fondateurs du monastère. Dans la partie Sud du chœur, on peut admirer les chapelles de Gustave Adolphe et des Bernadotte avec leurs imposants sarcophages. Près des murs sont exposées les armures des chevaliers de l'ordre des Séraphins (fondé en 1748), le plus important des ordres suédois.

Gamla Riksdagshuset (A3)

℘ 08-786 40 00 - visite guidée (1h, anglais) de fin juin à fin août. : tlj sf w.-end 12h30 et 14h ; reste de l'année : w.-end 13h30 - gratuit.

Birger Jarls Torg 5, au Sud de l'église.

De 1834 à 1866, tous les représentants du clergé, de la bourgeoisie et des paysans se réunirent dans cet édifice, qui abrita ensuite le Parlement jusqu'à son transfert en 1905 dans l'imposant Riksdagshuset sur Helgeandsholmen.

Birger Jarls Torg (A3)

Cette place triangulaire pavée et bordée de palais doit son nom à la statue de Birger Jarl.

Palais Stenbock (Stenbockska palatset) (A3)

Élégant édifice rouge construit sous la direction de Tessin l'Ancien, le **palais Stenbock** est depuis 1971 le siège de la Cour suprême administrative (Regeringsrätten).

Palais Wrangel (Wrangelska palatset) (A3)

Cet hôtel particulier doté de son propre port sur le lac Mälaren (Riddarfjärden) fut conçu au début du 17e s. par Tessin l'Ancien et Jean de la Vallée pour le compte de Carl Gustav Wrangel *(voir Skokloster)*. Plusieurs fois endommagé par des incendies, il a perdu une grande partie de son ancienne splendeur. Lorsque le Palais royal fut détruit en 1697, le **palais Wrangel** servit de résidence provisoire à la famille royale jusqu'en 1754. La cour d'appel (Svea hovrätt) occupe le bâtiment depuis 1757. La tour Sud, qui en est la partie la plus ancienne, faisait autrefois partie des fortifications construites par Gustave Vasa.

Descendre la colline jusqu'au bord de l'eau.

Evert Taubes terrass (A3 13)

Une **statue** *(sur la droite)* rappelle le souvenir du populaire poète. On découvre une splendide **vue★★** de la baie de Riddarfjärden : le Västerbron (pont de l'Ouest) est droit devant, l'hôtel de ville en brique rouge à droite, et les hauteurs du quartier Sud à gauche. Le *Mälardrottningen*, **yacht** blanc amarré sur la gauche, qui appartint autrefois à la milliardaire américaine Barbara Hutton, est aujourd'hui un hôtel flottant très en vogue.

Birger Jarls torn (A3)

Face à l'hôtel de ville.

Tout comme la tour Sud du palais Wrangel, la **tour Birger Jarl** faisait partie de l'enceinte édifiée par **Gustave Vasa** vers 1530.

L'ÎLE DU SAINT-ESPRIT (HELGEANDSHOLMEN) (C2)

Ⓜ *Kungsträdgården*

La petite île du Saint-Esprit se situe au Nord-Ouest du Palais royal.

Riksdagshuset (A3)

Des visites guidées (1h) permettent de faire le tour des différents bâtiments ; accès par Riksgatan 3 A.

L'édifice à piliers, avec la statue de *Moder Svea* (La Mère Suède) du côté de Norrbro, fut construit spécialement pour le Parlement en 1905. Le second édifice, à l'Ouest de Riksgatan, abrita la Banque de Suède entre 1906 et 1975. Lorsque le système de parlement à chambre unique fut introduit en 1971, les deux bâtiments furent entièrement réaménagés et réunis par des passerelles. Pendant la visite guidée, les visiteurs ont un aperçu de l'histoire et du travail du Parlement, ainsi que de la Constitution suédoise. Le bâtiment du premier Parlement consiste en un mélange unique de neuf et d'ancien, et les visiteurs ont la chance d'être en mesure de voir les deux chambres.

Musée médiéval★★ (Medeltidsmuseet) (C2)

Strömparterren - Norrbro - ✆ 08-508 31 790 - www.medeltidsmuseet.stockholm.se - ♿ - 11h-16h (merc. 18h) - fermé lun. (sept.-juin) - 60 SEK.

Prendre devant le Riksdagshuset l'escalier qui descend vers Norrbro.

L'emplacement souterrain du **musée du Stockholm médiéval** fut retenu après la mise au jour, lors de travaux d'excavation entrepris pour la construction d'un parking sous le Parlement, de plusieurs sections des remparts de Gustave Vasa.

Elles furent incorporées dans le bâtiment, et au cours de l'agréable parcours à travers le musée on voit comment s'est développée la cité, depuis sa fondation par Birger Jarl en passant par le traité signé avec la ville de Lübeck et l'établissement des premiers monastères jusqu'aux années prospères de la Ligue hanséatique.

La sculpture de Carl Milles, *Le Chantre du Soleil*, érigée en 1926, se dresse face à l'entrée.

LE CENTRE DE LA CITÉ AU SUD DE NORRMALM (C2)

Située au Nord de la vieille ville et appartenant au centre moderne, Norrmalm était autrefois une île dont le point le plus élevé fut pendant longtemps une sorte de crête rocailleuse, Brunkeberg, s'étirant du Nord au Sud à l'Est de Drottninggatan, site de la

célèbre bataille de 1471. La crête fut peu à peu aplanie, et, au 17e s., un réseau de rues perpendiculaires fut tracé, tandis que palais et résidences bourgeoises remplaçaient les modestes maisons.
Tandis que le reste de Stockholm est fier de sa beauté exceptionnelle, le centre de la cité a été l'objet de vives critiques après que, dans les années 1950 et 1960, les urbanistes de la ville, saisis d'un engouement soudain pour la modernité, eurent fait raser les édifices anciens afin d'édifier un nouveau quartier d'affaires autour de Sergels Torg.

Maison de la Culture (Kulturhuset) (C2)

Sergels torg - ✆ 08 508 31 508 - www.kulturhuset.stockholm.se - juin-août : 11h-18h, w.-end 11h-16h ; reste de l'année : 11h-19h, w.-end 11h-17h - fermé lun. - gratuit.
Ⓜ *T-Centralen. Côté Sud de Sergels Torg.* La **Maison de la culture**, en béton et verre, dessinée par un des principaux modernistes, Peter Celsing (1920-1974), accueille diverses activités culturelles et des expositions. Les salles de lecture offrent la possibilité de consulter la presse internationale.

Hötorget (C2 20)

Un marché aux fruits, aux légumes et aux fleurs, très animé, est complété par des halles souterraines, **Hötorgshallen**, où l'on trouve une grande variété de produits alimentaires suédois et internationaux.

Konserthuset (C2)

Côté Est d'Hötorget. Masquée par des gratte-ciel dits « Les cinq sonneries de trompette », la Maison des concerts, bleue et dotée d'imposantes colonnes de granit couronnées de chapiteaux corinthiens, domine la place. Œuvre de l'architecte Ivar Tengbom, elle dénote une forte influence du classicisme. Devant, on peut admirer le chef-d'œuvre de Carl Milles, *Orphée*, empreint d'influence grecque.

Drottninggatan (C2 10)

Cette artère de l'ancien réseau quadrillant le quartier était au 19e s. la rue principale de Stockholm. Aujourd'hui, son extrémité Sud passe devant l'immeuble **Rosenbad** et se prolonge par le pont Riksbron vers la vieille ville. En grande partie piétonne, Drottninggatan est bordée de magasins et d'étals.

Église Sainte-Claire (Sankta Clara kyrka) (C2)

✆ 08-723 30 31 - 10h-17h.
Ⓜ *T-Centralen.* L'**église Ste-Claire** occupe le site de l'ancien couvent franciscain Ste-Claire, qui fut propriétaire des terrains de Norrmalm jusqu'en 1527, date à laquelle le roi Gustave Vasa fit démolir le couvent et confisqua tous ses biens. L'église actuelle fut construite entre 1577 et 1590 par les maîtres d'œuvre **Henrik Van Huwen** et **Willem Boy**. Endommagée par un incendie en 1751, elle fut restaurée sous la direction de **Carl Hårleman** et agrémentée d'une tour basse recouverte d'un toit. La tour majestueuse que nous admirons aujourd'hui, avec sa flèche de 108 m de haut, fut érigée vers 1880 d'après les plans d'Helgo Zetterwall. L'église possède le plus important carillon (35 cloches de bronze, de tailles différentes) de Stockholm *(sonneries tous les jours à 9h, 12h, 15h, 18h et 21h).*

À l'extrémité Nord du cimetière, la statue du poète **Nils Ferlin** (1898-1961) rappelle le souvenir des écrivains qui vécurent dans ce quartier bohème, où se côtoyaient cafés et agences de presse jusqu'à sa démolition dans les années 1950 et 1960.

Musée Strindberg★ (Strindbergsmuseet) (B1)

Drottninggatan 85 - ✆ 08-411 53 54 - www.strindbergsmuseet.se - mars-oct. : tlj sf lun. 12h-19h ; reste de l'année : 12h-16h - 40 SEK.
Ⓜ *Rådmansgatan.* C'est dans ce petit appartement situé au quatrième étage, surnommé la « tour Bleue », qu'**August Strindberg** (1849-1912) passa les dernières années de sa vie. L'appartement, comme la bibliothèque du sixième étage,

August Strindberg (1849-1912)

Strindberg alla chercher à l'étranger, à Paris, à Berlin et ailleurs, la renommée que les citoyens de Stockholm lui refusaient ; il tourna par deux fois le dos à sa ville natale et s'exila volontairement. Dans *Le Vieux Stockholm*, le jeune Strindberg proclame son amour pour la ville puis, à son second retour d'exil, pour l'archipel de Stockholm dans *Au bord du grand large* et *Les gens de Hemsö*.
Surnommé le Zola suédois par Carl Larsson, il fut pourtant ignoré de l'Académie suédoise durant toute sa vie. Mais pour son 63e anniversaire en 1912, année de sa mort, un vote populaire lui attribua le « prix anti-Nobel de littérature ».

est aménagé à l'image d'un décor de théâtre et le contenu a été conservé tel qu'il était au moment de sa mort. Il aurait écrit plus de 20 livres et lancé la « cabale Strindberg » durant les quatre années qu'il passa ici.

Place Gustave Adolphe (Gustav Adolfs torg) (C2 16)

Située face au Palais royal, cette place, où se dresse la statue équestre (1790) du roi Gustave II Adolphe, est bordée à l'Ouest par le palais du Prince héritier, **Arvfurstens palats** (C2), occupé aujourd'hui par le ministère des Affaires étrangères. Quand il fut construit à la fin du 18e s., cet élégant bâtiment de style classique français formait un ensemble imposant avec l'ancien Opéra à l'Est et le Palais royal au Sud. L'édifice qui se tient de nos jours sur le côté Est de la place, connu sous le nom d'**Operan**, remplace le magnifique chef-d'œuvre rococo d'Adelcrantz depuis sa destruction due à un excès de zèle architectural en 1891. Le premier Opéra royal fut fondé par le roi Gustave III, amoureux d'opéra. Celui-ci y fut d'ailleurs assassiné en 1792 au cours d'un bal masqué. Cet incident inspira à Verdi son opéra *Le Bal masqué*.

Les prémisses d'un chef-d'œuvre de l'art lyrique…

Fils d'Adolphe Frédéric et de Louise Ulrique de Prusse, sœur de Frédéric le Grand, le roi de Suède **Gustave III** (1742-1792) avait été élevé à la française et s'était rallié très tôt au parti francophile des *Chapeaux* tout en ménageant un certain équilibre avec le parti opposé des *Bonnets*. En bon despote éclairé, il imposa la constitution de 1772, puis accomplit jusqu'en 1783 plusieurs réformes importantes, dont la suppression de la vénalité des charges. Fort mécontente d'avoir perdu, entre autres, le privilège de décider de la paix et de la guerre, la noblesse suédoise fomenta une conspiration. Dans la nuit du 15 au 16 mars 1792, au cours d'un bal masqué à l'Opéra royal de Stockholm, un fanatique du nom d'Anckarström, ancien capitaine de la garde, tira à bout portant un coup de pistolet sur le roi. Gustave III mourut deux semaines plus tard. En 1833, sur une musique d'Auber et un livret de Scribe, fut donné à Paris l'opéra *Gustave III* ou le *Bal masqué*. En 1859, Verdi dans son opéra *Un ballo in maschera* traitera du même sujet, mais comme la censure napolitaine était opposée à la représentation d'un régicide sur scène, il situera l'action vers 1700 au Massachusetts et Gustave III deviendra Riccardo, comte de Warwick, gouverneur de Boston.

Musée de la Danse (Dansmuseet) (C2)

Gustav Adolfs torg 22-24 - Stockholm - ✆ 08 44 17 650 - www.dansmuseet.se - ♿ - juin-août : 11h-16h, w.-end 12h-16h ; sept.-mai : tlj sf lun. 11h-16h, w.-end 12h-16h, possibilité de visite guidée en anglais sur réserv. - 40 SEK (enf. gratuit).
Ⓜ *Kungsträdgården.*

Initialement fondé à Paris en 1933 par le collectionneur suédois, **Rolf de Maré**, le **musée de la Danse** fut relogé à l'Opéra de Stockholm vingt ans plus tard lorsqu'une partie de la collection parisienne fut transférée en Suède. En 1999, le musée fut définitivement établi dans ses nouveaux locaux situés sur la place Gustav Adolf. La première exposition temporaire fut consacrée à Toulouse-Lautrec, qui immortalisa la vie nocturne parisienne au début du siècle. Le musée, qui joue également le rôle d'institut de recherche, illustre l'histoire de la danse (dans son sens le plus large) dans le monde entier, grâce à des films, des vidéos, des costumes, des masques, des affiches, des œuvres d'art, des livres et des documents. Les archives de danse folklorique sont une source de renseignements reconnue à l'échelle internationale. Il y a une boutique et un café offrant une belle vue sur le quartier environnant.

Jardin du Roi (Kungsträdgården) (C2)

Au début du 17e s., le **jardin du Roi** était un potager transformé au 18e s. en imposants jardins de style baroque, entourés de murs et réservés à la maison royale. Après la mort du roi Gustave III, les murs et les portes furent détruits et les jardins ouverts au public. Aujourd'hui, les jardins du Roi sont devenus un lieu de rencontre où se déroulent aussi bien parties d'échecs que parties de boules au milieu des promeneurs. Les jardins furent agrandis vers le Sud en 1825 lorsque le palais « Sans Pareil » (Makalös) fut détruit par un incendie. La célèbre statue du roi Charles XII se dresse au centre de la partie Sud des jardins.

À l'extrémité Sud-Ouest du parc, on peut voir **Sankt Jakobs kyrka** (C2), église dessinée par Willem Boy et achevée en 1643. La partie Sud des jardins est orientée vers la façace Est de l'Opéra et de son élégant restaurant, Operakällaren. Son night-club, Café Opéra, est réputé pour sa clientèle de célébrités – et sa longue attente.

Musée Hallwyl★ (Hallwylska museet) (C2)

Hamngatan 4 - ✆ 08-519 555 99 - www.hallwylskamuseet.se - visite guidée en anglais de mi-juin à mi-août : 13h ; reste de l'année : dim. 13h - 40 SEK, entrée gratuite au 1er étage, billet vendu 15mn av. la visite.

Ⓜ *Kungsträdgården.*

Située en plein centre de la ville et encadrée par un restaurant et un café, cette résidence imposante du début du siècle dernier fut la demeure de la comtesse Wilhelmina von Hallwyl. Les pièces et le mobilier évoquent différents styles tandis que la décoration, les panneaux muraux et les sols témoignent du travail raffiné de l'époque. La collection, d'une valeur inestimable, se compose de peintures, de tapisseries, d'armes, de vaisselle, d'argenterie et de verrerie. La résidence fut léguée à la nation après la mort de la comtesse et ouverte au public en 1938. Les concerts, donnés dans la cour centrale durant les soirées d'été, sont fort appréciés.

Blasieholmen (D2)

Des demeures luxueuses furent érigées au 17e s. sur cette péninsule, avec vue sur le Palais royal. Le bord de l'eau est aujourd'hui occupé par le Nationalmuseum et l'élégant Grand Hôtel. Strömkajen est, depuis le milieu du 19e s., le débarcadère des bateaux en provenance de l'archipel. Skeppsholmen, située au Sud, est accessible par un pont étroit.

Musée national★★ (Nationalmuseum) (D2)

Södra Blasieholmshamnen - ✆ 08-519 543 00 - www.nationalmuseum.se - ♿ - mar. 11h-20h, merc.-dim. 11h-17h (sept.-mai, jeu. 20h) - fermé lun., 1er janv., 15 avr., 23-24 juin, 24-25 et 31 déc. - se renseigner pour les tarifs.

Ⓜ *Kungsträdgården.*

Le **Musée national**, le plus éminent musée des Beaux-Arts de Suède, occupe depuis 1866 un vaste édifice de style Renaissance italienne. La gamme d'œuvres de grande valeur qu'il abrite va du début de la Renaissance au début du 20e s. On y verra la plus importante collection de peintures suédoises et d'œuvres représentatives des autres pays nordiques, ainsi qu'un choix intéressant d'œuvres du domaine des arts décoratifs ; l'exposition permanente « Le 20e s., le Siècle du design » au premier étage offre un aperçu chronologique très intéressant de l'évolution du design depuis le modernisme des années 1930 jusqu'au design ergonomique et expressif de la fin du siècle.

Carl Gustav Tessin, collectionneur zélé, fut à l'origine de la belle collection de peinture française du 18e s., aujourd'hui l'orgueil du musée. La peinture hollandaise du 17e s. est bien représentée, et inclut entre autres l'œuvre monumentale de Rembrandt, *Le Serment des Bataves,* qui était à l'origine destinée à orner l'hôtel de ville d'Amsterdam. Les immenses peintures murales situées dans le hall d'entrée sont de **Carl Larsson** ; on remarquera particulièrement *L'Entrée de Gustave Vasa dans Stockholm (au premier étage, face à l'escalier).* Sa dernière peinture murale, *Sacrifice au milieu de l'hiver (deuxième étage)*, refusée par le musée, partit au Japon, mais a été depuis rachetée par la Suède.

Le nouveau restaurant du musée, Atrium, donnant sur la cour intérieure, sert des repas et des snacks de qualité.

L'ÎLE DU ROI (KUNGSHOLMEN) (B2)

À l'Ouest de Norrmalm. Emprunter le passage souterrain.

L'**île du Roi**, où fut installé au 17e s. un quartier d'ouvriers et d'artisans, accueille aujourd'hui un mélange florissant de bâtiments résidentiels et administratifs, dont le quartier général de la police, les tribunaux et, dans la partie occidentale de l'île, les hauts édifices des principaux journaux suédois. C'est sur Kungsholmen que se trouve l'une des curiosités les plus célèbres de Stockholm, l'hôtel de ville. Les visiteurs peuvent profiter des magnifiques promenades qu'offre la rive Nord du lac Mälaren, **Norr Mälarstrand**. Les bateaux qui font des excursions autour du lac partent du quai situé à l'Est de l'hôtel de ville, Stadshuskajen.

Hôtel de ville★★ (Stadshuset) (B2)

Hantverkargatan 1 - ✆ 08-50 82 90 59/58 - visite guidée juin-août : 10h, 11h, 12h, 14h et 15h ; sept. : 10h, 12h et 14h ; oct.-avr. : 10h et 12h - tour mai-sept. : 10h-16h15 - 60 SEK.

Ⓜ *T-Centralen. Visites guidées uniquement. La tour est ouverte de mai à septembre.*

L'**hôtel de ville** de brique rouge très caractéristique avec ses toits de cuivre verdi est aujourd'hui l'un des points de repère les plus célèbres de la ville. Construit en l'espace de douze années (1911-1923) selon les plans de **Ragnar Östberg**, il constitue un superbe exemple de style romantique national. Les bâtiments sont disposés autour de deux cours ; l'une, ouverte, offre à travers les arcades une vue sur le lac au-delà des jardins en terrasses, et l'autre est intérieure. La sobre tour d'angle, carrée et haute de 106 m, est surmontée d'une lanterne ajourée couronnée d'une coupole bulbeuse sur laquelle sont délicatement posées trois couronnes dorées, symbole de la Suède. Du belvédère de la tour *(365 marches)*, la **vue★★★** panoramique est spectaculaire. La brique nue fait parfaitement ressortir une profusion de motifs décoratifs : figures et groupes sculptés, fer forgé, flèches élancées et fleurons de pinacles.

Intérieur – La visite guidée commence dans la cour intérieure, connue sous le nom de **hall Bleu★★★ (Blå Hallen)**, avec son escalier majestueux et ses arcades au rez-de-chaussée. L'architecte avait, à l'origine, l'intention de peindre le hall en bleu, mais lorsqu'il vit les magnifiques tons rouges des briques façonnées à la main, il changea d'avis. Le hall Bleu est le cadre somptueux des banquets annuels du prix Nobel. Les membres du conseil municipal se réunissent dans la **salle du Conseil** (Rådssalen), dont le plafond en bois de pin s'inspire des toits de maisons vikings. Les mariages civils ont lieu dans la **salle ovale (Ovalen)**, ornée de belles tapisseries de Beauvais. La **galerie du Prince (Prinsens galleri)**, plus sobre, doit son nom au prince Eugène, dont la grande fresque illustre la vue extraordinaire que l'on a depuis les fenêtres. Mais la salle la plus somptueuse est sans aucun doute la **Salle dorée★★★ (Gyllene Salen)**, tapissée de 18,6 millions de paillettes dorées et de petits morceaux de verre peint. Le jeune artiste **Einar Forseth** fut inspiré par les mosaïques dorées de Ravenne et il persuada l'architecte de l'engager pour réaliser la décoration de cette salle. Le résultat est étonnant. Autour des fenêtres en saillie situées sur la gauche sont illustrés des événements de l'histoire suédoise, tandis qu'autour de celles de droite sont représentées des personnalités suédoises. La gigantesque reine du lac Mälaren (Mälardrottningen), qui tient dans son giron les édifices les plus importants de Stockholm, occupe la place d'honneur sur le mur Nord. Les visiteurs de marque entrent dans l'hôtel de ville par la **voûte des Cent**. Haute de 31 m et divisée en cent petits compartiments, cette salle est située dans la tour.

Le **monument Engelbrekt** (1932), à la gloire du héros national suédois et placé au sommet d'une colonne dans le coin Sud-Est du jardin *(visible du pont de l'hôtel de ville)*, est l'œuvre de Christian Eriksson.

En été, sur le coup de midi et de 18 h, un automate représentant *Saint Georges terrassant le dragon* apparaît sur un petit balcon *(également visible du pont)*, tandis qu'un carillon joue un air médiéval. Au-dessus, un groupe sculpté figurant le même sujet est dû aussi à **Christian Eriksson**.

L'ÎLE DES BATEAUX (SKEPPSHOLMEN) (D2/3)

Skeppsholmen est accessible par le bus 65 au départ de la gare centrale. La station de métro la plus proche est Kungsträdgården, sortie Kungsträdgården.

L'**île des Bateaux** fut entre 1640 et 1958 la base de cantonnement de la Marine royale suédoise, mais on n'y respire plus aujourd'hui qu'une atmosphère insouciante et paisible. Récemment, des institutions culturelles ont occupé les locaux de la marine. En traversant à pied le pont de Skeppsholmen, orné de deux couronnes royales, on peut admirer à l'Est la vue sur Strandvägen, au bord de l'eau, et à l'Ouest l'imposante façade orientale du Palais royal, avec en toile de fond la haute silhouette de la cathédrale de Stockholm.

À quai sur la droite, derrière la forme rouge du bâtiment de l'Amirauté qui date de 1650, on peut apercevoir le *af Chapman*, une goélette vieille d'un siècle, qui reçut le nom du génie de la construction navale suédoise, Fredric af Chapman (1721-1808). Le bateau a été réaménagé et est devenu une auberge de jeunesse et un café très populaires. Plus au sud, sur Holmamiralens väg, se dresse le **Centre de design de Svensk Form,** Société suédoise du design, qui propose des expositions, des conférences, des séminaires, consacrés au design ; il y a aussi une boutique et un café sur place. Protégé par un pont sur la rive Sud de l'île, un îlot, **Kastellholmen (D3)**, porte la citadelle élevée en 1848 à l'emplacement d'une forteresse antérieure.

Au moment où la route monte lentement s'élève sur la gauche **Skeppsholmskyrkan (D2)**, église octogonale surmontée d'un dôme, au Nord de laquelle se trouve le musée des Antiquités orientales.

Musée des Antiquités orientales★ (Östasiatiska museet) (D2)

À gauche après le pont. Tyghusplan - Skeppsholmen - ✆ 08-519 557 50 - www.ostasiatiska.se - tlj sf lun. 11h-17h (mar. 20h) - gratuit.

Le **musée des Antiquités orientales**, logé dans un bâtiment long et étroit, était à l'origine un entrepôt réservé à l'artillerie. Il contient des collections d'art et d'antiquités de Chine, du Japon, de Corée et d'Inde, de l'âge de la pierre à la fin du 19e s., dont l'une des plus importantes collections d'art chinois visibles hors d'Asie.

Le remarquable assortiment multicolore de sculptures disséminées sur la pelouse annonce la présence de deux musées contigus. Le *Déjeuner sur l'herbe* par Picasso (1962) et *Le Paradis* (1966) par Jean Tinguely et Niki de Saint-Phalle côtoient le *Labyrinthe byzantin* de Per Kirkeby (1998).

Musée d'Art moderne et musée d'Architecture (moderna museet/ arkitekturmuseum) (D2)

C'est à l'architecte espagnol José Rafael Moneo que l'on doit le bâtiment qui passe pour être le projet du siècle à Stockholm. Il n'y a guère que les lanterneaux de ses toits pyramidaux pour briser la douce continuité des formes et des couleurs de l'architecture suédoise traditionnelle, harmonieusement associée à l'environnement bien conservé de Skeppsholmen.

À l'intérieur, bien que de nombreuses salles se trouvent dans les sous-sols, le sens infaillible de Moneo pour les volumes a assuré la création d'une personnalité unique pour ce lieu, qui doit beaucoup à la contribution de la lumière. Le foyer est commun aux deux musées.

Musée d'Art moderne★★ – *Skeppsholmen - ☎ 08-5195 5200 - www.modernamuseet.se - ♿ - mar.-merc. 10h-20h, jeu.-dim. 10h-18h - fermé lun. - gratuit.* Situé sur la gauche, il débute avec des salles d'expositions temporaires. Au-delà, on trouve, sur un même niveau, trois sections distinctes séparées par des puits de lumière et divisées en plusieurs salles carrées et rectangulaires, où la lumière du jour pénètre par les lanternes des toits. Cet édifice fut conçu pour éclairer une collection d'art moderne suédois et international d'une grande qualité, exposée chronologiquement et illustrant les principaux mouvements de l'Art du 20e s. et de la période contemporaine. Les escaliers de l'entrée principale mènent directement aux images et aux photographies, loin de la dure lumière du jour, ainsi qu'aux salles de lecture, studios, archives et bureaux.

Première période : l'art moderne de 1900 à 1940. Le fauvisme est représenté par Matisse *(Paysage marocain, Apollon)* et quelques-uns de ses disciples suédois y compris Grünewald *(La Grue)*. À côté, on peut voir des toiles de **Munch** *(Jeune Fille assise sur un lit, Strindberg)*, de peintres expressionnistes tels que **Kandinsky** *(Improvisation II - Marche funèbre)*, **Emil Nolde** et de **Modigliani** *(Femme assise à la robe bleue)*. Parmi les autres artistes représentés ici, citons Sonia Delaunay *(Autoportrait)*, Vlaminck *(Paysage)*, **Picasso** *(Femme* et le célèbre *Joueur de guitare)* ainsi que ses amis cubistes **Braque** *(Nature morte au violon)*, **Juan Gris** *(Paysage près de Céret)* et **Picabia** *(Première Rencontre)*. Les mouvements Dada et surréaliste sont illustrés par des œuvres majeures de **Max Ernst** *(L'Été imaginaire)*, **Joan Miró** *(Les Jouets)* et **Salvador Dali** *(L'Énigme de Guillaume Tell)*. La dernière salle de cette section contient des toiles d'**Erik Olson** *(Silhouette rouge)*, **Fernand Léger** *(Le Campeur)*, **Picasso** *(Le Printemps)* ainsi qu'une énorme sculpture de R. **Duchamp-Villon** *(Le Grand Cheval)*.

Seconde période : l'art moderne de 1945 à 1970. La première salle illustre « le mouvement dans l'art », thème central de l'Art du 20e s. Elle abrite des mobiles de Calder, Duchamp, P.O. Ultvedt et Jean Tinguely, qui offrent un contraste intéressant avec des œuvres telles que *Monochrome doré sans titre* d'Yves Klein, *Nature morte dans l'atelier* de Giacometti et *Chapeau au nœud* de Jean Dubuffet. La fin de cette section est consacrée aux débuts du pop art avec Martial Raysse *(La France verte)* et Erró *(Paysage culinaire)*.

L'œuvre imposante de Niki de Saint-Phalle, intitulée *King-Kong*, est exposée dans l'espace séparant la seconde et la troisième section.

Troisième période : l'art contemporain. Cette section continue tout d'abord l'illustration du pop art avec, entre autres, plusieurs œuvres d'**Andy Warhol** datant de la fin des années 1960 *(Chaise électrique, Fleurs)*. Les années 1980 sont représentées par Richard Long, Ola Billgren *(Panorama oriental)*, Ulf Rollof *(Matelas de plomb)*, etc. Les années 1990 sont caractérisées par une grande diversité : *Composition aux spermes* de **Kiki Smith** est un tableau comprenant 731 morceaux de cristal ; on peut aussi retenir *Bach 1-4* de Gerhard Richter et plusieurs œuvres vidéo, des photographies etc.

Musée d'Architecture – *Fredsgatan 12 - Skeppsholmen - 103 27 Stockholm - ☎ 08-587 270 00 - 10h-18h (mar. et merc. 20h) - fermé lun.* Situé à droite du foyer, il dispose de l'espace nécessaire à la présentation de sa collection permanente, centrée sur les cent dernières années, et fonctionne comme une série d'archives pour les photographies et les modèles. Parmi les autres infra-structures, citons des salles de séminaire, des studios, des bureaux et des ateliers. La bibliothèque, décorée dans la plus pure tradition du design suédois, contient environ 25 000 volumes.

L'ÎLE DE DJURGÅRDEN★★

L'île est depuis des siècles un lieu de divertissement populaire et fait aujourd'hui partie du parc national urbain de Stockholm, Ekoparken. Djurgården signifie littéralement « parc animalier » ; ce nom remonte au 16ᵉ s., quand la région était une zone de chasse royale. Djurgården Sud est une île d'environ 4 km de long et 1 km de large, séparée de Djurgården Nord par la baie et le chenal de Djurgårdsbrunn. La partie occidentale de l'île, proche de la ville, est occupée par des jardins bien entretenus, des restaurants, des musées, le parc d'attractions de Gröna Lund et Skansen, célèbre musée de plein air. Le reste de l'île est un vaste parc dont profitent pleinement les promeneurs, les amateurs de jogging, les cavaliers, les pique-niqueurs et tous ceux qui aiment les activités de plein air.

Les rives Sud de l'île sont tournées vers la Baltique et les visiteurs peuvent observer à loisir le va-et-vient des innombrables bateaux de toutes sortes.

Une **promenade** *(à l'Est de Djurgårdsbron)* suit la ligne courbe de la baie, offrant ainsi l'occasion d'admirer plusieurs sculptures et un **portail bleu**, un des nombreux portails peints en bleu qui permettaient autrefois de franchir la barrière entourant Djurgården.

Partie occidentale de Djurgården Sud

En été, les voitures particulières ne sont pas admises sur Djurgården Sud. Les visiteurs peuvent prendre le bus 47 qui continue au-delà de Skansen jusqu'à Waldemarsudde. Une façon agréable d'accéder à l'île est de prendre à Slussen ou à Nybroplan un ferry qui accoste près du parc d'attractions de Gröna Lund. Un service de tramway relie Djurgården à Norrmalmstorg, dans le centre-ville.

Musée du Vasa★★★ (Vasamuseet) (D2)

Galärvarvsvägen 14 - ✆ 08-519 548 00 - www.vasamuseet.se - ♿ - juin-août : 8h30-18h ; sept.-mai : 10h-17h (merc. 20h), possibilité de visite guidée (25mn, anglais) - fermé 1ᵉʳ janv., 23-25 et 31 déc. - 80 SEK.

« Toutes voiles dehors, pavillon haut… » – Par un après-midi d'été, le dimanche 10 août 1628 très exactement, le plus beau navire de la marine du roi Gustave II Adolphe leva l'ancre pour son voyage inaugural. Alors qu'il venait de quitter le quai situé au pied du Palais royal, le *Vasa* s'inclina fortement et coula vingt minutes seulement après avoir levé l'ancre.
Pendant plus de trois cents ans, il resta enfoui dans la boue du port de Stockholm jusqu'au jour où **Anders Franzén** repéra la position du puissant vaisseau de guerre grâce à une sonde toute simple et beaucoup de persévérance. C'est alors que commença l'opération de sauvetage qui fit vibrer l'imagination du monde entier.

E. Benard / MICHELIN

Le « Vasa », bien au sec dans le Vasamuseet.

Le contexte historique – Gustave II Adolphe, le « Lion du Nord », était résolu à gagner le contrôle de la Baltique et à protéger la Suède de la menace des Polonais et du Saint Empire. Il avait donc besoin d'une marine puissante et passa commande de quatre nouveaux vaisseaux de guerre (1625). Le maître charpentier Henrik Hybertsson dirigea la construction des vaisseaux et une activité intense régna pendant deux ans et demi sur les chantiers navals de Skeppsgården, d'où allait être lancé le vaisseau de guerre le plus puissant que la Suède ait jamais possédé.

Pourquoi le « Vasa » coula-t-il ?

L'enquête menée sur ordre du roi ne révéla pas ses conclusions, mais les experts estiment en général que l'erreur responsable de la tragédie fut l'addition à la dernière minute d'une seconde batterie qui releva le centre de gravité du navire et le rendit très instable.

Sauvetage et conservation – La faible salinité de l'eau saumâtre et l'épaisse couche de boue qui recouvre le fond du port de Stockholm expliquent l'excellent état dans lequel se trouvaient les boiseries en chêne. Une fois terminée la délicate opération de sauvetage, le long processus de préservation commença.

Le musée – Dès l'entrée, la demi-obscurité semble magnifier la silhouette déjà impressionnante du navire dont la proue pointe avec défi vers vous. Les locaux, spécialement construits sur plusieurs étages, entourent le *Vasa* immobilisé dans une fosse centrale. L'entrée est située au niveau de la ligne de flottaison ; tout à côté se trouve l'auditorium où l'on peut voir une présentation filmée à intervalles réguliers. En contournant le vaisseau, on passe devant diverses expositions se rapportant à l'histoire de ce splendide navire de guerre : l'enquête qui eut lieu à l'époque avec un film de 10mn intitulé « Pourquoi le Vasa a-t-il coulé ? », une maquette (1/10) du *Vasa* tel qu'il était lors de sa construction, des tableaux chronologiques illustrant l'opération de sauvetage de 1961, une étude des sculptures ornant le navire et des différents styles des artistes qui les réalisèrent, la guerre navale à l'époque du *Vasa*, la Suède en 1628 et les chantiers navals de Skeppsgården en 1627.

Le Vasa – Long de 69 m, sa hauteur de la quille à la pointe du mât est de 53 m. 8 558 boulons en fer et 20 000 chevilles de bois furent employés à sa construction. Avec 1 275 m^2 de voilure totale, il pouvait emporter 145 hommes d'équipage, 300 soldats et 64 canons.

Les sculpteurs – Les 700 sculptures et ornements, que l'on peut admirer sous divers angles des différents étages du musée, sont l'œuvre de trois étrangers, le plus connu étant **Mårten Redtmer**. Vous remarquerez qu'ils ne sont pas peints car les spécialistes ne sont pas encore sûrs d'avoir retrouvé les couleurs d'origine. Les décorations sculptées – hommes sauvages, soldats et empereurs romains, animaux héraldiques – sont caractéristiques du style architectural exubérant en vogue au 17e s. (de nombreux portails de Gamla Stan sont décorés des mêmes motifs).

Les deux pièces les plus remarquables sont les armoiries nationales et la figure de proue qui représente un lion tenant une gerbe de blé *(vasen)*, symbole de la dynastie Vasa.

Musée nordique (Nordiska museet)★★ (D2)

Djurgården 6-16 - ✆ 08 519 546 00 - ♿ - juin-août : 10h-17h ; reste de l'année : 10h-16h, w.-end 11h-17h - gratuit.

Ce magnifique édifice, construit à l'image d'un palais Renaissance et achevé en 1907, abrite le plus grand musée scandinave d'Histoire de la culture. Complément logique du musée de plein air de Skansen *(voir ci-après)*, le **Musée nordique** fut également fondé par **Artur Hazelius** qui débuta sa collection en 1872 afin de préserver l'ancien héritage rural qui dépérissait dans un contexte d'émergence de la société industrielle. Les collections concernent tous les pays nordiques et décrivent la vie quotidienne et les conditions de travail de 1520 à nos jours. La culture same se trouve au sous-sol. Dans le grand hall du rez-de-chaussée, on remarque tout d'abord l'énorme statue du roi **Gustave Vasa**, sculptée dans un bloc de chêne par **Carl Milles** en 1924. Au même niveau sont situés la boutique, le restaurant, l'espace de jeux des enfants ainsi que des salles consacrées aux expositions temporaires évoquant l'histoire et la culture suédoise. Le premier étage est réservé à l'art folklorique, aux textiles, aux services de table, aux jouets et à la mode. Cet étage abrite également une nouvelle exposition permanente intitulée « Strindberg au Musée nordique », qui présente **August Strindberg** aussi bien en tant que peintre (seize tableaux de lui sont exposés) qu'en tant qu'auteur (on peut voir plusieurs manuscrits originaux y compris celui d'une de ses pièces les plus célèbres, *Mademoiselle Julie*). Ses contacts avec le Musée nordique remontent au début des années 1880 et à l'intérêt qu'il porta au projet d'Hazelius. Les collections du second étage illustrent les évolutions de l'habitat suédois.

Junibacken★ (D2)

Galärvarvsvägen - 115 21 Stockholm - ✆ 08-587 230 00 - www.junibacken.se - 10h-15h - fermé lun. (sept.-mai) - 110 SEK (enf. 95 SEK).

Situé près du musée Vasa et du Musée nordique, Junibacken est un musée d'un genre tout à fait différent ; à l'intérieur la fantaisie, le rire, l'exaltation, la surprise, l'espièglerie sont rois… en d'autres termes, c'est le paradis des enfants ! L'idée repose sur la littérature enfantine et tout particulièrement sur les livres d'**Astrid Lindgren**. Ce centre culturel interactif ouvrit ses portes en 1996 et il a, depuis, connu un immense succès auprès des familles et des écoles. Une fois dans le hall d'entrée, les enfants sont conviés à passer à travers un énorme livre ouvert qui les conduit directement dans un monde de fantaisie, d'amusement et de poésie dont le cadre est enchanteur. Le « Train des contes » quitte la gare de Vimmerby (ville natale d'Astrid Lindgren) et emmène ses passagers à travers la campagne suédoise et ses sombres forêts, à la rencontre de quelques-uns des personnages les plus célèbres d'Astrid Lindgren. Après cette promenade de 10mn, les enfants peuvent faire toutes sortes de choses amusantes et être aussi espiègles qu'ils le désirent dans la maison Villekula de **Fifi Brindacier**. Junibacken organise également une exposition annuelle consacrée à un auteur de livres pour enfants et sa boutique multimédia très bien équipée, met des ordinateurs et des jeux à la disposition des enfants, qui peuvent aussi se rafraîchir à la caféteria d'où la **vue** est splendide.

Astrid Lindgren

La grande dame de la littérature enfantine suédoise naquit en 1907 à Vimmerby, ancien bourg de la province du Småland situé à quelque 300 km de Malmö, de Göteborg et de Stockholm. Cet auteur à succès, qui a enchanté les enfants du monde entier pendant toute la seconde moitié du 20e s., a aussi contribué à la reconnaissance de Vimmerby sur le plan touristique. En effet, plusieurs films réalisés à partir de ses livres eurent pour cadre les environs de Vimmerby, ce qui eut pour conséquence l'inauguration en 1981 du « Monde d'Astrid Lindgren » ; depuis cette date, ce parc de contes de fées, dont les tableaux sont inspirés des livres d'Astrid Lindgren, s'est développé et reçoit aujourd'hui environ 300 000 visiteurs par an. Les enfants peuvent s'amuser avec des personnages en chair et en os (Emil, Fifi, Ronja, etc.) et jouer des scènes extraites de ses contes. Des représentations théâtrales et cinématographiques ont également lieu en été et le parc compte plusieurs restaurants, cafés et boutiques *(renseignements auprès du Vimmerby Turistbyrå ✆ 0492 31010)*. Astrid Lindgren s'est éteinte en 2002.

Musée de plein air de Skansen★★★ (D2)

Stiftelsen Skansen - ✆ 08-442 80 00 - www.skansen.se - juin-août : 10h-22h ; mai : 10h-20h ; sept. : 10h-17h ; oct.-avr. : 10h-16h - visite de la ferme : mai-sept. : 11h-17h (oct.-avr. 15h) - 80 SEK (enf. 30 SEK) mai-sept. ; 50 SEK (20 SEK).

Le **musée de plein air de Skansen** fut fondé en 1891 par **Artur Hazelius** (1833-1901). Bien que la société suédoise fût encore à cette époque essentiellement rurale, Hazelius pressentit les changements qu'entraînerait le développement industriel. De surcroît, une section de zoologie, comprenant du bétail et des animaux sauvages de Scandinavie (ours, loups, lynx et élans), vint compléter l'exposition culturelle et historique.

Skansen est le plus ancien musée de plein air du monde et on dit parfois qu'il « montre la Suède dans une coquille de noix ». Les différents éléments sont répartis sur le site en fonction de leur situation géographique exacte et, en conséquence, le campement same du Nord de la Suède se trouve au Nord de Skansen. C'est ici que l'on peut voir la ferme d'été provenant de la vallée de l'Älv. Les sept bâtiments de la ferme de Delsbo, au Hälsingland, illustrent le mode de vie au milieu du 19e s. d'un fermier cossu, qui complétait ses revenus par le produit d'une exploitation forestière. La ferme de Mora, en Dalécarlie, dont les principaux bâtiments sont assemblés selon les principes de construction des cabanes en rondins, est disposée autour d'une cour carrée. La ferme d'Älvros, du Sud-Est de la province d'Härjedal, est une construction typique du Nord de la Suède. Les bâtiments en bois sont recouverts de bois et d'écorce

Musée de plein air de Skansen.

de bouleau. Dominant la place du marché, la maison de **Bollnässtugan** vient du Hälsingland. Les peintures des murs et des plafonds du 18e s. sont représentatives de la tradition décorative intérieure du centre et du Nord de la Suède. Au Nord-Est, on peut admirer le campement finlandais avec ses cabanes couleur noir de suie et, plus loin, la ferme d'un maître de forges regroupée avec des maisons de la région minière de Ljusnarsberg, dans la province du Västmanland. Les cinq cheminées en fer sont caractéristiques des régions minières. La ferme illustre les conditions de vie au début du 18e s. Plus au Sud, on peut voir la ferme de Kyrkhult, de la province de Blekinge, basse cabane en rondins couverte de touffes d'herbe entre deux granges hautes, disposition caractéristique du Sud de la Suède. La ferme d'Oktorp, disposée autour d'une cour fermée, est construite selon les mêmes principes. Bien qu'elle date du début du 18e s., sa décoration est quant à elle de la fin du 19e s. Les bâtiments de la ferme scanienne ont des toits de chaume. La plupart des maisons, à colombage, sont meublées dans le goût des années 1720. Le manoir Skogaholm, construit au 17e s. mais remanié dans le style Louis XVI ou gustavien lors de sa reconstruction à la fin du 18e s., provient de Närke.

D'autres aspects de la vie suédoise sont également illustrés, notamment par la salle de réunion, Folkets hus, la salle commune du temple de la mission, et par l'école de Väla, construite vers 1840, date à laquelle l'école devint obligatoire. Ont été aussi remontées à Skansen les tours-clochers de Håsjö et de Hällestad et l'église de Seglora, dans le Västergötland. Construite vers 1730 en gros rondins, l'église présente des murs et un toit recouverts de bardeaux de chêne peints en rouge. La tour et la sacristie furent ajoutées vers 1780. Le plafond est orné de peintures réalisées en 1735. Le retable rococo est de 1780. La chaire (1700), l'orgue (1777) et les cloches (14e s. et 1759) proviennent d'autres églises.

Skansen n'est pas uniquement consacré à l'histoire rurale. Des sections urbaines illustrent l'évolution de l'habitat et du monde du travail, des années 1760 au début du 20e s.

Liljevalchs Konsthall (D3)

Djurgårdsvägen 60 - ✆ 08 508 31 330 - tlj sf lun. 11h-17h (jeu. 20h) - 50 SEK (-18 ans gratuit).

Ce musée des Beaux-Arts, qui occupe un élégant édifice de style néoclassique (1916), est consacré principalement à l'art contemporain. Juste à côté, il est possible de trouver un café très populaire, **Blå Porten** (le Portail Bleu). Une sculpture de Carl Milles, *L'Archer,* se dresse à l'extérieur sur une colonne de granit.

À l'Est de **Gröna Lunds Tivoli** (D2), on peut voir **Djurgårdsstaden**, un ensemble de bâtiments datant du 17e s., et dont certains furent autrefois habités par des marins, des charpentiers et des droguistes.

Prins Eugens Waldemarsudde★★

Prins Eugens - väg 6 - Djurgården - ✆ 08-545 83 700 - www.waldemarsudde.se - ♿ - tlj sf lun. 11h-17h (jeu. 20h) - 80 SEK.

Terminus du bus 47. Le **prince Eugène** (1865-1948), 4e fils du roi Oscar II, établit sa résidence permanente à Djurgården en 1905. Le site splendide, en bordure du chenal reliant Stockholm à la mer, et les intéressantes collections donnent à la visite un attrait particulier. Les œuvres du prince et des ses amis témoignent du monde artistique des pays nordiques au début du siècle.

On remarquera notamment les portraits de la mère du prince, la *Reine Sophie*, et du *Prince* lui-même, peints par Zorn, un *Autoportrait* par Larsson, le buste en terre cuite du prince Eugène par Eriksson, les dessins de Bergh représentant le comité de l'union des artistes, l'œuvre controversée de Josephson intitulée *L'elfe des eaux* ainsi que des œuvres du prince. Le musée contient la collection personnelle du prince, qui rassembla des œuvres de peintres (Josephson, Zorn, Nordström, Bergh, Liljefors et Munch) et de sculpteurs nordiques (Milles, Eldh, Johnsson et Eriksson).

Djurgården nord

Accessible par le bus n° 69 ou en voiture : suivre Strandvägen qui se prolonge et devient Djurgårdsbrunnsvägen.

Le vaste secteur de Djurgården Nord, composé de grands espaces verts, porte le nom de « prairie de la grange » (Ladugårdsgärdet), mais on l'appelle tout simplement « la prairie » (Gärdet). Une des manifestations annuelles régulières est le festival du Cerf-Volant, en mai, qui attire une foule nombreuse. Outre trois musées situés sur la rive Nord de la baie de Djurgårdsbrunn, c'est dans cette partie de la capitale que s'élève **Kaknästornet**, tour de télécommunications haute de 155 m, qui offre un panorama★★★ exceptionnel de la ville. *✆ 8 508 28 508 - mai-août : 9h-22h ; sept.-avr. : 10h-21h - 30 SEK (enf. 15 SEK).*

Musée ethnographique (Etnografiska museet)

Djurgårdsbrunnsv 34 - ✆ 08-519 550 00 - ♿ - 10h-17h (merc. 20h), w.-end 11h-17h (gratuit).

Le **musée national d'Ethnographie** présente les modes de vie passés et présents des peuples non européens. Le premier étage est consacré à l'Afrique du Nord, l'Afrique centrale, l'Inde, l'Amérique du Nord et la Mongolie, et le rez-de-chaussée aux expositions temporaires. Dans le jardin, un **salon de thé japonais** est ouvert aux visiteurs en été.

Musée des Techniques (Tekniska museet)

Museivägen 7 - ✆ 08 450 56 00 - www.tekniskamuseet.se - ♿ - 10h-17h (merc. 20h), w.-end 11h-17h - fermé 1er janv., 24-25 juin, 24-25 et 31 déc. - 60 SEK, gratuit merc. entre 10h-20h.

Le **musée national des Sciences et de la Technologie** est adapté à tous les âges et l'un des musées les plus populaires de Suède. La salle des machines *(rez-de-chaussée)* présente des machines à vapeur, des voitures et des avions à réaction, etc. Au rez-de-chaussée, des expositions permanentes détaillent l'histoire de l'industrie de l'acier et du fer en Suède. Dans l'espace **Teknorama** *(50 m au-delà de la salle des machines)*, les visiteurs peuvent tester leur propre habileté technique. L'histoire de l'énergie électrique est retracée dans l'une des ailes du bâtiment principal *(au rez-de-chaussée à gauche)*, tandis que le **Telemuseum** *(sur la droite)* illustre l'histoire des télécommunications depuis les signaux lumineux des phares jusqu'au système digital utilisé de nos jours dans le monde entier. Les étages supérieurs du bâtiment principal proposent des expositions sur la construction mécanique, l'utilisation de la technologie dans les foyers, l'industrie graphique et l'histoire de la chimie.

Musée de la Marine (Sjöhistoriska museet)

Djurgårdsbrunnsvägen 24 - ✆ 08-519 549 00 - www.sjohistoriska.nu - ♿ - tlj sf lun. 10h-17h (mar. 20h30) - gratuit.

Dessiné par **Ragnar Östberg** (1866-1945), un édifice blanc (1938), légèrement incurvé abrite le **musée national de la Marine**, qui retrace l'histoire de la construction navale, du rôle défensif de la marine, et de la marine marchande du 17e s. à nos jours.

Une splendide collection de modèles réduits de navires du 17e s. et du 18e s. est en principe exposée au rez-de-chaussée, où les visiteurs peuvent également voir la poupe et la cabine de la goélette du roi Gustave III, *Amphion*.

Djurgårdsbrunnsvägen continue jusqu'au pont qui relie Djurgården Nord et Djurgården Sud, donnant ainsi accès à Rosendals Slott (sur la droite une fois le pont franchi) et à Thielska Galleriet à l'extrémité de Djurgården Sud. Le bus 69 suit cette route en direction de Blockhusudden.

Palais de Rosendal★ (Rosendals slott)

✆ 08 402 61 30 - www.royalcourt.se - visite guidée juin-août : tlj sf lun. 12h-15h (ttes les h) - 50 SEK (7-18 ans 25 SEK).

Ce palais d'été, construit entre 1823 et 1827 pour le roi Charles XIV Jean, rassemble plusieurs intérieurs luxueux illustrant l'adaptation par les Suédois du style Empire français.

En face, de l'autre côté de la rue, une boutique et un café proposent des fruits et des légumes cultivés biologiquement dans le potager du château (Rosendals Trädgård).

Galerie Thiel★★ (Thielska Galleriet)

Sjötullsbacken 6 - ✆ 08-662 58 84 - 12h-16h, dim. 13h-16h - 50 SEK.

Le riche banquier **Ernest Thiel** (1859-1947) engagea l'architecte Ferdinand Boberg pour construire cette résidence où il créa avec sa seconde femme « une demeure dont les murs seraient couverts de tableaux ». Exclus par la bonne société de Stockholm, le couple ne fréquentait que des artistes, des écrivains et des compositeurs. Thiel commença par acheter les œuvres des artistes appartenant à l'Union des artistes indépendants (fondée en 1886).

L'inestimable collection groupe des peintures d'animaux de **Bruno Liljefors**, des nus d'**Anders Zorn**, des œuvres du porte-parole du groupe, **Richard Bergh**, plusieurs toiles bleues d'**Eugen Jansson**, de nombreux tableaux de **Carl Larsson**, des scènes hivernales de **Gustaf Fjæstad** (qui sculpta également l'immense canapé, la table et les chaises que l'on voit au 1er étage), plusieurs œuvres de Strindberg dont les ciels sont tourmentés et une toile du prince Eugène (comparez son *Nuage nocturne* avec les crépuscules de Jansson). Plus tard, Thiel élargit sa collection aux œuvres étrangères, réunissant notamment un ensemble important d'**Edvard Munch**. En 1924, il fit faillite et l'État suédois acheta la galerie qu'il ouvrit au public.

SÖDERMALM (C3)

Riche en contrastes, ce quartier offre des vues magnifiques, de charmants ensembles de maisons en bois ainsi que des créations modernes dont l'Arc de Bofill. Bordée par une crête parallèle à Söder Mälarstrand, Södermalm s'appela tout d'abord l'île à la crête (Åsö). Les premiers habitants de l'île étaient pêcheurs, marins ou artisans. Il subsiste quelques maisons du 17e s., époque où elles s'accrochaient en groupes serrés aux pentes rocheuses de la crête et à la fin de laquelle aristocrates et riches bourgeois entreprirent d'ériger d'imposantes résidences d'été. Mais au 18e s. de petites fabriques furent créées autour du lac Fatbur, dont les abords formèrent bientôt un quartier ouvrier. Ce n'est qu'au cours des dernières décennies que le quartier est redevenu à la mode, si bien qu'aujourd'hui les appartements sur Södermalm sont très recherchés.

Principales rues anciennes

Au Moyen Âge, **Götgatan (C3)** était la principale sortie de Stockholm vers le Sud. De nos jours, on aperçoit au Sud une immense forme sphérique, le **stade du Globe** (Globen Arena), un lieu populaire destiné aux manifestations sportives et aux concerts.

Hornsgatan était l'autre grand-rue qui, autrefois, se dirigeait vers l'Ouest. Les rues pavées d'**Hornsgatspuckeln** (à proximité de l'église Marie-Madeleine) contiennent de nombreuses galeries de peinture de petite taille mais de bonne renommée.

Slussen (C3)

L'endroit tire son nom de l'**écluse** établie ici jadis entre les deux îles de Södermalm et de Stadsholmen et séparant les eaux saumâtres de la Baltique (surnommée localement « la mer salée ») des eaux douces du lac Mälaren. La première écluse fut construite vers 1640 et remplacée un siècle plus tard par une construction plus neuve de Christopher Polhem *(voir index)*. La nouvelle écluse construite au 19e s. devint obsolète en 1935, date à laquelle la navigation fut détournée plus au Sud. À l'emplacement de l'écluse a été aménagé un échangeur routier.

Musée municipal (Stadsmuseum) (C3)

Ryssgården - Slussen - ✆ 08 508 31 600 - ♿ - tlj sf lun. 11h-17h (jeu. 20h) - 60 SEK (-18 ans gratuit).

Le **Musée municipal** est situé dans un édifice italien de style baroque conçu par Tessin l'Ancien pour servir d'hôtel de ville au Sud de Stockholm. Les expositions au premier étage présentent Stockholm au 17e s. – la capitale d'une grande puissance –, puis telle qu'elle était pendant la vie du poète Bellman, quand la misère, la pauvreté et le manque d'hygiène prévalaient. Le deuxième étage présente le portrait de Stockholm au 20e s., une cité multi-culturelle avec une population supérieure à un million d'habitants. Le dernier étage décrit quant à lui la rapide extension de la ville industrielle de la fin du 19e s. et la première Exposition universelle de 1897.

Promenade à l'Est de Götgatan

Les bus 2, 3 et 53 permettent d'aller de Slussen à Renstiernas gata, où un escalier (celui du bas) conduit à Fjällgatan. Si on dispose d'un peu de temps (30mn), on peut, en passant par Mosebacke torg et l'église Katarina kyrka, bénéficier de nombreuses vues sur la ville et traverser des quartiers du 18e s. L'accès à la place Mosebacke torg s'effectue soit en empruntant Urvädersgränd (deuxième rue à gauche en partant de Götgatan), soit en prenant l'ascenseur Katarinahissen.

Au n° 3 d'**Urvädersgränd (C3)**, le poète **Carl Michael Bellman** (1740-1795) occupait deux petites pièces au moment où il écrivit une grande partie des *Épîtres de Fredman*. La rue pavée en pente raide est un reste des temps médiévaux.

Katarinahissen (C3), chef-d'œuvre d'innovation technique lorsqu'il fut construit en 1883 (reconstruit en 1935), permet de monter rapidement sur les hauteurs de Södermalm.

Mosebacke torg (C3)

Cette place est dominée par le plus ancien théâtre de Stockholm, **Södra teatern (Théâtre du Sud) (C3)**, érigé en 1859, et par un château d'eau de couleur rouge, datant de 1895. L'arche à droite du théâtre mène à la **terrasse de Mosebacke**, très populaire en été. Pour écrire l'introduction de son chef-d'œuvre *La Chambre rouge (Röda Rummet)*, **August Strindberg** s'inspira de la **vue** fascinante que l'on découvre de cet endroit.

Se diriger vers le château d'eau. Suivre Fiskargatan, puis tourner à gauche dans Svartensgatan. Descendre la rue pavée en pente (les talons hauts ne sont pas conseillés). À l'extrémité de Svartensgatan, on aperçoit soudain sur la droite l'église Katarina kyrka.

Église Sainte-Catherine (Katarina kyrka) (D3)

Aisément repérable, cette église en forme de croix grecque élève vers le ciel son fameux dôme de style baroque, qui s'écroula lorsque l'édifice fut ravagé par un incendie en 1990. L'église originale avait été dessinée par Jean de la Vallée et construite entre 1656 et 1690.

Suivre ensuite Mäster Mikaels gata en direction de l'Est.

Mäster Mikaels gata (D3)

La section Est est bordée de pittoresques maisons de bois peintes en rose, gris et rouge. Cette rue faisait partie de Fjällgatan jusqu'à ce que Renstiernas gata soit creusée au début du siècle.

Continuer vers l'Est à travers un espace vert et descendre « Albert Engströms trappor » jusqu'à Renstiernas gata. Traverser la rue et monter les marches qui conduisent à Fjällgatan.

Fjällgatan (D3)

Située sur la crête de Stigberget, cette rue est bordée de vieilles maisons en bois et d'édifices en pierre, de couleurs et de formes différentes, érigés au 18e s. La **vue★** magnifique que l'on découvre est célèbre. De gauche à droite on peut admirer Skeppsbron et ses rangées de bâtiments (les tours d'églises que l'on voit sont celles de l'église allemande, de la cathédrale et de l'église Ste-Claire), la flotte de bateaux à vapeur blancs de la compagnie Waxholmsbolaget amarrés devant le Grand Hôtel, *af Chapman* amarré à Skeppsholmen, la forteresse circulaire de Kastellholmen à sa droite, de l'autre côté du chenal, le parc d'attractions de Gröna Lund, les lumières vacillantes de la tour Kaknäs et le vaste quartier de Djurgården.

Bordé de jardins minuscules, un escalier grimpant jusqu'à Stigbergsgatan tient son nom particulier de **Sista Styverns trappor (Les marches du dernier sou) (D3)** d'une taverne du même nom qui était située non loin de là.

Les marches mènent à Stigbergsgatan. Aller vers la droite.

Stigbergsgatan (D3)

À l'extrémité Ouest de cette rue, on peut voir quelques maisons basses en bois, peintes en rouge, caractéristiques de Södermalm. Le n° 21 qui porte le nom de « maison du fabricant de palans », **Blockmakarens hus**, est un humble logis datant de 1730, soigneusement restauré et transformé en musée.

Descendre les marches à l'extrémité de la rue et revenir à Renstiernas gata.

La crête d'Åsö★★ (Åsöberget)

Il faut compter 1h pour la promenade le long de la crête d'Åsö et autour de l'église Sofia. Le bus 53 va à Erstagatan (deuxième arrêt après avoir tourné dans Folkungagatan) et en dehors des heures d'affluence, compter 10mn au départ de la gare centrale. Continuer à pied dans la même direction et tourner à droite dans Sågargatan.

Une ambiance désuète imprègne les quartiers pittoresques de Lotsgatan et Skeppargränd, pourtant proches de l'animation de Folkungagatan.

Continuer le long de Lotsgatan, contourner le bord de la falaise et retourner à Skeppargränd par Åsögatan. Pour aller à l'église Sofia kyrka, rester dans Åsögatan et tourner à gauche pour prendre l'escalier à Klippgatan ; après avoir traversé Skånegatan, on parvient à l'église.

Sofia kyrka

Une tour centrale entourée de tours plus petites semble sortir de la masse des gratte-ciel. L'église fut construite en 1906 sur un plan en croix grecque dans le style roman, avec des arcs en plein cintre et un large dôme central. De jolies **maisonnettes** rouges s'accrochent à flanc de colline, formant un contraste frappant avec les blocs de béton de la cité.

Retourner à Skånegatan et tourner à gauche.

Au-delà de Renstiernas Gata, on pénètre dans **SoFo**, le nouveau quartier branché de Stockholm, qui s'étend jusqu'à Götgatan, autour de Nytorget, petite place ombragée entourée de restaurants sympathiques. Bondegatan, Nytorgsgatan et les rues adjacentes sont bordées de boutiques kitsch et de cafés où une jeunesse décontractée se retrouve pour exprimer sa joie de vivre.

Promenade à l'Ouest de Götgatan

Prendre le métro jusqu'à Mariatorget, sortie Torkel Knutssonsgatan. Aller vers la droite, traverser Hornsgatan et grimper Ludvigsbergsgatan (sur la gauche). Tourner à gauche dans Gamla Lundagatan (en passant entre les maisons) et continuer l'ascension de la colline.

Hauteurs de Skinnarvik★★ (Skinnarviksberget)

L'accès aux **hauteurs de Skinnarvik** s'effectue à travers un quartier habité au 18e s. par les tanneurs dont subsistent les maisons basses. Après Gamla Lundagatan, un simple chemin conduit au point le plus élevé de Stockholm, 53 m d'altitude, d'où l'on découvre un splendide **panorama**★ de la ville. On aperçoit Norr Mälarstrand, l'hôtel de ville, l'église Ste-Claire, les cinq gratte-ciel d'Hötorget, Riddarholmen et la vieille ville. Le grand édifice rouge (1850) situé au pied de la colline est celui de la brasserie de Munich (Münchenbryggeriet). Du côté Ouest de la falaise, des marches descendent **Yttersta Tvärgränd**, très bel ensemble aux édifices de pierre des 18e et 19e s.

Revenir vers la station de métro, et, par Hornsgatan, se diriger vers Slussen à l'Est, tourner à droite dans Götgatan qui conduit à Medborgarplatsen **(C3)**.

L'Arc de Bofill

Ⓜ *Medborgarplatsen ou Mariatorget.*

Un petit lac, le Fatburen, occupait jadis la place. Il fut comblé vers le milieu du 19e s. pour y construire la première gare de Stockholm, la gare Sud. Le site est aujourd'hui occupé par des ensembles résidentiels modernes, en particulier le très intéressant Arc de Bofill, de forme semi-circulaire, conçu par l'architecte catalan **Ricardo Bofill**. L'Arc et ses quatre pavillons rectangulaires, érigés de 1989 à 1992, ont été surnommés le « Versailles du peuple ». Il s'agit ici d'une parfaite expression du courant postmoderniste en architecture, adapté au goût nordique.

Långholmen

Accessible en voiture à partir de Söder Mälarstrand ou du Västerbron. Des places de parking sont disponibles sur l'île.

Située dans l'ombre du très passager Västerbron, Långholmen, l'ancienne île-prison, est séparée de Södermalm par une étendue d'eau. Elle offre des promenades agréables et la possibilité de se baigner. Utilisée jusqu'en 1987, l'ancienne prison est transformée en une auberge de jeunesse peu ordinaire.

ÖSTERMALM

Théâtre dramatique royal (Kungliga Dramastiska Teatern) (CD2)

Le Théâtre national suédois fut fondé par le roi Gustave III en 1788. Le **Théâtre dramatique royal** avec sa façade de marbre blanc fut érigé de 1901 à 1908 dans le style Art nouveau. **Ingmar Bergman** en fut le directeur de 1963 à 1966.

Écuries royales (Kungliga Hovstallet) (D2)

Väpnargatan 1 - ✆ 08-402 61 06 - visite guidée (1h, anglais) juin-août : tlj sf w.-end 14h ; sept.-mai : w.-end 14h - 50 SEK (enf. 20 SEK).

Entrée dans Väpnargatan. Les chevaux, les carrosses et les voitures utilisées par la famille royale sont exposés dans les **écuries royales**.

Musée de la Musique (Musikmuseet) (CD2)

Sibyllegatan 2 - 103 26 Stockholm - ✆ 08 51 95 54 90 - juil.-août : 10h-17h ; reste de l'année : 12h-17h, possibilité de visite guidée en anglais - fermé lun. - gratuit.

Situé tout à côté des écuries royales, le musée de la Musique occupe un bâtiment austère du 17e s. longeant Sibyllegatan, qui fut pendant trois siècles la « boulangerie royale » et en a conservé le nom. L'édifice fut classé monument historique en 1935 et, en 1974, il fut décidé de le tranformer en musée de laMusique. L'architecte chargé des travaux (Kjell Abramson) reconstruisit partiellement l'intérieur mais ne toucha pas à l'aspect extérieur. Le musée contient des instruments datant du 13e s. à nos jours, y compris une importante collection d'instruments de musique folklorique suédoise, des partitions dont certaines sont manuscrites, des programmes de concerts, des photographies, des coupures de presse et des lettres.

Le Musikmuseet est aussi un musée interactif qui possède une salle sonore, où certains instruments sont à la disposition des visiteurs qui désirent les essayer, ainsi qu'un atelier sonore, des jeux musicaux pour les enfants et des activités variées, comme par exemple la construction d'instruments de musique.

Strandvägen (D2)

Les palais et les hôtels particuliers, très éclectiques de style, de l'esplanade à la mode de Stockholm furent construits à la fin du 19e s. Ils étaient destinés à de riches industriels, des barons du bois et des magnats de la presse qui avaient bâti leur fortune au cours de l'industrialisation récente de la Suède. Au-delà du Djurgårdsbron sur la droite, Strandvägen décrit une courbe en passant devant le **parc Nobel**, qui contient des spécimens de la plupart des arbres à feuilles caduques de Suède.

Berwaldhallen (D2)

L'emplacement de cette salle de concerts qui porte le nom du premier grand compositeur suédois, Franz Berwald (1796-1868), fut creusé dans le flanc granitique de la colline. La superbe acoustique de l'auditorium convient aussi bien aux concerts de musique de chambre qu'aux concerts symphoniques.

Diplomatstaden

Comme le suggère son nom, la « ville des diplomates » est l'élégant quartier où l'on peut trouver la plupart des ambassades et des consulats.

Église anglaise

Strandvägen 76. L'église anglicane est représentée à Stockholm depuis le 17e s. L'église anglaise de St-Pierre et St-Sigfrid a été construite en 1866 et transportée pierre par pierre sur son emplacement actuel en 1911. Les paroissiens, de langue anglaise, sont de nationalité et confession différentes.

Strandvägen, vue du Djurgårdsbron.

Il est possible de faire une belle **promenade** le long de la rive Nord de la baie de Djurgårdsbrunn, en passant devant le musée national de la Marine et en continuant en direction de Djurgården.

Sturegallerian (C1/2)

Stureplan. En 1989, le vaste établissement de bains existant depuis 1883 fut transformé en une élégante galerie marchande qui englobe les trois rues adjacentes. L'établissement de bains, reconstruit après l'incendie de 1985, est devenu un club de mise en forme très chic avec piscine et sauna.

Place d'Östermalm (Östermalmstorg) (D2)

À l'Ouest de cette place se dresse un marché couvert, **Östermalms Saluhall** (C2), où l'on peut acheter toutes sortes de produits. Au Sud, **Hedvig Eleonora kyrka**, fut concue par Jean de la Vallée au 17e s.

Musée des Antiquités nationales★★ (Historiska museet) (D2)

Narvavägen 13-17 - ✆ 08-519 556 20 - www.historiska.se - ♿ - mai-sept. : 10h-17h ; oct.-avr. : 11h-17h (jeu. 20h), possibilité de visite guidée en anglais - gratuit.
Ⓜ *Karlaplan ou Östermalmstorg.* Le **musée des Antiquités nationales** contient l'une des plus précieuses collections d'Europe d'objets en or. La **salle de l'Or★★★** (Guldrummet, *au sous-sol à droite de l'entrée*) présente des objets précieux en or d'un poids total de 50 kg et des objets en argent d'un poids total de 250 kg, soit plus de 3 000 objets datant de 2000 av. J.-C. à environ 1520. La collection des objets en or comprend de splendides colliers, et des médaillons qui sont de magnifiques exemplaires de filigrane. La **gravure de Sigurd** *(voir Sigurdristningen, à Eskilstuna)* est reproduite sur le sol. Des objets de l'âge de la pierre, du bronze et du fer (Forntid, de 14 000 av. J.-C. à 800) ainsi que de l'**époque viking** (Vikingatid, 800-1050) sont exposés au rez-de-chaussée. La **période médiévale** (Medeltid, 1050-début du 16e s.), située au premier étage, présente une riche collection d'objets et de textiles provenant de diverses églises et monastères.

Aux alentours

Drottningholm★★★

La magnifique résidence royale de Drottningholm avec son palais, son théâtre, ses jardins et son pavillon chinois fait partie du patrimoine mondial de l'Unesco. Le palais est situé dans l'île de Lovön sur le lac Mälaren. En s'y rendant par bateau *(traversée d'une heure au départ du quai face au Stadshuset),* on bénéficie d'une belle vue de la façade et de l'entrée principales. La famille royale de Suède occupe l'aile Sud depuis 1981.

Le Palais royal – *✆ 08 402 62 80 - www.royalcourt.se - mai-août : 10h-16h30 ; sept. : 12h-15h30 ; oct.-avr. : w.-end 12h-15h30, possibilité de visite guidée en anglais sur demande - 60 SEK (enf. 30 SEK).* En dépit de changements ultérieurs, dans les **appartements★★★**, c'est la décoration baroque qui prédomine partout. L'abondante décoration en stuc du majestueux **escalier** est l'œuvre du maître italien **Giovanni Carove**. D'autres artistes de renom ont contribué à la décoration intérieure. Les appartements officiels sont ouverts au public. On remarquera en particulier la très belle chambre d'apparat d'Hedwige Éléonore, dessinée par **Tessin l'Ancien** et achevée en 1683. Le noir et l'or furent utilisés jusqu'en 1701, date à laquelle la reine mère mit fin à la période de deuil officiel et fit décorer la pièce en bleu comme elle l'est actuellement.

Histoire d'un château royal

L'architecte **Nicodemus Tessin l'Ancien** (1615-1681) fut chargé en 1662 par la reine mère Hedwige Éléonore, veuve du roi Charles X Gustave, de dessiner un palais sur le modèle des grands palais baroques de France et des Provinces-Unies. L'imposant intérieur baroque est en grande partie l'œuvre de son fils, **Nicodemus Tessin le Jeune** (1654-1728). En 1744, la princesse Louise Ulrique de Prusse, sœur de Frédéric le Grand, reçut le palais en cadeau de mariage lorsqu'elle épousa le roi Adolphe Frédéric. Carl Hårleman ajouta un étage aux ailes et l'intérieur fut réaménagé au goût de l'époque. Jean Eric Rehn (1717-1793), véritable initiateur du style gustavien, réalisa la décoration tandis que l'ébéniste Georg Haupt (1741-1784) se chargeait du mobilier. En Suède comme ailleurs, l'effet de réaction au style rococo favorisa un néoclassicisme plus strict, connu sous le nom de style gustavien ; c'était dans une certaine mesure une variante suédoise du style Louis XVI français. La vie de cour à Drottningholm connut son plus brillant éclat sous le règne de la reine Louise Ulrique et de son fils le roi Gustave III. La famille royale actuelle a fait de Drottningholm sa résidence principale.

S. Ollivier / MICHELIN

Château de Drottningholm.

La superbe **bibliothèque** de la reine Louise Ulrique est intéressante car c'est un bel exemple de style gustavien réalisé par Jean Eric Rehn.

Le Théâtre royal★★ (*que l'on ne peut admirer qu'au cours des visites guidées*) est un joyau d'architecture baroque, dessiné par **Carl Fredrik Adelcrantz** pour la reine Louise Ulrique, afin de remplacer le précédent théâtre détruit par un incendie. La représentation d'inauguration eut lieu en 1766, mais c'est sous le règne de son fils Gustave III, grand mécène qui fonda en 1773 l'Académie royale de musique et l'Opéra royal, que ce petit théâtre connut son âge d'or.
La pureté des lignes, l'harmonie des proportions et la délicatesse de son décor bleu et blanc en font un chef-d'œuvre de décoration. On admirera le complexe mécanisme de bois réalisé par Donato Stopani. En 1791, l'architecte et paysagiste **Louis-Jean Desprez** (1743-1804) ajouta la salle de bal. On y donne en été des spectacles d'opéra et de ballet.

Teatermuseum – ✆ *08-759 04 06 - visite guidée (30mn, anglais et français) juin-juil. : 11h-16h30 ; mai : 12h-16h30 ; sept. : 13h-15h30 - 60 SEK (enf. gratuit).* Le pavillon du duc Charles abrite une exposition sur le théâtre européen depuis le 16e s. qui comprend une section sur le Théâtre royal de Drottningholm.

Les jardins★★ – En 1681, Tessin le Jeune commença à dresser les plans strictement symétriques de jardins baroques cernés par des avenues de tilleuls. Le parterre le plus proche du palais, au dessin complexe, a été remplacé par des pelouses bordées de haies de buis. Œuvre d'**Adrian de Vrie**s, la *Fontaine d'Hercule,* comme tous les autres bronzes disséminés dans les jardins, fut rapportée comme butin de guerre, soit de Prague en 1648, soit du Danemark en 1659 *(voir Frederiksborg Slot, à Hillerød)*. Au-delà, on peut voir le Jardin des eaux avec ses 10 jets d'eau et ses pelouses bordées de buis. Le jardin qui se trouve à l'entrée a été redessiné selon les plans d'origine.
Le parc paysager est agrémenté de deux bassins, de canaux, d'îles et de ponts dans le style anglais ; il fut conçu en 1780 pour contraster avec les jardins dessinés au cordeau.

Pavillon chinois★ (Kina Slott) – ✆ *08 402 62 70 - mai-août : 11h-16h30 ; sept. : 12h-15h30 - 50 SEK (enf. 25 SEK).* Avec sa silhouette exotique, le **pavillon chinois** est une version suédoise du Grand Trianon qui remplaça un édifice construit en 1753 pour la reine Louise Ulrique. **Carl Fredrik Adelcrantz** réalisa cette fantaisie chinoise de 1763 à 1767.

Jean Eric Rehn se surpassa lorsqu'il dessina les pièces rouge, verte, jaune et bleue et les orna de panneaux laqués, d'abondantes décorations et de vitrines, où sont exposés de délicats objets chinois.

Birka★

Le site est accessible par ferry à partir de Stadshusbron tous les jours de mai à septembre. Birka, située dans l'île de Björkö sur le lac Mälaren, fait partie du patrimoine mondial de l'Unesco. Le campement de Birka fut le plus grand marché viking de 800 à 960 apr. J.-C. et les fouilles archéologiques ont révélé l'existence d'échanges commerciaux avec l'Orient par l'intermédiaire de la Russie et de Byzance. C'est pour se rendre dans ce lieu de négoce que le premier missionnaire chrétien de renom, **Anschaire** (Ansgar), s'embarqua en 829 pour convertir les Svíar (Svear) païens. Il revint en 852, mais fut reçu de façon beaucoup plus hostile, car une grande partie de la population était déjà retournée au paganisme. Après la mort du saint à Brême en 865, il n'y eut plus de tentative d'évangélisation de la Suède avant le 11e s. Mais, à cette époque, Birka était sur le déclin tandis que Sigtuna et Visby *(voir index)* étaient devenues les nouveaux centres du commerce de la Baltique.

Le site aujourd'hui est connu sous le nom de « lieu de la Terre noire ». On imagine difficilement l'atmosphère de cette ville où 700 à 1 000 personnes vivaient, travaillaient et commerçaient à l'intérieur de l'enceinte semi-circulaire. Au-delà des remparts de terre, on a retrouvé plusieurs **cimetières**, dont les plus grands comprennent environ 1 600 tombes vikings. Le produit des fouilles se trouve en grande partie au Historiska Museet à Stockholm, tandis que le **musée** implanté sur le site reconstitue la vie à Birka telle qu'elle se déroulait il y a 1 000 ans. *✆ 08 560 514 45 - www.raa.se - de déb. mai à la 1re sem. de sept. : 10h-17h. Promenade en bateau depuis Stockholm. Renseignements auprès de Strömma Kanalbolaget, Skeppsbron 22, 111 30 Stockholm. ✆ 08 587 140 00. Des promenades en bateau sur le lac Mälaren sont aussi organisées au départ d'autres villes (Mariefred, Strängnäs, Södertälje, Västerås). Renseignements auprès de l'Office de tourisme.*

Du haut de la colline, couronnée d'un **monument** (1834) commémorant la mission d'Anschaire, on peut plus facilement apprécier la position stratégique de Birka sur le lac Mälaren. À proximité, la petite **chapelle d'Anschaire** (consacrée en 1930) abrite trois sculptures de **Carl Eldh** (1873-1954) et plusieurs peintures d'**Olle Hjortsberg** (1872-1959).

Hagaparken

Ⓜ Odenplan. Au Nord de la ville et à l'Est de la E 4, en direction de « Hagaparken ». Entrer par les portes Nord puis se diriger vers l'Est.

Ce parc à l'anglaise, qui s'étend sur quelque 2 km le long des rives de la petite baie de Brunnsviken, fut tracé pour le roi Gustave III. Il offre un cadre parfait aux pavillons et aux temples qu'il abrite. Les remarquables Koppartälten (tentes de cuivre) furent érigées en 1787. La serre des oiseaux et des papillons (au Nord des tentes de cuivre) contient 300 papillons tropicaux et 130 oiseaux exotiques. Plus à l'Est se dresse un petit chef-d'œuvre, le pavillon de Gustave III (Gustav IIIs Paviljong – 1792), dont l'intérieur est décoré avec raffinement dans le style gustavien. *✆ 08 402 61 30 - www.royalcourt.se - visite guidée (1h, anglais) juin-août : tlj sf lun. 12h-15h (ttes les h) - fermé 24 juin - 50 SEK (enf. 25 SEK).*

Le **temple de l'Écho**, construit pour servir de salle à manger durant les soirées d'été, date de la même époque. L'actuel roi de Suède et ses sœurs ont passé leur enfance dans le **manoir** datant de 1804. Cet endroit champêtre fait partie de l'**Ecoparc**, oasis de verdure à l'état naturel située à la périphérie de la ville, qui s'étend de Djurgården à Ulriksdal.

Millesgården★★

Herserudsvägen 32 - Lidingö - ✆ 08-446 75 94 - www.millesgarden.se - de mi-mai à fin sept. : 11h-17h (jeu. 20h) ; de déb. oct. à mi-mai : tlj sf lun. 12h-17h (jeu. 20h), possibilité de visite guidée (1h, anglais et français) - fermé 1er janv., 14 avr., 24-25 juin, 24-25 et 31 déc. - 80 SEK (enf. 30 SEK).

Ⓜ Ropsten. À environ 5 km de Norrtull.

Suivre Valhallavägen en direction du Sud, puis tourner à gauche vers Lidingö. Sur le pont de Lidingö, rester dans le couloir central (direction Herserud). Après le pont, prendre à droite (signalisation vers Millesgården).

Ce musée de plein air perché au sommet de falaises abruptes fut la résidence du sculpteur **Carl Milles** (1875-1955) et de sa femme Olga. Les sculptures, pour l'essentiel copies d'œuvres que l'on peut admirer ailleurs, en Suède ou à l'étranger, forment un ensemble harmonieux avec les terrasses à l'italienne, les fontaines, les escaliers et les colonnes. Une **vue** magnifique s'étend jusqu'à Värtan où sont amarrés les ferries à destination de la Finlande.

Terrasses – On remarquera en particulier la belle *Fontaine Susanna* (terrasse supérieure), encadrée de saules pleureurs. Elle obtint le Grand Prix à la Foire internationale de Paris en 1925. De la terrasse médiane ornée d'une longue colonnade de granit, on aperçoit *Le Chantre du soleil*, au sommet d'une colonne. La *Fontaine Aganippe* (1955), exécutée pour le Metropolitan Museum de New York, a récemment été transportée en Caroline du Sud. Les trois figures montées sur des dauphins symbolisent les arts. Lorsqu'il conçut la terrasse inférieure, Milles voulut que la silhouette de ses sculptures se détachât sur le ciel. *La Main de Dieu* (1954), l'une de ses œuvres les plus connues, a été reproduite dans divers pays. La *Fontaine d'Europe et du taureau* (original à Halmstad) et la puissante représentation de Poséidon (original à Göteborg) sont devenus des symboles de ces deux villes. Dans *L'Homme et Pégase* (1949) lancés en apesanteur à travers l'univers, Pégase est censé symboliser le génie de l'artiste. L'original se trouve à Des Moines, aux États-Unis. Une des œuvres maîtresses de Milles aux États-Unis est la *Fontaine de la foi* (1949-52), à Washington. Elle comporte plus de 30 figures, dont certaines copies ont été placées sur une petite terrasse près des *Anges musiciens* (1950).

Intérieur – Le bâtiment principal, qui date de 1908, fut transformé en musée en 1936. La galerie présente quelques-unes des œuvres de Milles en bronze et en marbre et, dans la Pièce rouge, sont réunies de nombreuses petites sculptures réalisées par Milles au début de sa carrière. Olga et Carl Milles étaient des collectionneurs passionnés et l'on peut voir dans le salon de musique des toiles de Camille Pissarro et de Maurice Utrillo. La « cellule du moine » abrite des sculptures chinoises et la longue galerie de l'Est compte un grand nombre d'antiquités et de sculptures.

A. Zuber / MICHELIN

Les sculptures de Carl Milles semblent s'élancer vers le ciel.

Skogskyrkogården

Ⓜ *Skogskyrkogården (à 12mn de T-Centralen sur la ligne Farsta). Tourner à droite et suivre les indications.*

La chapelle de Sainte-Croix, au **cimetière de la Forêt**, fut la dernière grande œuvre de **Gunnar Asplund** (1885-1940), l'un des chantres les plus en vue du fonctionnalisme. Le cimetière est aujourd'hui inscrit sur la liste du patrimoine mondial de l'Unesco. À l'approche de l'église, le visiteur se sent rempli de respect devant la grande croix, qui apparaît tel un phare isolé des chapelles basses situées sur sa gauche et émergeant des vertes pelouses ondulant dans le vent. La pureté et la beauté sans fard des surfaces, alliées à la rectitude des lignes géométriques de la chapelle, font de cet édifice un exemple de conformité aux préceptes du fonctionnalisme. Tout le bâtiment parvient parfaitement à se fondre dans le paysage environnant.

Château d'Ulriksdal★ (Ulriksdals Slott)

☎ 08-402 61 30 - www.royalcourt.se - visite guidée juin-août : tlj sf lun. 12h-15h (ttes les h) - 50 SEK (enf. 25 SEK).

Le château d'Ulriksdal occupe un site attrayant dans une petite baie de la Baltique. Hans Jakob Kristler construisit entre 1639 et 1644 un palais à deux étages de style Renaissance hollandaise. L'édifice principal, flanqué de deux ailes indépendantes à un seul étage, fut doté d'encadrements de portes richement sculptés et de toits en dos d'âne. Vers 1720, Carl Fredrik Adelcrantz donna au palais un aspect plus baroque.

La décoration intérieure fut en partie reprise au 19e s. sous le règne de Charles XV et en partie sous celui de Gustave VI Adolphe qui habitait le palais pendant quelques mois. Son salon a été meublé par **Carl Malmsten**.

Chapelle palatine★ (Slottskapellet) – Plus bas, en descendant vers le lac. Cette chapelle de 1865 témoigne d'une forte influence orientale. L'intérieur recèle une profusion de décorations sculptées et peintes ainsi qu'un bel ensemble de vitraux de la collection privée du roi Charles XV.

Orangerie (Orangerimuseet) – *Sur le côté Nord du parc. ☎ 08-402 61 30 - www.royalcourt.se - juin-août : tlj sf lun. 12h-16h - 50 SEK (enf. 25 SEK).* Nicodemus Tessin le Jeune dessina l'Orangerie en 1693. En 1988, elle fut transformée en musée pour abriter la collection de sculpture suédoise appartenant au Musée national des Beaux-Arts.

Écuries royales (Kröningsekipaget) (D2) – *Sur la gauche de la route. ✆ 08-402 61 30 - www.royalcourt.se - visite guidée juin-août : tlj sf lun. 12h-16h (ttes les h) - se renseigner pour les tarifs.* La pièce la plus remarquable de la collection exposée dans les **écuries** est le carrosse utilisé par la reine Christine pour se rendre d'Ulriksdal à Stockholm lors de son couronnement. Bien qu'il s'agisse d'une copie, les luxueux tissus sont ceux du carrosse original.

Confidencen – *De l'autre côté de la route. ✆ 08-85 70 16 - mai-sept.* En 1671, ce bâtiment fut destiné à servir à la fois d'école d'équitation et d'hôtellerie. Carl Hårleman remania l'extérieur vers 1740 et peu après la reine Louise Ulrique fit réaménager l'intérieur en théâtre. Les travaux, dirigés par Adelcrantz, furent achevés en 1753, avant que ne soit aménagé le théâtre de Drottningholm. Restauré, il est animé de mai à septembre par des concerts, des ballets et des opéras.

Embarquer

LE « JARDIN D'ÉCUEILS » OU L'ARCHIPEL DE STOCKHOLM

(SKÄRGÅRDEN)

Stockholm est fière de son archipel d'une beauté sans pareille, aux paysages naturels d'une infinie diversité, allant de la végétation luxuriante des îles côtières à la nudité des falaises balayées par les vents du large.

S'étendant à partir de la ville même sur une distance de quelque 70 km au large des côtes de la Baltique, il s'étire du Nord au Sud sur environ 140 km. Il compte 24 000 îles et récifs, dont seulement 150 habités toute l'année, mais on y dénombre 50 000 résidences d'été et chalets. C'est le séjour de prédilection des habitants de Stockholm, tant pour le week-end que pour les vacances. De nombreux artistes et écrivains ont été séduits par le charme de l'archipel qui a été immortalisé en littérature par **August Strindberg** dans *Les Gens de Hemsö* et en peinture par des artistes comme **Bruno Liljefor**s et **Anders Zorn**.

Les différentes parties de l'archipel sont desservies par un service de ferry au départ de Strömkajen, mais certaines îles sont aussi accessibles à partir du centre-ville par la route 222 et ses nombreuses ramifications.

Gustavsberg Hamn★

À 20 minutes de Slussen, au centre de Stockholm, par les bus 424 à 440 ; descendre à Farstaviken. En voiture, suivre la route 222 au départ du centre-ville. Un service de ferry relie Stockholm et Gustavsberg Hamn en été.

Odelbergs väg 5 - ✆ 05 570 356 58 ou 08 570 345 67 (O.T.) - de mi-mai à mi-sept. : 10h-17h, w.-end 11h-16h ; de mi-sept. à mi-mai : tlj sf lun. 11h-16h - 40 SEK (13-16 ans 30 SEK) - visites guidées du musée, du site de l'ancienne fabrique et des ateliers, s'adresser à l'Office du tourisme de Värmdö.

Une fabrique de porcelaine fut construite en 1825 près du petit port de Gustavsberg ; en 2004, dix ans après la fermeture de l'usine, les divers bâtiments érigés entre 1825 et 1940 devinrent un Centre national d'art et de design, véritable vitrine de l'héritage industriel et culturel de Gustavsberg et d'une tradition qui se perpétue grâce aux nombreux artistes et artisans qui s'y sont installés.

Le **musée de la Porcelaine (Porslinsmuseum)** contient une exposition chronologique de la production de la fabrique depuis 1827 jusqu'à sa fermeture dans les années 1990. L'espace interactif offre aux visiteurs la possibilité de s'essayer à la peinture sur céramique.

L'édifice le plus ancien, **Gula Byggningen**, abrite aujourd'hui des expositions ainsi qu'un espace de vente d'objets en céramique, porcelaine, verre, bois et métal.

L'**Office de tourisme** est logé dans le bâtiment en brique flanqué d'une tour ronde qui domine le pittoresque port de plaisance.

Le complexe comprend aussi un restaurant, des cafés, des boutiques, des ateliers d'artistes et un hôtel.

Les principales îles

Vaxholm

7 000 habitants. Cette ville idyllique aux boutiques attrayantes, bien équipée sur le plan touristique, constitue une première prise de contact agréable avec l'archipel. Occupant jadis une position stratégique importante à l'entrée Est du chenal d'accès à Stockholm, la **forteresse** de Vaxholm, en partie du 16e s., située sur un îlot face à la ville, rappelle le rôle militaire de Vaxholm.

Grinda

Caractéristique des îles côtières, cette île verdoyante, située à moins de 2 h de bateau de Stockholm, est un lieu de baignade et de promenade très apprécié.

Möja

Auberge de jeunesse. C'est l'une des plus grandes îles du centre de l'archipel. Elle compte environ 250 résidents permanents qui s'adonnent aux activités traditionnelles de l'archipel, la pêche et l'agriculture. Möja ne convient pas à la baignade mais plutôt à la randonnée. Dans son agglomération la plus importante, un petit village du nom de Berg, on trouvera un café, des boutiques proposant les produits de l'artisanat local et un petit musée.

Finnhamn

Auberge de jeunesse. Formée de trois îles, Finnhamn est située à l'endroit où le Nord de l'archipel s'ouvre vers les falaises dénudées des îles rocheuses de la périphérie. Les promeneurs apprécieront les chemins étroits, et les amateurs de soleil les roches lisses et les petites plages de sable.

Sandhamn

Hôtels, restaurants et autres services. Sandhamn est sans doute le lieu de séjour le plus connu. Rendez-vous des marins depuis le 18e s., c'est aujourd'hui un endroit à la mode avec la fraternité des amateurs de voile. Le village, avec ses ruelles étroites et ses maisons serrées les unes contre les autres, mérite que l'on s'y arrête.

Utö

Information touristique. Location de bicyclettes. Auberges de jeunesse, hôtel, restaurants, café, boulanger et magasins.

Situé tout à fait au Sud de l'archipel, Utö compte environ 200 résidents à l'année. L'île est une destination appréciée pour faire du vélo. Utö revendique l'honneur de posséder la plus ancienne mine de fer de Suède, dont on peut encore voir le puits profond. Un petit musée lui est consacré.

Ängsö

C'est la seule île rocheuse qui ait été déclarée parc national. Comme son nom (île de la Prairie) l'indique, Ängsö est un paradis floral en miniature, enrichi par une grande diversité d'oiseaux.

Rödlöga et Svartlöga

Départ de Nybrokajen.

Ces deux îles, situées à bonne distance de Stockholm dans le Nord de l'archipel, sont très appréciées des amateurs de voile.

Bullerön

Desservie par un service spécial de circuits. Se renseigner.

Située à la périphérie de l'archipel, Bullerön jouit d'un environnement unique. L'artiste Bruno Liljefors *(voir index)* vint en étudier les oiseaux. Son pavillon de chasse est ouvert au public.

Huvudskär

Navette au départ de Dalarö, au Sud de Stockholm, deux fois par semaine.

En raison de sa position éloignée à la périphérie de l'archipel, ce groupe d'îles dénudées, dont les roches lisses affleurent au ras de l'eau, est resté un endroit isolé.

Sundsvall et le Hälsingland★★

VÄSTERNORRLANDS LÄN – 93 486 HABITANTS
CARTE MICHELIN N° 711 J 14 OU ATLAS EUROPE P. 112

Sundsvall est situé sur la côte orientale de la Suède, entre l'Indalsälven et le Ljungan, fleuves qui furent d'importantes voies de transport du bois par flottage. La ville devint rapidement le centre de l'exploitation forestière et de l'industrie du bois en Suède.

- **Se repérer** – Sundsvall est à 380 km au Nord de Stockholm par la E 4.
- **À ne pas manquer** – La « ville de pierre », la Côte haute (Höga Kusten), les vallées de la Voxnan et de la Ljusnan.
- **Organiser son temps** – Comptez une journée pour chaque circuit.
- **Pour poursuivre le voyage** – Au-delà d'Örnsköldsvik, continuez vers le Nord-Est le long de la E 4 jusqu'à Umeå (112 km), décrite au chapitre suivant.

Comprendre

Marchands de bois et magnats de l'industrie

Sundsvall était déjà au 19e s. une ville industrielle prospère possédant plusieurs scieries et les marchands, tout comme les magnats de l'industrie, étaient réputés pour le grand train de vie qu'ils menaient. Tout au contraire, les ouvriers des scieries vivaient dans des conditions misérables. La **grève de Sundsvall** en 1879 fut le premier conflit social important que connut la Suède. Les dures représailles infligées par les autorités eurent pour conséquence la naissance d'un puissant mouvement ouvrier.

En 1888, le même jour que la ville d'Umeå, Sundsvall fut dévastée par un incendie. L'aristocratie propriétaire des scieries investit dans la reconstruction de la nouvelle « ville de pierre » (Stenstaden). L'envergure des travaux nécessita de faire appel à de nombreux ouvriers étrangers à la ville.

Les grands espaces du Hälsingland

Bien qu'elle soit voisine de la Dalécarlie, la province du Hälsingland fait partie de la Suède du Nord, ou Norrland comme l'appellent les Suédois, qui à elle seule comprend presque la moitié du pays tout en étant très peu peuplée. Une nature à l'état vierge et de grands espaces sauvages sont les deux notions généralement associées aux régions du Nord de la Suède et le Hälsingland, avec sa grande diversité de paysages, ne fait certainement pas exception. On y trouve de nombreux lacs et forêts, d'imposantes montagnes bleutées à l'Ouest et les espaces sauvages d'Orsa Finnmark à la frontière de la Dalécarlie ainsi que deux fleuves puissants qui descendent des montagnes vers la Baltique en traversant une série de lacs ; plus riante, la frange côtière qui borde le golfe de Botnie offre aux visiteurs ses criques abritées, ses nombreuses îles, ses plages de sable fin et surtout ses charmants villages de pêcheurs. Mais ce n'est pas tout, car le Hälsingland possède un trésor de plus, son patrimoine culturel.

Fermes et cabanes

Le Hälsingland devint au 18e s. une province prospère grâce à la culture du lin et les grandes fermes, que les agriculteurs construisirent et décorèrent avec raffinement, sont les témoins de cette prospérité. Un grand nombre d'entre elles, datant du 18e et du 19e s., sont encore intactes ; certaines appartiennent toujours à des particuliers tout en étant ouvertes au public, d'autres ont été transformées en fermes du patrimoine ou en musées.

Ces imposants corps de ferme étaient souvent construits sur les hauteurs, au sommet des collines ou sur les versants ensoleillés ; les terres cultivées s'étendaient en contrebas et les prairies couvraient le fond humide des vallées. Au début, les grandes fermes se composaient de plusieurs bâtiments groupés autour d'une cour carrée. À partir de 1800, des jardins entourèrent la maison principale.

La **maison** elle-même avait en général un rez-de-chaussée et un étage ; ornée d'un porche travaillé et de corniches moulurées, elle reflétait le style des manoirs de l'époque. Une véranda fut quelquefois ajoutée vers le début du 20e s. L'intérieur comprenait une salle de séjour et de travail, utilisée par toute la famille, ainsi qu'une ou plusieurs chambres ; les autres pièces servaient de réserve et de salles de réception pour les jours de fête. Les plafonds et les murs étaient d'ordinaire décorés de motifs peints (fleurs, sarments de vigne, draperies) et, dans certains cas, de paysages ou de scènes animées.

Sundsvall et le Hälsingland pratique

Adresses utiles

Sundsvall – *Stora Torget, 852 30 - ✆ 060 61 04 50 - www.sundsvallturism.com - lun.-ven. 10h-18h, sam. 10h-14h.* Vous pouvez gratuitement commander une brochure depuis le site Internet. Vous trouverez également des Informations en anglais sur le site de la ville *www.sundsvall.se*

Transports

Aéroport – L'aéroport se situe à Timrå, à 20 km de Sundsvall. *✆ 60 19 76 00, fax 60 19 76 19 - www.ltv.sc* Vols directs réguliers depuis Stockholm (SAS), Göteborg (Direktflyg) et Luleå (Direktflyg).

Trains – Plusieurs liaisons quotidiennes depuis Stockholm, Trondheim et Östersund.

Se loger

Grand Hotel – *Nybrogatan 13, dans le centre - ✆ 60 64 65 60, fax 60 64 65 65 - www.grandsundsvall.se* Comptez au minimum 995 SEK pour une chambre et 1395 SEK pour une suite.

Tervetuloa Scandic Sundsvall City – *Esplanaden 29 - ✆ 60 785 62 00, fax 60 785 - sundsvallcity@scandic-hotels.com*

Sports et loisirs

Loisirs sportifs – Les nombreux lacs et rivières du Hälsingland offrent un grand choix d'activités sportives depuis la nage et le canoë, dont la pratique peut être plus ou moins difficile selon les endroits, jusqu'au rafting le long de la Ljusnan ; la pêche au brochet, à la truite saumonée, à la perche et à l'ombre peut aussi être un passe-temps très agréable, que ce soit dans les torrents, les lacs ou bien la Voxnan, une des rivières les plus propres de Suède. Les régions montagneuses de l'Ouest, couvertes de denses forêts, offrent également un grand choix d'activités telles que la randonnée à pied ou à cheval, la cueillette des baies sauvages ou même les safaris aux castors !

La zone côtière n'offre pas moins d'activités : la baignade au bord des plages de sable fin, la pêche le long de la côte ou sur une des nombreuses îles qui la bordent ou encore les safaris aux phoques gris.

Enfin, pour ceux que l'exercice physique ne tente pas, il y a un choix de promenades en bateau (parfois à bord de pittoresques bateaux à vapeur) le long de la côte et sur plusieurs lacs.

Achats

L'**artisanat** traditionnel est aussi bien enraciné dans le Hälsingland, surtout dans la région des lacs Dellen, au Nord-Ouest de Hudiksvall. C'est à Delsbo, où se trouve une magnifique ferme du patrimoine datant du 18e s., que l'on peut acheter des objets en argent, en bois et en écorce de hêtre.

Plus au Nord, à Bjuråker et Hedvigsfors, il y a aussi d'intéressants centres d'artisanat. Dans l'intérieur des terres, la ville de Bollnäs possède une intéressante exposition d'artisanat régional.

Événements

La musique et la danse occupent une place de choix dans le Hälsingland ; il y a en effet des ensembles de violons dans presque tous les villages et un grand choix de festivals folkloriques en été. La manifestation la plus connue est sans doute la **Hälsinge Hambo**, festival annuel de danse qui a lieu début juillet dans la vallée inférieure de la Ljusnan et auquel participent environ mille danseurs tous vêtus du costume régional (*www.halsingehambon.x.se*).

Non loin de là, dans la petite ville de **Svabensverk**, au Sud d'Edsbyn, se tient chaque année le plus important festival de jazz de Suède (*3e w.-end d'août, www.swedejazz.se*).

Au tout début, les dépendances ressemblaient à des cabanes de rondins ; granges et réserves étaient souvent construites à l'extérieur de la cour afin de les protéger d'un éventuel incendie. Les réserves avaient parfois deux étages et reposaient sur de courts poteaux.

Contrairement aux riches fermiers, ceux qui habitaient et travaillaient dans les denses forêts de l'Ouest ainsi que les bûcherons qui abattaient les arbres et préparaient les troncs, que l'on faisait ensuite flotter sur la Ljusnan et sur d'autres rivières, étaient forcés de se contenter de simples cabanes de rondins.

Se promener

La « ville de pierre » (Stenstaden)

La « ville de pierre » émergea des cendres de l'ancienne ville et apparut entourée de toutes parts de simples maisons de bois. Storgatan, Stora Torget et Esplanaden sont bordées d'imposants hôtels particuliers inspirés aussi bien des palais de la Renaissance italienne que des châteaux français et allemands.

Au n° 13 de Storgatan, **Knaust Hotel**, qui date de la grande époque des magnats du bois, est célèbre pour son grand escalier.

Kulturmagasinet★★

℘ 060-19 18 00 - 10h-19h (vend. 18h), sam. 11h-16h.

Quatre entrepôts situés sur le port et datant du début du siècle ont été ingénieusement reliés entre eux au moyen de galeries vitrées qui enjambent plusieurs rues. Le nouveau **centre culturel** comprend le Sundsvall Museum (histoire locale, artisanat, art, etc.), la bibliothèque municipale, les archives du Medelpad (centre de recherche consacré à l'histoire des familles de la région), le centre culturel des Enfants et le café Skonerten.

P.-A. Sundholm / ELITE HOTEL KNAUST

L'escalier majestueux du Knaust Hotel.

Aux alentours

Alnö

11 km au Nord par la route E 4.

Cette île volcanique, qui possède plusieurs plages de sable, est reliée à la côte par un pont routier de 1 024 m de long. Tournez à gauche après le pont pour rejoindre l'ancienne église d'Alnö du 12e s. ornée de fresques médiévales. *℘ 60 55 36 50 - visite guidée de mi-juin à mi-août : 12h-19h.*

La nouvelle église abrite des fonts baptismaux en bois richement sculptés.

On peut faire une agréable promenade en voiture jusqu'au pittoresque port de pêche de **Spirkarna** situé au Sud de l'île.

Härnösand

Située à l'embouchure de l'Ångermanälven, Härnösand est en partie construite sur l'île d'Härnön.

Cathédrale – *℘ 0611-245 25 - tlj 10h-16h.* Construite entre 1842 et 1846, alors que **Frans Michael Franzén**, poète et auteur d'hymnes, était évêque, l'élégant édifice néoclassique à portique remplaça un sanctuaire incendié en 1721 lors d'un pillage par les troupes russes. L'autel et le retable de style baroque, datant tous deux de 1728, sont l'œuvre de David von Cöln. Les fonts baptismaux en argent de style rococo espagnol datent de 1777.

Une des sculptures du parc municipal attenant est une œuvre de **Carl Milles** datant de 1910 et représentant Franzén, l'évêque poète, en compagnie de deux muses, ses filles.

Au Sud de la cathédrale, on peut voir Östanbäcken, quartier aux maisons de bois.

Parcourir 2 km vers la route E 4, puis suivre le panneau indicateur.

Murberget – *℘ 0611-886 00 - musée : tlj sf lun. 11h-17h - musée en plein air de mi-juin à déb. août : 11h-17h (gratuit).* Ce musée de plein air qui comprend des bâtiments de fermes, de petites maisons de campagne, une ferme d'été, une église et une auberge, est situé dans un cadre boisé plein de charme. En été, des démonstrations d'artisans et des fêtes l'animent.

Le **Musée régional**, inauguré en 1994, contient une intéressante collection d'armes et d'armures.

Circuits de découverte

LA ROUTE DE L'INDAL 1

100 km de Sundsvall aux « Chutes mortes » par la route 86 en direction du Nord-Ouest puis la route 87 à gauche vers Hammarstrand.

La vallée de l'Indalsälven est célèbre pour ses magnifiques paysages. La route 86, qui longe le fleuve, permet de découvrir la beauté des prairies vallonnées, de la végétation luxuriante, des vallées aux pentes escarpées et des collines boisées ainsi que quelques îlots prisonniers du fleuve, aménagés pour produire de l'énergie hydro-électrique (par endroits, les câbles à haute tension gâchent un peu le paysage).

Liden

Suivre les indications « Kyrka » et « Vättaberget ».

L'église, construite entre 1483 et 1510, fut abandonnée pendant cinquante ans avant d'être restaurée (1911-1928). Le portail de bois (1693) est le seul vestige d'une clôture qui entourait l'église. *℘ 060-910 09 (entre 10h-12h) - juin-août : 8h-16h, sam. 10h-16h, dim. 12h-15h.*

La route montant vers le sommet *(café ouvert en été)* du **Vättaberget** (381 m) offre des vues splendides sur les méandres du fleuve.

« Chutes mortes »★ (Döda fallet)

Entre Bispgården et Hammarstrand.

Des planches permettent de passer au-dessus des « Chutes mortes », rochers s'élevant à l'emplacement de ce qui constituait autrefois Storforsen, ou Grandes Chutes. Dans la nuit du 6 au 7 juin 1796, le fleuve déborda pour s'engouffrer dans le lit d'un canal qu'un marchand de bois de Sundsvall, Vildhussen, avait fait creuser pour faire contourner les chutes à son bois de flottage. Quatre heures après que le fleuve eut quitté son lit, le lac Ragunda était à sec. Une pièce adaptée d'une nouvelle ayant pour sujet Vildhussen est jouée en plein air tous les étés.

LA « CÔTE HAUTE »★★ (HÖGA KUSTEN) 2

Circuit au départ de Härnosand. Compter 150 km environ avec les excursions autour de Nordingrå.

La « Côte haute » s'étend de Härnösand à Örnsköldsvik. Elle est bordée d'une série de falaises impressionnantes, de baies et d'échancrures, d'îles et de récifs, de collines boisées et de larges vallées fertiles. La beauté de la région a attiré de nombreux artistes et artisans et quelques-uns des studios et des ateliers sont ouverts aux visiteurs.

Quitter Härnösand par la E 4 au Nord.

Pont de la Côte haute★ (Höga Kusten Bron)

Ce pont suspendu de 1 800 m de portée est le plus long de Suède et le septième du monde. Sa construction dura quatre ans et il fut inauguré en 1997. Enjambant l'Angerman et surplombant le fleuve d'une hauteur de 40 m, le pont fait partie intégrante d'une nouvelle section de l'autoroute européenne E 4 qui comprend 35 nouveaux ponts et raccourcit de 44 km la distance entre Härnösand et Örnsköldsvik. À l'extrémité Nord du pont se dresse Hornöberget, complexe touristique comprenant un centre d'information et un hôtel dont le restaurant offre une vue magnifique.

Poursuivre par la E 4 vers Örnsköldsvik, et prendre à droite à Skog vers Nordingrå.

La péninsule de Nordingrå, située à mi-chemin, est célèbre pour ses nombreux ports de pêche colorés que l'on peut visiter à partir de Nordingrå.

Nordingrå★★

La ville se dresse sur les bords d'un lac, qui était autrefois une échancrure de la côte, et les ruines imposantes de son église témoignent de son importance au Moyen Âge. L'**église** du 19e s. contient un beau retable du 16e s. réalisé à Bruxelles, qui avait été commandé pour l'église antérieure.

Une rangée pittoresque d'**« écuries paroissiales »** s'étend jusqu'au bord du lac.
La région est connue pour ses **chapelles de pêcheurs** ; comme l'hiver trop froid ne permettait pas d'y célébrer les offices, certaines servaient aussi d'entrepôts. On peut en voir des exemples dans les villages de Norrfällsviken, Bonhamn et Barsta, où la **chapelle**★ a été préservée telle qu'elle était en 1666. Les deux îles d'Ulvön sont renommées pour la préparation d'une spécialité suédoise, le hareng de la Baltique fermenté *(surströmming)*, que l'on n'apprécie pas nécessairement d'emblée.

Häggvik

3 km au Sud de Nordingrå. ✆ 0613-202 90 - fax 0613-204 60 - de fin juin à déb. août : 11h-21h ; de déb. août à fin sept. : 11h-17h ; de déb. juin à mi-juin : 12h-17h ; oct.-nov. et mars-mai : w.-end - fermé déc.-fév. et 21 juin. Le café Mannaminne est utilisé pour des concerts et des expositions.
Plusieurs musées locaux sont logés dans les bâtiments voisins.

Villa Fraxinus – *à 10 km de Nordingrå. ✆ 0613-121 45 - de mi-juin à déb. sept. : 10h-18h - 50 SEK (-12 ans gratuit).*
Elle possède un magnifique **jardin**★ paysager qui s'harmonise parfaitement avec la campagne environnante.

Rejoindre la E 4 à Ullånger.

Skuleberget

Alt. 294 m. La silhouette de cette montagne est caractéristique et facile à repérer depuis la route E 4. L'ancienne ligne du rivage qui se trouve aujourd'hui non loin du sommet montre combien la terre s'est soulevée depuis la dernière glaciation sous l'effet de l'isostasie. Il faut compter environ 1h30 pour escalader le mont Skule par l'une des pistes prévues à cet effet, tout en sachant que l'une d'entre elles est plus difficile.

Au sommet, que l'on peut atteindre par télésiège, un café et un magnifique **panorama** récompensent ceux qui réalisent l'ascension.

Un peu plus loin, le long de la côte, se trouve le **Skule Naturum** *(à 3 km au Nord de Docksta)*, centre d'accueil du **parc national Skuleskogen** et du Skuleberget.

Balades thématiques dans le Hälsingland

Circuits au Sud de Sundsvall.

LA CÔTE

Environ 100 km de Söderhamn au Sud à Sörfjarden au Nord, en suivant l'axe de la E 4.

Il y a beaucoup à voir le long de cette côte très découpée aux paysages variés : des villages de pêcheurs idylliques tels que **Skärså**, **Stocka** et **Mellanfjärden**, de nombreuses îles, des églises médiévales à **Trönö** et **Enånger**, de vieux hangars à bateaux à **Hudiksvall**, la péninsule du **Hornslandet** et ses belles plages de sable fin.

LES VALLÉES DE LA VOXNAN ET DE LA LJUSNAN★

Circuit de 220 km environ au départ de Ljusdal (60 km à l'Ouest de Hudiksvall). prendre la route 84 vers l'Ouest en direction de Korskrogen.

En continuant sur la route 84, on peut faire un détour intéressant jusqu'à **Lassekrog**, pour voir le village de cabanes de rondins et le musée de flottage du bois.

À Korskrogen, prendre la route 310 à gauche jusqu'à Los où l'on rejoint la Voxnan.

À **Los**, on peut visiter l'ancienne mine de cobalt et de nickel, tandis qu'à quelques kilomètres à l'Ouest les amoureux de la nature apprécieront le **parc national de Hamra.**

La route 296, que l'on emprunte vers le Sud, descend la vallée de la Voxnan, offrant des paysages variés, parfois austères.
C'est dans cette région que l'on peut voir le plus grand nombre de fermes traditionnelles. Ainsi, à **Edsbyn**, où la Voxnan vire brusquement vers l'Est, on peut voir une des plus grandes fermes du patrimoine.

Continuer à suivre la vallée de la Voxnan jusqu'à Bollnäs en empruntant successivement les routes 301 et 50.

A **Bollnäs**, la Voxnan rejoint la Ljusnan. il ne faut pas manquer de visiter le vieux moulin à lin de **Växbo**, au Nord-Est de Bollnäs, qui témoigne de la prospérité traditionnelle de la région, fondée au 18e s.sur la culture du lin.

La route 83, que l'on suit vers le Nord, remonte la vallée de la Ljusnan en direction de Ljusdal.

La ferme d'alpage de **Svedbovallen**, au Sud-Ouest de **Järvsö** vaut le détour.

Umeå

VÄSTERBOTTENS LÄN – 103 970 HABITANTS
CARTE MICHELIN N° 711 I 17 OU ATLAS EUROPE P. 113

On parle souvent d'Umeå comme de la « ville des bouleaux ». Après la destruction du centre de la ville par un incendie dévastateur le soir de la St-Jean en 1888, un nouveau plan d'urbanisme fut élaboré, prévoyant la réalisation d'avenues plantées de bouleaux pour servir de pare-feu. C'est à Umeå que se trouve l'université la plus septentrionale de Suède, dotée d'un département de recherche sur la culture des régions arctiques. La ville a également la réputation d'avoir des traditions théâtrales et musicales bien vivantes.

- **Se repérer –** Umeå est à 640 km au Nord de Stockholm par la E 4 et à 395 km de Haparanda, au fond du golfe de Botnie, à la frontière finlandaise *(voir la Laponie suédoise)*.
- **À ne pas manquer –** Nordanå Kultucentrum à Skellefteå.
- **Organiser son temps –** Comptez une journée pour l'excursion à Skellefteå, plusieurs jours si vous continuez vers Luleå pour pénétrer au cœur de la Laponie.
- **Avec les enfants –** Le musée de plein air, Gammlia, en particulier les animaux domestiques du Nord de la Suède : vaches des régions montagneuses, chevaux nordiques, etc.
- **Pour poursuivre le voyage –** Continuez vers le Nord et Luleå, point de départ de circuits de découverte de la Laponie.

Umeå pratique

Adresses utiles

Umeå –*Renmarkstorget 15, 903 26 - ☎ 090 16 16 16, fax 090 16 34 39 - www.umearegionen.se - lun.-vend. 10h-18h, sam. 10h-14h.*

Dans la région :

Bjurholms – *☎ 932 140 75.*

Nordmalings – *☎ 930 140 52.*

Transports

Aéroport – *Luftfartsverket Umeå flygplats -* Informations sur les vols SAS *☎ 90 728 30 00*, Malmö Aviation *☎ 771 55 00 10* et Nordik Airlink *☎ 8 528 06 20.*

Se loger

Royal Hotel – *Skolgatan 62, dans le centre - ☎ 90 100 730, fax 90 100 739 - www.royalhotelumea.com*

Tervetuloa Scandic Plaza – *Storgatan 40 - ☎ 90 205 63 00, fax 90 205 63 11 - www.scandic.se*

Tervetuloa Scandic Umeå Syd – *Yrkesvägen 8 - ☎ 90 205 60 00, fax 90 205 60 11 - www.scandic.se*

Sports et loisirs

L'office de tourisme propose de nombreuses activités sportives comme le kanoë, le golf, karting, les randonnées à cheval, le saut en parachute ou encore le ski en hiver.

Cykel- och Mopedhandlaren – *Kungsgatan 101, à 1 km du centre ☎ 09 014 01 70.* Un petit garage où vous pourrez louer un vélo pour 70 SEK par jour.

Événements

Festival international de musique de chambre – juin.

Festival international de jazz – octobre *(www.swedejazz.se).*

Se promener

Musée de plein air de Gammlia (Gammlia friluftsmuseum)

☎ 090-17 18 00 - ♿ - de mi-juin à mi-août : 10h-17h (gratuit).

Au croisement de la route E 4 et de la route E 12, prendre la E 12 vers l'Est et tourner à gauche sous le viaduc, puis prendre la seconde rue à droite, Gammliavägen, en pente raide.

Ce **musée de plein air** fut inauguré dans les années 1920. On remarquera en particulier la ferme et ses dépendances, la chapelle Helena Elisabeth, où de nombreux couples de fiancés viennent se marier, et Sävargården (aujourd'hui un restaurant), manoir provenant des forges de Sävar. Le musée s'anime en été avec la présence d'artisans, tandis que celle d'animaux lui confère une touche d'authenticité.

Musée du Västerbotten (Västerbottens museum)

090-17 18 00 - ♿ - de mi-juin à mi-août : 10h-17h ; reste de l'année : tlj sf lun. 9h-16h, sam. 12h-16h, dim. 12h-17h - gratuit.

Divers musées sont consacrés à l'héritage culturel et à l'histoire du Västerbotten. Différentes expositions évoquent la vie des premiers colons suédois en Laponie à la fin du 17e s., les activités saisonnières des Sames nomades, la chasse et la pêche dans le détroit de Béring d'après les recherches faites au cours de l'expédition de la Véga en 1878-1880 sous la conduite du célèbre explorateur Adolf Frik Nordenskjöld (1832-1901). Le **musée suédois du Ski★** expose le ski le plus vieux du monde (3200 av. J.-C.). Un autre espace est consacré à l'histoire de la ville. Le bâtiment bas peint en rouge abrite un **musée de la Marine**, qui comprend des sections sur la chasse au phoque.

Le **musée d'Art moderne (Bildmuseet)**, qui relève de l'université, présente toujours plusieurs expositions simultanées sur ses 1 000 m² d'espace disponible.

Église

090-71 45 65 - 9h-16h, w.-end pdt les messes.

À l'intersection de Storgatan et d'Östra Kyrkogatan, l'**église** néogothique renferme d'intéressantes **peintures sur verre★★** du 19e s., de facture allemande.

Le parc situé devant l'église, **Vänorts parken**, présente des plantes originaires des villes jumelées avec Umeå : Petrozavodsk en Russie, **Helsingør** au Danemark, Vaasa en Finlande, **Harstad** en Norvège, Saskatoon au Canada et Würzburg en Allemagne.

Trädgård i Norr

Près du fleuve, devant l'hôtel de ville.

Cinq jardins à thème permettent de comprendre le phénomène de croissance des plantes sous les latitudes nordiques, la longueur des journées d'été compensant la brièveté de la belle saison.

Dans les environs

Skellefteå

Située sur les rives de la Skellefteälven, Skellefteå est un centre actif d'industries de services qui gèrent les activités agricoles, minières et forestières de la région.

Nordanå Kulturcentrum★★★

Un centre d'artisanat (Handens Hus), une auberge (NordanågårdensVärdshus) sont regroupés dans Nordanå Park, agrémenté de bassins et d'un terrain de jeux.

Tout à côt,é on peut voir l'ancien **village paroissial de Bonnstan**, qui est avec Gammelstad *(voir Luleå)* l'un des mieux conservés de Suède. Lorsque la Réforme stipula que les paroissiens devaient aller à l'église tous les dimanches, des villages paroissiaux se développèrent autour des églises. Bonnstan compte aujourd'hui 116 maisons, trois écuries et une remise. Après les incendies qui le dévastèrent en 1672 et en 1835, le village fut transféré à son emplacement actuel. L'obligation de se rendre aux offices fut supprimée en 1850, mais l'habitude de se rassembler dans les villages paroissiaux se poursuivit pendant plusieurs décennies. À partir de 1920, l'amélioration des moyens de transports ne nécessita plus de passer la nuit au village paroissial.

Les maisons appartiennent toujours à des particuliers et le village paroissial s'anime en été lors du festival de la St-Jean et de celui de la fête de la paroisse, une semaine plus tard.

Église paroissiale (Landsförsamlings kyrka)

0910-78 79 00 - en travaux, réouverture prévue en juil. 2006 - tlj sf w.-end 10h-16h, possibilité de visite guidée sur RV.

L'**église paroissiale** néoclassique blanchie à la chaux, consacrée en 1800, se dresse sur les rives de la Skellefteälven. Elle contient de nombreuses sculptures en bois, notamment la **Vierge de Skellefteå★**, en bois de noyer, rare exemple de statue romane en bois.

Derrière l'église, une route conduit au **Lejonströmsbron**, le plus long pont de bois encore en service en Suède.

Museum

0910-73 55 10 - juin-août : 12h-16h ; sept.-mai : mar. 9h-21h, merc.-jeu. 9h-16h, vend., lun. et w.-end 12h-16h, possibilité de visite guidée en anglais sur demande - fermé 1er janv., 24 et 25 déc. - 40 SEK.

Le musée comprend plusieurs sections, consacrées à l'archéologie, l'exploitation minière, la sylviculture et l'agriculture ainsi qu'aux monnaies.

Uppsala★★

UPPSALA LÄN – 188 478 HABITANTS
CARTE MICHELIN N° 711 M 14 OU ATLAS EUROPE P. 119 -
SCHÉMA : LAC MÄLAREN

Reconnaissable de loin à la silhouette de son château et de sa cathédrale, Uppsala est la capitale ecclésiastique de la Suède et un centre intellectuel doté de la plus ancienne université de Scandinavie. La rive occidentale de la Fyrisån est dominée par la cathédrale, l'université et le château, tandis que la rive orientale est devenue un quartier d'affaires moderne. La présence d'un grand nombre d'étudiants (environ 20 000) est à l'origine de l'animation de la ville, surtout le 30 avril (Sista April), date où l'on célèbre l'arrivée du printemps.

- **Se repérer** – Uppsala est située à 70 km au Nord de Stockholm par la E 4.
- **Se garer** – On peut facilement faire à pied le tour du centre-ville et des curiosités qu'il recèle ; il est donc recommandé de laisser la voiture dans un des parkings de la périphérie.
- **À ne pas manquer** – La cathédrale, Gamla Uppsala, l'église médiévale de Härkeberga, Österbybruk *(voir Le Roslagen)*.
- **Organiser son temps** – Comptez une journée pour la visite d'Uppsala et une autre journée pour le circuit du Roslagen.
- **Avec les enfants** – Le musée de l'Uppland a un espace réservé où les enfants font la rencontre de Rådulf, le jeune garçon viking, de Selma la petite fermière et de Pelle, le célèbre chat sans queue d'Uppsala !
- **Pour poursuivre le voyage** – Uppsala n'est qu'à 78 km de Västerås, point de départ de deux circuits autour du magnifique lac Mälaren.

A. Lecus / MICHELIN

Les trois tertres royaux de Gamla Uppsala.

Comprendre

L'Estuaire de l'Est

Uppsala, ville natale d'**Ingmar Bergman** et cadre de son film *Fanny et Alexandre*, s'appelait à l'origine **Östra Aros** (Estuaire de l'Est). Au 11e s., c'était un comptoir commercial édifié à faible distance de la première cité d'Uppsala, aujourd'hui Gamla Uppsala. Cette première Uppsala devint en 1164 le siège d'un évêché dont le premier évêque fut un moine cistercien d'Alvastra *(voir Lac Vättern)*, dont le sacre eut lieu en France, à Sens. À la suite de l'incendie qui endommagea la cathédrale de l'ancienne Uppsala, l'évêché fut transféré en 1273 à Östra Aros, qui prit le nom d'Uppsala après le déclin et la disparition de la première ville. Le transfert de l'évêché fut marqué par le début de la construction d'une nouvelle cathédrale, destinée à recevoir les reliques de **saint Éric**, le roi **Éric IX**, qui avait été assassiné à Uppsala en 1160.

Uppsala pratique

Bon à savoir

UppsalaKortet – *Du 1er juin au 31 août, 125 SEK/pers., gratuit pour les enfants de moins de 3 ans.* Nombreux avantages pendant 3 jours : transports et parkings municipaux gratuits, accès aux musées, réductions dans certains restaurants, bars et magasins. La carte fournit également des réductions pour le théâtre, le cinéma et certains taxis.

Adresses utiles

Uppsala Tourism – Fyristorg 8, en plein centre - 727 48 00, fax 13 28 95 - www.uppsalatourism.se - en été : lun.-ven. 10h-18h, sam. 10h-15h, dim. 12h-16h. Vous pourrez y acheter la *UppsalaKortet (voir plus haut)* et trouver une importante documentation sur la région. Quelques souvenirs, cartes postales et timbres sont en vente à l'entrée. Vous pourrez également y trouver une liste des chambres chez l'habitant et des adresses de campings.

Transports

Trains - Plusieurs trains quotidiens assurent la liaison entre Stockholm et Uppsala en moins de 45mn. La plupart continuent vers Gävle et Sundsvall.

Aéroport – Arlanda, entre Stockholm et Uppsala par la E 4. Le bus rejoint Uppsala en 15mn.

Se loger

Samariterhemmets Gästhem – *Samaritergränd 2, à 5mn à pied du centre-ville - 10 34 00 - ch. : 490 SEK-840 SEK.* Cette pension est bâtie le long d'une église. Les chambres simples sont très différentes selon les prix, comprenant ou non une salle de bains. L'établissement bordé d'un grand jardin est plutôt charmant et la grand-mère qui réceptionne est chaleureuse. Attention, l'accueil s'effectue exclusivement en semaine avant 17h et les résidents sont priés de respecter le calme ambiant.

Akademihotellet – *Övre Slottsgata 5A, près de la cathédrale - 15 51 90, fax 10 29 17 - www.akademihottelet.uu.se - 27 ch. : 650 SEK-890 SEK.* Si la porte est fermée, sonnez à l'interphone de cette grande maison orange située dans le quartier historique, entre la cathédrale et le château. Les chambres simples mais confortables sont louées à des prix très attractifs.

Uppsala – *Kungsatan 27, dans le centre - 480 50 00, fax 480 50 50 - www.profilhotels.se - dortoir : 205 SEK, 213 ch. : 390 SEK - 1 080 SEK, suite : 2 500 SEK.* Centre grande tour plutôt inhospitalière accueille un hôtel pour hommes d'affaires très fonctionnel et sans grand intérêt, si ce n'est qu'il abrite également une auberge de jeunesse. Les chambres y sont impeccables, bon marché, et un jardin intérieur est aménagé pour flâner en été. Le tout en plein centre.

Grand Hotel Hörnan – *Rangårdsgatu 1, dans le centre - 13 93 80, fax 12 03 11 - www.grandhotellhornan.com - 37 ch. : 1 095/1 450 SEK.* Ce bâtiment du centre-ville longe le canal dans un quartier tranquille. Les chambres confortables sont à l'image de la maison aménagée dans le style ancien. Les appartements de l'angle sont équipés de petit balcons d'où vous pourrez contempler le canal.

First Hotel Linné – *Skolgatan 45, dans le centre - 65 03 53/10 20 00, fax 13 75 97 - www.firsthotels.se - 160 ch. : 1 249/1 449 SEK, suite : 1 849 SEK.* Un hôtel de standing sans surprise qui propose les commodités incontournables en Suède : sauna, solarium et salle de fitness. Les chambres sont modernes et sans charme particulier, mais vous pourrez prendre un verre dans le petit jardin intérieur.

Radisson SAS Gillet – *Dragarbrunnsgatan 23, dans le centre - 68 18 00, fax 68 18 00 - www.radissonsas.com - 160 ch. : 1 340/1 590 SEK, suites : 1 790/2 200 SEK.* Un des hôtels de luxe de cette chaîne connue qui garantit des établissements accueillants et tout équipés. Celui-ci est situé dans le quartier piéton et les prix ne sont pas plus élevés que ceux des hôtels voisins. Il a l'avantage d'être équipé d'une piscine.

Scandic Uplandia – *Dragarbrunnsgatan 32, dans le centre - 495 26 00, fax 495 26 00 - www.scandic-hotels.com - 133 ch. : 1 390/1 690 SEK, suite : 2 400 SEK.* L'aspect extérieur un peu froid de cet hôtel n'est pas à l'image de l'intérieur chaleureux où vous trouverez des chambres accueillantes et confortables. Les suites qui viennent d'être rénovées sont équipées d'un jacuzzi. Emplacement idéal dans le quartier piéton.

Se restaurer

Tzatziki – *Fyristorg 4, le long du canal - 150 333 - Tlj 16h-23h, w.-end 13h-23h - 80/200 SEK.* Un restaurant grec très populaire et fameux, dont la terrasse borde le canal quasiment au niveau de l'eau. Un cadre naturel qui vaut le détour, et une cuisine méditerranéenne très correcte. L'intérieur qui recrée l'ambiance du pays est toutefois un peu kitsch.

Kung Kràl – *St. Persg 4, dans le centre - 12 50 90 - Tlj 11h-14h30, 17h-22h - 80/250 SEK.* Un café-restaurant du centre piéton où vous pourrez apprécier une cuisine rapide, bon marché et très correcte. La grande terrasse qui longe la rue piétonne est un point de vue idéal pour regarder les promeneurs déambuler.

Il Forno a legna – *St Olofsgatan 8, près de la Cathédrale - ✆ 10 35 20 - tlj 16h-23h - 125/220 SEK.* Ce restaurant italien très populaire dispose d'un véritable four à bois (ce qui explique son nom) où sont soigneusement préparées les pizzas. La plupart des produits servis sont importés d'Italie et la cave comprend un belle collection de vins italiens.

Saluhallen – *St Eriks Torg 8, à 5mn à pied du centre - lun.-sam. 11h-22h - 75/500 SEK.* Les halles qui longent le canal dans le quartier de la cathédrale abritent plusieurs traiteurs et commerçants ainsi que 4 restaurants appartenant à la même famille. Chacun y trouvera son plaisir, du restaurant gourmet à la cuisine raffinée au café bon marché en passant par la grande terrasse bâtie sur le canal.

Wermlandskällaren Cellar – *Nedre Slottsgatan, près de la cathédrale - ✆ 13 22 00 - lun.-sam. 18h-23h - 175/500 SEK.* Cette grande demeure ancienne accueille un restaurant traditionnel spécialisé dans la cuisine suédoise. Les plats copieux sont servis en été sur une belle terrasse aménagée dans un cadre naturel très paisible.

Domtrappkällaren – *St Eriks Gränd 15, dans le centre - ✆ 13 09 55 - www.domtrappkallaren.se - lun.-vend. 11h-23h, sam. 17h-23h - 200/650 SEK.* Une institution où l'on sert depuis des générations une cuisine locale copieuse. Cette maison ancienne n'a pas perdu de son charme d'antan bien qu'elle soit fréquentée par de nombreux touristes.

Petite pause

Katedral Café – *Domkyrkoplan 5-7, au pied de la Cathédrale - ✆ 18 71 86 - mai-août : tlj 10h-17h.* Ce salon de thé est idéalement situé le long de la cathédrale avec sa terrasse charmante aménagée sur une petite pelouse. L'endroit idéal pour faire une pause entre deux musées.

Café Linné Konstantina – *Svartbäcksgatan 24, à l'entrée du musée Linné - ✆ 126 126 - lun.-ven. 9h30-22h, sam. 10h-22h, dim. 11h-22h.* L'intérêt de ce café tient uniquement en la petite terrasse aménagée de l'autre côté de la rue dans le jardin du musée Linné. Un cadre exceptionnel dans lequel vous pourrez déguster quelques plats ou une glace tout en contemplant le cadre fleuri alentour.

Sports et loisirs

BAIGNADE

À seulement quelques kilomètres d'Uppsala, plusieurs plages bordent le lac Mälaren :

Alsta –*Sur la route d'Enköping à 25 km d'Uppsala. Prenez la route 55 et sortez à Örsundsbro. À l'intersection 3 près de la rivière, suivez le panneau « Nysätra kyrka », après 4 km vous arriverez à la plage.*

Bredsand – *À 6 km au Sud d'Enköping en suivant la rue Torggatan vers le Sud - ✆ 0171 800 11, fax 0171 803 09 - De début avril au 24 sept.* Ce camping est bordé d'une belle plage accessible également pour les non résidents. Vous y trouverez un minigolf face à la mer, des pédalos et des vélos. Vous pourrez également déjeuner ou prendre un verre dans le restaurant aménagé au bord de l'eau.

Berkinge – *Berkinge bruk, à 7 km à l'Ouest du village de Forsmark - ✆ 0173 530 16 ou 070 519 15 07 - www.berkinge.se - tlj 10h 18h - 20 SEK/pers. et 120 SEK pour la licence de pêche.* Une grande base nautique aménagée pour la baignade et la pêche à la truite. Vous pourrez également y louer un bungalow.

GOLF

La région de l'Uppland s'énorgueillit de quelque 20 terrains de golf. Pour connaître précisément leur localisation, la longueur des parcours et le nombre de trous, *✆ 18-727 48 00 - www.uppland.nu*

Des forfaits week-end de golf, avec chambre et petit-déjeuner inclus, sont proposés à Älvkarleby, ville natale de l'écrivain Stig Dagerman, au bord de la rivière Dalälven (*www.alvkarleby.nu*).

HIPPISME

Bolsta by 4H Farm – *Vitkålsgatan, dans le quartier d'Årsta, à l'Est de la ville - ✆ 070 240 24 76, 070 710 65 57 - tlj 9h-16h.* Vous accéderez au centre hippique depuis le centre-ville, en empruntant les bus 3, 9 ou 61. Reprises en manège, excursions en famille, sur des poneys ou des chevaux.

Événements

Festival de Reggae – Les 12 et 13 août se rencontrent les plus célèbres musiciens de cette musique née en Jamaïque. Informations : *www.uppsalareggaefestival.com*

Festival du feu – Depuis 1935 de nombreuses démonstrations autour du feu ont lieu à la mi-août à Österbybruk. *Comptez 160 SEK par personne pour participer aux festivités.*

« Depuis des temps obscurs » – Un spectacle son et lumière organisé à Uppsala le 29 août qui rappelle l'histoire de la ville à l'époque médiévale. Performance devant la place de la cathédrale. *Comptez 50 SEK par personne.*

Nuit de la culture – En septembre, une journée et une nuit entièrement consacrées à la culture. Les musées et les galeries proposent un programme spécial à cette occasion. Le programme sur *www.uppsala.se/kulturnatten*

Festival international du court-métrage – Du 24 au 30 octobre. L'un des festivals les plus du cinéma de Suède. Informations : *✆ 018-12 00 25 - www.shortfilmfestival.com*

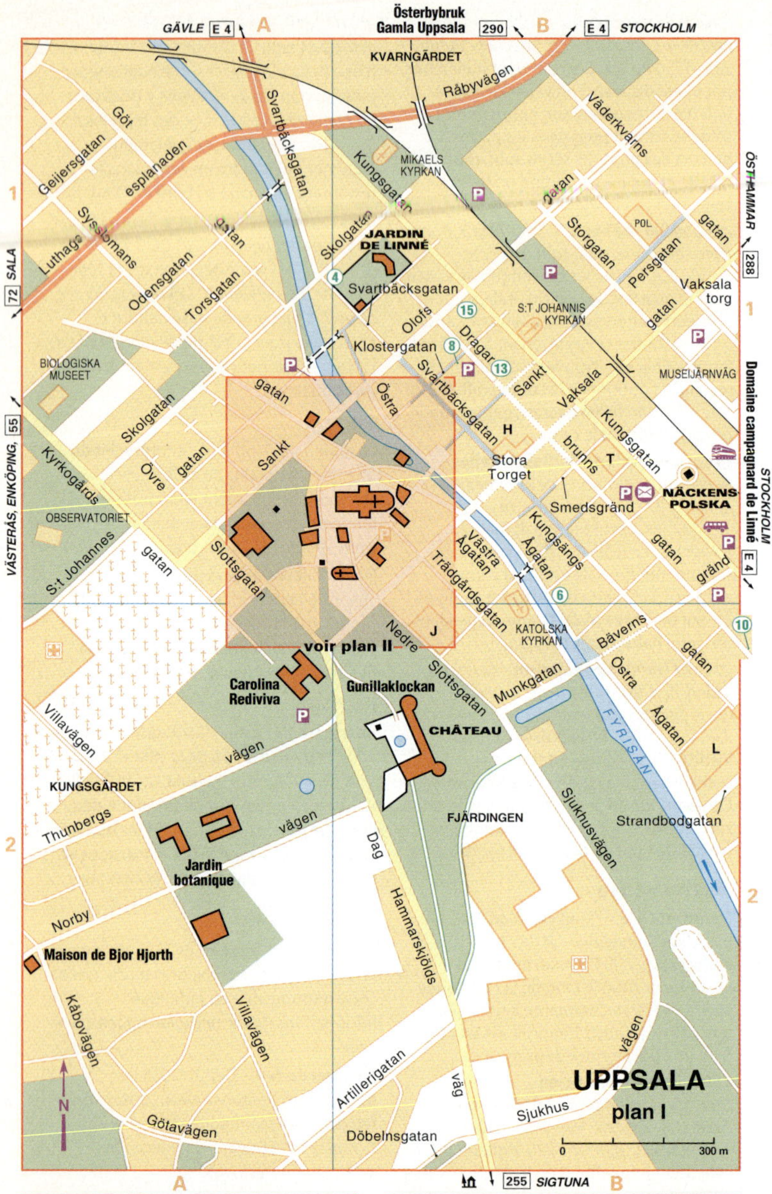

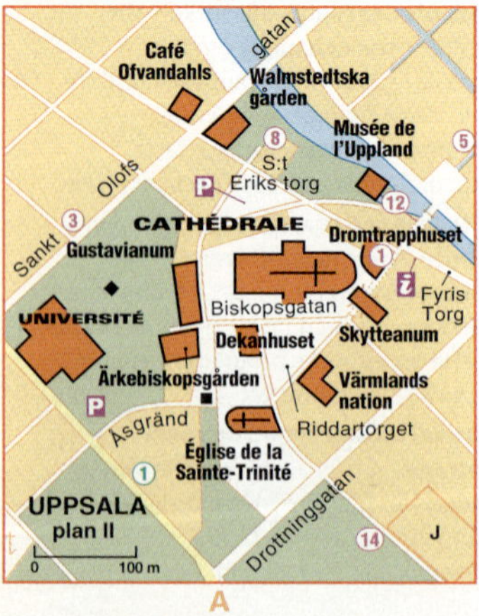

SE LOGER

SE RESTAURER

La montée en puissance de l'évêché d'Uppsala, élevé au rang d'archévêché et étroitement lié à la papauté et à la France par le canal des moines cisterciens (en 1285, le chapitre d'Uppsala avait fondé à Paris un collège pour étudiants suédois), assura au Moyen Âge le développement de la ville qui disputa à Sigtuna notamment le rôle de capitale de la Suède. C'est à Uppsala que **Gustave Vasa** fut couronné roi en 1523, tradition qui s'est perpétuée chez ses successeurs jusqu'à **Charles XI**, à l'exception de la reine Christine.

Se promener

Devant la gare centrale, un bronze monumental, **Näckens polska★ (B1)**, dû à Hjorth, jette une éclatante tache de couleur. Selon une tradition populaire très ancienne, Näcken est un esprit vivant dans les rivières et les ruisseaux. On le voit ici jouer du violon, tandis que la sirène des bois, Huldran, écoute la musique ; au sommet, deux jeunes gens dansent aux sons d'une ritournelle champêtre. Les suggestions érotiques de l'œuvre ont fait l'objet de discussions animées.

LE QUARTIER DE LA CATHÉDRALE

Cathédrale (Domkyrkan)★★ (A3)

018-18 72 01 - ♿ - 25 juin : 8h-15h ; 30 avr. : 8h-13h ; reste de l'année : 8h-18h - fermé pdt les messes.

La cathédrale d'Uppsala, église gothique la plus célèbre de Suède, fut construite selon un plan remarquablement simple. Les travaux commencèrent probablement vers 1270 et progressèrent lentement jusqu'à la consécration de l'église en 1435. C'est **Étienne de Bonneuil**, maître d'œuvre parisien, qui lui donna son caractère gothique rayonnant à l'image des cathédrales françaises. Elle fut plusieurs fois dévastée par les flammes et, bien que reconstruite au début du 18e s., dut être considérablement restaurée à la fin du 19e s. Quelques éléments gothiques d'origine subsistent autour des portails.

Intérieur – *Pénétrer dans la cathédrale par le portail Ouest et procéder à la visite en marchant dans le sens inverse des aiguilles d'une montre.* Le **tombeau** de marbre du philosophe Emanuel Swedenborg (1688-1772) a été placé dans l'une des chapelles du collatéral Sud. La **chapelle de la prière** et la **chapelle de la paix** sont ornées de belles tapisseries. On remarquera le monument funéraire de **Dag Hammarskjöld,** secrétaire général des Nations unies et prix Nobel de la paix en 1957.
Les rois étaient couronnés sous la **voûte du Couronnement**.

La splendide **chaire★★★** baroque (1710) fut sculptée par **Burckhardt Precht** selon des dessins de **Nicodemus Tessin le Jeune.** Le magnifique crucifix du maître-autel en argent et en cristal, de 3 m de haut, date de 1976. Dans la **chapelle Notre-Dame**, médiévale, reposent le roi **Gustave Vasa** et ses deux premières épouses. Le monument central (1562-1583) est l'œuvre du sculpteur hollandais **Willem Boy**. Des fresques du 19e s. rappellent les événements importants de la vie de Gustave Vasa.

I. Klipper / MICHELIN

Domkyrkan, la cathédrale d'Uppsala.

La **chapelle Finsta** abrite un des plus célèbres trésors de la cathédrale, le **reliquaire en vermeil de saint Éric★★★** (1579), saint patron de la Suède. Une **pierre tombale** en marbre noir de Tournai marque la tombe des parents de sainte Brigitte *(voir Lac Vättern)*. Le couple est entouré de ses sept enfants, Brigitte se trouvant en bas à droite.

La **châsse** octogonale en vermeil (1990), entourée de fer forgé délicatement ouvragé, contient les reliques de la sainte. Dans la **chapelle Sture**, on remarquera le retable flamand exécuté à Bruxelles en 1520. La **chapelle Jagellon (Jagellonica kapel)** est la chapelle funéraire de la première femme du roi Jean III, la princesse polonaise Catherine Jagellon. La tombe, de taille modeste et couverte d'un baldaquin, fut réalisée en 1590 par Willem Boy. La sculpture en marbre représentant le roi allongé est une œuvre hollandaise du 16e s. Remarquez, au-dessus, les armoiries de leurs villes natales, Cracovie et Stockholm. On verra également la **pierre tombale** de Carl von Linné.

Musée★★ – *Prendre l'ascenseur sous le porche à gauche. Domkyrkoplan 2 - ✆ 018-18 72 01 - mai-sept. : 10h-17h ; oct.-avr. : tlj sf lun. 11h-15h, dim. 12h30-15h - fermé 25 juin - 30 SEK.* La tour Nord abrite une magnifique collection de textiles rares (du 12e au 20e s.), des vêtements liturgiques, les insignes royaux provenant des tombeaux des Vasa et les costumes des nobles assassinés lors du meurtre des Sture *(voir plus loin Slottet)*. Une robe de brocart datant de 1400 aurait appartenu à la reine Margrethe, qui régna sur les royaumes unis de Danemark, Norvège et Suède. Deux chasubles auraient été réalisées par **Albertus Pictor**, qui était également spécialiste des vêtements brodés de perles.

Contourner la cathédrale par le Sud et aller au-delà de l'extrémité Est.

Les sept **pierres runiques** situées sur la droite sont revêtues d'inscriptions du 11e s. Le **Skytteanum (A3)**, que l'on voit à droite, montre les traces d'une ancienne porte et comprend une partie de la muraille médiévale, dont provient la tour de la fin du 13e s., **Domtrapphuset (A3)**, qui se trouve en face.

Descendre les marches (Domtrappan), puis tourner immédiatement à droite dans Valvgatan. Continuer le long de cette allée étroite et emprunter le passage voûté sous le Skytteanum.

Douze des treize clubs d'étudiants représentant différentes régions suédoises sont situés sur la rive Ouest et leur style raffiné du 19e s. donne de l'intérêt au quartier. Au-delà d'**Oxenstiernska huset**, datant du 17e s., on peut voir **Värmlands nation (A3)**, club des étudiants du Värmland, qui fut dessiné en 1930 par **Ragnar Östberg**, architecte ayant réalisé le célèbre hôtel de ville de Stockholm.

Sur la gauche, on peut voir **Dekanhuset (A3)**, maison du doyen du chapitre, puis **Ärkebiskopsgården (A3)**, demeure de l'archevêque.

Église de la Sainte-Trinité (Helga Trefaldighets Kyrka)

L'église de la Sainte-Trinité fut construite sur le site d'une ancienne église en bois et achevée vers 1343 ; la tour Ouest est une adjonction du 14e s. Les peintures du vieux porche et du transept sont attribuées à **Albertus Pictor** et ses disciples.

Gustavianum (A3)

Entrer par le parc de l'université.

Le Gustavianum, qui porte le nom de son bienfaiteur le roi **Gustave II Adolphe**, fut construit sur le site d'un palais épiscopal du Moyen Âge et abrita l'université de 1620 à 1887. Il est caractérisé par sa coupole couronnée d'un soleil, qui permettait à la lumière de pénétrer dans l'**amphithéâtre d'anatomie★★** (1663) conçu pour les dissections pratiquées en public par le naturaliste et professeur de médecine Olof Rudbeck (1630-1702).

Musée du Gustavianum – *Akademigatan 3 - ✆ 018-471 7571 - www.gustavianum.uu.se - ♿ - tlj sf lun. 11h-16h - fermé 22 déc.-9 janv. - 40 SEK.* Ce musée retrace l'histoire de l'Université et consacre une section à la Suède préhistorique et médiévale. Ne manquez pas de voir le célèbre **cabinet de curiosités d'Augsbourg★★**, que cette ville allemande offrit au roi Gustave II Adolphe en 1632. Ce meuble d'ébène à tiroirs et à compartiments, incrusté de pierres précieuses, devait servir à exposer des objets précieux.

Université★ (Universitetshuset) (A3)

Universitetshuset - ✆ 018-471 7571 - ♿ - visite guidée de mi-juin à mi-août sur RV - 40 SEK.
En 1477, l'archevêque Jakob Ulvsson avait fondé l'Université, instaurant par cette décision la tradition, ininterrompue celle-là, de centre intellectuel du pays. Initialement administrée par l'Église catholique, elle dispensait ses enseignements

aux futurs membres du clergé. Le luthéranisme s'y substitua tout naturellement après l'introduction de la religion réformée, avant que les laïcs ne devinssent chanceliers (recteurs) de l'Université. C'est en 1887 que furent inaugurés les bâtiments actuels.

Le **parc de l'université**, situé devant l'édifice, abrite plusieurs pierres runiques et une **statue d'Erik Gustaf Geijer**, historien et poète, qui fut professeur à l'université de 1816 à 1847.

Descendre Sankt Olofsgatan en direction de Sysslomansgatan.

De l'autre côté de la rue, le **Café Ofvandahls (A3)** est le lieu de rencontre favori des étudiants depuis le début du siècle.

À proximité, **Walmstedtska gården (A3)** est la demeure de la fin du 19e s. d'un professeur de l'université. *Sysslomansg 1 - ✆ 018-16 91 00 - n'est pas accessible aux individuels.*

Traverser la rivière et tourner à gauche.

Jardin de Linné★ (Linnéträdgården) (B1)

Svartbäcksgatan 27 - ✆ 018-47 12 576 - ♿ - linnéträdgården mai-août : 9h-21h ; sept. : 9h-19h ; exposition mai-sept. : tlj sf w.-end 11h-15h, possibilité de visite guidée en anglais - 30 SEK (enf. gratuit). musée - ✆ 018 13 65 40 - ♿ - de déb. juin à mi-sept. : tlj sf lun. 12h-16h - fermé 23 juin - 30 SEK (-15 ans gratuit).

La résidence de **Carl von Linné** (1707-1778), initiateur de notre système de classification des plantes, est aujourd'hui un **musée** contigu à son propre **jardin botanique** où poussent 1 600 variétés de plantes. De part et d'autre de l'allée centrale, plantes annuelles et plantes vivaces sont réparties dans 44 parterres selon le système imaginé par Linné. Lorsqu'il fut nommé professeur de médecine et de botanique en 1741, il persuada l'Université de la nécessité d'agrandir le jardin et de construire l'orangerie dont **Carl Hårleman** dressa les plans.

Retraverser la rivière et prendre Sysslomansgatan à gauche.

Musée de l'Uppland (Upplandsmuseet) (A3)

St Eriks Gränd 6 - ✆ 018-16 91 01 - ♿ - tlj sf lun. 12h-17h - gratuit.

Le musée de l'Uppland est logé dans l'ancien moulin à eau de l'université. Il comprend des sections sur la ville médiévale, la cathédrale et la vie des étudiants. Deux des objets du folklore qui y sont exposés sont caractéristiques de l'Uppland : la *nyckelharpa* (une sorte de vielle) et le *rya* (tapis à longs brins noués).

Sankt Eriks gränd ramène à Domtrappan.

AUTOUR DU CHÂTEAU

Suivre Drottninggatan vers le Sud.

Carolina Rediviva (A2)

Dag Hammarskjölds väg 1 - ✆ 018-471 39 00 - 9h-20h (sf de mi-juin à mi-août 17h), sam. 10h-17h, dim. 11h-16h (de déb. mai à déb. sept.) - fermé dim. de déb. sept. à déb. mai - 20 SEK (mai-sept.), gratuit reste de l'année.

Avec 30 000 manuscrits et plus de deux millions de volumes, c'est la plus riche mais aussi la plus grande bibliothèque universitaire de Suède. Son trésor le plus précieux (exposé à droite de l'entrée) est le célèbre **Codex argenteus★★**, ou Bible d'argent, écrit vers 520 à Ravenne, en lettres d'argent et d'or sur 187 feuilles de parchemin pourpre. Parmi les autres objets de valeur, citons le *Codex Uppsaliensis*, qui est le plus ancien des manuscrits de la *Petite Edda* de Snorri Sturluson, datant de 1300 environ, et la *Carta Marina*, carte des mers du Nord, imprimée à Venise en 1539 et dessinée par **Olaus Magnus**, dernier archevêque catholique de Suède.

Traverser Slottsgatan.

Château★ (Slottet) (B2)

Slottet ingång E - ✆ 018-727 24 82 - château juin-août : 14h-15h ; musée : tlj sf lun. 12h-16h, w.-end 11h-17h, 1er merc. du mois 12h-20h, possibilité de visite guidée en anglais - fermé 20-21 juin - 60 SEK (enf. 15 SEK).

Lorsque le roi Gustave Vasa entreprit la construction de ce château, il venait de rompre avec l'Église catholique et souhaitait faire valoir son pouvoir en faisant bâtir sa forteresse sur la crête qui dominait la cathédrale. Ses fils firent du château une résidence digne des rois. L'édifice brûla deux fois et ses façades furent remaniées par **Carl Hårleman** en 1757. De nos jours, le gouverneur du comté en occupe une partie. La grande salle, **Rikssalen**, restaurée par **Ragnar Östberg**, est utilisée aujourd'hui pour des banquets et autres festivités.

Les ruines – Ce sont les seuls vestiges de la forteresse de **Gustave Vasa**. Un événement tragique s'y passa en 1567. En effet, dans un accès de rage, le roi Éric XIV fit emprisonner dans les cachots les membres de plusieurs grandes familles du pays, puis les fit assassiner. L'événement est connu sous le nom de **meurtre des Sture**, trois des victimes appartenant à cette famille. Plusieurs tableaux, réalisés à l'aide de figures de cire, font revivre la scène. La cloche, **Gunillaklockan**, porte le nom de la seconde épouse du roi Jean III, Gunilla, qui en fit don à la chapelle. De nos jours, cette cloche joue un rôle important dans les célébrations du Sista April *(voir en début de chapitre)*, quand les étudiants accueillent le printemps par un discours et des chants.

Jardin botanique (Botaniska Trädgården) (A2)

À l'Ouest du château.

Villavägen 6-8 - ✆ 018-471 28 38 - ♿ - mai-août : 7h-21h ; sept.-avr. : 7h-19h, possibilité de visite guidée en anglais (gratuit).

Olof Rudbeck traça en 1670 les jardins du palais que Carl Hårleman remania au 18e s. dans le style « à la française ». En 1787, ils devinrent les jardins botaniques de l'université.

Maison de Bjor Hjorth (Bror Hjorths Hus) (A2)

Norbyvägen 26, à l'Ouest des jardins botaniques.

Norbyvägen 26 - ✆ 018-56 70 30 - www.brorhjorthshus.com - ♿ - de déb. juin à mi-août : tlj sf lun. 12h-16h ; reste de l'année : jeu. et w.-end 12h-16h - 30 SEK.

Bror Hjorth (1894-1968) est l'un des artistes suédois du 20e s. les plus connus. Ses sculptures et ses huiles naïves et expressives, aux couleurs vives, montrent clairement qu'il tira son inspiration du folklore suédois et de la sculpture africaine. Les œuvres exposées dans la maison et l'atelier comprennent les esquisses réalisées pour l'exécution du retable de l'église de Jukkasjärvi *(voir index)*.

Aux alentours

Gamla Uppsala★★

*5 km au Nord par la route 290 (**B1**) en direction d'Osterbybruck.*

Le site archéologique, qui est celui de la première Uppsala, comprend trois **tertres royaux★★★** et le tertre de l'Assemblée (Tingshögen, à l'Est), très abîmé par l'érosion, ainsi que 250 à 300 tombes. Seuls à subsister de l'ensemble des tertres funéraires abritant les tombes des chefs et des princes de la dynastie Ynglinga qui régnait à l'époque précédant l'ère viking et descendrait d'Odin même, les tertres royaux seraient ceux des trois princes Aun, Egil et Ådil. Vers 1070, Adam de Brême fit une description détaillée du temple païen qui occupait le site, à l'emplacement duquel l'église actuelle est probablement construite.

Domaine campagnard de Linné (Linnés Hammarby)

✆/fax 018-32 60 94 - www.hammarby.uu.se - parc mai-août : 8h-20h ; musée et café mai-août : 12h-16h, possibilité de visite guidée en anglais - fermé lun. - 30 SEK.

*Quitter Uppsala la par la E 4 (**B1**), puis emprunter la route 282 en direction d'Edsbro. Après avoir parcouru 3 km, tourner à droite en direction de l'église danoise. De là, une ancienne route rurale sinueuse conduit à Linnés Hammarby.*

Le domaine campagnard de **Linné**, datant du 18e s., est orné de parterres de fleurs, d'arbustes et d'arbres dont le grand botaniste s'occupait lui-même. La maison n'a conservé qu'une petite partie du mobilier d'origine bien que le bureau porte encore les traces de son travail. Des copies de ses œuvres les plus célèbres sont exposées. Un grand nombre de ses élèves lui rendaient visite dans sa résidence d'été et il improvisait alors des cours dans le pavillon Nord où, d'une curieuse tribune surnommée « cheval d'étude », il parlait à son auditoire ravi. Ses manuscrits et son herbier ont été conservés par la société Linné, établie dans Burlington House, à Londres.

Église de Härkeberga

✆ 0171-41 40 44 - mars-nov. : tlj sf w.-end 8h-18h.

38 km au Sud-Ouest d'Uppsala par la route 55.

L'église médiévale renferme de très belles **peintures murales★★★** d'**Albertus Pictor** (1445-vers 1507). Elles furent réalisées à la fin du 15e s., au moment où les voûtes en brique remplacèrent les plafonds de bois, et, contrairement à ce qu'il advint dans les autres églises, elles ne furent pas ultérieurement recouvertes d'une couche de peinture à la chaux. Extrêmement bien conservées, elles font partie, selon les experts, des plus belles œuvres du peintre. Son style est réaliste et, malgré la puissance et la vigueur qu'expriment les personnages, l'ensemble est empreint d'une sensibilité délicate. Les peintures font revivre des scènes de la Bible ainsi que certaines légendes

Albertus Pictor (vers 1455-1507)

Albert le peintre, comme on le désigne parfois en Suède, décora plus d'une trentaine d'églises dans les provinces d'Uppland, de Södermanland et de Västmanland. Il est probable qu'il dirigeait un important atelier et qu'il employa plusieurs compagnons et apprentis à la réalisation de ses nombreux projets. Vivantes et expressives, d'un réalisme particulièrement nouveau, ses peintures trouvent leur inspiration dans les scènes de l'Ancien et du Nouveau Testament. Un grand nombre d'entre elles ont malheureusement disparu sous les badigeons à la chaux dont abusèrent les 17e et 18e s., et celles qui nous sont parvenues constituent l'une des parts les plus précieuses du patrimoine suédois. Quelques-uns des meilleurs exemples de l'œuvre d'Albertus Pictor se trouvent à Härkeberga.

et sont réparties selon un ordre bien défini : la Trinité au-dessus de l'autel, la Vierge Marie et l'enfance du Christ dans le chœur, des scènes de l'Ancien Testament sur les voûtes de la nef et la Passion du Christ sur les murs, tandis que le porche est réservé aux fables édifiantes et aux scènes appelant la présence du diable.

Circuit de découverte

LE ROSLAGEN★★

Circuit de 255 km au départ d'Uppsala sans compter quelques détours vers la côte à partir de la route 76.

À l'Est d'Uppsala s'étend une frange côtière connue sous le nom de Roslagen et fréquentée l'été par les habitants de la capitale. La région est réputée pour ses anciens « **villages de forges** » et ses **églises médiévales** (1150-1300).
Lorsqu'au 15e s. les plafonds en bois des églises furent remplacés par une voûte en brique, celle-ci fut généralement ornée de fresques composées de motifs décoratifs et de scènes de la Bible. La principale source d'inspirations des artistes de l'époque était la *Bible des pauvres,* abondamment illustrée.

Vallonbruken★★ (les forges wallonnes) – En Suède, la métallurgie du fer prit naissance dans la région minière de Bergslagen qui vit prospérer des forges dès les 16e et 17e s. Les premières appartenaient souvent à des familles de langue néerlandaise (de Geer et de Besche) originaires des Provinces-Unies, tandis que de nombreux ouvriers qualifiés étaient des Wallons (certains noms de famille tels que Martinelle, Gauffin ou Mineur rappellent le souvenir de ces premiers immigrants). Les forges traitaient le minerai de fer de haute qualité extrait de la **mine Dannemora** (l'exploitation cessa en 1991) et produisaient du fer en gueuses de bonne qualité qui devint très vite célèbre à l'étranger et fut exporté à Sheffield pour la fabrication d'outils et de coutellerie.

Quitter Uppsala vers Stockholm et prendre la route 77 à gauche en direction de Norrtalje.

Norrtälje

Centre administratif du Roslagen, cette charmante petite ville accueille le **Roslagens museum** (*Hantverkargatan 23*), qui illustre le passé maritime de la région. *Hantverkargatan 23 - ✆ 0176-576 30 - juil.-août : tlj sf dim. 11h-16h, sam. 12h-15h ; reste de l'année : tlj sf w.-end 11h-16h - 30 SEK.*

Prendre la route 76 vers le Nord, la quitter à Söderby-Karl et suivre la route 283 en direction du Nord.

Grisslehamn

Ce petit port de pêche se développa autour d'un bureau postal et douanier installé sur la route de la poste reliant Stockholm et la Finlande (voir Åland). Jusqu'en 1876, le courrier était transporté par bateaux à rames jusqu'au petit port de Storby, sur l'île d'Eckerö, et, lorsque la mer était gelée, les bateaux étaient traînés sur la glace. Une course d'avirons entre les deux ports commémore ce service. Le peintre et écrivain populaire Albert Engström (1869-1940), connu pour ses amusants portraits des vieilles gens du Roslagen, vécut dans ce village. De sa maison en bordure du port, un chemin serpente à travers bois jusqu'à son **atelier (Albert Engströms ateljé)**, perché sur la falaise. *✆ 0175-308 90 - visite guidée (45mn, anglais et français) du musée et du studio en juil. : se renseigner pour les horaires ; reste de l'année : sur RV - 30 SEK (musée), 30 SEK (studio) ; 60 SEK billet combiné.*

Revenir à Älmsta puis prendre la route d'Hallstavik.

Église d'Häverö

Édifiée vers 1300, elle contient des **peintures** restaurées et un beau retable datant de 1500, œuvre d'un artisan d'Anvers.

Rejoindre la route 76.

Église d'Edebo★

☎ 0175-216 34 - se renseigner.

Une restauration soignée a permis de découvrir de splendides **peintures★★** exécutées en 1515 par le maître d'Edebo, qui fut influencé par Albertus Pictor *(voir index)*. Les verts et les jaunes chauds aux nuances rougeâtres donnent à l'intérieur de l'église des reflets dorés. Les fonts baptismaux du 14e s. sortent des ateliers du Gotland.

Continuer vers le Nord le long de la route 76.

Forge de Harg (Hargs bruk)

Ce « village de forges » fut fondé en 1668, mais son manoir *(fermé au public)* et son parc ne furent construits que vers 1760. L'entrepôt, **Järnboden,** situé à 3 km du village, abrite en été des expositions d'art moderne.

Prendre la route 292 vers l'Ouest.

Forges de Gimo (Gimo bruk)

« Village de forges » fondé par décret royal en 1615, c'est sous la direction de Louis de Geer que les **forges de Gimo** connurent une grande prospérité. Gimo Herrgård, élégant manoir de style gustavien construit en 1770 par **Jean Eric Rehn**, est maintenant transformé en centre de conférences.

Rejoindre la route 76 en suivant la route 288 vers Östhammar.

Les « villages de forges »

Ces villages se caractérisaient par leur plan identique et l'uniformité des couleurs et des matériaux de construction. Bien qu'un certain esprit de progrès ait imprégné ces nouveaux villages industriels, l'ordre établi régnait en maître : ainsi les ouvriers-forgerons habitaient-ils de petites maisons d'un étage bordant la rue principale, tandis que le propriétaire de la forge résidait dans un manoir imposant.
Aujourd'hui, toutes les forges ont cessé leur activité mais ces villages modèles sont un élément important de l'héritage industriel de la Suède.

Östhammar

C'est une petite ville charmante agrémentée d'édifices en bois du 18e s., bien conservés.

Quitter la route 76 à Lindersvik en direction d'Öregrund.

Öregrund★

D'étroites ruelles conduisent au cœur de cette jolie petite ville dont le port est dominé par l'ancien phare, l'église du 15e s. et sa tour-clocher du 18e s.

Rejoindre la route 76 et continuer vers le Nord.

Forges de Forsmarks★ (Forsmarks bruk)

☎ 0295-200 72 - du 27 juin au 8 août : 12h-16h - 20 SEK (enf. gratuit).

En 1646, Willem de Besche fit l'acquisition d'une fonderie établie à Forsmark depuis 1570 et de ses trois forges. L'établissement fonctionna jusqu'en 1898. Le **manoir** (1774) de style gustavien, entouré d'un parc à l'anglaise, fut dessiné par **Jean Eric Rehn**, qui conçut également le plan symétrique du village, structuré autour des deux bâtiments représentant l'autorité légale : le manoir et l'église (1800), situés aux deux extrémités de la rue principale. La tour de l'église offre une belle vue d'ensemble. La grange située à proximité de l'auberge sert de **musée** local.

La route 76 vire vers le Nord-Ouest ; la suivre jusqu'à Lövstabruk.

Lövstabruk★★

☎ 0294-310 70 - église : tt l'été - visite guidée de fin juin à mi-août : deux fois dans l'après-midi du manoir et une fois dans l'après-midi du village ; de fin mai à fin juin et deux derniers w.-ends d'août : dans l'après-midi (manoir) - visite guidée 50 SEK (enf. gratuit).

Louis de Geer fit l'acquisition des **forges de Lövsta** en 1643 et en fit le centre de son empire minier. Ce rôle important est reflété par l'imposant **manoir★**, dont l'élégante décoration intérieure est de Jean Eric Rehn, et ses beaux jardins baroques. Sur le côté

Ouest de la rue principale, les maisons des ouvriers, en parfait état, rehaussées de jaune et de blanc, font pendant au manoir situé de l'autre côté. L'église, achevée en 1727, renferme un célèbre **orgue** baroque, construit en 1728 par Johan Niclas Cahman.

Prendre une route secondaire vers le Sud en direction d'Österbybruk ; elle rejoint la route 290 à mi-parcours.

Österbybruk★★

✆ 0295-200 72 - ♿ - de déb. juin à mi-août : 12h-17h ; deux derniers w.-ends d'août : 12h-17h ; mai : w.-end 12h-16h - 20 SEK (enf. gratuit).

Les **forges d'Österby** constituent le « village de forges » le plus ancien et le plus intact. Un haut-fourneau très simple fonctionnait déjà en 1443, mais la fonderie connut un réel essor après l'acquisition du domaine par Louis de Geer en 1643. L'exposition organisée dans la **forge wallonne★**, la dernière de son genre, illustre de façon très réaliste les conditions de travail d'autrefois.

Le **manoir** de deux étages datant de 1758-1785 sert de centre d'exposition en été. **Bruno Liljefors**, peintre de renommée internationale connu pour ses scènes de chasse de style impressionniste, y vécut de 1917 à 1934. Il transforma l'ancienne buanderie en **atelier** (Liljeforsateljén), et la vue que l'on aperçoit de la fenêtre est souvent reproduite dans ses tableaux. L'aile Ouest abrite une chapelle et l'aile Est a été convertie en auberge. Les écuries et les entrepôts ont été transformés en boutiques d'artisanat. Le parc a été dessiné par Carl Hårleman. La **tour-clocher** (1700) carolienne est un des éléments caractéristiques des « villages de forges » de l'Uppland.

Continuer à suivre la route 290 vers le Sud pour rejoindre Uppsala.

Varberg★ et la côte du Halland

HALLANDS LÄN – 52 200 HABITANTS
CARTE MICHELIN N° 711 O 9 OU ATLAS EUROPE P. 123

La ville fortifiée de Varberg joua un rôle stratégique tout au long du Moyen Âge, mais son importance fut accrue lorsqu'elle devint l'une des places fortes de la formidable ligne de défense du Danemark. La ville s'installa sur son site actuel à la suite d'un incendie en 1666. Au 19e s., Varberg devint célèbre en tant que station thermale et balnéaire. De nos jours, elle est reliée par un service de ferry à Grenå au Danemark.

- **Se repérer** – Varberg est située sur la côte occidentale de la Suède, entre Göteborg (73 km au Nord) et Helsingborg (144 km au Sud).
- **À ne pas manquer** – La route côtière entre Varberg et Halmstad.
- **Organiser son temps** – Comptez une journée pour le circuit le plus long entre Varberg et Halmstad.
- **Avec les enfants** – Miniland à Halmstad, Apelviken et sa vaste plage de sable fin au Sud de Varberg.
- **Pour poursuivre le voyage** – Le Halland est voisin de la Scanie dont la côte est très variée et jalonnée de charmants petits ports *(voir Malmö et la Scanie)*.

MARKNAD VARBERG

La forteresse de Varberg.

Comprendre

L'École de Varberg

Trois artistes, **Richard Bergh** (1858-1919), **Nils Kreuger** (1858-1930) et **Karl Nordström** (1855-1923), influencés par Gauguin et Van Gogh, travaillèrent à Varberg de 1893 à 1896. Amis depuis leurs études à l'Académie des beaux-arts de Stockholm, ils avaient séjourné à **Grez-sur-Loing**, en France, au sein d'un groupe d'artistes suédois *(voir encadré à Göteborg : Le séjour des artistes nordiques en France)*. Le symbolisme et le synthétisme de Gauguin déterminèrent l'orientation de leur travail à Varberg et influencèrent considérablement les membres du mouvement romantique national suédois au début du siècle. Une salle du musée de Varberg est consacrée aux œuvres de ces artistes.

Se promener

Prendre les eaux à Varberg

De son passé thermal, Varberg a gardé le **Societetsparken** *(à l'Ouest de la ligne de chemin de fer)*, qui est toujours, comme au bon vieux temps, un lieu de divertissement en été, et la **Societetshuset,** salle des fêtes désormais utilisée comme restaurant et salle d'exposition. Les **thermes** ont été réaménagés et les visiteurs peuvent y prendre

Varberg et la côte du Halland pratique

Adresses utiles

Varberg – *Brunnsparken - ✆ 0340 887 70.*

Falkenberg –*Holgersgatan 9 - ✆ 0346 861 00.*

Halmstad – *Halmstad slott - ✆ 035 13 23 20, fax 035 15 81 15 - www.halmstad.se/turist*, site en anglais où vous trouverez toutes les informations sur la ville et ses environs - *en été : lun.-sam. 9h-19h, dim. 11h-18h*. Brochures, réservations en tout genre et souvenirs.

Transports

Aéroport – Halmstad.

Bon à savoir – Le bus n° 10 pour la plage part toutes les 20mn depuis Österskans (centre-ville). *Comptez 20mn de trajet pour 20 SEK par personne.*

Se loger

Gula Briggen – *Södra Vägen 3, près du château - ✆ 227 501 - www.gulabriggen.com - ch. : 695/795 SEK* . Cette grande demeure jaune bâtie dans un parc est une ancienne prison. L'intérieur a été totalement réaménagé pour devenir une pension charmante et colorée. Les salles de bains sont modernes et spacieuses, et un jardin intérieur entoure une belle fontaine. Un excellent rapport qualité-prix et accueil soigné.

Tylösand – *PO Box 643, à Tylösand - ✆ 35 305 00, fax 35 324 39 - www.tylosand.se - 230 ch. : 775/950 SEK* . Ce grand hôtel moderne est situé à 10 km de la ville au bord de la plage. Un cadre idéal pour passer des vacances au bord de l'eau. Les chambres sont impeccables et accueillantes, et vous trouverez sur place un centre de soins, un sauna, un solarium et une piscine. L'hôtel dispose également d'un restaurant gourmet de grande qualité.

Amadeus – *Hvitfeldtsgatan 20, à 5mn à pied du centre - ✆ 166 000, fax 12 64 93 - www.amadeus.nu - ch. : 850/1 050 SEK* . Ce petit hôtel sans prétention à l'avantage d'être bien situé. L'intérieur est correct et les chambres bon marché. En tout cas, il plaît énormément aux Suédois, c'est pourquoi il vous faudra absolument réserver en été.

Continental – *Kungsgatan 5, dans le centre - ✆ 17 63 00, fax 12 86 04 - www.continental-halmstad.se - ch. : 950/1 290 SEK, suite : 1 990 SEK* . Cet hôtel très bien situé dispose de chambres confortables décorées dans le style ancien. L'ensemble est d'aspect charmant et le petit-déjeuner est un buffet particulièrement bien fourni.

Clarion Collection Hotel Norre Park – *Norra Vägen 7, dans le centre - ✆ 21 85 55, fax 10 45 28 - www.norrepark.se - ch. : 1 175/1 375 SEK, suite 1 525 SEK* . Cette grande demeure en brique est idéalement située en face d'un parc. L'intérieur est accueillant, les chambres impeccables et l'accueil souriant. Une très bonne adresse dans le centre.

First Hotel Mårtenson – *Storgatan 52, dans le centre - ✆ 17 75 75, fax 12 58 75 - ch. : 1 199/1 399 SEK, suite : 1 599 SEK* . Au bout de la rue piétonne se trouve cet hôtel moderne, dont l'attrait ne tient pas essentiellement à son charme mais à sa localisation. Les chambres sont confortables et mieux vaut choisir celles qui donnent sur le canal, qui disposent d'un petit balcon.

Grand Hotel – *Stationsgatan 44, dans le centre - ✆ 280 81 00, fax 280 81 10 - www.grandhotel.nu - ch. : 1 200/1 500 SEK, suites : 1 650/1 950 SEK* . Juste en face de la gare ferroviaire se trouve cet hôtel moderne qui accueille essentiellement des hommes d'affaires. Il est plus visité pour son confort et ses services que pour son charme. Parmi les quelques distractions, vous trouverez une table de billard.

Scandic – *Rådhusgatan 4, dans le centre - ✆ 296 86 00, fax 295 86 11 - www.scandic-hotels.com - ch. : 1 320/1 770 SEK, suite : 1 800/2 250 SEK* . Le long du canal s'élève cet imposant hôtel moderne dont les chambres, impeccables et accueillantes, offrent une vue sur la mer et le château. Malheureusement, la rue qui longe le bâtiment est très animée et un peu bruyante.

Se restaurer

Laxbutiken – *Au Nord de la ville, au carrefour avec la route E 6 (échangeur n° 49) - ✆ 0346 511 10.* La « boutique du saumon » propose une sélection de plats de saumon préparé de 30 façons différentes, dans le but de faire goûter aux visiteurs les spécialités du Halland *(à emporter ou à consommer sur place).*

Börje Olssons Skafferi – *Storgatan, dans le centre - ✆ 21 16 70 - lun.-vend. 10h-18h, sam. 10h-15h, dim. 12h-15h - 80/150 SEK.* Cette belle maison à colombage dans le centre piéton abrite un traiteur et un café-restaurant charmant. Le midi, vous pourrez vous servir copieusement au buffet et savourer une cuisine locale depuis la terrasse sympathique.

Wärdshus tre Hjärtan – *Kyrkogatan 5-7, dans le centre - 70/200 SEK.* Cette grande demeure en briques rouges est un restaurant très populaire où l'on sert une cuisine copieuse et bon marché. La grande terrasse offre une vue sur la place du marché. En regardant vers le ciel vous apercevrez nécessairement les nombreuses mouettes qui font entendre leurs cris dans toute la ville.

Salt – *Tylösand, au bord de la mer - ✆ 335 01 - lun.-sam. 17h30-23h - 150/300 SEK.* Ce restaurant gourmet est idéalement situé au bord de l'eau. La décoration est ainsi organisée que vous pourrez dîner dans un cadre très romantique tout en appréciant le bruit des vagues. On y sert une cuisine européenne de qualité avec quelques spécialités de poissons.

Lilla Helfwetet – *Hamngatan/ Bastionsgatan - ✆ 035-210 420 - www. lillahelfwetet.se - 100/450 SEK.* Ce restaurant branché est bâti dans une grande demeure en briques le long du canal. C'est à la fois un restaurant élégant à la cuisine raffinée et une discothèque très prisée à partir de minuit. On peut y passer toute la soirée.

Klamedam – *Klammerdammsgatan 21, dans le centre - ✆ 12 40 50 - www.klamedam.se - tlj 18h-23h - 235/595 SEK.* Ce restaurant de haut standing propose différents menus dégustations préparés par un chef formé dans les cuisines françaises. La cuisine est excellente et l'ambiance plus décontractée le midi sur la terrasse.

Cafés

Expresso House – *Passagen Drottning Kristina Köpmansgata 10, dans le centre - lun.-vend. 9h-21h, sam. 9h-22h, dim. 11h-19h.* Le café design de cette petite maison en briques est aménagé dans un passage pittoresque. Depuis la grande terrasse, vous pourrez savourer un excellent café tout en dégustant quelques pâtisseries. En sortant, continuez dans le passage qui est animé par de nombreux commerçants.

Sports et loisirs

En mer - Les visiteurs peuvent monter à bord des **bateaux de pêche** qui s'en vont chercher le poisson dans les eaux plus profondes du Kattegat. Les départs s'effectuent quotidiennement depuis le port dans le centre-ville. Vous trouverez toutes les informations et les prix à l'Office de tourisme.

Plages – Les plages les plus populaires sont aménagées entre Tylösand et Ringenäs à moins de 15mn en bus du centre-ville. Vous y trouverez des activités nautiques comme la planche à voile, des restaurants et des cafés ainsi que quelques hôtels.

Achats

En été, « Västkusthyttan », l'un des entrepôts situés près du port reprend vie en tant qu'atelier de **verre soufflé**.

Vous pourrez acheter des **céramiques** à Falkenberg, à la poterie Törngren. Vous trouverez de nombreux commerçants dans les ruelles piétonnes qui bordent la Stora Torg.

des bains d'eau salée tiède. C'est à **Apelviken**, en dehors de la ville, que l'on prenait les eaux autrefois ; on y prend maintenant des bains d'algues. Les **thermes** alimentés en eau froide se trouvent près du rivage, à droite de la forteresse, dans le bâtiment rectangulaire en bois orné de coupoles de style mauresque.

Le mercredi et le samedi, un marché animé se tient sur la **place principale** où, comme par le passé, fleurs et légumes côtoient les étals de tissus multicolores fabriqués localement. Au centre de la place, le groupe *Jeunes Gens au Bain* est l'œuvre de Bror Marklund.

La forteresse★

✆ 0340-828 30 - www.lansmuseet.varberg.se - ♿ - de mi-juin à mi-août : 10h-17h ; jardin ouvert tte l'année - 40 SEK (enf. 20 SEK).

La première forteresse fut construite vers 1280 sur le promontoire rocheux ; elle fut agrandie au 14e s. et devint une véritable place forte royale sous le règne de **Magnus Eriksson**. Le château fut considérablement endommagé pendant la lutte qui opposa le Danemark et la Suède pour la suprématie dans la Baltique, mais c'est le roi Christian IV de Danemark qui engagea **Hans Van Steenwinckel l'Ancien** pour construire un château de style Renaissance italienne muni de bastions et de remparts. Les travaux durèrent de 1595 à 1617. Cet architecte hollandais très apprécié se vit confier la construction d'autres forteresses le long de la ligne de défense danoise, telles **Halmstad** et **Bohus**, ainsi qu'**Akershus** en Norvège. Par la signature du **traité de Roskilde** en 1658, le château fut cédé à la Suède. Son importance stratégique perdue, il se délabra très vite et servit de prison de 1848 à 1881.

Château – Une fois franchie la porte du bas, on peut voir sur la gauche le petit **Kommunikationsmuseet**, installé dans les anciennes écuries du roi Charles XI. *✆ 0340-828 30 - www.lansmuseet.varberg.se - 25 juin-14 août : 10h-17h (mar. de juil. ouvert dans la nuit) - 50 SEK (6-17 ans 10 SEK) billet combiné avec Länsmuseet Varberg.* Les quartiers des officiers sont aujourd'hui des logements privés. Le bâtiment jaune situé sur la droite, construit au milieu du 19e s. pour servir de prison, est maintenant transformé en auberge de jeunesse où les clients peuvent passer une nuit dans une cellule. La porte centrale, datant de 1612, permet de pénétrer dans la cour intérieure.

Musée régional de Vaberg (Länsmuseet Varberg) – *Dans les ailes Nord et Ouest du château. ✆ 0340-828 31 - ♿ - de mi-juin à mi-août : 10h-17h ; reste de l'année : 10h-16h, w.-end 12h-16h, possibilité de visite guidée en anglais - fermé 1er janv., 24 juin, 23-26 et 31 déc. - 30 SEK (6-17 ans 10 SEK).* Les rois des pays nordiques se réunirent en 1343 dans la salle du roi, utilisée aujourd'hui pour des expositions temporaires d'artisanat. On remarquera en particulier la balle qui aurait tué Charles XII en 1718 au château de Fredriksten en Norvège et **l'homme du marais de Bocksten★** avec ses vêtements médiévaux (1360). On le retrouva en 1936, parfaitement conservé par la tourbe. Une autre salle est consacrée aux peintres de l'école de Varberg ainsi qu'à la verrerie et aux artistes les plus célèbres de Suède : **Simon Grate**, **Ulrika Hydman-Vallien** et **Edvin Öhrström**.

Circuits de découverte

LA CÔTE DU HALLAND

La côte qui s'étend au Sud de Göteborg jusqu'à « Hallands åsen » *(au Sud-Est de Båstad)*, sorte de crête qui forme une frontière naturelle entre les provinces du Halland et de Scanie, offre des paysages plats caractéristiques s'étendant à perte de vue, des baies largement ouvertes et des plages de sable s'étirant sur des kilomètres. Celles de Skummeslövsstrand et de Mellbystrand sont particulièrement attrayantes pour les vacanciers.

Au Nord : la côte de Varberg à Kungsbacka 1

48 km le long de l'axe E 6/E 20 (compter quelques kilomètres supplémentaires pour les détours vers le naturcentrum, le château et Äskhult.

Suivre Hamnvägen à l'Ouest de la voie ferrée qui traverse une zone industrielle, puis suivre les indications à gauche.

Getteröns naturcentrum

On a observé plus de 300 espèces d'oiseaux dans cette réserve naturelle, connue des ornithologues du monde entier. Entre le 1er avril et le 15 juillet, seules la tour d'observation et l'exposition sur la nature, Naturum, sont ouvertes au public.

Continuer vers le Nord.

Château de Tjolöholm★ (Tjolöholms Slott)

✆ 0300-54 42 00 - de mi-juin à fin août : 11h-16h ; de déb. avr. à mi-juin et sept. : w.-end 11h-16h ; oct. : dim. 11h-16h - 60 SEK (enf. 15 SEK).

Sur une presqu'île de Kungsbackafjorden. La propriété comprend non seulement une grande résidence mais aussi tout ce que l'on associe d'ordinaire à un domaine anglais : un village attaché au domaine, une chapelle et un pavillon de garde. Le manoir de style Tudor fut construit entre 1898 et 1904 pour le compte d'un riche négociant de Göteborg, James F. Dickson qui, malheureusement, ne vécut pas assez longtemps pour voir son rêve se réaliser. Le vaste intérieur, conçu semble-t-il sans plan bien défini, offre tout le confort et les aménagements spéciaux que l'argent pouvait procurer à la fin du 19e s. L'opulence est le principal critère, du fumoir de style mauresque au bureau lambrissé de chêne, de la salle à manger de style Jacques Ier à la chambre à coucher royale, mais c'est l'ingénieux système de douches qui est le plus surprenant. Le **musée des Voitures** (Vagnmuseum) contient une importante collection de voitures et de harnais, tandis que l'école d'équitation attenante a été transformée en cafétéria. Le parc environnant descend en pente douce vers la rive.

Rejoindre la route E 6/E 20 et sortir au croisement de Fjärås, puis suivre la signalisation pour Äskhult.

Äskhult★

Ce hameau qui comprend quatre fermes autour d'une cour dresse un tableau tout à fait réaliste de la vie au 18e s. Au début du 19e s., 35 personnes habitaient ici, mais entre 1890 et 1914, 25 d'entre elles émigrèrent aux États-Unis. Le village ne vit naître aucun enfant au cours du 20e s. et le dernier villageois mourut en 1964.

Rejoindre la route E 6/E 20 et continuer vers le Nord.

Kungsbacka

Le bourg de Kungsbacka, dont le centre est pittoresque avec ses maisons de bois aux couleurs pastel, est le point de départ idéal d'excursions dans les environs.

Au Sud : la côte de Varberg à Halmstad★★★ 2

Environ 68 km.

Quitter la ville par Västra Vallgatan.

Apelviken

Cette plage très fréquentée est accessible à pied (4 km) par un chemin qui commence juste au Sud de la forteresse et suit la courbe de la baie. On passe devant l'Hôtel Kurorten qui dispose d'un centre de thalassothérapie. Un peu plus loin, on arrive sur la grande plage de sable.

Continuer vers le Sud par la route E 6/E 20.

Falkenberg

Cette ville pittoresque, jadis célèbre pour ses céramiques et son industrie de la chaussure, a acquis une renommée encore plus grande pour la qualité de sa pêche au saumon. Il est courant de voir des pêcheurs à l'œuvre dans la rivière Ätran, en plein centre de la ville. **La vieille ville★** (à l'extrémité sud de Storgatan) a conservé en grande partie son charme médiéval grâce à ses attrayantes maisons basses en bois, datant du 18e s. et du 19e s., qui bordent les étroites rues pavées. **Skrea Strand** au Sud est la plage la plus fréquentée.

Tullbron★ – Ce pont en pierre fut construit entre 1756 et 1761.

Église Saint-Laurent★★ (Skt Laurentii kyrka) – *Extrémité Sud de Storgatan. ✆ 0346-55 210 - ♿ - lun.-vend. 8h-18h30 (hors saison 17h), w.-end 9h-17h***.** Cette église du 13e s. blanchie à la chaux et dédiée au patron des artisans fut agrémentée d'une tour vers 1780. L'intérieur est charmant, les couleurs pastel contrastant avec la voûte en bois de la nef décorée de riches peintures sur fond bleu ciel. La peinture centrale illustre le Jugement dernier. Il reste également des traces de peintures murales du 17e s. Les fonts baptismaux datent du 16e s. et la chaire en bois de frêne (1978) représente le Christ ressuscitant la fille de Jairus. Remarquez le bateau qui constitue une offrande votive.

Poterie de Törngren★ (Törngrens krukmakeri) – *Sous le pont du chemin de fer, puis à gauche après la maison verte. ✆ 0346-103 54 - ♿ - tlj sf w.-end 9h-12h, 13h-16h30.* La **poterie de Törngren**, entreprise familiale, entretient une tradition vieille de 200 ans dans la fabrication de la céramique. L'atelier, qui occupe les mêmes bâtiments modestes depuis 1789, produit les mêmes motifs et dessins depuis sept générations d'artisans potiers.

Musée (Museum) – *Plus loin, le long de Storgatan. ✆ 0346-886 125 - juin-août : 12h-16h ; sept.-mai : tlj sf dim. 12h-16h, possibilité de visite guidée en anglais sur demande - fermé lun. (gratuit).* Une grange des années 1860 abrite aujourd'hui des collections illustrant l'artisanat et l'industrie de Falkenberg au 20e s., en particulier au cours des années 1950.

Quitter Falkenberg vers le Sud par la E 6/E 20 et bifurquer vers la côte à Heberg.

Ugglarp

Aisément repérable par les deux appareils qui veillent à l'entrée, le **musée suédois de l'Automobile et de l'Avion** (**Svedinos Bil- och Flygmuseum**) présente un grand nombre de vieilles voitures et de vieux avions et attire les amateurs de tout âge. *✆ 0346-431 87 - www.svedinos.se - juil. : 10h-18h ; juin et août : 11h-16h ; mai et sept. : w.-end 11h-15h - 70 SEK (enf. 30 SEK).*

Steninge★★

Il y avait une verrerie au village entre 1873 et 1917. Du café Gösta, il y a une vue agréable sur la lande et la mer.

Continuer le long de la route côtière. 2 km avant Gullbrandstorp, au fumoir à saumon « Lingalax », suivre l'indication « Naturreservat ».

Haverdal naturreservat★★

Plus de la moitié de la superficie de cette réserve naturelle est occupée par des dunes mouvantes ; une bande de 4 km de long sur 30 m de large, parallèle au rivage, est bordée par une rangée de dunes stabilisées par des touffes d'herbes folles. Un chemin en pente raide conduit au sommet de la grande dune, **Stora sandkullen**, haute de 36 m, d'où la vue embrasse la réserve et la côte. Remarquez les formes noueuses et tordues des pins sculptés par le vent.

Skallen

Ce promontoire abrupt, couvert de genévriers et de bruyère, offre une **vue★★★** splendide de la côte et de la mer. Vers la fin du mois de mai, la plage, vers le Nord, est couverte de statices aux fleurs d'un rose vif.

Château de Halmstad.

Heagård Konst & Hantverk

✆ 035-347 57 et 035-511 77 - juin-août : 10h-18h ; de mi-avr. à déb. mai et sept. : w.-end 12h-18h - 20 SEK.

Entre Gullbrandstorp et l'aéroport de Halmstad. Cette grange immense a été convertie en centre d'exposition d'œuvres d'art et d'objets artisanaux *(certains articles sont à vendre).*

Mjellby Konstmuseum★

✆ 035-316 19 - mars-oct. : tlj sf lun. 13h-17h ; nov.-fév. : w.-end 13h-17h - 50 SEK (enf. gratuit).

Cet attrayant centre artistique situé en pleine campagne fut fondé par la fille d'Erik Olson, l'une des membres du groupe de Halmstad. Elle passa elle-même dix-sept ans à Paris au sein de la communauté artistique et décida à son retour de créer un centre consacré principalement au groupe de Halmstad et à des expositions temporaires dédiées aux grands maîtres (Le Corbusier, Léger, Sonia Delaunay et les surréalistes français) qu'elle avait connus à Paris *(le restaurant est ouvert aux mêmes heures que le centre artistique).*

Continuer vers l'aéroport pour gagner Halmstad.

Halmstad★

La plus grande ville du Halland en est aussi le centre administratif. Elle se développa à partir d'une petite agglomération située à l'estuaire du fleuve Nissan et c'est aujourd'hui un centre industriel et un port actifs, renommé pour ses belles plages de sable, la plus populaire étant celle de Tylösand, à 8 km au Sud-Ouest.

Comme toute la région environnante, Halmstad fut une possession danoise jusqu'à la signature du traité de Roskilde en 1658. La ville médiévale devint rapidement une place forte ceinte de remparts renforcés par des bastions et entourée de douves. Elle eut très tôt à assumer un rôle stratégique sur la ligne de défense danoise contre la Suède. C'est au château que le roi de Danemark **Christian IV** reçut en grande pompe le roi Gustave II Adolphe pendant sept jours en 1619. La même année, un incendie ravagea la ville et, lors de la reconstruction, le roi Christian IV (1588-1648) marqua la ville de son sceau en faisant modifier le château et la porte Nord, et en dressant les plans de la vieille ville autour de Stora Torg. Lorsque le Halland passa finalement sous contrôle suédois, Halmstad perdit de son importance en tant que ville de garnison et, quand l'armée se retira définitivement au 18e s., les remparts furent rasés et les douves comblées.

Stora Torg – La splendide **fontaine★** *Europe et le taureau* de Carl Milles agrémente depuis 1926 la place principale de Halmstad. Sur le côté Sud de la place, **l'église St-Nicolas (Sankt Nikolaikyrkan),** datant du Moyen Âge, arbore de **beaux vitraux★★★** du 20e s. riches en couleurs. Les hautes fenêtres sont l'œuvre d'**Einar Forseth** (1892-1988), qui composa l'ensemble de mosaïques dorées du Stadshuset de Stockholm ainsi que le pavement de mosaïques de la cathédrale de Coventry en Grande-Bretagne.

Erik Olson (1901-1986), peintre du groupe de Halmstad, dessina les deux fenêtres rondes plus petites. On remarquera en particulier la richesse du détail des scènes représentées.

L'**auberge** à colombage des **Trois Cœurs** date du 18e s. Selon la tradition, les trois cœurs couronnés auraient été offerts par le roi Christian – dont le propre blason comprenait un seul cœur – aux habitants de la ville en reconnaissance de leur défense courageuse de la cité durant le siège infligé par les Suédois en 1563. Les cœurs couronnés ont aujourd'hui pris place dans les armoiries de la ville.
Le bloc de granit placé sur les marches de l'hôtel de ville commémore la rencontre de Christian IV et de Gustave II Adolphe en 1619.

Château★ – Christian IV engagea en 1620 l'architecte hollandais Hans Van Steenwinckel pour la construction du château qui devait contribuer à la défense de la ville. Il sert aujourd'hui de résidence au gouverneur du comté et n'est pas ouvert au public.
On peut voir amarré près du pont le *Najaden*, navire gréé en carré construit en 1897 et qui servit de navire-école (*juin-août : mar. et jeu. 17h-19h, sam. 11h-15h)*.

Storgatan – La section piétonne qui s'étend de Stora torg à Lilla torg est ornée de plusieurs sculptures, notamment le soldat **« 91 Karlsson »**, personnage comique populaire en Suède. À l'extrémité de la rue proche de Lilla Torg, on peut voir également la porte Nord, **Norre Port**, datant de 1601 et des vestiges des remparts de la ville, **Norre Katt**.

Suivre le fleuve vers le Nord au-delà du parc de Norre Katt.

Musée de Halmstad★ (Länsmuseet Halmstad) – *✆ 035-16 23 00 - www.hallmus.se - tlj sf lun. 12h-16h (merc. 20h) - 40 SEK.* La chose la plus intéressante que contienne ce musée régional (sections de préhistoire et de marine) est la collection de **tentures peintes★★** *(bonader)* qui se trouve au premier étage. Ces peintures populaires de style naïf, typiques de la région, mettent habituellement en scène des sujets bibliques, mais les costumes et les décors appartiennent généralement aux 18e et 19e s. Ces tentures de tissu ou de papier ornaient les murs et les plafonds des maisons paysannes pendant les fêtes, en particulier celles de Noël. L'exposition du deuxième étage, consacrée à l'art dans le Halland, comprend entre autres des toiles des membres du groupe de Halmstad.

Le groupe de Halmstad

Six peintres post-cubistes, les frères **Axel et Erik Olson**, leur cousin **Waldemar Lorentzon**, **Stellan Mörner**, **Sven Jonson** et **Esaias Thorén**, se réunirent pour la première fois à Halmstad en 1929 et développèrent progressivement une forme particulière de surréalisme nordique profondément ancré dans les paysages du Halland. Le groupe poursuivit ses activités artistiques jusque dans les années 1980.

Miniland – *2 km à l'Ouest, en direction de Tylösand. ✆ 035-10 84 60 - de déb. mai à fin sept. : 10h-20h - tarifs modulables en fonction de la taille des visiteurs, 0/150 SEK.*
Soixante-quatorze modèles réduits de célèbres édifices suédois, tels que le palais royal de Stockholm et la cathédrale d'Uppsala, retiennent l'attention des enfants et de leurs parents dans cette « Suède en miniature ». Le dernier en date est Globen, le célèbre stade de Stockholm, de forme sphérique. Au pays des contes de fées (Sagolandet), on rencontre tous les personnages les plus populaires des contes suédois.

Le Värmland

VÄRMLANDS LÄN – 79 500 HABITANTS
CARTE MICHELIN N° 711 M 10 OU ATLAS EUROPE P. 118

Le Värmland occupe une position centrale entre la Dalécarlie au Nord et le lac Vänern au Sud. C'est une région paisible, à peine effleurée par le grand axe routier E 18 reliant Stockholm et Oslo, mais c'est aussi une région fière de son héritage culturel et de ceux qui l'ont façonné : Alfred Nobel, fondateur du célèbre prix Nobel, Selma Lagerlöf, prix Nobel de littérature, le sculpteur Christian Eriksson, fondateur de la colonie de Rackstad sans oublier un autre Eriksson, qui donna son nom au géant mondial de l'électronique.

- **Se repérer** – Karlstad, le centre administratif de la région, se trouve à 300 km à l'Ouest de Stockholm et à 262 km au Nord de Göteborg.
- **À ne pas manquer** – Le musée de la Colonie de Rackstad à Arvika, Mårbacka (vallée de la Fryk).
- **Organiser son temps** – Comptez une journée pour la vallée de la Fryk avec un détour vers Arvika.
- **Pour poursuivre le voyage** – En longeant le lac Vänern dans sa longueur, on parvient sur la côte Ouest jalonnée d'une myriade d'îles rocheuses d'une splendide austérité.

VTR / VILDMARK I VÄRMLAND

La rivière Klarälv coule paresseusement à travers le Värmland.

Comprendre

Nul endroit n'est plus suédois que le Värmland

Forêts immenses, torrents tumultueux, lacs tranquilles et petites fermes font partie des paysages typiques du Värmland, qui ont enchanté et inspiré musiciens, écrivains et poètes. Le musicien de jazz **Stan Getz** composa sa version personnelle d'un chant folklorique du Värmland, *Värmlandsvisan*, qu'il appela *Cher Vieux Stockholm (Dear Old Stockholm)*. La rivière **Klarälv** (Trysilelva du côté norvégien de la frontière), longue de 500 km, tourbillonne en une succession de rapides ou bien coule paresseusement à travers le Värmland en décrivant des méandres pour se jeter dans le **Vänern**, le plus grand lac d'Europe occidentale. Cette mer intérieure comprend un archipel et pas moins de 22 000 îlots et récifs.

Le Värmland à table

La plus connue des spécialités de la région est sans doute la saucisse du Värmland, constituée de viande de porc ou de bœuf hachée, d'oignons et de pommes de terre. Le *nävgröt,* sorte de bouillie de farine d'avoine, accompagne d'ordinaire le rôti de porc aux myrtilles. Parmi les autres mets délicats, il faut citer le filet d'élan, la venaison, le saumon du Vänern, l'ombre de la Klarälven, les chanterelles et les mûres arctiques.

Le Värmland pratique

Adresses utiles

Karlstad-Hammarö - *Biblioteksshuset, Västra Torggatan 26.*

Karlstad – *54 29 84 00, fax 54 29 84 10 - www.karlstad.se*

Arvika – *Storgatan 22, 67131 - 570 817 90, fax 570 817 20 - www.arvika.se*

Pour les informations générales sur la région, consultez le site Internet *www.varmland.org*

Se loger

Rica Hotel Karlstad - *Drottninggatan 4, près de la gare ferroviaire - 54 770 55 00, fax 54 770 55 01 - www.rica.se*

Tervetuloa Scandic Winn - *Norra Strandgatan 9-11 -651 84 54 776 47 00, fax 54 776 47 11*

Tervetuloa Scandic Klarälven - *Sandbäcksgatan 6 - 54 776 45 00 - fax 54 776 45 11*

Sports et loisirs

L'abondance de lacs et de voies d'eau communiquant entre eux fait du Värmland la région idéale pour pratiquer le **bateau, la voile, le canoë,** pour descendre les rapides en canot pneumatique ou tout simplement dériver lentement le long de la rivière sur un **radeau en rondins**.

Les amateurs d'aventure pourront découvrir le Värmland à bord d'un **wagonnet à pédales** roulant le long des voies ferrées désaffectées.

Les forêts offrent la possibilité de **chasser** l'élan et les visiteurs ont le choix entre l'appareil photographique ou le fusil, mais il faut être prêt à se trouver face à face avec un lynx, un ours ou un loup.

Le Värmland est le royaume de la **course de trot** en Suède, plusieurs **hippodromes** permettant de passer une journée agréable aux courses. L'hippodrome d'Arvika est le plus ancien, celui d'Årjäng est situé dans un cadre charmant, celui de Mysen est de l'autre côté de la frontière, en Norvège, et le dernier est à Karlstad.

Événements

La province est célèbre pour ses festivités de la St-Jean, pour ses réunions de violoneux, pour la comédie folklorique de F.-A. Dahlgren, *Värmlänningarna*, représentée à Ransäter, et pour la Fryksdalsdansen, dansée à Sunne.

VTR / VILDMARK I VÄRMLAND

Expédition en radeau.

Se promener

Karlstad★

Située à l'embouchure de la Klarälven qui se jette dans le Vänern, Karlstad fut fondée en 1584 par le duc Charles, qui devint plus tard le roi Charles IX, à l'emplacement d'un ancien centre commerçant où se réunissait le tribunal du peuple, connu sous le nom de Tingvalla.

Residenstorget – La place est dominée à l'Est par la résidence du gouverneur du comté. On peut y voir également la **statue** du fondateur de la ville, le roi Charles IX, œuvre du sculpteur Christian Eriksson, originaire du Värmland.

Kvarteret Almen★ – *Plus à l'Ouest, sur la rive Sud de la Västra älvgrenen.* Des incendies ravagèrent la ville en 1616, 1719 et 1865 et ce quartier aux classiques maisons de bois est l'un des rares à avoir survécu. Considéré alors comme l'une des plus belles résidences, le premier édifice que l'on aperçoit servit de demeure au gouverneur entre 1793 et 1809.

Le « Rayon de soleil de Karlstad » – Karlstad est célèbre avant tout pour son « Rayon de soleil », une serveuse qui répandait autour d'elle le bonheur par son accueil chaleureux. Sa **statue** se dresse au Nord de Residenstorget, à l'extrémité Est du Västrabron.
À l'autre extrémité du pont, on peut voir la **statue** d'une autre personnalité locale, l'écrivain **Selma Lagerlöf**, par **Arvid Backlund** (1895-1985).

Musée du Värmland (Värmlands Museum) – *054-14 31 00 - www.varmlands-museum.se - 10h-17h (merc. 21h), w.-end 11h-17h - fermé lun. - 40 SEK (- 20 ans gratuit).*

L'élégant **musée du Värmland** situé dans un cadre agréable au bord de la rivière, conçu par **Cyrillus Johansson** (1884-1959), a récemment été agrandi par Carl Nyrén (1917). Il abrite notamment une collection d'art et de créations locales d'un intérêt aussi bien culturel qu'historique.

Cathédrale – *✆ 54 14 14 00 - 9h-16h.* Ce petit sanctuaire en forme de croix, dont l'intérieur est clair et spacieux, fut consacré en 1730. Le toit et le haut de la tour furent détruits par un incendie. Les **armoiries★** dorées à l'or fin que l'on peut voir au-dessus de la porte, sous le porche, sont entourées par les symboles du Christ.

Aux alentours

Arvika

73 km à l'Ouest, par la E 18 et la route 61.

Arvika est un centre culturel situé dans un cadre attrayant sur les rives du Glafsfjord.

Avant d'entrer dans Arvika, tourner à droite au rond-point (toujours sur la route 61), puis prendre la première rue à droite (le musée est signalé).

Musée de la colonie de Rackstad★ (Rackstadmuseet) – *✆ 0570-809 90 - ♿ - juin-août : 11h-17h ; avr.-mai et sept. : tlj sf lun. 11h-17h ; oct.-mars : jeu. et w.-end : 11h-16h - 60 SEK.* Ce musée spacieux et bien éclairé est une annexe de la demeure familiale des Eriksson. Inauguré en juin 1993, il est consacré aux artistes de la colonie de Rackstad. La salle d'exposition contient une sélection des œuvres du groupe, représentatives de l'art suédois au début du 20e s., et l'artisanat d'art est exposé au sous-sol.

Un atelier, **Oppstuhage★**, situé au Sud-Est du musée de Rackstad, a été aménagé en musée à la mémoire de Christian Eriksson et contient diverses sculptures, petites et monumentales, en granit, en marbre, en bronze et en bois.

Trefaldighetskyrkan – *Suivre Torggatan, l'entrée se trouve dans Tingsgatan. ✆ 570-72 82 05 - 9h-16h, possibilité de visite guidée sur demande préalable.* Cette imposante église blanche fut construite en 1911 par Ivar Tengbom (1878-1968) dans le style Art nouveau ; on peut y admirer le travail des artistes et artisans de la colonie de Rackstad.

La colonie de Rackstad

Au début du 20e s., plusieurs artistes s'installèrent sur les bords du petit lac de Racken dans le but de s'imprégner de la lumière nordique. Le sculpteur et artisan **Christian Eriksson** (1858-1935), natif de la région, fut le fondateur de la colonie de Rackstad. Les membres du groupe furent séduits par la beauté naturelle de la campagne environnante qui correspondait parfaitement à l'idéal du mouvement romantique national de l'époque. La colonie attachait également un grand prix à l'artisanat d'art. Eriksson, son père et ses frères étaient tous d'habiles ébénistes. Eriksson séjourna à Stockholm, Hambourg et Paris pour étudier la sculpture et ce n'est qu'en 1894 qu'il revint s'installer à Arvika. **Gustaf Fjæstad** (1868-1948) réussit à recréer le silence des paysages blancs d'hiver dans ses œuvres dont un grand nombre furent reproduites sous forme de splendides tapisseries par sa femme **Maja Fjæstad** (1873-1961). Parmi les autres membres de la colonie, il faut citer **Fritz Lindström** (1874-1962), portraitiste et peintre de natures mortes, qui croquait souvent les paysages du Värmland sous la lumière du crépuscule, et **Björn Ahlgrensson** (1872-1918).

Såguddens Museum – *À 5mn de marche du parking situé devant l'office de tourisme. ✆ 0570-13795 - juin-août : 12h-17h ; reste de l'année sur demande - 50 SEK.* Cette ancienne ferme, entourée de petites maisons des 17e et 19e s., abrite un musée où l'on peut voir des peintures paysannes bien conservées. Des soirées musicales sont organisées en été.

Brunskog – Musée du Patrimoine Skutboudden. *✆ 0570-522 08 - ouvert dernière sem. de juil. - 70 SEK (-14 ans gratuit).* Ce musée en plein air s'anime pendant la dernière semaine de juillet, à l'occasion d'un festival du temps jadis, **Gammelvala**, durant lequel les villageois se replongent cent ans en arrière.

Klässbol

16 km au Sud d'Arvika par la route 175 en direction de Säffle, puis 1,5 km par une route secondaire.

Usine de lin de Klässbol (Klässbols Linneväveri) – *✆ 0570-460 185 - ♿ - 8h-18h, sam. 10h-15h, dim. 10h-15h (mai-sept.) - gratuit.* La Klässbols Linneväveri est une **usine textile** (la dernière du genre en Scandinavie) qui produit sans interruption depuis

1920 de l'étoffe de lin damassée. De magnifiques nappes et serviettes sont tissées et ornées de motifs traditionnels qui n'ont pas changé depuis soixante-dix ans. La société fournit les nappes damassées utilisées à l'hôtel de ville de Stockholm lors des banquets offerts à l'occasion de la remise des prix Nobel.

Alster

Prendre la route E 18 en direction de l'Est puis la route 63 vers le Nord et suivre les panneaux indiquant Alster, puis Frödings Minnesgård et enfin Herrgård.

Alsters herrgård★ – *✆ 054-83 40 81/19 82 - ♿ - mai-août : 11h-18h, reste de l'année : sur demande - 20 SEK, 40 SEK visite guidée.* C'est dans ce manoir que naquit l'un des plus grands poètes suédois, et sans aucun doute le plus populaire, **Gustaf Fröding** (1860-1911). Construit en 1772, le manoir a été transformé en musée à la mémoire du poète et contient une exposition consacrée au patrimoine littéraire du Värmland. Une piste de découverte de la nature, Frödingleden, conduit à un petit vallon qui fut pour Fröding une source d'inspiration intarissable.

Passez sous le viaduc et suivez les indications « Frödingdungen » et « Frödingstenen » : dans le bosquet de bouleaux tout proche, on peut lire l'un de ses plus célèbres poèmes gravé sur une stèle de Christian Eriksson élevée à la mémoire du poète.

Circuit de découverte

SUR LES PAS DE SELMA LAGERLÖF : VALLÉE DE LA FRYK

84 km. Suivre la E 18 en direction de l'Ouest, puis prendre la route 61 vers Arvika. Au-delà de Kil, repérer la route qui conduit à « Östra Ämtervik » et suit la rive Ouest du Nedre Fryken avant de se faufiler entre les deux lacs et de longer la rive Est du Mellan-Fryken.

Cette excursion permet d'explorer la Fryksdal, avec son « lac allongé » formé d'une succession de trois lacs, qui doit sa célébrité aux romans de Selma Lagerlöf, ainsi que la campagne typique du Värmland, tout en se rendant sur le site de deux curiosités importantes.

Mårbacka★★

À Sunne. – ✆ 0565-310 27 - www.marbacka.s.se - de mi-mai à fin août : 10h-16h ; reste de l'année : sam. 14h ou sur RV - 65 SEK (enf. 25 SEK).

L'écrivain **Selma Lagerlöf** (1858-1940) est la première femme à avoir obtenu le prix Nobel de littérature (1909). La province du Värmland forme la toile de fond de plusieurs de ses romans et le long lac Löven et le manoir de Lövdala qu'elle évoque souvent sont en fait le lac Fryken et sa propre maison en bordure du lac. Toute personne qui s'intéresse à cet écrivain se doit de visiter sa maison bien-aimée à laquelle sa famille avait dû renoncer, qu'elle racheta en 1907, et où elle demeura jusqu'à sa mort. Toutes les pièces ont été remises en état et s'offrent au regard des visiteurs telles qu'elles étaient du vivant de l'auteur.

Continuer sur 10 km jusqu'à Sunne, puis suivre vers le Sud la route 45 qui longe la rive Ouest du Mellan-Fryken.

Monument de la Parenté★ (Stamfrändemonumentet)

Le monument de la Parenté, carte du Värmland en granit ornée d'un aigle, fut érigé en 1953 pour commémorer l'exode suédois vers l'Amérique et l'arrivée au Värmland des immigrants finlandais au 17e s. De ses abords, on a une **vue★★★** spectaculaire du lac Fryken environné de hauteurs boisées.

Rottneros★

✆ 0565-602 95 - ♿ - de mi-mai à fin sept. : 10h-17h, possibilité de visite guidée (anglais et français) - 120 SEK (enf. 45 SEK).

Ce manoir est connu pour avoir servi de modèle au manoir d'Ekeby qui figure dans le roman épique de Selma Lagerlöf, *La Saga de Gösta Berling*, publié en 1891. Le vieux manoir construit au 13e s. fut détruit par un incendie (seules les ailes du Cavalier furent épargnées) et les édifices actuels datent de 1931. Toutefois, c'est le splendide **parc★★** de 16 hectares et ses nombreuses **sculptures★★** qui méritent toute l'attention du visiteur. On peut y voir des œuvres d'artistes scandinaves tels que **Christian Eriksson**, **Carl Milles**, **Carl Eldh** et **Gustav Vigeland**.

À environ 3 km au Sud de Rottneros, la route 238 qui se détache sur la droite rejoint la route 61 en direction d'Arvika (51 km) que l'on peut visiter avant de retourner à Karlstad.

Lac Vättern★

CARTE MICHELIN N° 711 N/O 11 OU ATLAS EUROPE P. 118 ET 119

Réputé pour ses eaux agitées quand souffle le vent, le Vättern est le plus grand lac de Suède après le Vänern et le cinquième lac d'Europe ; ses eaux claires et froides couvrent près de 2 000 km² et sa profondeur maximale est de 128 m. L'autoroute E 4, qui longe la rive orientale, offre des vues remarquables sur le lac et ses alentours.

- **Se repérer** – Le lac Vättern est situé entre Göteborg et Stockholm, sur le parcours du Göta Kanal reliant les côtes occidentale et orientale de la Suède.
- **À ne pas manquer** – Les points de vue sur le lac (Visingsö, Brahehus, Omberg) et l'abbaye de Vadstena.
- **Organiser son temps** – Comptez une demi-journée pour le circuit de Jönköping à Motola.
- **Pour poursuivre le voyage** – Suivez la route 50 vers le Nord ; elle rejoint la E 20 puis la E 18 en direction de Västerås, point de départ de deux circuits autour du magnifique lac Mälaren.

A. Östling / HJO TURISTBYRÅ/HJO UTVECKLING AB

Vue de la rive gauche du lac Vättern.

Circuit de découverte

La rive orientale de Jönköping à Motala

112 km – Prendre l'autoroute E 4 jusqu'au Sud d'Ödeshög, puis la route 50.

Gränna★

Ce charmant petit village aux rues pavées et aux maisons de bois peintes de couleurs variées est célèbre pour son **polkagrisar**, sucre d'orge rayé à la menthe, que l'on peut toujours voir fabriquer. Gränna accueille également l'**Andrée Museet**, consacré à la tentative de survol du pôle Nord en ballon par le savant suédois **Salomon August Andrée** (1854-1897) en 1897. Le vol se termina par un désastre et les trois aéronautes périrent en essayant de revenir à pied. Leurs corps gelés furent retrouvés avec divers objets 33 ans plus tard sur le Spitzberg. Gränna est devenu le principal centre d'aérostation de Suède.

Visingsö★

25mn par ferry au départ de Gränna.

Cette île attrayante vouée à l'agriculture fut un centre politique aux 12e et 13e s. De 1561 à 1680, les membres de la famille Brahe résidèrent au **château de Visingsborg**, dont on peut voir les ruines sur la droite du port. Plus au Nord, l'**église des Brahe**, commencée en 1564 par Magnus Brahe, fut achevée en 1636 par son petit-fils, **Per Brahe le Jeune**. L'église recèle de nombreux objets ayant appartenu à cette illustre famille. L'**église de Kumlaby**, datant de 1135 et se composant d'une nef caractéristique de cette époque, est très belle dans sa simplicité. La terrasse offre un beau point de vue *(18 marches sombres et étroites suivies de 60 autres plus larges et mieux éclairées).*

Parcourir 9 km au Nord de Gränna sur l'autoroute E 4.

Brahehus

Per Brahe le Jeune fit construire cette résidence champêtre pour sa femme en 1650, avec les pierres provenant du monastère d'Alvastra. Perchée au sommet d'une falaise, elle offre de belles vues de Visingsö et des autres propriétés de la famille.

Continuer sur l'autoroute E 4, puis tourner à gauche en direction de « Rökstenen ».

Rökstenen★

Cette célèbre pierre runique, toute proche de l'autoroute E 4, fut érigée en 900 en souvenir du fils d'un chef viking. Une inscription runique, longue et compliquée, en couvre la plus grande partie. L'exposition qui se trouve à proximité donne des explications en suédois.

Retourner vers la route 50.

Ruines du monastère d'Alvastra

Il ne reste que des pans de murs du monastère fondé par les cisterciens en 1143 près du mont Omberg. Cet établissement, l'un des premiers en Suède avec Herrisvad et Nydala, prospéra et devint l'un des plus riches et des plus puissants monastères cisterciens. À la dissolution des monastères, les pierres furent utilisées pour d'autres constructions.

Strand

Cette maison, située dans un beau cadre sur les rives du **lac Vättern**, fut la demeure de l'écrivain féministe **Ellen Key** (1849-1926), qui fut l'une des premières à exiger le droit de vote pour les femmes.

Omberg

Longue de 10 km, large de 3 km et haute de 263 m, cette crête montagneuse se termine par un escarpement qui tombe à pic dans le lac. De ses carrières, on extrait une pierre calcaire bleutée fréquemment utilisée en construction.

Reprendre la route 50 vers le Nord.

Vadstena★

Sainte Brigitte, patronne de la Suède, fit la renommée de cette charmante petite ville, située sur le bord du Vättern, qui devint au Moyen Âge un important lieu de pèlerinage et acquit le surnom de « Rome du Nord ».
Il faut prendre le temps de flâner au cœur de la ville qui a conservé son caractère médiéval avec ses rues étroites et ses nombreux édifices charmants. Un arrêt dans Storgatan permettra d'admirer une belle sélection de dentelle faite à la main par des artisans de la région.

Quitter Stora Torget en direction du Nord par Torggatan qui débouche dans Lasarettsgatan.

Église abbatiale★★★ (Klosterkyrkan) : « de construction simple, humble et puissante » – *✆ 0143 298 50/51 (9h-11h) - juin-août : 9h-19h (juil. 20h) ; mai et sept. : 9h-17h ; oct.-avr. : 9h-15h.*

L'ordre des Brigittins et Brigittines – Brigitte avait décidé très tôt de fonder une abbaye pour hommes et pour femmes sur les terres familiales de Vadstena. Les travaux commencèrent vers 1360 mais l'église ne fut consacrée qu'en 1430. La fille de Brigitte, Catherine, qui fut elle-même canonisée en 1489, devint la première abbesse du couvent à sa consécration. Celui-ci connut un grand essor et des filiales furent fondées tant en Scandinavie (Maribo et Mariager au Danemark, Nådendal en Finlande) que dans d'autres pays d'Europe (Angleterre, Allemagne, Pays-Bas et France). Les couvents de Brigittines situés dans les pays nordiques furent dissous à la Réforme, à l'exception de Vadstena. Les persécutions commencèrent cependant en 1543 et le couvent fut finalement dissous par décret royal de nombreuses années plus tard. Les derniers religieux s'enfuirent en Allemagne ou en Pologne.
Les nonnes de l'ordre des Brigittines revinrent en 1935 et un nouveau couvent fut établi en 1973. En 1992, pour la première fois depuis la Réforme, des religieuses prononcèrent leurs vœux monastiques dans l'église. Il existe aujourd'hui trois branches distinctes de l'ordre des Brigittines : la branche médiévale, la branche espagnole et la branche moderne (créée en 1911), souvent surnommée la branche Hesselblad. La première et la troisième ont des filiales dans les pays nordiques. L'abbatiale est aujourd'hui utilisée par l'Église suédoise.

Sainte Brigitte (Heliga Birgitta)

Née en 1303, Brigitte appartenait à la noblesse, et, par sa mère, était apparentée à la dynastie royale des Folkunga. Dame de compagnie de Blanche de Namur, épouse du roi Magnus Eriksson, et mère de huit enfants, elle décida à la mort de son mari en 1344 de modifier le cours de sa vie. Lors d'un séjour (1344-1349) à Alvastra, non loin du monastère, elle eut la révélation de sa vocation. En 1349, au cours d'une épidémie de peste noire, elle se rendit à Rome où elle demeura jusqu'à sa mort en 1373, à l'exception d'un pèlerinage en Terre sainte. Femme d'une volonté exceptionnelle et d'une grande vitalité, elle œuvra pour le retour des papes à Rome. Elle dicta ses *Révélations* à ses confesseurs et établit les règles d'un nouvel ordre religieux, l'ordre du Saint-Sauveur, plus connu sous le nom de sa fondatrice, qu'une bulle du pape approuva en 1370. Sa canonisation fut prononcée en 1391 et trois ans plus tard elle fut choisie comme sainte patronne de la Suède.

L'église abbatiale, construite en pierre calcaire bleutée d'Omberg, présente une nef prolongée par un chœur étroit, curieusement orienté vers l'Ouest. L'absence de décoration excessive rappelle le style simple mais expressif de l'ordre cistercien. Les hautes fenêtres et les contreforts robustes sont les seuls ornements de la sobre façade. Le spacieux intérieur laisse une impression de puissance. La belle voûte en étoile repose sur des piliers octogonaux en pierre calcaire. L'église est célèbre pour sa collection de **sculptures** de la fin du Moyen Âge. Deux d'entre elles, situées contre les piliers à l'entrée de la nef, représentent sainte Brigitte : celle de gauche est dite **« Portrait » de sainte Brigitte**, tandis que celle de droite, **sainte Brigitte en extase**, fut célèbre auprès des pèlerins. Le retable de Bruxelles (vers 1520) du maître-autel, qui représente l'Assomption et le Couronnement de la Vierge, est une œuvre admirable. Le **triptyque**, qui montre la sainte présentant ses révélations à deux cardinaux, fut exécuté à Lübeck en 1459, alors que le **reliquaire** (derrière le maître-autel) date de l'époque de sa canonisation en 1391. Le transfert des reliques de la sainte eut lieu en 1393, vingt ans après sa mort.

Palais des Bjälbo (Bjälboättens palats) – *Situé au Nord de l'abbatiale. ✆ 0143-100 31 - www.sanctabirgitta.com - de déb. juil. à mi-août : 12h-18h, visite guidée 13h et 15h ; mai-juin : 11h-18h, visite guidée 13h ; de mi-août à fin août : 12h-16h, visite guidée 13h ; de déb. sept. à mi-oct. : w.-end 12h-16h, visite guidée 13h ; oct.-mai : sur RV - 50 SEK (enf. 20 SEK).* Birger Jarl, fondateur de la dynastie Folkunga, avait construit vers 1250 ce château qui devint plus tard le fief de la famille Bjälbo. Autour de l'édifice d'origine, que le roi Magnus Eriksson accorda à Brigitte, elle fit bâtir son couvent qui, après sa dissolution, connut différents usages. Un hôtel et un centre de conférences sont maintenant aménagés dans les bâtiments. Au cours de la visite guidée, on peut voir la salle du chapitre, le dortoir où est installée une petite exposition et la **salle de prière de sainte Brigitte** au premier étage.

Château (Slottet) – *✆ 0143-315 71 - visite guidée juin-août : se renseigner pour les horaires ; sept.-mai : tlj sf w.-end 11h-15h - 30-50 SEK (enf. 10 SEK).* Par une étrange ironie, Gustave Vasa, qui fut le premier roi luthérien et l'instigateur de la dissolution des monastères, choisit le site de Vadstena pour y construire le palais Renaissance que ses fils embellirent plus tard. Les murs solides et les douves rendirent de fiers services pendant la guerre nordique de Sept Ans (1563-1570), mais, faute d'entretien, l'ensemble se délabra lentement.

Motala

C'est là que commence la section du Göta kanal située dans l'Östergötland et qu'est inhumé von Platen, concepteur du projet de construction du canal.

À propos des langues...

Dans les langues danoise, norvégienne et suédoise, on distingue deux genres : le genre commun, indiqué par l'article en, le genre neutre, indiqué par l'article et. Si l'article est défini, il s'accole en fin de nom (posthus**et** : **le** bureau de poste) ; si l'article est indéfini, il se place devant le nom (**ett** posthus : **un** bureau de poste).

Quant à l'alphabet, il comporte dans les trois langues plus de lettres que l'alphabet français, lettres dont la prononciation, pour aussi déroutante qu'en soit l'écriture, est proche des consonances auxquelles nous sommes habitués.

Å (ou Aa) se prononce « au », Æ et Ä se prononcent « ai », Ø et Ö se prononcent « eu », mais la lettre U, qui se prononce « ou » au Danemark, se prononce comme en français dans les deux autres pays, quand le Danemark utilise le son « u » pour le Y alors que le son « ou » est donné en Norvège et Suède par la lettre O. Il ne vous reste plus qu'à vous entraîner...

Sur la route

	danois	norvégien	suédois
arrêt, stop	stop	stopp	stopp
autoroute	motorvej	motorvei	motorväg
essence	benzin	bensin	bensin
garage	bil-værksted	bilverksted	bilverkstad
passage interdit	indkørsel forbudt	gjennom-kjørning, forbudt	infart förbjuden
permis de conduire	førerbevis	førerkort	körkort
pneu	dæk, ring	dekk, ring	däck
prudence	pas på	pas på	se upp
sens unique	ensrettet	enveis-kjøring	enkelriktad
station-service	benzinstation, tankstation	bensin-stasjon	mack, bensinstation
travaux	vejarbejde	veiarbeid	vägarbete

Le temps

aujourd'hui	i dag	i dag	idag
demain	i morgen	i morgen	i morgon
hier	i går	i går	i går
matin	morgen	morgen	morgon
matinée	formiddag	formiddag	förmiddag
soir	aften	kveld, aften	kväll, afton
soirée	eftermiddag	ettermiddag	eftermiddag
lundi	mandag	mandag	måndag
mardi	tirsdag	tirsdag	tisdag
mercredi	onsdag	onsdag	onsdag
jeudi	torsdag	torsdag	torsdag
vendredi	fredag	fredag	fredag
samedi	lørdag	lørdag	lördag
dimanche	søndag	søndag	söndag

Sites naturels

forêt	skov	skog	skog
île	ø	øy	ö
lac	sø	vatn	sjö
mer	hav	hav	hav
montagne	gjerg, fjeld	berg, fjell	berg, fjäll
plage	strand	strand fredet	strand
rivière	å	elv	å, älv
vallée	dal	dal	dal

Nombres

	danois	norvégien	suédois
0	nul	null	noll
1	en, et	en, et	en, ett
2	to	to	två
3	tre	tre	tre
4	fire	fire	fyra
5	fem	fem	fem
6	seks	seks	sex
7	syv	sju	sju
8	otte	åtte	åtta
9	ni	ni	nio
10	ti	ti	tio
100	hundrede	hundre	hundra
1000	tusind	tusen	tusen

Monuments, curiosités

belvédère	udsiktspunkt	utsiktspunkt	utsiktspunkt
cathédrale	domkirke	domkirke	domkyrka
centre culturel	kulturcenter	kultursenter	kulturcenter
centre d'informations	center	senter	center
chapelle	kapel	kapell	skepp
collection	samling	samling	samling
cristallerie	glasværk	glassverk	glasbruk
château	slot	slott	slott
église	kirke	kirke	kyrka
exposition	udstilling	utstilling	exposition
forteresse	fæstning	festning	fästning
gravure rupestre	helle-ristninger	helleritninger	hällristning
hôtel de ville	rådhus	rådhus	rådhus
jardin, parc	have, park	hage, park	trädgård, park
mine	mine	gruve	gruva
monastère	kloster	kloster	kloster
musée	museum	museum	museum
office de tourisme	turistbureau	turistkontor	turistbyrå
pierre runique	runesten	runestein	runsten
place	torv, plads	torg, plass	torg
pont	bro	bru	bro
quai	kaj	kai, brygge	kaj
route	vej	vei	väg
rue	gade	gate	gata
tour	tårn	tårn	torn
université	universitet	universitet	universitet

Vie quotidienne

au revoir	farvel	farvel, ha det	adjö, hej då
bonjour :			
le matin	godmorgen	god morgen	god morgon
dans la journée	goddag	goddag	goddag
familier	dav, hej	dag, hej	hej
merci	tak	takk	tack
non	nej	nei	nej
oui	ja	ja, jo	ja

pardon	undskyld	unnskyld	ursäkta
s'il vous plaît	vær så god	vær så god	var så god
à droite	til højre	til høyre	till höger
à gauche	til venstre	til venstre	till vänster
aéroport	lufthavn	flyplass	flygplats
arrêt de bus	stoppested	holdeplass, stoppested	hållplats
banque	bank	bank	bank
bureau de poste	posthus	posthus	postkontor
bureau de tabac	tobakshandel	tobakshandel	tobaksaffär
chambre	værelse	værelse	rum
déjeuner	frokost	lunsj	lunch
dentiste	tandlæge	tannlege	tandläkare
dîner	middag	middag	middag
docteur	læge, doktor	lege, doktor	läkare, doktor
entrée	indgang	inngang	ingång
fermé	lukket	stengt	stängt
gare	banegård	jernbane-stasjon	tågstation, järnvägsstation
hôpital	sygehus	sykehus	sjukhus
hôtel	hotel	hotell	hotell
ouvert	åben, åbent	åpen, åpet	öppen, öppet
petit-déjeuner	morgenmad	frokost	frukost
pharmacie	apotek	apotek	apotek
police	politi	politi	polis
restaurant	restaurant	restaurant	restaurang
téléphone	telefon	telefon	telefon
timbre	frimærke	frimerke	frimärke
sortie	udgang	utgang	utgång
toilettes	toilet	toalett	toalett

Pour faciliter la recherche, les lettres Å (Aa), Ä, Æ, Ø et Ö sont classées à la suite des lettres A et O, et non pas en fin de liste comme le voudrait l'ordre alphabétique

A

Å (Aa)

Ä, Æ

B

C

D

E

F

G

H

L

M

N

O

Ö

Ø

P

R

S

T

U

V

W

Y

Z

CARTES ET PLANS

CARTES THÉMATIQUES

PLANS DE VILLE

Danemark

Norvège

Suède

SCHÉMAS

Danemark

Norvège

Suède

NOTES

NOTES

NOTES

NOTES

NOTES

Manufacture française des pneumatiques Michelin
Société en commandite par actions au capital de 304 000 000 EUR
Place des Carmes-Déchaux - 63000 Clermont-Ferrand (France)
R.C.S. Clermont-Fd B 855 200 507

Imprimeur : IME, Baume-les-Dames
Dépot légal mars 2006
Printed in France Février 2008/3.1

QUESTIONNAIRE
LE GUIDE VERT

VOTRE AVIS NOUS INTÉRESSE...
TOUTES VOS REMARQUES NOUS AIDERONT À ENRICHIR NOS GUIDES.

Merci de renvoyer ce questionnaire à l'adresse suivante :
MICHELIN
Questionnaire Le Guide Vert
46, avenue de Breteuil
75324 PARIS CEDEX 07

En remerciement,
les 100 premières réponses recevront en cadeau
la Carte Locale Michelin de leur choix !

VOTRE GUIDE VERT

Titre acheté : ....

Date d'achat : ....

Lieu d'achat (librairie et ville) : ....

VOS HABITUDES D'ACHAT DE GUIDES

1) Aviez-vous déjà acheté un Guide Vert Michelin ?

O oui O non

2) Achetez-vous régulièrement des Guides Verts Michelin ?

O tous les ans
O tous les 2 ans
O tous les 3 ans
O plus

3) Sur quelles destinations ?

– régions françaises : lesquelles ? ....

....

– pays étrangers : lesquels ? ....

....

– Guides Verts Thématiques : lesquels ? ....

....

4) Quelles autres collections de guides achetez-vous ?

....

5) Quelles autres sources d'information touristique utilisez-vous ?

O Internet : quels sites ? ....

....

O Presse : quels titres ? ....

....

O Brochures des offices de tourisme

Les informations récoltées sur ce questionnaire sont exclusivement destinées aux services internes de Michelin, ne feront l'objet d'aucune cession à des tiers et seront utilisées pour la réalisation d'une étude. Elles seront également conservées pour créer une base de donnnées qui pourra être utilisée dans le cadre d'études futures. Ce questionnaire est donc soumis aux dispositions de la loi « informatique et liberté » du 6 janvier 1978. Vous disposez d'un droit d'accès, de modification, de rectification, de suppression des données qui vous concernent.

VOTRE APPRÉCIATION DU GUIDE

1) Notez votre guide sur 20 : ....

2) Quelles parties avez-vous utilisées ? ....

....

3) Qu'avez-vous aimé dans ce guide ? ....

....

4) Qu'est-ce que vous n'avez pas aimé ? ....

....

5) Avez-vous apprécié ?

	Pas du tout	Peu	Beaucoup	Énormément	Sans réponse
a. La présentation du guide (maquette intérieure, couleurs, photos...)	O	O	O	O	O
b. Les conseils du guide (sites et itinéraires)	O	O	O	O	O
c. L'intérêt des explications sur les sites	O	O	O	O	O
d. Les adresses d'hôtels, de restaurants	O	O	O	O	O
e. Les plans, les cartes	O	O	O	O	O
f. Le détail des informations pratiques (transport, horaires, prix…)	O	O	O	O	O
g. La couverture	O	O	O	O	O

Vos commentaires ....

....

6) Vos conseils, vos avis, vos suggestions d'amélioration : ....

....

7) Rachèterez-vous un Guide Vert lors de votre prochain voyage ?

O oui O non

VOUS ÊTES

O Homme O Femme Âge : .... Profession : ....

Nom..........................

Prénom..........................

Adresse..........................

....

....

....

....

Acceptez-vous d'être contacté dans le cadre d'études sur nos ouvrages ?

O oui O non

Quelle carte Local Michelin souhaitez-vous recevoir ?

Indiquez le département : ....

Offre proposée aux 100 premières personnes ayant renvoyé un questionnaire complet.
Une seule carte offerte par foyer, dans la limite des stocks disponibles.